Gunther Wenz

Theologie der Bekenntnisschriften der evangelisch-lutherischen Kirche

Eine historische und systematische Einführung in das Konkordienbuch

Band 2

Walter de Gruyter · Berlin · New York
1998

♾ Gedruckt auf säurefreiem Papier,
das die US-ANSI-Norm über Haltbarkeit erfüllt.

Die Deutsche Bibliothek — CIP-Einheitsaufnahme

Wenz, Gunther:
Theologie der Bekenntnisschriften der evangelisch-lutherischen Kirche : eine historische und systematische Einführung in das Konkordienbuch / Gunther Wenz. — Berlin ; New York : de Gruyter.

Bd. 2 (1997)
  (De-Gruyter-Lehrbuch)
  ISBN 3-11-015756-X
  ISBN 3-11-015755-1

Printed in Germany
Satz: Büro für Textgestaltung, Reinhold Werth, München
Druck: W. Hildebrand, Berlin
Buchbinderische Verarbeitung: Lüderitz & Bauer GmbH, Berlin

de Gruyter Lehrbuch

£4

or £5 the set
(Band 1 + Band 2)

Gesetz und Gnade
Lukas Cranach d.Ä., Werkstatt, um 1535
Nürnberg, Germanisches Nationalmuseum

Martin Luther und die Reformation in Deutschland
Ausstellung zum 500. Geburtstag Martin Luthers
Veranstaltet vom Germanischen Nationalmuseum Nürnberg
in Zusammenarbeit mit dem
Verein für Reformationsgeschichte
Frankfurt am Main (Insel Verlag) 1983
© Germanisches Nationalmuseum

VORWORT

Die Weißenburger haben im Gefolge der Nürnberger die Konkordienformel nicht unterzeichnet.[1] Gleichwohl soll die Widmung des ersten Bandes auch für den zweiten aufrechterhalten werden. Denn daß man in Weißenburg trotz Nichtunterzeichnung der Formula Concordiae am evangelisch-lutherischen Bekenntnis festhalten wollte und tatsächlich festgehalten hat, ist offenkundig. Einen schönen Beleg hierfür bietet das Konfessionsgemälde, das noch heute in der St.-Andreas-Kirche der ehemaligen fränkischen Reichsstadt zu sehen ist. Es wurde 1606 bei dem Nürnberger Maler Wolff Eisenmann in Auftrag gegeben und schließt in Thema und Durchführung an eine Reihe bekannterer Vorbilder an.[2] Gleich einem Flügelaltar ist das Hauptgemälde von vier korrespondie-

---

[1]   Vgl. I. Dingel, Concordia controversa. Die öffentlichen Diskussionen um das lutherische Konkordienwerk am Ende des 16. Jahrhunderts, Gütersloh 1996, 31. Der zu befürchtende Streit mit Ansbach-Brandenburg, das das Patronatsrecht über die Weißenburger Pfarrei innehatte, blieb aus: „Man erkannte sich bald im Luthertum als Glaubensbrüder an, ob mit oder ohne Konkordienformel." (E. Sehling [Hg.], Die evangelischen Kirchenordnungen des XVI. Jahrhunderts, Bd. XI: Bayern, I. Teil: Franken, Tübingen 1961, 656. Zur Weißenburger Kirchenordnung von 1528 sowie zur Kirchenregimentsordnung um 1590 vgl. a. a. O., 657–664 bzw. 665–667; die in § 6,5, Anm. 78 erwähnte Annahme einer durch kursächsische Theologen anläßlich ihrer Rückreise von Augsburg 1530 erfolgte Weißenburger Kirchenvisitation wird a. a. O., 655 f. für falsch erklärt.) Auch Nürnberg – „im Zeitalter der Reformation mit möglicherweise 50 000 Einwohnern eine der größten deutschen Städte" (A. Schindling, Nürnberg, in: ders./W. Ziegler [Hg.], Die Territorien des Reichs im Zeitalter der Reformation und Konfessionalisierung. Land und Konfession 1500–1650, Bd. 1, Münster ²1989, 33 – 42, hier: 33) in politischer und kirchenpolitischer Hinsicht Vorbild Weißenburgs – gehört nicht zu den Unterzeichnern des Konkordienwerkes. Erst im Verlauf des Dreißigjährigen Krieges vollzog sich in der evangelischen Kirche Nürnbergs „der definitive Umschwung vom Philippismus zum strikten Luthertum" (a. a. O., 40; zur Zurückweisung der Konkordienformel in Nürnberg vgl. im einzelnen H. Heppe, Geschichte des deutschen Protestantismus in den Jahren 1555–1581, Bd. III, Marburg 1857, 299 ff.; vgl. auch 308, Anm.).

[2]   Vgl. A. March, Bilder zur Augsburger Konfession und ihren Jubiläen, Weißenhorn/Bay. 1980.

renden Szenen seitlich gerahmt: Gezeigt werden das Passahmahl vor dem Auszug aus Ägypten und in Entsprechung hierzu das Abendmahl Christi, sodann der Durchzug der Israeliten durch Schilfmeer, dem nicht die Taufe, sondern die Übergabe der Confessio Augustana zugeordnet wird. „Der Kaiser sitzt in prunkvoller Rüstung auf dem Thronsessel, zu seiner linken Seite der Erzbischof von Mainz und vor ihm kniend der Kurfürst von Sachsen – den Kurhut zur Seite gelegt – mit den Bekenntnisschriften. Beigegeben sind ihm die Worte aus dem 119. Psalm, die auch auf dem Titelblatt der Augsburger Konfession stehen: ‚Ich rede von deinen Zeugnissen vor Königen und schäme mich nicht.' Unter den Bekennern hebt sich der Vertreter von Weißenburg durch seinen weißen Pelz von den Abgeordneten der anderen Städte deutlich hervor."[3]

Im Unterschied zu den Vorbildern ist diese Szene, wie gesagt, in eines der Seitengemälde verlegt worden. Im Zentrum hingegen steht, wie es sich gehört, das gottesdienstliche Geschehen – hingeordnet auf den dreieinigen Gott, welcher in der mit der dreifachen Krone des Weltenherrschers versehenen Person Gottvaters, in derjenigen Jesu Christi als des auferstandenen Gekreuzigten und in der Gestalt einer herabkommenden Taube, welche die Person des kircheschaffenden Hl. Geistes symbolisiert, wesenseinig sowie in bildimmanenter und den Rahmen des Bildes zugleich transzendierender Weise vorstellig wird. Als geistliche Vollzüge der Kirche, in welcher der Geist des in Jesus Christus offenbaren Gottes wirksam ist, werden neben Christenlehre, Chorgesang und Trauung die Taufe, das Abendmahl und das Bußinstitut abgebildet. Ein Großteil der Stifter kommuniziert am Tisch des Herrn, unter ihnen Johann Roth samt Ehefrau, dessen Vorfahre als Vertreter der Stadt am Augsburger Reichstag teilgenommen hatte. Eine weitere Stiftergestalt, der Kärntner Emigrant Balthasar Christalnig, waltet im Beichstuhl seines Amtes. Auf der Kanzel aber steht der Weißenburger Stadtpfarrer Georg Nudinger – auf die eherne Schlange zwischen ihm und dem Gekreuzigten verweisend.

Wovon mit Bezug auf die Confessio Augustana und unter Einschluß ihrer Apologie, des Traktats und der Schmalkaldischen Ar-

---

[3]   A. a. O., 52.

tikel bereits geredet wurde und noch zu reden sein wird, ist damit auf eindrucksvolle Weise bezeichnet. Eigens bemerkt zu werden verdient, daß sich im Weißenburger Konfessionsgemälde im Unterschied zu den Vorbildern, von denen sich das vermutlich älteste im Herrenchor der St.-Johannis-Kirche zu Schweinfurt findet, ein expliziter Verweis auf eine Verurteilung der Ketzer – sei es römisch-katholischer, sei es calvinistischer Provenienz – nicht finden läßt. Ob dies der Sache nach etwas zu tun hat mit der Weißenburger Reserve der Konkordienformel gegenüber, bleibe dahingestellt. Eine Theologie der Bekenntnisschriften der evangelisch-lutherischen Kirche freilich wird um das Häresieproblem ebensowenig herumkommen, wie sie die Formula Concordiae einfachhin aussparen kann. Dennoch ist gerade nach Maßgabe des Selbstverständnisses der Konkordienformel bekenntnistheologisch zwischen – wenn man so will – Proto- und Deuteronormativität zu unterscheiden mit der Konsequenz, daß lutherische Kirchengemeinschaft von der förmlichen Zustimmung zur FC nicht unmittelbar abhängig gemacht werden darf. Es kann also bei der erfolgten Widmung bleiben.

Auch ansonsten hat, was im Vorwort zum 1. Band zu lesen steht, nach wie vor seine Richtigkeit. Ausdrücklich wiederholt sei der Dank an Frau Hella Schuch und die Herren Stefan Dieter, Dekan i. R. Prof. Dr. Martin Elze und Dr. Bernd Oberdorfer, hinzugefügt derjenige an meine Münchner Sekretärin Frau Gabi Berger. Was die dem 2. Band beigegebenen Register anbelangt, für deren Erstellung ich Frau Dr. Friederike Nüssel herzlich danke, so enthält das Personenregister keine Autorennamen. Auch auf eine gesonderte Bibliographie wurde verzichtet. Eigens verwiesen sei daher an dieser Stelle auf das 3285 Titel umfassende, bis in die 80er Jahre unseres Jahrhunderts reichende Bücherverzeichnis zu den lutherischen Bekenntnisschriften, das D. P. Daniel und Ch. P. Arand zusammengestellt haben.[4] Es umfaßt Publikationen zum Konkordienbuch insgesamt sowie zu den einzelnen in ihm vereinten Texten, abgesehen von den altkirchlichen Symbolen.[5]

---

[4]   D. P. Daniel/Ch. P. Arand, A Bibliography of the Lutheran Confessions, St. Louis/Missouri 1988 (Sixteenth Century Bibliography 28); für die Zeit von 1940 bis 1955 vgl. ferner: Bibliographie de la Réforme 1450–1648. Prem. Fasc.: Allemagne – Pays Bas, Leiden ³1964.

[5]   Zu den Auswahlkriterien vgl. D. P. Daniel/Ch. P. Arand, a. a. O., III.

Wenn ich zum Schluß die gewisse Überzeugung äußere, gegen die betrübliche Erfahrung gefeit zu sein, die nach G. Wolfs Urteil schon manch einem mit der Reformationsgeschichte Beschäftigten zuteil wurde, daß nämlich „Dinge, die er neu erforscht zu haben glaubte, bereits bei Seckendorf standen"[6], dann geschieht dies nicht aus Übermut, sondern ausschließlich in der Absicht, noch einmal die Intention vorliegender Untersuchung zu verdeutlichen und gegen Mißverständnisse abzusichern: Beansprucht wird nicht und nirgends, neue reformationshistorische Forschungsergebnisse erbracht zu haben; Ziel ist es vielmehr, auf der Basis des historisch bereits Erforschten den ursprünglichen Bekenntnisstand evangelisch-lutherischer Kirche aktuell vorstellig zu machen und dem gegenwärtigen theologischen Bewußtsein zur Einsicht zu bringen.

München, 25. September 1997   Gunther Wenz

---

[6] G. Wolf, Quellenkunde der deutschen Reformationsgeschichte. Bd. I: Vorreformation und Allgemeine Reformationsgeschichte, Gotha 1915, 9 im Kontext eines noch heute instruktiven Überblicks über Epochen der Reformationsgeschichtsschreibung (1–48). Vom Studium der Bekenntnisschriften und Symbolik handelt Wolf im zweiten Band seiner Quellenkunde (Kirchliche Reformationsgeschichte. I. Teil, Gotha 1916, 39–57). Zu dem kurz nach Erscheinen des 1. Bandes des vorliegenden Werkes veröffentlichten Sammelband zur „Theologie der Lutherischen Bekenntnisschriften" von H. G. Pöhlmann, T. Austad und F. Krüger (Gütersloh 1996) vgl. meine Rezension in: ThLZ 122 (1997), Sp. 488 – 490.

INHALTSVERZEICHNIS

EINLEITUNG II

In seinem 1528 erschienenen Dialog „Ciceronianus sive De optime
dicendi genere" läßt Erasmus von Rotterdam einen gewissen Bulephorus, der niemanden anders als den Autor selbst repräsentiert, genüßlich über einen Menschen spotten, „qui multis diebus
se torserat nec adhuc potuerat orationis exordium invenire, quod
affectaret melius dicere quam posset", „der sich tagelang vergeblich plagte, den Anfang für eine Rede zu finden, weil er den Ehr-
geiz hatte, sich besser auszudrücken, als er es konnte"[1]. Um nicht
Anlaß für ähnliches Gespött zu geben, sei die Bitte geäußert, den

---

[1] Erasmus von Rotterdam, Ciceronianus sive De optimo dicendi genere.
Der Ciceronianer oder Der beste Stil. Ein Dialog, in: ders., Ausgewählte
Schriften. Acht Bände. Lateinisch und Deutsch. Hg. v. W. Welzig, Darmstadt 1968 ff., Bd. 7, 2–355, hier: 212 ff. (= Welzig 7, 212 ff. Die Ausgabe
von Welzig wurde den nachfolgenden Ausführungen nicht zuletzt deshalb zugrunde gelegt, um die Notwendigkeit einer beigegebenen Übersetzung jeden lateinischen Zitats zu vermeiden.) Vgl. in diesem Zusammenhang auch: Erasmus von Rotterdam, Enkomion moriae sive laus
stultitiae. Das Lob der Torheit, in: Welzig 2, 8–11, hier: 12; „ii ..., cum
orationem totis triginta annis elaboratam, nonnumquam et alienam pro-
ferunt, tamen triduo sibi quasi per lusum scriptam, aut etiam dictatam esse deierant." Wie sich der Terminus „Konfession" als Bezeichnung einer
denominationellen Sonderorganisation nicht vor 1800 nachweisen läßt
(vgl. §2,2), so wurde auch der Begriff „Humanismus" erst 1808 geprägt
und zwar vom Pädagogen, Theologen und nachmaligem Münchner
Oberkonsistorialrat Friedrich Immanuel (von) Niethammer (vgl. L. W.
Spitz, Art. Humanismus/Humanismusforschung, in: TRE 15, 639–661, hier:
639 sowie C. Menze, Art. Humanismus, Humanität, in: HWPh 3, Sp. 1217–
1219). Nichtsdestoweniger reicht die durch den Humanismusbegriff bezeichnete Bewegung geistigen Lebens Jahrhunderte zurück und hat sich
nicht nur im Italien des Trecento und Quattrocento, sondern auch im
Zeitalter der deutschen und außerdeutschen Reformation als höchst einflußreich erwiesen. Mag auch der Konfessionalisierungstrend, dessen
Verständnis Einleitung I dieses Werkes vorzubereiten suchte, sich letztlich als geschichtlich wirksamer und folgenreicher erwiesen haben, so
kann gleichwohl eine angemessene Würdigung der Wittenberger Reformation und ihrer Bekenntnistradition ohne Berücksichtigung des Humanismus nicht gelingen. Dem versucht Einleitung II Rechnung zu tragen,
wobei Erasmus und Melanchthons Verhältnis zu ihm paradigmatische
Bedeutung zugemessen wird.

Redeanfang als bereits vollzogen hingehen zu lassen und die Aufmerksamkeit sogleich den Bestimmungen zuzuwenden, welche der Humanistenfürst in seinem „Enchiridion militis christiani"[2] dem Verhältnis von äußerem und innerem Menschen zukommen läßt. Daß diese Bitte unter erasmischen Bedingungen nicht unbillig ist, läßt sich unschwer den Ausführungen des Rotterdamers „De petitoria epistula" entnehmen, wie seine Einleitung zum Briefeschreiben sie enthält.[3] Zwar können sich Gelehrte, denen eine Einleitung erst dann als rhetorisches Glanzstück gilt, wenn sie mit dem Thema gar nichts zu schaffen hat, des Lobes der Torheit gewiß sein (Welzig 2, 152: „At hi docti praeambulum suum, sic enim vocant, ita demum eximie Rhetoricum fore ducunt, si nusquam quidquam habeat cum reliquo argumento confine ...") und das um so mehr, als stultitia es mit dem Sprichwort hält: „Lobe dich ruhig selbst, wenn es kein anderer für dich tun will" (vgl. Welzig 2, 11). Erasmus selbst indes plädiert entschieden dafür, möglichst rasch zur Sache zu kommen.

Wohlan denn: „De homine exteriore et interiore" – „Über den äußeren und den inneren Menschen"[4]. „Est ... homo prodigiosum

---

2   Erasmus von Rotterdam, Enchiridion militis christiani. Handbüchlein eines christlichen Streiters, in: Welzig 1, 55–375. Zur Frage, wer der „amicus aulicus" war, dem das Werk gewidmet ist, vgl. Welzig 1, IXff. Das als Anleitung zum rechten christlichen Leben konzipierte Enchiridion wurde bereits 1501 verfaßt, gelangte aber erst durch die Ausgabe Frobens von 1518, „in der Erasmus mit dem Brief an Paul Volz, damals Abt des Benediktinerstiftes Hügshofen bei Schlettstadt, die Grundgedanken der Schrift programmatisch zusammenfaßte" (Welzig 1, XI; vgl. Welzig 1, 1–53: Erasmus von Rotterdam, Epistola ad Paulum Volzium. Brief an Paul Volz), zu großer Verbreitung.

3   Erasmus von Rotterdam, De conscribendis Epistolis. Anleitung zum Briefschreiben, in: Welzig 8, 1–293 (Auswahl), hier: 200 ff.

4   Zur Biographie und Werkgeschichte des Erasmus vgl. u. a. J. Huizinga, Erasmus. Deutsch von W. Kaegi, Basel [4]1951; R. H. Bainton, Erasmus. Reformer zwischen den Fronten, Göttingen 1972; R. Stupperich, Erasmus von Rotterdam und seine Welt, Berlin/New York 1977; C. Augustijn, Erasmus von Rotterdam. Leben – Werk – Wirkung. Aus dem Holländischen übersetzt von M. E. Baumer, München 1986. Eine umfangreiche „Bibliographia Erasmiana" ist zusammengestellt in: J. Coppens (Hg.), Scrinium Erasmianum Vol. II, Leiden 1969, 621–678; vgl. ferner: M. Hoffmann, Erkenntnis und Verwirklichung der wahren Theologie nach Erasmus von Rotterdam, Tübingen 1972, 228–283.

quoddam animal ex duabus tribusve partibus multo diversissimis compactum, ex anima veluti numine quodam et corpore tanquam muta pecude. Si quidem corpore usque adeo reliquo brutorum generi non praestamus, ut omnibus eius dotibus inveniamur inferiores. Secundum animam vero adeo divinitatis sumus capaces, ut ipsas etiam angelicas mentes liceat praetervolare et unum cum deo fieri. Si tibi corpus additum non fuisset, numen eras, si mens ista non fuisset indita, pecus eras." (Welzig 1, 108) Ob nach Maßgabe einer dichotomischen oder einer trichotomischen Anthropologie bestimmt, im Menschen sind kategorial differente Größen kreatürlich vereint: Leib und Seele bzw. Leib, Seele und Geist. Ausdrücklich spricht Erasmus von untereinander verschiedenen Naturen des Menschen (Welzig 1, 108: „duas naturas tam inter se diversas"). In der ursprünglichen Schöpfung dem Willen Gottes gemäß in glücklicher Eintracht verbunden, werden sie durch den Fall der Sünde in unselige Zwietracht auseinandergerissen, „ut iam neque dirimi queant sine maximo cruciatu neque coniunctim vivere sine assiduo bello" (Welzig 1, 108). Es gilt, was Ovid in anderem Kontext so sagt: „nec tecum possum vivere nec sine te", „ich kann nicht zusammen mit dir, nicht ohne dich leben" (Welzig 1, 108 f.; vgl. Ovid, Amores, 3, 11, 39).

Unter postlapsarischen Bedingungen ist der Mensch mit sich selber uneins, entzweit in sich. Schuld an dieser Zwietracht ist die Sünde, durch welche die göttliche Ursprungsordnung verwirrt und durcheinandergebracht wurde. „Antea enim et mens corpori sine negotio imperabat, et corpus animo lubens volensque parebat; nunc contra perturbato rerum ordine affectus corporis rationi praeire certant, cogiturque illa in corporis sententiam pedibus discedere." (Welzig 1, 110) War der Geist ursprünglich kampflos Herr des Körpers, welcher den Anweisungen von jenem gerne und freiwillig folgte, so wollen nach erfolgter Verkehrung der Ordnung der Dinge die körperlichen Leidenschaften der Vernunft ihre Herrschaft aufzwingen. Insofern, meint Erasmus, sei es nicht unsinnig, das Innerste des Menschen mit einem aufrührerischen Gemeinwesen zu vergleichen, wie es umgekehrt seine Richtigkeit habe zu sagen, daß die Friedlosigkeit der Welt im Unfrieden des Menschenherzens ihren innersten Grund habe: „... idem homo secum pugnat"[5], ein und derselbe Mensch kämpft mit sich selbst – über diesen Selbstwiderspruch, jenen in sich widrigen Widerstreit des Menschen mit sich hat die „querela pacis" am meisten zu klagen.

Doch ist es andererseits nicht so, daß Erasmus den anthropologisch zu konstatierenden Widerstreit für nicht befriedbar, den inneren Widerspruch für nicht durch Erziehungsarbeit und folgsame Werke des Menschen behebbar hielte. Im Gegenteil: Der erasmische Humanismus lebt davon, daß er jene Menschlichkeit, die der ihm eigene Begriff benennt, im Grundsatz für zwar gnadenhaft motiviert, aber selbsttätig herstellbar erachtet. Umschrieben ist die humane Aufgabe dabei präzise dadurch, „ut humanitatis vocabulum non jam naturam nobis declaret, sed mores hominis natura dignos" (Welzig 5, 366). Um diese Wendung in ihrem Bedeutungsgehalt differenziert zu erfassen, gilt es zunächst wahrzunehmen, daß der Mensch nach Erasmus zu moralisch-kultureller Selbstbildung, mittels welcher er seine sittliche Wesensbestimmung realisiert, allein schon aus Gründen der Kompensation natürlicher Schwäche veranlaßt ist. Während Gott den übrigen Lebewesen Waffen und diverse Schutzvorrichtungen als natürliche Grundausstattung zuteilte, erschuf er – so das bereits an Herder und die moderne philosophische Anthropologie gemahnende Argument – den Menschen als einzige Kreatur waffenlos und schwach, nicht anders gesichert als durch Bündnis und gegenseitige Freundschaft. „Civitates reperit necessitas, et ipsarum inter se societatem docuit necessitas, quo ferarum ac praedonum vim junctis viribus propellerent. Adeo nihil est in rebus humanis, quod ipsum sibi sufficiat." (Welzig 5, 368. Vgl. Welzig 2, 72: „Est ... homini peculiariter addita disciplinarum cognitio, quarum adminiculis id quod natura diminutum est, ingenio penset.") Enthält sonach bereits die biologische Natur des Menschen Hinweise auf das sittliche Wesen, welches seine Bestimmung ausmacht, so ist die menschliche Wesensnatur doch nach Erasmus keineswegs eine gleichsam natürliche Funktion fehlender biologischer Selbstsuffizienz. Der Prozeß humaner Wesensrealisierung durch Übung gebotener Sittlichkeit setzt vielmehr den Geist der Vernunft als göttliche Anlage im Menschen bereits voraus. Nur so ist nach Mei-

---

[5]   Erasmus von Rotterdam, Querela Pacis. Die Klage des Friedens, in: Welzig 5, 359–451, hier: 378. Die Erstausgabe der Schrift erschien 1516.

nung des Erasmus die Devise, welche das Christentum mit der Tradition antiker Philosophie teilt, überzeugend plausibel zu machen, nämlich daß man nach der Vernunft und nicht nach den Begierden leben soll.

Hinsichtlich der irdisch innerweltlichen Realisierungsmöglichkeiten, mit denen diese Devise zu rechnen hat, gibt sich Erasmus durchaus keinen Illusionen hin. Daß die Vernunft gegen die Begehrlichkeit von Trieb und Leidenschaft insgesamt wenig ausrichtet, gilt ihm als empirisch ausgemacht. Dennoch hält er die allgemeine Meinung, man werde zum Laster gezwungen, für grundverkehrt und unheilvoll: Erachtet er doch die Leugnung eines Vermögens des Menschen zum Guten als in sich selbst unsittlich. In diesen Kontext gehört der Hinweis, daß es zwar aller Erfahrung nach keine anspruchsvollere Aufgabe gebe als diejenige vernünftiger Selbstüberwindung; doch sei auch kein Siegespreis wertvoller als jene Seligkeit, die aus geistiger Beherrschung leiblicher Begierde hervorgehe. Beständiges Streben nach fortschreitender Herrschaft der inneren Geistseele des Menschen über die äußeren Affekte lautet entsprechend das humanistische Programm, das Erasmus gegen alle möglichen theoretischen und praktischen Einwände zu verteidigen und durchzuhalten sich bemüht. Anders und mit dem „Enchiridion militis christiani" gesagt: „... haec regula semper ad manum habenda, necubi in rebus temporariis restitemus, sed inde veluti gradu facto ad spiritalium amorem adhibita collatione assurgamus aut prae his, quae sunt invisibilia, id quod est visibile contemnere incipiamus." (Welzig 1, 186)

Das klingt wie Platonismus fürs Volk, und es ist dies im Prinzip auch, unbeschadet der bereits erwähnten Tatsache, daß Erasmus die Verwirklichungschancen seines volkspädagogischen Konzepts mit Skepsis und gelegentlich auch mit Selbstironie betrachtet hat. „Num quid interesse censetis inter eos, qui in specu illo Platonico variarum rerum umbras ac simulacra demirantur, modo nihil desiderent, neque minus sibi placeant? et sapientem illum qui specum egressus, veras res adspicit?" (Welzig 2, 106 ff.; vgl. 202) Man muß nicht aufhören, ein Platoniker zu sein, um dieser rhetorischen Frage der stultitia einen empirischen Wahrheitsgehalt zu attestieren[6], solange man bereit ist, denen, welche sich lediglich an die

---

[6] Von daher scheint es mir unangemessen zu sein, in bezug auf die zitierte Stelle des Enkomions mit E. Grassi von einem Antiplatonismus des

sichtbaren Schattenbilder der Weltphänomene halten und darüber
die noumenale Wirklichkeit des Intelligiblen aus den Augen verlieren, als ein Narr zu gelten.

Zu solcher sokratischer Torheit, welche der (und welcher die)
Weltweisheit nichts gilt, fühlte sich Erasmus bekanntlich nicht nur
als Platoniker und humanistischer Verehrer antiker Tradition,
sondern auch und gerade als „philosopher of Christ"[7] verpflichtet
gemäß der in den „Colloquia familiaria" (von dem nüchternen
Nephalius) ausgegebenen hagiologischen Devise: „Sancte Socra-
tes, ora pro nobis."[8] Kommt für ihn doch – wie er im Anschluß an
Rudolf Agricola sagt – die „philosophia Christi" resp. „philosophia
Christiana" im wesentlichen mit dem platonischen Geist überein,
wie u. a. die paulinische Bestimmung des Verhältnisses von homo
interior et exterior bestätige: Was die antiken Philosophen und
namentlich Platon, der durch göttliche Eingebung Einsicht in das
wahre Wesen der Dinge gewonnen habe, Vernunft nennen, das
heißt bei Paulus, so Erasmus, bald Geist, bald innerer Mensch,
bald Gesetz des Gewissens. „Quod illi affectum, hic interim carnem, interim corpus, interim exteriorem hominem, interim legem
membrorum appellat. Spiritu, inquit, ambulate, et desideria carnis

---

Erasmus zu sprechen (vgl. E. Grassi, Einführung in philosophische Probleme des Humanismus, Darmstadt 1986, 125 ff.).

[7]   Vgl. L. W. Spitz, The Religious Renaissance of the German Humanists,
       Cambridge 1963, 197–236: Erasmus. Philosopher of Christ. Vgl. ders.
       (Hg.), Humanismus und Reformation als kulturelle Kräfte in der deut-
       schen Geschichte. Ein Tagungsbericht, Berlin/New York 1981. A. a. O.,
       43–79 findet sich ein interessanter Beitrag zum Thema: Religiöse Bilder
       Cranachs im Dienste der Reformation. Über den innigen Zusammenhang
       von „christliche(r) Philosophie und humanistische(r) Ethik bei Erasmus"
       vgl. die gleichnamige Studie von S. Dresden, in: W. Rüegg/D. Wuttke
       (Hg.), Ethik im Humanismus, Boppard 1979, 125–146.

[8]   Erasmus von Rotterdam, Convivium religiosum. Das geistliche Gastmahl,
       in: Welzig 6, 1–597 (Colloquia familiaria), hier: (20–123) 86. Die ohne
       Wissen des Autors 1518 bei Froben in Basel publizierten Colloquia, die
       „aus der Tradition der Schülergespräche erwachsen" (Welzig 6, IX) sind,
       gehören zu den populärsten Texten des Erasmus. Eines ihrer Hauptziele
       ist der Erweis sachlicher Konvergenz von Christentum und Antike: „Die
       Teilnehmer des in diesem Zusammenhang besonders wichtigen geistli-
       chen Gastmahls erörtern ausführlich die Übereinstimmung von Sätzen
       aus Plato oder Cicero mit solchen aus den Briefen des Paulus oder
       Petrus." (Welzig 6, XIII)

non perficietis." (Welzig 1, 126) Die Beispiele ließen sich fortsetzen. Das ist insofern überflüssig, als nicht nur einzelne Exegesen,
sondern die erasmische Schriftauslegungstheorie insgesamt ihre
platonische Natur offenkundig erkennen läßt. Als hermeneutisch
grundlegend fungiert die Unterscheidung von Geist und Buchsta-
be verbunden mit der Maxime: „Ex interpretibus divinae scripturae eos potissimum delige, qui a littera quammaxime recedunt."
(Welzig 1, 88) Mag auch die Mutter Kirche gehalten sein, ihren
Kindern zeitweise die Milchspeise sinnlicher Anschauung zuteil
werden zu lassen und den Schwachen das, wie es weiterhin
heißt, Gemüse sichtbarer Bilder nicht vorzuenthalten (vgl. Welzig
1, 90), so strebe doch der erwachsene und gebildete Christ nach
einer spirituellen Erkenntnis, die sich von buchstäblicher Erden-
schwere, wie sie allem Leiblichen eigen sei, immer mehr befreie.
Nicht von ungefähr gehören Allegorie und figürliche Rede zu den
bevorzugten Typen erasmischer Schriftauslegung.[9]

Genug damit! Die Koinzidenz von Platonismus und Christentum
bei Erasmus duldet keinen Zweifel. Um dies zu erkennen, bedürfe es freilich der Reinigung christlicher Überlieferung von jenen scholastischen Schlacken, welche das Mittelalter über die
Maßen aufgehäuft habe. Was wird geschehen, fragt Erasmus in
Anbetracht erfolgter Rüstungen zum Türkenkrieg in seinem dem
„Enchiridion militis christiani" vorangestellten Brief an Paul Volz,
wenn wir den schließlich besiegten Ungläubigen, um ihnen Christus nahezubringen, Leute wie Scotus, Ockham oder Biel vorset-
zen? „Quid cogitabunt aut quid sentient (sunt enim et illi, ut nihil
aliud, certe homines), ubi audierint spinosas illas et inextricabiles
argutias de instantibus, de formalitatibus, de quidditatibus, de re-
lationibus? Praesertim ubi viderint de iis adeo non convenire inter
magnos illos religionis professores, ut frequenter usque ad pallo-
rem, usque ad convicia, usque ad sputa, nonnunquam et usque

---

[9] Vgl. hierzu im einzelnen P. Walter, Theologie aus dem Geist der Rhetorik. Zur Schriftauslegung des Erasmus von Rotterdam, Mainz 1991, 201 ff.,
hier: 246: „Was die *Begründung* der allegorischen Sprechweise angeht,
so steht im ‚Enchiridion' eine an der platonisch-origenistischen Anthropologie orientierte und mit den neutestamentlichen Aussagen über die
Dialektik von Fleisch/Buchstabe und Geist biblisch abgesicherte Auffassung im Vordergrund, während in den anderen Schriften das Wesen und
die Wirkung übertragener Redeweise nach rhetorischen Kategorien beschrieben werden."

ad pugnos invicem digladientur; ubi Praedicatores pro suo Thoma
cominus atque eminus dimicantes, Minoritas contra subtilissimos
ac seraphicos doctores iunctis umbonibus tuentes, alios ut nomi-
nales, alios ut reales." (Welzig 1, 8) Die Botschaft ist klar: Die
einfache und durchsichtige Philosophie Christi und des Christentums darf nicht länger durch scholastische Spitzfindigkeit verstellt
werden. Kommt es doch nach Erasmus unter christlichen Bedingungen insgesamt weniger auf Theorie denn auf Praxis und tätige
Bewährung guter Gesinnung an. Gefordert ist in diesem Sinne,
wie es in der erasmischen „Ratio seu Methodus compendio per-
veniendi ad veram Theologiam" heißt, eine Theologie oder richti-
ger gesagt – es geht ja um die forma vitae und erklärtermaßen
nicht um ein theologisches System – ein Theologe, „qui quod
profitetur malit exprimere vita quam syllogismis"[10]. Die Prävalenz

---

[10]   Erasmus von Rotterdam, Ratio. Theologische Methodenlehre, in: Welzig
3, 117–495, hier: 468. „... praktische tätige Frömmigkeit statt frommer Spekulation, *imitatio Christi* als Gesinnungsethik statt äußerer Werkgerechtigkeit, Bibelstudium und Predigt der Lehre Jesu statt der endlosen Diskussionen metaphysischer Probleme, Vereinfachung der Theologie und
des kirchlichen Zeremonienwesens durch Neubelebung der einfachen,
großen Gedanken des urchristlichen Lebens, mit einem Worte: Gleich-
giltigkeit der dogmatischen Theorien und des äußeren kirchlichen Appa-
rates gegenüber den ethischen Kerngedanken der christlichen Religion ..." – das ist die Losung des Erasmus (G. Ritter, Die geschichtliche Bedeutung des deutschen Humanismus [1923], Darmstadt ²1963, 51.) Ritter
zeigt, daß in den „stoisch-platonischen Ideen des Erasmus" „das eigentliche Kernstück" der im übrigen fluktuierenden humanistischen Frömmigkeit zu erblicken ist (55). Zugleich versucht er in Auseinandersetzung mit
der historiographischen Tradition u. a. eines J. Burckhardt, W. Dilthey
und E. Troeltsch (vgl. 3 ff.) klarzustellen, daß die geschichtliche Bedeutung des deutschen Humanismus nicht überschätzt werden darf. Weder
stellt der Humanismus „den Anfang des modernen Denkens" in der Geschichte der Wissenschaft dar (24), noch ist er für die entscheidende
Zeittendenz und ihren Drang nach religiöser Reform die eigentlich bestimmende Größe. Namentlich in seinem Verhältnis zur Reformation offenbare sich „aufs deutlichste" die innere Unsicherheit der leitenden
Prinzipien des Humanismus, „sein Charakter als bloß symptomatische,
nicht eigentlich bahnbrechende Bewegung der Geister" (35). „Darüber",
so Ritter, „scheint heute so ziemlich Einstimmigkeit zu bestehen, daß die
Reformbestrebungen des Erasmus, obwohl er selber sich um 1517 dem
Siege so nahe glaubte, aus inneren wie äußeren Gründen auch ohne das
Dazwischentreten der Reformation schwerlich Aussicht gehabt hätten,
eine dauernde und geschichtlich wirklich bedeutsame Umgestaltung der
alten Kirche in Gang zu bringen." (45) Auch wenn der deutsche Huma-

des praktischen Interesses ist nicht zuletzt für die un-, ja antischolastische Art und Weise kennzeichnend, in der Erasmus das Verhältnis von göttlicher Gnade und freier menschlicher Selbsttätigkeit im Vollzug sittlichen Handelns bestimmt. Es gelte, um ein letztes Mal das „Handbüchlein eines christlichen Streiters" zu zitieren, einen Mittelweg einzuschlagen zwischen der Skylla hybrider Selbstgerechtigkeit und der Charybdis demoralisiert-demoralisierender Verzweiflung an den eigenen Möglichkeiten, und es gelte – wie Erasmus in direkter Anrede seines Adressaten sagt – darauf zu achten, „ut neque divina gratia fretus securius agas atque solutius neque belli difficultatibus exanimatus animum simul cum armis abicias" (Welzig 1, 74).

Um diesen Zweck zu erreichen, hat sich der berühmte Editor der griechischen Ausgabe des Neuen Testaments[11], die seine „größte wissenschaftliche Leistung"[12] darstellt, nicht gescheut, von jenem anerkannten Theologenrecht Gebrauch zu machen, „coelum, hoc est, Divinam Scripturam, ceu pellem extendere" (Welzig 2, 186), die Heilige Schrift wie ein Fell nach allen Seiten zu ziehen. Um ein Beispiel zu geben; Mt 9,13 sagt Christus: „Ich bin gekommen, die Sünder zu rufen, nicht die Gerechten." Erasmus deutet dieses Diktum als ein Indiz tendenzieller Ironie des Herrn: „neque enim vere sensit eos esse iustos, sed exprobrat, quod sibi iusti viderentur." (Welzig 3, 392) Der Gnadenindikativ für die verlorenen Sünder wird so zu einem moralischen Imperativ an die vermeint-

---

nismus mehr sei als eine bloß historische Periode – epochenbestimmende Bedeutung komme nicht ihm, sondern der Reformation und der mit ihr verbundenen Konfessionalisierungsentwicklung zu. Auch was Aufklärung sei, könne nur auf dem Hintergrund des konfessionalistischen Zeitalters verdeutlicht werden.

[11]   Vgl. Erasmus von Rotterdam, Novum Instrumentum, Basel 1516, Faksimile-Neudruck mit einer historischen, textkritischen und bibliographischen Einleitung von H. Holeczek, Stuttgart/Bad Cannstatt 1986. Zu den deutschen Bibelausgaben nach der „neuen Version" des Erasmus einschließlich derjenigen Luthers vgl. H. Holeczek, Erasmus Deutsch. Bd. 1: Die volkssprachliche Rezeption des Erasmus von Rotterdam in der reformatorischen Öffentlichkeit 1519–1536, Stuttgart/Bad Cannstatt 1983. Über die Entwicklung des Erasmus zum Bibelübersetzer informiert Holeczek in seinem Buch: Humanistische Bibelphilologie als Reformproblem bei Erasmus von Rotterdam, Thomas More und William Tyndale, Leiden 1975, 62–100.

[12]   C. Augustijn, Art. Erasmus, Desiderius, in: TRE 10, 1–18, hier: 9.

lich Gerechten abgewandelt, moralische Selbstgefälligkeit tunlichst zu meiden. Weitere Beispiele für dergleichen pädagogisierende Exegese ließen sich finden. Im Unterschied zu jenem Pariser Theologen, „qui de filio prodigo parabolam in quadraginta dies protraxit, ut aequaret quadragesimae numerum, affingens iter abeuntis ac redeuntis, quasi nunc in diversorio vesceretur artocrea e linguis confecta, nunc praeteriret molam aquatilem, nunc luderet alea, nunc cessaret in ganea, nunc aliud atque aliud ageret" (Welzig 3, 422 ff.), ist die allen narrativen Verstrickungen abholde Schriftauslegung des Erasmus stets pointiert und auf Erreichung eines sittlichen Zwecks abgestellt – so auch in der Frage von Gnade und freiem Willen. Wie in bezug auf die Sakramentenlehre (vgl. 3, 476; 2, 134), so zeigt Erasmus auch im gegebenen Zusammenhang wenig Verständnis für langwierige Disputation. Die erasmische „forma Christianismi" ist knapp und derart bündig zu umschreiben, daß sie etwa auch ein „Lanio" gegenüber einem „Salsamentarius", ein Metzger gegenüber einem Fischhändler zu umschreiben vermag, wie dies in dem vertrauten Gespräch Ἰχθυοφαγία der Fall ist (vgl. Welzig 6, 314–455): „si in via pietatis sumus, ut alacriter proficiamus ad meliora relictorum obliti; si peccatis involuti, ut totis viribus enitamur, adeamus remedium paenitentiae ac domini misericordiam modis omnibus ambiamus, sine qua nec voluntas humana est efficax nec conatus; et si quid mali est, nobis imputemus, si quid boni, totum ascribamus divinae benignitati, cui debemus et hoc ipsum, quod sumus; ceterum, quicquid nobis accidit in hac vita sive laetum sive triste, ad nostram salutem ab illo credamus immitti nec ulli posse fieri iniuriam a deo natura iusto, etiamsi qua nobis videntur accidere indignis, nemini desperandum esse veniam a deo natura clementissimo: haec, inquam, tenere meo iudicio satis erat ad Christianam pietatem ..."[13] Um das kleine, aus vorgeprägtem Textmaterial gearbeitete Lehrstück[14] gemäß der erasmischen Forderung nach volkssprachlicher Explikation evangelischer Wahrheit auch noch auf Deutsch wiederzugeben: „Wenn wir uns auf dem Weg der

---

[13] Erasmus von Rotterdam, De libero arbitrio diatribe sive collatio. Gespräch oder Unterredung über den freien Willen, in: Welzig 4, 2–195, hier: 10 ff.

[14] Vgl. J. Mehlhausen, Forma Christianismi. Die theologische Bewertung eines kleinen katechetischen Lehrstücks durch Luther und Erasmus von Rotterdam, in: ZThK 87 (1990), 437–455.

Frömmigkeit befinden, sollen wir mutig nach dem Besseren streben, indem wir vergessen, was hinter uns liegt; wenn wir in Sünden verstrickt sind, sollen wir uns mit allen Kräften herauszuarbeiten suchen, sollen wir das Heilmittel der Buße suchen und die
Barmherzigkeit Gottes auf jede Weise zu erlangen trachten, ohne
die weder der menschliche Wille noch seine Strebungen Erfolg
haben; und wenn es etwas Böses ist, wollen wir es uns anrechnen, wenn aber etwas Gutes, wollen wir es zur Gänze der göttlichen Güte zuschreiben, der wir auch gerade das verdanken, was
wir sind; im übrigen wollen wir glauben, daß alles, was uns in
diesem Leben zustößt, sei es etwas Erfreuliches, sei es etwas Be-
trübliches, uns von jenem zu unserem Heil geschickt wird, und
daß keinem ein Unrecht von Gott geschehen kann, der von Natur
aus gerecht ist, auch wenn uns etwas unverdient zuzustoßen
scheint, darf doch niemand an der Verzeihung von seiten Gottes
verzweifeln, der von Natur aus überaus gnädig ist: Das festzuhalten, sage ich, wäre meinem Urteil nach zu christlicher Frömmigkeit ausreichend ...“ (Welzig 4, 11 ff.)

Damit ist die Position im wesentlichen umschrieben, die Erasmus
in seiner 1524 bei Froben in Basel erschienenen Schrift „De libero
arbitrio diatribe sive collatio“ eingenommen hat, um dafür in Luthers „De servo arbitrio“ vom Herbst 1525 bekanntlich heftig kritisiert zu werden. Daß der erasmische Standpunkt einfachhin der
pelagianische oder semipelagianische ist, wird man nicht ohne
weiteres sagen können, auch wenn der Schlußsatz der Proömi-
ums der Diatribe entsprechende Vermutungen nahelegt: „Porro liberum arbitrium“, so heißt es dort (Welzig 4, 36; vgl. 4, 588 ff.),
„hoc loco sentimus vim humanae voluntatis, qua se possit homo
applicare ad ea, quae perducunt ad aeternam salutem, aut ab iis-
dem avertere.“ Nun darf aber, wie J. Mehlhausen gezeigt hat, zum
einen die vermeintliche Grundbestimmung erasmischer Willenslehre nicht als definitiv überschätzt werden; zum andern legt
Erasmus entschiedenen Wert darauf, seine Position möglichst eng
mit jenen Scholastikern zu verbinden, „qui longissime fugiunt a
Pelagio“. Von diesen gilt: „plurimum tribuunt gratiae, libero arbitrio pene nihil nec tamen in totum tollunt: negant hominem posse
velle bonum sine gratia peculiari, negant posse incipere, negant
posse progredi; negant posse perficere sine principali perpetuo-
que gratiae divinae praesidio. Horum sententia satis videtur pro-
babilis, quod relinquat homini studium et conatum et tamen non
relinquit, quod suis ascribat viribus.“ (Welzig 4, 56)

Warum Luther gleichwohl meinte, theologisch widersprechen und
zwar kompromißlos widersprechen zu müssen, soll hier nicht eigens erörtert werden, weil ich mich zum Streit des Wittenberger
Reformators mit Erasmus unter formalen und inhaltlichen Gesichtspunkten in zwei Studien bereits ausführlich geäußert habe.[15]
Hingewiesen werden soll lediglich auf die manifeste Unhaltbar-
keit einer deterministischen Interpretation der Willenskritik Luthers, derzufolge dieser menschliche Spontaneität ausgeschlossen
und nur willenlose Zwangsläufigkeit zugelassen habe. Daß das
Gegenteil richtig ist, zeigt der Text trotz gewisser Tendenzen zu
metaphysischer Konsequenzmacherei[16] unzweifelhaft. Ferner ist es
nicht so, daß Luther der Sache nach gelehrt hätte, was später in
der lutherischen Bekenntnistradition (vgl. FC I) ausdrücklich verworfen wurde, daß nämlich der Fall der Sünde die geschöpfliche
Substanz destruiert und den Menschen zu einer „imago Satanae"
transformiert habe. Auch als Sünder bleibt der Mensch Geschöpf
Gottes. Gleichwohl verkehrt die Sünde die dem Menschen zuge-
eigneten kreatürlichen Gaben auf eine Weise, daß von solcher
Verkehrung nicht nur der sinnlich-affektive Bereich, sondern auch
Vernunft und Wille des Menschen betroffen sind. Im Modus sündiger Verkehrung ist der differenzierte Schöpfungszusammenhang
von Leib und Seele (resp. Leib, Seele und Geist) nur noch in einer
pervertierten Weise präsent, nämlich dergestalt, daß die Seele
samt ihrem vernünftigen und willentlichen Vermögen sich gewissermaßen mit dem Leib verwechselt und sich vom körperlichen
Prinzip natürlicher Selbsterhaltung derartig beherrschen läßt, daß
sie die Form unmittelbarer Selbstbestimmung und Selbstdurchset-
zung annimmt, wohingegen der Leib als solcher beansprucht, vernünftiger Allgemeinwille zu sein, und in seiner körperlichen Besonderheit das Ganze zu besitzen begehrt. Überein kommen bei-

---

[15]   Vgl. G. Wenz, Luthers Streit mit Erasmus als Anfrage an protestantische
       Identität, in: F. W. Graf/K. Tanner (Hg.), Protestantische Identität heute,
       Gütersloh 1992, 135–160; ders., Martin Luther: „De servo arbitrio" – „Vom
       unfreien Willen", in: H. V. Geppert (Hg.), Große Werke der Literatur II,
       Augsburg 1992, 63–102. Dort finden sich auch die nötigen Literaturbezü-
       ge.

[16]   Vgl. W. Behnk, Contra Liberum Arbitrium pro Gratia Dei. Willenslehre
       und Christuszeugnis bei Luther und ihre Interpretation durch die neuere
       Lutherforschung. Eine systematisch-theologiegeschichtliche Untersuchung,
       Frankfurt a. M. u. a. 1982.

de – in der Verkehrtheit des peccatum originale impliziten – Verwechslungen in der selbstsüchtigen Konkupiszenz, die ihrem in sich widersprüchlichen Unwesen gemäß nichts anderes ist als eine bodenlose Selbstverkennung – eine Selbstverkennung, die, obwohl sich selbst undurchsichtig, doch von Bewußtlosigkeit bzw. der Sphäre des Un- oder Unterbewußten grundsätzlich zu unterscheiden ist, da sie alle Grade der Bewußtheit umfaßt und den ganzen Menschen beherrscht. Sünde ist – kurz gesagt – „eine Totalbestimmtheit der menschlichen Existenz"[17]. Darin liegt in anthropologisch-hamartiologischer Hinsicht die eigentliche Differenz zwischen Luther und Erasmus begründet – eine Differenz, die für Luther indes lediglich einen Reflex seiner gnadentheologischen Grundannahmen darstellt, so daß im Hinblick auf seine Position von einem gesteigerten anthropologischen Pessimismus zu sprechen ebenso unangemessen ist wie die abgewiesene deterministische Interpretation. Doch davon ist hier nicht länger zu reden, da das Nötige schon anderweitig in der gebotenen Ausführlichkeit entfaltet worden ist.

Lediglich auf Melanchthons Stellung zwischen Erasmus und Luther soll noch kurz eingegangen werden.[18] Der hierzu nötigende Grund ist unschwer einzusehen; handelt es sich doch bei besagtem Problem um ein Schlüsselthema sowohl der Geschichte der Wittenberger Reformation im allgemeinen als auch der angemessenen Deutung ihrer Bekenntnistexte im besonderen, als deren Autor zum nicht geringen Teil der Praeceptor Germaniae[19] fungiert. Während man ehedem geneigt war, das Verhältnis Melanchthons zu Luther als ein zumindest anfänglich im Fundamentalen einiges und damit unproblematisches zu charakterisieren, hat die neuere Forschung diese Grundharmonie zwischen Praeceptor und

---

[17] M. Doerne, Gottes Ehre am gebundenen Willen. Evangelische Grundlagen und theologische Spitzensätze in De servo arbitrio, in: LJ 20 (1938), 45–92, hier: 49.

[18] Vgl. u. a. H. Scheible, Melanchthon zwischen Luther und Erasmus, in: A. Buck (Hg.), Renaissance – Reformation. Gegensätze und Gemeinsamkeiten, Wiesbaden 1984, 155–180.

[19] Nach K. Hartfelder, Philipp Melanchthon als Praeceptor Germaniae, Berlin 1889, VIII muß die Bezeichnung „Praeceptor Germaniae" für Melanchthon schon Anfang der fünfziger Jahre des 16. Jahrhunderts allgemein bekannt gewesen sein.

Reformator wenn nicht „gründlich zerstört"[20], so doch erheblich differenziert und als eine weniger auf Gleichklang denn auf Polyphonie abgestimmte gekennzeichnet. Im Blick auf das theologische Spätwerk, das für die werdende Orthodoxie in hohem Maße einflußreich werden sollte, war es u. a. Ernst Troeltsch[21], der im Anschluß an entsprechende Ergebnisse der Ritschlschule zu beweisen suchte, wie stark Melanchthons humanistisches Denken vom angeblichen oder tatsächlichen theologischen Antihumanismus Luthers abwich. Vergleichbar gegenläufige Tendenzen wurden bald auch unter Bezug auf den frühen Melanchthon herausgestellt, wie sich beispielhaft an den Beiträgen zum 400. Geburtstagsjubiläum im Jahre 1897 ablesen läßt.[22] Ohne sich des Mittels grober Kontrastierung bedienen zu müssen, hatte zuvor schon Karl Hartfelder in seinem großen Werk über den Praeceptor Germaniae von 1889 auf den Begriff gebracht, was mehr oder minder bis heute als Allgemeingut der Forschung zu gelten hat: Melanchthon ist „Humanist, ehe er Reformator wird"[23]. Man erin-

---

[20]   M. Greschat, Melanchthon neben Luther. Studien zur Gestalt der Rechtfertigungslehre zwischen 1528 und 1537, Witten 1965, 9.

[21]   E. Troeltsch, Vernunft und Offenbarung bei Johann Gerhard und Melanchthon. Untersuchung zur Geschichte der altprotestantischen Orthodoxie, Göttingen 1891.

[22]   Vgl. z. B. F. Loofs, Melanchthon als Humanist und Reformator. Festrede zum Melanchthon-Jubiläum, gehalten in der Aula der Universität Halle-Wittenberg am 16. Februar 1897, in: ThStKr 70 (1897), 641−667. Zur weiteren Forschungsgeschichte sowie zum gegenwärtigen Forschungsstand vgl. zusammenfassend H. Scheible, Art. Melanchthon, Philipp (1497−1560), in: TRE 22, 371−410; zu den Loci theologici vgl. 386 (2.3); ein Verzeichnis von Bibliographien und Forschungsberichten findet sich 396. Zu vergleichen ist fernerhin das monumentale Werk von W. Hammer, Die Melanchthonforschung im Wandel der Jahrhunderte. Ein beschreibendes Verzeichnis, Bd. I: 1519−1799, Gütersloh 1967; Bd. II: 1800− 1965, Gütersloh 1968; Bd. III: Nachträge und Berichtigungen 1519−1970, Gütersloh 1981. Ergänzend: P. Fraenkel, Fünfzehn Jahre Melanchthonforschung. Versuch eines Literaturberichtes, in: W. Elliger (Hg.), Philipp Melanchthon. Forschungsbeiträge zur vierhundertsten Wiederkehr seines Todestages dargeboten in Wittenberg 1960, Göttingen 1961, 11−55. Zur Konzeption der im Auftrag der Heidelberger Akademie der Wissenschaften von H. Scheible besorgten kritischen und kommentierten Gesamtausgabe von Melanchthons Briefwechsel (MBW) vgl. MBW Bd. I: Regesten 1−1109 (1514− 1530), bearbeitet von H. Scheible, Stuttgart/Bad Cannstatt 1977, 24− 38.

[23]   K. Hartfelder, a. a. O., VIII.

nere sich an die berühmte Antrittsrede in Wittenberg „De corrigendis adolescentiae studiis"[24], die er vier Tage nach seiner Ankunft Ende August 1518 im Beisein (und unter dem Beifall Luthers) vor Professoren und Studenten der Leucorea[25] gehalten hat. Im Programm der Universitätsreform, das der Einundzwanzigjährige mit seiner Forderung namentlich das Griechische, aber auch das Hebräische betreffender Sprachstudien entwickelt, spricht sich ein Bewußtsein aus, welches durch und durch humanistisch geprägt ist. Steht dieses unzweifelhaft fest, so läßt sich gleichwohl eine ganze Reihe noch offener Probleme konstatieren, die künftiger Bewältigung harrten: Indem er nämlich seinem Wunsche Ausdruck verlieh, „die Theologen zu Gräcisten"[26] zu machen, hatte Melanchthon zwar klar zu erkennen gegeben, „welche Bedeutung er dem Fachgebiet beimaß, das er als Lehrer des Griechischen (und zeitweilig auch des Hebräischen) an der Universität Wittenberg zu vertreten hatte"[27]; noch keineswegs hinreichend geklärt war hingegen die Frage, wie die Synthese von Christentum und antiker Bildung, welche Melanchthon als Leitbild vorschwebte, im einzelnen und im großen und ganzen aussehen sollte. Diese Unklarheit betraf keineswegs nur die Aufnahme der Idee durch potentielle Rezipienten, sondern auch die Vorstellungen, welche ihr Urheber selbst mit ihr verband.

---

[24]   Vgl. R. Stupperich (Hg.), Melanchthons Werke in Auswahl. Bd. III: Humanistische Schriften, hg. v. R. Nürnberger, Gütersloh 1961, 29–42. Sehr instruktive Bemerkungen zur Problematik des protestantischen Humanismus enthält die Einführung zu dem erwähnten Band (a. a. O., 9–12). Zur exegetischen Arbeit, die Melanchthon in Verbindung mit humanistischer Quellenforschung intensiv betrieben hat, vgl. R. Stupperich (Hg.), Melanchthons Werke in Auswahl. Bd. IV: Frühe exegetische Schriften, hg. v. P. F. Barton, Gütersloh 1963. Übersicht über die Produktionen der Jahre 1518–1529 findet sich a. a. O., 10–13.

[25]   Vgl. H. Junghans, Wittenberg als Lutherstadt, Berlin (1979) ²1982, der die Gründung der Leucorea im Zusammenhang des Ausbaus Wittenbergs zu einem kursächsischen Zentrum darstellt; vgl. a. a. O. 44 ff., bes. 51 ff. Zum Werden der mittelalterlichen Stadt und zur reformatorischen Umformung mittelalterlicher Einrichtungen vgl. 9 ff. bzw. 109 ff.

[26]   K. Hartfelder, a. a. O., 68.

[27]   A. Sperl, Melanchthon zwischen Humanismus und Reformation. Eine Untersuchung über den Wandel des Traditionsverständnisses bei Melanchthon und die damit zusammenhängenden Grundfragen seiner Theologie, München 1959, 32.

In detaillierten Studien zur Stellung des jungen Melanchthon zwischen Humanismus und Reformation hat Wilhelm Maurer[28] erwiesen, daß der nachmalige Praeceptor „in den Anfangsjahren der Reformation keine feste theologische Stellung eingenommen hat. Es wäre aber", so Maurer, „falsch, ihn – nach einem landläufigen Vorurteil – dauernder theologischer Schwankungen zu bezichtigen. Er ist nicht von taktischen Rücksichten bestimmt, sondern in ständiger Auseinandersetzung begriffen. Er bringt dafür ein humanistisches Erbe mit, das er nie aufgegeben hat, das er aber nur soweit verteidigte, als es seiner reformatorischen Glaubensüberzeugung entsprach."[29] Nach Maurer sind es sonach in erster Linie nicht subjektive Charaktereigentümlichkeiten Melanchthons, sondern objektive Sachgründe, welche seine Theologie in ständiger Auseinandersetzung begriffen und dauernden Schwankungen ausgesetzt sein lassen: „Die neuen Ansätze von Luthers reformatorischer Theologie sind von Anfang an zusammengestoßen mit dem christlichen Humanismus, von ihm aufgenommen, aber auch umgebogen worden. Der erste, der in diese Auseinandersetzung eingetreten ist und sie in den Grundlinien festgelegt hat, ist der junge Melanchthon gewesen; hierin liegt die exemplarische Bedeutung seiner Lebensleistung beschlossen."[30]

Daß letztere Feststellung mit den persönlichen Intentionen Melanchthons konvergiert, dürfte unbestreitbar sein. Eine andere Frage ist es, ob sich dieser von Anfang an und stets über die Tragweite der Schwierigkeiten im klaren war, die seinem Versuch einer Synthese von christlichem Humanismus und reformatorischem Christentum entgegenstanden. Hat A. Buck nicht recht, wenn er

---

[28]   Vgl. W. Maurer, Der junge Melanchthon zwischen Humanismus und Reformation, Bd. I: Der Humanist, Göttingen 1967; Bd. II: Der Theologe, Göttingen 1969.

[29]   A. a. O., Bd. I, 5.

[30]   A. a. O., Bd. I, 7. Vgl. ferner u. a. A. Schirmer, Das Paulusverständnis Melanchthons 1518–1522, Wiesbaden 1967, 25: „Beide Bewegungen, Humanismus und Reformation, zu verbinden, wurde die Aufgabe seines Lebens. Diesem Anspruch nicht ausgewichen zu sein, sondern sich ihm mutig gestellt zu haben, macht Größe und Fruchtbarkeit seines Wirkens aus." A. Brüls, Die Entwicklung der Gotteslehre beim jungen Melanchthon 1518–1535, Bielefeld 1975, 33: „Melanchthons eigene theologische Leistung besteht ... hierin, die humanistischen Anliegen und Methoden mit reformatorischen Einsichten verbunden zu haben."

den Streit zwischen Erasmus und Luther über die Problematik der Willensfreiheit einen zwangsläufigen nennt und hinzufügt, der Willensstreit sei lediglich die Konsequenz eines Gegensatzes zweier Positionen gewesen, die nicht nur in einer Hinsicht, sondern prinzipiell und im wesentlichen von Anfang an konträr gewesen seien?[31] Auch wenn sich die Tradition des europäischen Humanismus, wie ein Erasmus ihn exemplarisch repräsentierte, im 17. und 18. Jahrhundert jenseits der Antagonismen des an sich selbst zugrunde gegangenen konfessionalistischen Zeitalters als sprichwörtliche „Dritte Kraft" anbot und wirksam erwies – war ein solches Drittes unter den Bedingungen des 16. Jahrhunderts tatsächlich eine realistische Möglichkeit oder galt bezüglich dieses Säkulums nicht viel eher der Grundsatz: tertium non datur? Läßt sich darüber gegebenenfalls noch ein gelehrter Streit führen, so steht doch ungeachtet seines Ausgangs immerhin soviel fest: Um auf Differenzen zwischen der Wittenberger Reformation und einem erasmischen Humanismus aufmerksam zu werden, welche von anderer als lediglich okkasioneller Art sind, bedarf es lediglich eines nüchternen historischen Blicks, und keiner angestrengten Geschichtsschau, die – um das erasmische Humanitätsideal umso strahlender zu erleuchten – Luther zu einem Kind der Angst des deutschen Volkes stilisieren muß, das um seines ebenso sonderlichen wie verwegenen Charakters willen zum Vertrauen auf Humanität und die Werke des westlichen Humanismus angeblich unfähig ist.[32]

Differenzen grundlegender Art zwischen Humanismus und reformatorischem Christentum konnten auch dem Zögling und Musterschüler Reuchlins[33] nicht entgehen, und sie sind ihm – wie immer

[31]   Vgl. A. Buck, Humanismus. Seine europäische Entwicklung in Dokumenten und Darstellungen, Freiburg/München 1987, 252.

[32]   Vgl. etwa F. Heer, Die Dritte Kraft. Der europäische Humanismus zwischen den Fronten des konfessionellen Zeitalters, Frankfurt a. M. 1959, hier: 184.

[33]   Zum Einfluß Reuchlins auf Melanchthon vgl. u. a. P. Meinhold, Philipp Melanchthon. Der Lehrer der Kirche, Berlin 1960, der seine biographisch orientierte Untersuchung zu Recht mit den Worten schließt: „Nicht als ‚Lehrer Deutschlands', sondern als ‚Lehrer der Kirche', als ‚Doctor ecclesiae' behält Melanchthon seine bleibende Bedeutung." (136; bei M. gesperrt) Interessante Hinweise auf die Prägung, die der heranwachsende Melanchthon von seinem Großonkel erfahren hat, finden sich auch bei

er ihre Tragweite einschätzen mochte – auch nicht entgangen, sondern schon frühzeitig zu Bewußtsein gekommen. Ich nehme, um dies zu verdeutlichen, noch einmal auf den skizzierten Grundriß erasmischer Anthropologie Bezug, um im Vergleich dazu Melanchthons – an Paulus orientierte – Auffassung von der menschlichen Natur zu kennzeichnen. Nach H.-G. Geyer, der einen solchen Vergleich in extenso durchgeführt hat, ist die erasmische Menschenlehre die geradlinige Fortsetzung des Weges, den die Renaissancephilosophie und -theologie in Gestalt etwa des Florentiner Neuplatonismus[34] anthropologisch eingeschlagen hat-

---

W. Maurer, Melanchthon als Humanist, in: W. Elliger (Hg.), a. a. O., 116– 132. Zum Reuchlinischen Streit vgl. F. W. Kampschulte, Die Universität Erfurt in ihrem Verhältnisse zu dem Humanismus und der Reformation. Aus den Quellen dargestellt. 2 Teile (Trier 1858/60), Aalen 1970, I, 149– 191. II, 1–42 enthält die Darstellung von Luthers Anfängen in Erfurt. Ferner: L. Geiger, Johann Reuchlin. Sein Leben und seine Werke (1871), Nieuwkoop 1964.

[34] Als beispielhaft für den Florentiner Neuplatonismus kann die „Theologia Platonica" (vgl. Theologia Platonica de immortalitate animorum XVIII Libris comprehensa, Hildesheim/New York 1975 [Nachdruck der Ausgabe Paris 1559]) Marsilio Ficinos (1433–1499) angesehen werden. War Ficino eine Zeitlang geneigt, dem christlichen Glauben zu entsagen, da ihm Platons Lehren höher zu stehen schienen als diejenigen Jesu Christi, so besann er sich alsbald eines Besseren und versuchte, Christus und Platon zu einem stimmigen Ausgleich zu bringen. Sein Fürst, Lorenzo il Magnifico, und die um den Hof der Medici versammelten Renaissancehumanisten hielten es ähnlich und ließen den Platonismus in der Regel nicht als Ersatz, sondern als authentische Deutung des christlichen Glaubens fungieren. „Eine oder zwei Generationen lang lächelte die Kirche gnädig Zustimmung zu solchem Tun, dann kam Savonarola und verdammte es als Unfug." (W. Durant, Die Renaissance. Eine Kulturgeschichte Italiens von 1304 bis 1576, Bern/München 1961, 135) Charakteristisch für Ficinos Neuplatonismus ist seine eigentümliche Seelenlehre; danach markiert die Seele des Menschen dessen Mittelstellung im Kosmos, ja sie ist an sich selbst das symmetrische Mittel zwischen der intelligiblen Sphäre Gottes und der Engel und dem materiellen Bereich, der durch Körperlichkeit bestimmt ist. Ihrem transzendenten Ursprung in Gott gemäß ebenso unbeweglich wie unteilbar ist die Seele doch zugleich auf Materie ausgerichtet und in dieser Hinsicht materiell bewegt und teilbar. Mit P. O. Kristeller, Die Philosophie des Marsilio Ficino, Frankfurt a. M. 1972, 380 f. zu reden: „Da die Seele in der Mitte zwischen den ewigen und zeitlichen Dingen steht, so hat sie nicht allein einen eindeutig bestimmten Platz in der Stufenreihe der existierenden Wesen, sondern sie besitzt auch im Verhältnis zu den übrigen Dingen und im Aufbau des Seinsganzen eine eigene, ausgezeichnete Bedeutung. Denn

te. Mit der neuplatonischen Überlieferung der Renaissance teilt Erasmus, so Geyer, „ein zuletzt ungebrochenes, im Kern von keinem Zweifel erschüttertes Vertrauen in Würde und Kraft der Vernunft als des obersten Wertprinzips menschlichen Lebens ...“[35]. Auch unter postlapsarischen Bedingungen, unter denen das ur-

die ewigen und zeitlichen Dinge, von denen Ficino redet, d. h. die intelligiblen und körperlichen Wesen, bilden nicht etwa irgendwelche beliebigen Teilbereiche des Seins, sondern es sind die beiden Seinshälften schlechthin, welche zusammen das Ganze der Wirklichkeit ausmachen, die zwei Welten, die seit Platon die Geschichte der Metaphysik beherrscht haben und deren Dualismus durch das Prinzip der kontinuierlichen Stufung zwar modifiziert, aber nicht völlig aufgehoben wurde. Das Wesen, welches zwischen den ewigen und zeitlichen Dingen vermittelt, ist daher nicht nur ein beliebiges Glied in der Reihe der Gegenstände, sondern die Mitte der Dinge schlechthin. Und wenn jedes Mittelglied, welches zwei Extreme miteinander ausgleicht, mit zur Einheit und Kontinuität der Wirklichkeit beiträgt, so darf insbesondere die Mitte der Dinge, welche die beiden Seinshälften miteinander versöhnt und verbindet, als die Fessel und das Band des Universums bezeichnet werden, welches die Einheit der Welt ermöglicht und gleichsam in sich selbst zur Darstellung bringt.“

So grundlegend die Theorie von der Zwischenstellung und doppelten Neigung der Seele sich erweist, so groß sind die Probleme, die sich im Zusammenhang der Neigung der Seele zum Körperlichen stellen. Zwar soll gelten, daß die beiden besagten Neigungen der Seele trotz ihrer entgegengesetzten Ausrichtung nicht widersprüchlich sind, daß mithin die Neigung der Seele zum Körper nicht im Gegensatz zu ihrer göttlichen Bestimmung steht; die Tatsache, daß die Seele als Nahtstelle zwischen intelligibler und sinnlicher Sphäre fungiert, begründet sonach nicht nur ihre kosmologisch ausgezeichnete Bedeutung, sondern geht auch theologisch in Ordnung: denn die Neigung der Seele zum Körper und zur sinnlichen Welt soll für sich genommen keine Verfehlung, sondern durchaus dem göttlichen Willen gemäß sein. Auf der anderen Seite resultiert aus der Verbindung der Seele mit einem irdischen Körper nach Ficinos Urteil für diese eine ihrem wahren Wesen nicht entsprechende und letztlich entfremdete Daseinsform. Eine bezeichnende Folge dessen ist es, daß im Zentrum des hamartiologisch-soteriologischen Interesses von Ficino recht eigentlich nicht die Sündenschuld, sondern das Übel körperlicher Verhaftung der Seele steht. So kann es nicht verwundern, daß trotz teilweise gegenläufiger Bestrebungen die Gesamttendenz der Argumentation letztlich doch wieder darauf hinausläuft, den platonischen Leib-Seele-Dualismus mit dem paulinischen Fleisch-Geist-Gegensatz zur Deckung zu bringen.

[35] H.-G. Geyer, Von der Geburt des wahren Menschen. Probleme aus den Anfängen der Theologie Melanchthons, Neukirchen 1965, 105.

sprünglich integre Leib-Seele-Verhältnis sich in widerstreitender
Zwietracht befindet, bleibt ein Restvermögen der Vernunftseele
und ihres verständigen Willens vorausgesetzt, sich selbst zum
Guten zu bestimmen. Im übrigen bildet die „Identifikation des
‚affectus‘ – ‚ratio‘ – Gegensatzes mit dem paulinischen ‚caro‘ –
‚spiritus‘ – Gegensatz"[36] die Voraussetzung aller hamartiologisch-
soteriologischen Argumentationen des Erasmus.

Im Unterschied hierzu lehnt es Melanchthon Geyer zufolge stric-
tissime ab, den biblisch-paulinischen Begriff von „caro" mit dem
sinnlichen Aspekt menschlicher Natur gleichzusetzen. „Fleisch-
lichkeit" gilt ihm vielmehr als eine Totalbestimmtheit menschlichen Seins, im Vergleich zu welcher der Unterschied zwischen
ratio und affectus lediglich als relativer und in solcher Relativität
weder der Sünde noch des göttlichen Heiles mächtiger in Erscheinung tritt. Im gottlosen Unwesen des „Fleisches" sind nicht
nur die Sinne des sich selbst überlassenen Menschen befangen,
sondern auch sein Wille und sein Verstand. Beide vermögen unmittelbar von sich aus nicht nur die „fleischliche" Verkehrtheit
nicht zu beheben, sondern nichts als „Fleischliches" zu bewirken.
„Nur im strengen Verständnis von ‚caro‘ als der Grundverfassung
des ganzen menschlichen Seins wird der paulinische Gedanke,
daß es für den Menschen keine Gerechtigkeit aus dem Gesetz
gibt, so wie ihn Melanchthon auffaßt, gewahrt, sofern nämlich der
Grundsatz des Apostels: ‚ex lege non est iustitia‘ gleichbedeutend
damit ist, daß alles, was ‚caro‘ ist, das Gesetz nicht erfüllen kann.
Die Behauptung der totalen Bestimmtheit des Menschen als
‚caro‘, dadurch dem Menschen jedwede Möglichkeit zur Gesetzeserfüllung abgesprochen wird, impliziert deshalb die Negation des
‚liberum arbitrium‘, durch das eine solche Möglichkeit, in welchem Umfang auch immer, soll offengehalten werden."[37] Entsprechende Negationen sind nach Melanchthon dort vorzunehmen,
wo unter dem Stichwort der ratio oder unter welchem anthropo-
logischem Titel auch immer ein der menschlichen Natur imma-
nentes Prinzip unmittelbarer Selbstbestimmung zur Wahrheit behauptet wird. „Es macht zwar keinen geringen Unterschied, ob
die Seinsmächtigkeit des Menschen zu seiner Wahrheit mit der
platonischen Tradition in die Vernunft als die bestimmende Ein-

---

[36]   A. a. O., 113; bei G. gesperrt.

[37]   A. a. O., 94.

sicht in das Gute des Seienden im Ganzen gesetzt wird oder mit
Aristoteles in das ursprüngliche Streben des Menschen nach dem
höchsten Gut des menschlichen Seins, das im vollkommenen Leben besteht, darin das wahre Wesen des Menschen wirklich wird;
aber unerachtet dieser Differenz zwischen der effektiv maßge-
benden Vernunft und dem zielsicheren Streben stimmen beide
Konzeptionen doch in der fundamentalen Behauptung überein,
daß dem wirklichen Sein des Menschen prinzipiell die Macht eignet, sich selbst zu seiner wahren Form zu bilden."[38] Im Unterschied zu Erasmus, der es entschieden behauptet, stellt Melanchthon ein solches Vermögen des wirklichen Menschen, sich zu
seiner wahren Form von sich aus zu gestalten, dezidiert in Abrede. An Text und Kontext (Capita; Loci von 1522 etc.) der „Loci
communes" von 1521 als der ersten von ihrem Urheber autorisier-
ten systematischen Summe Melanchthonscher Theologie[39] hat
Geyer dies im einzelnen nachgewiesen.

---

[38]   A. a. O., 90.

[39]   Zum Text der „Loci communes rerum theologicarum seu hypotyposes
theologicae" von 1521 vgl. R. Stupperich (Hg.), Melanchthons Werke in
Auswahl, II. Bd., Teil I: Loci communes von 1521. Loci praecipui theologici von 1559 (1.Teil), bearb. v. H. Engelland und R. Stupperich, Gütersloh
1978, 15−185. Vgl. ferner: Die Loci communes Philipp Melanchthons in ihrer Urgestalt nach G. L. Plitt von neuem hg. und erl. von Th. Kolde,
Leipzig/Erlangen ⁴1925. Eine vom Lutherischen Kirchenamt und der
VELKD hg. und mit kommentierenden Anmerkungen versehene Übersetzung hat jüngst H. G. Pöhlmann vorgelegt (Gütersloh 1993). Zu den Vor-
arbeiten der Loci von 1521 vgl. E. Bizer (Hg.), Texte aus der Anfangszeit
Melanchthons, Neukirchen 1966, 87−131. Wie etwa die CA und ihre Apologie so hat Melanchthon auch die Loci von 1521 zeitlebens immer wieder
Revisionen und Neubearbeitungen unterzogen. Die wichtigsten sind
diejenigen von 1535 und 1543. Aber schon 1522 wurde etwa der Abschnitt
„De libero arbitrio" nicht unerheblich modifiziert (vgl. W. H. Neuser, Der
Ansatz der Theologie Philipp Melanchthons, Neukirchen 1957, 114−133).
Zu Begriff und Methodik der „Loci", die nach dem Sprachgebrauch der
antiken Rhetoren die „Örter" im Stoffzusammenhang bezeichnen, „von
denen her man Beweise entnehmen kann" (J. Kunze, Art. Loci theologici, in: RE³ 11, 570−572, hier: 570) vgl. u. a. H.-G. Geyer, a. a. O., 34ff., sowie P. Joachimsen, Loci communes. Eine Untersuchung zur Geistesge-
schichte des Humanismus und der Reformation, in: LuJ 8 (1926), 27−97.
Entscheidend ist für Melanchthon die Loci-Trias von peccatum, lex und
gratia, auf die er 1521 die Vielzahl der loci communes theologici reduziert. Vgl. hierzu im einzelnen W. Maurers Analyse der Loci, a. a. O.,
Bd. II, 264ff.: Der Mensch unter der Sünde; 287ff.: Der Mensch unter

Geyer hat zugleich mit überzeugenden Gründen gezeigt[40], daß
die innere Sinnmitte des theologischen Entwurfs der Loci von 1521,
von der her auch die skizzierten hamartiologischen Grundsätze
erst recht verständlich werden, in Melanchthons Verständnis der
„fides iustificans" als „fides promissionis divinae" beschlossen
liegt. Wie bei Luther, so bildet auch bei ihm die Korrelation von
Verheißung und Glauben die Begründung der Glaubensgerechtigkeit und die Basis evangeliumsgemäßer Theologie. Für die im
Rahmen einer Theologie der Bekenntnisschriften der evangelisch-
lutherischen Kirche besonders interessanten Jahre zwischen 1528
und 1537 hat Martin Greschat die diesbezügliche, auf die Rechtfertigungslehre konzentrierte Entwicklung Melanchthons neben derjenigen Luthers präzise nachgezeichnet. Seine Studie nimmt ihren
Ausgang bei der Frage der Stellung Luthers und Melanchthons in
der Bekenntnisbildung der Jahre 1528/29[41]: Ziel der Analyse ist der
Nachweis, daß von einem ins Grundsätzliche reichenden Gegensatz beider Konzeptionen nicht die Rede sein kann. „So gewiß
man ... die Differenz zwischen beiden, wie sie gerade in den so
bald nacheinander entstandenen Schwabacher und Marburger Artikeln zutage tritt, nicht verwischen kann, ebenso gewiß ist der in
beiden Artikelreihen gemeinsame Bereich auch wirklich gemeinsamer theologischer Besitz: zwar von Melanchthon geprägt und
geformt, aber von Luther in voller Übereinstimmung mit seiner
theologischen Konzeption vertreten."[42] Dieser Befund bestätigt
sich auch in Bezug auf den unmittelbaren Kontext des Reichstages von Augsburg 1530, der eine erneute und forcierte Hinwen-
dung Luthers zur Frage der Rechtfertigung mit sich bringt.[43] Dies

---

dem Gesetz; 336 ff.: Der Mensch unter der Gnade. Ferner: E. Bizer,
Theologie der Verheißung. Studien zur theologischen Entwicklung des
jungen Melanchthon, Neukirchen 1964, 34–85. Um den Aufweis von
„Formalstrukturen humanistischer und reformatorischer Theologie bei
Philipp Melanchthon" ist S. Wiedenhofers gleichnamige Studie (2 Bde.,
Bern/Frankfurt a. M./ München 1976) bemüht in der Absicht, eine alternative Verhältnisbestimmung von Humanismus und Reformation zu vermeiden und Melanchthons Werk als humanistische Reformtheologie zu
erweisen.

40   Vgl. a. a. O., 215 ff.

41   Vgl. M. Greschat a. a. O., 19–49.

42   A. a. O., 49.

43   Vgl. a. a. O., 50–79.

braucht hier nicht erneut erörtert zu werden, weil das Wesentliche nachgerade über Luthers Haltung zur Augustana bereits gesagt ist. Aufmerksam gemacht werden soll lediglich auf einen entscheidenden, von Greschat mit Recht herausgestellten Themenaspekt, nämlich auf die Frage, welcher Sitz im Leben der Rechtfertigungsthematik in der Augsburger Reichstagssituation konkret zukam.

Die Lage ist folgende: „Daß der Glaube vor allen Werken rechtfertige, dies wollten auch die Gegner zugestehen. Wie, wenn auch sie dem Glauben den unbedingten Vorrang zuerkannten und nur den nachfolgenden Werken, die doch ohne diese Voraussetzung des Glaubens nicht sein konnten, einen anderen Wert beimaßen? Wenn Werke geboten waren und geboten blieben, wenn der Glaube sie wirkte – und zwar nach seinem Wesen – gehörten sie dann nicht doch irgendwie in den Zusammenhang der Rechtfertigung hinein?"[44] In der Tat ist durch Fragen wie diese der spezifische Problemhorizont bezeichnet, der nicht nur für Luthers[45], sondern auch für Melanchthons Erörterungen der Rechtfertigungsthematik im Umkreis und in der Folgegeschichte des Augsburger Reichstags von 1530 bestimmend ist. Auch für Melanchthons rechtfertigungstheologische Erörterungen 1530 und später ist das Anliegen entscheidend, das „sola fide" so zu fassen, daß einerseits der altgläubige Vorwurf einer Preisgabe der Neuwerdung aus Glauben zurückgewiesen wird, ohne doch andererseits den Werken folgsamen Glaubensgehorsams eine zumindest indirekt konstitutive Bedeutung für das Rechtfertigungsgeschehen beizumessen, welches letztere vielmehr ausdrücklich bestritten wird. Worum es sachlich geht, läßt sich anhand der Genese der

---

[44] A. a. O., 72 f.

[45] Vgl. a. a. O., 73 ff. Greschat weist zurecht darauf hin, daß der Gedanke forensischer Imputation bei Luther den alleinigen Zweck hat, „das sola fide unumstößlich" (a. a. O., 76) zu machen und aus soteriologischen Gründen bleibender Heilsgewißheit den Werken insgesamt – also einschließlich derjenigen, die aus Glauben zu folgen haben – eine konstitutive Bedeutung für das Rechtfertigungsgeschehen abzusprechen. Entsprechendes gilt, wie sich im einzelnen noch zeigen wird, für Melanchthon. Zu Luthers Darlegung der Rechtfertigung in der Galatervorlesung von 1531 vgl. a. a. O., 80–109.

Apologie der Augsburgischen Konfession[46] paradigmatisch aufweisen[47]: Am 1. Juli 1530 traf sich Melanchthon zu einem Gespräch

---

[46]   Die Geschichte des Textes der Apol (vgl. dazu auch die Vorrede [BSLK
        141–144] als das wohl älteste Stück des Quarttextes der lateinischen
        Apol), auf die unter Bezug auf Forschungsergebnisse Christian Peters im
        ersten Band dieser Untersuchung bereits kurz eingegangen wurde (Bd. I,
        492, Anm. 122. Der dort zitierte zusammenfassende Aufsatz von Peters:
        „,Er hats immer wollen besser machen [...].' Melanchthons fortgesetzte
        Arbeit am Text der lateinischen Apologie vor und nach dem Augsburger
        Reichstag von 1530" ist mittlerweile erschienen in: H. Immenkötter/
        G. Wenz [Hg.], Im Schatten der Confessio Augustana. Die Religionsver-
        handlungen des Augsburger Reichstages 1530 im historischen Kontext,
        Münster 1997, 98–126; a. a. O., 71–83 findet sich der Bd. I, 394, Anm. 112
        erwähnte Beitrag von B. Lohse: „Erasmus und die Verhandlungen auf
        dem Reichstag zu Augsburg 1530".), läßt sich auf der Basis von dessen
        Habilitationsschrift (Chr. Peters, Apologia Confessionis Augustanae. Un-
        tersuchungen zur Textgeschichte einer lutherischen Bekenntnisschrift
        [1531–1584], Stuttgart 1997. Da das Buch bei Abschluß des Manuskripts
        noch nicht vorlag, wird im folgenden die Habilitationsschrift und zwar
        nicht nach Maßgabe der Seitenzählung, sondern nach der sehr präzisen
        Abschnittsnumerierung zitiert.) in weiten Teilen präzise rekonstruieren.
        Nach einem außerordentlich genauen und hilfreichen Forschungsbericht,
        der belegt, daß die Textgeschichte der Apol bislang weithin vernachläs-
        sigt wurde (vgl. exemplarisch E. Hirsch, Rez. v. BSLK, in: ZKG 12 NF
        [1930], 468–471, hier: 470: „Bei der *Apologie* sind die Textfragen am we-
        nigsten belangreich."), zeichnet Peters in einem I. Teil seiner Arbeit die
        Entstehung der in Augsburg konzipierten Apologiefassungen nach, um
        diese Untersuchung in einem II. Teil für die Zeit der gedruckten lateini-
        schen und deutschen Texte bis zum Konkordienbuch (1580/84) fortzufüh-
        ren. Die beiden folgenden Teile konzentrieren sich sodann auf Einzel-
        aspekte der Textgeschichte von Apol, nämlich zum einen auf die Genese
        der Artikel 4–6 und 20 (Teil III), zum anderen auf das Verhältnis Luthers
        zur Apol bzw. auf erkennbare Wechselwirkungen zwischen der theologi-
        schen Arbeit Luthers und derjenigen Melanchthons (Teil IV). Die Unter-
        suchung schließt mit einer Ertragszusammenfassung und einem Ausblick
        auf die Aufgabenfelder künftiger Forschung (Teil V). In einem Anhang
        werden als Ergänzung zu Teil I drei Stücke zur frühen Textgeschichte
        der Apol dargeboten: der Text des dem Kaiser am 22. September 1530
        angetragenen Exemplars der lateinischen Apol (die sog. Dresdner Hand-
        schrift), die älteste Gestalt der deutschen Fassung der Augsburger Apol
        nach der sog. Schwäbisch Haller Handschrift und eine Rekonstruktion
        der frühen „Wittenberger Redaktion" dieses Textes aufgrund der sog.
        Kasseler Handschrift.

        Was die – auch Codex Chytraenus (vgl. H. E. Bindseil, CR 27, 275–316
        [Apparat] sowie 262 ff., der vom Codex Chytraeanus spricht) genannte –
        Dresdner Handschrift betrifft, die, wie gesagt, am 22. September dem

Kaiser übergeben werden sollte, von diesem aber im letzten Augenblick nicht angenommen worden war, so liegt ihr als Entwurf die sog. Wolfenbütteler Handschrift (Codex Guelferbytanus) zugrunde, als deren Grundbestand wiederum die „Grundschrift" Spalatins zu gelten hat, welche den eigentlichen Kern der Augsburger Apol darstellt. Die sog. Grundschrift umfaßt im wesentlichen den in CR 27, 275–316 fettgedruckten Text. Zu datieren ist sie nach Peters zwischen dem 9. August und der Monatsmitte. Welche Redaktionen an der Primärgestalt dieser Schrift von seiten Spalatins und namentlich von seiten Melanchthons vorgenommen wurden, wird in allen Einzelheiten rekonstruiert. Von besonderem Interesse sind dabei die mannigfachen Sachbezüge, in denen Melanchthons Textergänzungen im Rahmen der prima pars der „Grundschrift" (Art. I–XXI) zu den Ausgleichsverhandlungen des Augsburger Vierzehner-Ausschusses stehen, der vom 16. bis 21. August tagte. In diesem Zusammenhang eröffnen sich Einblicke, die nicht nur kirchengeschichtlich höchst bedeutsam, sondern auch von aktueller ökumenischer Relevanz sind. Bemerkenswert ist ferner die Tatsache, daß man sich evangelischerseits die Apologieoption trotz zeitweiliger Abstinenz im Prinzip durchweg offenhielt und aller Wahrscheinlichkeit nach während der Verhandlungen im erwähnten Vierzehner-Ausschuß an der Verbesserung des Spalatintextes arbeitete. Spätestens am Tag nach dem Scheitern der Verhandlungen im sog. Sechser-Ausschuß, vom 24. bis 28. August konferierte, nahm man das ursprüngliche Apologieprojekt wieder entschlossen in Angriff, so daß am Tag des Übergabeversuchs, am 22. September 1530, mehrere elaborierte und sauber geschriebene Apol-Manuskripte sowohl in lateinischer als auch in deutscher Fassung vorlagen. Dabei macht Peters plausibel, daß es sich bei dem zustande gebrachten Ergebnis nicht lediglich um ein Melanchthonsches Produkt, sondern um das Resultat ·der Gemeinschaftsarbeit eines Augsburger Apologiegremiums handelt, welchem neben dem Praeceptor Germaniae auch Justus Jonas, Georg Spalatin, Johannes Brenz und vielleicht Johann Agricola angehört haben. Bezüglich der deutschen Handschriften der Augsburger Apologie ist im gegebenen Zusammenhang lediglich zu wiederholen, daß unter ihnen der bereits erwähnte, dem Anhang der Arbeit von Peters beigegebene Codex Hallensis den ältesten heute noch zugänglichen Text der deutschen Augsburger Apol repräsentiert.

Bereits während der Rückreise vom Reichstag war Melanchthon, wie wir aus dem Zeugnis äußerer Quellen wissen, auf der Basis der Dresdner Apologiehandschrift beständig und gelegentlich bis zum Überdruß mit dem Versuch einer Verbesserung der lateinischen Apol beschäftigt. Diese Bemühungen wurden nach erfolgter Rückkehr nach Wittenberg am 13. Oktober unermüdlich fortgesetzt, und sie gestalteten sich nicht zuletzt deshalb als sehr beschwerlich, weil Melanchthon sich anfangs einen sehr behutsamen Umgang mit dem Augsburger Text vorgenommen zu haben scheint. Kompliziert und aufwendig gestaltete sich auch die auf Art. 28 konzentrierte Revision der deutschen Apol, die ein Gremium kursächsischer Theologen parallel zur Arbeit Melanchthons aufgenommen hatte.

Eine Rekonstruktion der frühen, im Oktober 1530 auf der Grundlage des Codex Hallensis vorgenommenen „Wittenberger Redaktion" der deutschen Apologie findet sich, wie gesagt, im Anhang der Arbeit von Peters.

Eine weitgehend neue Situation trat ein, als spätestens Ende Oktober ein vollständiges (nach Annahme von Peters aus dem Besitz von Dr. Johann Henckel stammendes) Exemplar der lateinischen Confutatio durch Nürnberger Vermittlung in Wittenberg eingetroffen war, so daß man nicht mehr auf evangelische Mitschriften, namentlich diejenige von Camerarius, angewiesen war. Nun konnten kleinere Texteingriffe nicht mehr genügen, es bedurfte weitgehender Neufassungen. Mit ihnen sehen wir Melanchthon von Anfang November 1530 bis Ende April/Anfang Mai 1531, dem Erscheinungsdatum der Quartausgabe der lateinischen CA und Apol, intensiv beschäftigt, wobei der Grad physischer und psychischer Erschöpfung nicht selten beängstigend wurde. Als besonders schwierig erwiesen sich vor allem Gestaltung und argumentative Durchführung des Rechtfertigungsartikels. Nicht nur daß eine im Januar 1531 bereits gedruckt vorliegende Fassung wieder verworfen wurde; auch nachdem die Quartausgabe publiziert war, gab sich Melanchthon noch keineswegs mit dem Erreichten zufrieden. Nachgerade der Rechtfertigungsartikel erschien ihm nach wie vor als nicht hinreichend präzise formuliert und zu keiner befriedigenden Reife gelangt. Noch während der Drucklegung der Oktavausgabe der lateinischen CA und Apol vom September 1531 feilte Melanchthon ständig am Text. Peters hat diesen Prozeß anhand der textgeschichtlichen Entwicklung der lateinischen Apologie in ihren Artikeln IV–VI und XX insonderheit im III. Teil seiner Arbeit minutiös und in einer außerordentlich spannenden Weise nachgezeichnet, die beim Leser nicht nur Respekt, sondern auch Mitgefühl mit dem vielgeplagten und vielgescholtenen Melanchthon erweckt.

Was die Wertigkeit der einzelnen Textgestalten anbelangt, so hat nach dem Urteil von Peters die Quartausgabe der Apol lediglich als eine Zwischenstation auf dem Weg zum Ziel zu gelten, das nach Melanchthons eigener Einschätzung erst mit der Oktavausgabe vom September 1531 wirklich erreicht wurde. Bemerkenswert ist dieses Urteil nicht zuletzt deshalb, weil es nicht die Oktavausgabe vom Spätsommer 1531, nach deren Erscheinen sich der Text der lateinischen Apol nicht mehr nennenswert verändert hat, sondern die Quartausgabe vom Frühjahr 1531 ist, welche den in der Jubiläumsausgabe der Bekenntnisschriften der evangelisch-lutherischen Kirche von 1930 wiedergebenen textus receptus der Apol darstellt, der auch in vorliegender Untersuchung zugrunde gelegt wird. Daß dies vom 16. Jahrhundert her betrachtet keineswegs zwangsläufig oder auch nur naheliegend ist, versucht Peters mit beachtlichen Gründen zu erweisen. Aus der von ihm dargebotenen Übersicht über die Bezeugung der beiden wesentlichen Textformen der Apol (Quarttext und Oktavtext) zwischen 1531 und 1584 geht nämlich hervor, daß bis 1580 der Oktavtext als der maßgebliche zu gelten hat. Erst im Jahre 1584 sei dann im Kontext des Streits um die CA variata und mit der Begründung,

mit dem kaiserlichen Prediger Aegidius über die Rechtfertigungslehre, in dessen unmittelbarer Folge der Praeceptor Germaniae
eine – letztlich CA IV kommentierende – Thesenreihe verfaßte,
um im einzelnen zu begründen, „cur dicamus, quod fides iustificet, et non dicamus, quod charitas iustificet"[48]. Damit war der
cantus firmus angestimmt, der für die Kommentierung oder besser
gesagt: für die Verteidigung der CA und nachgerade ihres Rechtfertigungsartikels auch fernerhin die Hauptmelodie abgeben sollte. Die gedankliche Entwicklung des Grundsatzes, daß nicht die
Liebe, sondern der Glaube rechtfertige, machte Melanchthon nicht
geringe Schwierigkeiten, wie die Textgeschichte von Apol und
darin vorgenommene mehrmalige argumentative Neuansätze be-

das Konkordienbuch von 1580 biete keineswegs den ältesten Drucktext
der Apol, dem Quarttext der Vorzug gegeben worden, welche Entscheidung für alle späteren Sammlungen des wichtigsten Corpus Doctrinae
der Wittenberger Reformation bis hin zur Jubiläumsausgabe der evangelisch-lutherischen Bekenntnisschriften von 1930 bestimmend geblieben
sei. Hier tut nach Peters Änderung not: „Bei einer Neuausgabe der Bekenntnisschriften wird man ... kaum einfach wieder den ‚Quarttext' der
AC bieten können." (Chr. Peters, Apologia Confessionis Augustanae,
II.1.3.c) Dagegen sprechen nach Peters nicht nur formale, sondern auch
Kriterien sachlicher Qualität. Vgl. dazu jetzt: Evangelische Bekenntnisse.
Bekenntnisschriften der Reformation und neuere Theologische Erklärungen. Im Auftrag des Rates der Evangelischen Kirche der Union gemein-
sam mit I. Dingel, J. F. Goeters, W. Hüffmeier, H. Junghans, Chr. Peters,
·G. Ruhbach, H. Scheible und H. Schröer hg. von R. Mau, Bielefeld 1997.

Während er für die lateinische Apol eindeutig den Oktavtext vom September 1531 favorisiert, erscheint Peters hinsichtlich der deutschen Fassung ein Festhalten am Quarttext durchaus als möglich. Stellt doch der
deutsche Quarttext der Apol vom Oktober 1531, der in allen nach 1584 erschienenen Ausgaben des Konkordienbuches abgedruckt wird und im
Vergleich zu dem der Oktavtext der deutschen Apol von 1533 nach Melanchthons Tod immer mehr an Boden verliert, selbst schon einen vermittelnden Mischtext zwischen der lateinischen Quart- und der lateinischen Oktavausgabe der Apol dar, der insgesamt dem Oktavtext ungleich näher steht und in manchen Teilen seines Rechtfertigungsartikels
sogar über diesen hinausreicht. (Zur Frage der Verhältnisbestimmung der
Textanteile von Justus Jonas und derjenigen Melanchthons vgl. II, 2.2.1.)

[47]   Vgl. auch M. Greschat, a. a. O., 115–133.

[48]   Nach Chr. Peters, a. a. O., III.1.1; vgl. H. Scheible, Melanchthons Auseinandersetzung mit dem Reformkatholizismus, in: R. Decot (Hg.), Vermittlungsversuche auf dem Augsburger Reichstag 1530. Melanchthon –
Brenz – Vetus, Stuttgart 1989, 68–90.

weisen. Selbst nach Erscheinen der Quartausgabe der lateinischen
Apol Ende April/Anfang Mai 1531 war Melanchthon mit dem erreichten Ergebnis längst nicht zufrieden: „Meum scriptum",
schreibt er am 12. Mai 1531 an Camerarius in bezug auf ein beige-
fügtes Exemplar der Apol-Quartausgabe, „vides, in quo tamen argutias quasdam decrevi retexere in fine loci de Iustificatione, nam
principium placet et μεϑοδικὸν est. Tuum etiam iudicium expec-
to." (CR 2, 500 f. [Nr. 983], hier: 501)[49] Auf denselben Tag wie das
Schreiben an Camerarius ist auch ein Brief nach Schwäbisch Hall
datiert (CR 2, 501–503, Nr. 984), in dem Melanchthon am einseitigen Augustinismus von Brenz und näherhin an der Annahme Kritik übt, der eigentliche Rechtfertigungsgrund sei die gnadenver-
mittelte und vom Geist ermöglichte Gesetzeserfüllung durch Liebe
und nicht der Glaube als solcher. Dem wird entgegnet, daß allein
der Glaube, welcher der Verheißung Jesu Christi vertraut, es ist,
welchem Rechtfertigung zuteil wird.

Diese – schon im Diskurs mit Aegidius klar erkennbare – thematische Leitlinie der Argumentation läßt sich von Spalatins „Grundschrift" der Augsburger Apol bzw. von Melanchthons Eingriffen in
deren Artikel 4–6 über den Apologietext vom 22. September 1530
sowie die bis Ende Oktober vorgenommenen Veränderungen, in
denen sich Melanchthon mehr und mehr aus der direkten Konfrontation den Augsburger Gegnern gegenüber löst und zu einer
eigenständigen Darstellung der Rechtfertigungslehre vordringt, bis
hin zur ältesten Druckfassung der Apologia IV–VI vom Januar 1531
(vgl. CR 27, 460, 38–478, 5) verfolgen.[50] Der Grundsatz, „quod proprie fides" bzw. „quod sola fides iustificet", steht fest: Aber seine
Entfaltung ist nach Melanchthons eigenem Urteil zu Jahresbeginn

---

[49]   Vgl. dazu Melanchthons Briefwechsel. Bd. II: Regesten 1110–2335 (1531–
         1539) bearbeitet von Heinz Scheible, Stuttgart/Bad Cannstadt 1978, Nr.
         1152; zum Brief an Brenz vgl. Nr. 1151. Vgl. ferner MBW II, Nr. 1156.1163.
         1169.1193. Ergänzend zu den Ausführungen zu § 6,6 sei bes. auf MBW I,
         952 (4. [!] Juli 1530).953.954 verwiesen, zu § 6,8 auf MBW I, 1020 ff., zu § 7,1
         bes. auf MBW I, 874.875.879.880.881.883.894.895, zu § 7,4 bes. auf MBW I,
         889 (Wa).896 (Ja; auch 903). Zur Genese der Apologie der CA vgl. u. a.
         MBW I, 1081.1085; II, 1110 ff. Zum Inhalt des Briefwechsels zwischen
         Brenz und Melanchthon über die Rechtfertigungsfrage vgl. bes.
         M. Brecht, Die frühe Theologie des Johannes Brenz, Tübingen 1966, 241–
         247.

[50]   Vgl. Anm. 46.

1531 sowohl in formaler als auch in inhaltlicher Hinsicht alles andere als befriedigend; der Januartext von Apol 4–6 wird, obgleich schon gedruckt, vom Autor wieder kassiert, bis endlich Ende April/Anfang Mai die Quartausgabe erscheint, um freilich ihrerseits alsbald durch die Oktavausgabe vom September 1531 ersetzt zu werden.

Wie immer man das Verhältnis von Quart- und Oktavtext im einzelnen beurteilen mag, worum Melanchthon sachlich nach wie vor rang, ist offenkundig. Sucht man einen weiteren Beweis, so wird er in eindrucksvoller Weise geliefert durch eine „Disputatio" von April/Mai 1531, welche den bezeichnenden Titel trägt: „Quare fide iustificemur, non dilectione". Zusammen mit dem etwa um dieselbe Zeit anzusetzenden Briefwechsel mit Brenz, der u. a. die „Disputatio" selbst zum Gegenstand hat, kann die in ihren Grundargumenten skizzierte Thesenreihe als Schlüssel zum innersten Anliegen der Rechtfertigungslehre der werdenden und gewordenen Apologie gelten. Mit Recht hat J. Haussleiter zu dem von ihm aufgefundenen Originaltext der „Disputatio" bemerkt: „Man hat in d(ies)en Sätzen eine kurze Zusammenfassung der Rechtfertigungslehre Melanchthons in seiner für die Reformationsgeschichte bedeutsamsten Periode; sie sind ein eigenartiges Kompendium der Ausführungen in der Apologie."[51]

---

[51] J. Haussleiter, Melanchthons Loci praecipui und Thesen über die Rechtfertigung aus dem Jahre 1531, in: Abhandlungen Alexander von Oettingen zum siebenzigsten Geburtstag, München 1898, 245–262, hier: 251; nach dem bei Haussleiter, a. a. O., 251–255 wiedergegebenen Text (vgl. auch CR 12, 446–449) wird die „Disputatio" zitiert. Vgl. ferner M. Greschat, a. a. O., 116: „Diese Disputation ‚Quare fide iustificemur non dilectione', die schon durch ihre Überschrift auf das entscheidende theologische Problem hinweist, steckt den Umkreis ab, den die Apologie dann breit und ausführlich abschreiten wird." Das Ergebnis der Thesenreihe umschreibt Greschat wie folgt: „Während die römische Lehre als notwendigen zweiten Teil der Rechtfertigung neben der poenitentia die Erneuerung des Menschen nannte – in dem Sinn, daß der Glaubende nun gute Werke zu seiner endgültigen Gerechtigkeit mittels der Gnade zu erwerben hatte –, läßt Melanchthon auch diesen Teil von der fides umfaßt sein: sie rechtfertigt wirklich, nicht nur, weil dem Glauben ein logischer und zeitlicher Vorrang vor den Werken gebührt: das konnten auch die Gegner zugestehen; sondern weil dieser Glaube mit der Annahme Christi alles das besitzt, was jene in die remissio peccatorum einerseits und in das iustum efficere andererseits meinten zerlegen zu müssen." (A. a. O., 116 f.)

Ziel der Disputation ist, wie ihre Überschrift belegt, der erneute
Erweis, „quod sola fides iustificet, hoc est, ex iniustis acceptos efficiat et regeneret" (These 5). Fragt man nach einer entsprechenden Begründung, so ist sie in dem Hinweis enthalten, daß nachgerade der Glaube es ist, welcher die Verheißung ergreift, die das
Evangelium zuspricht. Ihm allein wird daher die evangelische Gerechtigkeit zuteil, welche der Mittler Jesus Christus, der uns Gott
angenehm macht, in Person und an sich selbst ist. „Promissio fide
accipitur. Prius igitur fide iusti sumus, qua accipimus promissam
reconciliationem, quam legem facimus. Maledicti sint qui ad deum
lege aut ratione accedunt sine mediatore Christo." (These 17 f.)
Weder können wir durch die „iustitia rationis" gerechtfertigt werden, noch durch die Werke, welche das göttliche Gesetz gebietet,
nämlich „dilectio Dei et proximi". Zum einen nämlich, so Melanchthon, vermag die der Konkupiszenz verfallene menschliche
Natur wahre Gottesliebe ohnehin nicht zu erbringen, zum anderen und überhaupt sei es nicht das Verdienst unserer Liebe, welches rechtfertige, sondern der Glaube, der sich allein auf die göttlichen Verheißungen verläßt, ohne auf eigene Werke zu vertrau-
en. Damit ist das Wesentliche gesagt.

Nichtsdestoweniger und unbeschadet, ja in Bestätigung des „sola
fide" werden unter den Bedingungen der „iustitia promissionis"
die „iustitia rationis" und die „iustitia legis" nach Melanchthons
Urteil keineswegs aufgehoben. Vielmehr beginne in denen, welche in der Kraft des Heiligen Geistes durch Glauben und Glauben
allein gerechtfertigt seien, die Gerechtigkeit des Gesetzes progres-
siv wirksam zu werden. „Haec inchoata impletio legis est effectus
in his, qui iam fide iustificati sunt et renati." (These 20) Könnte
man in der Konsequenz dieser Annahme nicht auf den Gedanken
kommen, die beginnende Gesetzeserfüllung durch Liebe rechtfertige lediglich anfänglich nicht, wohingegen sie – durch den Beistand der Gnade ursprünglich in Bewegung gebracht – letzten
Endes sehr wohl zum eigentlichen Bezugspunkt des göttlichen
Rechtfertigungsurteils bestimmt sei? Melanchthon tritt dieser Annahme als einem irrigen Fehlschluß mit Leidenschaft entgegen. Ja
man wird nicht umhin können zu sagen, daß gerade an diesem
Punkt, wo es um die dem Glauben folgenden Werke zu tun ist,
die eigentliche kritische Pointe seiner Ausführungen zu suchen
und zu finden ist: Die Werke der Liebe – so die entscheidende
These – rechtfertigen nicht nur anfänglich nicht; sie sind auch
nicht dazu bestimmt, gewissermaßen nachträglich und im Endef-

fekt die Rechtfertigung zu erwirken, die zu Beginn lediglich äußerlich und bis auf weiteres zugesprochen wurde, um im Menschen die Werke der Gottes- und der Nächstenliebe hervorzurufen und zu motivieren: „Nec honos mediatoris postea transferen-
dus est in impletionem legis, quae in nobis fit. Ideo nec postea
reputamur iusti coram deo, propter illam legis impletionem, sed
ideo, quia fide habemus accessum per Christum." (These 23 f.) Es
bleibt also dabei: „Certo statuendum est, quod fide propter Christum iusti reputemur ..." (These 27) Der Glaube und der Glaube
allein ist und bleibt es, welcher die Rechtfertigung empfängt. Ihm
ist nicht nur anfänglich die Rechtfertigung verheißen, sondern für
alle Zukunft sind es die Verheißung und der Glaube, welcher der
Verheißung vertraut, an denen das Heil ganz und gar hängt, so
wahr – nicht andererseits, sondern zugleich und unter eben dieser
Voraussetzung – es ist, daß der Glaube die Werke der Liebe nicht
schuldig bleiben darf. „In summa. Conclusit scriptura omnia sub
peccatum, ut promissio ex fide Jesu Christi daretur credentibus ..."
(These 37, Schluß)

Entsprechend lautet, wie gesagt, auch das Endergebnis des bemerkenswerten und außerordentlich inhaltsreichen Briefes an Johannes Brenz vom 12. Mai 1531[52]: Ursprünglicher und letztendlicher
Grund der Rechtfertigung ist nicht die vom Hl. Geist bewirkte Gesetzeserfüllung, sondern allein der Glaube an die Verheißung
Christi, dem die Liebe indes notwendig folgt. Das solle sich
Brenz, der in seinem Sachurteil in der betreffenden Angelegenheit

---

[52] Vgl. H. Scheible (Hg.), MBW II, 1151; ferner: 1156; 1163; 1169; 1193 sowie
1132, 1143 und 1148. Zu den Auswirkungen der Auseinandersetzung über
die Rechtfertigung im Briefwechsel mit Melanchthon von 1531 auf „Die
frühe Theologie des Johannes Brenz" vgl. die bereits erwähnte gleichnamige Monographie von Martin Brecht, Tübingen 1966, 241–247. Was das
Verhältnis der rechtfertigungstheologischen Aussagen Melanchthons und
Luthers in dem Schreiben vom 12. Mai anbelangt, so sind sie zwar keineswegs einfachhin deckungsgleich (vgl. a. a. O., 243). Gleichwohl ist in
Bezug auf die Nachschrift mit Recht gesagt worden: „Sie unterstreicht das
von Melanchthon Ausgeführte und zeigt deutlich, wie vertraut dessen
Gedanken Luther mittlerweile schon sind. Und tatsächlich spricht alles
dafür, daß Melanchthons Briefwechsel mit Brenz damals sogar Ge-
sprächsgegenstand an Luthers Tafel gewesen ist." (Chr. Peters, a. a. O.,
III.2.3; vgl. auch M. Greschat, Melanchthon neben Luther. Studien zur
Gestalt der Rechtfertigungslehre zwischen 1528 und 1537, Witten 1965, 115–
133.)

noch zu sehr von Augustin abhänge, als das Wichtigste gesagt
sein lassen, um seine Auffassung demgemäß zu korrigieren. Ich
zitiere um ihrer Wichtigkeit willen die einschlägige Passage unge-
kürzt: „Tu adhuc haeres in Augustini imaginatione, qui eo perve-
nit, ut neget rationis iustitiam coram deo reputari pro iustitia; et
recte sentit. Deinde imaginatur, nos iustos reputari propter hanc
impletionem legis, quam efficit in nobis spiritus sanctus. Sic tu
imaginaris, fide iustificari homines, quia fide accipiamus Spiritum
Sanctum, ut postea iusti esse possimus impletione legis, quam efficit spiritus sanctus. Haec imaginatio collocat iustitiam in nostra
impletione, in nostra munditie seu perfectione, etsi fidem sequi
debet haec renovatio. Sed tu reiice oculos ab ista renovatione et a
lege in totum ad promissionem et Christum, et sentias, quod
propter Christum iusti, hoc est, accepti coram Deo simus et
pacem conscientiae inveniamus, et non propter illam renovatio-
nem. Nam haec ipsa novitas non sufficit. Ideo sola fide sumus
iusti, non quia sit radix, ut tu scribis, sed quia apprehendit Christum, propter quem sumus accepti, qualis sit illa novitas, etsi necessario sequi debet, sed non pacificat conscientiam. Ideo non
dilectio, quae est impletio legis, iustificat, sed sola fides, non quia
est perfectio quaedam in nobis, sed tantum, quia apprehendit
Christum, iusti sumus, non propter dilectionem, non propter legis
impletionem, non propter novitatem nostram, etsi sint dona Spiritus Sancti, sed propter Christum, et hunc tantum fide apprehendimus." (CR 2, 501 f.; vgl. WA Br 6, 98 ff. [1818])

Damit ist in der nötigen Deutlichkeit gesagt, worauf es Melanchthon – nachgerade im Zusammenhang des Rechtfertigungsartikels seiner Apologie – ankommt. Und Luther sekundiert seinem
Wittenberger Kollegen[53], indem er dem Schreiben an Brenz fol-

---

[53]   Zum Verhältnis Luthers zur Apologie vgl. im einzelnen Chr. Peters (IV.
       Teil), der von dem Problem der „Apologie(n) Luthers" seinen Ausgang
       nimmt. Peters macht wahrscheinlich, daß es sich bei der – u. a. in einem
       Brief Melanchthons an Brenz vom 8. April 1531 (vgl. CR 2, 494) erwähn-
       ten – apologia germanica Luthers um eine deutsche Übersetzung des
       Quarttextes der lateinischen Apol handelt, welche möglicherweise den
       Grundstock des im Juni 1531 begonnenen Rohtextes von Justus Jonas ge-
       bildet habe, wobei offen bleibe, wieweit Luthers Arbeit damals tatsäch-
       lich gediehen sei. Fest stehe jedenfalls, daß es sich bei der von Luther
       selbst als „apologia mea" bezeichneten Schrift nicht um denselben Text,
       wie mehr oder minder umfänglich er auch gewesen sein mag, handeln
       kann. Hier sei vielmehr an die WA 30 II, 652–676 wiedergegebenen No-

gendes Postskript anfügt: „Et ego soleo, mi Brenti, ut hanc rem melius capiam, sic imaginari, quasi nulla sit in corde meo qualitas, quae fides vel charitas vocetur, sed in loco ipsorum pono ipsum Christum et dico: haec est iustitia mea; ipse est qualitas et formalis, ut vocant, iustitia mea, ut sic me liberem ab intuitu legis et operum; imo et ab intuitu obiecti istius, Christi, qui vel doctor vel donator intelligitur; sed volo ipsum mihi esse donum et doctrinam per se, ut omnia in ipso habeam. Sic dicit: ego sum via, veritas et vita. Non dicit: ego do tibi viam, veritatem et vitam, quasi extra me positus operetur in me. Talia in me debet esse, manere, et vivere, loqui, non *per* me, an εἰς ἐμέ. 2 Cor. 5: *ut essemus iustitia in illo,* non: in dilectione aut donis sequentibus." (CR 2, 502 f.)[54]

---

tizen „De iustificatione" zu denken, die Peters auf den September 1530 datiert. Hätte Luther sie ausgearbeitet, was freilich unterblieb, wäre die geplante Schrift auf ein Parallelunternehmen zu Melanchthons Apologie hinausgelaufen. Immerhin lassen sich nach Peters manifeste Einflüsse auf deren Textgenese nachweisen. Daß Luther darüber hinaus persönlich auf die Entwicklung der Apol Einfluß nahm, beweisen u. a. seine – nach Peters Urteil in BSLK nur völlig unzureichend wiedergegebenen – Randbemerkungen zum Text der lateinischen Quartausgabe vom – wie Peters im Unterschied zu Clemen und Greschat meint – Mai 1531. Die wichtigsten und umfänglichsten sind auf die Kapitel „De dilectione et impletione legis" und „Responsio ad argumenta adversariorum" der Art. IV–VI der Apol bezogen. Peters gelingt es nachzuweisen, daß Luthers Randbemerkungen die Gestaltung des späteren Oktavtexts der lateinischen Apol erkennbar beeinflußt haben. Sachlich interessant ist in diesem Zusammenhang u. a. die Relativierung der mißverständlichen These, „bona opera" könnten als tröstliche „externa signa promissionis" für das angefochtene Gewissen fungieren. Umgekehrt hat sich der Austauschprozeß mit Melanchthon auch in Luthers eigenen Schriften niedergeschlagen. Peters zeigt das an den Predigten der Jahre 1530/31, die sich auffällig oft und ausführlich mit speziellen Rechtfertigungsfragen beschäftigen, und namentlich an der Galaterbriefvorlesung von 1531, die nicht zuletzt aus dem Diskurs mit Melanchthon erwachsen und als ein Seitenstück, ja mitunter sogar als Kommentar zu dessen gleichzeitigen Bemühungen um den Rechtfertigungsartikel des Oktavtextes der lateinischen Apol zu würdigen sei. Faktisch habe der aus der Galaterbriefvorlesung hervorgehende Galaterbriefkommentar von 1535 dann auch die Stelle von Luthers unvollendeter „apologia mea" eingenommen und seine zeitig geplante explizite Auseinandersetzung mit der Confutatio und der von den Confutatoren vertretenen Rechtfertigungslehre ersetzt.

[54] Mit Luthers und Melanchthons brieflichem Hinweis an Brenz und der erwähnten „Disputatio" des Praeceptor Germaniae ist der hermeneutische Schlüssel zum sachgemäßen Verständnis des Rechtfertigungsartikels

Ich finde, es gibt kaum ein schöneres Zeugnis rechtfertigungstheologischer Gemeinsamkeit zwischen Melanchthon und Luther
als das zitierte Schreiben an Brenz.[55] Es bestätigt, was durch Lu-

---

von Apol gegeben. Melanchthon hat das selbst bestätigt, wenn er Brenz
und möglicherweise auch noch anderen seine „Disputatio" als Lese- und
Strukturierungshilfe für den stellenweise noch dissimulierenden und mit
ungelösten Dispositionsproblemen behafteten Apol-Quarttext anempfahl.
Um an die Jubiläumsausgabe der BSLK als Textbasis anschließen zu
können, wird der Quarttext in diesem Werk – wie bisher schon – auch
weiterhin Interpretationsgrundlage sein, wenngleich Peters beachtliche
formale und inhaltliche Argumente dafür angeführt hat, künftig dem
Oktavtext den Vorzug zu geben. Umso wichtiger ist es, bei den nachfolgenden Interpretationen den besagten hermeneutischen Schlüssel in Anschlag zu bringen, da er nachgerade auch das Verständnis der Textentwicklung des Rechtfertigungsartikels zwischen Quart- und Oktavausgabe
zu erschließen vermag. (Vgl. dazu im einzelnen Chr. Peters, a.a.O.,
III.2.4; zum Textvergleich der übrigen Artikel vgl. a.a.O., II.1.2.2.) Sehr
aufschlußreich ist im gegebenen Zusammenhang ferner folgende
Textpassage in Melanchthons Römerbriefkommentar von 1532 („Gemeint
ist wohl Brenz ..." [R. Stupperich (Hg.), Melanchthons Werke in Auswahl.
Bd. V: Römerbrief-Kommentar 1532. In Verbindung mit G. Ebeling hg. v.
R. Schäfer, Gütersloh 1965, 100, Anm.5]): „Repudianda est et imaginatio
aliorum, qui ideo putant nos fide iustificari, quia fides sit initium renova-
tionis. Hi fingunt nos iustos esse propter nostram novitatem et quali-
tatem. Ac propemodum ex Augustino hanc persuasionem hauriunt. – Sed
aliud vult Paulus. Haec verba ‚fide iustificamur' ita recte et germane in-
telligentur, si in correlativam sententiam transformentur, videlicet in
hanc: Certo per misericordiam iusti seu accepti reputamur propter Christum. Ita, cum dicimus: ‚Fide iustificamur', mens statim quaerat extra nos
illud, propter quod iusti reputamur, videlicet intueatur misericordiam et
statuat hanc certam esse propter Christum, quia nihil aliud est fide iustificari quam per misericordiam iustificari, et quidem statuendum est, quod
haec misericordia certa sit. Itaque, etsi fides est quaedam qualitas in nobis, tamen non iustificat, quatenus est nostra qualitas aut novitas, sed
quatenus apprehendit misericordiam. Ac formaliter iusti sumus non nostra qualitate, sed imputatione divina, quae fit per misericordiam, cum
tamen nos statuimus hanc misericordiam certam esse propter Christum.
Ergo ‚fide iustificari' significat fiducia alieni beneficii, non ullius propriae
qualitatis, sed misericordiae, reconciliari et acceptari." (A.a.O., 100f.)

[55] Vgl. L. C. Green, How Melanchthon Helped Luther Discover the Gospel.
      The Doctrine of Justification in the Reformation, Fallbrook/Cal. 1980, bes.
      223–225, hier: 224: „It should not surprise us that Luther thus declares
      himself on the side of Melanchthon unless we are unduly influenced by
      certain historians who downgrade Melanchthon and only cite the Young
      Luther."

thers Kommentare zur CA und nachgerade zur Apologia Confessionis auch ansonsten deutlich wird: Von Grundsatzdifferenzen kann keine Rede sein, was durchweg vorherrscht, ist das Empfinden prinzipieller Einigkeit.[56] Zwar ist es wahr – was der gemeinsame Brief von Praeceptor und Reformator an Brenz nicht widerlegt, sondern im Gegenteil auf seine Weise bestätigt –, daß der Gedanke exzentrischer Christusgemeinschaft des Glaubens, der bei Luther als Grundlage der Rechtfertigungslehre fungiert, bei Melanchthon in dieser Form nicht begegnet, weil für ihn die Vorstellung der göttlichen Zurechnung des Glaubens zur Gerechtigkeit oder besser gesagt: der „imputatio" der Gerechtigkeit Christi zugunsten der Glaubenden im Vordergrund steht. Die entscheidende Frage muß daher lauten: „Läßt sich diese ‚forensische' Ausdrucksweise aus der Anschauung der für die Rechtfertigung grundlegenden Christusgemeinschaft des Glaubens deuten, oder steht sie unverbunden neben ihr als eine konkurrierende Vorstellung?"[57] Daß letzteres nicht der Fall ist, dafür scheint mir der Brenzbrief der beste Beweis zu sein. Zumindest für den im gegebenen Zusammenhang in den Blick genommenen und für das Verständnis zentraler Texte evangelisch-lutherischen Bekenntnisses entscheidenden Zeitraum kann von einer Konkurrenz zwischen der Rechtfertigungstheologie Luthers und derjenigen Melanchthons nicht die Rede sein.[58] Vielmehr sprechen Luthers Stel-

---

[56] Vgl. M. Greschat, a. a. O., 108 f.: „Es spricht vieles dafür, daß es dieses Gefühl der engen Verbundenheit und grundsätzlichen Einigkeit gewesen ist, wodurch Luther von dem lange gehegten Plan abgebracht wurde, eine eigene Apologie zu schreiben." Zu Luthers Stellung zu Melanchthons Entwurf der Rechtfertigungslehre vgl. im einzelnen a. a. O., 166–193.

[57] W. Pannenberg, Systematische Theologie Bd. III, Göttingen 1993, 244.

[58] Sachbeweise hierfür habe ich unter Bezug auf die ersten sechs Augustanaartikel und in Auseinandersetzung mit aktuellen Tendenzen finnischer Lutherforschung beizubringen versucht in meiner Studie: Unio. Zur Differenzierung einer Leitkategorie finnischer Lutherforschung im Anschluß an CA I-VI, in: M. Repo/R. Vinke (Hg.), Unio. Gott und Mensch in der nachreformatorischen Theologie, Helsinki 1996, 333–380. Kritisch hierzu: T. Mannermaa, Über die Unmöglichkeit, gegen Texte Luthers zu systematisieren. Antwort an Gunther Wenz, a. a. O., 381 – 91. Vgl. ferner meine Rezension in ThRev 86 (1990), 469–473. In kritischer Auseinandersetzung mit aktuellen Tendenzen finnischer Lutherforschung hat unlängst auch R. Flogaus, Einig in Sachen Theosis und Synergie?, in: KuD 42 (1996), 225–243, hier: 233, überzeugend deutlich gemacht, daß „sich die These einer unversöhnlichen Opposition von Luthers Rechtfertigungslehre und

lungnahmen zu Melanchthon und die Entwicklung seiner eigenen
Rechtfertigungstheologie, die ja gerade nicht auf einen Ausschluß,
sondern auf eine Integration der Melanchthonschen Argumentati-
onsweise hintendiert[59], eindeutig dafür, daß der Gedanke der in
der „unio cum Christo" gegebenen Glaubensgerechtigkeit mit der
Vorstellung forensischer Interpretation nicht nur kompatibel, sondern derart vereinbar ist, daß eine wechselseitige Explikation beider rechtfertigungstheologischer Grundannahmen möglich ist.
Dabei ist – das muß gewiß als erstes gesagt sein – die Zuwen-
dungsvorstellung rechtfertigungstheologisch auf den Gedanken
gläubigen Seins in Christo notwendigerweise angewiesen, weil ihr
ohne diesen Gedanken die Externität des Glaubensgrundes zu einer Äußerlichkeit verkommen müßte mit der Folge, daß der
Glaube der in Christus aus göttlicher Gnade gegebenen Gerechtigkeit gerade nicht inne würde und die forensisch begründete
Rechtfertigung auf eine Ergänzung durch die Annahme zu erfol-
gender Erneuerung des Menschen zwangsläufig angewiesen wäre.
Zum andern aber kann sich – und das ist das zum ersten notwendig hinzugehörende zweite, was zu sagen ist – der rechtfertigungstheologische Grundgedanke der durch gläubige Christusgemeinschaft gegebenen Gerechtigkeit vor Gott nicht ausschließend verhalten gegen die Vorstellung forensischer „reputatio"
(vgl. § 10,4), will er nicht in die Gefahr geraten, seiner exzentrischen Struktur verlustig zu gehen. Denn dies ist und bleibt ja bis
auf weiteres die entscheidende Frage, wie sich die in der Teilhabe
an Christus gegebene reale Gerechtigkeit des Glaubens zur empirischen Realität des glaubenden Menschen in sich selber verhält.

---

      derjenigen Melanchthons bzw. der FC so nicht aufrechterhalten (läßt)".
      Vgl. ders., Theosis bei Palamas und Luther. Ein Beitrag zum ökumeni-
      schen Gespräch, Göttingen 1997.

[59]   Nach Greschat läßt sich das Verhältnis der Lehrkonzeption des Refor-
      mators und des Praeceptors am besten als „polare Einheit" (a.a.O., 249)
      beschreiben. Am Ende der Entwicklung, wie sie durch die zweite Hälfte
      der 1530er Jahre und namentlich durch das Ende des Cordatusstreites
      markiert ist, steht – so Greschats Hauptthese – „eine tatsächliche, weit-
      reichende Übereinstimmung zwischen Luther und Melanchthon im Blick
      auf die Gestalt der Rechtfertigungslehre" (a.a.O., 247). Im übrigen ver-
      dient folgende Bemerkung beachtet zu werden: „Nicht historische Zufäl-
      ligkeit, sondern eine konkrete theologische Konsequenz aus dem eige-
      nen Ansatz heraus führte Luther dazu, gerade Melanchthons Konzeption
      und Lehrgestalt so weitgehend zu der eigenen zu machen." (A.a.O., 251)

„Hier läßt sich nur von anfänglichen Auswirkungen der Glaubensgemeinschaft mit Christus und seiner Gerechtigkeit sprechen. Daher hat der Glaubende in seinem empirischen Dasein an der Gerechtigkeit, die er durch den Glauben extra se in Christus besitzt, nur dadurch teil, daß ihm das, was er in Christus ist, im Hinblick auf seine empirische Daseinsverfassung zugerechnet wird."[60]

Damit ist exakt der theologische Ort markiert, an dem die Reputationsvorstellung ihre rechtfertigungstheologische Funktion zu erfüllen hat. Ihr Problemhorizont ist, wie u. a. H.-G. Geyer beobachtet hat, weniger durch die Frage der „iustificatio impii" als durch diejenige der „iustificatio pii" bestimmt. Die erwähnten rechtfertigungstheologischen Theoriekonstellationen im Zusammenhang des Augsburger Reichstags 1530, die Melanchthon konsequent auf die Frage, ob der Glaube oder die Liebe rechtfertige, fokussiert, bestätigen eindeutig die Richtigkeit dieser Beobachtung. „Gerade bei der Fassung der Rechtfertigungslehre, die man als rigoros ‚forensische' bezeichnet, also bei der Reputationsform der Rechtfertigungslehre im Unterschied (nicht im Gegensatz) zu einer eventuellen Regenerationsform der Rechtfertigungslehre blickt Melanchthon nicht eigentlich auf die Anfechtung des Gewissens vor dem Glauben, auf die Schrecken des Gewissens, in die das ‚opus legis proprium' vor der Predigt des Evangeliums den Menschen stürzt, sondern auf die Anfechtung des Gewissens im Glauben."[61]

---

[60] W. Pannenberg, a. a. O., 245.

[61] H.-G. Geyer, a. a. O., 334. „Und in der Tat: nicht dort, wo nur Bankrott und Ruin, Untergang und Ende regieren, wo die Spiele gemacht und rien ne va plus gesprochen ist, wo nichts mehr geblieben ist als ‚a heap of broken images', wo der Mensch mit seiner Schuld allein und nur noch das absurde Überbleibsel inmitten seines vergangenen Lebens ist, nicht dort erweist sich schon der ganze Wahrheitsgehalt der Lehre von der Rechtfertigung durch Glauben; dort setzt sie einen neuen Anfang, und der Mensch wäre nicht das utopische Wesen, das er ist, versuchte er es auch auf dem Gräberfeld seines Lebens nicht noch einmal mit dieser Eröffnung. Bitterernst jedoch wird es dort, wo der *letzte Anfang* ins Stokken gerät; wo es für menschliche Begriffe nicht weitergeht, wo ein Neues geworden ist, das vom Alten ereilt wird und unendlich zurückbleibt hinter seinem Sinn. Auf diese gewissermaßen potenzierte Anfechtung muß die Lehre von der ‚iustificatio per fidem' passen. Diese Anfechtung zweiten Grades muß in ihr gesichtet und bedacht sein, wenn sie dem Zweck der ‚consolatio conscientiae' wirklich genügen soll; mit dem Ge-

Um des Trostes der angefochtenen Gewissen der Gläubigen willen ist alle rechtfertigungstheologische Aufmerksamkeit vorbehaltlos auf die Externität des in Jesus Christus gegebenen Rechtfertigungsgrundes zu richten, auf welchen stetig und ausschließlich zu bauen die Bedingung der Glaubensgewißheit ist, welche durch Introspektion nicht nur nicht erreicht, sondern verstellt und unmöglich gemacht wird. Der Glaube wird nun einmal seines Heils nicht anders und auf dauerhafte Weise inne, als daß er sich auf seinen externen, in Jesus Christus gelegten Grund verläßt, welcher ihn nicht nur konstituiert, sondern welcher allein ihm auch Beständigkeit zu verleihen vermag. Die Gerechtigkeit des Glaubens hat sonach weder ihren Ursprung noch ihren zeitlichen Bestand im Sein des Glaubenden in sich, sondern in jener Externität[62], auf welche sich zu verlassen das Wesen des Glaubens und die Eigentümlichkeit des Glaubensichs ausmacht, welches von Selbstbewußtsein als einer reflexiven Form der Selbstvergewisserung zwar nicht zu trennen, wohl aber zu unterscheiden ist, weil es zu sich kommt nur, sofern es außer sich oder besser: vom Geist des Evangeliums dergestalt begeistert ist, daß es – statt in sich verkehrt – „exzentrisch" zu sein und zu leben vermag. Der Geist, der von dem im Sohne offenbaren Vater ausgeht und im

---

wicht dieser Anfechtung im Gegenschlag muß sie gewogen werden. Und genau darauf, nicht auf den Jammer am Ende (per legem), sondern auf die Enttäuschung über den letzten Anfang (per Evangelium), auf die konterrevolutionäre Anfechtung der Heiligen ist *Melanchthons Rechtfertigungslehre in ihrer Reputationsform* gemünzt. Den Bemühungen wohlmeinender Interpreten, zu erweisen, daß auch der späte Melanchthon das ‚effektive' Moment der Rechtfertigung nicht dem ‚imputativen' einfach aufgeopfert habe, hängt darum etwas Überflüssiges an. Man hat die Alternative ‚effektive' oder ‚imputative' Rechtfertigung allzu abstrakt konstruiert, indem man ungerührt die Orientierung der Lehre abblendete und sie direktionslos nahm. Es wurde zum Nachteil der Forschung mißachtet, daß eine Lehre ihre Situation hat, aus der sie spricht und zu der sie Stellung nimmt." (Ebd.)

62   „Mit jener Externität wird dem Gewissen der falsche Weg nach innen, der Versuch der Vergewisserung aus innerer Erfahrung verlegt und als von vornherein aussichtslos und sinnlos abgeschnitten; denn die Rechtfertigung geschieht gerade nicht in uns, im Reich der inneren Erfahrung, sondern radikal und absolut außer uns, in Gott, in den keine Vernunft und keine Erfahrung, keine äußere und keine innere, einzudringen vermag, der jedoch im Evangelium für uns geäußert hat, was außer uns in ihm geschieht." (H.-G. Geyer, a. a. O., 333)

Evangelium wirkt, ist es, der den Glauben, welcher „fides iustificans" genannt zu werden verdient, hervorruft und dem Glaubenden jene Gewißheit verleiht, welche ihn zu sich selbst und zu seiner wahren Bestimmung kommen und vor Gott ein personales Ich sein läßt. Der gerechtfertigte Mensch des Glaubens ist somit jener, „der für sich im Verhältnis Gottes zu ihm ist"[63]. Er wird die Werke der barmherzigen Liebe gerade deshalb nicht schuldig bleiben, weil er der Sorge ums Eigene gründlich entledigt ist: Im Glauben seiner selbst als eines im Geist des Evangeliums Gott unveräußerlich zugehörigen Ichs gewiß wird der Glaubende in der Welt notfalls auch selbstlos zu sein vermögen, wenn es die Liebe erfordert. Der im Evangelium Christi wirksame Geist ist sonach nicht nur der Grund des Glaubens, sondern als solcher zugleich die Bedingung der Möglichkeit der Gesetzeserfüllung. Indes ist seine Funktion als dem sittlichen Vermögen aufhelfender Tatkraft eindeutig sekundärer bzw. konsekutiver Natur gegenüber seiner Mächtigkeit, Glaubensgewißheit zu wirken, welches durch das Evangelium geschieht, das vom Gesetz in jeder Hinsicht kategorial zu unterscheiden ist. Damit dies von Anfang an in der nötigen Deutlichkeit vor Augen steht, sei eine meditative Betrachtung des vorangestellten Kontrastgemäldes von Lucas Cranach d. Ä. dringend anempfohlen, dessen theologische Bildgehalte bereits im 1. Band (vgl. §1) ausführlich besprochen worden sind.

Als Resumée der Einleitung zum 2. Band sei abschließend folgendes festgehalten: Melanchthons Theologie, wie sie namentlich durch die Augustana und ihre Apologie für das Luthertum normativ geworden ist, steht zwar zu Luthers Denken in mancherlei Spannungen, ist aber – jedenfalls in dem durch die beiden Texte bezeichneten Zeitraum – als unzweifelhaft lutherisch zu charakterisieren, so wie umgekehrt der Reformator sich nachgerade die Rechtfertigungslehre des Praeceptors in der Gestalt der 1530er Jahre vorbehaltlos gefallen ließ. Damit ist zugleich gesagt, daß Melanchthon, wo es um Erasmus und Luther, grundsätzlicher gesagt: um das Verhältnis von Humanismus und Reformation geht, auf Wittenberger Seite steht – und zwar nicht nur im geographischen, sondern auch im sachlichen Sinne.[64] Zwar litt er bisweilen schwer

---

[63] A. a. O., 336; bei G. gesperrt.

[64] Bezüglich seines Urteils über Melanchthon ist aufschlußreich, was Erasmus in dem eingangs erwähnten, der Form der Ciceroimitatio gewidme-

unter der Spannung, unter die sein Leben gestellt war, „nämlich beides, christlichen Humanismus und lutherische Reformation, in seinem Innern zu einer Einheit zu verbinden"[65]. Doch wo sich diese Einheit nicht herstellen ließ und Gegensätze erkennbar wurden, die beim besten Willen nicht zu überbrücken waren, blieb Melanchthon die fällige Entscheidung nicht schuldig, ohne sich deshalb auf abstrakte Alternativen festlegen zu lassen.[66] Das

---

ten Dialog „Der Ciceronianer oder der beste Stil" einen Gesprächspartner des Bulephorus namens Nosoponus über den „discipulus Capnionis" sagen läßt: „Nihil hoc ingenio felicius, si totum vacasset Musis. Nunc hanc laudem leviter affectavit ac naturae felicitate contentus nec artis nec curae permultum ad scribendum adhibuit, et haud scio an affectantem nervi fuerint defecturi. Extemporali dictioni natus videtur; nunc aliis intentus eloquentiae studium magna ex parte videtur abiecisse." (Welzig 7, 282) Das ist nicht ohne kritische Untertöne gesprochen, doch ein insgesamt sehr günstiges Urteil, zumal wenn man es mit solchen vergleicht, die Erasmus anderen Zeitgenossen gegenüber gefällt hat. Wesentlich ungünstiger urteilte Erasmus über Melanchthon im Zusammenhang seiner Reaktion auf „De servo arbitrio", die in Form zweier umfangreicher Bücher mit dem – von Luther persiflierten (vgl. WA Br 4, 163, 3–5) – Titel „Hyperaspistes diatribe adversus servum arbitrium Martini Lutheri" in den Jahren 1526 und 1527 erfolgte. Als „Logodaedalus" (Welzig 4, 216) habe er Luther seine Eloquenz geliehen und dessen bittere Worte wie mit vergiftetem Honig (Anspielung auf *Mel*-anchthon) überzogen. Später hat Erasmus diesen Verdacht aufgegeben und erneut seine ursprünglich freundliche Haltung Melanchthon gegenüber einnehmen können. Nichtsdestoweniger notiert er 1534: „Melanchthon schreibt zwar ... weniger ungestüm als Luther, weicht aber von den Lehren des Reformators nicht um Haaresbreite ab." (Vgl. K. H. Oelrich, Der späte Erasmus und die Reformation, Münster 1961, 48)

[65] W. Maurer, a. a. O., Bd. II, 229.

[66] Erweist sich die erasmische Position als nur sehr bedingt integrationsfähig für das Anliegen Luthers, so steht doch der Name Melanchthons dafür, daß sich das erasmische Erbe aus dem Zusammenhang der Tradition Wittenberger Reformation nicht einfach ausgrenzen läßt, sondern in dieser ein „eigenes Lebensrecht" innehat. (B. Lohse, Erasmus von Rotterdam – eine Alternative zur Reformation?, in: O. H. Pesch [Hg.], Humanismus und Reformation – Martin Luther und Erasmus von Rotterdam in den Konflikten ihrer Zeit, München/Zürich 1985, 51–70, hier: 69. Zur Durchdringung von Humanismus und Reformation in Oberdeutschland vgl. G. Ritter, Erasmus und der deutsche Humanistenkreis am Oberrhein, Freiburg i. Br. 1937 sowie vor allem E.-W. Kohls, Die theologische Lebensaufgabe des Erasmus und die oberrheinischen Reformatoren. Zur Durchdringung von Humanismus und Reformation, Stuttgart 1969. Von Kohls stammt auch eine ausführliche Darstellung der „Theologie des

beweist seine – in den Loci von 1521 grundgelegte[67] – Haltung im Willensstreit, und das beweist nicht minder seine im Zusammenhang von CA und Apol sich entwickelnde Rechtfertigungslehre, die nicht zuletzt auch für seine damalige Ekklesiologie von

---

Erasmus" [2 Bände, Basel 1966].) Zwar zeigen, wovon im einzelnen zu reden sein wird, die mannigfachen Streitigkeiten zwischen Philippisten und Gnesiolutheranern in der Zeit nach dem Augsburger und Leipziger Interim, daß die Probleme der Reformation mit dem humanistischen Erbe des Erasmus nach Luthers Tod sich eher noch schwieriger gestalteten als Mitte der zwanziger Jahre oder zur Zeit der Entstehung der Augsburger Konfession. Doch beweist der zum Konkordienwerk von 1577/80 führende Prozeß zugleich die Unumgänglichkeit einer nicht nur auf Abgrenzung bedachten und in Negationen sich erschöpfenden Auseinandersetzung. Sehe ich recht, dann ist es eine der wesentlichen Intentionen nachgerade der Konkordienformel, die Handlungsrelevanz der Rechtfertigungslehre zu verdeutlichen und die unbedingte Gabe der Rechtfertigung in einem Zusammenhang zu sehen mit dem empirischen Menschen und seiner bedingten Lebensführung, welchem das vorrangige Interesse des Erasmus zukam. Ob es deshalb angemessen ist, wie auf dem von Lucas Cranach d. J. 1588 in Wittenberg gemalten Epitaph des Melanchthonfreundes Michael Meienburg geschehen, den Humanistenfürsten (noch dazu auf dem Hintergrund der Veste Coburg) in den Kreis der Wittenberger Reformation zu integrieren, ist eine andere Frage. Keine Frage hingegen ist es, daß Melanchthon ein fester und verdienter Platz in der Reformationsikonographie zukommt. Um sich dessen zu vergewissern, braucht man nicht erst den von Cranach dem Vater und dem Sohn gestalteten Wittenberger Reformationsaltar oder das Dessauer Abendmahlsgemälde aufzusuchen, auf dem der jüngere Cranach die Reformatoren als Jünger Jesu abgebildet hat: wie Luther so ist auch Melanchthon in evangelischen Kirchen Wittenberger Provenienz wenn nicht ubiquitär, so doch multipräsent (vgl. H. Scheible, Philipp Melanchthon. Eine Gestalt der Reformationszeit. 50 Bilder und zwei Landkarten, Karlsruhe 1995, 119 ff.; zum Meienburger Epitaph vgl. 95 f.).

[67]   „Die nachdrückliche Ablehnung der Willensfreiheit meinte auch 1521 nicht die Wahlfreiheit in äußeren Handlungen einschließlich der Erfüllung der bürgerlichen Gerechtigkeit, sondern die Unfähigkeit zum wahrhaft Guten, zum Heil. Diese Unfreiheit des Willens hat Melanchthon zeitlebens vertreten." (H. Scheible, Art. Melanchthon, in: TRE 22, 391) Wenn demgegenüber seit alters und immer wieder behauptet wird, der späte Melanchthon habe die radikale theologische Absage an das „liberum arbitrium", wie sie für seine Frühzeit kennzeichnend sei, revoziert, „dann muß man bei der Vielschichtigkeit dieses Themas wohl zu differenzieren wissen, in welcher Hinsicht revoziert wurde" (H.-G. Geyer, a. a. O., 95).

grundlegender Bedeutung ist.[68] Mag es auch den Anschein haben, als sei seine imputative Rechtfertigungslehre von forensisch-formaler Äußerlichkeit und daher für sich genommen insuffizient bzw. auf eine Ergänzung durch die Zusatzannahme realer Erneuerung und Heiligung des Menschen zwangsläufig angewiesen – die nachfolgende Darstellung wird zeigen, daß dieser Anschein sich verflüchtigt, sobald man sieht, daß es das erklärte (von terminologischen Einzelfragen relativ unabhängig gehaltene) Sachziel von Melanchthons rechtfertigungstheologischer Argumentation in CA und Apol ist, zu zeigen, daß es gerade und allein jener Glaube ist, der sich auf den Zuspruch der Gerechtigkeit Christi verläßt, welchem die Gerechtigkeit vor Gott zuerkannt wird. Erst wo dieser konstitutive Zusammenhang aufgelöst wird, kann der Eindruck entstehen, als sei der Reputationsgedanke ein Gedanke foren-

---

[68] Vgl. im einzelnen K. Haendler, Wort und Glaube bei Melanchthon. Eine Untersuchung über die Voraussetzungen und Grundlagen des Melanchthonischen Kirchenbegriffes, Gütersloh 1968. Ekklesiologisch und im Blick auf das in § 11, insbesondere § 11,5 zu Erörternde besonders interessant ist, was Haendler zur Diskussion „über das Verhältnis eines allgemeinen Verkündigungsamtes, wie es in CA V,1 gemeint sein soll, zum speziellen ministerium publicum von CA XIV" (a. a. O., 352) schreibt. Zur Wendung „ubi et quando visum est Deo" in CA V,2 vgl. a. a. O., 529. Die Gesamtanlage des Werkes von Haendler ist durch die Annahme bestimmt, „daß sich die sozusagen ‚klassische' Gestalt seiner (sc. Melanchthons) Theologie, wie sie seit dem Ende der 1520er Jahre ausgearbeitet wird, wesentlich von seinen sich um die Begründung und Grundlegung einer reformatorischen Theologie bemühenden Anfängen unterscheidet. Eine Nivellierung *dieser* Differenzen ist nicht erlaubt. Demgemäß gliedert sich die folgende Darstellung in zwei Teile: Im ersten werden der Wort- und der Glaubensbegriff der Frühzeit erörtert, also etwa der Jahre 1518 bis 1525, im zweiten diese Begriffe für die letzten drei Dezennien Melanchthons, wie sie programmatisch und deutlich erkennbar etwa mit der Confessio Augustana einsetzen (aber auch schon die Visitationsartikel und den Kolosser-Kommentar von 1527 einschließen) und bis zur letzten Fassung der ‚Loci' von 1559 reichen." (A. a. O., 22) Ohne daß das Recht dieser Betrachtung in Abrede zu stellen wäre, darf doch umgekehrt gerade in rechtfertigungstheologischer Hinsicht die gegebene Kontinuität nicht übersehen werden. Um als Beispiel lediglich die 10. Baccalaureatsthese Melanchthons von 1519 oder die „Themata circularia" von 1520 zu zitieren: „Omnis iustitia nostra est gratuita dei imputatio." (R. Stupperich [Hg.], Melanchthons Werke in Auswahl. Bd. I: Reformatorische Schriften, hg. v. R. Stupperich, Gütersloh 1951, 24) – „Quia summa justificationis nostrae fides est, nullum opus meritorium dici potest." (A. a. O., 55)

sisch-ineffektiver Äußerlichkeit, der, um zu theologischer Fülle zu gelangen, ergänzender Zutat bedarf.

Angemerkt sei, daß der von Gott zur Gerechtigkeit angerechnete Glaube kein anderer ist als jener, der glaubt, daß die Rechtfertigung vor Gott nicht aus menschlichem Eigenvermögen verdient, sondern nur aus Gnade um Christi willen empfangen werden kann. Der Glaube, durch den der Mensch Gerechtigkeit vor Gott erlangt, ist der Glaube, der sich auf die Zusage des Evangeliums verläßt, durch Christus in der Kraft des Geistes gerechtfertigt zu sein.[69] Im Sinne dieser zwar differenzierten, aber gleichwohl untrennbaren Zusammengehörigkeit von Exzentrizität und Innesein des Rechtfertigungsglaubens ist es sachlich angemessen und bedeutet keinen gedanklichen Bruch, wenn der Reputationsgedanke – wie das bei Melanchthon tatsächlich der Fall ist – sowohl im Sinne der Zurechnung des Glaubens als auch im Sinne der Zurechnung der Gerechtigkeit Christi verwendet wird, so daß der Glaube entsprechend zum einen als Gegenstand göttlichen Rechtfertigungsurteils, zum andern als dessen Annahmeinstanz in Erscheinung tritt.[70] Die entscheidende Pointe, auf die es Melanchthon in diesem Zusammenhang im Rahmen von CA und Apol ankommt, ist dabei die, die Glaubensgewißheit niemals und unter keinen Umständen auf die empirische Realität des äußeren Menschen (welcher zu sein auch der Glaubende nicht aufhört und nicht aufhören darf) zu gründen, ohne doch diese Realität (als welche, wie gesagt, auch der Glaubende sich und andern empirisch erscheint und erscheinen muß) auch nur einen Augenblick außer Betracht zu lassen. Von daher ergibt sich die Aufgabe, um es im Anklang an vertraute Wendungen Luthers zu sagen, Totalitätsbestimmungen hinsichtlich des Seins des Glaubenden (simul totus iustus et totus peccator) und quantifizierende Aussagen (partim iustus et partim peccator), welche die Vorstellung eines

---

[69] Vgl. hierzu die bemerkenswerten Überlegungen bei H.-G. Geyer, a. a. O., 364 f.

[70] Diese Doppelperspektive entspricht durchaus dem biblischen Verständnis des Glaubens als einer auf die Gottesrelation und auf das menschliche Selbstverhältnis angelegten Beziehungsgröße, wie denn auch Grund und gläubige Wahrnehmungsgestalt der Rechtfertigung nach Paulus untrennbar zusammengehören: „Ein für allemal im Kreuze gerechtfertigt sein und persönlich im Glauben gerechtfertigt sein, das ist nicht zu scheiden." (G. Schrenk, Art. δικαιόω, in: ThWBNT II, 215–223, hier: 220)

notwendigen Wachstums in der Gerechtigkeit nicht nur zulassen, sondern erfordern, im Sinne eines theologischen Relationszusammenhangs zu begreifen, der ursprünglich eins und nicht nach Weise von Additionen zu denken ist. Nur unter dieser Voraussetzung dürfte schließlich auch die schwierige „Frage nach der Einheit des im Glauben extra se neu konstituierten Ichs des Glaubenden mit seinem empirischen Ich"[71] mit berechtigter Aussicht auf Erfolg im Sinne reformatorischer Theologie zu beantworten sein.

Doch dies zu erörtern, ist – wie der Zusammenhang von Rechtfertigung und Ekklesiologie[72] – ein Kapitel für sich und nicht Aufgabe einer Einleitung, die ohnehin bereits sehr weit auf Nachfolgendes vorausgegriffen hat. Nur noch ein Wort daher, wie gehabt, an potentielle Rezensenten: Auf „Archilochia Edicta" wird archilochisch reagiert werden.[73]

---

[71]   W. Pannenberg, a. a. O., 252, Anm. 404.

[72]   Vgl. etwa R. W. Jenson, Rechtfertigung und Ekklesiologie, in: KuD 42 (1996), 202–217. Jensons zentraler Einsicht kommt auch im folgenden eine argumentative Schlüsselstellung zu: „Aufgrund der Rechtfertigungslehre ist es unumgängliche lutherische Lehre, daß die Indefektibilität der Kirche in und *allein* in den kontinuierlichen lebendigen internen Reden der Kirche gegenwärtig ist, wobei jeder an diesem Reden Beteiligte faktisch korrigiert werden kann." (207 f.) Sehr aufschlußreich ist auch der Beitrag von I. Lønning im selben Heft: Die Stellung der Kirche im Heilsgeschehen. Perspektiven Lutherischer Theologie, in: KuD 42 (1996), 218– 224, der eine komprimierte Exegese der ekklesiologischen Ansätze der Confessio Augustana bietet. Zur untrennbaren Verbindung zwischen Rechtfertigung und Kirche vgl. ferner die Studie von S. Hendrix, Offene Gemeinschaft: Die kirchliche Wirklichkeit der Rechtfertigung, in: KuD 43 (1997), 98–110, bes. 101, sowie E. Lohse, Rechtfertigung und Kirche, a. a. O., 111–123. Kontrastierend zu Lohse vgl. etwa K. Schwarzwäller, Rechtfertigung und Ekklesiologie in den Schmalkaldischen Artikeln. Eine dogmatische Studie, in: KuD 35 (1989), 84–105.

[73]   Vgl. Erasmus von Rotterdam, Adagiorum Chiliades (Adagia selecta). Mehrere tausend Sprichwörter und sprichwörtliche Redensarten (Auswahl), in: Welzig 7, 357–633, hier: 516 (= II 2, 57).

§ 10

DIE RECHTFERTIGUNG DES SÜNDERS

Lit.:

Brunstäd (wie Lit. §3). – *Fagerberg* (wie Lit. §3). – *J. Ficker,* Die Konfutation des Augsburgischen Bekenntnisses. Ihre erste Gestalt und ihre Geschichte, Leipzig 1891. – *Förstemann I.* und *II.* (wie Lit. §6). – *K. Haendler,* Offenbarung – Geschichte – Glaube. Bemerkungen zum Glaubensbegriff Melanchthons, in: F. W. Kantzenbach/G. Müller (Hg.), Reformatio und Confessio. FS W. Maurer, Berlin/Hamburg 1965, 63–83. – *W. Härle,* Der Glaube als Gottes- und/oder Menschenwerk in der Theologie Martin Luthers, in: ders./R. Preul (Hg.), Glaube, Marburg 1992 (Marburger Jahrbuch Theologie IV), 37–77. – *Honée* (wie Lit. §6). – *Immenkötter* (wie Lit. §6). – *E. Kinder,* Die evangelisch-lutherische Lehre von der Erbsünde, in: ders., Die Erbsünde, Stuttgart 1959, 35–83. – *Kolde* (wie Lit. §7). – *Maurer I* und *II* (wie Lit. §7). – *Mildenberger* (wie Lit. §3). – *O. H. Pesch,* Die Lehre vom „Verdienst" als Problem für Theologie und Verkündigung, in: L. Scheffczyk u. a. (Hg.), Wahrheit und Verkündigung. FS M. Schmaus Bd. II, München/Paderborn/Wien 1967, 1865–1907. – *Chr. Peters,* Apologia Confessionis Augustanae. Untersuchungen zur Textgeschichte einer lutherischen Bekenntnisschrift (1531–1584), Stuttgart 1997 (zur Zitationsweise vgl. Einleitung II, Anm. 46). – *V. Pfnür,* Einig in der Rechtfertigungslehre? Die Rechtfertigungslehre der Confessio Augustana (1530) und die Stellungnahme der katholischen Kontroverstheologie zwischen 1530 und 1535, Wiesbaden 1970. – *H. G. Pöhlmann,* Das Konkupiszenzverständnis der CA, der Confutatio, der Apologie und des Konzils von Trient, in: E. Iserloh (Hg.), Confessio Augustana und Confutatio. Der Augsburger Reichstag und die Einheit der Kirche, Münster ²1980, 389–395. – *O. Ritschl,* Der doppelte Rechtfertigungsbegriff in der Apologie der Augsburgischen Konfession. Eine Erklärung der drei umstrittenen Stellen Apol. 2,71 s.; 3,130 s. 183–187, in: ZThK 20 (1910), 292–338. – *Schlink* (wie Lit. §3). – *H. E. Weber,* Reformation, Orthodoxie und Rationalismus. I/1 und 2: Von der Reformation zur Orthodoxie, Gütersloh 1937/40.

1. Vom Unwesen der Sünde

Das Evangelium von der Rechtfertigung des Sünders aus Gnade
um Christi willen durch Glauben bestimmt wie die ursprüngliche
Einsicht der Reformation auch den Gesamtzusammenhang ihrer
Theologie. Entsprechend gilt die Rechtfertigungslehre reformatorischem Bekenntnis als der „höchste ... fürnehmste ... Artikel der
ganzen christlichen Lehre" (BSLK 159,4 f.), wie es in Melanchthons
Apologie (Apol IV,2: „praecipuus locus doctrinae christianae")
heißt. Auch Luther hat die zentrale, alle Verkündigung der Kirche
regulierende Stellung der Rechtfertigungslehre wiederholt eingeschärft, etwa in den Schmalkaldischen Artikeln, wo er die Lehre
von der Gerechtigkeit des Glaubens allein in Christus zum ersten
und Hauptartikel erklärt, von welchem man, mögen auch Himmel
und Erde einfallen, in nichts weichen oder nachgeben dürfe (ASm
II,1).

Aus dem erwähnten Schmalkaldischen Hauptartikel geht zugleich
hervor, daß der „articulus stantis et cadentis ecclesiae"[1] (vgl. Mildenberger, 40) mit der Christologie untrennbar zusammengehört.
Denn was das Evangelium von der Rechtfertigung dem Sünder
auf Glauben hin zuspricht, ist nirgendwo anders begründet und
offenbar als in der Geschichte und Person Jesu Christi, in welchem die Wahrheit über den Menschen vor Gott erschlossen ist.
Die Christologie hat sonach als Kriterium und Richtmaß einer auf
den Rechtfertigungsglauben hin angelegten Anthropologie zu
gelten, welche ihrerseits die in der Kraft des Hl. Geistes wirksame

---

[1]   Diese Formel begegnet bei Luther und Melanchthon noch nicht direkt.
        Zwar belegt die erwähnte Stelle ASm II,1 (BSLK 415,21 f.: „Von diesem Ar-
        tikel kann man nichts weichen oder nachgeben, es falle Himmel und Er-
        den oder was nicht bleiben will ...") eindeutig, „daß die Rechtferti-
        gungslehre für Luther die Bedeutung gehabt hat, um derentwillen sie als
        der articulus stantis et cadentis ecclesiae bezeichnet ist" (F. Loofs, Der
        articulus stantis et cadentis ecclesiae, in: ThStKr 90 [1917], 323–420, hier:
        325) Doch läßt sich die Wendung als solche weder für ihn noch für Me-
        lanchthon nachweisen. Während Loofs Valentin Ernst Löscher als mögli-
        chen Begründer der berühmten Formel bezeichnet hat, konnte Th. Mahl-
        mann (Zur Geschichte der Formel „Articulus stantis et cadentis eccle-
        siae", in: LuThK 17 [1993], 187–194) vier Autoren namhaft machen, die vor
        Löscher von der Rechtfertigungslehre als „articulus stantis et cadentis ec-
        clesiae" gesprochen haben.

Realisierung der Christologie zum Thema hat. Anthropologie und Christologie gehören mithin „*einem* Verstehens*prozeß* an"[2]. Weil aber in Jesus Christus, dem auferstandenen Gekreuzigten, die Wahrheit des dreieinigen Gottes selbst manifest ist, steht die reformatorische Rechtfertigungsanthropologie nicht nur zur Christologie, sondern auch zur Gottes- und Trinitätslehre in einem Komplementaritätsverhältnis.[3] Gottes- und Selbsterkenntnis sind zwar zu unterscheiden, nicht aber zu trennen. „Eine evangelische, der Reformation verpflichtete Theologie wird strikt davon ausgehen, daß keine Selbsterkenntnis des Menschen ohne Gotteserkenntnis ist, wie keine Gotteserkenntnis ohne Selbsterkenntnis des Menschen denkbar ist."[4] Formal weist darauf bereits die Abfolge und theanthropologische Verknüpfung der ersten CA-Artikel hin. Ihre eigentümliche Kombination zeigt nicht nur, daß das in CA II, IV

---

[2] T. Koch, Art. Mensch, IX. Systematisch-theologisch, in: TRE 12, 548–567, hier: 549. Vgl. auch J. Baur, Salus Christiana. Die Rechtfertigungslehre in der Geschichte des christlichen Heilsverständnisses. Bd. 1: Von der christlichen Antike bis zur Theologie der deutschen Aufklärung, Gütersloh 1968, hier: 54 unter Verweis auf WA 39 I, 205, 2 und WA 40 II, 328: „Im Verständnis der Rechtfertigung laufen alle Aussagen der Theologie zusammen, ist es doch alles andere als rhetorischer Überschwang, der am articulus de iustificatione den magister et iudex omnis doctrinae hat. Gotteslehre und Anthropologie, Christologie und Eschatologie, Soteriologie und Sakramentslehre sind hier versammelt. Sie alle laufen auf dieses Geschehen zusammen, auf das eigentliche Thema christlicher Theologie, den Deus iustificans et salvator und den homo peccati reus ac perditus."

[3] „Die trinitarische Gotteserkenntnis befaßt implizit die Soteriologie in sich, die im Rechtfertigungsglauben explizit wurde." (H. Vogel, Der 4. Artikel des Augsburgischen Bekenntnisses und die 1. These der Theologischen Erklärung von Barmen, in: Theologia viatorum. Theologische Aufsätze von M. Albertz u. a., München 1939, 115–133, hier: 121; vgl. 118: „Die Augsburgische Konfession versteht sich selbst dahin: Wer den dreieinigen Gott bekennt, wer Jesus Christus, wahrer Gott und wahrer Mensch, als den einen Mittler und Retter des in Erbsünde verlorenen Menschen bekennt, der kann, muß und wird auch die Rechtfertigung aus Gnaden durch den Glauben an Christus bekennen.")

[4] T. Koch, a. a. O., 548. Vgl. auch J. Ringleben, Die Einheit von Gotteserkenntnis und Selbsterkenntnis. Beobachtungen anhand von Luthers Römerbrief-Vorlesung, in: NZSTh 32 (1990) 125–133. Hinzuzufügen ist, was bereits gesagt wurde, daß nämlich ohne christologische Konkretion, will heißen: ohne konkreten Bezug auf den auferstandenen Gekreuzigten weder von heilsamer Gotteserkenntnis noch von Rechtfertigung die Rede sein kann.

usf. umschriebene Rechtfertigungsgeschehen ohne CA I und III samt XVII grund- und ziellos bliebe, sie macht ebenso deutlich, daß das durch das Sein Gottes in Christus gelegte Fundament nicht in sich ruht, sondern einen pneumatologisch-soteriologischen Prozeß der Heilsgeschichte eröffnet, in dessen Verlauf Menschheit und Welt aus dem Banne und der Verkehrtheit von Sünde und Übel erlöst und bekehrt werden sollen. In anthropologischer Hinsicht ist dieser heilsgeschichtliche Verlaufsprozeß namentlich durch zwei Eckdaten bestimmt: durch das Sündersein des Menschen, der seine kreatürliche Ursprungsbestimmung zum Guten radikal verkehrt hat, und durch die Neuheit des Menschengeschöpfs in Christus, wie sie im Rechtfertigungsglauben gegeben ist, um in der Welt in folgsamem Gehorsam gelebt zu werden.

An diesem Elementarzusammenhang wird sich die nachfolgende Darstellung zu orientieren haben, wobei, wie gesagt, stets der christologisch-trinitätstheologische Ursprung und Bestimmungsgrund des in der Rechtfertigungslehre entfalteten soteriologischen Geschehens mit zu bedenken ist. Gehandelt wird infolgedessen zunächst von der Verkehrung der geschöpflichen Bestimmung des Menschen in der Sünde, sodann vom Rechtfertigungsglauben und schließlich vom neuen Gehorsam des um Christi willen aus reiner göttlicher Gnade durch Glauben gerechtfertigten Menschen. Dabei ist zu wiederholen, was der Sache nach bereits mehrfach gesagt wurde: Die Rechtfertigungslehre als articulus stantis et cadentis ecclesiae bestimmt nicht weniger als die Mitte und Grenze evangelischer Theologie. „*Mitte* – das heißt: alles in reformatorischer Theologie ist auf sie bezogen; in ihr wird ja das *subiectum theologiae* zentral erfaßt. *Grenze* – das heißt: alles, was außerhalb des durch diese Mitte Bestimmten und Zusammengefaßten liegt, ist ‚*error et venenum*' in *theologia*."[5] Die reformatorische Rechtfer-

---

5   E. Wolf, Die Rechtfertigungslehre als Mitte und Grenze reformatorischer Theologie, in: ders., Peregrinatio. Bd. II: Studien zur reformatorischen Theologie, zum Kirchenrecht und zur Sozialethik, München 1965, 11–21, hier: 14. „Alles Reden vom Menschen, das – explizit oder implizit – davon absieht, daß der Mensch vor Gott Sünder und schuldig ist, redet vom Menschen falsch. Alles Reden von Gott, das – explizit oder implizit – davon absieht, daß Gott derjenige ist, der den Sünder/Gottlosen rechtfertigt, redet von Gott falsch." (I. Lønning, Claritas Scripturae. Die in Vergessenheit geratene Voraussetzung der Rechtfertigungslehre, in: W. Schlichting [Hg.], Rechtfertigung und Weltverantwortung, Neuen-

tigungslehre wäre sonach mißverstanden, wollte man sie lediglich zu einem spezifischen Lehrstück neben anderen erklären und sei es auch zu dem zentralen. Denn es soll ja gelten, was nicht nur E. Schlink in seiner „Theologie der lutherischen Bekenntnisschriften" nachdrücklich hervorhebt, daß „jedes einzelne Lehrstück ... nur von der Mitte der Bekenntnisschriften, nämlich von dem Artikel von der Rechtfertigung her, zu verstehen (ist)" (Schlink, 14). Die reformatorische Rechtfertigungslehre kann insofern nicht oder doch nicht nur „als einzelner theologischer *locus* neben anderen *loci* gemeint sein, und der ‚Artikel' von der Rechtfertigung ist auch nicht ein Glaubensartikel allein für sich"[6]. Indes läßt sich der Rechtfertigungsartikel ebensowenig als ein axiomatisches Prinzip fassen, aus dem alle Wahrheit des Glaubens deduktiv zu entfalten wäre. Er ist vielmehr stets hingeordnet auf den konkreten Vollzug der Zusage des Versöhnungsevangeliums Jesu Christi in Wort und Sakrament. Die reine Verkündigung und die rechte Verwaltung der Sakramente (vgl. CA VII) dadurch zu gewährleisten, daß sie beide zu Medien der vorbehaltlosen göttlichen Gnade bestimmt werden, wie sie in Jesus Christus offenbar ist, dies ist die genuine Funktion des Rechtfertigungsartikels, in welcher er seinem theologischen Gehalt entspricht und ist, was er zu sein hat: „tragende Mitte und sichernde Grenze der Verkündigung des wirksamen Wortes Gottes in der Welt an sie, formelhafte Zusammenfassung evangeliumsgemäßer Christusverkündigung"[7]. Was in der Lehre

---

dettelsau 1993, 99–105, hier: 103) Vgl. ferner: H. G. Pöhlmann, Rechtfertigung und Gnade, in: ders. u. a., Theologie der lutherischen Bekenntnisschriften, Gütersloh 1996, 102–120. Zur eschatologischen Ausrichtung evangelisch-lutherischen Bekenntnisses auf das göttliche Endgericht vgl. insgesamt F. Krüger, Die letzten Dinge – oder: Hat die Zukunft schon begonnen?, in: a. a. O., 186–203.

[6] E. Wolf, a. a. O., 13. Vgl. auch E. Kinder (Hg.), Die evangelische Lehre von der Rechtfertigung, Lüneburg 1957, hier: 3: „In den aus der Reformation hervorgegangenen evangelischen Bekenntnissen, zumal den lutherischen, bildet die Rechtfertigungslehre nicht eigentlich ein Lehrstück unter anderen, sondern sie ist die Zentrallehre, die den Tenor des ganzen Glaubensbekenntnisses bestimmt und allen seinen Aussagen das charakteristische Vorzeichen gibt."

[7] E. Wolf, a. a. O., 15. „In unserer theologischen Tradition spielt das Wort ‚Rechtfertigung' eine doppelte Rolle. Es ist nicht nur strukturbestimmender Terminus innerhalb eines abgrenzbaren biblischen Vorstellungskreises. Besonders in lutherischer Theologie hat es eine viel umfassendere Aufgabe angenommen: Gesamtausdruck für Heil als Gna-

von der Rechtfertigung gesagt ist, läßt sich daher am ehesten mit
einer regulativen Idee vergleichen, die in allen Momenten der
Glaubenswahrheit bestimmend mitgesetzt ist. Hermeneutisch ergeben sich daraus u. a. folgende Konsequenzen: Will man der inneren Einheit lutherischer Bekenntnistheologie gewahr werden,
wird man in ihr jenen einheitsstiftenden Organisationszusammen-
hang zu entdecken haben, von dem her ihre inhaltlichen Bestimmungen zugleich auf ihre funktionale Bedeutung hin durchsichtig
werden. Dabei ist davon auszugehen, daß der materiale Sinngehalt der Rechtfertigungslehre nicht unmittelbar von der Überzeu-
gungskraft jener Vorstellungen abhängt, in deren Zusammenhang
sie ehedem zeitgemäß zur Sprache kam und die aufs engste verbunden sind mit der mittelalterlichen Bußtheorie.[8]

Fragt man nach den Voraussetzungen der Rechtfertigungslehre
der Wittenberger Reformation, so ist zunächst ein scheinbarer
Ausfall zu registrieren, der sich bei näherem Zusehen als ein
theologisch bedachtes Defizit zu erkennen gibt. Es ist häufig bemerkt worden, „daß die Lehre von der Schöpfung in den lutherischen Bekenntnisschriften zu keiner klaren und eindeutigen Explikation gelangt sei"[9]. Abgesehen von den beiden Katechismen

---

denhandeln Gottes und – damit – als nachdrückliches Nein zu allen
menschlichen Verdienstansprüchen." (P. Lønning, Rechtfertigung und
Anthropologie, in: W. Schlichting [Hg.], a. a. O., 159–169, hier: 165)

[8]   Vgl. dazu u. a.: E. Herms, Explikationsprobleme des Rechtfertigungsthe-
      mas und die Prinzipien des wissenschaftlichen Dialogs zwischen prote-
      stantischer und römisch-katholischer Theologie, in: KuD 21 (1975), 277–
      314. Infolgedessen konnte Luther die ursprüngliche Einsicht der Reforma-
      tion ohne weiteres auch im Kontext z. B. der Freiheitsthematik zur Aus-
      sage bringen (vgl. etwa M. Beintker, Das reformatorische Zeugnis von
      der Freiheit heute. Ist das Reden von der Freiheit eine Möglichkeit, die
      Bedeutung der Rechtfertigungslehre zu erschließen?, in: Berliner theolo-
      gische Zeitschrift [Theologia Viatorum NF] 7 [1990], 202–216). Bemerkens-
      wert ist in diesem Zusammenhang ferner, daß es in den direkt auf Luther
      zurückgehenden Bekenntnisschriften „keine *Formel* für die Rechtfer-
      tigungslehre" (W. Maurer, Die Geltung des lutherischen Bekenntnisses im
      ökumenischen Zeitalter, in: Publica doctrina heute, Berlin/Hamburg 1969
      [Fuldaer Hefte Nr. 19], 94–112, hier: 109) gibt.

[9]   E. Schlink, Die Verborgenheit Gottes des Schöpfers nach lutherischer
      Lehre. Ein Beitrag zum lutherischen Verständnis der ersten Barmer The-
      se, in: Theologische Aufsätze. Karl Barth zum 50. Geburtstag, München
      1936, 202–221, hier: 202. Diese Abhandlung ist verarbeitet in: Schlink,
      68 ff. Vgl. zu den nachfolgenden Erwägungen auch die Bemerkung Fa-

findet sich in den Bekenntnisschriften bekanntlich kein eigener Artikel zur Schöpfungslehre. Auch die CA und ihre Apologie gehen nach ihrer Behandlung der Trinitätslehre in Artikel I sogleich zur Sündenlehre über, wie sie im II. Artikel verhandelt wird. Zwar bekennt sich CA I analog zu den Schmalkaldischen Artikeln ausdrücklich zu Gott als dem „Schöpfer und Erhalter aller sichtbarn und unsichtbarn Ding" (BSLK 50,13 f.; CA I,2: „Creator et conservator omnium rerum, visibilium et invisibilium"), wie ja auch die entsprechenden Aussagen in den altkirchlichen Symbolen vorbehaltlos rezipiert werden; doch bleibt es insgesamt bei knappen und verstreuten Aussagen über Schöpfer und Schöpfung, die systematisch nicht eigens entfaltet werden.

Statt solche Zurückhaltung sogleich als einen Mangel zu beklagen, ist zu erwägen, ob sie nicht einen wesentlichen theologischen Sachgrund hat, der im entscheidenden damit zusammenhängt, daß nach lutherischer Lehre ein unmittelbarer Zugang zur Schöpfung in ihrer ursprünglichen Güte durch die Übel der Welt und namentlich durch die Sünde des Menschen verstellt ist. Ist doch der Mensch, obzwar als ganzer Geschöpf der guten Schöpfung Gottes, durch den Fall der Sünde ebenso ganz verderbt und verkehrt. Läßt sich aber keine Seite des Menschen benennen, „die bei einer Subtraktion der Verderbtheit von der Geschöpflichkeit als positiver Rest ... übrig bleiben könnte" (Schlink, 77), dann heißt das nicht nur, daß der Himmel sich von der Welt des Men-

---

gerbergs, wonach für Melanchthons urstandstheologische Argumentationen, wie sie sich namentlich in Apol finden, folgendes gelte: „Die Soteriologie geht hier der Anthropologie voraus und steht über ihr. Die (sc. übliche) Ordnung wird also umgekehrt, so daß sowohl *imago* wie auch *similitudo* nicht als von Gott gegebene Voraussetzungen für ein rechtes Gottesverhältnis angesehen werden, sondern als Konsequenz daraus." (Fagerberg, 136) Daß gleichwohl, ja nachgerade unter dieser Voraussetzung, der protologischen Perspektive eine unverzichtbare theologische Bedeutung zukommt, wird zu zeigen sein. Heilsam ist eine solche Perspektive nach dem Urteil Wittenberger Bekenntnistradition indes nur unter den benannten – christologisch-pneumatologischen bzw. soteriologisch-eschatologischen – Orientierungsbedingungen. Zu den Begriffen imago Dei, similitudo Dei sowie iustitia originalis nach Melanchthonschem Gebrauch vgl. Fagerberg, 134 ff., zu Melanchthons Affektpsychologie vgl. Fagerberg, 130 ff. Für das in der Apologie entwickelte Verständnis der Urstandsgerechtigkeit ist nach Fagerberg insonderheit die Analogisierung des Gottverhältnisses des status integritatis mit dem Gottesverhältnis des Glaubens charakteristisch.

schen entfernt hat, sondern auch, daß erst in der Überwindung
der Verkehrtheit von Sünde und Übel Gottes Schöpfergüte unzweideutig manifest und wahrnehmbar wird. Von der Schöpfung
kann daher in einem theologischen Sinne nur auf vermittelte Weise, und zwar im Zusammenhang jenes Vollzugs angemessen die
Rede sein, der auf die Rechtfertigung des Sünders zielt, von dessen Sündersein faktisch der Ausgang zu nehmen ist, wie das der
Vorgehensweise der CA eindeutig entspricht. Ist aber die Erkenntnis der Schöpfergüte Gottes „nur möglich in der Erkenntnis
der Gnade" (Schlink, 92), dann „ist die Kürze der lutherischen
Schöpfungslehre keine Schwäche und die scheinbar unsystemati-
sche Zerstreutheit mancher Einzelaussagen nicht mangelnde Systematik. Im Gegenteil erweist sich die scheinbare Unvollständig-
keit und mangelnde Betonung der Schöpfungslehre als theologische Notwendigkeit. Die Entscheidung muß ... in der Lehre von
der Rechtfertigung für die Lehre von der Schöpfung fallen."
(Schlink, 93) Das aber heißt zugleich, daß die anfängliche Weise,
konkret vom Menschengeschöpf zu sprechen, nur diejenige der
Sündenlehre sein kann.[10]

---

[10]   Das schließt nicht aus, sondern ein, daß die Sündenlehre schöpfungstheologische Implikationen beinhaltet, auf die zurückzukommen ist (vgl.
§ 10,2: Willensfreiheit und Sündenursache). Es ist eine eigentümliche
Schwäche der Bekenntnistheologie Mildenbergers, daß er CA XVIII nur
als (faulen) „Kompromiß" (Mildenberger, 79) und die Unterscheidung einer „iustitia civilis" von der „iustitia spiritualis" lediglich als eine „pro-
blematische Distinktion" (Mildenberger, 81) deuten kann, die gewissermaßen zwangsläufig auf jenes „anthropozentrische Denken" (ebd.) hintendiert, das nach Maßgabe der theozentrischen Grundentscheidung der
Reformation zu meiden sei. Mögen für diese Interpretation auch historische Gründe aufgeführt werden können, in systematischer Hinsicht
bleibt sie unbefriedigend. Schuld daran ist Mildenbergers allzu abstrakte
Kontrastierung eines Theozentrismus der Alleinwirksamkeit Gottes (vgl.
Mildenberger, 40 ff., 67 ff. etc.), den er mit der evangelischen Lehrform
identifiziert, und eines anthropozentrischen Standpunkts, auf welchen er
die katholische Lehrform fixiert. Eine bekenntnishermeneutische Kontrastierung dieser Art muß nicht nur konfessions- und theologiegeschichtliche Pauschalurteile, sondern auch mangelhafte Differenzierung im dogmatischen Urteil zur Folge haben. Von diesem Einwand bleibt die Tatsache unberührt, daß die Freiheit des Willens, von der CA XVIII spricht,
allerdings nicht „als Selbstverantwortung des Menschen im Gegenüber
zu Gottes Gnade" (Mildenberger, 38; bei M. kursiv) verstanden werden
kann, soll sie der ursprünglichen Einsicht der Wittenberger Reformation
entsprechen. Auch darin hat Mildenberger recht, daß im reformatori-

In CA II wird diesbezüglich gelehrt, daß nach Adams Fall („post lapsum Adae") alle Menschen, die natürlich geboren werden („omnes homines, secundum naturam propagati") – also mit Ausnahme des von der Jungfrau Maria geborenen Jesus Christus –, in Sünden empfangen werden („nascantur cum peccato"). Analog

---

schen Sinne die freie menschliche Person nicht „als eine Konstante im Prozeß der Heilszueignung gedacht" werden kann (Mildenberger, 69). Sowenig indes der Verweis auf die souveräne Wirkmacht des Hl. Geistes, der durch Wort und Sakrament Glaube als die Bestimmung des Menschen durch Gott selbst (vgl. Mildenberger, 81) wirkt, von der theologischen Notwendigkeit enthebt, Glaubensgewißheit und Selbstbewußtsein in ein geklärtes Verhältnis zu bringen, sowenig ist der Interpretationsansatz eines theozentrischen Verständnisses des Gottesverhältnisses, wie Mildenberger ihn wählt, von der theologischen Aufgabe enthoben, die Zurechenbarkeit des „peccatum" und zwar auch des „peccatum originale" als Schuld zu begründen. Dazu aber bedarf es konkreter theanthropologischer Erwägungen, die durch die im Sinne eines Grundentscheids vorgenommene Entgegensetzung von Theozentrismus und Anthropozentrismus eher behindert als befördert werden. Das gilt entsprechend auch für die Frage des dem Glauben folgenden tätigen Lebensvollzugs: Mildenberger beklagt in diesem Zusammenhang, daß das Subjekt, wie er sagt, des in CA VI beschriebenen gehorsamen Tuns des Glaubens „in der Schwebe" (Mildenberger, 84) bleibt, ja daß auch hier ein „Abgleiten in den anthropozentrischen Denkansatz" (Mildenberger, 85) erkennbar werde. Seine eigene Argumentation indes tendiert in der berechtigen Absicht, das Heil in keiner Weise auf das Verdienst der dem Glauben folgenden Werke, sondern auf den Glauben allein zu gründen, dazu, die vorgenommene Differenzierung von Glaube und Glaubenden von einer Trennung beider Größen nicht mehr hinreichend unterscheiden zu können. Die in Anschlag gebrachte Subjektstellung des Glaubens (vgl. Mildenberger, 84) erweckt so den Eindruck von dessen Hypostasierung, wohingegen die Person des Glaubenden unbedacht bleibt. Mit diesen Einwänden ist nicht geleugnet, daß der Zusammenhang von Schöpfung und Erlösung, wie er auch unter den Bedingungen reformatorischer Bekenntnistradition festzuhalten ist und nicht aufgelöst werden darf (vgl. Kinder, 57 ff.), keineswegs auf einer verbleibenden Restgüte des gefallenen Geschöpfs gründet, sondern aufrechterhalten wird nur durch die Einheit der Wirklichkeit Gottes, welcher in Schöpfung und Erlösung dergestalt wirksam ist, daß er die Selbigkeit des Geschöpfs, welches aus der Verkehrtheit seiner Sünde herausgeführt zu werden bestimmt ist, gewährleistet. Die Neuschöpfung göttlicher Gnade bringt in der Rechtfertigung zurecht und zustande, was verkehrt und verfehlt zu haben die Schuld des gefallenen Sünders ausmacht, und realisiert in diesem Sinne die geschöpfliche Bestimmung des Menschen unter postlapsarischen Bedingungen.

und mit ausdrücklicher Betonung der Verderbensmächte Tod und
Teufel heißt es im Sündenartikel der ASm unter Berufung auf
Röm 5,12, „daß die Sünde sei von Adam, dem einigen Menschen,
herkommen, durch welchs Ungehorsam alle Menschen sind Sunder worden und dem Tod und dem Teufel unterworfen" (ASm
III,1). Sachlich Entsprechendes ist bereits in den Vorformen der
CA zu lesen, etwa wenn in Na gesagt wird, „daß nach Adams Fall
alle Menschen nach der Natur werden in Sunden geborn" (BSLK
53,21 ff.).[11]

Näherbestimmt wird dieses Generalurteil in CA II sodann mit dem
Hinweis, daß „alle von Mutterleib an voll boser Lust und Neigung
seind und kein wahre Gottesfurcht, keinen wahren Glauben an
Gott von Natur haben können" (BSLK 53,5–9); der lateinische Text
spricht von „sine metu Dei, sine fiducia erga Deum et cum concupiscentia" (CA II,1). Hinzugefügt wird, daß die angeborene
„Seuch und Erbsunde" („morbus seu vitium originis")[12] wahrhaft
Sünde sei und – „nunc quoque" (vgl. Kinder, 61 ff.) – alle unter
ewigen Gotteszorn verdamme, die nicht durch die Taufe und den
Hl. Geist wiedergeboren werden (CA II,2: „damnans et afferens
nunc quoque aeternam mortem his, qui non renascuntur per
baptismum et spiritum sanctum").

Letzteres hatte bereits Luthers Bekenntnis von 1528 eingeschärft,
wenn es alte und neue Pelagianer verwarf, „so die erbsunde nicht
wollen lassen sünde sein / sondern solle ein geprechen odder
feyl sein" (WA 26, 503, 7 f.). Im 4. Schwabacher Artikel wird dies
unterstrichen und gesagt, „daß die Erbsunde ein rechte wahrhaftige Sunde sei und nicht allein ein Fehl oder Gebrechen, sonder
ein soliche Sunde, die alle Menschen, so von Adam kommen,
verdambt und ewiglich von Gott scheidet, wo nicht Jesus Christus
uns vertreten und soliche Sunde sampt allen Sunden, so daraus
folgen, gnug darfur getan, und sie also gantz aufgehoben und

---

[11]   Zu Einzelheiten der literarischen Vorgeschichte vgl. Maurer II, 48 ff.

[12]   Zur dogmengeschichtlichen Tradition der Terminologie vgl. W. Breu-
        ning, Das Erbsündenverständnis der Confessio Augustana: Noch unge-
        nutzte Einsichten und Möglichkeiten?, in: Cath M 35 (1981), 117–140, hier:
        118 f. Vgl. H. Köster, Urstand, Fall und Erbsünde. In der Scholastik, Frei-
        burg/Basel/Wien 1979. Vgl. insgesamt auch T. Austad, Mensch und Sün-
        de, in: H. G. Pöhlmann, Theologie der lutherischen Bekenntnisschriften,
        Gütersloh 1996, 73–84.

vortilget in sich selbs ..." (BSLK 53,23 ff.). Belegt wird dies mit Röm 5,12 ff. und Ps 51,7, auf welche Stellen bereits Luther hingewiesen hatte, wobei er den Psalmvers mit Hinweis auf das hebräische Original folgendermaßen wiedergab: „das ich ynn mutter leibe aus sundlichem samen bin gewachsen ..." (WA 26, 503, 15 f.). Melanchthon formuliert demgegenüber vergleichsweise zurückhaltend, ohne in der Sache abzuweichen. Verknappt ist in der Textfassung Na 2 im Unterschied zu Schwab 4 die Kritik der pelagianisierenden Wendung, derzufolge die Erbsünde als „Fehl oder Gebrechen" bezeichnet werden könne. Hinzugefügt wird stattdessen unter Rückgriff auf eigene Vorlagen die klassische Formel, wonach die Erbsünde eine Verfaßtheit des Menschen bezeichnet, in der er „ohn Forcht und Vertrauen zu Gott, voller Begierd etc." (BSLK 53,23 f.) sei. Hinzugefügt wird ferner der auch in CA II erhaltene Bezug auf die Taufe (vgl. ferner Kolde, 49). Nb verschärft die Gesamtaussage durch die ergänzende Wendung „von Mutterleibe an", die an Luthers erwähnte exegetische Bemerkung von 1528 erinnert. Wenn schließlich in Nb von der Erbsünde als „angeporn seich" (BSLK 53,9 f.: „angeborne Seuch") gesprochen wird, so liegt das durchaus auf der bisher verfolgten Argumentationslinie und stellt keineswegs eine „Rückwendung zu der ursprünglichen ‚Fehl'-Deutung" (Maurer II, 49) dar, die Erbsünde sei ein bloßes Gebrechen. Entsprechende Tendenzen finden sich weder in Nb noch in CA II, wo vielmehr nachdrücklich gelehrt wird, daß die Erbsünde wahrhaft Sünde sei und alle verdamme, die nicht durch die Taufe und den Hl. Geist wiedergeboren werden.

Die Confutatio stimmt – wie zuvor schon die Catholica Responsio (vgl. Ficker, 10 f.) – dem Bekenntnis zur Verdammungsschuld der Erbsünde ebenso zu wie der angeschlossenen antipelagianischen Damnation (vgl. Pfnür, 228 ff.). Kritik wird hingegen an der Annahme geübt, die Erbsünde bestehe darin, daß die Menschen ohne Gottesfurcht und ohne Vertrauen zu Gott geboren werden; damit nämlich werde die Erbsünde unzutreffend als Aktualsünde beschrieben: „Dan wissend ist einem yden christen, das einer sey on gottesforcht und on vertrawen zu got, den solichs meher ist ein wurkliche sunde eines gewachsen menschen, dan ein schuld eines kinds, so newlich geborn ist, welches den brauch der vernunft noch nit hat" („cum sit cuilibet christiano manifestum esse sine metu dei, sine fiducia erga deum potius esse culpam actualem adulti quam noxam infantis recens nati, qui usu rationis adhuc non pollet"; Immenkötter, 80,10 ff.; 81,8 ff. unter Verweis auf Dtn 1,39).

Daneben wird in der Confutatio die Behauptung von CA II, die Erbsünde (vitium originis) sei eine Begierde (concupiscentia) unter der Voraussetzung der mit ihr verbundenen Annahme verworfen, daß solche Begierde „ein sund sey auch nach dem tauf und bleib in dem Kinde" („peccatum, quod etiam post baptismum remaneat peccatum in puero"; Immenkötter, 80,15 ff.; 81,12 ff.). In diesem Zusammenhang wird auf zwei der bereits in der Bulle „Exsurge Domine" vom Juni 1520 verurteilten Errores Martini Lutheri verwiesen, welche lauten: „In puero post baptismum negare remanens peccatum, est Paulum et Christum simul conculcare." (DH 1452) „Fomes peccati, etiamsi nullum adsit actuale peccatum, moratur exeuntem a corpore animam ab ingressu caeli." (DH 1453) Sei der Konkupiszenzbegriff von CA II,2 in diesem Sinne zu deuten, müsse er abgewiesen werden; besage er hingegen, „das die erbsund ein begirde sey und das dieselbig sunde aufhore durch den tauf, alsdan ist diser artickel anzunemen" (Immenkötter, 82,1 ff. mit Verweis auf Augustin; vgl. Immenkötter, 82, Anm. 20 und Eph 2,3 und Röm 5,12).[13]

---

[13] Zum scholastischen Traditionshintergrund vgl. W. Breuning, a. a. O., 120 ff. Ferner: R. Schwarz, Wie weit reicht der Konsens zwischen Eck und Melanchthon in der theologischen Anthropologie?, in: H. Immenkötter/G. Wenz (Hg.), Im Schatten der Confessio Augustana. Die Religionsverhandlungen des Augsburger Reichstages 1530 im historischen Kontext, Münster 1997, 169–184. Nach Schwarz verbleiben bei den Augsburger Ausgleichsverhandlungen im August 1530 über CA II nicht unerhebliche Differenzen in der Frage der Definition der Grundsünde und namentlich in der Frage des Fortbestehens der Grundsünde im Getauften. Spätestens in der Apologie der CA werde der unaufgehobene Gegensatz erneut manifest: Melanchthon bekennt sich „ausdrücklich dazu, daß auch im Getauften die Grundsünde als Sünde bleibt. Gott will den Menschen mit der Zusage seiner Vergebung von der Sünde freisprechen; aber auch der getaufte Christ erkennt in sich selbst die abgrundtief sitzende Verkehrtheit seines Herzens, die von der theologischen Anthropologie nicht neutralisiert werden darf." (A. a. O., 182; vgl. ders., Johann Ecks Disputationsthesen vom Mai 1519 über die erbsündliche Concupiscentia – ein Angriff auf Luthers Sündenverständnis, in: a. a. O., 127–168)

In seiner Apologie[14] geht Melanchthon ausführlich auf die Vorhaltungen der Konfutatoren ein mit dem Ziel zu erweisen, daß
CA II über die Erbsünde nichts, was der Schrift und der catholica
ecclesia entgegenstehe, gelehrt, vielmehr die Grundsätze der
Schrift, welche durch scholastische Sophisterei verschüttet waren,
gereinigt und ans Licht gebracht habe (Apol II,32—51). Aus gegebenem Anlaß konzentrieren sich seine apologetischen Bemühungen vor allem auf die CA II,1 beiläufig erwähnte, von den Konfutatoren vorzugsweise kritisierte Definition der Erbsünde (sine
metu Dei, sine fiducia erga Deum). Spätestens durch den Wortlaut
des deutschen Bekenntnistextes („BSLK 53,5 ff.: daß sie alle ... kein
wahre Gottesfurcht, keinen wahren Glauben an Gott von Natur
haben können"; vgl. 146,33 ff.) sei hinreichend klargestellt, daß die
Erbsünde nicht lediglich eine Aktualschuld, sondern eine Radikalverkehrung des gesamten menschlichen Vermögens sei: „Hic
locus testatur nos non solum actus, sed potentiam seu dona efficiendi timorem et fiduciam erga Deum adimere propagatis secundum carnalem naturam. Dicimus enim, ita natos habere concupiscentiam, nec posse efficere verum timorem et fiduciam erga
Deum." (Apol II,3) Entsprechendes sei der lateinischen Version
von CA II zu entnehmen, welche dem natürlichen Menschen die

---

[14]   Zur frühen Entwicklungsgeschichte von Apol II vgl. im einzelnen Peters,
bes. I.2.1.1.1.c.2. Im Spalatintext hatte es im Blick auf die Gegner eingangs
geheißen: „Cavillantur enim peccati originis praeter necessitatem, cum
dicunt timorem Dei et fiduciam erga Deum significare actus. Quare peccato originis non possint convenire." (BSLK 145,34—146,50; vgl. CR 27, 275)
Unter Voraussetzung der Verhandlungen des Augsburger Vierzehner-
Ausschusses hatte Melanchthon an dieser Stelle bald Texteingriffe vorgenommen, die Ecks harsche Kritik reflektieren und deren Ergebnis lautet:
„Quare negant peccatum originis apte definitum esse, quod sit carencia
actuum istorum, cum ne quidem integra natura in parvis tales actus habitura fuerit." (CR 27, 275, Anm. 3; zu den genannten Hintergründen vgl.
Peters, I.2.1.1.1.c.2.1; vgl. auch I.2.1.1.1.c.2.2. Zur Fortschreibung von Melanchthons Randnotizen zur Spalatinschen „Grundschrift" vgl. Peters,
I.2.2.1.a.2) Die Abweichungen der lateinischen Oktavausgabe von der
lateinischen Quartausgabe, die als der in den BSLK wiedergegebene
textus receptus der Apol hier wie im folgenden zugrundegelegt wird,
sind im Artikel „De peccato originali" (vgl. CR 27, 421—429) gering und
sachlich unbedeutend. Zu den Melanchthonschen Redaktionen im Zusammenhang des Erbsündenartikels (vgl. CR 28, 44—54) der deutschen
Quartausgabe vom Oktober 1531 vgl. Peters, II.2.2.1.a.2, zur völligen Neufassung des Artikels in der Oktavausgabe vom Januar 1533 (vgl. CR 28,
54— 57) vgl. Peters, II.2.2.2.

Wirkkraft von Gottesfurcht und Gottesvertrauen ebenfalls nicht
nur aktuell, sondern bereits der Potenz nach abspreche. Darauf
deute nachgerade auch der mit Bedacht übernommene Konkupiszenzbegriff hin, der in der theologischen Schulsprache das
materiale peccati originalis (vgl. Apol II,4) darstelle und in der
Verwendung von CA II,1 nicht nur menschliche „actus seu fructus", sondern eine „perpetuam naturae inclinationem" (Apol II,3)
bezeichne.

Von einem Widerspruch zur überkommenen Bestimmung der
Erbsünde könne also nicht die Rede sein; Primärziel der knappen
Definition in CA II sei es vielmehr gewesen, dem Mißverständnis
zu wehren, als sei das „peccatum originale" nicht schuldhaftes Laster, sondern ein Verhängnis des Schicksals. „Quidam enim disputant, peccatum originis non esse aliquod in natura hominis vitium seu corruptionem, sed tantum servitutem seu conditionem
mortalitatis quam propagati ex Adam sustineant sine aliquo proprio vitio propter alienam culpam. Praeterea addunt neminem
damnari morte aeterna propter peccatum originis, sicut ex ancilla
servi nascuntur et hanc conditionem sine naturae vitiis, sed
propter calamitatem matris sustinent." (Apol II,5) Gegen diese Irrlehre sei die Bestimmung der Erbsünde als „concupiscentia" in
CA II gerichtet gewesen. Wenn dieser Bestimmung noch der
Hinweis auf das Fehlen bzw. das fehlende Vermögen von Gottesfurcht und Glaube hinzugefügt worden sei, dann insonderheit
deshalb, um gegen verharmlosende Tendenzen der Scholastiker
(vgl. Apol II,7) zu zeigen, daß die Erbsünde auch jene Krankhei-
ten enthält, welche als Hauptsünden der menschlichen Natur der
ersten Tafel des Dekalogs (vgl. BSLK 150, Anm. 1) widersprechen
(vgl. Apol II,14), als da sind: „ignoratio ... Dei, contemptu(s) Dei,
vacare metu et fiducia Dei, odisse iudicium Dei, fugere Deum iu-
dicantem, irasci Deo, desperare gratiam, habere fiduciam rerum
praesentium etc." (Apol II,8; vgl. II.14) Damit sei klargestellt, daß
die erbsündige Begierde nicht nur den äußeren Menschen betrifft,
sondern ihn auch und gerade im Innersten, nämlich in bezug auf
sein Gottesverhältnis verkehrt. Die Konkupiszenz[15] erschöpft sich

---

[15] Zum Begriff der „concupiscentia" in den Bekenntnisschriften der 1530er
Jahre vgl. Fagerberg, 144 ff., hier: 144: „Das Hauptinteresse der BK richtet
sich hier darauf, nachzuweisen, wie die *concupiscentia* zutiefst ein aktiver Widerstand gegen Gott und gegen seine Glaubens- und Gehorsams-
forderung ist. Sie wenden sich gegen eine Deutung der Konkupiszenz

daher nicht in körperlich-sinnlicher Wollust und läßt sich nicht zu jener „qualitas corporis" veräußerlichen, als welche die Scholastiker in Verkennung der traditionellen Definition der Erbsünde den „fomes" (vgl. BSLK 148, Anm. 1) bestimmen (vgl. Apol II,7). Denn das „peccatum originale" ist keine vom inneren Wesenskern des Menschen auf die eine oder andere Weise distanzierbare Äußerlichkeit, sondern eine Grundverkehrung des Menschen, der in seiner Gesamtheit als der selbstgesetzte Widerspruch zu Gott zu gelten hat. Dies und damit die Abgründigkeit der Erbsünde verkennen die „scholastici", was nachgerade dadurch bestätigt werde, daß sie der menschlichen Natur auch nach dem Fall der Sünde integre Kräfte beimessen „ad diligendum Deum super omnia, ad facienda praecepta Dei, quoad substantiam actuum" (Apol II, 8). Auf einen Selbstwiderspruch läuft das nach Melanchthons Urteil insofern hinaus, als die Fähigkeit, kraft eigenen Vermögens Gott über alles zu lieben und seine Gebote zu halten, nichts anderes und nicht weniger darstellt als die Urstandsgerechtigkeit selbst, welche doch auch nach scholastischer Auffassung als durch den Sündenfall verderbt zu gelten hat, wenn anders der soteriologische Bezug auf die Gnade Christi und den Hl. Geist einen Sinn ergeben soll. Wie immer man über die Stichhaltigkeit dieses Urteils befindet, seine Intention besteht darin, jede Form von Erbsündenlehre zu verhindern, die dem Menschen auch unter postlapsarischen Bedingungen ein Eigenvermögen läßt, sein Heil vor Gott selbst zu besorgen. Wie gering das verbliebene Restquantum von Urstandsgerechtigkeit dann im einzelnen auch veranschlagt werden mag, die innere Abgründigkeit der Erbsünde und die durch sie bewirkte gänzliche Heillosigkeit sind verkannt. Erkannt werden können sie nur, „ex verbo Dei, quod scholastici in suis disputationibus non saepe tractant" (Apol II,13). Statt dem Worte Gottes, wie es in der Schrift beurkundet ist, zu folgen, hätten die Scholastiker der christlichen Lehre eine Philosophie „de perfectione naturae" beigemischt, dem freien Willen (liberum arbitrium) und Wirken des Menschen über Gebühr theologische Bedeutung beigemessen und schließlich gelehrt, daß die Gerech-

---

als bloßer Sinnlichkeit." Auch fehlt dem Menschen unter postlapsarischen Bedingungen jede Willensfähigkeit, „die gegen Gott gerichteten feindlichen Affekte zu beeinflussen. Zwischen der Apol und den ASm herrscht an diesem Punkte volle Übereinstimmung." (Fagerberg, 146)

tigkeit vor Gott durch „philosophica seu civili iustitia" (Apol II,12) zu erreichen sei.

Damit aber sei die vom Worte Gottes eröffnete Einsicht in die innere Verkehrung des postlapsarischen Menschen gründlich verstellt (Apol II,12: „non potuerunt videre interiorem immunditiam naturae hominum") und die Bedeutung der überkommenen Lehre, der zufolge die Erbsünde eine „carentia iustitiae originalis" (vgl. Apol II,15) sei, völlig verkannt worden. Belegt wird dies primär mit dem Hinweis, daß nach dem Zeugnis der Schrift und der Väter wie der theologische Begriff der Gerechtigkeit überhaupt, so selbstverständlich auch der der „iustitia originalis" nicht nur die Gebote der zweiten, sondern auch die der ersten Tafel des Dekalogs umfaßt. „Itaque iustitia originalis habitura erat non solum aequale temperamentum qualitatum corporis, sed etiam haec dona: notitiam Dei certiorem, timorem Dei, fiduciam Dei, aut certe rectitudinem et vim ista efficiendi." (Apol II,17) Ebendies sei gemeint, wenn vom Menschen gesagt wird (vgl. Gen 1,26), er sei „ad imaginem et similitudinem (sc. Dei)" geschaffen, wie neben Paulus (vgl. Eph 5,9; Kol 3,10) und in Übereinstimmung mit Augustin (vgl. BSLK 151, Anm. 3), Irenäus (vgl. BSLK 150, Anm. 4), Ambrosius (vgl. BSLK 151, Anm. 1) und der Lombarde (vgl. BSLK 151, Anm. 2) bestätigten. Steht sonach fest, daß die Urstandsgerechtigkeit die Integrität nicht nur des Weltbezugs, sondern auch und primär des Gottesbezugs des Menschen bezeichnet, so ergibt sich für die überkommene Definition („vetus definitio") der Erbsünde daraus folgendes: „cum inquit peccatum esse carentiam iustitiae, detrahit non solum obedientiam inferiorum virium hominis, sed etiam detrahit notitiam Dei, fiduciam erga Deum, timorem et amorem Dei, aut certe vim ista efficiendi detrahit." (Apol II,23) Damit sei erwiesen, daß die überkommene Bestimmung des peccatum originale mit der in CA II gegebenen differenzlos übereinstimmt. Belegt wird dies mit Zitaten aus Thomas (vgl. BSLK 152, Anm. 2), Bonaventura (vgl. BSLK 152, Anm. 3) und Hugo von St. Viktor (BSLK 153,4), mit dem Hinweis auf 1. Kor 2,14 und Röm 7,5 sowie am Beispiel Augustins, der an die Stelle der verlorenen Ursprungsgerechtigkeit einen sündhaften, neben den niederen auch die sog. höheren Kräfte depravierenden „habitus" treten und sonach „carentia iustitiae originalis" und „concupiscentia" koinzidieren lasse (vgl. Apol II,24 f.). Damit glaubte Melanchthon den ersten Einwand der Konfutatoren, er habe die Erbsünde unzutreffend als Tatsünde beschrieben, hinreichend widerlegt zu haben.[16] Gegen den zweiten, unter namentlicher Erwähnung Luthers vorgetragenen Vorwurf, CA II behaupte möglicherweise ein Verbleiben der Erbsünde nach der Taufe (vgl. Fagerberg, 147 f.), wird in Apol II zunächst geltend gemacht, der Reformator habe stets gelehrt, „quod baptismus tollat reatum peccati originalis, etiamsi materiale, ut isti (sc. scholastici) vocant, peccati maneat, videlicet concupiscentia" (Apol II,35). Zugleich habe er in bezug auf das „materiale" der Sünde hinzugefügt, daß der durch die Taufe gegebene Geist im Menschen die Konkupiszenz zu töten beginne und neue Regungen schaffe (vgl. Apol II,36). Damit befinde er sich in Übereinstimmung mit Augustin, welcher lehre: „Peccatum in baptismo remittitur non ut non sit, sed ut non imputetur." (Apol II,36; vgl. BSLK 154, Anm. 4 sowie 5 und 6) Bestehe sonach zwischen der Auffassung Luthers und der herkömmlichen kein inhaltlicher Widerspruch, so bewege der Reformator sich auch in terminologischer Hinsicht in traditionellen Bahnen, wenn er die Konkupiszenz nicht als Strafe (poena), wie die Gegner, sondern als Sünde (peccatum) bezeichne. Denn dies sei nicht nur der augustinische, sondern bereits der paulinische (Röm 7,7; Röm 7,13) Sprachgebrauch, dessen sachliches Recht nach einhelligem Urteil der Väter darin bestehe, deutlich zum Ausdruck zu bringen, daß

---

[16] Es duldet nach Melanchthon keinen Zweifel, daß der Fall der Sünde nicht nur und nicht primär auf verfehlte Einzelhandlungen zu beziehen ist, sondern auf das allen Einzelhandlungen zugrundeliegende Handlungssubjekt selbst, welches sich im „peccatum originale" in ein dergestalt verkehrtes Verhältnis zu Gott bringt, daß die die Welt betreffenden Folgehandlungen des „peccatum originale" in den Bann des Bösen geraten und zu „peccata actualia" werden. Erbsünde benennt sonach nicht lediglich einen verkehrten Akt unter anderen, sondern die in fataler Mutwilligkeit gesetzte Widersetzlichkeit des Menschengeschöpfs gegen den Schöpfer. „Sünde ist also das Selbst-verfügen-wollen des Menschen, das Selbst-Anspruch-erheben, das Sein-wollen wie Gott." (R. Bultmann, Römer 7 und die Anthropologie des Paulus, in: H. Bornkamm [Hg.], Imago Dei, Beiträge zur theologischen Anthropologie. FS G. Krüger, Gießen 1932, 53–62, hier: 61 f. Vgl. auch Weber I/1, 164 f.: Die Rechtfertigungslehre „nötigt, den Menschen in seiner *Bezogenheit auf Gott* zu betrachten. Er hat das Gesetz seiner Existenz in dieser Bezogenheit. Darum steht er unter dem ‚Zorn‘, indem er sich – es ist das Tiefenverständnis der Sünde – dieser Bezogenheit in Unglauben und Ungehorsam entzieht.")

die nach der Taufe verbleibende Konkupiszenz, obgleich sie denen, die in Christus sind, nicht als Sündenschuld angerechnet
werde, doch an sich selbst und abgesehen von dem in der Taufe
erschlossenen Christusbezug eine todeswürdige Sünde und keineswegs ein bloßes ἀδιάφορον sei.[17] Der Apologie bietet diese
Feststellung die Gelegenheit, von der Verteidigung zum Angriff
überzugehen: „Quodsi contendent adversarii fomitem esse
ἀδιάφορον, reclamabunt non solum multae sententiae scripturae,
sed plane tota ecclesia. Quis enim unquam ausus est dicere haec
esse ἀδιάφορα, etiamsi perfectus consensus non accederet, dubitare de ira Dei, de gratia Dei, de verbo Dei, irasci iudiciis Dei, in-
dignari, quod Deus non eripit statim ex afflictionibus, fremere,
quod impii meliore fortuna utuntur, quam boni, incitari ira, libidi-
ne, cupiditate gloriae, opum etc." (Apol II,42) Erst der Einfluß
theologisch völlig unsachgemäßer philosophischer Grundsätze
und die Vermengung weltlicher Sittenlehre mit dem Evangelium
in der Scholastik habe diese Einsicht verdunkelt oder verstellt, bis
sie von der Reformation wieder ans Licht gebracht wurde. „Itaque
Lutherus, volens magnitudinem peccati originalis et humanae in-
firmitatis declarare, docuit reliquias illas peccati originalis non esse sua natura in homine ἀδιάφορα sed indigere gratia Christi, ne
imputentur, item spiritu sancto, ut mortificentur." (Apol II,45)

Überblickt man den Gesamtzusammenhang von Melanchthons
referierter Argumentation, so gibt das Fehlen einer streng systematischen Gliederung um so deutlicheren Einblick in das situative
Interesse, die Aussagen von CA II einerseits als gut katholisch zu
erweisen und andererseits strikt gegen jene – verharmlosende –

---

[17]   Darüber darf die berechtigte Rede vom „peccatum regnatum" bzw. die
         Unterscheidung von herrschender und beherrschter Sünde nicht hin-
         wegtäuschen. Nicht daß die Konkupiszenz im Getauften nicht Sünde im
         eigentlichen Sinne, sondern lediglich „hypothetische" Sünde bzw. indif-
         ferente Neigung zu nennen wäre! Indes ist der mit Christus vereinte
         Glaube in der Kraft des Heiligen Geistes nicht müßig, sondern beständig
         tätig im Kampf des Glaubenden gegen die Sünde, deren Abgründigkeit
         Wille und Verstand des auf sich gestellten Menschen nicht nur nicht er-
         kennen, sondern verkennen. Hierzu sowie zu weiteren Aspekten im Zu-
         sammenhang von Rechtfertigung und Taufe vgl. die inhaltsreiche Studie
         von R. Hermann, Die Rechtfertigung und der evangelische Glaube, in:
         ders., Gesammelte Studien zur Theologie Luthers und der Reformation,
         Göttingen 1960, 250–299; ferner ders., Zu Luthers Lehre von Sünde und
         Rechtfertigung, in: a. a. O., 391–427.

Hamartiologie abzugrenzen, die zwar nicht mehr ausdrücklich als skotistisch-nominalistisch identifiziert wird, aber doch offenkundig der skotistisch-nominalistischen Tradition zugehört. In Grundzügen läßt sich die gegnerische Position, wie sie sich CA und Apol darstellt und entsprechend bekämpft wird, folgendermaßen skizzieren: „Der Mensch im Urstand ist im Besitz seiner ungeschwächten natürlichen Kräfte, vor allem der ratio und des liberum arbitrium. Zwar besteht zwischen der ratio und der Sinnlichkeit gleich von vornherein eine Spannung, doch die Vernunft bleibt die Herrin, da sie in diesem Kampfe Unterstützung erhält. Zu seiner natürlichen Ausrüstung hat Gott nämlich dem Menschen, da das übernatürliche Ziel der ewigen Seligkeit nur mit übernatürlichen Kräften erreichbar ist, als donum superadditum das auxilium gratiae gegeben. Dieses sichert zugleich der ratio ihre dauernde Überlegenheit über die inferiores virtutes. Da greift die erste Sünde des Menschen störend hinein. Durch sie verliert er das donum superadditum, das Gott in dem ersten Menschen dem ganzen Geschlecht gegeben hat und nun auch von ihm wieder verlangt. Weil die Menschen somit verloren haben, was sie von Rechts wegen besitzen sollten, sind sie ohne Ausnahme Gott verschuldet. Die Erbsünde ist carentia iustitiae originalis cum debito habendi."[18]

Auf diese Bestimmung, namentlich auf die genaue Fassung und Präzisierung des Begriffs der „carentia", konzentriert sich Melanchthons Interesse in Kritik und Konstruktion. Scharf kritisiert wird, was sich in der Konsequenz der skizzierten gegnerischen Position als deren Fortschreibung ergibt: „Mag auch die menschliche Natur durch den Sündenfall in mancher Beziehung geschwächt und verwundet sein, im Grunde genommen ist sie, da ja durch Adams Fall nur das donum superadditum verloren gegangen ist, dieselbe geblieben; vor allem: den freien Willen hat sie behalten. Er befähigt den Menschen, sich zum Wiederempfang der Gnade vorzubereiten und zu diesem Zwecke sogar einzelne actus dilectionis erga Deum zu leisten. Die niederen Triebe, die jetzt nach dem Verlust des auxilium gratiae ungestümer als zuvor gegen die Vernunft aufbegehren, sind an sich noch nicht Sünde, da sie ja auch

[18] A. Warko, Die Erbsünden- und Rechtfertigungslehre der Apologie in ihrem geschichtlichen Gegensatze zur mittelalterlichen und gleichzeitigen katholischen Theologie, in: ThStKr 79 (1906), 86–132; 200–236, hier: 91 f.

im Urstande schon vorhanden waren und als von Gott geschaffen gut sein müssen. Erst dann kommt es zur Sünde, wenn die Sinnlichkeit den freien Willen des Menschen zu einzelnen Gesetzesübertretungen verlockt. Die Schwere der Sünde bemißt sich nach dem Grade der Freiwilligkeit, mit dem der Mensch auf die Reizungen der Sinnlichkeit eingeht.“[19] Es gilt der Grundsatz, „daß nur die freiwillige Tat des Menschen als Sünde gewertet werden dürfe. Demzufolge kann die concupiscentia gar nicht Sünde sein, sie ist ja ein noch dazu dem Menschen von Gott anerschaffener habitus. Sie ist wohl Grund zur Sünde, ein fomes peccati, kann wohl auch in ihrer immer steigenden Macht über den Menschen eine Strafe für die Sünde genannt werden, aber an sich ist sie keine Sünde, sondern ein Adiaphoron.“[20]

Dies ist in Grundzügen die Position, die Melanchthon hamartiologisch bekämpft. Er tut das, wie gesagt, unter Konzentration auf die Bestimmung des für die Anselmsche Tradition der Erbsündenlehre kennzeichnenden Begriffs der „carentia debitae iustitiae“[21], den er mit dem für den Augustinismus charakteristischen und auch von Luther nachdrücklich akzentuierten Konkupiszenzbegriff verbindet, um deutlich zu machen, daß die Erbsünde sowohl ein Mangel im Sinne gänzlichen Unvermögens als auch ein aktiver Widerstand gegen Gott ist.[22] In bestimmter Weise kann

---

[19]   A. a. O, 92.

[20]   A. a. O, 93.

[21]   Die iustitia originalis besteht nach Melanchthon weder allein in dem „aequale temperamentum qualitatum corporis“, noch hat sie es primär oder gar ausschließlich mit den Geboten der zweiten Tafel zu tun. „... iustitia im biblischen Sinne hat ihren Maßstab vielmehr vor allem an der ersten Gesetzestafel, an den Geboten der Gottesfurcht, des Gottvertrauens, der Liebe zu Gott ... Diese Richtung des Herzens auf Gott ist dem Menschen durch den Sündenfall verloren gegangen.“ (A. a. O., 97)

[22]   Vgl. Fagerberg, 139: „Somit bedeutet Erbsünde den Verlust des ungestörten Gottesverhältnisses, der ursprünglichen Gerechtigkeit (iustitia originalis). Zugleich aber bedeutet sie auch ein positives Böses, eine Verderbnis der Natur, die von den BK im Anschluß an Augustin und Luther als böse Begierde (concupiscentia) bezeichnet wird. In der CA findet das Verständnis der Reformation von der Erbsünde teils als Mangel an ursprünglicher Gerechtigkeit, teils als Begierde seinen Ausdruck in folgenden Worten: ,Alle Menschen, die auf natürliche Weise gezeugt sind, werden mit Sünde geboren, d. h. ohne Gottesfurcht, ohne Vertrauen auf Gott und mit böser Begierde.' (CA 2,1) In der Apol wird derselbe Gedan-

man diese Verbindung von Konkupiszenzgedanken und dem Gedanken mangelnder bzw. fehlender Urstandsgerechtigkeit schon in der Scholastik finden, welche mannigfache hamartiologische Kombinationen von Anselmismus und Augustinismus zu bieten hat. Melanchthon ist bemüht, diesbezügliche Konvergenzen herauszustellen, ohne dadurch sein Hauptanliegen zu vernachlässigen, das Unwesen der Erbsünde ganz „von der Relation zu Gott her"[23] zu erfassen. Die Sünde, so lautet die entscheidende Grundannahme, ist kein bloßer Defekt am Menschen, sondern die Verkehrung seiner Grundverfassung, welche nicht nur einzelne Taten, sondern die innerste Natur des Täters verdirbt, weil sie „verkehrte Grundbefindlichkeit des Menschen in bezug auf *Gott*", „verkehrtes Gottesverhältnis des Menschen" (Kinder, 40) ist. Die Verkehrung der Gottesrelation hinwiederum, durch welche Relation der Mensch stets und in jedem Fall – sei es des Glaubens oder der Sünde – wesentlich bestimmt ist, stellt nicht allein ein Defizit dar, sondern ist wirksam als aktiver Widerstand gegen Gott. „Dieses positive, aktive Moment in der Sünde nennen die lutherischen Bekenntnisschriften ‚concupiscentia'." (Kinder, 42 f.)[24]

In der Apologie werden diese Aspekte, daß nämlich Sünde „nicht nur ein Ohne-Gott-Sein, sondern ein *Gegen*-Gott-Sein" (Pöhlmann, 390) ist, besonders hervorgehoben und „carentia" und

---

kengang noch prägnanter gefaßt. Die Auffassung von der Erbsünde als Mangel an ursprünglicher Gerechtigkeit und als böse Begierde sehen die BK zugleich als durch alle einsichtigen älteren Theologen bestätigt an: ‚Und nicht allein die alten Väter, als Augustinus und dergleichen, sondern auch die neulichsten Lehrer und Scholastici, die etwas Verstand gehabt, lehren, daß diese zwei Stück sämtlich die Erbsünde sind, nämlich der Mangel und die böse Lust.' (Apol 2, 27)." Zur älteren Lehrbildung vgl. Fagerberg, 139 f.

[23] W. Breuning, a. a. O., 137. Das „peccatum originale" ist also nicht in erster Linie eine Kategorie verkehrten moralischen Selbst- und Weltverhältnisses des Menschen, geschweige denn anthropologischer Ausweis eines pessimistischen Menschenbildes, sondern das Faktum des durch Selbstvergottung pervertierten Gottesverhältnisses des Menschen, dessen Abgründigkeit alle Akte sittlicher Verfehlung bodenlos unterbietet.

[24] Unter Hinweis auf folgende „Definitionen von ‚concupiscentia': Apologie II, 25; 152: ‚prava conversio ad carnalia' ...; und zwar nicht nur als ‚actus', sondern als ‚perpetua naturae inclinatio' (... Apologie II, 3). Apologie II, 26; 152: ‚habere concupiscentiam: quae carnalia quaerit contra verbum Dei ...'" (Kinder, 43)

„concupiscentia" derart angenähert, daß sie zusammen das eine
Unwesen der Erbsünde ausmachen. Ein adiaphoristisches Konkupiszenzverständnis muß daher ausscheiden. Daß dies keinen
zwangsläufigen kontroverstheologischen Dissens zwischen altgläubiger und reformatorischer Seite begründen muß, zeigt allein
schon das Faktum, „daß sich die Apologie mit ihrer These, die Ursünde sei die Konkupiszenz, nicht nur auf Augustinus, Bonaventura und Hugo von St. Viktor, sondern auch auf Thomas von
Aquin beruft" (Pöhlmann, 391 f.). Thomas hatte die Frage „utrum
originale peccatum sit concupiscentia" mit dem Hinweis beantwortet: „peccatum originale materialiter quidem est concupiscentia; formaliter vero, defectus originalis iustitiae." (STh II,1 q. 82, a.3;
vgl. Apol II,4.27) Tatsächlich beruht der in der Confutatio angezeigte und vom Tridentinum (vgl. DH 1515) forcierte Streit um den
Konkupiszenzbegriff vielfach auf einem „semantischen Mißverständnis" (Pöhlmann, 392). Sachlich kann er als beigelegt gelten,
wenn in der Annahme, die Erbsünde verkehre das menschliche
Personzentrum, allgemeines Einvernehmen besteht und fernerhin
das Problem einvernehmlich gelöst ist, ob die Erbsünde im Getauften bleibt (vgl. Kinder, 78 ff.).

Im Hinblick auf letzteres Problem ist es wichtig zu sehen, daß
reformatorischerseits keineswegs die effektive Wirksamkeit der
Taufgnade devaluiert werden sollte. Ausdrücklich weist Melan-
chthon darauf hin, Luther habe stets und klar gelehrt, daß die
Taufe die Schuld der Sünde beseitige. Auch habe der Reformator
in bezug auf die im Getauften verbleibende Konkupiszenz vermerkt, daß der durch die Taufe gegebene Hl. Geist anfange, die
Begierde zu töten, und neue Regungen im Menschen schaffe.
Wenn gleichwohl mit dem Verbleiben erbsündiger Konkupiszenz
im Getauften gerechnet wird, dann, wie gesagt, nicht, um die
Valenz der Taufgnade zu mindern, sondern um die dauerhafte
Angewiesenheit des Getauften auf diese einzuschärfen. Schenkt
doch die Taufe nicht einen dergestalt habituellen Besitz, „daß der
Mensch nun, isoliert betrachtet, ein anderer und besserer Mensch
ist, sondern ein neues Gottesverhältnis, so daß der Mensch, inso-
fern er sich an Christus hält, an dessen Gerechtigkeit teilhat"[25]. In

---

[25]   L. Grane, Die Confessio Augustana. Einführung in die Hauptgedanken
der lutherischen Reformation, Göttingen ³1986, 37. Hierzu und zu Luthers
Verständnis der Begriffe „peccatum regnans" und „peccatum regnatum"

bezug auf sich und sein Vermögen, also in bezug auf seine Selbstbezogenheit bleibt auch der Getaufte ein Sünder vor Gott; verläßt er sich hingegen – seiner Taufe im Glauben entsprechend – auf die zuvorkommende Gnade Gottes in Jesus Christus, *ist* er gerecht und aller Sünde ledig. Man muß schon hier das für lutherische Lehre insgesamt zentrale ‚simul‘, von dem noch zu reden sein wird, theologisch bedenken, um sich nicht in terminologische Querelen zu verlieren.

Bleibt hinzuzufügen, daß die Verkehrung des Gottesverhältnisses, wie sie das Unwesen der Sünde ausmacht, nicht nur den *ganzen* Menschen, sondern (mit Ausnahme Jesu Christi) *alle* Menschen im Kern ihrer Person betrifft. Nicht zuletzt darauf wird verwiesen, wenn das „peccatum originale, principale, capitale" etc. „peccatum haereditarium" genannt und ein hamartiologischer Bezug zur Allgemeinheit des menschlichen Gattungszusammenhangs hergestellt wird. Nicht daß durch den speziellen Begriff der Erbsünde gesagt werden sollte, daß „wir die Sünde *kausal durch* unsere väterliche Zeugung und mütterliche Empfängnis überkommen" (Kinder, 46). Er verweist vielmehr darauf, daß Sündersein ein Totalitätsurteil über den Menschen sowohl im Sinne eines Ganzheits- als auch eines Generalurteils ist. Nicht nur daß uns die Sünde ganz und gar und als eine Faktizität betrifft, die für uns ebenso unhintergehbar und faktisch ist wie das Faktum unserer Zeugung resp. Empfängnis; die Sünde betrifft zugleich alle menschlichen Gattungswesen. Rein anthropologisch betrachtet, will heißen: lediglich vom Menschen aus und im Hinblick auf ihn gesehen muß daher die Differenz zwischen menschlicher Natur und Erbsünde zwangsläufig verschwimmen. Dem trägt, wie erwähnt, die CA u. a. dadurch Rechnung, daß ihre Anthropologie originär beim Sündersein des Menschen einsetzt[26] und vom li-

---

[26]
vgl. auch W. Joest, Paulus und das Luthersche Simul Iustus et Peccator, in: KuD 1 (1955), 269–320, hier bes. 299 ff.

Die Augustana folgt darin der Devise Luthers: „Theologiae proprium subiectum est homo peccati reus ac perditus et Deus iustificans ac salvator hominis peccatoris. Quicquid extra hoc subiectum in Theologia quaeritur aut disputatur, est error et venenum." (WA 40 II, 328) Eine in anthropologischer Autarkie zu bewerkstelligende Hintergehung des Sünderstatus des Menschen muß sich die Theologie deshalb ebenso verboten sein lassen wie einen die Offenbarung Gottes unterminierenden Regreß auf einen deus nudus. Daran hält sich die CA in Aufbau und Durchführung:

berum arbitrium des Menschen erst anhangsweise und unter geklärten hamartiologischen Voraussetzungen handelt. Damit wird
bereits in formaler Hinsicht angezeigt, was dann auch die zu entwickelnden Inhalte bestimmt, daß nämlich die Differenz zwischen
Erbsünde und Menschennatur nur in theologischer Perspektive
erfaßt und festgehalten werden kann, nämlich im Blick auf die
Gnade Gottes, wie sie in Jesus Christus zum Heil des Sünders erschienen ist.[27] Was aber die Identität menschlicher Natur im Prozeß ihrer heilsamen Veränderung und Erneuerung betrifft, so läßt
sie sich nicht unmittelbar aus dieser Natur begründen, sondern
verdankt sich dem Vollzug der Liebe Gottes, der dem Menschen –
trotz dessen sündiger und gegen dessen sündige Selbstverfassung – eine bleibende Selbstidentität zu geben gewillt ist.

2. Willensfreiheit und Sündenursache

Der Sündenartikel CA II schließt mit einer Verwerfung der Pelagianer und anderer, wie es heißt, „so die Erbsund nicht fur Sund
halten, damit sie die Natur fromm machen durch naturlich Kräft,
zu Schmach dem Leiden und Verdienst Christi" (BSLK 53,15–18).
Der lateinische Schlußtext verstärkt das christologische Anliegen,

---

Weder findet sich in ihr eine formale oder materiale Trennung von allgemeiner und trinitarischer Gotteslehre noch wird eine Lehre vom „status integritatis" entwickelt, die nicht immer schon in Beziehung stünde
zur Faktizität der Sünde als der realen Verfaßtheit des Menschen-
geschlechts. Wo prälapsarische Grenzgedanken sich andeuten, da dienen
sie nicht zu offenbarungsabstinenter Spekulation, sondern leiten zu um
so entschiedenerer Konzentration auf den Zusammenhang von menschlicher Sündenschuld und göttlichem Rechtfertigungshandeln an, in dessen rechter begrifflicher Wahrnehmung nach Luther die theologische
Aufgabe besteht.

[27]   „Sündenerkenntnis und Gnadenerkenntnis sind nicht voneinander zu
trennen. An dem Verständnis der Sünde bzw. der Schuld entscheidet sich
das Verständnis der Gnade. Ja, allein in der Erkenntnis der *Gnade* ist die
wahre Erkenntnis der Sünde möglich und wirklich." (H. Vogel, Der 4. Artikel des Augsburgischen Bekenntnisses und die 1. These der Theologischen Erklärung von Barmen, a. a. O., 122.) Vogel betont unter Bezug auf
CA II mit Recht, daß die Erbschuld des peccatum originale nach reformatorischem Verständnis „durch die Positivität und Totalität der Bestimmung des Wesens der Sünde" (a. a. O., 122) gekennzeichnet ist.

indem er in einer an CA IV erinnernden zusätzlichen Wendung, „das Vernunftstreben … geißelt, das unter Leugnung der Erbsünde aus eigenen Kräften die Rechtfertigung vor Gott erreichen will" (Maurer II, 50). Wörtlich heißt es: „Damnant Pelagianos et alios, qui vitium originis negant esse peccatum et, ut extenuent gloriam meriti et beneficiorum Christi, disputant hominem propriis viribus rationis coram Deo iustificari posse." (CA II,3) Ohne inhaltlich gegenüber Schwab 4 und Na 2 grundsätzlich neue Aspekte zu bieten, findet sich diese Damnation erst in Nb und zwar bereits in der Form des deutschen Endtextes. Historisch ist das Verwerfungsurteil, wie V. Pfnür im einzelnen gezeigt hat[28], vor allem gegen Zwingli und die Täufer einerseits und gegen bestimmte schultheologische Positionen der Altgläubigen andererseits gerichtet: „Nach Apol 2,7 f. sind es die ‚scholastici doctores‘, die ‚die Erbsünde abschwächen‘ und ‚der menschlichen Natur unversehrte Kräfte zusprechen, Gott über alles zu lieben und die Gebote der Substanz der Akte nach zu erfüllen‘. Nach Apol 4,9 sind die ‚scholastici den Philosophen gefolgt … und erdichten diesen Traum dazu, daß die menschliche Vernunft ohne den heiligen Geist Gott über alles lieben könne‘."[29]

Fragt man, wer mit den „scholastici" näherhin gemeint ist, so wird man primär an Theologen der Spätscholastik, namentlich an Gabriel Biel zu denken haben und nicht an Positionen wie diejenigen Augustins und der Väter oder an die Lehre eines Thomas von Aquin, Bonaventura oder Wilhelm von Paris. Denn diese können in CA und Apol „als Zeugen der rechten Lehre in der Frage des Erbsündenverständnisses und der Rechtfertigungslehre den be-

---

[28] V. Pfnür, Die Verwerfungen der Confessio Augustana, der Apologie und der Schmalkaldischen Artikel hinsichtlich der Rechtfertigungslehre, in: K. Lehmann (Hg.), Lehrverurteilungen – kirchentrennend? II. Materialien zu den Lehrverurteilungen und zur Theologie der Rechtfertigung, Freiburg/Göttingen 1989, 191–209, hier: 192 ff.; vgl. ferner Pfnür, 90, sowie K. Rischar, Johann Eck auf Reichstag zu Augsburg 1530, Münster 1968, 90.

[29] V. Pfnür, Verwerfungen, 193 f. unter Verweis auf BSLK 148,18 f., 149,6–10: „(T)ribuunt interim humanae naturae integras vires ad diligendum Deum super omnia, ad facienda praecepta Dei, quoad substantiam actuum." Vgl. ferner BSLK 160,36–40: „Hic scholastici secuti philosophos tantum docent iustitiam rationis, videlicet civilia opera et affingunt, quod ratio sine spiritu sancto possit diligere Deum super omnia." Vgl. Apol IV,17 sowie W. Breuning, a. a. O., bes. 133.

kämpften Gegnern entgegengestellt"[30] werden. Das gilt vor allem
für Augustin, mit dem sich Melanchthon in einer gemeinsamen
Abwehrfront gegen die „scholastici" weiß, auch wenn er im übrigen ebenso wie Luther die reformatorische Lehre keineswegs un-
kritisch mit derjenigen des Bischofs von Hippo gleichsetzt.[31] Zu
bedenken ist ferner, daß die CA zwischen den verworfenen
scholastischen Lehrmeinungen und der Position ihrer Gesprächspartner durchaus zu unterscheiden vermochte. So wird
den zeitgenössischen Gegnern etwa in CA XX,5 ff. attestiert, sie
würden nun auch damit beginnen, den Glauben zu betonen, über
den einstmals befremdliches Schweigen geherrscht habe: „Docent
nos non tantum operibus iustificari, sed coniungunt fidem et opera et dicunt nos fide et operibus iustificari. Quae doctrina tolerabilior est priore et plus afferre consolationis potest quam vetus ipsorum doctrina." Entsprechend heißt es, um nur ein weiteres Beispiel ursprünglich vorgenommener Differenzierungen zu geben,
noch in den Handschriften der deutschen Apologie[32]: „Izt lassenn
Sie Inn wolgefallen, das sie denn glaubenn hinzuthun, Wenn Sie
vonn der Rechtfertigung unnd vorgebung der Sundenn redenn,
Nemlich, das umb des glaubens willen denen die Sunde nit zuge-
rechnt werd, die do glauben, Sie werden In vertzihen umb Christus willenn, Allain sie flickenn etwas dran vom vordienst der
werck, unnd bekennen doch, es sey fast geringe. Sie sagen, die
werck, die Inn der gnad geschenn, vordienenn das ewige Lebenn,
sed minus principaliter, Dis Einig stucklain behalden sie noch von
der vorigenn gruntsuppen falscher lahr." (CR 27, 325; ähnlich
schon 324.) Erst im weiteren Verlauf der – entscheidend durch das

---

[30]   V. Pfnür, Verwerfungen, 194 f. mit Belegen. Ferner Pfnür, 29 ff.

[31]   Vgl. W. Maurer, Der Einfluß Augustins auf Melanchthons theologische
       Entwicklung, in: ders., Melanchthon-Studien, Gütersloh 1964, 89: „Wir
       müssen zugeben, daß Melanchthon mit gutem Gewissen beides vermag:
       im internen Schulbetrieb die antipelagianischen Schriften Augustins von
       den Prinzipien reformatorischer Theologie aus einer immanenten Kritik
       zu unterziehen und zugleich in der Polemik nach außen hin jene Schrif-
       ten als eine geschlossene Einheit zu behandeln, die die von Luther wie-
       derentdeckte Wahrheit der Heiligen Schrift bezeugt."

[32]   Vgl. im einzelnen Peters, I.2.1.2. Während Bindseil in CR 27, 321–378 (vgl.
       CR 27, 315 ff.) im Anschluß an Förstemann den Codex Casselanus bietet,
       findet sich bei Peters in Anhang 2 die Schwäbisch Haller Handschrift
       (Codex Hallensis) als die älteste Textgestalt der deutschen Apologie.

Scheitern der Augsburger Ausgleichsverhandlungen und den un- günstigen Reichstagsbeschluß bestimmten (vgl. dazu u. a. die wahrscheinlich schon im November 1530 fertiggestellte Apol-Prä- fation [BSLK 141–144, bes. 142,3 ff.]) – Entwicklungsgeschichte der Apologie wird in ihr nicht mehr ausdrücklich „zwischen der ver- worfenen Gegenposition und der Lehre ihrer Gegner"[33] differen- ziert. Historisch ist das ein Indiz für die fortgeschrittene Entfrem- dung beider Parteien, die im Begriffe stehen, sich mehr und mehr als separate Konfessionen zu etablieren. Doch dürfen dieser Pro- zeß und sein schließliches Ergebnis nicht vergessen lassen, daß man sich 1530 noch nicht als getrennte Blöcke begegnete: In die- sem Sinne trifft es zu, daß sich das Verwerfungsurteil von CA II primär nicht gegen die altgläubigen Gegner insgesamt, sondern gegen spätscholastische Lehrauffassungen richtet, welche von der zeitgenössischen Kontroverstheologie ebenso unterschieden wer- den wie von der Theologie der Väter, der einzelne Früh- und Hochscholastiker durchaus zugerechnet werden können.

Entsprechende Differenzierungen wird man der Sache nach auch für das CA XVIII nachträglich beigefügte (Ed. pr.) Verwerfungs- urteil[34] in Rechnung stellen dürfen, wie überhaupt CA XVIII und CA XIX inhaltlich eng mit CA II zusammengehören.[35] Bei beiden Artikeln handelt es sich bekanntlich um Zusatzartikel, die erst in Na (17 u. 18) begegnen und vor allem durch Ecks Angriffe veran- laßt wurden. Wie erwähnt, hatte Eck der reformatorischen Lehre deterministische Konsequenzen und in der Folge dessen die An- nahme unterstellt, Gott selbst bringe ursächlich die Sünde hervor. Gegen diese Ungeheuerlichkeit wendet sich Na 18 (vgl. Maurer II, 58), wo es heißt: „Von der Sund lehren wir, wiewohl Gott die Natur erschaffen hat und dieselben erhält, so verursacht doch die

---

[33]   V. Pfnür, Verwerfungen, 195.

[34]   Vgl. BSLK 74, App. zu Z. 12 bzw. Z. 16: „Damnant Pelagianos et alios, qui docent, quod sine spiritu sancto solis naturae viribus possimus Deum super omnia diligere, item praecepta Dei facere quoad substantiam actu- um." „Hie werden diejenige verworfen, so lehren, daß wir Gottes Gepot ohn Gnad und heiligen Geist halten können." Vgl. V. Pfnür, a. a. O., 193.

[35]   Vgl. Maurer II, 53: „Im Sinne Melanchthons bilden die drei Artikel CA 2, 18 und 19 eine Einheit, die neben dem Abfall des Menschen zum Bösen Gottes Schöpferherrlichkeit aufrecht erhält. Der innere Zusammenhang der drei Artikel, beim Abschluß von ‚De servo arbitrio' ... schon vorbe- reitet, ist in der gesamten Entwicklung der Texte bestehen geblieben."

Sund nichts dann der bos Will des Teufels und der Gottlosen, welcher, so ihm Gott nit hilft, sich von Gott abwendet ..." Belegt wird dies mit Hos 13,9: „O Israel, dein Verderben ist aus dir, aber dein Hilf steht allein bei mir." (BSLK 75,19–22) Diese „bei weitem passendere Stelle" (Kolde, 56) ist in der lateinischen und deutschen Endgestalt von CA XIX durch Joh 8,44 ersetzt worden, wo zu lesen steht: „Der Teufel redet Lugen aus seinem Eigen (ex propriis)." Im übrigen heißt es eingangs statt „de peccato" präzisierend „de causa peccati", welche Ursache der Sünde sodann in direktem Anschluß an Na folgendermaßen bestimmt wird: „voluntas malorum, ut diaboli et impiorum, quae, non adiuvante Deo, avertit se a Deo" (BSLK 75,4–6). Im deutschen Endtext wird entsprechend gelehrt, „daß, wiewohl Gott der Allmächtig die ganze Natur geschaffen hat und erhält, so wirket doch der verkehrte Will die Sunde in allen Bösen und Verachtern Gottes, wie dann des Teufels Will ist und aller Gottlosen, welcher alsobald, so Gott die Hand abgetan, sich von Gott zum argen gewandt hat ..." (BSLK 75,2–9).

Ergänzend sei bemerkt, daß in Apol XIX die Wendung „non adiuvante Deo" („so Gott die Hand abgetan") weggefallen ist; dafür wird die Einheit und Einzigkeit des Weltschöpfers in antidualistischer Absicht ausdrücklich hervorgehoben (BSLK 313,11 ff.: „quod ... unus ac solus Deus condiderit universam naturam et conservet omnia, quae existunt"). Im übrigen wird die Zustimmung der Gegner zur Kenntnis genommen, ohne daß deren Zentralformel („voluntas rationalis, defectibilis causa est peccati" [Immenkötter, 121,3 f.][36]) aufgegriffen und genauer erörtert würde. Es bleibt bei der Feststellung, „quod ... causa peccati sit voluntas in diabolo et hominibus avertens se a Deo" (BSLK 313,11 ff.). Die Ursache der Sünde, so ist damit gesagt, ist nichts anderes als der in sich verkehrte und von Gott abgewendete Wille, der das Unwesen der Sünde ausmacht. Kurz: Die Ursache der Sünde ist die Sünde selbst.[37] Für ihre Faktizität gibt es keinen anderen Grund

---

[36]   Zu den Vorhaltungen der Catholica responsio vgl. Ficker, 62 f.

[37]   Vgl. H.-J. Iwand, „Sed originale per hominem unum." Ein Beitrag zur Lehre vom Menschen, in: EvTh 6 (1946/47), 26–43, hier 37: „(D)er Ursprung der sündigen Handlung ist die Sünde selbst." Hinzuzufügen ist, daß die Ursache, die als „origo peccati" dem „peccatum originale" zugrundeliegt, recht eigentlich nicht „causa efficiens", sondern nur „causa deficiens" genannt zu werden verdient. Denn ihr originäres Beginnen

als das Faktum, welches die Sünde in ihrer Verkehrtheit und Gottaversion selbst ist. Kann sonach der Grund der Sünde nicht auf ein Sündenexternes geschoben werden, so gilt zugleich: Die Sünde ist selbst schuld und trägt entsprechend die Ursache ihres Verderbens in sich; in sich verkehrt verfällt sie dem Abgrund, der sie selbst ist. In alledem aber erweist sie sich als Quasisubjekt ihres Täters, den sie gebannt in ihren Sog zieht, um ihn radikal zugrunde zu richten. Darauf deutet im gegebenen Zusammenhang die explizite Erwähnung des Teufels hin: Nicht daß damit auf einen zweiten Gott, den Gott des Bösen verwiesen würde, der als solcher außermenschliche Ursache der Sünde sei. Dies wird nicht nur nicht gesagt, sondern ebenso ausgeschlossen (BSLK 313,11 f.: „unus ac solus Deus") wie jedwede andere Art der Fatalisierung der Sünde. Der Fall der Sünde ist nicht bloße Tragik, sondern willentliche und daher zurechenbare Schuld des Menschen. Indes hat die menschliche Willensverkehrung als solche diabolischen Charakter, was sich u. a. daran zeigt, daß der Mensch als Täter der Sünde ipso facto zu deren Objekt und Besitzgegenstand wird. Von Gott abgewendet und willentlich in sich verkehrt ist der Mensch des Teufels, dessen Unperson nicht für einen äußeren, distanziert faßbaren Grund, sondern für die unfaßbare Sinnlosigkeit steht, welche der Sünde und der Pervertiertheit ihrer Selbstbegründung innewohnt, von deren bodenloser Abgründigkeit man sich keinen vernünftigen Begriff machen kann, weil sie der Inbegriff des Unvernünftigen selbst ist.

Die Unvernünftigkeit oder besser: Widervernünftigkeit der Sünde erweist sich nachgerade darin, daß in ihrem Fall jedes vernünftige Distanzierungsvermögen des Menschen sich zersetzt. Im Falle der Sünde hat der Sünder jede Möglichkeit der Sünde gegenüber restlos verloren. Davon geht die Hamartiologie der CA dezidiert aus: Entsprechend wird in dem Artikel, welcher den Ausführungen „De causa peccati" in CA XIX vorausgeht[38], nachdrücklich

---

wird ihr zugleich zur Ursache, sich selbst zugrundezurichten. In diesem Sinne hat die Sünde keine Wirk-, sondern nur eine Verwirkursache (vgl. Kinder, 66 ff.).

[38] Vgl. Maurer II, 53 ff.: Melanchthon und Luther über Erbsünde und freien Willen. Maurer gelangt zu dem Ergebnis, daß die Aussagen in CA XVIII „nicht auf der Höhe von Luthers Willens- und Gnadenlehre" stehen (Maurer II, 57). Das ist zweifellos dann der Fall, wenn man das in CA XVIII entwickelte Verhältnis von natürlichen Willenskräften und gnaden-

gelehrt, daß es der natürliche Mensch – und das ist nach Lage der
Dinge, wie CA II sie voraussetzt, der Mensch unter den Bedingungen des Sündenfalls – „ohn Gnad, Hilfe und Wirkung des heiligen Geists" nicht vermag, „Gott gefällig zu werden, Gott herzlich
zu furchten, oder zu glauben, oder die angeborne böse Lüste
aus dem Herzen zu werfen. Sondern solchs geschieht durch den
heiligen Geist, welcher durch Gotts Wort geben wird." (BSLK
73,6–13) Biblisch belegt wird dies mit 1. Kor 2,14, woraus der Satz
zitiert wird: „Der naturlich Mensch vernimmt nichts vom Geist
Gottes." (BSLK 73,14 f.) Im lateinischen Text fehlt dieser Beleg
ebenso wie in der Vorlage Na 17, wo es vom Willen des natürlichen Menschen heißt: „Er vermag ... nichts zu der innerlichen
geistlichen Gerechtigkeit, so vor Gott gilt, ohn den heilig Geist,
dann der naturlich Mensch verstehet nichts, was den Geist Gottes
antrifft; sonder die entstehet allein in dem Herzen, so der heilig
Geist durchs Wort empfangen wirt ..." Dieser Passus ist direkt in
die lateinische Endgestalt von CA XVIII,2 f. eingegangen; von der
„humana voluntas" wird gesagt: „non habet vim sine spiritu
sancto efficiendae iustitiae Dei seu iustitiae spiritualis, quia ani-
malis homo non percipit ea, quae sunt spiritus Dei; sed haec fit in
cordibus, cum per verbum spiritus sanctus concipitur." Es fällt
unmittelbar auf und bedarf keines Beweises, daß diese Aussagen
denjenigen in CA II vollständig parallel laufen; im deutschen Text
ist dies eher noch deutlicher als im lateinischen. Worauf es inhaltlich ankommt, ist beide Male dies, deutlich zu machen, daß der
natürliche, will heißen: auf sich und sein Eigenvermögen gestellte
und darauf insistierende Mensch in sich verkehrt und von Gott
abgewandt ist und von sich aus gerade keine Möglichkeit hat,
sein Verhältnis zu Gott zurecht zu bringen. Solches vermag allein
Gott in der Kraft seines Hl. Geistes, wie er durch das Wort, dessen personaler Inbegriff Jesus Christus heißt, wirksam ist.

Dies ist auch der Skopus jenes (Pseudo-)Augustinzitats (vgl. BSLK
73, Anm. 2), das sich bereits in Na findet und in erweiterter Form
den Schluß sowohl des deutschen als auch des lateinischen Tex-

---

haftem Wirken des Geistes im Sinne einer Ergänzung bestimmt. Indes
wird diese Deutung dem systematischen Sachzusammenhang nicht gerecht, in welchem CA XVIII mit CA II und CA XIX steht. Im Gegensatz
zu Maurers Schlußthese (II, 58: „CA 18 gehört streng theologisch genommen nicht mit CA 2 zusammen.") wird CA XVIII im folgenden dezidiert
im Kontext von CA II und CA XIX interpretiert.

tes von CA XVIII bildet. Erneut geht es im wesentlichen um die Einsicht, daß der Mensch von sich aus, durch seinen natürlichen Willen und Verstand, „ichts Geistlichs und Gottlichs weder anfahen noch vollbringen" (BSLK 73,27 f.) kann. Daran ändert auch die unbestrittene Tatsache nichts, „daß des Menschen Will etlicher Maß frei sei, äußerliche Gerechtigkeit zu uben und Unterschied zu machen in den Dingen, so der Vernunft unterworfen sein" (BSLK 73,21–23). Dies eigens zu betonen, war nötig geworden, nachdem Eck die reformatorische Position auf die undifferenzierte Leugnung eines menschlichen „liberum arbitrium" mit deterministisch-fatalen Konsequenzen hatte festlegen wollen. Demgegenüber wird im ersten Satz von CA XVIII im Anschluß an Na und unter 'sachlichem Rückbezug auf CA XVI, von dem noch zu reden sein wird, gelehrt, „quod humana voluntas habeat aliquam libertatem ad efficiendam civilem iustitiam et deligendas res rationi subiectas" (CA XVIII,1; BSLK 73,2 ff.: „Vom freien Willen wird also gelehrt, daß der Mensch etlichermaß ein freien Willen hat, äußerlich ehrbar zu leben und zu wählen unter denen Dingen, so die Vernunft begreift.").

Damit war klargestellt, daß die reformatorische Lehre „De servo arbitrio" nicht in einem kausalmechanischen Sinne zu deuten sei, der menschliche Spontaneität ausschließt und nur willenlose Zwangsläufigkeiten zuläßt. Schwieriger ist es zu sagen, was es mit dem „liberum arbitrium" näherhin auf sich hat, wie es dem natürlichen Menschen auch unter den Bedingungen sündiger Verkehrung nicht abgesprochen wird. Eindeutig ist zunächst nur, daß das „liberum arbitrium" in theologischer, den Gottesbezug des Menschen betreffender Hinsicht völlig depotenziert wird. Nicht nur, daß das „liberum arbitrium" in bezug auf Gott schlechterdings nichts vermag, es verkehrt vielmehr in der Beanspruchung und faktischen Realisierung eines solchen Vermögens die Gottesbeziehung des Menschen, um zur „causa peccati" zu werden, von der CA XIX spricht. Für sich genommen oder besser: unmittelbar auf sich bezogen ist das „liberum arbitrium" nach theologischem Urteil nicht nur nichts, sondern in sich verkehrt und Sünde. Bleibt zu fragen, ob von dieser sündigen Verkehrtheit des auf sich bezogenen und in solch unmittelbarem Selbstbezug von Gott abgewendeten „liberum arbitrium" nicht auch dessen Weltbezug betroffen ist. Darauf gibt CA XVIII keine eindeutige Antwort bzw. eine Antwort, die allenfalls in ihrer Zweideutigkeit eindeutig ist. Charakteristisch jedenfalls ist eine gewisse Uneindeutigkeit, und –

wenn man so will – eine bestimmte Unbestimmtheit der Argumentation (vgl. Schlink, 117 f.). So wird zunächst gesagt, daß der natürliche Mensch „etlichermaß ein freien Willen hat" („aliquam libertatem") in bezug auf die Welt. Zwar scheint die derart umschriebene Willensfreiheit hinreichend zu sein, äußerlich ehrbar zu leben und den durch den Begriff der „iustitia civilis" bezeichneten Anforderungen gerecht zu werden.[39] Doch läßt das erwähnte Augustinzitat auch in dieser Hinsicht Zweifel aufkommen, insofern in ihm die Wahlfreiheit des „liberum arbitrium" sowohl auf Gutes und Nützliches als auch auf Schädliches und Böses bezogen wird. Der freie Wille des natürlichen Menschen ist also an sich selbst sowohl indifferent als in solcher Indifferenz auch am-

---

[39] Daß der Fall der Sünde nach Maßgabe von CA und Apol trotz Verlustes der „iustitia originalis" (vgl. Fagerberg, 138) nicht den völligen Verlust der „Fähigkeit des Menschen zum sittlich-rationalen Handeln überhaupt" (Fagerberg, 141) bedeutet sowie nicht „jegliche Form von Willensfreiheit" (Fagerberg, 143) ausschließt, betont auch Fagerberg. Freilich sei der natürliche Vernunftswille des Menschen von sich aus nicht zur „iustitia originalis", sondern bestenfalls zur „iustitia civilis" fähig (vgl. Fagerberg, 106 ff.). Hält sich diese Beschreibung im Rahmen des Üblichen, ohne daß die argumentative Struktur tiefer ausgelotet würde, so ist immerhin der Hinweis interessant, die theologische Kritik an der „iustitia civilis" habe dort anzusetzen, wo das rationale Willensvermögen, welches die Bedingung der Möglichkeit bürgerlicher Gerechtigkeit sei, theologisch überanstrengt und zu einem möglichen Mittel, Gott zu gefallen, verklärt werde. Dieser Hinweis zeigt, daß die der „iustitia civilis" zugedachten anthropologischen Möglichkeiten an sich selbst betrachtet ambivalente Größen sind und theologischer Limitation bedürfen, um ihre Bestimmung positiv erfüllen zu können. Reiner und unmittelbarer Selbstbestimmung überlassen, sind „ratio" und „arbitrium" des Menschen hingegen nicht lediglich theologisch indifferent, sondern – indem sie auf ihrer Indifferenz insistieren – anthropologische Indizien kreatürlicher Verkehrtheit. Diese Einsicht geht verloren, wenn man meint, mit einem theologisch neutralen Begriff von „ratio" und rationaler Wahlfreiheit im Sinne des „liberum arbitrium" operieren zu können. Fagerbergs Bemerkung gegen Schluß seiner Interpretation deutet in diese Richtung: „Wenn man", heißt es dort (Fagerberg, 149), „sinnvoller Weise von Sünde sprechen will, dann scheint das ein gewisses Maß von Verantwortung bei dem Handelnden vorauszusetzen, eine Fähigkeit zwischen verschiedenen Möglichkeiten zu wählen. Im andern Falle erscheint nicht Sünde, sondern Schicksalsgebundenheit." Könnte es nicht sein, daß die ursprüngliche Schuld der Sünde gerade im Insistieren auf der vermeintlichen Möglichkeit freier Wahl zwischen Gut und Böse, Gott und dem Teufel ihre causa deficiens hat?

bivalent. Das gilt entsprechend für das natürliche Vernunftvermö-
gen, wie es der Willensfreiheit des Menschen eigen ist. Nicht nur,
daß Vernunft bzw. Verstand des natürlichen Menschen in ihrem
Wollen und Vollbringen auf das beschränkt sind, „was zu diesem
gegenwärtigen Leben gehort"; auch in dieser beschränkten Hinsicht bleibt ihr gegebenes Vermögen uneindeutig, sofern es „Gut
und Bos" ermöglicht, „das Gut als Acker bauen, essen, trinken,
kleiden, zeugen etc., das Bos als Abgotter ehren, totschlagen,
ehebrechen etc." (BSLK 73,29). In der Na gegenüber erweiterten
Form des Augustinzitats hat sich an dieser Ambiguität nichts geändert. Nach der Aufzählung allerlei Güter, welche der Mensch in
seiner Welt natürlicherweise hervorzubringen vermag (CA XVIII,5:
„Bonis dico, quae de bono naturae oriuntur ..."), schließt der Artikel mit der lakonischen Feststellung: „Dagegen kann der Mensch
auch Böses aus eigener Wahl vornehmen, als vor einem Abgott
niederzuknien, einen Totschlag zu tun etc." (BSLK 74,14–16; vgl.
CA XVIII,6)

Das „liberum arbitrium" als vernünftiges Willensvermögen, das
den Menschen kreatürlich auszeichnet und von der übrigen Kreatur unterscheidet, ist also keine theologisch unzweideutige Größe,
vielmehr theologisch eindeutig wahrgenommen nur, wenn es in
seiner Zweideutigkeit erfaßt ist. Offenbar ist die Grundannahme
die, daß das „liberum arbitrium" eine relative Größe ist, die nur
im komplexen Zusammenhang differenzierter Bezüglichkeiten
erfaßt werden kann. Grundverkehrt – „peccatum originale" sowohl als auch „causa peccati" – ist das „liberum arbitrium" dann,
wenn es die Gottesbeziehung zu beherrschen und die Subjektstellung Gottes zu okkupieren sucht. Wo solche Verkehrtheit statthat, bleibt auch der Weltbezug des „liberum arbitrium" nicht un-
betroffen, und zwar nachgerade deshalb nicht, weil ein den Gottesbezug zu dominieren trachtendes „liberum arbitrium" in
zwanghaftem Trieb zur Selbsttotalisierung unfähig ist, sich auf die
Sphäre der äußeren Freiheit im Sinne der „iustitia civilis" zu beschränken, was seine geschöpfliche Bestimmung wäre. Man wird
von daher zu erkennen haben, daß die Unterscheidung zwischen
Gottes- und Weltbezug des „liberum arbitrium" selbst eine theologisch vermittelte ist, daß daher der Weltbezug des „liberum arbitrium" nicht im Sinne theologischer Neutralität zu verstehen ist.
Die sozusagen neutrale Fassung des „liberum arbitrium" gehört
zwar als anfängliches Moment zum Gedankengang von CA XVIII
unveräußerlich hinzu; sie geht aber in diesen Gedankengang der-

gestalt ein, daß sie in dessen Verlauf eine elementare Umbestimmung erfährt. Nicht daß das „liberum arbitrium" als natürliches Vermögen in Konsequenz dieser Umbestimmung einfach aufzugeben wäre: erkennbar ist vielmehr, daß Vernunft und Wille des Menschen von Gott her dazu bestimmt sind, als Schöpfungsgaben erhalten zu bleiben, was selbst im Falle der Sünde und unter sündigen Bedingungen gültig bleibt. Doch ist es keineswegs so, daß die sündige Verkehrung des Menschen dessen Weltbezug unberührt läßt. Denn bestenfalls ist der Weltbezug des natürlichen Menschen als zweideutig zu qualifizieren, wohingegen er unzweideutig schlecht immer dann ist, wenn er in seiner Zweideutigkeit nicht eindeutig erkannt ist. Eine nicht unwesentliche Leistung von CA XVIII bestünde sonach darin, einen bestimmten theologischen Begriff von der Unbestimmtheit des natürlichen „liberum arbitrium" entwickelt zu haben.

Nun läßt sich freilich nicht leugnen, daß an der signifikanten Unbestimmtheit, die kennzeichnend ist für den CA-Artikel „De libero arbitrio", nicht nur dessen Sachgegenstand, sondern in gewisser Hinsicht auch noch der theologische Begriff Anteil hat, der von diesem Sachgegenstand entwickelt wird. Anders ließe es sich nicht erklären, warum CA XVIII widerstreitende Deutungen hervorgerufen oder doch zumindest jenen im Kontext von Sünden- und Willenslehre ausgetragenen Streit nicht verhindern konnte, der die theologischen Gemüter im Luthertum über Jahre hinweg bewegte und erst in der Konkordienformel zu einem vorläufigen Abschluß gebracht wurde. Da hierauf noch eigens und in der nötigen Ausführlichkeit eingegangen wird, soll hier nur noch die argumentative Richtung skizziert werden, welche die Apologie im Zusammenhang der Willensfrage einschlägt.

Vorauszuschicken ist, daß die Konfutatoren CA XVIII nicht nur „billig angenommen und zugelassen", sondern mit ausdrücklichem Lob versehen haben. Dies trifft bereits für die Catholica responsio zu, wenn es heißt: „Sana et catholica est hec assertio principum ..." (Ficker, 60,21), „recte et laudabiliter de libero arbitrio sentiunt!" (Ficker, 61,14 f.) Allerdings wirft man den evangelischen Predigern, Luther und Melanchthon vor, CA XVIII widerspreche ebenso wie CA XIX früheren Äußerungen, in denen sie die Häresie der Manichäer wiedererweckt, den freien Willen überhaupt geleugnet hätten und auch davor nicht zurückge-

schreckt seien, Gott zum Verursacher des Bösen zu erklären.[40]
Man greift also erneut jene Vorwürfe auf, die Eck bereits in sei-

---

[40] Vgl. im einzelnen Pfnür, 110 ff., 115 ff. Als exemplarisches Beispiel sei die
Kritik der 13. These von Luthers Heidelberger Disputation erwähnt (vgl.
Ficker, 60,28–61,1), auf die auch Ecks Häresienkatalog Bezug nimmt (Art.
36). In der genannten These vom Frühjahr 1518 war Luther auf der Basis
seines augustinischen und antiaristotelischen Paulinismus zu dem Schluß
gelangt, daß der freie Wille (liberum arbitrium) nach dem Sündenfall nur
dem Namen nach eine Sache (res de solo titulo) sei und eine Todsünde
begehe, wenn er tue, was in ihm ist (facit quod in se est) (WA 1, 354:
These 13). Diese These wurde in der 36. Proposition der Bannandrohungsbulle Leos X. vom 15. Juni 1520 ausdrücklich und dem Wortlaut
nach zusammen mit 40 weiteren Errores Martini Lutheri verworfen (DH
1486; vgl. insgesamt 1451–1492). Luther verteidigte und verschärfte daraufhin die von ihm eingenommene Lehrposition in seiner „assertio omnium articulorum M. Lutheri per Bullam Leonis X. novissimam damna-
torum" vom 29. November 1520 (WA 7, 94–152), wo er zur 36. Proposition
der Bannandrohungsbulle bzw. zu der dort verurteilten 13. Heidelberger
Disputationsthese wie folgt Stellung nimmt: „Unde et hunc articulum necesse est revocare. Male enim dixi, quod liberum arbitrium ante gratiam
sit res de solo titulo, sed simpliciter debui dicere ‚liberum arbitrium est
figmentum in rebus seu titulus sine re'. Quia nulli est in manu sua quip-
piam cogitare mali aut boni, sed omnia (ut Viglephi articulus Constantiae
damnatus recte docet) de necessitate absoluta eveniunt." (WA 7, 146, 3–
8; vgl. dazu: D. Martini Lutheri Responsio Extemporaria ad Articulos,
quos Magistri Nostri ex Babylonica et assentionibus eius excerpserant,
quod venienti Vuormatiam ad Imperialem illic Conventum obiicerent
tanquam haereticos, nunquam tamen ex scripturis tales probatos [WA
7, 608–613]: „*Collectores*. Liberum arbitrium esse figmentum in rebus seu
titulum sine re, Quia nulli est in manu sua quidquam cogitare mali aut
boni, Sed omnia, ut Vuicleffi Articulus Constantiae damnatus recte docet,
de necessitate absoluta evenire, Quod et Poeta voluit, cum dixit: Certa
stant omnia lege. *Lutherus*. Quia homo non potest bonum velle nec
facere ex seipso, sed tantum malum, Gene. 6. et 8., ut probavi in
Assertionibus." [WA 7, 612, 26–31; zur veränderten deutschen Fassung der
„Assertio" vgl. WA 7, 308–457, bes. 448, 25–36])

Durch steile Thesen dieser Art fühlte sich bereits Erasmus herausgefordert. In seiner Anfang September 1524 bei Froben in Basel publizierten
Schrift „De libero arbitrio diatribe sive collatio" (Erasmus von Rotterdam,
Ausgewählte Schriften. Ausgabe in acht Bänden. Lateinisch und Deutsch,
hg. v. W. Welzig, Bd. 4, Darmstadt 1969, 1–195) greift er Luthers zitierte
„Assertio" wörtlich auf, um in kritischer Auseinandersetzung mit ihr eine
solche Vermittlung göttlichen Gnadenwirkens und menschlicher Willensfreiheit zu leisten, die sowohl dem Zeugnis der Schrift als auch praktischen Vernunftgründen genügt. Gegen solche Vermittlungstheologie
wandte sich Luther in scharfer Form in seiner im Herbst 1525 verfaßten

nem Häresienkatalog zur Sache vorgetragen hatte. Im Unterschied dazu begnügt sich die Confutatio damit, ihrem grundsätzlichen Lob den Rat hinzuzufügen und mit Verweis auf Augustin und das Schriftzeugnis zu unterstreichen, der rechte Christ möge den Mittelweg beschreiten, „das er mit den Pelagianern dem freien willen nit zu vil zugebe, ime auch nit neme alle freyhait, wie dan die gotlosen Manicheer gethon haben, welches auf baid seiten irrig gewesen und noch ist" (Immenkötter 116,16–19).

Apol XVIII (vgl. das Fehlen dieser Thematik in CR 27, 289 u. 340) stimmt dieser „declamatio" im Prinzip zu (Apol XVIII,2: „praeclare sane"), stellt aber zugleich den Unterschied zwischen den Pelagianern und den Widersachern der Reformation in Frage, insofern beide lehrten, „homines sine spiritu sancto posse Deum diligere et praecepta Dei facere quoad substantiam actuum, mereri gratiam ac justificationem operibus, quae ratio per se efficit sine Spiritu Sancto" (Apol XVIII,2). Daß dieses – der in der Ed. pr. CA XVIII angefügten Damnation inhaltlich entsprechende – Verdikt polemisch zugespitzt, jedenfalls undifferenzierter ist als vormalige Ur-

---

Schrift „De servo arbitrio" (WA 18, 551–787), die noch im Dezember desselben Jahres in lateinischer Sprache und wenige Wochen später in einer deutschen Paraphrase („Daß der freie Wille nichts sei") von Justus Jonas erschien (vgl. im einzelnen meine Studie: Luthers Streit mit Erasmus als Anfrage an protestantische Identität, in: F. W. Graf/K. Tanner [Hg.], Protestantische Identität heute, Gütersloh 1992, 135–160). Erasmus replizierte in zwei umfangreichen Büchern mit dem – von Luther persiflierten (vgl. WA Br 4, 263, 3–5) – Titel „Hyperaspistes diatribe adversus servum arbitrium Martini Lutheri", von denen das erste 1526, das zweite 1527 erschien, ohne in der Sache Neues zu erbringen. Luther hat auf beide Bücher nicht mehr reagiert, sondern unnachgiebig auf seiner Auffassung beharrt. Von seinen Werken erachtete er bekanntlich neben dem Katechismus nur „De servo arbitrio" für erhaltenswert, wie er am 9. Juli 1537 an Wolfgang Capito schrieb. Von daher und angesichts des hohen Stellenwertes, den Luthers „De servo arbitrio" in der Folgeentwicklung lutherischer Bekenntnistradition (der Willensartikel der Konkordienformel beruft sich neben der CA [SD II,29 f.] und ihrer Apologie [SD II,31 f.] sowie weiteren offiziellen Bekenntnistexten [SD II, 33 ff.] auch auf „De servo arbitrio" als auf eine seiner Autorisierungsinstanzen [vgl. SD II,44]) einnahm, ist Pfnürs interpretatorische Grundannahme nicht unproblematisch, die altgläubige Kritik reformatorischer Lehre vom unfreien Willen lasse sich im wesentlichen auf Überspitzungen (136: „philosophische[r] Determinismus") der Jahre 1520/21 beschränken, wie sie durch den Gegensatz zu Biel provoziert und durch CA XVIII und XIX entschieden korrigiert worden seien (vgl. Pfnür, 117 ff., zusammenfassend: 136 ff.).

teile über die gegnerische Position, wurde bereits gesagt und soll nicht noch einmal wiederholt werden. Beachtet werden soll im wesentlichen nur, was Apol XVIII hinsichtlich der schon für CA XVIII bestimmenden Unterscheidung zwischen einem freien Willensvermögen des Menschen, äußere Handlungsgebote zu erfüllen, und einer gänzlichen Unfreiheit und Unfähigkeit seines Willens in geistlichen Angelegenheiten gesagt wird. Die Grenzen des menschlichen Willensvermögens werden dabei primär durch die beschränkte Fassungskraft der ratio definiert. „Habet humana voluntas libertatem in operibus et rebus deligendis, quas ratio per se comprehendit." (Apol XVIII,4) Zu dem Zuständigkeitsbereich der „ratio" als dem Bereich ehrbaren Lebens in der „iustitia civilis" oder „iustitia operum", wie die zivile Gerechtigkeit auch genannt wird, werden dabei neben den zum Teil bereits in dem Pseudoaugustinzitat in CA XVIII erwähnten Alltagsgeschäften wie Arbeiten, Essen und Trinken, Heiraten, Kinderzeugen und Erziehen, Elternehren, Regieren und Regiertwerden, Rechtspflege etc. auch die vernünftige Rede von Gott sowie der äußere Gottesdienst durch geregelten Kultus gezählt. „Cum reliqua sit in natura hominis ratio et iudicium de rebus sensui subiectis, reliquus est etiam delectus earum rerum et libertas et facultas efficiendae iustitiae civilis." (Apol XVIII,4) Die Schrift nenne diese durch die gegebene „ratio" definierte Gerechtigkeit „iustitia carnis" oder auch, wie der deutsche Text hinzufügt, Gerechtigkeit des Gesetzes. Zwar sei unter postlapsarischen Bedingungen die „vis concupiscentiae" so gewaltig, daß der Mensch in der Regel seinen bösen Affekten sehr viel öfter folge als dem Urteil seiner Vernunft. Gleichwohl bleibt der Mensch nach Apol XVIII auch nach dem Fall seiner Stammeltern ein „animal rationale" und als solches spezifisch von allen Mitgeschöpfen unterschieden.

Unbeschadet solcher verbleibenden Rationalität des postlapsarischen Menschen ist es nach Melanchthons Urteil grundverkehrt zu behaupten, es stehe in des natürlichen Menschen Vermögen, nicht zu sündigen.[41] „Illud autem falsum est, non peccare homi-

---

[41] Das auf die – auch nach dem Fall der Sünde schöpferisch wirksame – Erhaltungsgnade Gottes zurückzuführende Vermögen des postlapsarischen Menschen zu einem „rationalen" Weltumgang macht diesen in keiner Weise frei in seinem Gottesverhältnis. Die Freiheit des menschlichen Gottesverhältnisses gründet vielmehr ausschließlich im Christusbezug des Glaubens. Jedwede Form unmittelbarer Behauptung soteriologi-

nem, qui facit opera praeceptorum extra gratiam. Et addunt amplius talia opera etiam de congruo mereri remissionem peccatorum ac iustificationem. Nam humana corda sine spiritu sancto sunt sine timore Dei, sine fiducia erga Deum, non credunt se exaudiri, sibi ignosci, se iuvari et servari a Deo." (Apol XVIII,6) Hinzugefügt wird, daß ein schlechter Baum keine guten Früchte erbringen könne und es ohne Glaube unmöglich sei, Gott zu gefallen. Damit stehe fest, daß der Mensch in geistlichen Dingen nichts vermöge. Geistliche Dinge aber sind: „vere timere Deum, vere credere Deo, vere statuere ac sentire, quod Deus nos respiciat, exaudiat, ignoscat nobis etc. Haec sunt vera opera primae tabulae, quae non potest humanum cor efficere sine spiritu sancto." (Apol XVIII,7) Denn „inwendig ander Herz, Sinn und Mut kriegen, das wirket allein der heilige Geist" (BSLK 312,39 f.), der uns nicht aus Gründen gerechten Verdienstes vor Gott, sondern umsonst, gratis, um Christi willen aus Gnade gegeben wird. Wegen der Unbedingtheit und Bedingungslosigkeit dieser Gnade – so die gemeinsame Lehrposition von CA XVIII und Apol XVIII – ist das „discrimen inter iustitiam humanam et spiritualem, inter philosophicam et doctrinam spiritus sancti" (Apol XVIII,9) entscheidend für jede rechte Theologie.

Indirekt ist damit gesagt, was durch den weiteren Entwicklungsverlauf lutherischer Bekenntnistradition dann ausdrücklich bestätigt werden sollte, daß es ohne den Vollzug dieser Unterscheidung weder ein rechtes Verständnis der „iustitia spiritualis" und der „doctrina spiritus sancti" noch auch der „iustitia civilis vel philosophica" und mit ihr des kreatürlichen Vernunft- und Willensvermögens des Menschen geben kann. Denn eine vernünftige Willensmöglichkeit ist die bürgerlich oder philosophisch zu nennende Gerechtigkeit nur im differenzierten Zusammenhang mit jener spirituellen Gerechtigkeit, welche der Geist wirkt. Unter Abstraktion von diesem Zusammenhang hingegen tendieren die „iustitia civilis" und das in ihr wirksame vernünftige Willensvermögen des Menschen dazu, sich durch Selbsttotalisierung widrigerweise zur Unvernunft und zur Gegenvernunft zu verkehren. Für sich genommen kann dem „liberum arbitrium" des natürlichen Menschen daher theologisch bestenfalls ein uneindeutig-

---

scher Selbsttätigkeit des Menschen führt daher nach Melanchthons Urteil zwangsläufig in heilloses Elend.

unbestimmter Status zuerkannt werden, der in seiner Indifferenz nur dann nicht eindeutig negativ zu qualifizieren ist, wenn er als zweideutig durchschaut und in seiner Ambiguität unzweideutig namhaft gemacht ist. Den charakteristischen Indefinitaussagen im Zusammenhang der Lehre vom „liberum arbitrium", die in Apol XVIII ebenso begegnen (aliquando modo etc.) wie im zugrundeliegenden Artikel der CA, kommt von daher eine besondere Bedeutung und eine Schlüsselfunktion für das Gesamtverständnis zu.

Fazit: Das natürliche Willensvermögen ist wie das die Richtung des Willens bestimmende und in dessen Intentionalität mitgesetzte allgemeine Wissen vom Guten als dem Inbegriff des Erstrebenswerten wegen seiner Unbestimmtheit nicht nur nicht unzweideutig, es wird vielmehr ambivalent und infolge dieser Ambivalenz eindeutig verkehrt, wo es sich selbst überlassen bleibt und nicht zu jener Offenbarungsgewißheit gelangt, in welcher das vage Wissen vom Guten, welches allerdings die unerläßliche anthropologische Voraussetzung einer hamartiologischen Ansprechbarkeit bzw. Verantwortlichkeit des Menschen ist, die klare Bestimmtheit des Gottesglaubens annimmt.

3. Schuldbewußtsein und Reue oder: von rechter Buße

Gemäß der entwickelten Lehre der CA und ihrer Apologie ist das „peccatum originale" nicht weniger als eine Radikalverkehrung menschlichen Personwillens. Nicht ein Äußeres, von der inneren Verfaßtheit des natürlichen Menschen Distanzierbares ist von der Verkehrtheit der Sünde betroffen, sondern dessen Personzentrum selbst. Zwar bleibt der natürliche Mensch auch unter den Bedingungen des Falls Geschöpf, was von lutherischer Bekenntnistradition ebensowenig geleugnet wird wie der theologische Zusammenhang von Schöpfung und Erlösung.[42] Aber das bleibende Geschöpfsein des gefallenen Menschen impliziert keinerlei Vermögen, sich selbst und aus eigener Kraft vom Fall der Sünde und seinen Folgen zu befreien. Es bedarf vielmehr des Neueinsatzes reiner, nur zu empfangender Gnade, um das in der Sünde verkehrte Gottesverhältnis des Menschen zu seiner schöpfungsgemäßen Bestimmung zurechtzubringen, deren Realisierung der Sünder schuldig geblieben ist und von sich aus niemals wird leisten können. Denn der menschliche Personwille ist in der Sünde derart verkehrt, daß er nicht mehr will und wollen kann, was Gottes Wille ihm zu wollen geboten hat. Im Gegenteil: Im Fall der Sünde kehrt sich der in sich verkehrte Personwille des Menschen als Wi-

---

[42] „Denn der Erlösungszusammenhang, in den der Mensch überführt wird, ist gleichzeitig *neuer Schöpfungszusammenhang.*" (H. Bornkamm, Der protestantische Mensch nach dem Augsburgischen Bekenntnis [1530], in: ders., Das Jahrhundert der Reformation. Gestalten und Kräfte, Frankfurt a. M. 1983, 162–173, hier: 169.) Vgl. hierzu auch die aufschlußreiche Studie von U. Barth, Luthers Verständnis der Subjektivität des Glaubens, in: NZSTh 34 (1992), 269–291, hier: 275: „Betrachtet man Sünde und Buße ... in ihrer inneren Zusammengehörigkeit, dann erweist sich die menschliche Ichheit oder Selbstbezüglichkeit als von eigentümlicher Zwiespältigkeit: Auf der einen Seite bildet die Ichzentriertheit des natürlichen Wollens, Fühlens und Denkens den Kern aller Sündhaftigkeit, auf der anderen Seite ist für die in der Buße erwachende Sündenerkenntnis die Struktur der Selbsterkenntnis schlechterdings konstitutiv. In ersterer Hinsicht steht das Selbstverhältnis des Menschen für das Sein unter der Sünde, in letzterer bildet es die Form des gnadenhaft gewirkten Sündenbewußtseins. Der depravierte Umgang des Ich mit sich selbst und mit Gott schließt es nicht aus, sondern macht es im Gegenteil unabdingbar, daß diesem Ich in der Buße ein neues Licht über sich aufgehe."

derwille gegen Gott, um es fernerhin nicht mehr mit dem Willen, sondern nur noch mit dem Unwillen Gottes zu tun zu bekommen. Für Vorstellungen von verbliebenen Restbeständen ursprünglicher Schöpfungsgüte im postlapsarischen Menschen bleibt im Kontext dieser Argumentation kein Platz, und das um so weniger, als die traditionelle Annahme einer nach Maßgabe des Natur-Gnade-Schemas in sich gedoppelten Gottebenbildlichkeit des Menschen aufgegeben ist.[43] Trotz strikter Abweisung manichäischer Irrtümer und unbeschadet der Anerkennung der Kreatürlichkeit des Sünders ist mit quantifizierbaren Urstandsvermögensresten theologisch nicht zu rechnen. Die „iustitia originalis" ist verloren – und zwar restlos. Zugleich trifft die Erbsünde den ganzen Menschen (totus homo) mit allen anthropologischen Anteilen, nicht nur sein Affektleben, sondern auch sein geistiges Wesen[44]: Selbstbezüge, welche differenzierte Distanzierungsmöglichkeiten hinsichtlich der Sünde erschließen, entfallen damit.

Um im Zusammenhang dieser, für alles weitere entscheidenden Argumentation nicht zu Fehlurteilen zu gelangen, dürfte es hilfreich sein, exkursartig und in gebotener Kürze Zentralargumente theologischer Anthropologie vorzustellen, wie der Urheber der Wittenberger Reformation selbst sie entwickelt hat. Auf diese Weise wird die Thematik von Sünde und Willensfreiheit noch einmal

---

[43] Vgl. H. Volk, Die Lehre von der Rechtfertigung nach den Bekenntnisschriften der evangelisch-lutherischen Kirche, in: E. Schlink, H. Volk (Hg.), Pro Veritate. Ein theologischer Dialog, Münster/Kassel 1963, 96–131, hier bes.: 98–110. 110 ff. behandelt Volk die Probleme des „Wie" und des „Wozu" der Rechtfertigung, nachdem er zuvor die Frage, wodurch der Mensch ein Sünder ist, erörtert hatte. Abschließend führt er die konfessionellen Differenzen in der Rechtfertigungsfrage auf eine christologische Grunddifferenz zurück, wobei er die reformatorische Theologie wegen ihrer vermeintlichen Unterbestimmung der menschlichen Natur Christi kritisiert. Auf diese Unterbestimmung führt er sodann die nach seinem Urteil vorliegende Fehlbestimmung sowohl des Verhältnisses von Rechtfertigung und Heiligung als auch von Glaube und Liebe zurück. Die schöpfungstheologisch-hamartiologische Annahme einer in sich gedoppelten Gottebenbildlichkeit des Menschen spielt in Volks Gesamtargumentation eine systematische Schlüsselrolle.

[44] Vgl. W. Breuning/B. Hägglund, Sünde und Erbsünde, in: H. Meyer/H. Schütte (Hg.), Confessio Augustana – Bekenntnis des einen Glaubens. Gemeinsame Untersuchung lutherischer und katholischer Theologen, Paderborn/Frankfurt a. M. 1980, 79–104, hier: 83 f.

grundsätzlich in den Blick gefaßt und eine angemessene Perspektive für das Verständnis der anschließend zu verhandelnden „fides
iustificans" entwickelt, zu welcher der Mensch nach Auffassung
Luthers von Gott her bestimmt ist. Luthers Auffassung von der
strukturellen Verfassung des Menschen ist nicht ohne Bezug zur
anthropologischen Tradition, deren Konstitutionsdicho- bzw. -tri-
chotomien (sensus – ratio; corpus – anima – spiritus etc.) er rezipieren kann, ohne sich dabei terminologisch festzulegen.[45] Betont
wird in der Regel die psychosomatische Einheit des Menschen,
der nicht in Leib und Seele, Sinnlichkeit und Vernunft aufgespal-
ten werden kann, sondern stets beides zugleich und auf simultane
Weise ist. Das ändert freilich nichts daran, daß auch Luther trotz
Abwehr unstatthafter Trennungen an anthropologischen Differenzierungen festhält und zwischen einer leiblichen und einer seelisch-geistigen Verfaßtheit des Menschen unterscheidet, wobei an
der kreatürlichen Überordnung der menschlichen Geistseele über
den Leib, des inneren über den äußeren Menschen kein Zweifel
besteht. Indes ist die anthropologische Polarität von Leib und
Geistseele keineswegs gleichzusetzen mit dem Antagonismus von
„sarx" und „pneuma", sofern die fleischliche Verkehrtheit der
Sünde nicht auf den Leib und die Sinnlichkeit des Menschen zu
beschränken oder auch nur zu konzentrieren ist, sondern gerade
seine der leiblichen Sphäre vorgeordneten seelisch-geistigen Dimensionen betrifft, deren sündige Perversionen ungleich abgründiger sind als diejenigen des Leibes. Ja, es muß von daher im Sinne Luthers noch mehr und anderes gesagt und hinzugefügt werden: daß die Verkehrtheit der Sünde die getroffene Unterscheidung von Leib und Geistseele des Menschen an sich selbst betrifft, sofern sie deren kreatürliches Verhältnis auf schöpfungswidrige Weise verkehrt und zum Bösen wendet. Daraus erhellt, daß
der Unterschied bzw. die Unterscheidung von Leib und Geistseele
des Menschen vom Widerstreit von „sarx" und „pneuma" selbst
immer schon betroffen ist und nicht unabhängig von diesem Widerstreit in einer gleichsam neutralen Weise gesehen und vorgenommen werden kann. Ist doch der anthropologisch konstatierte
Unterschied von Leib und Geistseele an sich selbst Funktion einer
Selbstunterscheidung, deren verkehrter Vollzug zwangsläufig zu

---

[45]   Vgl. im einzelnen W. Joest, Ontologie der Person bei Luther, Göttingen
        1967, 163 ff.; A. Peters, Der Mensch, Gütersloh 1979, 27 ff. – G. Ebeling,
        Lutherstudien II: Disputatio de homine, Tübingen 1977 ff.

einer Verkehrung des zu konstatierenden Unterschieds führt. In dieser Verkehrung nimmt die psychosomatische Verfaßtheit des Menschen nicht nur indifferenzierte, sondern eine Differenziertheit und Identität gleichermaßen zersetzende und zugrunderichtende Mißgestalt an.

Aus dieser Einsicht ergibt sich die Konsequenz, daß die Geistseele des inneren Menschen nicht eo ipso und auf quasi substantielle Weise ein göttliches Vermögen darstellt bzw. ein Vermögen, Heil vor Gott von sich aus zu erlangen. Über den theologischen Status menschlicher Geistseele entscheidet vielmehr ausschließlich der konkrete Gottesbezug, dessen rechte Gestalt der pneumatische Glaube ist, wohingegen sarkischer Unglaube die Verkehrung des Gottesverhältnisses zu praktischer Gottlosigkeit, ja Gottwidrigkeit darstellt. In diesen Widerstreit von „pneuma" und „sarx", Glaube und Unglaube ist, wie gesagt, der ganze Mensch hineingezogen, so daß die menschliche Geistseele nicht etwa neutral als substantielles Glaubensvermögen bestimmt werden kann, weil sie selbst ebenso wie ihre Unterschiedenheit vom Leib, die ihre Bestimmung ausmacht, theologisch recht nur vom Vollzug des Gottesverhältnisses her und in dessen Zusammenhang begriffen werden kann. Kurzum: Alle substantiellen Aussagen vom Menschen sind nach Luther Funktionsmomente der Gottesrelation. Abgesehen von dieser Relation lassen sich theologisch keine unzweideutigen anthropologischen Bestimmungen vornehmen, und zwar weder im Positiven noch im Negativen: So kann nach Luther weder gesagt werden, daß das Unwesen der Sünde primär in der Sinnlichkeit des Leibes bzw. in einem ungeordneten Überwiegen sinnlicher Triebe über das vernünftige Willensvermögen der Geistseele begründet liegt, noch kann die Geistseele als die von sich aus auf Gott hin disponierte Verfaßtheit des Menschen behauptet werden. Vielmehr gilt: „Die Entgegensetzung von Geist und Fleisch und die Polarität des Geistigen und Leiblichen im Menschen sind auseinandergetreten."[46] Das anthropologische Übereinander von Leib, Seele und Geist läßt sich für Luther nicht gleichsetzen oder parallelisieren mit dem theologischen Gegeneinander von Geist und Fleisch, sondern liegt zu diesem zunächst einmal quer.[47]

---

[46]   W. Joest, a. a. O., 197.

[47]   Vgl A. Peters, a. a. O., 32; ferner: E. Schott, Fleisch und Geist nach Luthers Lehre unter besonderer Berücksichtigung des Begriffs „totus homo"

Dies hat u. a. zur Folge, daß sich die philosophisch-ontologische Favorisierung von Vernunft und Willen des Menschen, die mit der menschlichen Geistseele unbeschadet umstrittener Vorrangstellung traditionell vorzugsweise in Verbindung gebracht werden, für Luther theologisch relativiert. Infolgedessen stellt er nicht nur in Abrede, daß in der „voluntas" des auf sich selbst gestellten bzw. sich auf sich selbst stellenden Menschen ein „liberum arbitrium" angelegt sei, mit welchem menschliches Heil vor Gott zu bereiten sei; er bekämpft auch und nicht minder entschieden die Annahme, der Mensch sei durch ein ihm unmittelbar eigenes rationales Vermögen und eine substantielle Fähigkeit zu vernünftiger Selbstbestimmung in der Lage, vor Gott zu bestehen. Dies ist kein Indiz für einen wie auch immer gearteten anthropologischen Pessimismus, sondern ein theologisches Urteil, das als solches freilich auch von anthropologischer Bedeutung ist. Die bewußt vollzogene Disjunktion des Gegensatzes geistlich – fleischlich von der Polarität des Sinnlichen und Geistigen stellt nach Luther nämlich die Voraussetzung dafür dar, mit der geschöpflichen Bestimmung des Menschen insgesamt auch die kreatürliche Ursprungsbedeutung von ratio und voluntas neu und recht in den Blick zu bekommen, was gerade dann nicht möglich, sondern verstellt wird, wenn Vernunft und vernünftiger Wille tendenziell der endlichen, weil gottunterschiedenen Geschöpflichkeit des irdischen Menschen entnommen werden.[48] Um Mißverständnisse zu vermeiden, sei auch noch betont, daß Luther die geschöpfliche Sonderstellung des vernunft- und willensbegabten Menschen im Kosmos niemals bestritten, sondern stets als gegeben vorausgesetzt hat. Der Unterschied zwischen Mensch und Tier sowie der sonstigen extrahumanen Kreatur bleibt nach seinem Urteil zweifellos auch im Falle der Sünde erhalten. Aber er ist präsent nur

---

Darmstadt 1969 (Neudruck der Ausgabe Leipzig 1928). H. Bornkamm, Äußerer und innerer Mensch bei Luther und den Spiritualisten, in: Imago Dei, FS G. Krüger, Gießen 1932, 85–109; R. Hermann, Luthers These „Gerecht und Sünder zugleich", Darmstadt ²1960, 207 ff.

[48]   Zur theologischen Beurteilung der „ratio" bei Luther vgl. insbesondere B. Lohse, Ratio und Fides. Eine Untersuchung über die ratio in der Theologie Luthers, Göttingen 1958. Zur Willensthematik vgl. meinen Beitrag: Luthers Streit mit Erasmus als Anfrage an protestantische Identität, in: F. W. Graf/K. Tanner (Hg.), Protestantische Identität heute, Gütersloh 1992, 135–160.

noch in einer dergestalt verkehrten Weise, daß die Bosheit des Menschen alles hinter sich läßt bzw. überbietet, was in der außermenschlichen Welt an Übeln bereitet werden kann. Die überlegenen Fähigkeiten des Menschen der sonstigen Kreatur gegenüber sind daher für sich genommen theologisch keineswegs unzweideutig und gewinnen ihre eindeutige Qualifikation erst und nur im Zusammenhang mit der Gottesbeziehung des Menschen, wie sie der Glaube pneumatisch wahrnimmt und der Unglaube sarkisch verkehrt.

Bleibt zu fragen, wo der Glaube recht eigentlich seinen anthropologischen „Ort" hat, wenn Luther der Geistseele des Menschen samt ihren rationalen und voluntativen Fähigkeiten ein substantielles Vermögen, sich ins rechte Verhältnis zu Gott zu bringen, nicht nur bestreitet, sondern die bloße Behauptung eines solchen Vermögens bereits als Sünde disqualifiziert. Die Antwort auf diese Frage ist durch den Hinweis auf Begriffe wie „cor" oder „conscientia"[49] nur dann gegeben, wenn hinzugefügt wird, daß der durch diese und vergleichbare Begriffe bezeichnete Vollzugsort des Glaubens bzw. Unglaubens keine spezifisch somatische oder psychisch-spirituelle Dimension des Menschen meint, sondern seine ganzheitliche Lebensbestimmung, die all seinen psychosomatischen Selbstvollzügen bestimmend zugrundeliegt und zugleich mehr und anderes ist als deren Summe. Der besagte Vollzugsort ist mithin jenseits des Unterschieds von Leib und Geistseele des Menschen anzusetzen, und zwar derart, daß dieser Unterschied erst aus diesem Vollzugsort hervorgeht, sei es um durch Glauben der schöpfungsgemäßen Bestimmung des Menschen zu entsprechen, sei es um im Unglauben der Verkehrtheit zu verfallen und sich auf in sich widrige Weise zugrunde zu richten. Mit der Geistseele des Menschen kann der Vollzugsort von Glauben bzw. Unglauben daher nur insofern in Verbindung gebracht werden, als sie nicht nur eine durch den Unterschied zur leiblichen Sphäre bestimmte menschliche Dimension, sondern auch jenen anthropologischen Inbegriff bezeichnet, aus dem der Unterschied von Leib und Seele ursprünglich hervorgeht. In diesem Sinne kann dann die Bezeichnung Geistseele synonym mit Begriffen wie „cor" und „conscientia", aber auch „innerer Mensch" etc. verwendet werden.

---

49 Vgl. W. Joest, a. a. O., 212 ff.

Ist damit klargestellt, daß der sog. Vollzugsort des Glaubens bzw. Unglaubens nicht anders umschrieben werden kann denn als ungeteilter Inbegriff des ganzen menschlichen Seins in der Einheit der Duplizität von Leib und Geistseele, von Sensitivem und Voluntativ-Rationalem, so läßt sich die Frage, was dieser Vollzugsort an sich selbst ist, nur so beantworten, daß man noch einmal auf den unaufhebbaren und nicht zu neutralisierenden Gegensatz von sarkischem Unglauben und pneumatischem Glauben und damit auf die untrennbare „Einheit von Ort und Vollzug"[50] verweist: Während der Mensch im Glauben sich in der Einheit der Duplizität von Leib und Geistseele – mere passive – gegeben ist durch exzentrisches Gründen in Gott, geht er im Unglauben in sich verkehrt an sich selbst zugrunde. Glaube einerseits und Unglaube als das eigentliche Unwesen der Sünde andererseits markieren so die entscheidenden Themen theologischer Anthropologie.

Empfängt der Mensch sich selbst als den Inbegriff seines Seins allein durch sein Gründen in Gott, so ist damit nicht nur der exzentrische Charakter gläubigen Personseins erwiesen, sondern zugleich der substantielle Personbegriff mit seiner Bedeutung konzentrischer „Inseität" des Menschen als Gegenpol des lutherischen Denkens ausgemacht. Das hat Joest im einzelnen und auf überzeugende Weise gezeigt.[51] Er hat zugleich deutlich gemacht, daß die Wirklichkeit bzw. Wirksamkeit exzentrischen Personseins, wie sie den Glauben kennzeichnet, responsorischen Charakter mit eschatologischer Ausrichtung hat. Auch von anderen ist diese exzentrische, responsorische und eschatologische Struktur gläubigen Menschseins bei Luther nachdrücklich hervorgehoben worden.[52]

---

[50]   A. a. O., 215 f.

[51]   Vgl. bes. a. a. O., 233 ff. Zum neutestamentlichen Befund vgl. ders., Ex fide vita – allein aus Glauben Gerechtfertigte werden leben, in: E. Schlink/A. Peters (Hg.), Zur Auferbauung des Leibes Christi. FS P. Brunner, Kassel 1965, 153–165. Bezüglich der Folgerungen, die aus dem skizzierten Sachverhalt im Hinblick auf die Glaubensgewißheit zu ziehen sind, muß vorerst folgender Hinweis genügen: Die Gewißheit des Glaubens ist nicht durch den Reflex des Glaubenden auf sich und seine Werke vermittelt, sondern durch den verheißungsvollen Zuspruch der Vergebung gleichsam präreflexiv zugesagt. Zugleich gilt: Gerade und nur weil er sich nicht durch den Reflex auf seine Eigengüte seiner Gerechtigkeit vor Gott versichern muß, ist der Glaubende zu selbstlosen Werken hingebender Liebe in der Lage.

[52]   Vgl. etwa A. Peters, a. a. O., 54 ff.

Schwierigkeiten bereitet dabei allerdings das Problem, wie sich die drei Strukturmerkmale gläubiger Existenz zueinander verhalten. Strittig ist vor allem, ob bzw. inwiefern mit einer Subjektivität des Glaubens im Sinne der Möglichkeit spontanen Selbsteinsatzes zu rechnen ist. Sollte damit ein Vermögen gemeint sein, sich von sich aus ins rechte Verhältnis zu Gott zu setzen und zu einem selbständigen Bestimmungsgrund der Gottesbeziehung zu erklären, so wäre das gewiß zu verneinen. Zu bejahen ist die Frage indes, wenn mit Subjektivität des Glaubens gemeint ist, daß dem exzentrischen Gründen des Glaubens in Gott, durch welches der Mensch der Selbstverkehrtheit seines unmittelbaren Auf-sich-Bestehens radikal entnommen ist, ein Zu-sich-Kommen entspricht, in welchem sich der Mensch sich selbst aneignen kann dergestalt, daß von einem Ich des Glaubens mit Recht zu sprechen ist. Im Gegensatz zur Sünde, die ihren Täter enteignet, läßt Gott, in welchem der Glaube exzentrisch gründet, den Glaubenden ein Selbst sein, das sich als es selbst gegeben ist.

Glaubensgewißheit und Selbstbewußtsein stehen sonach nicht im Verhältnis eines vermittlungslosen Gegensatzes. Auch ist den Werken, welche dem Glauben folgen, ihr selbsttätiger Charakter nicht einfach zu bestreiten. Besteht doch die ethische Pointe lutherischer Rechtfertigungslehre nicht in dem für sich genommen abstrakten Gedanken göttlicher Alleinwirksamkeit, sondern in der Einsicht, daß der Mensch zur Fürsorge und tätiger Liebe dann und überhaupt nur dann fähig und bereit ist, wenn er der Sorge um sich selbst im Glauben völlig enthoben ist. Daß sich der Mensch in der Exzentrizität des Glaubens durch Gott ganz als er selbst gegeben ist, ist die Voraussetzung selbstloser Liebe. In diesem Sinne leistet die Liebe dem Glauben gegenüber nichts Zusätzliches, sondern verdankt sich ganz der in diesem gegebenen Gabe, welche nicht weniger ist als das Ich des Menschen selbst, das all seine Selbstvollzüge begleitet. Wenn dabei Luther „wie vielleicht kein zweiter Theologe vor ihm"[53] die eschatologische Finalität des Menschseins betont, dann auch und vor allem, um zu verdeutlichen, daß die Beständigkeit des Glaubens-Ichs nicht ein in sich ruhendes Datum darstellt, sondern ganz und gar an der Treue Gottes hängt, auf welche der Glaube in der Erwartung der Ankunft des Reiches Gottes sich verläßt. Das Sein des zum Glauben

---

[53]   W. Joest, a. a. O., 323.

bestimmten Menschen ist sonach im Werden begriffen und nur als im Werden Begriffenes zu begreifen. Wie Luther in seiner Disputatio de homine (These 32) bündig formuliert: Menschsein ist, durch Glauben gerecht zu werden.[54] Die damit klassisch zum Ausdruck gebrachte eigentümliche „Temporalität" lutherischer Anthropologie ist elementar bestimmt durch die Geschichte Jesu Christi, des auferstandenen Gekreuzigten, dessen Evangelium jenen für den Glauben konstitutiven pneumatologischen Prozeß erschließt, der im Eschaton sich vollendet. Doch enthält die eschatologische Ausrichtung des Glaubens auch ein protologisch orientiertes Moment, insofern die Offenbarung Gottes in Jesus Christus eine Schöpfungsanamnese hervorruft, vermittels derer der zum Glauben bestimmte Mensch seines schuldigen Versagens vor Gottes Schöpfungsgebot gewahr wird, welches für ihn die Gestalt des Gesetzes annimmt, aus dessen tötendem Urteil nur der Zuspruch des Evangeliums zu erretten vermag.[55]

Damit hat der Exkurs zu Luthers theologischer Anthropologie zurückgeführt zu jener hamartiologischen Problematik, von welcher er seinen Ausgang nahm. Diese Ausgangsproblematik ist wieder aufzugreifen und fortzuführen mit dem Hinweis, daß durch die Verkehrtheit der Ursünde, die alles menschliche Heilsvermögen

---

[54] Disputatio Reverendi viri Domini D. Martini Lutheri de Homine, Anno 1536, in: WA 39 I, (174) 175−177, hier: 176: „Hominem iustificari fide."

[55] Im Rahmen solcher durch das Gesetz bestimmten Schöpfungsanamnese kommt schließlich auch dem Begriff der „imago Dei" sein präzise gefaßter theologisch-anthropologischer Stellenwert zu. Dabei ist zunächst festzuhalten, daß der Mensch nach der Lehre Luthers gerade nicht als in sich beständiges, immerseiendes Wesen existiert, sondern in seiner von Gott eschatologisch ausgerichteten Zeitlichkeit und damit im Zusammenhang „des heilsgeschichtlichen Weges des Menschen ‚vor Gott' bis zur Vollendung im ewigen Leben" (W. Sparn, Art. Mensch VII, in: TRE 22, 514). Näherhin bringt dem Menschen seine kreatürliche Bestimmung zur „imago Dei", wie sie im Menschsein Jesu erfüllt ist, die Schuldhaftigkeit seines Versagens vor Gott und die Unhintergehbarkeit des Falles der Sünde zu Bewußtsein. Hingegen bezeichnet der „imago Dei"-Begriff bei Luther niemals ein verbliebenes geschöpfliches Restvermögen, durch das sich der Mensch von sich aus „coram Deo" zum Heil bestimmen könnte. Luther verficht vielmehr ausdrücklich die „These vom totalen Verlust urständlicher Gerechtigkeit" (A. Peters, a.a.O., 46), die lediglich in der Kraft des von Jesus Christus ausgehenden Hl. Geistes eschatologisch erneuert werden kann.

vor Gott radikal depotenziert, auch und nicht zuletzt die Erkenntnis der Sünde als Schuld betroffen ist. Die Sünde entzieht demjenigen, der ihr verfallen ist, gewissermaßen zwangsläufig das Bewußtsein der Schuld. Es gehört zu dem Unwesen, das sie treibt, in verlogener Weise die Einsicht in ihre Verkehrtheit zu verstellen. Fehlendes Schuldbewußtsein hinwiederum ist nicht lediglich ein erlittenes Erkenntnisdefizit, sondern ein aktives Verkennen, das alle Grade der Bewußtheit zu umfassen vermag und tatsächlich umfaßt: Der der Sünde verfallene Sünder erkennt die Sünde nicht nur nicht, indem er nicht von ihr Notiz nimmt, er verkennt sie vielmehr, indem er ihr Anerkennung zuteil werden läßt und sich auf sie als ein Gut, ja als auf seinen Gott verläßt. Dies will bedacht sein, wenn Melanchthon die Erbsünde im Zusammenhang ihrer Bestimmung als Mißachtung Gottes, als Haß und Zorn gegen ihn, als Gnadenverzweiflung etc., auch als „ignorantia Dei" umschreibt. [56]

„Ignorantia Dei" als ein Charakteristikum erbsündlichen Unwesens bedeutet keineswegs primär oder gar ausschließlich mangelndes theologisches Erkenntnisvermögen. Daß er Gott „etlichermaßen" kenne und ein unbestimmtes Wissen („aliquando modo") vom göttlichen Willen habe, wird dem natürlichen Menschen, wie er unter postlapsarischen Bedingungen gegeben ist, ja bekanntlich ebensowenig bestritten wie die Fähigkeit seines „liberum arbitrium", in bezug auf die äußeren Dinge der Welt vernünftig zu wählen. Indes ist mit dieser Feststellung weder das Wesen wahrer Gotteserkenntnis erfaßt noch eine Einsicht benannt, die geeignet wäre, das Unwesen der in der „ignorantia Dei" statthabenden Verkennung Gottes zu ermessen. Denn deren Verkehrtheit ist nachgerade von der Unart, daß sie nicht lediglich eine mangelnde Erkenntnis oder eine Unkenntnis darstellt, die gleichsam durch Nachhilfe behoben werden könnte; denn die „ignorantia Dei" ist eine Vernunft und Willen radikal involvierende Selbstverstrickung, deren Heillosigkeit nicht zuletzt darin besteht, daß sich der Mensch sozusagen mit Fleiß und unter Aufbietung höchster Vernunft- und Willensanstrengung in eine Lage bringt, aus der es für

---

[56] Zum Problem der mit der „ignoratia Dei" verbundenen Selbstverkennung der Sünde vgl. u. a. B. Oberdorfer, Der suggestive Trug der Sünde. Römer 7 bei Paulus und Luther, in: S. Brandt u. a. (Hg.), Sünde. Ein unverständlich gewordenes Thema, Neukirchen-Vluyn 1997, 125–152.

Vernunft und Wille keinen heilsamen Ausweg mehr gibt. Solche
diabolische Verblendung, an deren Ende Gotteshaß und Verteu-
felung Gottes stehen, ist nicht durch bloße Aufklärung im Sinne
einer Bekehrung falschen und unwesentlichen Scheins zu beseitigen. Denn der durch die Sünde erzeugte faktische Schein bringt
als verkehrter die Differenz zwischen Wesen und Erscheinung
derart zum Verschwinden, daß für den von der Sünde Beherrsch-
ten das göttliche Wesen tatsächlich und nicht nur scheinbar die
Gestalt des Teufels annimmt. Die Sünde bereitet sich so auf in
sich widrige Weise ihre eigene Hölle.

In diesem Kontext ist u. a. das Wort Luthers aus den Schmalkaldischen Artikeln zu würdigen, wo unter Berufung auf Ps 51,7, Röm
5,12 ff., Ex 33,20 und Gen 3,6 ff. gesagt wird, die Erbsünde sei eine
derartig „tief böse Verderbung der Natur, daß sie kein Vernunft
nicht kennet, sondern muß aus der Schrift Offenbarung gegläubt
werden" (ASm III,1; BSLK 434,8–10). Das heißt, die Abgründigkeit
der Sünde, die durch den kreatürlichen Vernunftwillen des Menschen in selbstwidersprüchlicher Weise vollzogen wird, kann von
keiner menschlichen Vernunft ermessen (vgl. Kinder, 73 ff.) und
durch keine menschliche Willensanstrengung in Schranken gewiesen werden; sie wird wahrgenommen nur im Hören auf das
offenbare Wort Gottes, das wahre Reue und jenen Glauben erschließt, der die Verblendung der Sünde und ihre widerliche
Ignoranz zu beheben und Gott und Teufel in unverwechselbarer
Weise zu unterscheiden vermag, um „Gott als Gott und den Teufel als Teufel und damit die Übermacht Gottes über den Teufel"[57]
zu erkennen. Reue als rechte Sündenerkenntnis in der Gestalt des
Bewußtseins und Bekenntnisses der Schuld zum einen und Glaube zum anderen verhalten sich dabei zueinander wie Gesetz und
Evangelium als die beiden Gestalten des Wortes Gottes, dessen
Funktion sie sind. Dabei geht das Gesetz dem Evangelium voraus,
ohne doch dadurch die fundamentale Bedeutung des Evangeliums zu unterminieren: Denn heilsam kann das Gesetz überhaupt
nur dann wirken, wenn es auf das Evangelium hingeordnet ist.

Das gilt entsprechend auch für das Verhältnis der Reue zum
Glauben, welche beide nach reformatorischer Lehre das Wesen
der Buße konstituieren, worauf im gegebenen Zusammenhang

---

[57]   H.-M. Barth, Der Teufel und Jesus Christus in der Theologie Martin Luthers, Göttingen 1967, 203.

um der innigen Verbindung von Rechtfertigungs- und Bußlehre willen noch einmal zurückzukommen ist. Auszugehen ist davon, daß die Konfutatoren ihre Kritik an der reformatorischen Bußlehre auf die Annahme konzentrierten, „das allain zway tayl der penitentz seyen, welches dan zuwider ist der gantzen gemainen christlichen kirchen, die von zeit der hailigen zwölfpotten biß auf uns gehalten und geglaubt hat, das drey thayl der penitentz sein, nemlich die reuwe, beicht und das genugthun" (Immenkötter, 104,19 ff.; vgl. auch DH 1704[58]). Weder könne demnach der Glaube zum zweiten Teil der Buße erklärt werden – und das umso weniger, als jedermann wisse, „das der glaub der penitentz vorget, dan es sey dan sach, das ainer vor glaub, wirdet er nit reuwe haben" (Immenkötter, 106,13 f.) –, noch dürfe die Genugtuung als ein konstitutiver Bestandteil der Buße verachtet werden.

In seiner Apologie, deren XII. Artikel bisher nur in geringen Teilen berücksichtigt wurde (vgl. §9,8) und in seinen §§1–97 (BSLK 252,30– 272,27)[59] im folgenden vorgestellt werden soll, verteidigt Melanchthon die behauptete Zweiteilung der Buße in „contritio" und „fides" (vgl. Apol XII,1 ff.) gegen die dreigliedrige Bußlehre

---

[58] „Nur an einer einzigen Stelle haben 1551 die Väter von Trient ausdrücklich auf einen Artikel der CA Bezug genommen, nämlich auf Art. 12, dessen Definition der Buße mit dem Anathem bedroht wurde, weil sie statt drei nur zwei Elemente der Buße nenne, nämlich Reue und Glaube, während nach katholischer Lehre die Buße aus contritio cordis, confessio oris und satisfactio operis bestehe (Denz. 1704)." (W. Pannenberg, Die Augsburger Konfession und die Einheit der Kirche, in: ÖR 28 [1979], 99– 114, hier: 102 f.)

[59] Die Paragraphen sind mit der Überschrift „De Poenitentia" versehen. In der Oktavausgabe der lateinischen CA und ihrer Apologie vom September 1531, die im Vergleich zur Quartausgabe ansonsten auch im gegebenen Kontext eher als gestrafft erscheint, hat Melanchthon eine Näherbestimmung des Titelbegriffs vorgenommen: „Neque ignoramus", heißt es dort, „quod vocabulum poenitenciae Grammaticis significet, improbare id quod antea probabamus. Id magis quadrat ad contricionem, quam ad fidem. Sed nos hic docendi causa, poenitenciam totam conversionem intelligimus, in qua duo sunt termini, mortificatio et vivificatio. Nos vocamus usitatis nominibus contricionem et fidem." (CR 27, 540, Anm. 100; vgl. BSLK 257, Anm. 2; zu den sonstigen Unterschieden zwischen Quart- und Oktavtext vgl. Peters, II.1.2.2.) Zur Gestalt von Apol XII in der sog. Apologia Latina prior vgl. CR 27, 285 (BSLK 249,38 ff.), auch Peters, Anhang 1; zur sog. Apologia Germanica prior vgl. CR 27, 334 f., auch Peters, Anhang 2.

der Gegner, die er für schrift- und traditionswidrig erklärt. Dabei zielen die Einwände im wesentlichen auf die These, durch Bestreitung des Glaubens als des zweiten Teils der Buße werde die ureigene Stimme des Evangeliums, wonach wir „sola fide" Sündenvergebung erlangten, in Abrede gestellt und geleugnet. Es handelt sich also nicht lediglich darum, daß die Lehre von der Buße vor Luthers Schriften sehr verworren gewesen ist (vgl. Apol XII,4). Der wesentliche Einwand Melanchthons ist der, daß durch solche Verworrenheit und mangelnde Konzentration die Hauptsache der Bußlehre, um deretwillen diese zum „praecipuus locus ... doctrinae christianae" (Apol XXIV,46) zu erklären ist, das Evangelium von der Rechtfertigung des Sünders aus Gnade um Christi willen durch Glauben verkannt und verstellt wurde (vgl. Apol XII,109). Mehrmals und in expliziter Weise betont Melanchthon daher, daß Rechtfertigungs- und Bußartikel sachlich aufs engste zusammengehören: „Sunt enim loci maxime cognati, doctrina poenitentiae et doctrina iustificationis." (Apol XII,59)

Was die Kritik an der Bußlehre der Gegner im einzelnen betrifft, so wird zunächst auf die Unsicherheit in der Beantwortung der Frage verwiesen, wann sich die Sündenvergebung eigentlich ereigne. „Bone Deus, quantae tenebrae sunt! Dubitant, utrum in attritione vel in contritione fiat remissio peccatorum." (Apol XII,6) Gehe man davon aus, daß nicht schon die ansatzweise Reue der „attritio", sondern erst die „contritio" die Sündenvergebung bewirke, bleibe immer noch die scholastische Frage, „quid opus est absolutione, quid agit potestas clavium, si peccatum iam est remissum" (Apol XII,6). Dabei befriedigt Melanchthon keines der beiden benannten Antwortangebote: Denn weder die Annahme, daß die „potestas clavium" zwar nicht die Schuld vergebe, wohl aber ewige in zeitliche Sündenstrafen verwandle (vgl. Apol XII,7.22), noch die Behauptung, die Schlüsselgewalt vergebe die Sünde lediglich vor der Kirche, aber nicht vor Gott (Apol XII,7.21), würdige in angemessener Weise die Gabe der Absolution.

Zwangsläufige Folgen mangelhafter Absolutionstheologie sind nach Melanchthon Fehlbestimmungen in bezug auf jeden der drei behaupteten Bestandteile der Buße. Was die Reue betrifft, so rechnet die überkommene Lehre, dergemäß wir, wenn nicht schon durch „attritio" so doch durch „contritio", Gnade verdienen, nicht mit der durch den Absolutionsglauben bestimmten und allein durch ihn bestimmbaren Differenz zwischen der Reue des

Judas und der des Petrus (Apol XII,8: „Fides enim facit discrimen inter contritionem Judae et Petri.“). Sie verkennt daher, daß Reue ein ambivalentes Phänomen darstellt, weil sie für sich genommen der Schuldverzweiflung zu verfallen droht, wohingegen Heil und Sündenvergebung nur zu erlangen sind im Zusammenhang mit dem Absolutionsglauben. Ohne Anhalt an ihm als ihrem Finalgrund muß die Reue in Bodenlosigkeit versinken und an sich selbst zugrunde gehen, wie das Beispiel des Judas beweist.[60] Die Abgründigkeit seines Falles wird nach Apol XII,8 ff. nicht erfaßt, wenn er lediglich in der Perspektive des Gesetzes und nicht auch in der des Evangeliums in Betracht kommt. Bestand doch das trostlose Gottesverhältnis des Judas gerade in seinem Unglauben. Als verwerflicher Irrtum gilt Melanchthon daher nicht nur die Annahme, „(q)uod per attritionem mereamur gratiam“ (Apol XII,18) oder „(q)uod ad deletionem peccati sola detestatio criminis sufficiat“ (Apol XII,19), sondern auch die Behauptung, „(q)uod propter

---

[60] Darauf nimmt an entscheidender Stelle auch Schlink Bezug: „Es gibt auch Sündenerkenntnis, die keine (sc. wahre) Reue und Buße ist. Denn Buße ist niemals ohne den Glauben an die Vergebung. Buße ist die Verzweiflung des Getrösteten und das Sterben des Menschen angesichts der göttlichen Barmherzigkeit. Die Verzweiflung des Judas aber blieb ohne Trost. Hier trieb das Gesetz allein sein Amt.“ (Schlink, 116) Das Amt des Gesetzes, wie es durch die Schrift im Dekalog gegeben ist (vgl. Schlink, 105 ff.), ist nach Schlink, vollkommenen Gehorsam und wahre Liebe Gottes und des Nächsten zu fordern. Auf seiten des verderbten Menschen wirkt es dadurch „offenen Widerstand, Werkgerechtigkeit oder Verzweiflung; der Sünder kann dem Gesetz Gottes nicht gehorchen.“ (Schlink 114; bei Sch. gesperrt) Auch die Erkenntnis der Sünde im Bewußtsein der Schuld ist für sich genommen noch kein vollzogener Schritt zur Gerechtigkeit vor Gott, sondern wird zu einem solchen erst durch die Gnade des Evangeliums, ohne welche das Schuldbewußtsein in der Angst seiner Verzweiflung untergehen müßte, ohne zu rechter Reue und Buße zu finden. Sehr zutreffend ist, daß Schlink die Zornesoffenbarung Gottes im Gesetz (vgl. Schlink, 118 f.) sogleich mit der Deutung des Kreuzes Jesu Christi in Verbindung bringt, der in seinem Tod das göttliche Zornesgericht stellvertretend erlitten hat (vgl. Schlink, 120 ff.) und durch sein Leiden und Sterben für alle Sünder genuggetan und Gottes Zorn versöhnt hat (vgl. Schlink, 126 ff.). Entsprechend muß im gegebenen Zusammenhang vorliegender Darstellung stets mitgedacht werden, was in christologisch-staurologischer Hinsicht bereits ausgeführt wurde (vgl. bes. §9,1).

contritionem non fide in Christum consequamur remissionem peccatorum" (Apol XII,20).[61]

Auf dem Hintergrund dieser Abgrenzungen entwickelt Melanchthon sodann Grundzüge einer aus „contritio" und „fides" bestehenden evangelischen Bußlehre, wobei er vorweg zugesteht: „Si quis volet addere tertiam, videlicet dignos fructus poenitentiae, hoc est mutationem totius vitae ac morum in melius, non refragabimur." (Apol XII,28; vgl. CR 27, 540, Anm. 100) Was den Begriff der Reue als das erste Wesenselement evangelischer Buße betrifft, so will Melanchthon all die endlosen und müßigen, den Unterschied von „attritio" und „contritio" betreffenden Fragen fernhalten, wie z. B. diejenige, „quando ex dilectione Dei, quando ex timore poenae doleamus" (Apol XII,29). Denn anhand solcher und ähnlicher Fragen vermag der entscheidende Unterschied nicht erfaßt zu werden zwischen der Reue des Petrus und der des Judas bzw. derjenigen Davids und derjenigen Sauls, welcher nicht lediglich einen Unterschied zwischen angemessener oder weniger angemessener, sondern zwischen sinnvoller und sinnlos-verkehrter Reue darstellt. Erfaßt zu werden vermag dieser Unterschied nur, wo der Bezug der Reue zum Glauben, mithin der dif-

---

[61] „Ohne Glauben würde das richtende Tun Gottes den Menschen zur Verzweiflung bringen. Die Reue des Petrus und die des Judas unterscheiden sich dadurch, daß der erstere Glauben hatte, der andere aber nicht. Reue ohne Glauben führt in eine noch tiefere Verzweiflung hinein. Wenn die hl. Schrift daher von Buße spricht, meint sie immer Reue und Glauben." (Fagerberg, 226) Zu der auf Konzentration und Vereinfachung gerichteten Tendenz der reformatorischen Bußlehre vgl. ferner die inhaltsreiche Monographie von M. Ohst, Pflichtbeichte. Untersuchungen zum Bußwesen im Hohen und Späten Mittelalter, Tübingen 1993, hier: 293: „Der Rückzug von der Peripherie ins Zentrum, als der bislang der reformatorische Neuaufbruch im Sünden- und Bußdenken geschildert wurde, läßt sich zugleich auch als Prozeß der Vereinfachung und damit der Plausibilitätssteigerung kennzeichnen. An die Stelle bis zur Unkenntlichkeit sich ausdifferenzierender Einzelanalysen von Handlungen oder Gemütsregungen tritt die Konzentration auf den Einheitsgrund des sittlich-religiösen Gesamtbewußtseins, die praktisch anhand der jedermann zumutbaren alltäglichen Selbsterfahrung bzw. unter Rückgriff auf radikal vereinfachte Frageschematismen erreichbar ist. In enger Verbindung hiermit steht ein weiterer Akzent, den man plakativ als Rückkehr zur Authentizität bezeichnen kann. Luther lehnt ja nicht nur jeden äußerlichen Zwang zur Beichte ab, sondern auch jedes innerlich angequälte, künstlich anempfundene Sündenbewußtsein."

ferenzierte Zusammenhang von Gesetz und Evangelium in Betracht kommt. Dabei gilt, daß die Reue dem Gesetz zugeordnet ist, durch welches Gott die Sünde anklagt und jene „terrores conscientiae", jene Gewissensqual hervorruft, welche das innere Wesen der Reue ausmacht. Da das Gesetz auf das Gewissen zielt, ist offenkundig, daß es seine Aufgabe nicht in der Weise einer lediglich äußerlichen Vorschrift erfüllt, sondern dergestalt, daß es dem Menschen seine geschöpfliche Bestimmung als eine verfehlte vorhält, um so die menschliche Uneinigkeit mit sich selbst sub specie aeternitatis als peinlichen Selbstwiderspruch manifest werden zu lassen. Melanchthon kann daher davon sprechen, daß die Satzung des Gesetzes im Herzen geschrieben ist (Apol XII,48: „scripta in corde sententia legis"), wobei die Anklage als die Funktion zu gelten hat, welche die Gesetzlichkeit des Gesetzes ausmacht. Sie führt zu dem Urteil, daß der Fall der Sünde unhintergehbar, der protologische Urstand der Integrität mithin für immer verlassen und nicht mehr zugänglich ist. Indem das Gewissen dieses gesetzliche Urteil auf sich bezieht und den Fall der Sünde als eigene Schuld wahrnimmt, wird es zur Manifestationsgestalt des Zornes Gottes, durch welchen Gott die „mortificatio" als sein „opus alienum" am Menschen wirkt. Würde das Gewissen in dieser Situation, von der die Schrift vielfältige und bewegende Kunde gibt (vgl. Ps 38,5.9; 6,3 f.; Jes 38,10.13), sich selbst und seiner Qual überlassen, müßte es in die Verzweiflung der Hölle versinken.

Es kann also nach Melanchthon nicht die Rede davon sein, daß durch Gewissenqual Gnade zu verdienen sei, wenn man Gott trotzdem liebe. Denn: „quomodo diligent deum homines in veris terroribus, cum sentiunt horribilem et in explicabilem humana voce iram Dei?" (Apol XII,34) Belasse man es beim gesetzlichen Anspruch, verbleibe das Gewissen in Heil- und Trostlosigkeit. „Lex enim tantum accusat et terret conscientias." (Apol XII,34) Heil und Trost für das Gewissen kann es mithin nur geben, wenn zum Gesetz das Evangelium, zur Reue als der Wahrnehmungsgestalt des Gesetzes der Glaube als die Wahrnehmungsgestalt des Evangeliums hinzutritt und jene Transfinalisation bewirkt, die Gesetz und Reue auf den Weg zu Christus führt. Allein in Verbindung mit dem Glauben an das Evangelium von der um Jesus Christus willen aus Gnade erwirkten Vergebung gibt es Reue, die heilsam ist und Gewissenstrost erlangt. „Ideo Judae aut Saulis

contritio non prodest, quia non accedit ad eam haec fides apprehendens remissionem peccatorum donat(a)m propter Christum.
Ideo prodest Davidis et Petri contritio, quia ad eam fides accedit
apprehendens remissionem peccatorum donatam propter Christum." (Apol XII,36) Allein der Glaube, der aus dem Hören des
Evangeliums kommt und uns rechtfertigt (Röm 5,1.2; 10,17), läßt
schließlich der Reue auch Werke tätiger Besserung folgen, während die bloß gesetzliche „contritio" in einem „servilis timor" verharrt und nicht zum „filialis timor" als dem rechten Erfüllungsmo-
tiv göttlichen Gebots gelangt (vgl. Apol XII,38). Hinzuzufügen ist,
daß Glaube an das Evangelium nichts anderes als Absolutions-
glaube ist, da als Inbegriff aller Gaben des Evangeliums die Sündenvergebung zu gelten hat. „Ita et absolutionem complectimur,
cum de fide dicimus ..." (Apol XII,39). Zu ergänzen ist ferner, was
bereits ausführlich erörtert wurde (vgl. § 9,8), daß nämlich nach
Apol XII,41 im Anschluß an scholastische Theologen die Absolution recht eigentlich das Sakrament der Buße genannt werden kann
(„absolutio proprie dici potest sacramentum poenitentiae"), sofern
Sakramente ihrer neutestamentlichen Bestimmung nach „signa
remissionis peccatorum" sind (Apol XII,42).[62]

---

[62] Nachdem die Grundstrukturen evangelischer Bußlehre soweit skizziert
sind, bemüht sich Melanchthon um einen ausführlichen Schriftbeweis für
die entwickelte Zweiteiligkeit der Buße als Reue und Glaube. An neutestamentlichen Stellen werden dabei Mt 11,28, Mk 1,15, Kol 2,11.12.14 und
Röm 1,17, aus dem Alten Testament 2. Sam 12,13, Ps 118,18, Ps 119,28,
1. Sam 2,6 und Jes 28,21 herangezogen (vgl. Apol XII,44ff.). Ferner werden die Beispiele Adams, Davids (2. Sam 12,13) und der Großen Sünderin
(Lk 7,37f.) als Belegstellen angeführt (vgl. Apol XII,55ff.). Allerdings beläßt es Melanchthon nicht bei dieser Auflistung. Die für die Buße charakteristische Unterscheidung von Reue und Glaube führt er auf die beiden hauptsächlichen Werke Gottes („praecipua opera Dei") im Menschen zurück, nämlich „perterrefacere, et iustificare ac vivificare perterre-
factos" (Apol XII,53), welche ihrerseits das Einteilungsprinzip des gesamten Schriftzeugnisses abgeben: „Altera pars lex est, quae ostendit, arguit et condemnat peccata. Altera pars evangelium, hoc est, promissio
gratiae in Christo donatae, et haec promissio subinde repetitur in tota
scriptura, primum tradita Adae, postea patriarchis, deinde a prophetis il-
lustrata, postremo praedicata et exhibita a Christo inter Iudaeos et ab
apostolis sparsa in totum mundum." (Apol XII,53) In systematischer Hinsicht bemerkenswert ist ferner die Warnung, die Wörter „mortificatio"
und „vivificatio", ebenso wie „exspoliatio corporis peccatorum" und „re-
suscitatio per fidem", mit denen namentlich Paulus das Verhältnis von
Reue und Glaube umschreibt, nicht „Platonice" (Apol XII,46) mißzuver-

Kann die Zweiteilung der Buße in „contritio" und „fides" als biblisch begründet gelten, so bemüht sich Melanchthon im folgenden darum, den Glaubensbegriff unter Bezug (vgl. Apol XII,59)
auf den umfangreichen IV. Artikel der Apologie, dessen Inhalt
noch im einzelnen entfaltet werden wird, etwas genauer zu umschreiben und gegen die Lehre der Gegner abzugrenzen. Grundlegend ist dabei die Feststellung, daß mit „credere evangelio" im
eigentlichen Sinne nicht ein allgemeines Fürwahrhalten, also nicht
jene „generalis fides" gemeint sei, „quam habent et diaboli"
(Apol XII,45), sondern die „specialis fides", „qua unusquisque credit sibi remitti peccata" (Apol XII,59). Von daher wird der Einwand der Konfutatoren zurückgewiesen, daß der Glaube der Buße vorangehe. Denn bei dem der Buße vorangehenden Glauben
handelt es sich lediglich um die „fides generalis", „quae in genere
credit Deum esse, poenas propositas esse impiis etc. Nos praeter
illam fidem requirimus, ut credat sibi quisque remitti peccata. De
hac fide speciali litigamus; et opponimus eam opinioni, quae iubet confidere non in promissione Christi, sed in opere operato
contritionis, confessionis et satisfactionum etc. Haec fides ita sequitur terrores, ut vincat eos et reddat pacatam conscientiam.
Huic fidei tribuimus, quod iustificet et regeneret, dum ex terroribus liberat, et pacem, gaudium et novam vitam in corde parit.
Hanc fidem defendimus vere esse necessariam ad remissionem
peccatorum, ideo ponimus inter partes poenitentiae." (Apol XII,
60)[63]

---

stehen: „sed mortificatio significat veros terrores, quales sunt morientium,
quos sustinere natura non posset, nisi erigeretur fide ... Et vivificatio intelligi debet non imaginatio Platonica, sed consolatio, quae vere sustentat
fugientem vitam in contritione." (Apol XII,46) Von großer systematischer
Wichtigkeit ist weiterhin die unter Berufung auf Jes 28,21 erfolgte Zuordnung von gesetzgewirkter Reue und evangelischem Glauben im Sinne
von „opus alienum" und „opus proprium Dei" (vgl. Apol XII,51).

[63] Seit der Oktavausgabe vom Herbst 1531 wird hinzugefügt: „seu conversionis" (CR 27, 547, Anm. 13). Mit dem entwickelten Glaubensverständnis
weiß sich Melanchthon in Übereinstimmung mit der allgemeinen Kirchenlehre (vgl. Apol XII,60), insofern unter dieser das von den Aposteln
und bedachten Vätern wie Bernhard (vgl. Apol XII,73 f.; vgl. CR 27, 545 f.)
bestätigte, Apg. 10,43 (vgl. Apol XII,65) eigens erwähnte Geistzeugnis der
Propheten gemeint sei und nicht die manifeste Geistlosigkeit jener Un-
zahl von Sententiariern, die – „ut pedanei senatores" (vgl. Apol XII,69) –
stillschweigend die undurchschauten Irrtümer ihrer Vorgänger fortschrie-

ben und „ex aliis libris in alios" (Apol XII,69) transportierten. Grundsätzlich hat zu gelten: „Nec papae nec ecclesiae concedimus potestatem decernendi contra hunc consensum prophetarum." (Apol XII,66 unter kriti-
schem Verweis auf die Bulle „Exsurge Domine" Leos X. und die Confutatio) Unter dieser Voraussetzung konfrontiert Melanchthon die Gegner
mit folgenden Einwänden im Blick auf biblischen Grund und innere
Stimmigkeit ihrer Position: Hat, was zu leugnen unsinnig wäre, die Absolution als Bestandteil der Buße zu gelten, so muß dies auch für den
Glauben zutreffen, „quia absolutio non accipitur nisi fide" (Apol XII,61
mit Verweis auf Röm 4,16 und 1. Joh 5,10). Wird von der Sündenvergebung bekannt, daß sie „pars", „finis" bzw. „terminus ad quem" der Buße
sei, so gehört ihr auch der Glaube an; denn er und er allein ist Emp-
fangsgestalt der Sündenvergebung (Apol XII,63 mit Verweis auf Röm 3,25,
5,2, 1. Petr. 2,6). Hingegen ist es falsch zu sagen, die Sünde werde vergeben, „quia attritus seu contritus elicit actum dilectionis Dei, per hunc
actum meretur accipere remissionem peccatorum" (Apol XII,75). Denn
solches zu behaupten heißt nichts anderes als das Gesetz zu lehren, das
Evangelium zu beseitigen und die Verheißung von Christus abzuschaf-
fen. Verkehrt sei daher das Vertrauen, durch Reue und Liebe Sündenvergebung zu erlangen. Sündenvergebung gebe es nicht durch unsere Werke, sondern nur um Christi willen durch Glauben. „Non enim alius est
mediator aut propitiator nisi Christus. Nec legem facere possumus, nisi
prius per Christum reconciliati simus. Et si quid faceremus, tamen sentiendum est, quod non propter illa opera, sed propter Christum mediatorem et propitiatorem consequimur remissionem peccatorum." (Apol XII,
76) Die Ehre Christi dürfe daher nicht auf die Werke übertragen werden.
Daß dies nicht nur um Christi, sondern auch um der Werke willen so zu
sein hat, darauf deutet die Wendung hin, daß nicht nur das Evangelium,
sondern auch das Gesetz in seinem genuinen Sinngehalt unverstanden
bleibe, wenn die vom Gesetz geforderten Werke zur Grundlage der
menschlichen Gerechtigkeit vor Gott erklärt werden. „Quare necesse est
prius nos promissione reconciliari, quam legem facimus. Promissio autem tantum fide accipitur. Igitur necesse est contritos apprehendere fide
promissionem remissionis peccatorum donatae propter Christum, ac statuere, quod gratis propter Christum habeant placatum patrem." (Apol
XII,80) Dies sei durch die gesamte Schrift und namentlich durch Paulus
belegt, der stets bezeugt habe, daß das Gesetz nicht ohne Christus erfüllt
werden könne („legem non posse fieri sine Christo", Apol XII,86). Dies
sei den Gegnern vorzuhalten, die durch ihre heillose Vermischung und
Verwechslung von Gesetz und Evangelium den Eindruck erweckten, als
seien wir „palmites non Christi, sed Moisi" (Apol XII,86), nicht Reben
Christi, sondern des Moses. Die Folge davon ist nach dem Urteil Melanchthons die Ungewißheit des Gewissens bzw. der nicht selten bis zur
Verzweiflung gesteigerte Gewissenszweifel. „Semper enim accusabit nos
lex, quia nunquam legi Dei satisfacimus." (Apol XII,88 mit Verweis auf
Röm 4,15) Ein ungewisses, zweifelndes und geängstetes Gewissen, zu
dem sich das Vertrauen auf die eigenen Werke zwangsläufig wandelt,

4. Der Rechtfertigungsbegriff und seine Bestimmungsmomente

Unter den Schmalkaldischen Artikeln ragt der exkursartige Abschnitt „Von der falschen Buße der Papisten" (ASm III,3; BSLK 438,7 ff.), den Luther noch vor seiner schweren Erkrankung vom 18. und 19. Dezember 1536 selbst zu Papier bringen konnte, in mehrfacher Hinsicht hervor. Der Abschnitt ist „nicht nur dem Umfang nach ... der gewichtigste Teil der Schmalkaldischen Artikel. Auch stilistisch ist kein anderer Abschnitt von solcher persönlichen Anteilnahme durchdrungen wie gerade dieser. Und das ist ja kein Wunder. Es geht in diesem Abschnitt um mehr, als was der Titel angibt. Luther redet von seinem eigenen Erleben, er kommt hier zurück auf das Thema, mit dem sein Werk in der Öffentlichkeit begann: Was heißt rechte Buße?"[64]

---

vermag hinwiederum nicht sinnvoll tätig zu werden. „Ita tota vita est sine Deo et sine vero cultu Dei." (Apol XII,89) So macht die Bußlehre der Gegner mit dem Glauben auch die ihm folgenden Liebeswerke zunichte. Was zuletzt verbleibt, ist die Verzweiflung. „Talis est doctrina adversariorum, doctrina legis, abrogatio evangelii, doctrina desperationis." (Apol XII,89) Um solche Lehre zu bekämpfen und zu überwinden und dem Gewissen Gewißheit zu verschaffen, seien – so schließt Melanchthon – Glaube und Reue dezidiert zu Wesensbestandteilen der Buße erklärt worden, was durch die Tradition nicht nur nicht widerlegt, sondern nahegelegt werde (vgl. Apol XII,91–97).

[64] M. Henschel, „Der feurige Engel S. Johannes". Zu einer Stelle Luthers in den Schmalkaldischen Artikeln, in: LJ 1964, 69–76, hier: 70. Zur Bedeutung der ASm für die Interpretation des lutherischen Bekenntnisses überhaupt vgl. Mildenberger, 88 f., 117 ff. Mildenberger betont, daß „die oft recht grobe polemische Art der ASm", die auch in dem Abschnitt über die verkehrte Buße der Papisten („polemische[r] Exkurs") zutage trete, einer Interpretation Mühe macht, „die den Widerpart in der konfessionellen Kontroverse religiös und theologisch ernst nehmen will. Sicher beruht es auf Gegenseitigkeit, wenn Luther das nicht tut, sondern nur Verachtung und Verdammung für seine Gegner übrig hat und in ihnen die Werkzeuge und Handlanger des Teufels sieht. Wir übersehen das in der Regel und tun sicher gut daran, hier aus dem Abstand der Zeit einiges anders zu beurteilen. Das heißt freilich nicht, daß wir uns damit auch der Schärfe von Luthers theologischem Urteil entziehen sollten. Denn gerade das ist die besondere Bedeutung der ASm im Zusammenhang der lutherischen Bekenntnisschriften, daß hier in einer auch die CA und ihre Apologie weit übertreffenden Weise die Systematik des refor-

Die Antwort auf diese Frage ergibt sich für Luther aus der Kritik papistischer Buße. Dabei werden die Einwände gegen Theorie und Praxis des römischen Bußinstituts sogleich in Verbindung gebracht mit der Ablehnung der schultheologischen Sündenlehre, deren Irrtümer Luther in ASm III,1 in sieben Punkten folgendermaßen charakterisiert hatte: „1. Nämlich daß nach dem Erbfall Adae des Menschen naturlichen Kräfte sind ganz und unverderbt blieben. Und der Mensch habe von Natur eine rechte Vernunft und guten Willen, wie die Philosophi solchs lehren. 2. Item daß der Mensch habe einen freien Willen, Guts zu tun und Boses zu lassen und wiederumb Guts zu lassen und Boses zu tun. 3. Item daß der Mensch muge aus naturlichen Kräften alle Gebot Gottes tun und halten. 4. Item er muge aus naturlichen Kräften Gott lieben uber alles und seinen Nächsten als sich selbs. 5. Item wenn ein Mensch tut, soviel an ihm ist, so gibt ihm Gott gewißlich seine Gnade. 6. Item wenn er zum Sakrament will gehen, ist nicht not ein guter Fursatz, Guts zu tun, sondern sei gnug, daß er nicht einen bosen Fursatz, Sunde zu tun, habe, so gar gut ist die Natur und das Sakrament so kräftig. 7. Es sei nicht in der Schrift gegrundet, daß zum guten Werk vonnoten sei der heilige Geist mit seiner Gnaden." (BSLK 434,13–435,8)[65] Mit solchen und ähnlichen Behauptungen, die eine nicht zu ertragende heidnische Lehre seien, werden nach Luther sowohl die Sünde als auch Christus verkannt, da Christus ihnen zufolge vergeblich gestorben sei, „weil

---

matorischen Bekenntnisses von der reformatorischen Grundentscheidung aus entfaltet wird." (Mildenberger, 119 f.) Von Mildenbergers hermeneutischem Konzept reformatorischer Grundentscheidung her ergibt sich dieses Urteil konsequent. Ein systematisches Konzept, welches den historischen Entwicklungsgang der Dinge stärker mitberücksichtigt, wird dies anders sehen und die Zentralstellung der CA nach Maßgabe des Selbstverständnisses von FC und Konk unangetastet lassen. Im gegebenen Zusammenhang richtet sich entsprechend das Interesse vor allem auf den Erweis, daß in ASm trotz polemischer Zuspitzung der Bußlehre die sachliche Kontinuität zu CA und Apol erhalten bleibt.

[65] Vgl. dazu auch die Irrtumsliste in Apol XII,17–27, mit der Melanchthon die reformatorische Einsicht gegen ihre Bestreiter abgrenzt. Zur Identifikation der bekämpften Lehre vgl. V. Pfnür, Verwerfungen, 194 ff., der durch eine Gegenüberstellung der Position Luthers und derjenigen Gabriel Biels (196 ff.) seine Grundthese zu erweisen sucht, die reformatorische Einsicht richte sich nicht gegen die scholastische oder gar gegen die katholische Theologie im allgemeinen, sondern lediglich gegen Konzeptionen des spätscholastischen Nominalismus.

kein Schaden noch Sunde im Menschen ist, dafur er sterben mußte, oder wäre allein fur den Leib, nicht fur die Seele auch gestorben, weil die Seele gesund und allein der Leib des Todes ist" (ASm III,1; BSLK 435,13–16).

An diese hamartiologische Diagnose schließt Luthers Kritik der scholastischen Bußlehre in ASm III,3 unmittelbar an. Es gilt: „Unmuglich ist's gewest, daß sie sollten recht von der Buße lehren, weil sie die rechten Sunde nicht erkenneten" (BSLK 438,8 f.). Erneut wird die hamartiologische Ignoranz der Schultheologen darauf zurückgeführt, daß sie „von der Erbsunde nicht recht (halten), sondern sagen, die naturlichen Kräfte des Menschen seien ganz und unverderbt blieben; die Vernunft konne recht lehren, und der Wille konne recht darnach tun, daß Gott gewißlich seine Gnade gibt, wenn ein Mensch tut, soviel an ihm ist, nach seinem freien Willen." (BSLK 438,10–14) Eine Konsequenz dieser Fehlbestimmung sei die Tatsache, „daß sie allein die wirklichen Sunde bußeten als bose bewilligte Gedanken ..., bose Wort, bose Werk, die der freie Wille wohl hätte kunnt lassen" (BSLK 438,15–18). Dieser bußtheologischen Konzentration auf Tatsünden entspreche es, daß den Gegnern die böse Regung, Lust und Anreizung der Konkupiszenz nicht als Sünde gelte. Infolge ihrer Unkenntnis sündiger Verkehrtheit des Menschen verweisen die scholastischen Theologen die Leute daher bußtheologisch „auf Zuversicht eigener Werke", wobei sie, so Luther, entsprechend der Dreiteilung der Buße in Reue, Beichte und Genugtuung folgende „Vertrostung und Zusage" (BSLK 438,20) ausgeben: „wo der Mensch recht reuet, beichtet, gnugtät, so hätte er damit Vergebung verdienet und die Sunde fur Gott bezahlet." (BSLK 438,20–439,2) Belegt wird dies mit Worten aus dem öffentlichen Schuldbekenntnis, das der Geistliche seit dem 10. Jahrhundert im Anschluß an die Predigt im Namen der Gemeinde sprach (vgl. BSLK 439, Anm. 3). Ohne Christi und des Glaubens zu gedenken, hoffte man, „mit eigenen Werken die Sunde fur Gott zu uberwinden und zu tilgen" (BSLK 439,8 f.). In solcher Hoffnung (BSLK 439,10 f.:„daß wir uns selbs wider die Sunde legen wollten"), sagt Luther, seien er selbst und andere Priester und Mönche geworden.[66]

---

[66] „Die ASm sind der Auffassung, die ‚falsche Buße der Papisten' ruhe auf der irrigen Vorstellung, der Mensch verfüge noch über ungebrochene Kräfte, die ihm eine aufrichtige Buße ermöglichten. Wenn man nur von

Was die Reue betrifft, so werden in ASm III,3 sowohl das Problem der unbewußten Sünden als auch die Frage ausdrücklich angesprochen, wie groß die Reue sein müsse, um ihrer Suffizienz vor Gott gewiß zu sein. Daß niemand bei der Beichte alle Sünden, zumal nicht alle innerhalb eines ganzen Jahres (vgl. DH 812) begangenen bedenken könne, wird dabei vorausgesetzt. Unter dieser Voraussetzung stellt sich die gegnerische Lehre für Luther so dar: Erfolgte Sünden, deren man sich bei der Beichte nicht erinnerte, seien solange der Gnade Gottes befohlen, bis sie bewußt würden; dann seien sie zu bereuen und zu beichten. Hinsichtlich der Intensität der Reue unterschieden die Gegner zwischen contritio und attritio. Die Bedeutung dieser nach seinem Urteil begrifflich und sachlich ebenso unhaltbaren wie unklaren Unterscheidung legt sich Luther so zurecht: „Wer nicht kunnte contritionem, das ist Reue haben, der sollte attritionem haben, welchs ich mag eine halbe oder Anfang der Reue nennen ... Solch attritio ward denn contritio gerecht, wenn man zur Beicht ging." (BSLK 439,18–440,4) Selbst für den Fall, daß einer sagte, er könne zwar faktisch keine Reue und Leid über seine Sünden aufbringen, er wünsche aber, dies zu tun, würde solche Erklärung unter Berufung auf das Beispiel Bernhards (vgl. BSLK 440, Anm. 5) als Reueersatz bzw. als eine Form von Reue akzeptiert und mit Sündenvergebung belohnt (BSLK 440,10 f.:„so nahmen sie es fur die Reu an und vergaben ihm seine Sunde auf solch sein guts Werk").

seiner Vernunft und von seinem Willen den rechten Gebrauch mache, dann könnte die Sünde vermieden werden. Theoretisch würde der Mensch also ohne Schuld vor Gott stehen können. Das aber ist eine Sophisterei, die aus einer falschen Auffassung der Sünde folgt." (Fagerberg, 223) Fagerbergs Darstellung der Bußlehre der lutherischen Bekenntnisschriften akzentuiert in diesem Sinne nachdrücklich den Gegensatz gegen bestimmte Spätgestalten scholastischer Theologie: „Die Reformation erwuchs aus dem Kampf mit der Bußpraxis des Occamismus, nach dem der Bußakt eine Voraussetzung und Bereitung für die Lossprechung bildet." (Fagerberg, 220) Veranlaßt war dieser Kampf nach Fagerberg nicht zuletzt durch ein seelsorgliches Motiv: „Die Reformatoren wollten den Blick vom eigenen Ich fort auf Christus richten. In wirklicher Gewissensangst ist es nicht möglich zu entscheiden, ob die Reue einem wirklich aufrichtigen Herzen entsprungen ist, ja man kann eben nicht wissen, ob sie letztlich aus Furcht vor Strafe oder aus Liebe zu Gott kommt. Daher zog das Luthertum einen dicken Strich durch all solche Fragen." (Fagerberg, 224 f.) Zu den Folgen für das Beichtinstitut vgl. Fagerberg, 231–237.

Interpretiert wird solche Theorie und Praxis von Luther als ein
Beleg dafür, „wie die blinde Vernunft tappet in Gottes Sachen
und Trost sucht in eigenen Werken nach ihrem Dunkel und an
Christum oder den Glauben nicht denken kann" (BSLK 440,13–15).
Bei Licht besehen nämlich sei die gekennzeichnete Reue „ein gemachter und getichter Gedanke aus eigen Kräften ohn Glaube,
ohn Erkenntnis Christi" (BSLK 440,16 f.). Die Kraft, der Sünden
Lust zu töten, sei ihr nicht eigen gewesen; sein Ureigenes nämlich
behielt der Sünder stets sich selbst vor, statt es der Reue auszu-
liefern. Das ist der Sinn des Vorwurfs, die gekennzeichnete Reue
sei eher Anlaß zum Lachen als zum Weinen und im Grunde eine
Heuchelei gewesen, weil sie lediglich auf äußeren Zwang hin und
nicht von selbst erbracht wurde: „denn sie mußten reuen, hätten
lieber mehr gesundigt, wenn es frei gewest wäre." (BSLK 440,
23 f.)[67]

---

[67] Unter dem Stichwort der Beichte (vgl. § 9,7) wird in ASm III,3 sodann
noch einmal die Verpflichtung, alle Sünden aufzuzählen, als unmögliche
Angelegenheit und große Marter angeprangert. Da ferner die vergesse-
nen Sünden nur unter der Voraussetzung vergeben wurden, daß sie im
Falle ihrer späteren Bewußtheit gebeichtet werden, konnte man niemals
wissen, wann man genug gebeichtet habe und mit der Beichte am Ende
sei. Durch diese Ungewißheit wurde der Pönitent auf sein eigenes Werk
verwiesen, indem es hieß: „je reiner er beicht und je mehr er sich schä-
met und sich selbs also für dem Priester schändet, je ehe und besser er
gnug tät für die Sunde; denn solche Demut erwurbe gewißlich Gnade
bei Gott." (BSLK 441,6–9) Während vom Glauben an Christus und von
der Kraft der Absolution geschwiegen wurde, beruhte der Trost lediglich
„auf Sunde-zählen und Schämen" (BSLK 441,11 f.).

Die umfänglichsten Schwierigkeiten sieht Luther (vgl. § 9,9) des weiteren
im Zusammenhang der Genugtuungsfrage: „denn kein Mensch kunnt
wissen, wieviel er tun sollt' für ein einige Sunde, schweige denn für alle." (BSLK 441,14–16) Im einzelnen stellt sich für ihn die Misere so dar:
Während man nur wenige aktuell erfüllbare Satisfaktionsleistungen auferlegte wie fünf Paternoster, einen Tag fasten, verwies man die Pöniten-
ten mit der restlichen Buße aufs Fegfeuer: „Hie war nu auch eitel Jammer und Not." (BSLK 442,1) Denn statt auf Christus wurde man erneut
auf die eigenen Satisfaktionsleistungen verwiesen, ohne doch je die Gewißheit zu erlangen, genug gebüßt zu haben. Kurzum: „Das hieß immerdar gebüßt und nimmermehr zur Buße kommen." (BSLK 442,9 f.)

Auch die päpstliche Erfindung des Ablasses, mit dem Genugtuungslei-
stungen bzw. Fegfeuerstrafen erlassen wurden (wobei der Papst die Aufhebung der ganzen Satisfaktionsforderung sich selbst vorbehielt, wohingegen er die Vollmacht zu Teilerlassen auch Kardinälen und Bischöfen

Was aber jene – mit den Pharisäern und Schriftgelehrten zur Zeit Christi zu vergleichenden – falschen Heiligen betrifft, welche sich keiner Tatsündenschuld in Gedanken, Worten und Werken bewußt sind und durch allerlei Anstrengungen der Selbstdisziplin mit Ernst heilig sein wollen, so richtet sich die Kritik Luthers vor allem gegen die Annahme, daß einige von diesen so voller guter Werke und ohne Sünde sind, daß sie nicht nur keiner Buße für sich selbst bedürfen, sondern ihre überschüssige, will heißen: für die eigene himmlische Seligkeit überflüssige Gerechtigkeit anderen armen Sündern mitteilen und verkaufen können. Gegen solchen Mißbrauch beruft sich Luther neben Röm 3,10–12 und Apg 17,30 auf den (nicht von Apk 10,1 her zu deutenden, sondern auf den Täufer verweisenden) feurigen Engel des Hl. Johannes[68], dessen Bußpredigt die falschen Büßer, die meinen, schon gebüßt zu haben, und die falschen Heiligen, die meinen, keiner Buße zu bedürfen, gleichermaßen betrifft und alle zur Erkenntnis ihres Unglaubens, ihres Unverstands und ihrer Unwissenheit Gott und Gottes Willen gegenüber führt, um sie auf den zu verweisen, aus dessen Fülle wir alle Gnade um Gnade nehmen müssen (Joh 1,16) und ohne den kein Mensch vor Gott gerecht sein kann.

Damit ist das wahre Wesen evangelischer Buße umschrieben, von der nach Johannes Christus im Evangelium predigt und welche von den Reformatoren wiederentdeckt wurde, um alles, was auf unsere guten Werke gebaut ist, zu Boden zu stoßen: „Diese Buße lehret uns, die Sunde erkennen, nämlich daß mit uns allen verlorn, Haut und Haar nicht gut ist und mussen schlechts neu und

---

übertrug), konnte nach Luther keine wahre Hilfe und keine echte Befreiung von Strafe und Schuld (remissio poenae et culpae; vgl. BSLK 443, Anm. 1) erbringen. Die Folge des schließlich auch auf die Toten ausgedehnten Ablaßhandels war lediglich eine zu immer schlimmeren Mißbräuchen fortschreitende Geldgeschäftigkeit des Heiligen Stuhls. Ausdrücklich kritisiert werden in diesem Zusammenhang der Ablaßhandel aufgrund päpstlicher Bullen, das Jubeljahr mit Jubiläumsablaß, Stiftungen von Messen und Vigilien usw. Die soteriologische Nutzlosigkeit des Ablasses oder des sog. Goldenen Jahres zeigt sich nach Luther auch darin, daß deren Wirkung in der Regel ausdrücklich von erfolgter Reue und Beichte abhängig gemacht wurde und damit an der mit diesen verbundenen Heilsungewißheit partizipierte. „Also nahm er das Geld und vertrostet sie auf sein Gewalt und Ablaß und weiset sie doch wiederumb auf ihr ungewiß Werk." (BSLK 444,12–14)

[68]   Vgl. Mt 11,10; Mal 3,1.

ander Menschen werden." (BSLK 446,15–18) Um die Radikalität solcher Wandlung hervorzuheben, betont Luther, daß auf einen faulen und nichtigen Grund baut, wer sein Heil von „Gesetz" und „guten Werken" erwartet, da in Wirklichkeit doch kein gutes Werk da ist und niemand das Gesetz erfüllt, sondern alle Welt Gottes Gebot übertritt und böse handelt (Joh 7,19). „Darumb ist das Gebäu eitel falsche Lugen und Heuchelei, wo es am allerheiligsten und allerschonesten." (BSLK 447,17–19)[69]

---

[69] Die Radikalität evangelischer Buße bringt es im übrigen mit sich, daß sie keine zerstückelte und bettelhafte ist „wie jene, so die wirklichen Sunde bußet, und ist auch nicht ungewiß wie jene; denn sie disputiert nicht, welchs Sunde oder nicht Sunde sei, sondern stoßt alles in Haufen, spricht, es sei alles und eitel Sunde mit uns. Was wollen wir lange suchen, teilen oder unterscheiden?" (BSLK 446,19–24) Angesichts solcher Bußradikalität fällt die bei den Gegnern kritisierte Ungewißheit von Reue, Beichte und Genugtuung dahin: Was die Reue betrifft, so „bleibt nichts da, damit wir mochten was Guts gedenken, die Sunde zu bezahlen, sondern ein bloß, gewiß Verzagen an allem, das wir sind, gedenken, reden oder tun etc. Desgleichen kann die Beicht auch nicht falsch, ungewiß oder stucklich sein; denn wer bekennet, daß alles eitel Sunde mit ihm sei, der begreift alle Sunde, läßt keine außen und vergisset auch keine. Also kann die Gnugtuung auch nicht ungewiß sein; denn sie ist nicht unser ungewisse, sundliche Werk, sondern das Leiden und Blut des unschuldigen ‚Lämmlin Gottes, das der Welt Sunde trägt'." (BSLK 447,1–10; vgl. Joh 1,29) Hinzugefügt wird, daß die gekennzeichnete evangelische Buße bei den Christen bis in den Tod währt, da sie das ganze Leben hindurch gemäß Röm 7,23 ff. mit der im Fleisch zurückgebliebenen Sünde kämpft. Dies geschieht in der Kraft des nach der Sündenvergebung gegebenen Geistes, der im täglichen Kampf gegen die Sünde daran arbeitet, den Menschen rein und heilig zu machen.

Nachdem Luther die evangelische Bußlehre als eine Lehre des Himmels gekennzeichnet hat, von der kein Papst, kein Theologe, kein Jurist und überhaupt kein Mensch etwas wissen kann und die Ketzerei heißen muß bei den gottlosen „Heiligen", wendet er sich in einem Anhang gegen die Rottengeister, welche ihm insonderheit in der Zeit des Bauernkriegs begegneten und welche die Meinung vertraten, „daß alle die, so einmal den Geist oder Vergebung der Sunden empfangen hätten oder gläubig worden wären, wenn dieselbigen hernach sundigeten, so blieben sie gleichwohl im Glauben und schadet ihnen solche Sunde nicht" (BSLK 448,7–11). Als eine Variante dieses Irrtums wird zugleich die Annahme abgewiesen, „wo jemand nach dem Glauben und Geist sundiget, so habe er den Geist und Glauben nie recht gehabt" (BSLK 448,14–16). Beidem wird die Lehre kontrastiert, „daß, wo die heiligen Leute über das, so sie die Erbsunde noch haben und fühlen, dawider auch täglich büßen und streiten, etwa in offentliche Sunde fallen als David in Ehebruch,

Mit der auszugsweisen Wiedergabe des Abschnittes „Von der falschen Buße der Papisten" in Luthers Schmalkaldischen Artikeln ist
zusammen mit den elementaren Bestandteilen reformatorischer
Bußlehre erneut deren enge und untrennbare Verbindung mit jenen Themenkomplexen vor Augen gestellt, die in den Kontext
der Rechtfertigungslehre gehören und entweder schon verhandelt
wurden oder sogleich zu verhandeln sein werden.[70] War vom
Unwesen der Sünde und ihren Ursachen als den negativen Be-
zugspunkten der Lehre von der Rechtfertigung bereits ausführlich
die Rede, so ist deren positiver Gehalt im folgenden zu entwik-
keln, und zwar auf eine Weise, daß die ursprüngliche Einsicht der
Reformation einleuchtend erkennbar wird. Im Zentrum der Erörterungen wird dabei der Gegensatz von iustitia legis aut rationis
und iustitia fidei, also jener Gerechtigkeit stehen müssen, die dem
Glauben an das Evangelium zukommt. Auch ist nach den Folgen
des Glaubens und nach deren Verhältnis zu den gehorsamen
Werken der barmherzigen Liebe zu fragen, wobei dem Verdienstbegriff besondere Aufmerksamkeit gebührt. Vorab aber bedarf es
einiger terminologischer Bemerkungen zum Rechtfertigungsbegriff
und zu seinen wesentlichen Bestimmungsmomenten.

Folgt man Ferdinand Kattenbusch, dann ist mit vier Formen des
Rechtfertigungsgedankens zu rechnen, nämlich einer verifikatori-
schen, einer reparatorischen, einer kompensatorischen und einer

---

Mord und Gotteslästerung, daß als denn der Glaube und Geist weg ist
gewest; denn der heilige Geist läßt die Sünde nicht walten und überhand
gewinnen, daß sie vollnbracht werde, sondern steuret und wehret, daß
sie nicht muß tun, was sie will. Tut sie aber, was sie will, so ist der heilige Geist und Glaube nicht dabei ..." (BSLK 448,20–29 mit Verweis auf
1. Joh. 3,9 und 5,18 sowie 1. Joh 1,8)

[70]   Vgl. H. G. Pöhlmann, Abendmahl und Beichte als gelebte Rechtfertigung.
Systematisch-theologische Überlegungen im Anschluß an die lutheri-
schen Bekenntnisschriften, in: W. Schlichting (Hg.), a. a. O., 191–197, hier:
191: „Die *Rechtfertigung des Sünders konkretisiert sich* nach der lutherischen Reformation – was oft vergessen wird – *im Sakrament*, nicht etwa
nur primär in der Verkündigung, sie wird vor allem konkret erfahren im
Sakrament der Beichte oder Buße und im Sakrament des Abendmahls."
Auch wenn man Pöhlmanns Gegenüberstellung von Verkündigung und
Sakrament für problematisch erachtet, wird man doch nicht den engen
Zusammenhang von Rechtfertigungsevangelium und sacramentum ab-
solutionis leugnen können.

rekonziliatorischen.[71] Während erstere den manifesten Nachweis gegebener Schuldlosigkeit beinhaltet, ist für die zweite, die reparatorische Idee der Rechtfertigung, die Kattenbusch auch die organisatorische nennen kann[72], die geleistete Wiederherstellung bzw. Ausbildung fehlender Gerechtigkeit kennzeichnend. Da sie sich mit der Vorstellung einer Entschädigung bzw. eines sühnenden Ausgleichs für faktische Schuldverfehlungen verbindet, kann sie neben reparatorischen auch kompensatorische Züge annehmen. Die vierte Form des Rechtfertigungsgedankens ist die rekonziliatorische bzw. kondonatorische[73] im Sinne erneuter Gewährung und Wahrnehmung schuldhaft verlorener Gemeinschaft. Nach Kattenbusch ist diese Idee für Luthers reformatorische Grundanschauung entscheidend. Ihre transjuridische, moralisch-theologische Bedeutung soll im wesentlichen darin bestehen, daß der Unrecht Leidende dem Schuldner die den Bedingungen des ius talionis entzogene Gnadengabe der Versöhnung gewährt, um ihm auf diese Weise gerecht zu werden.

Es ist hier nicht zu erörtern, ob die Rechtfertigungsidee in den von Kattenbusch aufgezählten Formen vollständig erfaßt bzw. zu erfassen ist. Daß sie vier mögliche Bedeutungsaspekte des Rechtfertigungsbegriffs benennen, ist ebenso unzweifelhaft wie die Tatsache, daß der Rechtfertigungsbegriff für sich genommen uneindeutig ist und sich in seinem Sinngehalt erst aus dem jeweiligen Kontext heraus erschließt. Das gilt auch für seine reformatorische Verwendung, zumal da im einzelnen ungeklärt ist, wie Luther zur Rezeption des namentlich in der Juristensprache schon vor ihm vorhandenen, aber nicht geläufigen Verbs „rechtfertigen" gelangt ist. Was das Substantiv „Rechtfertigung" betrifft, das in Luthers Bibelübersetzung nur einmal im Zusammenhang von Röm 5,18 vorkommt, so dürfte es sich dabei ursprünglich um eine formale Nachbildung des in der Vulgataversion der angegebenen Stelle verwendeten Terminus „iustificatio" handeln, als dessen Äquivalent der Rechtfertigungsbegriff dann überlicherweise fungiert. (Vgl. Röm 5,18 Vulg.: „Igitur sicut per unius delictum in omnes ho-

---

[71]   F. Kattenbusch, Die vier Formen des Rechtfertigungsgedankens. Mit besonderer Rücksicht auf Luther, in: ZSTh 10 (1932/33), 28−61, 203−250, hier: 31.

[72]   Vgl. a. a. O., 42.

[73]   Vgl. a. a. O., 203.

mines in condemnationem: sic et per unius iustitiam in omnes homines in iustificationem vitae." Im griechischen Original lautete die Schlußwendung: „οὕτως καὶ δι᾽ ἑνὸς δικαιώματος εἰς πάντας ἀνθρώπους εἰς δικαίωσιν ζωῆς.")

Hinzuzufügen ist, daß das Begriffsmoment „fertigen" mit „machen" gleichbedeutend ist. Schon von daher dürfte es, wie Kattenbusch feststellt, schwerfallen, einen elementaren Gegensatz von Gerechterklärung und Gerechtmachung in Luthers Rechtfertigungsbegriff anzunehmen. Durch den terminologischen Befund lutherischer Bekenntnistradition wird das Recht dieser Annahme vollauf bestätigt.[74] Untersucht man die entsprechenden Aussagen anhand der detaillierten Übersicht über das Begriffsfeld von iustificatio/Rechtfertigung in der CA, die V. Pfnür seiner einschlägigen Studie beigegeben hat (Pfnür, 140–143), so wird unzweifelhaft deutlich, daß effektiver Aspekt und pronuntiatorischer Aspekt des Rechtfertigungsgeschehens nach dem Zeugnis der Augustana untrennbar zusammengehören. Daß dies in der Apologie, in welcher die Rechtfertigungslehre der Augustana ihren authentischen Kommentar gefunden hat, nicht anders ist, läßt sich exemplarisch an drei Textstellen erweisen, die zu den inhaltlich zentralsten, aber zugleich interpretatorisch umstrittensten Abschnitten des Rechtfertigungsartikels der Apologie gehören und deshalb im folgenden vorab und in der nötigen Ausführlichkeit erörtert werden sollen (vgl. auch Weber I/1, 65 ff., bes. 93 ff.)

---

[74]   Im übrigen ist Kattenbusch auch darin zuzustimmen, daß die Herkunft des technischen Ausdrucks „Rechtfertigung" für den theologischen Gehalt der gleichnamigen Lehre Luthers von nur untergeordneter Bedeutung ist. (Vgl. auch E. Kinder [Hg.], a.a.O., 4: „Wir müssen uns darüber klar sein, daß die *Ausdrücke* ,Rechtfertigung' und ,rechtfertigen' nur Kennwörter für einen ganzen Komplex lebensvoller geistlicher Wirklichkeiten sind.") Sachlich handelt es sich bei Luthers Rechtfertigungslehre nach Kattenbusch immer um dreierlei: „1. Die Aufhebung der ,Verurteilung', desjenigen *Straf*urteils über den Sünder, das auf ,Verdammnis' lautete, d. h. auf Ausschluß aus dem Himmel und damit aus der ,Gemeinschaft' mit Gott; 2. darum, daß die Wiedergewährung der *Gemeinschaft* ihm ganz spezifisch die Wiederaufnahme zum *Herzen* Gottes zusichere (der ,gerechtfertigte' Sünder dürfe sich Gott jeden Augenblick ,nähern', zu ihm beten, ihm schlechthin ,vertrauen', solle *nie* mehr fürchten, einfach abgewiesen zu werden); 3. um einen klaren deutlichen *Antrieb*, fortan von der Sünde zu lassen und die *Gewißheit*, hierbei Gott selbst *in* sich *wirkend*, ihn innerlich neuschaffend (,wiedergebärend') zu ,erleben'." (F. Kattenbusch, a.a.O., 237)

Die erste Passage ist in der Jubiläumsausgabe von 1930 in folgender Textgestalt abgedruckt: „Et quia iustificari significat ex iniustis iustos effici seu regenerari, significat et iustos pronuntiari seu reputari. Utroque enim modo loquitur scriptura. Ideo primum volumus hoc ostendere, quod sola fides ex iniusto iustum efficiat, hoc est, accipiat remissionem peccatorum." (Apol IV,72; BSLK 174,37−44) Inhaltlich bezog sich der Streit[75] um die rechte Ausle-

---

[75] Während Schlink auf die einschlägige Kontroverse anfangs lediglich anmerkungsweise eingeht (vgl. Schlink, 136 f., Anm. 16 sowie 138, Anm. 17), unterbreitet Fagerberg sogleich einen relativ breit begründeten eigenen Lösungsvorschlag, dessen Resultat sich in einem Satz zusammenfassen läßt: „Die Rechtfertigung als Sündenvergebung und als Imputation der Gerechtigkeit Christi ... ist die Voraussetzung für die forensische Gerechterklärung, d. h. für die Akzeptation." (Fagerberg, 159) Terminologisch geht Fagerberg davon aus, daß der Begriff der forensischen Rechtfertigung im Sinne der Gerechterklärung das Vorhandensein einer effektiven Gerechtigkeit und damit eine Gerechtmachung voraussetzt. „Daher heißt es in Apol 4,72, daß wir durch die Sündenvergebung zuerst gerecht gemacht werden, bevor wir dann von Gott als gerecht erklärt werden." (Fagerberg, 158) Inhaltlich hinwiederum kommt alles darauf an, daß die forensische Gerechterklärung, die Fagerberg mit dem scholastisch-nominalistischen Gedanken der acceptatio verbunden sieht, nicht auf einer durch eigene Leistung und eigenes Verdienst des Menschen gegebenen Gerechtigkeit beruht, sondern „auf der zugerechneten Gerechtigkeit Christi in der Imputation oder Sündenvergebung, durch die die Wiedergeburt geschieht" (Fagerberg, 159). Die sündenvergebende Imputation der Gerechtigkeit Christi im Glauben ist es, welche jene effektive Gerechtigkeit schafft, aufgrund derer Gott den Menschen in forensischer Weise gerecht erklärt.

Auf diesem Hintergrund versteht man nach Fagerberg ohne Schwierigkeit die Textstellen Apol IV,252 (vgl. Fagerberg, 160, Anm. 35) und Apol IV,305 (vgl. Fagerberg, 159 ff.), die den Interpreten traditionell so viele Schwierigkeiten bereitet haben und auf die sogleich einzugehen sein wird. Nach Fagerberg bestätigt namentlich Apol IV,305 die in Bezug auf Apol IV,72 entwickelte Einsicht: „Wenn Gott in der forensischen Rechtfertigung den Menschen freispricht, dann beruht das darauf, daß er eine Gerechtigkeit hat, die er vorweisen kann. Die Gerechtigkeit aber – hier unterscheidet sich die christliche Gerechtigkeit von der juristischen –, auf die man sich berufen kann, ist die Gerechtigkeit Christi, die zugerechnet und im Glauben empfangen wird, und die dem Herzen die Wiedergeburt schenkt. Die Voraussetzung dieses forensischen *iustum pronuntiari* besteht infolgedessen teils in der Zurechnung, der Imputation der Gerechtigkeit Christi, teils im Ergreifen dieser Zurechnung im Glauben. Die Imputation der Gerechtigkeit Christi fällt nicht, wie irrtümlich behauptet, mit dem Freispruch zusammen, sondern geht ihm voraus und bildet seine

gung dieser Stelle insonderheit auf die Wendungen „iustum effici seu regenerari" und „iustum pronuntiare seu reputari", wobei die entscheidende Problematik folgendermaßen zu umschreiben ist: „Sind beide Begriffe gegenseitig austauschbar – dann kann Rechtfertigung entweder von dem einen oder von dem anderen Begriff her verstanden werden, oder besagen beide Begriffe in sich verschiedenes – dann geht es um das Verhältnis der beiden Begriffe und um ihre spezifische Bedeutung für das Rechtfertigungsgeschehen." (Pfnür, 157)

Eine eindeutige Antwort auf die damit angezeigten Fragen wurde erschwert durch das ebenfalls umstrittene Problem, ob der zitierten Stelle eine wesentliche Bedeutung für die Gesamtdisposition des Rechtfertigungsartikels der Apologie zukommt. F. Loofs und A. Eichhorn[76] hatten dies nachdrücklich behauptet. Übereinstimmend werteten sie den zitierten Passus (BSLK 174,37 ff.) aus Apol IV,72 als Überschrift für den nächsten Abschnitt und als Disposition der folgenden Paragraphen. Über die Durchführung dieser Disposition urteilten sie indes unterschiedlich. Nach Loofs[77] soll

Voraussetzung. Imputation (Sündenvergebung), Wiedergeburt und Glauben gehören in der Rechtfertigung im Sinne von *iustos effici* zusammen. Das forensische *iustos reputari* geschieht auf Grund der Gerechtigkeit, die der Mensch im Glauben empfangen hat. Konsequenterweise sprechen die BK immer von Erneuerung in Verbindung mit der Sündenvergebung. *Iustos effici* und *remissio peccatorum* bilden eine Einheit. Hier haben wir den sonst schwer erklärbaren Zusammenhang von Verheißung und effektiver Rechtfertigung. Wo die Verheißung ist, da gibt es die lebensspendende Sündenvergebung. Denn ,wo Vergebung der Sünde ist, da ist auch Leben und Seligkeit' (KK V, 6)." (Fagerberg, 160 f.) Sieht man davon ab, daß die partim-partim-Umschreibung der effektiven Voraussetzung forensischer Rechtfertigung (,,teils in der Zurechnung ... der Gerechtigkeit Christi, teils im Ergreifen dieser Zurechnung im Glauben") auf alle Fälle unangemessen ist, so bleibt in Bezug auf die Auffassung Fagerbergs immer noch zu fragen, ob die seiner Bestimmung des Sachverhalts zugrundegelegte terminologische Scheidung einer effektiven und einer forensischen Konnotation des Rechtfertigungsbegriffes dem Textbefund in Apol ohne weiteres entspricht.

76 Vgl. F. Loofs, Die Bedeutung der Rechtfertigungslehre der Apologie für die Symbolik der lutherischen Kirchen, in: ThStKr 57 I (1884), 613–688; A. Eichhorn, Die Rechtfertigungslehre der Apologie, in: ThStKr 60 (1887), 415–491.

77 Vgl. auch F. Loofs, Leitfaden zum Studium der Dogmengeschichte, Halle 41906, 827, Anm. 1.

der erste Satz: quod sola fide ex iniustis iusti efficiamur auf die Abschnitte Apol IV,75–121, der zweite Satz: quod sola fide iusti reputemur auf die Passage Apol IV,122–182 verweisen. Nach Eichhorn hingegen, dem K. Thieme[78] und J. Kunze[79] folgen, bezieht sich der erste Satz auf Apol IV,75–85, der zweite auf Apol IV,86–116. Angesichts dieser Differenzen hatte sich bereits C. Stange gefragt, „ob denn thatsächlich mit jenen beiden Sätzen eine Disposition für den folgenden Abschnitt angegeben werden soll. Hat Melanchthon wirklich jene beiden Sätze zu beweisen beabsichtigt, so muß er dabei sehr ungeschickt zu Werke gegangen sein."[80] Die Richtigkeit dieser Bedenken hat O. Ritschl anhand einer Untersuchung der Gesamtdisposition von Apol IV in überzeugender Weise bestätigt, wie er überhaupt, wovon noch zu reden sein wird, die „gründlichste und scharfsinnigste Erörterung" (Pfnür, 173, Anm. 242) des „heiß umstrittene(n)" (Ritschl, 304) 72. Paragraphen bietet. Ritschl zeigt, daß in Apol IV, 75–81 zwar das Thema, „quod sola fides ex iniusto iustum efficiat, hoc est, accipiat remissionem peccatorum" (BSLK 174,42–44) bewiesen wird, daß hingegen eine parallele Ausführung über den Rechtfertigungsbegriff im Sinne von „iustos pronuntiari seu reputari" (BSLK 174,39 f.) fehlt.

Besteht soweit Klarheit, verbleiben allerdings noch jene Verständnisschwierigkeiten, die im eigentümlichen Satzgefüge von Apol IV,72 selbst begründet liegen. J. Kunze hat sie durch eine Textemendation, nämlich durch Streichung des zweiten „significat" zu beheben versucht. Der mit „Utroque" beginnende Satz wäre dann in Klammern oder in Parenthese zu setzen, so daß das „Et quia" des Vordersatzes in dem „Ideo primum" des Nachsatzes seine direkte Entsprechung fände. Erscheint dieser Vorschlag auf den ersten Blick auch als plausibel – bei näherem Zusehen erweist sich die Streichung als „Gewaltstreich" (Ritschl, 305), eher als ein „Durchhauen"[81] denn als eine Lösung des exegetischen Knotens. Schon Kattenbusch erklärte es in seiner Rezension des Kunzeschen Buches für merkwürdig, „daß nicht nur der Druck der

---

[78] Vgl. K. Thieme, Zur Rechtfertigungslehre der Apologie, in: ThStKr 80 (1907), 363–389.

[79] Vgl. J. Kunze, Die Rechtfertigungslehre in der Apologie, Gütersloh 1908.

[80] C. Stange, Über eine Stelle in der Apologie. Ein Beitrag zur Rechtfertigungslehre der Apologie, in: NKZ 10 (1899), 169–190, hier: 171.

[81] F. Kattenbusch, Rez. Kunze in: ThLZ 35 (1910), Sp. 110–112, hier: 111.

Apologie von 1531 ..., sondern auch die späteren, auch die stark durchkorrigierten und mit Änderungen ganzer Passus versehenen Drucke ... hier alle den ganz gleichen Wortlaut bieten. Hat Melanchthon nie die Unebenheiten obiger Stellen gemerkt? Hat er jedesmal darüber weggelesen?"[82] Hält man dies für unwahrscheinlich, dann scheidet Kunzes Lösungsvorschlag auch unter der Voraussetzung aus, daß er durch die deutsche Übersetzung von Justus Jonas begünstigt wird.[83] Das wurde von O. Ritschl mit Recht geltend gemacht (vgl. Ritschl, 305). Die von ihm favorisierte Gliederung des Satzgefüges verzichtet infolgedessen auf Streichungen und versucht stattdessen durch Veränderung der überkommenen Interpunktion dem § 72 einen vernünftigen Sinn abzugewinnen. Unter Berufung namentlich auf Loofs, der die in einem Druck vom Jahre 1531 vorliegende Interpunktion ebenfalls für unverbindlich erklärt hatte, will er den mit „Ideo primum" beginnenden Satz als Nachsatz zu dem ersten Vordersatz in § 72: „Et quia ... regenerari" verstanden wissen mit der Konsequenz, das ganze mittlere Stück des Paragraphen, nämlich die Worte: „significat et iustos pronuntiari seu reputari, utroque enim modo loquitur scriptura" einfach in Parenthese zu setzen. Diesem Lösungsvorschlag ist nicht nur gegenüber demjenigen Kunzes, sondern auch gegenüber der Auslegung des § 72 bei Eichhorn und Thieme der Vorzug zu geben, welche die hergebrachte Interpunktion des § 72 beibehalten, so daß in dessen erstem Satz der Nachsatz „significat et iustos pronuntiari seu reputari" als eine Folgerung aus dem Vordersatz erscheint. Diese Folgerung nämlich erweist sich, wie Ritschl gezeigt hat, im gegebenen Kontext als unschlüssig und als weder logisch noch inhaltlich folgerichtig. Aus eben diesen Gründen läßt sich auch die Übersetzung nicht halten, die H. G. Pöhlmann[84] im Anschluß an Eichhorn von Apol IV,72 angefertigt hat

---

[82]   A. a. O., 112.

[83]   BSLK 174,37–44: „Und nachdem das Wort iustificari auf zweierlei Weise gebraucht wird, nämlich für bekehrt werden oder neu geboren, item für gerecht geschätzt werden, wollen wir das erst anzeigen, daß wir allein durch den Glauben aus dem gottlosen Wesen bekehrt, neu geboren und gerecht werden."

[84]   Ph. Melanchthon, Apologia Confessionis Augustanae. Übers. u. hg. v. H. G. Pöhlmann, Gütersloh 1967, 58; vgl. auch: Unser Glaube. Die Bekenntnisschriften der evangelisch-lutherischen Kirche. Ausgabe für die Gemeinde. Im Auftrag der Kirchenleitung der VELKD hg. v. Luth. Kirchenamt. Bearb. v. H. G. Pöhlmann, Gütersloh 1986, 159 f.

(vgl. Pfnür, 173, Anm. 243 unter Berufung auf Ritschl): „Und weil ‚gerechtfertigt werden' ‚aus Ungerechten zu Gerechten geschaffen' oder ‚wiedergeboren werden' ... bedeutet, so bedeutet es auch ‚als Gerechte ausgerufen' oder ‚für gerecht erklärt werden'. Die Hl. Schrift spricht nämlich von beiden Bedeutungen. Zuerst wollen wir deswegen das zeigen, daß allein der Glaube aus einem Ungerechten einen Gerechten schafft, das heißt, die Sündenvergebung empfängt." Zu übersetzen ist vielmehr: „Und da ‚gerechtfertigt werden' bedeutet ‚aus Ungerechten zu Gerechten gemacht werden' oder ‚wiedergeboren werden' – es bedeutet auch ‚für gerecht erklärt oder gehalten werden'; auf beiderlei Weise nämlich spricht die Schrift – so wollen wir nun zuerst dies anzeigen, daß allein der Glaube aus einem Ungerechten zu einem Gerechten macht, d. h. daß er die Sündenvergebung empfängt." Im § 72 wird also „kein ... Thema im Sinne einer Disposition für die weiterhin folgenden Abschnitte angegeben" (Ritschl, 328); auf den durch die Heilige Schrift bezeugten doppelten Wortsinn von iustificari wird vielmehr nur in einer Zwischenbemerkung Bezug genommen. In diesem Sinne fügt sich § 72 bruchlos in den thematischen Kontext ein, demzufolge der Glaube, und er allein, es ist, der im Sinne des iustum effici rechtfertigt.

Fragt man nun näherhin nach dem Verhältnis der Begriffe ‚iustum effici seu regenerari' und ‚iustum pronuntiari seu reputari', so ist zunächst eine gewisse „Unbestimmtheit des Sprachgebrauchs in der Apologie" (Ritschl, 316) in Rechnung zu stellen, die es ausschließt, ihre Lehre mit wortstatistischen oder ähnlichen Mitteln zu erheben. Schon Eichhorn hatte es mit Recht für einen großen Irrtum erklärt, „zu meinen, um die Rechtfertigungslehre der Apologie zu verstehen sei es vor allem nötig, genau festzustellen, welcher Sinn mit justificare an den zahlreichen Stellen, wo dies Wort vorkommt, verbunden ist". Weil die Ausdrücke iustificatio, regeneratio, reconciliatio oder vivificatio in der Apologie nicht als termini technici, sondern kontextvariant verwendet würden, sei es „methodisch ganz falsch, auf rein philologischem Wege" zu Definitionen und Verhältnisbestimmungen der Begriffe gelangen zu wollen. Worauf es im wesentlichen ankomme, sei das theologische Verständnis des Sachzusammenhangs, wie er durch die „Lehrstücke: Sünde, Gesetz, Buße, Evangelium, Glaube und des-

sen Wirkungen" bestimmt sei.[85] Namentlich gegen Loofs frühe
Abhandlung über „Die Bedeutung der Rechtfertigungslehre der
Apologie für die Symbolik der lutherischen Kirchen"[86] war diese
Kritik Eichhorns gerichtet mit dem Erfolg, daß Loofs später selbst
nicht wenige seiner ursprünglichen Ergebnisse revidierte und zu-
gestand: „(I)ch habe die zweifellos noch unfertige Terminologie
der Apologie eine viel zu große Rolle spielen lassen, ja ich habe
sie durch Begriffsspaltereien ausgebaut, anstatt mich durch die
von *Eichhorn* mit Recht betonten Grundgedanken der Apologie
leiten zu lassen."[87]

Hält man sich an diese Einsicht, dann ist nach Loofs das Mißverständnis vorweg ausgeschlossen, „der evangelischen Kirche sei
die justificatio ein actus forensis, justificare = justum pronuntiare,
der katholischen Kirche dagegen ein actus medicinalis, justificare
= justum effici"[88]. Denn diese Gegenüberstellung werde sachlich
durch die Apologie nicht nur nicht vertreten, sondern ausgeschlossen, und zwar in Übereinstimmung mit zumindest allen älteren Symbolen des Luthertums, wie Loofs im Hinblick auf die
Konkordienformel meint einschränken zu müssen.[89] Da es keinen
Zweifel dulde, daß nach der Apologie iustificatio mitnichten „Ab-
rogation der sittlichen Weltordnung"[90], sondern immer auch „Ver-
leihung der Fähigkeit zu sittlichem Thun"[91] sei, gelte im Grundsatz
die Gleichung: „iustificatio est regeneratio".

---

[85]   A. Eichhorn, a. a. O., 416 f.

[86]   Vgl. Anm. 76.

[87]   F. Loofs, Leitfaden zum Studium der Dogmengeschichte, 825, Anm. 16.
Vgl. auch Weber I/1, 96, wo mit Recht betont wird, daß die Isolierung
terminologischer Fragen dazu beigetragen hat, vom Sachproblem „*weg*-
zuführen".

[88]   F. Loofs, Die Bedeutung der Rechtfertigungslehre der Apologie, a. a. O.,
619. Das iustum reputari ist also nicht eo ipso schon ein kontroverstheologischer Begriff. Der strittige Gegensatz lautet vielmehr: „iustum reputari
propter Christum per fidem" oder „iustum reputari propter opera".

[89]   Vgl. dgg. F. H. R. Frank, Rechtfertigung und Wiedergeburt, in: NKZ 3
(1892), 846—879.

[90]   F. Loofs, a. a. O., 663.

[91]   A. a. O., 645.

Fand Loofs mit seiner zentralen These, daß die Rechtfertigung gemäß ihrem genuinen reformatorischen Verständnis kein äußerlicher actus forensis sei, der den Menschen intrinsece nicht zu verwandeln vermöge, allgemeine Zustimmung[92], so blieb doch die Tragweite seiner Gleichsetzung von iustificatio und regeneratio im einzelnen umstritten, insbesondere was die präzise Verhältnisbestimmung der rechtfertigungstheologischen Leitbegriffe „iustum effici" und „iustum reputari bzw. pronuntiari" betrifft. C. Stange ging soweit, den Unterschied beider Wendungen überhaupt in Frage zu stellen: Melanchthon, so lautete die These, „denkt gar nicht daran, im § 72 einen Unterschied zwischen iustum effici und iustum reputari zu machen; im Gegenteil, er lehnt ausdrücklich die Unterscheidung zwischen diesen beiden Begriffen ab und verweist auf die Heilige Schrift zur Rechtfertigung dafür, daß er beide Begriffe beliebig mit einander vertauscht."[93] Mag diese Deutung im Blick lediglich auf Apol IV,72 noch einleuchten, so dürfte sie aufs ganze gesehen schwer haltbar sein, wie u. a. die beiden nachfolgend zu untersuchenden Textstellen Apol IV,252 und Apol IV,305 belegen, in denen Melanchthon mehr oder minder klar zwischen iustum effici und iustum pronuntiari differenziert.

Die erstgenannte Stelle bezieht sich auf den Jakobusbrief, näherhin auf den 24. Vers von dessen zweitem Kapitel, den die Widersacher zitieren: „Videtis igitur, quod ex operibus iustificatur homo, et non ex fide sola." (Apol IV,244; vgl. Jak 2,24 Vulg. sowie Immenkötter 89,10ff.) In der Tat scheint keine andere neutestamentliche Schrift so sehr gegen die evangelische Lehre zu sprechen wie der Jakobusbrief; und doch wird er nach dem Urteil Melanchthons vergeblich für die Auffassung der Gegner angeführt. Denn Jakobus lehre nicht, daß wir durch gute Werke die Sündenvergebung und Gnade verdienen, sondern er spricht von den

---

[92]   Vgl. dazu die treffende Bemerkung von E. Kinder (Hg.), a. a. O., 5: „Durch die ausschließliche *Beschränkung* der Rechtfertigung auf das ‚Forensische' oder ‚Imputative' wird ihre andere Seite, daß nämlich, da dieses Urteil Gottes doch ein *schöpferisches* ist, dadurch an dem Menschen ein Existenzwandel und seine Befähigung zu neuem Leben und zu gutem Handeln geschieht (d. i. die ‚effektive' Seite der Rechtfertigung), innerlich von der Rechtfertigung abgetrennt, so daß sie nun noch einer besonderen Begründung außer ihr bedarf."

[93]   C. Stange, a. a. O., 181.

Werken, die dem Glauben folgen und die zeigen, daß er nicht tot
ist, sondern lebendig und wirksam im Herzen: „Mortuam (fidem)
ait esse, quae non parit bona opera; vivam ait esse, quae parit
bona opera." (Apol IV,249; BSLK 209,6–8) Dies aber stimme mit
der reformatorischen Lehre zusammen. Denn auch und gerade sie
besage, daß der Glaube ein neues Leben ist und notwendigerweise auch neue Regungen und Werke erzeugt. „Ideo Iacobus recte
negat nos tali fide iustificari, quae est sine operibus." (Apol IV,250;
BSLK 209,23 f.) Indes folge aus der Annahme, daß wir nicht ohne
Werke gerechtfertigt werden, in keiner Weise, daß wir durch die
Werke wiedergeboren oder teils durch Christus und teils durch
die Werke versöhnt werden. Auch schreibe Jakobus im zitierten
Zusammenhang nichts über die Art und Weise der Rechtfertigung,
sondern lediglich darüber, wie die Gerechten beschaffen sind,
nachdem sie schon gerechtfertigt und wiedergeboren sind. Sodann wird in bezug auf die Wendung „ex operibus iustificatur
homo, et non ex fide tantum" von Jak 2,24 Vulg. im einzelnen
folgendes geltend gemacht: „Et iustificari significat hic non ex impio iustum effici, sed usu forensi iustum pronuntiari. Sicut hic:
Factores legis iustificabuntur. Sicut igitur haec verba nihil habent
incommodi: Factores legis iustificabuntur, ita de Iacobi verbis
sentimus: Iustificatur homo non solum ex fide, sed etiam ex operibus, quia certe iusti pronunciantur homines habentes fidem et
bona opera. Nam bona opera in sanctis, ut diximus, sunt iustitiae
et placent propter fidem. Nam haec tantum opera praedicat Iacobus, quae fides efficit, sicut testatur, cum de Abrahamo dicit: Fides
adiuvat opera eius. In hanc sententiam dicitur: Factores legis
iustificantur, hoc est, iusti pronun(t)iantur, qui corde credunt Deo,
et deinde habent bonos fructus, qui placent propter fidem, ideo-
que sunt impletio legis." (Apol IV,252; BSLK 209,32–52; vgl. Röm
2,13 und Jak 2,22[94]) So verstanden enthalte Jak 2,24 nichts Fehler-
haftes bzw. der reformatorischen Einsicht Widersprechendes.

In terminologischer Hinsicht läßt sich der Behandlung der Jakobusstelle in Apol IV,252 zumindest dies entnehmen, daß Melan-

---

[94]   Zur Umformulierung der Schlußpassage der zitierten Stelle (ab: „sunt
        iustitiae et placent ...") im Text der Oktavausgabe der Apologie vom
        September 1531 vgl. CR 27, 491, Anm. 56 sowie Peters, III.2.4.g.c.d. Ab
        Apol IV,254 (BSLK 210,16 ff.) ist der Artikel bis zu seinem Ende in der
        Oktavausgabe „ganz neu gefaßt" (BSLK 210, Anm. 2 unter Verweis auf
        CR 27, 516–524).

chthon in einer gewissen Konstanz mit der Begriffsunterscheidung von „iustum effici" und „iustum pronuntiari" rechnet und arbeitet, wobei es „exegetische Gründe" (Fagerberg, 160, Anm. 35) sind, die ihn dazu veranlassen. Dabei wird „iustum pronuntiari" als eine Begriffsbildung „usu forensi", „nach richterlichem Sprachgebrauch" bestimmt. Gesagt ist damit nicht mehr, „als daß Gott urteilend wie ein Richter zu denken sei" (Ritschl, 322). Ein Gegensatz zwischen einer sog. forensischen und einer effektiven Rechtfertigung jedenfalls läßt sich Apol IV,252 in keiner Weise entnehmen. Daß man der irrigen Meinung sein konnte, durch die Gegenüberstellung von „iustum effici" und „iustum pronuntiari" die protestantische Rechtfertigungslehre charakterisiert zu haben, ist nach Ritschl nur erklärlich aus dem gravierenden Mißverständnis, welches das „hic" in BSLK 209,33 statt auf die Jakobusstelle auf die protestantische Rechtfertigungslehre deutete.

Auch die zweite Apologiestelle, in der von einem Gerechtfertigtwerden nach forensisch-richterlicher Art die Rede ist, begründet keine solche Gegenüberstellung, so sehr sie terminologisch nahelegt, zwischen „iustum pronuntiari" und „iustum effici" zu unterscheiden. In Apol IV,305 ff. ist zu der Paulusstelle Röm 5,1 („Iustificati ex fide pacem habemus erga Deum.") folgendes zu lesen: „Iustificare vero hoc loco forensi consuetudine significat reum absolvere et pronuntiari iustum, sed propter alienam iustitiam, videlicet Christi, quae aliena iustitia communicatur nobis per fidem. Itaque cum hoc loco iustitia nostra sit imputatio alienae iustitiae, aliter hic de iustitia loquendum est, quam cum in philosophia aut in foro quaerimus iustitiam proprii operis, quae certe est in voluntate. Ideo Paulus inquit 1. Cor. 1.: Ex ipso vos estis in Christo Iesu, qui factus est nobis sapientia a Deo, iustitia et sanctificatio et redemptio. Et 2. Cor. 5.: Eum, qui non novit peccatum, pro nobis fecit peccatum, ut nos efficeremur iustitia Dei in ipso. Sed quia iustitia Christi donatur nobis per fidem, ideo fides est iustitia in nobis imputative, id est, est id, quo efficimur accepti Deo propter imputationem et ordinationem Dei, sicut Paulus ait: Fides imputatur ad iustitiam." (BSLK 219,43−53; vgl. 1. Kor 1,30; 2. Kor 5,21; Röm 4,5) Interessant ist die abschließend zitierte Paulusstelle nicht zuletzt deshalb, weil sie auf die biblische Herkunft der Begriffe der Reputation bzw. Imputation verweist: Sie leiten sich terminologisch von der Vulgataversion von Röm 4 her, wo als Übersetzung des paulinischen „λογίζεσθαι" sowohl „imputare" (Röm 4,4.8) als auch „reputare" (Röm 4,5.22 f.) auftritt. Daß

beide Verben synonym verwendet werden, bestätigt Melanchthon
selbst, wenn er anders als die Vulgataversion („reputatur fides ...
ad iustitiam") den Text der Stelle Röm 4,5 in der Kurzform wie-
dergibt: „Fides imputatur ad iustitiam." Luthers deutsche Bibelübersetzung spricht hier wie in analogen Schriftpassagen von Zurechnung.

Statt auf den sonstigen Text von Apol IV,305–307, der wegen der
Unübersichtlichkeit des Satzgefüges und „schriftstellerische(r) Unebenheiten" (Ritschl, 327) Gegenstand gelehrten Tadels wurde,
weiter einzugehen, sei ein vorläufiges Resümee versucht: In terminologischer Hinsicht, soviel dürfte klar sein, unterscheidet Melanchthon einen doppelten Wortsinn von „iustificari" im Sinne
von „ex iniusto iustum effici seu regenerari" und „iustum pronuntiari seu reputari". Für die Gesamtdisposition des Rechtfertigungsartikels von Apol spielt diese Unterscheidung, wie sie in Apol
IV,72 vorgenommen wird, erwiesenermaßen keine Rolle: Der
Skopus der Ausführungen ist ausschließlich an dem zu beweisen-
den Grundsatz orientiert, daß der Glaube und der Glaube allein
es ist, welchem Rechtfertigung zuteil wird. Der aus schriftexegeti-
schen Gründen konstatierte terminologische Doppelsinn des
Rechtfertigungsbegriffs darf also nicht im Sinne einer inhaltlichen
Differenz festgelegt oder gar im Sinne eines inhaltlichen Gegensatzes gedeutet werden. Für eine Deutung des terminologischen
Befunds im Sinne alternativer Inhalte ergibt sich auch von den
Stellen Apol IV,252 und Apol IV,305 keine Notwendigkeit. Zwar
sprechen beide Textabschnitte dafür, daß Melanchthon trotz un-
bestreitbarer Unbestimmtheit seines Sprachgebrauchs am terminologischen Doppelsinn des Rechtfertigungsbegriffs mit gewisser
Beständigkeit festhält. Indes liefern sie auch nicht die Spur eines
vernünftigen Grundes dafür, den terminologischen Unterschied
im Sinne einer Sachdifferenz zu deuten. Loofs späte Einsicht, er
habe die zweifellos noch unfertige Terminologie der Apologie eine allzu große Rolle spielen lassen, statt sich an ihren Grundgedanken zu halten, hat nach wie vor ihre Richtigkeit und ist hermeneutisch ernst zu nehmen. Eine isolierte Begriffsanalyse führt
zu keinen verläßlichen Resultaten bezüglich des Inhalts und der
argumentativen Fassung der Rechtfertigungslehre der Apologie.

Kann sonach ein sachliches Endergebnis erst nach erfolgter Kon-
texterweiterung erwartet werden, so lassen sich doch jetzt bereits
mögliche Sachinterpretationen des begrifflichen Befundes erwä-

gen. Klar ist neben der rechtfertigungsterminologischen Unterscheidung von „iustum effici" und „iustum reputari seu pronuntiari" nach Maßgabe von Apol IV,252 zunächst nur, daß Melanchthon „iustum pronuntiari" „usu forensi" verwenden kann, also nach Art und Weise eines gerichtlichen Prozeßverfahrens, bei dem Gott als urteilender Richter fungiert. Inhaltlich entscheidend ist dabei weniger die forensische Vorstellung als solche, sondern die Tatsache, daß es der Glaube und der Glaube allein ist, um dessentwillen die guten Werke, die dem Glauben zu folgen haben und tatsächlich folgen, Gott recht sind bzw. von ihm für recht erachtet werden. Entscheidender Bedingungsgrund göttlicher Gerechterklärung des Menschen im Sinne von „iustum pronuntiari seu reputari" ist sonach der Glaube. Das bestätigt auf ihre Weise auch die zitierte Stelle Apol IV,305, derzufolge „iustificare" in Röm 5,1 „forensi consuetudine", also gemäß forensischem Gebrauchssinn den Akt des Freispruchs eines Angeklagten bezeichnet. Abermals ist es der Glaube, welcher den basalen Bezugspunkt der Justifikationsvorstellung im Sinne von „reum absolvere et pronuntiare iustum" bezeichnet. Vom Glauben wiederum, durch welchen die Gerechtfertigten sind, was sie sind, nämlich gerechterklärt vor Gott und freigesprochen von ihrer Schuld, hat zu gelten, daß durch ihn die Gerechtigkeit eines anderen, nämlich Christi, zuteil wird (BSLK 219,45: „communicatur"). Dieser Sachverhalt seinerseits wird mit dem Imputationsbegriff in Verbindung gebracht, der den Vorgang jenes Kommunikationsvollzugs, in welchem durch Glauben die Gerechtigkeit Christi zuteil wird, bezeichnet. Dabei bedeutet „imputatio" gewiß die Zurechnung der „iustitia aliena Christi". Aber die Zuordnung geschieht mitnichten in befremdlicher Äußerlichkeit, vielmehr wird die Gerechtigkeit Christi dem Glauben dergestalt zugeeignet, daß terminologisch nicht nur von einer Imputation der Gerechtigkeit Christi durch Glauben, sondern ebensogut auch dies gesagt wird: „Hanc fidem imputat Deus pro iustitia coram ipso ..." (CA IV,3)

Auf Sinn und Genese dieses Satzes wird zu gegebener Zeit genauer eingegangen werden. Vorerst genügt es festzuhalten, daß sich dies, was Melanchthon mit der rechtfertigungstheologischen Wendung „iustum effici seu regenerari" umschreibt, offenbar allein auf den Glauben bezieht, insofern er, der Glaube, es ist, dem die fremde Gerechtigkeit Christi zueigen wird: „aliena iustitia (sc. Christi) communicatur nobis per fidem." (Apol IV,305) Der Glaube ist effektive Gerechtigkeit nur, indem er mit der ihm externen Gerechtigkeit Christi innigste Gemeinschaft hat. In diesen Kontext – nota bene! – gehört der Imputationsbegriff der CA und ihrer Apologie. In den nämlichen Kontext gehören nun aber auch die Wendungen „iustum pronuntiari seu iustum reputari", die Melanchthon von „iustum effici seu regenerari" zwar terminologisch unterscheidet, ohne sie sachlich davon zu trennen. Bezieht sich doch die Gerechterklärung, welche die besagten Wendungen in wie auch immer gearteter forensischer Weise umschreiben, auf den Glauben und den Glauben allein. Er ist es, der von Gott gerecht erklärt wird, weil er in der Gemeinschaft der Gerechtigkeit Christi gerecht ist, wobei hinzuzufügen ist, daß die forensische Form, die mit der Gerechterklärung vorstellungsmäßig verbunden wird, lediglich einen bestimmten theologischen modus loquendi darstellt, der mit dem zur Sprache zu bringenden Sachverhalt nicht deckungsgleich ist und gegebenenfalls durch andere Ausdrucksweisen ersetzt werden kann. Wie immer man hier urteilen mag: der Reputations- bzw. Imputationsbegriff jedenfalls – üblicherweise als typisch forensisch gekennzeichnet – gehört nach dem bisher Erkannten eindeutig in den Kontext effektiver Glaubensgerechtigkeit.

Bleibt vorerst lediglich zu fragen, wie man sich das sachliche Verhältnis der terminologisch unterschiedenen Begriffe von „iustum effici seu regenerari" und „iustum reputari seu pronuntiari" genau zu denken hat. Eine favorisierte Lösung, wie sie z. B. von Fagerberg vertreten wird[95], lautet dahingehend, die effektive

---

[95]   Vgl. Fagerberg, 155 (dazu auch oben Anm. 75); ferner E. F. Fischer, Autorität der Erfahrung in der Begründung der Heilsgewißheit nach den Bekenntnisschriften der evangelisch-lutherischen Kirche, Leipzig 1907, 53 f.: „(D)as acceptum Deo esse oder iustum reputare als ein forensisch Beurteilen eines fertigen Zustandes setzt das wirksam neuschaffende iustificare seu regenerare als einen effektiven Akt voraus." Auch Frank und Stange pflichten dem grundsätzlich bei und können übereinstimmend sagen: „... (w)eil die nächste Bedeutung die des iustum effici ist, *darum* gilt auch die andere des iustum pronuntiari." (F. H. R. Frank, a. a. O., 853 f.; C. Stange, a. a. O., 189, Anm. 1) Frank weist ferner darauf hin, daß es für „das lateinisch gebildete Ohr" ohnehin nahelag, „die Justifikation im Sinne von Gerechtmachung zu nehmen, welches ja ihre ursprüngliche und eigentliche Bedeutung ist" (F. H. R. Frank, a. a. O., 853). Zu eher gegenteiligen Auffassungen gelangte dagegen J. Kunze. Sein Ergebnis lautet, „daß für die positive Darstellung der lutherischen Rechtfertigungslehre nur die Formel iustificari im Sinne von coram deo iustos reputari, d. h. consequi remissionem peccatorum in Betracht kommt, daß

Wirklichkeit der Glaubensgerechtigkeit sei die Voraussetzung der Gerechterklärung, wobei dem „iustum reputare seu pronuntiare" Gottes der Charakter eines analytischen Urteils zukäme. Diese Annahme, für die terminologisch auch im Sinne der biblischen Begriffsexegese einige Gründe vorgebracht werden können, ist solange verhältnismäßig unproblematisch, als über dem analyti-

die Umschreibung ex iniustis iustos effici nur apologetisch-polemische Bedeutung, daher für uns nur geschichtliches Interesse hat, daß aber ein bloßes iustum effici überhaupt niemals eine, geschweige denn die spezifische Formel für die Rechtfertigungslehre gewesen ist" (J. Kunze, a.a.O., 43). Zur Begründung führt er neben der „Statistik des Sprachgebrauchs" (a.a.O., 12), die allerdings darunter leidet, daß Kunze an drei Stellen korrigierend in den Text eingreifen muß, vor allem kontroverstheologische Gründe an, insonderheit die Tatsache, daß die reformatorische Rechtfertigungslehre im Unterschied zur katholischen im wesentlichen nicht an der sittlichen Umschaffung des Menschen orientiert sei, daß vielmehr für sie „jederzeit nur der Glaube für das göttliche Rechtfertigungsurteil bedingend sei" (a.a.O., 27). Indes muß dies, wie Kunze entgegengehalten wurde, nicht zwangsläufig gegen die sachliche Leitfunktion des Begriffs „iustum effici" und für den vorrangig deklaratorisch-forensischen Charakter reformatorischer Rechtfertigungsterminologie sprechen. Denn daß es der Glaube und jederzeit nur der Glaube ist, dem Rechtfertigung zuteil wird, gilt auch und gerade für den Gebrauch der Wendung „iustum effici". „Wenn nämlich Melanchthon von den *Werken* redet, so verneint er, daß wir durch sie gerecht werden, und läßt sie als Gerechtigkeit nur insofern gelten, als sie um des Glaubens willen von Gott als Gerechtigkeit angesehen werden; wenn Melanchthon dagegen von der *Rechtfertigung durch den Glauben* redet, so behauptet er, daß wir durch den Glauben faktisch gerecht werden und auf Grund dieses unseres Gerechtseins von Gott für gerecht erklärt werden." (C. Stange, Zum Sprachgebrauch der Rechtfertigungslehre in der Apologie, in: NKZ 10 [1899], 543–561, hier: 545.)

Damit ist erneut die Mehrheitsmeinung der Interpreten zum Ausdruck gebracht, für die in terminologischer Hinsicht in der Tat einige Gründe sprechen, auch wenn sie sachlich weitergehende Fragen hervorruft; denn vom Begriff her betrachtet, setzt „(d)er Ausdruck iustum reputari ... immer das iustum effici voraus" (a.a.O., 560f. Für F. Loofs, Leitfaden der Dogmengeschichte, stellt sich die Sache so dar, „daß das ‚justos effici' das Gesetztwerden des Zustandes ist, der in dem ‚justos reputari' andauert: das erstmalige, prinzipielle ‚justos reputari', das reconciliari. Aber Melanchthon unterscheidet dies erste Gesetztwerden des Zustandes des iustum reputari von dem andauernden Zustande selbst, weil das sola fide justificamur inbezug auf das zweite umstrittener war ... Nicht auf dem ‚justos effici', sondern auf dem weitergreifenden ‚justos reputari' liegt schon jetzt bei Melanchthon der stärkere Ton." [A.a.O., 826, Anm. 16]).

schen Moment des Rechtfertigungsbegriffs die Tatsache nicht in
Vergessenheit gerät, daß der Glaube, auf welchen das Urteil göttlicher Gerechterklärung bezogen sein soll, nicht nur anfänglich,
sondern dauerhaft einer gottgestifteten Synthesis[96] sich verdankt,
sofern er seinen Bestand nirgends anders hat als in der Gemeinschaft mit Christus. Trifft dies zu, was zu bestreiten einer prinzipiellen Absage an die reformatorische Rechtfertigungslehre gleich-
käme, dann wird es zweifelhaft, ob der terminologische Doppelsinn des Rechtfertigungsbegriffs sachlich so aufgeklärt werden
kann, daß man den Unterschied von Gerechtmachung und Gerechterklärung im Sinne eines Grund-Folge-Gefälles bestimmt, so
daß der gerechtmachende Glaube als Voraussetzung seiner anschließenden Gerechterklärung zu gelten hätte. Gegen die Einseitigkeit einer solchen Verhältnisbestimmung, auf deren Problematik im folgenden unter verschiedenen Aspekten in Kritik und
Konstruktion zurückzukommen sein wird, sei einstweilen nur eine terminologische Beobachtung geltend gemacht. Sie betrifft die
Begriffe „imputare" und „reputare" bzw. „imputari" und „reputari".
Melanchthon kann beide Termini synonym verwenden. Entsprechendes gilt nun aber auch für „reputari" und „pronuntiari". Was
„iustum pronuntiari" bezeichnet, kann also offenbar vom Vollzug

---

[96]   Diesen Aspekt hebt besonders Brunstäd hervor, wenn er im Hinblick auf
       Apol IV schreibt: „Der Streit geht nicht darum, ob Gerechterklären oder
       Gerechtmachen, sondern ob Gerechtmachen durch Gerechterklärung
       oder Gerechterklärung auf Grund von Gerechtmachung, d. h. um das so-
       genannte synthetische oder analytische Verständnis der Rechtfertigung.
       Synthetisch: es wird dem Menschen zugesprochen, was er nicht ist und
       hat; analytisch: es wird anerkannt und bestätigt, was und daß er ist und
       hat. Nun kann kein Zweifel sein, daß der Grundgegensatz Luthers gegen
       Rom und die römische Lehre das synthetische Verständnis der Rechtferti-
       gung ist. Wer analytisch lehrt, lehrt römisch oder ist auf dem Wege zur
       römischen Lehre." (Brunstäd, 76) Diese Alternativen sind nicht nur sach-
       lich sehr pauschal, sie entsprechen auch nur bedingt dem terminologi-
       schen Befund. Auch überschätzt Brunstäd m. E. die Sachbedeutung juri-
       discher Ausdrucksweisen für Apol IV, wenn er die dort entwickelte
       Rechtfertigungslehre als eindeutig forensisch bezeichnet. Von daher rührt
       die sachliche Einseitigkeit seiner rechtfertigungstheologischen Grundfor-
       mel „Gerechtmachung *durch* Gerechterklärung" (Brunstäd, 76; vgl. 111).
       Vom terminologischen Befund von Apol IV her jedenfalls könnte mit
       ebensolchem Recht gesagt werden, Gerechterklärung wegen Gerechtma-
       chung, wenn es denn der Glaube ist, der wegen seiner Gemeinschaft mit
       der Gerechtigkeit Christi für effektiv gerecht erklärt wird.

der imputatio iustitiae Christi nicht abgelöst werden, wie umgekehrt die Zurechnung des Glaubens zur Gerechtigkeit etwas zu tun zu haben scheint mit jener Gerechterklärung, welche Wendungen wie „iustum pronuntiari seu reputari" umschreiben.[97] Fa-

---

[97] Vgl. in diesem Zusammenhang die „in aller Schärfe" vorgetragene Bemerkung Schlinks: „Gerechterklärung ist gleich Gerechtmachung, und Gerechtmachung ist gleich Gerechterklärung. Iustum effici, regenerari, vivificari sind andere Ausdrücke für iustum reputari, remissionem accipere, Deo acceptum esse, aber es geschieht hier ein und dasselbe ... Dies ist gegenüber allen Versuchen festzustellen, die in Ap. IV Gerechterklärung und Gerechtmachung als zwei verschiedene Akte Gottes inhaltlich oder auch zeitlich scheiden oder gar die Gerechterklärung auf die Gerechtmachung gründen wollen." (Schlink 140f., Anm. 18) Letzterem hält Schlink als seine eigene – derjenigen z. B. Fagerbergs konträre – Auffassung entgegen, derzufolge die Gerechtmachung allein von der Gerechterklärung her zu verstehen ist und nicht umgekehrt: „Daß die Rechtfertigung von der Gerechtsprechung her verstanden werden muß – und zwar auch in den vielumstrittenen Aussagen der Apologie –, das bezeugen die Bekenntnisschriften durch zahlreiche Aussagen, in denen direkt von Gottes zurechnen, anrechnen, für gerecht halten, -achten, -schätzen, -erklären (imputare, reputare, pronuntiare) etc. gesprochen wird, ferner durch die ständig wiederkehrende Gleichsetzung und Vertauschung von Rechtfertigung und Sündenvergebung, durch die Bestimmung des Evangeliums als Verheißung der Vergebung, sodann aber auch durch die Gleichzeitigkeit des Eifers für die Ehre Christi und der Behauptung, daß der gerechtfertigte Sünder – trotzdem er ganz und gar Sünder und auch als Erneuerter noch nicht frei von Sünden ist – ganz und gar gerecht und heilig ist." (140) Wie immer man die Analyse in terminologischer Hinsicht zu beurteilen hat, richtig ist: „Wer mit der Frage einsetzt, ob die Rechtfertigung forensisches Urteil *oder* erneuernde Tat, ob der Gerechtfertigte ein Gerechtgeltender *oder* ein Erneuerter mit neuen Gedanken und Trieben ist, wird in Ap. IV nur unklare Antworten bekommen ..." (Schlink 136, Anm. 16)

Seine eigene Auffassung hat Schlink an Apol IV,72 exemplifiziert. Wenn in der erwähnten Passage, so heißt es, „die Rechtfertigung an erster Stelle als Gerechtmachung und an zweiter Stelle als Gerechterklärung bestimmt wird", so bedeutet das keine zeitliche Reihenfolge noch gar, „daß die Erneuerung Voraussetzung dafür ist, daß Gott uns für gerecht erklärt" (Schlink, 167f.). Daran ändere auch das „vielumstrittene ‚quia'" (Schlink 167, Anm. 7) nichts, dem infolge fehlenden Interesses an zeitlichen Folgezusammenhängen keine kausalbegründende Bedeutung beizumessen sei. „Darum kann aus diesem Satz (Z. 37–40) nicht gefolgert werden, daß die Wiedergeburt der Grund für die Gerechterklärung, daß somit die Gerechterklärung ein analytisches Urteil sei. Vielmehr wurden hier mit dem quia nur zwei Bedeutungen der einen rechtfertigenden Tat Gottes als unablösbar zusammengehörig bezeichnet." (Schlink 168f.,

zit: Der Sinn des Begriffs erschließt sich nur im Zusammenhang seiner argumentativen Verwendung. Dem ist im folgenden rechtfertigungstheologisch Rechnung zu tragen.

5. Wider die Selbstrechtfertigung

In der lateinischen Fassung des IV. Artikels der Confessio Augustana, welchen Apol IV im Verein mit CA V, VI und XX gegen die Angriffe der Konfutatoren zu verteidigen sucht (vgl. Apol IV,1), wird das Thema der Rechtfertigungslehre durch die Wendung „iustificari coram Deo" umschrieben (CA IV,1; vgl. 3: „pro iustitia coram ipso"). In der deutschen Version wird synonym von „Vergebung der Sunde und Gerechtigkeit vor Gott" (BSLK 56,2 f.; vgl. 56,13: „Gerechtigkeit vor ihme") gesprochen. Das ist schon in Nb und analog in Na der Fall, wo die Formel „Vergebung der Sunden und Rechtfertigung vor Gott" (BSLK 57,10 f.) pointiert an den Anfang des Artikels gestellt ist. Hinzuzufügen ist, daß die Synonymität von Rechtfertigung und Sündenvergebung „weit in die Entstehung der Augustana zurück(greift)" (Maurer II, 85) und auch in der lateinischen Endgestalt von CA IV vorausgesetzt ist (CA IV,2: „peccata remitti"), was nicht aus-, sondern einschließt, daß die Rechtfertigung wie die Sünde den ganzen Menschen in allen Dimensionen seiner Existenz erfaßt. Das ist nachgerade deshalb der Fall, weil Sünde und Rechtfertigung qua Sündenvergebung die Gottesbeziehung des Menschen betreffen, welche all seinen sonstigen Beziehungen, also der Summe menschlicher Selbst- und Weltbezüge zugrundeliegt. Darauf hebt hinsichtlich der Rechtfertigung die von Melanchthon bevorzugte Formel „iustificari coram Deo" ausdrücklich ab. „Aus den Visitationsartikeln, wo sie zuerst öffentlich verwandt wird, ist ersichtlich ..., daß sie ursprünglich aus Ps 143,2 (Vulg.) stammt: ‚Vor dir ist kein Lebendiger gerecht'; in Na 5 wird die Wendung endgültig übernommen. Spalatin bevorzugt in seiner Übersetzung der CA die Wendung von der Ge-

---

Anm. 7) Kurzum: „Es ist *ein* Akt der Gnade, durch den Gott vergibt und erneuert, rechtfertigt und heiligt. Aber die Sprache des Menschen kann diese eine Gottestat nicht anders preisen als in dem Nacheinander der Begriffe." (Schlink 168 f.)

rechtigkeit, die vor Gott gilt (Röm 1,17)." (Maurer II, 74 f.)[98] Inhaltlich ist hier wie dort das gleiche gesagt: „In der Rechtfertigung vor
Gott" (BSLK 57,11), die „Gerechtigkeit vor ihme" (BSLK 56,13) bewirkt, wird die verkehrte Gottesbeziehung des Menschen zurecht
gebracht, wodurch sein Selbst- und Weltbezug von Grund auf erneuert wird.

Umschließt somit die Eingangsformel des Rechtfertigungsartikels
der Augustana „alle Hauptmotive, die in CA 4 bis 6 enthalten
sind" (Maurer II, 78), so gehört der ja auch Luther „aus Psalmen
und Propheten ganz geläufig(e)" (Maurer II, 76) Begriff „coram
Deo" in CA IV zugleich, wie mit Recht betont wurde (Maurer II,
77), aufs engste mit der rechtfertigungstheologischen Absage an
menschliches „Verdienst, Werk und Genugtun" (BSLK 56,4 f.) und
der Hervorhebung des reinen und göttlichen Geschenkcharakters
der Rechtfertigung zusammen, wie ihn das „gratis" von CA IV,1
bündig zum Ausdruck bringt, um damit auf pointierte Weise jenen zwar nicht vermittlungslos-alternativen, aber doch durch keine Begriffs- und Willensanstrengung unmittelbar zu synthetisie-
renden Kontrast zwischen der aus eigener Kraft zu leistenden und
jener Gerechtigkeit zu bezeichnen, welche durch die umsonst gegebene Gnade Gottes geschaffen wird. Jener Kontrast ist übrigens
nicht nur für die Endgestalt des Rechtfertigungsartikels der Augustana charakteristisch, er kennzeichnet bereits die für seine Vorgeschichte bestimmenden Texte von Luthers Bekenntnis von 1528
bis hin zu Na, Nb, Sp und A 1 (vgl. im einzelnen Maurer II, 63–
70). Ob man sagen kann, daß der christologisch-soteriologische
Ansatz Luthers, wie er im Bekenntnis von 1528 gegeben ist, im
Laufe der Entwicklung mehr und mehr zurücktritt (vgl. Maurer II,
69), scheint trotz der in Na den Schwabacher Artikeln gegenüber
vorgenommenen Umgruppierungen zweifelhaft. Richtig allerdings
ist, daß die Rechtfertigungslehre formelhaftere Gestalt annimmt,
während sie in der Konfession des Reformators noch ganz exegetisch und aus dem Zusammenhang des zweiten Apostolikumarti-
kels heraus entwickelt worden war (vgl. Maurer II, 63; 89). Im übrigen hat sich die auffällige Gegenüberstellung einer negativ-
abgrenzenden (CA IV,1: „quod homines non possint") und einer
positiv-affirmativen Aussage („sed gratis") auch für den Rechtferti-

---

[98] Unter Verweis auf BSLK 57,4 f.: „Non iustificabitur in conspectu tuo omnis vivens …"

gungsartikel der Apologie als bestimmend erwiesen (vgl. Apol IV, 1: „et quod negamus ... et quod affirmamus"), wie dies insbesondere an seinem ersten und grundlegenden Teil (Apol IV,1−182) erkennbar wird. Um dies recht belegen zu können, sind einige Vorbemerkungen zu der nicht auf den ersten Blick zu erfassenden Gliederung des − gegenüber vorhergehenden Fassungen erheblich erweiterten (vgl. im einzelnen Peters, III) − Rechtfertigungsartikels der in BSLK gebotenen Quartausgabe der Apologie vom Frühjahr 1531 (vgl. Peters, III.2.2) unentbehrlich.

Während sich für den Schlußabschnitt von Apol IV (Apol IV,286−400)[99], der am ehesten als ein „Corollar zu den bisherigen Ausführungen" (Ritschl, 297) zu charakterisieren ist, keine nach einer klaren Konzeption gegliederte Anordnung ermitteln läßt, ist das für die vorhergehenden Textpassagen, wie O. Ritschl im einzelnen gezeigt hat, durchaus der Fall. Grundgelegt ist die grobe Disposition von Apol IV,1−285 in Apol IV,4, wo Melanchthon seine Absicht zum Ausdruck bringt, sowohl die CA bekräftigen („et confirmare confessionem nostram") als auch die gegnerischen Einwände widerlegen zu wollen („et diluere ea, quae adversarii obiiciunt"). Hält man sich an die Überschrift „Responsio ad argumenta adversariorum", so wird letztere Intention ab Apol IV,183 realisiert; in Wirklichkeit hat es hingegen nur Apol IV,218−285 di-

---

[99] Der Abschnitt (vgl. CR 27, 499, 16 ff.) beginnt „mit einem (mittlerweile auch dringend erforderlichen) Dispositionshinweis" (Peters, III.2.2.g.d.): „Hactenus recensuimus praecipuos loccs, quos adversarii contra nos citant ..." (BSLK 217,20) An dem folgenden Corollarium zeigen sich „deutliche Anzeichen von Unfertigkeit" (Peters, III.2.2. Ergebnisse), wie denn im Hinblick auf den Quarttext des Rechtfertigungsartikels der Apologie insgesamt zu sagen ist: „Melanchthon hat − je länger, je mehr − immer größere Schwierigkeiten mit der Disposition des Artikels. Deutliche Indizien hierfür sind einmal unvermittelt auftauchende Hilfsthesen und Zwischenzählungen (die z. T. später einfach abgebrochen werden), dann aber auch weitschweifige historische Exkurse und völlig überdimensionierte Einzelexegesen. Im Bereich der RESPONSIO AD ARGUMENTA ADVERSARIORUM kommt es darüber hinaus zu großflächigen Montagen aus älteren Textstücken und -stückchen (das Material dazu stammt aus fast allen früheren Fassungen des Artikels bis hin zu den ältesten Partien der Augsburger AC!). Der Zusammenhang der Darlegungen Melanchthons (Argumentationsfolge) wird auf diese Weise immer schwerer nachvollziehbar. Auch der Schluß des Artikels fällt dann auffällig uneinheitlich aus." (Ebd. Zu den Dispositionsverbesserungen der Oktavausgabe vom September 1531 vgl. Peters, III.2.4.)

rekt mit den Vorwürfen der Widersacher zu tun, wohingegen der Passus Apol IV,183–217 zwar auf diese hingeordnet, im übrigen aber, wie die vorhergehenden Abschnitte, ganz prinzipiell gehalten ist. Nichtsdestoweniger beinhaltet der Abschnitt Apol IV,1–182 zweifellos das eigentliche Herzstück der Aussage des Rechtfertigungsartikels der Apologie, welche die kontrastierende Argumentation von CA IV bekräftigt. Die CA IV prägende Antithese wird dabei erläutert und fundiert durch die der Schrift entnommene und durch ihr Gesamtzeugnis bestätigte Gegenüberstellung von lex und promissio, wie sie bereits Apol IV,5 angesprochen und Apol IV,183 noch einmal resümierend vorgenommen wird. Das „discrim(en) legis et promissionum seu evangelii" (Apol IV,183), so wird gesagt, bestimme nicht weniger als die Grundlage der gesamten rechtfertigungstheologischen Streitsache. Wer demnach die reformatorische Rechtfertigungstheologie verstehen will, muß als erstes und wichtigstes den Unterschied von Gesetz und Evangelium recht erfassen und begreifen, daß der Mensch nicht durch die iustitia legis, der die iustitia rationis parallelisiert wird, sondern allein durch die iustitia fidei als die in der Verheißung des Evangeliums gründende Gerechtigkeit vor Gott gerechtfertigt wird.

Folgt man Apol IV,39, dann läßt sich die den Negationen von CA IV entsprechende Auseinandersetzung mit der iustitia legis aut rationis im wesentlichen auf Apol IV,7–39 beschränken. Als Leitaspekt des großen Reststücks Apol IV,40–182 hätte dann die Thematik von promissio, evangelium bzw. iustitia fidei zu gelten, welche den in Apol IV,2 apostrophierten „praecipuus locus doctrinae christianae" ausmacht. In der Tat läßt sich diese Annahme am Text plausibel machen. Während in bezug auf Einzelheiten erneut auf O. Ritschl zu verweisen ist[100], muß im gegebenen Zu-

---

[100]   Vgl. zur Gliederung des Rechtfertigungsartikels der Quartausgabe der Apologie von Ende April/Anfang Mai 1531 jetzt auch Peters, III.2.2. Peters hebt mit Recht die deutlichen Verbesserungen gegenüber der ältesten Druckfassung der Artikel IV–VI vom Januar 1531 hervor (vgl. CR 27, 460, 38–478,5). Im einzelnen gilt folgendes: „Melanchthon läßt sich seine Ausgangsposition nicht mehr durch die Confutatio vorgeben, sondern formuliert selbständig. Auch sonst ist er nach Kräften bemüht, sich aus der ‚Reichstagssituation' zu lösen und seine Darlegung auf die eigentlichen Sachfragen auszurichten ... Melanchthon verbessert die Struktur des Artikels: Zwischenüberschriften, dispositionelle Hinweise und eingestreute Teilzusammenfassungen sollen dem Leser die Orientierung erleichtern. Wo immer wichtige Begriffe einzuführen sind, werden diese zunächst

sammenhang die Feststellung genügen, daß die inhaltliche Mitte des Zentralabschnittes des IV. Apologieartikels durch die vor Apol IV,61 plazierte Überschrift bestimmt wird, welche zugleich die entscheidende These der Gesamtargumentation formuliert. Sie lautet: „Quod fides in Christum iustificet." Auf diesen Grundsatz ist der gesamte positive Beweisgang Melanchthons konzentriert. Vorbereitet wird er von Apol IV,40 an, regelrecht durchgeführt ab Apol IV,69. Dabei verdient es bemerkt zu werden, daß der Grundsatz, „quod fides iustificet", sogleich verbunden wird mit dem christologischen Bekenntnis, „quod Christus sit mediator" (Apol IV,69). Unter dieser Prämisse entfaltet Melanchthon sodann in vier Argumentationsschritten (Apol IV,75−81.82.83.84 f.) seinen entscheidenden rechtfertigungstheologischen Beweis. In dessen Argumentationsverlauf läßt sich nicht nur die umstrittene und vieldiskutierte Stelle Apol IV,72 in dem erhobenen Sinne vorbereitend einfügen, an ihn schließen auch die weiteren, das „gratis propter Christum per fidem" unter der Überschrift „De Dilectione et Impletione Legis" explizierenden Ausführungen bis Apol IV,182 stimmig an.

Bevor hierauf in den beiden nachfolgenden Abschnitten im einzelnen einzugehen ist, muß zunächst am Text erhoben werden, von welcher Auffassung sich reformatorische Rechtfertigungstheologie kritisch absetzt. Die rechtfertigungstheologische These, die von der eigenen Position her zu negieren ist, wird in CA IV mit dem Hinweis auf die Begriffe „Verdienst, Werk und Genugtun" (BSLK 56,4 f.) bzw. „vir(es), merit(a) aut oper(a)" (CA IV,1) um-

---

präzise definiert (mitunter werden diese Definitionen dann an späterer Stelle sogar noch einmal in Erinnerung gebracht). Erkennbare Redundanzen des Vorläufertextes werden getilgt ... Anders als bisher setzt Melanchthon nun und fortan mit einer strikten Unterscheidung von Gesetz und Evangelium ein. Neues Leitmotiv seiner Darlegung ist der Begriff der *remissio peccatorum*. Melanchthon betont die Bedeutung des äußeren Wortes für den Vorgang der Rechtfertigung (antischwärmerischer Akzent) und schränkt dafür gleichzeitig die Möglichkeiten einer allein durch die *ratio* vermittelten Erfüllung des Gesetzes drastisch ein." (Peters, III.2.2. Ergebnisse) Trotz solcher Verbesserungen bestehen im Text der Quartausgabe „aber auch weiterhin erhebliche formale und theologische Probleme" (ebd.), die (mit Hilfe der „Disputatio, quare fide iustificemur, non dilectione" vom Frühjahr 1531 [vgl. Peters, III.2.3.]) erst im Text der Oktavausgabe vom September 1531 zur Zufriedenheit Melanchthons behoben werden konnten (vgl. Peters, III.2.4.).

schrieben. Gelehrt wird, „daß wir Vergebung der Sunde und Gerechtigkeit vor Gott nicht erlangen mogen durch unser Verdienst,
Werk und Genugtun" (BSLK 56,1–5), oder wie es im lateinischen
Text heißt: „Item docent, quod homines non possint iustificari
coram Deo propriis viribus, meritis aut operibus" (CA IV,1). Vergleichbare Wendungen finden sich bereits in den Vorformen des
Artikels. So wird in Schwab 5 gelehrt, daß es unter postlapsarischen Bedingungen unmöglich sei, „daß sich ein Mensch aus seinen Kräften oder durch seine gute Werk herauswirke, damit er
wieder gerecht und fromm werde. Ja kann sich auch nit bereiten
oder schicken zur Gerechtigkeit, sonder je mehr er furnimbt, sich
selbst herauszuwirken, je ärger es mit ihme wirdet." (BSLK 57,13–
19) Der Sache nach finden sich entsprechende Wendungen
bereits in Luthers Bekenntnis von 1528 sowie im „Unterricht der
Visitatoren" (vgl. BSLK 57,1–9, hier: 8 f.: „Justificatur ... homo ...
non ex humanis meritis seu operibus."), wie denn auch in den
Marburger Artikeln ausdrücklich betont wird, daß wir „ohn alle
Werk und Verdienst" (BSLK 57,37) gerechtfertigt werden. Na 5
bestätigt dies mit dem Eingangssatz, „daß wir Vergebung der
Sunden und Rechtfertigung vor Gott durch einig unser Werk oder
Genugtuung nit erwerben mugen" (BSLK 57,10–13).

Diese Opposition bleibt durchweg und unverändert erhalten,
auch wenn die Begriffe, mit denen sie zur Geltung gebracht wird,
variieren können. Zentral sind die Begriffe Werk und Verdienst,
merita et opera, die sowohl in der deutschen und lateinischen
Erstgestalt der Augustana als auch in den meisten ihrer Vorformen
als Kontrasttermini zu dem allein in der Gnade Gottes in Jesus
Christus gründenden Rechtfertigungsglauben fungieren. Ergänzt
werden sie durch den Begriff der Genugtuung bzw. satisfactio,
der im Zusammenhang der Bußlehre bereits eingehend besprochen wurde und u. a. für die abschließende Damnation von
CA XII bestimmend ist, wonach diejenigen verworfen werden,
welche uns anweisen, die Gnade der Sündenvergebung „per satisfactiones nostras" (CA XII,10), „durch unser Genugtun" (BSLK
67,22 f.) zu verdienen („mereri"). Analog zum bußtheologischen
Kontext ist auch für den Genugtuungsbegriff, wie er zwar nicht in
der lateinischen, wohl aber in der deutschen Fassung von CA IV
und ebenso schon in Na 5 begegnet, der Kontrast zum suffizien-
ten Kreuzesopfer Christi kennzeichnend, durch das gemäß CA III
nicht nur für die Erbsünde, sondern auch für alle anderen Sünden
(CA III,3: „non tantum pro culpa originis, sed etiam pro omnibus

actualibus hominum peccatis") genug getan und Versöhnung vor
Gott geleistet sei. Ausdrücklich vorgenommen wird eine solche
Gegenüberstellung von menschlicher Eigenleistung und Satisfaktionswerk Jesu Christi etwa in den „Articuli visitationis", wenn es
u. a. heißt: „Non iustificabitur in conspectu tuo omnis vivens, sed
quod Christi satisfactione iustificamur." (BSLK 57,4 f.)

Einen weiteren Ergänzungsterminus stellt schließlich der Ausdruck „proprii vires" (vgl. CA IV,1) dar, der im lateinischen Endtext Na 5 gegenüber neu aufgenommen wurde, der sich aber wie
in fast allen Vorformen von CA IV so auch in Schwab 5 (BSLK
57,14) und in Marb 6 findet, wo es in bezug auf den Rechtfertigungsglauben heißt, daß wir ihn „mit keinen vorgehenden
Wercken oder verdienst erwerben noch aus eigener Craft machen
konnen" (WA 30 III, 163, 8–11). Während auf die im zitierten Text
vorausgesetzte Koinzidenz von Rechtfertigung und Rechtfertigungsglauben inhaltlich erst später eingegangen wird, soll hier
lediglich angemerkt werden, daß die „proprii vires" offenkundig
Eigenkräfte des natürlichen Menschen bezeichnen, so wie er faktisch, also unter den Bedingungen des Falls gegeben ist. Von ihnen, den „proprii vires", hat sachlich Entsprechendes zu gelten
wie von dem postlapsarischen menschlichen Willens- und Ver-
nunftvermögen, von dem im XVIII. Artikel gehandelt wird: Auch
wenn sie bezüglich der Welt zu allerlei fähig sind – wobei auch
hier zunächst unbestimmt zu bleiben hat, ob und inwiefern dies
zum Guten oder zum Bösen gereicht, denn an sich selbst und
grundsätzlich betrachtet ist die besagte Fähigkeit indifferent –, so
vermögen die „proprii vires" des natürlichen Menschen doch
nichts, jedenfalls nichts Heilsames bzw. Heilsförderliches in bezug
auf Gott. Im Gegenteil: Je mehr der Mensch versucht, sich aus eigenen Kräften ewiges Heil vor Gott zu verschaffen, desto verkehrter wird er und desto heilloser verfällt er dem Abgrund der
Sünde. Wie es in Schwab 5 heißt: „je mehr er furnimbt, sich selbst
herauszuwirken, je ärger es mit ihme wirdet." (BSLK 57,18 f.)

Um den theologischen Sinn dieser Aussage recht zu erfassen,
muß man sich verdeutlichen, daß die Negation der Annahme einer Rechtfertigung des Menschen aus Selbstvermögen und eigenen Kräften nicht nur besagt, daß der postlapsarische Mensch
durch die Sünde gänzlich unfähig geworden ist, seinen Bestand
vor Gott und sein ewiges Heil von sich aus zu gewährleisten. Der
positive Sinn der Bestreitung entsprechender heilsamer Eigen-

kräfte des Menschen erfüllt sich nämlich charakteristischerweise nicht schon mit der Behauptung faktischen soteriologischen Unvermögens des sündigen Menschen. Denn eine solche Behauptung könnte die Frage hervorrufen, ja müßte mit gedanklicher Zwangsläufigkeit daraufhin befragt werden, welches soteriologische Vermögen dem Menschen vor seinem postlapsarisch faktisch gewordenen Heilsunvermögen eignete, also mit welchem soteriologischen Eigenvermögen unter prälapsarischen Bedingungen anthropologisch zu rechnen ist. Eine solche, den Fall der Sünde hintergehende anthropologische Rechnung findet sich nun allerdings im Zusammenhang reformatorischer Rechtfertigungslehre nicht nur nicht, sie wird vielmehr durch betonte Hervorhebung anthropologischer Unhintergehbarkeit des Sündenfalls, wie sie reformatorische Erbsündenlehre kennzeichnet, ausdrücklich verstellt. Wenn im Kontext reformatorischer Theologie schöpfungstheologisch argumentiert wird, was freilich nie unmittelbar, sondern stets und ausschließlich in christologisch-trinitätstheologischer Vermittlung geschieht, wofür die Artikel CA I bis III, ja darüber hinaus der auf CA XVII hinzielende Gesamtzusammenhang der Artikelfolge des Lehrteils der Augustana ein offenkundiger Beweis sind, wenn also, wie gesagt, auf solchermaßen vermittelte Weise schöpfungstheologisch argumentiert wird, dann immer derart, daß alles auf die allmächtige Schöpferliebe Gottes abgestellt wird, auf welche bezogen der Mensch ist, was er seiner kreatürlichen Bestimmung nach zu sein hat, nämlich ein in seinem Ureigenen gänzlich in Gott gründendes und gerade so sich gegebenes Geschöpf.

Nicht so, als ob das Ursprungsverhältnis Gottes und des Menschen, wie es die Schöpfungstheologie bedenkt, nach Weise einer Beziehung zweier gegebener Relate vorgestellt werden dürfte, die im nachfolgenden Erhaltungszusammenhang der Schöpfung entsprechend zusammenwirken. Grundverkehrt ist diese Vorstellung deshalb, weil sie den Menschen als gewissermaßen selbstverständliches Datum voraussetzt und damit die Einsicht gegebener Kreatürlichkeit im Sinne der Gottgegebenheit menschlichen Daseins verstellt. Es ist demnach auch nicht so, als könnte dem Menschen ein ursprüngliches und erst nachträglich verlorenes, für sich genommen indifferentes Vermögen in bezug auf Gott attestiert werden, so daß die im gläubigen Heilsvertrauen auf die unbedingte göttliche Gnade wahrgenommene schlechthinnige Abhängigkeit von Gott gewissermaßen als ein sekundäres, durch ei-

nen vorhergehenden Verlust an Eigenmächtigkeit Bedingtes zu
gelten hätte. Zutreffend ist vielmehr, daß es gerade das Insistieren
auf einer gottunabhängigen Selbstmächtigkeit, auf einem ver-
meintlich indifferenten, in Wahrheit sich von Gott gerade durch
Behauptung einer Position der Unentschiedenheit separierenden
Eigenvermögen ist, welches das peccatum originale, den Fall der
Sünde in seinem abgründigen Unwesen ausmacht. Anders gesagt:
Die Sünde des Sünders besteht – Bestand ist hier bodenlosem Fall
gleichzusetzen – in dem „Wille(n) zum Selbstsein aus anderem
Grunde als aus der väterlichen Kraft des Schöpfers"[101].

Unmittelbares und vermittlungsloses Selbstseinwollen aus Eigenem – so läßt sich die nur als Verwirkursache reale „causa peccati" umschreiben, von der in CA XIX die Rede ist. Der untrennbare
Zusammenhang dieses Artikels mit dem vorgehenden „De libero
arbitrio" ist dabei genauestens zu beachten, will man den angesprochenen Sachbezug, der zwischen CA XVIII und CA IV offenkundig herrscht, angemessen werten. Erst wo dies der Fall ist,
kann im Kontrast zur Heillosigkeit menschlicher Selbstgerechtigkeit, welche auf eigene Werke, Verdienste und Genugtuungslei-
stungen vertraut und kraft eigenen Vermögens vor Gott zu bestehen versucht, schließlich auch gesagt werden, was Rechtfertigung
heißt, nämlich „daß die von diesem Willen zum Selbstsein aus Eigenem, und das heißt die durch die Anmaßung eigener Gottheit
zerstörte Relation des Menschen zum wahren Gott von diesem
wahren Gott her erneut in Kraft gesetzt wird"[102].

Wie dabei das besagte „erneut" genau zu verstehen ist, wird am
Verhältnis von evangelium und lex im thematischen Zusammenhang der iustitia fidei zu erörtern sein. Zuvor jedoch soll skizziert
werden, wie Melanchthon die dargestellte Opposition von CA IV
gegen die iustitia legis in der Apologie bekräftigt und gegen Einwände der Gegner verteidigt.[103] Der Beginn seiner Verteidigung ist

---

[101]   J. Baur, Salus Christiana. Die Rechtfertigungslehre in der Geschichte des
        christlichen Heilsverständnisses. Bd. I: Von der christlichen Antike bis
        zur Theologie der deutschen Aufklärung, Gütersloh 1968, 56.

[102]   Ebd.

[103]   Der im gegebenen Zusammenhang in erster Linie einschlägige Passus
        Apol IV,5–39, dessen Ertrag in Apol IV,40–47 gebündelt und auf den
        Begriff des Evangeliums und der „fides specialis" hingeordnet wird, ist
        ebenso wie der Eröffnungsabschnitt (Apol IV,1–4) im wesentlichen un-

gekennzeichnet durch das Bemühen, die Quellen der kontroversen Lehrformen (Apol IV,4: „fontes utriusque generis doctrinae") und die Grundlagen der Streitsache (Apol IV,183) aufzudecken. Es geht dabei im wesentlichen um den Unterschied zwischen dem Gesetz und den Verheißungen bzw. dem Evangelium (vgl. Apol IV,183: „discrim(en) legis et promissionum seu evangelii"). Dieser Unterschied ergibt sich für Melanchthon direkt aus der Hl. Schrift, deren Gesamtheit in zwei Hauptstücke einzuteilen sei: „in legem et promissiones." (Apol IV,5) „Fatemur enim scripturam alibi legem, alibi evangelium seu gratuitam promissionem peccatorum propter Christum tradere." (Apol IV,186) Dabei kommt es, um mit Paulus zu reden, auf richtige Orthotomie (2. Tim 2,15; Apol IV,188) und darauf an, zu sehen, „quid legi, quid promissionibus scriptura tribuat" (Apol IV,188). Unter Gesetz sind dabei nach dem Sprachgebrauch der Apologie die Gebote des Dekalogs (Apol IV,6: „Decalogi praecepta, ubicunque illa in scripturis leguntur") zu verste-

---

verändert in den Oktavtext vom September 1531 übernommen worden. Nicht unerheblich sind demgegenüber die Unterschiede zwischen dem Quarttext und dem Text vom Januar 1531. Charakteristisch für den ersteren ist der pointierte Einsatz bei der strikten Unterscheidung von Gesetz und Evangelium, die an die Stelle der Entgegensetzung von „iusticia civilis seu moralis" und „iusticia, qua coram Deo iusti sumus, seu iusti reputamur" (CR 27, 461, 23 f.) tritt. In der Charakteristik der Irrtümer der Gegner lehnt sich der Quarttext hingegen eng an den Januartext an (vgl. CR 27, 461,68–462,36); auch in der Bestreitung der altgläubigen Lehre vom „meritum de congruo" (vgl. CR 27, 463,31–464,5) zeigen sich deutliche Berührungspunkte. Nichtsdestoweniger ist, wie ein Vergleich von Apol IV,1–4 mit CR 27, 460,39– 461,21 zeigt, der Rahmen, innerhalb dessen die Kontroversen verhandelt werden, ein bemerkenswert anderer geworden. Nicht nur, daß sich der Ton verschärft hat und die Orientierung an der Confutatio zurücktritt. „Die im älteren Text (Januar 1531) noch sehr ausladende Captatio benevolentiae im Blick auf die Person des Kaisers ist fast völlig verschwunden. Der Artikel löst sich also wohl mehr und mehr von seinem ursprünglichen ‚Sitz im Leben‘ (Appellation an den Kaiser und die auf dem Reichstag versammelten Stände). Dafür wird das Augenmerk nun ganz gezielt auf die Sachfragen gelenkt ..." (Peters, III.2.2.a.b) Zu ergänzen ist, daß im Unterschied zum älteren Text in der Quartausgabe zusammen mit den Artikeln IV–VI auch Artikel XX verhandelt wird. Zu den Augsburger Fassungen und namentlich zur „Grundschrift" Spalatins (vgl. CR 27, 78,7–279,36; BSLK 158,27 ff.) vgl. Peters, III.1. Charakteristisch für die Grundschrift als die Keimzelle des Rechtfertigungsartikels der Apologie ist die Kontrastierung von „meritum Christi" und „meritum operum nostrorum". Darauf wird an späterer Stelle einzugehen sein.

hen, während die Zeremonial- und Judizialgesetze des Mose vernachlässigt werden; die Rede von der Verheißung hinwiederum
bezieht sich auf das mit dem Erscheinen Christi gegebene Versprechen der Sündenvergebung, der Rechtfertigung und des ewigen Lebens (Apol IV,5; vgl. Apol IV,274: „Haec est ipsa vox evangelii propria, quod propter Christum, non propter nostra opera,
fide consequamur remissionem peccatorum.").

Als charakteristisches Kennzeichen der Position der Gegner hat
nach Melanchthon die einseitige Herausstellung des Gesetzes zu
gelten. Als Motiv hierfür wird ein bestimmter Erkenntniszusam-
menhang von Gesetz und menschlicher Vernunftnatur angegeben,
demzufolge der menschlichen Vernunft die Gesetzeserkenntnis
durch göttliche Eingebung mental (Apol IV,7: „in mente") einge-
schrieben sei. Unter diesen Umständen suchen die Gegner Sündenvergebung und Rechtfertigung durch das Gesetz zu erlangen.
Nun verlangt freilich der Dekalog, wie Melanchthon zu bedenken
gibt, nicht nur externa opera civilia, welche die Vernunft bestenfalls bewirken kann (Apol IV,8: „quae ratio utcunque efficere potest"), sondern auch andere, ganz und gar übervernünftige Werke
(„alia longe supra rationem posita"). Als Beispiele solcher vom
Dekalog geforderten Werke supra- bzw. transrationaler Art werden neben dem nötigen Gehorsam gegen Gott im Tod und in allen Bedrängnissen folgende genannt: „vere timere Deum, vere diligere Deum, vere invocare Deum, vere statuere, quod Deus exaudiat, et exspectare auxilium Dei in morte, in omnibus afflictionibus" (Apol IV,8). Diese Forderungen zu erfüllen sei die Vernunft, deren Gerechtigkeit (Apol IV,9: „iustitia ... rationis") sich auf
die Äußerlichkeit der opera civilia beschränke, von sich aus nicht
in der Lage. Melanchthon weist daher die von den Scholastikern
im Anschluß an die Philosophen (Apol IV,9: „scholastici secuti
philosophos"), wie es heißt, vertretene Behauptung als frei erfunden ab, „quod ratio sine spiritu sancto possit diligere Deum supra
omnia" (Apol IV,9). Gott aus eigener Vernunft und Kraft lieben
und um seinetwillen Gutes tun zu können und zu wollen, dieser
Annahme könne nur eine sorglose Menschenseele (Apol IV,9:
„humanus animus otiosus") aufsitzen, die Gottes Zorn und sein
Gericht noch nicht verspürt hat. Ihr gemäß sei es zu lehren, die
Menschen könnten die Sündenvergebung verdienen, wenn sie
tun, was in ihnen ist (Apol IV,9: „faciendo quod est in se, hoc est,
si ratio dolens de peccato eliciat actum dilectionis Dei, aut bene
operetur propter Deum"), bzw. Gott müsse demjenigen, der sol-

ches tut, notwendig, will heißen nach Maßgabe zwar nicht der „neccessitas coactionis", wohl aber der „necessitas immutabilitatis", Gnade geben. Weil eine solche Lehre dem Menschen naturgemäß schmeichle, habe sie eine Überfülle von Mißbräuchen wie Mönchgelübde und Meßopferpraxis zur verderblichen Folge gehabt. Statt sie, was zu langwierig wäre, im einzelnen aufzuzählen, beschränkt sich Melanchthon darauf, in Gestalt rhetorischer Fragen den Grundeinwand gegen die skizzierte Lehrauffassung von der christlichen Gerechtigkeit zu formulieren (vgl. Apol IV,12–16): Sie nivelliere den Unterschied zwischen der Philosophie und der Lehre Christi bzw. der philosophischen („aut certe pharisaicam"; Apol IV,16) und der christlichen Gerechtigkeit, womit das Werk Christi entwertet und sein Verdienst entehrt sei. Müsse als wahr anerkannt werden, was die Gegner verteidigen, dann seien diejenigen nicht im Irrtum, sondern im Recht, die Christus mit Sokrates und Zenon auf eine Stufe stellen und unter Leugnung einer außerphilosophischen Gerechtigkeit und unter Absehung vom Evangelium die Ethik des Aristoteles als Predigtersatz vortragen: „Nam Aristoteles de moribus civilibus adeo scripsit erudite, nihil ut de his requirendum sit amplius." (Apol IV,14)

Nun räumt Melanchthon zwar ein, daß die Gegner – „ne Christum omnino praetereant" (Apol IV,17) – eine Kenntnis der Historie von Christus („notitia ... historiae de Christo") fordern und Christus zugestehen, „quod meruerit nobis dari quendam habitum, sive, ut ipsi vocant, primam gratiam, quam intelligunt habitum esse inclinantem, ut facilius diligamus Deum" (Apol IV,17). Indes ist die theologische Dürftigkeit dieses Zugeständnisses für Melanchthon bereits durch die gegnerische Annahme bewiesen, daß die Willensakte vor und nach der Begabung mit jenem Gnadenhabitus von derselben Art (Apol IV,17: „eiusdem speciei esse") sind. Damit sei eine Selbigkeit der „actus voluntatis" unterstellt, welche den grundstürzenden Charakter der Bekehrung sündiger Willensverkehrtheit des Menschen verkenne und verharmlose. Bestätigt werde dies durch die Forderung der Gegner, den Habitus zunächst durch vorangehende Werke (Apol IV,17: „per praecedentia merita") zu verdienen, um ihn sodann durch Gesetzeswerke auf das Verdienst des ewigen Lebens hin zu mehren. In Mißachtung der Rechtfertigungsmittlerschaft Christi und der Gerechtigkeit des Glaubens, ohne welche das Gesetz allenfalls äußerlich zu erfüllen ist, werde sonach recht eigentlich nichts anderes gelehrt, als daß

Sündenvergebung und Gerechtigkeit vor Gott durch eigene Gesetzeserfüllung zu verdienen seien.

Daran ändere auch die Unterscheidung zwischen einem Billigkeitsverdienst (meritum congrui) und einem Würdigkeitsverdienst (meritum condigni) nichts, mit welcher Unterscheidung die Gegner nach Melanchthons Urteil spielen, um ihr Pelagianisieren zu verdecken. Im übrigen sei jene Unterscheidung nicht nur in sich unstimmig und zweifelhaft, sondern der gesamten Sache nach von selbstsicheren Heuchlern (Apol IV,20: „(s)ecuri hypocritae") erfunden, die andere genau jener Gewissensverzweiflung ausliefern, von der sie selbst in ihrem eitlen Werkvertrauen keine Ahnung haben (Apol IV,19 f.). Es muß demnach bei dem Urteil bleiben: „Ita nihil docent adversarii, nisi iustitiam rationis aut certe legis, in quam intuentur sicut Iudaei in velatam Moisi faciem" (Apol IV,21; vgl. Ex 34,30 ff.; 2. Kor 3,13).

Im folgenden spezifiziert Melanchthon dieses Verdikt, indem er erstens einen angemessenen Begriff der iustitia rationis entwickelt und sich zweitens scharf gegen Fehlbestimmungen abgrenzt. Durch die Zucht des Gesetzes, welches in der Lehre der Gebote buchstäblich kodifiziert und durch obrigkeitliche Strafmaßnahmen sanktioniert ist, die groben Sünden in Schranken zu halten (Apol IV,22 mit Verweis auf Gal 3,24; 1. Tim 1,9), ist, wie es heißt, der wesentliche Sinn und Zweck vernunftbegründeter Gerechtigkeit. Zu solch äußerlicher Zucht sei die Vernunft trotz aller angeborenen Schwachheit und der damit verbundenen öffentlichen Schandtaten zumindest einigermaßen in der Lage. Insofern müsse Aristoteles Recht gegeben werden, wenn er die Herrlichkeit der „iustitia rationis" im Menschen derjenigen der Gestirne über ihm vorziehe: „nullum enim maius bonum habet haec natura corrupta" (Apol IV,24). Auch treffe es zu, daß Gott den Gebrauch dieses Gutes mit leiblichem Nutzen belohne. Dennoch könne und dürfe die „iustitia rationis" nicht durch Entehrung Christi geehrt werden. Eine solche Entehrung aber sei nicht nur mit der falschen Annahme einer durch Werke zu verdienenden Sündenvergebung, einer Gerechtigkeit vor Gott „propter iustitiam rationis" und eines selbständigen Vernunftvermögens zu wahrhafter Gottesliebe und Erfüllung des göttlichen Gebotes, sondern bereits mit der Behauptung gegeben, „quod non peccent homines facientes praecepta Dei sine gratia" (Apol IV,28).

Als Beleg für die Richtigkeit dieser in Affirmation und Negation entfalteten Lehrauffassung werden vielfältige Zeugnisse „non solum ex scripturis, sed etiam ex patribus" beigebracht (vgl. Apol IV,29 – 32). Ausführlich zitiert wird Augustins Schrift „De natura et gratia" (vgl. BSLK 165, Anm. 2), erwähnt werden ferner Joh 8,36, Joh 3,5, Röm 3,23 und Röm 8,7 f. Als Ergebnis wird u. a. erneut betont: „Si sensus carnis est inimicitia adversus Deum, peccat caro etiam, cum externa civilia opera facimus. Si non potest subiici legi Dei, certe peccat, etiamsi egregia facta et digna laude iuxta humanum iudicium habet." (Apol IV,33) Indem die Gegner nur die „praecepta secundae tabulae" (Apol IV,34), welche die „iustitia civilis" beinhalten, beachten, lassen sie nach dem Urteil Melanchthons die ersten drei Gebote unberücksichtigt und beruhigen sich in der irrigen Meinung, dem Gesetz Gottes gerecht geworden zu sein, obschon gilt: „Quidquid non est ex fide, peccatum est." (Apol IV,35; Röm 14,23) Selbst wenn sie nach Maßgabe der zweiten Tafel anständige äußere Werke verrichteten, sündigten die Menschen in Wirklichkeit, weil sie dies ohne den für wahre Gottesliebe und Gottesfurcht unentbehrlichen Hl. Geist und daher mit gottlosem Herzen tun. Anderes zu behaupten, hieße in innerlich unbeteiligter Weise die Sünde zu verharmlosen, in deren Anbetracht das durch das Gesetz verklagte Gewissen nur den Zorn, nicht aber die Liebe Gottes zu fühlen vermöge, so daß die These, der des ewigen Gerichts schuldige Sünder könne „per actum elicitum dilectionis" (Apol IV,36) Sündenvergebung und ewiges Heil verdienen, als nichtige philosophische Spekulation zu erkennen sei. Es bleibt sonach bei dem Gegensatz zwischen iustitia rationis aut legis und iustitia fidei (vgl. Apol IV,39): „Quia igitur non possunt homines viribus suis legem Dei facere, et omnes sunt sub peccato et rei aeternae irae ac mortis: ideo non possumus per legem a peccato liberari ac iustificari, sed data est promissio remissionis peccatorum et iustificationis propter Christum, qui datus est pro nobis, ut satisfaceret pro peccatis mundi, et positus est mediator ac propitiator." (Apol IV,40) Hinzugefügt wird, daß jene promissio nicht durch unsere Verdienste bedingt sei, sondern gratis zuteil werde. Belegt wird dies mit Röm 11,6; 3,21; 4,14. Damit ist das Ergebnis des Abschnittes Apol IV,7 – 39 im wesentlichen gesichert.[104]

---

[104]   Erneut aufgegriffen wird die Kritik der iustitia rationis aut legis in

Überblickt man die bislang entwickelte Gesamtargumentation, dann richtet sich Melanchthons Kritik vor allem gegen zwei von den Gegnern in Anschlag gebrachte modi iustificationis: 1. gegen die Behauptung, durch gute Werke die Gnade selbsttätig verdienen zu können, sei es im Sinne eines meritum de congruo oder

Apol IV,286 ff., wo Melanchthon zwischen zwei dem Evangelium oder der Verheißung Christi entgegengesetzten Arten der Rechtfertigung unterscheidet: „alter est sumptus a ratione, alter ex lege" (Apol IV,287). Die der menschlichen Vernunft entnommene Art der Rechtfertigung wird mit der gegnerischen Lehre in Verbindung gebracht, daß Menschen die Gnade durch gute Werke verdienen „tum de congruo, tum de condigno: Hic modus est doctrina rationis, quia ratio non videns immunditiem cordis sentit se ita placere Deum, si bene operetur." (Apol IV,288) An einer Reihe von religions- und kirchengeschichtlichen Fehlentwicklungen wird die Verkehrtheit dieser Lehrart exemplifiziert. Sodann wird der dem Gesetz entnommene modus iustificationis abgewiesen, wie er mit der scholastischen Annahme gegeben ist, „quod iusti simus per quendam habitum a Deo infusum, qui est dilectio, et quod hoc habitu adiuti intus et foris faciamus legem Dei, et quod illa impletio legis sit digna gratia et vita aeterna" (Apol IV,289). Auch diese, auf Gesetzeserfüllung und Liebesfähigkeit (Apol IV,298 mit Verweis auf 5. Mose 6,5: „Dilectio igitur est impletio legis") des gottbegnadeten Menschen vertrauende Lehrart der Rechtfertigung wird mißbilligt, weil sie, wenn auch nicht so offenkundig wie die erste, Christus und sein Evangelium ausschließt, indem sie die durch das Gesetz geforderte Liebestätigkeit des Begnadeten und nicht den Glauben zum entscheidenen Bezugspunkt des göttlichen Rechtfertigungsurteils erklärt. Bibeltheologisch begründet wird dieses Verdikt und das Recht der in Apol IV,291 noch einmal resümierten evangelischen Position anhand eingehender Erörterungen zu Röm 4 und anschließender Zitate aus 1. Joh 5,10 ff., Joh 8,36 und Röm 5,2. Wichtigstes Ziel ist es dabei zu erweisen, weshalb die Rechtfertigung dem Glauben und nicht der Liebe zuzuschreiben ist, obgleich die Liebe dem Glauben zu folgen hat, weil sie die Erfüllung des Gesetzes ist (Apol IV,294). An diesem Erweis entscheidet sich nach Melanchthon die ursprüngliche Einsicht der Reformation, welche zu verstellen einem Raub der Ehre Christi gleichkommt, der zwangsläufig in Trostlosigkeit endet. Sind doch ungewisse Gewissen, Zweifel und Verzweiflung unvermeidliche Folgen einer vermeintlichen Rechtfertigung aus Werken (vgl. Apol IV,301 f.). Im Oktavtext ist das zitierte Nachtragskapitel über die von den Gegnern propagierten „modi iustificationis" (vgl. Apol IV,286–290) ebenso gestrichen worden wie die nachfolgenden Ausführungen zu dem durch das Evangelium gelehrten „modus iustificationis" (Apol IV,291–315). An die Stelle der beiden Stücke trat ein kleiner Block (CR 27, 519,11–49), der sich mit der scholastischen These auseinandersetzt: „Iustitiam necesse est in voluntatem esse." (CR 27, 519,13 f.; vgl. Peters, III.2.4.g.c.f.)

eines meritum de condigno; 2. gegen die Annahme, der Mensch sei vermöge eines von Gott eingegossenen Gnadenhabitus, nämlich der Liebe, zur Erfüllung des Gesetzes von sich aus in der Lage. Bei genauerem Zusehen geben sich gegenseitige Gesichtspunkte als Aspekte einer Position zu erkennen. Um es im Anschluß an eine Paraphrase von H. Engelland zu verdeutlichen: „Die *gratia* soll die Liebe zu Gott erleichtern, ist darum der *habitus inclinans, ut facilius diligamus Deum,* aber nicht als ob Christus damit dem Menschen grundsätzlich erst die Fähigkeit zur Gottesliebe schenkte – die *actus voluntatis ante habitum illum et post illum habitum* sind nicht grundverschieden, vielmehr *eiusdem speciei –,* sondern er fördert, erleichtert nur das *diligere Deum: Fingunt voluntatem posse diligere Deum; sed habitus ille tamen exstimulat, ut idem faciat libentius.*"[105] Die naheliegende Konsequenz aus diesem, dem natürlichen Menschen eingeräumten, durch den Gnadenhabitus lediglich gesteigerten Vermögen ist die Haltung der „(s)ecuri hypocritae" (Apol IV,20). Doch hat die an sich inkonsequente Unsicherheitsklausel, derzufolge man dem Menschen bei gegebener „Erfüllung der Bedingungen die Gewißheit abspricht und ihn unter das *dubitare* stellt, *utrum adsit habitus"*[106], nicht selten die entgegengesetzte Haltung zur Folge: „Es sind die getroffenen Gewissen ohne die Gnade Gottes, die um die Distanz gegenüber Gott und die Unmöglichkeit eines *meritum de condigno,* das allein helfen könnte, wissen: *conscientia territa non potest opponere irae Dei opera nostra aut dilectionem nostram."*[107] „Damit hat Melanchthon die scholastische Lehre von zwei Seiten her dadurch erschüttert, daß er jeden der beiden in ihr latent lebenden Widersprüche für sich in seine Konsequenz verfolgt, die jedesmal durch die zweite einschränkende Negation bzw. Position gerade vermieden werden sollte: (1) der Mensch ist Herr über den Empfang der Gnade, also über Gott selbst durch sein natürliches, durch den *habitus* nur gesteigertes Vermögen zur Gottesliebe; (2) diese Folgerung soll verhindert werden durch die Klausel der Ungewißheit; sobald aber die *conscientia perterrefacta* sie ernst nimmt, ist ihr Ende die *desperatio.* Diese beiden

[105]   H. Engelland, Melanchthon, Glauben und Handeln, München 1931, 129 f. unter Verweis auf Apol IV,17.

[106]   A. a. O., 130.

[107]   A. a. O., 130 f. unter Verweis auf Apol XII, 64.

Elemente sind in der scholastischen Lehre heterogen. Zwei einander entgegengesetzte Lebenshaltungen folgen aus ihr, sobald mit dem natürlichen Vermögen und mit der Ungewißheit ernst gemacht wird."[108]

Versucht man die von Melanchthon bekämpfte Position theologiegeschichtlich genauer zu verorten, so ist die These nicht neu, die Kritik der CA und ihrer Apologie sei recht eigentlich nicht gegen die Scholastik insgesamt, sondern gegen eine bestimmte Schulmeinung in ihr gerichtet. Schon O. Ritschl hatte die Auffassung vertreten, daß Melanchthon „als Lehre seiner Gegner von vornherein nicht viel mehr, als einen landläufigen Occamismus vor Augen gehabt hat. Und gerade auch die Apologie gibt nicht eben Anlaß zu der Annahme, daß Melanchthon inzwischen seine Vorstellungen von der Lehre seiner Gegner wesentlich vermehrt oder berichtigt hätte." (Ritschl, 295) Insbesondere seine „Unkenntnis des Thomismus" (ebd.) sei unleugbar. Neuere Untersuchungen haben diese Annahme zu bestätigen und zu präzisieren versucht. Danach richtet sich die Rechtfertigungslehre der CA und ihrer Apologie abgesehen von den gegenüber Zwingli, den Täufern und den Schwärmern vorgenommenen Abgrenzungen „*vor allem gegen die neueren Theologen der Spätscholastik*" (Pfnür, 35; vgl. 89–96). Zu denken sei insbesondere an die Theologie Gabriel Biels bzw. die durch Biel vermittelte scholastische Tradition.[109] Mit Vinzenz Pfnür zu reden: „Für die Interpretation der reformatori-

---

[108]   A. a. O., 133.

[109]   „Bei Gabriel Biel beggenen wir der nominalistischen Theologie in der Form, in der sie von Luther am gründlichsten studiert wurde." (B. Hägglund, Voraussetzungen der Rechtfertigungslehre Luthers in der spätmittelalterlichen Theologe, in: LR 11 [1961], 28–55, hier: 42) Zur Theologie Gabriel Biels, des Tübinger Schulhauptes der via moderna, vgl. im einzelnen H. A. Oberman, Spätscholastik und Reformation. Bd. I: Der Herbst der mittelalterlichen Theologie, Zürich 1965. Biels Lehre von der rechten dispositio für die Rechtfertigung impliziert die Annahme unveräußerlicher Freiheit des Willens. „Der Einfluß der Erbsünde und die sich daraus ergebenden Konsequenzen haben die Freiheit des Willens unberührt gelassen." (A. a. O., 125; zu Biels Lehre des „facere quod in se est" vgl. a. a. O., 126 ff.) Der zweite Band von Obermans Werk zu Spätscholastik und Reformation widmet sich aus der Perspektive der Universität Tübingen im wesentlichen den vierzig Jahren im unmittelbaren Umfeld der Wittenberger Reformation (1477– 1517; Werden und Wertung der Reformation. Vom Wegestreit zum Glaubenskampf, Tübingen 1979).

schen Rechtfertigungslehre ist es wichtig, den Zusammenhang von Luthers Lehre vom unfreien Willen mit Biels Behauptung von der Möglichkeit einer Liebe zu Gott über alles aus rein natürlichen Kräften zu sehen. Zum andern ist von entscheidender Bedeutung, daß die Ap nicht überhaupt gegen die Lehre von der habituellen Gnade kämpft, sondern gegen eine bestimmte Ausprägung der Habituslehre, in der die gratia habitualis selbst bedeutungslos geworden ist." (Pfnür, 77) Kurzum: CA und Apol polemisieren „in erster Linie nicht gegen die zeitgenössischen katholischen Kontroverstheologen und auch nicht gegen die Väter, sondern gegen die Spätscholastik, genauerhin gegen Gabriel Biel und die durch ihn vermittelte Tradition. Wer diesen Tatbestand übersieht, kommt zu einer Verzeichnung der Rechtfertigungslehre der CA bzw. Ap." (Pfnür, 86) Gefahren einer Verzeichnung der Rechtfertigungslehre der Augustana und ihrer Apologie drohen freilich auch dann, wenn man die reformatorische Kritik scholastischer Theologie generell und ausschließlich auf den spätscholastischen Nominalismus zu begrenzen und die kriteriologische Prinzipalität der durch Luther gewonnenen Einsicht durch historische Fixierungen zu relativieren sucht. Unter historischen wie unter dogmatischen Gesichtspunkten spricht daher einiges dafür, folgende Frage nicht für definitiv erledigt zu erachten, sondern sie bis auf weiteres hermeneutisch offenzuhalten: Handelt es sich bei der ursprünglichen Einsicht der Reformation, welche die Rechtfertigungslehre expliziert, „nur um einen Gegensatz innerhalb der scholastischen Alternativen, oder liegt Luthers Position jenseits der Scholastik, sodaß sein Urteil über den Occamismus letztlich auch die anderen scholastischen Auffassungen trifft?"[110]

---

[110] R. Schwarz, Fides, spes und caritas beim jungen Luther unter besonderer Berücksichtigung der mittelalterlichen Tradition, Berlin 1962, 1. Vgl. in diesem Zusammenhang auch die kritische Auseinandersetzung von M. Seils mit dem Interpretationsansatz von Pfnür: Zu einigen Problemen der Interpretation von Artikel IV der Confessio Augustana in der Anerkennungsdebatte, in: F. Hoffmann/U. Kühn (Hg.), Die Confessio Augustana im ökumenischen Gespräch, Berlin 1980, 149–163.

6. Die Gerechtigkeit des Glaubens

Der Gegensatz oder besser: das heilsam-heilende Antidot gegen
den unseligen Versuch des Menschen, sich das Heil vor Gott aus
eigener Kraft, durch eigenes Werk und Verdienst zu besorgen, ist
in der lateinischen Fassung von CA IV durch das Wörtchen „gratis" (CA IV,1) bezeichnet, das freilich nur recht zu verstehen ist,
wenn es mit der nachfolgenden Wendung „propter Christum per
fidem" (CA IV,1) zusammengenommen wird. Zu beachten ist ferner, daß das antithetische „gratis" in der bei Melanchthon, namentlich in seiner „Dispositio" von 1530 häufig begegnenden Formel „in gratiam recipi"[111] von CA IV,2 erneut aufgegriffen und,
wenn man so sagen darf, ins Thetisch-Synthetische gewendet
wird: Deutet doch die Formel, indem sie den Glaubenden „in die
Gnade aufgenommen werden läßt", an, daß die aus eigener
menschlicher Kraft schlechterdings unerschwingliche Externität
der Rechtfertigungsgnade, wie sie das „gratis" pointiert zum Ausdruck bringt, dem Menschen im Glauben keineswegs äußerlich
bleibt, sondern ihn in seinem Ureigensten birgt. Daran bestätigt
sich ein weiteres Mal, was im Grunde keiner Betonung bedarf, da
es aus den Texten eindeutig hervorgeht: „Eine bloß forensische
Rechtfertigungslehre hat die Augustana nicht gewollt." (Maurer II,
85)[112]

---

[111]   Vgl. die Ausführungen bei Maurer II, 112 ff.; zum Akzeptationsbegriff bes.
        121.

[112]   Vgl. Maurer II, 78 ff. („Iustificari gratis per gratiam Dei"), wo sich wich-
        tige Textbelege zum Gnadenbegriff der CA und zu seiner Vorgeschichte
        finden. Der Reichtum der Gabe, welche das Evangelium der Rechtferti-
        gung des Sünders zuspricht, umfaßt – das sei allem Nachfolgenden vor-
        ausgeschickt – zusammen mit der Sündenvergebung zugleich die Wie-
        dergeburt und jenen Geist des neuen Gehorsams, dem die guten Werke
        der Liebe folgen. Denn handelt es sich bei der Sündenvergebung um das
        Zurechtbringen des verkehrten Verhältnisses des Menschen zu Gott,
        dann ist klar, daß das redintegrierte Gottesverhältnis ein Integral ist, wel-
        ches den ganzen Menschen umfaßt. Dabei ist die geläufige, u. a. bei
        Schlink (Schlink, 156 f. etc.) begegnende Wendung, wonach Rechtferti-
        gung nicht nur Sündenvergebung, sondern auch Wiedergeburt sei, inso-
        fern mißverständlich, als das Verhältnis beider in additivem Sinne auf-
        gefaßt werden könnte. Das ist, wie Schlink selbst an späterer Stelle aus-
        drücklich sagt, zumindest unter den Bedingungen von CA und Apol
        nicht der Fall. Erst in der FC begegne eine zumindest terminologisch

Was die deutsche Wiedergabe des Wörtchens „gratis" angeht, das
als Inbegriff reformatorischer Rechtfertigungstheologie der Vulgataversion von Röm 3,24 entnommen sein dürfte („iustificati gratis
per gratiam"; vgl. Pfnür, 144 f.), so übersetzt es Na 5 mit „frei lauter
umbsonst" (BSLK 57,13 f.), während es in der Spalatinschen Textfassung (vgl. BSLK 56, App. 3/8) an entsprechender Stelle heißt:
„allein aus Gottes Gnaden". Der Gnadenbegriff bleibt auch in der
deutschen Endgestalt von CA IV erhalten, auch wenn die particula
exclusiva „allein" wegfällt; der zentrale rechtfertigungstheologische Lehrsatz lautet entsprechend, „daß wir Vergebung
der Sunde bekommen und vor Gott gerecht werden aus Gnaden
umb Christus willen durch den Glauben" (BSLK 56,5–8). Wenn
schließlich im deutschen Text von CA VI das „gratis" aus dem
Ambrosiuszitat der lateinischen Parallelfassung (vgl. CA VI,3) mit
„ohn Verdienst" übersetzt wird, so erinnert das erneut daran, daß
der Begriff „gratis" immer auch, wenngleich nicht nur einen anti-
thetischen Kontrastbegriff reformatorischer Rechtfertigungstheologie darstellt. Indem er jedwedes Verdienst aus dem Rechtfertigungsgeschehen ausschließt, hebt er die Gnadenbotschaft des
Evangeliums kategorial von den Werken des Gesetzes ab.

Grund und personaler Inbegriff der Gnade, welche das Evangelium zuspricht, ist Jesus Christus. Um seinetwillen werden wir in
Gnade aufgenommen (CA IV,2: „in gratiam recipi"), um seinetwillen werden uns die Sünden vergeben (CA IV,2: „peccata remitti"; vgl. BSLK 56,10), „Gerechtigkeit und ewiges Leben geschenkt"
(BSLK 56,11). Dabei wird das „propter Christum" (CA IV,1 f.), in
welchem die evangelische Gnade beschlossen ist, namentlich in
der lateinischen Textfassung auf das Satisfaktionswerk des Kreuzestodes konzentriert, insofern Christus ausdrücklich als derjenige

deutlich gefaßte Unterscheidung zwischen Sündenvergebung und Wiedergeburt (vgl. Schlink, 178 ff.). Das sachliche Motiv hierzu läßt sich freilich schon in CA und Apol erkennen. Denn vollzieht sich nach deren
Auffassung durch die Rechtfertigung des Sünders zwar dessen Wiedergeburt im Glauben, so bleibt der Wiedergeborene doch in Anbetracht der
seinem Glauben folgenden Werke unvollkommen. Von daher leuchtet es
ein, warum trotz der untrennbaren Zusammengehörigkeit von Sündenvergebung und Wiedergeburt zu sagen ist, die Rechtfertigung erfolge in
keiner Weise aufgrund des erreichten Standes der Wiedergeburt bzw.
der faktisch vollzogenen Erneuerung (vgl. Schlink, 178), sondern allein
durch Glauben.

bezeichnet wird, „qui sua morte pro nostris peccatis satisfecit"
(CA IV,2). Diese staurologische Konzentration hängt aufs engste
zusammen mit der zur Koinzidenz tendierenden Verbindung von
Rechtfertigung und Sündenvergebung, wie sie seit Beginn der
Textgeschichte der Augustana gegeben ist. „(D)aß ihm (sc. dem
Menschen) umb Christus willen die Sund vergeben und Gnad geschenkt werden" (BSLK 77,37; Torg B = Förstemann I, 84 ff.), gehört von Anbeginn zu den Zentralaussagen lutherischer Bekenntnistradition.[113] Indes ist zu bedenken, was Luthers Katechismus
ausdrücklich lehrt und was auch für die anderen lutherischen Bekenntnisschriften sachliche Gültigkeit besitzt, daß nämlich Sündenvergebung Leben und Seligkeit umfaßt. Insofern hat die konzentrierte Hinordnung des „propter Christum" auf das Versöh-
nungswerk am Kreuz keinen exklusiven, sondern einen die
Heilsgeschichte des auferstandenen Gekreuzigten in ihrer ganzen
Fülle einschließenden Charakter, wie denn auch die Anselmsche
Satisfaktionstheorie nur ein, wenngleich bedeutsames christologi-
sches Deutungsmuster darstellt: Das beweist zum einen der deutsche Text von CA IV, in welchem – in umfassender soteriologi-
scher Perspektive und ohne den in anderer Hinsicht abgewerteten
Genugtuungsbegriff auf Christi Kreuzestod anzuwenden – gesagt
wird, „daß Christus fur uns gelitten habe und daß uns umb seinen
willen die Sunde vergeben, Gerechtigkeit und ewiges Leben geschenkt wird" (BSLK 56,8–12); das zeigt aber auch die Tatsache,
daß in den in den Kontext von CA IV gehörenden übrigen
„Rechtfertigungsartikeln der Augustana ... eine Reihe christologischer Bezeichnungen begegnet, die, aus dem Neuen Testament
genommen, das ‚propter Christum' inhaltlich verdeutlichen können: redemptor(io), mediator, propitiatorium (propitiator), ponti-
fex (intercessor), fast alle aus der Textgeschichte von CA 20"
(Maurer II, 94; vgl. Pfnür, Einig, 145 ff.).

Im einzelnen sei hierzu auf die Ausführungen zum Christologieartikel der Augustana (vgl. § 9,1) verwiesen, wie überhaupt gilt,
daß „CA 3 zum Verständnis von CA 4 immer herangezogen werden" muß, da „Rechtfertigung und Christologie ... im lutherischen
Bekenntnis untrennbar zusammen(hängen)" (Maurer II, 89). Daß
dies auf allen Entwicklungsstufen der Vorgeschichte von CA IV

---

[113]   Zur Stellung des „propter Christum" in der Textgeschichte von CA XX
vgl. Maurer II, 90; auch 70 f.

der Fall ist, wobei trinitarische Bezüge (vgl. CA I) mehr oder minder ausdrücklich mitumfaßt werden, hat W. Maurer im einzelnen gezeigt (vgl. bes. II, 89). Erwähnt sei daher nur noch, daß Na 5 (BSLK 57,14–16: „daß uns die Sund durch Christum vergeben und wir zu Gnaden angenommen werden") die Formel „propter Christum" durch die auch anderwärts begegnende (vgl. etwa Maurer II, 90, Anm. 235) Wendung „per Christum" ersetzt. Im endgültigen Text von CA IV ist die Präposition „per"/„durch" hingegen dem Glaubensbegriff vorbehalten, der die Einzelaussagen des Rechtfertigungsartikels der Augustana miteinander verklammert.[114] Dabei wird die präpositionale Grundaussage durch ein angehängtes und teilweise bereits zitiertes Satzgefüge näher erläutert, indem gesagt wird, daß wir „durch den Glauben" (BSLK 56,8; CA IV,1: „per fidem") gerechtfertigt werden, „so wir glauben, daß Christus fur uns gelitten habe und daß uns umb seinen willen die Sunde vergeben, Gerechtigkeit und ewiges Leben geschenkt wird" (BSLK 56,8–11; so auch Nb). Der lateinische Text formuliert, wie erwähnt, etwas anders und umschreibt den Rechtfertigungsglauben der Menschen mit der Wendung: „(C)um credunt se in gratiam recipi et peccata remitti propter Christum, qui sua morte pro nostris peccatis satisfecit." (CA IV,2) Diese Formulierung schließt abgesehen von der Umstellung der Satzglieder Sündenvergebung und Gnadenannahme direkt an Na an (vgl. BSLK 57,14–16. Für „cum credunt" steht in Na: „so wir glauben"). Allerdings wird im lateinischen ebenso wie im deutschen Text auf den die Rechtfertigungslehre christologisch und pneumatologisch fundierenden Schriftbeweis verzichtet, wie er in Na anhand von Joh 3,16 und

---

[114] „In der Reihe der adverbialen Bestimmungen, die der Rechtfertigungsaussage zugeordnet sind, erscheint das ‚per fidem' zwar als ein Glied neben den anderen; tatsächlich aber gibt es jedem anderen sein spezifisches Gepräge: 1. *Vor Gott* zu bestehen vermag der zu rechtfertigende Mensch nur, wenn er im Gericht Glauben hält. 2. Daß der Mensch ‚umsonst' gerechtfertigt wird, bedeutet, daß an die Stelle der ‚eigenen Kräfte, Verdienste und Werke' eben der Glaube tritt, der nichts von diesen dreien ist, aber allein mit der Gnade begabt wird. 3. Daß der Zuspruch der Gerechtigkeit ‚um Christi willen' geschieht, kann nur ... im Glauben erfaßt werden; er ist es, der im fröhlichen Wechsel die Verbindung mit Christus herstellt und so den Gläubigen mit Gott versöhnt. Die Lehre von der Rechtfertigung ist die Lehre vom Glauben. Glaube und Rechtfertigung sind nicht zwei einander zugeordnete Komplexe, sondern zwei Seiten derselben Sache." (Maurer II, 101)

Gal 3,14 erbracht wurde. Während das Johanneszitat (BSLK 57,16–18: „Dann darumb ist Christus in die Welt kommen, daß alle, so an ihn glauben, nit verderben.") in Zusammenhang mit Röm 10,10 und Röm 4,5 schon in Schwab 5 (vgl. BSLK 57,27–31) begegnet, würde man das Zitat aus dem Galaterbrief (BSLK 57,22 f.: „daß wir die Verheißung des Geistes empfingen durch den Glauben") und mehr noch die vorhergehende Wendung (BSLK 57,18–21: „durch solchen Glauben an das Evangelium oder Verheißung der Gnaden empfahen wir den heiligen Geist") eher in dem Na 4 thematisierten Sachzusammenhang erwarten. Möglicherweise war diese Inkonzinnität der Grund dafür, „daß Melanchthon den Artikel, nicht zu seinem Schaden, völlig umarbeitete" (Kolde, 50) und ihm verbunden mit klassischer Kürze die nötige dogmatische Bestimmtheit gab.

Dieser Bestimmtheit sollte auch der Schlußsatz mit der in Anlehnung an Röm 4,3 geprägten Formel von der imputativen Gerechtigkeit dienen, der in Na noch fehlt und erst Anfang Juni in Nb begegnet, wo er bereits in der endgültigen deutschen Textform vorliegt, welche lautet: „Dann diesen Glauben will Gott für Gerechtigkeit vor ihme halten und zurechnen, wie Sant Paul sagt zum Romern am 3. und 4." (BSLK 56,12–15) Im lateinischen Endtext heißt es entsprechend: „Hanc fidem imputat Deus pro iustitia coram ipso. Rom. 3 et 4." (CA IV,3) Auch wenn dieser Satz, wie gesagt, erst relativ spät in den Rechtfertigungsartikel der Augustana gelangt ist, findet er sich doch der Sache nach bereits in Schwab 5 (BSLK 57,24–26: „Solcher Glaub ist unser Gerechtigkeit, denn Gott will für gerecht, frumm und heilig rechnen und halten ..., die solichen Glauben an seinen Sohne haben ...") und Marb 7 (BSLK 57,36 f.: „daß solcher Glaube sei unser Gerechtigkeit fur Gott, als umb wilchs willen uns Gott gerecht, fromme und heilig rechnet und hält ..."), so daß festgestellt werden kann: „Die Imputationslehre steht also schon früh im Hintergrund des Rechtfertigungsartikels; sie ist nicht etwa aus späteren Deutungsschwierigkeiten erwachsen, etwa so, daß sie eine selbständige Entwicklung Melanchthons darstellte ... Man darf die Imputation nicht als unlutherisch abtun oder Äußerungen des Reformators, die nach 1530 geschahen, auf eine Beeinflussung von seiten Melanchthons zurückführen." (Maurer II, 112 f.)[115]

Um die Bedeutung des Schlußsatzes von CA IV[116] und den Sinn der Imputationslehre recht zu verstehen, ist vor allem die eigentümliche Verfaßtheit des Glaubens zu klären, den Gott als Gerechtigkeit vor ihm zurechnet. Zu solcher Klärung waren für Melanchthon insofern Anlaß und Notwendigkeit gegeben, als die Konfutatoren im Zusammenhang der Rechtfertigungslehre der Augustana neben der möglichen Bestreitung verdienstlicher Werke insonderheit die Annahme kritisierten, als sei es der Glaube allein und nicht der Glaube, der durch die Liebe wirkt (Immenkötter 89,3: *„quae per dilectionem operatur"*; vgl. Gal 5,6), bzw. der Glaube zusammen mit Liebe und Hoffnung, welcher rechtfertige. Das entscheidende Verdikt der Confutatio lautet: „Proinde non admittitur, quod tam saepe fidei tribuunt iustificationem, cum id pertineat ad gratiam et caritatem." (Immenkötter 93,1 f.; zum „allain" des deutschen Textes vgl. Immenkötter 92, App.w) Belegt

---

[115] Zum Verhältnis von „imputatio" und „acceptatio" vgl. den Exkurs bei Maurer II, 116 ff.

[116] In der breitangelegten Auslegung Pfnürs stellt sich der Sinn des Schlußsatzes von CA IV wie folgt dar: „Der Glaube als das neue Verhältnis zu Gott, das sich durch den Hl. Geist im Herzen konstituiert hat, wird vor Gott als Gerechtigkeit angerechnet. Dieser Glaube ist Voraussetzung für die reputatio, die Anrechnung zur Gerechtigkeit. Ist dieser Glaube nicht da, so gibt es auch keine reputatio als Gerechter. Man wird solange vor Gott als gerecht und angenehm gehalten, solange der Glaube als Unterpfand der Gemeinschaft mit Gott im Herzen ist. In diesem Zusammenhang ist der Begriff der *Todsünde* von besonderer Bedeutung. Glaube und Todsünde schließen sich aus. Einerseits wird man dadurch, daß man aus einem Ungerechten, aus einem Gefallenen, aus einem, der den Geist verloren hat, zu einem Gerechten gemacht wird, der Todsünde entrissen, anderseits gibt es in der Wirklichkeit des christlichen Lebens die ernste Bedrohung durch die Todsünde, die den Glauben verlieren läßt und dem Zustand des Gerechtgeschätztwerdens ein Ende setzt." (Pfnür, 182) Hinzuzufügen ist, daß es sich bei Todsünden im Sinne Melanchthons, wie Pfnür ihn versteht, nicht lediglich um „allzu grobe Sünden", sondern um peccata contra conscientiam, und das heißt recht eigentlich: um die eine Sünde des Unglaubens handelt, die als Ursünde allen weiteren zugrundeliegt. Der Status der Todsünde ist der des „Sein(s) außer Christus" (Pfnür, 183). Das Heil hingegen besteht im „Sein in Christus", das Heilsgewißheit ohne Vorbehalt impliziert, ohne deshalb zur Heilssicherheit zu verführen.

wurde dies mit zahlreichen Bibelstellen im Kontext der Artikel V,
VI und XX, die in Apol IV neben und zusammen mit CA IV behandelt werden. Noch deutlicher hatte sich zuvor die „Catholica
responsio" ausgesprochen, in der die These, daß wir durch den
Glauben gerechtfertigt werden, zum größten und hauptsächlich-
sten Irrtum der reformatorischen Prediger erklärt wurde (Ficker
19,2 f.: „cum inquiunt fide nos iustificari, is est magnus error et
precipuus concionatorum"). In diesem Zusammenhang wurde im
Verein mit Luther (Ficker 19,5 – 7: „Et Luther ausus est falsare et
addere ad Ro. 3 hanc dictionem solam, que nec in grecis nec in
latinis exemplaribus invenitur.") auch Melanchthon heftig befeh-
det mit seiner Behauptung, daß nicht die Liebe rechtfertige, sondern der Glaube, welcher der Liebe vorzuziehen sei. „Impia est
hec propositio", lautete das Urteil (Ficker 19,13), auf deutsch:
„Ganz ungutig ist solcher sag" (Ficker 19,42 f.).

Um sich gegen dieses Urteil zu verteidigen, mußte Melanchthon
den von ihm gebrauchten Glaubensbegriff differenzieren und näher bestimmen. Das geschieht in der in BSLK gebotenen Apolo-
gieausgabe in IV,48 ff. und zwar unter drei, durch folgende Überschriften markierten Aspekten: 1. Quid sit fides iustificans
(Apol IV,48 – 60); 2. Quod fides in Christum iustificet (Apol IV,61 –
74); 3. Quod remissionem peccatorum sola fide in Christum consequamur (Apol IV,75 – 121). Thematisch einschlägig ist ferner die
Passage Apol IV,303 – 315 in dem wenig strukturierten Schlußabschnitt der Apologie. Sie wurde, wie bereits erwähnt, später weitgehend gestrichen. Angemerkt sei, daß die zweite Überschrift in
der Oktavausgabe um ein „sola" ergänzt wurde, so daß sie nunmehr lautet: „Quod sola fides in Christum iustificet." Darin macht
sich, wie Chr. Peters gezeigt hat, der auch anderwärts erkennbare
Einfluß der „Disputatio" vom April/Mai 1531 geltend (vgl. Peters,
III.2.4.d). Im übrigen fällt auf, daß der Skopus der Argumentation
im gegebenen Zusammenhang des Oktavtextes betont auf die
„pax conscientiae" hin angelegt ist.

Die Frage, was die fides iustificans sei, beantwortet Melanchthon,
indem er die Auffassung der Gegner zurückweist, wonach der
Glaube eine bloße notitia historica sei, die mit Todsünden zusammenbestehen könne. Der rechtfertigende Glaube, so wird gesagt, ist nicht lediglich Kenntnis der Historie Jesu Christi, sondern
Anerkenntnis seiner Verheißung (Apol IV,48: „assentiri promissio-

ni Dei"), genauer gesagt: ein Wollen (velle)[117] und Annehmen (accipere) der angebotenen Verheißung der Sündenvergebung und Rechtfertigung. Begründet wird dies neben Röm 4,16 mit dem Apostolikum, demzufolge das Bekenntnis zu Geburt, Sterben und Auferstehen Christi nichts wirkt, wenn nicht die Zustimmung zur verheißenen Sündenvergebung als der causa finalis der Historie Christi hinzukommt. Gehören Glaube und Verheißung sonach zusammen, wie sie denn auch von Paulus „inter se correlative" (Apol IV,50; vgl. auch IV,324) behandelt werden, so bestätigt sich, was Melanchthon schon im voraus gesagt hat, daß nämlich die „fides iustificans" „fiducia promissionis", kurzum: jener spezielle Glaube („fides specialis") ist, „qua credit unusquisque sibi remitti peccata propter Christum, et Deum placatum et propitium esse propter Christum" (Apol IV,45). Der Glaube in seiner mit prinzipieller Individualität notwendig verbundenen Wesensgestalt ist sonach Verheißungsvertrauen, das sich Gott gegenüber nicht auf eigene Verdienste verläßt, sondern einzig und allein auf Jesus Christus als den Inbegriff evangelischer Verheißung.

Von solchem Glauben ist zu sagen, daß er rechtfertigt[118], erneuert, die Konkupiszenz tötet und den Hl. Geist verleiht, damit das Ge-

---

[117] Zum Sinn des Terminus velle und zum Verhältnis seiner aktiven und passiven Bedeutungselemente vgl. K. Thieme, Die Augsburgische Konfession und Luthers Katechismen auf theologische Gegenwartswerte untersucht, Gießen 1930, etwa 71. Im Unterschied zu Fagerberg, der sich an einer Psychologisierung des Glaubens versucht (Fagerberg, 161: „Im psychologischen Sinne nennen die BK den Glauben *fiducia*, Vertrauen ..."; Fagerberg, 163: „Glauben im christlichen Sinne ist seinem eigentlichen Gehalt nach ein Willensakt, der aber die durch die Sinne vermittelte Kenntnis der göttlichen Verheißung zur Voraussetzung hat."), betont Schlink: „Das velle im Glaubensbegriff gibt gerade keine psychologische Näherbestimmung des Glaubens, sondern bedeutet die Auslieferung und Preisgabe der Psyche an das gnädige Handeln Gottes." (Schlink, 144) Das trifft insofern zu, als der Begriff des Glaubens als Vertrauen den Blick in der Tat völlig fortlenkt „von der Selbstbeobachtung des Menschen und von der Reflektion darüber, ob er glaubt. Er (sc. der Mensch) wird ausschließlich hingewiesen auf den, an den geglaubt werden darf, das heißt auf den, der sich aus Gnaden dem Sünder schenkt." (Schlink, 145)

[118] Schlink betont mit Recht, daß in der Wittenberger Bekenntnistradition vom rechtfertigenden Glauben bzw. von einer Rechtfertigung propter fidem nachgerade und nur deshalb gesprochen wird, weil der Glaube nichts anderes ist als Vertrauen auf die Gerechtigkeit Christi. „In all den genannten, zunächst so bedenklichen Formulierungen kommt also nur

setz Gottes getan werden kann, was möglich ist nur in der Folge und unter beständiger Voraussetzung des Glaubens an das Evangelium. Aus der korrelativen Zusammengehörigkeit von promissio und fides geht zugleich der Gegensatz des Glaubens zur iustitia legis hervor: „Fides est λατρεία, quae accipit a Deo oblata beneficia; iustitia legis est λατρεία, quae offert Deo nostra merita." (Apol IV,49) Dabei geht Melanchthon davon aus, daß der Gottesdienst des Glaubens schon den Erzvätern, den Propheten und Psalmisten (Ps 130,3 ff.; Ps 50,15) vertraut war: „Itaque et patres iustificabantur non per legem, sed per promissionem et fidem." (Apol IV,59) Wichtig ist in diesem Zusammenhang ferner die Feststellung, daß der Glaube nicht deshalb rechtfertigt oder errettet, weil er selbst ein an und für sich wertvolles Werk ist (Apol IV,56: „opus per sese dignum"; vgl. dazu den Brief von Brenz an Melanchthon vom 30. Juni 1531 [CR 2, 510–512]), sondern nur, weil er die verheißene Barmherzigkeit annimmt. Damit ist die Korrelation von Glaube und Verheißung göttlicher Barmherzigkeit als eine eindeutig theozentrisch bestimmte erwiesen, ohne deshalb in ihrem korrelativen Charakter beseitigt zu sein. Es bleibt dabei: „Quoties ... fit mentio misericordiae, sciendum est, quod fides ibi requiratur, quae promissionem misericordiae accipit. Et rursus, quoties nos de fide loquimur, intelligi volumus obiectum, scilicet misericordiam promissam." (Apol IV,55)[119]

---

noch schlagender und ausschließlicher zum Ausdruck, daß Glauben keine Tat des Menschen, sondern Empfang der Gnadentat Christi ist." (Schlink, 147) Diesen Empfang als Leistung zu bezeichnen, ist nicht nur mißverständlich, sondern irreführend. Nicht nur in bezug auf Luthers, auch in bezug auf Melanchthons Glaubensverständnis kann man nicht sagen: „Der empfangende Glaube ist die Minimalleistung, die vom Menschen als Bedingung für die Rechtfertigung gefordert wird." (L. Haikola, Melanchthons und Luthers Lehre von der Rechtfertigung. Ein Vergleich, in: V. Vajta [Hg.], Luther und Melanchthon, Göttingen 1961, 89–103, hier: 94)

[119]   Nach dem Gesagten ist zum einen klargestellt, daß der Glaube keine otiosa notitia historiae ist (vgl. Apol IV,101 im Anschluß an Jes 53,11: „Quid est autem notitia Christi, nisi nosse beneficia Christi, promissiones, quas per evangelium sparsit in mundum? Et haec beneficia nosse, proprie et vere est credere in Christum, credere, quod, quae promissit Deus propter Christum, certo praestet."). Zu den Grenzen einer bloßen „fides historica" hatte sich Melanchthon bereits in seinen Randnotizen zum Text der Dresdner Handschrift vor Ende Oktober 1530 relativ ausführlich geäußert (vgl. Peters, III.1.6.4). In der ältesten Druckfassung der Artikel IV–

Daß der Christusglaube rechtfertigt, hatte Melanchthon, wie gesagt, in der Quartausgabe als Überschrift über Apol IV,61 ff. gesetzt und in der Oktavausgabe durch Hinzufügung eines „sola (fide)" verstärkt. Um diese Wendung noch eingehender zu begründen, schärft er ein, daß der Grundsatz, „quod fides iustificet" untrennbar zusammengehört mit dem anderen, „quod Christus sit mediator" (Apol IV,69). Jesus Christus, der gottmenschliche Mittler in Person, ist als der auferstandene Gekreuzigte zugleich der personale Inbegriff des Evangeliums, welches allein der Glaube in der Kraft des Hl. Geistes ohne die Werke des Gesetzes empfängt. „Itaque qui negant fidem iustificare, nihil nisi legem abolito evangelio et abolito Christo docent." (Apol IV,70) Dabei ist es nach

---

VI vom Januar 1531 ist dieses Thema erneut aufgegriffen (vgl. CR 27, 464,51–465,2) und mit Belegen aus Schrift und Kirchenvätern versehen (vgl. CR 27, 465,3–466,6). In der Quartausgabe wird dies, wie gezeigt, der Sache nach rezipiert. Daneben wird – zum zweiten – die Frage einer Antwort zugeführt, „quomodo contingat fides" (Apol IV,61). Der Glaube kommt zustande durch Annahme der Verheißung Christi. Melanchthon erläutert dies noch einmal und zwar anhand von Lk 24,47, wo der Herr befiehlt, in seinem Namen Buße und Vergebung der Sünden zu verkündigen (praedicare). „Evangelium enim arguit omnes homines, quod sint sub peccato, quod omnes sint rei aeternae irae ac mortis, et offert propter Christum remissionem peccatorum et iustificationem, quae fide accipitur." (Apol IV,62) Auffällig ist, daß hier der Evangeliumsbegriff sowohl die Funktion des Gesetzes als auch die der Gnadenverheißung umgreift. Aber dies ist zunächst lediglich eine Frage des Sprachgebrauchs. Sachlich wird damit die Differenz zwischen Gesetz und Evangelium keineswegs eingeebnet. Während die Anklagen der Gesetzespredigt die Gewissen in Schrecken versetzen, wird ihnen Trost nur durch die gläubige Annahme der Verheißung der Gnade Christi zuteil. Der Verheißungsglaube ist es daher, der Sündenvergebung empfängt, rechtfertigt und ein neues und geistliches Leben schafft. Während nach Meinung der Gegner der Hl. Geist durch die Sakramente „ex opere operato sine bono motu accipientis" (Apol IV,63) übertragen werde (Apol IV,63: „quasi vero res sit donatio spiritus sancti"), ist für den von der Apologie entwickelten Glaubensbegriff charakteristisch, daß er die Verheißung nicht nur äußerlich aneignet, sondern ihres Gehalts innewird, wobei hinzuzufügen ist, daß der Glaube des verheißenen Heils gerade dadurch innewird, daß er sich darauf verläßt. Das gläubige Innesein des Heils besteht demnach geradezu in einem Externbezug. Der Glaube ist, was er ist, indem er sich auf das verheißene Heil verläßt, welches ihm in Jesus Christus versprochen und durch Wort und Sakrament zugesagt ist, ohne durch Werke erlangt werden zu können (vgl. Apol IV,67 unter Verweis auf Röm 1,16; 10,17).

Melanchthon nicht so, wie die Gegner fälschlich vorgeben, daß der Glaube nur der Anfang der Rechtfertigung (initium) oder die Vorbereitung (praeparatio) auf sie sei, „ut non sit ipsa fides illud, quo accepti sumus Deo, sed opera, quae sequuntur" (Apol IV,71). Festzuhalten sei vielmehr, „quod proprie ac vere ipsa fide propter Christum iusti reputemur, seu accepti Deo simus" (Apol IV,72). Es folgt sodann die umstrittene und ausführlich behandelte Passage aus Apol IV,72, die mit der Wendung schließt: „Ideo primum volumus hoc ostendere, quod sola fides ex iniusto iustum efficiat, hoc est, accipiat remissionem peccatorum." Bevor der angekündigte Beweis, „(q)uod remissionem peccatorum sola fide in Christum consequamur", in vier Argumentationsschritten (Apol IV,75– 81.82.83.84 f.) durchgeführt wird, verteidigt Melanchthon zunächst unter Verweis auf Röm 3,28, Eph 2,8 f. und Röm 3,24 die particula exclusiva ‚sola (fide)‘, die in den paulinischen Wendungen „gratis, non ex operibus, donum est etc." stets mitgesetzt sei (Apol IV,73: „Nam hae quoque sunt exclusivae."). Hinzugefügt wird: „Excludimus autem opinionem meriti. Non excludimus verbum aut sacramenta, ut calumniantur adversarii. Diximus enim supra fidem ex verbo concipi, ac multo maxime ornamus ministerium verbi. Dilectio etiam et opera sequi fidem debent. Quare non sic excluduntur, ne sequantur, sed fiducia meriti dilectionis aut operum in iustificatione excluditur. Idque perspicue ostendemus." (Apol IV, 74)[120]

Was den vierfachen Beweis anbelangt, daß allein der Glaube aus einem Ungerechten einen Gerechten schafft, das heißt, die Sündenvergebung empfängt, so wird zunächst unter Verweis auf Ps 32,1 und in Erwartung der Zustimmung der Gegner, mit denen man die Überzeugung von der Allgemeinheit der Sünde (Apol IV,

---

[120]   Diese Ausführungen geben sich wie die nachdrückliche Feststellung, daß der Glaube nicht nur das „initium iustificationis" sei, als neuerlicher „Reflex der Augsburger Ausschußverhandlungen" (Peters, III.2.2.d.c; vgl. Peters, III.1.4) zu erkennen. Zu dem folgenden vierfachen Beweis ist zu bemerken, daß der Januartext zur Begründung der entwickelten These von der Rechtfertigung „proprie fide" nur drei „rationes" aufgeführt hatte (vgl. CR 27, 467,62–471,6; vgl. Peters, III.2.1.c.f), deren erste im Quarttext auf zwei Argumentationsgänge verteilt wird; indes blieb dies nicht die einzige Umgruppierung bzw. Textveränderung, was beweist, wie sehr Melanchthon im Rechtfertigungsartikel mit Dispositionsproblemen zu kämpfen hatte.

75: „Omnes enim sub peccato sumus.") teilt, folgender Obersatz
festgelegt: „Consequi remissionem peccatorum est iustificari"
(Apol IV,76). Sodann wird gesagt: „Sola fide in Christum, non per
dilectionem, non propter dilectionem aut opera consequimur remissionem peccatorum, etsi dilectio sequitur fidem." (Apol IV,77)
Daraus ergibt sich folgende Schlußfolgerung: „Igitur sola fide
iustificamur, intelligendo iustificationem, ex iniusto iustum effici
seu regenerari." (Apol IV,78) Der Untersatz dieses Schlusses wird
im folgenden unter anderem durch den Hinweis erläutert, daß das
Wesen der Sündenvergebung nicht aus kalter und innerlich unbeteiligter Distanz heraus erfaßt und beschrieben werden kann,
weil in ihr die in den Herzen durch das Gesetz erregten Schrek-
ken der Sündenschuld und des ewigen Todes durch das gläubige
Vertrauen auf die verheißene Gnade um Christi willen (Apol IV,
79: „fiducia promissae misericordiae propter Christum") besiegt
werden müssen (vgl. Apol IV,79 mit Verweis auf 1. Kor 15,56 f.).
Dieser Hinweis zielt darauf, daß nur der Glaube die Sündenvergebung empfangen kann, weil nur er die Versöhnungsmittler-
schaft Christi gemäß Röm 5,2 uneingeschränkt gelten läßt, wohingegen durch Vertrauen auf eigene Werke und Taten der Liebe der
Zorn Gottes unversöhnt bleibe. Dies sei auch dann der Fall, wenn
die Mittlerschaft Christi auf die Vermittlung des Liebeshabitus als
der Gnadenvoraussetzung eigenverdienstlicher Werke beschränkt
werde. „Annon est hoc prorsus sepelire Christum et totam fidei
doctrinam tollere?" (Apol IV,81)

Dem ersten und entscheidenden Beweis folgt ein kurzer zweiter:
Gewiß ist, daß die Sünden um Christi willen vergeben werden,
den Gott, wie Paulus Röm 3,25 sagt, zum Versöhner gesetzt hat.
„Addit autem Paulus: per fidem. Itaque ita nobis prodest hic propitiator, cum fide apprehendimus promissam in eo misericordiam
et opponimus eam irae ac iudicio Dei." (Apol IV,82) Bestätigt
werde dies durch Hebr 4,14.16. Entsprechendes wird – drittens –
unter Berufung auf den in Apg 10,43 geltend gemachten Konsens
aller Propheten (Apol IV,83: „Hoc vere est allegare ecclesiae auctoritatem.") wiederholt. Die Sündenvergebung empfangen wir
„non propter nostra merita, non propter nostram contritionem, attritionem, dilectionem, cultus, opera" (Apol IV,83), sondern durch
Christi Namen (Apol IV,83: „per nomen eius, hoc est propter
eum"; vgl. Apol IV,98), den wir nur durch den Glauben ergreifen
können. Schließlich bestätigen zum vierten und letzten Röm 4,16
und Gal 3,22: „Remissio peccatorum est res promissa propter Chri-

stum. Igitur non potest accipi nisi sola fide. Nam promissio accipi
non potest nisi sola fide." (Apol IV,84) Hinzugefügt wird, daß diese – aus dem Wesen der Verheißungen entnommene – Begründung für die paulinische Theologie insgesamt charakteristisch sei
und durch kein Einzelfündlein zu Fall gebracht werden könne. In
Apol IV,86 kann daher als Ergebnis des Beweisganges zusammengefaßt werden: „Cum autem sola fide accipiamus remissionem
peccatorum et spiritum sanctum, sola fides iustificat, quia reconciliati reputantur iusti et filii Dei, non propter suam munditiem,
sed per misericordiam propter Christum; si tamen hanc misericordiam fide apprehendant."[121]

Erneut aufgegriffen wird die Glaubensthematik in dem – in den
Oktavtext nicht aufgenommenen – Nachtragsstück Apol IV,303 –
315 (vgl. auch Apol IV,101), wo gesagt wird, daß die „fide(s), quae
vere et ex corde assentitur promissioni gratiae" (Apol IV,303), weder in den Gottlosen noch in den Teufeln ist. Es handelt sich bei

---

[121] An den durchgeführten Hauptbeweisgang schließt sich eine Fülle biblischer Belege an, die klarstellen sollen, „quod fides sit ipsa iustitia, qua
coram Deo iusti reputamur, videlicet non, quia sit opus per sese dignum,
sed quia accipit promissionem, qua Deus pollicitus est, quod propter
Christum velit propitius esse credentibus in eum, seu quia sentit, quod
Christus sit nobis factus a Deo sapientia, iustitia, sanctificatio et redemptio." (Apol IV,86) Behandelt bzw. angesprochen werden in diesem Zusammenhang folgende Stellen: Röm 3,28; Eph 2,8; Röm 4,1.6; Röm 4,4 f.;
Röm 4,9; Röm 5,1; Röm 10,10; Gal 2,16; Eph 2,8; Joh 1,12 f.; Joh 3,14 f.; Joh
3,17; Apg 13,38 f.; Apg 4,11 f.; Apg 15,9; Hab 2,4; Jes 53,11. Belegt werden
soll, was z. B. Paulus in Röm 4,4 f. klarstellt, daß der Glaube selbst als
Gerechtigkeit zugerechnet wird. „Fides igitur est illa res, quam Deus pro-
nuntiat esse iustitiam, et (sc. Paulus) addit gratis imputari, et negat posse
gratis imputari, si propter opera deberetur." (Apol IV,89) Solches werde
nicht nur durch die Schrift vielfältig bezeugt, „quia alibi legem, alibi
promissiones de Christo et de remissione peccatorum et de gratuita ac-
ceptatione propter Christum tradit" (Apol IV,102), sondern auch durch die
Autorität eines Augustinus (Apol IV,106; vgl. IV,87) und eines Ambrosius
(Apol IV,103) bestätigt, dessen zitierte Sentenz (Ep 73,10 f.; MSL 16,1307 f.)
zum rechten Paulusverständnis mehr beitrage, als alle Sententiarier zusammen, mögen sie auch angelici (Thomas von Aquin), subtiles (Duns
Scotus) oder irrefragabiles (Alexander von Hales) genannt werden. Bleibt
nur die Verwunderung, daß die Gegner durch so viele Schriftstellen,
welche die Rechtfertigung eindeutig dem Glauben zu- und den Werken
absprechen, in keiner Weise erschüttert werden. „Num frustra existimant
toties idem repeti? Num arbitrantur excidisse spiritui sancto non ani-
madvertenti has voces?" (Apol IV,108)

solchem vertrauensvollen Glauben an Gottes Hilfe und Gnade um eine „re(s) ... supra naturam" (Apol IV,303), welche nicht „sine magno agone" in die Herzen der Menschen gelangt: „nam humanus animus per sese nihil tale de Deo statuit." (Apol IV,303) Von daher läßt sich der Glaube auch nicht unmittelbar mit einem der beiden gegebenen menschlichen Seelenvermögen, Verstand (intellectus) und Wille (voluntas), verbinden. Zwar ergreift und umgreift er beide und betrifft keineswegs nur den Verstand, wie jener Sophist es unterstellt, welcher sagt, die Gerechtigkeit sei im Willen (vgl. CR 27, 519, 17–37), weswegen sie nicht dem Glauben zugestanden werden kann, der im Verstand ist (Apol IV,304). Melanchthon braucht demgegenüber zunächst nur auf die scholastische Lehrmeinung (vgl. BSLK 219, Anm. 2) zu verweisen, wonach der Wille dem Verstand befehle, daß er dem Wort Gottes zustimme. Er begnügt sich aber nicht mit dieser Feststellung, sondern will, was er meint, deutlicher zum Ausdruck bringen: „Sicut terrores peccati et mortis non sunt tantum cogitationes intellectus, sed etiam horribiles motus voluntatis fugientis iudicium Dei, ita fides est non tantum notitia in intellectu, sed etiam fiducia in voluntate, hoc est, est velle et accipere hoc, quod in promissione offertur, videlicet reconciliationem et remissionem peccatorum." (Apol IV, 304) Damit scheint gesagt, daß der Glaube seinen anthropologischen Sitz im Leben vor allem im Willen hat, der mit der Fiduzialgestalt des Glaubens in Verbindung gebracht wird, wohingegen der Verstand offenbar nur das Glaubensmoment der notitia zu vertreten vermag. Nun behauptet Melanchthon ohne Zweifel die Willensqualität des Glaubens, und auch gewisse voluntaristische Prärogativen lassen sich – ähnlich wie bei Luther – in diesem Zusammenhang nicht leugnen. Doch ist ebenso deutlich, daß in Apol IV,306 „dann doch der Willensgerechtigkeit, sowie sie in der Philosophie und vor Gericht gilt, ... die imputative Gerechtigkeit des Glaubens entgegengestellt wird" (Ritschl, 327). Daß dies die sachliche Pointe des schwierigen, bereits ausführlich behandelten Abschnitts Apol IV,304–308 ist, wird allenfalls durch gewisse „schriftstellerische Unebenheiten" (Ritschl, 327) in dem keineswegs übersichtlich gegliederten Satzgefüge verdunkelt.

Hält man sich an den Text, so ist deutlich, daß Melanchthon sich zum Beweis für die Behauptung, daß der Glaube als fiducia in der Sphäre des Willens liegt, zu Ende von Apol IV,304 auf die bereits wiederholt zitierte Stelle Röm 5,1 beruft: „Iustificati ex fide pacem habeamus erga Deum." Statt der erwarteten Schlüsse bezüglich der Willensqualität des Glaubens folgt dann aber die Erklärung, daß „iustificare" an dieser Stelle so viel bedeutet wie „iustum pronuntiare", wobei die bereits in Apol IV,252 erwähnte Analogie zum Gerichtsverfahren erneut geltend gemacht wird. Hieß es dort im Blick auf Röm 2,13: „Et iustificari significat hic non ex impio iustum effici, sed usu forensi iustum pronuntiari", so lautet der Kommentar zu Röm 5,1 in Apol IV,305: „Iustificare vero hoc loco forensi consuetudine significat reum absolvere et pronuntiare iustum, sed propter alienam iustitiam, videlicet Christi, quae aliena iustitia communicatur nobis per fidem." Beide Sätze haben, wie gezeigt, den Interpreten nicht geringe Schwierigkeiten bereitet. Sie betrafen vor allem die Verhältnisbestimmung einer sog. forensischen und einer sog. effektiven Rechtfertigung. Nun hat allerdings – wie schon erwähnt – bereits O. Ritschl gezeigt, daß der Ausdruck „usus seu consuetudo forensis" in der Apologie „nichts weiter (besagt), als daß Gott urteilend wie ein Richter zu denken sei", und mit der späteren „Vorstellung von einem jenseitigen forum Dei, vor dem sich die eigentliche Rechtfertigung abspiele" (Ritschl, 322 f.), noch nicht verbunden ist. In diesem Sinne zielt der forensische Vergleich lediglich auf die Einsicht, „daß es sich bei dem iustum reputare oder pronuntiare im Unterschiede von dem iustum efficere einfach um einen göttlichen Urteilsakt handelt" (Ritschl, 323). Zu denken ist in diesem Zusammenhang an den Vollzug der sündenvergebenden Rechtsprechung in der Evangeliumsverkündigung im allgemeinen und in der Absolution (Apol IV,305: „reum absolvere") im besonderen. Als Grund für jenes rechtsprechende Urteil benennt Apol IV,305 im Anschluß an Luther die „aliena iustitia Christi", welche fremde Gerechtigkeit uns durch den Glauben mitgeteilt wird. Durch solche Mitteilung wird die Gerechtigkeit Christi dem Glauben effektiv zu eigen, ohne doch aufzuhören fremde, will heißen, von der tatsächlichen, durch Selbst- und Außenbeobachtung zu erhebenden Verfassung des Glaubenden unterschiedene Gerechtigkeit zu sein. In diesem Sinne muß dann auch der Glaube im Sinne der „fides iustificans" vom Willen als dem effektiven Wirksubjekt menschlicher Werke abgehoben werden. Darauf zielt Melanchthon, wenn er Apol IV, 306 sagt: „Itaque cum hoc loco iustitia nostra sit imputatio alienae iustitiae, aliter hic de iustitia loquendum est, quam cum in philosophia aut in foro quaerimus iustitam proprii operis, quae certe est in voluntate." Damit ist die argumentative Pointe des Abschnitts Apol IV,304 ff. erreicht. Bestätigt wird sie durch die Verweise auf 1. Kor 1,30 und 2. Kor 5,21 sowie durch die anschließende Erläuterung: „Sed quia iustitia Christi donatur nobis per fidem, ideo fides est iustitia in nobis imputative, id est, est id, quo efficimur accepti Deo propter imputationem et ordinationem Dei." (Apol IV,307 mit Verweis auf Röm 4,5) Durch diese Erläuterung wird im übrigen ein weiteres Mal belegt, daß die forensisch-reputative bzw. pronuntiative-imputative Rechtfertigungsterminologie zur effektiven in keinem Gegensatz steht, sondern mit dieser einen differenzierten Zusammenhang umschreibt, dessen Skopus in der Einsicht besteht, daß der Glaube seines Heils nur, aber nun eben darin innewird, daß er sich auf die Zusage des Evangeliums Jesu Christi verläßt.[122]

---

[122] Das wird auch durch die nachfolgenden Ausführungen nicht revoziert, in denen der Glaube in schulmäßiger Form als willentlicher Gehorsam dem Evangelium gegenüber bestimmt wird, wobei solcher Gehorsam als „oboedientia erga edictum superioris" dem Glauben sogar im Sinne der „iustitia distributiva" zur Gerechtigkeit zu gereichen scheint. Gleichwohl kann solche Gerechtigkeit des Gehorsams gegen das Evangelium, wie sie dem Glauben eignet, nur um der imputativ zugerechneten Gerechtigkeit Christi willen vor Gott bestehen. Ist doch der Glaube, was er ist, nämlich zur effektiven Gerechtigkeit vor Gott gereichender Gehorsam, indem er Gottes Barmherzigkeit vertraut und sich gänzlich auf die Gerechtigkeit Jesu Christi verläßt. In diesem Sinne gilt ihm sein Ureigenes stets als durch Gottes Zuvorkommen vermittelt, wodurch sich der Gehorsam des Glaubens kategorial von dem unmittelbar am aktiven Selbstbestimmungswillen des Tatsubjekts orientierten Gehorsam unterscheidet, wie das Gesetz ihn einklagt. Es bleibt also dabei, was an einer Reihe von Schriftstellen noch einmal belegt wird (Röm 8,1; 4,20; Joh 6,40; Mt 17,5): „Ita cultus et λατρεία evangelii est accipere bona a Deo; econtra cultus legis est bona nostra Deo offerre et exhibere. Nihil autem possumus Deo offerre, nisi antea reconciliati et renati." (Apol IV,310) Der Vorwurf an die Gegner hinwiederum ist der, nur vom Gehorsam gegen das Gesetz, nicht aber von dem Gehorsam gegen das Evangelium zu sprechen, demgemäß der wichtigste Gottesdienst darin besteht, von Gott die Sündenvergebung, Gnade und Gerechtigkeit empfangen zu wollen (velle accipere). Ihrem möglichen Einwand indes, die entwickelte Bestimmung des Glaubens als „fides ..., quae vult illa, quae in promissione offeruntur" (Apol IV,312), vermische Glaube und Hoffnung, wird unter Berufung auf Hebr 11,1 mit dem differenzierenden Hinweis begegnet, daß der Gegenstand der Hoffnung eigentlich ein zukünftiges Ereignis ist, wohingegen der Glaube sich auf zukünftige und gegenwärtige Dinge erstreckt und in der Gegenwart die in der Verheißung dargebotene Sündenvergebung empfängt.

7. Glaube und Liebe

„Quod non dilectio, sed fides iustificet" lautet die Überschrift einer Thesenreihe, die Melanchthon Anfang Juli 1530 im Anschluß
an eine Unterredung mit dem kaiserlichen Prediger Aegidius verfaßt hat. Auch wenn die Überschrift sekundär ist, so faßt sie doch
den Gehalt der Thesen trefflich zusammen. Drei Gründe werden
für die theologische Richtigkeit des Satzes angeführt, daß nicht
die Liebe, sondern der Glaube rechtfertige: „[1] Prima [causa]: Quia
dicere, quod charitas iustificet, est tribuere nobis aliquod meritum
proprium. Sed dicere, quod fides iustificet, non est tribuere nobis
propriam aliquam iustitiam, quia fides respicit ad meritum Christi.
Dilectio est proprium quiddam [sic] requisitum a lege et nunquam
perficitur in hac vita. Ideo nunquam possent acquiescere conscientiae, etiamsi sic loqueretur et tamen transferretur fiducia a
merito Christi ad nostram propriam iustitiam. [2] [Secunda causa:]
Dicere, quod charitas iustificet, non includit modum iustificationis.
Dicere, quod fides iustificet, includit modum iustificationis, quia
significat totam rem verbo effici, de quo modo nihil dixerunt
scholastici, quomodo corda per verbum concipiant consolationem
et spiritum sanctum ... [3] Tertio [i. e. tertia causa:] prodest modus
loquendi, quod fides iustificet, quia facile intelligitur. Sensus fidei
non est obscurus, quia semper consolatur conscientias et illa consolatio sentitur, verum dilectionis non perinde est notus. Pauci
enim sentiunt dilectionem. Quare difficile est intelligere hanc figu-
ram sermonis, quod dilectio iustificet. Et tamen hoc verissimum
est: Vera fides parit dilectionem veram, nec unquam divelli possunt. 1530." (Zit. n. Peters, III.1.1)

Melanchthons Thesen stellen nicht nur einen „Kommentar zu
CA 4" (Peters, III.1.1) dar, sondern markieren zugleich die Zielrichtung des Rechtfertigungsartikels der Apologie der Augustana.
Die Ausgangsposition für deren Genese ist durch die evangelischen Mitschriften der Confutatio vom 3. August 1530 bestimmt,
wobei für Melanchthon insbesondere der Text des Camerarius
wichtig geworden ist (vgl. Peters, III.1.2). Mitte August 1530 liegt,
wie erwähnt, mit den betreffenden Passagen (vgl. CR 27, 278,7–
279,36) der sog. Grundschrift Spalatins die noch vergleichsweise
schmale Erwiderung auf die Artikel IV und VI der Confutatio und
damit die Keimzelle des Rechtfertigungsartikels der Apologie vor
(vgl. Peters, III.1.3). Grundlegend für die apologetische Argumen-

tation ist die dezidierte Kontrastierung des „meritum Christi" mit dem „meritum operum nostrorum": „Porro etiam si opera essent meritoria, tamen articulus noster recte et catholice positus est, quod non debeamus confidere operibus nostris, sed merito et gratuita promissione Christi. Hoc continet articulus noster. Et id fateri omnes catholicos oportet." (CR 27, 278, 14 ff.; BSLK 158,31–34) Unter den zahlreichen Texteingriffen Melanchthons in die Spalatin-Grundschrift aus der Zeit zwischen Mitte August und dem 22. September 1530 sind vor allem diejenigen interessant und für die weitere Entwicklung der Rechtfertigungslehre der Apologie bestimmend geworden, die auf die – im einzelnen noch zu erörternden – Verhandlungen des Vierzehner-Ausschusses über das Verhältnis von Glaube und Liebe und insbesondere über die theologische Rechtmäßigkeit der „sola fide"-Formel bezogen sind. Veranlaßt durch die Angriffe namentlich Ecks schreibt Melanchthon: „Et in hanc sentenciam dicimus nos sola fide iustificari, quia fides apprehendit graciam et misericordiam dei, sentiens nobis deum esse propicium propter Christum. Haec fides imputatur pro iusticia coram deo, Et quia accipit spiritum sanctum, hic renovat corda et impellit ad bene operandum. Sicut in propheta scriptum est, Dabo legem meam in cordibus eorum. Ita bona opera fructus sunt fidei. Interim tamen fides agnoscit, quod propter Christum, non propter nostra opera habemus deum propicium. Ideo fides iustificat, non opera, quia fides respicit Christum, propter quem dilecti sumus. Nec haberent homines firmam et certam consolacionem adversus peccata, si propter opera nostra consequemur graciam, quia semper deprehendimus in nobis aliquid vicij. Fides autem affert firmam consolacionem consciencijs, senciens nos propter Christum certo recipi in graciam, eciam si opera sint indigna. Adversarij cavillantur vocem *sola,* atque eciam volunt videri faceti, novum nomen excogitarunt, vocant nos Solarios, quia dicamus, sola fide hominem iustificari, vociferantur hanc vocem non extare in scripturis, conqueruntur excludi sacramenta. Nos vero sentimus hominem iustificari fide, non propter praecedencia aut sequencia opera. Haec fides per verbum et sacramenta excitatur. Itaque non excluduntur sacramenta, sed meritum operum. Idem facit Paulus, cum ait, Donum dei est, non ex operibus. Haec negativa clare excludit opera. Item saepe dicit, gratis nos iustificari fide. Nonne et gratis exclusiva particula est? nec aliud est, cum dicitur, sola fide iustificamur, quam cum dicitur, gratis iustificamur fide. Nonne et donum excludit opera." (CR 27, 282,35–283,20)

Auch wenn in diesem Textzusammenhang bald Streichungen vorgenommen wurden, die den direkten Bezug zu den Augsburger Ausschußverhandlungen zurücktreten lassen, so ist durch die zitierte Passage gleichwohl der Grundtenor für alles weitere angegeben. Das bestätigen nachgerade die Randnotizen, mit denen Melanchthon den vom Kaiser am 22. September 1530 zurückgewiesenen Apologietext (vgl. Peters, Anhang 1) bis spätestens Mitte Oktober vornehmlich im Rechtfertigungsartikel überarbeitet hat (vgl. Peters, III.1.6). Im Zentrum des theologischen Interesses steht bemerkenswerterweise die Präzisierung des Glaubensbegriffs und dessen Absicherung gegen mögliche und tatsächliche Fehlinterpretationen. „Der Gedankengang dabei ist folgender: [1] Die von Melanchthon (auch schon in CA 20) beschriebene *fides* ist nicht nur eine bloße *noticia historica,* sie glaubt vielmehr auch den *promissionibus Dej additis historiae euangelij.* Der Gedanke wird sofort konkretisiert (und dies ganz gezielt im Blick auf den einzelnen Gläubigen): Es kommt nicht nur darauf an, daß ich weiß, daß Christus irgendwann einmal gelitten hat. Ich muß auch wissen, warum er gelitten hat, nämlich, um mich mit dem Vater zu versöhnen *(nam id quoque pertinet ad historiam).* [2] Gegenstand der Verheißung ist die Vergebung der Sünden. Dies zeigt bereits das Apostolicum. Erst die Vergebung der Sünden ermöglicht dann auch die Versöhnung mit Gott. [3] Der Glaube erwächst aus der Predigt der Buße. Sie erschreckt die Gewissen, verweist sie dann aber auch auf die Vergebung der Sünden um Christi willen und richtet sie so wieder auf. [4] Der Glaube ist ein Werk des Heiligen Geistes. Er, der Geist, ist es, der die erschrockenen Gewissen durch das Wort wieder aufrichtet. [5] Aus einem derartigen Glauben folgt dann auch notwendig die Liebe zu Gott. Sie wird aber erst möglich, wenn man zuvor die Begnadigung erfahren hat. [6] Die Theologen der Vergangenheit haben an dieser Stelle vieles durcheinandergebracht. Sie meinten nämlich *nos iustificari dilectione Dej.* [7] Hier schaffen die Anhänger der CA nun endlich Klarheit, *quia modum et formam iustificacionis et omnes causas ostendunt, cum dicant fide iustificari hominem.* [8] Zuletzt wird dieser gesamte Gedankengang dann noch einmal griffig zusammengefaßt: *Dicunt* [i. e. die Anhänger der CA] *per euangelium argui peccata, et promitti graciam propter Christum. Haec promissio fide accipitur ...*" (Peters, III.1.6.4) Der Weg zu einer selbständigen, von der unmittelbaren Konfrontation mit den Augsburger Gegnern abgelösten Darstellung der Rechtfertigungslehre war damit eingeschlagen.

Es bedurfte indes noch mehrerer Schritte, um diesen Weg zu einem Melanchthon befriedigenden Ziel zu führen. Das zeigt die frühe Geschichte der Druckfassungen des Rechtfertigungsartikels der Apologie von der ältesten, von Veit Dietrich überlieferten Fassung „De iustificatione" vom Jahresbeginn 1531 (vgl. CR 27, 460,38 – 478,5) über den in BSLK wiedergegebenen sog. Quarttext vom Ende April/Anfang Mai 1531 bis zum Oktavtext vom September 1531. Eine Schlüsselstellung für das Verständnis dieses Entwicklungsgangs kommt dabei, wie jüngst vor allem Chr. Peters gezeigt hat (vgl. Peters, III.2.3), der Disputatio „Quare fide iustificemur, non dilectione" vom April/Mai 1531 zu, die ihrerseits in enger Verbindung mit Melanchthons (am 8. April selbigen Jahres begonnenem) Briefwechsel mit Brenz steht. Davon war einleitend bereits detailliert die Rede. Es genügt daher, kurz an die in der „Disputatio" und im besagten Schriftverkehr mit Brenz dokumentierte Grundeinsicht zu erinnern. Diese Grundeinsicht ist keine andere als diejenige, die bereits in der Thesenreihe für Aegidius zum Ausdruck kam: Es ist der Glaube und der Glaube allein, welcher rechtfertigt. Dies darf nicht in Frage gestellt, sondern es muß im Gegenteil bestätigt werden, wenn theologisch „De dilectione et impletione legis" zu handeln ist. Um dies in der nötigen Deutlichkeit klarzustellen, kann es Melanchthon Brenz gegenüber als den entscheidenden Unterschied seiner Auffassung zu derjenigen Augustins bezeichnen, daß dieser unsere Geltung vor Gott auf unsere gottgewirkte Erneuerung gründe, wohingegen der wahre Sachverhalt so zu charakterisieren sei, „daß der Glaube nicht rechtfertige, sofern er eine vom heiligen Geist gewirkte Neuheit der Christen sei, sondern allein deshalb, weil er Christum ergreife" (Ritschl, 337). Melanchthons Ungenügen an der Augustinischen Rechtfertigungslehre richtet sich mithin darauf, daß dieser, obwohl er – anders als unter den Schultheologen üblich – die iustitia rationis rechtfertigungstheologisch in Schranken weist, die durch den geistgewirkten Glauben vollbrachten Werke der Gesetzeserfüllung zur Basis göttlichen Rechtfertigungsurteils erklärt. Dem hält Melanchthon entgegen, daß wir allein durch den Glauben gerecht sind, weil es der Glaube ist, welcher Christus ergreift, um dessentwillen allein wir Gott genehm und wohlgefällig sind. „Ideo non dilectio, quae est impletio legis, iustificat, sed sola fides, non quia est perfectio quaedam in nobis, sed tantum, quia apprehendit Christum, iusti sumus, non propter dilectionem, non propter legis impletionem, non propter novitatem nostram, etsi sint dona Spiritus Sancti, sed propter Christum, et hunc tantum fide apprehendimus." (CR 2, 501 f.; vgl. ferner die Belege bei Pfnür, 196, Anm. 358.)

Es verdient in diesem – seiner Wichtigkeit wegen ein zweites Mal herbeizitierten – Zusammenhang bemerkt zu werden, daß Melanchthon in einem Rückblick auf die Zeit des Augsburger Reichstages aus dem Jahre 1536 ausdrücklich notierte, daß es eben jenes naheliegende Mißverständnis war, demgemäß der Glaube nicht allein rechtfertige, sondern nur aufgrund der mit ihm verbundenen Tugenderneuerung, um dessen Vermeidung willen er, Melanchthon, die forensisch-imputative Begrifflichkeit mehr und mehr favorisiert habe: „Sed cum initio, viderem a multis, praesertim alibi, sic accipi hanc propositionem: Sola fide iusti sumus, in hanc sententiam, Novitate illa seu infusis donis iusti sumus (Id erat dicere, non sola fide); necesse fuit mihi, in Apologia transferem rem ad imputationem gratuitam et quaedam distinctius dicere." (CR 3, 180; vgl. WA Br 12, 191, 2–5) Das entscheidende sachliche Motiv für die betonte Ausbildung der imputativen bzw. reputativ-pronuntiatorischen Rechtfertigungsterminologie ist damit benannt. „Die Redeweise von der ‚Imputatio‘ richtet sich ... gegen eine Rechtfertigung durch die Liebe. Das Ziel ist, zu sagen, daß unser Angenommensein vor Gott auf der durch den Glauben begründeten Gottesgemeinschaft beruht und nicht erst durch die einzelnen guten Regungen und Werke, die aus diesem neuen Sein hervorgehen, konstituiert wird." (Pfnür, 196; vgl. ferner Weber I/1, 96 f.)

Daß dieses Aussageziel bereits für die Augustana selbst kennzeichnend ist, steht außer Zweifel, wie sich denn auch der Imputationsbegriff bereits in ihr vorfindet, um in der weiteren Lehrentwicklung dann allerdings verstärkt hervorzutreten. Was die Augustana betrifft, so ist zunächst in Erinnerung zu rufen, was bereits mehrfach gesagt wurde, daß nämlich die Artikel CA IV, V und VI eine untrennbare sachliche Einheit darstellen, deren Zusammengehörigkeit schon durch die Vorgeschichte der Texte eindeutig bestätigt wird. Einerseits nämlich schwankt bis zu Nb die Reihenfolge der Artikel, andererseits zeigen sich auch inhaltlich vielfältige Überschneidungen. Die definitive Materialabgrenzung

ist zusammen mit der endgültigen Festlegung der Artikelreihenfolge erst in Nb um Mitte Juni 1530 erfolgt. Bestimmend war dafür,
wie ebenfalls schon erwähnt, das bereits in Schwab 6 zu entdek-
kende Anordnungsschema, welches klar zwischen Ursache und
Wirkung des Rechtfertigungsglaubens unterschied. Wurde die die
Ursache bzw. den Vermittlungsgrund des Rechtfertigungsglaubens
betreffende Thematik CA V zugewiesen, so die Frage seiner Wirkungen und Früchte CA VI.[123]

---

[123] Nach Mildenberger besteht das Problem von CA VI vor allem darin, daß
das „Subjekt" des beschriebenen gehorsamen Tuns „in der Schwebe"
(Mildenberger, 84) bleibt. Daß im gegebenen Zusammenhang ein
schwerwiegendes Problem vorliegt, ist offenkundig; es läßt sich aber
m. E. nicht mit dem Hinweis auf einen drohenden „anthropozentrischen
Denkansatz" (Mildenberger, 85) abtun. Auszugehen ist davon, daß der
Rechtfertigungsglaube ohne Wiedergeburt und ohne Folgsamkeit nicht
bestehen kann. Präziser gefaßt: Ein Glaube ohne Gehorsam soll nicht
nur nicht bestehen, er besteht auch nicht. Denn das glaubenswirksame
Rechtfertigungsevangelium wirkt mit dem Glauben zugleich das neue
Sein des Glaubenden. Von einer Menschenlosigkeit Gottes kann und darf
gerade im rechtfertigungstheologischen Zusammenhang nicht die Rede
sein. Zu reden ist dann aber notwendig von einem im Glauben zur Vernunft gebrachten Willen, der Gott und durch Gott den Nächsten willig
liebt, weil er sich selbst von Gott geliebt weiß. Von diesem vernünftigen
Willen des Glaubens an das Evangelium ist zu sagen, daß er „nicht mehr
unter dem Gesetz, sondern *in* dem Gesetz" (Schlink 161; vgl. 158) lebt.
Hinzuzufügen ist, daß der vernünftige Wille des Glaubens dem Glaubenden keineswegs äußerlich ist, sondern sein wahres Selbst ausmacht,
das zu sein er von Gott bestimmt ist. Das muß so sein (vgl. die einschlägigen Wendungen certe, necesse, debet, oportet u. a. in Apol VI), wenn
das Rechtfertigungsevangelium die Wahrheit ist und nicht falscher
Schein. Das „Muß" bezeichnet in diesem Sinne, der der erste und grundlegende, weil evangelische Sinn ist, eine theologische Notwendigkeit,
die in der Tatsache begründet ist, das Gottes Evangelium nicht lügt und
trügt, sondern verläßlich ist. Daß Gott dem Sünder in der Rechtfertigung
nicht nur etwas zuteil werden läßt, sondern ihn seiner Bestimmung zu-
führt, um ihn zu sich selbst kommen zu lassen, duldet keinen Zweifel.
Im Glauben ist der Glaubende, indem er sich auf das Evangelium verläßt, zugleich ganz sich selbst gegeben. Dafür bürgt der Hl. Geist: er beglaubigt das Evangelium.

Findet sonach der Glaubende, welcher dem Evangelium vertraut, durch
den das Evangelium beglaubigenden Geist wirklich zu sich selbst, um in
Werken der Liebe zu Gott und Mensch, welche zurecht nicht Werke des
Gesetzes, sondern Frucht des Hl. Geistes heißen (vgl. Schlink, 162), wirksam zu sein, so hat dieses Beginnen doch an sich selbst betrachtet bestenfalls anfänglichen und keinen vollendeten Charakter. Insofern gilt:

In diesem Sinne wird in CA VI gelehrt, daß der Rechtfertigungsglaube „gute Frucht und gute Werk bringen soll, und daß man
musse gute Werk tun, allerlei, so Gott geboten hat, um Gottes
willen" (BSLK 60,2–5). In der lateinischen Fassung heißt es: „Item
docent, quod fides illa debeat bonos fructus parere et quod
oporteat bona opera mandata a Deo facere propter voluntatem
Dei ..." (CA VI,1) Man wird davon ausgehen dürfen, daß das Nebeneinander von guten Früchten und guten Werken keinen wesentlichen Unterschied begründet. Was Maurer in dieser Hinsicht
in bezug auf in Spannung zueinander stehende pneumatische und
legalistische Tendenzen anmerkt (vgl. Maurer II, 135), ist künstlich
und weder durch den Endtext von CA VI – auch nicht den lateinischen – noch durch dessen Vorgeschichte gedeckt. Grundsätzlich
gilt, daß die geistgewirkten Glaubensfrüchte materialiter in nichts
anderem bestehen, als in der Erfüllung gottgebotener, Gottes
Willen entsprechender und damit guter Werke. In Schwab 6 wird
dies ausdrücklich bestätigt, wenn die von einem rechten Glauben

---

„Da der Wiedergeborene und sein neuer Gehorsam in dieser Zeit unvollkommen bleibt, steht der Wiedergeborene nicht nur in dem Gesetz,
sondern auch unter dem Gesetz. Dort aber erkennt er alle seine Werke
als Sünde." (Schlink, 172; bei Sch. gesperrt) Letztere Erkenntnis ist unver-
meidbar, da vor dem gerechten Gott „kein teilweiser Gehorsam bestehen" kann (Schlink, 176): „Teilweiser Gehorsam ist völliger Ungehorsam.
Verstoß gegen einzelne Gebote Gottes ist Verstoß gegen das ganze Gesetz Gottes." (Schlink, 176) Trotz des Bekenntnisses des totus peccator,
das aus der Erkenntnis gänzlicher Insuffizienz tätiger Liebeswerke des
Glaubens hervorzugehen hat, wird deren relativer Wert keineswegs in
Abrede gestellt. Im Gegenteil: Gerade ihre theologische Relativierung
durch Erkenntnis und Bekenntnis bleibender und gänzlicher Angewiesenheit des Wiedergeborenen auf das Rechtfertigungsevangelium Gottes
führt die Werke des Glaubens ihrer angemessenen Bestimmung zu,
nämlich nicht aufs Ganze des Heils von Menschheit und Welt zu gehen,
sondern dem Nächsten zu dienen und zu tun, was gegenwärtige Not
wendet. Der Sinn evangelischer Glaubenswerke hängt daran, daß sie
endliche Handlungsziele zu erreichen suchen. Kontraproduktiv und
grundverkehrt wäre es hingegen, durch Werke sei es das eigene Heil vor
Gott, sei es das Heil vor Gott für Menschheit und Welt bereiten zu wollen. Umgekehrt läßt sich die Güte der Werke des Wiedergeborenen nicht
ablösen von dem Bekenntnis seiner dauerhaften und gänzlichen Angewiesenheit auf die Vergebung Gottes. In diesem Sinne ist, wie sich an
der Auslegung des Dritten Hauptstückes zeigte, das Gebet sowohl das
erste Werk des Glaubens als auch die Bedingung der Möglichkeit aller
folgenden Glaubenswerke.

hervorzubringende und hervorgebrachte Frucht unter Bezug auf die beiden Gebotstafeln des Dekalogs als Guttat sowohl Gott als auch dem Nächsten gegenüber bestimmt wird, wie sie einerseits „mit Loben, Danken, Beten, Predigen und Lehren", andererseits „mit Lieb, Dienen, Helfen, Raten, Geben und Leiden allerlei Ubels bis in den Tod" (BSLK 59,20 f.) erbracht wird. Diese Konkretion, von der sich auch noch in Marb 10 ein Anklang findet, ist in Na 6, wovon Nb 6 und die schließlichen Endgestalten von CA VI unmittelbar abhängig sind, nicht mehr erhalten. Vielmehr heißt es lediglich, „daß dieser Glaub (sc. der Rechtfertigungsglaube) gute Werk mit sich bring oder daß man von noten gute Werk muß ton, darumb daß es Gott haben will ..." (BSLK 60,18–21).

Erhalten geblieben ist in Na 6 hingegen, was schon in Schwab 6 und entsprechend in Schwab 7 (vgl. Marb 6 und 8) im Zentrum der Aussage stand und in Marb 10 besonders deutlich zum Ausdruck kommt, daß nämlich die guten Werke des Menschen dem durch Menschenwerk nicht zu erschwingenden „Gotteswerk" des Glaubens als einer „Gabe, die der heilige Geist durch Christum gegeben in uns wirket" (BSLK 59,17), folgen und nur in solcher Folgsamkeit als Wirkungen neuen Gehorsams sich begreifen lassen; wie es Marb 10 vom Rechtfertigungsglauben heißt: daß er nämlich „durch Wirkung des heiligen Geistes hernach, so wir gerecht und heilig dadurch gerechnet und worden sind, gute Werke durch uns ubet" (BSLK 60,20–23). Rechtfertigung und Heiligung dürfen, so ist damit gesagt, auch nicht nachträglich von den guten Werken abhängig gemacht werden, als seien sie von diesen konsekutiv mitbedingt. Sie hängen vielmehr allein am Glauben. Dies ist nachgerade auch die Pointe von Na 6 und entsprechend von CA VI. Daß der Glaube Werke mit sich bringt, welche zu tun gottgeboten und darum nötig ist, gilt, „wiewohl man damit Vergebung der Sund und Rechtfertigung vor Gott nit verdient" (BSLK 60,21–23). Vergebung der Sünde und Rechtfertigung vor Gott werden uns nämlich „vergebens", will heißen: gratis (vgl. Kolde 50, Anm. 3) „geschenkt, so wir glauben, daß uns der Vater umb Christus willen zu Gnaden angenommen und wir gerechtfertigt seien" (BSLK 60,24–27). Belegt wird dies mit einem exemplarischen Väterzitat aus dem Ambrosiaster (vgl. BSLK 60, Anm. 4). Wenn dabei das pointierte „allein aus Glauben fehlt", so ist das wohl „auf die Ungenauigkeit des Übersetzers zurückzuführen" (Kolde 51). In der lateinischen (und deutschen) Endgestalt von CA VI ist das „sola fide" jedenfalls enthalten, wenn Ambrosius mit folgenden Worten zitiert wird: „Hoc constitutum est a Deo, ut qui credit in Christum, salvus sit sine opere, sola fide, gratis accipiens remissionem peccatorum." (CA VI,3; BSLK 60,13–17: „Also ist's beschlossen bei Gott, daß, wer an Christum glaubet, selig sei und nicht durch Werk, sonder allein durch den Glauben, ohn Verdienst, Vergebung der Sunden hab.") Hinzuzufügen ist, daß das Väterzitat in der Endgestalt von CA VI im Unterschied zu Na 6 durch einen vorhergehenden Schriftbeleg ergänzt wird. In beiden Fassungen handelt es sich dabei um das ausdrücklich als „vox Christi" qualifizierte Herrenwort aus Lk 17,10: „So ihr dies alles getan habt, sollt ihr sprechen: wir sein untüchtige Knecht." (BSLK 60,10–12; vgl. CA VI,2 sowie BSLK 57,4)

Ohne auf die anhaltende Kontroversen hervorrufende Auslegung dieses Schriftzitats näher einzugehen, kann doch zusammenfassend festgehalten werden, daß der sachliche Skopus des Augustanaartikels „De nova oboedientia"[124] in der Einsicht besteht, daß unbeschadet der Notwendigkeit guter Werke diese in keiner Weise die Rechtfertigung des Menschen vor Gott konstituieren, welche vielmehr allein durch Glauben, der sich die reine Gnade Gottes gefallen läßt, zu empfangen ist. Die Pflicht zum Gebotsgehorsam schränkt sonach das sola fide nicht ein, es ist vielmehr umgekehrt so, daß der neue Gehorsam, von dem in CA VI die Rede ist, nur unter der Bedingung erbracht wird und erbracht werden kann, daß der Mensch nicht auf seine Werke vertraut, „dadurch Gnad fur Gott zu verdienen. Denn wir empfahen Vergebung der Sunde und Gerechtigkeit durch den Glauben an Christum ..." (BSLK 60,7–9)[125] Auch unter den thematischen Bedingungen von

---

[124]   Zum VI. Artikel der Variata vgl. Brunstäd, 103 f. Die Pointe der reformatorischen Lehre von den guten Werken der Heiligung (vgl. Brunstäd 103–113) besteht nach Brunstäd in der Einsicht, daß die als Früchte des Glaubens erforderlichen Werke der Heiligung trotz ihrer Unvollkommenheit um des Glaubens willen an der Rechtfertigung teilhaben. Der Modus ihrer Realisierung ist der einer Negation der Negation: Im aktiven Kampf der Heiligung ist „weiter noch Widerstreit im Menschen, aber ... ein Widerspruch anderer Art als der des natürlichen Menschen im Widerstreit von Schöpfung und Sünde. Es ist der Widerspruch zu diesem Widerspruch, darin unendlich positiv. Der Widerspruch ist positives Wachstum, das sich durchkämpft." (Brunstäd, 113)

[125]   CA VI verhält sich insofern zu CA IV nicht so, daß das dort Entwickelte relativiert oder auch nur ergänzt würde. Der Fortschritt des Gedankens besteht vielmehr gerade darin, daß CA VI – in Bestätigung und Wahr-

CA VI bestätigt sich somit, was in CA IV gesagt ist: daß es der Glaube und der Glaube allein ist, den Gott als Gerechtigkeit vor ihm zurechnet. Diese Aussage steht, wie sich zeigte, im Zentrum auch der weiteren Lehrentwicklung, als deren Ergebnis sich die Apologie präsentiert, und das Interesse an pointierter Klarheit dieser Aussage ist es schließlich, welches Melanchthon nach seinem eigenen Zeugnis rechtfertigungstheologisch mehr und mehr die imputativ-pronuntiatorische Terminologie favorisieren ließ.

Die Notwendigkeit solcher Klarstellung leuchtet spätestens dann ein, wenn man sich die Verhandlungen über die Lehrartikel der CA vergegenwärtigt, wie sie am 16./17. August 1530 im Vierzehnerausschuß geführt wurden. Im Disput über die Artikel CA IV bis VI ging es nach dem Bericht Spalatins (vgl. Förstemann II, 219 ff., bes. 224 ff.; auch Pfnür, 256–259, sowie Peters, III.1.4) hauptsächlich um die Frage der Rechtfertigung durch den Glauben, wobei sich der Streit, wie bereits angedeutet, vor allem auf das „sola fide" konzentrierte. Die katholische Seite forderte, auf das „sola" zu

---

nehmung des in CA V Thematisierten – konsequent auf CA IV zurücklenkt. Sachlich bedeutet dies, daß die Werke des Glaubens sich nicht angemessen als Aktivität eines zwar gnadenhaft beschenkten, aber gleichwohl ständig in sich stehenden und darin eigenständigen Subjekts beschreiben lassen. Vielmehr gilt, daß der Glaubende überhaupt nur deshalb gute Werke der barmherzigen Liebe zu erbringen vermag, weil er im Glauben der vermittlungslosen und in solcher Vermittlungslosigkeit verkehrten Unmittelbarkeit seiner selbst entnommen und gerade so zu sich und zu seiner Bestimmung gebracht wird. Ohne Voraussetzung der Exzentrik gläubigen Seins in Christus kann von christlicher Selbsttätigkeit nicht die Rede sein. Zu gelten hat freilich ebenso, daß die Exzentrik des Glaubens als eines vertrauenden Sich-Verlassens auf Christus, durch welches der Glaubende sein Heil jenseits seiner selbst ergreift, jene Selbsttranszendenz unveräußerlich mit sich führt, welche als die Bedingung der Möglichkeit und als die Realisierungsgestalt aller guten Werke des Menschen fungiert. Die Entgegensetzung von „iustitia aliena Christi" und internem Zurechtgebrachtwerden des gläubigen Menschen erweist sich daher unter Bedingungen reformatorischer Theologie als ebenso abstrakt wie die alternative Kontrastierung göttlicher Transzendenz und göttlicher Kondeszendenz. Vermieden wird eine solch unstatthafte Abstraktion nur, wenn erkannt wird, daß zwischen der Gerechtigkeit des Glaubens, die der Glaubende außerhalb seiner selbst in Christus hat, und der inneren Erneuerung des Lebens des Glaubenden durch das Wirken der Liebe ein Folgezusammenhang besteht und zwar dergestalt, daß Ganzheit des Glaubens und partieller Fortschritt der Liebe sich nicht ausschließend, sondern dialektisch-komplementär verhalten.

verzichten, damit die Einfältigen nicht zu der Meinung verführt würden, der Glaube rechtfertige unter Ausschluß der Gnade und der Werke. Tatsächlich erklärte man sich evangelischerseits zu diesem Verzicht bereit. Man einigte sich auf die Formel „quod remissio peccatorum sit per gratiam gratum facientem et fidem formaliter et per verbum et sacramenta instrumentaliter." (Honée, 214 f.; vgl. auch Förstemann II, 227 und 231) Allerdings ist nicht zu leugnen, „daß die Worte Gnade und Glaube der Einigungsformel auf beiden Seiten verschieden ausgelegt wurden" (Pfnür, 263). Während Eck die gratia gratum faciens mit der caritas infusa gleichsetzt, kommt dies für Melanchthon und die reformatorische Seite gerade nicht in Betracht.[126] Präzisierungen waren daher unentbehrlich und das um so mehr, als den Ausgleichsverhandlungen auch politisch kein dauerhafter Erfolg beschieden war und Kompromißstrategien sich als letztlich fruchtlos erwiesen hatten.

Bevor auf die nötigen Klarstellungen am Beispiel namentlich des Abschnittes Apol IV,122–182 detailliert eingegangen wird, soll noch kurz bei den Vergleichsergebnissen des Vierzehneraus-

---

[126] „Die Frage, inwiefern Rechtfertigung durch die Liebe und Rechtfertigung, die im Gegenüber von Gnade und Glauben sich realisiert, zu vereinen (sind), ist (also) in Augsburg noch nicht zu Ende diskutiert worden." (V. Pfnür, a. a. O., 270 f. Vgl. dazu jetzt auch die einschlägigen Beiträge in dem von H. Immenkötter und mir herausgegebenen Sammelband: Im Schatten der Confessio Augustana. Die Religionsverhandlungen des Augsburger Reichstages 1530 im historischen Kontext, Münster 1997.) Sie blieb faktisch kontrovers. Das änderte sich auch in der Zeit zwischen Augsburg und dem rechtfertigungstheologischen Entscheid des Konzils von Trient nicht grundsätzlich. Trotz beachtenswerter Vermittlungsversuche bei den Religionsverhandlungen von Leipzig (1539) und Hagenau-Worms-Regensburg (1540/1541) kam es wegen unausgeräumter Differenzen in der dogmatischen und praktisch-religiösen Einschätzung der Werke des Glaubens zu keiner dauerhaften Einigung über den Rechtfertigungsartikel. Wenn es im 5. Artikel des Regensburger Buches heißen sollte, daß der rechtfertigende Glaube allein jener sei, der durch die Liebe wirksam ist („fides quae est efficax per caritatem"), so kam es der reformatorischen Seite entscheidend darauf an, unmißverständlich klarzustellen, „daß die Person des Menschen allein im Glauben an die iustitia Christi gerechtfertigt ist und daß die so gerechtfertigte Person nun die Liebe bzw. die iustitia operum wirkt, ohne daß die Liebe noch ein Teil der iustificatio ist" (K.-H. zur Mühlen, Die Einigung über den Rechtfertigungsartikel auf dem Regensburger Religionsgespräch von 1541 – eine verpaßte Chance?, in: ZThK 76 [1979], 331–359, hier: 343).

schusses verharrt werden, insofern das zu erörternde Thema von Glaube und Liebe sachlich eng verbunden ist mit dem Problem des Verbleibs der Sünde im Getauften. Ist doch die Antwort auf die Frage, ob der Glaube allein oder nur unter Hinzufügung nachfolgender Liebeswerke rechtfertigt, offenkundig mitbedingt durch das hamartiologische Urteil über den Status dessen, der in der Taufe die Gnadenzusage Gottes ebenso prinzipiell wie individuell auf Glauben und Glaubensgehorsam hin zugesprochen bekommen hat.

Im Blick auf die Definition der Erbsünde in CA II hatten die Konfutatoren bekanntlich nicht nur kritisiert, das peccatum originale werde durch die Wendung „ohne Gottesfurcht, ohne Vertrauen zu Gott" als Tatsünde gekennzeichnet, sie hatten auch auszusetzen, die Beschreibung der Erbsünde als Konkupiszenz bringe es mit sich, daß nach der Taufe noch Sünde im eigentlichen Sinne zurückbleibe. Bezüglich des ersten Punktes ließ sich in den Verhandlungen des Vierzehnerausschusses vom 16./17. August[127] eine Einigung dahingehend erzielen, „(d)as die erbsundt sey ein mangel ursprunglicher gerechtigkeit, welche dann erforderte glauben, vertrawen unnd gottliche forcht" (Honée, 213). Im Grunde war damit der – von der Apologie dann noch einmal ausführlich widerlegte – Vorwurf vom Tisch, CA II vermische in unstatthafter Weise die Kennzeichnung der Erbsünde mit der Charakteristik der Tatsünden. Was den zweiten Einwand, nämlich die Frage nach dem Verbleib der Sünde im Getauften betrifft, so wurde die erzielte Einigung[128] von Vehus mit den Worten umschrieben, „das auch die begirliche naigung, so uß der erbsundt erwechst, pleyb in dem menschen, aber die erbsundtliche schuld werde durch

---

[127] Vgl. im einzelnen Pfnür, 253 ff.; auch 182 ff. Zu den zu rascher Einigung führenden Verhandlungen über CA XVIII und CA XIX vgl. Pfnür 266, Anm. 306 sowie 137, Anm. 840.

[128] Der zugrundeliegende Gegensatz läßt sich in etwa folgendermaßen bestimmen: „Für die römisch-katholischen Theologen damals war die Konkupiszenz nach der Taufe nicht mehr Sünde. Sie konnte nur als eine Schwachheit, eine bleibende Neigung zur Sünde betrachtet werden. Dazu wurde sie mit Augustin auch als eine Strafe bezeichnet, eine Bürde, die dem Menschengeschlecht auferlegt war. Für Luther dagegen ist auch die innere Neigung zum Bösen wirkliche Sünde, ja die im Menschen immer vorhandene Wurzel zu den bösen Taten ist das, was die Schrift in erster Linie Sünde heißt." (W. Breuning/B. Hägglund, a.a.O., 85)

den tauff hingenommen, id est: Quod tollatur quoad formale, sed
maneat quoad materiale." (Honée, 213 f.) Diese thomistische Ver-
mittlungsformel wurde nicht nur von Eck herangezogen, auch
Melanchthon konnte, wie die Apologie von CA II beweist, von ihr
Gebrauch machen. Um die Tragfähigkeit dieser „forma concordiae", auf die während des Religionsgesprächs zu Worms vom Januar 1541 erneut zurückgegriffen wurde[129], zu erproben, empfiehlt
es sich, sie mit der Unterscheidung von peccatum regnans und
peccatum regnatum in Beziehung zu setzen (vgl. Pfnür, 254; vgl.
auch 187 ff.) und zu fragen, wie die in der Taufe wirkmächtig zugesprochene Beherrschung der Sünde statthat und wer recht eigentlich Herr der Sünde ist. Die reformatorische Antwort auf diese
Frage, wie sie sich negativ reflektiert in der Betonung verbleibender Sünde im Getauften (dessen Sündenschuld gleichwohl als
grundsätzlich behoben zu gelten hat), ist durch die Einsicht bestimmt, daß Christus und Christus allein beständiger Herr der
Sünde ist und bleibt, während in bezug auf sich selbst und seinen
qualitativen Status auch und gerade der Getaufte weiß und zu
wissen genötigt ist, daß er Sünder ist und daher dauerhaft auf die
Gnade angewiesen bleibt, welche ihm in der Taufe verläßlich zugesprochen wurde. Daran ändert auch die durch die Wirkung des
Geistes im Getauften begründete Besserung nichts, im Gegenteil:
Fortschritt in der Heiligung kann es nur auf der beständigen Basis
reiner Taufgnade geben, auf welche sich im Glauben stets zu
verlassen die Bedingung der Möglichkeit sinnvoller Werke der
Liebe darstellt. Insofern steht das „sola fide" auch und gerade für
den Getauften in Geltung.

In den bereits erwähnten Passagen des Rechtfertigungsartikels der
Apologie, welche „De Dilectione et Impletione Legis" handeln,
wird die Geltung dieses Sachverhalts unter der Prämisse, „quod
non dilectio, sed fides iustificet" im einzelnen bestätigt und gegenüber der Behauptung der Gegner verteidigt, die Rechtferti-

---

[129] Vgl. CR 4, 33: „De quo quidem morbo in renatis inter nos convenit, quod
maneat materiale peccati originis, formali sublato per baptismum. Materiale autem vocamus peccatum, quod fiat ex peccato, quod ad peccatum
inclinet, et ipsam humanae naturae depravationem, quae quod ad rem
ipsam attinet, est quiddam repugnans legi Dei, quemadmodum Paulus
quoque peccatum adpellat. Ad eandem rationem in scholis compendio
doceri solet, manere in baptizato originalis peccati materiale, formale
vero, quod reatus est, auferri."

gung müsse von dem durch Liebe geformten Glauben, von der „fides charitate formata" empfangen werden: „hoc est, non tribuunt fidei iustificationem nisi propter dilectionem." (Apol IV,109) Vorauszuschicken ist, daß der betreffende Abschnitt in der Quartausgabe die Neubearbeitung eines längeren Teilstücks des Januartextes (CR 27, 474,27–477,12 bzw. 478,5) darstellt, der seinerseits auf die bereits ausführlich erwähnten Augsburger Fassungen zurückverweist. So groß die formalen Unterschiede dabei im einzelnen auch sind, die Grundsätze der materialen Durchführung stehen im wesentlichen fest: Die „inchoata legis impletio" (CR 27, 476,30) ist gottgeboten und daher notwendig; aber sie rechtfertigt nicht, „quia non iustificamur ex lege, sed fide apprehendentes gratiam in Christo donatam. Haec sententia continet totam causam." (CR 27, 476,30–32) Die Ausführung dieser „sententia" soll im folgenden im Anschluß an die Quartausgabe der Apologie dargeboten werden; auf die Oktavausgabe, die gegenüber der Quartausgabe fünf große Texteingriffe aufweist (vgl. Peters, III.2.4) wird, soweit erforderlich, anmerkungsweise einzugehen sein.

Daß die „dilectio" nicht die Voraussetzung, sondern die Folge der allein aus Glauben statthabenden Rechtfertigung bezeichnet, hatte Melanchthon unter Betonung der Notwendigkeit dieser Folge bereits in Apol IV,107 ff. klargestellt. In diesem Sinn steht schon vor den Einzelerörterungen zum Thema „De Dilectione et Impletione Legis" fest, „quod sola fide consequimur remissionem peccatorum propter Christum, et quod sola fide iustificemur, hoc est, ex iniustis iusti efficiamur seu regeneremur" (Apol IV,117). Daran schließen die Ausführungen „Von der Liebe und Erfüllung des Gesetzes" an. Anlaß, noch einmal und möglichst genau zu sagen, „quid nos de dilectione et impletione legis sentiamus" (Apol IV,122), bieten die u. a. mit Mt 19,17 und Röm 2,13 begründeten Vorwürfe der Gegner, reformatorische Theologie lasse es an der nötigen Treue zum göttlichen Gesetz fehlen. Melanchthon weist diese Vorwürfe zurück, indem er keinen Zweifel daran läßt, daß auch nach reformatorischer Auffassung aus Schriftbelegen wie Jer 31,33, Röm 3,31, Mt 19,17 und 1. Kor 13,3 eindeutig hervorgehe, „quod oporteat legem in nobis inchoari et magis magisque fieri" (Apol IV,124). Dabei sei klar, daß Gesetz im gegebenen Zusammenhang nicht Zeremonialgesetze, sondern den Dekalog meine, also jene lex, „quae praecipit de motibus cordis" (Apol IV,124). Jene geistlichen Regungen in den Herzen, welche der Dekalog gebiete, hinwiederum bringe allein der Glaube hervor, da er den

Hl. Geist mit sich führe und neues inneres Leben schaffe. Am
Glauben erfülle sich mithin, was in Jer 31,33 gesagt sei. Zusammenfassend kann deshalb betont werden: „Postquam igitur fide
iustificati et renati sumus, incipimus Deum timere, diligere, petere
et exspectare ab eo auxilium, gratias agere et praedicare, et obedire ei in afflictionibus. Incipimus et diligere proximos, quia corda habent spirituales et sanctos motus. Haec non possunt fieri, nisi postquam fide iustificati sumus et renati accipimus spiritum
sanctum." (Apol IV,125 f.) Begründet wird das mit dem Hinweis,
daß das Gesetz ohne Christus und den durch den Glauben empfangenen Hl. Geist (vgl. Gal 3,14) nicht erfüllt und Gott nur von
Herzen geliebt werden kann, nachdem wir durch den Glauben
die Barmherzigkeit zuvor ergriffen haben (Apol IV,129: „Ita demum fit obiectum amabile."). Ohne Christus und den Hl. Geist
können lediglich die civilia opera (Apol IV,130: „hoc est, externa
opera legis") einigermaßen (Apol IV,130: „aliqua ex parte") erfüllt
werden, nicht hingegen jene Werke, die im eigentlichen Sinn
Werke des göttlichen Gesetzes sind (Apol IV,130: „hoc est, affectus
cordis erga Deum, qui praecipiuntur in prima tabula").[130]

---

[130] Der Vorwurf an die Adresse der Gegner (Apol IV,131: „suaves theologi")
ist in diesem Zusammenhang der, die Gebote der zweiten Tafel von denen der ersten zu isolieren und daher nur äußerliche Werke im Auge zu
haben: „Illam aeternam legem et longe positam supra omnium crea-
turarum sensum atque intellectum: Diliges Dominum Deum tuum ex toto
corde, prorsus non considerant." (Apol IV,131; vgl. Deut 6,5) Solches Gesetz nicht aufzuheben, sondern zu erfüllen, ist uns Christus gegeben und
der Hl. Geist durch den Glauben geschenkt worden, damit er ewiges Leben und ewige Gerechtigkeit in uns (Apol IV,132: „in nobis") schaffe.
Ohne den Geist des Christusglaubens indes kann das Gesetz nicht erfüllt
werden (vgl. Röm 3,31). Melanchthon hält in diesem Sinne den Widersachern entgegen: „Semel autem responderi ad omnes sententias de lege
potest, quod lex non possit fieri sine Christo, et si qua fiunt civilia opera
sine Christo, non placent Deo. Quare cum praedicantur opera, necesse
est addere, quod fides requiratur, quod propter fidem praedicentur, quod
sint fructus et testimonia fidei." (Apol IV,184) Allein durch den Geist
Christi kann schließlich auch jenes „(v)elamen, quo facies Moisi tecta
est" (Apol IV,133) entfernt werden, von dem der Apostel 2. Kor 3,15 ff.
spricht, wobei er unter „velamen" die den Dekalog und das Zeremonial-
gesetz betreffende menschliche Einbildung verstehe, „quod hypocritae
putant externa et civilia opera satisfacere legi Dei, et sacrificia et cultus
ex opere operato iustificare coram Deo" (Apol IV,134). Diese Decke wird
durch Sündenerkenntnis und Rechtfertigungsglauben weggerissen, wodurch der Mensch recht eigentlich erst zur rechten Erkenntnis Gottes und

Steht damit fest, daß evangelische Lehre *erstens* gute Werke fordert (vgl. Apol IV,189: „Sunt enim facienda opera propter mandatum Dei, item ad exercendam fidem, item propter confessionem et gratiarum actionem."), *zweitens* bei dieser Forderung nicht stehen bleibt, sondern zugleich zeigt, wie solche Forderung erfüllt werden kann, so hat Melanchthon noch *drittens* die Frage zu behandeln, „quomodo Deo placeat, si quid fit" (Apol IV,140): Die Antwort darauf lautet, daß Gott unser Handeln nicht deshalb gefällt, weil wir dem Gesetz hinreichend Genüge leisten, sondern weil wir in Christus sind (Apol IV,140: „non quia legi satisfaciamus sed quia sumus in Christo"). Weil wir durch den Glauben in Christus sind, können daher unsere Werke trotz ihrer von der Sünde gehemmten bloßen Anfänglichkeit heilige Werke sein, „opera sancta, divina, sacrificia et politia Christi regnum suum ostendentis coram hoc mundo" (Apol IV,189).[131]

---

seiner selbst gelangt und das Gesetz anfangsweise und je länger, je mehr zu erfüllen vermag, wozu er um Gottes und seiner selbst willen verpflichtet ist: „Profitemur igitur, quod necesse sit inchoari in nobis et subinde magis magisque fieri legem." (Apol IV,136) Der Vorwurf der Gegner, man vernachlässige die Lehre von den guten Werken, bestehe daher zu Unrecht und sei eine Verleumdung. Im übrigen müsse es als unschätzbarer Vorzug evangelischer Lehre, welche die geistlichen Regungen und die äußerlichen guten Werke gleichermaßen erfaßt, erachtet werden, daß sie gute Werke nicht nur fordert, sondern auch aufweist, wie sie vollbracht werden können; zeige doch die Erfahrung, daß diejenigen, welche das Gesetz aus eigenen Kräften zu erfüllen trachten, dies nicht zu leisten vermögen: „Longe enim imbecillior est humana natura, quam ut suis viribus resistere diabolo possit, qui habet captivos omnes, qui non sunt liberati per fidem. Potentia Christi opus est adversus diabolum ..." (Apol IV,138 f. mit Verweis auf Ps 68,19; 1. Joh 3,8)

[131]   Melanchthon zögert nicht, die guten Werke, in deren Ohnmacht sich Gott als mächtig erweist (vgl. Apol IV,189), als Schlachten Christi (Apol IV, 190: „certamina Christi") gegen das Reich des Teufels (Apol IV,189: „regnum diaboli") zu beschreiben. Bemerkenswert ist dabei, welche Werke im einzelnen erwähnt werden: das Bekenntnis der Heiligen, die Drangsale und Predigten des Apostels Paulus, des Athanasius und ähnlicher Kirchenlehrer, die Mühen Davids bei der Kriegsführung und der Staatsverwaltung, das Almosen der Korinther; bemerkenswert ist aber auch, daß sogleich hinzugefügt wird: „Sic sentimus etiam de singulis bonis operibus in infimis vocationibus et in privatis." (Apol IV,192) Solche Werke zu verachten, hieße die „externa ... regni Christi inter homines politia" (Apol IV,193) mißachten. In diesem Sinne hebt Melanchthon stets die untrennbare Zusammengehörigkeit von

Es bleibt also nicht bei dem Hinweis, daß wir dem Gesetz in diesem irdischen Leben nicht Genüge leisten können, „quia natura carnalis non desinit malos affectus parere, etsi his resistit Spiritus in nobis" (Apol IV,146). Dieser Hinweis muß vielmehr, um recht verstanden zu werden, stets zusammen gesehen werden mit der noch grundsätzlicheren Feststellung, daß die tätigen Werke der Liebe Gott um des Glaubens und nur um des Glaubens an Christus willen gefallen. Dies wiederum ist zwar nicht so zu verstehen, daß die Liebe Gott nicht als Liebe gefällt. Wohl aber ist damit gesagt, daß die Liebe erst durch den Glauben als in dem ihr von Gott bestimmten Wesen wahrgenommen wird. In diesem Zusammenhang ist auch der Vorwurf an die Gegner zu verstehen, sie sagten nicht und wüßten nicht zu sagen, „qualis sit illa dilectio" (Apol IV,145), wie jene Liebe beschaffen sei, der Gottes Wohlgefallen gehöre. Das zur Debatte stehende Problem ist sonach ein Qualitäts- und nicht lediglich ein Quantitätsproblem in dem Sinne, daß der Mensch unter irdischen Bedingungen das Gesetz nicht vollständig zu erfüllen und die geforderten Werke tätiger Liebe nur zum Teil zu erbringen vermag.

Von daher verstehen sich auch die anschließenden Bemerkungen zur notwendig zu wahrenden Ehre alleiniger Mittlerschaft Christi (Apol IV,146: „Praedicant se legem implere, cum haec gloria proprie debeatur Christo") und zum eschatologischen Trost allein des Glaubens, ohne den jede Heilsgewißheit fehlen müsse: „Si pendet ex conditione operum nostrorum remissio peccatorum, prorsus erit incerta." (Apol IV,187) Dabei ist vorauszuschicken, daß Christus seine Ehre vorbehaltlos daran setzt, Trost zu gewähren, wie umgekehrt der Trost des Glaubens in nichts anderem besteht als in der Anerkennung der Ehre Christi. In diesem Sinne hat zu gel-

---

Glaube und Liebe und damit das notwendige Erfordernis folgsamer Werke des Glaubens hervor (Apol IV,141 ff.). Schon die Tatsache, daß nach evangelischer Lehre der Glaube im Zusammenhang der Buße und nicht ohne den von gefühltem Gotteszorn und empfundener Sündenschuld ausgelösten Gewissensschmerz zustande kommt (Apol IV,142: „fides ... existit in poenitentia") und zu Wachstum und Stärke gelangt, beweist, daß er in denen nicht sein noch bleiben kann, „qui secundum carnem vivunt, qui delectantur cupiditatibus suis et obtemperant eis" (Apol IV,143 mit Verweis auf Röm 8,1 und Röm 8,12 f.). Damit ist zugleich eine Koexistenz von Glaube und Todsünde ausgeschlossen (Apol IV,144: „nec existit cum mortali peccato").

ten: „Primum hoc certum est, quod non accipimus remissionem peccatorum neque per dilectionem neque propter dilectionem nostram, sed propter Christum sola fide." (Apol IV,147) Allein der Glaube ehrt Christus und empfängt den Trost der Sündenvergebung und des ewigen Heils, der im Ruhm der durch den Mittler vollständig geleisteten Gesetzeserfüllung gegeben ist. „Si quis dubitat, utrum remittantur sibi peccata, contumelia afficit Christum, cum peccatum suum iudicat maius aut efficacius esse, quam mortem et promissionem Christi ... Si quis sentit se ideo consequi remissionem peccatorum, quia diligit, afficit contumelia Christum et comperiet in iudicio Dei, hanc fiduciam propriae iustitiae impiam et inanem esse. Ergo necesse est, quod fides reconciliet et iustificet." (Apol IV,149 f.) Die Parallelität der Sätze zeigt an, daß das Vertrauen auf eigene Gerechtigkeit mit der Ehre Christi nicht nur momentan oder zeitweise, sondern prinzipiell und in diesem Sinne von Ewigkeit zu Ewigkeit nicht zusammen bestehen kann. In diesem Sinne ist es ein eschatologisches Urteil, wenn gesagt wird, daß der Glaube, und er allein, vor Gott besteht. Das will auch der unmittelbar darauffolgende Satz mit der Feststellung bestätigen, daß wir weder um der notwendig zu befolgenden Tugenden wie Geduld, Keuschheit und Gehorsam gegenüber der Obrigkeit, noch auch um der verbindlich gebotenen Gottesliebe willen (Apol IV,151: „propter dilectionem Dei") Sündenvergebung erlangen. Indes ist dieser Satz insofern mißverständlich, als er nicht explizit sagt, daß wahre Gottesliebe nur im und als Glauben möglich ist, so daß Begriff und Wesen rechter menschlicher Gottesliebe mit Begriff und Wesen des Glaubens in finaler Hinsicht koinzidieren. Daß dies an der erwähnten Stelle Apol IV,151 implizit vorausgesetzt wird, bedarf insofern keines Beweises, als es anderwärts in der Apologie mehrfach ausdrücklich gesagt wird.

Die Annahme einer finalen Koinzidenz von Glaube und menschlicher Gottesliebe darf indes nicht die Einsicht verstellen, daß sich beide in genetisch-faktischer Hinsicht, genauer gesagt: in Anbetracht des zur Gottesliebe schöpfungsgemäß bestimmten, aber unter postlapsarischen Bedingungen schlechterdings unfähigen Menschen, wie Grund und Folge, Ursache und Wirkung, causa und effectus verhalten. Wenn in der Heiligen Schrift gleichwohl anstelle des Glaubens die Liebe als Bezugsgestalt von Rechtfertigung und Versöhnung erwähnt werde, dann nicht um diesen Kausalitätszusammenhang in Abrede zu stellen, sondern wegen der Sprachgewohnheit synekdochischer Rede. Ihr zufolge ist, wie

anhand von Lk 7,47 und Lk 7,50 exemplarisch bewiesen wird, der
Glaube immer mitgemeint, wenn von der Liebe die Rede ist, wobei – wie an der nämlichen Stelle gezeigt wird – das Beziehungs-
gefälle beider unzweifelhaft bleibt (vgl. Apol IV,152). Das Ergebnis
der Auslegung von Lk 7,36–50 ist daher die eindeutige Lehre,
„quod proprie accipiatur fide remissio peccatorum, etsi dilectio,
confessio et alii boni fructus sequi debeant. Quare non hoc vult,
quod fructus illi sint pretium, sint propitiatio, propter quam detur
remissio peccatorum, quae reconciliet nos Deo." (Apol IV,155)[132]

Es bleibt also in dieser wie auch in jeder Hinsicht dabei, daß wir
allein durch Glauben gerechtfertigt werden. Das ist – wie die
Pointe des Rechtfertigungsartikels der Apologie insgesamt – auch
die Pointe des dargestellten Argumentationsgangs. Selbst wenn er

---

[132]   Zu Melanchthons Auslegung von Lk 7,36–50 vgl. die Randbemerkungen
Luthers in der Editio princeps, die BSLK 190, Anm. 2 abgedruckt (vgl.
Peters, IV.2.3) und ein weiteres bemerkenswertes Zeugnis sachlicher
Übereinstimmung der beiden Reformatoren sind. Luther notiert: „Urgen-
dum est utrumque: 1. Fides tua te salvam fecit. Quia hoc ad mulierem
dixit, ostendens non dilectione, sed fide omnia meruisse, ergo fides ac-
cepit remissionem peccatorum. 2. Cui minus dimittitur, minus diligit. Ergo remitti est ante diligere. Quare et illud sic intelligitur. Dimittuntur ei
peccata multa, quia dilexit multum ..." Ganz in diesem Sinne variieren
die folgenden Argumentationen in Melanchthons Apologie noch einmal
in zweifacher Hinsicht den das Verhältnis von Glaube und Liebe bestimmenden Grundgedanken der Rechtfertigung allein durch Glauben,
wobei sich die beiden Hinsichten erneut als zwei, freilich unterschiedlich
gelagerte Aspekte eines Zusammenhangs erweisen. Unter einem ersten
Aspekt wird erneut betont, daß für den Fall, daß Sündenvergebung und
Versöhnung nicht umsonst um Christi willen, sondern um unserer Liebe
willen zuteil wird, keiner die Sündenvergebung erlangen könnte, „nisi
ubi totam legem fecerit, quia lex non iustificat, donec nos accusare potest" (Apol IV,157). Dabei wird den Gegnern ausdrücklich das Recht ihrer
Meinung attestiert, die Liebe sei die Erfüllung des Gesetzes, und der Gehorsam gegenüber dem Gesetz sei gewiß die Gerechtigkeit (Apol IV,159).
Im selben Atemzug aber wird die Annahme dezidiert für irrtümlich erklärt, daß wir aus dem Gesetz gerechtfertigt werden. In Konsequenz dessen wird in zweiter Hinsicht geltend gemacht, daß es sich bei der Gesetzeserfüllung bzw. beim Gesetzesgehorsam um eine Gerechtigkeit handelt, die, obschon sie vollkommen ist, in uns dürftig und unrein ist. Sie
vermag daher Gott nicht um ihrer selbst willen zu gefallen (Apol IV,160:
„Deinde illa legis impletio seu obedientia erga legem est quidem iustitia,
cum est integra, sed in nobis est exigua et immunda. Ideo non placet
propter se ipsam, non est accepta propter se ipsam.").

verbleibende begriffliche Schwächen und z. T. erhebliche Dispositionsprobleme[133] aufweist, stellt er doch in hinreichender Deutlichkeit klar, daß alles darauf ankommt zu begreifen, daß die geltend gemachten Aspekte sich nicht widersprechen, sondern einen – wenngleich spannungsvollen, weil eschatologisch gespannten – Zusammenhang beschreiben. Worum es geht, ist im wesentlichen dieses, den nötigen zeitlichen Fortschritt der Liebe mit der permanenten Notwendigkeit des Glaubens, der die Verheißung des ewigen Lebens ergreift, so zusammenzudenken, daß der Prozeß der Liebestätigkeit nicht als ein Hinauswachsen über, sondern als ein Hineinwachsen in die im Glauben ergriffene Versöhnungswirklichkeit Gottes vorstellig wird. Denn diese Überzeugung und nur sie ist es, welche die Liebe bei aller gegebenen Schwachheit vor Hinfälligkeit und dem Verlust der Heilsgewißheit bewahrt und sie zu beständigem Fortschritt motiviert (vgl. Apol IV,164 f.). In diesem Sinne hängt das Beginnen christlicher Liebe insgesamt von der gewissen Überzeugung ab, für welche einzutreten nicht zuletzt Aufgabe kirchlicher Lehre ist, daß die angefangene Gesetzeserfüllung (Apol IV,161 u. ö.: „inchoata legis impletio") nur um des Glaubens willen rechtfertigt. Daher irren diejenigen, die sagen, daß Christus nur die erste Gnade („prima gratia") verdient hat, und daß wir nachher durch unsere Gesetzeserfüllung Gott gefallen und das ewige Leben verdienen. Diesem Irrtum begegnet Melanchthon u. a. mit dem Hinweis, daß Christus, auch nachdem wir erneuert sind, nicht aufhört, Mittler zu sein, und wir daher nie anders denn durch Glauben gerechtfertigt

---

[133] Größere dispositionelle Klarheit geschaffen zu haben, ist neben erfolgten Kürzungen und Vermeidung von störenden Redundanzen ein bemerkenswerter Vorzug der Oktavausgabe gegenüber der Quartausgabe. Unter den erwähnten fünf Texteingriffen verdienen zwei besondere Beachtung: 1. Die starken Verkürzungen und Veränderungen (vgl. BSLK 192, Anm. 2; CR 27, 453, Anm. 79) in dem Abschnitt Apol IV,159–174, mit dem schon Brenz Verständnisschwierigkeiten hatte (vgl. CR 2, 512 sowie Peters, III.2.4.f.2) und der im Oktavtext im Anschluß an die „Disputatio" ganz auf das „sola fide propter Christum" (CR 27, 453, Anm. 79) konzentriert ist. 2. Die Ersetzung des Schlußparts Apol IV,180–182 durch einen umfangreichen neuen Text (vgl. CR 27, 456, Anm. 86), bei dem sich erneut der Einfluß der „Disputatio, quare fide iustificemur, non dilectione" vom April/Mai 1531 geltend macht (vgl. Peters, III.2.4.f.5).

werden (Apol IV,162 f. mit anschließendem Verweis auf 1. Kor 4,4 und Ps 32,1).[134]

Das Ergebnis steht damit fest: Insofern sie Gesetzeserfüllung (impletio legis) sind, sind Liebe und Werke (dilectio et opera) Tugenden und Gerechtigkeiten des Gesetzes (virtutes et iustitiae legis). „Et eatenus haec obedientia legis iustificat iustitia legis. Sed haec imperfecta iustitia legis non est accepta Deo nisi propter fidem. Ideo non iustificat, id est, neque reconciliat neque regenerat neque per se facit acceptos coram Deo." (Apol IV,181) Apol IV,182

---

[134] Im Grunde hält Melanchthon die Angelegenheit damit für hinreichend geklärt, so daß er fragen kann: „Item, quid opus est longa disputatione? Tota scriptura, tota ecclesia clamat legi non satisfieri. Non igitur placet illa inchoata legis impletio propter se ipsam, sed propter fidem in Christum. Alioqui lex semper accusat nos." (Apol IV,166 f.) Die Tatsache, daß uns das Gesetz mangelnder Gesetzeserfüllung wegen stets anklagt, wird sodann an einer dem Beichtspiegel vergleichbaren Fragenreihe demonstriert und mit biblischen Beispielen (Röm 7,19; Röm 7,25; Ps 143,2; Ps 32,2; Ps 32,6; Gal 5,17; Röm 3,31) belegt (vgl. Apol IV,167–170.175). Als Väterautoritäten werden Augustin und Hieronymus aufgeführt (Apol IV, 171–173). Das Ergebnis ist das nämliche wie bisher: „Sentiendum est igitur, quod reconciliati fide propter Christum iusti reputemur, non propter legem aut propter opera nostra; sed quod haec inchoata impletio legis placeat propter fidem, et quod propter fidem non imputetur hoc, quod deest impletioni legis, etiamsi conspectus impuritatis nostrae perterrefacit nos." (Apol IV,177) Hinzuzufügen ist, daß das Bewußtsein des Mangels der Gesetzeserfüllung, das unter den Bedingungen des bloßen Gesetzes jede Heilsgewißheit entzieht und die Gewissen in die Verzweiflung stürzt, unter den Bedingungen evangelischen Glaubens als die durchaus adäquate Empfindungsweise tätiger Liebe begriffen werden kann, sofern die Liebe nie sich selbst genug ist, sondern sich als permanente Selbsttranszendenz realisiert. Das Empfinden, noch weit von der Gesetzesvollendung entfernt zu sein (vgl. Apol IV,175), ist insofern keineswegs ein sicheres Indiz dürftiger Liebe, sondern kann durchaus ein Kennzeichen ihres Reichtums sein. Die evangelische Gewißheit, daß wir einen gnädigen Gott nicht um unserer Gesetzeserfüllung, sondern um Christi willen durch Glauben haben, wird in diesem Sinne durchaus auch der Liebe dienlich sein. Dem vom Gesetz verklagten Gewissen ist sie ohnehin unentbehrlich, sofern das Gewissen niemals im Blick auf die durch eigene Werke begonnene Gesetzeserfüllung Ruhe findet, sondern nur im Blick auf Christus; denn für die Christgläubigen gilt: „(E)tsi adhuc procul abestis a perfectione legis, tamen non damnant vos reliquiae peccati, quia propter Christum habemus reconciliationem certam et firmam, si creditis, etiamsi haeret peccatum in carne vestra." (Apol IV,179; vgl. Kol 2,10, auch Gal 3,13)

greift dieses Ergebnis auf und wendet es abschließend ins Positive, in die Lehre von der Rechtfertigung des Sünders durch Glauben um Christi willen.

8. *Die Werke des Glaubens*

In seiner bereits mehrfach zitierten Schrift über „Die Bedeutung der Rechtfertigungslehre der Apologie für die Symbolik der lutherischen Kirchen" glaubte F. Loofs u. a. den Beweis erbracht zu haben, „daß die Gleichung justificatio ist donatio fidei, obgleich sie nicht expressis verbis ausgesprochen ist ..., dennoch die präciseste Formulierung dessen ist, was die Symbole lehren. Sie erklärt es, weshalb die objektiven und subjektiven Beziehungen des Begriffes der justificatio sich nie sondern." Loofs zieht daraus den Schluß: „Ist nun aber die justificatio die donatio fidei, so erhellt leicht, inwiefern sie mit der regeneratio identificiert werden konnte. Die göttliche Wirkung der donatio fidei ist die justificatio, sofern der Mensch im Glauben es verstehen lernt, daß Gott versöhnt ist durch Christum, er ist die regeneratio, sofern die fides die justitia cordis ist, die foris mit Notwendigkeit in guten Werken sich bethätigt."[135] Dieser Auffassung wurde namentlich von F. H. R von Frank nachdrücklich widersprochen: „Wenn wiederholt bei Melanchthon der schriftgemäße Ausdruck sich findet: fides imputatur ad justitiam, so ist das", sagt Frank, „keinesfalls in dem Sinne gemeint, daß die donatio fidei die justificatio sei. Daß der Glaube eine Gabe Gottes des heiligen Geistes sei, steht fest; daß diese Gabe gar nicht getrennt werden dürfe von justificatio, steht ebenfalls fest; aber daraus folgt gar nicht, daß nicht die fides als *Bedingung* der Rechtfertigung zu betrachten sei, daß man ohne weiteres sagen dürfe, donatio fidei sei justificatio. Denn danach gewinnt es den Schein, als wäre die fides als von Gott geschenkte für sich etwas, während sie doch nur etwas ist, weil dadurch die in Christo gegebene Gerechtigkeit des Gläubigen eigen wird. Der Gedanke, welcher zweifellos im Mittelpunkte der reformatorischen Anschauung steht, daß es für den Menschen keine Gerechtigkeit vor Gott gibt außer der Gerechtigkeit Christi, daß auch der

---

[135] F. Loofs, a. a. O. (ThStKr 57 I [1884]), 656.

Glaube als Gabe Gottes samt aller der damit gesetzten Erneuerung gar nicht der Ausschließlichkeit jener für uns allein geltenden Gerechtigkeit Christi präjudiziere, ist durch jene Darstellung
zurückgeschoben.“[136]

Um in der bezeichneten Streitsache nicht zu falschen Alternativ-
schlüssen zu gelangen, wird man das in Frage stehende Problem
zunächst einer differenzierten Beschreibung zuzuführen haben.[137]
Festzuhalten ist zunächst, daß das Wesen der iustitia fidei in einem abstrakten Subjekt-Objekt-Schema nicht erfaßt werden kann.
Ist doch Jesus Christus der Inbegriff göttlicher Gnade, indem er
sich ganz und gar und vorbehaltlos hingibt an den Sünder, der
ihn im Glauben empfängt, wie denn auch der Glaube nichts ist
und sein will als ein exzentrisches Gründen, ein Insein in Jesus
Christus, von dessen verläßlichem pro nobis die fiducia ausschließlich lebt. Dieser in sich unergründliche, weil allein in Gott
und seinem ungeschuldeten Gnadenhandeln gründende „selige

---

[136]   F. H. R. Frank, Rechtfertigung und Wiedergeburt (NKZ 3 [1892]), 863.

[137]   Ein Ausgleichsvorschlag findet sich u. a. schon bei A. Eichhorn, wenn er
schreibt: „Der Glaube ist nichts anderes als die Annahme der Verheißung. Natürlich erlangen Gottes Barmherzigkeit nur die, welche der
Verheißung glauben, nur diesen ist sie zugesagt. Aber deshalb braucht
man den Glauben nicht noch besonders als Bedingung der Begnadigung
zu bezeichnen. Denn, wie mich dünkt, liegt schon in den Worten
‚anbieten‘, ‚versprechen‘, daß das Angebotene nur dem zuteil wird, der
das Anerbieten annimmt. Soll diese Bedingung nicht mitgedacht werden,
so liegt überhaupt kein Anerbieten vor, sondern eine einseitige Willens-
erklärung. Wenn das Evangelium die Sündenvergebung anbietet, so ist
die Bedingung des Glaubens damit schon ausgesprochen.“ (A. a. O.
[ThStKr 60 (1887)], 433 f.) Eine genauere Klärung dieses Zusammenhangs
sucht man bei A. Eichhorn allerdings vergeblich. Es bleibt bei der Feststellung: „Wie das Evangelium den Glauben fordert, so bringt es auch
denselben hervor. Beides läßt sich gar nicht trennen. Wer die Entstehung
des Glaubens als ein Problem ansieht und nicht als unmittelbare Wirkung des Evangeliums begreift, zerstört den Zusammenhang der Rechtfertigungslehre gerade an dem entscheidenden Punkte.“ (A. a. O., 435)
Dieses pauschale Verdikt wird der Differenziertheit des reformatorischen Glaubensbegriffs nicht gerecht. Denn wie der Glaube nach reformatorischer Auffassung einen innerweltlichen Folgezusammenhang guter Werke bewirkt, so wohnen auch ihm selbst bestimmte intersubjektiv faßbare
Vermittlungsschritte inne, ohne welche er nicht zu seiner Fiduzialgestalt
gelangt, in welche Gestalt allerdings der Glaubensweg einzugehen hat,
soll er heilsam sein.

Tausch", in welchem die iustitia fidei ihr Wesen hat, läßt sich, soviel steht fest, in Begriffen in sich ruhender Substanz nicht fassen. Er sprengt freilich auch die Kategorie der Relation, wenn durch diese Beziehung als ein Verhältnis zweier gegebener Relate vorgestellt wird. Denn die Beziehung, aus welcher der Glaube lebt, erschließt sich, wie gesagt, einzig und allein von Gott her, wie er in Jesus Christus in der Kraft des Hl. Geistes offenbar ist. Indes hat jenes Erschließungsgeschehen unbeschadet seiner aus menschlichen Erfahrungswelten unableitbaren Kontingenz und Novität nicht den Charakter vermittlungsloser Unmittelbarkeit, so wahr der Vater Jesu Christi kein anderer ist als der Schöpfer von Menschheit und Welt, dessen Geist wie das Werk der Schöpfung auch das der Rechtfertigung und Heiligung vollzieht. Weil das so ist und in seinem Sosein durch die Offenbarung Jesu Christi vollmächtig bestätigt wird, darf der Glaube der Schöpfungsgeschichte als der Geschichte von Menschheit und Welt nicht unvermittelt entzogen werden. Vielmehr gilt, daß der Glaube eine in bestimmten Momenten weltlich und menschheitsgeschichtlich faßbare Genese hat, wie er denn auch dazu bestimmt ist, innerweltliche und menschheitsgeschichtlich faßbare Folgen zu zeitigen.

Was die Glaubensgenese angeht, so ist dabei zunächst an das zu denken, was Melanchthons Apologie notitia nennt. Die notitia als ein in der Fiduzialgestalt des Glaubens aufgehobenes Moment steht dafür, daß Gott, um dem Sünder Gnade zu erweisen, wirklich und nicht nur zum Schein auf die Welt gekommen und Mensch geworden ist. „Der Glaube als notitia macht damit Ernst, daß Gott in concreto zum Heil des Menschen gehandelt hat – er ist deshalb nicht notitia von irgend etwas, sondern notitia historiae scil. Jesu Christi." (Haendler, 66) Dabei ist es die irdische Erscheinungsgestalt Jesu Christi, auf welche die notitia historiae ihrem Begriff nach ausgerichtet ist. Sie ist deshalb der Erfahrungsweise derjenigen vergleichbar, die dem Irdischen historisch begegneten und an deren Wissen die notitia des Glaubens über Traditionskontinuen im chronologischen Lauf der Geschichte beständigen Anteil nimmt. Daß solche Kenntnis von der Historie Jesu Christi unveräußerlich zum Glauben gehört und ein unentbehrliches Vermittlungsmoment seines Zustandekommens darstellt, steht für Melanchthon unzweideutig fest. Ebenso klar ist für ihn freilich auch, daß eine bloße notitia historiae zu nichts weiter als zu einem zweideutigen Faktenwissen führt, welches für sich genommen zu einer Verkennung Jesu Christi tendiert. In dieser

Tendenz hat die notitia historiae an der theologischen Ambivalenz des natürlichen Vernunft- und Willensvermögens des postlapsarischen Menschen im allgemeinen Anteil. Gleichwohl hat die notitia ihr beschränktes Recht und ihre beschränkten Möglichkeiten, die, wenn man so will, in den Rahmen der iustitia civilis fallen.

Damit ist ein Zusammenhang zwischen notitia historiae und notitia legis angedeutet, der für Melanchthon durchaus signifikant ist und auf den u. a. K. Haendler aufmerksam gemacht hat, wenn er bezüglich des historischen Wissens von Jesus sagt: „Es übt dieselbe Wirkung aus wie das Gesetz, ja ist Gesetz." (Haendler, 67, mit Belegstellen in Anm. 24 f.) Um diese These einer Funktionsäquivalenz von notitia historiae und Gesetzeserkenntnis in reformatorischer Theologie nicht mißzuverstehen, ist eine zweifache Differenzierung nötig. Die erste hat Haendler selbst vorgenommen, wenn er gegen E. Buder[138] geltend macht: „Daß die notitia, die sich auf die Geschichte Gottes in Christus richtet, gesetzlich wirken kann, sofern sie nicht zur fiducia wird, bedeutet ... nicht, daß diese Geschichte selbst Gesetz (und nicht Evangelium) *ist* ... Ob die notitia historiae gesetzlich wirkt und ist, hängt davon ab, ob sie innerhalb oder außerhalb der fiducia statthat." (Haendler, 67, Anm. 25) Diese zutreffende Feststellung ist durch einen zweiten Differenzierungsaspekt zu ergänzen, welcher deutlich zu machen hat, daß die notitia historiae nur dann mit der eigentlichen theologischen Funktion der Gesetzeserkenntnis, wie sie nach Maßgabe des usus elenchticus legis statthat, zu vergleichen ist, wenn sie dazu führt, die Vergänglichkeit des Todes und das Vergehen der Sünde als das Gesetz der Weltgeschichte zu erkennen, welcher die Menschwerdung Gottes begegnet. Nur so kann das Kreuz als Skopus der Historie Jesu verstanden werden, ohne welches Verständnis der innere Sinn der Jesusgeschichte wie der biblischen Geschichte überhaupt nicht zu erfassen ist. Recht wahrgenommen wird dieser innere Sinn der historia Jesu hinwiederum nur, wenn erkannt ist, daß das Gesetz des Todes und der Sünde, welchem Jesus am Kreuz erliegt, nicht nur das Gesetz der Weltgeschichte im allgemeinen, sondern nachgerade das der eigenen Lebensgeschichte ist. Dies wahrzunehmen und so das Kreuz als richtende Wahrheit des eigenen Lebens anzuerkennen, ist Zu-

---

[138]   Vgl. E. Buder, Fides iustificans und fides historica, in: EvTh 13 (1953), 67–83.

stimmung im Sinne eines reformatorischen Verständnisses von assensus. Assensus und usus theologicus legis gehören in diesem
Sinne untrennbar zusammen, wie denn auch Schuldbewußtsein
und Reue ebenso die Erfüllung historischer Kenntnis Jesu wie der
Kenntnis des Gesetzes darstellen.

Mit Recht hat daher R. Hermann in einem Beitrag „Zum evangelischen Verständnis des ‚Assensus'" davor gewarnt, unter Zustimmung lediglich die kognitive Bejahung der notitia Jesu Christi zu
verstehen. Als Moment des Glaubensbegriffs und Vorstufe der fiducia bzw. fides specialis ist assensus grundsätzlich anderes als
gedankliches Geltenlassen der Glaubensobjekte in ihrer Tatsächlichkeit und allgemeinen Bedeutung. Es ist auch kategorial anderes als die willentliche Hinnahme autoritativ verordneter creden-
da.[139] So sehr assensus Verstand und Willen erfaßt, so sehr betrifft
das im assensus-Begriff Benannte doch, wie Hermann unter Berufung auf H. Engelland[140] sagt, „einen sozusagen vor und über
den psychologischen Vermögen Intellekt (Verstand) und Wille
(affektives Vermögen) anzusetzenden Tatbestand"[141]. Weil dies
mutatis mutandis und in fortgeschrittener Weise auch für die fiducia als die heilsam gekehrte Vollendungsgestalt des assensus gilt,
wendet sich Hermann ferner mit Recht gegen eine einseitige
Verteilung von assensus und fiducia auf Intellekt und Willen.
Denn beide bestimmen den ganzen Menschen in der Einheit seiner kognitiven und affektiven Elemente, sei es in Schuldbewußt-

---

[139]   R. Hermann, Zum evangelischen Verständnis des ‚Assensus', in: ders.,
Gesammelte Studien zur Theologie Luthers und der Reformation, Göttingen 1960, 485–493, 487: „Die autoritäre Auflage, die gerade vom Persönlichen absieht, kann nicht das Portal zum Innerlichsten der fides specialis
sein." Daraus ergeben sich u. a. Konsequenzen für eine sachgerecht vorgenommene Verhältnisbestimmung von fides qua und fides quae creditur. Beide gehören, ohne einfachhin identisch zu sein, untrennbar zusammen, sofern nach reformatorischem Verständnis zum Glaubensge-
genstand, wie die Glaubensartikel im Sinne der fides quae ihn
beschreiben, Aussagen über Zustandekommen, Wesen und Folge-
gestalten des Glaubens als der fides qua elementar hinzugehören. In der
fides quae wird der fides qua demnach nicht ein Äußerliches, sondern
der ureigene Grund, also etwas höchst Persönliches vorstellig. Umgekehrt ist die fides quae ihrem Wesen nach auf die fides qua angelegt,
deren innerer Verfaßtheit sie zu entsprechen hat.

[140]   Vgl. H. Engelland, Melanchthon, Glauben und Handeln, München 1931.

[141]   R. Hermann, a. a. O., 488.

sein und Reue, sei es im vertrauensvollen Heilsglauben, ohne
welchen notitia und assensus auf der Strecke bleiben oder zutreffender: in den terrores peccati et mortis, in welche sie – konsequent verfolgt – führen, vergehen müßten. Von daher gilt: Wie
das Kreuz zum Heilszeichen nicht ohne Ostern wird, so sind auch
die Kenntnis der Geschichte Jesu Christi und die Zustimmung zu
ihrem staurologischen Sinn heilsam nur in Verbindung mit der fiducia als dem vertrauensvollen Sich-Verlassen auf die zugesagte
Verheißung des Evangeliums von der Rechtfertigung des Sünders
aus göttlicher Gnade. In diesem Sinne ist die fiducia die causa finalis von notitia und assensus, ohne welche diese nicht sind, was
sie zu sein haben. Andererseits streift der Fiduzialglaube seinen
Bezug zur notitia historiae und zum assensus als seinen Vermitt-
lungsmomenten ebensowenig einfach ab wie das Evangelium das
Gesetz. Notitia und assensus bleiben vielmehr in der fiducia als
Momente enthalten.

Analog zur momentanen Erhaltung von notitia und assensus in
der Fiduzialgestalt des Glaubens kann schließlich auch gesagt
werden, daß im Glauben ein Moment menschlichen Werkes aufgehoben ist, wobei „Aufhebung" bereits im gegebenen reformatorischen Argumentationszusammenhang (und nicht erst bei Hegel)
im dreifachen Sinne des Begriffs, nämlich als Negation, Bewahrung und Erhebung zu verstehen ist. Dabei stellt sich der sachliche Befund in der Bekenntnistradition wie bei Luther selbst dar,
dessen einschlägige Aussagen zum Thema W. Härle übersichtlich
zusammengestellt und einer systematischen Interpretation zugeführt hat. Die entscheidende Interpretationsfrage lautet, wie die
nicht nur für Luther, sondern für die reformatorische Theologie
insgesamt elementare Alternative zwischen den Werken des Gesetzes und dem Glauben zu beurteilen ist. Einerseits könnte die
Alternative „so gedeutet werden, daß die ersteren *menschliche*
Taten sind, der Glaube hingegen Werk *Gottes* ... Der Glaube als
*Gottes*werk wäre dann der entscheidende Gegensatz zu allen
Werken des Gesetzes als *menschlichen* Taten oder Werken. Andererseits könnte die Alternative zwischen Gesetzeswerken und
Glauben aber auch so interpretiert werden, daß zwar *beide*
menschliche Werke sind, sich aber voneinander *qualitativ* unterscheiden. Glaube wäre dann also ein allen Werken des Gesetzes
gegenüber *ganz anderes* Werk des Menschen." (Härle, 37) Da
beide Interpretationsmöglichkeiten Anhalt am Text und gute argumentative Gründe für sich haben, legt sich der Gedanke na-

he[142], es handle sich bei der Aussage, der Glaube sei Gottes- und nicht Menschenwerk oder er sei ein qualitativ anderes Menschenwerk als die Werke des Gesetzes, nicht um einen kontradiktorischen Widerspruch. Die Pointe der Argumentation bestünde dann gerade in der Einsicht, daß der Glaube „*zugleich* als Werk Gottes *und* als Werk des Menschen" (Härle, 37) zu bezeichnen und zu verstehen ist.

Daß genau dies der Fall ist, hat Härle am Beispiel Luthers überzeugend deutlich gemacht. Argumentativ hilfreich ist ihm dabei die Beobachtung, daß der Werkbegriff bei Luther „äquivok oder doch äquivokationsanfällig" ist, wobei die Äquivokation den Begriff „Werk" signifikanterweise „nur in seiner Anwendung auf den *Menschen* und *nicht* in seiner Anwendung auf *Gott* betrifft" (Härle, 60). Näherhin handelt es sich dabei um den Gegensatz von menschlichem Gesetzeswerk und gutem Werk des Menschen. Während der Mensch durch Gesetzeswerke den Glauben nicht nur nicht zu erlangen vermag, sondern sich die Möglichkeit zu ihm verstellt, um Glauben in Unglauben zu verkehren, ist der Glaube sinnvollerweise nicht nur als ein gutes Werk, sondern als Grundwerk aller guten menschlichen Werke, als das „opus operum omnium" (WA 5, 396, 32) gerade deshalb zu bezeichnen, weil er Gottes Werk ganz Gottes Werk sein läßt. Der Begriff des „Lassens" ist für Härle denn auch der Schlüsselbegriff für Luthers Verständnis des Glaubens als eines menschlichen Werkes. „Die Art und Weise, in der der Mensch am Zustandekommen und Wirklichsein des Glaubens durch Gottes Werk beteiligt ist, läßt sich", so heißt es, „am besten zum Ausdruck bringen durch das Wort ‚Lassen', das in gleicher Weise eine passive Aktivität wie eine aktive Passivität bezeichnet. Dieses Lassen ist positiv zu beschreiben als das ‚Geschehenlassen' von Gottes Glauben erweckendem Werk und es ist negativ zu beschreiben als das ‚Unterlassen' alles dessen, wodurch der Mensch sich dem Wirken Gottes verschließt oder entziehen könnte." (Härle, 75)

Um Mißverständnisse zu vermeiden, ist hinzuzufügen, daß zwischen dem positiv Beschriebenen und dem durch die negative Beschreibung Ausgeschlossenen eine prinzipielle Asymmetrie

---

[142] Das gilt um so mehr, als sich ein durchgängig bloß uneigentlicher Gebrauch der Wendung „Werk Gottes" bzw. „Werk des Menschen" in lutherischer Glaubenstheologie nicht aufweisen läßt (vgl. Härle, 40–43).

vorherrscht, die zuletzt jeden Vergleich zwischen Positivem und Negiertem sprengt, insofern das gläubige Sich-Gefallenlassen des Gnadenwerkes Gottes den Menschen zu sich selbst und zu sinnvoller Selbsttätigkeit befreit, während der Mensch durch sein hinsichtlich gegebener Unfähigkeit zu Selbstkonstitution und Selbsterlösung uneinsichtiges Insistieren auf selbstmächtiger Tat Gott gegenüber sich selbst samt all seinem Tun zugrunde richtet. Das für das menschliche Werk des Glaubens kennzeichnende Nichtstun in bezug auf Gott und sein Werk läßt sich somit recht eigentlich nicht mit jenem im Nichtstun des Glaubens unterlassenen selbstverkehrten Tun des Unglaubens vergleichen, sofern das Werk des Unglaubens eine ipso facto sich verwirkende Möglichkeit darstellt, also gewissermaßen eine Möglichkeit, die als ergriffene sich selbst unmöglich macht. Bedenkt man fernerhin, daß es für Luther und die lutherische Bekenntnistradition „keine anthropologische Null-Situation" (Härle, 62) gibt, da das Menschsein des Menschen wesentlich ein „Aussein auf" und „Trachten nach", der Mensch also entweder von Gott bestimmt oder vom Teufel geritten ist, so wird endgültig deutlich, daß die alles Böse wirkende grundstürzende Untat, mit welcher der Mensch den Glauben schuldig bleibt, in keinem sinnvoll zu fassenden Verhältnis zum Werk des Glaubens, der Gott Gott sein läßt, steht. Entsprechend ist für das Selbstbewußtsein des Glaubens nicht nur die jeden Anspruch auf unmittelbare Selbstsetzung kategorial ausschließende Gewißheit schlechthinnigen Gottgegebenseins charakteristisch; der Glaube weiß auch, daß die Tat des Unglaubens ein in sich Unmögliches, in seiner Sinnlosigkeit nicht Auszudenkendes ist.

Gleichwohl ist das Verhältnis des Glaubens zum Unglauben kein lediglich äußerliches. Denn im Bewußtsein des Glaubens ist die Erinnerung an die – wenn man so sagen will – ungläubige Herkunft des Glaubenden stets mitenthalten. Diese Erinnerung wird der fiduzialen Vollendungsgestalt des Glaubens durch die ihr innewohnenden Momente der notitia und des assensus lebendig erhalten. Notitia und assensus repräsentieren für den Glauben demnach in der ihnen eigenen unumkehrbaren Folgerichtigkeit nicht nur jene Negationsgeschichte eigenmächtiger Selbsttätigkeit, die in bestimmter Weise die Voraussetzung jenes menschlichen Nichtstuns ist, welches an der Gnade Gottes sich genug sein läßt; sie halten den Glauben auch als in ihm aufgehobene Momente in bleibender Verbindung mit der gefallenen Menschheit und Welt, die der Glaube durch aus ihm folgende gute Werke zum Besseren zu kehren gerade deshalb verpflichtet ist, weil er weiß, sich nicht aus eigener Kraft und eigenem Vermögen aus der Verkehrtheit böser Herkunft befreit zu haben. In diesem Sinne bezieht der Glaube aus dem dauerhaften Bewußtsein seiner eigenen Herkunftsgeschichte das entscheidende Motiv, sich durch Werke glaubensfolgsamer Liebe beständig in kreatürlicher Solidarität zu üben, statt sich der Welt zu überheben. In diesem Sinne ist das Werk des Glaubens, das über notitia und assensus in ganz bestimmter Weise als Nichtstun, als reines Empfangen der Gnade Gottes faßbar ist, das Grundwerk und die Basis aller guten Werke des Menschen in der Welt. Das schlechthinnige Nichtstun des Glaubens Gott gegenüber hat demnach keineswegs innerweltliche Untätigkeit zur Folge, es ist vielmehr die Bedingung der Möglichkeit und der beständige Konstitutions- und Erhaltungsgrund sinnvoller mitmenschlicher Tätigkeit in dieser Welt.[143]

Daß Glaube und Werke der barmherzigen Liebe untrennbar zusammengehören, daran hat die reformatorische Theologie überhaupt, so auch der Reformator selbst, nie einen Zweifel gelassen. Als Beleg hierfür, der nachfolgend im Blick auf Luthers Denken systematisch entfaltet und schließlich mit CA XX, dem ausführlichen Augustana-Artikel „Vom Glauben und guten Werken" in Verbindung gebracht werden soll, sei hier lediglich ASm III,13 genannt. Dort wird zunächst gesagt, daß wir gemäß Apg 15,9 „‚durch den Glauben'... ein ander neu, rein Herz kriegen und Gott umb Christi willen, unsers Mittlers, uns für ganz gerecht und heilig

---

[143] Vgl. dazu die bemerkenswerte These O. Bayers: Die „Absolution vom Drang, sich selbst zu rechtfertigen, bringt und gibt zugleich die Freiheit, sich dem Nächsten in seiner Not und Bedürftigkeit zuzuwenden. Diese Zuwendung, die Liebe, ist weltlich-sachlich, weil von dem Druck, Heilsweg zu sein, entlastet. In solcher Freiheit des neuen Gehorsams, der Freiheit des Handelns, der Freiheit zu guten Werken, besteht die reformatorische Weltlichkeit. ‚Weltlichkeit' ist ein streng theologischer Begriff. Er kann nur theologisch expliziert, aber nicht ohne weiteres soziologisch plausibel gemacht werden." (Leibliches Wort. Öffentlichkeit des Glaubens und Freiheit des Lebens, in: ders., Leibliches Wort. Reformation und Neuzeit im Konflikt, Tübingen 1992, 57–72, hier: 71) In diesem Sinn kann in bezug auf die Wittenberger Bekenntnistradition gesagt werden: „Die Lobrede auf die Werke ist ebenso zentral wie die Verwerfung der Verdienste." (A. Dumas, Die Radikalität der Reformation. Ethische Dimensionen des Augsburger Bekenntnisses, in: LM 19 [1980], 317–326, hier: 325)

halten will und hält. Obwohl die Sunde im Fleisch noch nicht gar weg oder tot ist, so will er sie doch nicht rechnen noch wissen." Ferner wird betont, daß „auf solchem Glauben, Verneuerung und Vergebung der Sunde folgen denn gute Werk"; wo aber „gute Werk nicht folgen, so ist der Glaube falsch und nicht recht"[144]. Damit steht fest, daß es zwar allein der Glaube ist, welcher die Rechtfertigung empfängt, daß aber dem Glauben Bestand nur dann verheißen ist, wenn er die Werke der gehorsamen Liebe nicht schuldig bleibt.[145] Werden die Liebeswerke des Glaubens in der dem Glauben entsprechenden Weise folgsamer Dankbarkeit erbracht, dann kann der Mensch sogar, wie Luther an anderen Stellen ausdrücklich sagt, cooperator Gottes genannt werden. Die kompromißlose Kritik des Synergismus schließt diese Möglichkeit nicht nur nicht aus, sondern dezidiert ein. Der Gedanke vom Zusammenwirken Gottes und des Menschen hat in diesem Sinne in Luthers Theologie einen festen Platz.[146]

Durch diese Feststellung wird die Annahme einer „Alleinwirksamkeit" Gottes, wie namentlich K. Holl und die an ihn anschließende Forschung sie in bezug auf Luthers Theologie geltend machten, zwar nicht abgewiesen, wohl aber vor abstrakten Einseitigkeiten und vor entsprechender kontroverstheologischer Polemik bewahrt. Gottes Wirklichkeit realisiert sich zwar ohne jegliche äußerliche Einmischung und in diesem Sinne allein durch sich selbst; aber sie tut dies nicht in der Weise unmittelbarer Selbstbestimmung und Selbstverwirklichung. Darauf verweisen ursprünglich die Trinitätslehre und die Lehre vom personalen Zusammen-

---

[144] Hinzugefügt wird, daß, was an den guten Werken „auch noch sundlich oder Mangel ist, ... nicht fur Sunde oder Mangel gerechnet werden (soll) eben umb desselben Christi willen, sondern der Mensch soll ganz, beide nach der Person und seinen Werken, gerecht und heilig heißen und sein aus lauter Gnade und Barmherzigkeit in Christo uber uns ausgeschutt und ausgebreit" (BSLK 460,14–19). Abgesehen von der Gnade und Barmherzigkeit betrachtet hingegen gibt es nicht viel Anlaß, die Verdienstlichkeit unserer Werke zu rühmen; vielmehr gilt 1. Kor 1,31: „Wer sich ruhmet, der ruhme sich des HERRn', das ist, daß er einen gnädigen Gott hat, so ist's alles gut." (BSLK 461,3 f.)

[145] Vgl. im einzelnen: A. Peters, Glaube und Werk. Luthers Rechtfertigungslehre im Lichte der heiligen Schrift, Berlin/Hamburg 1962.

[146] Vgl. M. Seils, Der Gedanke vom Zusammenwirken Gottes und des Menschen in Luthers Theologie, Gütersloh 1962.

wirken göttlicher und menschlicher Natur in Jesus Christus, in ab-
geleiteter Weise u. a. der Gedanke einer durch Jesus Christus in
der Kraft des göttlichen Geistes vermittelten Kooperation Gottes
mit dem durch Glauben Gerechtfertigten. Dabei bedient sich Gott
des Glaubenden durchaus nicht nur in der Weise eines Instruments, wie denn auch umgekehrt der Glaube des Gerechtfertigten
nicht lediglich in einem „Werkzeugbewußtsein" besteht. Gott
handelt nicht lediglich durch, sondern tatsächlich mit seinem versöhnten Geschöpf dergestalt, daß dessen Tun im theologisch
strengen Sinne „Mitwirkung" genannt zu werden verdient. Das gilt
sowohl für die auf den Nächsten bezogenen Tätigkeiten als auch
für das leibhafte Selbstverhältnis des Gerechtfertigten. Auch und
gerade im Blick auf letzteres gilt: „non operatur (sc. Deus) in nobis sine nobis."(vgl. WA 65,68) Handelt aber Gott nicht nur nicht
ohne, sondern wirklich mit dem durch Glauben Gerechtfertigten,
so darf schließlich auch dieses behauptet werden, daß es „in der
‚cooperatio' schließlich auch um ein Wirken des Menschen mit
Gott geht"[147], so daß der Gerechtfertigte auf der Basis und in der
Konsequenz seines Glaubens tatsächlich zum Mitarbeiter sowohl
in Gottes weltlichem als auch in seinem geistlichen Regiment zu
werden vermag.

In solch tätiger Mitwirkung des durch Glauben Gerechtfertigten
vollzieht sich der Prozeß seiner Heiligung, in bezug auf den Luther nicht nur von einem Fortschreiten, sondern auch von einem
Wachstum sprechen kann.[148] Denn der pneumatologische Prozeß
des Glaubens stellt sich nicht nur als ein Progredieren in der Zeit
„de die in diem" dar[149]; das Werden, in dem das Sein des Glaubens begriffen ist, vollzieht sich vielmehr in der Kraft des göttli-

---

[147] A. a. O., 185.

[148] Vgl. M. Schloenbach, Heiligung als Fortschreiten und Wachstum des
Glaubens in Luthers Theologie, Helsinki 1963.

[149] Vgl. R. Hermann, Luthers These „Gerecht und Sünder zugleich", Darmstadt ²1960; J. Haar, Initium creaturae Dei. Eine Untersuchung über Luthers Begriff der „neuen Creatur" im Zusammenhang mit seinem Verständnis von Jac. 1,18 und mit seinem „Zeit=Denken, Gütersloh 1939; ferner: R. Prenter, Spiritus Creator. Studien zu Luthers Theologie, München
1957; L. Pinomaa, Die profectio bei Luther, in: Gedenkschrift W. Elert,
Beiträge zur historischen und systematischen Theologie, Berlin 1955, 119–
127; A. Gyllenkrok, Rechtfertigung und Heiligung in der frühen evangelischen Theologie Luthers, Uppsala/Wiesbaden 1952.

chen Geistes durchaus als dynamischer Fortschritt. Der Geist, von
dem der Glaube lebt, bestimmt ihn nämlich nicht nur zum beharrlichen Bleiben im Laufe der Zeit und in diesem Sinne zu kon-
tinuierlichem Fortschritt in ihr, sondern dazu, in der Gewißheit
des Nahens Christi und seines Reiches mehr und mehr der verbliebenen Sünde Herr zu werden. Luthers Wendung, wonach das
Fortschreiten des Glaubens ein stetiges Neubeginnen (vgl. WA
66,70) sei, wäre danach nicht dahingehend zu interpretieren, als
müsse der Glaube immer wieder ganz von vorne beginnen; sie
würde vielmehr auf die Neuheitsorientierung des Glaubens hin,
nämlich auf seine Ausrichtung auf die eschatologische Ankunft
Christi zu deuten sein, von der her ein Fortschritt des Glaubens
durchaus denkbar erscheint. Wohl ist es wahr, daß der Glaube
niemals mehr sein kann als Glaube: Glaube ist sonach eine Tota-
litätsbestimmung, die – wie die Sünde – den ganzen Menschen
angeht. Dennoch trifft es nicht zu, daß Luthers jeweils den totus
homo in den Blick fassende Formel „simul iustus et peccator" eine profectio des Glaubenden ausschließt.[150] Unter der theologischen Voraussetzung des „simul totus iustus et totus peccator" ist
es vielmehr nicht nur erlaubt, sondern geboten, von einem „partim iustus et partim peccator" zu sprechen mit der Folge, daß
nicht nur von einem Fortschreiten des Glaubens „de die in diem",
sondern von einem Fortschritt „de die in diem *magis et magis*" die
Rede sein kann und die Rede sein muß.[151]

---

[150] Denn die Simultaneität des „zugleich" als einer Kategorie reformatorischer Rechtfertigungslehre beinhaltet zwar in bestimmter Weise Gleichzeitigkeit, nicht aber Gleichgeordnetheit von iustus und peccator. Vgl.
dazu: E. Schott, „Zugleich". Mensch und Zeit in Luthers Rechtfertigungslehre, in: Vierhundertfünfzig Jahre lutherische Reformation 1517–1967, FS
F. Lau, Göttingen 1967, 333–351.

[151] Vgl. M. Schloenbach, a. a. O., 36. Zum Total- und Partialaspekt in Rechtfertigung und Heiligung vgl. auch O. H. Pesch/A. Peters, Einführung in
die Lehre von Gnade und Rechtfertigung, Darmstadt 1981, 156 ff. Nur am
Rande sei erwähnt, daß sich damit gewisse Anschlußmöglichkeiten an
das für den Aufbau des tridentinischen Rechtfertigungsdekrets kennzeichnende biographische Schema eröffnen; dies gilt auch unter der
Voraussetzung, daß es für reformatorische Theologie nicht statthaft ist,
die Werke der durch Glauben Gerechtfertigten „als einen wenn auch nur
sekundären Faktor der Heils*bedingung* in den Gesamtduktus des Rechtfertigungsgeschehens einzubauen" (W. Joest, Die tridentinische Rechtfertigungslehre, in: KuD 9 [1963], 41–69, hier: 60).

Im wesentlichen sind es nach Luther dabei drei Aspekte, die das „Wachstum" im Glauben fördern: „Erkenntnis der Sünde und damit der Bedeutung Christi, Betätigung in guten Werken, Belastung durch Anfechtungen."[152] Hinzuzufügen ist, daß es für das Wachstum des Glaubens charakteristisch ist, für den Glaubenden am allerwenigsten, für den Nächsten hingegen um so mehr erfahrbar zu sein. Doch erscheint dem Glaubenden solch defizitäre Selbsterfahrung durchaus nicht als Mangel, sofern er alle Aufmerksamkeit auf Christus richtet und in ihm die Fülle hat. Daher geht den Werken des Glaubens auch keine Absicht zur Seite, sie als meritorische oder satisfaktorische Leistungen des Gnadenerwerbs anzubieten, obwohl ihnen ihr himmlischer Lohn gewiß ist.

In dieser, an späterer Stelle noch näher zu entfaltenden Perspektive ist dann auch der Gedanke eines Gerichts nach den Werken bei Luther zu interpretieren.[153] Daß sich ein solcher Gedanke bei dem Reformator findet, kann nicht zweifelhaft sein. Seinen dogmatischen Ort hat er im Problemzusammenhang der Bewertung der von der Rechtfertigung durch den Glauben zwar strikt zu unterscheidenden, aber doch nicht zu trennenden progressiven Heiligung. Er markiert, wenn man so will, die Finalbestimmung evangelischer Werke[154] und steht soteriologisch dafür, daß Gott

---

[152]   M. Schloenbach, a. a. O., 61.

[153]   Vgl. O. Modalsli, Das Gericht nach den Werken. Ein Beitrag zu Luthers Lehre vom Gesetz, Göttingen 1963.

[154]   Diese Funktionsbeschreibung beinhaltet u. a., daß das Gericht nach den Werken, so sehr es in bestimmter Hinsicht mit dem Jüngsten Gericht als solchem zusammenfällt, theologisch doch dezidiert von diesem unterschieden werden muß, insofern das Kriterium des göttlichen Urteils, das ewige Seligkeit und ewige Verdammnis scheidet, nach Auffassung Luthers der Glaube allein und nicht die im Glaubenden zustande gekommene Verbindung von Glaube und Liebe ist. Das hat O. Modalsli mit Recht gegen K. Holl und seine Schule eingewendet, denen zufolge „die Gerechtsprechung bei Luther heute proleptisch analytisch, am Jüngsten Tag tatsächlich analytisch (ist), da er die lutherische Gesamtformel Glaube und Liebe auf den locus iustificationis bezieht als prinzipielle Grundlage der Gerechterklärung" (27). Eschatologisches Rechtfertigungsurteil und Gericht nach den Werken koinzidieren damit nicht nur vorstellungsmäßig, sondern auch dem theologischen Begriff nach. Das aber ist undifferenziert: Denn wenngleich die Vorstellung mit Recht von einer Simultaneität der eschatologischen Gerichtsveranstaltung Gottes ausgeht, so hat der theologische Begriff doch Sorge für die Einsicht zu tragen, daß der Glaube letztgültige Rechtfertigung nicht erst durch die hinzukom-

den Zusammenhang zwischen innerem und äußerem Menschen
auch unter eschatologischen Bedingungen nicht auflöst, daß er
vielmehr zusammen mit dem inneren Menschen als den durch
Glauben Gerechtfertigten auch den äußeren Menschen als den
Inbegriff der vom Glaubenden in irdischer Raumzeitlichkeit gelebten Weltbezüge zu verewigen verheißt.[155] Indes ist dieser Gedanke heilsam nur unter der Voraussetzung der dem Glauben –
und ihm allein – verheißenen Heilsgewißheit. Wird er hingegen
von der Heilsgewißheit des Glaubens abgelöst oder auch nur
momentan isoliert, zieht er zwangsläufig das Unheil der Verzweiflung nach sich.

Sieht man dies ein, dann folgt daraus, daß die Werke schon unter
irdischen Bedingungen der Selbstvergewisserung des Glaubens
nur auf relative Weise dienlich sein können – auf relative Weise
dann allerdings auch wirklich dienlich sein sollen. Ihr wichtigster
Dienst besteht darin, daß der Fall ihres Ausbleibens als empirisches Indiz schwindenden Glaubens wahrgenommen werden
will. Dies zu beachten ist für die Selbsterfahrung des Glaubens

---

menden Werke erlangt, so sehr und alternativlos er dazu bestimmt ist,
gute Werke zu erbringen. Diese begriffliche Differenzierung ist nachgerade deshalb unentbehrlich, weil die Vorstellung eines Gerichts nach den
Werken nur auf der Basis eschatologischer Rechtfertigung des Glaubens
einen tröstlichen Sinn ergibt, wohingegen abweichende Annahmen einen
Vorstellungskollaps nach sich ziehen müßten, welcher in der Gefahr
steht, der unvorstellbaren und unausdenklichen Indifferenz der Hölle zu
verfallen. Damit ist zugleich angedeutet, daß im Zusammenhang des Gerichts nach den Werken von Stufen der Verdammnis nicht die Rede sein
kann, wie denn der äußerste Grenzgedanke einer ewigen Verdammnis
die Annahme von Stufungen vorweg als unsinnig erscheinen läßt. Stufungen und Graduierungen im Positiven und Negativen kann es nur auf
einer vorausgesetzten Sinnbasis geben. Erst wo dies gesagt ist, ist die Bestimmung des Verhältnisses zwischen der Rechtfertigung durch den
Glauben und dem Gericht nach den Werken möglich: Nach Glauben
oder Unglauben wird über Heil und Verderben entschieden, nach Werken wird ein besonderer Lohn gewährt oder eine besondere Strafe ver-
hängt.

[155]   Die Werke, die der Glaubende coram hominibus und coram mundo
vollzieht, sind also auch vor Gott und sub specie aeternitatis nicht gleichgültig oder belanglos. „Es ist dem Lutherschen Gerichtsgedanken eigentümlich, daß die Relationsbestimmungen coram Deo und coram hominibus nicht nur gegensätzlich, sondern unter Umständen zugleich alternie-
rend angeführt werden können." (O. Modalsli, a. a. O., 69)

von nicht zu unterschätzender Bedeutung, so wenig der Glaubende deshalb die Werke als Grund seiner Glaubensgewißheit verkennen wird. Eine Sicherung stellen die Werke in bezug auf den Glauben nur insofern dar, als deren Ausfall Sofortmaßnahmen der Besserung erforderlich macht, um das Schlimmste, nämlich den Verlust des Glaubens zu verhüten. In diesem Zusammenhang hat dann auch ein der Selbstbeobachtung förderliches und auf der empirischen Basis geleisteter bzw. schuldig gebliebener Werke erfolgendes geschwisterliches Achtgeben der Christen aufeinander seinen Ort. Sinnvoll indes ist solches Achtgeben aufeinander nur, wenn es nicht auf eschatologische Letzturteile aus ist, sondern sich mit relativen Wahrnehmungen begnügt. Ansonsten widerspricht christliches Gemeinschaftsleben seinem Begriff und wird zum gottlosen Tribunal, bei dem der Unglaube sich dem verwerflichen Vorurteil hingibt, schon jetzt das Jüngste Gericht durch Beurteilung von Werken antizipieren zu können.

Ist damit in bezug auf Luthers Lehre von den Werken des Glaubens das Nötigste gesagt, so soll nun noch abschließend zur Kenntnis gegeben werden, was der einschlägige Augustanaartikel „De fide et bonis operibus" lehrt. Bei dem XX. Artikel der CA, zu dem die Konfutatoren bemerkten, er sei nicht so sehr ein Bekenntnis der Fürsten und Reichsstädte als eine Entschuldigung ihrer Prediger (vgl. Immenkötter, 120,12 f.), handelt es sich um einen Zusatzartikel des ersten Augustanateils, der „erst spät, Anfang Juni, zu dem Ganzen hinzugetreten" (Maurer II, 70) ist.[156] Die deutsche Fassung, die im Vergleich zur lateinischen nicht nur kürzer ist, sondern auch ursprünglicher sein dürfte, begegnet im Zusammenhang der CA erstmals in Nb und zwar weitgehend bereits in der schließlichen Textendgestalt. „Ob der Artikel in der endgültigen Fassung erst bei deren Einfügung in den Schlußtext konzi-

---

[156] Vgl. BSLK XVII: „Art. XX konnten die Nürnberger am 15. Juni deutsch nachhaus schicken; ‚so ist der im Latein noch gar nicht gemacht' (CR 2, 105). Noch ohne Art. XX und XXI ist uns die deutsche Augustana in A1 (Abschrift in H1) erhalten. Es ist die Form, die der brandenburgische Kanzler Vogler am 16. Juni dem Kaiser im Streit um das Predigtverbot in Augsburg sofort einzureichen vorschlug (Förstemann I, 280 f.), um die Reinheit der evangelischen Lehre zu erweisen; daher sind hier nur die Glaubensartikel überliefert."

piert wurde oder schon früher vorlag ..., muß offenbleiben."
(Maurer II, 70, Anm. 159)[157]

Die Urform von CA XX (vgl. BSLK 75,23–81,34) ist von Förstemann
(vgl. Förstemann I, 84–87) unter der Sigle B den sog. Torgauer
Artikeln zugewiesen worden. Engelhardt und Brieger haben diese
Zuweisung, wie bereits erwähnt (vgl. § 7,1), bestritten und das
Aktenstück auf Anfang Juni 1530 datiert. Dagegen haben Gußmann
und Moeller, denen sich entgegen seiner vormaligen Auffassung
auch Maurer angeschlossen hat, mit plausiblen Gründen für eine
frühere Datierung plädiert. Man darf danach annehmen, daß B
von Melanchthon bereits nach Augsburg mitgebracht wurde und
ursprünglich die Funktion hatte, den sächsischen Kurfürsten bezüglich des kommenden Reichstages zu beraten und den Vorwurf
abzuwehren, die evangelische Rechtfertigungspredigt verun-
glimpfe die Pflicht guter Werke. Stilistisch werden ähnlich wie in
den Vorredenentwürfen „geschichtliche Erzählung und polemi-
sches Raisonement" (Maurer II, 70, Anm. 161) miteinander verbunden. Dieser Mischstil ist zum Teil auch in der Endgestalt von
CA XX erhalten geblieben. Doch steigert sich die dogmatische
Prägnanz dadurch, daß „das ‚sola fide‘, als Formel schon in der
Vorstufe B verwandt, ... jetzt tatsächlich das Prinzip der Darstellung (bildet)" (Maurer II, 71). Dem korrespondiert die Tatsache,
daß in der Textgeschichte von CA XX die Wendung „propter
Christum" „in zunehmendem Maße" (Maurer II, 90) eine Rolle
spielt und an die Stelle des weniger pointierten „per Christum"
tritt; die Exklusivität der Heilsmittlerschaft Christi, welcher das
„sola fide" korrespondiert, soll damit nachdrücklich zur Geltung
gebracht werden. Im übrigen hat Melanchthon in der Endgestalt
von CA XX im Vergleich zu B die Rechtfertigungslehre ausführlicher entwickelt und den Traditionsbeweis erweitert.[158]

Im einzelnen stellt sich die Argumention wie folgt dar[159]: Als falsch
und unklar wird gleich zu Eingang die Unterstellung zurückge-

---

[157]   Daß bei der Einfügung von CA XX wie bei der der übrigen Zusatzartikel
auch die Angriffe Ecks eine Rolle gespielt haben dürften, ist anzunehmen.

[158]   Zu den Textvarianten im Zusammenhang der Endredaktion von CA XX
vgl. u. a. Maurer II, 70 f. sowie 85, Anm. 214.

[159]   Vgl. dazu u. a. P. Brunner, Die Notwendigkeit des neuen Gehorsams
nach dem Augsburgischen Bekenntnis, in: KuD 7 (1961), 272–283. Frag-

wiesen, man verbiete gute Werke. Nach Melanchthon beweisen die einschlägigen Schriften der Reformatoren über gottgefällige Lebensweisen in jeglichem Beruf (CA XX,2: „in qualibet vocatio-

---

lich ist, ob bzw. inwiefern man sagen kann, die CA lasse die Notwendigkeit der guten Werke „*nicht nur* in dem Glauben als einem pneumatischen Ereignis", sondern „*auch* ... im gebietenden Willen Gottes" gründen (a. a. O., 279). Denn Geistspontaneität des Glaubens und göttlicher Wille stehen recht eigentlich, nämlich in trinitätstheologischer Hinsicht, nicht in einem Ergänzungs-, sondern in einem Entsprechungsverhältnis. Ein „non solum – sed etiam" ist im gegebenen Zusammenhang nur im Hinblick auf jene Widerständigkeit angemessen, welche den Glaubenden äußerlich und innerlich daran hindert, dem Geist seines Glaubens in ungehemmter Spontaneität zu entsprechen und ihm tätige Folge zu leisten. Unter dieser Voraussetzung nimmt allerdings auch für das Glaubensleben der Wille Gottes eine von der Geistspontaneität des Glaubens unterschiedene Gestalt an. Ob und inwiefern diese Gestalt eine gesetzliche zu nennen ist, kann – wie der langwierige Streit um den sogenannten tertius usus bei Luther beweist – nicht ohne weiteres entschieden werden. Denn selbst wenn sich bei Luther kein unzweideutiges Bekenntnis zum triplex usus legis und damit zum dritten Brauch des Gesetzes finden läßt (vgl. W. Elert, Eine theologische Fälschung zur Lehre vom Tertius usus legis, in: ZRGG 1 [1948], 168–170), so ist damit das Sachproblem längst nicht erledigt. Festzuhalten ist zunächst, daß der Geist des Glaubens das Gebot des göttlichen Willens nicht aufhebt, sondern erfüllt, weil er dem göttlichen Willen in der Kraft des Geistes an sich selbst entspricht. Für den Glauben erledigt sich also keineswegs das göttliche Gebot, sondern lediglich dessen gesetzliche Form – sofern unter gesetzlicher Form ein heteronomer Sollensanspruch zu verstehen ist. Als solch heteronomer Sollensanspruch begegnet der göttliche Wille dem Glaubenden, sofern er denn glaubt, nicht mehr in unmittelbarer, sondern nur noch in vermittelter und d. h. in einer mit der heteronomen Gesetzlichkeit des Gesetzes nicht mehr direkt vergleichbaren Weise. Das ist gemeint, wenn etwa gesagt wird: „Die Anerkenntnis dieses Soll stürzt den Glaubenden nicht mehr in die Schrecken eines vergeblich Ruhe und Trost suchenden Gewissens." (P. Brunner, a. a. O., 279) Gottes Gebot ist unter den Bedingungen des Glaubens nicht mehr im strengen Sinne des usus theologicus legis als Gesetz, sondern nach Art und Weise der Paränese etc. wirksam. Indes kann, da der Glaube keine Zuständlichkeit ist, seine Verkehrung in Unglauben ebensowenig ausgeschlossen werden wie eine mit solcher Verkehrung zwangsläufig verbundene erneute gesetzlich-mortifikatorische Wirkung des göttlichen Gebotes. Gleichwohl soll und darf die drohende Gefahr der Todsünde des Unglaubens das Glaubensleben nicht von einem bestimmten Richtungssinn seiner Entwicklung abhalten, so wahr es ist, daß die Einhaltung dieses Richtungssinns nicht durch die Werke des Gesetzes, sondern ausschließlich durch das Gottvertrauen des Glaubens selbst gewährleistet wird.

ne") eindeutig das Gegenteil. Dadurch sei sogar im gegnerischen
Lager ein Fortschritt erzielt worden: Habe man dort zunächst nur
„auf kindische unnotige Werk" (BSLK 76,2 f.; CA XX,3: „puerilia et
non necessaria opera") gedrängt, wie zur Einhaltung bestimmter
Fest- und Fastentage, zu Bruderschaften, Wallfahrten, Heiligenverehrung, Rosenkränzen sowie zum Mönchsstand und dergleichen[160], so lasse man mittlerweile nicht nur von solchem Mißbrauch teilweise ab, sondern beginne zugleich vom Glauben zu
predigen, über den einstmals seltsames Schweigen geherrscht habe. „Docent nos non tantum operibus iustificari, sed coniungunt
fidem et opera et dicunt nos fide et operibus iustificari. Quae
doctrina tolerabilior est priore et plus afferre consolationis potest
quam vetus ipsorum doctrina." (CA XX,6 f.)

Im Anschluß an diese Feststellung und unter erneuter Erinnerung
daran, daß in den Kirchen vormals nur Werklehre, nicht aber die
Predigt der Glaubensgerechtigkeit getrieben wurde, wird sodann
die evangelische Verhältnisbestimmung von Glaube und Werken
in zweifacher Hinsicht vorgenommen: *Erstens* hat zu gelten, „daß
uns unser Werk nicht mugen mit Gott versuhnen und Gnad erwerben, sondern solchs geschieht allein durch den Glauben, so
man glaubt, daß uns um Christus willen die Sunde vergeben werden, welcher allein der Mittler ist, den Vater zu versuhnen. Wer
nun solchs vermeint durch Werk auszurichten und Gnad zu ver-

---

[160]   Zur Heiligkeit des weltlichen Lebens vgl. Mildenberger, 108 ff. Auf dem
Hintergrund des erfolgten Widerspruchs gegen die „vita religiosa", die
unter der Voraussetzung der Unterscheidung von Geboten und evangelischen Ratschlägen „opera supererogationis" namentlich in Form von Be-
sitzlosigkeit, Ehelosigkeit und Gehorsam zu erbringen sucht und damit
eine Steigerungsgestalt der Nachfolge Christi zu sein beansprucht, skizziert Mildenberger die ethischen Konsequenzen der reformatorischen
Überzeugung vom göttlichen Gebieten in den Ordnungen des weltlichen
Lebens. Dabei sind vor allem zwei Gesichtspunkte bemerkenswert: Zum
einen macht Mildenberger darauf aufmerksam, daß menschliches In-der-
Welt-Sein bereits eine Berufung im Sinne eines Schöpfungsgebots impliziert (vgl. Mildenberger, 112), nämlich ein endlicher Mensch unter endlichen Menschen in einer raum-zeitlich strukturierten Welt zu sein. Das
kreatürliche Dasein des Menschen in der Welt enthält demnach schon in
sich einen Gebotscharakter. Bemerkenswert ist fernerhin, was Mildenberger unter der Überschrift „Der gewisse Lebensvollzug" über die Glaubenswerke der Heiligung ausführt (vgl. Mildenberger, 114 ff.): „Die religiöse Vergewisserung des weltlichen Tuns geschieht dort, wo dieses Tun
zugleich als Erleiden des Kreuzes erscheint." (Mildenberger, 115)

dienen, der verachtet Christum und suchet ein eigen Weg zu Gott
wider das Evangelium" (BSLK 76,26–77,7; CA XX,9 f.: „quod opera
nostra non possint reconciliare Deum aut mereri remissionem
peccatorum et gratiam, sed hanc tantum fide consequimur, credentes, quod propter Christum recipiamur in gratiam, qui solus
positus est mediator et propitiatorium, per quem reconcilietur
pater. Itaque qui confidit operibus se mereri gratiam, is aspernatur
Christi meritum et gratiam et quaerit sine Christo humanis viribus
viam ad Deum, cum Christus de se dixerit: Ego sum via, veritas et
vita." [Joh 14,6]). Begründet wird dieser Grundsatz mit der paulinischen Lehre und namentlich mit Eph 2,8. Ferner wird die Autorität
der Kirchenväter geltend gemacht, im deutschen Text durch ausdrückliche Nennung von „De spiritu et litera" (vgl. BSLK 77,
Anm. 1), im lateinischen mit einem allgemeineren Hinweis auf
Augustin sowie einem (Pseudo-)Ambrosiuszitat (vgl. BSLK 77,
Anm. 2). Soteriologisch qualifiziert sei die entwickelte Lehre dadurch, „daß sie den bloden und erschrockenen Gewissen sehr
trostlich und heilsam ist. Dann das Gewissen kann nicht zu Ruhe
und Friede kummen durch Werk, sondern allein durch Glauben,
so es bei sich gewißlich schleußt, daß es umb Christus willen einen gnädigen Gott hab." (BSKL 77,33–78,6 mit Verweis auf
Röm 5,1) Im lateinischen Text findet sich darüber hinaus noch folgende Bemerkung: „Tota haec doctrina ad illud certamen perter-
refactae conscientiae referenda est, nec sine illo certamine intelligi
potest. Quare male de ea iudicant homines imperiti et profani, qui
christianam iustitiam nihil esse somniant nisi civilem seu philosophicam iustitiam." (CA XX,17 f.) Ein dem deutschen und lateinischen Text gemeinsamer Hinweis auf die geschichtliche Notwendigkeit evangelischer Reform schließt sich an: Sie liegt vor allem
in der Trostlosigkeit begründet, welche das von der kirchlichen
Predigt beförderte Vertrauen auf eigene Werke zur Folge hatte;
„(d)arum ist not gewesen, diese Lehre vom Glauben an Christum
zu predigen und fleißig zu treiben, daß man wisse, daß man allein durch Glauben, ohn Verdienst, Gottes Gnade ergreift" (BSLK
78,25–79,5). Dabei werden, wie hinzugefügt wird, die Leute dahingehend unterrichtet, „daß man hie nicht von solchem Glauben
redet, den auch die Teufel und Gottlosen haben, die auch die Historien glauben, das Christus gelitten hab und auferstanden sei
von Toten, sonder man redet von wahre(m) Glauben, der da
glaubet, daß wir durch Christum Gnad und Vergebung der Sunde
erlangen" (BSLK 79,6–13; CA XX,23: „quod hic nomen fidei non

significat tantum historiae notitiam, qualis est et in impiis et in diabolo, sed significat fidem, quae credit non solum historiam, sed etiam effectum historiae, videlicet hunc articulum, remissionem peccatorum, quod videlicet per Christum habeamus gratiam, iustitiam et remissionem peccatorum.") . Diesen Artikel von der Vergebung der Sünden glauben (CA XX,25: „non possunt ... credere") die Gottlosen und die Teufel nicht, deshalb sind sie Gott feind, können ihn nicht anrufen und nichts Gutes von ihm hoffen. Derjenige hingegen, der weiß, daß er durch Christus einen gnädigen Gott („propitium patrem") hat, der kennt Gott („is vere novit Deum"), weiß, daß er ihm am Herzen liegt, ruft ihn an und ist nicht ohne Gott wie die Heiden. Glauben heißt sonach nicht allein historische Kenntnis (notitia), sondern „Zuversicht haben zu Gott, seine Zusag zu empfahen" (BSLK 80,5 f.) bzw. „Zuversicht zu Gott, daß er uns gnädig sei" (BSLK 80,9 f.; CA XX,26: „fiducia, quae consolatur et erigit perterrefactas mentes"). Belegt wird dieses Glaubensverständnis mit einem allgemeinen Hinweis auf Augustin; im deutschen Text wird außerdem Hebr 11,1 erwähnt.

Nachdem der Rechtfertigungsglauben in dieser Weise begrifflich bestimmt ist, kann in einem *zweiten,* die Nachfolge des Glaubens betreffenden Schritt gelehrt werden, „daß gute Werk sollen und mussen geschehen, nicht daß man darauf vertrau, Gnad damit zu verdienen, sondern um Gottes willen und Gott zu Lob" (BSLK 80,13–17; CA XX,27: „quod necesse sit bona opera facere, non ut confidamus per ea gratiam mereri, sed propter voluntatem Dei."). Die dem Willen Gottes gehorchende Folgsamkeit der Werke des Glaubens rührt daher, daß durch den Glauben, welcher allein Gnade und Vergebung der Sünde ergreift, der Hl. Geist empfangen wird, wodurch das Herz geschickt wird, gute Werke zu tun. (CA XX,29: „Et quia per fidem accipitur spiritus sanctus, iam corda renovantur et induunt novos affectus, ut parere bona opera possint.") Im lateinischen Text wird dies mit dem (Pseudo-)Ambrosiuszitat belegt: „Fides bonae voluntatis et iustae actionis genitrix est." (CA XX,30; vgl. BSKL 80, Anm. 2). Ohne den Hl. Geist hingegen sind die menschlichen Kräfte nicht nur voll gottloser Triebe (CA XX,31: „plenae ... impiis affectibus") und zu schwach, Werke hervorzubringen, die vor Gott gut sind („imbecilliores, quam ut bona opera possint efficere coram Deo"); sie sind zudem in der Gewalt des Teufels, „der die arme menschliche Natur zu viel Sunden treibet" (BSLK 80,23–25; CA XX,32: „qui impellit homines ad varia peccata, ad impias opiniones, ad manifesta scelera"). Als empirischer Beweis für die übergroße Schwachheit des lediglich auf sich selbst gestellten Menschen ohne Glaube und Geist müssen die Philosophen herhalten, die trotz ihres Bemühens um sittliches Leben „in viel große offentliche Sunde gefallen" sind (BSLK 80,28 f.).

All dies führt zu dem Schluß, daß die reformatorische Lehre „nicht zu schelten (sei), daß sie gute Werke verbiete, sondern vielmehr zu ruhmen, daß sie lehre, gute Werk zu tun, und Hilf anbiete, wie man zu guten Werken kummen muge" (BSLK 81,8–12; CA XX,35: „quomodo bona opera facere possimus"). Ist doch der Glaube die Bedingung der Möglichkeit guter Werke. Ohne den Glauben hingegen vermag die menschliche Natur in keiner Weise (CA XX,36: „nullo modo") gute Werke zu tun und zwar – wie der lateinische Text (CA XX,36) sagt – weder die „opera primi praecepti" noch die „opera secundi praecepti". Ohne den Glauben ruft sie Gott nicht an, erwartet nichts von ihm, trägt ihr Kreuz nicht, bleibt – wie es in der deutschen Version weiter heißt – die Nächstenliebe schuldig und ist zu schwach, befohlene Ämter fleißig auszurichten, gehorsam zu sein und böse Lust zu meiden. Wie Christus sagt: „Ohn mich kunnt ihr nichts tun." (Joh 15,5; BSLK 81,21 f.) „Et ecclesia canit: Sine tuo numine nihil est in homine, nihil est innoxium." (CA XX,40; vgl. BSLK 81, Anm. 2)

Die Kritik der Confutatio an CA XX, von der es in Apol XX,4 heißen wird, daß der Kaiser und die meisten unter den altgläubigen Fürsten sie gewiß nicht hätten passieren lassen, wären sie rechtzeitig gewarnt worden, konzentriert sich auf die These, daß die guten Werke nicht Vergebung der Sünde verdienen. Diese These wird mißbilligt und unter Verweis auf eine Reihe von Schriftbelegen zurückgewiesen. Möglicher Gegenkritik sucht man durch die Feststellung zu begegnen: „scimus opera nostra nulla esse, nullius meriti esse, nisi in virtute meriti passionis Christi." (Immenkötter, 123,11 f.) Gleichwohl und unbeschadet dessen bleibe, wie hinzugefügt wird, für den Christen die Forderung bestehen, zu tun, was Christus getan hat und seinem Vorbild nachzueifern. Auch hierfür werden mehrere Schriftbelege beigebracht. Im übrigen wird man von den Konfutatoren auf die Stellungnahme zu CA VI zurückverwiesen, in der die Annahme einer Rechtfertigung aus Glauben allein ausdrücklich in Abrede gestellt wurde: „quod ... in eodem articulo iustificationem soli fidei tribuunt, ex diametro pugnat cum evangelica veritate opera non excludente." (Immenkötter, 91,11 f.)

Wer nicht das Gute tut, so heißt es, ist nicht Gottes Freund, mag er im übrigen auch glauben, wieviel er will (vgl. Immenkötter, 91,18 f.). Die iustificatio dürfe demnach nicht mit dem Glauben allein verbunden werden; „dan die gerechtmachung meher Gotts gnade und der lieb zugehoert." (Immenkötter, 92,2 f.) Unter Bezug namentlich auf die in CA VI zitierte Schriftstelle Luk 17,10 wird geltend gemacht, daß es eine Gerechtigkeit des Glaubens ohne Werke nicht gebe. Dagegen könne auch Ambrosius nicht ins Feld geführt werden, da dieser die paulinische Rede von einer Gerechtwerdung des Menschen ohne des Gesetzes Werke – wie der Apostel selbst – auf das Gesetz des Mose, nicht auf die Werke des Evangeliums deute (vgl. Immenkötter, 93,18 ff.). Sie müssen nach dem Urteil der Konfutatoren notwendig mit dem Glauben verbunden sein, soll der Mensch vor Gott gerechtfertigt werden. Unbeschadet dessen behalte die Rede von den unnützen Knechten ihre Richtigkeit: „Non ergo haec vox Christi extollit fidem sine operibus, sed docet, quod opera nostra nihil utilitatis deo afferunt, quod operibus nostris non debemus inflari, quod opera nostra comparata divinis praemiis nulla sunt et nihil." (Immenkötter, 93,11 ff.)

Neben Apol IV ist Melanchthon auf die Vorhaltungen der Konfutatoren CA XX gegenüber in dem separaten Apologieartikel XX eigens eingegangen.[161] Dabei geht es ihm vor allem um die Verteidigung des von den Konfutatoren verworfenen und mißbilligten Satzes, „quod non mereantur homines remissionem peccatorum bonis operibus" (Apol XX,1). Ihn in Abrede zu stellen, sei eine unverschämte Lästerung Gottes und Jesu Christi. Um dies zu

---

[161]   Daß man es im XX. Artikel der Apologie der Augustana „letztlich mit einer Doublette zu tun" (Peters, II.2.2.2) hat, wird nicht erst im Blick auf die deutsche Oktavausgabe vom Januar 1533 deutlich, in welcher gegenüber der deutschen Quartausgabe vom Oktober 1531 (zu den Redaktionen Melanchthons am Rohtext von Justus Jonas vgl. Peters, II.2.2.1) drei Viertel des Textes (vgl. CR 28, 230,9–232,28 und CR 28, 232,32–234,46) auf der Basis des neugefaßten Rechtfertigungsartikels umformuliert und der Gesamtüberschrift „Von vergebung der sunden" (CR 28, 232,32) subsumiert wurden. Das repetierende Verhältnis zu Apol IV und die Konzentration auf das Leitmotiv der „remissio peccatorum" ist kennzeichnend schon für den zu referierenden lateinischen Quarttext von Apol XX. Hinzugefügt sei, daß weder in dem am 22. September 1530 dem Kaiser angetragenen Exemplar der lateinischen Apologie noch etwa im Codex Hallensis der deutschen Apologie ein selbständiger Artikel XX begegnet.

unterstreichen, versucht Melanchthon, die Konfutatoren ausdrücklich auch noch von jenen in der kirchlichen Tradition begegnenden Lehrern abzuheben, „qui senserunt post remissionem peccatorum homines iustos esse coram Deo, non fide, sed ipsis operibus" (Apol XX,3); denn diese hätten niemals angenommen, daß die Sündenvergebung als solche um unserer Werke und nicht umsonst um Christi willen zuteil werde. Genau dies aber werde von den Konfutatoren behauptet. Melanchthon deutet dies als Zeichen völliger Verkehrung dessen, was nach dem Zeugnis der Schrift die innere Sinnmitte der Kirche ausmacht: „Quid est enim certius in ecclesia, quam quod remissio peccatorum contingat gratis propter Christum, quod Christus sit propitiatio pro peccatis, non nostra opera." (Apol XX,2 mit Verweis auf Apg 10,43) Um des Bekenntnisses und der Verteidigung solcher Glaubensgewißheit willen, welche die Gewissen tröstet und der Verzweiflung entreißt, würden die Anhänger der CA gegebenenfalls auch den Tod nicht scheuen (vgl. Apol XX,6 ff.). Geht es doch in der Gewissensgewißheit des Glaubens um mehr und um anderes als um ein zeitliches Gut, nämlich um das ewige Heil des Menschen vor Gott. Dieses Heiles gewiß zu werden, ist durch Werke und den Blick auf Werke nicht möglich. „Si propter nostra opera daretur remissio peccatorum, quando sciremus eam nos consecutos esse, quando reperiret opus conscientia territa, quod statueret ad placandam iram Dei sufficere?" (Apol XX,10) Der rhetorische Charakter der Frage zeigt an, daß es für Melanchthon in der strittigen Angelegenheit sachlich nichts zu diskutieren gibt. Die Lehre, gegen welche die Konfutatoren angehen, ist evident, durch Schrift und Väterurteil vielfach belegt (vgl. die Verweise auf Jes 53,6, Röm 3,24 f. und Röm 4,16) und im übrigen in Apol IV bereits hinreichend besprochen.[162]

---

[162] Dort (vgl. bes. Apol IV,199 ff.) sei auch zur Genüge deutlich gemacht worden, daß gute Werke und die Erfüllung des Gesetzes (legis impletio) dem Glauben notwendigerweise nachfolgen müssen (Apol XX,15 mit Verweis auf Röm 3,31). Melanchthon kann sich daher neben der Abwehr eines falschen Traditionsarguments (Apol XX,14; vgl. Immenkötter, 123, 20 f.) darauf beschränken, den Schriftbeweis der Gegner an einem Beispiel ad absurdum zu führen, nämlich an dem Diktum 2. Petr. 1,10: „Studete firmam facere vocationem vestram." (Apol XX,12) Im Gegensatz zur irrigen Meinung der Gegner werden in diesem Satz nach Melanchthons Urteil Werke nicht als Grund (Apol XX,13: „Sic argumentari est ex non causa causam facere"), sondern als Folge der Sündenvergebung gefor-

9. Der Lohn der Werke
und das Problem ihrer Verdienstlichkeit

Wie schon in der Catholica Responsio (vgl. Ficker, 15 ff.) so ist die altgläubige Kritik der Rechtfertigungslehre der CA auch in der Confutatio neben der Frage des „sola fide" vor allem auf das Problem der Verdienstlichkeit guter Werke des Menschen ausgerichtet. So sehr die Verdammung der Pelagianer gutgeheißen wird, so wenig wird die Verwerfung menschlicher Verdienste akzeptiert, welche durch den Beistand der göttlichen Gnade geschehen (Immenkötter, 85,11 f.: „quae per assistentiam gratiae divinae fiunt"). Denn solche Verwerfung sei manichäisch und wider die Lehre von der Kirche und Schrift. Belegt wird dies mit 2. Tim 4, 7 f., 2. Kor 5,10, Gen 15,1, Jes 40,10; 58,7 f., Gen 4,7, Mt 20,8, 1. Kor 3,8. In Auseinandersetzung mit CA XX werden, wie gezeigt, weitere Belegstellen hinzugefügt (vgl. Immenkötter, 120 ff.). Wiederholt wird freilich auch, was entsprechend schon zu CA IV unter Berufung auf Apk 3,4 und Kol 1,11 f. gesagt wurde, daß nämlich unsere Werke allein aus sich selbst heraus nicht verdienstlich sind, sondern durch Gottes Gnade verdienstlich gemacht werden für das ewige Leben (Immenkötter, 86,16–18). Um mit der Catholica Responsio zu reden: „Primo omnium nemo catholicorum unquam sensit meritis nostris nos provehi ad beatitudinem sine gratia. Nam gratiam oportet prevenire comitari ac subsequi, quod mater nostra ecclesia nos docuit orando: Actiones nostras, quesumus, domine, aspirando preveni et adiuvando prosequere." (Ficker 15,7–11)

Damit war zugleich die Position umschrieben, auf deren Basis die Altgläubigen im Augsburger Vierzehner-Ausschuß am 16. August 1530 zum Problem der Verdienstlichkeit der Werke Stellung nahmen. Insbesondere Ecks wiederholter Hinweis, daß die Werke nicht aus sich selbst heraus verdienstlich seien, konnte in diesem Zusammenhang reformatorischerseits nicht unbeachtet bleiben. In einem größeren Texteingriff in Spalatins Grundschrift der Apolo-

---

dert. Der Inhalt des Schriftzitats läßt sich daher wie folgt umschreiben: „Facite bona opera, ut perseveretis in vocatione, ne amittatis dona vocationis, quae prius contigerunt, non propter sequentia opera, sed iam retinentur fide, et fides non manet in his, qui amittunt spiritum sanctum, qui abiiciunt poenitentiam" (Apol XX,13).

gie, die ganz auf den Kontrast von „meritum Christi" und „meritum operum nostrorum" bezogen ist, hat denn auch Melanchthon gleich zu Beginn seiner Verwunderung darüber Ausdruck verliehen, „(q)uam verecunde autem loquuntur nunc de merito" (CR 27, 279,45 f.), „wie glimpflich sie Itzunt redenn vom vordinst" (CR 27, 324,15 f.). Gemeint sind die altgläubigen Theologen, wobei Melanchthon hinzufügt: „Olim cum de remissione peccatorum et de iustificacione loquebantur, nulla fidei mencio fiebat. Tantum proponebantur opera." (CR 27, 279,46–280,1; vgl. CR 27, 324, 16 ff.) Chr. Peters hat gezeigt, daß diese und eine Reihe anderer Eingriffe in die auf Mitte August zu datierende Grundschrift Spalatins direkt auf die Verhandlungen des Vierzehner-Ausschusses Bezug nehmen. Der zur Übergabe an den Kaiser bestimmte Apologietext vom 22. September 1530 ist entsprechend bezüglich der „disputationes de merito" (BSLK 158,27) keineswegs auf unvermittelte Alternativen hin angelegt; er reflektiert durchaus die in mancher Hinsicht gewandelte Gesprächssituation. Trotz aller Vorbehalte weiß man in den reformatorischen Kreisen offenbar sehr wohl einen Unterschied zu machen zwischen der aktuellen Lehre der Gegner und der gegnerischen Lehre der Vorzeit. Dies legt eine kurze geschichtliche Reminiszenz nahe.

Obwohl die Scholastik an der Unverdienbarkeit der sog. prima gratia, der Rechtfertigungsgnade, keine Zweifel aufkommen ließ, sah man doch andererseits keine Schwierigkeit, „von einer – im einzelnen verschieden gedeuteten – rein passiven, mit keinerlei Anspruch verbundenen habilitas für die Gnade zu sprechen, deren Beschreibung sich in dem schon in der Väterzeit anklingenden, im Kreis um Abaelard und bei den Porretanern terminologische Festigkeit gewinnenden Axiom verdichtet: Facienti quod in se est, Deus non denegat gratiam." (Pesch, 1881) Dabei assoziierte man mit dem „facere quod in se est" allerdings nicht die reinen Naturkräfte des Menschen, die lediglich dem allgemeinen Bewegungseinfluß Gottes unterliegen; man verband die Formel vielmehr mit der Annahme einer Vorbereitungsgnade und sprach in diesem Zusammenhang von einem „meritum de congruo". „Diese Theorie von der ‚mittleren' Gnade und vom meritum de congruo gelangt ins 13. Jahrhundert und wird hier ununterbrochene Tradition vor allem der Franziskanerschule bis hin zu Gabriel Biel." (Pesch, 1882) Dieser sollte schließlich lehren, „daß der Mensch – auch der *Sünder* – aus seinen (verbliebenen) natürlichen Kräften es dahin bringen könne, den Akt der (natürlichen) Gottesliebe über alles zu vollziehen. Dieser Akt ist Inhalt des facere quod in se est. Um ihn *fortzusetzen* und *durchzuhalten,* ist der habitus der caritas, also die Gnade nötig. Aber die kann auch nicht ausbleiben, denn dieser Akt der natürlichen Gottesliebe ist zugleich die vollkommene Disposition auf die Gnade, die mit der Eingießung der Gnade koinzidiert." (Pesch, 1883) Insonderheit gegen diese und ähnliche Positionen ist das antimeritorische Gnadenverständnis der Reformation gerichtet, dessen Pointe sich zusammenfassend folgendermaßen umschreiben läßt: Was der postlapsarische Mensch aufgrund seines eigenen Vermögens verdient, ist nichts außer Tod und Verdammnis. Dessen ist der Glaubende ebenso gewiß, wie ihm durch den Glauben das ewige Heil, das Gott allen Menschen bereiten will, Gewißheit geworden ist. Fazit: „Der für die katholische Theologie so wesentlich(e) *meritum*-Begriff ist aus dem Vokabular der Reformatoren verbannt." (Fagerberg 167)[163]

Nun läßt sich freilich die reformatorische Kritik des Verdienstdenkens, so sehr sie in besonderer Weise gegen spätscholastische Lehrbildungen im Sinne Biels gerichtet war, in ihrer Bedeutung nicht auf diesen historischen Bezug restringieren. Denn obwohl Melanchthon, wie gezeigt, durchaus einen Unterschied macht zwischen der gegenwärtigen Lehre seiner Gegner und vormaligen Irrtümern, so hält er nichtsdestoweniger an der aktuellen Bedeutung seiner antimeritorischen Verdikte ausdrücklich fest, da auch in der Theologie seiner altgläubigen Zeitgenossen nicht klar genug vom Glauben die Rede sei: Denn „sie flickenn etwas dran vom vordienst der werck", obwohl sie zugleich zugeben müssen, „es sey fast geringe. Sie sagen, die werck, die Inn der gnad geschenn, vordienenn das ewige Lebenn, sed minus principaliter,

---

[163]   Zur Geschichte des meritum-Begriffs äußert sich Fagerberg, 287 ff.: Wandten sich die Reformatoren auch keineswegs gegen die Werke an sich, so doch gegen deren Verdienstlichkeit (vgl. Fagerberg, 289). Ihr Richtmaß haben die Werke nach Fagerberg am mandatum Dei. (Zum Sinngehalt dieses für „die reformatorische Theologie so bedeutsamen Begriff[s]" [294] vgl. Fagerberg, 294 ff.) An den Beispielen des weltlichen Berufs (vgl. Fagerberg, 296 ff.) und der Ehe (Fagerberg, 303 ff.) wird dies im einzelnen erläutert. Bemerkenswert ist, daß Fagerberg den innigen Zusammenhang von Rechtfertigungslehre und Eschatologie nachhaltig hervorhebt (vgl. Fagerberg, 311 ff.; zu den rechtfertigungstheologischen Rückwirkungen auf die Ausgestaltung der eschatologischen Themen im engeren Sinne vgl. Fagerberg, 316 ff.).

Dis Einig stucklain behalden sie noch von der vorigenn gruntsuppen falscher lahr." (CR 27, 325, 30–35; vgl. CR 27, 280) Gegen diesen verkehrten Restbestand, durch welchen das Ganze verdorben zu werden droht, wendet sich Melanchthon mit der These, daß man gute Werke zwar, weil Gott sie geboten hat, tun, doch so tun soll, „das wir nicht auff unnser werck vortrauenn, damit fur got gerecht zusein, Sondern vortrauenn, auff denn vordienst unnd die Zusage Cristi" (CR 27, 325, 40–42). Das gelte selbst für den Fall, daß („Als nicht Ist" [CR 27, 325, 36]) mit der Verdienstlichkeit menschlicher Werke zu rechnen sei. „Porro etiam si opera essent meritoria, tamen articulus noster recte et catholice positus est, quod non debeamus confidere operibus nostris, sed merito et gratuita promissione Christi." (BSLK 158,31–33) Belegt wird dies mit Psalmzitaten und einem Hinweis auf Augustin, welcher sagt: „Non meritis nostris Deus nos ad aeternam vitam, sed pro sua miseratione perducit." (BSLK 158,34 f.) Es folgen Erörterungen zur rechten Auslegung von Lk 17,10 und zum Begriff von Lohn und Verdienst, welche in der Feststellung zusammengefaßt werden: „Quod vero contendunt opera esse meritoria, quia scriptura utatur nomine mercedis, ad id respondemus, mercedem dici non propter dignitatem operum nostorum, sed propter promissionem Dei, quam accipimus fide non propter opera, sed propter meritum Christi." (BSLK 161,44–162,46)

Die beigebrachten Zitate aus den noch auf dem Reichstag entstandenen Apologiehandschriften (vgl. auch Peters, Anhang 1 und 2) beweisen, daß die reformatorische Absage an die Verdienstlichkeit der Werke unbeschadet aller nötigen historischen Differenzierungen von grundsätzlicher Art ist. Bestätigt wird das nicht zuletzt durch die erwähnten redaktionellen Texteingriffe in der Folge der Ausschußverhandlungen. In prinzipieller Hinsicht lassen sie an eindeutiger Klarheit nichts zu wünschen übrig, sofern sie stets beides zugleich zur Geltung bringen, nämlich: „quod necessario facienda sint bona opera propter mandatum dei, et quod non debeamus confidere nostris operibus, sed gratuita promissione Christi. Nam ut iusticia legis mereatur praemia legis, certe graciam et iusticiam coram deo non meremur nostris operibus. Nam qui hanc gloriam tribuit operibus nostris, detrahit de gloria Christi." (CR 27, 282, 27–32) In diesem Sinne gilt, daß der Mensch gratis bzw. durch den reinen Empfang der Gnade Gottes im Glauben gerecht wird, nicht durch vorhergehende oder nachfolgende Werke (CR 27, 283, 12 f.: „non propter praecedencia aut sequencia

opera"). Dies auch nach erfolgten Lehrverbesserungen nicht unzweideutig klargestellt zu haben, ist der bleibende Vorwurf Melanchthons an die Gegner. Wie es in einer seiner noch vor Ende
Oktober 1530 vorgenommenen Randnotizen zum Text der Dresdner Handschrift heißt: „Ac mira adversariorum caecitas est, tam ar-
roganter gloriari de meritis, cum ipsi quoque fateantur omnia nostra bona opera immunda esse, cum fateantur semper in natura
haerere peccatum ..." (Zit. n. Peters, III.1.6.2) Nach Melanchthons
Urteil läuft die von den Gegnern aktuell vertretene altgläubige
Konzeption sonach auf einen inneren Widerspruch hinaus.

An diesem Urteil sowie an dem Grundsatz, daß weder voraus-
gehende noch dem Glauben nachfolgende Werke die Gnade Gottes
verdienen, sondern daß es allein der Glaube ist, welcher die
Rechtfertigung empfängt, hält Melanchthon auch in den Druckfassungen der Apologie uneingeschränkt fest. Es bleibt daher bei der
kompromißlosen Absage an die Lehre vom meritum, sofern mit
ihr die Annahme verbunden ist, das Heil durch Werke zu erwerben. Diese Annahme wird ausdrücklich als gottloser Wahn verdammt.[164] Positiv gilt die unter allen Umständen festzuhaltende

---

[164]   Vgl. Apol IV,204: „Hanc impiam opinionem in operibus damnamus." Den
         gottlosen Wahn der Werke, wie er der Welt angeheftet ist, illustriert Me-
         lanchthon u. a. am Opfer der Heiden, das diese von den Erzvätern über-
         nommen hatten, ohne deren Glauben zu teilen, am Opferkult Israels,
         sofern dieser entgegen dem prophetischen Ursprung zu einem von selbst
         wirksamen Sühnopfer göttlichen Zorns entartete, schließlich an der stif-
         tungswidrigen Verkehrung des um des Gedächtnisses Christi (vgl.
         1. Kor 11,26) und der Stärkung des Glaubens willen eingesetzten Herren-
         mahls zu einem ex opere operato rechtfertigenden Meßopfer für Leben-
         de und Tote, welches den Anklagezustand der Schuld und Strafe in de-
         nen aufhebt, für die es vollzogen wird. („Sic enim scribit Gabriel." [Apol
         IV,210]) Verwiesen wird ferner auf den Mißbrauch der Heiligenver-
         ehrung: „Hi cum vident opera sanctorum, humano more iudicant, sanc-
         tos promeruisse remissionem peccatorum et gratiam, per haec opera.
         Ideo imitantur ea, et sentiunt se per opera similia mereri remissionem
         peccatorum et gratiam, sentiunt se per illa opera placare iram Dei et
         consequi, ut propter illa opera iusti reputentur." (Apol IV,203) Solchen
         Verkehrungen und Mißbräuchen werden die Beschneidung Abrahams als
         ein Bekenntniszeichen des Glaubens (Apol IV,201), das um des Glaubens
         willen gottgefällige Opfer Abels (Apol IV,202), aber auch die wahren
         Beispiele heiligmäßigen Lebens konstrastiert: „Antonius, Bernhardus,
         Dominicus, Franciscus et alii sancti patres elegerunt certum vitae genus,
         vel propter studium vel propter alia utilia exercitia. Interim sentiebant se
         fide propter Christum iustos reputari et habere propitium Deum, non

„regula", „quod lex non fiat sine Christo" (Apol IV,269) bzw. „quod doctrina legis sine Christo non prodest" (Apol IV,277). Ohne Christus können wir die Gebote nicht nur nicht halten, ohne Christus gefällt unser um Gebotserfüllung bemühtes Handeln Gott eo ipso nicht. Dem entspricht, daß das menschliche Herz erst in dem gläubigen Wissen beständige Ruhe findet und daß es schon um des Mittlers Christus willen Gott gefällt, obschon die angefangene Gesetzeserfüllung noch weit von der Vollkommenheit entfernt ist.

Bevor auf die Argumentationen des in BSLK wiedergegebenen Quarttextes der Apologie im einzelnen einzugehen ist, soll vorweg die Kritik gegen die Lehre vom „meritum de congruo" zusammenfassend berücksichtigt werden, zumal da sie ohnehin das Zentrum der „responsio ad argumenta adversariorum" (vgl. Apol IV,183 ff.) bildet. Schon in der ältesten Druckfassung der Artikel IV bis VI der Apologie nimmt die Bestreitung der altgläubigen Lehre vom „meritum de congruo" breiten Raum ein (vgl. CR 27, 463,31–464,5; dazu Peters, III.2.1.b.d). Die altgläubige Verdienstlehre, so heißt es dort, schade in doppelter Hinsicht: „Primum quia obscurat gloriam Christi, quia qui suis operibus conatur mereri iustificationem, is non sentit sibi donari iusticiam propter Christum, sed propter propria merita ... Secundo aut praesumptionem aut desperationem parit doctrina de meritis, quia ociosae conscientiae impie confidunt suis donis, viribus, et operibus. Econtra pavidae conscientiae nunquam possunt acquiescere, ac subinde alia opera querunt, ut mereantur gratiam." (CR 27,

---

propter illa propria exercitia. Sed multitudo deinceps imitata est non fidem patrum, sed exempla sine fide, ut per illa opera mererentur remissionem peccatorum, gratiam et iustitiam; non senserunt se haec gratis accipere propter propitiatorem Christum." (Apol IV,211) Während die Welt die Werke zu Versöhnungsmitteln des Zornes Gottes verkehre, welche Verkehrung von den Gegnern gegen die Heilige Schrift verteidigt werde, halte sich evangelische Lehre an die biblische Einsicht, daß nur der Glaube um Christi willen Versöhnung erlangt, daß freilich die „inchoata legis impletio" dem Glauben folgen muß (vgl. Apol IV,212–217). Im Oktavtext werden die auffällig weitschweifigen Ausführungen, aus deren Zusammenhang zitiert wurde, „auf ein Fünftel ihres ursprünglichen Umfangs zusammengestrichen" (Peters, III.2.2.g.b; vgl. 2.4.g.b). Die Gründe hierfür sind Dispositionsschwächen und argumentative Defizite: „Melanchthon weicht den Problemen eher aus, als daß er sie wirklich löst." (Peters, III.2.2.g.b)

463,62−464,1) Analoge Vorwürfe an die Adresse der Gegner wurden schon in der Eröffnungspassage (vgl. CR 27, 461,18−21) vorgetragen. Im Quarttext werden diese Argumente u. a. in den Passagen Apol IV,316 bzw. 344 ff. aufgegriffen und weiterentwickelt. Obwohl beide Abschnitte (vgl. Peters, III.2.2.g.f und g.g) schon im Oktavtext (vgl. Peters, III.2.4.g.f und g.g) neu konzipiert wurden, wobei der Zielpunkt der Argumentation noch stärker als zuvor die „pax conscientiae" markiert, sollen sie gleichwohl in ihren wesentlichen Bestandteilen referiert werden, zumal da sich aus ihnen bei näherer Analyse die komplexe Arbeitsweise Melanchthons ersehen läßt, die durch ständige Rückgriffe auf Vorläufertexte gekennzeichnet ist: „Er hat die älteren Fassungen des Rechtfertigungsartikels noch alle vor Augen (und wohl auch vor sich auf dem Pult!) und benutzt sie als Steinbrüche für sein neues Textgebäude!" (Peters, III.2.2.g.f)

Die Gründe, „quare reprehendamus adversariorum doctrinam de merito condigni" (Apol IV,316), sind nach Apol IV,316 ff. im einzelnen folgende: 1. Es ist eine Entehrung der Mittlerschaft Christi (Apol IV,317: „qui perpetuo est mediator, non tantum in principio iustificationis"; vgl. Gal 2,17), zu behaupten, daß nach Beginn der Rechtfertigung (Apol IV,318: „post principium iustificationis") Gnade durch gute Werke der Liebe (Apol IV,316: „bona opera, facta adiuvante illo habitu dilectionis") und nicht durch den beständigen Glauben an Christus erworben werden müßte. 2. „Doctrina adversariorum relinquit conscientias ambiguas, ut nunquam pacatae esse queant, quia lex semper accusat nos etiam in bonis operibus." (Apol IV,319 mit Verweis auf Gal 5,17 und Röm 5,1) 3. Die unter Umgehung des Schriftzeugnisses vorgenommene Unterscheidung zwischen merita de congruo und merita de condigno hält vor dem Gewissen nicht stand; auch gilt der Grundsatz: „intentio operantis non distinguit genera meritorum" (Apol IV,321). 4. Nicht nur die Heilige Schrift (vgl. die vielen alttestamentlichen und neutestamentlichen Belege Apol IV,325−333: Ps 143,2; 7,9; 130,3; Hi 9,28.30; Spr 20,9; 1. Joh 1,8; Mt 6,12; Num 14,18; Deut 4,24; Sach 2,13; Jes 4,6; Jon 2,9; Dan 9,18 f.[!]; Lk 18,11; Joh 14,13; Lk 17,10[!]), auch das Zeugnis der Kirchenväter stellt, wie am Beispiel Augustins und Cyprians belegt wird, unter Beweis: „Tota ecclesia confitetur, quod vita aeterna per misericordiam contingat." (Apol IV,322) Apol IV,344 wird dieser Grundsatz leicht modifiziert („ecclesia confitetur, quod per misericordiam salvemur") aufgegriffen und mit einer beachtenswerten Besinnung auf das theologische Grundmotiv der scholastischen Lehre vom „meritum de condigno" versehen. Es besteht darin, der Gewißheit ewigen Heils bzw. dem Gedanken ewiger Scheidung der Erlösten und der Verdammten einen Anhalt zu geben an der faktischen Verfaßtheit des jeweiligen menschlichen Verhaltens, von dessen Rechtmäßigkeit jede gerechte Jurisprudenz ihr Urteil primär abhängig zu machen hat, wenn Rechtssicherheit gewahrt werden soll. In diesem Sinne gilt: „in foro et iudiciis humanis ius seu debitum certum est, misericordia incerta." (Apol IV,345) Melanchthon bestreitet die Gültigkeit dieses Grundsatzes keineswegs generell, stellt ihn aber unter den theologischen Vorbehalt: „Sed alia res est de iudicio Dei. Hic enim misericordia habet claram et certam promissionem et mandatum Dei. Nam evangelium proprie hoc mandatum est, quod praecipit, ut credamus Deum nobis propitium esse propter Christum." (Apol IV,345 mit Verweis auf Joh 3,17 f.) Der Verheißungsglaube verleiht daher, indem er sich auf die feste Zusage Gottes verläßt, nicht nur eine gewisse Hoffnung des ewigen Heils, er stellt zugleich das die eschatologische Scheidung bestimmende Differenzierungskriterium dar. „Fides facit discrimen inter dignos et indignos, quia vita aeterna promissa est iustificatis, fides autem iustificat." (Apol IV,347)

Was die sonstige Auseinandersetzung mit den „argumenta adversariorum" (vgl. Apol IV,183 ff.) anbelangt, so ist neben der Widerlegung der von den Gegnern in der Confutatio und während der Augsburger Ausschußverhandlungen geführten Schriftbeweise (vgl. Apol IV,218: „Nunc igitur respondebimus ad illos locos quos citant adversarii, ut probent nos dilectione et operibus iustificari.") in den Abschnitten Apol IV,218–285[165] vor allem die Kritik der

---

[165] Behandelt werden „in mehreren, relativ selbständigen Argumentationsgängen" (Peters, III.2.2.g.c) I. Kor 13,2; Kol 3,14; I. Petr 4,8 sowie Jak 2,24; damit endet der gemeinsame Text der Quart- und der Oktavausgabe. Es folgt die Auseinandersetzung mit der gegnerischen Auslegung von Lk 6,37; Jes 58,7; Dan 4,24; Mt 5,3 und Mt 5,7; hier hat Melanchthon im Oktavtext erhebliche Straffungen und Streichungen gegenüber dem Quarttext vorgenommen. Weitgehende Textübereinstimmung herrscht hingegen wieder in Bezug auf die Kritik der von den Gegnern gebotenen Auslegung von Lk 11,41. Bemerkt zu werden verdient die kritische Stellungnahme Luthers zu Melanchthons Auslegung von Dan 4,24 in einer entsprechenden Randnotiz zum Text der lateinischen Quartausgabe der Apologie (vgl. BSLK 212, Anm. 1). „Melanchthon hat Luthers Kritik an seiner Danielexegese durchaus ernst genommen: Für die ‚Oktavausgabe'

der lateinischen AC hat er die entsprechenden Passagen daher nochmals gründlich überarbeitet." (Peters, IV.2.3)

Was den sachlichen Gehalt der exegetischen Auseinandersetzung mit den gegnerischen Schriftbeweisen anbelangt, so werden im wesentlichen die bereits angesprochenen Gesichtspunkte wiederholt. Gesagt wird erneut, daß Liebe und angefangene Gesetzeserfüllung verlangt sind: „Si quis dilectionem abiecerit, etiamsi habet magnam fidem, tamen non retinet eam. Non enim retinet spiritum sanctum." (Apol IV,219) Aus der Notwendigkeit guter Werke läßt sich indes nicht die Rechtfertigung durch Liebe folgern. Die Logik einer solchen Konsequenz käme dem Satze gleich: „(N)on furari necessarium est, igitur non furari iustificat." (Apol IV, 222) Auch behaupte Paulus 1. Kor 13,2 („Si omnem fidem habeam etc., caritatem autem non habeam, nihil sum") nicht, „quod iustificet dilectio, sed quod nihil sim, id est, quod fides extinguatur, quamlibet magna contigerit" (Apol IV,222). Diese Auslegung stimmt überein mit dem kurz zuvor erwähnten Grundsatz, demzufolge die Rechtfertigung nicht die Anerkennung eines bestimmten Werkes, sondern der ganzen Person ist. (Apol IV,222: „(I)ustificatio non est certi operis approbatio, sed totius personae.") Die Irrlehre der Gegner, daß die Liebe rechtfertige, wird im wesentlichen darauf zurückgeführt, daß sie überall die Gerechtigkeit des Gesetzes lehren und verlangen (Apol VI,229). Nun leugnet auch Melanchthon nicht, daß die Liebe das höchste der Gesetzeswerke (Apol VI,229: „summum opus legis") sei. Er räumt sogar im Hinblick auf 1. Kor 13,13 ein, daß die Liebe zu Gott und dem Nächsten als das höchste Gebot (summum praeceptum) die höchste Tugend (maxima virtus) sei (vgl. Apol IV,226). Die Schlußfolgerung aber, daß die Tugend der Liebe rechtfertigt, wird entschieden abgewiesen: „sicut lex etiam maxima seu prima non iustificat, ita nec maxima virtus legis. Sed illa virtus iustificat, quae apprehendit Christum, quae communicat nobis Christi merita, qua accipimus gratiam et pacem a Deo. Haec autem virtus fides est." (Apol IV,227) Hinzuzufügen ist, daß der Glaube im gegebenen Zusammenhang, nicht nur als eine Tugend, sondern auch als eine „obedientia erga Deum" (Apol IV,228) bezeichnet wird, welche nicht weniger Gottesdienst sei als die Liebe. Hinzuzufügen ist ferner, daß die Gesetzeslehre von der Liebe als eine Lehre der Weisheit, die Lehre vom Glauben hingegen als eine Torheit um des Evangeliums willen bezeichnet wird (vgl. Apol IV,230). Interessant ist in diesem Zusammenhang, was über den einseitigen Ruhm der Gesetzeswerke, der Christi Ehre schmälert, gesagt wird: „Haec opinio legis haeret naturaliter in animis hominum, neque excuti potest, nisi cum divinitus docemur." (Apol IV,265)

Da die folgenden Textpassagen, von denen vor allem diejenige über den Begriff der Vollkommenheit (perfectio) im Anschluß an Kol 3,14 (Apol IV,231 ff.), die Erwägungen zum Thema der Liebeswerke im Anschluß an 1. Petr 4,8 (Spr 10,12) (Apol IV,238 ff.) sowie die zur rechten Predigt von Gesetz und Evangelium (Apol IV,254 ff.), zur Buße (Apol IV,271 ff.) und zur glaubensstärkenden Kraft der Werke (Apol IV,

gegnerischen Vorhaltung bemerkenswert, derzufolge gute Werke letztlich unnötig und überflüssig seien, wenn man ihnen theologisch und soteriologisch keine Verdienstlichkeit beimessen dürfe. Melanchthon hält dem entgegen, daß es ganz im Gegenteil wirklich notwendig sei, Gutes zu tun (Apol IV,348: „Imo vero necesse est bene operari.“), daß aber die guten Werke gleichwohl ausschließlich in den Folge- und in keiner Weise in den Begründungszusammenhang des im Glauben empfangenen Heils gehören. Allerdings wird ausdrücklich betont, daß ein folgenloser Glaube, also ein Glaube ohne tätige Werke der Liebe in einen Widerspruch zu sich selbst gerät und nicht zu bestehen vermag: „Iustificatis dicimus promissam esse vitam aeternam. At nec fidem nec iustitiam retinent illi, qui ambulant secundum carnem. Ideo iustificamur, ut iusti bene operari et obedire legi Dei incipiamus. Ideo regeneramur et spiritum sanctum accipimus, ut nova vita habeat nova opera, novos affectus, timorem, dilectionem Dei, odium concupiscentiae etc.“ (Apol IV,348 f.) Der Bestand des Glaubens in Zeit und Raum ist demnach ohne praktisch-sittliche Konsequenzen nicht denkbar, in deren Folge er gestärkt werden und wachsen muß (Apol IV,350: „confirmari et crescere debet“). Das geht schon daraus hervor, daß der Glaube, von dem die Rede ist, Bußglaube ist (Apol IV,350: „(h)aec fides, de qua loquimur, existit in poenitentia“). Die Stärkung und das Wachstum, welche der Glaube im Folgezusammenhang der Werke zu erfahren bestimmt ist, erweisen sich nach Melanchthon indes gerade darin als wirksam, daß der Glaube zu einem immer tieferen Vertrauen auf die Gnadenverheißung bewegt wird, in der er seinen Ursprung hat. Die dem Glauben folgenden Werke befördern ihn somit gerade dadurch, daß sie ihn auf seinen Ursprung verweisen, während sie für sich genommen die Glaubensgewißheit nicht nur nicht begründen, sondern auch nicht steigern können. Im Glauben tätig zu sein kann daher nicht „sine magnis et multis certaminibus“ (Apol IV,350; vgl. Kol 2,14) gelernt werden, wobei es sich bei sol-

---

275 ff.) hervorzuheben sind, sachlich nichts Neues bringen, sei lediglich noch auf die bereits behandelte Jakobusstelle (Jak 2,24) verwiesen, wo es heißt: „Videtis igitur, quod ex operibus iustificatur homo, et non ex fide sola.“ (Apol IV,244) Worauf es Melanchthon vor allem ankommt, ist die Feststellung, daß hier von Werken die Rede ist, die dem Glauben folgen und zeigen, daß er nicht tot, sondern lebendig ist und wirksam im Herzen.

chem Lernprozeß um einen lebenslangen Prozeß handelt, der die Devise bestätigt: Je mehr sich der Glaube in tätiger Liebe bewährt, desto nötiger hat er die Verheißung.

Sub specie aeternitatis betrachtet stellt solche sich steigernde Verheißungsbedürftigkeit lebensbewährten Glaubens indes kein Defizit, sondern nachgerade einen ewigen Gewinn dar, indem sie den Menschen fortschreitend hineinverwandelt in jene Gottebenbildlichkeit, zu welcher er schöpfungsgemäß bestimmt ist (vgl. Apol IV,351 ff. mit Verweis auf 2. Kor 3,18; ferner: Kol 3,10, Röm 8,10,2, Kor 5,2 f., 1. Petr 1,9). Dabei wird schließlich auch den Werken ihr Lohn zuteil werden nach Maß ihrer Liebe. Zwar entscheidet sich das eschatologische Grundsatzurteil Gottes ausschließlich am Glauben gemäß der Devise: „Sicut ... iustificatio ad fidem pertinet, ita pertinet ad fidem vita aeterna." (Apol IV,354) Doch wird es unter der Bedingung prinzipiellen Glaubensheils auch ein nachfolgendes Gericht nach den Werken geben. Darauf hebt Melanchthon ab, wenn er sagt: „Postea opera, quia placent Deo propter fidem, merentur alia praemia corporalia et spiritualia. Erunt enim discrimina gloriae sanctorum." (Apol IV,355) Als biblischer Beleg für solche Gradunterschiede in den Belohnungen wird vor allem 1. Kor 3,8 (vgl. auch 2. Kor 9,6) geltend gemacht: „Unus quisque accipiet mercedem iuxta suum laborem." (Apol IV, 366) Geht es im Glauben und bei dem ihm aufgrund der Gnadenverheißung des Evangeliums gebührenden Lohn um die ewige Identität des inneren Menschen vor Gott, vor dem alle Seelen gleich sind, ohne deshalb aufzuhören, in unvergleichlicher Weise verschieden zu sein, so beziehen sich die Belohnungen, welche den dem Glauben nachfolgenden Gesetzeswerken zugeordnet sind, auf die individuelle Differenziertheit eines leibhaften Lebens in seinen raumzeitlichen Äußerungsformen. So wenig beides zu trennen ist, so hängt doch alle theologische Einsicht daran, den gegebenen Zusammenhang differenziert wahrzunehmen und jedwede Verwechslung von Rechtfertigungsglauben, der allein am Verdienst Christi hängt, und lohnwürdigen Werken zu verhindern. Denn die durch tätige Werke der Liebe begonnene Gesetzeserfüllung ist allein auf der Basis des Glaubens möglich und fortzusetzen, wie sie denn überhaupt nur unter der Voraussetzung des Glaubens Gott wohlgefällig und damit Erfüllung des göttlichen Gebotes ist.

Damit ist ein weiteres Mal das entscheidende Zentrum der Auseinandersetzung benannt; zu tun ist es nicht um Subtilitäten, sondern um eine Angelegenheit, ohne deren rechte Wahrnehmung die Lehre von der Rechtfertigung ihren evangelischen Charakter verlieren und zu einer bloßen Lehre des Gesetzes verkommen müßte. Zum Schluß des Rechtfertigungsartikels der Apologie (Apol IV,378 ff.[166]) wird deshalb – „obwohl (oder: gerade weil?) Melanchthon weiß, daß seine Auseinandersetzung mit den Gegnern viel zu lang geraten ist" (Peters, III.2.2.u) – noch einmal die ursprüngliche Einsicht der Reformation in ihrem Gegensatz zur scholastischen Lehre herausgestellt, welche (statt zum Glauben an die Verheißung der Barmherzigkeit Gottes zu verhelfen) zu falschem Vertrauen auf die Dürftigkeit eigener Liebeswerke verleitet und damit nur Heilsungewißheit und zur Verzweiflung neigende Zweifel erzeugt. Zwar findet sich auch unter den Scholastikern, wie eigens bemerkt wird (Apol IV,381 ff.), die These, daß man der Gnade vertrauen muß, daß die guten Werke um der Gnade willen gefallen und daß unsere guten Werke kräftig sind kraft der Leiden Christi. Doch bleibt die Frage: „Sed cur non addunt de fide? ... Si omittatur doctrina de fide, frustra dicitur opera valere virtute passionis Christi." (Apol IV,382) Melanchthon kommt zu dem diagnostischen Schluß: „Et plerasque alias sententias corrumpunt in scholis, propterea quia non tradunt iustitiam fidei, et fidem intelligunt tantum notitiam historiae seu dogmatum, non intelligunt hanc virtutem esse, quae apprehendit promissionem gratiae et iustitiae, quae vivificat corda in terroribus peccati et mortis." (Apol IV,383 mit Verweis auf Röm 10,10) Indem er noch einmal den heilsamen und tröstlichen Charakter des Rechtfertigungsglaubens in seinem Gegensatz zur Lehre der Vernunft oder des Gesetzes herausstreicht, glaubt Melanchthon die Grundlagen der Streitsache herausgearbeitet zu haben. Er äußert die Erwartung, es dürfte trefflichen Männern nicht schwerfallen, sich auf dieser Basis ein eigenes Urteil zu bilden und zur Einsicht in den Gewissenstrost des Glaubens zu gelangen.

Dabei gilt es allerdings zuletzt noch ein Mißverständnis auszuräumen, welches aus der Tatsache entstehen konnte und tatsäch-

---

[166] Die Bemerkungen zur Genese des Konflikts in Apol IV,390 ff. sind in der Oktavausgabe fortgefallen. „Ein direkter Bezug auf die Reichstagssituation oder die Confutatio wird nicht mehr gesucht." (Peters, III.2.4.h)

lich entstand, daß die Apologie trotz eines dezidiert antimeritorischen Verständnisses von Sündenvergebung und Versöhnung des
Menschen mit Gott den Lohngedanken keineswegs abgewiesen,
sondern durchaus festgehalten hat. Dem konnte kontroverstheologisch entgegengehalten werden, „daß der Begriff ‚Lohn‘, soll er
ernst gemeint sein, den Begriff des ‚Verdienstes‘ impliziert, so
daß, wer den letzteren ausschließt, den ersteren nicht aufrechterhalten kann" (Pesch, 1867)[167]. Auf diesen Einwand replizierte bereits die Spalatin-Grundschrift als die Keimzelle von Apol IV (vgl.
CR 27, 279,19−36; BSLK 161,44−162,53). Der entscheidene Passus
hatte damals gelautet: „Quod vero contendunt opera esse meritoria, quia scriptura utatur nomine mercedis, ad id respondemus,
mercedem dici non propter dignitatem operum nostrorum, sed
propter promissionem Dei, quam accipimus fide non propter opera, sed propter meritum Christi." (BSLK 161,44−162,46) Sowohl in
seinen Texteingriffen im Anschluß an die Verhandlungen des
Vierzehner-Ausschusses (vgl. Peters, III.1.4) als auch in seinen
Randnotizen zum Text der Dresdner Handschrift (vgl. Peters,
III.1.6.3) kreisen Melanchthons Gedanken immer wieder um diesen Themenaspekt. „Sed scriptura, inquiunt, utitur vocabulo mercedis, igitur opera sunt meritoria" (CR 27, 282,10 f.). Melanchthon
hält mit seinem Urteil über diese Annahme der Gegner und deren
Interpretation des neutestamentlichen Lohnbegriffs nicht zurück.
„Quid afferunt adversarij, nisi pueriles et frivolas argucias, aucu-
pantur vocabula et ad dialecticam exigunt, neque tamen phrasin
scripturae observant." (CR 27, 282,11−13) Die zweite Satzhälfte
wurde später durch die Wendung ersetzt: „et videri volunt Dialec-
tice disputare, cum phrasin Scripturae non intelligant" (CR 27, 282,
Anm. aa). Die Pointe der kritischen Zuspitzung ist klar: „Weil die
Gegner nicht wissen, was der biblische Begriff *merces* bedeutet,
sind sie schon formal gar nicht dazu in der Lage, ihn im Rahmen
einer den Maßstäben der Dialektik genügenden Debatte zu erörtern." (Peters, III.1.6.3)

An dieser Einschätzung hat Melanchthon auch fernerhin festgehalten. Indes muß man bei aller Polemik im Auge behalten, daß
es sich bei dem in Frage stehenden Problem nicht eigentlich um

---

[167]   Pesch gibt demgegenüber zu bedenken, die Lohnlehre Jesu und des
Neuen Testamentes durchbreche „die behauptete Implikation des Ver-
dienstgedankens im Lohngedanken" (Pesch, 1872).

ein terminologisches handelt. Es ist Melanchthon ja keineswegs darum zu tun, den Verdienstbegriff als solchen zu inkriminieren. Daß gute Werke Belohnungen verdienen[168] und rechter Gehorsam verdienstlich sei[169], diese Auffassung findet sich entgegen der beim Wormser Religionsgespräch vorgetragenen Annahme Ecks[170] nicht erst im VI. und XX. Artikel der CA-Variata von 1540, dies hat Melanchthon mehr oder minder ausdrücklich schon in Augsburg und namentlich in seiner Apologie gelehrt, ohne dadurch sein antimeritorisches Gnadenverständnis auch nur im geringsten zu revozieren. Belegen läßt sich dies insonderheit mit den Abschnitten Apol IV,194 ff. (vgl. Peters, III.2.2.g.b und III.2.4.g.b) sowie Apol IV,362 ff. (vgl. Peters, III.2.2.g.g und III.2.4.g.g; Apol IV,362: „Non movemus inanem λογομαχίαν de vocabulo mercedis.“), wo explizit gesagt wird, daß zwar allein der Glaube Sündenvergebung und Gnade vor Gott erlangt, daß die Werke der Gläubigen gleichwohl andere leibliche und geistliche Belohnungen (Apol IV, 366: „praemia corporalia et spiritualia“) in diesem und in jenem Leben (Apol IV,368: „in hac vita et post hanc vitam“) verdienen. So wird z. B. im Blick auf die Almosen betont, „quod ... mereantur multa beneficia Dei, mitigent poenas, quod mereantur, ut defendamur in periculis peccatorum et mortis“ (Apol IV,278). Die Verdienstlichkeit guter Werke wird also ausdrücklich behauptet: „Docemus bona opera meritoria esse.“ (Apol IV,194) Zur Begründung wird neben dem mit einer Belohnungsverheißung verbundenen Gebot der Elternehrung (vgl. Apol IV,197) auf 1. Kor 3,8 verwiesen: „Unusquisque recipiet mercedem iuxta suum laborem.“ (Apol IV,194) Daraus wird zugleich gefolgert, daß es unterschiedliche Belohnungen für unterschiedliche Leistung geben

---

168   Vgl. CR 26, 355: „Postea vero placere etiam obedientiam erga legem et reputari quandam iusticiam, et mereri praemia.“ (Vgl. BSLK 60, Anm. 4)

169   Vgl. CR 26, 369: „Quanquam igitur haec nova obedientia procul abest a perfectione legis, tamen est iusticia, et meretur premia, ideo quia personae reconciliatae sunt. Atque ita de operibus iudicandum est, quae quidem amplissimis laudibus ornanda sunt, quod sint necessaria, quod sint cultus Dei et sacrificia spiritualia et mereantur premia.“ (Vgl. BSLK 83a,45–49; ferner: CR 26, 371)

170   Vgl. K. Thieme, Der Geist der lutherischen Ethik in Melanchthons Apologie, Gießen 1931, 8. Thieme belegt ausführlich, daß die Lohn- und Verdienstlehre der Variata der Apologie und dem Geist der lutherischen Ethik in der Apologie entspricht.

wird (Apol IV,194: „Erunt igitur dissimilia praemia propter dissi-
miles labores.“). Einheitlich („similis et aequalis“) ist für alle die
Sündenvergebung. Begründet wird dies mit der Einheit Christi
(Apol IV,195: „sicut unus est Christus“), um dessentwillen die Sünde vergeben wird. Der Glaube hinwiederum, durch welchen allein die Sündenvergebung empfangen wird (vgl. Röm 5,1f.),
macht uns zu Söhnen Gottes und Miterben Christi: „Fides autem
quia filios Dei facit, facit et coheredes Christi.“ (Apol IV,196) Nur
durch ihn und nicht durch verdienstliche Werke erlangen wir daher auch das ewige Leben (vgl. Röm 8,30). Das ändert allerdings
nichts an der behaupteten Verdienstlichkeit guter Werke. Allerdings sei zu bedenken, daß Gott seine Heiligen vielfältig heimsu-
che und den Lohn für die Gerechtigkeit der Werke nicht selten
aufschiebe, „ut discant non confidere sua iustitia, ut discant quae-
rere voluntatem Dei magis quam praemia“ (Apol IV,198). Exemplarisch zeige sich dies, wie gesagt wird, „in Iob, in Christo et aliis
sanctis“ (Apol IV,198). Verwiesen wird ferner auf Psalm 37,1 und
auf Mt 5,10.

Auch in dem deutlich an die erwähnten Randnotizen zur Dresdner Handschrift erinnernden Passus Apol IV,362 ff. wird der Lohn-
und Verdienstbegriff unbeschadet seiner Zuordnung zur Lehre
vom Gesetz (Apol IV,368: „proprie enim merces ad legem pertinet“) keineswegs pauschal abgewiesen. Abgewiesen wird lediglich die Folgerung, die etwa Luk 6,23 gegebene theologische Verwendung des Lohnbegriffs impliziere notwendig die Annahme,
daß das ewige Leben durch gute Werke würdigkeitshalber (oder
auch billigkeitshalber: Apol IV,376) verdient werde bzw. verdient
werden könne (vgl. Apol IV,357 f.). Diese Folgerung erweist sich
nach Melanchthon angesichts des Zeugnisses der Schrift (vgl.
Röm 6, Joh 3,36), Augustins, aber auch angesichts des herkömmlichen Sprachgebrauchs (vgl. Apol IV,357: „sermonis consuetud[o]“)
als ein Schluß ohne zwingende Kraft. Den biblischen Belegen,
welche die Gegner in der Regel für die Begründung ihrer Überzeugung beibringen (Röm 2,6.10; Joh 5,29; Mt 25,35), bestreitet Melanchthon ihre diesbezügliche Beweiskraft, weil sie den Werken
als den externen Früchten des Glaubens ewigen Lohn nur im Zusammenhang mit dem internen Glauben des Herzens (Apol
IV,371: „fides cordi[s]“) zusprechen. „Quoties autem fit mentio legis
et operum, sciendum est, quod non sit excludendus Christus mediator.“ (Apol IV,372) In diesem Sinn kann Joh 15,5 („sine me nihil
potestis facere“; vgl. ferner Hebr 11,6) als Richtschnur aller Stellen

über die Werke beurteilt werden. Der Streit betrifft demnach nicht eigentlich das Wort Lohn (Apol IV,359: „Nos non rixamur de vocabulo mercedis." Vgl. Apol IV,362), sondern die Frage: „utrum bona opera per se sint digna gratia et vita aeterna, an vero placeant tantum propter fidem, quae apprehendit mediatorem Christum?" (Apol IV,359) Daß ersteres nicht der Fall sein und durch die theologische Verwendung des Lohnbegriffs nicht behauptet werden darf, ist Melanchthons entschiedene Meinung. Umsoweniger ist für ihn die Vorstellung akzeptabel, daß gute Werke überschüssige Verdienste erwerben, welche Rechtfertigung für andere erwirken können (vgl. Apol IV,360 f.). Theologisch brauchbar ist der Lohnbegriff nur, wenn anerkannt wird, daß wir um Christi willen durch den Glauben für gerecht gehalten werden und daß gute Werke um des Glaubens willen Gott gefallen (Apol IV,362. 372). Unter dieser Voraussetzung wird dann auch evangelischerseits bekannt, daß das ewige Leben ein Lohn sei, „quia est res debita propter promissionem, non propter nostra merita" (Apol IV,362 mit Verweis auf Röm 8,30 und 2. Tim 4,8). Lohn kann das ewige Leben mithin deshalb genannt werden, weil es dem Gerechtfertigten um der Verheißung willen geschuldet ist. „Et hanc promissionem scire sanctos oportet, non ut propter suum commodum laborent, debent enim laborare propter gloriam Dei; sed ne desperent in afflictionibus, scire eos oportet voluntatem Dei, quod velit eos adiuvare, eripere, servare." (Apol IV,364) Melanchthon will infolgedessen auch und gerade unter den Bedingungen des Glaubens die Lohnpredigt ebensowenig aufgeben wie die Predigt der Strafen (Apol IV,365: „praedicatio praemiorum et poenarum necessaria est"), was u. a. auch als Hinweis darauf gewertet werden kann, daß bei entsprechender theologischer Flexibilität nicht nur der Begriff des „meritum", sondern auch der einer der „absolutio" nachgeordneten „satisfactio" einer differenzierten evangelischen Beurteilung zugänglich ist (vgl. §9,9).

Einen soteriologischen Sinn ergibt die auch unter reformatorischen Bedingungen nicht ausgeschlossene Rede von einer Verdienstlichkeit der guten Werke allerdings nur, wenn der Verweis auf deren Lohn die Aufmerksamkeit des Glaubens nicht von Christus ablenkt, von dem allein das Heil und von dem das Heil in der Kraft des göttlichen Geistes ganz ausgeht. Weder der Grund noch der Erhalt des Glaubens beruhen in diesem Sinne auf den Werken des Glaubenden. Von daher ist es nicht unproblematisch, die Glaubenswerke „externa signa ... promissionis" (Apol IV,275) zu nennen. Unter Bezug auf eine entsprechende Wendung in der Quartausgabe der Apologie[171] notierte Luther am Rand des Textes: „Imo interna, cum cor nostrum non coarguit nos, scimus quod filium (i. e. filii) Dei sumus." (BSLK 214, Anm. 2; vgl. WA 30 III,491, 11 ff.) Dieser Einspruch blieb nicht ohne Wirkung: „Melanchthon hat Luthers Kritik durchaus ernst genommen: „Im ‚Oktavtext' hat er seine Rede von den *signa externa* deshalb auch stark relativiert." (Peters, IV.2.3 unter Verweis auf CR 27, 518,1–11)[172]

---

[171] Der entsprechende Textpassus lautet: „Verum est enim, quod in doctrina poenitentiae requiruntur opera, quia certe nova vita requiritur. Sed hic male assuunt adversarii, quod talibus operibus mereamur remissionem peccatorum aut iustificationem. Et tamen Christus saepe annectit promissionem remissionis peccatorum bonis operibus, non quod velit bona opera propitiationem esse, sequuntur enim reconciliationem, sed propter duas causas. Altera est, quia necessario sequi debent boni fructus. Monet igitur hypocrisin et fictam poenitentiam esse, si non sequantur boni fructus. Altera causa est, quia nobis opus est habere externa signa tantae promissionis, quia conscientia pavida multiplici consolatione opus habet. Ut igitur baptismus, ut coena Domini sunt signa, quae subinde admonent, erigunt et confirmant pavidas mentes, ut credant firmius remitti peccata: ita scripta et picta est eadem promissio in bonis operibus, ut haec opera admoneant nos, ut firmius credamus." (Apol IV, 274–276; BSLK 214,44–215,2) Vgl. hierzu und zu den sonstigen kritischen Randkommentaren Luthers in der Quartausgabe M. Greschat, Melanchthon neben Luther. Studien zur Gestalt der Rechtfertigungslehre zwischen 1528 und 1537, Witten 1965, 108. Greschat kommt zu dem Fazit: „Aber von einer eigentlichen Differenz kann nicht einmal an diesem Punkt die Rede sein, so daß gerade die Anmerkungen Luthers zur Apologie eindrücklich zeigen, wie sehr beide in den konkreten Aussagen über die doctrina iustificationis übereinstimmen." (Ebd.)

[172] Einen „Syllogismus practicus" hat die Wittenberger Bekenntnistradition nie gelehrt. Denn können zwar die schuldig gebliebenen Werke der Liebe als Erkenntnisgrund fehlenden Rechtfertigungsglaubens fungieren, so hat sich doch die Aufmerksamkeit des gegebenen Rechtfertigungsglaubens ausschließlich auf Christus bzw. die göttliche Gnade in ihm auszurichten, soll der Glaube seines Heils gewiß sein und bleiben. Stehen die „particulae exclusivae" in Geltung, dann muß die Rede von Zeichen der Rechtfertigung – und zwar nicht nur im Sinne von Wirk-, sondern auch von Erkenntniszeichen – im strengen Sinne Christus und der fiducia vorbehalten werden, die an ihm hängt und sich auf die media salutis, die von ihm zeugen, verläßt.

§ 11
DIE KIRCHE UND IHR AMT

Lit.:

T. Austad, Kirche, in: H.G. Pöhlmann/T. Austad/F. Krüger, Theologie der lutherischen Bekenntnisschriften, Gütersloh 1996, 169–185. – *Brunstäd* (wie Lit. §3). – *A. Dulles/G. Lindbeck,* Die Bischöfe und der Dienst des Evangeliums. Ein Kommentar zu CA 5, 14 und 28, in: H. Meyer/H. Schütte (Hg.), Confessio Augustana – Bekenntnis des einen Glaubens. Gemeinsame Untersuchung lutherischer und katholischer Theologen, Paderborn/Frankfurt a.M. 1980, 139–167. – *Fagerberg* (wie Lit. §3). – *Ficker* (wie Lit. §10). – *Förstemann I* und *II* (wie Lit. §6). – *A. Franzen,* Zölibat und Priesterehe in der Auseinandersetzung der Reformationszeit und der katholischen Reform des 16. Jahrhunderts, Münster 1969. – *Immenkötter* (wie Lit. §6). – *E. Iserloh,* „Von der Bischofen Gewalt": CA 28, in: ders. (Hg.), Confessio Augustana und Confutatio. Der Augsburger Reichstag 1530 und die Einheit der Kirche, Münster ²1980, 473–488. – *W. Kasper,* Das Kirchenverständnis der Confessio Augustana, in: E. Iserloh (Hg.) a.a. O., 396–410. – *T. Koch,* Das Problem des evangelischen Kirchenverständnisses nach dem Augsburger Bekenntnis, in: B. Lohse/O.H. Pesch (Hg.), Das „Augsburger Bekenntnis" von 1530 – damals und heute, München/Mainz 1980, 125–143. – *Kolde* (wie Lit. §7). – *G. Kretschmar,* Der Kirchenartikel der Confessio Augustana Melanchthons, in: E. Iserloh (Hg.), a.a. O., 411–439. – *B. Lohse,* Die Einheit der Kirche nach der Confessio Augustana, in: ders., Evangelium in der Geschichte, Göttingen 1988, 315–336. – *B. Lohse/K. S. Frank/J. Halkenhäuser/F. Wulf,* Mönchtum, in: H. Meyer/H. Schütte (Hg.), a.a. O., 281–318. – *P. Manns,* Die Heiligenverehrung nach CA 21, in: E. Iserloh (Hg.), a.a. O., 596–640 (641–651: Diskussion). – *Maurer I* und *II* (wie Lit. §7). – *W. Maurer,* Pfarrerrecht und Bekenntnis. Über die bekenntnismäßige Grundlage eines Pfarrerrechtes in der evangelisch-lutherischen Kirche, Berlin 1957. – *H. Meyer/H. Schütte,* Die Auffassung von der Kirche im Augsburgischen Bekenntnis, in: ders. (Hg.), a.a. O., 168– 197. – *Mildenberger* (wie Lit. §3). – *G. Müller,* Martin Luther und das Papsttum, in: ders., Causa Reformationis. Beiträge zur Reformationsgeschichte und zur Theologie Martin Luthers, Gütersloh 1989, 388–416. – *Peters* (wie Lit. §10) – *Schirrmacher* (wie Lit. §6). – *Schlink* (wie Lit. §3).

1. Die Kirche als congregatio sanctorum

Evangelische Kirche, die ihrer Bestimmung entspricht, findet und
sucht ihren Grund nirgend anders als im Evangelium von der
Rechtfertigung des Sünders aus Gnade um Christi willen durch
Glauben. Zwar kann der Evangeliumsbegriff in der Bekenntnistradition der 1530er Jahre formal betrachtet durchaus unterschiedlich verwendet werden, indem er sowohl die kanonischen
Schriften, namentlich des Neuen Testaments, als auch den heilsamen Gehalt derselben sowie die aktuelle kirchliche Verkündigung evangelischer Botschaft in Wort und Sakrament bezeichnet
(vgl. Fagerberg, 90 ff.).[1] In seinem konzentrierten und eigentlichen
Sinn aber, welcher die Bedeutung aller zuvor genannten Be-
griffsaspekte in sich zusammenfaßt, ist Evangelium stets das wirksame Zeichen der Sündenvergebung, welche Leben und Seligkeit
mit sich bringt, weil Gott sich mit dem verlorenen Menschen versöhnt und diesen aus sündiger Verkehrtheit befreit. Die gottmenschliche Person des auferstandenen Gekreuzigten ist die offenbare Gestalt und der wirksame Grund dieses Heils; er ist mithin das Evangelium an sich selbst.

Wie aber Jesus Christus als die gottmenschliche Versöhnungsge-
meinschaft in Person sich nicht in sich selbst verschließt, sondern
in der Kraft des göttlichen Geistes aufgeschlossen ist für das uni-

---

[1]   Zum Evangeliumsverständis der Augustana, das mit ihrem Verständnis
der Rechtfertigung als des „Zentrum(s) und Grundthema(s) des Augsburger Bekenntnisses" (W. Lohff, Kleine Theologie des Augsburger Bekenntnisses, in: L. Mohaupt [Hg.], Wir glauben und bekennen. Zugänge
zum Augsburger Bekenntnis, Göttingen 1980, 25 – 46, hier: 31) koinzidiert,
vgl. ferner W. Trilling, „Das Evangelium" in der Confessio Augustana und
bei Paulus, in: F. Hoffmann/U. Kühn (Hg.), Die Confessio Augustana im
ökumenischen Gespräch, Berlin 1980, 129 – 148. Zum statistischen Befund
vgl. a. a. O., 131 f. Zusammenfassend kann gesagt werden, „daß die CA im
ganzen ein *spezifisches* Verständnis von ‚Evangelium' vertritt, das sowohl
positiv zur Erhellung der eigenen Anschauung vom ‚wahrhaft Christlichen' als auch negativ in kritischer Abgrenzung gegen nicht-authentisch
Christliches fungiert. Dieses Verständnis ist im Kern und in seiner faktischen Wirkung mit der paulinischen Rechtfertigungslehre in ihrer polemisch und dialektisch zugespitzten Form identisch ... ‚Evangelium' heißt
in der CA: die Botschaft von und die Wirklichkeit der Sündenvergebung
(allein) durch die Gnade, die allein aus Glauben erlangt werden kann."
(a. a. O., 137)

versale Heil von Menschheit und Welt, so markiert auch das Evangelium kein fixes Datum, sondern ist stetig wirksam als lebendige Verheißung, um wahrgenommen zu werden im Glauben, welcher die Rechtfertigung sich gegeben sein läßt und empfängt. Aus dieser Analogie erhellt, warum Evangelium und „promissio" in reformatorischer Theologie häufig synonym verwendet werden. Die „Gleichsetzung von Evangelium und Verheißung" (Fagerberg, 97) steht dafür, daß das Evangelium die Rechtfertigung des Sünders nicht nur bezeichnet, sondern in actu bewirkt. Mit E. Schlink zu reden: „Das Evangelium ist nicht nur Verheißung der Vergebung, sondern selbst schon Vergebung, nicht nur Ankündigung der göttlichen Gnadentat, sondern die Tat der göttlichen Gnade selbst." (Schlink, 151)

Bildet das Evangelium sonach Wirklichkeit nicht nur ab, um diese zu äußerlicher Darstellung zu bringen, sondern gilt zugleich dies, daß die Frohbotschaft, was sie besagt, durch Zuspruch wirksam hervorruft, so stellt sich die Frage, wie der Mensch der durch das Evangelium hervorgerufenen Wirklichkeit in Wahrheit inne wird. Die Antwort kann nur lauten: Nicht lediglich durch bloße „notitia", nicht durch „assensus" allein, sondern durch die „fides" in Gestalt der „fiducia", welche die beiden vorhergenannten Momente des Glaubens in sich aufhebt. Zwar ist, um zum Glauben zu kommen und des Evangeliums inne zu werden, Kenntnis ebenso wie persönliche Zustimmung erforderlich; der Glaube stellt sonach keine vermittlungslose Unmittelbarkeit dar, sowenig er auf die äußeren Medien, mittels derer sich ihm das Evangelium Jesu Christi erschließt, verzichten kann. Aber der Wahrheit des Evangeliums wird er doch nur dann inne, wenn sich ihm die Unbedingtheit und Bedingungslosigkeit der Gnade Gottes in Jesus Christus kraft des göttlichen Geistes an sich selbst und sonach unmittelbar als evident erweist und wenn er über „notitia" und „assensus" zur „fiducia" als zur Erfüllungsgestalt der „fides" erhoben wird.

Die Formel von der vermittelten Unmittelbarkeit, mit der das Wesen des Glaubens als eines Vertrauens, welches sich ganz und gar auf Gottes Gnade verläßt, zu umschreiben ist, enthält zugleich einen Hinweis darauf, wie sich das Verhältnis von Gesetz und Evangelium, an dessen rechter Wahrnehmung sich nach Luther die Qualität einer Theologie entscheidet, angemessen erfassen läßt. Das Evangelium steht in einer Beziehung zum Gesetz, ohne

doch in diesem Bezug seine Unbedingtheit und Bedingungslosigkeit zu verlieren. Das Verhältnis beider ist ein differenzierter *Zusammenhang,* gewiß; aber die Differenziertheit läßt sich nicht in
ein Identisches aufheben, sondern hat unter irdischen Bedingungen den Charakter einer nicht synthetisierbaren Differenz. Damit
sind zwei Fehlbestimmungen abgewiesen: zum einen die antinomistische Fehlbestimmung des Evangeliums, die den Bezug zum
Gesetz zerschneidet; zum anderen aber auch jene, welche das
Evangelium in den Rahmen des Gesetzes dergestalt einzeichnet,
daß es in dem Zusammenhang zu ihm aufgeht bzw. lediglich als
Ermöglichungsgrund progressiver Gesetzeserfüllung in Betracht
kommt. Durch diese Grenzmarkierung sind Probleme angesprochen, welche die Bekenntnistradition Wittenberger Reformation
über die Augustana und ihre Apologie hinaus beschäftigen sollten
und hinsichtlich derer man in Anbetracht der binnenlutherischen
Streitigkeiten im Anschluß an das Interim u. a. fragen kann, inwieweit sie Melanchthon gänzlich angemessen wahrgenommen und
einer völlig sachgerechten Lösung zugeführt hat.[2] Darauf wird zurückzukommen sein (vgl. §§ 12 und 13).

---

[2]   Dabei wird man mit Schwankungen der Position Melanchthons zu rech-
       nen haben. Würdigte Melanchthon nach H.-G. Geyer den im Evangelium
       wirksamen Geist anfangs vor allem als Ermächtigungsgrund zur Geset-
       zeserfüllung, so bestand für ihn zwar auch später noch die „Wahrheit
       menschlichen Seins in der Kongruenz seiner Ursprünglichkeit zum Ge-
       setz" (139), doch tritt an die Stelle der alten Gleichsetzung von „iustifica-
       tio" und „legis impletio" die neue Gleichung von „iustificatio" und „fides
       promissionis" mit der Folge, daß nicht mehr die Gesetzeserfüllung des
       Menschen, die in den Glaubenden aus der Kraft des Hl. Geistes inchoa-
       tiv in Gang gekommen ist, als Konstitutionsgeschehen der Rechtfertigung
       in Betracht kommt, sondern der Verheißungsglaube (173). Gleichwohl
       behält nach Geyer der Begriff der Gesetzeserfüllung auch in der neuen
       Rechtfertigungskonzeption seine Bedeutung als oberste regulative Idee;
       entsprechend finde sich bei Melanchthon nirgends der Gedanke, daß das
       Unwesen der Sünde nachgerade in dem dem Gesetz wesensfremden und
       sinnwidrigen Gebrauch und mithin Mißbrauch zur Rechtfertigung be-
       steht. „Diese Einsicht hat sich Melanchthon konsequent verstellt; aber
       wohl nicht nur sich selber, sondern im Grunde der ganzen evangeli-
       schen Theologie, in der die Idee der Gesetzeserfüllung als Rechtferti-
       gung kaum von Grund auf getilgt worden ist; jene Gleichung blieb als
       regulative Idee von normativer Gültigkeit." (171) Letztere Annahme wird
       in Bezug auf den konkordistischen Prozeß innerhalb des Luthertums und
       namentlich in Bezug auf dessen Ergebnis, wie es in der Konkordienfor-
       mel vorliegt, kritisch zu überprüfen sein.

Zunächst ist es nötig, der ekklesiologischen Implikationen und Konsequenzen der Rechtfertigungstheologie ansichtig zu werden, wie sie in den Bekenntnisschriften der Wittenberger Reformation aus den 1530er Jahren grundgelegt ist. Auszugehen ist dabei von der bereits avisierten Prämisse, daß auch in ekklesiologischer Hinsicht alles darauf ankommt, Gesetz und Evangelium recht zu unterscheiden. Ohne solche Unterscheidung nämlich kann ein rechtfertigungstheologisch sachgerechter Begriff evangelischer Kirche nicht entwickelt werden. Vernimmt und bezeugt die Kirche das Evangelium doch nur, wenn sie es vom Gesetz unterscheidet. Mit F. Brunstäd zu reden: „Vernehmen des Evangeliums und seine ausdrückliche Unterscheidung vom Gesetz ist dasselbe." (Brunstäd, 94) Zwar darf bei der Unterscheidung von Gesetz und Evangelium, welche die Kirche dem Worte Gottes entsprechend zu vollziehen hat, von deren in Jesus Christus gegebenen Einheit nicht abgesehen werden. Aber mit dieser Einheit ist kein ekklesiologisches Datum gesetzt, das es der Kirche erlauben würde, die Unterschiedenheit von Gesetz und Evangelium aufzulösen. Vielmehr gilt: „Die Kirche kann ... die Einheit von Gesetz und Evangelium nur bezeugen, indem sie Gesetz und Evangelium unterscheidet." (Schlink, 186) Dabei ist der Unterschied beider nach Schlink nur dann recht erfaßt, wenn erkannt wird, daß er reflex verfaßt ist: „Das heißt: Wer Gesetz und Evangelium recht unterscheiden will, muß sowohl um das Evangelium im Gesetz als auch um das Gesetz im Evangelium wissen." (Schlink, 187) Was damit gemeint ist, erläutert Schlink christologisch: „Evangelium ist Jesu Tod für uns, Gesetz ist Jesu Tod durch uns. Evangelium ist Jesu Gehorsam an unserer statt, Gesetz ist sein Gehorsam als Vorbild: seid gehorsam wie ich." (Schlink, 191) Der Glaube nimmt diese reflexen Zusammenhänge wahr. Ohne ihn ist deshalb eine heilsame Unterscheidung von Gesetz und Evangelium nicht möglich. „Aber der Glaube unterscheidet", so Schlink, „auf Grund der Tatsache, daß Gesetz und Evangelium in Gottes Wort bereits unterschieden sind. Er schafft die Unterscheidung nicht. Nicht der Glaube wirkt das Evangelium, sondern das Evangelium wirkt den Glauben." (Schlink, 193)[3] Damit ist zugleich gesagt, daß

---

[3]   Der letzte Satz findet sich beinahe wortgleich bei Brunstäd, 87, der in der „doctrina de lege et evangelio" insgesamt stark von Schlink abhängig ist. Dieser subsumierte, wie erwähnt, einen großen Teil der materialen Gehalte seiner Theologie der lutherischen Bekenntnisschriften unter dem

allein das Evangelium des Unterschieds von Gesetz und Evangelium mächtig ist und die Glaubenden nur insofern, als sie im Glauben sich auf das Evangelium verlassen, statt auf ihr Eigenvermögen zu vertrauen. Diese Einsicht, welche die Annahme gebotener Werke des Glaubens nicht aufhebt, sondern in ihrer Notwendigkeit zu bestätigen hat, ist nachgerade für das evangelische Verständnis der Kirche als einer „congregatio sanctorum", von welchem nun zu handeln ist, von grundlegender Bedeutung. Ist doch, wie sich zeigen wird, die Kirche nach Maßgabe Wittenberger Bekenntnistradition „congregatio sanctorum" in erster Linie deshalb, weil sie „congregatio fidelium" ist.

Im Unterschied etwa zur Christologie oder zur Trinitätstheologie, deren Lehrbestand schon relativ frühzeitig definiert wurde, ist die Ekklesiologie erst durch die Reformation „zu einem eigenen dogmatischen locus"[4] geworden. Erst die reformatorische Bewegung hat „dazu gezwungen, grundsätzlich und verbindlich über das Wesen und die Frage nach der Einheit der Kirche nachzudenken"[5]. Der zentrale ekklesiologische Artikel der Augustana, CA VII[6], ist sonach nicht nur „die Magna Charta der Lutherischen Kirche", sondern auch „die erste dogmatische Feststellung über das Wesen und die Einheit der Kirche, die jemals in der Christenheit gemacht worden ist"[7].

Titel „Gesetz und Evangelium" (vgl. Schlink 105–198), was nicht nur Zustimmung, sondern auch Kritik hervorrief (vgl. §3,3). Zur geschichtlichen Entwicklung des Lehrtopos vgl. W. Pannenberg, Das Thema aus theologischer Sicht, in: ders./A. Kaufmann, Gesetz und Evangelium, München 1986; seine eigene – ebenfalls nicht unkritische Sicht der Dinge – hat Pannenberg systematisch entwickelt in: Systematische Theologie Bd. III, Göttingen 1993, 71–113.

[4] P. Steinacker, Die Kennzeichen der Kirche, Eine Studie zu ihrer Einheit, Heiligkeit, Katholizität und Apostolizität, Berlin/New York 1982, 103; vgl. Kretschmar, 418.

[5] K.-H. Kandler, CA VII – Konzentration und Weite lutherischer Ekklesiologie, in: KuD 35 (1989), 70–83, hier: 71.

[6] Ältere Literatur zur Auslegung von CA VII und CA VIII ist aufgelistet bei Schlink, 270f., Anm. 3.

[7] H. Sasse, Der Siebente Artikel der Augustana in der gegenwärtigen Krisis des Luthertums, in: F. W. Hopf (Hg.), In Statu Confessionis. Gesammelte Aufsätze von H. Sasse, Berlin/Hamburg 1966, 50–69, hier: 51. Dabei gilt: „Die Lehre der Kirche ist nicht nur ein Lehrpunkt *(locus)* unter anderen

Gleichwohl beansprucht CA VII selbstverständlich nicht, eine „umfassende theologische Beschreibung der Kirche (zu) sein" (Kasper, 399). Auch ist zu beachten, „daß dieser Artikel durch die anderen, vor allem durch die Artikel 5, 8 und 28 ergänzt wird, daß er mit anderen Worten im Kontext des ganzen Bekenntnisses verstanden werden will"[8]. Die Notwendigkeit einer den Gesamtzusammenhang der CA berücksichtigenden Analyse wird auch und gerade durch den statistischen Befund belegt: „Im lateinischen Text wird 83mal von ‚ecclesia' gesprochen, während der Ausdruck ‚Kirche' im deutschen Text 54mal erscheint, einschließlich der Mehrzahl- und Adjektivformen."[9] Will man diese Aufstellung präzisieren und die Rede von ecclesia/ecclesiae bzw. Kirche/Kirchen bestimmter fassen, so liegt es nahe, mit B. Lohse einen vierfachen Sprachgebrauch der CA zu unterscheiden: „1. Kirche wird im Sinne der Gesamtkirche verstanden. So sind insbesondere CA 7 und 8 zu verstehen, aber sicher auch CA 14 mit der Aussage, daß in der Kirche nur der, der rite vocatus ist, öffentlich lehren und die Sakramente verwalten darf. Ähnlich aber auch etwa BSLK, S. 101, 7; 112, 21; 117, 9.14; 126, 14f.29. 2. Kirche wird im Sinne der Partikularkirchen oder auch der einzelnen Diözesen verstanden. Hierfür gibt es eine Reihe von Beispielen im zweiten Teil der CA; vgl. etwa BSLK, S. 83c, 16; 100, 14; 104, 1; 124, 11.15. 3. Kirche wird im Sinne der evangelischen Landeskirchen verstanden. Dies gilt für das Subjekt in den Artikeln des ersten Teils der CA. Wilhelm Maurer hat zwar gemeint, es werde nicht recht deutlich, wer in der CA bekenne und verwerfe. Gemeint sind aber doch wohl nicht nur die einzelnen Gemeinden, sondern die evangelischen Kirchenkörper, wie sie sich seit dem Speyerer Reichstag von 1526 gebildet haben. In der Vorrede wird entsprechend gesagt, die CA sei ‚unserer Pfarrner, Prediger und ihrer Lehren, auch unsers Glaubens Bekenntnus, was und welchergestalt sie, aus Grund gottli-

---

in der Dogmatik, sondern durchgehende Perspektive des ganzen theologischen Denkens. Im reformatorischen Erbe sind Theologie und Kirche untrennbar verbunden." (Austad, 169) Die lutherischen Bekenntnisschriften sind entsprechend gemäß ihrem Selbstverständnis als Bekenntnisschriften der evangelisch-lutherischen Kirche sowie als „confessiones der una, sancta, catholica et apostolica ecclesia" insgesamt zu interpretieren.

[8]   A. a. O., 53.

[9]   M. Cassese, Die Ekklesiologie der ‚Confessio Augustana', in: Cath M 34 (1980), 296–333, hier: 296.

cher heiligen Schrift, in unseren Landen, Furstentumben, Herrschaften, Städten und Gebieten predigen, lehren, halten und Unterricht tun'. Statt von den ‚ecclesiae apud nos' kann auch einfach
von den Unseren oder ähnlich gesprochen werden. Vgl. etwa
BSLK, S. 75, 13; 83c, 7 f.; 83d, 2; 86, 12; 87, 4; 91, 21; 92, 24 f.; 98, 15 f.;
113, 8; 131, 42 f. 4. Kirche wird im Sinne der einzelnen Gemeinden
verstanden. So wohl etwa BSLK, S. 83d, 10 (in ecclesiis nostris).
Wenn hingegen von der römischen Kirche im Gegenüber zu den
reformatorischen Kirchen die Rede ist, dann wird der Deutlichkeit
halber von der ecclesia catholica oder ecclesia Romana gesprochen (s. BSLK, S. 83c, 9 f.), nicht jedoch der Begriff ecclesia absolut gebraucht." (Lohse, 326)[10] Dieser mehrschichtige Sprachgebrauch steht, wie Lohse mit Recht feststellt, in direktem Zusammenhang mit der politisch-kirchlichen Situation im Jahre 1530, in
der es entscheidend darauf ankam, Gemeinsamkeiten und Differenzen ekklesiologisch zu markieren und vor allem Möglichkeiten
der Verständigung offenzuhalten. Indes ist aus der Mehrschichtig-
keit des terminologischen Befunds nicht zu folgern, die Ekklesiologie der CA sei lediglich ein Reflex historischer Zeitumstände;
denn es ist offenkundig, daß die CA die situativ gegebenen kirchlichen Zustände ekklesiologisch konstruktiv zu beeinflussen und
in systematischer Hinsicht zu prägen versucht.

Dies geschieht, was nicht nur in kompositorischer Hinsicht bemerkenswert ist, unter dem Vor- und Grundsatz, den CA VII sogleich in der nötigen Deutlichkeit ausspricht, daß nämlich „alle
Zeit musse ein heilige christliche Kirche sein und bleiben" (BSLK
61,2 – 4; CA VII,1: „quod una sancta ecclesia perpetuo mansura sit"
[vgl. Schlink, 304 f.]). Fast gleichlautend findet sich diese Wendung
bereits in den literarischen Vorstufen von CA VII; Na („daß ein
heilige christliche Kirch ewiglich bleiben werd" [BSLK 61,18 f.])
und Nb haben „beide schon den endgültigen Wortlaut. Nb entspricht dabei der abschließenden deutschen Fassung: ‚... das allezeit mus ein heilige christliche kirch sein und bleiben'. Dieses

---

[10]   Vgl. H. Asmussen, Warum noch lutherische Kirche?, Ein Gespräch mit
        dem Augsburgischen Bekenntnis, Stuttgart 1949, 108 – 112. Zur Wendung
        „Ecclesiae magno consensu apud nos docent" von CA I vgl. ferner
        E. Schlink, Kriterien der Einheit der Kirche aufgrund der Augsburgischen
        Konfession, in: K. Lehmann/E. Schlink, Evangelium – Sakramente – Amt
        und die Einheit der Kirche. Die ökumenische Tragweite der Confessio
        Augustana, Freiburg/Göttingen 1982, 109 – 117, hier: 116.

‚allezeit sein und bleiben' widerstrebt", wie W. Maurer hervorhebt, „einem bloß futurischen Verständnis des perpetuo mansura, schließt vielmehr ihre (sc. der Kirche) Existenz in Gegenwart und Vergangenheit in sich ein."[11] Kirche, so lautet die entscheidende Aussage, ist keine chronologisch beschränkte Größe, sondern übersteigt die Schranken der Zeit, um alle Zeiten von der Vergangenheit über die Gegenwart „bis an der Welt Ende", wie es im 12. Schwabacher Artikel heißt (BSLK 61,22 f.), dauerhaft und fortwährend zu erfassen. Weitergehende ekklesiologische Spekulationen, etwa über eine mögliche vor- bzw. überzeitliche Präexistenz oder eine weltabgehobene, zeittranszendente Postexistenz der Kirche, sind von den Texten nicht nur nicht gedeckt, sondern konsequent abgeblendet. Die Aufmerksamkeit gilt ausschließlich der eschatologischen Sendung der Kirche für die Welt; in der Universalität dieser Weltsendung ist die allzeitige Dauer der Kirche mitgesetzt.

Die Übernahme der Formel vom bleibenden Bestand der Kirche beruht, wie W. Maurer gezeigt hat, auf langen Erwägungen, und sie ist keineswegs bloß dem Traditionalismus Melanchthons zuzurechnen, sondern durchweg von theologischen Grundmotiven bestimmt. Was Luther betrifft, so hat dieser nach Maurer die universale Bestimmung und damit die Katholizität der Kirche zwar vor allem unter Betonung ihrer raumumgreifenden Mission gewürdigt und dies nicht selten mit antirömischer Polemik verbunden, etwa wenn es in dem Bekenntnis von 1528 heißt: die Christenheit „ist nicht allein unter der Römischen kirchen odder Bapst, sondern ynn aller welt, wie die Propheten verkündiget haben, das Christus Euangelion solte ynn alle welt komen" (WA 26, 506, 35–38).[12] Doch berücksichtigte der Reformator in bewußter Übereinstimmung mit der Tradition neben und im Zusammenhang mit der räumlichen immer auch die zeitliche Universalität der Kirche, die

---

[11]   W. Maurer, Ecclesia perpetuo mansura im Verständnis Luthers, in: J. Lell (Hg.), Erneuerung der Einen Kirche. Arbeiten aus Kirchengeschichte und Konfessionskunde. FS H. Bornkamm, Göttingen 1966, 32–45, hier: 32.

[12]   In der Tatsache, daß in der lateinischen und deutschen Endgestalt von CA VII „das räumliche Interesse völlig hinter dem zeitlichen zurücktritt", konnte W. Maurer daher einen Beleg für „die unpolemische, ökumenisch-verbindliche Haltung der CA" (a.a.O., 39, Anm. 23) finden. Vgl. dazu sowie zur Vorgeschichte von CA VII und CA VIII auch H. Bornkamm, Die Kirche in der Confessio Augustana, in: ders., Das Jahrhundert der Reformation. Gestalten und Kräfte, Frankfurt a.M. 1983, 173–184.

ja auch ihrerseits mit raumorientierten Perspektiven in Verbindung steht und sachlich nicht von diesen getrennt werden kann.

Hat die Kirche sonach als eine die Schranken von Zeit und Raum
gleichermaßen transzendierende Größe zu gelten, so ist damit
von vornherein klargestellt, daß ein independentistischer Kirchenbegriff, der die Isolierung einer bestimmten Zeit- und Ortsge-
stalt der Kirche zum Ziel hätte, unter reformatorischen Bedingungen ekklesiologisch nicht in Frage kommt. Auch wird die Kirche
als ganze nicht lediglich als Summe von sog. Teilkirchen in ihrer
raum-zeitlich bestimmten Ausformung vorgestellt, da deren gemeinschaftliche Gesamtheit anderes ist als das Ergebnis einer Addition partikularer Raum-Zeit-Größen. Ist doch, wie man im Sinne
des Eingangssatzes von CA VII annehmen darf, allen einzelnen
Gestalten der Kirche in Raum und Zeit der Bezug zur Gesamtkirche nicht lediglich äußerlich, sondern von innen her und damit
wesensmäßig präsent. Jede raumzeitliche Gestalt der Kirche ist
sonach das, was sie ist, nur im Zusammenhang und im Verein mit
der universalen Kirche, wie denn auch die mit der raumzeitlichen
Gestalt der Kirche gegebene Pluralität von Kirchen nur als Einigkeit und somit in der Einheit der einen Kirche ekklesiologisch
rechtens bestehen kann. Daß dies nachgerade auch für das
Selbstverständnis jener ecclesiae gilt, die als Bekenntnissubjekte
der CA fungieren, davon wird man in Anbetracht nicht nur, aber
auch und besonders der Eingangswendung des Kirchenartikels
CA VII sowohl historisch, als auch systematisch prinzipiell auszugehen haben.[13] Die terminologischen Differenzierungen, zu denen

---

[13]   Kontroverstheologisch strittig kann daher auf der Grundlage der
        CA niemals der ekklesiologisch schlechterdings konstitutive universal-
        kirchliche Bezug als solcher sein, sondern allenfalls das Problem, wie
        dieser universalkirchliche Bezug recht wahrzunehmen und unter Bedin-
        gungen von Raum und Zeit entsprechend zu gestalten ist. Anders und
        kontroverstheologisch formuliert: Ob und gegebenenfalls wie sich „rö-
        misch" und „katholisch" zusammenreimen, das ist, wie Luthers Bekennt-
        nis von 1528 explizit belegt, im gegebenen Zusammenhang die entschei-
        dende reformatorische Frage. Denn die reformatorische Kritik an Rom
        basiert ja keineswegs auf der Verabschiedung des universalkirchlichen
        Beziehungszusammenhangs, dessen ekklesiologische Unaufgebbarkeit
        vielmehr dezidiert vorausgesetzt wird; die Einwände sind im Gegenteil
        darauf gerichtet, daß der universalkirchliche Beziehungszusammenhang
        erheblich gestört, ja aufgelöst zu werden droht, wenn eine sog. Teilkir-
        che – und als solche mußte die vom Bischof von Rom repräsentierte Kir-
        che den Reformatoren mehr und mehr erscheinen – zwischen ihrer Par-

der ekklesiologische Sprachgebrauch der CA nötigt, dürfen daher nicht zur Trennung von systematisch Zusammengehörigem verleiten. Die Kirchen, die in der Confessio Augustana das Bekenntnis ihres Glaubens aussprechen, wissen sich mit der Gesamtkirche nicht nur äußerlich, sondern bestimmungsmäßig verbunden. Als Einzelgemeinden bzw. überregional verfaßte, territoriale Kirchenkörper stehen sie in einem für ihr Wesen konstitutiven Bezug zur universalen Kirche Jesu Christi auf Erden. Indes darf die universale Gesamtkirche ihrerseits nicht in gleichsam hypostasierter Weise abgehoben werden von der konkreten Gemeinschaft derer, die zu einer bestimmten Zeit und an einem bestimmten Ort um Wort und Sakrament versammelt sind und auf diese Weise ganz und nicht etwa nur zum Teil Kirche sind. Denn wie die gottesdienstliche Versammlung nicht zu denken ist ohne gesamtkirchlichen Bezug, so ist die Gesamtkirche lebendig präsent nur im Zusammenhang des konkreten Vollzugs der Evangeliumsverkündigung in Wort und Sakrament, in der die Einzelgemeinden in Raum und Zeit ihr Wesen haben. Universalität und Konkretion sind daher von Anfang an als ein Zusammenhang zu denken. Genau darum bemüht sich die Ekklesiologie der Confessio Augustana.

Die Wendung, mit der das geschieht und die zugleich die Zentralbestimmung der Kirche in CA VII darstellt, lautet: „congregatio sanctorum" oder zu deutsch: „Versammlung aller Glaubigen".[14] Damit wird – so will es scheinen – nur ekklesiologisches Elementarwissen repetiert. Weiß doch nach Luther „gottlob ein Kind

---

tikularbestimmung und der universalen Sendung der Kirche Jesu Christi nicht hinreichend zu differenzieren vermag und infolgedessen zwangsläufig dazu tendiert, ihre partikulare Eigenheit mit kirchlicher Universalität zu verwechseln. Wo solche Verwechslung statthat, da wird – und auf diese Einsicht kommt es reformatorischer Kritik in Sachen Ekklesiologie entscheidend an – nicht nur der kirchliche Anspruch auf Katholizität verkehrt, sondern faktisch auch das Eigenrecht der sog. Teilkirchen und ihrer konkreten Ausgestaltungsformen in Raum und Zeit mißachtet. Diese Mißachtung ist u. a. in der ekklesiologischen Neigung erkennbar, die Gesamtkirche zu hypostasieren und auf diese Weise von den Teilkirchen abzuheben, was – recht besehen – niemals ein Indiz angemessener Wahrnehmung kirchlicher Universalbestimmung, sondern stets ein Kennzeichen ihrer Verkennung und Partikularisierung darstellt.

[14]   Vgl. Schlink, 276: „Die Gläubigen sind die Heiligen. Die Heiligen sind die Gläubigen."

von 7 Jahren, was die Kirche sei, nämlich die heiligen Gläubigen"
und – wie es unter Bezug auf Joh. 10,3 heißt – „die Schäflin, die
ihres Hirten Stimme hören'; denn also beten die Kinder: ,Ich
gläube (an die) eine heilige christliche Kirche.'" (ASm III,12; BSLK
459,20–460,2)[15] Was damit näherhin gesagt ist, hat Luther weniger
in den Schmalkaldischen Artikeln als vielmehr in seinen Auslegungen des dritten Artikels des zweiten Hauptstücks katechetisch
verdeutlicht. Dabei umschrieb er die Wendung „communio sanctorum", die er schon frühzeitig als erläuternden „epexegetischen
Zusatz" (Brunstäd, 119) zum Kirchenbegriff des Apostolikums erklärte (vgl. BSLK 656, Anm. 1) und in der Formel „Gemeinschaft
der Heiligen" nicht recht verdeutscht fand, mit dem eigentlichen
deutschen Wort für ecclesia, das nicht Kirche, sondern Versammlung laute. „Darümb sollt's auf recht Deutsch und unser Mutter-
sprach heißen ,ein christliche Gemeine oder Sammlung' oder aufs
allerbeste und klärste ,ein heilige Christenheit'." (BSLK 656,22–26;
vgl. 656, Anm. 2, 7, 8 und 9 sowie 657, 1–18)

An solches Katechismuswissen, das nach Luther im Grundsatz bereits den Siebenjährigen[16] eigen ist, schließt die ekklesiologische
Grundbestimmung von CA VII an. Gleichwohl läßt sich der genaue Sinn dieser Bestimmung im gegebenen Kontext nur dann
erheben, wenn sie nicht losgelöst, sondern sogleich im Zusammenhang mit dem Relativsatz verstanden wird, der unmittelbar
folgt, so daß die ekklesiologische Grundbestimmung von CA VII
vollständig lautet: „Est autem ecclesia congregatio sanctorum, in
qua evangelium pure docetur et recte administrantur sacramenta."
(CA VII,1; BSLK 61,4–7: „Versammlung aller Gläubigen, bei welchen das Evangelium rein gepredigt und die heiligen Sakrament
lauts des Evangelii gereicht werden.") Hält man sich an H. Diem,
dann läßt sich der thematische Gehalt dieses Grundsatzes etwa
folgendermaßen umschreiben: „Die congregatio sanctorum ist die
Gemeinde der gerechtfertigten Gläubigen. Real- und Erkenntnisgrund sowohl der congregatio als solcher wie auch der Zugehö-

---

[15]   „In dem lateinischen Wort ,congregatio' verbirgt sich das Wort ,grex', das
         ,Herde' bedeutet. Die Versammlung der Heiligen ist die Herde des Heili-
         gen, des guten Hirten." (R. Prenter, Das Bekenntnis von Augsburg. Eine
         Auslegung, Erlangen 1980, 101)

[16]   Vgl. den Verweis BSLK 1060, Anm. 2 auf CIC (1917) 88 §3: „pubes ... ex-
         pleto ... septennio usum rationis habere praesumitur."

rigkeit der einzelnen Glieder ist die unter ihnen geschehende Verkündigung durch Wort und Sakrament. Der Inhalt dieser Verkündigung ist Gott in seiner Offenbarung durch Jesus Christus. Der Ort dieser Verkündigung ist das Predigtamt der Kirche. Diese Problematik haben wir zu entfalten, um zu sehen, was die C. A. in den einzelnen Fragen lehrt und verwirft und mit welcher Begründung sie das tut."[17]

Dazu ist es als erstes nötig, sich ein präzises Verständnis von dem „sprachlich etwas unglücklichen" (Koch, 126, Anm. 2) Relativanschluß („in qua"; „bei welchen") bzw. des durch ihn ausgesagten Beziehungszusammenhangs zu verschaffen, den man in der evangelischen Auslegungstradition unterschiedlich verstanden hat, was zu entsprechend differenten ekklesiologischen Einschätzungen führte: „Wo man den Nebensatz betonte, schob sich das Moment der Institution, die Wort und Sakramente verwaltet, in den Vordergrund, während man bei der Betonung des Hauptsatzes von den Personen, die die Versammlung der Gläubigen bilden, ausging. Diese Trennung ist allerdings problematisch, da sie Zusammengehöriges in Alternative zueinander setzt."[18] Um ein Beispiel

---

[17]   H. Diem, „Est autem ecclesia congregatio sanctorum, in qua evangelium pure docetur ..." Eine Auslegung des Art. VII der Confessio Augustana, in: Theologische Aufsätze. Karl Barth zum 50. Geburtstag, München 1936, 320–337, hier: 322. „In der Angabe über das Evangelium entspricht das deutsche ‚gepredigt' dem lateinischen ‚docetur'. Mit docere ist demnach nicht die Lehre über das Evangelium, sondern die Verkündigung des Evangeliums gemeint, wie es auch anschließend nicht um die Lehre von den Sakramenten, sondern um die Verwaltung und Austeilung der Sakramente geht." (E. Schlink, Kriterien der Einheit der Kirche aufgrund der Augsburgischen Konfession, in: K. Lehmann/E. Schlink [Hg.], a. a. O., 109–121, hier: 110)

[18]   J. Wiebernig, Kirche als Bruderschaft in der lutherischen Ekklesiologie, in: KuD 23 (1977), 300–315, hier: 305. Vgl. u. a. auch W. Beinert, Der Kirchen- und Sakramentsbegriff der Confessio Augustana, in: ThuGl (Theologie und Glaube) 69 (1979), 237–262. Nach Beinert kann der Relativsatz in CA VII zum einen „als Kommentar zur ‚Versammlung der Heiligen' aufgefaßt werden. Das legt sich von CA V her nahe. Die Kirche ist dann die Stiftung, die *zustande kommt* durch Verkündigung des Evangeliums und Sakramentenspendung recte et pure, will sagen, so daß beide zu Instrumenten des Heiligen Geistes werden. Man kann den Nebensatz aber auch als gnoseologische Erläuterung lesen: die Kirche wird als Gemeinde der Gerechtfertigten dadurch *erkannt*, daß in ihr das Evangelium recht verkündet, die Sakramente unverfälscht gespendet werden." (246)

zu geben: Folgt man der Interpretation von K. Thieme, dann hat
Melanchthon, als er in CA VII die reine Predigt des Evangeliums
und die stiftungsgemäße Verwaltung der Sakramente auf besagte
Weise der Bestimmung der Kirche als congregatio sanctorum zu-
ordnete, nicht an die wirkende Lebensursache als vielmehr an die
charakteristischen Lebensäußerungen und Lebensbetätigungen
der Kirche gedacht.[19] Daß „das die Kirche anzeigende Gnaden-
mittelwerk nicht als ihre sie konstituierende göttliche Lebensursache, sondern als ihre sie in neuen Menschen aufrichtende kirchliche Lebensäußerung, Selbstbetätigung gedacht sei"[20], findet
Thieme u. a. darin bestätigt, daß Melanchthon in seiner Apologie
von CA VII und VIII „als Anzeichen der Kirche nicht nur Wort
und Sakramente, sondern dazwischen auch einmal ‚professio'
nennt, Bekenntnis"[21]. Die den vieldiskutierten Relativsatz von
CA VII einleitende Definitionsformel „in qua", statt deren er eigentlich ein „quae ibi est, ubi" erwartete, versteht er demnach so:
„in deren Personenorganismus (Gesamtpersönlichkeit, Verbands-
einheit) kraft ihrer (der congregatio) Berufung vom Predigtamt
das Evangelium richtig gelehrt wird usw."[22]

Auf mögliche Einwände gegen diese Auslegung hat u. a.
M. Schian hingewiesen. „Man kann die Sache", gibt Schian zu bedenken, „doch nur so verstehen, daß man sagt: rechte Predigt des
Evangeliums, die aus dem Glauben kommt, und rechte Darreichung der Sakramente sind nur möglich, wenn eine Versammlung
der Heiligen vorhanden ist. Die unsichtbare Größe der Versammlung der Heiligen projiziert sich durch diese ihre Lebensäußerung in die sichtbare Welt. Aber dieser Satz wird von sehr

---

[19]   Vgl. K. Thieme, Die Augsburgische Konfession und Luthers Katechismen
       auf theologische Gegenwartswerte untersucht, Gießen 1930, 199 f.

[20]   A. a. O., 207.

[21]   A. a. O., 201, unter Verweis auf Apol VII,3 (BSLK 234,18).

[22]   A. a. O., 214. Die Einheit der „congregatio sanctorum" ist mithin im Sinne
       Melanchthons, wie Thieme ihn versteht, in der Übereinstimmung der
       Lehre bzw. des Bekenntnisses gegeben. Kirchengemeinschaft besteht im
       wesentlichen in Bekenntniseinheit (vgl. a. a. O., 249). Bestätigt findet
       Thieme diese Interpretation von CA VII durch den zwölften Schwaba-
       cher Artikel, wo es von der heiligen christlichen Kirche heißt: „Solche
       Kirch ist nit ander dann die Glaubigen an Christo, welche obgenannte
       Artikel und Stuck halten, glauben und lehren und daruber verfolgt und
       gemartet werden in der Welt." (BSLK 61,23 ff.)

großen Schwierigkeiten gedrückt. So käme also das *recte docere* unter allen Umständen aus dem Glauben? So wäre hier gleichsam vorausgenommen der pietistische Satz, daß eine rechte Predigt nur durch den Wiedergeborenen geschehen könne? So wäre auch die Darreichung der Sakramente, wenn sie *recte* geschieht, unter allen Umständen ein Anzeichen für das Vorhandensein des Glaubens bei dem Spendenden? Wie stimmt dazu Aug. Art. VIII? Diese Andeutungen mögen genügen, um zu zeigen, daß wir hier auf Schwierigkeiten stoßen, die keineswegs leicht zu nehmen sind."[23]

Allerdings meint Schian zugleich auf Probleme aufmerksam machen zu sollen, die dann entstehen, wenn man reine Evangeliumspredigt und rechte Sakramentsverwaltung in CA VII im Gegensatz zur Interpretation Thiemes nicht als Lebensäußerung der Kirche, sondern als ihren Lebensgrund versteht. Denn dann komme man zu dem „Ergebnis, daß, wo recht gepredigt wird und wo die Sakramente recht verwaltet werden, unbedingt auch Glaube entstehen muß ... Dann aber sind genau genommen Predigt und Sakramentsverwaltung nicht die *notae ecclesiae,* sondern ihre wirkenden Ursachen. Sie wären das Primäre, die Kirche das Sekundäre. Sie wären weniger ihre Zeichen als ihre Ursachen. So würde hier eine neue Schwierigkeit entstehen. Predigt und Sakramentsverwaltung stünden gleichsam für sich. Aus ihnen heraus wäre erst die Kirche zu folgern. Stimmt das zu dem eigentlichen Sinn von Augustana VII?"[24] Angesichts dieser Aporetik gelangt Schian zu der Überzeugung, CA VII bedeute nichts weiter „als daß die Existenz der Kirche nicht abhängig gemacht wird von Hierarchie und Kirchenrecht, von päpstlicher Entscheidung und priesterlichem Regiment, sondern lediglich von Evangelium und Sakrament"[25].

Indes ist durch solche Selbstbescheidung der Interpretation das eigentliche Problem nicht gelöst, nämlich wie der mit „in qua" beginnende Relativsatz positiv zu verstehen ist. Eine Lösung dieses Problems ist m. E. nur zu erreichen, wenn Thiemes Alternative zwischen Lebensäußerung und Lebensursache der Kirche aufge-

---

[23]   M. Schian, Sichtbare und unsichtbare Kirche, in: ZSTh 9 (1931), 535–551, hier: 537 f.

[24]   A. a. O., 538.

[25]   A. a. O., 539; bei Sch. gesperrt.

geben und erkannt wird, daß rechte Evangeliumsverkündigung und evangeliumsgemäße Sakramentsverwaltung in einer allerdings differenzierten Weise beides zugleich sind. Wort und Sakrament sind ohne Zweifel auch Lebensäußerung der Kirche, aber sie sind es auf rechte Weise nur dann, wenn in ihrem Vollzug die Kirche ihrem christologisch-pneumatologischen Bestimmungsgrund entspricht. Ihrem christologisch-pneumatologischen Bestimmungsgrund entspricht die Kirche in ihren Lebensäußerungen aber nur dann, wenn sie diese Lebensäußerungen selbst als Explikationsgestalt ihres Grundes versteht und sich mithin nicht selbst als unmittelbares Subjekt ihres Vollzugs behauptet. Evangeliumspredigt und Sakramentsverwaltung der Kirche können mithin nur unter der Bedingung recht und rein, stiftungs- und einsetzungsgemäß sein, wenn in ihrem Vollzug das Leben der Kirche sich als ein solches äußert, welches in, mit und unter diesem Vollzug des Grundes seiner selbst gewahr wird und zwar dergestalt, daß der Vollzug kirchlicher Lebensäußerung von der Kirche als eine – dem Grund freilich unveräußerlich zugehörige – Folge dieses Grundes wahrgenommen wird und damit den Status eines folgsamen Werkes im Sinne des Glaubensgehorsams erhält. Man kann das dann auch so sagen: „Die eigentliche Wirklichkeit der Kirche im Rechtfertigungsglauben erkennen heißt vor allem, sie entschlossen als *Kirche Gottes* erkennen und anerkennen."[26] Eine Ekklesiologie ist nach reformatorischem Verständnis demgemäß nur dann recht, wenn sie theozentrisch verfaßt, nämlich ganz auf den in Jesus Christus kraft seines Geistes für uns offenbaren Gott konzentriert ist und *„jegliche Abdichtung der Kirche in sich selbst"*[27] verhindert.

Worauf die ekklesiologische Grundbestimmung von CA VII in ihrem Zusammenhang mit dem folgenden Relativsatz als wichtigstes zielt, ist also offenbar dies: die Kirche nur ja nicht als in sich bestehende Größe zu verkennen, sondern sie als ein differenziertes Relationengefüge wahrzunehmen, das im durch Christus manifesten Gottesbezug, dem Ausdruck zu verleihen der Kirche vornehmste Aufgabe ist, gründet und mittels solchen Gottesbezugs

---

[26] E. Kinder, Die theologischen Grundmotive in der Kirchenauffassung der lutherischen Reformation, in: W. Andersen (Hg.), Das Wort Gottes in Geschichte und Gegenwart, München 1957, 132–146, hier: 141.

[27] A. a. O., 145.

einen menschlichen Beziehungszusammenhang erschließt, der congregatio sanctorum genannt zu werden verdient.[28] Versucht man den besagten zwischenmenschlichen Beziehungszusammenhang der congregatio sanctorum näher zu strukturieren, um die Verfassung der Kirche in dieser Hinsicht genauer zu erfassen, so wird man von einer im Gottesbezug gründenden humanen Gleichursprünglichkeit von Individualität und Sozialität auszugehen haben. Danach sind die in der congregatio sanctorum versammelten Individuen weder bloße Funktionsmomente eines kirchlichen Sozialzusammenhangs und Gemeinschaftsganzen, noch sind Sozialität und Gemeinschaftsbezug bloße Anhangsgestalten gläubiger Individualität. Vielmehr hat es als ekklesiologische Maxime zu gelten, daß Individualität und Sozialität sich in der Kirche, deren Bestimmung es ist, congregatio sanctorum zu sein, wechselseitig bedingen und steigern.

Einen direkten Anhalt am Text findet diese Auffassung in der deutschen Wendung „Versammlung *aller* Glaubigen" (BSLK 61,

---

[28] Beachtet man den untrennbaren sachlichen Zusammenhang von Haupt- und Nebensatz der Kirchendefinition von CA VII, dann kann aus der Tatsache, daß Melanchthon die Gnadenmittel als Konstitutiva der Kirche herausstellt und es ablehnt, „die Existenz und das Wesen der Kirche direkt aus dem ewigen Ratschluß Gottes und dem Erwählt-Sein der praedestinati oder aus der religiös-sittlichen Beschaffenheit der Glieder der Kirche abzuleiten", keineswegs die Irrelevanz von deren „Qualität" für das Vorhandensein von Kirche gefolgert werden, wie K. Haendler das annimmt (K. Haendler, Ecclesia consociata verbo Dei. Zur Struktur der Kirche bei Melanchthon, in: KuD 8 [1962], 173–201, hier: 175; vgl. ders., Wort und Glaube bei Melanchthon. Eine Untersuchung über die Voraussetzungen und Grundlagen des Melanchthonischen Kirchenbegriffes, Gütersloh 1968). Diese Folgerung wäre selbst dann falsch, wenn man den – allerdings höchst problematischen – Begriff der Qualität lediglich auf die sittliche Beschaffenheit der Kirchenglieder im Sinne ihrer tätigen Liebeswerke beziehen würde. Dogmatisch grundverkehrt müßte sie dann sein, wenn in ihrer Konsequenz aufgrund einer vergegenständlichenden Hypostasierung der Heilsmittel deren wesentlicher Glaubensbezug und damit die Notwendigkeit persönlichen Glaubens für das Kirchesein der Kirche geleugnet würde. Daß diese Konsequenz in die Irre führt, sieht Haendler selbst, wenn er unter Bezug auf die Wendung „congregatio sanctorum" sagt: „der personale Charakter dieser congregatio manifestiert sich in der gläubigen Annahme der Verkündigung und der sakramentalen Gaben" (a. a. O., 176). Aber für Haendler verbleibt die personale Bestimmung der Kirche als congregatio sanctorum in einer unausgeglichenen Spannung zur ekklesiologischen Betonung der Heilsmittel.

4 f.; Hervorhebung von mir), mit der in CA VII das lateinische congregatio sanctorum wiedergegeben wird. Diese Wendung zeigt nicht nur, daß der Begriff der Heiligkeit ekklesiologisch mit dem des Glaubens zusammengehört, was u. a. auch dadurch bestätigt wird, daß CA VIII einleitend die Kirche im eigentlichen Sinn „congregatio sanctorum et vere credentium", „die Versammlung aller Glaubigen und Heiligen" nennt; die in der deutschen Fassung von CA VII und CA VIII zu konstatierende Hervorhebung der Allheit, als die und zu der die Gläubigen, die als solche die Heiligen sind, sich versammeln, macht zugleich darauf aufmerksam, daß der Glaube der kirchlich Versammelten keine „privatistische Innerlichkeit vereinzelter Individuen" darstellt, daß vielmehr die der ursprünglichen Einsicht der Reformation gemäß das Ureigenste betreffende und somit unveräußerliche Subjektivität des Glaubens als solche allgemein ist und zwar so, daß „der Glaube im Innersten jedes einzelnen die Gesamtheit aller Glaubenden" (Koch, 129. 134) einschließt. Ekklesiologisch ist damit die Aufgabe gestellt, darzulegen, „inwiefern der Glaube zwar den einzelnen zuhöchst vereinzelt – ihn, unvertretbar ihn selbst meint – und ihn doch zugleich mit allen anderen ... zuinnerst verbindet; wie also der Glaube *einzeln* und *allgemein* zugleich ist" (Koch, 134). Daß diese Aufgabe von den reformatorischen Vätern nur ansatzweise einer Lösung zugeführt worden ist, darf nicht verhindern, muß im Gegenteil ein drängendes Motiv sein, sie konsequent als gegenwärtig aufgegeben wahrzunehmen. Denn ihre konsequente Wahrnehmung und rechte Durchführung ist die entscheidende Voraussetzung dafür, einen konsistenten evangelischen Begriff von der Kirche als congregatio sanctorum bzw. Versammlung der Gläubigen zu entwickeln und unevangelische Fehlbestimmungen zu verhindern.

Eine ekklesiologische Fehlbestimmung liegt zum einen immer dann vor, wenn der Begriff congregatio/Versammlung im Sinne von „Verein" mißdeutet wird, will heißen: im Sinne eines kraft arbiträrer Wahl und unmittelbar selbstbestimmter Dezision getroffenen kollegialistischen Zusammenschlusses von Individuen (vgl. Fagerberg, 265 f.). Denn unter dieser Voraussetzung könnte ekklesiologisch nicht mehr deutlich werden, daß die Subjektivität des Glaubens nicht in vermittlungsloser Unmittelbarkeit besteht, sondern an sich selbst vermittelt ist. Die Hervorhebung der Mittelbarkeit des Glaubens, die ihm nicht äußerlich ist, sondern die sein Innerstes betrifft, darf indes nicht darüber hinwegtäuschen, daß die Glaubensvermittlung das Ureigenste menschlicher Bestimmung erschließt, so daß die Rede von einer vermittelten Unmittelbarkeit des Glaubens, in der die Subjektivität des einzelnen ganz bei sich ist, ekklesiologisch nicht nur sinnvoll, sondern nötig und unaufgebbar ist. Das wird nicht nur dort verkannt, wo die Kirche nach sozialromantischer Manier zu einem organischen Gemeinschaftsganzen erklärt wird, dessen Glieder nicht je für sich, sondern lediglich funktional in Betracht kommen, sondern auch dort, wo man sie zu einer dem intersubjektiven Beziehungszusammenhang der Gläubigen enthobenen heilsanstaltlichen Größe hypostasiert. In diesem Sinne gilt: „Weder geht das glaubende Individuum der Kirche vorher, als ob diese erst durch nachträglichen Zusammenschluß solcher Individuen entstünde. Noch geht die Kirche den Glaubenden vorher als hypostatische, Gnadenmittel ‚verwaltende‘ Mittelgröße zwischen dem Herrn und den Glaubenden. Sondern genau indem Menschen zum Glauben gerufen werden, werden sie zu der um Christus versammelten Gemeinschaft verbunden, die die Kirche ist."[29]

Den personalen Charakter dieser als Kirche versammelten Gemeinschaft hebt, wie in der Sekundärliteratur stets und mit Recht betont wird[30], die Wendung „congregatio sanctorum" in Aufnahme und Variation der Klausel „communio sanctorum", welche sich im Apostolischen Symbol findet, besonders hervor. Bereits in

---

[29] W. Joest, Die ekklesiologischen Grundaussagen der evangelisch-lutherischen Bekenntnisse und ihre Relevanz für die Kirche in der heutigen Gesellschaft, in: W. Lohff/L. Mohaupt (Hg.), Volkskirche – Kirche der Zukunft? Leitlinien der Augsburgischen Konfession für das Kirchenverständnis heute, Hamburg 1977, 70–84, hier. 72; gegen H. Asmussen, der unter Berufung auf die Ekklesiologie der CA von der Kirche als Ordnung Christi sagt: „Sie ist so sehr objektive Größe, daß vom Glauben im Zusammenhang mit ihr erst in zweiter Linie geredet werden kann." (A. a. O., 126) Asmussen hebt entsprechend Kirche als Setzung Christi, die in Wort und Sakrament ihre Wesenszüge hat, von Kirche als congregatio ab und gelangt so zu der Annahme: „*Wo die Kirche auf den Plan tritt, ist mehr als Versammlung von Gläubigen.*" (ebd.)

[30] Vgl. dazu die inhaltsreiche Studie von E. Kinder, Der evangelische Glaube und die Kirche. Grundzüge des evangelisch-lutherischen Kirchenverständnisses, Berlin ²1960, 78: „Indem die Reformation die Kirche ganz durch das Evangelium gewirkt auffaßt, stellt diese sich ihr wesentlich als *personale Gemeinschaft* dar." Zu Kinders Verständnis des Relativsatzes von CA VII vgl. 81ff. sowie die Hinweise 82, Anm. 1.

den Vorlagen und Vorformen der CA war die Kirche betont als
personale Versammlung bezeichnet worden. Die „gemeyne und
zal odder versamlunge aller Christen ynn aller welt" (WA 26, 506,
31) nennt Luther die Kirche in seinem Bekenntnis von 1528. In Na
heißt es dann: „Die Kirch aber ist ein Versammlung der Heiligen,
darin das Evangelium gepredigt und die Sakrament gereicht werden." (BSLK 61,19–22; die endgültige Fassung in CA VII wird lediglich noch durch ein „pure" und „recte" ergänzt.) Die Grundbestimmung der Kirche in CA VII ist sonach unzweifelhaft ein Beleg
dafür, „wie konsequent Melanchthon den Zusammenhang mit
Luthers ursprünglichem Bekenntnis bewahrt hat" (Maurer II, 164).
Freilich stellt die Beschreibung der Kirche als Versammlung keineswegs eine reformatorische Neuerung dar, sie läßt sich vielmehr innerhalb der abendländischen Theologie bis ins 4. Jahrhundert zurückverfolgen. Scholastisch geläufig war namentlich die
Definition der Kirche als congregatio fidelium. Daß die ekklesiologische Grundbestimmung von CA VII bei den Konfutatoren
gleichwohl Bedenken hervorrief, hängt wohl vor allem mit der
Ersetzung von fideles durch sancti zusammen. Freilich kann man
in dem synonymen Gebrauch von fideles und sancti nicht nur einen Anlaß von Mißverständnissen sehen, von deren Eigenart noch
zu reden sein wird, sondern auch einen positiven Hinweis darauf,
daß der Begriff der Kirche als einer Liebesgemeinschaft in der
CA keineswegs so vollständig fehlt, wie U. Wilckens das meint.
Die Kirche der CA – so Wilckens – „ist nur Gottesdienst-, nicht,
wie im Neuen Testament, zugleich Lebensgemeinschaft von Menschen, die aus der Liebe Christi und dem Geist als ihrer göttlichen
Kraft heraus einander lieben. Daß der Glaube in Werken der Liebe Frucht zu bringen verpflichtet ist, wird zwar in Art. VI ... stark
betont; aber er wird nicht in den folgenden Artikeln VII und VIII
für die Ekklesiologie ausgewertet."[31] Dieses Urteil wäre angesichts

---

[31]   U. Wilckens, Das Augsburger Bekenntnis im Lichte der Heiligen Schrift,
in: B. Lohse/O. H. Pesch, Das „Augsburger Bekenntnis" von 1530–damals
und heute, München/Mainz 1980, 199–214, hier: 209 f. Wilckens fährt fort:
„Bei allen z. T. massiven Mißverständnissen, die sich in der Entgegnung
der Confutatio auf CA V und VI finden, ist darin doch eine richtige Ahnung verborgen, daß in der am Rechtfertigungsglauben allein orientierten Lehre der Confessio Augustana von der Kirche ein entscheidender
Zug ausgeblendet ist: Die Kirche ist nur Versammlung der Glaubenden,
nicht auch pneumatische Lebensgemeinschaft. *Hier* liegt die Schwäche
der Confessio Augustana, die die Confutatio allerdings unzutreffend im

der ausdrücklichen Rede von einer congregatio sanctorum in CA VII und nachgerade auch angesichts der Mißverständnisse, denen diese Rede – wie das Beispiel der Konfutatoren beweist – ausgesetzt war, immerhin zu relativieren. Es verdient in diesem Zusammenhang bemerkt zu werden, daß P. Althaus in seiner 1929 erschienenen Schrift „Communio sanctorum. Die Gemeinde im lutherischen Kirchengedanken" Luthers Kirchenbegriff dezidiert vom Gedanken einer nicht nur gottesdienstlich versammelten, sondern durch Liebes- und Leidensgemeinschaft ausgezeichneten „Gemeine" entfaltet hat.[32] Dem wurde entgegengehalten, daß das Wesen der Kirche nach Luther nicht in einer durch romantische Gemeinschaftsideen geprägten soziologischen Struktur, sondern hauptsächlich im Christusbezug bestehe.[33] Nun ist zweifellos richtig, daß der Christusbezug für das Wesen der Kirche nach Luther schlechterdings konstitutiv ist. Diese Tatsache und die berechtigte Sorge vor einer ekklesiologischen Leitfunktion romantischer Organismusideen, wie sie im Luthertum des 19. Jahrhunderts beliebt waren[34], darf indes „nicht dazu führen, die reichlichen Belege für Luthers Interesse an der Liebes- und Leidensgemeinschaft der Glieder der Kirche untereinander zu übersehen"[35].

Was CA VII betrifft, so soll zunächst nur festgehalten werden, daß Melanchthon die Kirche als Gemeinschaft von Personen bestimmt, die heilig zu nennen sind, wobei der enge und untrennbare Zusammenhang zu den „sancta" von Wort und Sakrament zu beachten ist (vgl. Kretschmar, 423 f.). Daß die Genitivverbindung „congregatio sanctorum" bereits unmittelbar und für sich genommen einen eindeutigen Hinweis auf die Heilsmittel enthält, wird

---

Blick auf den Zusammenhang von Rechtfertigung und christlichem Leben herausstellen zu müssen meinte."

[32] Vgl. P. Althaus, Communio sanctorum. Die Gemeinde im lutherischen Kirchengedanken. Bd. I: Luther, München 1929, bes. 55–68.

[33] Vgl. etwa E. Wolf, Sanctorum communio. Erwägungen zum Problem der Romantisierung des Kirchenbegriffs, in: ders., Peregrinatio. Studien zur reformatorischen Theologie und zum Kirchenproblem, München 1954, 279–301, bes. 293 ff.

[34] Vgl. W. Schneemelcher, Conf. Aug. VII im Luthertum des 19. Jahrhunderts, in: EvTh 9 (1949/50), 308–333.

[35] J. Wiebering, Kirche als Bruderschaft in der lutherischen Ekklesiologie, in: KuD 23 (1977), 300–315, hier: 302.

man nicht sagen können. Immerhin liegt ein solcher Bezug nahe, wie er in dem nachfolgenden Relativsatz dann ja auch ausdrücklich benannt wird.[36] Bekanntlich verfügte die der Wendung „congregatio sanctorum" parallele ekklesiologische Bestimmung „communio sanctorum" von alters her neben einer personalen auch über eine sächliche Bedeutung, die insonderheit auf die Anteilnahme bzw. Teilhabe an den sancta von Wort und Sakrament verweist. Dieser Verweisungszusammenhang klingt von ferne auch noch in der Formel „congregatio sanctorum" an, um dann im anschließenden Relativsatz direkt ausgesprochen zu werden. Damit ist gesagt, daß Glaube und Heiligkeit der „congregatio sanctorum" und der in ihr versammelten Personen nicht in sich, sondern im Gebrauch der Gnadenmittel gründet. „Das heißt: Kirche ist eine Personengemeinschaft, die durch den in Wort und Sakrament gegenwärtigen Herrn geschaffen und erhalten wird." (Meyer/Schütte, 180) Herr der Kirche ist demnach allein Jesus Christus bzw. der in ihm offenbare dreieinige Gott; und eben dort, wo sein Angedenken in der von ihm gestifteten Weise in Wort und Sakrament pure und recte geübt wird, da erweist er, Jesus Christus, sich in der Kraft des göttlichen Geistes selbst als Subjekt seines Gedächtnisses, um durch seine lebendige Präsenz die Kirche zu bauen und durch seine Gegenwart die „congregatio sanctorum" zu versammeln.

---

[36] Hingegen zwingt nichts zu dem apodiktischen Urteil: „‚Congregatio sanctorum' kann nicht wie ‚communio sanctorum' neutrisch interpretiert werden, nämlich auf die Teilhabe an den *sancta* (sacra), den sakramentalen Heilsgütern der Eucharistie ..., sondern meint die congregatio der *sancti*." (K. Haendler, a. a. O., 176, Anm. 4) Diese alternative Entgegensetzung verkennt, daß Begriff und Wesen christlicher sancti durch Beziehung charakterisiert und nur aus dem Beziehungsverhältnis mit den sancta zu begreifen sind, welche ihrerseits dazu bestimmt sind, die Heiligkeit der sancti im Glauben zu begründen. Daß trotz der Konzentration auf den personalen Aspekt der Aspekt der Teilhabe am Heiligen, also der Gedanke sakramentaler Christusgemeinschaft, in der Kirchendefinition von CA VII der Sache nach präsent ist, betont u. a. auch W. Pannenberg, Die Augsburger Konfession und die Einheit der Kirche, in: ÖR 28 (1979), 99–114, hier: 105. Vgl. ferner: Die Stellungnahme des Instituts für Ökumenische Forschung/Straßburg von 1990: Communio/Koinonia. Ein neutestamentlich-frühchristlicher Begriff und seine heutige Wiederaufnahme und Bedeutung, bes. Abschnitt 3.

Bleibt hinzuzufügen, daß das gewisse Vertrauen auf die Selbst-
vergegenwärtigungsfähigkeit des erhöhten Herrn, welches nichts
anderes ist als der Osterglaube, zusammen mit der Wahrung der
äußeren Form des verbalen und sakramentalen Angedenkens, die
durch die irdische Geschichte Jesu Christi gefordert ist, notwendig
zum stiftungsgemäßen Vollzug der Heilsmittel hinzugehört. Der
kirchliche Vollzug der Heilsmittel hat daher – wenn man so will –
den Charakter einer sozusagen apprehensiven Aktion, also einer
Lebensäußerung der Kirche, in deren Vollzug der Lebensgrund
der Kirche als er selbst vorstellig wird, will heißen: in einer die
Kirche und den kirchlichen Vollzug der Heilsmittel begründenden
und somit heilsstiftenden Weise. Der Relativanschluß, der die beiden zentralen ekklesiologischen Bestimmungsmomente in CA VII
verbindet, zielt offenbar genau auf diesen Zusammenhang.[37] Er
bezieht, um an bereits Gesagtes zu erinnern, Lebensäußerung und
Lebensgrund der Kirche in einer untrennbaren, aber differenzierten und eindeutig gerichteten Weise aufeinander. Er bewerkstel-
ligt dies so, daß er als den entscheidenden Selbstvollzug der Kir-

---

[37] „Was also im Relativsatz steht, die sog. notae ecclesiae, sind nicht Merk-
male, Kennzeichen, σημεῖα, obwohl auch das, sondern Wahrzeichen,
Konstitutiva, τεκμήρια. Wo Wort und Sakrament ist, da ist Kirche in dem
Sinne, daß dadurch Kirche gebildet, konstituiert wird. Weil Wort und Sakrament nicht leer zurückkommen, darum gibt es auch Versammlung der
Gläubigen." (Brunstäd, 118) Kurzum: „Wort und Sakrament sind defini-
entes et constituentes der Kirche." (Brunstäd, 120) Vgl. ferner Schlink
269 ff., der nicht nur mit Nachdruck betont, „daß in der Definition von
CA VII die Bestimmung ‚Versammlung *aller* Glaubigen' und die Aussage
des Relativsatzes ganz untrennbar zusammengehören" (Schlink, 273; zum
Verhältnis von CA VII und Schwab XII vgl. Schlink 275, Anm. 8), sondern
zur Wendung „Versammlung aller Glaubigen" zugleich hervorhebt: „So
gewiß das Evangelium jeweils in örtlicher Gemeinschaft der Glaubenden
verkündigt wird, so blickt doch CA VII über die Größe oder Kleinheit
der örtlichen Versammlungen hinweg sogleich auf die ganze Christenheit
auf Erden." (Schlink, 276) Zur grundlegenden ekklesiologischen Bedeutung von CA VII vgl. auch Austad, 171: „Nach dieser ‚Kirchendefinition'
ist die Kirche eine Glaubensgemeinschaft, die durch die Gnadenmittel
entsteht. Es ist eine qualifizierte Gemeinschaft, die ihre Identität in Wort
und Sakrament hat. Die Kirche ist also nicht nur eine Personengemeinschaft, sondern zugleich eine Institution zur Vermittlung der Gnade. Das
lutherische Kirchenverständnis unterscheidet sich so von jedem Versuch,
die Kirche als Kulturvermittlerin oder als sozial-revolutionäre Bewegung,
aber auch als bloße Heilsanstalt zu verstehen. Was die Glaubensgemeinschaft der Kirche konstituiert, ist Christus in Wort und Sakrament."

che, in dem sie ihrem Wesen entspricht, denjenigen identifiziert, in welchem ihr der Grund ihrer selbst dergestalt entgegenkommt, daß er als das Subjekt ihres Wesens und nachgerade auch ihrer wesentlichen Selbstvollzüge, nämlich von Wort und Sakrament in Erscheinung tritt.[38]

2. Von der Verborgenheit der Kirche

Während die Konfutatoren das Eingangsbekenntnis von CA VII, daß nämlich die Kirche ewig bleiben werde, ausdrücklich lobten und es durch Verweise auf Joh 14,16 und Mt 28,20 bekräftigten, nahmen sie an der Bestimmung der Kirche als congregatio sanctorum derartigen Anstoß, daß sie sich zu dem harschen Urteil hinreißen ließen: „Hierumb diser articl kainswegs anzunemen ist." (Immenkötter, 96,2) Begründet wurde dieses Verdikt mit dem Hinweis, daß durch die ekklesiologische Annahme, die Kirche sei

---

[38] Hierüber zu einem Einverständnis zu gelangen, gehört zum rechten Selbstverständnis der Kirche bzw. zur einvernehmlichen (vgl. BSLK 61,9 f.) Selbstverständigung der congregatio sanctorum elementar hinzu. Deshalb wird, was noch ausgiebig zu erörtern ist, das „consentire de doctrina evangelii et de administratione sacramentorum", wie es sich nachgerade im gemeinsamen Bekenntnis ausspricht, im unmittelbaren Anschluß an die ekklesiologische Grundbestimmung in CA VII zur nötigen, aber auch hinreichenden Voraussetzung wahrer Kircheneinheit erklärt mit der Folge, daß neben Wort und Sakrament gelegentlich auch Bekenntniskonsens unter die „notae ecclesiae" gerechnet werden kann. Man kann den Begriff konfessioneller Konsensgemeinschaft auch bereits in der Formel von der „congregatio sanctorum" angelegt finden; doch tritt der Begriff des „consentire" bzw. des Bekenntnisses und der Bekenntnisgemeinschaft als Kriterium kirchlicher Einheit recht eigentlich nicht als ein Drittes neben Wort und Sakrament; er ist vielmehr – wie der Wortlaut von CA VII deutlich zeigt – diesen gegenüber von nur relativer Selbständigkeit, in dem er nichts anderes ist als der reflexive Ausdruck der Reinheit und Richtigkeit ihres Vollzugs. Entsprechend fügt das kirchliche Bekenntnis, wie es etwa in der CA vorliegt, der Verheißung von Wort und Sakrament recht eigentlich keine Zusätze an und nichts hinzu; seine Aufgabe besteht lediglich darin, den evangelischen Verheißungscharakter von Wort und Sakrament in einer reflexiven Weise zu wahren und die Glieder der congregatio sanctorum über den Grund ihres Glaubens und ihrer Gemeinschaft intersubjektiv zu verständigen, um der Welt ein einvernehmliches Zeugnis zu geben, auf daß sie glaube.

eine Versammlung der Heiligen, die Bösen und Sünder aus ihr
ausgeschieden würden. Dies aber widerspreche, wie u. a. Mt 3,12,
Mt 13,47 f. und Mt 25,1 f. belegten, offensichtlich dem Zeugnis des
Evangeliums und sei auf dem Konstanzer Konzil als Irrtum des
Johannes Hus ausdrücklich verdammt worden. Gedacht ist dabei
offenbar u. a. an den Satz, der in Konstanz unter den Errores Jo-
hannis Hus als erster aufgeführt wird: „Unica est sancta universalis
Ecclesia, quae est praedestinatorum universitas. Et infra sequitur:
Universalis sancta Ecclesia tantum est una, sicut tantum unus est
numerus omnium praedestinatorum." (DH 1201; vgl. ferner
1202 ff.)[39] Eine vergleichbare, Bucer zugeschriebene Aussage findet
sich auch in der für den Augsburger Reichstag angefertigten Irrtumsliste Ecks, wenn es im Artikel 169 heißt: „Solum praedestinati
sunt in ecclesia, mali vero seu reprobi non sunt de ecclesia." Die
Konfutatoren, allen voran Eck, witterten also offenbar hinter der
ekklesiologischen Wendung „congregatio sanctorum" eine ketze-
rische Formel in dem wiklifitisch-husitischen Sinne von „congregatio praedestinatorum, coetus praedestinatorum", aus der unter
anderem gefolgert werden könnte: „praedestinatus semper manet
membrum Ecclesiae, licet aliquando excidat a gratia adventitia,
sed non a gratia praedestinationis." (DH 1205)[40]

---

[39] Vgl. auch Ficker, 33 f.: „Sed quod ecclesiam statuunt congregationem
sanctorum et iustorum Christo repugnant. Nam solos bonos seu predesti-
natos esse in ecclesia dei sacrum Constantiense damnavit concilium inter
errores Huss, ut patet articulis 1. 3. 5. et 6."

[40] Das konfutatorische Mißverständnis klingt auch noch in der Interpretati-
on nach, die E. Iserloh dem Thema „Kirche, Kirchengemeinschaft und
Kircheneinheit nach der Confessio Augustana" (in: K. Lehmann/
E. Schlink [Hg.], Evangelium – Sakramente – Amt und die Einheit der
Kirche. Die ökumenische Tragweite der Confessio Augustana, Freiburg/
Göttingen 1982, 13–27) zuteil werden ließ. Nach Iserloh denkt CA VII,
wenn von der „Versammlung aller Gläubigen" gesprochen wird, an die
„faktisch Gerechtfertigten" (a. a. O., 14); damit erhalte der Einwand der
Confutatio, den auszuräumen Melanchthon auch in seiner Apologie der CA
nicht gelungen sei, ein sachliches Recht und das umso mehr, als die „ ecclesia proprie dicta" nach Maßgabe des Augsburgischen Bekenntnisses „eine verborgene, pneumatische Wirklichkeit ist, die hinter allen Kirchen-
tümern steht", so daß es auf die äußere organisatorische Einheit nicht
ankomme (a. a. O., 18).
    In W. Kaspers Beitrag zu dem erwähnten Sammelband ist diese Fehl-
deutung, die sich modifiziert auch bei J. Hamer, Les pécheurs dans
l'église. Étude sur l'ecclésiologie de Mélanchthon dans la Confession

In seiner Apologie[41] hat sich Melanchthon gegen diese Deutung
von CA VII vehement und mit gewisser Verbitterung (Apol VII,2:
„Nihil tam circumspecte dici potest, ut calumniam evitare queat.")
verwahrt. Daß dies nicht ohne Recht geschah, beweist in bestimmter Hinsicht schon die Existenz des VIII. Artikels der CA, in
welchem, wie auch den Konfutatoren nicht gänzlich entgangen
sein konnte, nicht nur gesagt ist, daß nach evangelischer Lehre
auch durch Böse verwaltete Sakramente ihre Gültigkeit behalten,
sondern – wenngleich in äußerst verschlungenem Satzbau – auch
dies zum Ausdruck kommt, daß in der Kirche, obwohl sie eigentlich die Versammlung der Heiligen und wahrhaft Glaubenden ist,

d'Augsburg et l'Apologie, in: Reformation. Schicksal und Auftrag. FS
J. Lortz I, Baden-Baden 1958, 193–207, findet, zurechtgerückt worden
(Kirchenverständnis und Kircheneinheit nach der Confessio Augustana,
in: a. a. O., 28–57). Nach ihm steht die von der CA und ihrer Apologie
„vorgenommene Verhältnisbestimmung von sichtbarer und unsichtbarer
bzw. verborgener Kirche ... insgesamt auf dem Boden katholischer, insbesondere augustinischer Tradition" (a. a. O., 36). Dem widerspreche die
Ersetzung der Wendung „communio sanctorum" durch „congregatio
sanctorum" bzw. „vere credentium" in CA VII keineswegs, „denn congregatio fidelium ist auch bei Thomas von Aquin die maßgebende Definition der Kirche. Eine dogmatische Diskussion des inhaltsreichen Beitrags von Kaspers hätte sich insbesondere auf seine pointierte These zu
konzentrieren, wonach das ordinationsgebundene Amt gerade in seinem
unverfügbaren Gegenüber zur Gemeinde bzw. zur Kirche das unverfüg-
bare Gegenüber des Evangeliums repräsentiert.

[41]   Vgl. auch CR 27, 283 f. (BSLK 234,35–57); 331 ff. (dazu Peters, Anhang 1 u.
2). Zum Kirchenartikel der Variata (vgl. BSLK 61 f., Anm. 6) vgl. Kretschmar, 429 f. sowie H. Bornkamm, a. a. O., 177 f., wo es heißt: „In der
Variata vom Jahre 1540 ist der ganze Absatz über die hypocritae et mali
admixti aus Artikel VIII in Artikel VII herübergenommen und wird in
VIII noch einmal wörtlich wiederholt. Damit gewinnt der Gedanke noch
eine erhöhte Bedeutung, denn in der Erstform war er in Art. VIII nur ein
Hilfsgedanke, um damit die Unabhängigkeit der Sakramentswirkung von
der persönlichen Beschaffenheit des Spenders zu begründen. Die Einschränkung der Definition der Kirche aus Art. VII war nur eine Nebenab-
sicht. Jetzt wird sie in Art. VII der Variata in aller Form, gewissermaßen
am Objekt selbst, vollzogen. Ausdrücklich wird die Kirche im Sinne der
congregatio sanctorum als die ecclesia proprie dicta bestimmt. Der Gegenbegriff der ecclesia large dicta ergibt sich von selbst. Melanchthon hat
in seiner späteren Entwicklung den Begriff der Kirche scharf auf die
sichtbare Kirche beschränkt. Der Vorwurf, die evangelische Kirche sei
nur eine civitas Platonica, hat ihn – das sieht man noch in der letzten
Ausgabe der Loci theologici von 1559 – nicht ruhen lassen."

in diesem Leben viele Heuchler und Schlechte sind. Wörtlich heißt es in der lateinischen Fassung von CA VIII unter ausdrücklicher Verdammung der Donatisten[42] und ähnlicher Irrlehrer, welche sagten, man dürfe in der Kirche den Dienst der Schlechten nicht hinnehmen, und die der Meinung waren, der Dienst der mali sei unnütz und wirkungslos (CA VIII,3): „Quamquam ecclesia proprie sit congregatio sanctorum et vere credentium, tamen, cum in hac vita multi hypocritae et mali admixti sint, licet uti sacramentis, quae per malos administrantur ..." (CA VIII,1) Nachdem auf das Wort Christi Mt 23,2 verwiesen wird, fährt der Text fort: „Et sacramenta et verbum propter ordinationem et mandatum Christi sunt efficacia, etiamsi per malos exhibeantur." (CA VIII,2) Die deutsche Fassung sagt analog, daß die christliche Kirche eigentlich nichts anderes sei als die „Versammlung aller Glaubigen und Heiligen" (BSLK 62,3 f.); jedoch bleiben in diesem Leben viele falsche Christen und Heuchler – „auch offentlicher Sünder" (BSLK 62,6 f.), wie hinzugefügt wird – unter den Frommen. Gleichwohl hätten die Sakramente ihre Wirkungskraft, obschon die Priester, durch die sie gereicht werden, nicht fromm sind. Im Unterschied zum lateinischen Text fehlt im gegebenen Zusammenhang der Hinweis auf die Einsetzung Christi als Begründung für die Wirksamkeit der Sakramente. Es wird auch ausdrücklich nur von den Sakramenten und nicht von „sacramenta et verba" gesprochen. Kürzer ist im deutschen Text schließlich die Damnation, da kein inhaltliches Referat der verdammten Häresie gegeben wird.[43] Zur Vorgeschichte des Artikels, der in inhaltlicher Hinsicht durchaus einen „Neuansatz" gegenüber seinen Vorlagen darstellt (vgl. Maurer II, 165), ist lediglich zu bemerken, daß CA VII und CA VIII in dem in Na dokumentierten Stadium des Formulierungsprozesses noch eine ungeschiedene Einheit darstellten (vgl. BSLK 61,18–62,26). Beachtung verdient das nach G. Kretschmar vor allem deshalb, weil damit ausdrücklich „auch das Amt in die Beschreibung der Kirche hineingenommen war": „Hier lag also eine Bestimmung der Kirche vor, in der sie nicht allein als Frucht des ihr vorgeordneten Amtes der Evangeliumsverkündigung und Sakra-

---

[42]   In Luthers Bekenntnis von 1528 wurden statt der Donatisten die Novatianer erwähnt, deren Lehre, die Vergebung der Sünden sei „auff ein mal als ynn der tauffe zu gewarten" (WA 26, 507, 14 f.), abgewiesen wird.

[43]   Zu Satzbau und Verschiedenheiten der beiden Textfassungen vgl. im einzelnen: H. Asmussen, a. a. O., 122 f.

mentsverwaltung erscheint (CA 5) – das stand auch schon in den
‚Schwabacher Artikeln' –, sondern sie selbst der Ort ist, an dem
dies geschieht, natürlich durch das *ministerium* von Art. 5, wenngleich es hier nur in seiner Verkehrung in den Blick kommt,
wenn es von Bösen gehandhabt wird." (Kretschmar, 421) Hinzugefügt sei, daß auch die Apologie die beiden Kirchenartikel der
CA wieder als formale Einheit behandeln wird.

Was den sachlichen Gehalt von CA VIII betrifft, so ließen ihn sich
die Konfutatoren vorbehaltlos gefallen[44], ohne deshalb allerdings
ihren Widerspruch zur Bestimmung der Kirche als „congregatio
sanctorum" zurückzunehmen. Zu einer inhaltlichen Verständigung
in dieser Hinsicht gelangte man erst im Vierzehnerausschuß, über
dessen einschlägige Verhandlungen zu CA VIII Spalatin berichtet:
„Doctor Eck sagt, er hoffe, von disem artickel soll auch keyn
streyt seyn. Dann die kyrch sey wol schon, und doch schwartz.
als de virginibus und de piscibus. Helts dienstlich zur vergleichung, das nicht das wort Sanctorum, sonder das wort sanctam
stünde, Doctor Eck sagt auch, das ers dafur halte, das wir in fun-
damento und im grundt nicht ungleich sind." (Förstemann II,
227)[45]

Nachdem von evangelischer Seite im Anschluß an CA VIII erneut
bestätigt wurde, „das in der kyrchen in disem Leben vil boser und
sunder seyen" (Förstemann II, 231), kam man zu dem Ergebnis:
„Concordant et fatentur, in ecclesia esse in hac vita non solum
sanctos, sed etiam malos et peccatores." (Schirrmacher, 219) Damit
schien die Angelegenheit erledigt. Gleichwohl gibt es Grund zu
der Annahme, daß Entscheidendes „in Augsburg nicht zum Aus-
trag kam" und bestehende ekklesiologische Unterschiede „bewußt
verharmlost"[46] wurden. Auch bedarf die Tatsache einer Erklärung,
daß Melanchthons Apologie „die Kirchenfrage überraschend aus-

---

[44]   Vgl. dagegen noch Ficker, 36 f.

[45]   Vgl. dazu das Gutachten Johann Ecks über die CA von Anfang August
        1530 (4. bis 10.), in: G. Müller, Johann Eck und die Confessio Augustana.
        Zwei unbekannte Aktenstücke vom Augsburger Reichstag 1530, in: Quel-
        len und Forschungen aus italienischen Archiven und Bibliotheken, Tü-
        bingen 1958, 205–242, hier: 225 ff., 227.

[46]   H. Immenkötter, Um die Einheit im Glauben. Die Unionsverhandlungen
        des Augsburger Reichtages im August und September 1530, Münster ²1974,
        40.

führlich wieder auf(nimmt). Unter den 21 Lehrartikeln gehört sie jetzt plötzlich neben Rechtfertigung und Beichte zu den am ausführlichsten behandelten Punkten, und es werden Aspekte angesprochen, die man auf den ersten Blick in der kurzen Anfrage der Konfutatoren nicht vermutete" (Meyer/Schütte, 168). Der primäre Grund für diese ausführliche Behandlung der Ekklesiologie dürfte darin liegen, daß das in der CA durch Abtrennung des Art. VIII „wohl bewußt" (Kretschmar, 426) aus der ekklesiologischen Basisdefinition entfernte, gleichwohl ekklesiologisch entscheidende Problem des Verhältnisses von Kirche und Sündern auf eine genaue Erörterung drängte, nachdem die Konfutatoren nun einmal die kritische Aufmerksamkeit darauf gelenkt hatten; und in der Tat wird man sagen müssen, daß mit dem „Anathema über den donatistischen Irrtum, daß der Dienst gottloser Amtsträger in der Kirche Wort und Sakrament wirkungslos mache, das Problem des Ortes des Sünders in der Kirche nicht gelöst (war)" (Kretschmar, 424 f.).

Nichtsdestoweniger und unbeschadet dessen liegt Melanchthon vornehmlich aus Gründen des Orthodoxieerweises daran, die von den Konfutatoren ohne Einwand gebilligte Lehre von CA VIII, „quod sacramenta sint efficacia, etiamsi per malos ministros tractentur" (Apol VII,47) in der Apologie noch eigens und mehrfach zu unterstreichen und mit weiteren antidonatistischen und antiwiklifitischen Invektiven zu versehen.[47] Erläutert wird die dezi-

---

[47] Die betonte reformatorische Rezeption der traditionellen Lehre, daß Wort und Sakrament, wenn sie nur rite vollzogen und ausgerichtet werden, gültig und wirksam sind auch unter der Bedingung ihrer Darreichung durch gottlose Diener, strebt es allerdings nicht an, „das objektiv priesterliche ... Amt über alle subjektiven Bedingungen (hinauszuheben), *dieses objektive Amt sozusagen jenseits von Glauben oder Nichtglauben in sich* (zu begründen)" (G. Wehrung, Zu Augustana VIII, in: ZSyTh 14 [1937], 3–39, hier: 4). Absicht ist es vielmehr, die Aufmerksamkeit des um sein Seelenheil besorgten Menschen ausschließlich auf die gottgestifteten Mittel des Heils und die in ihnen verheißene Gnade Gottes zu richten und dabei weder auf die eigene noch auf die qualitative Verfassung des Trägers des Amtes der öffentlichen Evangeliumsverkündigung zu achten. Nicht auf einen „*objektivistische(n) Amtsgedanken*" (3) bzw. eine „*einseitige Vergegenständlichung von Amt und Sakrament*" (9) mit der zwangsläufigen Folge unstatthafter Scheidung von Lehre und Leben (vgl. 11) kommt es an, das entscheidende Anliegen ist (wie schließlich auch Wehrung sieht) ein seelsorgerliches, „den Diener am Wort *vor einer fal-*

dierte Annahme, daß die Gültigkeit der Heilsmittel an ihrem stiftungsgemäßen Vollzug und nicht an der subjektiven Befindlichkeit und sittlichen Qualität ihres ministerialen Spenders liegt, mit
dem Hinweis, daß die Amtsträger gemäß Lk 10,16 in Stellvertretung Christi handeln und um der Berufung der Kirche willen nicht
ihre eigene Person, sondern Christus vertreten und vergegenwärtigen (Apol VII,47: „quia ministri funguntur vice Christi, non repraesentant suam personam"; Apol VII,28: „quia repraesentant
Christi personam propter vocationem ecclesiae, non repraesentant
proprias personas"): „Cum verbum Christi, cum sacramenta porrigunt, Christi vice et loco porrigunt. Id docet nos illa vox Christi,
ne indignitate ministrorum offendamur." (Apol VII,28) Ist sonach
die Gültigkeit von Wort und Sakrament von der subjektiven Würdigkeit der amtlich mit ihrem Vollzug Betrauten unabhängig, so
hören gleichwohl gottlose Lehrer auf, Christusrepräsentanten zu
sein, sofern sie die rechte Evangeliumspredigt und den stiftungsgemäßen Vollzug der Sakramente verkehren (Apol VII,48 unter
Verweis auf Mt 7,15 und Gal 1,9: „Impii doctores deserendi sunt,
quia hi iam non funguntur persona Christi, sed sunt antichristi.").
Denn solche Verkehrung, in welcher recht eigentlich die attestierte Gottlosigkeit besteht, stellt nicht lediglich ein privates Laster dar, sondern pervertiert den öffentlichen Auftrag selber, um
dessen Erfüllung willen der Amtsträger ist, was er ist. Mit dem
Mißbrauch im Sinne falscher, will heißen: das Evangelium verkehrender Lehre geht sonach auch die dem Amt eigene Autorität
verloren, und es gilt die paulinische Devise: „Si quis aliud evangelium evangelizaverit, anathema sit." (Apol VII,48) Kein berechtigter Grund zu Trennungen und schismatischen Spaltungen seien
hingegen private Verfehlungen, welche gemäß der in den Gleichnissen von der Kirche (Mt 13,24 ff., 36 ff., 47 ff.) gegebenen Weisung Christi sowohl bei den Ordinierten als auch bei Nichtordinierten zu ertragen seien, insofern solche Ärgernisse nicht das
Kirchesein der Kirche in Frage stellen.[48]

---

schen Skrupelhaftigkeit und Ängstlichkeit zu bewahren, ihn und die Gemeinde in der notwendigen Unbefangenheit zu stärken" (19).

[48]   Eine Absage wird in diesem Zusammenhang schismatischen Strömungen
erteilt, die ihren Spaltungswillen damit begründen, daß es Priestern verboten sei, „tenere possessiones aut proprium" (Apol VII,50). Dem wird
entgegengehalten, daß Besitz und Eigentum zur weltlichen Ordnung (civilis ordinatio) gehören, welche Christen gebrauchen (uti) dürfen wie

Die von den Konfutatoren gebilligte und von der Apologie unterstrichene Lehre von CA VIII, daß Sakramente, welche durch Böse rite verwaltet werden, auch ordnungsgemäß in Anspruch genommen werden können, da ihre Gültigkeit nicht von der individuellen Verfassung ihrer Administratoren abhängig ist, basiert auf der Voraussetzung, daß mit sündigen und ungläubigen Amtsträgern faktisch und in Zusammenhang damit auch ekklesiologisch-theologisch zu rechnen ist. Indes läßt sich die Tatsache, daß unter irdischen Bedingungen in der Kirche Heuchler und Böse sind, nicht auf Amtsträger beschränken; insofern gilt ekklesiologisch allgemein, „quod hypocritae et mali in hac vita sint admixti ecclesiae et sint membra ecclesiae secundum externam societatem signorum ecclesiae, hoc est, verbi, professionis et sacramentorum, praesertim si non sint excommunicati" (Apol VII,3). Als societas externa[49] ist die Kirche sonach ein Mischgebilde (corpus mixtum), wie denn auch Paulus in 2. Thess 2,4 ausdrücklich voraussagt, daß der Antichrist in der Kirche herrschen und Ämter bekleiden werde. Gekennzeichnet ist der äußere Verband der Kirche durch sog. externa signa bzw. externae notae ecclesiae, wobei in dem zitierten Abschnitt Wort, Bekenntnis und Sakrament, in der Regel aber nur, wie in CA VII, die reine Lehre des Evangeliums (pura evangelii doctrina) sowie die mit dem Evangelium übereinstimmende Verwaltung der Sakramente (administratio sacramentorum consentanea evangelio Christi; vgl. Apol VII,5) genannt werden.

Nun ist freilich die Kirche nicht nur ein Verband mit äußeren Aufgaben und Satzungen wie andere Staatswesen, sondern zuvörderst ein Bund des Glaubens und des Heiligen Geistes in den Herzen (Apol VII,5: „ecclesia non est tantum societas externarum rerum ac rituum sicut aliae politiae, sed principaliter est societas fidei et spiritus sancti in cordibus"); wollen doch die notae ecclesiae Wort und Sakrament ihrer evangelischen Bestimmung und Stiftung gemäß im Glauben wahrgenommen und in der Kraft des

---

Luft, Licht, Speise und Trank. „Nam ut haec rerum natura et hi siderum certi motus vere sunt ordinatio Dei et conservantur a Deo, ita legitimae politiae et sunt ordinatio Dei et retinentur ac defenduntur a Deo, adversus diabolum." (Ebd.)

[49] Zur Begrifflichkeit vgl. W. Elert, Societas bei Melanchthon, in: R. Jelke (Hg.), Das Erbe Martin Luthers und die gegenwärtige theologische Forschung (FS L. Ihmels), Leipzig 1928, 101–115.

Hl. Geistes verinnerlicht werden, ohne deshalb aufzuhören, sowohl äußere Kennzeichen der congregatio sanctorum, als auch externer Konstitutionsgrund ihrer im Gottvertrauen gründenden communio zu sein. In diesem Sinne ist die ecclesia stricte dictu die Versammlung und Gemeinschaft derjenigen, die Wort und Sakrament im Glauben sich herzlich gefallen lassen. „Et haec ecclesia sola dicitur corpus Christi, quod Christus spiritu suo renovat, sanctificat et gubernat ...“ (Apol VII,5 mit Verweis auf Eph 1,22f.)

Daß diese Lehre nach seinem Urteil keine Neuerung darstellt, belegt Melanchthon neben Eph 5,25ff. ausführlich mit dem Apostolikum, in dem die mit dem Bekenntnis zur sancta catholica ecclesia unmittelbar verbundene Wendung „sanctorum communio“ nachdrücklich hervorhebe, daß die Kirche die Versammlung (congregatio sanctorum) derer sei, „qui habent inter se societatem eiusdem evangelii seu doctrinae et eiusdem spiritus sancti, qui corda eorum renovat, sanctificat et gubernat“ (Apol VII,8). Nur diese sind daher recht eigentlich und im strengen Sinne Glieder am Leib Christi, welcher die heilige Kirche ist, zu nennen, während die Kirche im weiteren Sinne des Worts (ecclesia large dicta) neben Guten auch Böse umfaßt, die der wahren Kirche als dem lebendigen Leib Christi nur „secundum externos ritus“ (Apol VII,2) verbunden sind.

Der strenge Begriff der Kirche, „quae est nomine et re ecclesia“ (Apol VII,12), ist damit entwickelt. Was Melanchthon noch zu tun bleibt, ist zum einen, die Notwendigkeit eines solchen Begriffs zu unterstreichen, zum anderen, dem Mißverständnis zu wehren, es werde durch ihn ein Verständnis der Kirche im Sinne einer „civitas platonica“ befördert. Zum ersten: Der strenge Kirchenbegriff ist nach Melanchthon deshalb unentbehrlich, weil ohne ihn die Menschen nicht einsehen würden, daß das „regnum Christi“ eine „iustitia cordis“ und eine „donatio spiritus sancti“ sei und nicht allein aus äußerlicher Beobachtung gewisser Kulte und Riten bestehe. Der Unterschied von Kirche und Nicht-Kirche bestimmt sich entsprechend nicht durch bürgerlich-weltliche Satzung. Die zwischen beiden gesetzte Differenz ist vielmehr die zwischen heilig und sündig, zwischen dem Reich Christi und dem des Teufels. Dem „regnum Christi“ aber (distinctum contra regnum diaboli) gehören selbstverständlich die „impii“ nicht an, sofern alles Böse in den Machtbereich Satans fällt. „Itaque ecclesia, quae vere est regnum Christi, est proprie congregatio sanctorum.“ (Apol VII,16)

In ihrer Gestalt als regnum Christi ist die Kirche vom regnum diaboli definitiv geschieden, wenngleich die Endgültigkeit dieser
Scheidung noch unter dem Kreuz verborgen ist und erst mit der
eschatologischen Manifestation des Reiches Christi offenbar sein
wird. Bis dahin bleiben Gottlose der societas externa der Kirche
äußerlich beigesellt, obschon sie Glieder des Reiches des Teufels
sind.

Zum zweiten: Ist die Kirche ihrem wahren Wesen nach ein von
der Verkehrtheit des Bösen und damit von allem „Fleisch" geschiedener populus spiritualis, so kann sie doch unter keinen
Umständen mit einer „platonica civitas" (vgl. Apol VII,20; entsprechend schon BSLK 234,38 f.) verglichen werden. Das hat seinen
Grund namentlich darin, daß die platonische Differenz von Idea-
lität und Realität nicht dem Gegensatz von Geist und Fleisch im
christlichen Sinne entspricht. Ein angemessenes tertium comparationis ist also von Anfang an nicht gegeben. Die wahre Kirche ist
infolgedessen auch keine rein geistige und von der Sphäre der irdischen Welt schlechterdings abgehobene Größe; Apol VII,20 erklärt sie vielmehr für realexistent, nämlich in Gestalt der wirklich
Glaubenden und Gerechten, wie sie über den Erdkreis verstreut
leben. Ferner wird ein erneuter Verweis auf die kirchlichen Kennzeichen der reinen Lehre des Evangeliums und der Sakramente
hinzugefügt, um deutlich zu machen, daß die Gerechtigkeit des
Glaubens nicht in sich besteht, sondern unter gegebenen Bedingungen vom Hören des Worts und im Empfang des Sakraments
lebt. In diesem Sinne erbaut und vollzieht sich die Gemeinschaft
der Heiligen durch Teilhabe an den „Sancta", will heißen: am
Heiligen Wort und an den Heiligen Sakramenten, wobei diese
Bedeutung die „aus dem Apostolikum stammende, ursprünglich
neutrisch gefaßte Formel" (BSLK 61, Anm. 4) anfangs bestimmte
und – wie gesagt – auch in der Verwendungsweise von CA und
Apol noch mitschwingt. Als die durch Teilhabe an den sancta
realisierte communio sanctorum entspricht die Kirche dem Begriff, der ihr Wesen ausmacht. Dieses Wesen, das im „articulu(s)
de remissione peccatorum" (Apol VII,21), im Evangelium von der
Rechtfertigung des Sünders durch Glauben um Christi willen beschlossen und in der Kraft des göttlichen Geistes erschlossen ist,
kann nicht durch einzelne „inutiles opiniones" (Apol VII,20), sondern nur durch Widerspruch zum Evangelium im Sinne etwa einer Forderung von Werkgerechtigkeit verkehrt werden.

Ist sonach das Wesen der Kirche durch die rechte Evangeliumsverkündigung in Wort und Sakrament hinreichend bestimmt, so
ist damit bereits gesagt, daß der von den Gegnern geforderten
Definition der Kirche als „monarchia externa suprema totius orbis
terrarum" (Apol VII,23) mit dem römischen Bischof an der Spitze
keine vergleichbare ekklesiologische Fundamentalbedeutung zukommen kann. Diese Absage bleibt auch dann gültig, wenn man
von der in diesem Zusammenhang recht polemisch geübten und
zum Teil sehr zeitbestimmten Kritik an Papsttum und regnum
pontificium abstrahiert. Von mehr als nur zeitbedingter Bedeutung
dürfte auch der Apol VII,27 vorangestellte Grundsatz sein: „Nec
est ad pontifices transferendum, quod ad veram ecclesiam pertinet, quod videlicet sint columnae veritatis, quod non errent."
(Apol VII,27) In diesem Sinne darf weder die authentische Auslegung des Wortes Gottes lehramtlich monopolisiert noch die hier-
archisch-monarchische Verfassung der Kirche zu ihrer Wahrheits-
und Identitätsgarantie erklärt werden.

Sieht man von dieser kritischen Zuspitzung der Melanchthonschen Argumentation vorerst einmal ab, um sich primär auf ihre
strukturelle Basis zu besinnen, so zeigt sich diese durch ekklesiologische Begriffspaare bestimmt, „die allemal die Polarität aufweisen: externa societas ecclesiae – interna societas ecclesiae; ecclesia large dicta – ecclesia proprie dicta"[50]. Es wäre gewiß falsch,
diese begrifflichen Pole durch dialektische Mediatisierung sogleich ihres gegensätzlichen Charakters zu entheben; denn daß es
äußere Kirchenzugehörigkeit und kirchliche Äußerlichkeit bzw.
Selbstveräußerung gibt, die des Teufels ist, sagt Melanchthon ausdrücklich. Von diesem eschatologischen Horizont zu abstrahieren,
ist daher ekklesiologisch schlechterdings unmöglich, da er die gesamte reformatorische Kirchenlehre elementar bestimmt. Darauf
hat namentlich E. Schlink aufmerksam gemacht, dessen Theologie
der Bekenntnisschriften die Behandlung der Ekklesiologie mit einer unvermittelten Kontrastierung von Teufelsreich und Reich
Christi beginnen läßt (vgl. Schlink, 284ff.).[51] Damit ist angezeigt,

---

[50]   G. Jacobi, Die Lehre von der Kirche in den lutherischen Bekenntnis-
         schriften und die Kirche in Berlin-Brandenburg, in: Die Stunde der Kir-
         che. FS Otto Dibelius, Berlin 1950, 57–80, hier: 70.

[51]   Dabei will immer auch dies bedacht sein: „Der Kampf zwischen Teufels-
         reich und Christi Reich erfolgt nicht nur zwischen Kirche und Nicht-

daß erst vor dem Hintergrund dieses Gegenübers und des dadurch bedingten „erbitterten Kampfes" (Schlink, 264) die reformatorische Lehre von der Kirche und vom Predigtamt (aber auch – wie Schlink mit Recht hinzufügt – vom Amt weltlicher Obrigkeit) „wirklich deutlich" (ebd.) wird. Indes wäre die reformatorische Kirchenlehre gerade ihres kämpferischen Charakters beraubt, wollte man die besagten ekklesiologischen Begriffspaare in dem Sinne auflösen, daß man dem Teufel gewissermaßen das Außen überläßt, um das Reich Christi auf das Innere zu beschränken. Eine solche abstrakte Alternative, welche die Eschatologie prinzipialisiert und durch begriffliche Kontrastierung ihrer Dynamik beraubt, entspricht der reformatorischen Lehre nicht nur nicht, sie widerspricht ihr vielmehr kontradiktorisch. Daher ist trotz und unbeschadet des erwähnten eschatologischen Kontrasts – der begrifflich nicht aufhebbar ist und offenbar auch (wovon noch zu reden sein wird) eine durchweg gleichsinnige Verwendung des Kirchenbegriffs fraglich macht – das Verhältnis von „externa societas ecclesiae" und „interna societas ecclesiae" theologisch zugleich als differenzierter Zusammenhang zu bestimmen.

Dies darf aber – um es zu wiederholen – nicht zu einer Relativierung des besagten eschatologischen Gegensatzes führen; vielmehr ist die Bestimmung des differenzierten Zusammenhangs von äußerer Gestalt und innerem Wesen der Kirche nachgerade so vorzunehmen, daß durch sie die rechte Wahrnehmung des eschatologischen Kontrasts gefördert wird. Für die theologische Argumentation bringt das u. a. die Notwendigkeit mit sich, ihre Begriffe definitorisch offen zu halten; läßt sich doch theologische Eindeutigkeit auch in terminologischer Hinsicht nur dann erreichen, wenn durch das Streben nach ihr die Einsicht in Zweideutigkeit und Widersprüchlichkeit und d. h. immer auch die Einsicht in begriffliche Zweideutigkeit und Widersprüchlichkeit nicht verschlossen, sondern eröffnet wird. Wer daher, um beim gewählten Beispiel zu bleiben, zu einer rechten Begriffsbestimmung des Verhältnisses von externa und interna societas ecclesiae gelangen will, wird Außen und Innen terminologisch nicht einfach fixieren dürfen, vielmehr – um nur einige Andeutungen zu geben – zwischen einem Außen, das lediglich Äußerlichkeiten betrifft, und ei-

---

Kirche, sondern immer auch innerhalb der äußeren Gemeinschaft der Kirche." (Schlink, 284; bei Sch. gesperrt)

nem solchen, das dem Inneren wesentlich zugehört, zu unterscheiden haben; aber er wird auch der Einsicht Rechnung tragen
müssen, daß es zu einem Äußersten der Veräußerlichung kommen kann, welches das Innerste in seiner Wurzel verkehrt und im
Ureigensten untergehen läßt, sofern nicht Hilfe von einem solchermaßen externen Außen zu erwarten steht, welches die Differenz von Innen und Außen sowohl überlegen beherrscht, als
auch das verkehrte Innere zu bekehren und in seinem Verhältnis
zum Äußeren neu zu konstituieren bereit ist. Kurz: Wie stets, so
ist auch im gegebenen Problemzusammenhang das Ganze der
Theologie mitzubedenken und zwar so, daß offenbarer Grund
und eschatologischer Richtungssinn der Ekklesiologie solchermaßen zur Geltung kommen, daß die Bestimmung der Kirche erkenntlich wird – aus zu sein auf das Reich Gottes, von dessen in
der Kraft des göttliches Geistes manifesten Erscheinung in Jesus
Christus sie herkommt.

Was den engeren Kontext des zu erörternden Themas betrifft, so
ist zunächst zu bemerken, daß es nicht nur nicht hilfreich, sondern sogar mißverständlich ist, das Verhältnis von externa und
interna societas ecclesiae im Sinne von sichtbarer und unsichtbarer Kirche zu bestimmen. In der Tat hätte die lutherische Kirche
„gut daran getan, wenn sie niemals so geredet hätte, als gebe es
zwei Kirchen, eine sichtbare und eine unsichtbare"[52]. Nicht von
ungefähr hatte bereits Luther selbst der Redeweise von der Verborgenheit der wahren Kirche mehr und mehr den Vorzug gegeben vor der von Augustin geprägten und gegen neuplatonische
Mißdeutungen nicht hinreichend abgesicherten Unterscheidung
einer ecclesia visibilis und einer ecclesia invisibilis. Der frühe
Melanchthon ist ihm darin durchaus gefolgt; wie in den Bekenntnisschriften überhaupt, so wird auch in der Apologie bemerkenswerterweise nirgendwo von der Unsichtbarkeit der Kirche gesprochen. Gesagt wird vielmehr, um die entscheidende Passage
noch einmal zu zitieren: „At ecclesia non est tantum societas externarum rerum ac rituum sicut aliae politiae, sed principaliter est
societas fidei et spiritus sancti in cordibus, quae tamen habet externas notas, ut agnosci possit ... Neque vero somniamus nos
Platonicam civitatem, ut quidam impie cavillantur, sed dicimus
existere hanc ecclesiam, videlicet vere credentes ac iustos sparsos

---

[52]   H. Sasse, a. a. O., 54.

per totum orbem. Et addimus notas: puram doctrinam evangelii et sacramenta." (Apol VII,5.20)[53] In diesem Sinne hat zu gelten, „daß nach Luther und den in Augsburg anwesenden Vertretern seiner Lehre die Kirche in einer geschichtlichen Wirklichkeit verborgen, aber nicht unsichtbar ist"[54]. Die Kirche ist außerdem in Wahrheit keine rein transzendente oder rein spirituelle Größe[55], da ihr We-

---

[53] E. Kinder, Die Verborgenheit der Kirche nach Luther, in: E. Iserloh/ P. Manns (Hg.), Reformation. Schicksal und Auftrag, FS J. Lortz, Bd. I, Baden-Baden 1958, 173– 192, hier: 174f., Anm. 3, vermutet, daß die Vorform der zuletzt angeführten Aussage von Luther selbst geprägt ist; er verweist dazu auf dessen Dictum gegen Thomas Murner: „Da ich die Christliche Kirch ein geistlich Versammlung genennet hatt, spottest du mein, als wollt ich ein Kirch bauen wie Plato eine Stadt, die nindert wäre." (WA 7, 683; vgl. WA 1, 201f.)

[54] M. Cassese, a. a. O., 307. „Denn während der Glaube verborgen ist, ist der Gebrauch der Gnadenmittel sichtbar für alle; es muß nun mit der Möglichkeit gerechnet werden, daß der Gebrauch der Gnadenmittel nicht garantiert, daß der Glaube zur Stelle ist, obwohl sich der Glaube nur dort findet, wo die Gnadenmittel gebraucht werden. Mit anderen Worten: die Gemeinde der Heiligen gibt es überhaupt nicht außerhalb des Kreises derer, die um die Gnadenmittel versammelt sind, aber sie braucht nicht sie alle zu umfassen." (L. Grane, Die Confessio Augustana, Einführung in die Hauptgedanken der lutherischen Reformation, Göttingen ³1986, 73). Die „später so verbreitete Unterscheidung zwischen der sichtbaren und unsichtbaren Kirche wird ... weder in den Artikeln 7 und 8 der CA noch in Melanchthons Apologie zu diesen Artikeln vorgenommen. Ganz gewiß sieht Melanchthon, der hier Luther folgt, die wahre Kirche unter der äußeren Kirchenorganisation der ‚gemischten' Kirche *verborgen*. Das bedeutet aber nicht, daß die eigentliche Kirche, die Versammlung der wahrhaft Gläubigen, ‚unsichtbar' ist." (R. Prenter, a. a. O., 114).

[55] Vgl. CR 27, 284 (331): „Et ne quis dicat nos Platonicam civitatem somniare ..." (BSLK 234,38 f.) Die Kirche ist „ihrer wesenhaften Wirklichkeit nach nicht etwas rein Unsichtbares, ganz und gar nicht in die Welt der Erscheinungen Tretendes. Sie kann es auch nicht sein, ob wir dabei ihre objektive oder ihre subjektive Seite ins Auge fassen: denn Christus und sein Geist sind nicht bloß unsichtbar, sondern sichtbar und hörbar im Wort und den Sakramenten; und ebenso sind die Gläubigen irdische Menschen, denen man zwar den Glauben nicht ansehen kann, deren Glaube aber nicht sein und nicht bestehen kann, ohne sich kundzugeben im Zeugen von Wort und im Brauchen der Sakramente, d. h. in dem Bekenntnis zu Christo durch Wort und Tat." (Th. Harnack, Die Kirche, ihr Amt, ihr Regiment. Grundlegende Sätze mit durchgehender Bezugnahme auf die symbolischen Bücher der lutherischen Kirche, Nürnberg 1862, These 29. Bei H. teilweise gesperrt.)

sen von ihrer äußeren Erscheinung bzw. der Hör- und Sichtbarkeit der sie als societas externa kennzeichnenden Zeichenvollzüge nicht abzulösen ist. Vom wahren Wesen der Kirche kann daher nicht die Rede sein, wenn man von ihrer leibhaft präsenten Gestalt absieht. Daran ändert die Tatsache nichts, daß die Präsenz des wahren Wesens der Kirche in, mit und unter ihrer äußeren Manifestationsgestalt den Charakter verborgener Gegenwart hat, die nur vom Glauben recht wahrgenommen werden kann. Ist doch das „Eigentliche (sc. der Kirche) nicht als seinsmäßig von ihrer äußeren Manifestation getrennt zu denken, sondern nur *an* dieser und *in Bezug auf sie* zu glauben. Wohl kann es nicht geschaut, sondern nur geglaubt werden; aber es wird nicht hinter, über oder neben ihrer geschichtlichen Gestalt, sondern *an* ihr und *in* ihr geglaubt."[56]

Fragt man weiter, wodurch die Verborgenheit der Kirche eigentlich bedingt ist, so ist primär auf die Sünde zu verweisen, welche die offenkundige und unverstellte Manifestation des wahren Wesens der Kirche in ihrer äußerlichen Erscheinungsgestalt hindert oder doch hemmt. „Daß viele Böse und Ungläubige mitten in der Kirche sind und ihr Unwesen in der Kirche treiben"[57], ist der Grund ihrer Verborgenheit und entscheidend dafür, daß die Kirche als societas externa ein corpus permixtum zu nennen ist. Ein Mischgebilde ist die Kirche freilich nicht nur deshalb, weil ihr neben den Gläubigen, die allein als membra Christi zu gelten haben, auch Ungläubige, Böse und Heuchler als socii angehören, sondern auch deshalb, weil die Glaubenden selbst noch nicht zur Vollendung gelangt sind, sondern erst am Anfang ihres Heiligungslebens stehen. Das hat u. a. zur Folge, daß der Unterschied zwischen Gläubigen und Ungläubigen empirisch nicht in endgül-

---

[56] E. Kinder, a. a. O., 176 f. (Vgl. ders., Der evangelische Glaube und die Kirche, 93 ff.) Mit E. Schlink zu reden: „Wenngleich die wahre Kirche verborgen ist unter der äußeren Gemeinschaft der Glieder Christi und der Glieder des Teufelsreiches, so ist doch die wahre Kirche auf dieser Erde Wirklichkeit und zu erkennen an der Predigt des Evangeliums und an der evangeliumsgemäßen Darreichung der Sakramente." (Schlink, 295; bei Sch. gesperrt) Vgl. ferner Austad, 172: „Die innere, verborgene Kirche finde ich nur in der äußeren, sichtbaren Kirche, nicht außerhalb von ihr. Die Versammlung der Heiligen entsteht durch die Gnadenmittel, die sichtbar sind."

[57] G. Jacobi, a. a. O., 66.

tiger Weise und mit offenbarer Gewißheit erfaßt werden kann. Eschatologische Urteile können und dürfen daher unter irdischen Bedingungen auch in ekklesiologischer Hinsicht nicht gefällt werden und das umsoweniger, als nachgerade der Glaubende zu beständiger und getroster Gewißheit seiner selbst als eines Glaubenden und mithin als eines rechten Gliedes am Leibe Christi, welcher die wahre Kirche ist, nicht empirisch im Sinne reflexiver Selbsterfahrung gelangt, sondern nur im konsequent sich verlassenden Vertrauen auf Gott, dem allein die definitive Scheidung zwischen wahrer Kirche und unter kirchlichem Schein sich verbergender Verkehrtheit zu überlassen und anzuvertrauen ist.[58]

Bleibt zu fragen, ob die reformatorische Lehre von der Verborgenheit der Kirche die Möglichkeit ihrer antichristlichen Totalverkehrung enthält. Diese Frage ist nicht einfach zu verneinen, insofern nach reformatorischem Urteil folgendes ekklesiologisch nicht auszuschließen ist: „Die eigentliche Wirklichkeit der Kirche kann durch Mißart ihrer geschichtlichen Verwirklichung *in einer dämonischen Weise* verzerrt und pervertiert sein, so daß diese geschichtliche Verwirklichung unter dem Namen Jesu Christi in Wirklichkeit von Christus verdrängenden und Christus feindlichen Mächten beherrscht ist."[59] Dies ist immer dann der Fall, wenn im Namen Christi und unter Berufung auf seinen Geist der Unglaube propagiert und gelebt wird. Solcher diabolischen Versuchung zu verfallen, ist kein Glied der Kirche und auch keine ihrer amtlichen Repräsentationsgestalten prinzipiell enthoben, woran sich bestätigt, daß keine irdische Instanz den Bestand der Kirche von sich aus gewährleisten kann.[60] Unbeschadet dessen soll und kann

---

[58]   Gerade in diesem Zusammenhang ist die untrennbare Verbindung von reformatorischer Rechtfertigungslehre und Ekklesiologie zu beachten. Mit Recht sagt E. Kinder: „Das im Glauben ergriffene Evangelium erweist sich als rechtfertigend und kirchenschaffend in einem." (E. Kinder, Die theologischen Grundmotive in der Kirchenauffassung der lutherischen Reformation, in: W. Andersen (Hg.), a. a. O., 138.)

[59]   E. Kinder, Die Verborgenheit der Kirche nach Luther, 184.

[60]   Auf diese Einsicht vor allem zielt die erwähnte Kritik an der Definition der Kirche als einer „monarchia externa suprema", in der der römische Bischof die unumschränkte Macht haben muß, über die keiner diskutieren oder urteilen darf, wie es in Apol VII,23 heißt; im Kontext dieser Stelle steht schließlich auch der im lateinischen Original ebenfalls schon zitierte Satz zu lesen: „Darum soll man die Sprüche, so von der rechten Kirche reden, nicht auf die Päbste oder Bischofe deuten, nämlich daß sie

sich der Glaube auf die Beständigkeit der Kirche ebenso vorbehaltlos verlassen wie auf die Treue Gottes zu der in Jesus Christus gegebenen und vom Geist erschlossenen Verheißung des Evangeliums. Dies impliziert für ihn das Recht und die Pflicht der Gewißheit, daß die Kirche nie definitiv von der Wahrheit abfällt. „Die Reformation weiß sich in dieser Überzeugung mit der vorausgegangenen theologischen und kirchlichen Tradition verbunden und hat die biblischen Verheißungen (Mt 16,18; 28,20; Joh 16,13) stets in diesem Sinne verstanden. Das ,ecclesia non potest errare' ist darum eine bei den Reformatoren oft wiederkehrende Aussage und integraler Bestandteil reformatorischen Kirchenverständnisses."[61] Indes kann und darf, um es zu wiederholen, das kirchliche Bleiben in der Wahrheit nicht den Status einer unangefochtenen Gegebenheit annehmen, es ist vielmehr als Wirklichkeit präsent und gewiß nur in der Weise des Glaubens, der sich in der Kraft des Hl. Geistes auf die Verheißungen des Evangeliums verläßt, wie sie in Wort und Sakrament konkrete und konkret wahrnehmbare Gestalt annehmen.[62] Außerhalb von und neben diesem durch die Relation von Evangelium und Glaube gewiesenen Zusammenhang gibt es keine Identitätsgarantie christlicher Kirche; innerhalb seiner aber steht mit Gewißheit fest, „quod una sancta ecclesia perpetuo mansura sit" (CA VII,1).

Säulen der Wahrheit sein, item daß sie nicht irren können." (BSLK 240,30–34)

[61] H. Meyer, Sündige Kirche? Bemerkungen zum ekklesiologischen Aspekt der Debatte um eine katholisch/evangelische „Grunddifferenz", in: ÖR 38 (1989), 397–410, hier: 401.

[62] Das Verbleiben der Kirche in der Wahrheit wird durch die beständige Gnadentreue Gottes gewährleistet, wie sie durch die im Namen Christi und in der Kraft des göttlichen Geistes gestifteten Heilsmittel wirksam bezeichnet wird, damit der Glaube sich stetig darauf verlasse. (Vgl. U. Kühn, Wie bleibt die Kirche in der Wahrheit? Eine lutherische Antwort, in: Concilium 17 [1981], 630–633.)

3. *Congregatio sanctorum und Heiligenverehrung*

In einem Schreiben an Justus Jonas vom 21. Juli 1530 beschwerte sich Luther darüber, daß das Augsburger Bekenntnis keinen eigenen Artikel „De sanctorum cultu" enthalte (WA Br 5, 496,7 ff.; vgl. § 8,1). Der angesichts von CA XXI offenkundig unbegründete Tadel läßt sich vermutlich auf ein schlichtes Versehen des Reformators zurückführen, das im Zusammenhang mit der Vorgeschichte des Heiligenartikels der Augustana steht. Luther „mag bei der genauen Prüfung der Na nahestehenden ersten Form den Artikel vermißt haben und hat ihn bei Durchsicht der endgültigen Gestalt ob seiner Kürze übersehen"[63]. Auch wenn diese Hypothese nicht zutreffen sollte, so bleibt das Faktum bestehen, daß die Textfassung Na von Ende Mai 1530 keinen Heiligenartikel enthält, obwohl in Torgau (A9) ausdrücklich „De invocatione sanctorum" gehandelt wurde: „Man lehret von Heiligen", so hieß es damals, „daß uns ihres Glaubens Exempel nutzlich sind, unsern Glauben zu stärken, daß auch ihre gute Werk uns zu Erinnerung dienen, dergleichen zu ton, ider nach seinem Beruf. Aber von Heiligen etwas bitten und durch ihr Verdienst etwas erlangen, diese Ehr gehoret Gott und unserm Herrn Christo allein zu. Darumb soll man die Heiligen auch nicht als Furbitter anrufen, denn Christus hat geboten, ihnen zu einem Furbitter und Mittler zu halten. Wie Paulus spricht: Unus est mediator Christus. Und Christus spricht: Venite ad me omnes, qui onerati estis. Und auf das Exempel, daß ein guter Furderer zu Hoff nutzlich sei, ist leicht zu antworten, daß derselbig Furderer schaden wurde, wenn der Furst Befehl hätt getan, bei ihm selbs anzusuchen." (BSLK 83b,19–27)

Der Torgauer Artikel A9, der unschwer als Vorlage von CA XXI zu erkennen ist, stimmt in seiner konsequenten Betonung der alleinigen Heilsmittlerschaft Christi völlig mit Luthers Bekenntnis von

---

[63] W. E. Nagel, Luthers Anteil an der Confessio Augustana. Eine historische Untersuchung, Gütersloh 1930, 149; so auch J. L. Neve, Artikel XXI der Augsburgischen Konfession. Vom Dienst der Heiligen, in: NKZ 21 (1910), 137–155, 169–198, hier: 139. Vgl. zu § 11,3 insgesamt: G. Wenz, Memoria sanctorum. Grundzüge einer evangelischen Lehre von den Heiligen in ökumenischer Absicht, in: Cath M 48 (1994), 242–266; ders., Evangelisches Heiligenverständnis, in: US 49 (1994), 188–194.

1528 überein, wo es heißt: „Die Heiligen anzurufen, haben andere
angegriffen ehr denn ich, und mir gefället es und gläubs auch,
daß allein Christus sei als unser Mittler anzurufen. Das gibt die
Schrift und ist gewiß: von Heiligen anzurufen ist nichts in der
Schrift, darumb muß es ungewiß und nicht zu gläuben sein." (WA
26, 508, 13–16; hier: BSLK 83b, Anm. 1)[64] Entsprechendes lehrt der
„Unterricht der Visitatoren", wo im Zusammenhang der Feiertags-
frage die Meinung in Abrede gestellt wird, „als sollt man der Heiligen Anrufen und Fürbitt dadurch bestätigen oder loben. Denn
Christus Jesus ist allein der Mittler, der uns vertritt, wie Johannes
in seiner Epistel am andern und Paulus zun Römern am achten
Kapitel anzeigen." (WA 26, 224, 28 ff.; hier: BSLK 83b, Anm. 1)[65]

Angesichts solch reichhaltiger Vorarbeiten verwundert es, daß Na
keinen Heiligenartikel enthält. Dieser Sachverhalt ist nicht lediglich mit dem Hinweis zu erklären, daß auch die Schwabacher und
Marburger Artikel nicht „De cultu sanctorum" handeln; denn dies
liegt in deren bestimmungsgemäßer Konzentration auf innerprotestantische Probleme begründet. Folgt man P. Manns, dann waren
es vor allem Gründe verbleibender sachlicher Unsicherheit, die
Melanchthon eine Zeitlang haben erwägen lassen, „das Problem
der Heiligenverehrung überhaupt auszuklammern" (Manns, 603).
Man wird darüber hinaus zu bedenken haben, daß eine solche
Erwägung um so näher lag, als die Heiligenverehrung in der Perspektive der Wittenberger Reformation jedenfalls „keinen Funda-
mentalpunkt des christlichen Glaubens"[66] darstellte. Gleichwohl
kam der Frage im Blick auf das praktische Frömmigkeitsleben der
Zeit selbstverständlich eine kaum zu überschätzende Bedeutung
zu. Mag sein, daß bei der zeitweiligen Zurückstellung des Heiligenartikels daher auch Rücksichten auf die Volksmeinung eine
Rolle gespielt haben. Wenn man die Heiligenthematik schließlich

---

[64]   Vgl. auch den „Sendbrief vom Dolmetschen" (WA 30 II, [625] 632–646,
       hier: 643 ff.), den Luther 1530 von der Coburg aus in Nürnberg zum Druck
       brachte.

[65]   Vgl. auch die Fortsetzung des Textes in: WA 26, 224,32–225,8.

[66]   G. Kretschmar/R. Laurentin, Der Artikel vom Dienst der Heiligen in der
       Confessio Augustana, in: H. Meyer/H. Schütte (Hg.), Confessio Augusta-
       na – Bekenntnis des einen Glaubens. Gemeinsame Untersuchung lutheri-
       scher und katholischer Theologen, Paderborn/Frankfurt a. M. 1980, 256–
       280, hier: 257.

doch in den Zusammenhang des Bekenntnisses aufgenommen hat, dann wird dies – obwohl man auch hier lediglich auf Vermutungen angewiesen ist – analog zu den übrigen Zusatzartikeln mit den einschlägigen Vorwürfen Ecks zusammenhängen, die eine Entgegnung unentbehrlich erscheinen ließen.

Aufgelistet sind die von Eck inkriminierten Sätze „In sanctos" in den Artikeln 112–127 seines Häresienkatalogs. Auch Melanchthon wird dabei namentlich zitiert, und zwar mit der Bemerkung: „Vitandae sunt orationes ad sanctos pro aliquo temporali vitando, quia non possunt opitulari nobis." (Art. 113) Als Erzketzer indes erscheint Luther selbst, dem allein über zehn häretische Voten zugeschrieben werden. Um nur einige zu nennen: „Solummodo per Christum habemus accessum ad Deum. Ideo cadit fidutia sanctorum." (Art. 114) „Cultus sanctorum eo redactus est, ut melius esset neque festa sanctorum agi neque nomina eorum sciri." (Art. 116) „Discursus hominum ad ecclesias sanctorum diabolus facit." (Art. 117) „Post ascensionem Christi nullus hominum venit in caelum nec veniet usque ad extremam iuditium." (Art. 123) „Aeque bene habeo accessum ad patrem per Christum, sicut Petrus et Paulus." (Art. 124) „Magna idolatria facta est ex invocatione sanctorum." (Art. 125) Wollte man diese und ähnliche Sätze nicht polemischer Mißdeutung überlassen, war eine Bekenntnisaussage zur Sache auf dem Augsburger Reichstag unverzichtbar.

Daß diese Aussage letzten Endes[67] nicht in den „spänigen" Artikeln über Kultus und Ordnung der Kirche erfolgte, wie das von der Torgauer Vorlage her eigentlich nahegelegen hätte, sondern im letzten Abschnitt des ersten Teils der CA, in bezug auf dessen Inhalt nach Urteil des Beschlusses (vgl. BSLK 83c,d)[68] kein Dissens mit den Widersachern vorliegt, hat, um noch einmal P. Manns zu

---

[67] „Der kürzer gefaßte lateinische Text ist zuerst entstanden und darauf erst der längere deutsche. Unter den Handschriften aus der Zeit vor der Übergabe begegnen wir unserem Artikel zuerst in der lateinischen Marburger und der aus ihr geflossenen französischen Übersetzung. Die am 15. Juni nach Nürnberg abgegangene deutsche Rezension enthielt ihn noch nicht. Daraus schließt Kolde, daß ‚er in seiner deutschen Fassung so ziemlich als der letzte Artikel in das Bekenntnis gekommen' ist." (J. L. Neve, a. a. O., 176 unter Verweis auf Kolde, Historische Einleitung XVI sowie Älteste Redaktion, 69 und Förstemann I, 357)

[68] Vgl. dazu den aufschlußreichen Kommentar von G. Kawerau, in: J. L. Neve, a. a. O. 197 f.

zitieren, seine entscheidende Ursache wohl in „Melanchthons Verhandlungsbereitschaft und seine(r) optimistische(n) Einschätzung der Lage in Augsburg" (Manns, 601). Man mag über diese Haltung historisch urteilen, wie man will: Hält man sich an die schließlich verbindlich gewordene Endgestalt des Augsburger Bekenntnisses, dann wird man – trotz aller Reserven und Schwankungen, von denen die Vorgeschichte gerade des Heiligenartikels zeugt – die mit der auffälligen und unerwarteten Einordnung von CA XXI verbundene These, daß in der Heiligenverehrung eine gemeinsame und tragfähige ökumenische Sachbasis besteht (vgl. BSLK 83d,2 ff.), auch heute noch dogmatisch ernst zu nehmen haben. Dies geschieht am besten dadurch, daß man vorurteilsfrei und strikt nach dem eigentlich theologischen Sinngehalt der Heiligenverehrung fragt. Diese Aufgabe bleibt auch unter der nicht nur protestantischerseits (vgl. DH 1821: „bonum atque utile") geteilten Voraussetzung bestehen, daß die Heiligenverehrung nicht die innere Sinnmitte christlichen Glaubens ausmacht. Die lateinische Endfassung des Textes von CA XXI deutet dies durch die zurückhaltende Formulierung, „quod memoria sanctorum proponi potest" (CA XXI,1) an, während es im Deutschen direkt heißt, „daß man der Heiligen gedenken soll" (BSLK 83b,3 f.). Angemerkt sei, daß die Endgestalt des deutschen Textes in Nb im wesentlichen erreicht ist. Allerdings spricht Nb, wie bereits erwähnt, einleitend nicht „Vom Heiligendienst" wie die Endfassung, sondern „Vonn denn verstorbenenn heyligen". Wiederholt sei ferner, daß Sp eine ursprünglich vor dem Artikel „Vom Glauben und guten wercken" plazierte und von Spalatin später selbst wieder durchgestrichene deutsche Übersetzung einer lateinischen Textstufe von CA XXI enthält, die bei Förstemann I, 322 nachzulesen ist und auch in den Apparat von BSLK 83c übernommen wurde.

Was die dogmatischen Sachfragen betrifft, so besteht der positive Sinn des Heiligendienstes (cultus sanctorum) nach CA XXI im Gedächtnis der Heiligen (memoria sanctorum). Als Primärziel solchen Gedächtnisses hat gemäß der deutschen Version die Stärkung des Glaubens durch die Betrachtung widerfahrener Gnade und empfangener Glaubenshilfe zu gelten (BSLK 83b,4–6: „auf daß wir unsern Glauben stärken, so wir sehen, wie ihnen Gnad widerfahren, auch wie ihnen durch Glauben geholfen ist ..."). Auf die Wahrnehmung hilfreicher Gnadenerfahrung, wie sie im Glauben der Heiligen vorbildlich vor Augen tritt, ist auch die lateinische Formel ausgerichtet, „ut imitemur fidem eorum (sc. sanctorum)" (CA XXI,1). Inbegriff menschlicher Heiligkeit ist sonach der Glaube, dessen Exemplarität gerade darin besteht, daß er sich die Gnade Gottes vorbehaltlos gefallen und an ihr genug sein läßt.

Wie aber dem Glauben die Liebe folgt, so sind die Heiligen als beispielhafte Glaubensgestalten zugleich Vorbilder guter Werke, die „ein jeder nach seinem Beruf" (BSLK 83b,8; CA XXI,1: „iuxta vocationem") nachahmen soll. In diesem Sinne hatten, wie zitiert, bereits die Torgauer Artikel von den Heiligen gelehrt, „daß uns ihres Glaubens Exempel nutzlich sind, unsern Glauben zu stärken, daß auch ihre gute Werk uns zu Erinnerung dienen, dergleichen zu ton, ider nach seinem Beruf" (BSLK 83b,19–21). Wenn CA XXI diese Wendung mit einem den Türkenkrieg betreffenden Appell an den Kaiser verbindet, dessen Amt „Schutz und Schirm" (BSLK 83b,13) der Untertanen fordert, dann ist das offenkundig durch die spezifische Reichstagssituation veranlaßt und der Sache nach nichts anderes als ein konkreter Anwendungsfall reformatorischer Berufsethik, nach deren Maßgabe menschliche Heiligkeit sich gerade in der Welt und im alltäglichen Leben auszuweisen hat.

Können mit der Bestimmung des differenzierten Zusammenhangs von Glaube und guten Werken Begriff und exemplarischer Wert des heiligen Menschen und seines Gedächtnisses als entwickelt gelten, so gehört es nach ursprünglicher Einsicht der Reformation zum Wesen eines solchen Begriffs, daß der Heilige die alleinige Heilsmittlerschaft Jesu Christi und die Vollgenügsamkeit von dessen Sühneopfer am Kreuz, welches der Herr als unser ewiger Hohepriester in beständiger Fürbitte vor Gott bringt, nicht verstellt oder verdunkelt, sondern bestätigt und bekräftigt. Ist der Heilige doch, was er ist, indem er sich in der Kraft des göttlichen Geistes ganz auf Jesus Christus verläßt, welch vertrauensvolles Sich-Verlassen nicht nur seinen Glauben ausmacht, sondern zugleich die Bedingung der Möglichkeit seiner Liebeswerke darstellt.

Um die im Heiligen exemplarisch vorgestellte vorbehaltlose Konzentration auf Jesus Christus zu wahren, steht CA XXI der Anrufung der Heiligen und ihrer Inanspruchnahme als fürbittende Helfer reserviert gegenüber. Indes wird Kritik nur relativ verhalten geäußert, wie ein Vergleich mit den Torgauer Artikeln bestätigt. Dort hieß es in kritischer Konzentration auf das durch die Überschrift „De invocatione sanctorum" angezeigte Thema: „Aber von Heiligen etwas bitten und durch ihr Verdienst etwas erlangen, diese Ehr gehoret Gott und unserm Herrn Christo allein zu. Darumb soll man die Heiligen auch nicht als Furbitter anrufen, denn Christus hat geboten, ihnen zu einem Furbitter und Mittler zu halten. Wie Paulus spricht: Unus est mediator Christus." (BSLK 83b,21–24; vgl. 1. Tim 2,5; Mt 11,28) Der Beginn der entsprechenden Passage im deutschen Text von CA XXI ist im Vergleich dazu sehr viel zurückhaltender formuliert: „Durch Schrift", so steht zu lesen, „mag man aber nicht beweisen, daß man die Heiligen anrufen oder Hilf bei ihnen suchen soll." (BSLK 83b,14–16; vgl. Anm. 1) Die lateinische Version lautet ähnlich: „Sed scriptura non docet invocare sanctos seu petere auxilium a sanctis, quia unum Christum nobis proponit mediatorem, propitiatorium, pontificem et intercessorem." (CA XXI,2) Christus müsse man deshalb anrufen; denn er und er allein (BSLK 83c,2 f.) habe versprochen, unsere Gebete zu erhören, und solcher Gottesdienst (cultus) empfehle sich in höchstem Maße, wolle der Herr doch „in allen Noten und Anliegen" (BSLK 83c,4; CA XXI,3: „in omnibus afflictionibus") von Herzen gesucht und angerufen werden. Biblisch begründet wird dies mit 1. Joh 2,1, im deutschen Text zusätzlich mit 1. Tim 2,5 und Röm 8,34.

Trotz solcher Dezenz im kritischen Urteil vermochten die Konfutatoren in der Lehre von CA XXI nichts anderes zu sehen, als die neuerstandene Irrsal einer kirchlich längst und mehrfach verdammten Ketzerei und notorischen Häresie, weshalb „diser artickl gentzlich zu verwerfen und mit gemainer kyrchen zu verbannen ist" (Immenkötter, 124,11 f.; vgl. 125,10 f.: „Quare hic confessionis articulus toties damnatus penitus reiiciendus est et cum tota universali ecclesia orthodoxa reprobandus.") Diese Damnation ist namentlich gegen die Kritik der Heiligenanrufung gerichtet, wobei die Haltung von CA XXI mit folgenden Worten referiert wird: „das man doch die hailigen nit anruffen, noch von inen hilf begern soll" (Immenkötter, 124,4 f.; vgl. 125,4: „non ut invocentur et auxilium ab eis petatur"). Welche sachliche Bedeutung man dieser Textabweichung beizumessen hat, ist unter den Interpreten umstritten: Der Herausgeber der Confutatio entdeckt in ihr eine Sinnentstellung, da in CA XXI nicht die Anrufung der Heiligen verworfen, sondern nur die Behauptung aufgestellt werde, durch die Schrift sei nicht zu beweisen, daß man die Heiligen anrufen oder Hilfe bei ihnen suchen soll (Immenkötter, 124, Anm. 65). P. Manns dagegen hält eine derartige Unterscheidung für sophistisch und in H. Immenkötters Interpretation für „maßlos überbewertet" (Manns, 645), wenngleich er einräumt, daß eine solche Überbewertung ganz im Sinne Melanchthons sei (vgl. Manns, 604). Gesetzt, man läßt diesen Einwand gelten, so ist damit doch noch nicht ausgemacht, was P. Manns als bewiesenes Faktum voraussetzt, nämlich „daß CA 21 die katholische Konzeption der Heiligenverehrung ganz einfach halbiert, indem sie die interzessorische Funktion der Heiligen und die darauf bezogene Anrufung streicht" (Manns, 644). Denn zumindest in bezug auf das Problem der intercessio bedarf dieses Urteil einer nicht nur formal, sondern auch sachlich relevanten Differenzierung. Um eine solche Differenzierung zu leisten, ist zunächst eine eingehendere Darstellung der gegnerischen Argumentation vonnöten, wie sie in der Confutatio entwickelt ist (vgl. auch Ficker, 69−74).

Ohne auf die positiven Ansätze des Heiligenartikels des Augsburgischen Bekenntnisses auch nur mit einem Wort einzugehen, beschränken sich die Konfutatoren in ihrer Replik auf CA XXI im wesentlichen darauf, die reformatorischerseits bestrittene Legitimität der Praxis der Heiligenanrufung zu verteidigen. Sie tun dies zunächst unter Verweis auf die allgemeine Kirchenlehre und das Väterzeugnis. Breiter Raum wird sodann für den Schriftbeweis verwendet, daß man die verstorbenen Heiligen ehren und sich ihrer Fürbitte anempfehlen soll, welche nach biblischem Zeugnis nicht weniger gewiß sei als diejenige der Engel: „Orant ergo et mortui pro nobis." (Immenkötter, 127,10 unter Verweis insbesondere auf Bar 3,4 und 2. Makk 15,12−14) Die Kritik an der Auslegung von 1. Tim 2,5 und 1. Joh 2,1 in CA XXI schließt sachlich daran an, wenn es heißt: „Dan gleichwol, ob die gantze kirchen bekennet, das da sey ain einiger mittler der erlösung, namlich Christus Jesus, so sein doch von wegen der furbit auch sonst vyl anderer mittler nach außweisung der geschrift." (Immenkötter, 128,19−22) Im lateinischen Text korrespondiert dem die Unterscheidung zwischen Christus als dem einzigen mediator redemptionis und den vielen mediatores intercessionis. Namentlich erwähnt wird als solcher mediator intercessionis neben Moses der Apostel Paulus, der nicht nur selbst stetige Fürbitte geleistet, sondern die ihm anvertrauten Gemeinden wiederholt um Fürbitte gebeten habe. Haben mithin Fürbitte und Bitte um Fürbitte als Normalfall im Volke Gottes zu gelten, so sei − wenn anders der Tod, wie zu ergänzen ist, für das Volk Gottes keine absolute Grenze darstellt − auch die Anrufung der Heiligen nichts Absonderliches, wobei das Verhältnis Christi als des ersten und obersten „fursteer und furbitter" (Immenkötter, 128,34) zu den Heiligen als das von Leib und Gliedern vorzustellen sei, auf daß die Heiligen ihren Willen demjenigen Christi gleichgestalten und in dessen Fürbitte ihrerseits entsprechend einstimmen: „Est igitur Christus advocatus noster primarius et quidem maximus, at cum sancti sint *membra Christi* ... et voluntatem suam conforment voluntati Christi et videant caput Christum orare pro nobis, quis dubitare potest sanctos hoc idem facere, quod vident Christum facientem." (Immenkötter, 129,21–131,4)

Als beweiskräftiges und überzeugendes Ergebnis dieser Argumentationsfolge anerkennt Melanchthons Apologie lediglich die Tatsache, daß die Heiligen zu verehren seien und lebende Heilige für andere beten. Alles weitere wird als bloße und weitschweifige Rhetorik abgetan (Apol XXI,1: „Nec ullo in loco prolixius rhetoricantur."). Trotz dieses harten Urteils darf man die bestehenden und anerkannten Gemeinsamkeiten nicht übersehen oder geringschätzen. Das gilt um so mehr, als Apol XXI im folgenden den Gegnern nicht nur einräumt, daß Engel für uns beten, was Sach 1,12 zu entnehmen sei (vgl. CR 27, 289 [BSLK 317,39–48]; 340), sondern darüber hinaus trotz des fehlenden kanonischen Schriftzeugnisses über betende Verstorbene (vgl. den Verweis auf 2. Makk 15,14) zugesteht, daß die abgeschiedenen Heiligen im Himmel für die Kirche im allgemeinen beten, gleichwie die Lebenden insgemein für die ganze Kirche beten (Apol XXI,9: „sicut vivi orant pro ecclesia universa in genere, ita in coelis orent pro ecclesia in genere"). Wie immer dieser Satz im einzelnen zu verstehen ist, fest steht, daß Apol XXI verstorbene Heilige aus der Fürbittgemeinschaft der communio sanctorum keineswegs definitiv auszuschließen beabsichtigt. Daß die Fürbittgemeinschaft der communio sanctorum die mit dem Tod gesetzte Grenze zwar zu respektieren, nicht aber als exklusive Schranke ihrer selbst und ihres Gebets zu betrachten hat, ergibt sich im übrigen auch daraus, daß nach Maßgabe des Meßopferartikels der Apologie von einem reformatorischen Verbot des Gebets für Tote nicht die Rede sein kann (Apol XXIV,94: „scimus veteres loqui de oratione pro mortuis, quam nos non prohibemus"). Vehement wehrt sich daher Apol XXIV,96 ff. gegen die Absicht der Gegner, die reformatorische Kritik der Messe pro defunctis in einen Zusammenhang mit der Ketzerei des Aerius zu bringen (vgl. BSLK 376, Anm. 1), welcher nach dem Zeugnis des Kirchenvaters Epiphanius von Salamis (vgl. BSLK 376, Anm. 2) gesagt haben soll, daß Gebete für Tote

nutzlos seien. Nicht dieses – so wird im gegebenen Zusammenhang deutlich gemacht – sei die eigentliche Streitsache, sondern
die Theorie und Praxis einer Applikation ex opere operato er-
wirkter satisfaktorischer Meßopferfrüchte für Verstorbene, die die
Relation von Versöhnungszusage und Glaube sprengt. Analoges
wird in Apol XXI in bezug auf die Annahme einer Fürbittfunktion
verstorbener Heiliger geltend gemacht. Abzulehnen sei diese Annahme erst, sofern sie sich mit der Vorstellung einer „applicatio
meritorum sanctorum pro aliis" verbindet: „Id nullo modo feren-
dum est." (Apol XXI,14) Denn damit seien die Heiligen nicht allein
zu Fürsprechern (deprecatores), sondern auch zu Versöhnern
(propitiatores) und damit recht eigentlich zu Erlösungsmittlern
(mediatores redemptionis) erklärt, was einen Raub der Ehre Christi darstelle.

Dieser Argumentation läßt sich mit hinreichender Deutlichkeit
entnehmen, was P. Manns unverständlicherweise völlig in Abrede
stellt, nämlich „daß Melanchthon die Heiligen nur als *Propitiatores*
verwarf, während er sie als bloße *Deprecatores* geduldet hätte"
(Manns, 610). Genau dies trifft für CA XXI und Apol XXI zu, wobei allerdings anzumerken ist, daß diese Auslegung erst dann als
verifiziert gelten kann, wenn der Begriff des deprecator an sich
und in seiner Relation zum Begriff des propitiator einer präzisierenden Bestimmung zugeführt ist. Nicht von ungefähr besteht einer der entscheidenden Vorwürfe Melanchthons an die Adresse
der Konfutatoren darin, daß diese zum Nachteil der Sache eine
exakte Bestimmung ihrer zentralen Begrifflichkeit schuldig geblieben seien. Dieser Vorwurf betrifft weniger das Begriffspaar
deprecatores et propitiatores – welches die Konfutatoren schon
deshalb nicht in einer der Apologie vergleichbaren Weise verwendeten, weil sie das Problem der applicatio meritorum abgesehen von einem Augustinzitat im allerletzten Satz (Immenkötter,
130,10 ff.; 131,10 ff.) vorsichtshalber gänzlich aussparten – als vielmehr die Distinktion von mediator redemptionis und mediatores
intercessionis. Nach dem Urteil Melanchthons zeigt sich die begriffliche Schwäche dieser Distinktion vor allem daran, daß die
Konfutatoren sie entgegen ihrer Behauptung gar nicht durchhal-
ten, sondern der Sache nach aufgeben. Verdunkle nämlich bereits
die ohne begründeten Schriftbeweis vertretene Annahme, daß
Heilige nicht nur Fürsprecher, sondern Mittler der Fürbitte seien,
die alleinige Erlösungsmittlerschaft Christi, indem sie die Einbildung nahe lege, die Heiligen seien zugänglicher und versöhnli-

cher als der Heiland selbst, so rücken diese, die Heiligen, spätestens dann in die Funktion von mediatores redemptionis ein, wenn mit einer Zurechnung ihrer Verdienste für andere gerechnet werde, wie das nicht nur im Zusammenhang des Ablaßunwesens der Fall sei.

Gegenüber solchen Mißbräuchen der Heiligenverehrung, wie sie – um vom „vulgi abusus" (Apol XXI,16) zu schweigen – durch die Theologie und ihre unscharfe bzw. verkehrte Terminologie zu verantworten sind, insistiert Apol XXI im Bewußtsein des untrennbaren Zusammenhangs von Begriff und Sache mit Nachdruck darauf, daß sich die Theoreme einer Erlösungsmittlerschaft und einer interzessorischen Mittlerschaft nicht auseinanderdividieren lassen, weil zu einem mediator redemptionis stets beides zugleich gehöre: zum einen eine gewisse Verheißung von Gottes Erbarmungs- und Erhörungswillen für die, welche sich mittels des Versöhners an Gott wenden; zum anderen die Gewähr, daß des Versöhners Verdienste zur Genugtuung für andere gereichen und ihnen kraft göttlicher Zurechnung (imputatione divina) geschenkt werden, „ut per ea tamquam propriis meritis iusti reputentur" (Apol XXI,19). Beides sei nur bei Christus der Fall, was die Schrift eindeutig belege (vgl. Apol XXI,17 ff.); und beides wiederum, wie es allein in Christus gegeben sei, sei die Voraussetzung für das Entstehen jener fiducia misericordiae, welche unentbehrlich zum Gebet hinzugehöre und ohne welche keine Erhörungsgewißheit zustande komme. Daraus ergebe sich, daß als Adressat der Anrufung um Fürbitte nur Jesus Christus in Frage komme, der als „mediator redemptionis" zugleich „mediator intercessionis" und umgekehrt sei.

Daran, so wird hinzugefügt, ändere selbst die Jungfrau und Gottesmutter Maria nichts, die, obwohl „dignissima amplissimis honoribus" (Apol XXI,27), doch ihrem Sohne nicht gleichgestellt werden dürfe, um zuletzt nicht dessen Stelle ganz und gar einzunehmen, wie das gemäß öffentlicher Meinung (Apol XXI,28: „publica persuasione") nicht selten der Fall sei. Könne auch eingeräumt werden, daß die selige Maria für die Kirche bete, so habe sie doch, wie alle anderen Heiligen, nicht die Macht, Sünden zu vergeben und aus dem Tode zu erretten. Diese Macht komme allein Jesus Christus selbst zu, der mithin als unser einziger Mittler zu ehren und zu bekennen sei. Ihm allein eigne schließlich auch das Vermögen der Stellvertretung vor Gott, während die Heiligen sich nicht einmal untereinander ihre Verdienste schenken können. Zum Beleg werden 1. Kor 3,8 und ein Kommentarauszug des Hilarius zur Perikope von den klugen und törichten Jungfrauen (vgl. BSLK 322, Anm. 2) angeführt. All dies mündet in das zusammenfassende Bekenntnis: „Scimus ... fiduciam in Christi intercessionem collocandam esse, quia haec sola habet promissionem Dei. Scimus solius Christi merita propitiationem pro nobis esse. Propter Christi merita reputamur iusti, cum credimus in eum, sicut textus ait: Omnes, qui confidunt in eum, non confundentur. Nec est confidendum, quod iusti reputemur meritis beatae Virginis aut aliorum sanctorum." (Apol XXI,31)

Rekapituliert man den bisherigen Argumentationsgang der Apologie, so ergibt sich folgendes Zwischenergebnis: Während Melanchthon die Annahme einer fürbittenden Wirksamkeit der verstorbenen Heiligen anerkennt oder jedenfalls nicht in Abrede stellt, lehnt er die Vorstellung einer applicatio meritorum sanctorum pro aliis ab. Für die theologischen Gründe dieser Ablehnung kann ein Vergleich mit der an der Messe pro defunctis geübten Kritik aufschlußreich sein. Im gegebenen Zusammenhang genügt es festzuhalten, daß nach Melanchthons Urteil der Gedanke einer Zueignung der Verdienste der Heiligen an andere, die Heiligen zu propitiatores und damit faktisch zu dem macht, was sie auch nach Lehre der Gegner recht eigentlich nicht sein dürfen, nämlich mediatores redemptionis. In Konsequenz dieser Einsicht kritisiert die Apologie die Unterscheidung zwischen mediatores intercessionis und mediator redemptionis als eine bloß scheinbare und gibt sie für die eigene positive Lehrdarstellung auf.[69] Die Tatsache, daß nach Maßgabe der Apologie Heilige weder mediatores redemptionis, noch mediatores intercessionis genannt werden und genannt werden dürfen, ist allerdings nicht so zu deuten, daß deren interzessorische Funktion überhaupt bestritten würde. Daß dies nicht der Fall ist, beweist der entwickelte Text von Apologie XXI eindeutig. Die hagiologische Kritik am Begriff der mediatores in-

---

[69] In diesem Sinne hatte es bereits in dem Karl V. am 22. September 1530 angetragenen Exemplar der lateinischen Apologie geheißen: „Unus Christus talis est intercessor ac mediator, ut sit propitiator. Alii sancti non sunt propitiatores." (CR 27, 289; hier: BSLK 317,43–45; vgl. CR 27, 340: „Allain der Einig Christus Ist ain solcher vorbitter und mitler, das er uns mit got vorsunet, die andern hailigen Seint nit mitler (bei Coel.: Versüner)." (vgl. Peters, Anhang 1 u. 2)

tercessionis bezieht sich demnach nicht schon darauf, daß die
Heiligen Fürsprecher genannt werden, sondern erst auf die Behauptung, sie seien Mittler der Fürbitte. Diese Differenzierung
hängt ihrerseits zusammen mit der Unterscheidung zwischen einer – anerkannten – deprekatorischen und einer – abgelehnten –
propitiatorischen Funktion der Heiligen, die für Melanchthon terminologisch und sachlich von erheblicher Bedeutung ist. Dabei ist
es ihm keineswegs entgangen, daß in der Hagiologie der Gegner
deprekatorischer und propitiatorischer Aspekt nicht getrennt werden können, sondern einen Zusammenhang ausmachen. Indes
richten sich Melanchthons Bedenken gerade auf diese Verbindung. Begreift man mithin die interzessorische Funktion der Heiligen als untrennbare Einheit ihres deprekatorischen und propitiatorischen Wirkens, dann muß eine derart verstandene intercessio der Heiligen nach Maßgabe der Apologie abgewiesen werden.
Indes bedeutet dies keineswegs „die umfassende und prinzipielle
Ablehnung jeder interzessorischen Funktion der Heiligen, mögen
sie nun durch ihre Fürbitte oder durch ihre *merita* für uns eintreten" (Manns, 610). Denn in ihrer Eigenschaft als deprecatores, die
nicht mit propitiatorischen Ansprüchen versehen sind, wird den
Heiligen eine interzessorische Bedeutung nicht abgesprochen.

Wie nun aber die Heiligen im Sinne der Apologie als deprecatores
nicht zugleich propitiatores sind, sondern solche, welche das einmalige und suffiziente sacrificium propitiatorium Jesu Christi im
Glauben empfangen haben und solchem Glauben ihr ewiges Leben verdanken, so sind sie als Fürsprecher nicht Mittler der Fürbitte zu nennen, weil all ihre Fürbitte an sich selbst durch die interzessorische Mittlerschaft Jesu Christi vermittelt ist. Anderes zu
behaupten und die Heiligen zu mediatores intercessionis zu erklären, hieße sie faktisch zu mediatores redemptionis zu machen.
Sind aber die Heiligen unbeschadet der unbestrittenen Annahme
ihrer Fürsprache keine Mittler der Fürbitte, so kommen sie auch
als Adressaten der Gebetsanrufung nicht in Frage. Damit ist der
Punkt der Argumentation erreicht, von dem aus verständlich wird,
warum sich die Apologie in Anschluß an CA XXI der Theorie und
Praxis einer invocatio sanctorum verweigert. Diese Verweigerung
hat ihren entscheidenden theologischen Grund darin, daß man
zwar nicht in der Annahme einer Fürsprache der Heiligen als solcher einen Angriff auf die Erlösungsmittlerschaft Christi sah, wohl
aber in ihrer Anrufung als durch ihr Verdienst privilegierte Mittler
der Fürbitte. Vorerst offen soll hingegen die Frage bleiben, ob

damit bereits definitiv entschieden ist, „daß Melanchthon jede auf die Fürbitte und Hilfe der Heiligen bezogene Anrufung nicht nur als unbeweisbar aus der Schrift, sondern der Sache nach als schriftwidrig und als Attentat auf die Christus allein zustehende Ehre zurückweist" (Manns, 611). Denn es könnte ja sein, daß die invocatio der Heiligen in ihrer Eigenschaft als bloße deprecatores noch einmal anders zu beurteilen ist als ihre von propitiatorischen Erwartungen geleitete Anrufung. Im übrigen bedarf der nicht hinreichend klare Begriff der invocatio selbst einer präzisierenden Analyse und das um so mehr, als die katholische Tradition ausdrücklich zwischen einer allein dem dreieinigen Gott zukommenden Anbetung (latria, adoratio) und der den Heiligen gebührenden Verehrung (dulia, veneratio) unterscheidet.

Daß man sich der in solchen Differenzierungen angelegten Verständigungsmöglichkeiten nicht vorschnell begeben darf, wird nicht zuletzt durch die Art und Weise von Melanchthons Kritik der Heiligenanrufung nahegelegt, die bei aller Entschiedenheit doch nach wie vor eher zurückhaltend formuliert wird.[70] Bestritten wird vor allem, daß die Anrufung verstorbener Heiliger notwendig sei (Apol XXI,1: „necessaria sit invocatio mortuorum sanctorum"); eine solche Notwendigkeit wird auch für den Fall negiert, daß die invocatio ansonsten ohne Gefahr geübt werden könnte (Apol XXI,7: „etiamsi nihil haberet periculi"). Als Begründung wird angegeben, daß die Schrift diesbezüglich weder ein Gebot (praeceptum) noch eine Verheißung (promissio) noch ein Exempel (exemplum) enthalte, so daß das Gewissen über die Heiligenanrufung niemals Gewißheit erlange. Ohne Gewissensgewißheit aber könne es auch nicht den für jedes sinnvolle Gebet nötigen und unentbehrlichen Glauben geben. „Quare adversarii non debebant nos ad rem incertam cogere, quia oratio sine fide non est oratio." (Apol XXI,13) Müsse sonach die Frage nach der göttlichen Billigung der Anrufung der Heiligen oder die nach deren Wahrnehmungsfähigkeit für das ergangene Gebet aufgrund fehlenden Schriftzeugnisses zwangsläufig unbeantwortet bleiben, so könne die kirchliche Praxis der invocatio sanctorum nicht als allgemeinverbindlich gefordert werden, zumal da es sich um eine

---

[70] Der Heiligenartikel der CA variata (vgl. BSLK 83b, Anm. 2) wäre einer eigenen Untersuchung wert, die u. a. gegen Manns, 613 ff. die Stimmigkeit und sachliche Einheit der Position Melanchthons nachzuweisen hätte.

Neuerung handle (Apol XXI,13: „nam veteres orationes, etsi mentionem sanctorum faciunt, non tamen invocant sanctos"), wobei jene nova invocatio in ecclesia noch einmal zu unterscheiden sei von jener invocatio, wie sie von einzelnen privat geübt werde. An späterer Stelle werden diese Vorbehalte noch mit kritischen Bemerkungen gegen die Zuweisung bestimmter Wirkungskreise für einzelne Heilige (vgl. Apol XXI,32), gegen den Bilderkult (vgl. Apol XXI,34) sowie gegen Heiligenfabeln (vgl. Apol XXI,35 ff.) verbunden. Was die Heiligenlegenden betrifft, unter denen nach dem Urteil von Apol XXI,37 „pleraque sunt non dissimilia veris narrationibus Luciani", so wird gegen sie vor allem ihr erfundener, dem tatsächlichen Glaubensleben realexistenter Menschen nicht entsprechender Charakter geltend gemacht und gefordert, die Taten der Heiligen aus wahren Begebenheiten (ex veris historiis) zu erheben (vgl. Apol XXI,36).[71]

Sind damit die nötigen Differenzierungen und Abgrenzungen einer reformatorischen Lehre von den Heiligen vollzogen, so bleibt zu fragen, worin recht eigentlich der positive evangelische Sinn des Heiligengedächtnisses besteht. Um diese Frage zu beantworten, ist es hilfreich, sich vor Augen zu halten, daß rechte Heiligenverehrung auch nach evangelischem Verständnis ihren primären Sitz im Leben in der durch Evangeliumsverkündigung in Wort und Sakrament, Glaube, Gebet, Danksagung und Bekenntnis geprägten gottesdienstlichen Feier hat und so mit dem dem Gedächtnis Jesu Christi gestifteten Mahl aufs engste zusammengehört, wie u. a. die Auflistung diverser eucharistischer Opfergaben

---

[71] Nicht zuletzt hinsichtlich des Verständnisses der Kirchengeschichte als einer theologischen Disziplin ist der von G. Kretschmar in der Debatte um CA XXI gegenüber P. Manns zur Sprache gebrachte Gesichtspunkt wichtig: „Rechter Umgang mit der Kirchengeschichte ist rechter Umgang mit den Heiligen." (Manns, 641) Dabei braucht, wer die Heiligen nicht im Sinne einer verkehrten theologia gloriae verhimmelt, den Hinweis nicht zu fürchten, er betreibe Kirchengeschichte in hagiologischer Manier. Unter dem Aspekt des christlichen Umgangs mit Traditionsgestalten und ihrem Erbe könnte auch die – ja nicht auf die Pflege von Gebeinen und ähnlichen Hinterlassenschaften zu reduzierende – Reliquienfrage neue Bedeutung gewinnen. Grundsätzlich hat zu gelten, daß in der Kommunikationsgemeinschaft der Kirche, die neben einer synchronen wesensmäßig auch eine diachrone Komponente umfaßt, der Stimme der Mütter und Väter im Glauben zwar nicht kritikloser Gehorsam, wohl aber dauerhaftes Gehör gebührt.

in Apol XXIV,25 unter Einschluß der afflictiones sanctorum sowie aller bona opera sanctorum belegt. Das ist nachgerade auch der Rechtsgrund dafür, den Heiligenartikel der Augustana und ihrer Apologie trotz und unbeschadet offenkundiger rechtfertigungstheologischer Bezüge, von denen noch zu reden sein wird, im Zusammenhang der Kirchenlehre zu behandeln. CA XXI par Apol spricht zwar von der Heiligenverehrung, „ohne dabei ausdrücklich die Kirche und ihre Stellung in ihr zu erwähnen. Aber sachlich gehört er (sc. der Heiligenartikel) auch in der CA zu deren ekklesiologischen Aussagen, wie schon die ersten Worte des lateinischen Textes ,De cultu sanctorum' deutlich machen, denn der ,Heiligendienst' hat ja nur in der christlichen Kirche und ihrem Kult seinen Platz."[72]

Dabei kommt, wie gesagt, auch und gerade unter evangelischen Bedingungen der Verbindung von sakramentalem Gedächtnis Jesu Christi und Heiligengedenken eine besondere Bedeutung zu. Zwar ist es sicherlich nötig, zwischen dem „memoriale mortis Christi" (Apol XXIV,38) und der CA XXI,1 genannten „memoria sanctorum" strikt und in einer jedwede Konfusion prinzipiell vermeidenden Weise zu unterscheiden; ebenso fest steht jedoch, daß das im Zusammenhang mit dem liturgisch-sakramentalen Gedächtnis Jesu Christi gepflegte Heiligengedächtnis dank dieses Zusammenhangs nicht einfach gleichzusetzen ist mit der „memoria Herculis aut Ulyssis" (Apol XXIV,72), wie sie im klassischen Schauspiel begangen wird. Denn diese Erinnerung dient ähnlich wie die Erinnerung der „Historien Alexandri" (BSLK 370,23), von denen die deutsche Übersetzung spricht, lediglich dem pädagogischen Exempel, während das im Verein mit dem Gedächtnis Jesu Christi gepflegte Andenken der Heiligen durchaus zu tieferer bzw. erhebenderer Andacht zu führen vermag. Daß dies auch die Meinung des Praeceptor Germaniae ist, geht aus den Näherbestimmungen deutlich hervor, die er Apol XXI,4 ff. den Ausführungen von CA XXI,1 angedeihen ließ. Danach muß eine Verehrung der Heiligen in dreifacher Hinsicht gebilligt werden: *Erstens* unter dem Aspekt der Danksagung an Gott (gratiarum actio) für erwiesene Exempel der Barmherzigkeit, die zeigen, daß er die Men-

---

[72]   O. Müller, Die ekklesiologischen Aussagen der Confessio Augustana im Blick auf das Vaticanum II, in: F. Hoffmann/U. Kühn (Hg.), Die Confessio Augustana im ökumenischen Gespräch, Berlin 1980, 165–189, hier: 175.

schen erlösen wolle, sowie für Lehrer und andere der Kirche gegebene Gaben. Dabei seien mit dem Geber auch die Empfänger
der Gaben zu loben, insofern sie die anvertrauten Güter treu an-
gewandt haben. *Zweitens* unter dem Aspekt der Glaubensstär-
kung (confirmatio fidei) durch Einsicht in den Triumph der Gnade über die Sünde. *Drittens* unter dem Aspekt der Nachahmung
(imitatio), zuerst des Glaubens, sodann der übrigen Tugenden der
Heiligen, denen sich jeder nach Maßgabe seiner Berufung anzu-
gleichen hat.

Liest man diese Beschreibung im Kontext von Apol XXIV,25 oder
vergleichbarer Aussagen, dann wird deutlich, daß das ehrende
Gedächtnis der Heiligen im Sinne Melanchthons sich nicht erschöpft im Totengedenken der Historie, welches das endgültige
Vergehen des Vergangenen allenfalls kurzfristig aufzuhalten und
die Verwesung des Gewesenen nicht dauerhaft zu überwinden
vermag. Evangelische memoria sanctorum erfüllt sich vielmehr in
der gewissen Teilhabe an jener lebendigen communio sanctorum,
wie sie in der congregatio sanctorum dem Glauben sich eröffnet.
Kirchliche Gemeinschaft hat ihre innere Sinnmitte nämlich in dem
Andenken Jesu Christi in Wort und Sakrament, vermittels dessen
sich der Herr selbst als Subjekt seines Gedächtnisses erweist, um
in der Kraft des Hl. Geistes nicht nur die erinnernde Selbstwahrnehmung der gegenwärtig lebenden Gläubigen, sondern auch das
Gedächtnis der im Glauben an ihn Verewigten in einer Weise zu
transfinalisieren, daß dort, wo dem Augenschein nach nur Tod
und Vergehen herrschen, schon jetzt das unvergängliche Leben
der Vollendung zum Vorschein kommt. In diesem Sinne stellen
Tod und Vergehen unbeschadet aller eschatologischen Vorbehalte
für die Gemeinschaft der Kirche keine absolute Schranke dar,
denn die Gemeinschaft der wahrhaft Glaubenden und Heiligen ist
vermittels ihrer Teilhabe an der österlichen Herrlichkeit Christi in
bestimmter Weise schon jetzt vom Reich des Todes und des Teufels geschieden. Diese Scheidung wird für die Welt und ihr Erfah-
rungswissen erst am Jüngsten Tag offenbar werden, weshalb
denn auch die Kirche bis zum Eschaton nicht aufhören kann, ihrer äußeren-welthaften Gestalt nach ein corpus permixtum zu
sein, wobei hinzuzufügen ist, daß ausnahmslos alle Kirchenglieder an dieser „durchmischten" Zweideutigkeit teilhaben, die empirisch trotz aller auch in dieser Hinsicht gegebenen Hinweise
nicht endgültig zu beheben ist. Nach protestantischem Urteil hat
das u. a. gnoseologische Folgen dergestalt, daß keine kirchliche

Instanz definitiv über den eschatologischen Status Verstorbener befinden kann, was die Praxis förmlicher Selig- und Heiligsprechungsverfahren ekklesiologisch in hohem Maße bedenklich erscheinen läßt. Nichtsdestoweniger bleibt bestehen, daß im und für den Glauben, der aus der Verkündigung des Evangeliums Jesu Christi in Wort und Sakrament lebt, schon jetzt die „Zusammengehörigkeit der Glieder der Kirche in der himmlischen Welt Christi und der Kirche auf Erden"[73] und die Vollendungsgestalt der Kirche als einer solchen communio sanctorum zum Vorschein kommt, deren Gemeinschaft weder durch die Macht des Teufels noch gar durch die des Todes beschränkt ist. Im Gedächtnis Jesu Christi, wie es dem Glauben gegenwärtig ist, ist mithin das Gedächtnis der im Glauben Verstorbenen mitgesetzt, und zwar als ein lebendiges und nicht in Gestalt eines – bloß historischen – Totengedenkens. Den im Glauben Verewigten ist in und durch Christus ein unvergängliches Gedächtnis bei Gott selbst gestiftet. Dabei gilt, daß die solchermaßen in Gott Verewigten als sie selbst verewigt sind. Wie nämlich die Vollendung des christologischen Perfekts sich nicht in der ewigen Wiederkehr des Gleichen, sondern in der pneumatologischen Innovation auf eschatologische Zukunft hin als geschichtsmächtig erweist, so gehen die in Christus Vollendeten in dessen Reich nicht dergestalt auf, daß sie ihre namentliche Identifizierbarkeit einbüßen. Im Gegenteil, der Geist Christi will nicht differenzlose Einheit, sondern lebendige Fülle und individuelle Pluralität. Im Geiste Christi bleibt mithin den durch ihren Glauben geheiligten Verstorbenen ihr Name für alle Ewigkeit erhalten, wie denn auch ihre Zeit verewigt ist in Gott selbst. Insofern aber dem Zeitlichen, welches die Heiligen im Glauben gesegnet haben, die dem Glauben elementar zugehörende Fürbitte eigen ist, bleibt auch sie in Gottes Ewigkeit für immer erhalten. Mit einer Vielstimmigkeit von Fürsprechern im Reiche Gottes ist also durchaus zu rechnen; und auch dies soll nicht bestritten werden, daß der Glaube schon zu irdischen Lebzeiten das Recht hat, sich solch polyphoner Fürsprache zu vergewissern und so das Andenken der Heiligen mit Andacht zu pflegen.

Indes ändert dies nichts daran, daß ein vom Totengedenken verschiedenes lebendiges Angedenken der Heiligen sich nur durch

---

[73] G. Kretschmar/R. Laurentin, a. a. O., 260.

das österliche Gedächtnis des Gekreuzigten vermittelt. Wege, sich des Lebens und der Wirksamkeit der im Glauben Vollendeten durch unmittelbare Bezugnahme zu versichern, sind durch den Glauben selbst nicht nur nicht eröffnet, sondern grundsätzlich verstellt; in diesem Sinne ist der Tod, obwohl keine Schranke des Glaubens, doch auch und gerade vom Glauben als eine nicht eigenmächtig zu überschreitende Grenze zu achten, damit, um mit Luthers Schmalkaldischen Artikeln zu reden, die bösen Geister keine „Buberei" ausrichten können (vgl. ASm II,2; BSLK 422,1ff., hier: 2). Sofern unter invocatio eine solch direkte Bezugnahme zu verstehen ist, muß diese als eine unstatthafte Grenzüberschreitung gewertet und abgewiesen werden. Ist das nicht der Fall, dann muß gefragt werden, worin eigentlich der spezifische Unterschied der Rede von einer Anrufung der Heiligen zu der weniger mißverständlichen Annahme einer im Gebet zu Gott per dominum nostrum Jesum Christum inbegriffenen Heiligenandacht liegen soll.[74]

Diese Frage legt auch das Ergebnis der Einigungsverhandlungen vom August 1530 nahe, die in zweierlei Hinsicht eine Übereinkunft erbrachten, daß nämlich – erstens – alle Heiligen und Engel im Himmel bei Gott für uns bitten und daß – zweitens – der kirchli-

---

[74]   Was bedeutet es präzise, wenn gesagt wird, was gemeinhin Anrufung der Heiligen genannt werde, könne „nach katholischem Verständnis immer nur heißen, die Fürbitte der Heiligen vor Gott durch Christus in der Einheit des Leibes Christi zu erbitten" (G. Kretschmar/R. Laurentin, a. a. O., 276)? Entsprechende Anfragen zieht die Vorstellung einer interzessorischen Mittlerschaft der Heiligen auf sich: Ist diese Mittlerschaft keine unmittelbare, sondern selbst eine durch Christus in der Kraft des Geistes vermittelte, so muß es schon aus Gründen zu vermeidender Mißverständnisse geboten sein, in bezug auf Gebet und Fürbitte den Mittlerbegriff Jesus Christus vorzubehalten. Entsprechendes gilt in bezug auf das Versöhnungsgeschehen: Gibt es nur einen „mediator redemptionis", dann kann von einer propitiatorischen Mittlerschaft der Heiligen im strengen Sinne nicht die Rede sein, weil der Gebrauch solcher Rede zwangsläufig zu sachlichen Verkehrungen führen muß. So verbleibt die von der Hagiologie exemplarisch gestellte Aufgabe im wesentlichen diejenige, das Verhältnis von Christologie und Pneumatologie (inklusive Ekklesiologie und Eschatologie) so zu bestimmen, daß die christologische – im Namen Jesu Christi beschlossene Einheit – und die pneumatologisch erschlossene Vielheit und Mehrzahl einen wohl differenzierten und eindeutig gerichteten, aber gleichwohl einigen, die Logik von Addition und Subtraktion aufhebenden Zusammenhang darstellen.

che Brauch christlich sei, das Gedächtnis der Heiligen zu halten und Gott zu bitten, daß uns der Heiligen Fürbitte zugute komme. Hinsichtlich der Anrufungsproblematik hingegen erzielte man lediglich dahingehend Einigkeit, daß es von der Schrift nicht ausdrücklich geboten sei, die Heiligen anzurufen. Zwiespalt hingegen verblieb in der Frage, ob unter solchen Bedingungen eine „invocatio sanctorum" überhaupt angemessen sei. Auf lateinisch gesagt: „Concordant primo, quod omnes sancti et angeli in coelo apud Deum pro nobis intercedant. Secundo, quod sanctorum memoriae et festa, in quibus Deum oramus, ut nobis intercessiones sanctorum prosint, et pie et recte observentur. An vero sancti a nobis invocandi sint, non satis concordant, dicunt quidem, se id non prohibere, cum autem scriptura non doceat, invocare sanctos, ipsi nolunt invocare, tum quia scripture non docet, tum quia abusus periculosus ipsis videtur." (Schirrmacher, 222; vgl. auch 205 f., ferner Förstemann II, 232 f.)[75]

Der als Ergebnis der Augsburger Ausgleichsverhandlungen sich abzeichnende hagiologische Teilkonsens wird weder durch Einzelvorbehalte (vgl. etwa Schirrmacher, 272 und 285) noch auch durch den Beitrag der Schmalkaldischen Artikel zu der Heiligenfrage grundsätzlich in Frage gestellt. Das gilt, obwohl in dem bei der Theologenberatung in Wittenberg Ende Dezember 1536 entstandenen einleitenden Absatz von ASm II,2 scharf formuliert wird: „Anrufung der Heiligen ist auch der endchristlichen Miß-

---

[75]   „Invocatio" (Anrufung) blieb für Melanchthon „ein Wort, das ausschließlich das Gebet zu Gott bezeichnete. Wenn denn noch einmal über dieses Thema geredet und gestritten werden sollte, dann mußten hier Erklärungen erfolgen. Dementsprechend wird in der Neubearbeitung (sc. der CA) von 1540 die Frage der Anrufung zum beherrschenden Thema des ganzen Artikels, alles was sonst gesagt war und was auch gemeinsam hätte gesagt werden können, fällt nun unter den Tisch, besser, es wird ausgeklammert." (G. Kretschmar, Der Reichstag von Regensburg 1541 und seine Folgen im protestantischen Lager. Verpaßte Gelegenheit oder Stunde der Wahrheit?, in: H.-M. Barth u. a., Das Regensburger Religionsgespräch im Jahr 1541. Rückblicke und aktuelle ökumenische Perspektiven, Regensburg 1992, 47−91, hier: 61 f. Vgl. ferner 74, wo auf eine weitere, im unmittelbaren Anschluß an das Scheitern der Regensburger Religionsgespräche erfolgte Umarbeitung von CA XXI verwiesen wird, die in der sehr hilfreichen Übersicht über die verschiedenen Ausgaben von W. H. Neuser [Bibliographie der Confessio Augustana und Apologie 1530−1580, Nieukoop 1987] nicht berücksichtigt ist.)

bräuche einer und streitet wider den ersten Hauptartikel und til-
get die Erkenntnis Christi. Ist auch nicht gepoten noch geraten,
hat auch kein Exempel der Schrift, und haben's alles tausendmal
besser an Christo, wenn jenes gleich köstlich Gut wäre, als doch
nicht ist." (BSLK 424,11–15) Die im Kontext der Folgeirrtümer der
Messe vorgetragene Kritik der Heiligenanrufung als eines antichristlichen Mißbrauches konzentriert sich also erneut auf den,
wie gesagt wird, ersten Hauptartikel von der alleinigen, nur durch
Glauben wahrzunehmenden Heilsmittlerschaft Christi. Auch für
Luthers Zusatzerklärungen (vgl. BSLK 425,1–25) ist dies die entscheidende Perspektive bzw. der entscheidende Skopus hagiologischer Kritik: nur ja nicht die Heilsmittlerschaft Christ und damit
die Ehre Gottes einzuschränken oder zu relativieren. Deshalb
polemisiert der Reformator neben der Anbetung der Heiligen u. a.
auch dagegen, daß wir ihnen zu Ehren fasten, feiern, Messe halten, opfern, Kirchen, Altäre, Gottesdienste stiften und sonst noch
in anderer Weise dienen und sie für Nothelfer halten, ihnen allerlei Hilfeleistungen zuschreiben und dabei jedem eine besondere zueignen müßten: „denn das ist Abgötterei, und solche Ehre
gehöret Gott alleine zu." (BSLK 425,10 f.) Indes stehen diese Verdikte ebensowenig wie die Kritik der Heiligenanbetung selbst in
einem Gegensatz zu der Tatsache, daß Christen zu gegenseitiger
Fürbitte berechtigt und verpflichtet sind. Vielmehr wird ausdrücklich gesagt, daß Christen und Heilige auf Erden nicht nur in einzelnen, sondern in allen Nöten füreinander bitten können. Ja, als
Möglichkeit wird auch dies eingeräumt, daß die Heiligen nicht
nur auf Erden, sondern auch im Himmel Fürbitte tun, wie dies bei
den Engeln und bei Christus selbst der Fall sei. Abgelehnt wird
lediglich die Folgerung, man habe die Heiligen anzurufen und
anzubeten und auf sie den Glauben zur Seligkeit zu setzen. Hingegen werden andere Weisen der Verehrung, der Liebe und des
Dankes in Christus durchaus anerkannt. Die Stellungnahme der
Schmalkaldischen Artikel zur Heiligenfrage und in diesem Zusammenhang namentlich die von Luther allein verantwortete Passage ist also durchaus nicht auf pauschale Ablehnung ausgerichtet, sondern durchaus differenziert zu nennen. „Radikale Befreiung der Heiligenverehrung vom falschen Glanz der Idolatrie, –
dies und nichts anderes verlangt Luther."[76]

---

[76]   P. Manns, Luther und die Heiligen, in: R. Bäumer (Hg.), Reformatio Ec-

Daß Luther lediglich eine Reform der Heiligenverehrung, nicht deren Abschaffung beabsichtigte, wird auch durch die „mit bitterer Ironie formulierte Prognose"[77] nicht revoziert, derzufolge nach Entfernung idolatrischen Mißbrauchs im Sinne eines abgöttischen Engel- und Heiligenkults die Verehrung zwar ohne Schaden, aber bald auch vergessen sein wird: „(D)enn wo der Nutz und Hülfe, beide leiblich und geistlich, nicht mehr zu hoffen ist, werden sie die Heiligen wohl mit Frieden lassen, beide im Grabe und im Himmel; denn ümbsonst oder aus Liebe wird ihr niemand viel gedenken, achten noch ehrn." (BSLK 425,20–25) Mag diese Prognose sich auch vielfach – und zwar nicht nur im protestantischen Raum – bestätigt haben, so ändert dies doch nichts an der Tatsache, daß die im Glauben vollendeten Glieder der congregatio sanctorum in dem Sinne heilig gehalten werden sollen, daß man sie „ümbsonst", will heißen: ohne eine von Christus ablenkende Erwartungshaltung, kurzum: „aus Liebe" verehrt.

Bleibt zu ergänzen, daß die Heiligenfrage im Konkordienbuch nur in ASm sowie in CA par Apol behandelt wird, wobei CA XXI die „erste ... lehrmäßige ... Formulierung über die Heiligen nicht nur im Protestantismus, sondern in der abendländischen Christenheit überhaupt"[78] darstellt. Das ist ein weiterer Beleg dafür, daß die Hagiologie nicht ins Zentrum christlicher Glaubenslehre gehört. Entsprechend dem überleitenden Zusatzcharakter, den CA XXI in der Konzeption der Augustana einnimmt, wurde sie deshalb im gegebenen Zusammenhang nach Art eines Exkurses abgehandelt. Daß dies im Kontext der Ekklesiologie geschah, schließt nicht aus, sondern vielmehr ein, daß CA XXI auch „mit der Gruppe der Rechtfertigungsartikel (CA 4–6.20) innerlich und fest zusammen (gehört)" (Maurer II, 160). Bestätigt wird dies u. a. durch die Einsicht, daß der Begriff des Heiligen im evangelischen Sinne ganz

---

clesiae. Beiträge zu kirchlichen Reformbemühungen von der Alten Kirche bis zur Neuzeit. FS E. Iserloh, Paderborn u. a. 1980, 535–580, hier: 561. Vgl. ferner: L. Pinomaa, Die Heiligen bei Luther, Helsinki 1977; M. Lackmann, Thesaurus sanctorum. Ein vergessener Beitrag Luthers zur Hagiologie, in: Reformation. Schicksal und Auftrag, FS J. Lortz, Bd. I, hg. v. E. Iserloh und P. Manns, Baden-Baden 1957, 135–171.

[77] P. Manns, a. a. O., 561.

[78] U. Köpf, Protestantismus und Heiligenverehrung, in: P. Dinzelbacher/ D. R. Bauer (Hg.), Heiligenverehrung in Geschichte und Gegenwart, Ostfildern 1990, 320–344, hier: 329.

mit dem des Glaubenden übereinkommt, sofern auch das bei-
spielgebende Vorbild heiliger Liebeswerke nur von der Vorbild-
lichkeit des Glaubens her sich erschließt. Dies ist hier nicht im
einzelnen zu präzisieren, wenngleich sich an dem rechten Verständnis des Glaubens und der Bestimmung seines Verhältnisses
zu den Werken der Liebe auch im Blick auf die Heiligen und ihre
Verehrung selbstverständlich alles entscheidet. Angemerkt werden
soll lediglich, daß die Rede von einem exemplarischen Glauben
dessen je und je unverwechselbare und unersetzbare Singularität
nicht nur nicht verdunkeln darf, sondern zu bestätigen und zu
bekräftigen hat. Geht es doch im Glauben im wesentlichen um
den Gottesbezug des einzelnen und damit um seine individuelle
Ich-Identät als solche und sub specie aeternitatis, welche von der
Summe aller Selbstvollzüge, wie sie gegebenenfalls Bezugspunkt
der Nachahmung sein können, zwar nicht zu trennen, wohl aber
zu unterscheiden ist. Nur wenn dies klargestellt ist, gibt die gerade durch ihre Parallelisierung von Glaube und Werken mißver-
ständliche Rede von CA XXI,1, „ut imitemur fidem eorum (sc.
sanctorum) et bona opera", einen guten Sinn. Hinzuzufügen ist,
daß die erwähnte unvergleichliche Einzelheit des Glaubens zu
dessen Sozialbezug in keinem Gegensatz steht, sofern in der dem
Glauben eigenen Selbstbeziehung die Anerkennung einer irreduziblen und unaufhebbaren Andersheit anderer mitgesetzt ist, so
daß in der Sphäre des Glaubens Identität und Differenz keinen
Gegensatz, sondern einen durch Gerechtigkeit und Liebe bestimmten Zusammenhang darstellen, in welchem Glaubensindivi-
dualität und Glaubensgemeinschaft sich wechselseitig steigern.

In diesem Sinne läßt sich zusammenfassend folgendes sagen:
Heilige sind in Gott verewigte Menschen, die als im Glauben an
Jesus Christus Gesegnete das Zeitliche segneten und gemäß ihrer
Berufung zum Segen ihrer Zeit wurden. Dabei gilt: „Vocationes
sunt personales, sicut negotia ipsa variant temporibus et personis;
sed exemplum obedientiae est generale." (Apol XXVII,49) Bei-
spielhafter Gehalt und individuelle Gestalt heiligen Lebens gehören sonach untrennbar zusammen. Heilige sind folglich nie bloße
Personifikationen einer allgemeinen sittlichen Maxime, sondern
stets leibhaft-irdische Existenzen. Ihrer konkreten Anwesenheit in
der Welt kommt daher eine für ihren Begriff durchaus konstitutive
Bedeutung zu; reine Fiktionen und Ideen, wie hehr und erhaben
sie auch sein mögen, scheiden als Bezugsgrößen der Heiligenverehrung aus. Daß zur Annahme leibhafter Existenz ein dezidierter

Weltbezug hinzugehört, wurde im reformatorischen Heiligenbild besonders unterstrichen. Nicht vorzeitige Schwebezustände, sondern irdische Bodenhaftung sind Kennzeichen evangelischer Heiligkeit. Diese Einsicht, die im Rahmen der Confessio Augustana besonders die Artikel über Zölibat (CA XXIII par Apol) und Klostergelübde (CA XXVII par Apol) dokumentieren, führte zu einem bedeutenden Wandel überkommener Wertvorstellungen. Das Ziel einer aus der Masse der übrigen Getauften herausragenden, durch Erfüllung nicht nur des Dekalogs, sondern auch der sog. evangelischen Ratschläge zu erreichenden Perfektion wurde ebenso verworfen wie die weltflüchtige Geringschätzung der Berufsordnung, die auf die Befriedigung der Notdurft und Nahrung des irdischen Leibes und Lebens ausgerichtet ist. Theologisch relativiert wird in diesem Zusammenhang etwa auch der Unterschied von Jungfräulichkeit und Ehe. „Iustificamur enim neque propter virginitatem neque propter coniugium, sed gratis propter Christum, cum credimus nos propter eum habere Deum propitium." (Apol XXIII,36) Ist sonach die entscheidende Differenz die zwischen Glaube und Unglaube, so hat zugleich zu gelten: „ut virginitas in impiis est immunda: ita coniugium in piis est mundum propter verbum Dei et fidem." (Apol XXIII,34) Kurzum: Der theologische Begriff des Heiligen entscheidet sich an der rechten Verhältnisbestimmung von Glaube und Werken, wobei in reformatorischer Perspektive der polemische Terminus „Werkgerechtigkeit" den eigentlichen Gegensatz zu menschlicher Heiligkeit markiert. Es gilt, was in Apol XXIV,55 in zeitumgreifender Weise so gesagt wird: „Oportuit enim sanctos in veteri testamento iustificari fide ex promissione remissionis peccatorum donandae propter Christum, sicut et sancti in novo testamento iustificantur. Omnes sanctos ab initio mundi sentire oportuit, hostiam et satisfactionem fore pro peccato Christum, qui promissus erat." Entsprechend ist die ursprüngliche Einsicht der Reformation von der Rechtfertigung des Sünders aus Gnade um Christi willen durch Glauben (vgl. CA IV) das entscheidende Kriterium auch für die Thematik von CA XXI.[79] Der Skopus evangelischer Hagiologie ist der gleiche wie in jener Heiligengeschichte (vgl. BSLK 389, Anm. 1), in der von St. Antonius erzählt wird, ihm sei, nachdem er Gott um Aufweis erzielter Heiligungsfortschritte seines asketischen Eremitendaseins gebeten

---

[79]   Vgl. L. Grane, a. a. O., 163.

hatte, im Traum ein einfacher Schuster aus Alexandria zum Vergleich vorgestellt worden, der auf Nachfrage des Antonius hin nur folgendes über seine geistlichen Übungen und Gaben mitteilen konnte: Er bete morgens mit wenigen Worten für die ganze Stadt und kümmere sich dann um sein Handwerk: „Hic intellexit Antonius non esse iustificationem tribuendam illi vitae generi, quod susceperat." (Apol XXVII,38) Nachgerade diese Einsicht erweist St. Antonius als einen Heiligen, der evangelischer Verehrung würdig ist.[80]

4. Die Einheit der Kirche und ihre Kriterien

Das Symbolum Nicaenum, das sowohl formal als auch inhaltlich fest ins Konkordienbuch integriert ist, enthält in seinem dritten Artikel das Bekenntnis zur Einheit, Heiligkeit, Katholizität und Apostolizität der Kirche: Credo „unam, sanctam, catholicam et apostolicam ecclesiam" (BSLK 27,7 f.). Auch wenn „der CA die uninterpretierte Aufzählung d(ieser) klassischen notae nicht mehr als Unterscheidungskriterium und Erkennungsmerkmal für wahre und falsche Kirche"[81] genügt, rezipiert sie doch die klassische Leh-

[80]   Vgl. Apol IV,211: „Antonius, Bernhardus, Dominicus, Franciscus et alii sancti patres elegerunt certum vitae genus, vel propter studium vel propter alia utilia exercitia. Interim sentiebant se fide propter Christum iustos reputari et habere propitium Deum, non propter illa propria exercitia. Sed multitudo deinceps imitata est non fidem patrum, sed exempla sine fide, ut per illa opera mererentur remissionem peccatorum, gratiam et iustitiam; non senserunt se haec gratis accipere propter propitiatorem Christum." (Ferner: Apol IV,203)

[81]   P. Steinacker, a. a. O., 109. Zu der bereits seit dem 15. Jahrhundert üblichen, bei Luther häufig begegnenden Übersetzung bzw. Ersetzung der Wendung „ecclesia catholica" durch „christliche Kirche" äußert sich Steinacker, a. a. O., 264 unter Verweis auf BSLK 556, Anm. 2. Zum Thema der Einheit der Kirche vgl. bes. die Beiträge in dem von K. Lehmann und E. Schlink hg. Sammelband „Evangelium – Sakramente – Amt und die Einheit der Kirche. Die ökumenische Tragweite der Confessio Augustana", Freiburg/Göttingen 1982 und dabei vor allem die bereits zitierte Thesenreihe von Schlink über Kriterien der Einheit der Kirche aufgrund der Augsburgischen Konfession (a. a. O., 109–117), die mit einem Anhang zu den in der Augustana enthaltenen ökumenischen Prinzipien versehen ist (vgl. a. a. O., 117–121).

re von den vier Kirchenattributen, um sie mit dem Ereignis der Rechtfertigung mittels Wort und Sakrament synthetisch zu verbinden (vgl. Schlink, 278 ff.).[82]

Allerdings darf die symbolische Vierzahl der Kirchenattribute nicht exklusiv verstanden werden: denn zweifellos gehört nach reformatorischer Ekklesiologie der missionarische, aber etwa auch der diakonische Auftrag[83] wesentlich zum Kirchesein der Kirche, obwohl dieser Aspekt in den Bekenntnisschriften kaum eine explizite Rolle spielt. Nicht eigens thematisiert wird übrigens auch die Apostolizität der Kirche als ihr – nach klassischer Zählung – viertes Attribut: Im Unterschied zum Nizäno-Konstantinopolitanum und analog zum Apostolikum wird sie weder in der CA und ihren Vorformen, noch in der sonstigen Bekenntnistradition zu einem selbständigen Thema. Dennoch kann es „nicht den geringsten Zweifel darüber geben, daß auch nach lutherischer Auffassung und im Sinne der CA die ‚Apostolizität' zu den wesentlichen Attributen der Kirche zählt. Das ‚beständige Bleiben in der Apostel Lehre' (Apg 2,42), das Gegründetsein auf dem ‚Fundament der Apostel' (Eph 2,20) ist für die Kirche konstitutiv. Das Bekenntnis der CA zur Kontinuität der Kirche schließt das grundsätzlich mit ein." (Meyer/Schütte, 175) Der erste Satz von CA VII erhält darüber hinaus ein – nun ausdrückliches – Bekenntnis zur Katholizität der heiligen christlichen Kirche, wie es in direktem Textanschluß an das Apostolikum heißt, wobei die Wiedergabe des lateinischen „catholica" mit „christlich" „ohne irgendwelche polemischen Absichten" (Meyer/Schütte, 172) erfolgt und eine Frage des bloßen Sprachgebrauchs darstellt. In diesem Sinne handelt CA VII, um es mit den Worten der Apologieparaphrase von Justus Jonas zu sagen (BSLK 235,43 ff.), „von der katholick oder gemein Kirchen, welche von aller Nation unter der Sonnen zusammen sich schickt", also von der universalen Christenheit als der Versammlung *aller* Gläubigen. Was die Heiligkeit dieser Versammlung be-

---

[82]   Ferner: E. Kinder, Der evangelische Glaube und die Kirche, 103 ff. Schlink weist darauf hin, daß „,christlich' eine im reformatorischen Sprachgebrauch verbreitete Wiedergabe von ‚catholica' ist" (Kriterien der Einheit der Kirche, a. a. O., 109).

[83]   Vgl. Th. Schober, Gnadenlose Folgen – folgenlose Gnade? Diakonische Aspekte der Augsburgischen Konfession, in: Diakonie 6 (1980), 149–155; vgl. K.-H. Kandler, a. a. O., 78 ff.

trifft, so wurde bereits das Nötige gesagt und es genügt, noch einmal in Erinnerung zu rufen, was nachgerade für die congregatio sanctorum das Wichtigste ist: Ihr heiliges Wesen besteht nicht zuerst in der Heiligkeit ihrer Glieder, sondern in der Teilhabe an den Medien des Heils, durch welche der Hl. Geist des in Jesus offenbaren Gottes wirksam ist.

In der durch die „gratuita misericordia Dei" erschlossenen gottmenschlichen Beziehung, wie sie sich in Jesus Christus manifestiert und in der Kraft des Hl. Geistes vermittelt, hat schließlich im Verein mit der Heiligkeit, Katholizität und Apostolizität der Kirche auch die kirchliche Einheit ihren konstitutiven Grund. Demgemäß kennt die Reformation letztlich nur ein charakteristisches Kennzeichen der Kirche, in dem alle weiteren beschlossen sind, nämlich das in der Kraft des Geistes wirksame evangelische Wort Gottes von der Rechtfertigung des Sünders aus Gnade um Christi willen durch Glauben. Wie Luther sagt: „Unica enim et perpetua et infallibilis Ecclesiae nota semper fuit Verbum." (WA 25, 97, 32 f.)[84] In dieser strengen Konzentration auf das eine, was nottut, folgt CA VII konsequent den ursprünglichen Einsichten der Reformation. Diese strenge Konzentration macht zugleich die Weite lutherischer Ekklesiologie aus.[85] Wie für Luther, so basiert auch für die Augsburger Konfessoren die Mehrzahl möglicher Kirchenattribute auf der unteilbaren Einheit des Evangeliums als der charakteristischen Proprietät der Kirche Jesu Christi, wie sie in verbum et sacramentum in konstitutiver und signifikanter Weise sich als wirksam erweist, so daß gilt: die zweieinigen notae ecclesiae Wort und Sakrament „*bezeugen* die irdische Existenz der Kirche ..., *indem sie sie begründen*"[86].

Aus diesen – im einzelnen noch zu entwickelnden – Zusammenhängen geht hervor, daß die Kircheneinheitsfrage nicht nur einen Sachaspekt, sondern den Inbegriff der ekklesiologischen Gesamtthematik der Augustana darstellt. Von daher liegt es nahe,

---

[84]   Vgl. P. Althaus, Martin Luther und die Einheit der Kirche Christi, in: Luther 37 (1966), 1–9.

[85]   Vgl. K.-H. Kandler, oben Anm 5.

[86]   E. Wolf, Die Einheit der Kirche im Zeugnis der Reformation, in: Peregrinatio. Studien zur reformatorischen Theologie und zum Kirchenproblem, München 1954, 146–182, hier: 156.

den Kirchenartikel der CA, der ursprünglich wie alle übrigen Artikel des Glaubens und der Lehre aus dem ersten Teil des Bekenntnisses mit Ausnahme von CA XX mit keiner Überschrift versehen war, unter das Motto zu stellen: „De vera unitate ecclesiae" („Von der wahren Einigkeit der Kirche"). Dafür und damit gegen die sehr allgemein gehaltene Wendung „De ecclesia" hat namentlich K. Thieme mit Nachdruck plädiert.[87] Vor ihm hatte u. a. schon Th. Kolde die Ansicht vertreten, daß die richtige Überschrift des Kirchenartikels CA VII „De unitate ecclesiae" lauten müßte, und „daß darin eine Definition der Kirche nur zu dem Zwecke gegeben würde, um daran das wahre Wesen der unitas ecclesiae deutlich zu machen" (Kolde, 51).[88] In der Tat umschreibt das ekklesiologische Attribut der Einheit den eigentlichen Skopus der Kirchenlehre der Augustana. Das hat, wie erwähnt, systematische Gründe, sofern die Kirche entweder eine ist oder nicht das ist, was sie ihrer Bestimmung nach zu sein hat.

Das entschiedene Bekenntnis zur Einheit der Kirche in CA VII hat aber auch spezifisch historische Veranlassungen und Rahmenbedingungen, die beachtet sein wollen, soll die konkrete Sendung der Kirche nicht systematisch vernachlässigt werden. Aus ekklesiologischen Konkretisierungsgründen und im Interesse historischer Präzision ist daher zunächst in Erinnerung zu rufen, daß die Augustana nicht nur in ihrem zweiten Teil, der entstehungsgeschichtlich am Anfang stand, sondern in ihrer Gesamtheit ein „Dokument kirchlicher Erneuerung" (Mildenberger, 87) darstellt. Von daher ist es sachgemäß, wenn das Augsburger Bekenntnis in F. Mildenbergers Theologie der Lutherischen Bekenntnisschriften „nicht als eine Art dogmatisches Kompendium" (Mildenberger, 88), sondern als ein Text praktischer Kirchenreform im Sinne reformatorischer Grundentscheidung interpretiert wird.[89] Daß diese

---

[87] Vgl. K. Thieme, a. a. O., 192.

[88] Vgl. Lohse, 327 f. sowie R. Hermann, Zur theologischen Würdigung der Augustana, in: LuJ 12 (1930), 162–214, hier: 210, dessen ekklesiologische Erörterungen im übrigen ganz auf die Kritik der Vormachtstellung des Moments der Sichtbarkeit im Kirchenbegriff gestimmt sind (vgl. 203 ff.).

[89] Als weiterreichende Begründung für diese Verfahrensweise führt Mildenberger u. a. auch den Duktus der Schmalkaldischen Artikel an, der die direkte Verbindung der Kirchenreform mit der reformatorischen Grundentscheidung nachdrücklich bestätige.

Reform „die zukünftige Gestalt der evangelischen Kirche und Kirchentümer geprägt hat", so daß der CA unbeschadet ihrer apologetischen Tendenzen eine programmatische Funktion attestiert
werden kann, ist keine Frage. Fest steht auch, daß die Bedeutung,
grundlegender Ausdruck und verbindliche Kurzformulierung reformatorischer Einsicht zu sein, dem Augsburger Bekenntnis
„nicht nur sekundär zugewachsen (ist), sondern ... es von Anfang
an (prägt)" (Koch, 125). Indes ist es fraglich, ob man sagen kann,
die von der CA dokumentierte Kirchenreform sei 1530 bereits so
weit fortgeschritten gewesen, „daß eine Einigung mit den Altgläubigen schon von daher kaum mehr denkbar" (Mildenberger, 88)
war. Soviel jedenfalls ist klar: Anhänger des alten und ursprünglichen Glaubens der Christenheit wollten die Bekenner von Augsburg nicht nur aus apologetischen Rücksichten, sondern in durchaus programmatischer Weise sein; und auch davon waren sie unzweifelhaft überzeugt, daß ein innovativer Fortschritt der Kirchenreform nur im kontinuierlichen Zusammenhang mit der raum-
und zeitumgreifenden einen, heiligen, katholischen und apostolischen Kirche zu erreichen sei. Den Charakter einer kirchlichen
Neuerung, die die Tradition negiert und abstrakte Alternativen zu
allem Überkommenen sucht, hat die Reformation entschiedenermaßen nicht; auch kann in einem grundsätzlichen Sinne unter
reformatorischen Bedingungen von einer die kirchliche Einheit
aufhebenden Pluralität von Kirchen theologisch recht eigentlich
nicht die Rede sein: Denn die Kirche ist, wie nachgerade die
CA bezeugt, ihrem Wesen nach eine.

Des weiteren spricht historisch alles dafür, daß zu Zeiten der
CA der Gegenbegriff zur Einheit der Kirche nicht die Vielzahl der
Konfessionskirchen war, sondern daß es unter der Voraussetzung
zu wahrender kirchlicher Einheit um die Frage nach der wahren
Kirche ging. „Man bemühte sich", so B. Lohse, „durchaus um die
Kircheneinheit, aber man tat es, indem man sich über wahre oder
falsche Kirche auseinandersetzte." (Lohse, 317) Daß diese Auseinandersetzung schließlich zur Etablierung diverser Konfessionskirchen und im Zusammenhang damit zur Auflösung der mittelalterlichen Einheitskultur sowie zur Ausdifferenzierung von Staat und
Kirche im Sinne der Moderne führte, trifft zwar zu und steht sicherlich auch in einem genetischen Zusammenhang mit der reformatorischen Bewegung; gleichwohl wäre es anachronistisch,
dieses Ergebnis für die historische Situation und das Selbstverständnis der CA als bereits gegeben zu unterstellen. Reichsrecht-

lich ist die Sache ohnedies klar: Noch der Augsburger Religionsfrieden von 1555 ging, wie erwähnt, „grundsätzlich davon aus, daß es nach wie vor eine einzige Kirche gibt. Man verstand die Religionsstreitigkeiten als Meinungsverschiedenheiten innerhalb der einen Kirche. Schon der Sprachgebrauch macht dieses Verständnis deutlich, sofern man von den Anhängern der alten Religion und den Ständen, die der CA verwandt sind, also von den Religionsparteien, redete, nicht aber von Kirchen oder Konfessionen. Erst sehr allmählich drang die Auffassung vor, daß die Kircheneinheit verlorengegangen sei und nicht wiederhergestellt werden könne." (Ebd.)[90] Aber auch in mentalitätsgeschichtlicher Hinsicht darf das Bewußtsein abendländischer Kircheneinheit für die Zeit um 1530 nicht gering veranschlagt werden. Mag es zwar – nicht zuletzt in Anbetracht der Coburger Lagekommentare des gebannten und geächteten Luthers – zu weit gehen, dieses Bewußtsein „allgemein" sowie „im ganzen fraglos" und „noch ungebrochen" (Lohse, 316 f.) zu nennen, so ist es doch auch und gerade unter den Augsburger Bekennern ein entscheidend wichtiger Faktor, der weder historisch noch theologisch vernachlässigt werden darf. Das beweist u. a. die zwar diplomatische, aber durchaus offene und ehrliche Aufnahme, die der kaiserliche Ausschreibungstext des Augsburger Reichstages in der Vorrede der CA fand: Die Wendung, daß „wir alle unter ainem Christo sein und streiten" (Förstemann I, 8), wird ausdrücklich aufgegriffen und betont wiederholt (BSLK 46,19 f.), um zu bekunden, daß auch nach reformatorischem Urteil der bestehende Zwiespalt die gegebene und durch Raum und Zeit sich durchhaltende Einheit der realexistierenden Christenheit und Kirche nicht auflöst und nicht auflösen darf.[91]

---

[90] Lohse fährt fort: „Reichsrechtlich findet sich diese Ansicht aber erst in dem Westfälischen Frieden von 1648. Freilich bedingte die Fiktion der Kircheneinheit, daß das Reich sich weder auf das Tridentinum noch auf die Augsburger Konfession festlegen konnte, sondern trotz der Aufrechterhaltung der mittelalterlichen Einheit von Staat und Kirche bekenntnismäßig neutral blieb; lediglich die Territorien folgten dem einen oder dem anderen Bekenntnis." (Lohse, 317)

[91] Bestätigt wird dies u. a. durch die Tatsache, „daß sich die CA die altkirchlichen Verwerfungen der trinitarischen und christologischen Irrlehren, aber auch diejenigen der Donatisten zu eigen macht. Auch die Verwerfung der Pelagianer in Art. 2 über die Erbsünde soll primär die Kontinuität und Identität der Kirche, wie sie auch im Gebiet der Reformation

Bedarf es eines weiteren Beweises für das reformatorische Bewußtsein kirchlicher Einheit und das Interesse ihrer Erhaltung, so
liefert ihn die literarische Vorgeschichte der in CA VII entwickelten ekklesiologischen Einheitsthematik. Auszugehen ist dabei in
Bestätigung der praktischen Grundausrichtung der CA von den
sog. Torgauer Artikeln und ihrer Rechtfertigung kursächsischer
Kirchenreform. In dem „reifsten und vollständigsten Entwurf"
(Maurer II, 164) dieser Artikel, der bei Förstemann (I, 68 ff.) mit A
bezeichnet wird, ist den Einzelabschnitten über Priesterehe,
communio sub utraque, Messe, Beichte, episkopale Jurisdiktion,
Weihe, Klosterleben, Heiligenanrufung und deutschem Kirchen-
gesang ein Grundsatzartikel „Von menschen Ler und menschen
Ordnung" (Förstemann I, 69–74; BSLK 107,22 ff.) vorangestellt, der
recht eigentlich nicht ein Einzelthema des Gutachtens, sondern
den „Inhalt der *ganzen* Abhandlung"[92] zur Darstellung bringt.
Dies ist, worauf G. Seebaß aufmerksam gemacht hat[93], typisch für
bestimmte Formen reformatorischer Apologien, in denen das obrigkeitliche Vorgehen im Zusammenhang territorialer oder städti-
scher Kirchenreform verteidigt werden sollte. Stets wird die durch
Mißbräuche veranlaßte kirchliche Neugestaltung mit der prinzipiellen Unterscheidung von göttlichem Auftrag und Menschensatzung gerechtfertigt. So auch in dem kursächsischen Apologieent-
wurf vom Frühjahr 1530: Zunächst wird auf die kurfürstlich geübte
Praxis verwiesen, an den gewöhnlichen Kirchenordnungen um
des Friedens willen nach Möglichkeit festzuhalten. Statthaft sei
das allerdings nur, wo solche Ordnungen dem Evangelium nicht
entgegen und mithin ohne Sünde durchzuführen seien. Sei das
nicht der Fall, dann habe auch nach kanonischem Recht der biblische Grundsatz zu gelten, daß man Gott mehr gehorchen müsse
als den Menschen (Apg 5,29; vgl. Gal 1,8). Dieser Grundsatz bleibe
auch in Bezug auf die Weisung von Kirche und Papst und auf die
Gefahr eines von den Gegnern angemahnten Schismas hin in

---

besteht, deutlich machen, auch wenn hier vielleicht ein Unterton der
Ablehnung der ‚neuen' Pelagianer mit zu hören sein sollte." (Lohse, 325)

[92] Th. Brieger, Die Torgauer Artikel. Ein Beitrag zur Entstehungsgeschichte
der Augsburgischen Confession, in: Kirchengeschichtliche Studien, FS
H. Reuter, Leipzig 1888, 267–320, hier: 297.

[93] G. Seebaß, Die reformatorischen Bekenntnisse vor der Confessio Augustana, in: P. Meinhold (Hg.), Kirche und Bekenntnis, Wiesbaden 1980,
26–55, hier: bes. 50 ff.

Kraft. Denn der Bann treffe nicht die, welche von falscher Lehre und falschen Ordnungen wichen, sondern jene, die an ihnen festhielten. Im Anschluß an diese prinzipielle Erklärung wird folgendes festgestellt: „Daruber so stehet Einigkeit der christlichen Kirchen nicht in äußerlichen menschlichen Ordnungen, darumb ob wir schon ungleiche Ordnung gegeneinander halten, sind wir darumb nicht abgeschnittene Gelieder von der Kirchen, sind auch darumb die heiligen Sakrament bei uns nicht untuchtig. Denn Ungleichheit in äußerlichen, menschlichen Ordnungen sind nicht wider die Einigkeit der christlichen Kirchen, wie klar ausweiset dieser Artikel, den wir im Glauben bekennen: Credo sanctam ecclesiam catholicam. Denn dieweil uns hie geboten, daß wir glauben, daß catholica ecclesia sei, das ist die Kirch in ganzer Welt und nicht gepunden an ein Ort, sonder allenthalb, wo Gottes Wort und Ordnung ist, daß da Kirch sei und doch die äußerlichen, menschlichen Ordnungen nicht gleich sind, folget, daß solche Ungleichheit nicht wider die Einigkeit der Kirchen ist." (BSLK 108,13–23)

Begründet wird dieses Votum mit dem Zeugnis der Schrift, aber ausdrücklich und mehrfach auch mit der Tradition der Väter (insonderheit Augustins), bei denen nicht diejenigen Schismatiker heißen, „so Ungleichheit uben in äußerlichen Menschenordnungen, sonder so von Gottes Wort in einem Artikel weichen ..." (BSLK 108,37–39). Dieser betonte Rekurs auf die Vätertradition geht mit dem Bemühen konform, in der Schismatikerfrage im Kontext des Schriftzeugnisses auch mit „der ganzen Christenheit Ordnung" (BSLK 108,31) und „der alden Kirchen Brauch und Ubung" (BSLK 108,34) zu argumentieren. Von einem traditionsfeindlichen Bibelmonismus kann unter solchen Umständen naturgemäß nicht die Rede sein. Dies wird bestätigt durch die Tatsache, daß das besagte Wort Gottes als Kriterium rechter und verkehrter kirchlicher Ordnung und Lehre nicht undifferenziert mit dem buchstäblich vorhandenen Wort der Schrift gleichgesetzt, sondern als Evangelium von der im Glauben zu empfangenden Gnadengabe Gottes in Jesus Christus identifiziert wird. Alles, was diesem im Wort der Schrift buchstäblich bezeugten Evangelium widerspricht und zuwiderhandelt, ist in sich verkehrt. Grundverkehrt wird die Angelegenheit nachgerade dann, wenn durch Menschenwerk und -satzung Gnade bei Gott und Sündenvergebung erlangt werden soll. Dies – und recht eigentlich dies allein – ist der reformatorische Vorwurf gegen die traditiones humanae „von

Fasten, Unterschied der Speis und Kleider, sonderlichen Ferien, Gesang, Wallfahrten und dergleichen, daß solchs alles Werk seien, dadurch man Gnad erlang und Vergebung der Sunden" (BSLK 108,44–46). Wo das nicht der Fall ist, wo vielmehr traditiones humanae nichts sind und sein wollen als menschliche Ordnung von relativem, will heißen: innerweltlichem Nutzen, da werden sie im Rahmen ihrer Bestimmung als förderliche „Mittel" (BSLK 109,20; vgl. Anm. 1) anerkannt. Als Kriterien kirchlicher Einheit indes können und dürfen sie gerade unter diesen Umständen nicht gelten. Denn Konstitutionsgrund und Kriterium der Kirche und ihrer Einheit ist allein Gott und Gottes Tat in Jesus Christus, welche allem menschlichen Handeln zuvorkommt. Wird dies nicht wahrgenommen, verkennen Menschensatzungen und -werke ihre gottgewollte innerweltliche Bestimmung und verkehren damit auch ihre relative Nützlichkeit ins gerade Gegenteil, nämlich zu teuflischem Schaden.

Um solchen Schaden zu verhindern und auf diese Weise der „una sancta" zu dienen, wird in der zweiten Artikelhälfte von CA VII in Aufnahme und komprimierter Zusammenfassung der entfalteten Torgauer Grundsatzerklärung und unter Berufung auf Eph 4,5 f. knapp und bündig betont, es sei zur wahren Einigkeit der christlichen Kirche nicht nötig, daß allenthalben gleichförmige Zeremonien, von Menschen eingesetzt, gehalten werden: „Nec necesse est ubique similes esse traditiones humanas seu ritus aut ceremonias ab hominibus institutas" (CA VII,3; BSLK 61,9 ff.). Es genüge vielmehr, „daß da einträchtiglich nach reinem Verstand das Evangelium gepredigt und die Sakrament dem gottlichen Wort gemäß gereicht werden" (BSLK 61,9–12). „Et ad veram unitatem ecclesiae satis est consentire de doctrina evangelii et de administratione sacramentorum." (CA VII,2; BSLK 61,6–9)

Die häufigste Frage, die nicht erst seit jüngster Zeit an diese Passage gestellt wird, lautet: „Ist ‚satis est' genug?" (H. Meyer) Oder anders, ökumenischer und daher in der lingua franca gefragt: „‚Satis est': What do we do when other Churches don't agree?"[94] Bevor auf diese Fragen näher einzugehen ist, mag es nützlich sein, sich der Kontinuität zu versichern, in der sich Melanchthons

---

[94] M. Root, „Satis est": What do we do when other churches don't agree?, in: Dialog 30 (1991), 314–324. Der Hinweis auf die Wendung Meyers findet sich a. a. O., 316, Anm. 9.

ekklesiologische Einheitsmaxime, die mit Recht zum ökumenischen Programm der CA[95] erklärt wurde, nicht nur zu dem Grundsatzartikel von Torg A, sondern auch zu den übrigen literarischen Vorformen der CA befindet. Was Luthers Bekenntnis von 1528 als den „Kristallisationskern der reformatorischen Bekenntnisbildung"[96] angeht, so wurde die wichtige Passage bereits zitiert, wonach die Christenheit trotz ihrer leiblichen Zerstreuung unter Papst, Türken, Persern, Tattern und allenthalben, wie es heißt (vgl. WA 26, 506, 35 ff.), doch unter dem einen Haupt Jesus Christus geistlich vereint ist in einem Evangelium und Glauben. Bemerkenswert an dieser Aussage ist u. a., daß Papsttum und päpstlich verfaßte römische Kirche als eine begrenzte und gerade nicht weltumfassend-katholische Größe begriffen, sondern in eine Reihe gestellt werden mit anderen sich gegenseitig beschränkenden und daher ebenfalls nicht universalen Herrschaften und Herrschaftsbereichen. Indes besteht nach Luther, wie aus der Fortsetzung der zitierten Passage hervorgeht, nicht schon darin das eigentlich Antichristliche und Einheitswidrige des römischen Papsttums, sondern allererst in der Tatsache, daß es als eine innerweltliche, leiblich begrenzte und im Unterschied zum eucharistischen Leib Christi gerade nicht ubiquitäre Größe „ym tempel Gottes sitzt und ... mit menschen gebot (regiert)", um so Geistliches und Leibliches durcheinanderzubringen und die weltumfassende Katholizität der Kirche durch verkehrten Vereinigungsanspruch zu zersetzen.

Wie immer man diese Argumentation beurteilen mag, sachlich bedeutsam ist sie in jedem Fall, und zwar insbesondere deshalb, weil sie auf die ekklesiologisch untrennbare Verbindung von Einheits- und Katholizitätsthematik aufmerksam macht und verdeutlicht, daß Einheit und Allgemeinheit der Kirche nur zugleich bestehen können, daß also der Dienst an der kirchlichen Einheit immer Dienst an der Katholizität der Kirche und umgekehrt zu sein hat. Negativ folgt daraus, daß der Dienst an Einheit und Katholizität gleichermaßen pervertiert wird, wo ein Teil, ein Beson-

---

[95]   Vgl. H. Bornkamm (Hg.), Das Augsburger Bekenntnis, Hamburg 1965, 10.

[96]   A. Peters, Zur Aktualität der geistlichen Intention und theologischen Struktur der Confessio Augustana, in: G. Klapper (Hg.), Zur bleibenden Aktualität des Augsburger Bekenntnisses (Fuldaer Hefte 25), Hamburg 1981, 151–189, hier: 155.159.

deres bzw. eine raumzeitlich beschränkte Größe das Ganze, die Allgemeinheit bzw. die Universalität der Kirche zu repräsentieren und die Kirche zur Einheit zu bringen vorgibt. Nach Luther ist das nicht nur im Falle des päpstlichen Einheits- und Katholizitätsanspruchs, sondern immer dann gegeben, wenn Menschensatzungen, wer immer sie dekretiert, zum Kriterium kirchlicher Einheit und Katholizität erhoben werden. In diesem Sinne gilt, was im Kontext schärfster Kritik an dem Kirchenverständnis und an dem kirchlichen Gebots- und Verbotsanspruch der Widersacher in den Schmalkaldischen Artikeln „Von der Kirchen" gesagt wird: Ihre Heiligkeit (und man kann hinzufügen: ihre Apostolizität, Katholizität und Einheit) besteht „nicht in Chorhembden, Platten, langen Rocken und andern ihren Zeremonien, durch sie uber die heilige Schrift erichtet, sondern im Wort Gottes und rechtem Glauben" (ASm III,12; BSLK 460,2–5). Entsprechendes war bereits in den Schwabacher Artikeln zu lesen, nach deren Vorbild in CA VII das Lutherbekenntnis von 1528 reduziert und konzentriert wird (vgl. Maurer II, 166): „wo das Euangelion gepredigt wird und die Sakrament recht gebraucht, do ist die heilige christenliche Kirche, und sie ist nit mit Gesetzen und äußerlicher Pracht an Stätte und Zeit, an Person und Gebärde gebunden" (BSLK 61,27 ff.). In Na, wo Art. VII und VIII der CA noch vereint sind, wird diese Wendung unter konsequenter thematischer Ausrichtung auf die unitas ecclesiae aufgegriffen in der Formulierung: „Und zu Einikeit der Kirchen ist genug, daß man des Evangeliums und der Sakrament halben übereinkomm, aber daß die Ceremonien und ander menschlich Ordnung allenthalben gleich sein, ist nit von noten ..." (BSLK 61,22 ff.)

Abgesehen von kleineren Zusätzen (ad *veram* unitatem ecclesiae) und dem Austausch des in Na angeführten Schriftbelegs Lk 17,20 gegen Eph 4,5 f. ist damit die Textgestalt von CA VII,2 ff. im wesentlichen erreicht. Zum inhaltlichen Verständnis der getroffenen Aussage ist als erstes klarzustellen, was im Grunde bereits durch die literarische Vorgeschichte der Lehre der CA von der Kircheneinheit hinreichend verdeutlicht ist: „Das berühmte *satis est* erklärt nicht etwa das kirchliche Amt und seine Ordnung für unerheblich im Hinblick auf die Einheit der Kirche."[97] Was gesagt wird, ist

---

[97] W. Pannenberg, Die Augsburger Konfession und die Einheit der Kirche, in: ÖR 28 (1979), 99–114, hier: 106. „Der primäre Sinn des ‚satis est' beziehungsweise ‚nec necesse est' ist vielmehr: Nur diejenigen Dinge dür-

zum einen, daß unbeschadet der Einheit der Kirche Verschiedenheit menschlicher Traditionen, Riten und Zeremonien bestehen kann, so daß in dieser Hinsicht um der kirchlichen Einheit willen nicht überall Gleichförmigkeit herrschen muß. Zum anderen wird betont, daß Wesen und Einheit der Kirche und infolgedessen auch des kirchlichen Amtes, sofern es – was nirgends geleugnet wird – für die Einheit der Kirche wesentlich ist, zu verstehen sind „ausschließlich von den Gnadenmitteln her, die Jesus Christus (sc. seiner Kirche) eingestiftet hat"[98]. Der einträchtige Konsens über ihren Gebrauch ist genug zur wahren Einigkeit der Kirche. Dabei meinen die Augsburger Konfessoren mit dem Wort „consentire", für das im deutschen Text das Adverb „einträchtiglich" steht, „nicht den Bekenntnisstand, den es zur Zeit des Bekenntnisses in unserem Sinne noch gar nicht gab"[99] – sie bezeichnen damit vielmehr die einvernehmliche Übereinstimmung in der Evangeliumsverkündigung in Wort und Sakrament, wobei hinzuzufügen ist, daß doctrina evangelii im gegebenen Zusammenhang primär auf die Predigt und ihren konkreten Vollzug als viva vox evangelii zu beziehen ist. Es wird demnach in CA VII auch nicht anstelle einer ubiquitären Gleichförmigkeit der Zeremonien die doktrinäre Gleichförmigkeit im Sinne gleichlautender Lehrsätze zum Kriterium kirchlicher Einheit erklärt.[100] Zwar sind die Satzwahrheiten der Lehre unentbehrlich, damit das Evangelium nach reinem Verstand

---

fen als Zeichen und konstitutive Elemente der Kirche gelten, die das Heil, die Rechtfertigung sola gratia sola fide vermitteln." (H. Meyer, Behindern Amtsbegriff und Kirchenverständnis in der Confessio Augustana ihre Anerkennung durch die katholische Kirche?, in: Confessio Augustana. Hindernisse oder Hilfe, 145–175, hier: 155.)

[98] K.-H. Kandler, a. a. O., 74.

[99] H. Asmussen, a. a. O., 112. Gleichwohl hat es seine Richtigkeit, mit Brunstäd zu sagen: „Das consentire de doctrina evangelii et administratione sacramentorum, pure et recte, ist das Bekenntnis." (Brunstäd, 130)

[100] In diesem Zusammenhang ist CA VII mit dem zugrundeliegenden Schwabacher Artikel XII zu vergleichen, der den Kirchenbegriff nicht nur durch Evangeliumspredigt und Sakramentsgebrauch, sondern auch durch explizite Bekenntnisaussagen bestimmt, wenn es heißt: „Solche Kirch ist nit ander dann die Glaubigen an Christo, welche obgenannte Artikel und Stuck halten, glauben und lehren und daruber verfolgt und gemartert werden in der Welt." (BSLK 61,23–27) Zur Beurteilung der Tatsache, daß dies in den Wortlaut von CA VII nicht eingegangen ist, vgl. Schlink, 275, Anm. 8.

gepredigt und die heiligen Sakramente evangeliums-, also dem
göttlichen Wort gemäß gereicht sowie einvernehmliche Konsens-
aussagen ebendarüber innerhalb der congregatio sanctorum getroffen werden können. Gleichwohl sind Lehre und Lehrkonsens
relative, d. h. von der Evangeliumsverkündigung herkommende
und auf sie hingeordnete Größen, und es gehört zum Wesen
evangelischer Lehre, eben diese Relativität ins Bewußtsein ihrer
selbst zu integrieren, nämlich so, daß nicht die doktrinäre Lehrge-
stalt in ihrer Ausdrucksform als menschliche Satzung, sondern der
in dieser Satzung sich selbst zur Sprache bringende göttliche Sinn,
will heißen: das Evangelium von der Rechtfertigung des Sünders
aus Gnade um Christi willen durch Glauben als Konstitutionsgrund und Kriterium der Kirche und kirchlicher Einheit in Geltung steht.[101]

Der Reinheit des Wortes und der rechten Verwaltung der Sakramente dadurch zu dienen, daß Wort und Sakrament erkenntlich
und wißbar bestimmt werden als Medien unbedingter und vorbe-
haltloser göttlicher Gnade, welche der Glaube ergreift – das ist
zusammen mit der Sorge um die stiftungsgemäße Stimmigkeit des
äußeren Vollzugs kirchlicher Evangeliumsverkündigung die entscheidende Aufgabe evangelischer Lehre. Dabei entspricht evangelische Lehre dem ihr aufgetragenen Gehalt nur dann, wenn sie
sich – obzwar dem Vollzug der Evangeliumsverkündung auf reflexe Weise unveräußerlich zugehörig – nicht unmittelbar an dessen Stelle setzt, um selbst die Funktion eines Gnadenmittels zu
beanspruchen. Gnadenmittel sind lediglich Wort und Sakrament,
sofern sich in ihnen das Evangelium als es selbst zur Darstellung
und Geltung bringt. Evangelische Lehre und der in solcher Lehre
sich artikulierende Konsens bestätigen das nicht nur äußerlich,
sondern an sich selbst und ihrem inneren Sinn gemäß, sofern sie
sich nicht an die Stelle oder als ein eigenständiges Drittes neben
Wort und Sakrament setzen, sondern in selbstrelativierender Weise sich beiden Gnadenmitteln dienend zuordnen, um dem Evan-

---

[101]   Der Sinn der entsprechenden Wendungen ist danach zumindest mißver-
         ständlich wiedergegeben, wenn gesagt wird, „daß für die Einigkeit der
         Kirche nicht nur die doktrinäre Gleichförmigkeit der evangelischen Lehre
         und der Spendung der Sakramente notwendig und unerläßlich ist, son-
         dern auch die Gleichförmigkeit der Glaubensbekenntnisse, somit Einig-
         keit des Bekenntnisses, beruhend auf und hergeleitet von der Einigkeit
         der evangelischen Lehre" (M. Cassese, a. a. O., 315 f.).

gelium alleine die Ehre zu geben. Im Blick auf das satis bzw. nec necesse est von CA VII kann man das dann abschließend auch so sagen: „Als der alleinige *Lebensgrund* der Kirche ist das Evangelium auch ihre oberste *Lebensregel.* Nur das, was den Menschen erlöst und zu Gott befreit und ihn also in die Kirche inkorporiert, bindet ihn auch letztlich in ihr. Nur das, was wahrhaft heilsschöpferisch ist, ist auch im wahren Sinne kirchenschöpferisch, und das muß dann auch die Kirche *beherrschen* und nur es allein darf als *notwendig* in der Kirche und für die Kirche aufgerichtet werden."[102] In diesem Sinne ist die Evangeliumsverkündigung in Wort und Sakrament für das Kirchesein der Kirche sowohl notwendig, als auch hinreichend und als Kriterium kirchlicher Einheit suffizient, was in CA VII nachgerade gegen die ekklesiologische Notwendigkeit der traditiones humanae und zeremonieller Menschensatzungen und ihrer Gleichförmigkeit gewendet wird.

Die Konfutatoren haben dem keineswegs einfach widersprochen; vielmehr haben sie belobigend auch ihrerseits erklärt, daß ein Unterschied der Kirchenordnungen und -gebräuche die Einigkeit des Glaubens nicht zertrennen muß. Allerdings gelte das nur im Hinblick auf kirchliches Partikularrecht sowie landes- oder regionalspezifisches Brauchtum. Universalriten hingegen, also das Brauchtum und Recht der ganzen und allgemeinen Christenheit, seien ekklesiologisch verbindlich und nicht abzutun, da zu vermuten sei, daß diese von den Aposteln herkommen (vgl. Immenkötter, 96 f.; Ficker, 34 f.). In seiner Apologie bemerkt Melanchthon zu dieser Unterscheidung von Partikular- und Universalsatzungen zunächst, man wisse nicht so recht, was sie bedeute. (Apol VII,31: „Non satis intelligimus, quid velint adversarii.") Dennoch läßt er keinen Zweifel daran aufkommen, daß Menschensatzungen gleich welcher Reichweite nicht das Wesen der Kirche ausmachen und daher auch nicht als Kriterien kirchlicher Einheit fungieren können. Zur Einheit der Kirche, so heißt es, ist eine Gleichheit in den Menschensatzungen – seien sie universal oder partikular – nicht notwendig, „quia iustitia fidei non est iustitia al-

---

[102]   E. Kinder, Die theologischen Grundmotive in der Kirchenauffassung der lutherischen Reformation, a. a. O., 139. In diesem Sinne ist der beherrschende Gedanke von CA VII „ebenso elementar wie einfach: Das zur Einheit der Kirche Notwendige deckt sich mit dem, was die Kirche zur Kirche macht; und umgekehrt: Was die Kirche zur Kirche macht, deckt sich mit dem, was zur Einheit der Kirche nötig ist." (Meyer/Schütte, 170)

ligata certis traditionibus, sicut iustitia legis erat alligata Mosaicis ceremoniis, quia illa iustitia cordis est res vivificans corda. Ad hanc vivificationem nihil conducunt humanae traditiones sive universales sive particulares ..." (Apol VII,31) Zwar sei man gerne bereit, um des Friedens willen transregional in Geltung stehende Riten und Gebräuche, wie den ordo missae, den Sonntag und andere höhere Feiertage beizubehalten. Auch begrüße man alle überkommenen Ordnungen, die einen nützlichen pädagogischen Sinn erfüllen (Apol VII,33). Die entscheidenden Streitfragen aber seien, „utrum observationes traditionum humanarum sint cultus necessarii ad iustitiam coram Deo", „utrum ad veram unitatem ecclesiae necesse sit, ubique similes esse traditiones humanas" (Apol VII,34). Beides sei zu verneinen: Sowenig menschliche Überlieferungen zum Erwerb der Rechtfertigung nötige Kulte seien (vgl. Apol VII,32), sowenig werde die wahre Einheit der Kirche durch Menschensatzungen verletzt, die einander unähnlich seien (vgl. Apol VII,33). Belegt wird dies u. a. mit Kol 2,16 ff. u. 20 ff. sowie Röm 14,17. Exemplarisch verwiesen wird ferner auf den geschichtlichen Streit um die genaue Terminierung des Osterfestes (vgl. bes. Apol VII,42 ff.), aus dessen Verlauf ebenfalls der Schluß zu ziehen sei, daß Ungleichheit von Menschensatzungen die kirchliche Glaubenseinheit nicht tangieren müsse und auch nicht tangieren dürfe. Ob in der Konsequenz dieser und analoger Schlußfolgerungen die ekklesiologische Notwendigkeit einer universalen Kirchenverfassung überhaupt in Abrede zu stellen ist, ist damit indes nicht entschieden. Dies bedarf vielmehr noch der genauen Prüfung, die nur auf der Basis eines geklärten Begriffs dessen zu leisten ist, was reformatorisch unter traditiones humanae und unter von Menschen eingesetzten kirchlichen Riten und Zeremonien präzise zu verstehen ist. Im Kontext von CA VII müssen demnach, worauf Melanchthon ausdrücklich hinweist (Apol VII,37), neben CA XV auch die posteriores articuli gebührende Berücksichtigung finden und das nicht zuletzt deshalb, weil nur unter Bezug auf eine differenzierte Lehre „De ritibus ecclesiasticis" eindeutige Klarheit „De ordine ecclesiastico" zu gewinnen ist.[103]

---

[103] Daß „die Frage nach dem theologischen Stellenwert der konkreten Kirche und ihrer Ordnungen" auf die „entscheidende Kontroverse um den Kirchenbegriff Luthers und der CA" bezogen ist, hat W. Kasper, 405, mit Recht und unter Berücksichtigung der amtstheologischen Konsequenzen hervorgehoben.

5. Das Gnadenmittelamt der Kirche und seine Ordnung

Wort und Sakrament sind sowohl Erkennungsmerkmal als auch Konstitutionsgrund der Kirche. In ihnen findet die Kirche nicht nur ihren bestimmungsgemäßen Ausdruck, der ihre sichtbare Gestalt ausmacht[104], Wort und Sakrament sind zugleich die dauerhafte Bedingung möglichen Bestands und möglicher Erhaltung der Kirche. Lebt doch die Kirche selbst von der Botschaft, die zu verkünden ihr aufgetragen ist. Dem ist so, weil die Kirche als „congregatio sanctorum" eine Kirche des Glaubens ist dergestalt, daß sie aus Glauben lebt und auf Glauben hinwirkt. Der Glaube aber hängt an Wort und Sakrament, von welchen er herkommt, um sie – seiner Herkunft entsprechend – fortzubezeugen für und für.

Dies bekennt, um es zu wiederholen (vgl. §9,2) an zentraler Stelle und in bündiger Weise der V. Artikel der CA, der seit Drucklegung der Augustana „De ministerio ecclesiastico" überschrieben ist, obwohl er weniger vom kirchlichen Amt, als vor allem „über das Wirken des Heiligen Geistes in Wort und Sakrament"[105] spricht. Vom Amt der Kirche ist ausdrücklich nur einmal, und

---

[104]   In den notae ecclesiae Wort und Sakrament und recht eigentlich nur in ihnen ist die innere Kirche ihrem Wesen nach äußerlich sichtbar präsent. Die äußerliche Sichtbarkeit der Kirche besteht also nicht nur und nicht in erster Linie in der versammelten Gemeinde, sie wird vielmehr „durch objektive notae gebildet, die gerade nicht gestatten, im Blick auf Personen (im Unterschied von Handlungen) in der Kirche zu prüfen, wer etwa wahrhaft zu ihr gehört." (Koch, 140) Unbeschadet dessen gilt, daß die Objektivität von Wort und Sakrament stiftungsgemäß auf die Subjektivität des Glaubens hin angelegt ist.

[105]   E. Iserloh/V. Vajta, Die Sakramente: Taufe und Abendmahl, in: H. Meyer/H. Schütte (Hg.), Confessio Augustana – Bekenntnis des einen Glaubens, Paderborn/Frankfurt a. M. 1980, 198–227, hier: 199. „In der gedruckten Ausgabe erhielt der Artikel 5 die Überschrift ‚Vom kirchlichen Amt'; sie gibt den Inhalt des Artikels jedoch nur unvollständig wieder. Das kirchliche Amt wird zwar im ersten Satz des Artikels genannt, im übrigen aber handelt der Artikel nicht davon, sondern vom Heiligen Geist und den Gnadenmitteln, in denen wir den glaubenwirkenden Heiligen Geist empfangen. Vom kirchlichen Amt spricht die CA in ihrem ersten Teil ganz kurzgefaßt in Artikel 14 und ausführlicher im zweiten Teil von Artikel 28." (R. Prenter, a. a. O., 86 f.)

zwar im ersten Satz, die Rede, wohingegen sich die Aufmerksamkeit des weiteren Textes ausschließlich auf Wort und Sakrament konzentriert. Zur Erlangung des Rechtfertigungsglaubens, so heißt es im deutschen Text, hat Gott das Predigtamt eingesetzt, Evangelium und Sakrament gegeben (BSLK 58,2−4). Daß dabei das Predigtamt Evangelium und Sakrament nicht parallelisierend bei-, sondern dienend zugeordnet ist, stellt der lateinische Text in der nötigen Eindeutigkeit klar, wenn es heißt: „Ut hanc fidem consequamur, institutum est ministerium docendi evangelii et porrigendi sacramenta." (CA V,1) Das kirchliche Amt, so geht aus dieser Wendung hervor, ist, was es ist, als Gnadenmittelamt, als Dienst an Evangeliumsverkündigung und Sakramentsverwaltung. Nicht als ein drittes neben Wort und Sakrament, das an sich selbst ein Gnadenmittel wäre, kommt es in Betracht; es tritt vielmehr ausschließlich als ein Amt in Erscheinung, das um der Evangeliumsverkündigung und Sakramentsverwaltung willen da ist und dessen Bestimmung es ist, eben der Aufgabe zu entsprechen, der es sein Dasein verdankt. Kurzum: Das kirchliche Amt besteht in seinem Dienstauftrag, ministerium docendi evangelii et porrigendi sacramenta zu sein.[106]

---

[106] Daß ein, wie es heißt, funktionelles Verständnis des Wortes ministerium und ein funktionelles Verständnis des kirchlichen Amtes überhaupt für CA und Apologie charakteristisch ist, hat H. Fagerberg mit besonderem Nachdruck hervorgehoben (vgl. Fagerberg, 238 ff.). Fagerberg hat aber zugleich deutlich gemacht, daß das besagte funktionelle Amtsverständnis in keinem Gegensatz steht zu der Annahme, daß das kirchliche ministerium ein besonderes Amt darstellt, das eigens dazu berufenen Menschen amtlich anvertraut ist. Kennzeichnend für das ministerium docendi evangelii et porrigendi sacramenta von CA und Apologie sei es, „daß es sich um einen begrenzten Dienst handele, zu dem bestimmte Menschen berufen werden, als auch, daß in diesem Dienst der Akzent nicht auf der Person, sondern auf der von ihr ausgeübten Tätigkeit liege" (Fagerberg, 246; vgl. auch 258 f.). Anders gesagt: „Melanchthon akzeptierte die Vorstellung eines besonderen, von Gott gestifteten Dienstes, aber er gab ihm gleichzeitig eine funktionelle Deutung." (H. Fagerberg, Art. Amt, Ämter, Amtsverständnis VI, in: TRE 2, 552−574, hier: 564; vgl. auch Brunstäd, 134: „das Amt ist ... konstitutiv für die Kirche, um des Wortes und Sakramentes willen, dessen Funktion es ist.") Leicht abweichende, in der Sache aber dennoch vergleichbare Akzente setzt − bei expliziter Bezugnahme auf Fagerberg − H. Lieberg, Amt und Ordination bei Luther und Melanchthon, Göttingen 1962, hier: 386, Anm. 5. Nach Lieberg, bei dem sich reiches Material zum Thema findet, bedeutet der Begriff ministerium Evangelii bei Melanchthon „nicht einfach die Funktion des Evangeliums,

Die konsequente Indienstnahme des kirchlichen Amtes durch Evangeliumsverkündigung und Sakramentsverwaltung wird durch die literarischen Vorformen von CA V bestätigt, wenn etwa der 7. Schwabacher Artikel die Begriffe Amt und Verkündigung gleichsam synonym verwenden kann: „Solchen Glauben" – nämlich den Rechtfertigungsglauben, der das Leben der Kirche ausmacht – „zu erlangen oder den Menschen zu geben, hat Gott", so heißt es, „eingesetzt das Predigtambt oder mundlich Wort, nämlich das Evangelion ..." (BSLK 59,3–5) Dem entspricht der achte Marburger Artikel, wo zu lesen steht, „daß der heilig Geist, ordentlich zu reden, niemands solchen Glauben oder seine Gabe gibt, ohn vorgehend Predigt oder mundlich Wort oder Euangelion" (BSLK 59,22 f.). Predigt und Predigtamt sind im Sinne dieses Sprachgebrauchs nicht zweierlei, sondern eines, insofern das Predigtamt nichts anderes ist als die beständig geordnete und dauerhaft geregelte Predigt, deren Verkündigungsdienst ohne Unterlaß zu betreiben Wesensauftrag der einen heiligen christlichen Kirche ist, welche gemäß ihrer universalen Sendung allezeit und allüberall sein und bleiben muß. Das Predigtamt ist infolgedessen im Verkündigungsauftrag der Kirche inbegriffen. Wenn demnach im gegebenen Zusammenhang noch in Na schlicht und ohne ausdrückliche Erwähnung eines ministerium docendi evangelii et porrigendi sacramenta zu lesen steht, „daß der heilig Geist geben werd durch das Mittel des Worts und der Sakrament" (BSLK 59,1–3), dann deutet das zwar nicht auf eine etwa erst in CA XIV behobene Geringschätzung kirchlichen Amtes hin; es ist aber ein weiteres Indiz für die Tatsache, daß das in CA V explizit erwähnte

---

sondern gerade die amtliche Funktion, der amtliche Dienst am Evangelium" (248). Mit Nachdruck wird entsprechend betont, daß es sich bei dem „ministerium docendi evangelium et administrandi sacramenta" von CA V um das besondere Amt der Kirche im Sinne einer göttlichen Institution handelt: „Das Amt ist göttlichen Ursprungs, es gehört zu der von Gott gestifteten Wesensstruktur der Kirche, es ist institutum Dei." (270; bei L. gesperrt. Zur Deutung und Auslegungsgeschichte von CA V vgl. im einzelnen die inhaltsreichen Ausführungen 271–279.) Anders als bei Luther ist bei Melanchthon der Gedanke des Priestertums aller Gläubigen für das besondere Amt und seine Begründung nach Lieberg von nur untergeordneter Relevanz (vgl. 259). Indes soll es sich bei diesem Unterschied zwischen Luther und Melanchthon auch nach Maßgabe seines Urteils nicht um einen inneren Gegensatz handeln (vgl. bes. 397 ff.). „Man muß", so das Schlußresümee, „die beiden Lehrtypen bei Luther und Melanchthon als zwei Zweige an ein und demselben Stamme beurteilen." (384)

Amt recht eigentlich kein Zusatzthema zu Wort und Sakrament
darstellt: Nicht neben Wort und Sakrament kommt das kirchliche
Amt zu stehen, es ist den Gnadenmitteln vielmehr „eingestiftet",
um dazusein für sie und ihrem bestimmungsgemäßen Vollzug zu
dienen. Kraft dieser „Stiftung", durch welche das kirchliche Amt
als Gnadenmittelamt gesetzt ist, hat das Amt der Kirche schließlich auch an jener mehrfach hervorgehobenen kirchenkonstituti-
ven Bedeutung von Wort und Sakrament teil, so daß es ausgeschlossen ist, von dem satis bzw. nec necesse est in CA VII einen
prinzipiell amtskritischen Gebrauch zu machen. Das Amt der Kirche als das ministerium docendi evangelii et porrigendi sacramenta kann und darf nicht zur Disposition gestellt werden; mit
ihm steht und fällt das Kirchesein der Kirche.

Schwieriger als das Problem grundsätzlicher ekklesiologischer
Notwendigkeit des Amtes der Kirche ist die Beantwortung der
traditionell „umstritten(en)" (Mildenberger, 103) Frage, wie sich das
ministerium docendi evangelii et porrigendi sacramenta von CA V
zu jenem ordo[107] ecclesiasticus verhält, von dem im XIV. Augusta-

---

[107]   „Im klassischen Latein hatte das Wort eine doppelte Bedeutung: teils
konnte es den Begriff ‚Ordnung' bedeuten, Ordnung als solche (die abstrakte Bedeutung), teils konnte es ein bestimmtes Glied in der Ordnung
oder im Aufbau der Gesellschaft, einen ‚Stand' bedeuten. So sprach
Cicero von drei Hauptständen: dem Senatorenstand (ordo senatorius),
dem Ritterstand (ordo equester) und dem Bürgerstand (ordo plebejus).
Sieht man den Inhalt des Artikels 14 näher an, dann würde diese letztere
Bedeutung des Wortes ‚ordo' (die konkrete Bedeutung) gut passen, so
daß man übersetzen konnte: ‚Vom kirchlichen Stand lehren sie, daß keiner öffentlich lehren oder die Sakramente in der Kirche verwalten sollte,
wenn er nicht rechtmäßig berufen ist'. Es ist hier nämlich nicht von irgendeiner beliebigen ‚Ordnung' (abstrakt verstanden) in der Kirche die
Rede, sondern von einer bestimmten Gruppe berufener Menschen, von
‚einem Stand', der allein die Aufgabe der Evangeliumsverkündigung und
der Sakramentsverwaltung anvertraut bekommen hat. Der deutsche Text
spricht vom ‚Kirchenregiment'. Das deutsche Wort ‚Regiment' hat dieselbe doppelte Bedeutung wie das lateinische ‚ordo' und meint oft die Person oder die Personen, die das Regiment führen, z. B. in Artikel 16 der
CA, wo ‚Obrigkeit' und ‚geordnetes Regiment' zusammengestellt werden.
Die Ordnungen werden im Kirchenlatein oft ‚ordinationes' genannt (z. B.
in Artikel 16: gesetzliche bürgerliche Ordnungen). Was ‚ordo' eventuell
unter Hinzufügung von ‚ecclesiasticus' (kirchlich) war, wußte 1530 ein jeder; es war der Pfarrerstand, von dem Artikel 14 spricht." (R. Prenter,
a. a. O., 181) Zu den Begriffen „ordo" und „ordo politicus" vgl. R. B.
Huschke, Melanchthons Lehre vom ordo politicus. Ein Beitrag zum Ver-

na-Artikel, „welche(r) der kürzeste in der Confessio ist"[108], gelehrt wird, „quod nemo debeat in ecclesia publice docere aut sacramenta administrare nisi rite vocatus"[109]. Während er in den Schwabacher Artikeln noch gänzlich fehlt, ist der Artikel in Na, wie bereits erwähnt, lediglich mit einer Zwischennummer vertreten, wobei offenbleiben kann, ob dies auf ein Versehen des Übersetzers zurückzuführen ist oder ob dies auf eine erst später erfolgte Entstehung bzw. Endredaktion schließen läßt. Veranlaßt worden sein dürfte CA XIV, dessen deutsche Endfassung in Nb erreicht ist, analog zu anderen Zusatzartikeln nicht zuletzt durch die Angriffe Ecks[110], der im 267. und 268. Artikel seines Häresienkatalogs Luther mit den beiden Sätzen zitiert hatte: „Sacramentum ordinis ecclesia Christi ignorat ..." „Omnes, quotquot baptisati su-

---

hältnis von Glauben und politischem Handeln bei Melanchthon, Gütersloh 1968. Im Unterschied zum ordo-Begriff kommt die Wendung ordo politicus in den Schriften Melanchthons vor 1535 nicht vor. Als Bezeichnung der politischen Ordnung fungiert bis dahin ausschließlich der ihren – dem Willen Gottes entspringenden – Auftragscharakter betonende ordinatio-Begriff (vgl. ebd. 61–65). Zu „Melanchthons Rechts- und Soziallehre" vgl. die gleichnamige Untersuchung von F. Kirsch, Berlin 1967.

[108] G. Lindbeck, Rite vocatus: der theologische Hintergrund zu CA 14, in: E. Iserloh (Hg.), Confessio Augustana und Confutatio. Der Augsburger Reichstag 1530 und die Einheit der Kirche, Münster ²1980, 454–466, hier: 455.

[109] Nach R. Prenter, a. a. O., 182 f. bedeutet das Wort „rite" im Deutschen „in Übereinstimmung mit der festgelegten Gewohnheit", womit hinwiederum die im NT bezeugte apostolische Sitte gemeint sein soll. Zu den überkommenen Alternativmodellen der Verhältnisbestimmung von CA V und CA XIV vgl. Mildenberger, 103 ff., hier: 105: „Beide Begründungsmodelle leiden m. E. darunter, daß hier das Verhältnis von Amt und Gemeinde zu statisch gesehen ist: Entweder steht da der Gemeinde ein iure divino begründetes Amt gegenüber, oder sie selbst setzt ein dann natürlich nur iure humano begründetes Amt aus sich heraus. Man darf aber Predigtamt, ministerium ecclesiasticum, nicht einfach von den Personen her verstehen, die dieses Amt führen. Das Amt muß vielmehr als ein Vorgang begriffen werden, bezogen auf das Evangelium. Wie im Evangelium die objektiv-christologische und die subjektiv-pneumatologische Seite der Wirksamkeit Gottes verbunden sind im Vorgang des Redens und Hörens, des Darreichens und Nehmens, so sind im Amt als Vorgang der Prediger und seine Hörer, der das Sakrament spendet und die es empfangen, miteinander verbunden."

[110] Vgl. L. Grane, a. a. O., 122.

mus, aequaliter sacerdotes sumus. Et quilibet laycus potest ecclesias consecrare, pueros confirmare ..." (Vgl. auch Ficker, 49.)

Um den mit der Zitation solcher Sätze verbundenen Häresievorwurf abzuwehren, betont Melanchthon, dem hier möglicherweise der beschlagene Jurist Brück die Feder geführt hat (vgl. Maurer I, 205, Anm. 48), daß auch unter reformatorischen Bedingungen „niemand in der Kirchen offentlich lehren oder predigen oder Sakrament reichen soll ohn ordentlichen Beruf" (BSLK 69,3–5, vgl. Apol XIV,1). Wie CA V („Recte hic principes asserunt ministerium docendi evangelii et administrationis sacramentorum ..." / „Recht bekennen hie die fursten ein ampt leren das evangelium und verraichen die sacrament ..." [Ficker, 21; vgl. Immenkötter, 86 ff.]), so fand auch diese Feststellung im Grundsatz die Anerkennung der Konfutatoren. Sie machten ihre Zustimmung aber von der Bedingung abhängig, daß allein derjenige Amtsträger als ordentlich eingesetzt gelten kann, der entsprechend dem kirchlichen Recht berufen wurde, so wie es in der ganzen Christenheit bisher gehalten ist. Die protestantischen Fürsten werden deshalb ermahnt, an dieser Praxis festzuhalten und niemanden in ihren Gebieten zum Pfarrer oder Prediger zuzulassen, der nicht ordentlich durch die geistliche Obrigkeit nach allgemeingültiger Maßgabe kanonischen Rechts berufen worden ist (vgl. Immenkötter, 110 ff; BSLK 296, Anm. 2). Deutlicher noch hatte man sich in der „extemporalis responsio", der von Ficker edierten Vorform der Confutatio geäußert. Hier werden als verpflichtend sowohl die Sakramentalität der Ordination, als auch die hierarchische Verfassung der Kirche, ferner die Achtung der Differenz zwischen Episkopat und Presbyterat und schließlich ein diesen Bestimmungen entsprechendes Ordinationsrecht eingeschärft (vgl. Ficker, 49 ff.).

Die damit angezeigte amtstheologische Problemlage bestimmte sodann auch die einschlägigen Ausschußverhandlungen, die es bei dem etwas dürftigen Ergebnis belassen mußten, man sei hinsichtlich des XIV. Artikels gleich, „wie der in worten begriffen. So vil aber desselben declaration belanget, ist behalden unter dem titel von geistlicher gewalt" (Förstemann II, 232). Mit den kritischen Worten Ecks gesagt: „Articulus 14. concordat in usu (Coel.: in verbis), sed in practica discordat, cum non vocent plebanos et praedicatores secundum communem iuris dispositionem, aut provincialem ordinarii ordinationem, quod esset legitime vocare." (Schirrmacher, 205) In der Konsequenz dieses Urteils plädierte neben anderen auch Eck dafür, die Kontroverse um das kirchliche Amt auf die Diskussion von CA XXVIII zu verschieben, da erst in diesem Kontext das zentrale Postulat altgläubiger Amtstheologie, „ut ordinatio fiat ab episcopis" (BSLK 296,22), in seiner Bedeutung hinreichend zu ermessen sei. Diesem plausiblen Verfahrensvorschlag soll im folgenden u. a. dadurch Rechnung getragen werden, daß Melanchthons Apologie von CA XIV erst im Zusammenhang mit der Frage nach den Gliederungsformen des ordinationsgebundenen Amtes und eines eventuellen episkopalen Ordinationsvorbehalts erörtert wird.

Zuvor jedoch bedarf es der Behandlung einer anderen, bereits angesprochenen, aber noch offenen Frage, nämlich der nach der rechten Zuordnung des ministerium docendi evangelii et porrigendi sacramenta von CA V und des in CA XIV Thematisierten. Ist das in CA V als göttlich eingesetzt bezeichnete Dienstamt der Verkündigung des Evangeliums und der Sakramentsverwaltung mit dem ordinationsgebundenen Amt von CA XIV identisch oder sind hier sachliche Unterscheidungen nötig? Ein nicht geringer Teil der protestantischen Interpreten vertritt letztere Ansicht, nämlich die Auffassung, „daß unter dem in CA V behandelten *ministerium ecclesiasticum* nicht nur und nicht einmal in erster Linie das öffentliche Predigtamt, sondern vor allem auch das allgemeine Priestertum verstanden werden muß, während in CA XIV allerdings nur das öffentliche Predigtamt gemeint ist"[111]. Dieser Auffassung neigt neben dem zitierten S. Grundmann etwa W. Joest zu, wenn er vermutet, in CA V sei anders als in CA XIV oder CA XXVIII „mit ‚Predigtamt' nicht nur das Pfarr- oder Bischofsamt im spezifischen Sinne gemeint ..., sondern der dem Christen gegebene Zeugnisauftrag überhaupt, der auch durch das ‚allgemeine' Priestertum wirksam werden will"[112]. Auch in W. Maurers historischem Kommentar wird diese Sicht begünstigt, sofern nach seiner Auffassung CA V wie die Augustana insgesamt „mit dem Begriff ‚Predigtamt' nicht die Vorstellung einer amtlichen Institution verbindet, sondern dabei an ein pneumatisches Geschehen

---

[111] S. Grundmann, Sacerdotium – Ministerium – Ecclesia particularis, in: ders. (Hg.), Für Kirche und Recht. FS J. Heckel, Köln/Graz 1959, 144–163, hier: 150.

[112] W. Joest, Das Amt und die Einheit der Kirche, in: US 16 (1961), 236–249, hier: 239.

denkt, das die ganze Christenheit umspannt, wenn es sich auch in einzelnen, jeweils dazu bestimmten Personen konzentriert" (Maurer II, 140).[113] Bereits in seiner Arbeit über die bekenntnismäßige Grundlage eines Pfarrerrechtes in der evangelisch-lutherischen Kirche hatte Maurer die These vertreten, das ministerium docendi evangelii et porrigendi sacramenta sei „keineswegs ... schlechthin gleichzusetzen" (Maurer, 67) mit dem rechtlich geordneten Pfarramt, vielmehr „sachlich identisch mit der wirkenden Kraft des Heiligen Geistes, der von den Tagen der Apostel an sich Werkzeuge geschaffen hat, um sich in der Kirche heilsam zu bezeugen. Auf die Art dieser Werkzeuge, auf ihren amtlichen Charakter etwa, kommt es zunächst gar nicht an, einzig auf den Inhalt dessen, was sie bezeugen, und auf die geistliche Kraft, die dadurch wirksam wird." (Maurer, 69f.) Andererseits verschmähe, so Maurer, das Zeugnis des Geistes „keineswegs beamtete Werkzeuge, sucht sie vielmehr, ja schafft sich im Notfall (sic!) geordnete Formen" (Maurer, 70; vgl. dgg. Anm. 4). Solche geordneten Formen seien in dem Bekenntnis mit dem Wort „ministerium" in erster Linie bezeichnet, und so dürfe auch anläßlich der einschlägigen Wendung in CA V in erster Linie an das Pfarramt gedacht werden.

Man wird nicht sagen können, daß mit dieser Auskunft das Problem der rechten Verhältnisbestimmung von CA V und CA XIV, geschweige denn von allgemeinem Priestertum und ordinationsgebundenem Amt einer präzisen Lösung zugeführt ist. Das wird auch durch den Hinweis nicht geleistet, im „allgemeinen Dienst der ganzen christlichen Gemeinde ... (sei) das Pfarramt als ein Dienstamt eingebettet" (Maurer, 72). Zwar soll dadurch das Mißverständnis ausgeschlossen werden, „als wäre das Pfarramt aus der Gemeinde hervorgegangen" (Maurer, 73); doch bleibt einst-

---

[113] CA XIV weist Maurer demgegenüber dezidiert dem Bereich der kirchlichen Ordnungen zu. Die Richtigkeit dieser Zuweisung ergibt sich ihm u. a. aus der Stellung des Artikels in Na: „In Na war der jetzige Artikel 14 zwischen CA 15 und CA 16 vorgesehen; die Berufung zum Amt war also den menschlichen Ordnungen in der Kirche subsumiert worden." (Maurer I, 206) Die Inhalte von CA V und CA XIV verhalten sich demzufolge, obwohl Maurer „die beiden Artikel nicht auseinanderreißen will" (Maurer I, 207), wie „göttliches Heilsgeschehen und menschliche Ordnungsbemühungen" (Maurer I, 206) zueinander. Später wird diese Verhältnisbestimmung allerdings wieder eingeschränkt (vgl. etwa Maurer I, 210).

weilen offen, worin theologisch genau die spezifische Differenz des ordinationsgebundenen Amtes gegenüber jenem umfassenden Dienstamt der Kirche bestehen soll, das Maurer im V. Artikel der CA jedenfalls auch beschrieben findet und ausdrücklich von dem in CA XIV behandelten ordentlichen Pfarramt unterschieden wissen will. Sachlich weiterführend ist diesbezüglich erst die das Gesamtergebnis der Maurerschen Studien komprimiert zusammenfassende These, dergemäß zu gelten hat: „Das göttliche Recht fordert die Einrichtung eines beständig und öffentlich wirksamen Dienstamtes." (Maurer, 110, bei M. gesperrt) Eigentümliches Kennzeichen des ordinationsgebundenen Amtes im Unterschied zum Priestertum, welches alle Glaubenden wahrzunehmen haben, ist dieser These zufolge der iure divino geforderte kontinuierliche, in Form einer beständigen Ordnung vollzogene, mithin institutionalisierte Dienst der öffentlichen Evangeliumsverkündigung in Wort und Sakrament. Dabei bedingen sich die Öffentlichkeit dieses Dienstes und seine institutionalisierte Gestalt gegenseitig, so daß Maurer sagen kann: „Der Institution eignet der Öffentlichkeitscharakter; und um der Öffentlichkeit willen ist die Institution nötig." (Maurer, 113)

Mit geordneter Institutionalität und Öffentlichkeit sind, wie Maurer zurecht sagt, die beiden eng miteinander verbundenen Konstitutions- und Spezifizierungselemente des in CA XIV behandelten ordinationsgebundenen Amtes der Kirche bestimmt. Zu fragen bleibt allerdings, ob sich das Verhältnis dieses Amtes zu dem ministerium docendi evangelii et porrigendi sacramenta von CA V sachgerecht so umschreiben läßt, daß ersteres den, wie es bei Maurer heißt, ergänzenden „Spezialfall" (Maurer, 119) von letzterem darstellt. Eine begriffsscharfe sachliche Vermittlung der beiden genannten amtstheologischen Optionen ist damit jedenfalls ebensowenig geleistet wie mit folgender Wendung: „Das *allgemeine* Dienstamt von CA 5 ist ein *unmittelbarer* Ausfluß des göttlichen Rechtes, institutionell nicht faßbar, von menschlichen Ordnungen nicht begrenzbar. Das *öffentliche* Dienstamt von CA 14 ist eine Institution, eine göttliche Stiftung, in ihrer Existenz vom göttlichen Recht gefordert und in ihren irdisch-geschichtlichen Ausprägungen seiner Kritik unterworfen." (Ebd.) Offenkundig wird die bleibende Begriffsschwäche von Maurers Argumentation spätestens dort, wo er, um seine systematische Zuordnung von CA V und CA XIV aufrechterhalten zu können, eine nichtöffentliche Sakramentsverwaltung für möglich erklären muß. „Es gibt", heißt es,

„auch eine Möglichkeit, nicht öffentlich zu lehren und Sakramente zu verwalten. *Wenn* beides aber öffentlich geschieht, dann soll es rechtmäßig geschehen, d. h. durch einen ordnungsmäßig Berufenen innerhalb eines Ordo." (Maurer, 119 f.) Es bedarf keines Beweises, daß diese These der eindeutig belegbaren Auffassung Luthers widerspricht, daß namentlich das Altarsakrament wegen seines spezifischen Öffentlichkeitscharakters nicht ohne ordinierten Amtsträger gefeiert werden soll.[114]

Während Maurer von der Voraussetzung ausgegangen war, daß das ministerium ecclesiasticum von CA V bei aller gegebenen Nähe sachlich zu unterscheiden ist von dem ordinationsgebundenen Amt, das CA XIV behandelt wird, haben andere Interpreten diese Unterscheidung ausdrücklich in Abrede gestellt. Angeführt werden dafür zunächst historische Gründe, die in ihrer Evidenz schwerlich zu bestreiten sind. Zumindest auf altgläubiger Seite dürfte man 1530 das im V. Artikel der Augustana erwähnte ministerium selbstverständlich und eindeutig auf das ordinationsgebundene Amt der Kirche bezogen haben. Anders wäre das offenbar umstands- und problemlose Verhältnis der Konfutatoren zu dem amtstheologischen Themenaspekt von CA V nicht zu erklären. Was hinwiederum Melanchthon und die reformatorische Seite betrifft, so müßte man schon eine strategische Absicht zu bewußt

---

[114] „Das Sakrament – besonders das Heilige Abendmahl – ist ja wesenhaft auf die Communio der Christen bezogen, also auf Konstituierung der Gemeinde als Einheit aus der Teilhabe an Christus. Darum ... gehört seine Feier ordnungsgemäß in den Gottesdienst der Gemeinde und seine Austeilung in die Hand dessen, der zum besonderen Dienst an diesem Gottesdienst und an der Einheit der Gemeinde in ihm verordnet ist." (W. Joest, a. a. O., 244 f.). Vgl. ferner P. Manns, Amt und Eucharistie in der Theologie Martin Luthers, in: P. Bläser, u. a., Amt und Eucharistie, Paderborn 1973, 68–173, sowie meine Einführung in die evangelische Sakramentenlehre, Darmstadt 1988, 207–225. Ferner E. Wolf, Zur Verwaltung der Sakramente nach Luther und lutherischer Lehre, in: Peregrinatio. Studien zur reformatorischen Theologie und zum Kirchenproblem, München 1954, 243–256, hier: 253: „Da die *Darreichung der Sakramente* als Handlung und Bekenntnisakt der versammelten Gemeinde in der Regel *nur öffentlich* geschehen kann, hat diese Form der Wortverkündigung (verbum visibile) eine *relativ engere* ‚Bindung‘ an das öffentliche Amt als die mündliche Bezeugung des Evangeliums, die unter Brüdern und gegenüber Nichtchristen als Christenpflicht zu erfolgen hat ebenso wie die Ausübung der Schlüsselgewalt innerhalb der Gemeinde im gegenseitigen Dienst ihrer Glieder."

undurchsichtiger und zweideutiger Formulierung unterstellen, um aus CA V einen Hinweis auf das Priestertum aller Gläubigen herauslesen zu können; das gilt umso mehr, als am angegebenen Ort nicht nur vom Amt der Evangeliumsverkündigung, deren nichtöffentliche Wahrnehmung selbstverständliches Recht und selbstverständliche Pflicht jedes Christen ist, sondern auch vom ministerium porrigendi sacramenta die Rede ist, das nach reformatorischer Lehre, wie gesagt, jedenfalls in bezug auf das Abendmahl grundsätzlich dem ordinierten Amtsträger vorbehalten ist. Der Schluß liegt daher nahe, daß es sich bei dem ministerium ecclesiasticum von CA V um kein anderes Amt handelt als um das ordinationsgebundene Amt von CA XIV.

Von den die Amtsthematik behandelnden Autoren des ökumenischen Kommentars zur CA aus dem Jubiläumsjahr 1980 wird diese Annahme entschieden bestätigt: „Im historischen Kontext gelesen, gibt es", so wird gesagt, „keinen Zweifel, daß für die, welche die CA vorlegten und hörten, ‚Dienstamt' und entsprechende Ausdrücke (wo immer sie auftauchen, einschließlich CA 5) unmittelbar die Vorstellung von einem öffentlichen Amt ins Bewußtsein riefen, das bestimmte Rechte und Pflichten einschließt, die ausgeübt werden nur oder doch hauptsächlich durch eine begrenzte Zahl von Personen, die formell dafür eingesetzt wird." (Dulles/Lindbeck, 149 f.) Daß es „das offizielle Dienstamt von rechtmäßig berufenen und ordinierten Personen ist, auf das sich der entscheidende Artikel CA 5, ‚De ministerio ecclesiastico', bezieht" (Dulles/Lindbeck, 150), müsse im übrigen jedem einleuchten, der „die praktischen Anliegen der Reformatoren in Augsburg in Betracht zieht" (Dulles/Lindbeck, 140) und der die im ersten Teil des Bekenntnisses skizzierte Lehre vom Dienstamt von dem zuerst entworfenen und weitaus längsten CA-Artikel her, nämlich von CA XXVIII im Sinne eines regulativen und korrektiven Prinzips von Reformen versteht. Diese Reformen seien gegen alles in Praxis und Lehre der Kirche gerichtet, „was die Mitteilung durch das ‚äußere Wort' (CA 5) der evangelischen Predigt und Sakramente vom geistgewirkten und rechtfertigenden Glauben an Gottes Verheißungen in Jesus Christus, von dem die Werke der Liebe fließen (CA 6 und 20), hindert" (Dulles/Lindbeck, 148 f.). Eine ekklesiologische Herabsetzung des ordinationsgebundenen Amtes zu einer lediglich pragmatischen Einrichtung menschlichen Rechts und zu einer bloßen Funktion des Gemeindewillens sei dagegen in keiner Weise mit ihnen verbunden. Bezeichnenderweise werde der

locus classicus für die sog. Gemeindeübertragungstheorie –
1. Kor 14,40 – „nur einmal in den Bekenntnissen zitiert (Apol
15,20), und dort in bezug auf ‚Riten und Zeiten‘, nicht auf die
Institution des Dienstamtes" (Dulles/Lindbeck, 149, Anm. 12).
Nicht als eine Funktion des Gemeindewillens, sondern als
Funktion der Evangeliumsverkündigung in Wort und Sakrament
habe das ordinationsgebundene Amt mithin nach Lehre der
Augustana zu gelten.

Hat die referierte Analyse bis hierher sowohl in historischer als
auch in systematischer Hinsicht ihre zweifellose Richtigkeit, so
muß es gleichwohl unter Bedingungen reformatorischer Theologie als bedenklich erscheinen, wenn aus der zutreffenden These,
das ordinationsgebundene Amt der Kirche sei Wort und Sakrament funktional zugeordnet, im Umkehrschluß gefolgert wird, die
Evangeliumsverkündigung sei eine Funktion des ordinationsgebundenen Amtes dergestalt, daß sie ihren „wahrhaft lebensspen-
denden Charakter als Gotteswort – das nicht unser Wort ist –" nur
dann behalte, wenn ihre Vermittlung durch Amtsträger geschieht,
„die der Gemeinschaft gegenübertreten, deren Autorität von Gott
kommt und nicht von Menschen, die – wie Melanchthon es in der
Apologie ausdrückt – nicht sich selbst, sondern die Person Christi
repräsentieren (Apol 7,28)" (Dulles/Lindbeck, 151). Denn durch
diese Formulierung wird der Eindruck einer exklusiven Bindung
des „ministerium verbi divini" an die Träger des ordinationsgebundenen Amtes erweckt, wie sie reformatorischer Lehre nicht
nur nicht entspricht, sondern widerspricht, wenn anders die Lehre
vom Priestertum aller Gläubigen zu jeder Form evangelischer Lehre unaufgebbar hinzugehört. Davon aber ist bis zum erbrachten
Beweis des Gegenteils auszugehen. Man wird daher nicht zuletzt
in bezug auf die Ekklesiologie der CA zu vermuten haben, daß
sie der für Luthers Kirchenauffassung grundlegenden Lehre vom
allgemeinen Priestertum nicht entgegensteht, sondern sich mit ihr
in eine sachliche Verbindung bringen läßt, auch wenn die besagte
Lehre in ihr nicht explizit enthalten ist, was sich aufgrund des historischen Literalsinns des Textes nicht bestreiten läßt.[115]

---

[115]   Vgl. L. Grane, a. a. O., 77: „In der CA fehlt bekanntlich die Lehre vom
allgemeinen Priestertum, die für Luthers Kirchenauffassung konstitutiv
war, aber die beiden Artikel von der Kirche widersprechen ihr in keiner
Weise." Zum Verständnis der klassischen Belegstelle für die Lehre vom
allgemeinen Priestertum, 1. Petr 2,9, in Tract 69 vgl. Fagerberg, 260 f.

In Anbetracht der erreichten Verfahrenheit der Argumentationsla-
ge, die für die theologische Amtsdiskussion nicht untypisch ist,
mag es nicht nur entlastend, sondern auch sachlich hilfreich sein,
sich in Form eines Exkurses neben Luthers eigener Position analoge Problemkontroversen der jüngeren theologischen Vergangenheit vor Augen zu führen. Es ist dabei offenkundig so, daß die
Auslegungsgeschichte von CA V und CA XIV bis zum heutigen
Tage entscheidend geprägt ist von dem Streit um die „Grundsätze
evangelisch-lutherischer Kirchenverfassung", den das 1850 (³1852)
erschienene gleichnamige Buch des Erlanger praktischen Theologen J. W. F. Höfling auslöste. Höfling unterschied zwischen dem
von Gott eingesetzten ministerium docendi evangelii et porrigendi
sacramenta, welches der ganzen Kirche und damit allen Christen
anvertraut sei, und dem durch das rite vocatus und publice docere charakterisierten ordo ecclesiasticus des Pfarramts, der lediglich
iure humano bestehe und einzelnen um der Ordnung willen von
der Gemeinde als der Gemeinschaft der im allgemeinen Priestertum Stehenden zuerkannt werde. Dieser sog. Delegations- oder
Übertragungstheorie widersprachen neben W. Löhe[116] u. a. F. J.
Stahl, Th. Kliefoth, A. F. Chr. Vilmar, Th. Harnack und A. v. Harleß.
Unbeschadet gegebener Unterschiede ihrer Amtstheologie betonten sie im Gegensatz zu Höfling nachdrücklich die göttliche Stiftung des Amtes öffentlicher Evangeliumsverkündigung und erklärten damit das Pfarramt „zu einer für den einzelnen Christen
unverfügbaren Institution, deren Funktionen auszuüben ihm, abgesehen von Notfällen, verwehrt ist"[117].

Bezieht man die skizzierte Kontroverse auf Luthers eigene Amtstheologie, so duldet es keinen Zweifel, daß nach Auffassung des
Reformators „das geistliche Amt in der Kirche auf Grund der ausdrücklichen Anordnung Gottes (ordinatio Dei)"[118] existiert. Zwar
sind nach Luthers theologischem Urteil grundsätzliche Fähigkeit
und Auftrag, das Evangelium zu verkünden, allen Christen gege-

---

[116]   Vgl. im einzelnen G. Müller, Das neulutherische Amtsverständnis in reformatorischer Sicht, in: KuD 17 (1971), 46–74; ferner: H. Fagerberg, Bekenntnis, Kirche und Amt in der deutschen konfessionellen Theologie
des 19. Jahrhunderts, Uppsala/Wiesbaden 1952, bes. 101 ff.

[117]   S. Grundmann, a. a. O., 148.

[118]   W. Brunotte, Das geistliche Amt bei Luther als ordinatio Dei, in: Luther
30 (1959), 24–31, hier: 24.

ben; doch hat er „die öffentliche Verkündigung in der Gemeinde Christi stets als Aufgabe und Pflicht des geistlichen Amtes bezeichnet und die Vollmacht dazu nie dem einzelnen Christen kraft seines allgemeinen Priestertums zuerkannt, sie vielmehr stets von der ausdrücklichen Berufung in das geistliche Amt abhängig gemacht"[119]. Auch die Argumentation mit dem Ordnungsgedanken stellt das nicht in Frage, da Luther das geordnete Amt auf eine ausdrückliche Anordnung Gottes zurückführt. Es ist daher verfehlt, Luthers Auffassung vom Amt als einer göttlichen Stiftung und als Gemeindeordnung auf zwei Lebensperioden des Reformators zu verteilen oder von einer doppelten Begründung des Amtes, nämlich einer stiftungs- und einer ordnungsbedingten Amtsbegründung zu sprechen. Eine solche Annahme vertritt etwa K. Tuchel, wobei er „die Mitte des Nebeneinanders von ordnungsbedingter und stiftungsbedingter Amtsbegründung bei Luther in dessen Anschauung vom Christen als simul iustus et peccator zu sehen"[120] glaubt. R. Prenter hat diese Annahme zu recht kritisiert und zugleich einen entscheidenden Hinweis gegeben, von dem her sich die sachliche Zusammengehörigkeit der verschiedenen und bei oberflächlicher Betrachtung leicht als widersprüchlich erscheinenden Aussagen Luthers über ordinationsgebundenes Amt und Priestertum aller Gläubigen erschließt. Dieser Hinweis besagt, daß die Funktionen des geistlichen Amtes im Notfall und im privaten Bereich durch einen jeden Christen kraft seiner Teilhabe an dem allgemeinen Priestertum ausgeübt werden können und sollen; aber gerade *weil* sie allen Christen in gleicher Weise zukommen ... , dürfen jene Funktionen in dem öffentlichen Gottesdienst nur von solchen ausgeübt werden, die zum besonderen Amte berufen sind"[121]. Die Pointe dieser Argumentation besteht darin, daß das ordinationsgebundene Amt gerade um der Allgemeinheit des allgemeinen Priestertums willen gesetzt und zwar göttlich gesetzt ist; denn „daraus, daß das Amt seine Funktionen mit dem allgemeinen Priestertum teilt und sie deshalb im Namen des allgemeinen Priestertums ausübt, folgt mit logischer Notwen-

[119] A. a. O., 28.

[120] K. Tuchel, Luthers Auffassung vom geistlichen Amt, in: LuJ 25 (1958), 61–98, hier: 88.

[121] R. Prenter, Die göttliche Einsetzung des Predigtamtes und das allgemeine Priestertum bei Luther, in: ThLZ 86 (1961), Sp. 321–332, hier: 326.

digkeit nicht ohne weiteres, daß das Amt aus dem allgemeinen Priestertum hervorgehe"[122]. Vielmehr haben allgemeines Priestertum und ordinationsgebundenes Amt insofern als gleichursprünglich zu gelten, als ohne die besondere Ordnung des Amtes öffentlicher Evangeliumsverkündigung in Wort und Sakrament die Allgemeinheit des Priestertums aller sich nicht realisieren könnte. Entsprechend sind Priestertum aller und ordinationsgebundenes Amt untrennbar einander zugeordnet: „Wie das allgemeine Priestertum dem Wirken des besonderen Amtes entgegenkommen muß, weil es nur im Glauben an Gottes eigenes Wort wirklich ist, so muß auch das Amt in seinem Fungieren dem allgemeinen Priestertum entgegenkommen, sich dem allgemeinen Priestertum ganz hingeben. Es dient ja einem Evangelium, das alle, die es hören und glauben, zu Priestern macht. Damit *das* geschehe, damit die Grenze zwischen Amt und allgemeinem Priestertum durch das Fungieren des Amtes verschwinde, ist das Amt eingesetzt worden. Aber nur in Christus verschwindet diese Grenze. In der Welt besteht sie weiter um des Evangeliums willen bis zum jüngsten Tag. Daß Amt und allgemeines Priestertum in der Kirche in der beschriebenen Weise einander zugeordnet sind, daß sie beide gewissermaßen da sind, damit das eine sich in dem anderen verliert, das kommt dadurch zum Ausdruck, daß sie beide dieselben Funktionen haben. Nur durch das Wirken des Amtes kann das allgemeine Priestertum bestehen. Nur das dem allgemeinen Priestertum geschenkte Evangelium kann das Amt verkünden."[123]

Die Allgemeinheit des Priestertums aller und die Besonderheit des ordinationsgebundenen Amtes stehen sonach in einem wechselseitigen Verweisungs- und Begründungszusammenhang. Während nämlich die nichtordinierten Gemeindeglieder ihre Teilhabe am allgemeinen Priestertum je besonders, nämlich im Zusammenhang einer je eigenen individuellen und sozialen Rolle zu verwirklichen haben, ist es der besondere Beruf des ordinationsgebundenen Amtes, Separierungen zu vermeiden und somit für die Allgemein-

---

[122]   Ebd.

[123]   A. a. O., 329 f. Das ordinationsgebundene Amt der Kirche wird in diesem Sinne nur recht verstanden, wenn es in Beziehung steht zu den vielfältigen Charismen und Diensten, durch welche Christen ihrer Berufung durch die Taufe leben, welche das gemeinsame Priestertum aller Gläubigen begründet.

heit des Priestertums aller Sorge zu tragen. In den Zusammenhang der Sorge für die Allgemeinheit des Priestertums aller gehört
auch der spezifische Öffentlichkeitsdienst[124] des ordinationsgebundenen Amtes, der seinerseits, wie erwähnt, etwas mit der geordneten Institutionalität des besonderen Amtes zu tun hat. Ist
doch die Institutionalität des besonderen Amtes nichts anderes als
eine Funktion geregelter Dauerhaftigkeit, die Wort und Sakrament
dem Auftrag Christi gemäß innewohnen, damit die congregatio
sanctorum allezeit und allenthalben bestehe. Der Bestand der Kirche hinwiederum ruht wegen seiner Begründung in Wort und Sakrament nicht selbstgenügsam in sich, sondern ist – der gnaden-
haften Selbsterschließung Gottes respondierend – offen für Mit-
mensch und Welt, um auf solche Weise jene universale Gemeinschaft aller Gläubigen zu realisieren, auf welche die göttliche
Sendung Jesu Christi aus ist und zu der die Kirche der raum- und
zeitumgreifenden Sendung ihres Herrn gemäß als ganze bestimmt
ist. Institutionalität, Öffentlichkeitsdienst und die dem ordinationsgebundenen Amt in besonderer Weise aufgetragene Sorge um
die Allgemeinheit des Priestertums aller Gläubigen bedingen sich
sonach gegenseitig und begründen in dieser Zusammengehörigkeit die gottgewollte spezifische Besonderheit des ordinationsgebundenen Amtes im Unterschied zu dem Priestertum, welches
nichtordinierte Getaufte ihrer göttlichen Bestimmung gemäß zu
realisieren haben. Charakteristisch und entscheidend für diese
Begründung des besonderen kirchlichen Amtes ist es, daß sie die
Allgemeinheit des Priestertums aller Gläubigen nicht beschränkt
oder aufhebt, sondern ausschließlich auf deren Realisation ausgerichtet ist, ohne deshalb die göttliche Stiftung des ordinationsgebundenen Amtes zu leugnen. Denn die Leugnung der gottgestifteten Besonderheit des ordinationsgebundenen Amtes müßte
nach Maßgabe der entwickelten Argumentation einen Widerspruch zur Affirmation des allgemeinen Priestertums darstellen.

---

[124] Hinzuzufügen ist: „Die kirchliche Öffentlichkeit war die gottesdienstliche; und ‚publice docere‘ hieß so predigen, wie es der apostolischen
Tradition entsprach und der geistlichen Einheit der Christenheit dienlich
war." (Maurer I, 218) Zu ergänzen ist ferner: „Die öffentliche Lehre
durchdringt die Welt. Öffentlichkeit weist im Sinne von CA 14 in die
Welt, die Gott zum Heil berufen hat. Deshalb kennt die öffentliche Predigt keine Grenzen." (Maurer I, 220)

Im Rahmen der skizzierten amtstheologischen Begründung, für die der ekklesiologische Gedanke der Einheit der Vielen strukturell bestimmend ist[125], hat dann auch die besagte Vorstellung vikarischer Christusrepräsentation ihren Ort, die allein und für sich genommen die spezifische Besonderheit des ordinationsgebundenen Amtes nicht begründen kann, jedenfalls nicht im Sinne reformatorischer Theologie. Denn Repräsentanten Christi zu sein, dazu sind nach reformatorischer Auffassung alle Christen bestimmt, wenn sie denn am Priestertum aller Gläubigen teilhaben. Infolgedessen darf die Funktion der Repräsentation Jesu Christi nicht exklusiv dem ordinationsgebundenen Amt und seinen Trägern vorbehalten werden. Daran ändert die Tatsache nichts, daß die lutherische Bekenntnistradition die Vorstellung vikarischer Christusrepräsentation amtstheologisch durchaus rezipieren konnte, etwa wenn es, um bereits Erwähntes zu wiederholen, Apol VII,28 von den Amtsträgern heißt, daß sie die Sakramente in Stellvertretung Christi darreichen („Christi vice et loco"). Indes soll damit, wie der Kontext zeigt, lediglich die Aussage von CA VIII unterstrichen werden, daß nämlich die Wirksamkeit der Sakramente nicht von der persönlichen Würdigkeit des Spenders abhängt: „Nec adimit sacramentis efficaciam, quod per indignos tractantur, quia repraesentant Christi personam propter vocationem ecclesiae, non repraesentant proprias personas, ut testatur Christus: Qui vos audit, me audit." (BSLK 240,40–45) Die Lehre, die aus diesem Wort Christi aus Lk 10,16 gezogen wird, ist sonach schlicht die, daß man keinen die Verläßlichkeit der Gnadenzusage Gottes verunsichernden Anstoß an der Unwürdigkeit der kirchlichen Diener nehmen möge. Ein exklusiver Autoritätsanspruch des Amtes auf bedingungslosen Gehorsam, wie er Christus gebührt, soll mit dem zitierten Herrenwort hingegen gerade nicht begründet werden. Vielmehr ist das Gegenteil der Fall, wie u. a. der Abschnitt CA XXVIII,22 f. bezeugt, wo Lk 10,16 ebenfalls in einschlä-

---

[125] Vgl. im einzelnen meinen Beitrag: Die Einheit der Vielen. Erwägungen zum Amtstext des Limadokuments aus der Perspektive lutherischer Theologie, in: W.-D. Hauschild, C. Nicolaisen, D. Wendebourg (Hg.), Kirchengemeinschaft – Anspruch und Wirklichkeit. FS G. Kretschmar, Stuttgart 1986, 275–295; ferner: Charisma und Amt, in: Theologische Beiträge 21 (1990), 116–135. Zur Begriffsgeschichte von repraesentatio bzw. repraesentare vgl. P. J. Cordes, „Sacerdos alter Christus"? Der Repräsentationsgedanke in der Amtstheologie, in: Cath M 26 (1972), 38–49, bes. 44 ff.

gigen amtstheologischen Zusammenhängen zitiert wird mit dem eindeutigen Ergebnis, daß man den Bischöfen nicht um ihrer selbst oder um einer ihrem Amt unmittelbar eigenen Formalautorität willen, sondern ausschließlich wegen des Evangeliums Gehorsam schuldig sei: „At cum aliquid contra evangelium docent aut constituunt, tunc habent ecclesiae mandatum Dei, quod prohibet oboedire." Belegt wird dies mit Mt 7,15, Gal 1,8, 2. Kor 13,8.10 sowie unter Verweis auf das Decretum Gratiani (p. II q.7 c.8 und c.13) und Augustin (De un. eccl. 11,28).

Zu einem ähnlichen Schluß gelangt Melanchthon in Apol VII,47 f., wo unter direktem Bezug auf CA VIII und erneuter Zitation von Lk 10,16 zunächst wiederholt wird, man solle an unwürdigen Amtsträgern nicht falschen, will heißen: die Wirksamkeit der gereichten Gnadenmittel infragestellenden Anstoß nehmen oder sich zu sektiererischen Spaltungen verleiten lassen, und wo dann unter Berufung auf Mt 7,15 und Gal 1,9 gesagt wird: „Impii doctores deserendi sunt, quia hi iam non funguntur persona Christi, sed sunt antichristi." Die angeführten Schriftbelege und der argumentative Gesamtzusammenhang lassen keinen Zweifel aufkommen, was im gegebenen Kontext unter „impii doctores" zu verstehen ist: Es sind dies Lehrer der Kirche, die zum ordentlichen Amt der Evangeliumsverkündigung in Wort und Sakrament regelrecht berufen sind, aber diese Berufung ins gerade Gegenteil verkehren, insofern sie Evangelium nicht Evangelium sein lassen, evangeliumswidrig predigen und so Unheil statt ewiges Heil hervorrufen. Von ihnen wird gesagt, daß sie Antichristen seien gemäß des paulinischen Verdikts: „Si quis aliud evangelium evangelizaverit, anathema sit." (Apol VII,48) Dieses Urteil ist in mehrfacher Hinsicht bemerkenswert: Nicht nur daß es den Vergleich mit den tridentinischen Anathematismen förmlich herausfordert, es gibt zugleich einen präzisen Begriff von dem, was reformatorische Theologie unter „antichristi" versteht. Als Antichrist hat zu gelten, wer unter Berufung auf das Evangelium, mit dessen Dienst er beauftragt ist, das Evangelium des Heils heillos verkehrt. Anders gesagt: Ein Antichrist ist der, welcher unter dem Anspruch der Christusrepräsentanz Christus zu ersetzen trachtet und so den lebendigen Herrn der Kirche wie einen Toten behandelt. Damit wird – horribile dictu – im Namen des Herrn der Herr verraten. Für den reformatorisch rezipierten Gedanken der Christusrepräsentanz folgt daraus – und nachgerade dies ist theologisch in hohem Maße bemerkenswert –, daß er eben nicht auf differenzlose Gleichschaltung von Christus und kirchlicher Amtsautorität hin angelegt ist, sondern auf die entschiedene Wahrung ihres unvergleichlichen Unterschieds. Die Christusrepräsentanz des kirchlichen Amtes steht sonach, das ist die Pointe der Argumentation, unter der Bedingung objektiv festgehaltener Unterscheidung des Amtes und seiner Träger von Christus. Nur *der* Amtsträger kann mithin Christus und sein Evangelium auftragsgemäß verkünden, der die Möglichkeit der Unterscheidung seiner Person und derjenigen Christi nicht systematisch entzieht und so zwangsläufig zu einer Verwechslung seiner Autorität und der Autorität des Evangeliums verleitet. Mag der Amtsträger persönlich in vieler Hinsicht ein unwürdiger Diener Christi sein, so ändert das doch nichts an der Gültigkeit und Heilsamkeit seiner Amtsvollzüge. Dies gilt selbst für den Fall, daß der Amtsträger subjektiv, aber ohne dies zu äußern und in seine Verkündigung und Lehre eingehen zu lassen, einer Verwechslung seiner selbst und seines Herrn aufsitzt oder sich sonst einer seine eigene Person betreffenden Verkehrung schuldig macht. Selbst Amtsträger, deren innerer Mensch im strengen theologischen Sinne des Wortes ungläubig zu nennen ist, können Amtsvollzüge gültig vollziehen, wenngleich sie es sich selbst und ihrer Heuchelei zum Gericht tun. Zu Antichristen werden sie erst, aber dann auch in einer Weise, die ein kirchliches Anathem zur unbedingten und kompromißlos einzuhaltenden Konsequenz haben muß, wenn ihr Unglaube die Sphäre unzugänglicher Innerlichkeit verläßt, offenkundige und ausdrückliche Gestalt annimmt und in ihre Lehre eingeht, um auf diese Weise prinzipiell zu werden.

Steht somit amtstheologisch fest, daß Stellvertretung Christi das gerade Gegenteil ist von Ersatz, so folgt daraus u. a. dies, daß der eigentümliche Unterschied zwischen Ordinierten und Nichtordinierten keine Differenz geistlicher Stände begründet, weil alle gleichermaßen unter einem Christus stehen. Im Sinne reformatorischer Theologie darf daher der betonte Unterschied von ordinationsgebundenem Amt und Priestertum aller Gläubigen nicht mit dem Gegenüber von Jesus Christus und seiner Kirche gleichgesetzt werden; ebenso unstatthaft ist es, die Funktion der Christusrepräsentanz exklusiv dem ordinationsgebundenen Amt und seinen Trägern vorzubehalten. Damit ist es zugleich ausgeschlossen, dem ordinationsgebundenen Amt eine Monopolstellung bezüglich der Kompetenz authentischer und verbindlicher Schriftauslegung zuzubilligen; denn unter reformatorischen Bedingungen ist jeder

Christ berechtigt und verpflichtet, sich ein eigenes Urteil zu bilden
und die Auslegung der berufenen Lehrer auf ihre Schriftge-
mäßheit hin zu überprüfen. Von daher kann es trotz und unbeschadet der vorgetragenen historischen Gründe, die es nahelegen,
den Eingangssatz von CA V von dem in CA XIV thematisierten
Amt her zu verstehen, systematisch nicht einfachhin falsch sein zu
sagen, das ministerium docendi evangelium et porrigendi sacramenta sei „der Kirche als ganzer gegeben"[126]. Wenn auch nicht in
der Augustana und ihrer Apologie, so wird die sachliche Legitimität dieser Rede doch von Melanchthon selbst ausdrücklich bestätigt, etwa wenn er, wovon noch zu reden sein wird, im „Tractatus" aus dem der ganzen Kirche gegebenen Auftrag, das Evangelium auszurichten, das beständige gesamtkirchliche und nicht
ausschließlich bestimmten Einzelpersonen vorbehaltene Recht ab-
leitet, Diener der Kirche zu berufen, zu wählen und zu ordinieren. Man muß nur darauf achten, daß die grundsätzlich richtige
These, daß das ministerium docendi evangelium et porrigendi
sacramenta der Kirche als ganzer aufgetragen ist, nicht im Sinne
einer „Theorie von zwei Ämtern"[127] verstanden wird, welche die
Einheit und den Einheitsdienst des kirchlichen Amtes nicht begründen, sondern auflösen würde.

Um eine solche Auflösung und damit einen zur Separierung nei-
genden Gemeindepartikularismus zu verhindern, darf das ordinationsgebundene Amt nicht zu einer abgeleiteten Funktion des

---

[126] L. Goppelt, Das kirchliche Amt nach den lutherischen Bekenntnisschriften und nach dem Neuen Testament, in: E. Schlink/A. Peters (Hg.),
Zur Auferbauung des Leibes Christi. FS P. Brunner, Kassel 1965, 97–115,
hier: 99. Vgl. auch E. Kinder, Der evangelische Glaube und die Kirche,
150 ff. Mit Recht sagt Kinder von den ordinierten Amtsträgern: „Sie bleiben Glieder der congregatio, der Hörer- und Sakramentsgemeinde, und
der Schar derer, denen das Evangeliumszeugnis auf allerlei Weise aufgetragen ist. Innerhalb derer stehen sie. Innerhalb derer (und nicht daneben) aber vertreten sie das ministerium und üben es aus auf eine besondere Weise, welche aus der allgemeinen nicht ohne weiteres abgeleitet
werden kann, sondern hinter der besondere stiftungsmäßige Bevollmächtigung steht." (158; zum Verhältnis von Amt und Gemeinde vgl. ferner 159 ff.) Hervorzuheben ist, daß Kinder die Frage nach dem rechten
Verhältnis von ministerium und congregatio zur „Kernfrage für alle
rechte Ordnung der Kirche" (147; bei K. gesperrt) erklärt, von der 165 ff.
gehandelt wird.

[127] H. Fagerberg, Art. Amt etc., TRE 2, 588 unter Bezug auf Höfling.

Willens der jeweiligen Gemeinde erklärt werden. Vielmehr hat zu gelten, daß das kirchliche Amt, eben weil es dem der ganzen Kirche aufgetragenen ministerium docendi evangelium et porrigendi sacramenta zu dienen hat, etwas anderes ist als die sekundäre Folge einer Gemeindedelegation. Einheit und Einheitsdienst des ordinationsgebundenen kirchlichen Amtes sind – wie dieses Amt und die ihm eigene Ordnung und geregelte Dauer selbst – nicht abgeleitete Folge des der ganzen Kirche gegebenen Dienstauftrags, sondern in diesem auf ursprüngliche Weise und daher iure divino mitgesetzt. Aus der richtigen Voraussetzung, daß das ministerium docendi evangelium et porrigendi sacramenta von CA V der Kirche insgesamt und als ganzer gegeben ist, kann daher nicht gefolgert (werden), „daß es jeder Getaufte jederzeit ausüben könne"[128]. Auch geht daraus nicht hervor, daß das ordinationsgebundene Amt ein ekklesiologisches Epiphänomen bzw. eine lediglich abgeleitete Größe menschlichen Rechts ist, welche ihre Bevollmächtigung der Gemeinde verdankt. Es ist daher nicht statthaft, „das allgemeine Priestertum als göttliche Institution dem öffentlichen Predigtamt als menschlicher Institution gegenüberzustellen" (Schlink, 330).[129] Das öffentliche Predigtamt nämlich hat an sich selbst als Einrichtung göttlichen Rechts zu gelten und kann nicht als eine bloße Funktion des allen Gläubigen eigenen Priestertums begriffen werden, dem lediglich eine Geltung iure humano zu attestieren wäre. Denn sosehr Auftrag und Vollmacht zur Wortverkündigung und Sakramentsverwaltung allen Christen gegeben sind, sowenig darf ein einzelner ohne ordentliche Berufung von ihnen öffentlichen Gebrauch machen, eben weil Beauftragung und Bevollmächtigung allen gemeinsam gegeben sind. Die Allgemeinheit des Priestertums aller erfordert das besondere Amt, dessen spezifischer Auftrag gerade im Dienst des allgemeinen Priestertums und seiner Realisierung steht. In dieser alle kausalen Ableitungsmodelle sprengenden dialektischen Einsicht liegt die Pointe lutherischer Amtstheologie. Der Reformator hat sie bereits 1520 treffend auf folgenden Begriff gebracht: „Esto itaque certus et sese agnoscat quicumque se Christianum esse cognoverit,

---

[128]   L. Goppelt, a. a. O., 100.

[129]   Schlink fügt hinzu: „Der Gedanke der Übertragung der Rechte des allgemeinen Priestertums auf die Person des Pfarrers ist den Bekenntnisschriften fremd." (Schlink, 330)

omnes nos aequaliter esse sacerdotes, hoc est, eandem in verbo
et sacramento quocunque habere potestatem, verum non licere
quenquam hac ipsa uti nisi consensu communitatis aut vocatione
maioris (Quod enim omnium est communiter, nullus singulariter
potest sibi arrogare, donec vocetur)." (WA 6, 566, 26–30)

6. Priesterzölibat und Mönchsprofeß

Obwohl das ordinationsgebundene Amt nach reformatorischer
Bekenntnistradition keine bloße Funktion des jeweiligen Gemeindewillens darstellt, sondern auf eine ursprüngliche Setzung Gottes
zurückzuführen ist, begründet das besondere Amt der Kirche keinen spezifischen geistlichen Stand in Abhebung zu dem Priestertum, an dem alle Getauften teilhaben.[130] „Priester und Laien sind
in geistlicher Hinsicht einander gleichgestellt; nur in bezug auf ihren Auftrag besteht ein Unterschied." (Fagerberg, 260) Das reformatorische Bewußtsein geistlicher Gleichstellung von Ordinierten
und Nichtordinierten, ja einer alle Getaufte umfassenden Gnaden-
standesgleichheit zeitigte neben der Laienkelchfrage, die zu den
Zentralthemen des Augsburger Reichstags gehörte, theologische
Folgen vor allem hinsichtlich der Forderung einer Aufhebung des
Pflichtzölibats für ordinierte Amtsträger, aber auch hinsichtlich der
Beurteilung des Mönchtums.[131] Bezeichnenderweise stellten Prie-

---

[130] Vgl. J. Rohls, Das geistliche Amt in der reformatorischen Theologie, in:
KuD 31 (1985), 135–161; ferner: J. Baur, Das kirchliche Amt im Protestantismus – Skizzen und Reflexionen, in: ders. (Hg.), Das Amt im ökumenischen Kontext. Eine Studienarbeit des Ökumenischen Ausschusses der
Vereinigten Evangelisch-Lutherischen Kirche Deutschlands, Stuttgart 1980,
103–138; hier: 111: Zwar kennt Luther zweifelsfrei ein der Kirche göttlich
eingestiftetes Amt, doch steht dem Christen „kein exklusiv qualifizierter
Stand von Vermittlern des Göttlichen gegenüber".

[131] Die enge Verbindung beider Gesichtspunkte wird u. a. durch Schwab 15
(WA 30 III, 90, 19–25) belegt und unter inhaltlichen Aspekten durch einen Vergleich von CA XXIII und CA XXVII vielfach bestätigt. Zur Sym-
bolwirkung der Pfarrehe, die integraler Bestandteil des sich formieren-
den reformatorisch-konfessionellen Amtsbegriffs wurde, vgl. exemplarisch Th. Kaufmann, Pfarrfrau und Publizistin – das reformatorische
„Amt" der Katharina Zell, in: ZHF 23 (1996), 169–218, hier: 169: „Der Eheschließung reformatorischer Geistlicher der ersten Generation kommt eine beträchtliche sozial-, mentalitäts- und kirchengeschichtliche Bedeu-

sterehe und Mönchsgelöbnis zusammen mit den abendmahlstheologischen Problemen von communio sub utraque und Meßopfer und in Verbindung mit der Thematik episkopaler Jurisdiktion einen Mittelpunkt der Augsburger Auseinandersetzungen und Ausgleichsversuche dar.

Was den Priesterzölibat betrifft, so bildet seinen Ursprung „nicht ein Gesetz oder Befehl Christi, sondern die kirchliche Tradition" (Franzen, 7). Auch wenn man sich im Laufe der Geschichte der Zölibatsentwicklung um biblische Begründungen selbstverständlich bemühte, so hat die Amtsverpflichtung der Gemeindegeistlichen auf Ehelosigkeit und sexuelle Karenz doch keinen unmittelbaren Anhalt an der Schrift, was nicht nur von reformatorischer Seite vorgebracht, sondern auch von seiten der Altgläubigen zugestanden wurde. Trotz des Fehlens unmittelbarer biblischer Begründungen wird man jedoch sagen können, daß der Priesterzölibat „weithin vom Allgemeinbewußtsein des christlichen Volkes getragen" (Franzen, 14) wurde. Das gilt in bestimmter Weise bereits für die Alte Kirche, vor allem aber für die Kirche des Mittelalters, deren Gesetzgebung sich bemühte, „den Zölibat auf dem 1. Laterankonzil (1123) zunächst durch ein allgemeinverpflichtendes Gesetz vorzuschreiben und schließlich die Priesterehe auf dem 2. Laterankonzil (1139) für null und nichtig zu erklären" (Franzen, 19). Im ausgehenden Mittelalter kam es dann allerdings nicht nur zu einem deutlichen Niedergang gelebter Zölibatspraxis, sondern auch zu einer allgemeinen Abwertung priesterlicher Ehelosigkeit. U. a. aus diesem Zusammenhang erklärt sich der ungeheure Erfolg des reformatorischen Angriffs auf Zölibat und Ordensgelübde: „Eine Heiratsbewegung ergriff den Klerus. Sie ging von den Pfarrern auf die Mönche und Nonnen über, die allenthalben scharenweise ihre Klöster verließen." (Franzen, 29)

Daß der Schritt aus Zölibat und Keuschheitsgelübde in die Ehe trotz seines relativ häufigen Vollzugs unter den Bedingungen des

---

tung zu. Dies gilt nicht nur für die aktuelle, mit gottesdienstlichen Inszenierungen und publizistischen Bekanntmachungen verbundene Signalwirkung der ‚Pfaffenehe' im Durchsetzungsprozeß der Reformation, sondern auch für die dauerhaft prägenden Folgen dieses reformatorischen Umbruchs. Der mit der Entstehung des evangelischen Pfarrhauses verbundenen Sozialwirkung der Reformation dürfte eine in der Geschichte des abendländischen Christentums epochale Rolle zuzuschreiben sein." A. a. O., 169, Anm. 1 finden sich Hinweise auf einschlägige Literatur.

16. Jahrhunderts in manchen Fällen gleichwohl eine Verwegenheit darstellen konnte, hängt nicht zuletzt damit zusammen, daß das Zölibatsgesetz auch im Reichsrecht verankert war und seine Übertretung strafrechtlich verfolgt wurde (vgl. Franzen, 30). Es kommt daher nicht von ungefähr, daß sich der vom Ehestand der Priester handelnde XXIII. Artikel der CA wenigstens in seiner deutschen Fassung, die auf dem Reichstag verlesen wurde, direkt an die Autorität des Kaisers wendet. Karl möge, so die Erwartung, die Eheschließungserlaubnis bestätigen, welche die evangelischen Landesherren in Wahrnehmung ihres Patronatsrechts (vgl. Torg A, 6 ad 3) Pfarrern und Predigern ihrer Territorien erteilt haben, um dem Verfall der Disziplin bei den unverheirateten Klerikern entgegenzuwirken und der blutigen Verfolgung verheirateter Priester zu wehren.[132] Daß die den Geistlichen ihres Landes erteilte Eheschließungserlaubnis die evangelischen Territorialfürsten in einen Kompetenzstreit mit den zuständigen Diözesanbischöfen führen mußte, war unter den gegebenen Rechtsbedingungen der Zeit zwangsläufig.

Es überrascht daher nicht, daß die Frage des Priesterzölibats einer der Punkte war, „an denen der Konflikt mit den altgläubigen Bischöfen am frühesten und heftigsten" (Maurer I, 78) aufbrach. Zur theologischen Verteidigung territorialer Kirchenreform gehörte infolgedessen von Anfang an eine Apologie der Aufhebung des amtspriesterlichen Pflichtzölibats, deren Sanktionierung im übri-

---

[132]   Zu den rechtshistorischen Implikationen und Konsequenzen vgl. Maurer I, 204 f.: „Kaiser und Reich sollen ein neues Pfarrerrecht schaffen, das auch in den Territorien gilt. Es würde das Kanonische Recht an entscheidenden Punkten aufheben. Es sicherte dem Pfarrer das Recht auf Eheschließung zu und band ihn an das allgemeine bürgerliche Recht. Es wurde dadurch also für ihn nicht eine neue kirchliche Ordnung geschaffen. Der Pfarrer unterstand vielmehr – und das gilt von nun an für die nächsten Jahrhunderte – dem reichsrechtlich beglaubigten territorialen Recht. Das bezieht sich nicht nur auf seine spezifisch geistlichen Aufgaben und Pflichten, sondern umgreift seine ganze bürgerliche Existenz. Sie ist von der der anderen Untertanen nicht grundsätzlich unterschieden. Die Aufhebung des Zölibats hat also nicht nur ehe- und familienrechtliche Folgen. Auch wenn der Kaiser sie nicht nach dem Wunsche von CA 23 sanktioniert hat, so haben die religionspolitischen Waffenstillstände und zuletzt der Augsburger Religionsfriede von 1555 dem evangelischen Pfarrer die öffentlich-rechtliche Stellung zurückgegeben, die durch Aufhebung des Zölibats zunächst verlorengegangen zu sein schien."

gen zu einer Grundvoraussetzung möglicher reformatorischer Anerkennung bzw. Restauration episkopaler Jurisdiktion erklärt wurde. Infolgedessen ist der Inhalt von CA XXIII im wesentlichen bereits von den im Auftrag des Kurfüsten von Sachsen angefertigten sog. Torgauer Artikeln vorweggenommen (vgl. A 2 = BSLK 86,24– 34 sowie E 2). Die Tatsache, daß sich etliche reformatorisch gesonnene Priester in den ehelichen Stand begeben haben, und die Forderung, den Zugang zum Ehestand für Ordinierte generell freizugeben, wird dabei neben Traditionsargumenten wie der altkirchlichen Praxis und dem langanhaltenden Widerstand gegen die Zölibatsgesetzgebung vor allem mit dem göttlichen Schöpfungsgebot der Ehe und der damit verbundenen Pflicht begründet, Unzucht zu vermeiden. Als entscheidende biblische Belegstelle wird 1. Kor 7,9 angeführt: „Melius est nubere, quam uri." Auch die Textendgestalt von CA XXIII greift auf diesen Beleg zurück. Daneben wird auf 1. Kor 7,2, Mt 19,11 sowie auf Gen 1,27 verwiesen, wonach Gott den Menschen nicht als geschlechtsindifferentes Wesen, sondern als „Männlein und Fräulein" (BSLK 87,20) geschaffen habe.[133] Daß dieser kreatürliche Tatbestand in aller Regel seinen Tribut fordere, beweise die Erfahrung zur Genüge. Auch Priester stellten in dieser Hinsicht keine Ausnahme dar, im Gegenteil: „Publica querela fuit de malis exemplis sacerdotum, qui non continebant." (CA XXIII,1) Angesichts der beständigen öffentlichen Klage über das Lotterleben der Priester sei deshalb selbst Papst Pius II. zu dem Schluß gekommen: „Sacerdotibus magna ratione sublatas nuptias maiori restituendas videri." (BSLK 87, Anm. 2; vgl. CA XXIII,2 und BSLK 88,33–89,10)

---

[133] Vgl. dazu auch ASm III,11, wo das Verbot der Priesterehe und die Forderung ewiger Keuschheit für „den gottlichen Stand der Priester" als nicht nur nicht rechtens, sondern als manifestes Unrecht abgewiesen wird, das durch seine schlimmen Folgen sich selbst richte. Begründet wird die Ablehnung des Zölibats und die Freigabe der Ehe unter Berufung auf 1. Tim 4,1ff. mit der von Gott gestifteten Ordnung der Schöpfung, wonach es nicht in menschlicher Macht stehe, „aus eim Männlin ein Fräulin ader aus eim Fräulin ein Männlin zu machen ader beides nichts zu machen" (BSLK 459,8–10); ebensowenig sei es möglich, „solche Kreatur Gottes zu scheiden ader verbieten, daß sie nicht ehrlich und ehlich beinander sollten wohnen" (BSLK 459,10–12). Der Hinweis auf 1. Tim 4,1ff., wonach Eheverbot Teufelslehre sei, findet sich auch in Na und der deutschen Endgestalt von CA XXIII (vgl. Maurer I, 176).

Während Gottes Wort und Gebot („ordinatio et mandatum"), welches durch kein menschliches Gelübde und Gesetz geändert oder aufgehoben werden könne, den Ehestand allgemein anempfehle und es infolgedessen in der Kirche von alters her – wie 1. Tim 3,2 dies belege – Brauch gewesen sei, daß auch Priester und Diakone Ehefrauen gehabt hätten, so sei demgegenüber das priesterliche Keuschheitsgelübde in Deutschland erst seit vier Jahrhunderten und gegen heftigsten Widerstand eingeführt worden. Dabei habe man sich nicht damit begnügt, künftige Ehen zu verhindern, sondern bereits bestehende zerrissen, was nicht nur gegen alle göttlichen und menschlichen Gebote, sondern auch gegen Konzilsentscheide und päpstliche Canones verstoßen habe. Diskreditiere das Zwangsgesetz des Zölibats mithin allein schon die Form seiner Einführung, so gelte das umso mehr im Blick auf die lasterhaften Folgen. Die Konsequenz aus göttlichem Gebot und gegebener Erfahrung könne daher nur sein, die erzwungene Bindung von ordinationsgebundenem Amt und Zölibat aufzulösen und damit aufzuhören, verheiratete oder heiratswillige Priester zu verfolgen und zu bedrücken. Wie es nämlich Teufelslehre sei, die Ehe zu verbieten (1. Tim 4,1.3; vgl. Joh. 8,44), so könne weder ein menschliches Gesetz noch ein Gelübde Gottes Ehegebot aufheben.

Ungeachtet der in CA XXIII gegebenen Prognose, es werde „wohl kunftig an Priestern und Pfarrern mangeln, so dies hart Verbot des Ehestands länger währen sollt" (BSLK 89,39–90,3), halten die Konfutatoren[134] nicht nur grundsätzlich daran fest, „das die priester nit mogen noch sollen eheweiber nemen" (Immenkötter,

---

[134] Wie erwähnt (vgl. § 6,8), schien während des Reichstages in der Zölibatsfrage ein Ausgleich eine Zeitlang erreichbar zu sein. In einem Schreiben nach Rom vom 26. Juni meinte der päpstliche Legat Campeggio, „in der Zölibatsfrage könne man den Protestanten in der Form Zugeständnisse machen, daß man ihnen die Priesterehe nach griechischem Muster zugestehe; denn diese sei ja im Florentiner Unionsdekret von 1439 grundsätzlich schon einmal von der lateinischen Kirche anerkannt worden, und was den Griechen recht sei, brauche man den Protestanten nicht zu verwehren. Im übrigen erinnerte er daran, daß auch römische Kanonisten lehrten, daß der Zölibat so, wie er aus gewichtigen Gründen eingeführt worden sei, aus noch schwerwiegenderen ebenso auch wieder aufgehoben werden könne." (Franzen, 34) Daß aus solchen Kompromißvorschlägen nichts wurde, zeigt der weitere Verlauf der Reichstagsgeschichte.

142,21 f.); sie betonen darüber hinaus, „das dise lere herkhombt von den apostoln und nit erst newlich von der kirchen erfunden ist" (Immenkötter, 142,28 f.). Zwar gesteht man zu, daß in der Urkirche aus Personalmangel auch Verheiratete unter bestimmten, klar umschriebenen Bedingungen zum Priesteramt zugelassen worden seien, welcher Brauch sich in der griechischen Kirche bis heute erhalten habe; doch sei dies eine Ausnahme, welche die für das Priestertum zugrundezulegende zölibatäre Regel nicht aufhebe, sondern bestätige. Eine solche Ausnahme wurde nach Urteil der Konfutatoren spätestens zu dem Zeitpunkt überflüssig, als der ursprüngliche Mangel an Dienern der Kirche behoben war. Zum Zwecke der nötigen priesterlichen „rainikait" habe daher Papst Siricius I. bereits Ende des 4. Jhs. für die lateinische Kirche den allgemeinen Zölibat eingeführt, welche Entscheidung nicht nur durch nachfolgende Päpste mehrmals bestätigt, sondern auch durch das biblische Zeugnis in vielfältiger Weise nahegelegt sei.

Entsprechend breiten Raum nimmt der Schriftbeweis in der Argumentation der Konfutatoren ein. Belegt werden soll vor allem die den Priestern aufgrund ihres kultische Reinheit erfordernden Dienstes gebotene Enthaltsamkeit; die im Alten Testament figurierte „priesterliche keuschait" (Immenkötter, 148,7) verlange im Neuen Testament namentlich im Hinblick auf das hochwürdige Meßopfer noch entschiedenere Geltung und sei daher in der christlichen Kirche stets als hohes Gut geachtet worden. Zwar sei es wahr, „das nit alle menschen zu rainikait geschickt sein ...; aber darbei ist auch war, das nit yederman zu dem priesterthumb geschickt ist und darumb nit alle menschen zu priester genomen werden." (Immenkötter, 152,8–10) Solchen stehe es zweifellos frei, ja sei es durch die in CA XXIII zitierten Schriftworte nahegelegt, in den Ehestand einzutreten. Indes gelte dies nicht für diejenigen, welche sich durch Gelöbnis dem Priestertum versprochen haben. Ihnen sei durch ihr Gelübde die Ehe verboten; für sie gelte daher auch nicht das göttliche Fortpflanzungsgebot, zumal da, wie es heißt, das Erdreich ohnehin bereits mit Nachkommen Adams überfüllt sei, „also das von menige wegen der volcker ainer den andern drucket" (Immenkötter, 152,21 f.). Anstatt den Priestern ein vermeintliches Ehegebot vorzuhalten, sei es deshalb angezeigt, sie – sowie alle der Keuschheit Verlobten – an die Verbindlichkeit ihrer zölibatären Verpflichtung zu erinnern. Es sei insofern auch „nit unbillich oder unrecht, das die vermaint priesteree zertrennt werde, dieweil dieselbige wider aigne zuesagung und glubd, auch

wider die satzung der heyligen vetter und concilien und also
nichtigklich furgenommen ist, wie dann auf heutigen tag die vermaint priesteree vom rechten kainen bstand haben mag." (Immenkötter, 154, 24–28) Kurzum: Der Bruch gegebener Gelübde sei
nicht zu dulden. Im übrigen habe zu gelten, daß das Ehegebot
nicht derlei verallgemeinert werden könne, daß es die priesterliche Zölibatsverpflichtung ausschließe: „Die kirch ... lobt und helt
die ehe also, das sy die nit alain nit verpeut, sonder auch zelet
under die siben sacrament. Dabay und neben, wol und recht,
steht, das von wegen der hohe des ambts den geistlichen ain
sondere rainigkait gepotten werde." (Immenkötter, 156,18–21)

Es bedarf keiner Betonung, daß auch reformatorischerseits keine
ausnahmslose, das Charisma der Enthaltsamkeit vernachlässigen-
de Ehepflicht gelehrt wurde – und zwar weder im allgemeinen
noch im Blick auf die Priester. Insofern besteht zwischen den
Konfutatoren und den Augsburger Konfessoren kein grundsätzlicher Dissens in der Annahme, daß 1. Tim 3,2 „nit also zu versteen,
daz sollicher bischof mueß oder soll sein ain eeman. Dann sunst
were Martinus, Nicolaus, Titus, Johannes der Ewangelist und Cri-
stus selber nit bischof gewesen." (Immenkötter, 152,34–154,1) Nicht
um eine von keiner Seite geforderte Eheverpflichtung der Priester
handelt es sich daher in dem Streit um den Zölibat, sondern allein
um die gesetzliche Verpflichtung aller Priester zur Ehelosigkeit.
Deren Ablehnung durch CA XXIII wird denn auch durch den einschlägigen Artikel der Apologie mit zum Teil scharfen Worten bestätigt und wiederholt. Das vorweggenommene Ergebnis der umfangreichen Ausführungen von Apol XXIII lautet wie folgt: „Nos
hanc legem de coelibatu, quam defendunt adversarii, ideo non
possumus approbare, quia cum iure divino et naturali pugnat et
ab ipsis canonibus conciliorum dissentit. Et constat superstitiosam
et periculosam esse. Parit enim infinita scandala, peccata et cor-
ruptelam publicorum morum. Aliae controversiae nostrae aliquam
disputationem doctorum desiderant: in hac ita manifesta res est in
utraque parte, ut nullam requirat disputationem. Tantum requirit
iudicem virum bonum et timentem Dei." (Apol XXIII,6)[135]

---

[135]   Trotz der beanspruchten Evidenz werden des weiteren sechs Gründe für
die Geltung der eigenen Position namhaft gemacht, die hier lediglich
aufgelistet werden sollen: 1. Die im Unterschied zur Konkupiszenz auch
unter praelapsarischen Bedingungen gegebene natürliche Zuneigung des

einen Geschlechts zu dem anderen (Apol XXXIII,7: „sexus ad sexum") ist eine göttliche Ordnung, die nicht willkürlich und ohne singuläre und spezielle Maßnahme Gottes beseitigt werden kann. Das Recht der Eheschließung darf so durch Statuten und Gelübde nicht aufgehoben werden. 2. Insofern die kreatürliche Verbindung von Mann und Frau, wie sie von Gott dem Schöpfer verordnet ist, in die Zuständigkeit des Naturrechts fällt, ist wie das Naturrecht so auch das Recht auf Eheschließung für unveränderlich und aller positiven menschlichen Gesetzgebung vorausgesetzt zu erachten gemäß der Devise: „ius naturale vere est ius divinum, quia est ordinatio divinitus impressa naturae." (Apol XXIII,12) Hinzugefügt wird, daß die durch die Ordnung des Schöpfergottes gebotene Ehe unter postlapsarischen Bedingungen um so nötiger sei, als der Fall der Sünde den natürlichen Geschlechtstrieb maßlos entflammt und zur Begierde verkehrt habe. Die Ehe sei daher nicht mehr nur um der Zeugung willen, sondern auch als Heilmittel gegen die Unzucht unentbehrlich (vgl. Apol XXIII,13.16). 3. Nach Maßgabe menschlicher Natur ist sonach grundsätzlich allen Menschen die Ehe geboten; ausgenommen seien von dieser grundsätzlichen Regel nur die „idonei ad coelibatum" (Apol XXIII,14), denen das spezielle und höchst seltene (vgl. Apol XXIII, 19) Charisma der Enthaltsamkeit gegeben sei. Eine solche singuläre Begabung direkt mit dem Priesteramt in Verbindung zu bringen und von seinen Trägern gesetzlich zu fordern, hält Apol XXIII für völlig unstatthaft und verfehlt. Deshalb werden die Ausführungen über die Natur des Menschen im allgemeinen auch auf die Priester bezogen. (Apol XXIII,15: „Nos, quae de natura hominum in genere disputamus, profecto etiam ad sacerdotes pertinere iudicamus.") Kurz gesagt: „Retinent igitur ius ducendi omnes, qui uruntur." (Apol XXIII,16) Gegebenenfalls bricht sonach das Recht der Ehe die Verbindlichkeit von Zölibatsstatuten; könne doch die Gabe der Enthaltsamkeit niemals gesetzlich verordnet und auch durch strengste Kasteiung nicht herbeigezwungen werden. Eine unreine Enthaltsamkeit („immunda continentia") aber gefällt Christus nicht (vgl. Apol XXIII,22). 4. Das Verbot der Priesterehe sowie die Auflösung bereits geschlossener Priesterehen stehen im Widerspruch zum Gebot Christi sowie zu Konzilsbestimmungen und sind ein Produkt der neuen Papstherrschaft (Apol XXIII,25: „novae pontificiae dominationis"), deren erklärte Frauenverachtung sie nach Dan 11,37 als Reich des Antichristen ausweise. 5. In rechtfertigungstheologischer Hinsicht ist der Unterschied zwischen Ehe und Jungfräulichkeit ein relativer: „Iustificamur enim neque propter virginitatem neque propter coniugium, sed gratis propter Christum, cum credimus nos propter eum habere Deum propitium." (Apol XXIII,36) Ist sonach die entscheidende Differenz die zwischen Glaube und Unglaube, so hat zugleich zu gelten: „ut virginitas in impiis est immunda: ita coniugium in piis est mundum propter verbum Dei et fidem." (Apol XXIII,34) Sowenig demnach Jungfräulichkeit, obschon sie in bestimmter Hinsicht der Ehe vorzuziehen ist (vgl. Apol XXIII,38 u. 69), einen Wert an sich darstellt, so wenig kann und darf die eheliche Gemeinschaft als solche für unrein und sündig erklärt werden. Es sei daher

Eine ganze Reihe der in CA und Apol XXIII gegen den Zölibat
namhaft gemachten Aspekte, in deren Zusammenhang die auf
Verallgemeinerung hin angelegte schöpfungstheologisch-natur-
rechtliche Begründung der Ehe besonderes Interesse verdient[136],
wird unter dem Gesichtspunkt der Mönchsgelübde in CA XXVII
erneut aufgegriffen, wodurch die sachliche Verwandschaft beider
Artikel bestätigt wird. Um die Lehre der Augustana „De votis monasticis" recht zu verstehen, ist die Erinnerung nützlich, daß die
reformatorische Kritik des Klosterwesens alles andere als abstrak-

---

eine alberne, durch den evangelischen Glauben widerlegte Analogie,
von den levitischen Reinheitsgeboten auf eine priesterliche Keuschheits-
pflicht zu schließen, die, wie die Erfahrung lehre, in der Regel sowieso
nicht eingehalten werde und eingehalten werden könne. „Liberat enim
nos evangelium ab illis immunditiis leviticis. Ac si quis hoc consilio legem coelibatus defendit, ut illis observationibus leviticis gravet conscientias, huic perinde adversandum est, ut apostoli in Actis cap. 15. adver-
santur his, qui circumcisionem requirebant et legem Moisi christianis im-
ponere conabantur." (Apol XXIII,41 f.) 6. Das Evangelium erlaubt allen
Heiratswilligen die Ehe, ohne jene zu ihr zu zwingen, die zur Enthaltsamkeit fähig und bereit sind. „Hanc libertatem et sacerdotibus conce-
dendam esse sentimus, nec volumus quemquam vi cogere ad coelibatum, nec contracta matrimonia dissolvere." (Apol XXIII,61) Zu fordern ist
daher die Beseitigung der gesetzlichen Zölibatsverpflichtung der Priester
als einer Last, die unzählige Seelen verdorben (Apol XXIII,51: „tale onus,
quod innumerabiles animas perdidit") und manches öffentliche Ärgernis
hervorgerufen habe. Apol XXIII schließt mit einer zusammenfassenden
Zurückweisung der gegnerischen Verteidigungsgründe für den kirchen-
gesetzlich verordneten Dauerzölibat der Priester.

[136]   Die Ablehnung der kirchlichen Zölibatsgesetze bietet einen Hauptanstoß
für die Thematisierung der Ehetheologie in der reformatorischen Bekenntnistradition. Einen selbständigen Artikel hat die Augustana Ehe und
Familie hingegen nicht gewidmet. „In CA 16 und schon in Na 15 werden
beide Institutionen in der Reihe der rechtmäßigen bürgerlichen Ordnungen und guten Werke Gottes gerade nur mit aufgezählt, um die Praxis
der Wiedertäufer zu verurteilen; inhaltlich wird weder begründet noch
entfaltet, wieso es sich hier um Manifestationen des göttlichen Schöp-
fungswillens handelt." (Maurer I, 175) Auch „Schwab. 14 und 15 sagen, abgesehen von der Polemik gegen den Zölibat, nichts Positives über die
Ehe aus" (Maurer I, 176). Zur differenzierten Begründung reformatorischer Ehelehre ist man daher im wesentlichen auf andere Quellen verwiesen (vgl. Maurer I, 177 ff.; zu eherechtlichen Fragen vgl. Maurer I,
188 ff.; ferner T. Austad, Neues Leben, in: H. G. Pöhlmann u. a., Theologie
der lutherischen Bekenntnisschriften, Gütersloh 1996, 121–135, hier:
130 ff.).

ter Natur war. Aus Sorge um sein Seelenheil war Luther 1505 Mönch geworden. Jahre später wurde seine reformatorische Einsicht für viele Ordensleute – einschließlich für ihn selbst – zum Anlaß, das Kloster zu verlassen, die Bindung der Mönchsprofeß aufzulösen und einem anderen Beruf zu folgen. Motiviert war dieser Schritt keineswegs nur und auch nicht in erster Linie durch offenkundige Verfallserscheinungen, die von vielen Seiten beklagt wurden, sondern auch und im wesentlichen durch grundsätzliche theologische Vorbehalte dem mittelalterlichen Mönchsideal gegenüber.[137] Sie hatten zur Folge, daß sich das Klosterwesen in den reformatorischen Territorien nach und nach auflöste. „Meist wurde das Klostergut säkularisiert und das Kloster-Einkommen für den Unterhalt von Pfarrern, Schulen sowie für das Armenwesen verwendet." (Lohse/Frank/Halkenhäuser/Wulf, 286)

Diese einschneidenden Veränderungen zu verteidigen, hatten sich bereits die Torgauer Artikel vorgenommen (vgl. A 8: Förstemann I, 81 f. = BSLK 110,24 ff.). Dabei wird davon ausgegangen, daß die Angelegenheit den sächsischen Kurfürsten eigentlich nicht betreffe, da dieser die Mönche weder ins Kloster noch aus dem Kloster zu gehen geheißen habe; fragen müsse man vielmehr, warum es zu den Klosteraustritten gekommen sei. Es gilt der Grundsatz: „Privata res est, nec ad communem ecclesiam pertinet." (BSLK 110, 27 f.; vgl. Torg E 6; Förstemann I, 96 f.) Gleichwohl werden im Anschluß daran drei Gründe benannt, die erklären sollen, warum das Klosterleben, wie es bisher gehalten wurde, unrecht und wider Gott sei, und warum daher der sächsische Kurfürst die Klöster nicht wieder aufgerichtet und die entwichenen Mönche und Nonnen geduldet habe (vgl. BSLK 110,29 ff.). Als einer dieser Gründe wird – wie in der Frage des Priesterzölibats – die Tatsache aufgeführt, es sei gegen Gottes Gebot und die Natur des Menschen, Ehelosigkeit zu geloben, wenn man „Brunst" leide. Die religiöse Bindungskraft des Ehelosigkeitsgelübdes wird daher für diejenigen, die der Ehe bedürfen, in Abrede gestellt. Als weiterer Einwand gegen das Klosterleben wird namhaft gemacht, daß es

---

[137] Vgl. B. Lohse, Mönchtum und Reformation. Luthers Auseinandersetzung mit dem Mönchsideal des Mittelalters, Göttingen 1963; ferner: ders., Die Kritik am Mönchtum bei Luther und Melanchthon, in: V. Vajta (Hg.), Luther und Melanchthon. Referate und Berichte des Zweiten Internationalen Kongresses für Lutherforschung, Göttingen 1961, 129–145; ders., Luthers Kritik am Mönchtum, in: EvTh 20 (1960), 413–432.

(selbst für den Fall, das Keuschheitsgelübde sei zu halten nicht
unmöglich) zu allerlei unrechtem Kultus wie Totenmessen und
Heiligenanrufung verleite. Als erster und schwerwiegendster Vorwurf aber gilt die Feststellung, die Entscheidung für das Klosterleben werde in der verkehrten Meinung vorgenommen, „dadurch
fur die Sund gnug zu tun und Gnad verdienen, wie Thomas mit
klaren Worten das Klosterleben der Tauf gleich häldet und
spricht, daß Monchwerden Sund wegnehme als die Tauf" (BSLK
111,27–29). Diese Annahme aber sei gotteslästerlich, weil sie
Werkgerechtigkeit fördere und wider den Hauptartikel von der
Rechtfertigung des Sünders aus Gnade um Christi willen ohne unser Verdienst durch Glauben gerichtet sei. Auch habe die Taufe
„Gottes Wort und Ordnung und ist Gotts Werk, darumb nimpt sie
Sund weg" (BSLK 111,33 f.); das Klosterleben bestehe hingegen „in
eitel Menschengeboten" (BSLK 111,35) und trage zur Sündenverge-
bung nichts bei. Daraus ergibt sich der Schluß: „Dieweil nu das
Klosterglubd ein ungottlich Glubd ist, so man durch solche Werk
gedenkt, Gnad zu verdienen, ist es untuchtig und gilt nicht."
(BSLK 112,25–27)

Um den theologischen Sinn dieser Argumentation recht zu verstehen, ist ein Hinweis auf das Verständnis der Mönchsprofeß als einer zweiten Taufe nötig, wie es sich sowohl in der östlichen als
auch in der westlichen Tradition der Christenheit finden läßt.[138] Ihre erste Wurzel hat diese Auffassung in der rituellen Parallelisierung von Taufinitiation und Klostereintritt; wie die Taufzeremonie
so war auch der Ritus der Mönchsprofeß, den neben der Absage
an den Teufel und dem Bekenntnis zu Gott von alters her der
Wechsel des Gewandes kennzeichnete, zeichenhaft auf das Able-
gen und Absterben des alten, der Welt hingegebenen Menschen
und den Prozeß des Neuerstehens zu vollendeter Christusförmig-
keit und Angleichung an Gott bezogen. In zugespitztem Sinne
konnte das Mönchsgelübde bzw. das ihm entsprechende monasti-
sche Leben sodann als ein geistliches Martyrium und damit analog
zur Bluttaufe der Märtyrer gedeutet werden, womit ein weiteres
Motiv zur Angleichung der Mönchsprofeß an die Taufe gegeben
war. Dem entspricht, daß man im Entscheid für das mönchische
Leben die ideale Form der Buße sah, über welchen Zusammen-

---

[138]   Vgl. H. Bacht, Die Mönchsprofeß als zweite Taufe, in: Catholica 23
         (1969), 240–277. Zur thematischen Stellung von Thomas vgl. 270 f.

hang der Bezug zur Taufe sich abermals unschwer herstellen ließ. Der Zusammenhang von Mönchsprofeß und Buße hinwiederum legte es nahe, mit dem Eintritt ins Kloster bzw. dem klösterlichen Leben die Erwartung eines Sündennachlasses zu verbinden, wobei allerdings vielfach unklar blieb, ob solcher Nachlaß auf die Schuld („reatus culpae") oder lediglich auf die Strafe („reatus poenae") zu beziehen sei und ob er „ex opere operato" oder „ex opere operantis" in Geltung trete.

Wie dem auch sei: Klar ist, daß die Beurteilung der Mönchsprofeß sowie des gesamten klösterlichen Lebens im wesentlichen im Kontext der Buß- und Tauftheologie zu erfolgen und recht eigentlich als ein Sonderproblem rechter Zuordnung von Taufe und Buße zu gelten hat. „Die Frage nach der Profeß als Zweiter Taufe führt also mit innerer Notwendigkeit auf die Frage nach der Rolle der Buße und des kirchlichen Bußinstituts in ihrem Verhältnis zur Taufe."[139] Daß dieses Verhältnis auch bei Luther, der die reformatorische Kritik des Klosterwesens nicht nur sachlich, sondern auch in Person exemplarisch repräsentiert[140], ein durchaus differenziertes ist und nicht auf eine undifferenzierte Gleichschaltung hinausläuft, wird man nicht nur sagen dürfen, sondern auch sagen müssen. Prinzipiell ausgeschlossen ist für Luther indes die Annahme einer wie auch immer gearteten Steigerung bzw. Ergänzung der Taufe; die Taufe ist daher im Sinne des Reformators heilsmittlerisch suffizient und keiner Steigerung bedürftig. Damit ist zugleich behauptet, daß der Gnadenstand der Getauften unüberbietbar ist und die Vorstellung von prinzipiellen Graden und Abstufungen nicht zuläßt.

Die Annahme der Vollgenügsamkeit der Taufe und einer allen Getauften gleichermaßen zugesagten zeichenhaft wirksamen Gnadengabe hat u. a. zur Konsequenz, daß die Buße im strengen Sinne keinen Zusatz, sondern eine konzentrierte Gestalt des Taufgedächtnisses darstellt. Als eine solch konzentrierte Form des Taufgedächtnisses kann nun zweifelsfrei auch ein Gelübde fungieren, das im Zusammenhang einer bestimmten Profession abgelegt wird, zu der sich ein Getaufter persönlich berufen weiß.

---

[139]   A. a. O., 276.

[140]   Vgl. im einzelnen H. Bacht, Luthers „Urteil über die Möchsgelübde" in ökumenischer Betrachtung, in: Cath M 21 (1967), 222–251.

Dabei ist allerdings sogleich zu bedenken, daß der Taufe die Berufung aller Christen zur Heiligkeit eingestiftet ist. Gelöbnisse im Zusammenhang des Taufgedächtnisses können und dürfen daher nie die Funktion haben, sich durch geistliche Höhersituierung der Gemeinschaft aller Getauften zu entnehmen. Hinzuzufügen ist, daß Gelöbnisse im Rahmen des Taufgedächtnisses sich nach Maßgabe reformatorischer Theologie stets des Zuvorkommens Gottes und dessen bewußt sein werden, daß menschliche Bindung den göttlichen Taufbund nur dann nicht auflöst, wenn sie – sola fide – allein auf ihn sich verläßt, statt ihn durch Vertrauen auf eigene Werke unstatthaft zu relativieren. Darauf vor allem ist Luthers theologisches Interesse gerichtet, wobei – auch wenn dies zumeist unausgesprochen bleibt – völlig klar ist, „daß er hinter dem kirchlichen Gelübdewesen eklatanten Pelagianismus wittert"[141].

Melanchthon hatte sich die skizzierte Kritik Luthers an den Mönchsgelübden verhältnismäßig früh zu eigen gemacht, um sie im XXVII. Artikel der Augustana unter Verwendung des Torgauer Materials sowie unter Rückgriff namentlich auf Luthers Schrift „De votis monasticii iudicium" für den Reichstag aufzubereiten. Entsprechend der Stellung des Artikels im zweiten Teil der CA werden zunächst praktische Defizite des zeitgenössischen Klosterwesens angeprangert. Als übler Mißbrauch wird vor allem der mit Klostergelübden häufig verbundene geistliche Zwang namhaft gemacht, wie er insonderheit jene treffe, die zu jung und häufig nicht aus eigenem freien Entschluß, sondern etwa aus Versorgungsgründen ins Kloster kamen. Indes begnügt sich CA XXVII nicht mit der Auflistung gegebener Übelstände; der Artikel benennt zugleich den entscheidenden theologischen Grund, auf den nach reformatorischem Urteil alle Fehlentwicklungen im wesentlichen zurückzuführen sind. Er besteht in der erwähnten Gleichsetzung der Profeß mit der Taufe (CA XXVII,11: „Dicebant vota paria esse baptismo ...") und in der Lehre, daß man mit dem Klosterleben Vergebung der Sünde und Rechtfertigung vor Gott verdiene (CA XXVII,11: „docebant se hoc vitae genere mereri remissionem peccatorum et iustificationem coram Deo.") und eine Gerechtigkeit erreichen könne, die als die der „perfecti", welche nicht nur die Gebote, sondern auch die evangelischen Ratschläge

---

[141] A.a.O., 244.

(CA XXVII,12: „non modo praecepta, sed etiam consilia evangelica") befolgten, aus der Masse der übrigen Gläubigen herausragt, so daß die Profeß zuletzt gar noch höher erachtet werde als die allgemeine Taufe (CA XXVII,13). Eine – vor allem in ihrer Auswirkung auf das gemeine Volk höchst schädliche (vgl. BSLK 118,5 ff.) – Konsequenz davon sei eine generelle Geringschätzung sog. weltlicher Berufsstände gewesen, die wiederum eine prinzipielle Abneigung gegen tätige Arbeit und jenen weltflüchtigen Müßiggang zur Folge gehabt habe, der u. a. für das beklagenswerte Bildungsdefizit in den Klöstern verantwortlich sei (vgl. Mildenberger, 111 ff.).

Aufs engste verbunden mit der Geringschätzung weltlicher Berufsstände sei die mangelnde Achtung bzw. Verachtung, die dem Stand der Ehe entgegengebracht werde. Analog zum Zölibatsartikel hält CA XXVII solcher Mißachtung den Grundsatz entgegen, daß jeder, der nicht mit der seltenen und speziellen (BSLK 114,37 ff.: „Wie aber die ewige Keuschheit in des Menschen Gewalt und Vermugen stehe, weiß man wohl ...") Gabe der Enthaltsamkeit begnadet sei, durch Gottes Gebot und natürliches Schöpfungsgesetz dazu bestimmt werde, sich zu verehelichen. Notfalls, was in diesem Zusammenhang so viel heißt wie: im gegebenen Normalfall eines nicht vorhandenen Keuschheitscharismas, löse diese Weisung die Bindekraft jedes Keuschheitsgelübdes auf. „Dann die Gelubd vermugen nicht Gotts Ordnung (ordinatio) und Gebot (mandatum) aufzuheben." (BSLK 113,17 f.) Das gilt umsomehr, als Gottes Ordnung und Gebot des Ehestandes, wie gesagt, nicht allein die Form positiver Weisung, sondern auch die des natürlichen Schöpfungsgebotes habe. Wie immer man daher im einzelnen über gebrochene Klostergelübde urteilen mag: gehen Mönche oder Nonnen eine Ehe ein, so darf ihrem Entschluß die Anerkennung um Gottes willen nicht versagt werden. Gegen die Behauptung unauflösbarer Verbindlichkeit abgelegter Gelübde wird ferner geltend gemacht, daß diese erstens auch nach Maßgabe bestehenden Kirchenrechts und seiner vielfältigen Ausnahme- und Dispensationsmöglichkeiten gar nicht bestehe (vgl. CA XXVII,22 ff.) und zweitens auch nicht bestehen könne, weil es sich bei Klostergelübden um Menschensatzungen handele (vgl. CA XXVII,36 ff.), die unter keinen Umständen die absolute und definitive Geltung des ius divinum beanspruchen könnten, geschweige denn, daß sie dessen Weisungen relativieren oder gar aufheben dürften.

Unbeschadet solcher kritischen Einwände und Vorbehalte leugnen die Augsburger Konfessoren keineswegs, daß Menschensatzungen ihre relative Bedeutung haben können und sinnvoll sind unter der Bedingung, daß sie sich zu dieser Relativität bekennen. Das gilt auch für den Fall der Klostergelübde, wenngleich dies in CA XXVII nicht eigens aufgeführt wird. Gleichwohl kann im Sinne reformatorischer Theologie davon ausgegangen werden, daß „Christsein in Kommunitäten eine mögliche Manifestation des Glaubens neben anderen (verschieden*artigen*, nicht aber verschieden*wertigen*) Existenzformen und Organisationsweisen christlichen Lebens in der Komplementarität des Leibes Christi" (Lohse/Frank/Halkenhäuser/Wulf, 305) ist. Auch schließt die reformatorische Kritik sog. ewiger Gelübde die Übernahme lebenslang bindender Verpflichtungen nicht aus, sofern diese in einem offenkundigen Zusammenhang mit der Taufe stehen und deren Einzigkeit und Vollgenügsamkeit ebensowenig tangieren wie das Schöpfungsgebot Gottes. Prinzipiell abzulehnen und von vorneherein unverbindlich und nichtig sind solche Verpflichtungen allerdings dann, wenn sich mit ihnen der als gottlos zu qualifizierende Anspruch verbindet, durch Werke Rechtfertigung vor Gott und ewiges Leben zu erlangen. Denn solcher Anspruch bzw. solche Erwartung widerspricht und widersetzt sich der Einsicht, „daß Gerechtigkeit und Frombkeit vor Gott kommt aus dem Glauben und Vertrauen, daß wir glauben, daß uns Gott um seines einigen Sohns Christus willen zu Gnaden nimbt" (BSLK 116,9ff.). In dieser gelebten Einsicht und in ihr allein besteht zugleich die wahre christliche Vollkommenheit und deren rechter Gottesdienst.

Die Konfutatoren, unter denen sich „eine stattliche Anzahl von Ordenstheologen" (Lohse/Frank/Halkenhäuser/Wulf, 293) befand, halten der von der Augustana geübten Kritik an den Klostergelübden entgegen, daß diese in der Hl. Schrift Alten und Neuen Testaments fest gegründet und durch Heilige so vieler Zeiten und Länder in ihrer Rechtmäßigkeit bewiesen seien. Gelübde zu brechen sei daher ein „swerer fall" (Immenkötter, 186,15), wohingegen „die gelubd der gerechten mögen versuenen Got" (Immenkötter, 186,15 f.). Unter Aufbietung vieler biblischer Belegstellen kommen die Konfutatoren zum Schluß, daß, „was diseshalb wider die clöstergelibd und ordenlich leben eingebracht, kainswegs zu gedulden ist" (Immenkötter, 188,16 f.). Es folgt die Auseinandersetzung mit einzelnen in CA XXVII erwähnten Problemaspekten. Sie werden, sofern sie von sachlicher Wichtigkeit sind, alle von der

Apologie aufgegriffen, welche – nachdem exemplarische Kritiker
der Fehlentwicklung des Mönchstums vorgestellt und Zeichen
seines nahen Endes namhaft gemacht worden sind (Apol
XXVII,1–8) – eingangs noch einmal klarstellt, worum es in dem
Streit „De votis monasticis" geht[142]: nämlich nicht um die allgemeine Frage, ob Gelübde einzuhalten seien, was für „licita vota"
grundsätzlich zu bejahen sei, sondern ob, wie es heißt, jene mönchischen Kulte die Sündenvergebung und Rechtfertigung verdienen, ob sie Genugtuung für die Sünden leisten, ob sie der Taufe
gleichzustellen sind, ob sie eine Einhaltung der Gebote (praecepta) und Ratschläge (concilia) darstellen, ob sie die evangelische Vollkommenheit (perfectio evangelica) sind, ob sie überschüssige Werke (merita supererogationis) mit sich bringen, ob
jene Verdienste, wenn sie anderen appliziert werden, diese retten,
ob Gelübde, die aufgrund dieser Anschauungen abgelegt werden,
erlaubt sind, ob schließlich – um die noch folgende Fragenreihe
abzukürzen – Gelübde, die entweder gezwungenermaßen oder
aus unlauteren Motiven abgelegt wurden, verbindlich sind (Apol
XXVII,9). Diese Fragen müssen nach Urteil von Apol XXVII eindeutig verneint werden. Man verweist hierzu auf Luthers „De votis
monasticis" von 1521 (WA 8, 573 ff.) und wiederholt im übrigen in
mehrfacher Hinsicht und unter Bezugnahme auf die Confutatio
Ablehnungsgründe der Klostergelübde, wie sie der Sache nach
bereits in der CA entwickelt worden waren.

Statt diese Gründe noch einmal im Detail zu entfalten, sollen abschließend nur noch die beiden wichtigsten der erwähnten Themenaspekte notiert und hinsichtlich ihres Sachgehalts zusammengefaßt werden: 1. Wer meint, durch Klostergelübde und mönchische Werke Sündenvergebung und Gerechtigkeit vor Gott zu
erlangen, schmäht das Evangelium (Apol XXVII,11: „quod docet
nobis gratis donari remissionem peccatorum propter Christum")
und entehrt Christus und sein Werk – und zwar nicht nur im Falle
heuchlerischer Scheinheiligkeit, sondern auch und gerade dann,
wenn er im vollen Ernst bei der Sache ist. Denn er leugnet, daß

---

[142] Vgl. ferner Melanchthons Gutachten vom 7. September 1530, in: Förstemann II, 400–409, hier: 402 f. Die Veränderungen der Oktavausgabe der
lateinischen Apologie vom September 1531 sind im XXVII. Artikel gegenüber der Quartausgabe vom Frühjahr 1531 noch geringer als diejenigen im
XXIII. Artikel (Vgl. Peters, II.1.2.2; ferner: Peters, II.2.2.2). Zum Befund im
Codex Chytraenus und im Codex Hallensis vgl. Peters, Anhang 1 u. 2.

wir die Vergebung der Sünden „gratis ... propter Christum per fidem" (Apol XXVII,13) empfangen und macht aus dem Evangelium ein neues Gesetz, aus Christus einen zweiten Moses. „Qui vero praeter Christi propitiationem propria merita opponit irae Dei, et propter propria merita consequi remissionem peccatorum conatur, sive afferat opera legis mosaicae, sive Decalogi, sive regulae Benedicti, sive regulae Augustini, sive aliarum regularum, is abolet promissionem Christi, abiecit Christum et excidit gratia." (Apol XXVII,17) Dies ist offenkundig nicht nur die Meinung des Paulus, auf die sich die Apologie im gegebenen Zusammenhang mehrfach bezieht, sondern auch diejenige Luthers, der die Klostergelübde, die er ASm III,14 im unmittelbaren Anschluß an das Thema von Rechtfertigung und guten Werken behandelt, nachgerade deshalb für abgetan erachtet, weil sie stracks gegen den ersten Hauptartikel streiten und Christus zu ersetzen trachten; „denn wer da gelobt ein Klosterleben, der gläubt, daß er ein besser Leben fuhre denn der gemein Christenmann, und will durch seine Werk nicht allein ihm selber, sondern auch andern zum Himmel helfen. Das heißt Christum verleugnen etc." (BSLK 461,10–14) Ausdrücklich abgewiesen wird in diesem Zusammenhang auch der Thomas von Aquin zugeschriebene Anspruch (vgl. BSLK 461, Anm.5), „daß Klostergelubde der Taufe gleich sei" (BSLK 461,15).[143]

2. Gegen die Annahme, das Klosterleben begründe einen der Allgemeinheit aller Getauften grundsätzlich überlegenen Christenstand, macht die Apologie der Augustana wie diese selbst geltend, daß man Gehorsam, Armut und Keuschheit – also die nach mittelalterlicher Vorstellung im Unterschied zu den für alle Christen

---

[143]   In ASm II,3 fordert Luther im Blick auf Stifte und Klöster, sie wieder ihrer ursprünglichen Zweckbestimmung zuzuführen, nämlich „zu erziehen gelehrte Leute und zuchtige Weibsbilder, ... damit man Pfarrherrn, Prediger und ander Kirchendiener haben muge, auch sonst notige Personen zu weltlichem Regiment in Städten und Ländern, auch wohlgezogene Jungfrauen zu Hausmuttern und Haushalterin etc." (BSLK 426,11–16). Erweisen sie sich diesem Zweck nicht dienlich, sei es angemessener, die Stifte und Klöster wüst liegen zu lassen oder einzureißen, „denn daß sie sollten mit ihrem lästerlichen Gottsdienst, durch Menschen ertichtet, als etwas Bessers denn der gemein Christenstand und von Gott gestifte Ämpter und Orden gehalten werden" (BSLK 426,18–427,1). Solches alles ist nämlich nicht nur unnütz und nach Gottes Gebot nicht vonnöten, sondern „auch wider den ersten Häuptartikel von der Erlosung Jesu Christi" (BSLK 427,1 f.).

geltenden Geboten nur für perfecti verbindlichen consilia evangelica – als Adiaphora, also als Mitteldinge anzusehen habe, die
an sich weder gut noch böse sind (Apol XXVII,21). Werden sie
„propter utilitatem corporalem" (Apol XXVII,21), also zur Erbauung des äußeren Menschen geübt, sind sie nützlich und lobens-
wert; sollen durch sie Rechtfertigung und ewiges Leben verdient
oder gar überschüssige Verdienste (merita supererogationis) erworben werden, sind sie hingegen gänzlich verkehrt und gottlos.
Falsch ist daher auch die Annahme, „quod observationes monasti-
cae sint opera consiliorum evangelii" (Apol XXVII,26). Denn die
rechten consilia evangelica zielen auf eine perfectio, die sich im
Wachstum an Gottesfurcht, an Vertrauen auf die in Christus verheißene Barmherzigkeit und als Sorge um den Gehorsam gegenüber der Berufung manifestiert, wohingegen Gehorsam, Armut
und Keuschheit oder gar sonstige Menschensatzungen wie Speise-
und Kleidungsvorschriften an sich selbst keinen spezifisch christlichen Charakter haben, sich vielmehr ebenso bei den „Mahometisten" finden und der Sphäre des äußeren Menschen zuzuweisen
sind, für dessen Weltbezug sonstige Professionen aufs ganze gesehen jedenfalls keine geringere Rolle spielen und spielen dürfen
als die Klosterprofeß.

Die Überordnung des Klosterlebens gegenüber sog. weltlichen
Berufen bzw. Berufungen ist damit hinfällig. Wenn daher die
Konfutatoren einräumten, das mönchische Leben sei nicht bereits
die Vollkommenheit, sondern ein Stand zu ihrer Erlangung, dann
sei dieses Zugeständnis zu der Konsequenz zu führen, daß das
Mönchtum in geistlicher Hinsicht mit dem Leben eines Bauern
oder eines Handwerkers prinzipiell gleichzustellen sei. „Nam hi
quoque sunt status acquirendae perfectionis." (Apol XXVII,37) Aus
der Ablehnung jedweder geistlichen Überordnung des Kloster-
standes über ehrbare, d. h. der Befriedigung der Notdurft und
Nahrung des äußeren Menschen gewidmete Berufe und Tätig-
keitsweisen ergibt sich zugleich das Verbot, sich der mit dem
kreatürlichen Dasein des Menschen gegebenen Notwendigkeit
von Weltbezügen entziehen zu wollen. Weltflucht ist verantwor-
tungslos, auch wo sie höhere Werte vorschützt. Weltbezüge,
kurzum: Gut, Ehr, Kind und Weib samt Leib und Leben fahren zu
lassen und aufzugeben, ist erlaubt und geboten nur, wo es um
das Evangelium von der Rechtfertigung des Sünders um Christi
willen durch Glauben und damit um Gottes Gottheit selbst geht.
Es gilt die theologische Grundmaxime, Gott Gott, Welt Welt und

Mensch Mensch sein zu lassen (vgl. insgesamt Apol XXVII,21–50). Was das näherhin heißt, wird am Beispiel von Zölibat und Ehe beispielhaft verdeutlicht (Apol XXVII,51 f.). Am gottgebotenen Ehestand wird zugleich exemplifiziert, was über Berufung und Beruf des Menschen in der Welt insgesamt zu sagen ist, daß nämlich solcher Beruf unbeschadet, ja gerade in seiner generellen Gebotenheit strikt auf die Individualität des einzelnen ausgerichtet ist, um ihn als solchen zu fordern. „Vocationes sunt personales, sicut negotia ipsa variant temporibus et personis; sed exemplum obedientiae est generale." (Apol XXVII,49)

7. Ordination und Ordinationsvollmacht

Distinctio IV der pars tertia des Decretum Gratiani (vgl. BSLK 491, Anm. 2) enthält in Cap. XXXVI unter der Überschrift „Valet baptisma, etsi per laicos ministretur" eine Augustin („Ad Fortunatum") zugeschriebene Geschichte, deren Erzählung, wie berichtet wird, alle Hörer stets zu Tränen rührte. (MPL 187,1808: „Nam quum illa historia narratur, omnes, qui audiunt, ... ad lacrimas moventur.") Anlaß zu solcher Rührung gibt nicht nur der glückliche Ausgang der Episode („naufragium evaserunt"), sondern auch und vor allem ihr ergreifender Verlauf: Demnach befanden sich zwei Christen auf einem vom Untergang bedrohten Schiff, der eine ein die Taufe heftig begehrender Katechumene, der andere ein getaufter Poenitent, den es nach Absolution verlangte; in dieser Situation leiblicher und geistlicher Not taufte der Bußwillige den Taufanwärter, um anschließend von ihm den vollmächtigen Zuspruch der Sündenvergebung zu empfangen.

In seinem Traktat über die Gewalt und den Primat des Papstes greift Melanchthon diese Geschichte auf (Tract 67), nicht nur um zu zeigen, daß im Notfall ein Laie von Sünden absolvieren und Diener und Pastor des anderen werden kann (Tract 67: „in casu necessitatis absolvit etiam laicus et fit minister ac pastor alterius"), sondern auch um in Form eines Analogieschlusses zu beweisen, daß dort, wo wahre Kirche ist, auch das Recht sein müsse, Diener der Kirche zu wählen und zu ordinieren.[144] Dieses Recht, so die These, steht der Kirche als ganzer zu und nicht nur den Bischöfen: „Quare cum episcopi aut fiunt haeretici aut nolunt impertire ordinationem, jure divino coguntur ecclesiae adhibitis suis pastoribus ordinare pastores et ministros." (Tract 72 mit Verweis auf Gal 1,7–9). Das „jus eligendi et ordinandi ministros" (Tract 69) der Kirche wurde vorher schon mit 1. Petr 2,9 („Vos estis regale sacerdotium") biblisch belegt.

Damit war erneut das Problem angesprochen, auf welches bereits die Apologie von CA XIV im wesentlichen ausgerichtet war, nachdem die Konfutatoren ihre Einwände auf die Forderung konzentriert hatten, „ut ordinatio fiat ab episcopis" (BSLK 296,22). Apol XIV reagierte auf diese Forderung mit dem Hinweis, man habe protestantischerseits auf dem Augsburger Reichstag oftmals Zeugnis von dem ehrlichen Willen gegeben, die überkommene Kirchenordnung einschließlich der ordinatio canonica und der Ordnung kirchlicher Hierarchie beizubehalten, auch wenn diese lediglich aufgrund menschlicher Autorität entstanden sei (Apol XIV,1: „conservare politiam ecclesiasticam et gradus in ecclesia, factos etiam humana auctoritate"). Auch wisse man auf seiten der Evangelischen die gute Absicht durchaus zu schätzen, welche mit der von den Vätern eingeführten Kirchenordnung ursprünglich verbunden war. Nun aber, so Melanchthon, zwingen die Bischöfe die Priester, welche sich der evangelischen, in der CA bekannten (Apol XIV,2: „hoc doctrinae genus, quod confessi sumus") Lehrform verpflichtet wissen, mit Gewalt, von dieser abzurücken und sie zu verdammen; andernfalls würden sie getötet. „Hae causae impediunt, quominus agnoscant hos episcopos nostri sacerdotes." (Apol XIV,2) Schuld an der allenthalben zu beobachtenden, von den Evangelischen aber keineswegs gewünschten, sondern beklagten Auflösung der kirchenrechtlichen Ordnung (canonica politia) seien daher die amtierenden Bischöfe selbst. Sie und sie allein seien schließlich auch dafür verantwortlich, daß ihre Autorität zunehmend ins Wanken gerate. Der entscheidende Grund hierfür

---

[144]   Zur anfänglichen Geschichte der lutherischen Ordination vgl. u. a. P. Drews, Die Ordination, Prüfung und Lehrverpflichtung der Ordinanden in Wittenberg 1535, in: DZKR 15 (1905), 66–90; 273–321; P. Vetter, Das älteste Ordinationsformular der lutherischen Kirche, in: ARG 12 (1915), 64–75.

ist der bischöfliche Widerspruch gegen ein offenkundig wahres,
frommes und katholisches Lehrbekenntnis (vgl. Apol XIV,3). Solchem Widerspruch muß um des Evangeliums willen die Zustimmung versagt und ausdrücklich widersprochen werden. Apol XIV
tut dies unter Bezug auf CA VII mit den Worten: „Et ecclesiam esse scimus apud hos, qui verbum Dei recte docent et recte admini-
strant sacramenta, non apud illos, qui verbum Dei non solum
edictis delere conantur, sed etiam recta et vera docentes trucidant,
erga quos, etiamsi quid contra canones faciunt, tamen ipsi canones mitiores sunt." (Apol XIV,4) Die letzte Wendung ist als er-
neutes Zeichen für Melanchthons Vermittlungsbereitschaft zu
werten, welche im abschließenden Abschnitt von Apol XIV noch
einmal ausdrücklich wird, wenn es heißt: „Porro hic iterum volumus testatum, nos libenter conservaturos esse ecclesiasticam et
canonicam politiam, si modo episcopi desinant in nostras ecclesias saevire." (Apol XIV,5)[145]

Unbeschadet der Ablehnung eines exklusiven episkopalen Ordinationsvorbehalts, die zum einen mit der gegebenen Notsituation,
dem, wenn man so will, drohenden Schiffbruch der Kirche, zum
anderen mit dem Hinweis legitimiert wird, die Rangordnung innerhalb des ordinationsgebundenen Amtes, also insonderheit die
Unterscheidung von Pfarr- und Bischofsamt, sei lediglich eine
Ordnung menschlichen Rechts, bestätigt neben der CA auch die
Apologie den grundsätzlich konservativen, auf Erhalt überkommener Strukturen hin angelegten Charakter der Wittenberger Reformation. Zwar gab es im reformatorischen Lager eine Reihe von
politischen Widerständen gegen Erhalt bzw. Wiederherstellung
der bischöflichen Gewalt, wie etwa von seiten der Nürnberger;
doch war den Theologen durchaus an deren Wahrung gelegen,
sofern sie ohne Preisgabe des Evangeliums geleistet werden
konnte.

Die auf Bewahrung der traditionellen Kirchenordnung angelegte
Reformtendenz ist übrigens nicht nur für Melanchthon charakteristisch, dessen einschlägige Sonderverhandlungen mit dem päpstlichen Legaten und dem kaiserlichen Hof einen bevorzugten Gegenstand protestantischer Kritik darstellen; sie kennzeichnet auch

---

[145]   Die Grundstruktur dieser Argumentation ist bereits in den Augsburger
       Fassungen der Apologie gegeben (vgl. BSLK 296,22–36 sowie Peters, An-
       hang 1 u. 2).

Luthers eigene Position. Das belegt u. a. die „Vermahnung an die
Geistlichen, versammelt auf dem Reichstag zu Augsburg, Anno
1530" (WA 30 II, [237] 268–356), mit welcher der Reformator von
der Coburg aus unter besonderem Bezug auf die Themen von
CA XXII bis CA XXVIII in das Reichstagsgeschehen einzugreifen
versuchte. Im Rahmen des kursächsischen Verhandlungskonzepts,
das im zweiten Teil der CA, namentlich in CA XXVIII, greifbar ist
und demzufolge man für die Wiederherstellung bischöflicher Jurisdiktion in den evangelischen Territorien zu sorgen bereit sei,
wenn die Bischöfe ihrerseits die evangelische Lehre zuließen,
entwickelt Luther in vier Punkten folgenden Kompromißvorschlag: „1. Die Bischöfe sollen ihre Amtspflichten, denen sie nicht
nachkommen und die sie gar nicht erfüllen können, den evangelischen Predigern überlassen ... 2. Die evangelischen Prediger er-
bieten sich, ihren Dienst ohne Bezahlung seitens der Bischöfe zu
absolvieren. 3. Die Bischöfe sollen ihren fürstlichen Stand behalten. Die Lutheraner wollen den weltlichen Stand der Bischöfe und
ihren Besitz nicht antasten. 4. Die bischöfliche Jurisdiktion soll
von den Evangelischen anerkannt werden, sofern die Bischöfe
ihnen die freie Predigt des Evangeliums zulassen."[146]

---

[146]   R. Decot, Luthers Kompromißvorschlag an die Bischöfe auf dem Augsburger Reichstag 1530, in: M. Brecht (Hg.), Martin Luther und das Bischofsamt, Stuttgart 1990, 109 ff., hier: 110 f. Zur Entstehungsgeschichte von
CA XXVIII im Kontext des kursächsischen Verhandlungskonzepts vgl.
insbesondere die Studien von W. Maurer (Die Entstehung und erste
Auswirkung von Artikel 28 der Confessio Augustana, in: Volk Gottes. Zum
Kirchenverständnis der katholischen, evangelischen und anglikanischen
Theologie. FS J. Höfer, hg. v. R. Bäumer u. H. Dolch, Freiburg/Basel/Wien
1967, 361–394; Erwägungen und Verhandlungen über die geistliche Jurisdiktion der Bischöfe vor und während des Augsburger Reichstags von 1530,
in: ders., Die Kirche und ihr Recht. Gesammelte Aufsätze zum evangelischen Kirchenrecht, hg. v. G. Müller/G. Seebaß, Tübingen 1976, 208–253
sowie Maurer I, bes. 73–96). Einen Überblick über die Deutungen von
CA XXVIII bietet B. Lohse in seinem instruktiven Aufsatz „Die Stellung
zum Bischofsamt in der Confessio Augustana", in: K. Lehmann/E. Schlink
(Hg.), Evangelium–Sakramente–Amt und die Einheit der Kirche. Die
ökumenische Tragweite der Confessio Augustana, Freiburg/Göttingen
1982, 80–108, hier: 95 ff. Lohse betont mit Recht, „daß als der leitende
Gesichtspunkt in CA 28 die Beseitigung der Mißstände in der Amtsfüh-
rung der damaligen Bischöfe zu sehen ist" (a. a. O., 97). „Entscheidend
war in der Situation von 1530 nicht die Frage, ob es ein Bischofsamt geben solle oder nicht, weil hier im Grunde beide Seiten einer Meinung
waren. Entscheidend war auch nicht einmal die bloße Formel ‚iure di-

Diese Vorschlagsliste zeigt, daß Luther 1530 die kursächsische und namentlich von Melanchthon betriebene Verhandlungsstrategie, die unter bestimmten Bedingungen eine Wiederherstellung bischöflicher Amtsvollmachten nicht ausschloß, im Grundsatz bejahte. Selbst unter den erheblich veränderten historischen Bedingungen des Jahres 1536/37 zeigte sich der Reformator bereit, den amtierenden Bischöfen ein Ordinations- und Bestätigungsrecht für evangelische Prediger zuzuerkennen (vgl. BSLK 457, Anm. 3). „Wenn die Bischofe", so heißt es ASm III,10, „wollten rechte Bischöfe sein und der Kirchen und des Evangelions sich annehmen, so mochte man das umb der Liebe und Einigkeit willen ... lassen gegeben sein, daß sie uns und unsere Prediger ordinierten und konfirmierten ..." (BSLK 457,7–11) Doch sei dabei alles Schein- und Blendwerk unchristlichen Wesens und Gepränges hintanzusetzen. Hinzugefügt wird ferner, daß das episkopale Ordinationsrecht „nicht aus Not" (BSLK 457,9), will heißen: nicht aus theologischer Notwendigkeit anzuerkennen sei. Von einer unbedingten Geltung des episkopalen Ordinationsvorbehalts kann nach Luther somit nicht die Rede sein. Seien keine rechten Bischöfe vorhanden, dürfe und müsse man die Ordination auch ohne sie vollziehen, da die Kirche nicht ohne Diener am Wort sein und bleiben könne. Diesen (Not-)Fall hält Luther unter den kirchlichen Bedingungen seiner Zeit für gegeben, da die Bischöfe weltliche Herren und Fürsten sind, die nach seinem Urteil weder predigen noch

---

vino' für die bischöfliche Autorität, weil diese Formel eben mit verschiedenem Inhalt gefüllt werden konnte. Entscheidend war vielmehr die Zuordnung von Bischofsamt und Evangelium. Die Kritik an der Vermischung von geistlichen und weltlichen Aufgaben, wie sie im deutschen Reich seit Otto dem Großen bestand, aber auch die Kritik an zahlreichen Menschensatzungen und Mißständen resultierte letztlich aus der reformatorischen Auffassung vom Evangelium. Melanchthon hat hier zwar, in Übereinstimmung mit der früheren Entwicklung in der Reformation, eine beträchtliche Kompromißbereitschaft gezeigt, aber im Auge hatte er dabei, ebenfalls in Übereinstimmung mit Luther, ein evangelisches Verständnis des Bischofsamtes. Die Frage, welche Autorität denn nach evangelischem Verständnis gegebenenfalls die Abweichung der Kirche oder ihrer Bischöfe vom Evangelium feststellen sollte oder könnte, verkennt das, worum es hier für die Reformation geht: die Einführung einer solchen Schiedsinstanz würde das Problem, um welches man damals rang, lediglich verlagern, aber nicht der Spannung standhalten, welche nun einmal zwischen der verfaßten Kirche und dem Evangelium bestehen kann und welche ausgehalten werden muß." (A. a. O., 100)

lehren noch taufen noch kommunizieren noch sonst irgendein Werk oder Amt der Kirche ausüben wollen, sondern diejenigen, die ein solches Amt als dazu Berufene treiben, verfolgen und verdammen. „Darumb wie die alten Exempel der Kirchen und der Väter uns lehren, wollen und sollen wir selbs ordiniern tuchtige Person zu solchem Ampt." (BSLK 458,8–10) Dies zu verbieten und zu verwehren komme den Bischöfen auch nach ihrem eigenen Recht nicht zu, welches besagt, daß diejenigen, die von Ketzern ordiniert worden sind, ordiniert heißen und bleiben sollen. Verwiesen wird fernerhin auf die bei Hieronymus beschriebene Praxis der Kirche von Alexandria, welche zuerst ohne Bischöfe durch Priester und Prediger gemeinsam regiert worden sei.

Mit letztgenanntem Hinweis (vgl. BSLK 430,10 ff. und Anm. 5) ist das Problem der rechten theologischen Verhältnisbestimmung von Pfarr- und Bischofsamt angesprochen, das auch, wenngleich keineswegs nur für die Frage der Legitimität sog. presbyteraler Ordinationen von großer Wichtigkeit ist. Was Luther betrifft, so hat er unter Berufung namentlich auf den erwähnten Kirchenvater Hieronymus[147] die Annahme einer ursprünglichen und prinzipiellen Einheit des ordinationsgebundenen Amtes vertreten, derzufolge als Bischof primär der in der örtlichen Gemeinde das Evangelium rein verkündende und die Sakramente recht verwaltende Pfarrer zu gelten hat. Entsprechend sind nach seinem Urteil die bischöflichen Funktionen recht eigentlich keine anderen als die pfarramtlichen. Gleichwohl stand Luther nicht zuletzt aufgrund eigener Visitationserfahrungen dem Institut eines überörtlichen kirchlichen Episkopenamtes keineswegs ablehnend gegenüber. Das zeigt, um ein Beispiel zu geben, nicht nur das – allerdings weitgehend mißglückte – Naumburger Bischofsexperiment[148], es wird auch durch die bleibende ekklesiologische Skepsis Luthers gegenüber der Rolle bewiesen, welche die Landesherrn im Laufe der Zeit als Notbischöfe und kirchliche Oberaufseher zu spielen begannen. Jedenfalls wird man „nicht sagen können, daß das Kirchenregiment des landesherrlichen Notbischofs seine (sc. Luthers) eigentliche Konzeption von Kirchenleitung war. Es war nie anders ge-

---

[147] H.-M. Stamm, Luthers Berufung auf die Vorstellungen des Hieronymus vom Bischofsamt, in: M. Brecht (Hg.), a. a. O., 15 ff.

[148] Vgl. H.-U. Delius, Das Naumburger Bischofsexperiment und Martin Luther, in: M. Brecht (Hg.), a. a. O., 131 ff.

dacht als eine – Notlösung."[149] Daß die aus Not geborene Aus-
nahmegestaltung dann über eine ganze Reihe von Menschen-
altern zur Regel innerhalb der evangelischen Kirche wurde, kann
man dem Reformator allenfalls bedingt anlasten. Denn daß er
dem kirchlichen Bischofsamt vor dem landesherrlichen Summ-
episkopat theologisch den Vorzug gab, daran kann kein Zweifel
sein.

Luthers theologisches Interesse an der Beibehaltung bzw. Wiederherstellung eines überörtlichen Bischofsamtes der Kirche ändert indes nichts an seiner Lehre von der ursprünglichen Einheit
des kirchlichen Amtes. Stets hat der Reformator die Ausdifferenzierung von Episkopat und Presbyterat im Laufe der geschichtlichen Entwicklung als eine nicht iure divino, sondern iure humano
geltende Praxisordnung der Kirche beurteilt. Daraus folgt zum einen, daß nach reformatorischer Lehre „der Bestand des *ministerium evangelii* ... nicht an den Bestand des geschichtlich gewordenen Episkopates gebunden (ist)"[150]. Zum anderen ergibt sich, daß
alle wesentlichen Aufgaben, die das überörtliche Episkopenamt
iure divino, also kraft göttlichen Rechts und Auftrags ausübt, als
Implikate des ordentlichen Amtes der öffentlichen Evangeliumsverkündigung in Wort und Sakrament zu gelten haben, die in der
theologischen Bestimmung des Ortspfarramts materialiter enthalten sind, auch wenn sie von diesem nicht in jeder Hinsicht und
unter allen Umständen explizit wahrgenommen werden können.
Das gilt u. a. für folgende Vollzüge: „a) Examination und Ordination derer, die zur öffentlichen Ausübung des *ministerium verbi*
berufen werden sollen. b) Visitation der Hirten und ihrer Gemeinden. c) Feststellung und Verwerfung der Irrlehre durch ein
kirchengerichtliches Verfahren. d) Handhabung der Exkommunikation ... In allen diesen Akten üben die Träger des Episkopates
Funktionen des Hirtenamtes aus. Diese Funktionen gründen daher unmittelbar in Gottes Gebot. Obwohl der Episkopat zu dem
göttlich gestifteten Predigt- und Hirtenamt nach dem Wegfall der

---

[149]　J. L. Schaff, Der Landesherr als Notbischof, in: M. Brecht (Hg.), a. a. O.,
105–108, hier: 108.

[150]　P. Brunner, Vom Amt des Bischofs, in: Schriften des theologischen Konvents Augsburgischen Bekenntnisses, hg. v. F. Hübner, Heft 9, Berlin
1955, 5–77, hier: 59. Vgl. Ferner H.-H. Kramm, Bischof, Pastor und Gemeinde (Luthertum, Heft 13), Berlin 1954.

von den Aposteln über größere Gebiete ausgeübten Kirchenleitung im Laufe einer geschichtlichen Entwicklung als eine *de iure humano* geltende Ordnung aus praktischen Gründen hinzugetreten ist, übt er Ordination, Visitation, Lehrgericht und Exkommunikation kraft göttlichen Gebotes aus."[151] Erlassen die Bischöfe hingegen um der Ordnung und des Friedens in der Kirche willen Menschensatzungen im Sinne der traditiones humanae, dann gründet dies nicht in einer spezifisch bischöflichen Vollmacht und hat naturgemäß nur eine relative, auf den äußeren Menschen beschränkte Verbindlichkeit. Einer Sakralisierung jedweder durch episkopale Kirchenleitung gesetzten äußeren Ordnung muß mithin nachdrücklich gewehrt werden. In diesem Zusammenhang legt Luther entscheidenden Wert auf die Feststellung, „daß ein Bischof als Bischof keine Macht habe, seiner Kirche irgendeine Satzung oder Zeremonie aufzulegen, es sei denn mit der ausdrücklichen oder auch stillschweigenden Bewilligung der Kirche"[152]. Nachgerade in der Sphäre der den äußeren Menschen betreffenden Ordnung der Kirche ist gemeindlicher Konsens sonach die unerläßliche Geltungsbedingung einer bischöflichen Regel. U. a. in diesem Sachkontext hat die kirchengestaltende Bedeutung des synodalen Prinzips ihren reformatorischen Ort.[153] Indes begründen nach Luther auch die dem Bischof iure divino aufgetragenen Amtsfunktionen kein episkopales Monopol. Die christliche Gemeinde hat nicht nur aufgrund des allgemeinen Priestertums das evangelische Recht und die evangelische Pflicht, sich evangeliumswidriger Lehre und verkehrten Lehrentscheidungen der Bischöfe unter Berufung auf das Zeugnis der Schrift zu widersetzen; auch die Besetzungskompetenz für das ordinationsgebundene Amt steht nicht ausschließlich in der Vollmacht des Bischofs, sosehr diesem im kirchlichen Regelfall das Ordinationsrecht zuzuerkennen ist.

Die lutherische Bekenntnistradition ist, soweit man dies feststellen kann, dem Reformator in dieser Sicht der Dinge durchweg ge-

---

[151] P. Brunner, a. a. O., 60.

[152] H. Ph. Meyer, Kirchenleitung nach lutherischem Verständnis. Zur Auslegung von Confessio Augustana Art. 28, in: ZevKR 25 (1980), 115–135, hier: 125.

[153] Vgl. K. G. Steck, Der „Locus de synodis" in der lutherischen Dogmatik, in: Theologische Aufsätze. FS Karl Barth, München 1936, 338–352.

folgt. Dabei ist davon auszugehen, daß es sich bei der CA XIV genannten „vocatio" zweifellos um die Ordination handelt; das ist aus den entsprechenden Ausführungen der Apologie und in Anbetracht der problemlosen Reaktion der Konfutatoren unschwer zu beweisen.[154] Die Berufung ins Amt der öffentlichen Evangeliumsverkündigung durch Wort und Sakrament, von der CA XIV handelt, ist deshalb von einer Installation, also einer Einweisung in einen raumzeitlich begrenzten Wirkungsbereich zu unterscheiden, da sie, wenn man so will, eine Einführung in das Amt überhaupt darstellt. Gleichwohl hat es im Sinne lutherischer Theologie seine Richtigkeit zu sagen: „Man wird eigentlich nicht ‚absolut', sondern zum Dienst an einer Gemeinde ordiniert."[155] Das ist deshalb der Fall, weil der Dienst des ordinationsgebundenen Amtes stets Dienst konkreter Evangeliumsverkündigung in Raum und Zeit zu sein hat. Indes steht dies nicht in einem Gegensatz zu jenem universalkirchlichen Bezug, dessen Wahrnehmung dem Amt des „publice docere" in besonderer Weise aufgetragen ist, wie das durch die von einer Installation zu unterscheidende Ordination

---

[154] Vgl. die Diskussion des Beitrags von G. Lindbeck, Rite vocatus: der theologische Hintergrund zu CA 14, in: E. Iserloh (Hg.), a.a.O., 454–466, hier: Diskussion, a.a.O., 467–472, bes. 469 f. (Pfnür) u. 470 ff. (Manns). Als ein weiterer Beleg kann die Überschrift von ASm III,10 angeführt werden. Mag sein, daß dem Reformator angesichts der gegebenen hierarchia ordinis, gegen die sich sein kirchlicher Protest richtete, „im Worte ‚Ordination' ... die Feder (stockte)" (R. Oeschey, Fragen der Kirchenordnung in den Schmalkaldischen Artikeln und dem Tractatus de potestate et primatu papae, a.a.O., 3–17 [bzw. 189–203], hier: 12). Eines jedenfalls zeigt der Ersatz von „Ordina ..." durch „Vokation", daß Luther beide Begriffe synonym verwenden konnte. Auch in bezug auf die Augustana „besteht aller Grund zu der Annahme, daß ihr Gebrauch des *rite vocatus* einfach die Praxis in der Phase widerspiegelt, in der *vocatio* und *ordinatio* häufig austauschbar verwendet wurden, um auf den gesamten Vorgang von Wahl, Berufung und Ordination für das Amt Bezug zu nehmen" (G. Lindbeck, a.a.O., 462). Sachlich läßt sich der mögliche Begriffswechsel am besten dadurch erklären, daß es sich bei der offiziellen Einsetzung ins kirchliche Amt um einen differenzierten Vollzug handelt, dessen Momente sich – unbeschadet ihrer momentanen Verschiedenheit – zu einem stimmigen Zusammenhang verbinden. Auch wenn man meint, im Hinblick auf CA XIV zwischen Vocation und Ordination unterscheiden zu sollen, ist infolgedessen noch kein zwingender Grund zu der Annahme gegeben, „daß das *rite vocatus* sich nicht auf die Ordination bezieht" (Diskussion Lindbeck, a.a.O., 467 [Scheible]).

[155] W. Joest, a.a.O., 243.

wirksam zum Ausdruck gebracht wird; denn der universalkirchliche, die Schranken von Raum und Zeit umgreifende Bezug ist dem Vollzug konkreter Evangeliumsverkündigung in Raum und Zeit nicht äußerlich, sondern wesensmäßig und von innen her präsent. Sachlich gilt im gegebenen Zusammenhang, was über das Verhältnis von Gesamtkirche und Einzelkirche gesagt wurde. Analog zu diesem Verhältnis ist das von Ordination zum Amt überhaupt und Einweisung ins kirchliche Einzelamt als ein differenzierter Zusammenhang zu bestimmen, in dem zwar amtstheologische Elementarbezüge zu unterscheiden, nicht aber zu trennen sind. Das gilt in anderer Hinsicht und in anderer Weise auch von dem Verhältnis von Amt und Amtsträger. So gewiß die vocatio nach reformatorischer Lehre eine lebenslange und nicht etwa zeitlich befristete Berufung darstellt, so wenig ist dadurch doch die Feststellung prinzipiell ausgeschlossen, „daß der Ordo nur solange währt, wie das Amt währt"[156], sofern damit nichts anderes gesagt ist, als was für reformatorische Amtstheologie in kritischer Hinsicht insgesamt bestimmend ist, daß nämlich die Ordination evangelischem Verständnis gemäß keinen hervorgehobenen geistlichen Stand bestimmter Personen begründet, die gegenüber den getauften, aber nichtordinierten Gliedern der Gemeinde persönlich hervorgehoben und durch entsprechende spirituelle Qualitätsmerkmale gekennzeichnet wären.[157]

Was schließlich das Ordinationsrecht betrifft, das in der Reformationszeit aus naheliegenden Gründen eines der Zentren kontroverstheologischer Auseinandersetzung bildete, so finden sich in der Augustana keine expliziten Ausführungen darüber, durch welche Organe die vocatio von CA XIV vollzogen werden soll. „Die Augsburgische Konfession sagt ... nichts, was die Wirksamkeit von Laienzelebration oder -ordination billigt, aber sie schließt diese auch nicht aus. Die Frage ist somit offengelassen. Was jedoch klar durch die CA angenommen wird, ist, daß die historische Sukzession – sei es die bischöfliche oder die presbyterale –

---

[156] J. Rohls, a. a. O., 149.

[157] Das schließt die Möglichkeit einer durch die Ordination vermittelten Amtsgnade nicht aus (vgl. Lindbeck, a. a. O., 462). Ob man dieses Amtscharisma unter Berufung auf Luther „Benediktionsindelebilität" (vgl. J. Heubach, Die Ordination zum Amt der Kirche, Berlin 1956, bes. 112 ff.) nennen kann, braucht hier nicht diskutiert zu werden.

den normalen Weg zur Einsetzung von Amtsträgern in ihr Amt
bildet." (Dulles/Lindbeck, 159 f.) Dem entspricht die Einschätzung
in Melanchthons Traktat, der als einziger Text unter den Bekenntnisschriften im Zusammenhang der Auseinandersetzung
über Gewalt und Gerichtsbarkeit der Bischöfe relativ ausführlich
vom Ordinationsrecht handelt. In dem bereits erwähnten Abschnitt (Tract 64 ff.) wird die Ordination zunächst als Grund für
die ursprünglich nicht gekannte Unterscheidung von Bischöfen
und Pastoren („discrimen episcoporum et pastorum") aufgeführt.
Sie sei erfolgt, weil man es eingerichtet habe, daß ein einziger Bischof in mehreren Kirchen die Diener am Wort ordinierte. Freilich
begründet diese Unterscheidung, wie bereits vorher dargelegt
wurde (Tract 60 ff.), keinen iure divino bestehenden Rangunter-
schied zwischen Bischof und Pastor. Dies bestätige sogar, wie es
heißt (Tract 61), das Bekenntnis der Gegner (confessio adversariorum), aus dem klar hervorgehe, daß die potestas ecclesiastica
kraft göttlichen Rechts allen gemeinsam ist, die der Kirche vorstehen, „sive vocentur pastores, sive presbyteri, sive episcopi" (Tract
61). Als Gewährsmann wird, wie üblich, Hieronymus zitiert (vgl.
BSLK 489, Anm. 4), der unter Berufung u. a. auf Tit 1,5−7; 1. Petr
5,1; 2. Joh 1; 3. Joh 1 gelehrt habe, daß nur kraft menschlicher Autorität der Stand des Bischofs von dem des Priesters oder Pastors
unterschieden worden sei (Tract 63: „Docet igitur Hieronymus
humana autoritate distinctos gradus esse episcopi et presbyteri
seu pastoris."). Hinzugefügt wird, daß für diese Lehre die Sache
selbst spreche, weil die Amtsgewalt von Bischöfen und Priestern
bzw. Pastoren, wie gesagt, dieselbe sei (Tract 63: „quia potestas
est eadem").

Bestehen sonach iure divino keine, wie es Tract 65 heißt, „diversi
gradus episcopi et pastoris", dann ist klar, daß eine Ordination,
die von einem Pfarrer in seiner Kirche vollzogen wurde, iure divino rechtmäßig und rechtskräftig ist („manifestum est ordinationem a pastore in sua ecclesia factam jure divino ratam esse").[158]

---

[158]   Wie das Ordinationsrecht, so begründen auch die üblichen episkopalen
        Vorzugsfunktionen wie Firmung und Glockenweihe keinen jure divino
        gegebenen Rangunterschied von Bischöfen und Pfarrern. Das gilt auch
        für die Vollmacht kirchlicher Jurisdiktion, worunter im Traktat wie in der
        sonstigen lutherischen Bekenntnistradition Kirchenzuchtsmaßnahmen im
        Sinne des kleinen Bannes zu verstehen sind: „Constat jurisdictionem
        illam communem excommunicandi reos manifestorum criminum pertine-

Die Rechtmäßigkeit und Rechtskräftigkeit der Ordination darf also nicht so vom Bischofsamt abhängig gemacht werden, daß für den Fall, die „episcopi ordinarii" werden zu Feinden des Evangeliums, welche den evangelischen Zeugen und Verkündigern die Ordination verweigern, die Kirchen das Ordinationsrecht überhaupt verlieren. „Nam ubicunque est ecclesia, ibi est jus administrandi evangelii. Quare necesse est ecclesiam retinere jus vocandi, eligendi et ordinandi ministros." (Tract 67) Zur Begründung dieses der Kirche von Gott gegebenen Rechts, das ihr durch keine menschliche Autorität entrissen werden kann, wird auf Eph 4,8 u. 11 f. und schließlich auch auf die eingangs erwähnte Beispielsgeschichte von den beiden in Seenot geratenen Christenmenschen verwiesen.

Zu fragen ist, ob die für die erfolgte Lehrkonsequenz entscheidende Parallelisierung (Tract 67: „Ubi est … vera ecclesia, ibi necesse est esse jus eligendi et ordinandi ministros: sicut in casu necessitatis absolvit etiam laicus et fit minister ac pastor alterius.") von Laienabsolution bzw. Laienpastorat und Ordinationsrecht sowie die nachfolgenden Verweise auf Mt 18,20 und 1. Petr 2,9 zu dem Schluß berechtigen, Melanchthon rechne neben der presbyteralen Ordination „in casu necessitatis" auch mit der legitimen Möglichkeit einer Ordination durch Nichtordinierte. Von den Interpreten wird diese Frage unterschiedlich beantwortet. In der gemeinsamen Untersuchung lutherischer und katholischer Theologen zur Confessio Augustana etwa steht zu lesen: „Im Tractatus … argumentiert Melanchthon, daß Pfarrer ordinieren mögen,

---

re ad omnes pastores." (Tract 74) Ausführlich und eindringlich wird in diesem Zusammenhang geschildert, zu welchen Mißbräuchen es geführt habe, daß die Bischöfe die kirchliche Gerichtsbarkeit in tyrannischer Weise sich selbst vorbehalten und zu ihrem Vorteil verwendet hätten (Tract 74–76). Die Kritik richtet sich dabei besonders gegen die bischöflichen Offizialen. Plädiert wird dafür, die kirchliche Gerichtsbarkeit gottesfürchtigen Pastoren zurückzugeben und dafür zu sorgen, daß sie rechtmäßig ausgeübt wird zur Verbesserung der Sitten und zum Ruhme Gottes. Was aber die sonstigen Fälle, die nach kanonischem Recht „ad forum … ecclesiasticum" (Tract 77) gehören, und namentlich die Ehefälle betrifft, so betont man, daß sie lediglich nach menschlichem Recht in die Zuständigkeit eines Bischofs gehören, und tritt im übrigen aus historischen und sachlichen Gründen und unter Verweis auf manifeste Ungerechtigkeiten für die Errichtung einer eigenständigen und vom Bischof unabhängigen Ehegerichtsbarkeit ein.

wenn die Bischöfe versagen, aber er gesteht nirgends zu, daß sogar die Ordination durch Pfarrer entbehrlich sei." (Dulles/Lindbeck, 157) In seiner Studie zum Augustanaartikel „De ordine ecclesiastico" spricht Lindbeck sogar von einem „Verbot der Laienordination, wie es durch das *rite vocatus* von Artikel 14 impliziert ist", fügt dann aber hinzu: „Es wäre jedoch falsch anzunehmen, daß die Confessio alle Ausnahmen von ihrer Regel gegen die Laienordination ausschließt. Sie spricht einfach dieses Problem nicht an, und man kann daher die Möglichkeit einer Laienordination im Notfall weder behaupten noch leugnen, ohne ihr zu widersprechen."[159] Demgegenüber heißt es etwa bei H. Sasse: „Aber daß eine Amtsübertragung ohne die hergebrachte Ordination durch einen ordinierten Amtsträger möglich ist, daran hat in der Kirche der lutherischen Reformation niemals ein Zweifel bestanden."[160]

---

[159]   G. Lindbeck, Rite vocatus, a. a. O., 464 f. Zum Problem der Berufung zum Amt, der konkreten Berufungsinstanzen sowie von Begriff, Sinn, Ritus und möglicher sakramentaler Bedeutung der Ordination bei Melanchthon vgl. ferner H. Lieberg, Amt und Ordination bei Luther und Melanchthon, Göttingen 1962, 314–378. Zur Frage was Melanchthon mit dem „rite vocatus" von CA XIV gemeint hat, äußert sich Lieberg ausführlich a. a. O., 333 ff. Als entscheidender Inhalt der Wendung sei „dies beides zu erheben: 1. daß eine rechtmäßige Vokation stets mit einer (gottesdienstlichen) Ordinationshandlung als ihrem Kern zu geschehen hat, und 2. daß sie als solche gottesdienstliche Ordinationshandlung jedenfalls durch ministri verbi (seien es nun Bischöfe oder Pastoren) vorgenommen werden soll. Weiter liegt darin aber auch", so Lieberg, „die zwar iure humano bestehende, darum aber nicht unerhebliche Tendenz, daß die Ordination *möglichst* durch Bischöfe (also im Sinne der ordinatio canonica) geschehen soll." (335) Im Hintergrund dieser Annahme steht die These, daß die Wittenberger Reformation – unbeschadet dezidiert erhobener „iure-divino-Gleichheit aller Diener im Amt" (313; eine von der üblichen Interpretation abweichende Deutung der Formel „episcopi seu pastores" gibt E. Iserloh, Kirche, Kirchengemeinschaft und Kircheneinheit nach der Confessio Augustana, in: K. Lehmann/E. Schlink, Evangelium–Sakramente–Amt und die Einheit der Kirche. Die ökumenische Tragweite der Confessio Augustana, Freiburg/Göttingen 1982, 13–27, hier: 23 f.) – „die überlieferte canonica politia und die episkopale Struktur der Kirchenverfassung zu erhalten" (313) bemüht war.

[160]   H. Sasse, Zur Frage nach dem Verhältnis von Amt und Gemeinde, in: F. W. Hopf (Hg.), In Statu Confessionis. Gesammelte Aufsätze von Hermann Sasse, Berlin/Hamburg 1966, 121–130, hier: 127.

Folgt man dem Text in Melanchthons Traktat, dann scheint es nicht ratsam, sich in der aufgeworfenen Frage auf Alternativen und entsprechende Kontroversen zu fixieren; die Antwort nämlich, die der Text nahelegt, läuft auf ein differenziertes Verfahren hinaus, nämlich auf ein geregeltes Zusammenwirken von ordinierten Amtsträgern und nichtordinierten Gemeindegliedern bei der Bestellung von Pfarrern und Predigern.[161] Zum Beweis des göttlichen Rechts der Kirche, Diener zu wählen und zu ordinieren, wird eine „communissima ecclesiae consuetudo" (BSLK 491,41 f.) angeführt, die wie folgt beschrieben wird: „Nam olim populus eligebat pastores et episcopos. Deinde accedebat episcopus seu ejus ecclesiae seu vicinus, qui confirmabat electum impositione manuum, nec aliud fuit ordinatio nisi talis comprobatio." (Tract 70) Die Pointe dieser Vorstellung einstiger kirchlicher Praxis, der Vorbildfunktion attestiert und die von allem später Hinzugekommenen positiv abgehoben wird, liegt offenbar genau darin, Exklusivansprüche bestimmter Personen oder Personengruppen auf die Ordinationsbefugnis auszuschließen[162] zugunsten einer im Sinne von Wahl und Bestätigung strukturierten Kooperation, wie sie dem entwickelten Verhältnis von Priestertum aller und ordinationsgebundenem Amt angemessen ist. Dem hat eine evangelische Praxis auch in rechtlicher Hinsicht Rechnung zu tragen. Zu sorgen ist – kurz gesagt – dafür, daß der Verfahrensmodus bei der Bestellung von Amtsträgern übereinstimmt mit dem,

---

[161] Vgl. M. Brecht, Das Zusammenwirken des Bischofs mit der Gemeinde bei der Bestellung von Pfarrern und Predigern, in: ders. (Hg.), Martin Luther und das Bischofsamt, Stuttgart 1990, 66–68.

[162] Gegen solche Exklusivansprüche ist auch Tract 24 gerichtet, wo es u. a. heißt: „Tribuit (sc. Christus) igitur claves ecclesiae principaliter et immediate, sicut et ob eam causam ecclesia principaliter habet jus vocationis." Inhaltlich geht es in dem ausschnittweise zitierten Abschnitt nicht um das Verhältnis von Priestertum aller und ordinationsgebundenem Amt und damit auch nicht um Sein oder mögliches Nichtsein dieses Amtes; das hat H. Fagerberg mit Recht gegen den Interpretationsansatz Höflings und anderer geltend gemacht (vgl. Fagerberg, 244 sowie ders., Art. Amt, Ämter, Amtsverständnis VII, in: TRE 2, 574–593, hier: 588; vgl. auch TRE 2, 564). Thema ist vielmehr der potestas-Anspruch des Papstes, in Bezug auf den deutlich gemacht wird, daß Christus die Schlüssel allen Aposteln in gleicher Weise übergeben habe, ja, daß es notwendig sei zu bekennen, daß die Schlüssel sich nicht auf die Person eines bestimmten Menschen beziehen, sondern auf die Kirche.

was theologisch zur Bestimmung des ordinationsgebundenen Amtes und seines differenzierten Zusammenhangs mit dem Priestertum aller zu sagen ist. Will man nähere Einzelheiten in Erfahrung bringen, so sind die reformatorischen Kirchenordnungen in Betracht zu ziehen, da die Bekenntnisschriften selbst „nur sehr spärliche Anweisungen für die Form der Einsetzung von Pfarrern und Predigern" (Fagerberg, 262) enthalten.

Bleibt hinzuzufügen, daß die Ordination reformatorischerseits in der Regel nicht den Sakramenten zugerechnet wird, wenngleich Apol XIII diese Möglichkeit nicht ausschließt. Sachlich richtet sich die protestantische Kritik an der zeitgenössischen sakramentalen Praxis des „Ordo" im wesentlichen dagegen, daß als dessen – scholastisch zu reden – Materie nicht mehr wie ursprünglich die Handauflegung, sondern später hinzugekommene Zeremonien („novae ceremoniae") galten. Tract 71 verweist in diesem Zusammenhang zunächst generell auf Konsekrationsriten, wie sie bei Pseudo-Dionysius Areopagita (vgl. BSLK 492, Anm. 2 u. 3) beschrieben sind, und kritisiert dann ausdrücklich die nachareopagitische, aber bereits im Ordo Romanus des 10. Jahrhunderts sinngemäß enthaltene Priesterweiheformel, mit welcher der Bischof unter Übergabe von Kelch und Patene die Vollmacht erteilte, das Meßopfer darzubringen: „Do tibi potestatem sacrificandi pro vivis et mortuis." (Tract 71; vgl. BSLK 492, Anm. 4)[163] Sachlich richtet sich der erhobene Vorwurf gegen die bestehende Ordinationspraxis, also keineswegs gegen die Bedeutung der Ordination oder den Stellenwert des ordinationsgebundenen Amtes als solchen, sondern gegen eine falsche Bestimmung amtlicher Funktion in Konsequenz einer abzulehnenden Meßopferlehre.

Das bestätigen auch die einschlägigen Ausführungen in der Apologie; der Grundsatz der gegen „das Sakrament des Ordens oder Priesterschaft" (BSLK 293,19 f.) vorgebrachten Kritik lautet: „Sacerdotium intelligunt adversarii non de ministerio verbi et sacramentorum aliis porrigendorum, sed intelligunt de sacrificio, quasi oporteat esse in novo testamento sacerdotium simile levitico quod

---

[163] Vgl. ferner: DH 1326, 1775; zur gegenwärtigen Theorie und Praxis in der römisch-katholischen Kirche vgl. DH 3859 f. sowie CIC, can. 1008 ff. Vgl. K. Lehmann/W. Pannenberg, Lehrverurteilungen – kirchentrennend? I. Rechtfertigung, Sakramente und Amt im Zeitalter der Reformation und heute, Freiburg/Göttingen 1986, 160 f.

pro populo sacrificet et mereatur aliis remissionem peccatorum." (Apol XIII,7) Dieser Fehlbestimmung des kirchlichen Amtes im Sinne eines levitischen Meßopferpriestertums wird entgegengehalten, daß das Kreuzesopfer für die Sünden der ganzen Welt ausreicht und keiner Ergänzung bedarf. Die Menschen werden deshalb nicht um irgendwelcher bleibenden Opfer (Apol XIII,9: „propter ulla reliqua sacrificia"), sondern um des alleinigen Opfers Christi willen durch Glauben gerechtfertigt. Daraus wird unter Verweis auf den Hebräerbrief der amtstheologische Schluß gezogen: „Ideo sacerdotes vocantur non ad ulla sacrificia velut in lege pro populo facienda, ut per ea mereantur populo remissionem peccatorum, sed vocantur ad docendum evangelium et sacramenta porrigenda populo." (Apol XIII,9) Werde der Ordo in diesem Sinne nicht als levitischer Meßopferdienst, sondern vom Dienst am Wort Gottes (ministerium verbi) her verstanden, dann gelte: „non gravatim vocaverimus ordinem sacramentum." (Apol XIII,11)[164] Wenige Zeilen später wird die reformatorische Bereitschaft, den Ordo ein Sakrament zu nennen, unter Berufung auf Röm 1,16 und Jes 55,11 sowie unter Betonung der Handauflegung („impositio manuum") als des bestimmenden Wirkzeichens der

---

164 Um diesen Satz angemessen beurteilen zu können, ist zu beachten, was reformatorische Theologie von Sakramenten im allgemeinen (vgl. § 10,2) und insbesondere von deren Zahl lehrt (vgl. Apol XIII,16 f.). Daß die Ordination nach reformatorischem Verständnis kein Aussonderungsgeschehen darstellt, welches die Gleichheit aller Christen vor Gott aufhebt, daran kann und darf auch ihre mögliche Bezeichnung als Sakrament nichts ändern. Zur Genese der im Text zitierten Wendung vgl. u. a. die Formulierung in dem dem Kaiser am 22. September 1530 angetragenen Exemplar der lateinischen Apologie zu CA XIII: „Nec repugnamus, si haec ... appellatio (sc. sacramentum) tribuatur ordini, si tamen ordo intelligatur ministerium verbi, quia ministerium habet mandatum Dej." (Peters, Anhang 1; dazu auch CR 287; BSLK 292,48 f.; vgl. ferner Peters, Anhang 2 [Codex Hallensis]: „Also fechten wir auch nit hart mit denen, so die weyhung ein sacrament nennen, so doch, das man durch weyhen ministeriu[m] verbj verstee, dan Got hat das predig ampt eingesetzt und gebotten.") Bei der Einfügung „si tamen ordo intelligatur ministerium verbi" handelt es sich um eine eigenhändig vorgenommene Ergänzung Melanchthons zur sog. Grundschrift Spalatins, die offenbar die Verhandlungen des Vierzehner-Ausschusses voraussetzt. (Vgl. Peters, I.2.1.1.1.c.2.6; vgl. ferner die Ergänzungen bzw. Streichungen zum Problem der Auslegung von Num 28 im Blick auf das Meßopfer [c.2.10], zum Problem des Meßkanons [c.2.13] sowie zum Begriff „leitourgia", den die Konfutatoren auf das priesterliche Meßopfer bezogen hatten [c.2.14].)

Ordination noch einmal wiederholt. Der Abschnitt schließt mit einer gegen Enthusiasten und Anabaptisten gerichteten Lobes- und Dankeshymne auf den Dienst am Wort, die noch einmal den Grundsatz von CA V geltend macht, daß nämlich der Geist und die Erleuchtung des Geistes nicht vermittels menschlicher Selbstpräparationen, sondern „per verbum" gegeben werde. Entsprechend habe die Kirche den Befehl Gottes, Diener am Wort einzusetzen, „quod gratissimum esse nobis debet, quod scimus Deum approbare ministerium illud et adesse in ministerio" (Apol XIII,12).

8. Kirchenordnung und episkopale Jurisdiktion

Es wurde bereits mehrfach und in verschiedenen Zusammenhängen darauf hingewiesen, daß die Unterzeichner der CA ihr Bekenntnis „nicht nur als Beweis ihrer eigenen Rechtgläubigkeit verstanden wissen (wollten), sondern zugleich als Friedensangebot"[165]. Die altgläubige Reichstagsmehrheit sollte davon überzeugt werden, daß man auf seiten der protestantischen Stände am Erhalt der Kircheneinheit und des gemeinsamen Kirchenverbandes elementar interessiert war. Dabei kam für die zu leistende Überzeugungsarbeit dem letzten Artikel der Augustana, auf den alle vorhergehenden abgestimmt sind, eine hervorragende Bedeutung zu; aus ihm lassen sich mithin auch die Grundstrukturen des von den Augsburger Konfessoren vertretenen Unionsprogramms am besten erheben.

Die hervorragende Stellung von CA XXVIII innerhalb der Augustana[166] ist entscheidend bedingt durch die kirchenpolitische Lage

---

[165]   E. Honée, Die theologische Diskussion über den Laienkelch auf dem Augsburger Reichstag 1530. Versuch einer historischen Rekonstruktion 1, in: NAK NS 53 (1972/73), 1–96, hier: 1f.

[166]   Die „De potestate ecclesiastica" handelnden Artikel sind in CA und Confutatio jeweils die „längsten der ganzen Reihe": „In der Augustana steht hinter Art. 28 die Melanchthonsche, im Grundsatz jedoch von Luther stammende und mit ihm abgestimmte weitreichende und im geschichtlichen Wandel der Zeit verwurzelte, zugleich aber zuinnerst von Luther mit seinem Verständnis des Evangeliums und seiner freien Predigt verbundene Lehre von den zwei Reichen. Ihre Konsequenz aber ist es,

des Jahres 1530, deren vordringlichstes Problem in dem strittigen Verhältnis zwischen dem protestantischen Landesherrn und den für die landesherrlichen Territorien zuständigen Diözesanbischöfen bestand. „Bekanntlich war die Jurisdiktionsgewalt der Bischöfe vor allem durch die von seiten der Landesherren seit 1526 unternommenen Kirchenvisitationen erschüttert worden, bei denen man zahlreiche Reformmaßnahmen ohne Genehmigung der Bischöfe getroffen hatte. Vergegenwärtigt man sich diesen Hintergrund, so sollte Art. 28 angeben, unter welchen Bedingungen die weltlichen Obrigkeiten bereit waren, den Bischöfen ihre Jurisdiktion zurückzugeben."[167] Mit diesen historischen Hinweisen zur kirchenpolitischen Situation von 1530 ist bereits klargestellt, daß in CA XXVIII unbeschadet aller theologischen Erörterungen zum Verhältnis von episcopi und presbyteri, von denen bereits die Rede war und von denen an späterer Stelle noch einmal zu sprechen sein wird, die Bischöfe gemeint sind, „so wie man ihnen damals begegnete", also im „landläufigen Sinne" von Trägern eines die Einzelgemeinde vor Ort übergreifenden kirchenleitenden Amtes.[168] Wenn CA XXVIII „De potestate ecclesiastica vel episcoporum" handelt, so hat man demnach primär nicht an ein allererst zu schaffendes, sondern an ein bereits bestehendes kirchliches Amt zu denken; und eben von diesem konkret bestehenden episkopalen Amt ist zu sagen, daß es die CA grundsätzlich beibehal-

---

daß dem reichsständischen Recht der Bischöfe der Boden entzogen ist, soweit es sich dabei um einen im eigentlichen Sinne kirchlichen Dienst handeln würde. Die Confutatio läßt sich auf keinerlei theologische Auseinandersetzung darüber ein. Auch praktische Konzessionen, so gewiß sie faktisch bestehen, werden theologisch nicht in Betracht gezogen." (W. Küppers, Die Confessio Augustana aus altkatholischer Sicht, in: E. Iserloh [Hg.], a. a. O., 677-682, hier: 681)

[167] E. Honée, a. a. O., 13. Vgl. im einzelnen: W. Maurer, Erwägungen und Verhandlungen über die geistliche Jurisdiktion der Bischöfe vor und während des Augsburger Reichstags von 1530, in: ders., Die Kirche und ihr Recht. Gesammelte Aufsätze zum evangelischen Kirchenrecht, hg. v. G. Müller und G. Seebaß, Tübingen 1976, 208-253.

[168] H. Asmussen, Das Amt der Bischöfe nach Augustana 28, in: E. Iserloh/P. Manns (Hg.), Reformation. Schicksal und Auftrag. FS J. Lortz, Bd. I, Baden-Baden 1958, 209-231, hier: 210.

372   § 11 Die Kirche

ten wollte, während es keineswegs in ihrer Absicht lag, „die Existenz der Bischöfe als Bischöfe anzufechten"[169].

Wurde das historische Datum des gegebenen Bischofsamtes somit im Grundsatz akzeptiert, so hat CA XXVIII allerdings die theologischen Bedingungen formuliert, unter denen ein Bischof als Bischof zu achten und in seiner kirchlichen Leitungsvollmacht anzuerkennen ist. Es sind dies im wesentlichen drei Voraussetzungen: Die *erste* fordert die klare Unterscheidung geistlichen und weltlichen Regiments[170] und den konsequenten Verzicht auf jedwede Vermengung der Vollmacht des Evangeliums mit weltlicher Schwertgewalt. „Geistliches und weltliches Amt sind nicht ineinanderzumengen, sondern zu unterscheiden." (Schlink, 350; bei Sch. gesperrt) Die *zweite* Bedingung richtet sich gegen die Anforderung, durch Gehorsam bestimmten kirchlichen Anordnungen gegenüber Gnade zu verdienen bzw. gegen die Lehre, daß solcher Gehorsam notwendig für die Erlösung und seine Vernachlässigung sündhaft sei. Schließlich soll – zum *dritten* – der Mißbrauch abgestellt werden, „Praktiken aufzuerlegen, die gegen das Evangelium oder das Wort Gottes sind und daher nicht ohne Sünde oder Beunruhigung des Gewissens befolgt werden können. Die Kommunion unter einer Gestalt und der Zölibat der

---

169 A. a. O., 211. Die lutherische Reformation „hat nie die Abschaffung des bestehenden historischen Episkopats, sondern stets seine Reformation erstrebt" (P. Brunner, Vom Amt des Bischofs, in: Schriften des Theologischen Konvents Augsburgischen Bekenntnisses Heft 9/1955, 34. Zustimmend zitiert bei H. Meyer, Das Bischofsamt nach CA 28, in: E. Iserloh [Hg.], a. a. O., 489–498, hier: 490). Zur reformatorischen Theologie des Bischofsamts vgl. ferner Brunstäd, 204 ff. Brunstäd zufolge kann „nicht davon die Rede sein, daß unser Bekenntnis vom Bischofsamt nur in Anpassung an den vorgefundenen Zustand spreche. Es füllt das Bischofsamt mit neuem, aus dem Grundverständnis des Evangeliums und des geistlichen Amtes geschöpften Sinn." (Brunstäd, 205) Dieser Sinn besteht in der „Unterstellung der gesamten kirchlichen Rechtsordnung unter die Erfordernisse des geistlichen Amtes, welche ein hervorgehobener Diener am Amt wahrnimmt" (ebd.).

170 Sie gründet sich nach R. Prenter „auf die Scheidung zwischen Gesetz und Evangelium und auf die zwischen Schöpfung und Erlösung. Wenn diese Unterscheidung durchgeführt wird, können die Männer der Kirche keine weltliche Macht beanspruchen, und die weltliche Obrigkeit kann keine Macht in der Kirche an sich reißen." (R. Prenter, Das Bekenntnis von Augsburg, a. a. O., 259)

Priester sind Melanchthons bevorzugte Beispiele." (Dulles/Lindbeck, 146)

Es ist unschwer zu sehen, daß alle drei Bedingungen in einem sachlichen Zusammenhang stehen, wobei der erste der erwähnten Gesichtspunkte zweifellos der grundlegende ist. Das hat neben einem systematischen auch einen historischen Grund: „Die Überlegungen der Wittenberger Reformatoren, ob und wie das bischöfliche Amt erhalten bzw. wiedereingeführt werden könne, mußten die Verfassungswirklichkeit des römisch-deutschen Reiches berücksichtigen. Sie sahen sich Bischöfen konfrontiert, die infolge einer jahrhundertelangen Entwicklung als Reichsfürsten mit weltlichen Ordnungsfunktionen belastet waren, wie sie – abgesehen vom Kirchenstaat – nirgendwo sonst zu finden waren."[171] Das Hauptaugenmerk von CA XXVIII richtet sich entsprechend auf das „discrimen ecclesiasticae potestatis et potestatis gladii" (CA XXVIII,4) und auf die Forderung: „Non ... commiscendae sunt potestates ecclesiastica et civilis." (CA XXVIII,12)[172] Zwar seien beide potestates (Gewalten, Vollmachten, Regimente) ihres göttlichen Mandats wegen höchster Verehrung wert (vgl. CA XXVIII, 18); doch sei jede Vermischung von geistlicher Vollmacht der Kirche und weltlicher Schwertgewalt sorgfältig zu vermeiden, weil aus ihr, wie die Geschichte beweise, nur Krieg und Aufruhr folgten.

---

[171]   J. Höß, Episcopus evangelicus. Versuche mit dem Bischofsamt im deutschen Luthertum des 16. Jahrhunderts, in: E. Iserloh (Hg.), a. a. O., 499–516, hier: 499. Neben dem Naumburger Bischofsexperiment (501 ff.) handelt Höß auch vom Merseburger Modell des evangelischen Bischofsamts (509 ff.) und von der Episkopalverfassung Preußens (512 ff.). Zu „Theorie und Praxis von Kirchenleitung in der Reformation" vgl. insgesamt den gleichnamigen Beitrag von G. Müller in: KuD 42 (1996), 154 – 173.

[172]   „Um es als Mißbrauch deutlich zu machen, daß die Bischöfe fast ausschließlich als weltliche Fürsten handeln, statt das Wort Gottes zu verkünden, die Sakramente zu spenden und die Gemeinden zu leiten, und um die Befürchtungen derer zu zerstreuen, die meinten, Restitution der bischöflichen Jurisdiktion bedeute auch Wiedereinsetzung in die weltliche Herrschaft und Rückgabe der Güter, wird eingangs ausführlich die Lehre von den Zwei Regimenten entwickelt." (Iserloh, 476) Daß die Unterscheidung zweier Regierweisen Gottes engstens zusammenhängt mit dem discrimen legis et evangelii betont u. a. Brunstäd, 198 ff.

Begründet wird der einzuhaltende Unterschied von kirchlicher und weltlicher Gewalt im wesentlichen damit, daß die potestas ecclesiastica als ein Regiment „weltlicher Ohnmacht" (Schlink, 311) ihrer Bestimmung nach nicht zeitlich-körperliche, sondern ewig-geistliche Dinge darbietet, wie sie durch den Dienst und nur durch den Dienst von Wort und Sakrament (vgl. Röm 1,18 und Ps 119,50) vermittelt werden. Die Treue zu diesem Dienst schließe klerikale Übergriffe bzw. Eingriffe in weltliche Zuständigkeiten aus. Von einem als ministerium verbi et sacramentorum sich be-stimmenden und ausgeübten Amt sei daher eine Behinderung der politica administratio ebensowenig zu erwarten wie von seiten der Sangeskunst: „Nam politica administratio versatur circa alias res quam evangelium. Magistratus defendit non mentes, sed cor-pora et res corporales adversus manifestas iniurias et coercet ho-mines gladio et corporalibus poenis. Evangelium defendit mentes adversus impias opiniones, adversus diabolum et mortem aeter-nam." (CA XXVIII,11; der letzte Satz hat im deutschen Text keine Entsprechung: vgl. BSLK 122,14–19) Auf der Basis dieser Unter-scheidung und unter Berufung auf Joh 8,36, Lk 12,14, Phil 3,20, 2. Kor 10,4 übt CA XXVIII sodann Kritik an einer Reihe von amts-mißbräuchlichen Übergriffen kirchlicher Leitungsinstanzen: „Ec-clesiastica suum mandatum habet evangelii docendi et sacramenta administrandi. Non irrumpat in alienum officium, non transferat regna mundi, non abroget leges magistratuum, non tollat legiti-mam oboedientiam, non impediat iudicia de ullis civilibus ordina-tionibus aut contractibus, non praescribat leges magistratibus de forma reipublicae constituenda" (CA XXVIII,12 f.).

Diese Bestimmungen müssen auch dann in Geltung bleiben, wenn potestas ecclesiastica und potestas civilis in Personalunion vereint sind, wie das bei den Fürstbischöfen der Zeit der Fall war. Die grundsätzlich gegebene Bereitschaft von CA XXVIII, mit der fürstlichen Herrschaft der Bischöfe sich abzufinden, hängt an der Voraussetzung, daß der prinzipielle Unterschied ihrer geistlichen und weltlichen Vollmacht nicht aufgehoben oder nivelliert wird. „Si quam habent episcopi potestatem gladii, hanc non habent ut episcopi mandato evangelii, sed iure humano, donatam a regibus et imperatoribus ad administrationem civilem suorum bonorum. Haec interim alia functio est quam ministerium evangelii." (CA XXVIII,19) In bezug auf die Regimentschaft der Bischöfe muß deshalb klar zwischen ihrer fürstlichen Stellung und ihrer kirchlichen Vollmacht differenziert werden (CA XXVIII,20: „discerni debet imperium ab ecclesiastica iurisdictione").[173]

Die den argumentativen Gesamtzusammenhang von CA XXVIII bestimmende Zentralstellung der Unterscheidung von potestas ecclesiastica und potestas civilis, wie sie im Anschluß und in weiterführender Auslegung von einschlägigen, noch zu erörternden Lehrbildungen Luthers vorgenommen wurde, wird durch die Vorgeschichte dieses Artikels eindrucksvoll bestätigt. Namentlich W. Maurer[174] hat deutlich gemacht, daß man sich auf kursächsischer Seite zeitig darüber im klaren war, daß der Plan einer Bewahrung kirchlicher Einheit durch bedingungsweise Anerkennung bischöflicher Kirchenleitungsvollmacht unter den gegebenen historischen Voraussetzungen nur dann in verantwortlicher Weise verfolgt werden könnte, wenn zwischen geistlichen und weltlichen Aufgaben und Kompetenzen der Bischöfe klar differenziert werde. „Solange ... hier keine theologische Klärung erfolgte, war das Angebot, die bischöfliche Jurisdiktion wiederherzustellen, eine gefährliche, in ihren Folgen unabsehbare Sache."[175]

Expressis verbis und in der nötigen Deutlichkeit erfolgt ist eine solche Klärung bereits in den bei Förstemann mit Buchstaben C gekennzeichneten Textbeständen der sog. Torgauer Artikel (vgl. Förstemann I, 87–91). Im ersten der unter C zusammengefaßten Artikel, der mit der Überschrift „Von vermöge der Schlussel" bzw. „De potestate clavium" versehen ist (vgl. BSLK 120,16 ff.; dazu BSLK 120, Anm. 3), „wird zum ersten Male die theologische Problematik der beiden Regimente aufgegriffen, die fortan das Kern-

---

[173] Der Gedanke, den CA XXVIII verfolgt, ist der, „daß zu unterscheiden sei zwischen den Bischöfen als Landesherren und den Bischöfen als Bischöfen. Als Landesherren wirken sie nach menschlichem Rechte, als Bischöfe fußen sie auf göttlichem Recht. Sofern die Bischöfe ihre landesherrliche Tätigkeit auf dieser Basis auszuüben gedenken, will man auf reformatorischer Seite ihnen gerne nach beiden Seiten den schuldigen Gehorsam leisten. Sofern sie ihr Bischofsamt auf dieser Basis ausrichten, ist nichts dagegen einzuwenden, daß man ihre Jurisdiktion anerkennt." (H. Asmussen, a. a. O., 215.)

[174] W. Maurer, Die Entstehung und erste Auswirkung von Artikel 28 der Confessio Augustana, in: R. Bäumer/H. Dolch (Hg.), Volk Gottes. Zum Kirchenverständnis der katholischen, evangelischen und anglikanischen Theologie, FS J. Höfer, Freiburg/Basel/Wien 1967, 361–394.

[175] A. a. O., 370.

stück des werdenden Artikels bilden wird" (Maurer I, 75). Strittig
ist allerdings die genaue Datierung von C: Während Brieger, wie
erwähnt (vgl. § 7,1), C in drei disparate Stücke zerlegt und diese
zeitlich und sachlich von den Torgauer Ereignissen abrückt, plädiert Gußmann für die sachliche Einheit der Textteile und stellt
sie in die Nähe von Torgau oder Coburg. Auch Maurer hält die
Artikel von C für zusammengehörig und sieht darin eine Ergänzung zu Torgau A6 und 7, die Melanchthon in den ersten Augsburger Tagen noch vor Übersendung des ersten Entwurfs der
CA an Luther verfaßt und vielleicht anstelle des späteren Artikels
XXVIII jenem Entwurf beigefügt habe (vgl. Maurer I, 74).

Ihren Ausgang nimmt die Argumentation von C1, für die der später getilgte dezidierte Bezug auf die Papstfrage charakteristisch ist,
bei der vormals vertretenen Annahme mittelalterlicher Theologie,
daß die potestas clavium „das geistlich und weltlich Regiment" sei
und „daß der Bapst durch die Schlusselgewalt empfangen habe,
Konig zu setzen und entsetzen und musse kein Konig ahn des
Bapsts Confirmatio werden" (BSLK 120,18–20). Diese irrtümliche
Annahme, deren Bestreitung ehedem als Ketzerei verdammt worden sei, werde inzwischen auch von den Gegnern der Reformation nicht mehr aufrechterhalten. Vielmehr lehre man mittlerweile
auch auf seiten der Widersacher, „daß potestas clavium Befelch
sei, das Evangelium zu predigen, Sunder zu strafen und zu vergeben in Namen und von wegen Christi" (BSLK 120,25 f.). Diese Einsicht wird im folgenden nachdrücklich affirmiert: „So ist nun potestas clavium allein geistlich Regiment, das Evangelium predigen,
Sund strafen und vergeben, Sacramenta reichen. Dies allein soll
der Bischof oder Priester Ampt sein. Und gehort lauts des Evangelii nicht in dieses Ampt, weltliche Regiment zu stellen oder
ordnen, Konig setzen oder entsetzen." (BSLK 120,27–30) Belegt
wird dies mit den Worten Christi Mt 16,19 und Joh 20,21, durch
welche geistliches und weltliches Regiment geschieden und offenbar werde, „daß die Apostel kein Befelch haben vom weltlichen Regiment, sonder allein von der Lahr und Predig und Rei-
chung der Sakrament, dadurch Vergebung der Sunden ausgeteilet
wird" (BSLK 120,30–32). Als weitere Belege werden Mt 20,25 f. par
Lk 22,25 ff.[176]; Mt 5,39; Lk 12,14 und Joh 18,36 aufgeführt.

---

[176] Zum speziellen Problem dieser Belegstelle, die schon in Na fortgelassen
wurde, vgl. Kolde, 64, Anm. 1.

Ist somit klargestellt, „daß die Schlussel nicht weltlich Regiment heißen oder weltlich Polici" (BSLK 122,33 f.), so könne im übrigen dem Papst, was er an weltlichem Vermögen vom Kaiser empfangen habe, als eine donatio humana, die das Amt der Schlüssel nichts angehe, durchaus belassen werden. Mit aufrührerischen Bewegungen der Vergangenheit, welche die Bischöfe aus ihren weltlichen Gütern zu vertreiben beabsichtigten, will man reformatorischerseits nichts zu tun haben. Worauf es ankomme, sei lediglich, geistliches und weltliches Regiment präzise zu unterscheiden, „daß man wissen mag, was zum Gewissen gehort, und wie von Gutern und äußerlicher Herrlichkeit zu halten" (BSLK 123,25 f.).

Aus der Bestimmung der potestas clavium im Sinne von Evangeliumspredigt und Darreichung der Sakramente wird sodann gefolgert, „daß der Bapst aus Kraft der Schlussel nicht Macht hat, neue Gottesdienst zuwider dem Evangelio zu ordnen oder die Gewissen mit Gesetzen zu binden" (BSLK 123,28 f.). Mache er Gesetze, so tue er dies nicht aus Kraft der Schlüssel, sondern aus bloß irdischer Machtvollkommenheit „wie ein ander weltlicher Furst" (BSLK 123,30–124,28). Seien solche Gesetze und entsprechende Dispensationen Gottes Wort zuwider, müsse man Gott mehr gehorchen als den Menschen. Die Erörterungen „De potestate clavium" in Torg CI, an die sich Überlegungen zum Bann und zu Ehefragen anschließen, enden mit der Bemerkung: „Item dieweil die Schlussel nicht anders sind, denn Evangelium prediegen und Sakrament reichen, hat der Bapst nicht mehr Gewalt durch die Schlussel dann ein jeder Pfarrner, wie die Canones selbst anzeigen, denn sie geben zu in articulo mortis, daß ein Pfarrer alle casus reservatos absolvieren möge." (BSLK 124,31–34)

Hält man sich, bevor man auf Abgrenzungen und das Verhältnis von Pfarrern, Bischöfen und Papst näher eingeht, zunächst an die der zentralen Unterscheidung von geistlichem und weltlichem Regiment korrespondierende positive Bestimmung der potestas clavium, so fällt auf, daß der entsprechende Grundsatz, wonach es Aufgabe des Schlüsselamtes sei, „das Evangelium predigen, Sund strafen und vergeben, Sacramenta reichen" (BSLK 120,27 f.), „fast wörtlich in die endgültige Fassung übergegangen ist" (Maurer I, 75). Gleich zu Beginn von CA XXVIII wird unter Verbindung der ursprünglichen und späteren Überschrift des Artikels gelehrt: „daß der Gewalt der Schlussel oder der Bischofen sei, lauts des

Evangeliums, ein Gewalt und Befehl Gottes, das Evangelium zu
predigen, die Sunde zu vergeben und zu behalten und die Sakrament zu reichen und handeln" (BSLK 121,12 ff.; CA XXVIII,5: „Sic
autem sentiunt, potestatem clavium seu potestatem episcoporum
iuxta evangelium potestatem esse seu mandatum Dei praedicandi
evangelii, remittendi et retinendi peccata et administrandi sacramenta.")。Von einem kleinen Zusatz („iuxta evangelium") abgesehen findet sich der Satz entsprechend schon in der Fassung Na,
die sich auch ansonsten sehr eng an CI anschließt (Maurer I, 75);
und noch im Traktat kann man die Grundkonturen der zitierten
Wendung erkennen, wenn es heißt: „Evangelium … tribuit his, qui
praesunt ecclesiis, mandatum docendi evangelium, remittendi
peccata, administrandi sacramenta, praeterea jurisdictionem, videlicet mandatum excommunicandi eos, quorum nota sunt crimina,
et resipiscentes rursus absolvendi." (Tract 60)

Die literarische Stabilität jener Wendungen, mit denen Funktionen
und Aufgaben des bischöflichen Amtes beschrieben werden, beweist nicht nur, daß die Wesensbestimmung kirchlicher Amtsvollmachten in lutherischer Bekenntnistradition durchweg einheitlich vorgenommen wird; die formelhafte Weise, in der die genannten Vollmachten in stereotyper Parataxe einander zugeordnet
werden, zeigt zugleich an, daß der im zuletzt erwähnten Traktat-
zitat spezifizierte Hinweis auf die episkopale Jurisdiktionsvollmacht, welche in dem Mandat besteht, solche, die in öffentlichen
Lastern leben, zu exkommunizieren und sie, soweit sie bereuen,
wieder loszusprechen, keinen äußeren Zusatz zu den vorhergehenden bischöflichen Aufgabenbestimmungen, sondern eine Ex-
trapolation von nur relativer Selbständigkeit darstellt. Das wird
durch entsprechende Wendungen in CA XXVIII bestätigt, etwa
wenn gesagt wird: „Derhalben ist das bischoflich Ambt nach gottlichen Rechten das Evangelium predigen, Sunde vergeben, Lehr
urteilen und die Lehre, so dem Evangelio entgegen, verwerfen
und die Gottlosen, dero gottlos Wesen offenbar ist, aus christlicher Gemein ausschließen …" (BSLK 123,22–124,3) Weder das
episkopale Recht der Exkommunikation offenkundig Gottloser
noch auch das Recht des Bischofs zur Verwerfung evangeliumswidriger Lehre besteht sonach je für sich; beide stehen vielmehr
in einem – allerdings differenzierungsfähigen – Zusammenhang
mit den bischöflichen Aufgaben der Evangeliumsverkündigung,
der Sakramentsverwaltung und des Zuspruchs der Sündenvergebung. Das gilt selbstverständlich auch für die episkopale Ordina-

tion von Pfarrern, die neben Kirchenzucht und Lehrzucht häufig als die dritte Hauptaufgabe eines Bischofs benannt wird.[177] Mit der Betonung dieses Zusammenhangs trat die reformatorische Theorie der Episkope entschieden einer Veräußerlichung nicht nur des bischöflichen Leitungsamtes der Kirche, sondern des gesamten kirchlichen Rechtswesens entgegen. Zu einer solchen Veräußerlichung konnte es nicht zuletzt deshalb kommen, weil die seit dem 12. Jahrhundert üblich gewordene begriffliche Unterscheidung zwischen einer potestats ordinis und einer potestas iurisdictionis faktisch im Sinne der Trennung beider Vollmachten verstanden wurde und als theoretische Legitimation einer praktischen „Zweiteilung der kirchlichen Hierarchie in eine Weihe- und eine Jurisdiktionshierarchie" (Iserloh, 487)[178] fungierte. Dagegen wendet sich die reformatorische Kritik: Nicht nur daß gegenüber einer tendenziellen hierarchischen Zweiteilung kirchlichen Amtes dessen ursprüngliche Einheit betont wird, auch die in der Apologie aufgegriffene Unterscheidung vom „potestas ordinis" und „potestas iurisdictionis" (vgl. Apol XXVIII,13), auf die im einzelnen noch einzugehen sein wird, soll nicht länger der Trennung zweier Amtsvollmachten, sondern dazu dienen, deren untrennbare Zusammengehörigkeit zum Ausdruck zu bringen. Es kann also nicht die Rede davon sein, daß im Kontext reformatorischer Theologie „die Lehre von den zwei Gewalten (sc. potestas ordinis und potestas iurisdictionis) noch verschärft und im Sinne einer strikten Trennung ausgelegt wurde" (ebd.). Zu gelten hat vielmehr, daß die traditionelle Unterscheidung von potestas ordinis und potestas iurisdictionis in Apol XXVIII ausschließlich in der Absicht aufgegriffen wird, die Eigenart der episkopalen Jurisdiktionsvollmacht in strenger Bezogenheit auf die potestas ordinis zu entwickeln und in diesem Sinne als eine Vollmacht zu bestimmen, die nur im Zusammenhang der für die potestas ordinis charakteristischen Aufgaben angemessen wahrgenommen werden kann. Zwar sind – um im traditionellen Begriffskontext noch etwas zu verweilen – die mit der potestas iurisdictionis zu verbindenden Aufgaben nicht unmittelbar mit den der potestas ordinis zugehörigen iden-

---

[177] Vgl. H. Meyer, a. a. O., 491.

[178] Vgl. E. Iserloh, Das Bischofsamt nach der Confessio Augustana, in: ders., Kirche – Ereignis und Institution. Aufsätze und Vorträge. Bd. II: Geschichte und Theologie der Reformation, Münster 1985, 284–300.

tisch, welche Einsicht die Voraussetzung dafür ist, daß die traditionelle Unterscheidung von potestas ordinis und potestas iurisdictionis reformatorischerseits überhaupt rezipiert werden konnte.
Doch steht am Anfang reformatorischer Argumentation nicht die
Unterscheidung zweier potestates; vielmehr geht die Differenz
zwischen beiden potestates recht eigentlich erst aus einer der
potestas ordinis impliziten Beziehung hervor, um auf diese Weise
eine im wahrsten Sinne des Begriffs relative Selbständigkeit zu
erlangen.[179]

---

[179] Man kann daher auch nicht sagen, daß potestas ordinis und potestas iurisdictionis „in gleicher Weise am *ius-divinum*-Charakter des bischöflichen Amtes teilhaben" (H. Meyer, a. a. O., 493). Zwar trifft es zu, daß
beide potestates iure divino gegeben sind; doch ist das bei der potestas
ordinis unmittelbar, bei der potestas iurisdictionis nur auf vermittelte
Weise, nämlich kraft ihrer Teilhabe an der potestas ordinis, der Fall. Vgl.
E. Kinder, Der evangelische Glaube und die Kirche, 151: Das kirchliche
Amt ist „grundsätzlich ‚Gnadenmittelamt' und erst von daher auch in gewissem Sinne Leitungsamt, auf keinen Fall aber umgekehrt: primär Leitungsamt und kraft dessen Gnadenmittelamt. Kirchenleitende Vollmacht
hat das kirchliche Amt nur kraft derjenigen Vollmacht, welche den Gnadenmitteln für die Kirche innewohnt. Darum, weil die Reformation das
kirchliche Amt so ganz durch die Gnadenmittel konstituiert sieht, gibt es
nach ihr auch grundsätzlich nur *ein* Amt in der Kirche." So auch Brunstäd, 203: „Kirchenregiment, im Sprachgebrauch der B. S., potestas ecclesiastica, ist die geistliche Leitung der Kirche mit Wort und Sakrament,
die Funktion des geistlichen Amts ist." Zum Begriff des Kirchenregiments im
Sinne von CA XXV vgl. ferner Brunstäd, 201: „Der Sprachgebrauch hat
sich gewandelt. Wenn wir heute von Kirchenregiment und Kirchengewalt reden, dann meinen wir damit die oberste Leitung der Rechtsver-
hältnisse in der Kirche, die Setzung und Handhabung der Kirchenordnung ... Wie steht es mit dieser Wandlung des Sprachgebrauchs? Heute
Inbegriff der Kirchenleitung und Festsetzung und Handhabung der Kirchenordnung, damals Funktion des geistlichen Amtes? Die beiden Bedeutungen gehen darin zusammen, daß Sinn und Zweck der Kirchenordnung und ihrer Handhabung ist, daß geordneter Dienst am
geistlichen Amt geschieht. Die Funktion des geistlichen Amtes ist Sinn
und Gestaltungsgrund der Kirchenordnung. Kirchenregiment ist die Unterstellung der Kirchenordnung unter die Aufgaben des geistlichen Amtes. Daraus ergibt sich folgerichtig, daß mit dem Kirchenregiment als der
Setzung und Handhabung der Kirchenordnung betraut wird, wer im
Dienste des geistlichen Amtes, des geistlichen Regiments besonders erfahren und bewährt ist." Dem entspricht die Bemerkung: „Kirchenordnung entsteht aus der Notwendigkeit, das geistliche Amt zu bestellen,
Menschen zum Dienst an ihm und in ihm zu berufen. Ursprung der
Ordnung, des Rechtes in der Kirche ist die Sorge für die Wahrnehmung

Die Tatsache, daß die potestas iurisdictionis nach Maßgabe reformatorischer Theologie nur in strenger Relation zur potestas ordinis ihren eigentümlichen Bestand hat, wird nicht nur dadurch bestätigt, daß als jurisdiktionelle Amtsvollzüge materialiter nur solche in Betracht kommen, die in einem untrennbaren Sachbezug
stehen zum ministerium docendi evangelium et porrigendi sacramenta, sondern auch durch die Bestimmung der Art und Weise
belegt, in der diese Vollzüge im gegebenen Fall stattzufinden haben und durchzuführen sind. Es hat der Grundsatz zu gelten: „sine vi humana, sed verbo." (CA XXVIII,21) Sei es, daß in der Kraft
episkopaler Jurisdiktionsvollmacht Lehrer, die das Evangelium
verkehren, zu anathematisieren oder offenkundig Gottlose zu exkommunizieren sind, stets hat dies so zu geschehen, wie es dem
mit der potestas ordinis bevollmächtigten ministerium angemessen ist: „ohn menschlichen Gewalt, sonder allein durch Gottes
Wort." (BSLK 124,4 f.) Damit ist nichts anderes gesagt, als daß für
die rechte Wahrnehmung episkopaler Jurisdiktionsvollmacht die
Selbstunterscheidung von der auf die Sphäre des äußeren Menschen bezogenen weltlichen Gerichtsbarkeit und der ihr eigentümlichen leiblichen Gewalt grundlegend ist. Daraus erhellt zugleich, daß die reformatorische Verhältnisbestimmung von kirchlicher potestas ordinis und potestas iurisdictionis in einem konstitutiven Zusammenhang steht mit der getroffenen Unterscheidung
von potestas ecclesiastica und potestas civilis und nur unter adäquater Wahrnehmung dieses Zusammenhangs recht getroffen
werden kann.

Am konkreten Beispiel der Bannfrage mag dies verdeutlicht werden. Geht man, wie dies die Regel ist, von der ursprünglichen literarischen Zusammengehörigkeit seiner Unterabschnitte aus,
dann bietet dazu bereits das erwähnte, CA XXVIII inhaltlich in
vielem vorwegnehmende Dokument Torg C Anlaß, auf dessen
Erörterungen „De potestate clavium" sogleich ein Artikel „Vom
Bann" folgt (vgl. Förstemann I, 89 f.). Gesagt wird darin nicht nur,
daß in öffentlichen Lastern lebende und nach Ermahnung nicht
besserungswillige Sünder dem Auftrag Christi an seine Kirche
gemäß von den Sakramenten auszuschließen sind; gesagt wird

---

des Predigtamtes." (Brunstäd, 203) Zur theologischen Würdigung kirchlicher Rechtsordnung im Sinne von CA XXVIII etc. vgl. Brunstäd, 203 f. sowie 207 ff.

auch, daß man das Recht solchen Banns den amtierenden Bischöfen nicht bestreiten möchte, sofern sie dem Evangelium nicht
entgegen sein wollen. Im unmittelbaren Anschluß daran heißt es:
„Aber Inn sachenn, so zu weltlichem gericht gehorenn, sollen sie
nicht macht haben, den Ban zu geprauchen." (Förstemann I, 90)
An diesem Grundsatz ändert auch das nachfolgende Zugeständnis
einer halsstarrige Öffentlichkeitssünder und Sakramentsverächter
betreffenden Anzeigepflicht des Ortspfarrers dem visitierenden
Diözesanbischof gegenüber nichts. Dies gilt entsprechend für alle
offiziellen Bekenntnisschriften der Wittenberger Reformation. So
wird, um nur dies noch zu erwähnen, in ASm III,9 gelehrt, daß
der sog. kleine Bann als der rechte christliche Bann beibehalten
werden solle; er besteht darin, „daß man offenbärliche halstarrige
Sunder nicht soll lassen zum Sakrament oder ander Gemeinschaft
der Kirchen kommen, bis sie sich bessern und die Sunde meiden"
(BSLK 457,1–4). Der sog. große Bann hingegen sei eine rein weltliche Strafe und gehe die Diener der Kirche nichts an. Entscheidend ist der Grundsatz, jede Vermengung geistlicher und weltlicher Strafe zu vermeiden. Bleibt zu fragen, ob unter dieser Voraussetzung von einer kirchlichen potestas iurisdictionis bzw.
einem kirchlichen Recht überhaupt noch so die Rede sein kann,
daß eine – und sei es auch nur momentane – Gleichsinnigkeit mit
dem allgemeinen, auch den Zuständigkeitsbereich weltlicher Gewalt umgreifenden Rechtsbegriff erhalten bleibt. Um diese Frage
beantworten zu können, muß der engere Kontext von CA XXVIII
kurzfristig verlassen und versucht werden, in erweiterter Perspektive bestimmende Rechtsgehalte der lutherischen Bekenntnistradition insgesamt zu sichten. Dabei gebührt der reformatorischen
Rezeption der klassischen Unterscheidung von ius divinum und
ius humanum besondere Aufmerksamkeit.[180]

---

[180]   Der Umfang der nachfolgenden kirchenrechtlichen Problemskizze samt
ihrer diversen Beigaben sei zum einen mit der Situation auf dem Augsburger Reichstag von 1530 bzw. mit der reformationsgeschichtlichen Bedeutung von Rechtsfragen im allgemeinen, zum anderen mit der Tatsache begründet, daß über die ekklesiologischen Fundamente evangelischen Kirchenrechts bis heute erhebliche Uneinigkeit mit entsprechenden Folgen für Theorie und Praxis herrscht. An der Feststellung von
G. Chr. Adolph von Harleß hat sich bis heute kaum etwas geändert: „Des
Schreibens und Streitens über Kirche, Kirchenamt und Kirchenregiment
wird kein Ende unter uns Lutheranern." (Etliche Gewissensfragen hinsichtlich der Lehre von Kirche, Kirchenamt und Kirchenregiment, Stutt-

In einer bemerkenswerten Studie zum Rechtsinhalt des Konkordienbuches hat W. Kahl in der 1910 erschienenen Festschrift der
Berliner Juristischen Fakultät für Otto Gierke[181] deutlich gemacht,

gart 1862, 9) Zum Thema insgesamt vgl. jetzt bes. G. Rau/H.-R. Reuter/
K. Schlaich (Hg.), Das Recht der Kirche. Bd. I: Zur Theorie des Kirchenrechts, Gütersloh 1997. Geleistet werden kann im folgenden bestenfalls
eine Beförderung des Bewußtseins des Problems, nicht hingegen seine
systematische Lösung. Dabei soll Problembewußtsein im wesentlichen
dadurch hergestellt werden, daß ein theologisches Interesse für kirchen-
rechtliche Fragestellungen erweckt und sodann das reichhaltige Material,
welches durch die Bekenntnistradition der Urteilsbildung vorgegeben ist,
dargeboten wird.

[181] W. Kahl, Der Rechtsinhalt des Konkordienbuchs, in: FS O. Gierke. Bd. I:
Staatsrecht. Verwaltungsrecht. Kirchenrecht. Lehenrecht, Frankfurt am
Main 1969 (Neudruck der Ausgabe Berlin 1910), 305–353. Die nachfolgenden Seitenverweise im Text beziehen sich hierauf. Vgl. in diesem Zusammenhang auch den instruktiven Beitrag von J. Heckel, Das Decretum
Gratiani und das deutsche evangelische Kirchenrecht, in: ders., Das blinde, undeutliche Wort „Kirche". Gesammelte Aufsätze. Hg. v.
S. Grundmann, Köln/Graz 1964, 1–48, bes. 28 ff., wo auf die herausra-
gende Bedeutung Melanchthons für die Wahrung der Rechtskontinuität
innerhalb der Wittenberger Reformation verwiesen wird: „Die von Melanchthon verfaßte Augsburgische Konfession macht es sich zur Aufgabe,
nachzuweisen, daß die Lehre der Wittenberger Reformatoren durchaus in
der Ordnung des Glaubens und Rechts der ecclesia universalis verharre,
ja sie – entgegen den Anklagen ihrer Widersacher – recht eigentlich
wiederherstelle. Aus dieser ,katholischen' Haltung erklärt sich u. a. die
wiederholte Bezugnahme der Confessio Augustana auf das Decretum
Gratiani; es wurde damit, wenigstens hinsichtlich der eigens genannten
Stellen, als Aufzeichnung oder Auslegung des geltenden Rechts anerkannt." (A. a. O., 28 f.) „Melanchthons Stellungnahme bestimmte hinfort
die amtliche Kirchenpolitik, die man gegenüber dem Corpus Iuris Canonici einschlug. Ihr Ziel war nicht mehr die Beseitigung, sondern die Reinigung des kanonischen Rechts von solchen Bestandteilen, die mit dem
Glaubens- und Rechtsbegriff der Wittenberger Reformation unvereinbar
waren. Den Ansatz zu dieser Rechtspolitik bot Gratian, da eine nicht geringe Zahl seiner canones sich in das theologische und rechtliche Lehrsystem der Wittenberger einfügen ließ, und da umgekehrt der Wunsch der
Protestanten auf öffentliche Bezeugung des Zusammenhangs mit der ecclesia universalis in solchen Autoritäten Bestätigung zu finden schien.
Zusammenfassend darf man feststellen: Die Anerkennung des Corpus Iuris Canonici einer subsidiären Rechtsquelle im deutschen evangelischen Kirchenrecht ist der werbenden Kraft des Decretum Gratiani zuzuschreiben." (A. a. O., 30; vgl. ferner ders., Melanchthon und das heutige
deutsche Staatskirchenrecht, in: a. a. O., 307–327.)

daß die rechtlichen Bestimmungen der lutherischen Symbole zwar
keine eigentlichen Rechtssätze, sondern Rechtsgrundsätze sind,
die aber nichtsdestoweniger jeden Zweifel daran ausräumen, daß
die Reformatoren die Bewahrung nicht nur ziviler, sondern auch
kirchlicher Rechtsordnung sich intensiv angelegen sein ließen.
Von einer grundsätzlich polemischen Haltung zum Kirchenrecht
innerhalb der Wittenberger Reformation könne also trotz der Vorgänge am Elstertor nicht die Rede sein. Vielmehr werde in der
lutherischen Bekenntnistradition unter häufigem Bezug auf das
kanonische Recht und mit gelegentlich expliziter Erwähnung des
Corpus Iuris Canonici nachdrücklich betont, daß man sich nur
gegen mißbräuchliche Ausbildungen des vorreformatorischen
Rechts wende und im übrigen den Zusammenhang mit ihm
durchaus aufrechterhalten wolle. In diesem Sinne nehme Melanchthon in der Apologie „nicht weniger als viermal Veranlassung,
den guten Willen zur Aufrechterhaltung der kanonischen Ordnung feierlich zu betonen" (311).

Die im Grundsatz konservative Haltung zum überkommenen Kirchenrecht, die nicht nur für Melanchthon, sondern unbeschadet
aller Differenzen der theologischen Akzentsetzung und des persönlichen Stils auch für Luther kennzeichnend sei, bestätige sich
an der reformatorischen Rezeption der Annahme eines „ius divinum", worauf der abschließende Abschnitt der Studie Kahls sich
bezieht. Es wird konstatiert, daß an mehr als hundert Stellen in
den Bekenntnisschriften der Jahre 1530 bis 1537, am häufigsten im
Tractatus, vom „ius, quod habet mandatum Dei" die Rede sei.
„Die Existenz eines jus divinum überhaupt wird nirgends bestritten, vielmehr vorausgesetzt und nur die Eigenschaft von göttlichem Recht für bestimmte Teile der Staats- oder Kirchenordnung
entweder abgelehnt oder angenommen." (348) Kahl versucht unter Auswahl der Hauptbelege diesen Tatbestand zu ordnen, um
sodann den reformatorischen Begriff des ius divinum folgendermaßen zu definieren: „Jus divinum ist *jede Ordnung*, welche sich
unmittelbar auf das Evangelium gründet und *darin als unwan-
delbarer Wille Gottes* sich bezeugt." (350)[182]

---

182   Vgl. Iserloh, 478: „Daß etwas iure divino gilt, bedeutet nach Melan-
       chthons Verständnis wie für die traditionelle Theologie, daß es der Ver-
       fügbarkeit seitens der Menschen und auch der Kirche entzogen ist." Zur
       Definitionsformel Kahls und ihrer wissenschaftlichen Diskussion vgl.

Kahls These einer im Grundsatz positiven Inanspruchnahme eines „ius divinum" durch die lutherische Bekenntnistradition ist von der einschlägigen Forschung trotz kritischer Vorbehalte gegen die konkrete Durchführung seiner Rechtsrekonstruktion in der Regel rezipiert worden.[183] Indes sind auch ausdrückliche Bestreitungen zu verzeichnen wie etwa diejenige von U. A. Wolf.[184] Wolf stellt bereits Kahls statistischen Befund in Abrede: „Der Terminus ‚Ius divinum'", so wird gesagt, „findet sich in den drei ersten Bekenntnisschriften an insgesamt 47 (48) Stellen, am häufigsten nicht im Tractat, sondern in der Apologie. Zudem – und das dürfte m. E. das gravierendste Argument gegen das Konzept von Kahl,

---

Maurer, 106 ff. Kahl ergänzt seine Definitionsformel durch den Hinweis, daß es stets „nur die Einrichtung *an sich,* die als Gottes Wille bestehende natürliche Lebensordnung *als solche,* nicht ihre positiv rechtliche Darstellung und Ausgestaltung (ist), welche den Inhalt des jus divinum bildet" (Kahl, 351 f.). Das gilt nach Kahl entsprechend auch für die göttliche Ordnung des geistlichen Amts: „(N)ur die *Institution eines Amts* zum Zweck der geordneten Vermittelung von Wort und Sakrament und für eben diesen Dienst die Bestellung geeigneter Personen ist Wille Gottes. Das jus divinum in Beziehung auf die Kirchenverfassung erschöpft sich darin, daß ein ministerium verbi *überhaupt,* und in ihm eine *dauernde Ordnung* für reine Wort- und Sakramentsverwaltung vorhanden sei. In diesem Sinne kann von einer göttlichen Einsetzung des Predigtamts die Rede sein. Auf welche Weise aber die Fürsorge für eine dauernde Ordnung zu treffen sei, durch welche Menschen, in welchen Gliederungen, mit welchen Veranstaltungen und rechtlichen Vorschriften sie auszuführen sei, das alles und was irgendwie damit zusammenhängt, liegt außerhalb des göttlichen Rechts." (Kahl, 352)

[183] Vgl. bes. H. Wehrhahn, Kirchenrecht und Kirchengewalt. Studien zur Theorie des Kirchenrechts der Protestanten auf lutherischer Lehrgrundlage, Tübingen 1956 (vgl. dazu die Rez. v. J. Heckel, in: ders., a. a. O., 715–724); H. Thielicke, Jus divinum und jus humanum. Zur Grundlagenproblematik des Kirchenrechts, in: Ecclesia und Res Publica, FS K. D. Schmidt, Göttingen 1961, 162–175; W. O. Münter, Kirche und Amt II. Die Gestalt der Kirche „nach göttlichem Recht". Eine theologiegeschichtlich-dogmatische Untersuchung zu den reformatorischen Bekenntnisschriften, München 1941 bzw. ders., Begriff und Wirklichkeit des geistlichen Amtes, München 1955 (vgl. dazu die Rez. v. J. Heckel, in: ders., a. a. O., 682–693.).

[184] U. A. Wolf, Die reformatorischen Bekenntnisschriften und das Problem eines sogenannten „Göttlichen Rechts", in: ZSavRG 85 (1968 [Kanonistische Abteilung LIV]), 341–361. Die nachfolgenden Seitenverweise im Text beziehen sich hierauf.

Münter und Maurer sein – taucht er grundsätzlich nur dort auf,
wo sich die Bekenntnisschriften nicht mit dem *usus*, sondern mit
dem *abusus* befassen, also etwa in der CA einzig im 2. Teil und in
den AS nur II/IV." (344) Von einem „ius, quod habet mandatum
Dei" sei in den Bekenntnisschriften nirgends die Rede. Zwar könne, was Luther selbst betrifft, das mandatum Dei den Charakter
eines ius divinum beanspruchen. „Dennoch wird von Luther nicht
ein neues, schriftgebundenes ‚ius divinum‘, das blind-gesetzlichen
Gehorsam verlangt, eingeführt; vielmehr ist es das im verbum
praedicatum ergehende mandatum Dei, das sowohl officium wie
potestas *verleiht.*" (348) Etwas anders stellt sich nach Wolf die Angelegenheit bei Melanchthon dar, der in bezug auf das ius divinum teils naturrechtlich, teils formal-biblizistisch argumentiere.
Gleichwohl versuche auch er, „als Materialprinzip dieses Begriffes
das ‚expressum mandatum Dei et claram promissionem gratiae‘
zum Kriterium legitimen Gebrauchs zu erheben" (358). Insgesamt
lasse sich sonach bei beiden repräsentativen Vertretern der Wittenberger Reformation ein durchgängiges Bemühen feststellen,
den Begriff ius divinum „– sofern sie meinen genötigt zu sein, ihn
überhaupt in der Diskussion aufzunehmen – *vom mandatum et
promissio Dei aus zu korrigieren,* wenn nicht gar durch diesen
Terminus zu ersetzen" (359). Ihrer Tendenz nach ziele diese Korrektur auf eine radikale Spiritualisierung des auf die rein geistliche
ecclesia vera beschränkten ius divinum, dessen Vergleichbarkeit
mit weltlich-menschlichen Rechtsvollzügen infolgedessen überhaupt in Frage zu stellen sei.

Dieses Ergebnis kommt, wie Wolf selbst vermerkt (349 f.), weitgehend mit den Resultaten von J. Heckels Untersuchungen zum reformatorischen Rechtsverständnis überein, wie sie in dem 1953 erschienenen Werk „Lex charitatis. Eine juristische Untersuchung
über das Recht in der Theologie Martin Luthers"[185] zusammengefaßt sind. Gegen dessen Grundannahme, daß nämlich kirchliches
Recht im eigentlichen Sinne im Unterschied zur Rechtsgewalt
weltlicher Ordnung stets „als *Dienstrecht im Vollzug der lex charitatis spiritualis* erlassen und geübt werden müsse"[186], was prin-

---

[185]   J. Heckel, Lex charitatis. Eine juristische Untersuchung über das Recht in
          der Theologie Martin Luthers. Zweite, überarb. u. erweiterte Aufl. hg. v.
          M. Heckel, Köln/Wien 1973.

[186]   A. a. O., 417.

zipielle Gewaltfreiheit impliziere, hat E. Herms den Einwand erhoben, in ihr werde das rechtlich zu ordnende Gewaltmoment, das auch der vita christiana terrena noch innewohne, nicht hinreichend bedacht.[187] Herms verbindet seinen Einwand mit der Warnung vor einem äquivoken Gebrauch des Rechtsbegriffs, der nichts als terminologische Verwirrung stifte und die Rede von einem Recht der Kirche zuletzt zu einem undurchsichtigen Schein verkommen lasse.[188] Um solches zu vermeiden, dürfe die notwendige Partizipation der Kirche an der gesellschaftseinheitlichen, also für weltliches und kirchliches Regiment gleichermaßen in Geltung stehenden Institution des Rechts nicht in Abrede gestellt werden. Förmlich bestimmt wird das für weltliches und kirchliches Regiment gleichermaßen in Anschlag zu bringende Rechtsinstitut sodann als Einrichtung zur Rationalisierung von Gewalt als einer spezifischen Weise sozialer Machtausübung, ein Verhalten gegen entschiedenes Wollen zu erzwingen (vgl. 227, 231). Recht ist sonach seiner formalen Bestimmung nach geordnete und vernünftig geregelte Zwangsgewalt. Nach Herms hat dies, soll der univoke Sinn des Rechtsbegriffs nicht zersetzt werden, auch für das Kirchenrecht zu gelten. Auch Kirchenrecht sei, wenn man es denn überhaupt als Recht bezeichnen dürfe, Zwangsrecht. Hingegen könne man von einem ius divinum allenfalls in einem metaphorischen Sinne reden, wie denn auch zugestanden werden müsse, daß recht eigentlich Gott allein es sei, welcher allein „sine vi sed verbo" handle.

Die Problematisierung des Begriffs des ius divinum als eines göttlichen Rechts soll nun aber nach Herms – anders als dies nach seinem Urteil bei Wolf und J. Heckel der Fall ist – nicht eine Spiritualisierung des Kirchenrechts zur Folge haben, was konsequenterweise zu dessen schließlicher Beseitigung führen müsse; sie soll im Gegenteil dazu verhelfen, das Recht als unentbehrliche äußere Ordnung der Kirche dauerhaft zu etablieren. Die Teilhabe

---

[187] E. Herms, Das Kirchenrecht als Thema der theologischen Ethik, in: ZevKR 28 (1983), 199–277, hier: 272. Die nachfolgenden Seitenverweise im Text beziehen sich hierauf.

[188] Solche zu vermeidenden Äquivokationen entdeckt Herms nicht nur bei Heckel, sondern auch bei anderen Autoren. Eine gleich „siebenfache ... Äquivokation des Ausdrucks ‚Recht'" (258) will er z. B. bei Karl Barth gefunden haben.

an der gesellschaftseinheitlichen Institution des Rechts ist, so
Herms, für die Kirche unter irdischen Bedingungen nicht nur un-
vermeidbar, sondern auch ekklesiologisch verpflichtend. Herms
verbindet dies mit der Feststellung, daß ohne eine verläßliche äußere Ordnung Kirche nicht erfahren werden könne; entsprechend
lautet eine Zentralthese seiner gesammelten Beiträge zur Ekklesiologie: „Die Erfahrung von Kirche hängt an der Erfahrung kirchlicher Ordnung."[189] Kirchliche Ordnung hinwiederum erfordere
notwendig die Pflege des Kirchenrechts, da sie ohne Recht nicht
bestehen könne.

Bleibt zu fragen, ob die ihrer ekklesiologischen Bestimmung nach
„freiheitsdienliche ... Ordnung"[190] der Kirche mit der Zwangsord-
nung des Rechts wirklich zusammenbestehen kann. Herms bejaht
dies in formaler Hinsicht ausdrücklich: Als konkrete Gestalt geschichtlicher Existenz der Kirche in der sozialen Welt hat die Kirche notwendig Anteil an der Ordnungsform des Rechts; auch das
Kirchenrecht ist, wenn es denn überhaupt als Recht gelten will,
durch die formalen Kennzeichen aller Rechtsregeln gekennzeichnet, nämlich durch „Deutlichkeit, Verbindlichkeit und Sanktions-
bewehrtheit"[191]. Indes verkennt Herms nicht, daß die formale Bestimmung des Rechts und seiner Regeln einen tendenziell ambi-
valenten Charakter hat. Ausdrücklich rechnet er mit einer verbleibenden Doppelwertig- bzw. Doppeldeutigkeit des formal als Einrichtung zur Rationalisierung von Gewalt bestimmten Rechts und
seiner Ordnung, insofern die Rechtsordnung, deren benannte
Funktion von ihrer gegebenen Sittlichkeit zu unterscheiden ist,
nicht nur als Instrument der Regelung und damit Begrenzung
souveräner Gewaltanwendung, sondern auch als Instrument von
deren mit dem Zweck der Erweiterung verfolgten Legitimierung
wirken kann. Angesichts solcher Ambivalenz stellt sich nachgerade für das Kirchenrecht die Frage seiner Sachgemäßheit. Über die
Sachgemäßheit der rechtlichen Regeln kirchlicher Ordnung aber
entscheidet nach Herms ausschließlich ihr Inhalt. Solche inhaltlich
bestimmte Sachgemäßheit kirchlichen Rechts sei dann gegeben,
wenn die Regeln des Kirchenrechts „diejenigen Spielräume fixie-

---

[189]   E. Herms, Luther als Seelsorger, in: ders., Erfahrbare Kirche. Beiträge zur
        Ekklesiologie, Tübingen 1990, 222–238, hier: 237.

[190]   Ders., Vorwort, in: a. a. O., VII – XVII, hier: XVf.

[191]   Ders., Die Ordnung der Kirche, in: a. a. O., 102–118, hier: 113.

ren, in denen gerade Verzicht auf Zwang und Gewalt im Umgang der Christen miteinander rechtlich (also: unter Androhung von Zwang) sicherzustellen ist"[192].

Haben kirchliche Rechtsvollzüge sonach ihrer inhaltlichen Bestimmung gemäß die Aufgabe, durch Androhung von Zwang der Zwangsminimierung und tendenziellen Zwangsbeseitigung zu dienen, so kann gesagt werden, daß es Sinn und Ziel eines inhaltlich konkreten, d. h. sachgemäßen Kirchenrechts ist, Zwang als jenes Formgesetz des Rechts, an dem auch das kirchliche Recht auf seine Weise Anteil hat, zu einem tendenziell zum Verschwinden bestimmten Moment inhaltlich konkreter Rechtsordnung herabzusetzen. Für das Kirchenrecht selbst muß das zur Folge haben, daß sein Anteil am formalen Zwangsgesetz des Rechts nur ein momentaner, auf Aufhebung hin angelegter sein darf. Jedenfalls darf ein inhaltlich verfaßtes und ekklesiologisch angemessenes Kirchenrecht, das seinen Namen als Kirchenrecht verdient, niemals der Stabilisierung bloßer Rechtsformalität, will heißen: der bloßen Zwangsgestalt des Rechts dienen. Es erscheint von daher als nicht unbedenklich, im Interesse der Gleichsinnigkeit des Rechtsbegriffs von einem inhaltlich indifferenten, rein formalen Rechtsbegriff grundlegenden Ausgang zu nehmen, um ihn erst nachträglich inhaltlicher Differenzierung zugänglich zu machen. Auch ist zu fragen, ob die Basisunterscheidung von Inhalt und Form des Rechts nicht den – von Herms ausdrücklich behaupteten – Gedanken zu verfehlen in Gefahr steht, daß nämlich der konkrete Inhalt des Kirchenrechts, wenn er denn sachgemäß und ekklesiologisch angemessen ist, die allgemeine Zwangsform des Rechts selbst betrifft, indem er sie in Schranken weist und gerade auf diese Weise dem Recht zur Entwicklung verhilft. Solche Entwicklung ist das Recht der Kirche zu allererst sich selbst schuldig, aber darüber hinaus auch dem weltlichen Recht, dessen institutionalisierte Zwangsgewalt nur dann nicht zum tödlichen Formalismus verkommt, wenn es durch – inhaltliche – Einwirkung zur Selbstbegrenzung und zur Beschränkung seiner Zuständigkeit auf Sicherung der leibhaften Ordnung des Menschen und der äußeren Sphäre der Freiheit angeleitet wird. Kurzum: Nicht erst die Sittlichkeit, sondern schon die Legitimität des weltlichen Rechts hängt an der Voraussetzung, daß der innere

---

[192] Ebd.

Mensch nicht zu dessen Disposition steht. Solche antitotalitäre Zu-
ständigkeitsbegrenzung muß deshalb in den Begriff des weltlichen Rechts selbst eingehen, soll dieser Begriff rechtens und in
einer Weise bestehen, die eine Entwicklungsfähigkeit des Rechts
ermöglicht. In diesem Sinne ist die Ausdifferenzierung eines weltlichen und eines kirchlichen Rechts selbst schon ein Indiz rechtlicher Entwicklungsfähigkeit, welches durch die Forderung eines
einsinnigen Rechtsbegriffs nicht übergangen werden darf. Indes
ist der Sinn solcher Ausdifferenzierung – darin hat Herms zweifellos recht – auch dann nicht angemessen erfaßt, wenn er zu einer Äquivokation des Rechtsbegriffs führt, in deren Folge nicht
mehr deutlich wird, daß die kirchliche Ordnung in einer bestimmten Beziehung zum weltlichen Recht steht. Diese Beziehung
in ihrer konkreten Bestimmtheit differenziert, also in einer Weise
zu erfassen, daß Einheit und Verschiedenheit des Bezogenen zugleich wahrgenommen werden, darauf kommt im gegebenen Zusammenhang alles an, und es ist dies zugleich die Voraussetzung
dafür, die Eigentümlichkeit des Rechts der Kirche als eines kirchlichen Rechts zu erfassen.

Dies geschieht nachgerade dann, wenn wahrgenommen wird,
daß der besagte Bezug zum weltlichen Recht dem Recht der Kirche nicht lediglich äußerlich ist, sondern ihm in reflexer Weise
selbst dergestalt innewohnt, daß in bezug auf das Recht der Kirche selbst zwischen einem sozusagen weltlichen und einem
kirchlich-geistlichen Aspekt zu differenzieren ist, wie das in den
Ausführungen von CA XXVIII par Apol auch tatsächlich der Fall
ist. Hält man sich an deren Sprachgebrauch, dann hat als kirchlicher Rechtsvollzug neben und im Zusammenhang mit dem ordo
selbst stricte dictu lediglich die Exkommunikation zu gelten. Auf
sie und sie allein ist die episkopale Jurisdiktionsvollmacht beschränkt, die als iure divino gegeben zu bezeichnen ist.[193] Exkom-

---

[193] Vgl. J. Heckel, Rez. Münter, 685 f.: „Bekanntlich teilt Melanchthon in der
Apologie die potestas ecclesiastica in die potestas ordinis und iurisdictionis, schließt sich damit terminologisch an das kanonische Recht an, gibt
aber dessen Begriffen einen ganz neuen Sinn. Mit gleicher Freiheit hat ja
auch Luther sich der Vokabeln des kanonischen Rechts bedient. Aber
weder der eine noch der andere hatten mit der Geschichtsmächtigkeit
alteingeführter Begriffe gerechnet, und beide sind daher oft mißverstanden worden. Unter ordo versteht die Apologie die gesamte geistliche
Gewalt des ministerium verbi mit Ausnahme der Befugnis zur Exkommunikation. Diese letzte heißt iurisdictio. Der Grund für die Absonde-

munikation bedeutet dabei näherhin den Ausschluß solcher, „die in Irrlehre, offenbaren Lastern und Sakramentsverachtung beharren" (Schlink, 287; bei Sch. gesperrt). Auch wenn die Bekenntnisschriften über das genaue Exkommunikationsverfahren keine näheren Angaben machen (vgl. Schlink, 291), so ist doch klar, daß es sich dabei um ein geregeltes Verfahren handeln muß, dessen Ordnung in direktem Zusammenhang steht mit der Ordnung des ministerium docendi evangelium et porrigendi sacramenta. Dieser Zusammenhang, der für das Exkommunikationsrecht als ein spezifisch kirchliches Recht konstitutiv ist, ist zugleich entscheidend für die Vollzugsgestalt der Exkommunikation. Zwar wohnt auch ihr ein Zwangsmoment inne, sofern durch die Exkommunikation Kirchengemeinschaft gegebenenfalls wider Willen entzogen wird; in diesem Sinne bleibt auch zwischen dem Kirchenrecht stricte dictu und dem weltlichen Recht ein tertium comparationis erhalten, welches eine äquivoke Auflösung des Rechtsbegriffs verhindert. Zugleich aber ist das Exkommunikationsrecht der Kirche vom weltlichen Recht spezifisch dadurch unterschieden, daß es sich bei dem von ihr ausgeübten Zwang ausschließlich um einen geistlichen Zwang handelt, dessen zwingender Charakter in seiner Eigenart nur dann ermessen wird, wenn er von allen Formen leiblichen Zwangs konsequent abgehoben wird. Während sich das weltliche Recht auf das Leben des äußeren Menschen bezieht, ist der kirchliche Rechtsvollzug der Exkommunikation seinem Wesen nach auf den inneren Menschen gerichtet. Weil aber der innere Mensch gemäß kirchlicher Lehre, die evangelisch genannt zu werden verdient, auch und gerade zu seinem Heil, dem zu dienen vorzügliche Aufgabe der Kirche ist, nicht gezwungen werden kann und nicht gezwungen werden darf, muß der Vollzug der Exkommunikation, welcher kirchlicher Jurisdiktion nach Maßgabe göttlichen Rechts (was in der Tat nichts anderes heißt und

---

rung der potestas iurisdictionis von der potestas ordinis liegt darin, daß für jene von Christus ein ordo iudicialis vorgeschrieben ist, während das für die sonstigen Amtsaufgaben des ministerium verbi nicht zutrifft." Näherhin gilt folgendes: „Nach lutherischer Lehre hat die iurisdictio ihren Ort im öffentlichen Bußwesen. Die jurisdiktionelle Banngewalt der Kirche soll einen offenbaren Sünder durch Androhung und äußerstenfalls durch Verhängung der poena medicinalis der Exkommunikation bewegen, sich mit Gott und der Gemeinde wieder auszusöhnen. Die reumütige öffentliche Umkehr des Sünders ist also der Zweck der iurisdictio." (A. a. O., 687)

heißen kann: als nach Maßgabe ihrer evangelischen Bestimmung)
aufgetragen ist, so geartet sein, daß der mit ihm verbundene
geistliche Zwang den Bezug zum ausschließlich zwanglos wirkenden Evangelium, wie es in Wort und Sakrament dargeboten
wird, nicht nur nicht verschließt, sondern neu zu erschließen ver-
spricht. Exkommunikation muß sonach in einer ekklesiologisch
ausweisbaren Weise kommunikationsdienlich sein. In diesem Sinne hat zu gelten bzw. muß zur Geltung gebracht werden: „Kennzeichen der Kirche ist die Evangeliumspredigt, – nicht das Wort,
das verdammt, sondern das befreit, nicht das Wort, das aus der
Kirche ausscheidet, sondern das in die Kirche beruft." (Schlink,
297) Solchermaßen hat kirchliche Exkommunikationspraxis im
ausschließlichen Dienst von Wort und Sakrament zu stehen, wie
denn auch die potestas iurisdictionis keine Vollmacht hat außerhalb der Relation zur potestas ordinis, die für ihr Wesen konstitutiv ist. Nur wenn dies beachtet wird, bleibt das Kirchenrecht in
seinem Innersten vor unevangelischer Eigengesetzlichkeit bewahrt.

Um solche Eigengesetzlichkeit zu verhindern, sind, um es zu wiederholen, Differenzierungsleistungen fällig, wie sie in erster Linie
durch klare Unterscheidung geistlicher und weltlicher Vollmacht
erbracht werden. Indes kann der Unterschied von potestas spiritualis und potestas civilis der Ekklesiologie, wie gesagt, nicht lediglich äußerlich bleiben, er muß vielmehr in reflexer Weise in sie
dadurch eingehen, daß zwischen einer kirchlichen Rechtsvollmacht stricte dictu, welche den ordo selbst und die in seinen
Zentralaufgaben mitgesetzte Exkommunikationspraxis angeht,
und einem solchen Recht der Kirche unterschieden wird, das
nicht deren inneres Wesen, sondern Ordnungsregeln äußerer
Verfassung betrifft. Von solchen, die äußere Verfassung der Kirche betreffenden Ordnungsregeln ist im folgenden im Ausgang
namentlich von den Artikeln XV und XXVI der Augustana vor allem zu handeln. Es muß dies auf die Gefahr mannigfacher Wie-
derholungen hin in der nötigen Breite geschehen, um einen angemessenen Eindruck von den historischen Problemkonstellatio-
nen zu verschaffen, welche durch übereilte Systematisierungsver-
suche eher verstellt als erschlossen würden. Dennoch darf über
der Fülle des Materials nicht aus dem Blick geraten, was in systematischer Hinsicht die eigentliche Schwierigkeit adäquater Urteilsbildung ausmacht. Diese Schwierigkeit, welche zugleich den
Erklärungsgrund für die z. T. erheblich voneinander abweichen-

den Auslegungen der einschlägigen Aussagen der Bekenntnisschriften von seiten ihrer Interpreten darstellt, besteht darin, die
besagte Differenzierungsleistung, wie sie etwa durch Begriffspaa-
rungen wie „ius divinum" und „ius humanum" eingefordert werden, so zu erbringen, daß indifferente Gleichsetzungen ebenso
vermieden werden wie trennende Alternativen. Um dieses entscheidende Problem präsent zu halten, wird es nötig sein, die in
Kritik und Konstruktion zu entwickelnden Bekenntnisaussagen zu
den durch Menschensatzung geregelten bzw. zu regelnden
Rechtsordnungen, welche die äußere Verfassung der Kirche betreffen, abschließend noch einmal rückzubinden an die insonderheit in CA XXVIII in prinzipieller Form geltend gemachten Grund-
satzaussagen zu dem Verhältnis von Kirchenordnung und episkopaler Jurisdiktion, auf dessen rechte Bestimmung hin der Abschnitt §11,8 seinem Titel gemäß insgesamt angelegt ist. Zu bedenken ist im wesentlichen, was es mit dem bereits mehrfach erwähnten ekklesiologischen Reflex der Fundamentalunterschei-
dung von „potestas civilis" und „potestas ecclesiastica" präzise auf
sich hat. Als Leitlinie der Urteilsbildung hat dabei folgende Einsicht zu fungieren: Besteht das Kirchenregiment seinem inneren
Wesen nach in der Gewährleistung der öffentlichen Verwaltung
von Wort und Sakrament nach Maßgabe der „potestas ordinis",
welcher die Vollmacht der Lehraufsicht und der kontinuierlichen
Ordinationsregelung innewohnt und welcher die „potestas iurisdictionis" in der Gestalt der Exkommunikation zugeordnet ist, so
sind die sonstigen Anordnungen, die es in Bezug auf das geordnete Leben der Kirche als einer „societas externa" zu treffen hat,
zwar keineswegs irrelevant und verzichtbar, sie sind aber verbindlich nur kraft menschlichen Rechts, das sich an verständiger
Einsicht bemißt, wobei die Bemessungsgrundlage im gegebenen
Fall die Förderlichkeit sein muß, welche einer kirchenregimentli-
chen Entscheidung hinsichtlich der Bewerkstelligung ihrer Hauptaufgabe zukommt. Kurzum: Je dienlicher die Regeln, welche das
Kirchenregiment um der Ordnung der Kirche als einer „societas
externa" willen aufstellt, der öffentlichen Evangeliumsverkündigung in Wort und Sakrament sind, desto angemessener sind sie.
Allein die Nähe zum ursprünglichen Sinn alles Kirchenregiments,
nämlich der geordneten Förderung der Kommunikation des
Evangeliums, ist es zugleich, welches die äußere Rechtsordnung
der Kirche als einer „societas externa" relativ unterschieden sein
läßt vom Zuständigkeitsbereich der „potestas civilis" und den

Administrationsaufgaben des bürgerlichen Gemeinwesens (vgl. auch § 11,10).

Bewähren sich diese Leitlinien an dem im folgenden auszubreitenden Textmaterial, dann kann überdies deutlich werden, weshalb gerade das konsequente Festhalten an der Unterscheidung von „ius divinum" und „ius humanum" im reformatorischen Sinne gewisse Trennungsunschärfen mit sich bringt oder besser gesagt: zum notwendigen Anlaß des Aufweises differenzierter Vermittlungszusammenhänge wird. Was es damit auf sich hat, ist unter zwei Aspekten bereits exemplarisch thematisiert worden: zum einen (vgl. § 3,1 und 2) in Bezug auf das Verhältnis von Schrift und Tradition, welches sich gerade unter der reformatorischen Voraussetzung des „sola scriptura" nicht als Gegensatz, sondern als differenzierter Zusammenhang zu erkennen gibt, mit der Folge, daß der Traditionsbegriff der Reformation eine kritisch-konstruktive Komplexität annimmt, welche man auf den ersten Blick nicht vermuten möchte; zum anderen hinsichtlich der Beziehung, wie sie zwischen den „media salutis" und dem geordneten Amt der Kirche gegeben ist (vgl. § 9,2 sowie § 11,5). Auch in letzter Hinsicht, die für das verhandelte Problem von Kirchenordnung und episkopaler Jurisdiktion von grundlegender Wichtigkeit und darum präsent zu halten ist, zeigte sich, daß die strikte Unterscheidung göttlicher Heilsgabe und kirchlichen Amtshandelns keineswegs unproduktive Alternativen zur Folge hatte, sondern differenzierte Zusammenhänge erschloß, die nachgerade für die Bestimmung des Verhältnisses von „ius humanum" und „ius divinum" nicht unbedeutsam sind. So hat, wie sich zeigte, das ordinationsgebundene Amt der Kirche durchaus als „iure divino" gestiftet zu gelten, ohne deshalb den von Gott eingesetzten Heilszeichen von Wort und Sakrament, denen es dienstbar zugeordnet ist, gleichgestellt zu sein. Auf der anderen Seite werden die Gliederungsformen des ordinationsgebundenen Amtes üblicherweise dem „ius humanum" zugerechnet, ohne daß daraus gefolgert werden könnte, die episkopale Sorge um den universalen Bezug der Gemeinden und um ihre Einheit untereinander sei gegebenenfalls ebenso verzichtbar wie kirchliche Menschensatzungen in Gestalt bestimmter Speisegebote oder Kleiderordnungen.[194] Nachgerade auf solche Diffe-

---

[194] Neben „Fasten, Unterschied der Speis und Kleider, sonderlichen Ferien, Gesang, Wallfahrten und dergleichen" (BSLK 108,44 f.), wie sie im Anschluß an den Torgauer Artikel „Von Menschenlehr und Menschen-

renzierungen wird man zu achten haben, wenn man zu einem dem Bekenntnis der Wittenberger Reformation entsprechenden Begriff von der Ordnung der Kirche und ihres Rechts gelangen will. Offenbar hat die normative Zentrierung, die man zutreffend als ein Charakteristikum der Reformation bezeichnet hat, keineswegs bloße Reduktionen, sondern im Verein mit ihnen eine Steigerung ekklesiologischer Komplexität zur Folge, welche diejenige einer gradualistischen Ordnung der Kirche keineswegs unterbietet. Dabei ist die kriteriologische Funktion der Rechtfertigungslehre in allen die kirchliche Ordnung betreffenden Fragen unschwer erkennbar. Widerspruchsfreiheit zum Buchstaben der Schrift im Verein mit prinzipiellem Verzicht auf jeden Anspruch, die Funktion des Evangeliums, Sünden zu vergeben und Gerechtigkeit vor Gott zu verschaffen, usurpieren zu wollen, ist in diesem Sinne die grundlegende Rahmenbedingung aller durch Menschen zu gestaltenden kirchlichen Ordnung. Wie es in den Schmalkaldischen Artikeln heißt: Zu sagen, „Menschensatzungen dienen zur Vergebung der Sunden oder verdienen die Seligkeit, das ist unchristlich und verdammpt" (ASm II,15 unter Verweis auf Mt 15,9 und Tit 1,14; BLSK 461,17–19). Es ist daher auch nicht recht zu behaupten, „es sei Todsund, solche Satzungen brechen" (BSLK 462,3f.). Die Grenzmarken durch Menschenwerk zu gestaltender Kirchenord-

---

ordnung" namentlich in CA XV und CA XXVI verhandelt werden, spielen im Zusammenhang kirchlicher Ordnungsprobleme selbstverständlich auch pfarrerrechtliche (CA XXIII, XXVII; vgl. CA XIV) sowie liturgisch-gottesdienstliche Fragen (CA XXII, XXIV und XXV; Artikel XXV geht mit CA XI und CA XII soweit konform, „daß man seine selbständige Existenz nur aus der verschiedenen Entstehung beider Teile der CA erklären kann" [Maurer I, 199]) eine wichtige Rolle (vgl. Maurer I, 199 ff.; zu den neuen kirchlichen Ordnungen der Reformation und ihren theologischen Begründungen vgl. Maurer I, 228 ff.). Indes handelt es sich dabei um kirchliche Ordnungsfragen eigener Art, die trotz gemeinsamer Behandlung im zweiten Teil der Augustana nicht undifferenziert den anfangs genannten traditiones humanae zuzurechnen, sondern eng mit der Lehre von den Sakramenten und vom Amt verbunden sind, in deren Zusammenhang sie in der vorliegenden Studie auch hauptsächlich verhandelt wurden. Über das Verhältnis des Predigtamts und der Heilsmedien zu den in CA XV und CA XXVI thematisierten traditiones humanae sind der Auslegung von CA VII die nötigen Hinweise zu entnehmen.

nung sind damit abgesteckt.[195] Das trifft entsprechend für die Argumentationen in CA XV[196] und CA XXVI[197] zu.

Was den XV. Artikel betrifft, so wird sein Thema im lateinischen Text auf den Nenner gebracht: „De ritibus ecclesiasticis" (CA XV,1); im Deutschen ist es mit der Wendung „Von Kirchenordnungen, von Menschen gemacht" (BSLK 69,7 f.) umschrieben. Zu halten seien von solchen Ordnungen diejenigen, „qui sine peccato servari possunt et prosunt ad tranquillitatem et bonum ordinem in ecclesia" (CA XV,1). Als Beispiel werden bestimmte Festtage und dergleichen angeführt. Dabei werden, wie CA XV,2 feststellt, die Leute darüber unterrichtet, „ne conscientiae onerentur, tamquam talis cultus ad salutem neccesarius sit"; ferner werden sie belehrt, „quod traditiones humanae, institutae ad placandum Deum, ad promerendam gratiam et ad satisfaciendum pro peccatis, adversentur evangelio et doctrinae fidei" (CA XV,3; BSLK 69,15 ff.: „daß alle Satzungen und Traditionen, von Menschen dazu gemacht, daß man dadurch Gott versuhne und Gnad verdiene, dem Evangelio und der Lehre vom Glauben an Christum entgegen seind."). Verwiesen wird in diesem Zusammenhang auf Klostergelübde und Speise- und Fasttagsgebräuche etc., durch welche man Gnade zu verdienen und für Sünde Genugtuung zu leisten vermeint; sie sind nicht nur unnütz, sondern dem Evangelium zuwider. (CA XV,4: „contra evangelium")

In CA XXVI (vgl. Mildenberger, 100 ff.) wird das in CA XV Grundgelegte an der zuletzt erwähnten Frage der Unterscheidung der Speisen („De discrimine ciborum") exemplifiziert und weiter ent-

---

[195] Ergänzt wird die Bestreitung geistlicher Verbindlichkeit von Menschensatzungen durch die Kritik unnötiger Zeremonien und Weihehandlungen, die ein Nachtrag enthält (vgl. BSLK 462,9 – 463,3).

[196] Zu den Vorstufen von CA XV in Schwab 17 (BSLK 69,20 ff.) und Na 13 (BSLK 69,19 ff.) vgl. Maurer I, 193 f. Zum sachlichen Zusammenhang von CA XV und CA XXVIII vgl. Maurer I, 194 f.

[197] Zur Vorgeschichte dieses Artikels, die bis in den „Unterricht der Visitatoren" von 1528 zurückreicht und für die im übrigen Torgau A (Förstemann I, 69 = BSLK 107,22 ff.) und Na 23 (BSLK 100,21 ff.) entscheidend sind, vgl. Maurer I, 195 ff. Insgesamt argumentiert die Augustana im Zusammenhang der Riten und Zeremonien trotz aller Kritik „sehr traditionalistisch" (G. Müller, Die reformatorische Ekklesiologie und ihre ökumenischen Herausforderungen, in: In der Wahrheit bleiben. FS R. Slenczka, Göttingen 1996, 137–155, hier: 147).

faltet. Dabei wird nicht das Fasten als solches verworfen, sondern lediglich die Behauptung, durch Einhaltung bestimmter Fastentage und Speisevorschriften die Gnade und Gerechtigkeit Gottes verdienen zu können und verdienen zu müssen (CA XXVI,39: „… non damnantur ipsa ieiunia, sed traditiones, quae certos dies, certos cibos praescribunt cum periculo conscientiae, tamquam istiusmodi opera sint necessarius cultus.“). Nicht um die Vergebung der Sünden zu erlangen, sei der Leib zu kasteien, sondern damit er durch Disziplinierung geeignet und brauchbar werde „ad res spirituales et ad faciendum officium iuxta vocationem suam" (CA XXVI,38; vgl. 33 ff.). „Et hanc corporalem disciplinam oportet semper urgere, non solum paucis et constitutis diebus" (CA XXVI,34 unter Verweis auf Lk 21,34, Mk 9,29, 1. Kor 9,27).

Entsprechendes wird sodann im Blick auf alle übrigen menschlichen Traditionen geltend gemacht, so daß die Überschrift des unmittelbare Beziehungen zu CA XXVI aufweisenden (vgl. BSLK 107, Anm. 6) Torgauer Artikels „Von Menschenlehr und Menschenordnung" (BSLK 107–109) insgesamt zutreffender erscheinen würde als die schließlich gewählte[198]: Zwar sei man, so wird gesagt, bereit und willens, die meisten traditiones humanae beizubehalten (vgl. CA XXVI,40), aber nur unter der Voraussetzung, „quod talis cultus non iustificet coram Deo, et quod non sit ponendum peccatum in talibus rebus, si omittantur sine scandalo" (CA XXVI,41). Als Beispiel für die Legitimität solcher Freiheit menschlichen Gebräuchen gegenüber wird neben der Haltung der Väter zur Fastenthematik die Frage der Festtage und namentlich – wie dann erneut im Kirchenartikel der Apologie (VII,32. 42 ff.) – die des umstrittenen Ostertermins erwähnt. Auch lasse die Schrift im Gegensatz zu der nicht nur im Volk, sondern auch bei den Lehrern der Kirche verbreiteten Ansicht keinen Zweifel daran, „quod per observationem traditionum humanarum non possimus gratiam mereri aut satisfacere pro peccatis" (CA XXVI,21; es folgen Verweise auf Mt 15,9.11; Röm 14,17; Kol 2,16; Apg 15,10 f. und 1. Tim 4,1.3). Die Tatsache, daß dieses klare Schriftzeugnis nicht nur nicht erkannt, sondern dezidiert verkannt und verstellt wurde, habe viel Unheil in der Kirche angerichtet. Denn erstens wurde dadurch die namentlich von Paulus bezeugte „doctrina de gratia et iustitia fi-

---

[198] Vgl. L. Grane, Die Confessio Augustana. Einführung in die Hauptgedanken der lutherischen Reformation, Göttingen ³1986, 179 f.

dei" fast völlig unterdrückt, „quae est praecipua pars evangelii et
quam maxime oportet existere et eminere in ecclesia, ut meritum
Christi bene cognoscatur" (CA XXVI,4). Zweitens sei eine Verdunkelung der Gebote Gottes zu beklagen, deren Erfüllung „iuxta vocationem" (CA XXVI,10: „quod paterfamilias educabat sobolem,
quod mater pariebat, quod princeps regebat rempublicam") als
bloß weltlich geringgeschätzt wurde, während man sich in der
Beobachtung bestimmter Tage, Gebräuche, Fasten- und Kleiderordnungen erging. Drittens brachte die Unmöglichkeit, alle Überlieferungen einzuhalten, die Gewissen in große Gefahr mit Folgen, die trotz aller theologischen Bemühungen um Erleichte-
rungsgründe bzw. Ausflüchte häufig zur Verzweiflung führten
und manchmal sogar im Selbstmord endeten, wo doch die Schrift
voll sei von nützlicherer Lehre: „de fide, de cruce, de spe, de
dignitate civilium rerum, de consolatione conscientiarum in arduis
tentationibus" (CA XXVI,15). Nicht Leichtsinn stehe daher hinter
der evangelischen Kritik am Zwang zur Befolgung von überlieferten Menschensatzungen, die Augustin mit Recht für „indifferenter" (CA XXVI,17: „sic enim loquitur") erklärte, sondern ernste
Sorge um das Heil der Gemeinde. Im übrigen unterstellen die
Gegner zu Unrecht, wie es CA XXVI,30 ff. heißt, „quod nostri pro-
hibeant disciplinam et mortificationem carnis sicut Iovinianus.
Verum aliud deprehendetur ex scriptis nostrorum. Semper enim
docuerunt de cruce, quod christianos oporteat tolerare afflictiones. Haec est vera et seria et non simulata mortificatio, variis afflictionibus exerceri et crucifigi cum Christo."

Die Konfutatoren zeigten sich durch solche Argumentationen un-
beeindruckt; ihre Verwerfung von CA XXVI begründeten sie im
wesentlichen mit der Pflicht zum Gehorsam aller Obrigkeit und
namentlich der geistlichen gegenüber, welche die Vollmacht habe, die Kirche zu regieren und Ordnungsstatuten für sie aufzurichten. „Ideo ex christiano et ecclesiae sanctae devoto pectore
eiusdem sanctae et catholicae atque apostolicae ecclesiae consti-
tutiones recipiendae sunt, quae utiles sunt ecclesiae tam in cultu
divino augendo quam in concupiscentia carnis coercenda, cum
expeditiores faciant ad divina praecepta servanda et in sacris litte-
ris inveniantur consultae ..." (Immenkötter, 177,12–16) Wollten die
evangelischen Fürsten und Städte nicht riskieren, daß ihnen ihre
eigene obrigkeitliche Autorität streitig gemacht werde (Immenkötter, 178,27 f.: „wie dan in nechster beurischen aufrur die un-
derthonen understanden haben"), müßten sie auch für den Ge-

horsam gegenüber der Autorität geistlicher Obrigkeit das Ihre tun. Es folgt unter mehrfacher Berufung auf die Schrift die Auseinandersetzung mit Einzelaspekten in der Argumentation von CA XXVI, die zu dem abschließenden, schon in bezug auf CA VII,3 geltend gemachten Ergebnis führt, daß zwar Abweichungen in regionalen Partikulargebräuchen, nicht aber in solchen Universalriten zu dulden seien, die für die ganze Kirche gelten. Dem Hinweis von CA XXVI auf unterschiedliche Ostertermine wird in diesem Zusammenhang seine Beweiskräftigkeit bestritten: „Nam Romani pontifices tandem Asianos in uniformem paschatis oberservantiam cum universali ecclesia reduxerunt." (Immenkötter, 185,3–5)

Sehr viel kürzer ist die Auseinandersetzung der Konfutatoren mit CA XV ausgefallen. Ihre Einwendungen beschränken sich lediglich auf den, wie es heißt, „(A)ppendix ... articuli" (Immenkötter, 115,1), nämlich auf CA XV,4. Während die evangelischerseits gegebene Anerkennung von Kirchensatzungen, die ohne Sünde beibehalten werden können und die zur Ruhe und zur guten Ordnung in der Kirche nützen, ausdrücklich begrüßt und lediglich mit einigen Ermahnungen zur aktuellen Lage versehen wird, wird der Schlußsatz von CA XV „gentzlich" abgewiesen: „Dan es ist ain irrig ding, so gesagt wirdt, das die menschensatzung, so aufgesetzt sein zu versonung Gottes und genuegthuung fur die sund, streben wider das evangelium, wie dan hienach von den clöstergelubden, von undterschaid der speiß und ander sachen erklert wirt." (Immenkötter, 114,1 ff.)

Melanchthon sah sich durch diese Kritik, die ihn in ihrer ungeschützen Eindeutigkeit überraschte (vgl. Apol XV,3), herausgefordert, in seiner Apologie einiges von dem zu wiederholen, was grundsätzlich und in einer nach seinem Urteil hinreichenden Weise bereits in CA XXVI gesagt worden war. Dabei beurteilte er die Beweislage als zu seinen Gunsten verändert: „Postquam igitur hic articulus damnatus est, facilem et planam causam habemus. Nunc aperte iudaizant adversarii, aperte obruunt evangelium doctrinis daemoniorum. Tunc enim scriptura vocat traditiones doctrinas daemoniorum, quando docetur, quod sint cultus utiles ad promerendam remissionem peccatorum et gratiam. Tunc enim obscurant evangelium, beneficium Christi et iustitiam fidei." (Apol XV,3 f.; vgl. 1. Tim 4,1–3) Während das Evangelium lehrt, daß wir durch den Glauben um Christi willen umsonst die Sündenvergebung

empfangen und mit Gott versöhnt werden, bestimmen die Gegner
einen anderen Mittler, nämlich die traditiones humanae, um deretwillen sie die Sündenvergebung erlangen und den Zorn Gottes
besänftigen wollen. Dies aber widerspricht sowohl dem Wort
Christi Mt 15,9, als auch der evangelischen Lehre des Paulus, wie
sie Eph 2,8 f. oder Gal 5,4 ausgesprochen sei. Dabei verschlägt es
nichts, einen Unterschied zwischen kirchlichen Traditionen und
mosaischen Zeremonien geltend zu machen. Zwar wird ein solcher Unterschied keineswegs geleugnet, doch trage er zur entscheidenden Streitsache, wie sie sich bei Paulus darstelle, nichts
bei, insofern es dabei um die Frage gehe, ob menschliche Werke – wie beschaffen sie auch sein mögen – Gerechtigkeit vor Gott
verdienen können oder ob solche Gerechtigkeit allein um Christi
willen durch Glauben zu erlangen sei (vgl. Apol XV,30). Abgewiesen wird ferner der Einwand, welcher besagt, daß wir die Sündenvergebung zwar nicht verdienen, aber daß die bereits Gerechtfertigten durch die Einhaltung von Traditionssatzungen Gnade erwerben: „hic iterum reclamat Paulus, Christum peccati mini-
strum fore, si post iustificationem sentiendum sit, quod deinde
non propter Christum iusti reputemur, sed premum mereri debeamus per alias observationes, ut iusti reputemur.“ (Apol XV,12)[199]

---

[199]   Die wesentlichen Argumente sind damit, wie Melanchthon selbst bekun-
det (Apol XV,13: „Quamquam quid opus est longa disputatione“), vorgebracht; alles weitere dient, wie ein Blick auf die Augsburger Fassungen
von Apol XV bestätigt (vgl. BSLK 297,47–54; CR 27, 289; Peters, Anhang 1
u. 2), nurmehr ihrer Unterstützung und genauen Begründung. Betont
wird, daß die Annahme einer Rechtfertigung des Menschen vor Gott
durch menschliche Werke, Riten und Kulte nicht nur ohne Schriftgrund
(vgl. Apol XV,14 ff. etc.), sondern auch traditionswidrig (vgl. Apol
XV,13,20 ff. etc.) sei; denn die Väter hätten derlei Satzungen lediglich aus
den Gründen beachtet, die auch von den Ausburger Konfessoren geteilt
würden, nämlich um des äußeren Nutzens, um der Ordnung der Kirche
und der Aufrechterhaltung der Disziplin etc. willen, nicht aber zum
Zwecke, dadurch Sündenvergebung und Gerechtigkeit vor Gott zu erlangen. Wo solcher Zweck mit menschlichen Satzungen und Traditionen
verbunden werde, da errichte man das Reich des Antichristen: „Nam
regnum antichristi est novus cultus Dei, excogitatus humana auctoritate,
reiiciens Christum.“ (Apol XV,18) Melanchthon steht nicht an, das Papsttum zu einer „pars regni antichristi“ zu erklären, „si sic defendit humanos
cultus, quod iustificent“ (Apol XV,18). Erinnert wird in diesem Zusammenhang an die Kritik der Konfutatoren gegenüber CA VIII sowie an
Dan 11,38.

Gleichwohl bleibt in Apol XV diese ablehnende Haltung nicht das letzte Wort Melanchthons über die traditiones humanae: Diejenigen, die in der Kirche um des Nutzens und des Friedens willen eingeführt wurden, sollen beibehalten und im besten Sinne gedeutet werden, freilich: „exclusa opinione, quae sentit, quod

---

Bemerkenswert ist, daß die ebenso schrift- wie traditionswidrige Erhebung menschlicher Satzungen zu Mitteln der Sündenvergebung nach dem Urteil Melanchthons, der sich hierbei erneut auf Paulus beruft (Kol 2,23), mit einem Schein der Weisheit (Apol XV,25: „species sapientiae") versehen ist. Erzeugt sei dieser Schein durch die dem natürlichen Menschen eigene Vernunft, welche – solange sie die Glaubensgerechtigkeit nicht verstehe – zu einer maßlosen Selbstüberschätzung ihrer Möglichkeiten sich verleiten lasse mit der Folge einer Destruktion ihrer eigenen Verständigkeit und einer Verdunkelung göttlichen Gebots. Exemplifiziert wird eine solch unvernünftige und wider Gottes Gebot gerichtete Fehlentwicklung selbstüberheblichen Vernunftvertrauens an der verbreiteten Bevorzugung solcher Werke, die für sich den Titel eines vermeintlich vollkommenen und geistlichen Lebens in Anspruch nehmen und von denen Klostergelübde, Fasten, Heiligenverehrung ausdrücklich benannt werden, gegenüber den Werken göttlichen Gebots wie z. B. den Werken des Berufs, dem Dienst in Staat und Wirtschaft, dem Eheleben und der Kindererziehung. „Haec prae illis ceremoniis iudicantur esse profana, ita ut cum quadam dubitatione conscientiae a multis exerceantur. Constat enim multos deserta administratione reipublicae, deserto coniugio illas observationes amplexos esse tamquam meliores et sanctiores." (Apol XV, 26) Hinzugefügt wird, daß die überzeugte Annahme einer soteriologischen Notwendigkeit von Menschensatzungen nichts anderes als erbärmliche Gewissensqual und das gänzliche Fehlen von Heilsgewißheit zur Folge habe (Apol XV,27 f.). Zwar habe man von vielen Seiten versucht, zur Beruhigung des Gewissens verschiedene Linderungen in den Satzungen zu erreichen, doch ohne die Gewissensbande wirklich zu lösen. Gelöst werden könne der gordische Knoten, den die Gewissensverstrickung darstellt, nur, wenn nach Maßgabe des Paulus (Kol 2,16 f.; Gal 5,1) und der Apostel (Apg 15,10) klar zwischen Menschensatzungen und der evangelischen Rechtfertigungsverheißung unterschieden wird. Daß solche Unterscheidung zuweilen die Gestalt der Scheidung und des Abschieds von Traditionen annehmen kann und muß, sagt Melanchthon ausdrücklich: „Apostoli violant traditiones et excusantur a Christo. Erat enim exemplum ostendendum Pharisaeis, quod illi cultus essent inutiles. Et si quas traditiones parum commodas omittunt nostri, satis nunc excusati sunt, cum requiruntur, tamquam promereantur iustificationem. Talis enim opinio in traditionibus est impia." (Apol XV,36 f.) Zu der dem Artikel in der Oktavausgabe angefügten Kirchenväterexegese vgl. CR 27, 576, Anm. 87. Die sonstigen Unterschiede zwischen Quart- und Oktavausgabe sind unerheblich (vgl. Peters, II.1.2.2.).

iustificent" (Apol XV,38). In diesem Sinne sei es angemessen, kirchliche Traditionen „sine superstitione tamquam politicos mores" (Apol XV,35) zu bewahren. Weil das unter den Augsburger Konfessoren der Fall sei, bestehe die Anklage einer Abschaffung guter Ordnungen und Kirchendisziplin fälschlich. Melanchthon legt im übrigen Wert auf die Feststellung, daß die äußere Form kirchlichen Lebens bei den Evangelischen höher geachtet werde als bei den Gegnern. Verwiesen wird in diesem Zusammenhang u. a. auf den innigen Ernst des gottesdienstlichen Lebens, auf Kinderkatechese und Jugendunterricht, auf die hervorragende Stellung der Predigt (Apol XV,42: „Atqui praecipuus cultus Dei est docere evangelium."), deren entscheidende Themen sodann im einzelnen aufgelistet und überkommenen Äußerlichkeiten kontrastiert werden. Was aber die Abtötung des Fleisches und die Zucht des Körpers betrifft, so wird gelehrt, was bereits CA XXVI gesagt ist, daß nämlich die eigentliche „mortificatio ... per crucem et afflictiones, quibus Deus exercet nos" (Apol XV,46 mit Verweis auf Röm 12,1), geschieht. Daneben aber sei noch eine gewisse willentliche Art der Übung erforderlich, um das Fleisch in gottgebotener Weise zu zähmen (Apol XV,46 ff. mit Verweis auf Lk 21,34 und 1. Kor 9,27); ein Anspruch auf Rechtfertigung indes lasse sich mit solcher Übung nicht verbinden. Das schärft Melanchthon abschließend noch einmal ein unter Einschluß der sogenannten Universaltraditionen, deren unbedingte Einhaltung die Konfutatoren gefordert hatten. Im übrigen gibt er sich konziliant: Der Freiheitsgebrauch in der Traditionsfrage müsse am Schutz der Schwachen und an der Förderung der Einigkeit orientiert sein. So habe man auf dem Reichstag die Bereitschaft hinreichend unter Beweis gestellt, um der Liebe und öffentlichen Eintracht willen, welcher vor allen anderen innerweltlichen Vorteilen der Vorzug zu geben sei, Adiaphora ohne Umstände mit anderen zusammen zu achten, „etiamsi quid incommodi haberent" (Apol XV,52). Eine Verletzung der Gewissen indes könne und dürfe deshalb nicht in Kauf genommen werden; eine solche Verletzung aber sei gegeben, wo die Heilsnotwendigkeit von Menschensatzungen und die Möglichkeit behauptet werde, durch ihre Befolgung Sündenvergebung und Gerechtigkeit vor Gott erlangen zu können.

Versucht man, wie angekündigt, den Sachgehalt der Aussagen von CA XV und CA XXVI in den Zusammenhang der Lehre „De potestate ecclesiastica" zu integrieren, wie das im Text von CA XXVIII ja auch tatsächlich der Fall ist, so ist zunächst zu wieder-

holen, daß die erste, unverzichtbare und durch göttliches Recht
gebotene Aufgabe des episkopalen Amtes die öffentliche Evangeliumsverkündigung in Wort und Sakrament ist, in welchem Verkündigungsdienst nicht nur die Absolutionsvollmacht eingeschlossen, sondern auch das bischöfliche Exkommunikationsrecht mitgesetzt ist, in dessen Zuammenhang man auch das Lehrbeanstan-
dungsrecht in Betracht zu ziehen hat. Im Hinblick auf diese episkopalen Dienstvollmachten sind die Gemeinden ihren Bischöfen
notwendigerweise und iure divino Gehorsam schuldig, insofern
von den Bischöfen, welche als Bischöfe, will heißen: in dem ihnen secundum evangelium zukommenden Dienst tätig werden,
der CA XXVIII,22 zitierte Spruch Christi Lk 10,16 gilt: „Wer euch
hört, der hört mich."[200] Sind mit Evangeliumsverkündigung und
Sakramentsverwaltung samt den ihnen impliziten Dienstaufgaben
die bischöflichen Vollmachten benannt, die iure divino bestehen
und kraft göttlichen Rechts Gehorsam beanspruchen können, so
bleibt zu fragen, „utrum episcopi seu pastores habeant ius institu-
endi caeremonias in ecclesia et leges de cibis, feriis, gradibus ministrorum seu ordinibus etc. condendi" (CA XXVIII,30). Die in
CA XXVIII sehr ausführlich entwickelte Antwort auf diese Frage
faßt sich zusammen in dem Grundsatz, „quod liceat episcopis seu
pastoribus facere ordinationes, ut res ordine in ecclesia gerantur,
non ut per eas satisfaciamus pro peccatis aut obligentur conscientiae, ut iudicent esse necessarios cultus" (CA XXVIII,53). Danach
hat die Kirche bzw. das episkopale Amt zwar die Autorität, nach
Maßgabe menschlichen Rechts und menschlicher Rechtseinsicht
Anweisungen zu treffen, damit es ordentlich in der Kirche zugehe. Alle bischöflichen Anordnungen indes, welche der Botschaft
von der Rechtfertigung des Sünders aus Gnade um Christi willen

---

[200] Dabei ist das Autoritätsgefälle zwischen dem Evangelium, dem zu dienen
bischöfliche Bestimmung ist, und dem episkopalen Dienstamt, welches
in nichts anderem als in eben diesem Dienst besteht, eindeutig und un-
umkehrbar mit der Konsequenz, daß die Möglichkeit und Notwendigkeit,
zwischen dem Spruch des mit dem episkopalen Dienstamt betrauten und
demjenigen des Evangeliums gegebenenfalls kritisch zu unterscheiden,
nicht nur nicht bestritten, sondern ausdrücklich namhaft gemacht wird,
wenn es heißt: „Wo sie (sc. die Bischöfe) aber etwas dem Evangelio entgegen lehren, setzen oder aufrichten, haben wir Gotts Befehl in solchem
Falle, daß wir nicht sollen gehorsam sein." (BSLK 124,9 – 12 unter Verweis
auf Mt 7,15, Gal 1,8, 2. Kor 13,8.10 sowie auf das Decretum Gratiani [vgl.
BSLK 124, Anm. 1] und Augustin [vgl. BSLK 125, Anm. 1])

durch Glauben widersprechen, sind eo ipso für ungültig zu erachten und heben sich von selbst auf; denn die Bischöfe haben
weder ein Recht, etwas anderes als das Evangelium, noch gar etwas dem Evangelium Widersprechendes für gewissensverbindlich
zu erklären. Dieser Grundsatz wird unter Berücksichtigung der
gegnerischen Argumentation (vgl. CA XXVIII,31–33) und unter
häufiger Zitierung des Zeugnisses der Schrift (bes. CA XXVIII,
42 ff.) in bezug auf eine Reihe sog. Menschensatzungen wie Feier-
tagsgebote und Fastenverordnungen geltend gemacht, wobei die
ungeheure Vielzahl solcher Satzungen nachgerade auf die ge-
hegte Überzeugung zurückgeführt wird, durch ihre Befolgung Gerechtigkeit vor Gott verdienen zu können (CA XXVIII,37). Während sie allen Versuchen, in evangeliumswidriger Weise erneut
das Joch des Gesetzes aufzurichten, kompromißlos zu widerste-
hen hat, gebührt es sich für die Gemeinde, wie schon gesagt, Anordnungen, welche die Ordnungen der Kirche betreffen, „propter
caritatem et tranquillitatem" zu befolgen und soweit zu halten, „ne
alii offendant alios, sed, ut ordine et sine tumultu fiant omnia in
ecclesiis, verum ita, ne onerentur conscientiae, ut ducant esse ne-
cessarias ad salutem ac iudicent se peccare, cum sine scandalo
violant" (CA XXVIII, 55 f.). Als thematisches Beispiel wird neben
der paulinischen Weisung 1. Kor 11,5 f. namentlich die Frage des
an die Stelle des Sabbats getretenen Sonntags (CA XXVIII,57 ff.)
verhandelt. Es bestätigt sich, daß Menschensatzungen nur in dem
Bewußtsein angemessen geachtet werden können, daß sie nicht
notwendig sind und daß es die Gewissen nicht verletzt, sie zu
ändern (CA XXVIII,69).[201]

---

[201]   CA XXVIII schließt (CA XXVIII,69 ff.) mit einem Vorschlag zur Güte,
hinter dem sich das schon mehrfach angesprochene Augsburger Frie-
densprogramm Melanchthons zu erkennen gibt. Gefordert werde nicht,
daß die Bischöfe ihre Ehrenstellung aufgeben (CA XXVIII,71: „quod tamen decebat bonos pastores facere") und von ihrer Herrschaft abtreten;
gebeten werde nur darum, „ut patiantur evangelium doceri pure et rela-
xent paucas quasdam observationes, quae sine peccato servari non
possunt" (CA XXVIII,77). Als Beispiel für solche Satzungen wird neben
der eidlichen Verpflichtung zu antievangelischer Lehre des Zölibat, im
deutschen Text auch der vorgeschriebene Verzicht auf die „communio
sub utraque" genannt. Die ungerechte Last solcher Verbindlichkeiten,
die – sei es aus anfänglich einsichtigen, sei es aus von Anfang an irr-
tümlichen Gründen – gegen die allgemeine Übung der Kirche eingeführt
worden seien, müßten aufgehoben werden, zumal da hierdurch die Ein-

Die Konfutatoren (vgl. Iserloh, 479 f.) weisen CA XXVIII im wesentlichen mit dem Argument zurück, durch die Schrift (vgl. 2. Kor 10,8; 13,10; 1. Kor 4,21; 1. Tim 5,19) sei hinreichend klargestellt, „das die bischoff nit allain gewalt haben, zu raichen Gottes wort und die sacrament (potestas ministerii verbi dei), sonder auch den gewalt zu regieren, zu straffen und zu weisen die underthanen, damit sy entlich und ewig mogen salig werden (potestas regiminis et coercitivae correctionis ad dirigendum subditos in finem beatitudinis aeternae). Wo nun aber ist der gewalt zu regieren, muß auch sein gewalt zu urtailen, zu entschiden, zu erkhennen und zu setzen die ding, so guet und furstendig sind zu erlangung der ewigen seligkait (potestas iudicandi, diffiniendi, discernendi et statuendi ea, quae ad praefatum finem expediunt aut conducunt).“ (Immenkötter, 198,12 ff.; 199,9 ff.) Daraus wird gefolgert, daß „alles, was bey disem artickl (sc. CA XXVIII) wider der kirchen und gaistlichen freyhait furgenommen, soll billich vor nichtig geachtet werden“ (Immenkötter, 198,18 f.). Unter den eingangs genannten Prärogativen der Geistlichkeit werden insonderheit Immunitätsrechte und sonstige Rechtsprivilegien hervorgehoben. Der Schluß ist erneut der Frage der Kirchensatzungen gewidmet, die unbeschadet gegebener Mißbräuche im Prinzip legitim und notwendig seien und von denen mutwillig sich zu dispensieren, mit libertas christiana nichts zu tun habe. „Dan die christlich freyheit ist nicht entgegen den satzungen der kyrchen, weyl sy zum gutten dynstlich sein, sonder ist entgegen der dynstbarkeit des gesetzes Moysi und der dynstbarkeit der sunde ...“ (Immenkötter, 200, 7–10).

In Antwort auf diese Vorhaltungen beklagt sich Melanchthon in Apol XXVIII darüber, daß die Konfutatoren in verleumderischer Weise viel Geschrei um Vorrechte und Vergünstigungen des geistlichen Standes machen, obwohl reformatorischerseits oftmals bezeugt worden sei, daß die politischen Ordnungen, die Donationen der Fürsten und die Privilegien unangetastet bleiben sollen

---

heit der Kirche keineswegs umgestoßen würde. Geschehe dies nicht, dann habe man sich an die apostolische Regel (Apg 5,29) zu halten, die Gott mehr zu gehorchen befiehlt als den Menschen. Die Bischöfe aber, denen doch ausdrücklich verboten sei, in den Kirchen mit dominierender Zwangsgewalt zu herrschen (1. Petr 5,3 f.), müßten in diesem Falle selbst zusehen, „quomodo Deo rationem reddituri sint, quod hac pertinacia causam schismati praebent“ (CA XXVIII,78).

(vgl. Apol XXVIII,1 f.). Statt auf die eigentlichen und dringlichen
Streitfragen einzugehen und sich um die rechte Evangeliumsverkündigung in Wort und Sakrament zu kümmern, beschränken
sich nach Melanchthons Urteil die Gegner auf die Verteidigung
klerikaler Standesrechte, während sie im übrigen die Gewissen
mit Menschensatzungen beschweren und durch Dekrete Leib und
Leben bedrohen. Das einzige Sachargument, das die Konfutatoren
vorzubringen hätten, sei der erwähnte und in Apol XXVIII,6 zitierte Hinweis auf eine bischöfliche potestas regiminis samt den
genannten Implikationen, woraus gefolgert werde, „quod episcopi
habeant auctoritatem condendi leges utiles ad consequendam vitam aeternam. De hoc articulo controversia est." (Apol XXVIII,6)
Um dieses Argument zu widerlegen, kommt Melanchthon alles
auf den Erweis an, daß es Bischöfen nicht zustehe, die Gewissen
mit vorgeblich heilsnotwendigen Menschensatzungen zu belasten.
Stehe einmal fest, „quod gratis propter Christum fide accipiamus
remissionem peccatorum", so sei auch ein für allemal klar, „quod
humanae traditiones sint inutiles cultus, quare nec peccatum nec
iustitia in cibo, potu, vestitu et similibus rebus collocanda est,
quarum usum voluit Christus liberum relinqui" (Apol XXVIII,7 mit
Verweis auf Mt 15,11; ferner Röm 14,17; Apg 15,9 f.; Kol 2,20 ff.). In
Anbetracht des klaren Schriftzeugnisses, daß ewiges Leben nur
durch Ewiges, nämlich durch Gottes Wort und seinen Geist bewirkt werde, mühen sich nach Melanchthons Urteil die Gegner
vergeblich um den Beweis einer bischöflichen Rechtsvollmacht,
kultische Satzungen aufzustellen, durch deren Befolgung Sündenvergebung und Gerechtigkeit vor Gott zu erlangen seien.[202]

---

[202] Im übrigen habe das Augsburgische Bekenntnis hinreichend deutlich gemacht, welche Vollmacht den Bischöfen beizumessen sei, welche episcopi iuxta evangelium und nicht lediglich episcopi iuxta politiam canonicam genannt zu werden verdienten. Um dies noch einmal zu verdeutlichen, greift Melanchthon ausdrücklich auf die schon mehrfach erwähnte, traditionelle Unterscheidung episkopaler Vollmacht in eine potestas
ordinis und eine potestas iurisdictionis zurück. Erstere bestehe im „ministerium verbi et sacramentorum", letztere in der auctoritas „excommunicandi obnoxios publicis criminibus, et rursus absolvendi eos, si conversi
petant absolutionem" (Apol XXVIII,13). Dabei dürfe die mit der Jurisdiktionsvollmacht gegebene episkopale Autorität nicht im Sinne einer potestas tyrannica („hoc est, sine certa lege") noch einer potestas regia („hoc
est, supra legem") mißbraucht werden, sie sei vielmehr durch ein klares
und eindeutiges Mandat Gottes fest umrissen und in den Dienst des

Daß es sich bei der bischöflichen Vollmacht um einen vom Evangelium klar umrissenen und begrenzten Dienstauftrag handelt, sieht Apol XXVIII,18 ff. (vgl. Apol XII,40) nicht zuletzt durch das Wort Christi Lk 10,14 („wer euch hört, hört mich") bestätigt, auf welche sich die Gegner mit Vorliebe berufen, um die von ihnen beanspruchten episkopalen Prärogativen zu begründen. Es handle sich bei diesem Wort nicht um ein „mandatum cum libera", also um „ein ganzen freien, ungemessen Befehl und Gewalt", wie die deutsche Übersetzung erläutert (BSLK 401,31 ff.), sondern um „ein gemessen Befehl", eine „cautio de rato, de speciali mandato, hoc est, testimonium datum apostolis, ut eis de alieno verbo, non de proprio, credamus" (Apol XXVIII,18). Für die apostolische Autorität der Bischöfe ist sonach, wie an anderer Stelle bereits gesagt, ihre dezidierte Selbstunterscheidung von Christus konstitutiv. Lk

Evangeliums gestellt, welches die Bischöfe von Christus empfangen haben. Von einem bischöflichen Recht, das überkommene Evangelium von der Rechtfertigung des Sünders aus Gnade um Christi willen durch Glauben durch neue Kultsatzungen zu ersetzen oder ergänzen, könne jedenfalls nicht die Rede sein. In diesem Sinne gilt: „... cultus nihil pertinent ad iurisdictionem" (Apol XXVIII,14). Hingegen sei es, wie schon CA XXVIII eingeräumt habe, den Bischöfen erlaubt, Satzungen aufzurichten, „ut sit ordo in ecclesia propter tranquillitatem" (Apol XXVIII,15). Allerdings gilt dies nur unter dem Gewissensvorbehalt freien Gebrauchs solcher Ordnungen, die nicht für cultus necessarii zu erachten und deshalb grundsätzlich veränderbar seien. Fazit: „Kontrovers ist ... auch in der Apologie nicht die bischöfliche Weihe- und Jurisdiktionsgewalt als solche, sondern es geht um ihre Grenze, daß nämlich nichts gegen das Evangelium geboten werden darf, und darum, daß Anordnungen, die nicht direkt im Evangelium gegeben sind, nicht im Gewissen verpflichten." Vor allem ersteres ist, wie E. Iserloh anfügt, „nicht so einfach, wie es klingt: Wenn das Zugeständnis der Restitution der bischöflichen Jurisdiktion, vor allem von Luther, verbunden wird mit der Einschränkung, die Bischöfe dürften aber den Pfarrern die Predigt des wahren Glaubens nicht verbieten, dann war damit etwas Selbstverständliches und völlig Unstrittiges gesagt, in der damaligen Situation dem bischöflichen Amt aber praktisch die entscheidende, ihm auch von CA 28 zuerkannte Vollmacht abgesprochen, nämlich zu entscheiden, was das wahre Evangelium ist, und abweichende Lehre zu verurteilen." (Iserloh, 481) Dazu ist zu bemerken, daß Apol XXVIII den Bischöfen zwar nicht die Lehrentscheidungskompetenz überhaupt, wohl aber den Anspruch auf ein Monopol authentischer Lehrentscheidung abspricht, wie das auch in CA XXVIII nicht anders der Fall ist (zu Iserlohs Beurteilung der evangelischen Kommentatoren von CA XXVIII und der dort entwickelten Lehre von einem Bischofsamt göttlichen Rechts vgl. Iserloh, 483 ff.).

10,16 umschreibt mithin keine unmittelbare Gleichung und Identifikation, sondern eine durch Differenzbewußtsein vermittelte Einheit. Entsprechend kann sich die bischöfliche Autorität niemals
auf bloß formale Weise, nämlich durch unmittelbaren Selbstbezug
und Berufung auf sich selbst legitimieren; sie hat sich vielmehr
durch Übereinstimmung mit Christus und zu seinem Evangelium
inhaltlich auszuweisen, wobei abermals gilt, daß als Kriterium für
solche inhaltliche Übereinstimmung niemals die formale bischöfliche Autorität als solche betrachtet werden kann. Denn lediglich
für sich genommen entspricht die bischöfliche Autorität ihrem
Begriff nicht nur nicht, sie widerspricht ihm vielmehr; denn sie ist
ihrem Wesen nach relativ, nämlich durch den Bezug zu Christus
und zu seinem Evangelium konstituiert, in welchem Bezug die
Relation auf eine nur um den Preis der Zerstörung gleichzuschal-
tende Mehrzahl von Gliedern am Leibe Christi stets mitgesetzt ist.
Löst sich die bischöfliche Autorität von diesem Bezug, um in ab-
solutistischer Manier ein Einheitmonopol zu beanspruchen, so
bringt sie sich um sich selbst und hört auf, verbindlich zu sein.
Der durch Lk 10,16 und in vergleichbarer Weise durch Hebr 13,17
und Mt 23,3 geforderte, das Gewissen bindende Gehorsam den Bischöfen und kirchlichen Vorgesetzten gegenüber kann und darf
also in nichts anderem bestehen, als im Gehorsam gegen das
Evangelium; ansonsten treten biblische Weisungen wie Gal 1,8
und Apg 5,29 in Kraft. Kurzum: „Quando igitur impia docent, non
sunt audiendi. Haec autem impia sunt, quod traditiones humanae
sint cultus Dei, quod sint necessarii cultus, quod mereantur remissionem peccatorum et vitam aeternam." (Apol XXVIII,21) Was
aber die „scandala publica et motus" (Apol XXVIII,22) betreffe, die
angeblich durch die Reformation hervorgerufen worden seien, so
gelte, daß alle möglichen Nachteile durch deren ursprüngliche
Einsicht (Apol XXVIII,23: „quod propter Christum gratis consequamur remissionem peccatorum per fidem") nicht nur aufgewo-
gen, sondern überwogen würden. Selbst auf die Gefahr des mittlerweile virulent gewordenen Schismas hin dürfe man von dieser
für die Kirche und das Heil der Menschen schlechterdings notwendigen und unentbehrlichen Einsicht nicht weichen.[203]

---

[203]   Zur Vorgeschichte des XXVIII. Artikels der Apologie vgl. im einzelnen
         Peters, Anhang 1 u. 2; CR 27, 310—316; BSLK 397,44—404,41. Zu beachten
         ist, daß in der Quartausgabe von 1531 der Schluß von Apol XXVIII um-
         formuliert und erweitert wird (vgl. CR 27, 644—646). Es ergibt sich fol-

Versucht man die Melanchthonsche Argumentation, die – um systematische Verkürzungen zu vermeiden – bewußt und in epischer Breite nach dem ihr eigenen, durch die gegebene Konfliktsituation veranlaßten multiperspektivischen Duktus referiert wurde, auf ihre bestimmenden Motive zu konzentrieren, so erweist sich zweifellos die Unterscheidung weltlichen und geistlichen Regiments als einer der wesentlichen Leitaspekte. Faktisch führte das u. a. zu der Konsequenz, überkommene bischöfliche Rechtszuständigkeiten in Frage zu stellen und der Kompetenz der potestas civilis des Landesherrn bzw. der städtischen Obrigkeit zuzuweisen. Das gilt in bezug auf bestimmte Steuerfragen, wie die Abgabe des Zehnten vom Rohertrag aller Grundstücke und Wirtschaftseinheiten (vgl. BSLK 125, Anm. 2), aber auch in bezug auf Eheangelegenheiten. Entsprechende Tendenzen werden bereits

---

gende Dreigliederung: „1) Die Lutherischen tragen keine Schuld am Bauernkrieg (Argument: der vorbildliche Gehorsam der Bevölkerung in den lutherischen Territorien). Was sie über die Rechtfertigung des Menschen vor Gott und das von Gott gesetzte Amt der Obrigkeit lehren, gefährdet den Frieden nicht, sondern festigt ihn (Argument: Die Rechtfertigungslehre lehrt, auch den Wert der weltlichen Dinge zu erkennen). Nicht Luther hat die Kirche gespalten, die Gegner sind es gewesen (Argument: Aus ihrer ursprünglichen Zustimmung zu Luther ist später Haß geworden, der zu einer ungerechten Verurteilung geführt hat). Das blutrünstige Vorgehen der Gegner gegen die Anhänger der CA ist ein Werk des Teufels. 2) Die religiöse Praxis der Gegner (Beispiele: Messe, Heiligenverehrung etc.) ist offener Götzendienst und erklärt sich letztlich aus dem alten Machtstreben der Päpste (Exkurs: Hinweis auf den nunmehr 400jährigen Krieg der Päpste gegen die Kaiser, ihren Pfründenschacher und ihren Mißbrauch des Kirchengutes). Den größten Schaden verursacht dabei allerdings die durch die Gegner angestiftete Verwirrung in der (Rechtfertigungs-)Lehre. Sie ist die Erfüllung der Verheißungen der Johannesoffenbarung. 3) Die hier (i. e. in der AC) geführte Auseinandersetzung mit ihren Gegnern ist den Lutherischen durch die Confutatoren aufgezwungen worden. Der Streit kann aber letztlich nur durch das Wort Gottes entschieden werden. Die Anhänger der CA sehnen sich nach Frieden und treten nur ungern in Gegensatz zum Kaiser, den sie hoch verehren. Die Gegner verhindern jedoch weiterhin die Einigung und beschwören dadurch eine schlimme Krise der Kirche und des Staates herauf. – Dies ist das Ende der AC: Es bleibt nun jedem Leser selbst überlassen, sich ein Urteil darüber zu bilden, welche Seite den rechten Glauben hat. Wenn ihre Lehre Anlaß zu Rückfragen geben sollte, sind die Anhänger der CA aber auch weiterhin gern bereit, diese zu beantworten." (Peters, II.1.2.2)

frühzeitig erkennbar[204], etwa in dem von Förstemann zu den Torgauer Artikeln gerechneten Dokument C, dessen dritter Teil vor
allem von Ehehindernissen infolge bestimmter Blutsverwandt-
schaftsgrade und diversen kirchlichen Dispensationen handelt. Als
Grundsatz der Urteilsbildung gilt, daß nichts, was nicht iure divino verboten sei, das Gewissen binde; im übrigen solle man die
Angelegenheit nach Möglichkeit den weltlichen Juristen überlassen, die nach allgemeinen Vernunftgründen zu entscheiden hätten
(vgl. Förstemann I, 90 f.). Zu einem ähnlichen Schluß hatte bereits
der Abschnitt „Von der bischoffe Jurißdictio und Oberkayt" (vgl.
Förstemann I, 78–80) in Dokument A geführt, wo unter Punkt 4
Mißbräuche kirchlicher Ehegerichtsbarkeit angeprangert und das
Recht des Kurfürsten zu entsprechendem obrigkeitlichen Ein-
schreiten legitimiert wurde. Dieses obrigkeitliche Interventions-
recht soll nach A auch für sonstige Mißbräuche kirchlicher Gerichtsbarkeit namentlich im Zusammenhang des Bannwesens
gelten; der Kurfürst, so wird gesagt, weiß sich in Wahrnehmung
seiner Patronatsrechte verpflichtet, seine Untertanen einschließlich
verheirateter Priester vor den Folgelasten solcher Mißbräuche zu
schützen. Im übrigen sei es freilich seine Absicht, den Bischöfen
ihre Jurisdiktionsvollmacht nicht nur nicht zu bestreiten, sondern
zu belassen, soweit es nach Maßgabe des Evangeliums und des
Gewissens möglich ist. Das gelte zum einen und vor allem in bezug auf „das furnembst stuckh gaistlicher Jurißdiction, unrechte
ler straffen, welchs denn bischoffen In der schrifft unnd Canonib.
bevolhen" (Förstemann I, 79). Aber auch darüber hinaus zeigt
sich der sächsische Kurfürst zum Einlenken den Bischöfen gegenüber gerne bereit: „Den so sie wollen friden machen, sollen wir
billich alles nachlassen, das man mit guttem gewissen kan nachgeben umb fridenns willen, der hoher und besser ist zu achten,

---

[204]   In der Hauptintention, „die Vermischung von weltlicher und geistlicher
Gewalt in der Hand der damaligen Bischöfe aufzulösen und die Bischöfe
auf ihre geistlichen Pflichten zu beschränken, während ihre weltlichen
Aufgaben als allein menschlichen Rechtes hingestellt werden", sind
sämtliche Vorformen von den Torgauer Artikeln Mitte März an mit
CA XXVIII „ganz einig" (J. Höß, Episcopus evangelicus. Versuche mit
dem Bischofsamt im deutschen Luthertum des 16. Jahrhunderts, in:
E. Iserloh [Hg.], a. a. O.,   499–516, hier: Diskussion, 517–523, 517
[B. Lohse]).

denn alle eusserliche freiheit, die man erdencken mag." (Förstemann I, 80)[205]

Melanchthon hat, wie gezeigt, diesen Kompromißvorschlag mit Luthers grundsätzlicher Zustimmung „in CA 28 weiter ausgebaut und bis zum Ende des Reichstags verfolgt"[206]; wo immer es das

---

[205] Nicht zuletzt in den Fragen des Weiherechts, von denen der Abschnitt handelt, dem das letzte Zitat entnommen ist, sei man zum Nachgeben gerne bereit. Zwar setzt der Kurfürst voraus, daß er als Landespatron Macht habe, „ein tuchtigen priester uff ein pfar zusetzen wider des prelaten willen, der Im ein untuchtigen gesetzt hat" (Förstemann I, 79). Doch zeigt er sich aus Sorge um die Zukunft des Reiches und im Interesse eines Spaltungen und Unruhe vermeidenden Religionsfriedens zu großem Entgegenkommen bereit. Seien die Bischöfe gewillt, die Priester vom Pflichtzölibat und vom Eid, die evangelische Predigt nicht zu predigen, zu entlasten, sollten ihre Weiherechte unangetastet bleiben und ohne weitläufige Disputation etwa der Frage, „ob die priester mussen durch bischove ordinirt werden" (Förstemann I, 80; vgl. I, 96), anerkannt bleiben.

[206] Vom schließlichen Ergebnis her betrachtet erwies sich der reformatorischerseits angebotene Friedensvorschlag, die bischöfliche Jurisdiktion unter der Bedingung der Abschaffung der Privatmesse und der Gewährung von Laienkelch und Priesterehe sowie der freien Verkündigung des Evangeliums anzuerkennen, als nicht tragfähig. Die Gründe hierfür sind vielfältig: Was die reformatorische Seite betrifft, so ist in Rechnung zu stellen, „daß es in der Bewertung der bischöflichen Jurisdiktion Unterschiede zwischen den glaubensverwandten Reichsständen gibt, daß aber auch da, wo die Regierung eine bedingte Zustimmung zu ihr findet, eine Differenz zwischen Führung und Volk besteht. Diese Unterschiede hängen mit den unklaren Ansichten über die Möglichkeiten zusammen, wie man jene Institution unter den reformatorischen Voraussetzungen weiterführen sollte." (W. Maurer, Erwägungen und Verhandlungen über die geistliche Jurisdiktion der Bischöfe vor und während des Augsburger Reichstags von 1530, in: ders., Die Kirche und ihr Recht. Gesammelte Aufsätze zum evangelischen Kirchenrecht, hg. v. G. Müller u. G. Seebaß, Tübingen 1976, 208–253, hier: 229) An dieser Unklarheit hat auf seine Weise auch der seit Ende März verfolgte kursächsische Kompromißplan Anteil. Entscheidend für sein schließliches Scheitern indes war nach Maurer weniger seine Unklarheit als die klare Ablehnung der CA XXVIII fundierenden Zwei-Regimenten-Lehre Luthers von seiten der Altgläubigen. Der Schlußartikel der Augustana, auf den alle ihre Bekenntnisaussagen hingeordnet sind, „war damit in den theologischen Grundlagen erschüttert" (W. Maurer, Die Entstehung und erste Auswirkung von Artikel 28 der Confessio Augustana, a. a. O., 388). Trotz des historischen Scheiterns seines Unionsprogramms ist und bleibt CA XXVIII von prinzipieller Bedeutung, sofern dieser Artikel Grundzüge einer Kriteriologie

vom Evangelium geprägte Gewissen erlaubt, sollten angestammte
Rechte der Bischöfe nach Möglichkeit erhalten bleiben. Das gilt
unter der Bedingung prinzipieller Differenzierung weltlichen und
geistlichen Regiments nachgerade auch für solche Privilegien, die
recht eigentlich der potestas civilis zuzurechnen sind. Wie es im
fünften Artikel des Dokuments E über den Bischof von Rom
heißt: „Wil der Babst her oder oberster sein, das lassen wir wol
geschehen, dan wir achten nicht wie grosse ehre oder gut er hat,
Sonndern begernn, das er unnß das Euangelion (wie er schuldig
ist) frei lasse ..." (Förstemann I,96) Auch in der Beurteilung des
Papsttums hat sich sonach der Grundsatz zu bewähren, daß nach
evangelischem Urteil „(d)ie Freiheit zum Glauben als Grundbestimmung der Kirche" (Mildenberger, 99) zu gelten hat.

9. Papsttum und kirchlicher Einheitsdienst

Die Confessio Augustana bietet keine auf materiale Vollständig-
keit bedachte und bis ins Detail ausgearbeitete Theologie des
kirchlichen Dienstamtes. Zeigt sich schon in der Erörterung von
Struktur und Gliederungsformen des ordinationsgebundenen
Amtes einschließlich des Problems einer bischöflichen Verfassung
sowie der apostolischen Amtssukzession eine auffallende Zurückhaltung, so schweigt sich die Endgestalt des Augsburger Bekenntnisses trotz der erwähnten Hinweise im Zusammenhang ihrer literarischen Vorgeschichte zum Thema des Papsttums völlig aus
(vgl. Maurer I, 75). Dieses Schweigen hat der CA bekanntlich einen heftigen Tadel Luthers eingetragen, was nicht überraschen
kann, wenn man bedenkt, daß die Haltung des Reformators zum
Papsttum seit den Jahren 1518/20 zumeist durch schroffe Ablehnung und Kritik bestimmt war bis hin zur Gleichsetzung des Papstes mit dem Antichristen und der Annahme einer teuflischen

---

evangelischer Kirchenverfassungslehre entwickelt und neben der Abwehr einer Verweltlichung geistlicher Vollmachten auch „eine Handhabe
zum Widerstand gegen Eingriffe des Staates in die Kirche" (a. a. O., 362)
sowie Ansätze und Elemente eines eigenständigen evangelischen Kir-
chenrechtes bietet.

Stiftung des päpstlichen Amtes.[207] Äußerer Betrachtung kann die Ablehnung des Papsttums daher bis heute als der Inbegriff des Reformatorischen gelten. Doch stellt sich die reformatorische Position bei genauerem Zusehen differenzierter dar. Das gilt auch für Luther: Trotz einer Vielzahl unüberbrückbar erscheinender Antithesen findet sich nämlich auch bei ihm durchaus die ansatzweise Bereitschaft, „eine gewisse Überordnung des römischen Bischofs über alle anderen Prälaten aus der geschichtlichen Entwicklung und aufgrund menschlicher Anerkennung zuzugestehen. Daß Menschen sich dahingehend einigen, daß einer die erste Stelle einnimmt, hält er für legitim und realisierbar. Ihm geht es nicht darum, eine Nationalkirche in Deutschland zu schaffen oder vielleicht den Primat des ersten Bischofs in der Christenheit einem deutschen Erzbischof zuzuschanzen. Er will einen Ehrenvorrang des Bischofs von Rom akzeptieren, will ihn aber als Bischof neben Bischöfen verstanden wissen." (Müller, 397)

Diese Beurteilung bestimmte nachgerade auch Luthers Haltung zur Papstfrage während des Augsburger Reichstages. Zwar kritisierte er, wie gesagt, bereits am 21. Juli 1530 in bezug auf die CA, „daß sie vor allem die Artikel über den Papst als Antichristen verheimliche"[208]; doch hinderte ihn dieser Tadel nicht nur nicht, die Augustana „als gültigen Ausdruck der evangelischen Lehre" anzuerkennen, es fehlen überdies bei ihm selbst „in den folgenden Jahren nicht positive Urteile über das Papsttum. Voraussetzung ist nach seiner Überzeugung aber, daß die Rechtfertigungslehre von Rom anerkannt wird." (Müller, 406) Voraussetzung ist ferner und in Konsequenz dessen, daß der episkopale Ehrenvorrang des Bischofs von Rom, den anzuerkennen für Luther keine prinzipielle theologische Unmöglichkeit darstellt, als eine lediglich iure humano und nicht iure divino geltende Einrichtung zu betrachten sei.

---

[207] Vgl. im einzelnen R. Bäumer, Martin Luther und der Papst, Münster ⁴1985. A. a. O., 101–140, findet sich ein Kapitel zur wissenschaftlichen Diskussion der Thematik von 1971 bis 1984. Zur neueren ökumenischen Debatte vgl. u. a. die beiden Sammelbände: Petrus und Papst. Evangelium. Einheit der Kirche. Papstdienst, Münster 1977/78; ferner: H. Stirnimann/ L. Vischer, Papsttum und Petrusdienst, Frankfurt a. M. 1975; V. von Aristi u. a., Das Papstamt. Dienst oder Hindernis für die Ökumene?, Regensburg 1985.

[208] R. Bäumer, a. a. O., 82 unter Berufung auf WA Br 5, 496.

Der bereits frühzeitig feststehende Grundsatz, „daß das Papsttum
nicht göttlichen, sondern menschlichen Rechtes sei" (Müller, 394),
bildet auch noch das Fundament der einschlägigen Argumentationen in den Schmalkaldischen Artikeln, die Luther aus Anlaß der
Einberufung des Konzils im Jahre 1536 durch Papst Paul III. formuliert hat.[209] Im wesentlichen bietet der Reformator hier (vgl.
ASm II,4; BSLK 427,6 ff.) bei aller durch negative Erfahrungen mit
Rom bedingten Polemik nichts anderes als eine Wiederholung
seiner seit langem festgefügten Auffassung, daß nämlich der Papst
nicht aufgrund von Gottes Wort, d. h. iure divino, das Haupt der
ganzen Christenheit sei, da solche Hoheit nur Christus gebühre.
Er, der Papst, sei vielmehr „allein Bischof oder Pfarrherr der Kirchen zu Rom und derjenigen, so sich williglich oder durch
menschliche Kreatur (das ist weltliche Oberkeit) ... zu ihm begeben haben" (BSLK 427,9–12). Dabei wird unter Berufung auf die
alten Konzilien und die Zeit des Hl. Cyprian (vgl. BSLK 427,
Anm. 8,11) ausdrücklich hervorgehoben, daß solche Assoziation
einst im Geist christlicher Bruderschaft erfolgte und nicht vom
Gesetz der Herrschaft und Knechtschaft geprägt war. Jetzt aber
wage im Unterschied zu damals kein Bischof, den Papst einen
Bruder zu nennen, er müsse ihn vielmehr seinen allergnädigsten
Herrn heißen, „wenn's auch ein Konig oder Kaiser wäre" (BSLK
428,1). Dieses aber wollen, sollen und können evangelisch Ge-
sinnte nicht auf ihr Gewissen nehmen. „Wer es aber tun will, der
tu' es ohn uns." (BSLK 428,2 f.)

Nach dieser Grundsatzerklärung, die bei aller Kritik doch die
Möglichkeit nicht prinzipiell ausschließt, „zu einer Einigung unter
einem Papst zu kommen, der kraft menschlichen Rechtes eingesetzt worden ist" (Müller, 409) und die damit gesetzte Grenze seiner Stellung akzeptiert, wendet sich Luther in schneidender
Schärfe gegen das, was er als theologisch verkehrte, falsche, frevlerische, lästerliche und angemaßte Papstgewalt brandmarkt, aus
welcher „eitel teuflisch Geschicht und Geschäft" (BSLK 428,6) hervorgingen und hervorgehen, um nach Vermögen der ganzen heiligen Kirche zum Verderben zu gereichen. Solch antichristliches
Verderben, welches aus der Perversion des Papstamtes resultiere,
habe in der Verkehrung und Zerstörung des ersten Hauptartikels

---

[209]   Vgl. U. Pflugk, Luther und der Papst, in: Luther. Mitteilungen der Luther-
         gesellschaft 31 (1960), 130–138.

von der Erlösung Jesu Christi seine Ursache. Denn statt sich am Glauben an Jesus Christus genügen zu lassen, behaupte der Papst, wie aus seinen Bullen und Büchern hervorgehe, „daß ... kein Christ konne selig werden, er sei denn ihm gehorsam und untertan in allen Dingen, was er will, was er sagt, was er tut" (BSLK 428,14–16; vgl. DH 875, BSLK 428, Anm. 4). Um die frevlerische Anmaßung dieser Behauptung bloßzustellen, legt Luther dem Papst folgende Worte in den Mund: „Wenn du gleich an Christum gläubst und alles an ihm hast, was zur Seligkeit not ist, so ist's doch nichts und alles umbsonst, wo du mich nicht fur deinen Gott hältest, mir untertan und gehorsam bist.'" (BSLK 428,17 – 20)

Gegen solche Selbstvergottung eines Papsttums, das Christi Stelle usurpiert, statt sich ihm dienstbar unterzuordnen, ist Luthers theologische Kritik im entscheidenden gerichtet. Die kritisierte Selbstvergottung ist es schließlich auch, die Luther unter Berufung auf die „Schlüsselstelle"[210] 2. Thess 2,4 sagen läßt, daß der Papst „der rechte Endechrist oder Widerchrist sei, der sich uber und wider Christum gesetzt und erhohet, weil er will die Christen nicht lassen selig sein ohn seine Gewalt, welche doch nichts ist, von Gott nicht geordent noch geboten" (BSLK 430,14–18). Die Herrschaft des Papstes sei damit schlimmer als diejenige von Türken und Tataren. Denn so große Feinde der Christen diese auch sind, so verlangen sie doch nur leiblichen Zins und Gehorsam und geben den Glauben frei, wohingegen der Papst nicht glauben lassen will, „sondern spricht, man solle ihm gehorsam sein, so werde man selig. Das" – so Luther – „wollen wir nicht tun oder druber sterben in Gottes Namen." (BSLK 431,5–7)

Zur näheren Begründung dieser Haltung greift Luther noch einmal auf seinen einleitenden Grundsatz zurück, daß nämlich alle Einzelkritik am Papst darauf zurückzuführen sei, „daß er jure divino der Oberst hat sollen heißen uber die christliche Kirche.

---

[210] Vgl. H. Meyer, Das Papstamt in lutherischer Sicht, in: H. Stirnimann/ L. Vischer, a. a. O., 73–90, hier: 82. Vgl. ders., Das Problem des Petrusamtes in evangelischer Sicht, in: K. Lehmann (Hg.), Das Petrusamt. Geschichtliche Stationen seines Verständnisses und gegenwärtige Positionen, München/Zürich 1982, 110–128; ders., Das Papsttum bei Luther und in den lutherischen Bekenntnisschriften, in: W. Pannenberg (Hg.), Lehrverurteilungen – kirchentrennend? III. Materialien zur Lehre von den Sakramenten und vom kirchlichen Amt, Freiburg/Göttingen 1990, 306–328.

Darumb hat er sich mussen Christo gleich und uber Christum setzen, sich das Häupt, hernach einen Herren der Kirchen, zuletzt
auch der ganzen Welt und schlecht einen irdischen Gott ruhmen
lassen, bis er auch den Engeln im Himmelreich zu gebieten sich
unterstund." (BSLK 431,8–13) Ferner wird festgestellt, daß die Lehre des Papstes nicht auf der Hl. Schrift gründet und am ehesten,
wie die päpstlichen Dekretalien bezeugen, mit dem römischen
Recht und dem weltlichen Prozeß- und Gerichtswesen in Verbindung zu bringen ist. Neben weltlichen Händeln und Geschichten
aber lehre das „papae dogma" (BSLK 431,31) „Zeremonien von Kirchen, Kleidern, Speisen, Personen und des Kinderspiels, Larven-
und Narrenwerks ohn Maße, aber in diesem allen garnichts von
Christo, Glauben und Gotts Gepoten" (BSLK 432,1–4). Luther
kommt unter Verweis auf seine einschlägigen Bücher zu dem
Schluß, daß die päpstliche Lehre (mitsamt den Lügen über Messen, Fegfeuer und Klosterwesen) des Teufels, das Papsttum „uber
und wider Gott" (BSLK 432,7) und für die Christenheit eine tödli-
che, leib- und seeleverderbende Plage, der Papst aber als der
rechte Antichrist und Apostel des Teufels so wenig als Haupt und
Herr der Kirche zu ertragen sei wie der Teufel als Herr oder Gott
Anbetung verdiene.

Damit scheint dem Papsttum generell und prinzipiell der Abschied gegeben und jeder Möglichkeit einer bedingungsweisen
reformatorischen Anerkennung des päpstlichen Amtes die theologische Basis entzogen zu sein. Zutreffend an dieser Annahme ist,
daß Luther ein göttliche Rechtsstellung beanspruchendes Papsttum ebenso grundsätzlich wie kompromißlos ablehnt; daß der
Papst „jure divino der Oberst hat sollen heißen uber die christliche Kirche" (BSLK 431,8 f.), wird ausdrücklich als ekklesiologischer
Grundschaden namhaft gemacht, der unter reformatorischen Bedingungen unbedingt abzuwehren sei, da durch ihn Heilswerk
und Herrschaft Christi unterminiert würden. Ist mit dieser Kritik
jeder denkbaren Form päpstlichen Amtes eine theologische Absage erteilt? Einige Passagen in ASm II,4 erwecken diesen Eindruck.
Es hat den Anschein, als bekämpfe Luther nicht nur ein den Unterschied seiner selbst zu Christus einziehendes und damit zur
Selbstvergottung tendierendes Papsttum, sondern wende sich
darüber hinaus auch gegen eine solche Gestalt päpstlichen Amtes,
das eine episkopale Vorrangstellung in der Christenheit lediglich
iure humano beansprucht. In diese Richtung weist bereits die
Bemerkung, „daß die heilige Kirche ohn Bapst gewest zum we-

nigsten uber funfhundert Jahren und bis auf diesen Tag die griechisch und viel anderer Sprachen Kirchen noch nie unter dem Bapst gewest und noch nicht sind" (BSLK 428,20–23). Luther nimmt diese historische Tatsache als Beleg, daß die Christenheit auch ohne Papsttum existieren könne, das Papstamt ekklesiologisch mithin nicht unentbehrlich sei. Indes begnügt er sich nicht mit der Feststellung, daß „die heilige, christliche Kirche ohn solch Häupt wohl bleiben kann" (BSLK 429,2 f.), er fügt vielmehr ausdrücklich hinzu, daß sie, die Kirche, „wohl besser blieben wäre, wo solch Häupt durch den Teufel nicht aufgeworfen wäre" (BSLK 429,3 f.). Daraus wird die Schlußfolgerung gezogen: „und ist auch das Bapsttum kein Nutz in der Kirchen; denn es ubet kein christlich Ampt, und muß also die Kirche bleiben und bestehen ohn den Bapst." (BSLK 429,4–7)

Zur näheren Ausführung konstruiert Luther den nach seiner historischen Meinung rein fiktiven, weil mit dem realexistenten Papsttum und seinem Selbstverständnis völlig unvereinbaren Fall, der Bischof von Rom verzichte auf den die faktischen Machtverhältnisse der Kirche begründenden Anspruch, daß er „jure divino oder aus Gottes Gebot der Oberst wäre" (BSLK 429,9), und lasse sich als ein von Menschen zu wählendes und gegebenenfalls abzusetzendes Haupt begreifen, dessen Amt in der Funktion bestehe, „die Einigkeit der Christenheit wider die Rotten und Ketzerei deste baß" (BSLK 429,10 f.), wie es heißt, also: um so besser zu erhalten. Selbst für diesen Fall wäre nach Luthers Urteil „der Christenheit nichts geholfen, und wurden viel mehr Rotten werden denn zuvor; denn weil man solchem Häupt nicht mußte untertan sein aus Gottes Befehl, sondern aus menschlichem guten Willen, wurde es gar leichtlich und bald veracht, zuletzt kein Gelied behalten, mußte auch nicht immerdar zu Rom oder anderm Ort sein, sondern wo und in welcher Kirchen Gott einen solchen Mann hätte gegeben, der tuchtig dazu wäre. O das wollt' ein weitläuftig, wust Wesen werden." (BSLK 429,21–430,4) Welchen theologischen Status hat diese theologische Aussage? Handelt es sich dabei um ein mit der Absage an den göttlichen Rechtsanspruch des Papsttums vergleichbares Prinzipienurteil oder um ein gewissermaßen historisches Erfahrungsurteil, das gegen mögliche Fortentwicklung und Revision nicht definitiv verschlossen ist?

Hält man sich an den Gesamtduktus von Luthers Argumentation, so kann entgegen naheliegenden Vermutungen nur letzteres zu treffen. In ihrer uneingeschränkten Generalität ist seine Absage an das Papsttum, wie die Schmalkaldischen Artikel sie formulieren, kein reines Prinzipienurteil, sondern, was die Ablehnung eines iure humano begründeten päpstlichen Amtes betrifft, auch ein aufgrund gegebener (und in Konsequenz solcher Gegebenheit antizipierter) Erfahrungen getroffenes Urteil. Es enthält zwar prinzipielle Implikate, sofern das Papsttum als ein unter keinen Umständen iure divino zu bestimmendes Institut der menschlichen Erfahrungswelt nicht transhistorisch vorgegeben ist, sondern konsequent an der historischen Erfahrungswelt des Menschen sich auszuweisen hat und sonach gegen eine empirische Falsifikation nicht grundsätzlich immun sein darf. Nichtsdestoweniger schließt Luthers kritische Beurteilung eines iure humano konstituierten Papstinstituts die Möglichkeit andersartiger und nachgerade auch neuer Erfahrungen mit diesem Institut nicht grundsätzlich und damit für jede denkbare Zukunft aus. Gegen ein Papsttum, das der Einigkeit der Christenheit gegen Abspaltung und Ketzerei nach menschlichem Ermessen und d. h. in einer menschlicher Prüfung nicht entzogenen Weise faktisch und historisch erfolgreich dient, hätte auch Luther nichts einzuwenden gehabt und nichts einzuwenden. Von daher ist es richtig zu sagen: „Einen grundsätzlichen Widerspruch gegen das Papsttum als universalkirchliches Leitungsamt hat die Reformation nicht erhoben."[211]

Diese Feststellung, die um der inneren Stimmigkeit von Luthers Argumentation willen zwingend ist, ändert freilich nichts daran, daß der Verfasser der Schmalkaldischen Artikel vom Papsttum seiner Zeit aktuell und für die von ihm überschaubare Zukunft schlechterdings nichts mehr erwartete. Er plädiert infolgedessen aus ekklesiologisch-praktischen Gründen für die konsequente Aufgabe des monarchischen Prinzips der Kirchenleitung im Sinne der Oberhoheit einer einzelnen irdischen Person in der Kirche und erklärt deren kollegiale Führung durch die Bischöfe unter

---

[211] W. Pannenberg, Das Papsttum und die Zukunft der Ökumene. Anmerkungen aus lutherischer Sicht, in: V. v. Aristi u. a., a. a. O., 139–149, hier: 141. Pannenberg hält es daher für möglich, daß evangelische Kirchen der „Anerkennung des Bischofs von Rom als des ersten an Ehre und des Vorsitzers in der Liebe in der Christenheit" zustimmen können (147). Vgl. ders., Evangelische Überlegungen zum Petrusdienst des römischen Bischofs, in: P. Hünermann (Hg.), Papstamt und Ökumene. Zum Petrusdienst an der Einheit aller Getauften, Regensburg 1997, 43–60.

dem einen Haupt Christus für das faktisch Beste. Dabei wird eigens betont, daß die Bischöfe wohl ihren Begabungen nach verschieden, ihrem Amt nach aber alle gleichgestellt seien; worauf es ankomme, sei ihr paritätischer Zusammenhalt „in einträchtiger Lehre, Glauben ..., Sakramenten, Gebeten und Werken der Liebe etc." (BSLK 430,8–10). Am Beispiel der von Hieronymus geschilderten Verhältnisse in Alexandria wird dies geschichtlich exemplifiziert (vgl. BSLK 430, Anm. 5).

Im Sinne dieses Plädoyers kann man den Reformator mit guten Gründen einen antipapalistischen Konziliaristen nennen und das um so mehr, als auch anderweitige Äußerungen Luther als einen Befürworter konziliaristischer Ideen ausweisen, der seine Annahme, die kirchliche Versammlung der Bischöfe sei in Glaubensfragen dem Papst an Entscheidungsvollmacht überlegen[212], gelegentlich mit Hinweisen auf das Konstanzer Superioritätsdekret verbinden konnte. Doch charakterisieren die Bezüge auf Konstanzer und Baseler Konzilsentscheidungen Luther nicht eigentlich als einen prinzipiellen Konziliaristen, sofern nach ihm auch Konzilien irren können und mithin ebensowenig wie der Papst ein Monopol auf die authentische Auslegung des göttlichen Wortes haben, dessen Autorität sie vielmehr beständig und in einer der Prüfung zugänglichen Weise unterstehen. Die Superiorität des Konzils über den Papst, die Luther namentlich im Zusammenhang seiner Konzilsappellationen als gegeben voraussetzt, bleibt somit theologisch gesehen eine relative und – wie der zu Zeiten und unter bestimmten Bedingungen zugestandene Ehrenvorrang des Bischofs von Rom unter den Bischöfen – eine Angelegenheit menschlichen Rechts. Von daher darf der Unterschied zwischen konziliarer und monarchischer bzw. noch einmal anders geprägter transregional-ökumenischer Kirchenleitungsform im Sinne Luthers gerade nicht zu einem Prinzipiengegensatz zwischen Konziliarismus und Papalismus usw. stilisiert werden. Es hat vielmehr unter reformatorischen Bedingungen als Kennzeichen theologischer Güte einer Ekklesiologie zu gelten, wenn sie dazu dient, dem nötigen Be-

---

[212] Zur Genese des zur Charakteristik von Luthers Position häufig verwendeten Begriffs eines synodalen Episkopalismus vgl. B. Lohse, Die Stellung zum Bischofsamt in der Confessio Augustana, in: K. Lehmann/ E. Schlink (Hg.), Evangelium – Sakramente – Amt und die Einheit der Kirche, Freiburg/Göttingen 1982, 80–102, hier: 87.

mühen um die rechte Verfassung der Kirche keine heilsentscheidende Bedeutung beizumessen, sondern diesem Bemühen unbeschadet seiner Unentbehrlichkeit den Charakter eines Werkes zu geben, das endliche Handlungsziele verfolgt und demnach historisch entwicklungs- und revisionsfähig ist.

Ohne sich dem Verdacht unstatthafter Harmonisierung auszusetzen, kann aus dem bisher Gesagten gefolgert werden, daß der bekannte Zusatz, mit dem Melanchthon seine Unterschrift unter die Schmalkaldischen Artikel bezüglich der Papstfrage versah (BSLK 463,10−464,4: „... vom Bapst aber halt ich, so er das Evangelium wollte zulassen, daß ihm umb Friedens und gemeiner Einigkeit willen derjenigen Christen, so auch unter ihm sind und kunftig sein möchten, sein Superiorität uber die Bischofe, die er hat jure humano, auch von uns zuzulassen [und zu geben] sei"), den Rahmen reformatorischer Ekklesiologie nicht nur nicht sprengt, sondern auf seine Weise bekräftigt. Zeichnet sich doch reformatorische Ekklesiologie auch und gerade im Sinne Luthers speziell dadurch aus, daß sie historische Urteilsdifferenzen kirchenverfassungstheoretischer und -praktischer Art nicht unterdrückt, sondern freisetzt und diskutabel gestaltet. Möglich ist dies freilich nur unter der Voraussetzung, daß der ekklesiologische Grundsatz unaufhebbarer Unterschiedenheit und Unterscheidbarkeit des einen Herrn der Kirche von jedem nur denkbaren menschlichen Kirchenleitungsorgan prinzipiell festgehalten wird. Das aber ist in dem erwähnten Zusatz Melanchthons eindeutig der Fall, weshalb sein Sondervotum nicht als Beleg einer Grundsatzdifferenz, sondern einer Differenz der historischen Urteilsbildung zu qualifizieren ist.

Bestätigt wird diese Annahme durch die ausführlichen Darlegungen im „Tractatus de potestate et primatu papae", dessen erster Teil der im Titel apostrophierten Papstfrage gewidmet ist, während ein zweiter Teil von der Gewalt und Gerichtsbarkeit der Bischöfe handelt. Im Gegensatz zu den üblichen rhetorischen Gepflogenheiten kommt Melanchthon ohne alle Umschweife zur Sache. Sogleich und mit Nachdruck wendet er sich gegen die Anmaßung des römischen Bischofs, kraft göttlichen Rechts sowohl − erstens − über allen Bischöfen und Pfarrern (supra omnes episcopos et pastores) zu stehen, als auch − zweitens − beide Schwerter (utrumque gladium) innezuhaben. Abgewiesen wird ferner die Behauptung des die irdische Stellvertreterschaft Christi (vicarius Christi in terris) beanspruchenden Papstes, die geltend gemachten Punkte seien heilsnotwendig (de necessitate salutis) zu glauben. „Hos tres articulos sentimus et profitemur falsos, impios, tyrannicos et perniciosos ecclesiae esse." (Tract 4; BSLK 471,13−15) Die Gründe für dieses Verdikt (vgl. Brunstäd, 210 ff.) werden zunächst im Blick auf den ersten Anspruch des Papstes entfaltet (vgl. Tract 5−30; BSLK 471,16−480,27), nämlich als Universalbischof (episcopus universalis) oder sog. ökumenischer Bischof (episcopus oecumenicus) dergestalt hervorzuragen, daß von ihm alle Bischöfe und Pfarrer auf der ganzen Welt die Ordination und Bestätigung (ordinatio et confirmatio) erbitten müssen, während er das Recht hat, alle Bischöfe zu wählen, zu ordinieren, zu bestätigen und abzusetzen (jus eligendi, ordinandi, confirmandi, deponendi); kritisiert wird in diesem Zusammenhang auch der Anspruch des Papstes, Gesetze über den Gottesdienst, die Änderung der Sakramente und über die Lehre (leges de cultibus, de mutatione sacramentorum, de doctrina) in göttlicher Autoritätsvollmacht (quia tribuit sibi potestatem jure divino) erlassen zu können, so daß seine Artikel, Dekrete und Gesetze für heilsnotwendige Glaubensartikel und für gewissensverpflichtende Gottesgebote (Tract 6; BSLK 472,14 f.: „imo etiam vult anteferri mandatis Dei.") zu halten seien. Elf Unterpunkte umfaßt der einschlägige Argumentationsgang Melanchthons, wobei zunächst aus dem Evangelium (ex evangelio) gezeigt wird (Tract 7−11; BSLK 472,30−474,33), „quod Romanus episcopus non sit jure divino supra alios episcopos aut pastores" (Tract 7; BSLK 472,30 ff.), und sodann historische Belege gegen den päpstlichen Primat vorgebracht werden (vgl. Tract 12−21; BSLK 474,39 ff.).[213]

---

[213]   Im einzelnen gilt folgendes: 1. Aus Lk 22,24−27 geht nach Melanchthon klar hervor, daß Christus eine Vorherrschaft unter den Aposteln (dominatio inter apostolos) verbiete. Ausdrücklich werde gelehrt, daß unter den Aposteln weder Herrschaft noch Vorrang (superioritas) sein solle, sondern daß sie als Gleiche zum gemeinsamen Dienst am Evangelium (tanquam pares ad commune ministerium evangelii) zu entsenden seien. Dieselbe Lehre findet sich auch Mt 18,1−4. 2. Ferner bestätige Joh 20,21, daß Christus die Apostel in gleicher Weise und ohne Unterschied (Tract 9; BSLK 473,24 f.: „pariter ... sine discrimine") ausgesandt habe. 3. In Gal 2,2.6 hinwiederum bekräftige Paulus deutlich, daß er von Petrus weder ordiniert, noch in seinem Dienst bestätigt worden sei; auch lehne er die Notwendigkeit einer solchen Bestätigung dezidiert ab, da seine Berufung (vocatio) nicht von der Autorität des Petrus abhängig sei. Es ist

daher nach Melanchthon paulinische Lehre, daß die Vollmacht des Amtes (auctoritas ministerii) vom Wort Gottes abhänge und Petrus keinen Vorrang unter den Aposteln habe, noch dessen Ordination oder Bestätigung verlangt werden müsse. 4. Entsprechend stelle Paulus nach 1. Kor 3,4–8.22 (vgl. auch 1. Kor 12,5) alle Diener der Kirche gleich (exaequat ministros) und lehre, daß die Kirche über ihren Dienern stehe. Ein Vorrang oder eine Oberhoheit Petri über die Kirche oder die übrigen Diener der Kirche sei damit ausgeschlossen; weder gelte irgendjemandes Autorität mehr als das Wort, noch dürfe die Autorität des Petrus der anderen Apostel gegenübergestellt werden. Es gebe nach Paulus keinen „superior apostolus" (Tract 11; BSLK 474,28; vgl. auch den Verweis auf 1. Petr. 5,3). 5. Unterstützt wird das Schriftzeugnis nach Melanchthon durch eine Reihe von kirchenhistorischen Belegen. So spreche die Anordnung des Konzils von Nizäa (325; can. 6; vgl. BSLK 474, Anm. 3), wonach der Bischof von Alexandria die Kirchen im Osten, der Bischof von Rom diejenigen des Westens verwalte, eindeutig gegen die Annahme einer Oberhoheit des römischen Bischofs kraft göttlichen Rechts, weil in diesem Fall das Konzil nicht befugt gewesen wäre, ihm irgendein Recht zu entziehen und es dem Bischof von Alexandria zu übertragen. 6. Daß die Kirchen der damaligen Zeit dem römischen Bischof eine Oberhoheit nicht zugestanden hätten, gehe auch aus der Tatsache hervor, daß im Großteil der Welt weder die Ordination der Bischöfe noch deren Bestätigung vom römischen Bischof erbeten worden sei. Vielmehr habe das Konzil von Nizäa verordnet, „ut episcopi eligerentur a suis ecclesiis praesente aliquo vicino episcopo aut pluribus" (Tract 13; BSLK 475,14 f.; vgl. BSLK 475, Anm. 1). Daß dieselbe Ordnung auch im Westen und in den lateinischen Kirchen bewahrt worden sei, sei durch Cyprian (vgl. BSLK 475, Anm. 2) und Augustin (vgl. BSLK 475, Anm. 3) bezeugt. 7. Im übrigen sei die vom Papst beanspruchte Oberhoheit schlicht unmöglich, da ein einziger Bischof nicht Aufseher (inspector) der über den ganzen Erdkreis verstreuten Kirchen zu sein vermöge und Kirchen in abgelegenen Gebieten (ecclesiae in ultimis terris sitae) Ordination und Amtsbestätigung nicht „ab uno" einholen könnten. „Itaque superioritas illa cum sit impossibilis et (non) nunquam in usu fuerit nec agnoverint eam ecclesiae in maxima parte orbis, satis apparet non institutam esse." (Tract 16; BSLK 476,18–22) 8. Ein weiterer Beweis gegen den Primat des römischen Bischofs ist nach Melanchthon mit der Tatsache gegeben, daß viele alte Konzilien ausgeschrieben und gehalten wurden, in denen der römische Bischof nicht den Vorsitz geführt hat. Sodann wird 9. Hieronymus als Zeuge gegen den päpstlichen Primatsanspruch zitiert und 10. Gregor der Große erwähnt, der dem Patriarchen von Alexandria verboten habe, ihn Universalbischof zu nennen, und an anderer Stelle gesagt habe, daß der im Konzil von Chalcedon dem römischen Bischof angebotene Primat von diesem nicht angenommen worden sei (vgl. BSLK 477, Anm. 1 u. 2). Schließlich wird 11. gefragt, wie der Papst kraft göttlichen Rechts über der ganzen Kirche sein könne, da doch die Kirche das Wahlrecht habe und die kaiserliche Bestätigung der römischen Bischöfe

Nach Entfaltung der Aspekte, die dem päpstlichen Anspruch apostolischer Superiorität entgegenstehen, setzt sich Melanchthon mit einigen Schriftstellen auseinander, die diesen Anspruch zu unterstützen scheinen, wie Mt 16,18 f. und Joh 21,17. Unter Verweis auf ausführliche reformatorische Stellungnahmen zu dieser Frage (vgl. BSLK 478, Anm. 3) macht er in gebotener Kürze deutlich, daß in allen diesen Sprüchen Petrus die Funktion eines die Gesamtheit der Apostel integrierenden Kollektivsubjekts einnehme (Tract 23: „In omnibus illis dictis Petrus sustinet personam communem totius coetus apostolorum ...“; BSLK 478,8 ff. mit Verweis auf Mt 16,15). Ein persönliches Vorrecht sei daher nicht aus ihnen ableitbar. Analog beziehe sich das Amt der Schlüssel grundsätzlich und unmittelbar auf die Kirche insgesamt (vgl. Mt 18,20) und nicht auf einen einzelnen; der Gesamtkirche komme daher auch das Berufungsrecht (ius vocationis) zu. Was näherhin Mt 16,18 betreffe, so meint die Wendung „super hanc Petram“ nach Melanchthon nicht die Autorität eines Menschen, sondern das Amt des Bekenntnisses, das „ministerium professionis illius, quam Petrus fecerat, in qua praedicat Jesum esse Christum, filium Dei“ (Tract 25; BSLK 479,16–19). Bemerkenswert ist in diesem Zusammenhang der Hinweis, daß der Verkündigungsdienst des Neuen Testaments nicht wie der Dienst der Leviten an Orte und Personen gebunden, sondern über den ganzen Erdkreis verbreitet und überall dort sei, wo Gott seine Gaben gebe: Apostel, Propheten, Hirten und Lehrer. „Nec valet illud ministerium propter ullius personae autoritatem, sed propter verbum a Christo traditum.“ (Tract 26; BSLK 479,27–30) Bestätigt findet Melanchthon diese Auslegung von Mt 16,18 bei Origenes, Ambrosius, Cyprian, Beda Venerabilis sowie auch bei Chrysostomus (vgl. BSLK 480, Anm. 1) und Hilarius (vgl. BSLK 480, Anm. 2), die beide ausführlich zitiert werden.

Kann sonach von einer nur Petrus eigenen Oberhoheit nicht die Rede sein, weil Christus die pastorale Aufgabe, das Wort zu vermitteln und die Kirche durch das Wort zu leiten (Tract 30: „docere verbum seu ecclesiam verbo regere“), allen Aposteln gemeinsam

---

allmählich Sitte geworden sei. Ferner wird an das Primatsdekret von Kaiser Phokas (vgl. BSLK 477, Anm. 4) anläßlich des Streits zwischen dem Bischof von Rom und dem von Konstantinopel erinnert, welches – wie der gesamte Streit – nicht nötig gewesen wäre, wenn die Alte Kirche den Primat des römischen Bischofs ohne weiteres anerkannt hätte.

zugeteilt hat, so darf der erste der erwähnten päpstlichen Vollmachtsansprüche, nämlich über allen Bischöfen zu stehen, als
widerlegt gelten. Noch leichter zu durchschauen und zu überwinden ist nach Melanchthon der zweite, nämlich der Anspruch auf
beide Gewalten (vgl. Tract 31–37; BSLK 480,30–483,13). Denn unzweifelhaft sei, daß Christus den Aposteln nur die „potestas spiritualis" („hoc est mandatum docendi evangelii, annuntiandi remissionem peccatorum, administrandi sacramenta, excommunicandi
impios sine vi corporali"), nicht aber die „ potestas gladij" oder
das „ius constituendi, occupandi aut conferendi regna mundi" gegeben habe (Tract 31; BSLK 480,30ff.). Biblisch belegt wird dies
neben Mt 28,19f., Joh 20,21, Joh 18,36, 2. Kor 1,24 und 10,4 am Beispiel des zum Spott mit Dornen gekrönten und mit Purpur be-
kleideten Christus (vgl. Tract 32; BSLK 481,13ff.). Die Behauptung,
daß der Papst Herr der weltlichen Reiche kraft göttlichen Rechts
sei, wie sie in der Bulle „Unam sanctam" (vgl. DH 873; BSLK 481,
Anm. 6) und im Decretum Gratiani (PI D. 22 c.i; vgl. BSLK 481,
Anm. 7) aufgestellt worden sei, habe deshalb als falsch und gottlos zu gelten. Ihre schlimmen historischen Folgen (Tract 37; BSLK
483,13: „magnas pestes ecclesiae") werden von Melanchthon Tract
34ff. eindringlich geschildert mit dem Ergebnis: „Nec tantum in
hac re factum ipsum reprehendendum est, quantum illud dete-
standum, quod praetexit (sc. papa) autoritatem Christi, quod claves ad regnum mundanum transfert, quod salutem alligat ad has
impias et nefarias opiniones, cum ait de necessitate salutis esse, ut
credant homines jure divino papae hanc dominationem compete-
re." (Tract 36; BSLK 483,2–10)

Zum dritten geltend gemachten Gesichtspunkt, daß nämlich die
erwähnten päpstlichen Vollmachtsansprüche als heilsnotwendig
zu glauben seien, gibt Melanchthon zu bedenken, daß man Päpsten, welche gottlose Gottesdienste, Götzendienst und eine evan-
geliumswidrige Lehre verfechten, selbst unter der Voraussetzung
keinen Gehorsam schulde, der römische Bischof habe Primat und
Oberhoheit tatsächlich kraft göttlichen Rechts inne: „Imo tales
pontifices et tale regnum haberi debent tanquam anathema."
(Tract 38; BSLK 483,39–41 mit Verweis auf Gal 1,8) Daß man einem
häretischen Papst nicht gehorchen dürfe, belege nicht nur die
Schrift, es gehe dies auch aus den kirchlichen Bestimmungen (vgl.
BSLK 483, Anm. 5) klar hervor. Nun sei aber bekannt, daß die römischen Päpste mit ihrem Anhang eine gottlose Lehre und gottlose Gottesdienste verfechten; deshalb sei ihnen der Gehorsam

konsequent zu entziehen. Um die gewissermaßen eschatologische Dringlichkeit dieser Forderung einzuschärfen, hat sich – wie Luther – auch Melanchthon nicht gescheut, das Reich des Papstes und seiner Glieder mit dem Antichristen zu vergleichen. Die Kennzeichen, mit denen Paulus 2. Thess 2,3 f. den Antichristen beschreibt, findet der Praeceptor Germaniae im Papsttum seiner Zeit wieder: Der Papst regiere die Kirche unter dem Schein kirchlicher Amtsvollmacht, die er durch unstatthafte Berufung auf Mt 16,19 beanspruche; seine Lehre widerspreche vielfach dem Evangelium; ferner maßt er sich auf dreifache Weise göttliche Autorität an, indem er sich erstens das Recht herausnehme, die Lehre Christi und die von Gott gestifteten Gottesdienste zu ändern, um für seine Gottesdienste gleichsam göttliche Verehrung zu verlangen, indem er zweitens die Binde- und Lösevollmacht nicht nur für dieses Leben, sondern auch für das jenseitige Leben der Seelen für sich reklamiere und indem er drittens weder von der Kirche noch von irgendjemand beurteilt werden wolle, vielmehr seine Autorität dem Urteil der Konzilien und der ganzen Kirche vorziehe (vgl. Tract 40; BSLK 484,37−39: „Hoc autem est se Deum facere nolle ab ecclesia aut ab ullo judicari.“).[214]

---

[214] Weil er solche antichristlichen Kennzeichen im Papsttum seiner Zeit gegeben und mit großer Grausamkeit verteidigt sieht, müssen sich nach Melanchthons Urteil alle Christen davor hüten, durch Teilhabe an den vorhandenen Mißständen mitschuldig zu werden. „Ideo papam cum suis membris tanquam regnum Antichristi deserere et exsecrari debent.“ (Tract 41; BSLK 485,27−29 unter Verweis auf Mt 7,15, Tit 3,10 und 2. Kor 6,14) Zwar sei es schwer, sich aus der Gemeinschaft mit einer solch großen Anzahl von Menschen zu lösen und daraufhin Schismatiker genannt zu werden; doch handle es sich dabei um den Gehorsam gegenüber einem göttlichen Befehl, der die Gewissen hinreichend entschuldige und Trost biete „adversus omnia convicia, quae de scandalis, de schismate, de discordia objici solent“ (Tract 58; BSLK 489,12 f.). Im folgenden werden sodann offenkundige und von der Schrift für antichristlich erklärte Irrtümer des Papsttums der Reihe nach aufgelistet, nämlich die Entweihung der Messen und deren Folgelaster (vgl. Tract 43; BSLK 485,47 ff.), die entstellte Buß- und Beichtlehre (vgl. Tract 44 f.; BSLK 486,3 ff.), der Ablaßhandel (vgl. Tract 46; BSLK 486,30 f.), die Mißbräuche der Heiligenanrufung (vgl. Tract 47; BSLK 486,32 f.), die Schändlichkeiten in Zusammenhang von Zölibatsvorschriften und Mönchsgelübden samt der Fehleinschätzung von Menschensatzungen (vgl. Tract 48; BSLK 486,34 ff.). Eigens hervorgehoben werden noch zwei besonders schwerwiegende Sünden (ingentia peccata), die in der doppelten Tyrannei des Papstes bestehen, nämlich seine Irrtümer mit mörderischer Gewalt zu verteidigen und kei-

Soweit die das Papsttum betreffende Argumentation Melanchthons im Traktat. In der Literatur zum Thema wird in der Regel vor allem die für den Praeceptor Germaniae ungewöhnliche Schärfe der Tonlage hervorgehoben. Daß es sich dabei nicht lediglich um eine Stilfrage handelt, daß vielmehr dem verschärften Ton auch sachliche Zuspitzungen korrespondieren, wird man nicht leugnen können. In der Tat ist die Situation in der Zeit vom Augsburger Reichstag bis zum Jahr 1537 eine in vieler Hinsicht andere geworden. Dieser Wandel ging auch an dem „Leisetreter" Melanchthon nicht spurlos vorüber. Gleichwohl wird man sagen müssen, daß er Ansätze eines die Altgläubigen berücksichtigenden Ausgleichs in der Papstfrage auch jetzt noch nicht aufgegeben hat. Denn innerhalb des im Traktat vor allem in kritischer Hinsicht abgesteckten theologischen Rahmens ist der Sache nach grundsätzlich durchaus noch Platz für das, was Melanchthon in seinem Sondervotum im Anschluß an die Schmalkaldischen Artikel gesagt hat. Um es zu wiederholen: „... vom Bapst aber halt ich, so er das Evangelium wollte zulassen, daß ihm umb Friedens und gemeiner Einigkeit willen derjenigen Christen, so auch unter ihm sind und kunftig sein möchten, sein Superiorität uber die Bischofe, die er hat jure humano, auch von uns zuzulassen ... sei" (BSLK 463,10−464,4). Dieses Votum widerspricht nicht nur keiner

nen Richter über sich zu dulden, wie er denn auch keine ordnungsgemäße Beurteilung kirchlicher Kontroversen zulasse, vielmehr behaupte, über dem Konzil zu stehen und die Dekrete der Konzilien aufheben zu können (vgl. Tract 49−51; BSLK 486,48−487,19 unter Verweis auf Decretum Gratiani P. II C. 9 q. 3 c 13).

Unter solchen Umständen müssen nach Melanchthon alle Frommen und namentlich die Könige und Fürsten als die vornehmsten Glieder (praecipua membra) der Kirche zur Ehre Gottes Sorge für deren Rettung und das Heil der Gewissen tragen (BSLK 487,34−488,15 mit Verweis auf Ps 2,20). Besondere Bedeutung komme dieser Aufgabe im Falle eines päpstlich abgehaltenen Konzils zu, sofern ein solches Konzil in Gefahr stehe, zu einem bloßen Funktionsorgan des Papstes zu verkommen. „Cum autem judicia synodorum sint judicia ecclesiae, non pontificum, praecipue regibus convenit coercere pontificum licentiam et efficere, ne ecclesiae eripiatur facultas judicandi et decernendi ex verbo Dei." (Tract 56; BSLK 488,28−33) Selbst wenn der römische Bischof den Primat kraft göttlichen Rechts innehätte, müßte ihm dennoch im Sinne Melanchthons wegen seiner gottlosen Gottesdienste und evangeliumswidrigen Lehre kein Gehorsam geleistet werden. „Imo necesse est ei tanquam Antichristo adversari." (Tract 57; BSLK 489,1 f.)

der im Traktat im Hinblick auf das Papsttum vorgenommenen theologischen Abgrenzungen, es stimmt auch mit Luthers Auffassung vorbehaltlos in dem Grundsatz überein, „daß der Papst seine Stellung nur kraft menschlichen Rechtes habe. Er (sc. Melanchthon) möchte aber weiterhin den Weg zu einer gemeinsamen Lösung offenhalten, die Luther nicht ganz verbaut hatte, deren Realisierung er aber sehr viel stärker als Melanchthon bezweifelte." (Müller, 409 f.) Indes beruht dieser Zweifel ebenso wie Melanchthons positive Einschätzung auf einem Urteil, das historisch-relativer Art ist und gerade wegen der grundsätzlichen Annahme, daß es sich bei der Papstfrage um eine iure humano, also nach Maßgabe menschlicher Prüfungs- und Einsichtsmöglichkeiten zu stellende und zu beantwortende Frage handelt, stets und prinzipiell von lediglich historisch-relativer Art sein kann. Nachgerade auf diesem Zusammenhang basiert die für das Luthertum charakteristische Flexibilität in der Problematik regionaler und transregionaler Kirchenleitungsämter, die vom Amt örtlicher Gottesdienstleitung relativ unterschieden sind.

Die Historisierung der Frage überörtlicher Kirchenleitung, deren theologischer Gewinn nur dann festgehalten wird, wenn man sich nicht auf Alternativen fixiert und etwa durch die abstrakte Negation jeder nur denkbaren Form eines Papstamtes bestimmen läßt, kennzeichnet in lutherischer Bekenntnistradition auch und zwar in paradigmatischer Weise die bereits mehrfach angesprochene theologische Zuordnung von Pfarramt und Bischofsamt, deren Problematik in der Papstfrage gewissermaßen nur auf die Spitze getrieben wird oder besser gesagt: im Verhältnis zu der die Papstfrage lediglich einen, allerdings spezifischen Anwendungsfall darstellt. Auszugehen ist davon, daß nach Auffassung der Wittenberger Theologen der in seiner faktischen Gegebenheit unbestrittene Unterschied zwischen Bischof und Pfarrer „nicht ursprünglich, sondern erst allmählich entstanden" (Fagerberg, 247) ist. Wie das Neue Testament mit den Begriffen episkopos und presbyteros ein und dieselbe Person bezeichnen kann, so gilt prinzipiell: „Das Amt ist eins."[215]

---

[215] H. Fagerberg, Art. Amt/Ämter/Amtsverständnis VI: Reformationszeit, in: TRE 2, 552–574, hier: 565. Im Unterschied zum Lutherthum, das herkömmlicherweise von der Einheit des ordinationsgebundenen Amtes der Kirche her argumentiert, wurde in der reformierten Tradition häufig die

Vielzahl oder genauer gesagt: die Vierzahl der Ämter hervorgehoben in
Gestalt des Amtes der Prediger, der Ältesten, der Diakone und der Dok-
toren. Zwar besteht binnenreformatorische Einigkeit dahingehend, daß
geistliche Rangunterschiede bzw. Differenzen des Gnadenstandes zwischen Amtsträgern und Nichtordinierten zu bestreiten sind, da alle Glieder der Gemeinde sich Jesus Christus gegenüber „auf einer Ebene"
(W. Niesel, Amt und Gemeinde. Ein Wort zur konfessionellen Verständigung, in: Theologia viatorum. Theologische Aufsätze von M. Albertz
u. a., München 1939, 134–149, hier: 136.) befinden. Auch steht unter reformatorischen Bedingungen fest, daß eine „Wiederholung" der unio personalis menschlicher und göttlicher Natur „in dem von Gott eingesetzten
Amte nicht (statthat)" (a. a. O., 138), was zu behaupten indes selbst der
steilsten römisch-katholischen Amtstheologie nicht in den Sinn käme.
Gleichwohl wird von reformierter Seite gelegentlich behauptet: „Dem
Dienst des himmlischen Herrn an seiner Gemeinde entspricht nicht *ein*
den Menschen übertragenes Amt, sondern die Mannigfaltigkeit des von
Jesus Christus eingesetzten und geordneten Dienstes der Prediger, Lehrer, Ältesten und Diakonen. Sie erinnert daran, daß die Glieder am Leibe
Christi einander bedürfen und keines zur Herrschaft, wohl aber alle zum
Dienste berufen sind." (Ebd.; bei N. gesperrt.) Mag dieser Schlußsatz für
sich genommen auch als überzeugend erscheinen, so macht er doch
nicht plausibel, wie aus der prinzipiellen, dem Gedanken der Einheit
ausdrücklich kontrastierten Mannigfaltigkeit der Dienste eine Lehre sei es
des vierfachen, sei es eines sonst zahlenmäßig anderswie bestimmten
Amtes folgen soll. Naheliegender wäre es aufgrund der gegebenen Prämissen, die Vielfalt der Dienste mit den vielerlei Gaben und Aufgaben
zusammenfallen zu lassen, wie sie den einzelnen Gliedern der Gemeinde in ihren jeweiligen individuellen und sozialen Rollen zum Zwecke
der Auferbauung des Leibes Christi zukommen. Dies hätte freilich die
Auflösung der Besonderheit bestimmter – vom dem Priestertum, das allen
getauften Gläubigen aufgetragen ist, spezifisch unterschiedener – kirchlicher Ämter zur zwangsläufigen Folge. Die Amtslehre würde sonach mit
der Lehre von den verschiedenen Charismen und den mehr oder minder
institutionell verfaßten Diensten der einzelnen Gemeindeglieder koinzidieren.

Will man diese Konsequenz vermeiden, dann wird man auf den Gedanken der Einheit amtstheologisch nicht verzichten können, da nur durch
einen einheitlichen und sinnidentischen Amtsbegriff die Spezifizität des
oder der durch Ordination verliehenen Ämter vom Priestertum aller Getauften gewährleistet wird. Das scheint auch W. Niesel so zu sehen,
wenn er in seinem „Wort zur konfessionellen Verständigung" über „Amt
und Gemeinde" sagt: „Die Einheit in der Mannigfaltigkeit der Ämter besteht darin, daß alle zum Dienst Berufenen, ein jeder in der ihm aufgetragenen Weise, den Zuspruch und den Anspruch Jesu Christi zu bezeugen haben. In diesem Auftrage gründet allein die Vollmacht und die
Verheißung der einzelnen Ämter." (A. a. O., 143; bei N. gesperrt.) Dieser
Grundsatz ist zwar insofern richtig, als er erneut zur Geltung bringt, daß

Aus der Grundannahme eines prinzipiell einheitlichen Amtes ergibt sich nicht nur die Konsequenz, daß nicht allein Bischöfe, sondern auch Pfarrer eine vollgültige und legitime Ordination besitzen (und gegebenenfalls auch vollziehen können), sie hat auch zur Folge, daß die überkommenen Bezeichnungen für die Träger des kirchlichen Amtes im wesentlichen synonym verwendet werden können. Ob von Bischöfen, Pastoren, Pfarrern, Lehrern und gelegentlich auch von Priestern bzw. den entsprechenden lateinischen Begriffsäquivalenten die Rede ist, stets ist damit das eine ordinationsgebundene Amt der Kirche gemeint, das seinen ihm eigentümlichen Beruf durch öffentliche Evangeliumsverkündigung in Wort und Sakrament ausübt und auf diese Weise direkt der gottesdienstlich versammelten Gemeinde und ihrem Leben zugeordnet ist. Dieses Amt, dessen beständige Wirksamkeit im Sinne einer Institution iure divino gefordert ist, bildet, wie W. Maurer zutreffend betont hat, „den Ansatzpunkt für alles evangelische Kirchenrecht"[216] einschließlich der rechtlichen Ordnung der Kirchenleitung. Dies wird u. a. dadurch bestätigt, daß dem der kon-

---

Jesus Christus als Haupt seiner Gemeinde ihr „einiger Prophet, Hoherpriester und König ist" (a. a. O., 135; bei N. gesperrt.). Er ist aber nicht geeignet, die spezifische Unterschiedenheit des ordinationsgebundenen Amtes bzw. der ordinationsgebundenen Ämter von jenem Dienst zu begründen, an dem teilzuhaben Recht und Pflicht aller ist, die getauft sind und glauben. Vielmehr bleibt es der Sache nach bei der Versicherung der unter evangelischen Bedingungen gegebenen Gnadenstandsparität. Diese Versicherung entspricht zweifellos der reformatorischen Lehre vom allgemeinen Priestertum, beantwortet aber nicht die Frage, worin denn die eigentümliche Besonderheit bestimmter kirchlicher Dienstämter besteht, die es geraten erscheinen läßt, die Begriffe des Amtes und des Dienstes nicht so weit auszudehnen, daß sie mit der Bestimmung der Funktion des Christen als eines Christen zusammenfällt. Eine durchsichtige Antwort auf diese Frage ist um so dringlicher, als nur ein präziser theologischer Begriff kirchlichen Dienstamtes dessen autoritären Mißbrauch verhindern kann, was durch den Hinweis, der Gemeinde sei es „geboten, in den berufenen Dienern Knechte Christi zu erkennen" (a. a. O., 146; bei N. gesperrt.), keineswegs gewährleistet ist. Denn auch wenn das Berufungsrecht der Gemeinde als ganzer zuerkannt und der berufene Amtsträger wie die Gemeinde selbst in allem dem Wort der Schrift unterstellt wird, so ist damit eine Regel konkreter Gestaltung jener kommunikativen Verantwortungsordnung, wie sie das Leben der Kirche unter dem Worte Gottes zu bestimmen hat, noch nicht hinreichend umschrieben.

[216] Maurer, 110; bei M. gesperrt.

kreten Gottesdienstgemeinde zugeordneten Amt die Funktion der
Kirchenleitung ursprünglich und nicht auf lediglich abgeleitete
Weise eignet. Primär wahrgenommen wird diese Leitungs-
funktion, wie sich zeigte, durch Lehr- und Kirchenzucht. In deren
Durchführung liegt die wesentliche jurisdiktionelle Aufgabe des
ordinationsgebundenen Amtes begründet, wobei hinzuzufügen
ist, daß diese Aufgabe als iure divino geboten zu gelten hat. In
diesem Sinne kommt die Vollmacht der Exkommunikation, in
welcher sich die kirchliche Jurisdiktion als zwingend (und nachgerade auch als zwingend erforderlich) erweist, dem ordinationsgebundenen Amt kraft göttlichen Rechts zu. Hingegen übt das besondere Amt der Kirche seine pflichtgemäße Aufgabe, für die äußere Ordnung der Kirche Sorge zu tragen und Anordnungen zu
treffen, „damit es ordentlich in der Kirche zugehe" (BSLK 129,14 f.),
nach Maßgabe von CA XXVIII und analoger Bestimmungen Wittenberger Reformation lediglich kraft menschlichen Rechts aus.

Handelt es sich bei dem bisher Gesagten lediglich um eine Reka-
pitulation bereits ausführlich entwickelter Gedanken, so ergibt
sich eine eigentümliche Schwierigkeit aus der Tatsache, daß es in
CA XXVIII einerseits zweifellos um das überkommene überörtliche Bischofsamt geht, obwohl andererseits die beschriebenen
episkopalen Funktionen auch und gerade mit dem Ortsgemein-
depfarramt verbunden werden, weshalb, wie gesagt, die termini
Bischof und Pfarrer etc. im Unterschied und in Spannung zum
„normalen Sprachgebrauch" der Zeit[217] im wesentlichen synonym
gebraucht werden können. In Anbetracht dieses synonymen Gebrauchs, der sich vom terminologischen Usus der Altgläubigen
signifikant unterscheidet, ohne doch deren gewohnte begriffliche
Differenzierungen einfachhin aufzuheben, kann die entscheidende Sachfrage nur lauten, wie im Anschluß an CA XXVIII der ek-
klesiale Status eines überörtlichen Episkopats theologisch exakt
zu bestimmen ist. Die Antwort auf diese Frage wird üblicherweise
mit dem Hinweis gegeben, daß der Unterschied zwischen Pfarramt und überörtlichem Bischofsamt nach Lehre von CA XXVIII iure humano bestehe und die „Aufgliederung des Amtes und die
jeweilige Gestaltung bestimmter Ämter ausschließlich als mensch-

---

[217]   Vgl. J. Höß, a. a. O., 499–516; 517–523 (Diskussion), hier: 518 f. (Kretsch-
        mar).

liche Ordnung"[218] zu gelten habe. Diese Auskunft trifft zu, insofern reformatorischerseits die Vorstellung gewissermaßen iure divino gültiger geistlicher Stufengrade innerhalb des ordinationsgebundenen Amtes durchweg abgewiesen wurde. Die Gliederung
des Amtes läßt sich von daher nur als geschichtlich-funktionale
Ausdifferenzierung seiner genuinen Einheit verstehen, welche
Ausdifferenzierung diese Einheit nicht aufhebt, sondern in ihrer
Ursprünglichkeit bestätigt. Im übrigen verweist das Problem der
Gliederungsformen des ordinationsgebundenen Amtes zurück auf
die Frage rechter Zuordnung von Priestertum aller Getauften und
ordinationsgebundenem Amt. Wie dem ordinationsgebundenen
Amt wohl eine besondere, wesentliche und unentbehrliche Aufgabe – nicht zuletzt für die Einheit der Kirche – zuzuerkennen ist,
ohne daß deshalb die Annahme geistlicher Stufengrade statthaft
wäre, so ist entsprechend auch innerhalb des ordinationsgebundenen Amtes durchaus die Notwendigkeit einer gegliederten
Ausformung und einer bestimmten Zuweisung besonderer Amtsaufgaben anzuerkennen, nicht hingegen eine Gradunterscheidung
im Sinne geistlicher Hierarchie. Denn sowenig das Amt seinen
Dienst an der Einheit der Gemeinde dadurch wahrzunehmen
vermag, daß es die konkrete Vielfalt ihrer Glieder übergeht, statt
auf sie einzugehen, um der Einheit der Vielen in der Fülle ihrer
Differenziertheit zu dienen, sowenig kann die notwendige perso-
nelle und funktionale Vielfalt des ordinationsgebundenen Amtes
dadurch vereint werden, daß man innerhalb dieses Amtes eine
geistliche Rangfolge und graduelle Stufung einführt, um schließlich zu einem Amte zu gelangen, von dem zu gelten hätte, daß
sein Träger die Einheit der Kirche gewissermaßen an sich selbst
ist. Daß eine solchermaßen begründete Amtshierarchie unter reformatorischen Bedingungen ausgeschlossen ist, zeigen die entwickelten Stellungnahmen Luthers und Melanchthons zur Papstfrage in unmißverständlicher Weise.

Dennoch ist man im Sinne reformatorischer Theologie keineswegs
gezwungen, in den traditionellen Gliederungsformen des ordinationsgebundenen Amtes, also namentlich in der Unterscheidung

---

[218]   L. Goppelt, Das kirchliche Amt nach den lutherischen Bekenntnisschriften und nach dem Neuen Testament, in: E. Schlink/A. Peters (Hg.),
Zur Aufbauung des Leibes Christi. FS P. Brunner, 1965, 97–115, hier: 102;
bei G. z. T. gesperrt.

von Pfarramt und Bischofsamt, aber auch in der Differenzierung von Bischof und Papst einen bloßen historischen Zufall zu erblikken. „Auch wenn es sich bei der strukturellen Stufung des Amtes in Pfarr-(Presbyter-)Amt und Bischofsamt um eine geschichtlich gewordene Form handelt, die in Apol 14,2 als ,auctoritate humana‘ gekennzeichnet wird, kann in ihrer Herausbildung die Führung durch den Geist Gottes gesehen werden. Der historische Episkopat wäre dann zwar auf der einen Seite eine menschliche Ordnung, aber doch gleichzeitig mehr als das." (Dulles/Lindbeck, 166) Unbefriedigend an dieser im Grundsatz richtigen Feststellung aus dem gemeinsamen Kommentar lutherischer und katholischer Theologen zur CA ist lediglich, daß das apostrophierte „mehr" theologisch unbestimmt bleibt. Um dieses Defizit zu beheben, ist davon auszugehen, daß das ordinationsgebundene Amt auch und gerade nach reformatorischer Lehre als Dienst an der Einheit der Gemeinde zu bestimmen ist. Ausgeübt wird dieser Einheitsdienst, wie gezeigt, durch die reine Verkündigung des Evangeliums und die rechte Administration der Sakramente und in Verbindung damit durch jurisdiktionelle Leitungsfunktionen, deren wichtigste die Kirchen- und Lehrzucht ist. Wie aber die Einheit der Gemeinde keine in sich ruhende, sondern eine exzentrische, weil im Evangelium gründende Größe ist, so kann sie nur gewahrt werden, wenn die örtliche Kirchengemeinschaft sich nicht in sich selbst verschließt, sondern aus ist auf eine ökumenische Einigkeit der Christen. Um solcher Selbsttranszendenz, die zum Wesen jeder konkreten Gemeinschaft von Christen elementar hinzugehört, angemessene Gestalt zu verleihen, ist die Ausformung entsprechender regionaler und transregionaler Dienstämter geschichtlich geboten und theologisch nicht als historische Zufälligkeit zu beurteilen. Dies gilt bis hin zur Ausgestaltung jener Amtsfunktion, die auf den Dienst an der Einheit der Gesamtökumene bezogen ist.

Zu ergänzen ist, daß der zum Wesen jeder christlichen Gottesdienstgemeinschaft gehörenden Selbsttranszendenz nicht nur ein räumlicher, sondern auch ein temporaler Bedeutungsaspekt eigen ist, insofern gegenwärtige communio sanctorum nicht ohne eine die Differenz der Zeiten übergreifende Einigkeit aller Christen zu denken ist. Zum Einheitsdienst der Kirche, wie er sich in diversen Dienstämtern multidimensional auszugestalten hat, gehört mithin auch die spezifische Sorge nicht nur um synchrone, sondern auch um diachrone Kontinuität und Zusammengehörigkeit der Christen. Auch in dieser Hinsicht ist die Ausformung entsprechender

Dienstfunktionen geschichtlich geboten und mehr als eine bloße historische Zufälligkeit. Darüber darf die traditionelle reformatorische These, die Gliederungsformen des ordinationsgebundenen Amtes seien lediglich iure humano in Geltung, nicht hinwegtäuschen. Sofern nämlich die von den Gliederungsformen des ordinationsgebundenen Amtes wahrzunehmende Einheitsdienstfunktion dem Amt der Kirche iure divino innewohnt, ist auch die multidimensionale Ausgestaltung dieser Dienstfunktion keine ekklesiologische Äußerlichkeit und in diesem Sinne keine bloße Menschensatzung, sondern ein gottgebotenes Werk des Menschen. In der Konsequenz dessen ist im gegebenen Zusammenhang auch das ius humanum nicht als ein dem ius divinum lediglich Externes, sondern als ein ihm relativ Zugehöriges vorzustellen, so daß das Verhältnis zwischen göttlichem und menschlichem Recht sich vergleichen läßt mit dem Verhältnis von rechtfertigender Heilstat Gottes, wie der Glaube sie wahrnimmt, und dem dem Glauben folgenden guten Werk des Menschen. Analog zu diesem Vergleich läßt sich sagen: „Wenngleich die Einheit der Kirche nicht in der Einheit ihrer äußeren Gestalt besteht, so ist doch die Kirche nie ohne äußere Gestalt und diese ... Gestalt ist nicht der Willkür der Welt überlassen, sondern der Freiheit der Glaubenden mit dem Befehl anvertraut, daß sie das Evangelium verkündigen." (Schlink, 280, Anm. 14)

Was die konkrete Ausformung dieser äußeren Gestalt anbelangt, so intendierte die Reformation des frühen 16. Jahrhunderts keineswegs von vorneherein und prinzipiell die Abschaffung des gegebenen Bischofsamtes oder auch nur des Papstamtes. „Daß in den lutherischen Kirchen der Reformationszeit in Deutschland das Bischofsamt nicht erhalten blieb, ist nicht Ergebnis einer Grundsatzentscheidung gewesen, sondern war lediglich darin begründet, daß keiner der deutschen Bischöfe sich der Reformation anschloß."[219] Hingegen fand in der Kirche von Schweden und der

[219] W. Pannenberg, Das kirchliche Amt in der Sicht der lutherischen Lehre, in: ders. (Hg.), Lehrverurteilungen – kirchentrennend? III. Materialien zur Lehre von den Sakramenten und vom kirchlichen Amt, Freiburg/Göttingen 1990, 286–305, hier: 304. Vgl. auch 302: „Wenn das Wesen des kirchlichen Amtes als ein in Verbindung mit der Verkündigung des Evangeliums und in erster Linie durch diese Verkündigung selbst ausgeübter Dienst an der Einheit der Glaubenden im Glauben des Evangeliums zu bestimmen ist, dann ist ein solcher Dienst auf allen Ebenen des Lebens

ihr verbundenen Kirche von Finnland bekanntlich eine lutherische Reformation „nicht gegen, sondern mit den (bisherigen katholischen) Bischöfen statt, weshalb dort die bischöfliche Amts-
folge nicht unterbrochen wurde und diese Kirchen als Kirchen
Augsburger Bekenntnisses den historischen Episkopat auf- und
vorweisen"[220]. Unbeschadet dessen wurde die Frage, ob die reformatorischen Gemeinden und Kirchen an einem wesentlichen
Defizit leiden werden, wenn die Verbindung zum historischen
Episkopat im Sinne der episkopalen Amtssukzession nicht erhalten bleibt, von den lutherischen Bekenntnisschriften eindeutig
verneint. „So sehr sie die bischöfliche Jurisdiktion (sc. einschließlich des episkopalen Ordinationsvorrechts) zu wahren wünschen, so klar geben sie gleichzeitig zu verstehen, daß dort, wo
die Treue zum Evangelium dies verhindert, die Kirche auch außerhalb des historischen Episkopats Kirche bleibt."[221] Entsprechend kann und darf die auf die Apostel zurückgeführte episkopale Amtssukzession nicht als eine Garantie der Kontinuität und
Einheit der Kirche betrachtet werden.[222] Vielmehr gilt unter reformatorischen Bedingungen umgekehrt, daß die Amtssukzession
nur dann als ein Zeichen der Apostolizität der ganzen Kirche anzuerkennen ist, wenn das episkopale Amt nicht mit dem Anspruch, unfehlbarer Identitätsgarant christlicher Wahrheit zu sein,

---

der Kirche notwendig, und man wird dann in der Entwicklung entsprechender Ämter auf den verschiedenen Ebenen kirchlichen Lebens keinen
bloßen historischen Zufall erblicken dürfen."

[220] H. J. Margull, Das Augsburger Bekenntnis in der Ökumene, in: B. Lohse/
O. H. Pesch, Das „Augsburger Bekenntnis" von 1530 damals und heute,
München/Mainz 1980, 181–195, hier: 194.

[221] H. Meyer, Das Bischofsamt nach CA 28, in: E. Iserloh (Hg.), a. a. O., 489–
498, hier: 495.

[222] „Das gesamte Neue Testament weiß nichts von einem nachapostolischen
Amt, das formal die Verkündigung des einen Evangeliums und damit die
Einheit der Kirche garantiert. Ja, Paulus scheint sich in Gal 1 sogar gegen
die Vorstellung zu wenden, die Verkündigung der Urapostel sei durch
formale Autorität des Apostelamtes schon als das eine Evangelium garantiert, neben dem es kein anderes gibt. Auch CA 28, 22 und 23 wird
ausdrücklich gesagt, daß den Bischöfen nicht nur einer formalen Autorität willen Gehorsam geschuldet wird, sondern weil und sofern sie das
rechte Evangelium predigen. Dieser Gehorsam muß da aufhören, ‚wo sie
etwas dem Evangelio entgegen lehren'." (W. Joest, Das Amt und die Einheit der Kirche, in: US 16 [1961], 236–249, hier: 241)

auftritt und die grundsätzliche Möglichkeit inhaltlicher Amtskritik gegeben ist.

Solche inhaltliche Kritik steht im Sinne reformatorischer Theologie selbstverständlich nicht nur den Amtsträgern in ihrem Verhältnis untereinander zu, sie ist vielmehr Recht und Pflicht der Gesamtgemeinde und eines jeden ihrer Glieder.[223] Von daher spricht kirchenverfassungsmäßig vieles dafür, neben bzw. zusammen mit Ordinierten auch Nichtordinierten Anteil an den vielfältigen Leitungsaufgaben der Kirche zu geben, ohne deshalb den spezifischen Unterschied zwischen ordinationsgebundenem Amt und Gemeinde in Abrede zu stellen, der zu einem differenzierten Verständnis nicht zuletzt des kirchlichen Leitungsauftrages und seiner Wahrnehmungsgestalten zu führen hat. In diesem Zusammenhang wird man trotz einer langandauernden Vernachlässigung des locus de synodis im Luthertum immerhin soviel sagen können, daß das nicht nur unter den Bedingungen des „monarchischen" Episkopats vielfach zu konstatierende Defizit an institutionalisierten Formen gemeindlicher Mitbestimmung in Kirchenleitungsfragen als eindeutiger Mangel beurteilt werden muß, der durch Einrichtung synodaler Kirchenleitungsorgane nach Vermögen zu beheben ist. Dabei bleibt es der aus der geschichtlichen Erfahrung der Kirche erwachsenden historischen Vernunft und gegebenenfalls dem geschwisterlichen Streit über diese überlassen, das kirchenleitende Zusammenwirken Ordinierter und Nichtordinierter organisatorisch zu strukturieren, wobei als prinzipieller theologischer Grundsatz lediglich zu gelten hat, daß solche Strukturierung weder die durch die Taufe begründete Gnadenstandsparität aller Gläubigen aufheben darf noch auch die spezifische Besonderheit des ordinationsgebundenen Amtes, welches seinem auf Öffent-

---

[223] „Der Auftrag, auf die sachgemäße Ausrichtung kirchlicher Lehre achtzuhaben, bindet Amt und Gemeinde zusammen. Weil die Gemeinde, die der vom Pfarrer ausgerichteten Verkündigung zuhört, auf dessen Predigt ‚Amen' sagen und damit ihre Zustimmung erklären soll, ist die Aufgabe, über rechte Lehre zu urteilen, nicht nur Sache der ordinierten Amtsträger, sondern zugleich der ganzen Gemeinde. Darüber zu wachen, daß rechte Lehre ausgerichtet wird, ist somit allen Gliedern der Gemeinde aufgetragen, die kraft des Priestertums aller Gläubigen die ihnen durch die Taufe zugeeignete Verantwortung wahrzunehmen und auszuüben haben." (E. Lohse, Lehramt und Lehrautorität in der evangelischen Kirche [Abhandlungen der Braunschweigischen Wissenschaftlichen Gesellschaft XLI (1989)], Göttingen 1989, 39–54, hier: 44.)

lichkeit hingeordneten evangelischen Auftrag gemäß die Allgemeinheit des Priestertums aller nicht einschränken soll, sondern ihr zu dienen hat.

Im übrigen gilt auch in dieser Hinsicht: Christus hat seiner Kirche außer dem Auftrag zu beständiger Evangeliumsverkündigung in Wort und Sakrament kein zeitinvariantes Gesetz ihrer Verfassung gegeben. Wie historischer Episkopat und Papsttum, so sind demnach auch konziliare und synodale Verfassungsstrukturen nicht unmittelbar in eine evangelische Wesensbestimmung der Kirche einzubeziehen. Zwar gehört der Einheitsdienst, der die vornehmste Aufgabe aller Kirchenleitung ausmacht, untrennbar zum Wesen der Kirche, weil er deren Auftrag zur Evangeliumsverkündigung selbst eingestiftet ist. Doch ist die über die Zuordnung von ordinationsgebundenem Amt und konkreter Gottesdienstgemeinde hinausreichende Gestaltung dieses Dienstes zwar eine Aufgabe von unveräußerlicher geschichtlicher Notwendigkeit, aber gerade deshalb an keine zeitinvariante bzw. zeitlos gültige Form gebunden. In bestimmter Form freilich muß der die räumlichen und zeitlichen Grenzen der konkreten Gottesdienstgemeinde transzendierende Einheitsdienst wahrgenommen werden. Deshalb kann man nicht sagen, „es könnte die Einheit der Kirche auch Wirklichkeit sein ohne eine Kirchenleitung, die den örtlichen Gemeinden übergeordnet ist" (Schlink, 279). Richtig ist vielmehr, daß die im gottgestifteten Amt der Kirche de iure divino mitgesetzte Funktion kirchenleitenden Einheitsdienstes zwar nicht notwendig in dieser oder jener Form, stets aber in einer bestimmten Form wahrzunehmen ist, deren Gestalt eindeutig identifizierbar und organisatorisch faßbar zu sein hat, um gerade so der Prüfung und gegebenenfalls auch revidierender Kritik zugänglich zu sein. Nachgerade durch solche Zugänglichkeit erweist sich die Gestaltung kirchlichen Einheitsdienstes als konkret, geschichtlich entwicklungsfähig und als das, was sie ihrem evangelischen Begriff gemäß sein soll: ein Werk des Glaubens, das dem Unterschied von Gott und Mensch, ius divinum und ius humanum Rechnung trägt, um sich eben auf diese Weise von verkehrten Menschensatzungen zu unterscheiden.

10. *Kirche und weltliches Regiment*

Ein angemessenes Verständnis reformatorischer Lehre von Kirche und kirchlichem Amt ist nur zu erlangen, wenn zwischen potestas ecclesiastica und potestas civilis recht unterschieden wird. Diese Unterscheidung ist nicht nur das bedeutendste Kriterium für die Beurteilung des Papsttums, wie Melanchthons Traktat und Luthers Schmalkaldische Artikel sie vornehmen, sie bestimmt in zentraler Weise auch die Ausführungen von CA XXVIII zur Vollmacht der Bischöfe. Das zeigt in hinreichender Deutlichkeit bereits die Vorgeschichte des Artikels (vgl. Maurer I, 73–78), näherhin die Argumentation von Torg C 1, wo die zu beachtende Differenz von weltlichem und geistlichem Regiment[224], anders als das dann in der Endgestalt der Augustana der Fall ist, noch unter direktem Bezug auf die Papstfrage erörtert wurde. Gleich also ob vom Papst, von Bischöfen oder Pfarrern gehandelt wird, die Legitimität ihres kirchlichen Autoritätsanspruchs hängt an der theologischen Voraussetzung, daß jede Vermischung geistlicher und weltlicher Vollmacht konsequent vermieden wird. Mögen auch Päpste und

---

[224] Zu den Entstehungsgründen und Motiven, die die Lehre von den beiden Regimenten in CA XXVIII bestimmen, vgl. Maurer I, 78–84. Zum Verständnis der Sache ist die Bemerkung von Brunstäd, 212 f. hilfreich, wo es heißt: „Das geistliche Regiment ist das Amt der Evangeliumspredigt und Sakramentsverwaltung und der damit verbundenen Fürsorge für Aufrechterhaltung des Predigtamtes und für seine größtmögliche Betätigungskraft nach Bedingungen der menschlichen Gemeinschaftsbildung. Das geistliche Regiment ist um des ewigen Heiles willen da, rettet von der Gewalt der Sünde und vor dem ewigen Tode, ist Wirksamkeit des Evangeliums. Das weltliche Regiment dient der Erhaltung des Menschen in seiner Welt mit dem Gesetze, und zwar kraft dessen verborgenem Sinn, den es als opus alienum hat, kraft des Festhaltens Gottes an seiner Kreatur. Durch dieses Regiment erhält Gott den Menschen trotz der Sünde, mit Gegenwirkung gegen die Sünde, trotz Herrschaft des Todes, in dem Bereich von Sünde und Tod. Es ist die Gewalt des Schwertes, die der Sünde als Wertwidrigem und Lebenzerstörendem wehrt und darin der Gerechtigkeit und dem Frieden dient." Vgl. ferner Mildenberger, 102 f. sowie T. Austad, Neues Leben, in: H. G. Pöhlmann, Theologie der lutherischen Bekenntnisschriften, Gütersloh 1996, 121–135, bes. 124 ff. Von den weltlichen Ordnungen werden im einzelnen Staat und Politik (125 ff.), Beruf und Arbeit (127 ff.), Eigentum und Wirtschaft (129 ff.) sowie Ehe und Familie (130 ff.) behandelt. Zu Austads Rückfragen an die Zwei-Regimenten-Lehre vgl. 132 ff.

Bischöfe geistliches und weltliches Amt in Personalunion geschichtlich vereint haben und noch vereinen, so ändert die Anerkennung dieses historischen Faktums, wie sie von seiten der
Wittenberger Reformation keineswegs grundsätzlich verweigert
wurde, nichts an der Tatsache, daß auch bei gegebener personaler Vereinigung theologisch zwischen potestas ecclesiastica und
potestas civilis zu unterscheiden ist. Wo solche Unterschiedenheit
hingegen vernachlässigt und der Möglichkeit konkreter Unterscheidung entzogen wird, ist mit reformatorischer Fundamental-
kritik zu rechnen.

Diese Kritik ist im wesentlichen gegen ein Mißverständnis der
Kirche als „monarchia externa" und gegen eine entsprechende
Auffassung der episkopalen Jurisdiktionsvollmacht bzw. des
päpstlichen Jurisdiktionsprimats gerichtet. So wurde – um ein
hervorragendes Beispiel zu geben, das durch das römische Dogma von päpstlicher Infallibilität und universaler Jurisdiktion nachträglich besondere kontroverstheologische Relevanz gewinnen
sollte – reformatorischerseits zwar niemals in Abrede gestellt, daß
die Kirche als ganze unfehlbar ist, da sie der Verheißung Christi
gemäß durch die Pforten der Hölle nicht überwunden werden
kann; und auch dies wurde nicht geleugnet, daß dem kirchlichen
Amt und nachgerade jenen seiner amtlich geordneten Gliederungsformen, die in spezifischer Weise mit dem die konkreten
Gottesdienstgemeinden umgreifenden gesamtkirchlichen Einheitsdienst betraut sind, eine besondere Bedeutung für die Wahrung jener verheißenen Infallibität der Gesamtkirche bzw. der
Untrüglichkeit ihrer Sendung zukommt. Prinzipiell bestritten aber
wurde, daß diese Aufgabe mit Mitteln weltlichen Rechtszwangs zu
bewerkstelligen sei. Daß die amtlichen Repräsentanten der verfaßten Kirche ihrer Zeit sich solcher Zwangsmittel weltlichen
Rechts bedienten und in der Verfolgung aufgetragener geistlicher
Ziele nicht angemessen zwischen potestas ecclesiastica und potestas civilis unterschieden, dagegen richtete sich infolgedessen der
reformatorische Protest vor allem. Nicht daß damit die kirchliche
Jurisdiktionsvollmacht überhaupt bestritten worden wäre: Als
geistliches Exkommunikationsrecht wird sie, wie gezeigt, reformatorischerseits nicht nur nicht in Abrede gestellt, sondern ausdrücklich für notwendig und iure divino geboten erklärt. Aber die
primär als geistliches Exkommunikationsrecht wahrzunehmende
kirchliche Jurisdiktionsvollmacht ist streng der Evangeliumsverkündigung in Wort und Sakrament zugeordnet. Zwar hat sie, die

kirchliche Jurisdiktion, dieser, der Evangeliumsverkündigung, gegenüber eine bestimmte Eigenbedeutung, aber nur eine Bedeutung von relativer Eigenart, die in ihrer eigenartigen Relativität allein dann erfaßt wird, wenn man die potestas iurisdictionis ecclesiae und ihr Rechtsgesetz der in der potestas ordinis ecclesiae inbegriffenen evangelischen Vollmacht eben nicht gleich- oder gar über-, sondern ausschließlich dienend zuordnet. Dabei besteht der Dienst kirchlicher Jurisdiktion an der Evangeliumsverkündigung nachgerade darin, die Negation des Evangeliums zu negieren, um auf diese Weise dessen positive Verkündigung, in der sich der Sinn bestimmter jurisdiktioneller Negation erfüllt, zu befördern. So gesehen besteht der eigentümliche Sinn kirchlicher Jurisdiktion in der Tendenz, sich zum bloßen Moment der Evangeliumsverkündigung herabzusetzen und sich nach Möglichkeit selbst überflüssig zu machen, wie denn auch Exkommunikation letztlich nur einen Zweck verfolgen darf, nämlich die Kommunikation des Evangeliums zu wahren und evangelische communio zu erhalten bzw. zu redintegrieren. Aus dieser limitierten Aufgabenbestimmung kirchlicher Jurisdiktion folgt, wie unschwer zu sehen ist, daß diese ihrem theologischen Auftrag nur dann gerecht wird, wenn sie sich von weltlichem Rechtzwang eindeutig unterscheidet. Im Sinne der Eindeutigkeit dieser Unterscheidung muß kirchlicher Jurisdiktion deshalb alles daran gelegen sein, ihren Rechtsspruch nicht mit Zwangsfolgen zu verbinden, welche auf die zivile, äußerlich-leibhafte Weltexistenz des Betreffenden zielen. In der Konsequenz dessen wurde der große Bann reformatorischerseits zu einem illegitimen Mittel kirchlicher Jurisdiktion erklärt und theologisch für unmöglich befunden.

Als Folge des Gesagten ergibt sich, daß der Unterschied von kirchenamtlicher potestas ordinis, wie sie in der rechten Evangeliumsverkündigung in Wort und Sakrament sich vollmächtig erweist, und kirchenamtlicher potestas iurisdictionis, wie sie namentlich im Vollzug der Exkommunikation in Erscheinung tritt, unter keinen Umständen unmittelbar gleichgesetzt werden darf und auch nicht direkt zu vergleichen ist mit dem Unterschied von potestas ecclesiastica und potestas civilis. Vielmehr ist die getroffene Grundsatzunterscheidung von potestas ecclesiastica und potestas civilis die Voraussetzung dafür, die Unterscheidung zwischen potestas ordinis und potestas iurisdictionis ecclesiae recht zu treffen mit der Folge, daß die potestas iurisdictionis ecclesiae lediglich in der Weise eines Moments, wie er durch die geleistete

Grundsatzunterscheidung von potestas ecclesiastica und potestas
civilis ebenso vermittelt wie bestimmt ist, mit dem Zwangsrecht
der potestas civilis zusammenhängt, während sie ansonsten ganz
der potestas ordinis ecclesiae zugehört.

Nun wäre es freilich in Anbetracht reformatorischer Grundsatzunterscheidung von potestas ecclesiastica und potestas civilis
falsch zu sagen, daß sich das kirchliche Regiment insgesamt dem
weltlichen gegenüber lediglich ausschließend verhält bzw. zu diesem in einem nur punktuell-momentanen Bezug steht, wie das für
die die Exkommunikation betreffende kirchliche Jurisdiktionsvollmacht allerdings zutrifft. Vielmehr hat zu gelten, daß die potestas ecclesiastica ihre grundsätzliche Unterschiedenheit von der
potestas civilis nur dann recht wahrzunehmen und zu realisieren
vermag, wenn sie diese Unterschiedenheit in ihren eigenen Begriff aufnimmt und ihr durch Selbstdifferenzierung an sich selbst
entspricht. D. h., die potestas ecclesiastica kann dem Unterschied
ihrer selbst zur potestas civilis nur dann gerecht werden, wenn sie
diesen Unterschied auf sich selbst dergestalt anwendet, daß sie in
selbstbezüglich-reflexer Weise zwischen einer im eigentlichen
Sinne geistlichen Vollmacht, wie sie in Evangeliumsverkündigung
und Exkommunikationsrecht sich manifestiert, und solchen Vollmachten unterscheidet, die nun gerade nicht grundsätzlich, sondern lediglich in relativer Weise von den Aufgaben des weltlichen
Regiments unterschieden sind, wie das bei allen kirchenamtlichen
Handlungsvollzügen der Fall ist, die es mit der äußeren Ordnung
der Kirche als einer societas externa zu tun haben. Solche Hand-
lungsvollzüge und entsprechende Kompetenzzuweisungen sind
ebenso nötig, wie es ekklesiologisch unentbehrlich ist, daß die
Kirche als societas externa auch äußerlich sich etabliert, um im
Weltzusammenhang erkennbare Gesamtgestalt anzunehmen.
Doch entsprechen die auf die äußere Ordnung der Kirche gerichteten kirchenamtlichen Maßnahmen ihrer theologischen Bestimmung nur dann, wenn sie sich nicht mit dem Evangelium
verwechseln, sondern darauf beschränken, gebotenes Menschenwerk zu sein, in Zusammenhang welcher Beschränkung sich
dann übrigens auch in angemessener Weise der relative Unterschied des Dienstes an der äußeren Ordnung der Kirche vom Geschäft weltlichen Regiments zur Geltung bringen läßt (vgl. § 11,8).

Hinzuzufügen ist, daß sich das theologisch komplexe Gefüge des
entwickelten Differenzierungszusammenhangs in eigentümlicher,

aber gerade in solcher Eigentümlichkeit sachadäquater Brechung darin reflektiert, daß reformatorische Theologie die spezifische Formation der Gliederungsgestalten des ordinationsgebundenen Amtes zwar einerseits zu einer Angelegenheit des ius humanum erklärt, während sie doch andererseits allen Formen des besonderen Amtes und zwar durchaus in der ihnen je eigenen Gestalt Anteil gibt an dem iure divino geltenden Grundauftrag dieses Amtes. Diese reflexe Gebrochenheit will bedacht sein, soll es zu einem angemessenen Verständnis nicht nur des Verhältnisses kirchlicher zu weltlicher Amtsvollmacht im allgemeinen, sondern zugleich zu einem konkreten Verständnis der Beziehung kommen, die zwischen dem Verhältnis, in welchem die Gliederungsformen des ordinationsgebundenen Amtes zueinander stehen, und dem Verhältnis zwischen dem kirchlichen Amt in allen seinen Gestalten und dem Amt weltlichen Regiments statthat. Dabei kann als Grundeinsicht gelten, daß dann, wenn von der reformatorischen Grundsatzunterscheidung von potestas ecclesiastica und potestas civilis reflektierter Gebrauch gemacht wird, relative Zusammenhänge zwischen beiden nicht verschlossen, sondern im Gegenteil erschlossen werden, wie die differenzierte Bestimmung kirchlicher Amtsformen und ihrer Kompetenzen in ekklesiologischer Hinsicht beweist. Als theologisches Gesetz, dem die ekklesiologische Differenzierungsstrategie folgt, läßt sich dabei die Maxime identifizieren, jede Selbsttotalisierung der äußeren Gestalt der Kirche – gerade um des ihr gemäß innerer Wesensbestimmung gegebenen unbedingten und die ganze Welt angehenden Auftrags willen – unter allen Umständen zu vermeiden. Daß eine entsprechende „antitotalitäre" Intention auch die reformatorische Lehre von der weltlichen Obrigkeit entscheidend bestimmt, wird im folgenden zu erweisen sein.

Auszugehen ist dabei von der naheliegenden Annahme, daß die Unterscheidung von potestas ecclesiastica und potestas civilis, wie sie u. a. CA XXVIII trifft, nicht nur ekklesiologisch, sondern auch für das reformatorische Verständnis weltlichen Regiments von entscheidender Bedeutung ist.[225] Es liegt in der Konsequenz

---

[225] Zu Entstehung und Inhalt der in CA XXVIII enthaltenen besonderen Aussagen über das weltliche Regiment und seine – in Endgestalt und Vorformen des Textes unterschiedlich gewichteten – kirchenreformerischen Aktivitäten vgl. Maurer I, 117 ff., hier: 120 f.: „In Na ist von solcher Mitverantwortung des weltlichen Regiments für die Kirchenreform keine Rede

dieser Annahme, den XVI. Artikel der Augustana im Kontext der
sog. Zwei-Reiche-Lehre zu verstehen. Mag dies auch nicht durch
den unmittelbaren Wortlaut von CA XVI gefordert sein, so liegt es
doch in der Logik der nachgerade von CA XXVIII thematisierten
Sache.[226] Da diese Sache hinwiederum kein Sondergut Melanchthons bzw. der Augustana, sondern ein Zentralthema Wittenberger Reformation überhaupt darstellt, bedarf es eines kurzen
Exkurses zur Erweiterung der Perspektive und einer knappen
Orientierung über den Gesamtbefund einschließlich der einschlägigen Elementareinsichten Luthers: Als das „umfassende *Orientie-
rungsschema für die Politische Ethik* lutherischer Herkunft"[227] gilt
seit Jahrzehnten die sog. Zwei-Reiche-Lehre. Allerdings ist zu bedenken, daß der Terminus selbst eine verhältnismäßig moderne
Begriffsbildung darstellt: „Als *Begriff* genommen, deutet ‚Zwei-
Reiche-Lehre' nicht auf ein von Luther komplett ausgeführtes
theologisches Thema hin, schon gar nicht auf eine Lehre. Vielmehr soll mit diesem Begriff ein theologisches *Verfahren zur Lösung von Problemen* angezeigt werden, das sich der Unterscheidung zweier Reiche resp. Regimente bedient, um eine Vielzahl
theologischer Grundfragen und ihre Beantwortung zusammenzu-
fassen."[228] Dabei orientierte sich Luther anfangs stark an Augustins

---

226   mehr. Wo in E und A der Kurfürst von Sachsen entweder beraten oder
       verteidigt wurde, werden jetzt nur die tatsächlichen Zustände objektiv
       dargestellt und theologisch gerechtfertigt; man lehrt und handelt hier
       dem angeführten Bekenntnis entsprechend ... Nur das, worin sich das
       weltliche vom geistlichen Regiment unterscheidet – seine äußere
       Zwangs- und Schutzgewalt–, bleibt erkennbar; sein positiver Dienst, der
       in den früheren Fassungen anschaulich geworden war, tritt nicht mehr
       hervor." Über Maurers kritische Bewertung dieses Sachverhaltes ließe
       sich streiten. Hinzuzufügen ist, daß auch in CA XVI „von einem Refor-
       mationsrecht der weltlichen Obrigkeit nicht die Rede ist" (Maurer I, 124).
       Zum Befund in Vorrede, Zwischenstück und Schluß der Augustana und
       zum Vergleich der Aussagen Luthers und Melanchthons über das weltli-
       che Regiment als gute Ordnung Gottes vgl. Maurer I, 121 ff. bzw. 124 ff.

226   So mit Recht u. a. auch K.-H. Kandler, CA VII – Konzentration und Weite
       lutherischer Ekklesiologie, in: KuD 35 (1989), 70–73, hier: 82, Anm. 39;
       vgl. G. W. Forell/J. F. Mc Cue, Weltliches Regiment und Beruf in der
       Confessio Augustana, in: H. Meyer/H. Schütte, a. a. O., 319–332, bes.
       323 f., 327.

227   G. Sauter, Einführung, in: Zur Zwei-Reiche-Lehre Luthers, München 1973,
       VII – XIV, hier: VII.

228   A. a. O., 217.

Geschichtstheologie und ihrer dualistischen Gegenüberstellung von Gottesreich und gottfeindlichem Weltreich. Später löst er sich von diesem Kontrastschema und betont, daß Gott in beiden Reichen regiert und weltliches und geistliches Regiment göttliche Ordnungen darstellen, die ihre je eigene Würde in Gottes Wort haben. Infolgedessen kann Luther die Begriffe Reich und Regiment synonym gebrauchen.[229] Zwar gilt nach wie vor, daß durch das weltliche Regiment niemand aus der Gewalt von Tod und Teufel errettet wird und trotz aller zivilen Gerechtigkeit ewiges Heil allein vom Glauben an das Evangelium zu erwarten ist. Gleichwohl regiert Gott auch im Reich zur Linken, das daher an sich selbst nicht als Teufelsreich, sondern strukturell als Gottes gute Kreatur und Ordnung zu gelten hat. Näherhin kann man die Ordnung im Reich zur Linken als eine von Gottes schöpferischer Gnade veranstaltete Anordnung zur Erhaltung der Welt wider die Sünde qualifizieren; Gott will „durch sie für eine iustitia civilis, d. h. für eine wenigstens ‚äußerlich fromme‘ Gerechtigkeit sorgen, und zwar wo es not ist, durch Gewalt"[230]. Das weltliche Regiment wird daher als Schwertgewalt bestimmt, welche die äußere Sphäre der Freiheit, der Gerechtigkeit und des Friedens zu gewährleisten hat. Legitim und rechtmäßig ist die Schwertgewalt des weltlichen Regiments dann, wenn sie gesetzeskonform verfährt, wobei unter Gesetz im gegebenen Zusammenhang vernünftige Allge-

---

[229] Vgl. P. Althaus, Die Ethik Martin Luthers, Gütersloh 1965, 49 ff.; ferner ders., Luthers Lehre von den beiden Reichen im Feuer der Kritik, in: LuJ 24 (1957), 40–68.

[230] H. Diem, Luthers Lehre von den zwei Reichen untersucht von seinem Verständnis der Bergpredigt aus. Ein Beitrag zum Problem „Gesetz und Evangelium", (1938), in: Zur Zwei-Reiche-Lehre Luthers, a. a. O., 1–173, hier: 67. In seiner Studie zu „Luthers Predigt in den zwei Reichen" (1947; a. a. O., 175–214) hat Hermann Diem die Ergebnisse seines Bruders Harald aufgenommen und sich dabei insonderheit an der Frage orientiert, ob Luthers Lehre von den zwei Reichen sowohl in ihrer Anwendung auf die Reformationszeit als auch in ihrer Anwendung auf die politische Situation des 20. Jahrhunderts schriftgemäß sei. Eine seiner Zentralthesen lautet: Luthers Interesse an den natürlichen und vernünftigen Möglichkeiten des Menschen und damit auch an der „lex naturalis …, durch welche, inhaltlich gleichlautend mit ‚Gesetz und Propheten‘, die iustitia civilis gefordert ist" (a. a. O., 198), ist nicht „die Möglichkeit des Aufweises einer für die Welt auch ohne das Evangelium verfügbaren Eigengesetzlichkeit" (a. a. O., 199), sondern der mögliche Aufweis menschlicher Unentschuldbarkeit.

meinverbindlichkeit zu verstehen ist. Iustitia rationis und iustitia civilis sind insofern gleichbedeutend. Entsprechend hat das weltliche Regiment als Gottes Ordnung unter allen Menschen zu gelten, welche nicht auf Christen eingeschränkt werden kann, sondern auch Heiden umgreift.[231]

Vorausgesetzt ist dabei, daß der allgemeinen Menschenvernunft Gottes Gebot und Weltordnung nicht gänzlich unzugänglich sind und daß das Gesetz der Vernunft und das Gesetz Gottes, wie es namentlich im Dekalog dokumentiert ist, inhaltlich koinzidieren. Allerdings darf nicht übersehen werden, daß die Gesetzeserkenntnis der Vernunft und die solcher Gesetzeserkenntnis folgende vernünftige Tat postlapsarisch lediglich äußerliche und in solcher Äußerlichkeit zu Ambivalenz und Zweideutigkeit neigende Größen sind. Solche mögliche Ambivalenz und Zweideutigkeit von iustitia rationis und entsprechend von iustitia civilis eindeutig zu identifizieren oder gar zu beheben, dazu ist die postlapsarische Menschenvernunft nach Luther von sich aus nicht in der Lage. Sie und das durch sie bestimmte weltliche Regiment bedürfen daher eines geistlichen Dienstes, der primär dadurch geleistet wird, daß dem in der Ambivalenz der postlapsarischen Vernunft angelegten Hang zu Vermessenheit und totalitärer Entgrenzung Einhalt geboten und das weltliche Regiment vom geistlichen unterschieden und auf die Sphäre der durch Schwertgewalt zu sichernden äußeren Freiheit beschränkt wird. In diesem Zusammenhang übt die sog. Zwei-Reiche-Lehre die ihr eigentümliche theologische Funktion aus. Sie tut das, indem sie klar zwischen weltlicher und geistlicher Vollmacht unterscheidet und jede Vermischung beider Regimente zu verhindern sucht.

Was den Status dieser Unterscheidung selbst betrifft, so folgt sie, wie bereits gesagt, nicht ohne weiteres aus dem Gesetz postlapsarischer Vernunft und ihrer Erkenntnis, sondern ist von geistlicher Art und evangeliumsvermittelt. Gleichwohl darf dies nicht zu einer einseitigen Dominanz des geistlichen Regiments über das

---

[231] „Daß der Inhaber des weltlichen Regimentes Christ ist, ist ein Sonderfall innerhalb der lutherischen Lehre vom weltlichen Amt, aber nicht deren Voraussetzung." U.a. auch deshalb muß es zweifelhaft werden, „ob die Vorstellung vom corpus christianum als einer höheren, Kirche und Staat zusammenfassenden Einheit die Voraussetzung der lutherischen Lehre von beiden Regimenten ist" (Schlink, 317, Anm. 8).

weltliche führen, sofern der Beschränkung des weltlichen Regiments auf die leibhafte Sphäre eine Selbstlimitation geistlichen Regiments notwendig zu korrespondieren hat. Aus der theologischen Notwendigkeit klarer Unterscheidung weltlichen und geistlichen Regiments ergibt sich, wie eben schon gesagt, die Forderung, jede Vermischung beider strikt zu vermeiden. Die römisch-katholische Weise solcher Vermischung fand Luther vor allem in der „mittelalterliche(n) Zwei-Schwerter-Theorie, wonach der Papst über *beide* Schwerter gebietet"[232]. Aber nicht minder deutlich wie gegen theokratische Tendenzen wendet er sich gegen jede Form des Cäsaropapismus. In diesen Zusammenhang gehört auch Luthers dauerhafte Reserve gegen ein landesherrlich-konsistoriales Kirchenregiment in seiner faktischen Bindung an eine juristische Bürokratie.

Trotz klarer Absage gegenüber allen Vermischungstendenzen, deren Folge die Tyrannis ist[233], plädiert Luther indes, wie ebenfalls schon angedeutet, keineswegs für eine alternative Trennung und eine schwärmerische Diastase gegenüber jeder weltlichen Ordnung, sondern für das „unterschiedene Beieinander der zwei Reiche"[234]. Im Hinblick auf das Reich zur Rechten ist in diesem Zusammenhang erneut zu bedenken, daß die in der Kirche geistlich versammelte Christenheit keine civitas platonica darstellt, sondern immer auch die Gestalt äußerer Leiblichkeit hat, so sehr ihre Ordnung „von innen nach außen, vom Geist zum Leib (geht), und nicht umgekehrt"[235]. In der äußerlichen Leiblichkeit der Kirche ist im Sinne Luthers zugleich die Notwendigkeit ihrer Rechtsgestalt begründet, durch welche die Kirche in eine nicht abzustreifende Beziehung zum Reich zur Linken tritt, dessen Zugehörigkeit zum Herrschaftsbereich Gottes für den Reformator unzweifelhaft fest-

---

[232] H. Diem, a. a. O., III.

[233] „Das Wesen der potestas tyrannica ist die Vermengung von geistlichem und weltlichem Regiment. Darum kann die Tyrannis sowohl aus dem geistlichen, wie auch aus dem weltlichen Regiment ihren Ausgang nehmen. In der Tyrannis entwickelt sich das weltliche Amt hin zum pseudogeistlichen und das geistliche hin zum pseudo-weltlichen." (Schlink, 362)

[234] H. Diem, a. a. O., 132; vgl. W. v. Loewenich, Luthers Stellung zur Obrigkeit, in: W. P. Fuchs (Hg.), Staat und Kirche im Wandel der Jahrhunderte, Stuttgart u. a. 1966, 53–68.

[235] H. Diem, a. a. O., 135.

steht, wenngleich dies nicht unmittelbar, sondern nur durch Vermittlung des in Jesus Christus offenbaren Evangeliums erkennbar
ist, dessen das Reich zur Linken mithin um seiner selbst willen
bedarf.²³⁶

Bedenkt man unter dieser Voraussetzung das komplexe Ge-
samtgefüge der sog. Zwei-Reiche-Lehre, so läßt sie sich im Sinne
einer Limitierungsstrategie deuten, deren Ziel die konsequente
Vermeidung totalitärer Entwicklungen in zweierlei Hinsicht ist.
Um es zunächst negativ zu formulieren: „Einer Kirche, die mit
Zwangsmaßnahmen auch über die äußere Existenz herrschen
will, entspricht ein Staat, der auch die innere Gesinnung mit Ter-
ror erzwingen will. In der Vermischung der beiden Gewalten besteht das Wesen des Totalitarismus."²³⁷ Indes darf die in der Folge
dessen zu fordernde Unterscheidung nicht als Trennung mißverstanden werden, welche das geistliche Reich auf bloße Innerlichkeit festlegt und das weltliche Reich einer eigengesetzlichen Äußerlichkeit überläßt. Sie hat vielmehr der Erklärung des differenzierten Zusammenhangs von potestas ecclesiastica und potestas
civilis zu dienen, wobei, um es zu wiederholen, die zu erbringen-
de Differenzierungsleistung im wesentlichen geistlicher Art ist,
wie denn auch die Unterscheidung geistlicher und weltlicher
Vollmacht selbst eine theologisch vermittelte Einsicht und nicht
etwa eine Selbstverständlichkeit postlapsarischer Vernunft darstellt. Die Welt unter Bedingungen gegebener Verkehrtheit als
Welt zu verstehen ist nun einmal eine theologisch-geistliche
Kunst, die sich nicht von selbst versteht. Damit ist zugleich gesagt, daß die in ihrer Weltlichkeit begriffene potestas civilis aus

---

²³⁶   Ohne Regreß auf das Evangelium würde nach Luther die Forderung der
      iustitia rationis vel civilis zuletzt nur Übermut oder dessen Kehrseite, die
      Verzweiflung, hervorbringen. Umgekehrt gilt, daß der durch das Evan-
      gelium befreite Christ vorbehaltlos dem Gesetz verpflichtet bleibt: Denn
      „der Christ betätigt (der *Tat* nach gesehen!) nicht eine Spezialgerechtig-
      keit, sondern betätigt (aus dem Glauben als dem *Täter!*) sich an dem
      Ort, wo Gottes Gesetz die Werke der Gerechtigkeit von *allen* Menschen
      fordert, nämlich als Staatsbürger im Reich der Welt. Er hat nicht etwa die
      Freiheit, dies zu tun oder auch zu lassen. Denn er ist nur im Glauben
      frei, dagegen in der Liebe gebunden. Und Gott will es darum so haben,
      weil er dem Christen in diesem Leben erst die primitiae spiritus gegeben
      hat, und zwar zur Einübung seines Glaubens." (H. Diem, a. a. O. 158)
²³⁷   W. v. Loewenich, a. a. O., 57 f.

dem theologisch-geistlichen Zusammenhang gerade nicht entlassen ist, sondern ihm auf differenzierte Weise zugehört, ohne darüber ihre relative Eigenständigkeit einzubüßen. Präziser formuliert: Die Eigenständigkeit der potestas civilis besteht nachgerade in besagter Relativität, in welcher sie ihr eigentümliches Wesen hat, insofern dessen Bestimmung durch die vollzogene Unterscheidung von geistlicher Vollmacht vermittelt ist. Bedenkt man die Differenziertheit des besagten Vermittlungszusammenhangs, so ist unschwer zu erkennen, daß das Verhältnis der beiden Reiche nicht als alternativer Gegensatz vorgestellt werden kann. Luther hat dem dadurch Rechnung getragen, daß er, wie schon gesagt, in der reifen Fassung seiner Lehre, den Begriff der beiden Reiche dem der beiden Regimente terminologisch und sachlich subsumierte, um auf diese Weise deutlich zu machen – deutlicher als das anfangs der Fall war –, daß beide Reiche in einen theologischen Zusammenhang gehören, wie denn auch Gott in beiden zugleich, wenn auch auf unterschiedliche und je besondere Weise regiert.

Ist damit die sog. Zwei-Reiche-Lehre des Reformators zwar nicht in ihrer historischen Genese, wohl aber in ihren systematischen Grundzügen skizziert, so findet die Annahme, daß u. a. auch der XVI. Artikel der Augustana in dem durch sie erschlossenen Problemhorizont zu verstehen ist, ihre textgeschichtliche Bestätigung darin, daß die Hauptaussage von CA XVI, wie W. Maurer im einzelnen nachgewiesen hat (Maurer I, 114 ff.), entscheidend durch Luthers Bekenntnis von 1528 bestimmt ist. Den äußeren Rahmen der dort entwickelten Argumentation bildet die sog. Drei-Stände-Lehre, die Luther im gegebenen Kontext polemisch gegen das klösterliche Ordensleben wendet. Neben Priestertum und Ehe sei auch der Stand weltlicher Obrigkeit ein gottgebotener, gottgenehmer und von Gott und seinem Wort selbst gestifteter „Orden", innerhalb dessen sich der Christ in besonderer Weise durch Werke tätiger Liebe heiligen könne, zu deren Übung er im allgemeinen verpflichtet sei. Dennoch ist, wie Luther unter Hervorhebung des gegen klösterliche Selbsterlösungsversuche gerichteten inneren Skopus seiner Ständelehre betont, „keiner solcher orden ein weg zur seligkeit", also auch nicht der Stand weltlicher Obrigkeit, dem bemerkenswerter Weise nicht nur „furst odder oberherr, richter, ampleute, Cantzler" zugerechnet werden, sondern auch „schreiber, knechte, megde und alle, die solchen dienen, dazu alle, die untertheniglich gehorsam sind" (WA 26, 505, 5 ff.). Sie alle sind gehalten, in dem gewiesenen Stand heilig zu sein, ohne durch solche Heiligkeit selig werden zu wollen. Der Weg zur Seligkeit nämlich ist allein Christus und der Glaube an ihn. In diesem Sinne gilt: „... es ist gar viel ein anders heilig und selig sein. Selig werden wir allein durch Christum, Heilig aber beide durch solchen glauben und auch durch solche Göttliche stiffte und orden" (WA 26, 505, 18 ff.). Bestätigt wird dies durch den Hinweis, daß „auch gottlose wol viel heiliges dinges haben (mügen), ... aber drumb nicht selig drynn (sind)" (WA 26, 505, 20 f.).

Die entwickelte Argumentation ist für Luthers Rechtfertigungslehre ebenso charakteristisch wie für sein Verständnis des überkommenen Drei-Stände-Schemas, dessen Rezeption in der Zeit der ersten kursächsischen Visitation beginnt[238] und dessen reformatorische Bedeutung mit der Lehre von den beiden Regimenten engstens verbunden ist (vgl. Maurer I, 100 ff.). Die lutherische Drei-Stände-Lehre scheint auf den ersten Blick gesehen nichts weiter widerzuspiegeln als das Weltbild des Feudalismus und seines klassischen Modells der dreigeteilten Ordnung, „d. h. der Differenzierung jener, die beten, jener, die schützen, und jener, die arbeiten, oder der Unterscheidung von Wehr-, Lehr- und Nährstand"[239]. Nun läßt sich allerdings zeigen, daß Luthers Lehre von den drei Ständen, Orden, Stiften oder Ämtern im wesentlichen nicht aus der Tradition der funktionalen Dreiteilung als eines

---

[238] Vgl. R. Schwarz, Ecclesia, oeconomia, politia. Sozialgeschichtliche und fundamentalethische Aspekte der protestantischen Drei-Stände-Theorie, in: H. Renz/F. W. Graf (Hg.), Troeltschstudien, Bd. III: Protestantismus und Neuzeit, Gütersloh 1984, 78–88, hier: 78, Anm. 3; ferner: ders., Luthers Lehre von den drei Ständen und die drei Dimensionen der Ethik, in: LuJ 45 (1978), 15–34; W. Maurer, Luthers Lehre von den drei Hierarchien und ihr mittelalterlicher Hintergrund, München 1970; O. Bayer, Natur und Institution. Eine Besinnung auf Luthers Dreiständelehre, in: ZThK 81 (1984), 352–382; H.-J. Iwand, Stand und Sakrament (1957), in: H.-J. Iwand, Glaubensgerechtigkeit. Gesammelte Aufsätze Bd II, hg. v. G. Sauter, München 1980, 240–264; M. Honecker, Sozialethik des Luthertums, in: H.-C. Rublack (Hg.), Die lutherische Konfessionalisierung in Deutschland, Gütersloh 1992, 316–340, bes. 323 ff.

[239] W. Schulze, Die ständische Gesellschaft des 16./17. Jahrhunderts als Problem von Statik und Dynamik, in: ders. (Hg.), Ständische Gesellschaft und soziale Mobilität, München 1988, 1–17, hier: 8 unter Verweis auf G. Duby, Die drei Ordnungen. Das Weltbild des Feudalismus, Frankfurt 1981.

Deutungsschemas der sozialen Wirklichkeit in der mittelalterlichen Gesellschaft konzipiert ist.[240] Markierte die mittelalterliche Ständeordnung u. a. in rechtlicher Hinsicht scharf getrennte Gruppen, so hat die Reformation eine einschneidende Veränderung im Sozialleben nicht zuletzt dadurch verursacht, „daß sie allen Angehörigen des bisherigen geistlichen Standes ihren rechtlichen Sonderstatus nahm, um sie in das bürgerliche Rechtsleben einzugliedern"[241]. U. a. durch diesen sozialen Wandlungsprozeß ist es naheliegend, die lutherische Drei-Stände-Lehre weniger als eine Theorie einer bestimmten sozialrechtlichen Ständeordnung aufzufassen, denn als eine ethische Lehre dreier Lebensbereiche, in denen sich jeder Mensch nach Gottes Willen zu bewähren hat: nämlich „ecclesia", „oeconomia" und „politia", Kirchengemeinde, Hausstand und Gemeinwesen. Dabei bilden „oeconomia" und „politia" gemeinsam die Sphäre des weltlichen Regiments, wohingegen die „ecclesia" ihrem Wesen nach durch geistliches Regiment bestimmt zu sein hat. Drei-Stände-Lehre und Zwei-Regimenten-Lehre durchdringen sich auf diese Weise wechselseitig und umschreiben einen differenzierten Problemzusammenhang, dessen rechte Wahrnehmung für die theologisch-ethische Verfaßtheit christlichen Lebens grundlegend und entscheidend ist.

Ekklesiologisch bemerkenswert ist dabei vor allem, daß mit der geforderten weltlichen Ohnmacht geistlichen Regiments, dessen Auftrag konsequent auf Evangeliumspredigt und Sakramentsverwaltung konzentriert zu sein hat, auch die Unmöglichkeit eines geistlichen Standes im Sinne einer sozialen Ständeordnung ausgemacht ist. Wenn daher in den Aussagen über das geistliche Regiment von ordinatio und ordo die Rede ist, dann offenkundig „(i)n einem sehr anderen Sinn als in der Lehre vom weltlichen Regiment" (Schlink, 325). Hinzuzufügen ist, daß wohl „die Aufgabe, nicht aber die konkrete Gestalt der beiden Regimente ... durch Gottes Wort geoffenbart (ist)" (Schlink, 334; bei Sch. gesperrt). Wie die differenzierte Ausgestaltung des ordinationsgebundenen Amtes eine zwar nicht der Willkür anheimgegebene, aber nach

---

[240] Vgl. O. G. Oexle, Die funktionale Dreiteilung als Deutungsschema der sozialen Wirklichkeit in der ständischen Gesellschaft des Mittelalters, in: W. Schulze (Hg.), a. a. O., 19–51, hier: 46.

[241] R. Schwarz, a. a. O., 80 unter Verweis auf B. Moeller, Kleriker als Bürger, in: FS H. Heimpel, Göttingen 1972, Bd. 2, 195–224.

Maßgabe menschlicher Einsicht und iure humano vorzunehmende
Angelegenheit darstellt, so ist auch die Verfassung des weltlichen
Regiments im einzelnen nicht von Gott vorgeschrieben, sondern
der geschichtlichen Verantwortung des Menschen überlassen,
wobei grundsätzlich davon auszugehen ist, daß das weltliche Regiment in seiner Unterschiedenheit vom geistlichen von Gott verordnet ist und „Gehorsam gegenüber der göttlichen Ordnung des
weltlichen Regiments ... nicht nur dem Untertanen, sondern auch
dem Oberherrn geboten (ist)" (Schlink, 345).[242]

Um auf die Augustana samt Vorgeschichte zurückzukommen, so
ist zunächst zu bemerken, daß sich in ihr nur gelegentlich explizite Hinweise auf die Drei-Stände-Lehre finden lassen, die zumeist
erst nach der Abschrift Na in einzelne sozialethische Artikel der
CA eingedrungen sind. Luthers Bekenntnis von 1528 fungiert in
diesem Zusammenhang als entscheidende Bezugsgröße, wobei
die antimonastische Ausrichtung lutherischer Dreihierarchienlehre
erhalten bleibt, wie namentlich CA XXVII beweist. Im übrigen
stellt in der Augustana und ihrer Vorgeschichte die Obrigkeit den
exemplarischen Fall weltlichen Regiments dar, während auf haus-
väterliches Amt und eheliche Ordnung als wichtigste Aspekte der
„oeconomia" eher am Rande eingegangen wird (vgl. im einzelnen
Maurer I, 100–104). So wird im 14. Schwabacher Artikel gelehrt,
daß weltliche Obrigkeit und Herrschaft ein von Gott verordneter
Stand sei, „zu schutzen die Frummen und zu steuern die Bösen"
(BSLK 70,26 f.). Solchem Stand gebühre nicht nur Ehre und Gehorsam, sondern es habe auch zu gelten, daß ihn „ein Christ, wo
er darzu ordentlich berufen wird, ohne Schaden und Fahre seines
Glaubens und Seligkeit wohl furen oder darinnen dienen mag"
(BSLK 70,27 ff. unter Verweis auf Röm 13 und 1. Petr 2). Bemerkenswert ist, daß in Schwab 14 diese vertrauten Aussagen ausdrücklich unter einen eschatologischen Vorbehalt gestellt werden,
sofern die obrigkeitliche Gewalt nur solange in Geltung stehen
soll, „bis der Herr zu Gericht kommt und alle Gewalt und Herrschaft aufheben wird" (BSLK 70,21 ff.). Diese – wohl Luther zuzu-
schreibende – „endgeschichtliche Schau der Geschichte, biblisch
mit 2. Thess 2,6 ff. begründet, tritt einmalig, nur hier, in der Entwicklung des lutherischen Bekenntnisses auf ..." (Maurer I, 116).

---

[242]   Zu Luthers Ableitung der weltlichen Obrigkeit aus dem elterlichen Amt
        vgl. Schlink, 322 f. sowie § 5,1.

Bereits in Na 15 ist die eschatologische Wendung gestrichen. Das stimmt mit der bereits erwähnten Tatsache überein, daß Melanchthon die Artikel über die bürgerlichen ebenso wie über die kirchlichen Ordnungen in den heilsgeschichtlichen Gliederungszusammenhang integriert, statt sie, wie das in den Schwabacher Artikeln der Fall war, hinter die Aussagen über die Wiederkunft Christi zu stellen, um so den Interimscharakter gegebener Ständeordnung hervorzuheben und sie in eschatologischer Hinsicht als vorläufig zu qualifizieren.

An einer solchen Akzentsetzung war Melanchthon offenbar wenig gelegen[243], was angesichts der in Na betont und erstmals explizit hervorgehobenen Frontstellung gegen die Täufer nicht unverständlich ist. Das ausdrückliche Verwerfungsurteil gegen die Anabaptisten ist verbunden mit einer Qualifizierung rechtmäßiger bürgerlicher Ordnungen als eines guten Werkes Gottes und einer beschreibenden Aufzählung obrigkeitlicher Funktionen, die ein Christ entgegen täuferischem Verbot als Christ wahrzunehmen berechtigt sei. Aufgelistet werden folgende Einzelaspekte: „ein Oberkeit fuhren, Gerichtsubung gebrauchen, urteilen nach jetzigen kaiserlichen Rechten, das Ubel mit Recht strafen, rechtmäßig Krieg fuhren, kaufen und ander Contract machen, eigene Guter haben, uf Erforderung der Oberkeit schweren, heiraten etc." (BSLK 70,23 ff.). Die Einzelstücke dieser Aufzählung, die nach Maurer (I, 116) fast durchweg schon in den Forderungen begegnen, die der „Unterricht der Visitatoren" an den bürgerlichen Gehorsam gestellt hatte, sind vom endgültigen Text von CA XVI[244]

---

[243]   Vgl. allerdings CA XVI,5: „Interim ...“ Dazu: H. Liebing, CA XVI. De rebus civilibus – Ordnungen für den Menschen: Unterrichtung der Gewissen im Gebrauch christlicher Freiheit, in: ders., Humanismus, Reformation, Konfession. Beiträge zur Kirchengeschichte, hg. v. W. Bienert u. W. Hage, Marburg 1986, 177–190, hier: 188.

[244]   Vgl. BSLK 70,7–10: „De rebus civilibus / Von Polizei und weltlichem Regiment". „Das Wort ‚Polizei' ist im Deutschen seit dem 15. Jahrhundert bezeugt, und es behält bis ins 18. Jahrhundert noch den ganz allgemeinen Sinn von ‚Regierung', ‚öffentlicher (Staats- oder Stadt-)Verwaltung', ‚Politik'. Es bildet das Äquivalent des griechischen bzw. lateinischen politeia/politia. ... Tatsächlich ist der in CA XVI zur Sprache kommende Sachkomplex durch die umschreibende Wiedergabe der lateinischen Überschrift–‚Vom Leben der Christen in der Welt'– besser ausgedrückt. Denn die im Artikel gebrauchten Begriffe ‚politia' und ‚oeconomia' umfassen tatsächlich den ganzen ‚klassischen', seit der Antike so benannten,

im wesentlichen übernommen worden.[245] Auf der Basis des wiederholten Grundsatzurteils, „quod legitimae ordinationes civiles sint bona opera Dei" (CA XVI,1; BSLK 70,10–13: „daß alle Obrigkeit in der Welt und geordente Regiment und Gesetze gute Ordnung, von Gott geschaffen und eingesetzt seind"), wird gelehrt, daß Christen ohne Sünde in Obrigkeit, Fürsten- und Richteramt tätig sein können (CA XVI,2: „liceat gerere magistratus, exercere iudicia"), nach kaiserlichen und anderen geltenden Rechten Urteil und Recht sprechen (ebd.: „iudicare res ex imperatoriis et aliis praesentibus legibus"), Übeltäter mit dem Schwert bestrafen (ebd.: „supplicia iure constituere"), gerechte Kriege führen (ebd.: „iure bellare"), in ihnen mitstreiten (ebd.: „militare"), kaufen und verkaufen, auferlegte Eide leisten, Eigentum haben, ehelich sein können etc. (ebd.: „lege contrahere, tenere proprium, iurare postulantibus magistratibus, ducere uxorem, nubere").

Da in W. Maurers historischem CA-Kommentar zu den Einzelpunkten dieser Aufzählung bereits das Nötige gesagt ist[246], soll im

---

erschlossenen und gegliederten Bereich des weltlichen Lebens, ‚draußen' und ‚drinnen', ‚zu Hause' und ‚in der Stadt', ‚domi' und ‚foris', wofür die allzu direkte und rein etymologische Übersetzung ‚Politik' und ‚Wirtschaft' vergleichsweise platt, schablonenhaft, ressort- oder departementsbeschränkt klingt." (H. Liebing, a. a. O., 183 f.)

[245] Zu der in CA XVI enthaltenen Liste obrigkeitlicher Befugnisse und Pflichten, an deren Anfang die Rechtspflege im Sinne der Strafgerichtsbarkeit steht, vgl. Maurer I, 143–149.

[246] *Zum Eid* vgl. Maurer I, 160–163, hier: 160: „CA 16 bestätigt dem Christen, daß die Eidesleistung an sich keine Sünde sei, und fordert von ihm, daß er auf Anforderung der Obrigkeit den Eid auf sich nehme. Das bedeutet nicht nur eine grundsätzliche Rechtfertigung des Eides und eine Verwerfung der täuferischen Exegese, die aus Mt 5,33 ff. (bzw. Jak 5,12) ein radikales Verbot des Schwörens abgeleitet hatte, sondern schloß auch eine Einschränkung der Praxis ein. Nur der öffentliche Eid, von der Obrigkeit auferlegt, wird zugelassen; privates Schwören wird zum gottwidrigen Mißbrauch gestempelt." *Zur Eigentumsfrage* vgl. Maurer I, 163–175: Ohne dezidiert für ein bestimmtes Wirtschaftssystem zu plädieren, tritt CA XVI für das Recht des Christen ein, sich an Eigentumsbildung und -verwaltung zu beteiligen, und wendet sich damit gegen liebeskommunistische Expropriationsbestrebungen, wie die Täufer sie vertraten. *Zu den ehe- und familienrechtlichen Problemen*, die bereits in anderem Zusammenhang angesprochen wurden, vgl. Maurer I, 175–192. Auffällig ist, daß in der Augustana wie bei Luther die „Lehre von der Ehe fast ausschließlich in der Polemik gegen den Zölibat entwickelt" ist (Maurer, 181; vgl.

Interesse theologischer Konzentration hier nur der Gesichtspunkt
herausgegriffen werden, der in Gegenwart und jüngster Vergangenheit die meiste – kritische – Aufmerksamkeit auf sich gezogen
hat, nämlich der Aspekt des iure bellare[247]. Auszugehen ist von
der unbestreitbaren geschichtlichen Tatsache, daß die Augustana
ihrem Selbstverständnis gemäß ein irenisches Dokument sein will,
wobei das Friedensanliegen nicht nur die Angelegenheiten der
ecclesia, deren Einheit gewahrt und gefördert werden soll, sondern auch diejenigen der politia betrifft. Die kaiserliche Sorge um
„gemeinen Frieden in ganzer Europen", wie es in der Vorrede zu
Na heißt (BSLK 39,24), macht man sich unter den Augsburger Bekennern ausdrücklich zu eigen.[248] Daß man darin auch fernerhin

---

CA XXIII, CA XXVII). Entscheidend ist ferner die CA XXVIII,29 expli-
zierte Annahme, „daß die Ehegerichtsbarkeit, auch wenn die Bischöfe sie
ausüben, weltliches Rechtes sei und daß die weltliche Obrigkeit sie
wahrzunehmen habe, wenn die geistliche versagt" (Maurer, 188). Zu beachten ist, daß in CA XVI die Aufgabe des weltlichen Regiments „durch
Aussagen über den Christen in und unter diesem Regiment, nicht durch
Aussagen über dieses Regiment an und für sich" bestimmt wird. „Damit
erweist sich von vornherein wie die Lehre der Bekenntnisschriften
überhaupt so auch die Lehre von der Obrigkeit als gepredigte und zu
predigende Lehre, die sich an die Gemeinde Jesu Christi richtet und sie
zum Gehorsam des Glaubens ruft ... Darum sind auch von vornherein
keine umfassende Staatslehre und noch weniger Vorschriften für eine
konkrete Staatsordnung von den Bekenntnisschriften zu erwarten, sondern sie lehren eben nur so viel, als der Glaubende wissen muß, um in
und unter dem weltlichen Regiment Gott zu gehorchen." (Schlink, 307)

247   Vgl. Maurer I, 149–160, hier: 149: „Das lutherische Bekenntnis übernimmt
die augustinische Lehre vom gerechten Krieg, iure bellare gehört zur
Pflicht der Obrigkeit, und der christliche Untertan soll sie in der Ausübung dieser Pflicht unterstützen und Kriegsdienste leisten (BS 70, 14f.
25f.). In seinem persönlichen Bekenntnis von 1528 hat Luther nichts über
den Krieg gesagt; auch Schwab. 14 enthält nichts. Erst in Na 15 hat Melanchthon die Kriegsfrage in die Obrigkeitslehre mit einbezogen, freilich
noch nicht in bezug auf den Untertan, der Kriegsdienste leistet, wohl
aber im Blick auf die Herrschaft, die Kriege verantwortet und führt." Vgl.
insgesamt: V. Mortensen (Hg.), Krieg, Konfession, Konziliarität. Was
heißt „gerechter Krieg" in CA XVI heute?, Hannover 1993; dort finden sich
kurzgefaßte Bemerkungen sowohl zur ursprünglichen Intention als auch
zur Infragestellung der Lehre vom gerechten Krieg sowie die Skizze einer aktuellen Interpretation des iure bellare, militare von CA XVI.

248   Vgl. H. Meyer, Die Bedeutung der Confessio Augustana für die heutige
friedensethische Diskussion, in: G. Planer-Friedrich (Hg.), Frieden und

eine verbindliche Aufgabe sah, beweisen nicht zuletzt die kontroversen Debatten um die Legitimität eines aktiven Widerstands-
rechts gegen den Kaiser im Zusammenhang mit den Anfängen
des Schmalkaldischen Bundes und dem Ergebnis des Augsburger
Reichstages. Allerdings geht es in diesen Debatten primär um die
Frage, welche Instanz im eigentlichen, gottgestifteten Sinne als
Obrigkeit zu achten sei, während die prinzipielle obrigkeitliche
Legitimation, rechtmäßige Kriege zu führen, wie CA XVI sie ausspricht, nirgends revoziert, sondern von allen Seiten vorausgesetzt
wird. In Übereinstimmung mit dem irenischen Grundanliegen der
CA und ihrer Bekenner läßt sich dies nur unter der Bedingung
bringen, daß die reformatorische Rezeption der überkommenen
Lehre vom gerechten Krieg nicht nur mit friedlichen Intentionen
und ohne kriegerische Absicht, sondern auch in der gewissen
Annahme erfolgte, daß dieser Lehre selbst ein friedfertiges Anliegen innewohnt.

Die deutsche Fassung der Apologie unterstreicht dies ausdrücklich, wenn gesagt wird, iure bellare heiße, Krieg führen „um ge-
meines Friedes willen" (BSLK 309,30 f.). Sinn und Zweck eines
Krieges, der gerecht genannt zu werden verdient, kann nach
Maßgabe dieser Bestimmung also nur die Sicherung gemeinsamen
Lebens in Frieden sein und sonach im Grundsatz nur ein Vertei-
digungskrieg, niemals hingegen ein Angriffskrieg. Daß es dabei
um den irdischen und nur um den irdischen Frieden zu tun sein
kann, geht aus dem Kontext von CA XVI par Apol eindeutig hervor, in dessen Zusammenhang das iure bellare eher beiläufig und
allgemein sowie in einer Reihe – „und nicht an der Spitze"[249] –
von Bestimmungen erwähnt wird, die allesamt auf die zivile
Rechtssicherheit und Wahrung der äußeren Sphäre menschlicher
Freiheit bezogen sind, wohingegen der innere Mensch und seine
geistlichen Belange gerade nicht Gegenstand der Erörterung sind.
Daraus folgt, was durch die lutherische Zwei-Reiche-Lehre grundsätzlich gefordert ist, daß z. B. sog. Religionskriege als mögliche
Erscheinungsgestalten gerechten Krieges von vornherein aus-

Bekenntnis. Die Lehre vom gerechten Krieg im lutherischen Bekenntnis,
Genf 1991, 21–46.

[249] Vgl. W. Lienemann, Vom gerechten Krieg zum gerechten Frieden? Überlegungen zur neueren ökumenischen Friedensethik, in: G. Planer-Friedrich (Hg.), a. a. O., 47–71, hier: 57.

scheiden.²⁵⁰ Im Namen Christi oder des Glaubens geführte Kriege sind sonach stets Unrecht und Indiz innerer Perversion des Christentums, insofern das Evangelium allein mittels der Ohnmacht des Wortes, aber nie mit Schwertgewalt sich durchzusetzen vermag. Gerecht kann mithin ein Krieg überhaupt nur dann sein, wenn sein Zweck auf endliche Handlungsziele im Sinne der Verteidigung irdischen Leibes und Lebens sich beschränkt. Alle darüber hinausgehenden Kriegsziele sind von Hause aus unrecht; damit ist einer Ideologisierung des Krieges ebenso gewehrt wie jedweder Form seiner Totalisierung.

Ist aber der totale Krieg eo ipso unrechtmäßig, so haben der Nachweis limitierter bzw. limitierbarer Kriegsziele sowie der Beleg vermeidbarer Totalisierung des Krieges im Sinne von CA XVI als Grundkriterien seiner gerechten Führbarkeit zu gelten. Es liegt in der Konsequenz dieser Maxime, daß die Lehre vom gerechten Krieg unter bestimmten, die zwangsläufige Selbstentgrenzung eines möglichen Krieges bewirkenden Voraussetzungen gesellschaftlicher, politischer oder militärisch-waffentechnischer Art sich selbst aufhebt und sich selbst aufheben muß. Kann es als erwiesen gelten, daß unter den „Bedingungen *nostri temporis* das Friedensanliegen von CA 16 sich überhaupt nicht mehr mit kriegerischen Mitteln verwirklichen läßt und folglich das friedensethische Anliegen der Lehre vom ‚gerechten Krieg‘ sich in sein Gegenteil verkehrt, dann ist es eine Sache der Ernsthaftigkeit unserer Bekenntnisbindung, dem Gedanken vom ‚gerechten Krieg‘ als einem

---

²⁵⁰ „Der gerechte Krieg ist kein Religionskrieg, und der Religionskrieg ist kein gerechter Krieg – das ist eine Konsequenz seiner Zweireichelehre, die Luther in bezug auf den Türkenkrieg gezogen hat. Daß der Kaiser keinen Glaubenskrieg zu führen, sondern seine Fürsorgepflicht zu erfüllen hat, daß er also nicht mit falschem Selbst- und Berufungsbewußtsein zu Felde ziehen darf, das ist der Sinn der Mahnungen, die Luther an seinen Karolus richtet: ‚Denn der keiser ist nicht das heubt der Christenheit noch beschirmer des Euangelion odder des glaubens.‘" (Maurer I, 155 mit Verweis auf WA 30 II, 130, 27 f.) Das wird sachlich nicht widerlegt, sondern bestätigt, wenn in CA XXI der Kaiser zum exemplarischen Fall des wahren christlichen Heiligen erklärt wird, weil er – dem Vorbild Davids und seinem aufgetragenen Beruf gemäß – seine Untertanen durch Kriegsführung gegen die Türken schützt.

mit dem Anliegen von CA 16 heute unvereinbaren und ihm widersprechenden Gedanken den Abschied zu geben ...“[251]

Solcher Abschied, wie er im Sinne von CA XVI nicht nur möglich, sondern unter bestimmten Bedingungen geboten ist, ergibt sich dann freilich aus anderen Beweggründen als denen eines dergestalt abstrakten Pazifismus, der apriori und ohne alle Rücksicht und Vorsicht ausnahmslos jeden Fall und jede Weise kriegerischer Gewaltanwendung unter ein prinzipielles Verdikt stellt. Ein solcher Pazifismus müßte unter reformatorischen Bedingungen als im Widerspruch zu seinem Begriff stehend beurteilt werden, sofern er die Welt, um sich von ihr rein zu halten, sich selbst zu überlassen geneigt ist und gerade so die christlich gebotene Friedenspflicht vernachlässigt und konkrete Friedfertigkeit schuldig bleibt. Nicht von ungefähr werden in CA XVI im Zusammenhang mit den Täufern, die den Christen „civilia officia“ wie Militär- und Kriegsdienst grundsätzlich verbieten, auch diejenigen verdammt, „so lehren, daß christliche Vollkommenheit sei, Haus und Hof, Weib und Kind leiblich zu verlassen und sich der beruhrten Stukke (sc. der aufgezählten zivilen Dienstaufgaben) äußern“ (BSLK 71,5 ff.). Gemeint ist damit das Mönchtum. Wie dem Täufertum wird auch ihm kompromißlos das Recht bestritten, sein christliches Heil statt in Gottesfurcht und Glauben, wie es heißt, „in deserendis civilibus officiis“ (CA XVI,4), in der Flucht vor den weltlichen Geschäften zu suchen. Verworfen wird damit jede Form von „Eskapismus“, wonach für den Christen ein Ausstieg aus konkreter Weltverantwortung und Mitwirkung im politischen Leben möglich oder gar zu fordern sei.

Was aber das – den bestimmten Negationen der Verwerfungsurteile vorausgesetzte – Affirmative anbelangt, so ist zu beachten, daß das Argumentationsziel von CA XVI nicht auf die Erteilung von Lizenzen (CA XVI,2: „christianis liceat“) hin angelegt ist, sondern auf die Inpflicht- und Indienstnahme des Christen zu konkreter Weltverantwortung (vgl. CA XVI,6 f.: „debent“). „CA 16 ist gewissermaßen in einem Zuge zu lesen: Die Lizenz zum politischen Handeln steht im Rahmen der Forderung zur Erhaltung der Welt.“[252] Verlangt wird dabei näherhin, „politia“ und „oecono-

---

[251] H. Meyer, a. a. O., 29.

[252] Erklärung des Theologischen Ausschusses der VELKD und des DNK des LWB zum Verständnis von Artikel 16 des Augsburgischen Bekenntnisses,

mia" – der deutsche Text spricht von „weltlich Regiment, Polizei
und Ehestand" – als „ordinationes Dei" („wahrhaftige Gottesord-
nung") zu wahren und Liebe darin zu üben – „ein jeder nach seinem Beruf". Deshalb, so wird hinzugefügt, sind die Christen notwendig verpflichtet, ihren Obrigkeiten (magistratus) und den Gesetzen zu gehorchen, es sei denn, diese verlangten zu sündigen;
in diesem Fall muß man Gott mehr gehorchen als den Menschen.

Entsprechendes war – wenngleich ohne direkten Bezug auf Apg
5,29 – schon in Na zu lesen, wo ebenso bereits die Verwerfung
der Täufer und der mönchischen Lehre von der evangelica perfectio zu einem besonderen Absatz zusammengefaßt wurde. Ferner findet sich in Na 15 ein andeutender Hinweis auf die Lehre
von der doppelten Gerechtigkeit (vgl. BSLK 70,34 f.), der in der
lateinischen Endfassung aufgegriffen („evangelium tradit iustitiam
aeternam cordis") und im deutschen Text von CA XVI etwas genauer entfaltet wird, wenn es heißt, daß das Evangelium „nicht
ein äußerlich, zeitlich, sondern innerlich, ewig Wesen und Gerechtigkeit" lehre und – gerade deshalb, wie man hinzufügen
darf – nicht die Negation oder den Ersatz der äußeren Ordnung
der Welt und ihrer Stände zur Folge hat, sondern diese in ihrer
relativen, aber in dieser Relativität unhintergehbar verpflichtenden
Bedeutung anerkennt, Bezugspunkt und Ort guter Werke und
christlicher Liebestätigkeit zu sein. „Gerade mit dieser Reflexion
lenkt Melanchthon auf Luthers Bekenntnis als auf seine Vorlage
zurück." (Maurer I, 117) Diese zutreffende Bemerkung W. Maurers,
die mit dem Zusammenhang von CA XVI und Luthers Bekenntnis
von 1528 zugleich die sachliche Verbindung des Augustanaartikels
„De rebus civilibus" mit Luthers Zwei-Reiche-Lehre in Erinnerung
ruft, wird ergänzt durch den Hinweis, daß die Lehre von der
doppelten Gerechtigkeit zentraler Integrationspunkt der Aussagen
„Von der Polizei und weltlichem Regiment" sei, wodurch „das
Ganze zu einer systematischen Einheit (verklammert wird); und
indem der Anfang von CA 18 jene Lehre schließlich in sich auf-
nahm, schließt diese Einheit die sozialethischen Aussagen mit der
theologischen Anthropologie zusammen." (Maurer I, 117) Darauf
wird zurückzukommen sein.

---

in: G. Planer-Friedrich (Hg.), a. a. O., 147–153, hier: 148. Vgl. R. Hordern,
Geschichte der Theorie des gerechten Kriegs aus lutherischer Perspektive, in: a. a. O., 99–123.

Zuvor ist festzuhalten, daß die Konfutatoren (vgl. Immenkötter, 114 f.; Ficker, 56 ff.) CA XVI, wie Melanchthon zurecht konstatiert, „sine ulla exceptione" (Apol XVI,1) annahmen. Die Apologie kann sich deshalb verhältnismäßig kurz fassen und zusammenfassend geltend machen, daß die entwickelte Lehre ihre fundierende Basis in dem „locus de discrimine regni Christi et regni civilis" (BSLK 307,45 ff.) habe. Bedürfte es noch eines Beweises bezüglich des Sachzusammenhangs von CA XVI mit der lutherischen Lehre von den zwei Reichen, er wäre hiermit expressis verbis erbracht. Dabei geht Melanchthon von der Annahme aus, das bisherige evangelische Schrifttum illustriere eingehend (vgl. Apol XVI,4) und in angemessener Weise (Apol XVI,2: „utiliter") die Tatsache, „quod regnum Christi sit spirituale, hoc est, in corde notitiam Dei, timorem Dei et fidem, iustitiam aeternam et vitam aeternam inchoans, interim foris sinat nos uti politicis ordinationibus legitimis quarumcunque gentium, inter quas vivimus, sicut sinit nos uti medicina aut architectonica aut cibo, potu, aëre" (Apol XVI,2). Hinzugefügt wird: „Nec fert evangelium novas leges de statu civili, sed praecipit, ut praesentibus legibus obtemperemus, sive ab ethnicis sive ab aliis conditae sint, et hac obedientia caritatem iubet exercere." (Apol XVI,3) E. Wolf hat in diesem Satz die Quintessenz all dessen zusammengefaßt gefunden, was lutherische Theologie im Rahmen der Heiligungslehre über das sozialethische Handeln der Christen zu sagen weiß.[253] Er hat zugleich darauf aufmerksam gemacht, daß der Sinn dieses Satzes sich nur erschließt, wenn auf der Grundlage der durch den Gedanken vom ordo triplex geleisteten entklerikalisierenden Umformung der Vorstellung des corpus christianum und auf der Basis der Luther eigentümlichen Unterscheidung von geistlichem und weltlichem Regiment die beiden Hauptprobleme der Sozialethik des Luthertums richtig erfaßt werden, „nämlich 1. der Charakter des Christen als ‚Weltperson' innerhalb des lutherischen Berufsgedankens; und 2. die iustitia civilis als Aufgabe gerade auch des homo iustificatus" (231). Dabei legt Wolf den Akzent seiner Ausführungen insbesondere auf folgende Einsicht: „So wie die Unterscheidung der beiden Regimente auch dem dient, die Einheit Gottes im Werk

---

[253]   Vgl. E. Wolf, Politia Christi. Das Problem der Sozialethik im Luthertum, in: Peregrinatio. Bd. I: Studien zur reformatorischen Theologie und zum Kirchenproblem, München ²1962, 214–242, bes. 218, 230. Die nachfolgenden Seitenverweise im Text beziehen sich hierauf.

der Schöpfung und der Erlösung zu ‚sichern', entsprechend verwehrt es die Beziehung des Menschen auf die beiden Regimente, aus der Unterscheidung von ‚*Christperson*' und ‚*Weltperson*' eine ethische Verschiedenheit, eine doppelte Moral zu folgern." (235) Entsprechend gilt, „daß die iustitia civilis zu der christlichen Gerechtigkeit gehört und nicht von ihr getrennt werden darf" (237). Die Zugehörigkeit der iustitia civilis zur iustitia christiana zeigt sich nachgerade daran, daß sie wie diese Gegenstand des Glaubens und Ort seiner tätigen Bewährung in der Welt ist.[254]

Ist damit die Auffassung der Apologie durchaus zutreffend wiedergegeben, so werden als ihre Gegner von Melanchthon neben Karlstadt (Apol XVI,3: „qui nobis imponebat leges iudiciales Moysi") vor allem die Mönche benannt, welche Gütergemeinschaft als die evangeliumsgemäße Form des Zivilen bezeichnet und behauptet hätten, es gäbe evangelische Räte (consilia), kein Eigentum zu haben und keine „Rache" zu üben. Diese Auffassung wird als für die Verfassung beider Reiche, also für das geistliche Reich des Evangeliums wie für das weltliche Reich als gleichermaßen gefährlich charakterisiert, wobei noch einmal mit Nachdruck hinzugefügt wird (vgl. Apol XVI,5), daß das Evangelium die Sphäre von politia und oeconomia nicht auflöst, sondern anerkennt; es befiehlt daher politia und oeconomia als göttliche Ordnung gehorsam zu achten und zwar nicht nur um der Strafe, sondern auch um des Gewissens willen (Apol XVI,5: „non solum propter poenam, sed etiam propter conscientiam"). Von einer das Gemeinwesen zersetzenden Wirkung des Evangeliums, wie sie von Julian Apostata, Celsus und vielen anderen den Christen vorgeworfen worden sei, könne daher nicht die Rede sein.

Im Detail exemplifiziert wird dies an zwei bereits erwähnten Beispielen, nämlich am Fall der Rache (vindicta) und des Eigentums (proprium). Vorausgeschickt wird, daß das Evangelium Sündenvergebung und den Anfang des ewigen Lebens in den Herzen der Gläubigen darstellt, aber keine Gesetze de statu civili schafft. Dem schließt sich das Bekenntnis an: „ceterum non solum externas po-

---

[254] Vgl. ders., Reformatorische Religiösität und neue Weltlichkeit, in: Peregrinatio. Bd. II: Studien zur reformatorischen Theologie und zur Sozialethik, München 1965, 300–317. Die Differenzen zwischen den Ausführungen „De ordine politico" in der Quart- und in der Oktavausgabe von 1531 sind marginal und lediglich stilistischer Natur (vgl. Peters, II.1.2.2.).

litias approbare, sed nos etiam subiicere illis, sicut necessario
subditi sumus legibus temporum, vicibus hiemis et aestatis tamquam divinis ordinationibus." (Apol XVI,6) Was sodann die „Rache" betrifft, so verbiete das Evangelium lediglich die Privatrache
(vindicta privata), während die öffentliche Rache (vindicta publica), „quae fit ex officio magistratus" (Apol XVI,7) nicht verboten,
sondern geboten sei. Nach Röm 13 sei sie ein opus Dei, ein Werk
Gottes selbst. Als Beispiel solcher öffentlichen Rache (publicae
vindictae species) werden benannt: „iudicia, supplicia, bella, mili-
tia" (Apol XVI,7). Gegen deren – in dem Mißverständnis, das
Evangelium sei eine externa quaedam, nova et monastica politia
(vgl. Apol XVI,8), begründete – Geringschätzung bei vielen Kir-
chenschriftstellern (vgl. auch den Verweis auf Origenes und Gregor von Nazianz in Apol XVI,6) macht Melanchthon unter Verweis
auf Mt 5,39 und Röm 12,19 sowie unter Bezug auf die Differenz
zwischen der von Christus intendierten Weltsendung der Apostel
und politischen Messiasideen des zeitgenössischen Judentums erneut die Notwendigkeit klarer Unterscheidung beider Reiche geltend.

Daß die christliche Vollkommenheit (perfectio christiana) nicht
auf der Verachtung der weltlichen Ordnungen, sondern auf den
Regungen des Herzens, auf großer Gottesfurcht und Glauben beruht, wird im Blick auf die Eigentumsfrage erneut bestätigt. Der
Grundsatz lautet: „Vanissimum et hoc est, quod sit perfectio christiana non tenere proprium." (Apol XVI,9) So seien Abraham, David und Daniel bei aller Macht und Reichtum keineswegs weniger
vollkommen gewesen „quam ulli eremitae" (Apol XVI,9). Ausdrücklich wird gegen die mönchische Verherrlichung der Gütergemeinschaft und die wiklifitische Behauptung priesterlicher Be-
sitzlosigkeit das biblisch begründete Recht auf Eigentum angeführt. Hier wie im fernerhin erwähnten Vertragswesen bestätigt
sich der Grundsatz, „quod christiano liceat uti civilibus ordinationibus ac legibus" (Apol XVI,12). Während nämlich die auf die
Heuchelei der Armut und Demut aufgebaute communio Platonica
der Mönche kein Mandat Gottes habe, sei dies bei politia und oeconomia durchaus der Fall, wodurch sowohl die auctoritas magistratuum und die dignitas omnium ordinationum civilium befe-
stigt, als auch jenen durch Mönchsgeschwätz verunsicherten boni
viri der Rücken gestärkt werde, „qui versantur in republica et in
negotiis" (Apol XVI,13).

Statt in eine Einzelexegese dieser Ausführungen einzutreten, soll die Aufmerksamkeit abschließend nurmehr auf das Problem konzentriert werden, das traditionellerweise im Zentrum der Kritik lutherischer Zwei-Reiche-Lehre steht und den häufigen Vorwurf provoziert, diese Lehre diene lediglich der theologischen Stabilisierung gegebener Ordnung und Machtverhältnisse. Um nur eine Stimme zu zitieren, der eine Reihe inhaltlich analoger unschwer beizufügen wären: Wenn CA XVI sagt, das Evangelium lehre nicht ein äußerliches, zeitliches, sondern ein innerliches, ewiges Wesen und Gerechtigkeit des Herzens und stoße daher weltliches Regiment und weltliche Ordnung nicht um, so heiße das „im Klartext: Die Zustände in der Welt *sind* gerecht und bedürfen keiner Änderung." Zwar werde CA XVI,7 eingeräumt, „daß der Christ gemäß Apg 5,29 natürlich Gott mehr gehorchen müsse als der Obrigkeit, wenn diese befehlen sollte, was Sünde ist – aber das klingt", so lautet der kritische Vorbehalt, „nach den vorangehenden Einschärfungen der Gehorsamspflicht wie eine biblische Pflichtübung"[255]. Träfe dieses Urteil zu, dann allerdings wäre die lutherische Bekenntnistradition an einem ihrer wesentlichen Punkte entscheidend getroffen und als theologisch unhaltbar erwiesen. Denn daß Gott die Welt sich selbst überläßt und sei es auch nur in bezug auf ihre äußere Ordnung und deren Regelung, ist unvereinbar mit seinem offenbaren Heilsratschluß, der sich nicht auf die Sphäre eines von Außenbezügen separierten Inneren beschränken läßt, sondern den Menschen in der Einheit von Seele und Leib und mithin unter Einschluß seiner leibhaften Weltbezüge angehen will. Daß dies auch von lutherischer Soteriologie der ursprünglichen Einsicht der Reformation gemäß so beurteilt wurde, ist offenkundig. Man müßte demnach schon von der Annahme eines inneren Selbstwiderspruchs lutherischer Theologie ausgehen, wollte man dem zitierten Verdikt folgen. Angemessener dürfte es sein, in ihm ein Vorurteil zu sehen, das trotz seiner

---

[255] O. H. Pesch, Rechtfertigung des Sünders und Gerechtigkeit in der Welt im Licht und Schatten des Augsburger Bekenntnisses, in: B. Lohse/O. H. Pesch (Hg.), a. a. O., 215–236, hier: 215. Vgl. auch: ders. (Seminarleiter), Luthers Lehre von den zwei Reichen. Theorie und Praxis, in: L. Grane/B. Lohse (Hg.), Luther und die Theologie der Gegenwart, Göttingen 1980, 147–155, hier: 151: „Luther erscheint damit in gewissem Sinne als Anwalt *jeder* bestehenden Ordnung."

weiten Verbreitung und hohen Wiederholungsfrequenz nicht
sachgerecht ist.

Damit soll nicht geleugnet werden, daß CA XVI par Apol im Blick
auf die bestehenden politischen Ordnungsverhältnisse primär affirmativ und mit offenkundig konservativen Absichten argumentiert. Dieser Konservativismus ist sicher nicht nur apologetischer
Natur; neben einem politischen Selbsterhaltungsinteresse und
dem Wunsch, sich von revolutionären Entwicklungen im Umfeld
der Reformation gebührend abzugrenzen, verdankt er sich zweifellos auch dem, was im reformatorischen Sinne ein durch geschichtliche Welterfahrung bewährtes Vernunfturteil genannt werden kann. Dabei muß allerdings sogleich hinzugefügt werden,
daß es die im gegebenen Kontext apostrophierte Vernunft nach
reformatorischem Verständnis mit der *„welthafte(n) Wirklichkeit
des menschlichen Selbst- und Weltumgangs"*[256] zu tun hat und
nicht mit der evangelischen Erkenntnis Gottes und seiner Gna-
denzuwendung, die nach Maßgabe des Gesetzes der Weltvernunft
ebensowenig zu fassen sind, wie Gottesfurcht und Glaube zur
Disposition eines freien Willensvermögens des Menschen stehen.
Mit dieser Feststellung ist zum einen eine theologische Näherbestimmung des vielzitierten lutherischen Konservativismus vollzogen. Er ist wie die Welt von politia und oeconomia, auf die er
sich bezieht, keine zeitinvariante, sondern eine geschichtlich-
relative und in solcher Relativität veränderbare und für Innovatio-
nen offene Größe. Ein prinzipielles Datum markiert der besagte
Konservativismus nur insofern, als er gegen alle Formen einer abstrakten Negation der leibhaft gegebenen Welt opponiert und für
deren grundsätzlichen Erhalt alternativlos eintritt. Das Plädoyer für
das elementare Christenrecht auf einen weltlichen Beruf und andere Weisen geregelten Weltbezugs sowie die prinzipielle Verwerfung der Weltflucht gehören in diesen Zusammenhang. Hingegen ist die spezifische Gestaltung des in seiner Alternativlosigkeit anzuerkennenden Weltbezugs und mithin auch die Ausgestaltung des weltlichen Berufs einschließlich des obrigkeitlichen
Amtes eine geschichtliche und damit eine zeitvariante Angelegenheit, deren historische Varianz durch die anzuerkennende Weltlichkeit der Welt selbst bedingt und daher zusammen mit dieser

---

[256]   F. Wagner, Art. Philosophie und Theologie, in: EKL³ 3, Sp. 1205–1211,
        hier: 1207.

prinzipiell zu akzeptieren ist. Der konservative Wille, bewährte Strukturen des Weltumgangs und der Weltbewährung zu bewahren, hat sich deshalb stets und nachgerade unter den Bedingungen seiner jeweils eigenen Zeit und ihrer konkreten Verhältnisse als vernünftig und welterfahrungsgemäß zu erweisen.

Mit der entwickelten These, daß ein lutherischer Konservativismus nur dann als seiner theologischen Basis angemessen beurteilt werden kann, wenn er sich als vernünftiger Wille zur Welt und ihrer Weltlichkeit begreifen läßt, ist, um dies als zweites zu sagen, die Thematik der Zwei-Reiche-Lehre zugleich in den Kontext eingeordnet, den ihr ausdrücklich auch die Confessio Augustana und ihre Apologie zuweisen, indem sie das Thema ihres XVI. Artikels im XVIII. erneut aufgreifen, womit die Ausführungen „De rebus civilibus", explizit und aufs engste verbunden werden mit dem innersten Zentrum reformatorischer Theologie, wie es durch die Willensfrage entscheidend mitbestimmt ist. In bezug auf sie heißt es in CA XVIII unter Berufung auf Paulus und in ausführlicher Zitation von Augustin, „daß der Mensch etlichermaß ein freien Willen hat, äußerlich ehrbar zu leben und zu wählen unter den Dingen, so die Vernunft begreift; aber ohn Gnad, Hilfe und Wirkung des heiligen Geists vermag der Mensch nicht Gott gefällig zu werden ..." (BSLK 73,1−8; CA XVIII,1f.: „De libero arbitrio docent, quod humana voluntas habeat aliquam libertatem ad efficiendam civilem iustitiam et deligendas res rationis subiectas. Sed non habet ...") Ohne noch einmal in die bereits entwickelte Einzelexegese von CA XVIII einzutreten (vgl. § 10,2), soll hier lediglich festgehalten werden, daß die dem Artikel zugrundeliegende Lehre von der doppelten Gerechtigkeit die Lehre von den zwei Regimenten mit dem zentralen Anliegen der Rechtfertigungslehre verbindet und sie in den Gesamtkontext der theologischen Anthropologie der Reformation einordnet (vgl. dazu im einzelnen: Maurer I, 104 ff.), womit zugleich der Bezug zum Spannungsfeld von Gesetz und Evangelium hergestellt ist, sofern die iustitia civilis im Gesetz, die iustitia fidei in dem Gnadenangebot gründet, welches durch das Evangelium ergeht. Wie immer man die Entstehungsgeschichte von CA XVIII und Ecks Einfluß auf sie im einzelnen beurteilen mag, Tatsache ist, daß sich mit dem Verhältnis der beiden Gerechtigkeiten „alle Grundfragen, die Melanchthon bei Abfassung der Augustana bewegten, verknoten" (Maurer I, 115). Ohne systematische Einsicht ist daher ein geschichtliches

Verständnis des Zentralbekenntnisses der Reformation auch in dieser Hinsicht nicht zu erlangen.

IV. LUTHERISCHE KONFESSION:

DIE KONKORDIENFORMEL

§ 12
ZUR ENTSTEHUNGSGESCHICHTE
DER KONKORDIENFORMEL

Lit.:

I. Dingel, Concordia controversa. Die öffentlichen Diskussionen um das lutherische Konkordienwerk am Ende des 16. Jahrhunderts, Gütersloh 1996. – *F. H. R. Frank,* Die Theologie der Concordienformel historisch-dogmatisch entwickelt und beleuchtet, Bd. *I* bis *IV,* Erlangen 1858–1865. – *H. Heppe,* Geschichte des deutschen Protestantismus in den Jahren 1555–1581, Bd. *I* bis *IV,* Marburg 1852–59 (^{2}1865–66). – *E. Koch,* Art. Konkordienbuch/Konkordienformel, in: TRE 19, 472– 476 bzw. 476–483. – *B. Lohse,* Dogma und Bekenntnis in der Reformation: Von Luther bis zum Konkordienbuch – Kapitel V: Innerprotestantische Lehrstreitigkeiten; Kapitel VI: Das Konkordienbuch, in: C. Andresen (Hg.), Handbuch der Dogmen- und Theologiegeschichte. Bd. II: Die Lehrentwicklung im Rahmen der Konfessionalität, Göttingen 1980, 102–138 bzw. 138–164. – *I. Mager,* Die Konkordienformel im Fürstentum Braunschweig-Wolfenbüttel. Entstehungsbeitrag – Rezeption – Geltung, Göttingen 1993. – *O. Ritschl,* Dogmengeschichte des Protestantismus, Bd. *I* bis *IV,* Leipzig 1908 ff. – *P. Tschackert,* Die Entstehung der lutherischen und der reformierten Kirchenlehre samt ihren innerprotestantischen Gegensätzen, Göttingen 1910. – *Weber* I/1 u. 2 (wie Lit. § 10).

Am 18. Februar 1546, am Vorabend des Schmalkaldischen Krieges, starb Martin Luther in Eisleben[1], wo er etwas mehr als 62 Jahre zuvor am 10. November 1483 geboren worden war. Luthers Tod und die alsbald erfolgte militärische Niederlage führte den deutschen Protestantismus in eine tiefe Krise. Manifest wurde diese Krise im

---

[1]   Vgl. H. Hirschler, Luther ist uns weit voraus, Hannover 1996, bes. 224 ff.

Zusammenhang mit dem sog. Interim.[2] Während am Augsburger Interim 1548 „als einziger evangelischer Theologe"[3] Johann Agricola mitgearbeitet hatte, war das 1548/49 eigens für Kursachsen ausgearbeitete sog. Leipziger Interim von Melanchthon und Teilen der Wittenberger theologischen Fakultät mitgetragen worden. Namentlich die nachgiebige Haltung in der – insonderheit die Wiedereinführung zwischenzeitlich abgeschaffter katholischer Riten betreffenden – Frage der sog. Adiaphora[4] wurde von nicht

---

[2]   Der Text des Augsburger Interims ist von J. Mehlhausen nach den Reichsakten deutsch und lateinisch ediert worden (Neukirchen ²1996). „Mit dem Namen *Interim* bzw. *Augsburger Interim* wird seit seiner Entstehung ein deutsches Reichsgesetz bezeichnet, das zwischen (lat. *interim*) dem Augsburger Reichstag 1548 und dem Abschluß des Konzils von Trient ... den religiösen Frieden in Deutschland sichern sollte. Das *Leipziger Interim* ist der Text einer in die Nachgeschichte des Augsburger Interim gehörenden, jedoch selbständig entwickelten Ordnung für die Kirche in Kursachsen ..." (J. Mehlhausen, Art. Interim, in: TRE 16, 230 – 237, hier: 230; zu den im Augsburger Interim behandelten Lehrfragen vgl. a.a.O., 232 f.) Der durch den Passauer Vertrag vom August 1552 und den Augsburger Religionsfrieden von 1555 belegte Mißerfolg des letzten Versuchs Kaiser Karls V., die Religionsfrage im Reich in eigener Vollmacht zu regeln, darf – wie J. Mehlhausen mit Recht feststellt – „nicht darüber hinwegtäuschen, daß mit dem Interim eine bedeutsame Zäsur im Reformationsjahrhundert angezeigt ist. Das Interim beendete für lange Zeit die Ära der Religionsgespräche zwischen Katholiken und Protestanten. Eine neue Produktivität in der Lehrbildung setzte auf beiden Seiten ein ... So ermöglichen die zum Interim hinführenden wie die ihm nachfolgenden Quellentexte den Blick auf einen folgenreichen geschichtlichen Prozeß: Die Entstehung der Konfessionen als einer epochenprägenden Kraft ..." (a.a.O., 235)

[3]   A.a.O., 232.

[4]   Vgl. das berühmte Diktum von Flacius: „nihil est ἀδιάφορον in casu confessionis et scandali" (BSLK 1057, Anm. 2) sowie die Bemerkung J. Mehlhausens, a.a.O., 235: „Der ,adiaphoristische' Streit, der erst in der Konkordienformel beigelegt werde konnte, machte eine tiefe Krise im deutschen Protestantismus sichtbar, die durch das Interim nicht verursacht, wohl aber ausgelöst wurde." Sehr differenziert wird die Rolle Melanchthons in den adiaphoristischen Streitigkeiten dargestellt von Ritschl II/1, 332 ff. (Ritschl II/1, 339: „Ihm schwebte das Ideal einer einigen Kirche vor, für deren normale dogmatische und institutionelle Verfassung ihm die Zustände und Beschlüsse der Kirche des christlichen Altertums maßgeblich waren. So verbanden ihn mit der römischen und mehr noch mit der kaiserlichen Gegenpartei innerlich manche gemeinsame Positionen, die für Luther und seine Nachfolger bei ihrem strengem Biblicismus mehr oder weniger hinfällig geworden waren.") Unvoreingenommen ist

wenigen Lutheranern als mangelnder Bekenntnismut empfunden. Obwohl der hieraus erwachsene Vorwurf, wie er mit besonderer Schärfe von Flacius vorgetragen wurde, nur bedingt berechtigt war[5], gerieten Melanchthons Autorität und Führungsanspruch in der Nachfolge Luthers nicht unerheblich ins Wanken. Wie immer

auch Ritschls Urteil über Melanchthons Intimfeind Matthias Vlacich alias Flacius Illyricus: „Wägt man ... sorgsam ab, wem von beiden Teilen die größere Glaubwürdigkeit beizumessen ist, so sehe ich wenigstens nicht, wie man sie gerechterweise Melanchthons Gegnern vorwiegend absprechen kann, um sich in dem Urteil über die philippistischen Streitigkeiten vielmehr durch die Auffassung seiner Parteigänger bestimmen zu lassen." (Ritschl II/1, 360) Zu einem ähnlichen Schluß gelangt W. Preger in seinem zweibändigen Werk über „Matthias Flacius Illyricus und seine Zeit" (Bd. I, Erlangen 1859; Bd. II, Erlangen 1861), in dem dessen Kampf gegen das Augsburger (vgl. a. a. O. I, 108 ff.) und das Leipziger Interim (vgl. a. a. O. I, 135 ff.) ausführlich dargestellt wird. Dreierlei sei es vor allem, was Flacius nicht nur am Augsburger, sondern auch und gerade am Leipziger Interim bekämpft habe: „Zuerst die Form dieses Interims, ihre (sc. der Urheber des Interims) Zweideutigkeit, ihr Verschweigen. Alles Gegensätzliche werde zugedeckt, die papistische Lehre nirgends ausdrücklich verworfen. Das sei ein Verläugnen, ja Widerrufen der christlichen Lehre. Es handele von Veränderungen, gleich als wolle man uns als irrige und abtrünnige Leute wiederum zur rechten Kirche zurückbringen. Zweitens sei ein von den Gegnern aufgedrungenes Interim überhaupt verwerflich: er (sc. Flacius) zeigt, daß unter solchen Umständen von Adiaphoris auf protestantischer Seite gar nicht die Rede sein könne. Endlich geht er das Leipziger Interim Punkt für Punkt durch, und sucht nachzuweisen, daß nicht allein das, was unter dem Namen von Mitteldingen zusammengefaßt werde, eine Aenderung ins Schlechtere und Unwahre sei, und hinter allem nur versteckt die päpstliche Lehre und Anschauung liege, sondern daß auch die Lehre von der Rechtfertigung verfälscht sei: daß uns durch den Glauben allein die Rechtfertigung widerfahre und das einige Verdienst Jesu Christi zugerechnet werde, dessen werde in ihrem langen Geschwätz, das sie von der Rechtfertigung treiben, auch nicht mit einem Worte gedacht." (A. a. O. I, 67 f.) Über das Verhältnis der Interimspolemik von Flacius zu dem schließlichen Ergebnis, welches der adiaphoristische Streit in der FC gefunden hat, äußert sich Preger, a. a. O. I, 200 ff. mit dem Resultat: „So bestätigt die Concordienformel die Augustana und den Standpunkt des Flacius." (A. a. O. I, 204)

5   Vgl. etwa C. L. Manschreck, The Role of Melanchthon in the Adiaphora Controversy, in: ARG 48 (1957), 165–182, sowie H. Scheible, Melanchthon. Eine Biographie, München 1997, der unter dem Titel „Ständiger Ärger" (192 ff.) sehr verständnisvoll über Melanchthon und die interimistischen Streitigkeiten urteilt.

man es wenden mag, Faktum ist, daß die interimistischen Streitigkeiten (vgl. Tschackert, 505 ff.) im Umfeld der Wittenberger Reformation „die Epoche der Auseinandersetzungen um fast alle
wichtigen theologischen Fragen ein(leitete), die erst mit der
Schaffung der FC einen gewissen Abschluß fand" (Lohse, 109).

Auch in erweiterter Perspektive gibt sich das Ende der 1540er Jahre als ein wichtiger Einschnitt der Reformationsgeschichte zu erkennen. Das betrifft zum einen die Tatsache, daß das Interim –
sieht man vom Wormser Kolloquium von 1557 ab, dem in mehrfacher Hinsicht ein Sonderstatus zukommt[6] – für lange Zeit das Ende der Religionsgespräche zwischen Protestanten und Katholiken
markiert. Waren die Religionsgespräche, wie sie nach Augsburg
1530 in der fünften Dekade des Reformationsjahrhunderts stattgefunden hatten[7], noch ein Indiz dafür, daß es bei Protestanten und
Katholiken recht eigentlich kein konfessionelles Sonderbewußt-
sein, sondern nach wie vor das Bewußtsein kirchlicher Einheit
gab, so zeichnet sich seit den Tagen des Interims eine stärker
werdende Tendenz zur Konfessionalisierung ab. Zwar ging man

---

[6]   Vgl. E. Koch, Der kursächsische Philippismus und seine Krise in den
      1560er und 1570er Jahren, in: H. Schilling (Hg.), Die reformierte Konfes-
      sionalisierung in Deutschland – Das Problem der „zweiten Reformation",
      Gütersloh 1986, 60–77, hier: 60, Anm. 1: „Das Kolloquium von Worms
      bedürfte dringend einer neuen Untersuchung, die seine äußerst kompli-
      zierten Gesamtverflechtungen deutlich machen müßte."

[7]   Im Unterschied zu den Disputationen im Rahmen des theologischen
      Schulbetriebs, die eine andere Zielsetzung verfolgten, handelt es sich bei
      den Religionsgesprächen im engeren Sinne um „die seit dem 16. Jh. ge-
      führten *Einigungsverhandlungen* zur Lösung der *causa religionis* und
      zur Überwindung des Glaubenszwiespalts, der den Frieden und die ein-
      heitliche Rechtsgeltung im Reich und in den Territorien gefährdete. Die
      R(eligionsgespräche) auf Reichsebene (Augsburg 1530, Hagenau/Worms
      1540/41, Regensburg 1541, Regensburg 1546, Augsburger Interim 1548,
      Worms 1557) stellen neben der Konzilslösung eine Alternative zur An-
      wendung des Ketzerrechtes und zur Durchführung der Reichsexekution
      dar." (V. Pfnür, Art. Religionsgespräche, in: V. Drehsen u. a., Wörterbuch
      des Christentums, Gütersloh/Zürich 1988, 1057 f.; hier: 1057; vgl. im einzel-
      nen die Literaturhinweise bei J. Mehlhausen, Das Augsburger Interim.
      Nach den Reichstagsakten deutsch und lateinisch herausgegeben, 161 ff.,
      bes. 168 ff. sowie Lohse, 102.) Zu dem in vieler Hinsicht herausragenden
      Regensburger Religionsgespräch von 1541 vgl. H.-M. Barth u. a., Das Re-
      gensburger Religionsgespräch im Jahr 1541. Rückblick und aktuelle öku-
      menische Perspektiven, Regensburg 1992.

noch bis zum Westfälischen Frieden von 1648 theologisch und politisch von der gegebenen Einheit der Kirche aus; doch entsprach diese Annahme schon im Verlauf der zweiten Hälfte des 16. Jahrhunderts immer weniger der Realität.

Dies wird in zweiter Hinsicht dadurch bestätigt, daß die erwähnte Konfessionalisierungstendenz auch im binnenreformatorischen Zusammenhang deutlich erkennbar wird. So schwanden, um ein wichtiges Beispiel zu nennen, mit dem Consensus Tigurinus, in dem sich „Calvin und die Zürcher Theologen, vor allem Bullinger, über die Sakramentslehre"[8] verständigten, mehr und mehr die Hoffnungen auf ein Zusammenwachsen der reformatorischen Kräfte des Reiches und der Eidgenossenschaft. Wenngleich die im Jahre 1549 erzielte Verständigung durchaus nicht uneingeschränkt war, so wurde sie vom Genfer Reformator doch stets und standhaft verteidigt, was einerseits „Calvin seinen Platz innerhalb der schweizerischen reformierten Kirchen finden ließ", andererseits aber „den Graben zwischen Reformierten und Lutheranern vertiefte"[9]. Nicht zuletzt unter diesem Gesichtspunkt wird in der Mitte

---

[8] U. Gäbler, Art. Consensus Tigurinus, in: TRE 8, 189–192, hier: 189.

[9] A. a. O., 191. Zur „Vollendung der Trennung der protestantischen Konfessionen in der Konkordienformel" vgl. das gleichnamige Kapitel, mit dem H. Leubes Werk über „Kalvinismus und Luthertum im Zeitalter der Orthodoxie", (1. [einziger] Band: Der Kampf um die Herrschaft im protestantischen Deutschland, Aalen 1966 [Neudruck der Ausgabe Leipzig 1928], hier: 1ff.) seinen Anfang nimmt. Welche Bedeutung der konfessionellen Opposition gegenüber den nicht-lutherischen Konfessionen für den Vorgang lutherischer Konfessionalisierung beizumessen ist, läßt sich in Anbetracht der Forschungslage nicht abschließend beantworten. Daß Konkurrenzphänomene und Abgrenzungsbedürfnisse für die konfessionelle Selbstbehauptung bedeutsam waren, steht außer Zweifel; allerdings dürfen sie nachgerade im Falle der lutherischen Konfessionalisierung auch nicht überschätzt werden. (Vgl. etwa Th. Kaufmann, Universität und lutherische Konfessionalisierung. Die Rostocker Theologieprofessoren und ihr Beitrag zur theologischen Bildung und kirchlichen Gestaltung im Herzogtum Mecklenburg zwischen 1550 und 1675, Gütersloh 1997, hier: 612: „Aufs Ganze gesehen scheint … der Einfluß der innerlutherischen Bezüge, etwa der lutherischen Kontroversen seit 1548, auf den Konfessionalisierungsprozeß v. a. in den 1570er und 1580er Jahren größer gewesen zu sein als die externen Konfessionsbeziehungen. Überhaupt vollzog sich der Prozeß der Klärung der eigenen Lehrposition im Luthertum weniger als Reaktion auf Vorgänge in den anderen Konfessionen denn vielmehr als immanenter Vorgang … Die Konkordienformel bietet eine Auslegung der Confessio Augustana von 1530 im Lichte derje-

des 16. Jahrhunderts eine reformationsgeschichtliche Zäsur erkenntlich.

Folgt man der Periodisierung und Nomenklatur von P. F. Barton,
dann beginnt mit dem Jahr 1549 die Spätreformation. Barton wählt
diesen Terminus, weil er ihm besser als der häufig verwendete
Begriff „Frühorthodoxie" geeignet erscheint, „die grundlegende
Einheit der reformatorischen Bewegung in beiden Jahrhundert-
hälften zu wahren und doch auf den Übergangscharakter dieser
(sc. der auf das Jahr 1549 folgenden) Epoche mit ihrem starken
Gefälle zur Orthodoxie hin zu verweisen"[10]. Die erste Phase der

---

nigen Fragen, die sich innerhalb des Luthertums nach Luthers Tod und
im Gefolge der Haltung Melanchthons als umstritten und klärungsbe-
dürftig erwiesen hatten. Die maßgebliche Diskussionslinie verläuft ‚innerlutherisch' und als Auslegung des ehrwürdigen und unstrittigen Bekenntnisses. Dieser Sachverhalt unterscheidet die Konkordienformel
grundlegend ebenso von der Professio fidei des Tridentinums, die allererst einen geklärten Standpunkt gegenüber den Lutheranern gewann und
für die deshalb die externe Beziehung zum Protestantismus von konstitutiver Bedeutung ist, wie von der reformierten Tradition, die kein ein-
heitliches, überterritorial gültiges Lehrbekenntnis hervorbrachte.")

[10]   P. F. Barton, Um Luthers Erbe. Studien und Texte zur Spätreformation.
         Tielemann Heshusius (1527–1559), Witten 1972, 9. Eingeführt wurde der
         Begriff „Spätreformation" von E. Roth (Ein Braunschweiger Theologe des
         16. Jahrhunderts. Mörlin und seine Rechtfertigungslehre, in: JGNKG 50
         [1952], 59–81) in der – in Auseinandersetzung mit der Holl-Schule profi-
         lierten – Absicht, „den Zusammenhang der theologischen Entwicklung in
         der zweiten Hälfte des 16. Jhs mit der ‚Reformation' zu wahren" (Th.
         Kaufmann, Die Konfessionalisierung von Kirche und Gesellschaft. Sam-
         melbericht über eine Forschungsdebatte, in: ThLZ 121 [1996], Sp. 1008–
         1025 u. Sp. 1112–1121, hier: Sp. 1008, Anm. 1. Dort finden sich weitere Hin-
         weise auf das mit dem Begriff der Spätreformation verbundene periodo-
         logische Deutungskonzept in der gegenwärtigen evangelischen Kirchen-
         geschichtsschreibung.). Zum Orthodoxiebegriff im allgemeinen (begriffs-
         geschichtlich sehr instruktiv: Th. Mahlmann, Art. Orthodoxie, orthodox
         II, in: HWPh 6, Sp. 1382–1385) und zur Konzeption der konkordistischen
         Theologie im besonderen vgl. J. Baur, Art. Orthodoxie, Genese und
         Struktur, in: TRE 25, 498–507. Zum Konfessionalisierungsparadigma vgl.
         neben dem erwähnten Sammelbericht von Th. Kaufmann H. R. Schmidt,
         Konfessionalisierung im 16. Jahrhundert, München 1992. Kaufmann hat
         nicht nur die außerordentliche Brisanz des Konfessionalisierungsparadig-
         mas der gegenwärtigen Frühneuzeitforschung, sondern auch die mögli-
         che Gefahr erkannt, die der evangelischen Kirchenhistoriographie von
         einer tendenziellen „Ersetzung des Reformations- durch den Konfessio-
         nalisierungsbegriff" (a. a. O., 1117) her droht. Zu Kaufmanns Versuch, im

lutherischen Spätreformation, die durch Melanchthons Autoritäts-
verlust, die fortschreitende Fraktionierung eines gnesioluthe-
schen und eines philippistischen Lagers sowie durch eine im Zuge dieser Entwicklung verstärkte Bindung der evangelischen Kirchen an die territoriale Politik gekennzeichnet ist, fand nach
Barton „1559/1563 ihr Ende, als vor allem durch Melanchthons
Stellungnahme im Heidelberger Abendmahlsstreit, durch den
Übergang der Kurpfalz zum ‚Calvinismus‘ (der im Heidelberger
Katechismus endgültig dokumentiert zu sein schien), durch die
Sprengung der letzten Einheit der deutschen protestantischen Politik der Bruch zwischen Philippisten und Lutheranern allgemein
und definitiv wurde. Die zweite Phase der lutherischen Spätreformation", so Barton, „währte bis zum endgültigen Auseinander-
fallen der von Anfang an sehr lockeren und häufig abbröckelnden
lutherischen Einheitsfront im Gefolge der flacianischen Kontroverse."[11] Eine dritte und letzte Phase schließlich sei von 1568 bis zum
Jahr 1577 anzusetzen, in welchem die Konkordienformel den lutherischen Bekenntnisstand im wesentlichen festgeschrieben und
abgesichert habe.

Innerhalb dieses, durch die Konkordienformel zumindest zu einem gewissen Abschluß gebrachten Zeitraums, den nicht nur
Adolf von Harnack als epigonal und als „eine merkwürdige Episode"[12] meinte abtun zu sollen, kam es im Zusammenhang und in

---

Anschluß an seinen Lehrer B. Moeller den Umbruchcharakter der Reformation thesenhaft zu markieren, vgl. a. a. O., 1119. Das Fazit lautet: „Angesichts der – wie mir scheint – unabweisbaren gesellschaftsgeschichtli-
chen Wirkungen der Reformation von den 1520er Jahren an muß ein
‚universalgeschichtliches‘ Periodisierungskonzept, das den Einschnitt der
1570/80er Jahre stärker betont als die Veränderungsschübe seit 1520, aus
kirchen- und sozialhistorischer Perspektive unbefriedigend bleiben."
(A. a. O., 1119. Zu reformationsgeschichtlichen Periodisierungsfragen vgl.
fernerhin: Th. Kaufmann, Universität und lutherische Konfessionalisierung, bes. 22 ff. sowie G. Hoffmann, Protestantischer Barock. Erwägungen zur geschichtlichen und theologischen Einordnung der lutherischen
Orthodoxie, in: KuD 36 [1990], 156–178, bes. 162 ff.)

[11] P. F. Barton, a. a. O., 10.

[12] A. v. Harnack, Lehrbuch der Dogmengeschichte. Bd. III: Die Entwicklung des kirchlichen Dogmas II/III, Darmstadt 1964 (Nachdruck der Ausgabe Tübingen ⁴1910), 900. Eine ähnliche Einschätzung findet sich bei
F. Loofs, Leitfaden zum Studium der Dogmengeschichte, Halle ⁴1906,
897 ff., hier: 897. Die binnenlutherischen Auseinandersetzungen nach

dem Tode Luthers sind für Loofs relevant nur „als Voraussetzung der Konkordienformel von 1577. Daneben aber haben sie dogmengeschichtlich ein pathologisches Interesse. Sie zeigen, daß im Streit der Epigonen ein wirkliches Verständnis des reformatorischen Protestantismus immer mehr verschwand." (A. a. O., 897) Diese Sicht der Dinge ist u. a. vorbereitet durch das aus Anlaß der zweiten Säkularfeier der CA erschienene mehrbändige Werk von Chr. A. Salig, Vollständige Historie der Augspurgischen Confession und derselben Apologie, 3 Bde., Halle 1730 ff., durch G. J. Plancks „Geschichte der Entstehung, der Veränderungen und der Bildung unsers protestantischen Lehrbegriffs vom Anfang der Reformation bis zu der Einführung der Concordienformel", 6 Bde., Leipzig 1781 ff. (Bd. I–III in 2. Aufl. 1791 ff.) sowie durch Heppe I–IV, deren jeweilige Darstellung „im höchsten Grade einseitig zugunsten der Philippisten gefärbt ist" (R. Seeberg, Lehrbuch der Dogmengeschichte IV/2: Die Fortbildung der reformatorischen Lehre und die gegenreformatorische Lehre, Darmstadt 1975 [Nachdruck der Ausgabe Leipzig 2.3.1920], 481, Anm. 1. A. a. O., 480–529 findet sich ein lehrreicher Überblick über die theologischen Streitigkeiten im Luthertum von Luthers Tod bis zur Konkordienformel.). Diese Einseitigkeit korrigiert zu haben, ist neben G. Thomasius (vgl. bes.: Das Bekenntnis der evangelisch-lutherischen Kirche in der Konsequenz seines Prinzips, Nürnberg 1848), dessen Dogmengeschichte des Mittelalters und der Neuzeit der zitierte R. Seeberg neu herausgegeben hat (Erlangen/Leipzig ²1889, bes. 422 ff.: Der Abschluß des lutherischen Dogmas), vor allem das Verdienst von Frank I–IV (zu den antiunionistischen, konfessionell-lutherischen Hintergründen von Franks zwischen 1858 und 1865 entstandenen „Theologie der Concordienformel" vgl. etwa F. Wagner, Lutherische Erfahrungstheologie: Franz Hermann Reinhold Frank 1827–1894, in: F. W. Graf [Hg.], Profile des neuzeitlichen Protestantismus, Bd. II/2, Gütersloh 1993, 205–230. hier: bes. 208) und Ritschl I–IV, der in den Prolegomena seines großen Werkes zur Dogmengeschichte des Protestantismus mit Recht beklagt hat, daß „seit rund zwei Jahrhunderten, besonders aber, seitdem die evangelische Union besteht, keine theologische Richtung des alten Protestantismus so ungerecht beurteilt worden (ist), wie gerade die treuesten und echtesten Nachfolger Luthers, die Gnesiolutheraner des 16. und die orthodoxen Lutheraner des 17. Jahrhunderts" (Ritschl I, 11; vgl. auch Tschackert, 477 f.). Inzwischen hat eine weit ausgreifende, multidisziplinäre Forschung den Nachweis erbracht, „daß die protestantischen Kirchen und Theologien nach ihrer politischen, sozialen und wissenschaftlichen Etablierung seit 1555 keineswegs in epigonale Erstarrung versunken sind, sondern sich bis zur Katastrophe um 1630 sehr lebhaft weiterentwickelt und sich sowohl interkonfessionell polarisiert als auch innerkonfessionell ausdifferenziert haben" (W. Sparn, Zweite Reformation und Traditionalismus. Die Stabilisierung des Protestantismus im Übergang zum 17. Jahrhundert, in: K. Löcher: Retrospektive Tendenzen in Kunst, Musik und Theologie um 1600 [Pirckheimer-Jahrbuch 6 (1991)], 117–131, hier: 117

der Folge namentlich des erwähnten interimistischen Streits zu
harten Auseinandersetzungen über die wichtigsten Kernstücke reformatorischer Theologie. „Manche Unterschiede, die vorher auch
schon bestanden hatten, ohne daß es zu Konflikten gekommen
wäre, erhielten nun im Lichte des Interims und des Verhaltens
von Melanchthon und den Philippisten verstärktes Gewicht, so
daß sich die Streitigkeiten im deutschen Protestantismus immer
mehr ausweiteten."[13] Dabei zeichnen sich – grob gesehen[14] – bald
zwei Lager ab, in die sich die lutherische Theologie spaltete: „Auf
der einen Seite standen die ‚Gnesiolutheraner' ... Zu ihnen zählten
insbesondere Flacius[15], Amsdorff[16], Gallus[17], Wigand, Judex, Aqui-

---

mit Verweis auf die bibliographische Dokumentation dieser Forschung,
die sich im jährlich erscheinenden Literaturbericht von ARG findet.).

[13] B. Lohse, Lehrentscheidungen ohne Lehramt. Die Konkordienformel als
Modell theologischer Konfliktbewältigung, in: KuD 26 (1980), 174–187,
hier: 176. Trotz ihres schroff polemischen Charakters sind die umfangreichen „Catalogi haereticorum" (13 Bde., 1597–1601) des Wigandschülers
Konrad Schlüsselburg als Quellensammlung für die Erforschung der besagten Streitigkeiten außerordentlich wertvoll.

[14] Zur Notwendigkeit weitergehender Differenzierungen vgl. u. a. E. Koch,
Der kursächsische Philippismus, 62 f. A. a. O., 65 ff. findet sich eine bemerkenswerte Charakteristik der Philippisten und ihrer Gegner: Eine
„einfache Identifikation zwischen Philippisten und Melanchthonschülern"
(a. a. O., 67) hält Koch für unzureichend. Philippismus bezeichnet für ihn
einen „melanchthonisch geprägten Erasmianismus der zweiten Generation ..., der erasmianische Ansätze mit spätmelanchthonischer Theologie
füllt" (73). Was die nachfolgend zu erörternden theologischen Streitigkeiten betrifft, so ordnet Koch sie mit Recht hauptsächlich zwei Themenkreisen zu: den „Themen um Abendmahl und Lehre von der Person
Christi und d(en) Themen im Umkreis der theologischen Anthropologie
(das Verhältnis von Rechtfertigung und guten Werken, die Bedeutung
des göttlichen Gesetzes, die Mitwirkung des Menschen an seiner Bekehrung und damit am Heil)" (63).

[15] „Wissenschaftliche Terminologie kann nur die Gnesiolutheraner, die sich
zur Bezeichnung des peccatum originis als forma substantialis des gefallenen Menschen bereit fanden, als *Flacianer* bezeichnen. Diese Bezeichnung ist erst ab 1568/69 sinnvoll. Wenn wissenschaftliche Literatur im Gefolge der unqualifizierten Polemik der Philippisten alle Gnesiolutheraner
auch vor 1568/69 als ‚Flacianer' bezeichnet, folgt sie damit einer Diffamierungskampagne der Reformationszeit, die längst überwunden sein sollte,
und wird den Differenzierungen im gnesioluthersichen Lager nicht gerecht." (P. F. Barton, Matthias Flacius Illyricus, in: M. Greschat [Hg.], Gestalten der Kirchengeschichte, Bd. IV, Stuttgart/Berlin/Köln/Mainz 1981,
277–293, hier: 287) Zur problematischen, in vieler Hinsicht aber auch

überragenden Persönlichkeit von Flacius vgl. ferner das erwähnte zwei-
bändige Werk von W. Preger sowie O. K. Olson, Art. Flacius Illyricus, in:
TRE 11, 206–214 und J. Baur, Flacius – Radikale Theologie, in: ZThK 72
(1975), 365–380, hier: 369 f.: „Die Beschäftigung mit diesem Theologen
gewährt auch einen historischen Erkenntnisgewinn; es bietet sich die
Chance, von der Karikatur befreit zu werden, die das Verständnis des
von tiefer Strittigkeit erfüllten Prozesses zwischen Luthers Tod und der
Konsolidierung der evangelisch-lutherischen Kirche in der Konkordienformel überlagert. Unverstand könnte der Einsicht weichen. Was sich in
der Karikatur als irres Gemisch aus Eifersucht und Konsequenzmacherei
darbietet, der Strudel von Querelen: adiaphoristischer, majoristischer,
osiandristischer, synergistischer Streit, die Kämpfe um Abendmahl und
Erbsünde – Gedächtnistortur des theologischen Examenskandidaten! –,
ordnet sich unter möglich werdender Einsicht: die Einheit, um die ge-
rungen wurde, war nicht, wie dann im 17. Jahrhundert, die Fugenlosig-
keit des Systems, sondern die Integration personalen Lebens." Flacius
starb als Flüchtling. „Ein kirchliches Begräbnis wurde ihm verweigert."
(O. K. Olson, a. a. O., 209)

16   Neben Flacius gehört Nikolaus von Amsdorff (1483–1565) „zu den wir-
kungsvollsten Theologen der Reformationszeit" (J. Rogge, Art. Amsdorff,
in: TRE 2, 487–497, hier: 487). Aus einer Torgauer Adelsfamilie stam-
mend und während seiner Wittenberger Dozententätigkeit mit reformatorischer Lehre in Verbindung getreten, war der „Kampf seines äußerlich
wie innerlich sehr bewegten Lebens ... der Erhaltung der reinen Lehre im
Anschluß an Luthers Denken und Handeln gewidmet" (ebd.). So zahl-
reich die theologischen Auseinandersetzungen sind, in die er verstrickt
war, seine gewonnene Einsicht hat er stets und mit eherner Konsequenz
durchgehalten: „In einer auffällig scharfsichtigen christologischen Konzentration beurteilte Amsdorff das Rechtfertigungsgeschehen als eine
ausschließlich göttliche Tat, die den wegen seiner Sündhaftigkeit der
Verdammnis verfallenen Mensch rettet ... Dieses ‚Grunderlebnis' Amsdorffs ... hat seine Wirkungen unter heftiger Ablehnung einer Werklehre in jeglicher Gestalt im Horizont des Evangeliums- und Gesetzesver-
ständnisses bis an sein Lebensende gehabt ..." (a. a. O., 489 unter Verweis
auf H. Stille, Nikolaus v. Amsdorff Sein Leben bis zu seiner Einweisung
als Bischof in Naumburg [1483–1541], Zeulenroda 1937, 19). Luther blieb
Amsdorff zeitlebens in allen Höhen und Tiefen freundschaftlich verbunden. Zu Amsdorffs Berufung in das erste evangelische Bischofsamt in
Naumburg vgl. J. Rogge, a. a. O., 492, sowie vor allem P. Brunner, Nikolaus v. Amsdorf als Bischof von Naumburg. Eine Untersuchung zur Gestalt des evangelischen Bischofsamtes in der Reformationszeit, Gütersloh
1961.

17   Vgl. G. Simon, Art. Gallus, in: TRE 12, 21–23. Der aus Köthen stammende
Hahn alias Gallus (1516–1570) ist mit der Reformationsgeschichte Regens-
burgs aufs engste verbunden. „Daß sich Regensburg zu einem Zentrum
des Luthertums entwickelte, von dem in den folgenden Jahrzehnten viel-

la, Mörlin, Kirchner und Heshusius. Später zeigte sich freilich, daß es auch hier noch Divergenzen gab, die weitere Spaltungen mit sich brachten. Von den Gegnern wurde diese Gruppe als Flacianer apostrophiert. Auf der anderen Seite waren die Philippisten. Zu ihnen gehörten außer Melanchthon vor allem Major[18], Menius, Pfeffinger[19], Cruciger, Strigel, Pezel, Stössel." (Lohse, 112)

fältige Wirkungen ausgingen – vor allem nach Österreich und in den südosteuropäischen Raum –, ist vor allem auf die Tätigkeit des Gallus zurückzuführen." (A. a. O., 23) Zu Johann Wigand (1523–1587) vgl. G. Kawerau, Art. Wigand, in: RE³ 21, 270–274; zu Matthäus Judex (1528–1564) vgl. R. Jauernig, Art. Judex, in: RGG³ 3, 1000; zu Kaspar Adler/Aquila (1488–1560) vgl. G. Kawerau, Art. Aquila, in: RE³ 1, 759 f.; zu Joachim Mörlin (1514–1571), der sowohl als Protagonist als auch als Geschichtsschreiber des Osiandrischen Streits bedeutsam ist, vgl. M. Stupperich, Art. Mörlin, in: TRE 23, 193–196 („Die Rechtfertigungslehre Mörlins spiegelt bis in die Einzelheiten hinein die von Melanchthon geprägte Wittenberger Theologie. Mörlin bekennt sich deutlich zum forensischen Begriff der Gerechterklärung des Sünders. Allerdings sieht er den Akt der Einwohnung anders als Melanchthon nicht als etwas Nachfolgendes, sondern als unmittelbar mit der Gerechterklärung Einhergehendes." [A. a. O., 195]); zu Timotheus Kirchner (1533–1587), einem der nachmaligen Apologeten des Konkordienbuches, vgl. R. Jauernig, Art. Kirchner, in: RGG³ 3, 1623. Besondere Erwähnung verdient auch der in der doppelten Auseinandersetzung gegen Kryptocalvinismus und Flacianismus vielfältig hervorgetretene Tilemann Heshusius (1527–1588); vgl. hierzu P. F. Barton, Art. Heshusius, in: TRE 15, 256–260, hier: 258: „Daß er auf eine strenglutherische Abendmahlslehre ohne Ubiquitätsspekulationen, auf strenglutherisches Ernstnehmen der Erbsünde ohne flacianische Substanzterminologie, auf allumfassende ‚reine Lehre' bei Verdammung aller Korruptelen und ihrer Proponenten, auf (um der andernfalls drohenden Unglaubwürdigkeit der Sündenvergebung willen) Kirchenzucht auch der Pfarrer und der verantworlichen ‚Laien' Wert legte, machte ihn bereits in der Zeit des allmählichen Überganges von der Spätreformation zur Frühorthodoxie für die einen zum Vorkämpfer des wahren Luthertums, für die anderen zum Störfaktor erster Ordnung und zum Hauptangriffsobjekt, wobei die Angriffe aus fast allen theologischen, kirchenpolitischen und politischen Lagern kamen."

[18] Das theologische und weithin auch persönliche Schicksal des gebürtigen Nürnbergers Georg Major (1502–1574), von Luther 1537 zum Prediger an der Wittenberger Schloßkirche ordiniert, später in die dortige theologische Fakultät aufgenommen und nach Bugenhagens Tod 1558 deren ständiger Dekan, ist aufs engste mit der Geschichte des Melanchthonianismus und namentlich mit dem Verständnis der Wendung „necessaria ad salutem" verbunden, welche Major auf die gebotenen opera des Glaubens bezogen wissen wollte, ohne deshalb die Absicht zu verfolgen,

deren Verdienstlichkeit zu behaupten und das sola fide in Abrede zu stellen. „Die Seligkeit", so Major, „wird allein aus Gnade erlangt; zu ihrer Bewahrung sind aber die nachfolgenden guten Werke nötig, nicht als *meritum*, sondern als *debitum*." (H. Scheible, Art. Major, in: TRE 21, 725 – 730, hier: 728) Davon wird im Zusammenhang der Behandlung des majoristischen Streits im einzelnen zu reden sein. Bereits jetzt kann gesagt werden: „Daß Major unter die Ketzer geriet, liegt nicht nur an seiner Unvorsichtigkeit bei der Formulierung eines heiklen Problems, sondern auch an der Unversöhnlichkeit seiner Feinde." (A. a. O., 729) In den Sog der majoristischen Auseinandersetzungen geriet auch Justus Menius – als Schüler Melanchthons und des Erfurter Humanismus stark pädagogisch orientiert –, indem er seinerseits die Notwendigkeit guter Werke zum Heil bedingt bejahte (vgl. im einzelnen M. Hein, Art. Menius, in: TRE 22, 439 – 442).

19   Während Caspar Cruciger d. Ä. (1504 – 1548) „(n)ur sein früher Tod ... vor der Kritik der Gnesiolutheraner bewahrt" hat (F. de Boor, Art. Cruciger, in: TRE 8, 238 – 240, hier: 240; zum Cordatus-Streit vgl. ebd.), veranlaßte Johann Pfeffinger (1493 – 1573) mit dem „auf einer Leipziger Disputation von 1550 ausgesprochene(n) Satz, ‚hominem in conversione non esse ut truncum, sed posse voluntate sua cooperari'" (G. Müller, Art. Pfeffinger, in: RE³ 15, 252 – 254, hier: 253) den sog. synergistischen Streit. Zur Rolle des gebürtigen Kaufbeurers Victorinus Strigel (1524 – 1569) in den theologischen Streitigkeiten der Zeit, „an denen endlich sein Lebensglück scheiterte", vgl. G. Kawerau, Art. Strigel, in: RE³ 19, 97 – 102, hier: 98; zur herzoglichen Verhaftung Strigels in Jena am 27. März 1559 vgl. a. a. O., 99, zur Weimarer Disputation mit Flacius über das Verhältnis des menschlichen Willens zur göttlichen Gnade im Werk der Bekehrung vgl. ebd.: „St(rigel) vertrat, unter ausdrücklicher Verwahrung gegen den Vorwurf des Pelagianismus, den Synergismus seines Lehrers Melanchthon. Wie der Magnet, mit Zwiebelsaft bestrichen, seine Anziehungskraft zwar verliere, aber doch Magnet bleibe, mit Bocksblut bestrichen jedoch seine Kraft wiedergewinne, so sei des Menschen rectus intellectus zwar durch die Erbsünde verderbt und unfähig, von sich aus das Gute zu beginnen, aber in der Bekehrung durch den Sohn Gottes geheilt, redit natura ad suam proprietatem et agit aliter quam natura bruta (Disputatio p. 23). Denn da der Mensch ein liberum agens, so kann ihm sein besonderer modus agendi, wodurch er sich von den Naturwesen unterscheidet, nicht verloren gehen; daher voluntas suo quodam modo agit in conversione. Die Initiative in der Bekehrung komme freilich dem Wort und Geist Gottes zu, aber der Wille wirke auf seine Weise mit: Concurrunt ergo in conversione haec tria: Spiritus S. movens corda, vox Dei, voluntas hominis, quae voci divinae assentitur. Gegenüber diesen von St(rigel) mit großer Zähigkeit verteidigten Sätzen formulierte Flacius den für ihn später so verhängnisvoll gewordenen Satz, die Erbsünde sei geradezu die Substanz des natürlichen Menschen (vgl. Preger II. 199 ff., 321 ff.), nur daß man nicht sofort die Konsequenzen dieser neuen formula loquendi beachtete." Zu Strigels Schüler Christoph Pezel (1539 – 1604) vgl. G. Ka-

Im einzelnen handelt es sich bei den Lehrstreitigkeiten, die durch
das Interim wenn schon nicht verursacht, so doch ausgelöst oder
begünstigt wurden, neben Auseinandersetzungen um Abendmahlslehre, Christologie und Prädestination um die Gegensätze in
den sog. majoristischen, antinomistischen, synergistischen und osiandrischen Streitigkeiten. Der *majoristische Streit* (vgl. Tschackert,
514 ff.; Weber I/1, 120 ff.) verdankt seinen Namen einem seiner
Hauptprotagonisten, dem Melanchthonschüler und entschiedenen
Philippisten Georg Major (vgl. Ritschl II, 376 ff.), seit 1544 Theologieprofessor in Wittenberg und Mitherausgeber der Wittenberger
Ausgabe der Werke Martin Luthers. Wie sein Lehrer intensiv um
ein evangelisches Traditionsverständnis bemüht[20] und im Kampf
um das Interim an dessen Seite stehend, wurde er nicht nur des
Adiaphorismus, sondern auch der Preisgabe der ursprünglichen
rechtfertigungstheologischen Einsicht bezichtigt, „weil er eine bereits von Luther mißbilligte Formel Melanchthons, die guten Werke seien zur Seligkeit notwendig, wiederaufgenommen hatte.
M(ajor) meinte nicht, daß diese meritorisch Rechtfertigung und
Seligkeit bewirkten, aber daß sie zur Bewahrung des Glaubens
und der Seligkeit unerläßlich seien."[21] Vorausgegangen war dem
majoristischen Streit der Cordatusstreit von 1536[22], genannt nach
dem Pfarrer Conrad Cordatus, welcher Caspar Cruciger, Wittenberger Theologieprofessor wie später Major, wegen einer in einer
Vorlesung geäußerten Wendung scharf angegriffen hatte, derzufolge Reue und tätige Bemühung Möglichkeitsbedingungen der
Rechtfertigung seien. Der Angriff weitete sich nach einer konzer-
tierten Aktion Nikolaus von Amsdorffs auf Melanchthon aus. Dieser, so die Klage, habe seinerseits gelehrt, „daß die Werke zum

---

werau, Art. Pezel, in: RE³ 15, 231–233; zu Johann Stössel (1524–1574) vgl.
G. Kawerau, Art. Stössel, in: RE³ 19, 59–61.

[20]   Vgl. L. Grane u. a. (Hg.), Auctoritas Patrum. Zur Rezeption der Kirchenväter im 15. und 16. Jahrhundert. Contributions to the Reception of the
Church Fathers in the 15th and 16th Century, Mainz 1993.

[21]   F. Lau, Art. Major, Georg, in: RGG³ 4, 617.

[22]   Zum Cordatusstreit als „dem ersten gravierenden Streit zwischen Luther
und Melanchthon, dem noch weitere Auseinandersetzungen folgen sollten", vgl. u. a. B. Lohse, Philipp Melanchthon in seinen Beziehungen zu
Luther, in: H. Junghans (Hg.), Leben und Werk Martin Luthers von 1526
bis 1546, Bd. I u. II, Göttingen 1983, 403–418 bzw. 860–863, hier: 411.

ewigen Leben notwendig seien"[23]. Nach Intervention Luthers und
einer Erklärung Melanchthons beruhigte sich der Streit zeitweilig,
bis er Anfang der 50er Jahre neu und in großer Heftigkeit ent-
flammte. Während Georg Major aus Angst vor möglichen libertini-
stischen Konsequenzen reformatorischer Rechtfertigungslehre
nachdrücklich betonte, daß gute Werke zur Seligkeit notwendig
seien und niemand ohne gute Werke selig werde, verstieg sich
Amsdorff in der Absicht, jeden noch so subtilen Pelagianismus
gänzlich auszumerzen, zu der – zum Titel eines Traktats (1559) erhobenen – Annahme, „daß diese Propositio ‚gute Werke sind zur
Seligkeit schädlich' eine rechte, wahre, christliche Propositio sei,
durch die Heiligen Paulum und Lutherum gelehrt und gepredigt"
(vgl. Ritschl II, 413 ff.).

In der Sache nicht weniger deutlich, doch differenzierter als
Amsdorff äußerte sich Flacius, der die Werke „ausschließlich unter
dem Aspekt der Rechtfertigung und der Heilsgewißheit" (Lohse,
115) betrachtete. Als Justus Menius in einer 1554 publizierten Schrift
„Über die Frage, ob gute Werke zum Heil notwendig sind", Major
vorsichtig in Schutz zu nehmen suchte und sich des weiteren die
These aneignete, „daß der Anfang des neuen Lebens, den der
Hl. Geist in den Gläubigen wirkt, notwendig zur Seligkeit sei"
(Lohse, 116), wurde er auf Betreiben von Flacius und Amsdorff
von seinem Amt als Gothaer Superintendent suspendiert. Die
Streitigkeiten setzten sich fort und konnten auch durch die von
der Eisenacher Synode von 1556 verabschiedeten Grundsätze nicht
beendet werden. „Zu einem gewissen Abschluß gelangten die
Auseinandersetzungen nur durch den Tod der Beteiligten." (Loh-
se, 116)

Ähnlich verhielt es sich mit dem *antinomistischen Streit* (vgl.
Tschackert, 478 ff.).[24] Unmittelbar veranlaßt hat ihn die erwähnte

---

[23]   Lohse, 114 mit Verweis auf WA Br 7, 539 ff. (Brief Amsdorffs an Luther
       vom 14. September 1536).

[24]   „Nicht nur die Streitenden waren teilweise die gleichen, sondern der
       sachliche und zeitliche Zusammenhang zwischen beiden – für den syn-
       ergistischen Streit ... gilt das gleiche – bedingt, daß man eigentlich von
       verschiedenen Phasen oder Fronten innerhalb der Auseinandersetzungen
       um den Philippismus sprechen muß." (Lohse, 117) Zur Rolle von Matthias
       Flacius im Streit mit Major und Menius und zu den Gegensätzen im syn-
       ergistischen Streit vgl. W. Preger, a.a.O. I, 354–400 (400–417 enthält
       Bemerkungen zu einem zwischen Flacius und Menius ausgefochtenen

Eisenacher Synode[25], deren Aufgabe es eigentlich sein sollte, den majoristischen Streit zu schlichten. Doch wurde ihre erste These,

---

Streit über das Verhältnis des allgemeinen Priestertums aller Getauften und des geistlichen Amtes) bzw. II, 181–227.

[25] Zur Conclusio et decretum Synodi Isenacensis sowie zu den Verhandlungen der im August 1556 tagenden Synode vgl. im einzelnen M. Richter, Gesetz und Heil. Eine Untersuchung zur Vorgeschichte und zum Verlauf des sog. Zweiten Antinomistischen Streits, Göttingen 1996, 139 ff. Die umstrittene Einigung ist in sieben Thesen zusammengefaßt, welche lauten: „1. Etsi haec oratio: Bona opera sunt necessaria ad salutem, in doctrina legis abstractive et de idea tolerari potest, tamen multae sunt graves causae, propter quas vitanda et fugienda est non minus, quam haec oratio: Christus est creatura. 2. In foro iustificationis haec propositio nullo modo ferenda est. 3. In foro novae obedientiae post reconciliationem nequaquam bona opera ad salutem, sed propter alias causas necessaria sunt. 4. Sola fides justificat in principio, medio et fine. 5. Bona opera non sunt necessaria ad retinendam salutem. 6. Synonyma sunt et aequipollentia, seu termini convertibiles, Justificatio et Salvatio, nec ulla ratione distrahi aut possunt aut debent. 7. Explodatur ergo ex ecclesia cothurnus papisticus propter scandala multiplicia et dissensiones innumerabiles et alias causas, de quibus Apostoli Act. XV. loquuntur." (Zit. n. a. a. O., 145) War es der ursprüngliche Sinn der Thesenreihe, den mit den Namen vor allem von Major und Menius verbundenen Streit um die Notwendigkeit guter Werke zur Seligkeit (vgl. a. a. O., 94 ff.) beizulegen, so verlagerte sich die Auseinandersetzung infolge der Eisenacher Synode auf die doctrina legis in abstracto et concreto (vgl. bes. a. a. O., 149 ff.). Widerspruch gegen die erste Eisenacher These kam nicht nur von Nikolaus von Amsdorff (vgl. a. a. O., 151 ff.), auch von anderer Seite erhob sich Protest (vgl. im einzelnen, a. a. O., 162 ff. bzw. 170 ff.). Im Mittelpunkt der Erörterungen stand daher bald die diffizile Frage nach einem sog. dritten Gebrauch des Gesetzes. Kontrovers diskutiert wurde der erste Satz der Eisenacher Synode übrigens auch innerhalb der Reihen der sog. Gnesiolutheraner. Während sich Amsdorff nach anfänglicher Zustimmung, wie gesagt, distanzierte, wobei sich seine Bedenken vor allem gegen die Wendung „abstractive et de idea" richteten, verteidigte Flacius das Eisenacher Ergebnis und begründete seine Zustimmung zur ersten These in Verein mit Wigand damit, daß er „dem Gesetz zwei ‚voces aut sententias' zuschrieb..., nämlich einmal das Gebot der Liebe zu Gott und zum Nächsten, sodann das Urteil, daß niemand dieses Gebot erfüllen kann; das erste sei der Obersatz, also gleichsam ‚abstrakt', das zweite der Untersatz, nämlich die konkrete Folgerung." (Lohse, 118; vgl. Ritschl II/1, 380 ff. u. 403 ff.) Zu Einzelgestalten des sog. Zweiten Antinomistischen Streits vgl. bes. die Forschungen von E. Koch, Michael Neander (1525–1595) als Theologe: zur Vorgeschichte der Konkordienformel, in: Bekenntnis zur Kirche. FS E. Sommerlath, Berlin 1960, 112–125; ders., Anton Otho: Weg und Werk eines Lutherschülers, in: Herbergen der Christen-

dergemäß der Satz, daß gute Werke heilsnotwendig seien, zwar in der Lehre vom Gesetz „abstractive et de idea" erträglich, dennoch aber aus vielen schwerwiegenden Gründen zu vermeiden sei („I. Etsi haec oratio: Bona opera sunt necessaria ad salutem, in doctrina legis abstractive et de idea tolerari potest, tamen multae sunt graves causae, propter quas vitanda et fugienda est non minus, quam haec oratio: Christus est creatura.") zum Auftakt erneuter Kontroversen, die schließlich in den antinomistischen Streit übergingen.

Dieser Streit, der von den Querelen um Johann Agricola in den 1520er und 1530er Jahren (vgl. Frank II, 246 ff.)[26] trotz sachlicher Bezüge zu unterscheiden ist, konzentrierte sich alsbald auf das Problem rechter Verhältnisbestimmung von Gesetz und Evangelium und insbesondere auf die Frage, ob neben dem usus politicus und dem usus elenchticus legis noch ein dritter, den Wiedergeborenen geltender Brauch des Gesetzes zu lehren sei. Während Andreas Poach, Anton Otho, Michael Neander und Andreas Musculus[27] dies um der klaren Unterscheidung von Evangelium und gesetzlicher Rechtsordnung willen verneinten, hob die vor allem durch Joachim Mörlin vertretene Gegenseite die Zusammengehö-

---

heit 13 (1981/82), 67–92; ders., Nicht nur ein Streit um Worte. Die Auseinandersetzung um den Tertius usus legis in Frankfurt/Oder als Teil der Vorgeschichte der Artikel IV bis VI der Konkordienformel, in: J. Schöne (Hg.), Bekenntnis zur Wahrheit. Aufsätze über die Konkordienformel, Erlangen 1978, 65–79. Zum Streit von Andreas Musculus mit Abdias Praetorius um die Geltung des tertius usus legis vgl. ferner ders., „Das Geheimnis unserer Erlösung". Die Christologie des Andreas Musculus als Beitrag zur Formulierung verbindlicher christlicher Lehre im späten 16. Jahrhundert, in: H. Franke u.a. (Hg.), Veritas et Communicatio. Ökumenische Theologie auf der Suche nach einem verbindlichen Zeugnis. FS U. Kühn, Göttingen 1992, 143–156.

[26]   Vgl. hierzu die knappen Informationen bei J. Rogge, Art. Agricola, Johann, in: TRE 2, 110–118, bes. 112 sowie ders., Innerlutherische Streitigkeiten um Gesetz und Evangelium, Rechtfertigung und Heiligung, in: H. Junghans (Hg.), a.a.O., 187–204 u. 785–787. Interessant und bemerkenswert zur Entwicklung des späten Agricola nach wie vor G. Kawerau, Beiträge zur Geschichte des antinomistischen Streites, in: Beiträge zur Reformationsgeschichte. FS Köstlin, Gotha 1896, 60–80.

[27]   Zum Streit zwischen Musculus und Abdias Praetorius vgl. die erwähnte Studie von E. Koch, Nicht nur ein Streit um Worte, in: J. Schöne (Hg.): Bekenntnis zur Wahrheit, 65–79 sowie Ritschl II/1, 419.

rigkeit von Gesetz und Evangelium hervor und betonte, daß auch der Wiedergeborene unter der Weisung des göttlichen Gebotes verbleibe. Hauptanliegen der erstgenannten Gruppierung war es, das Verständnis des Evangeliums strikt evangelisch, also ganz vom Evangelium selbst und nicht von der Prämisse des Gesetzes her und durch dessen vorgegebenen Rechtsrahmen bestimmt sein zu lassen. Auf der anderen Seite machte namentlich Mörlin geltend, daß das Evangelium ohne die Voraussetzung des Gesetzes gar nicht als Evangelium verstanden werden könne; wie das Versöhnungsgeschehen in Jesus Christus ohne Gesetzesbezug nicht zu fassen sei, so bleibe auch der in Jesus Christus versöhnte Mensch vom Gesetz beständig in Anspruch genommen.

Der *synergistische Streit* (vgl. Tschackert, 520 ff.) schloß sich kontinuierlich an diese Problemkonstellation an. Waren die majoristischen und antinomistischen Auseinandersetzungen vor allem am Realisierungszusammenhang von Rechtfertigung und Bekehrung orientiert, so betraf die Synergismuskontroverse vor allem die Frage der Konstitutionsbedingungen von beiden.[28] Vorauszusetzen ist, daß Melanchthon seine ursprüngliche Lehre strenger göttlicher Alleinwirksamkeit im Laufe der Zeit dahingehend abwandelte, daß er von drei bei der Bekehrung des Menschen zusammenwirkenden „causae" sprach, nämlich vom Wort, vom Hl. Geist und vom die eigene Schwachheit tätig bekämpfenden Willen.[29]

---

[28] Vgl. im einzelnen Ritschl II/1, 423 ff.: Die Streitigkeiten um die Synergie des natürlichen Willens bei der Bekehrung und um den Begriff der Erbsünde. „Wenn im Kreise der Philippisten die Ansicht vertreten wurde und mehr oder weniger Beifall fand, daß der neue Gehorsam oder die guten Werke zur Seligkeit notwendig seien, so war es lediglich consequent, daß bei ihnen auch wieder die Lehre aufkam, der freie Wille sei bei dem Gewinn des christlichen Heiles irgendwie mitbeteiligt. Das hat seinen Gegnern auch schon Flacius vorgehalten ... So ist es nicht zufällig, daß sich der Streit um den Majorismus weiterhin auch zur Auseinandersetzung über den Synergismus entwickelt hat." (Ritschl II/1, 423 f.)

[29] Vgl. im einzelnen F. Hübner, Über den freien Willen. Artikel II: „De libero arbitrio" der Formula Concordiae aus seinen historischen Grundlagen heraus interpretiert, in: W. Lohff/L. W. Spitz (Hg.), Widerspruch, Dialog und Einigung. Studien zur Konkordienformel der Lutherischen Reformation, Stuttgart 1977, 137–170, hier: 137–139. Hübner illustriert die Entwicklung Melanchthons an den einzelnen Phasen der „Loci communes". Während im Hinblick auf die erste Ausgabe von 1521 von einer Freiheit des Willens theologisch nicht die Rede sein könne, lasse sich in den „Loci" von 1535 (vgl. CR 21, 373 ff.) eine in antideterministischer Ab-

Als der Melanchthonschüler Johannes Pfeffinger[30] im Jahre 1555
diese Auffassung, deren wesentlicher Gehalt im Leipziger Interim
Aufnahme gefunden hatte, nicht nur verteidigte, sondern in der
Absicht, ein ursächliches Mitwirken des Menschen bei der Entscheidung seines Heils bzw. Unheils zu gewährleisten, weiter verschärfte, trat ihm neben Amsdorff, Schnepff und Flacius anfangs
auch Viktorin Strigel entgegen. Strigel war einer der ersten Professoren an der Universität Jena, die 1548 im ernestinischen Sachsen
als Ersatz für die infolge der Schmalkaldischen Niederlage mit
Kurwürde und Kurkreis an die Albertiner verloren gegangene
Universität Wittenberg gegründet worden war. Als 1556/57 auch
Flacius eine Professur in Jena erhielt[31], kam es zwischen beiden

sicht vorgenommene „Lehrverschiebung" (a. a. O., 138) erkennen, die
spätestens in der einschlägigen Einfügung, die Melanchthon 1548 den
„Loci" von 1543 habe zuteil werden lassen (CR 21, 658–660), klare Kontu-
ren angenommen habe: „Hier spricht er dem natürlichen Menschen das
‚repugnare diffidentiae' und das ‚sustentare voce Evangelii' zu. Darum ist
er auch in der Lage, die alte, von Erasmus gegen Luther verteidigte Formulierung des freien Willens als ‚facultas applicandi se ad gratiam' zu
billigen. Die Verknüpfung der drei Ursachen der Bekehrung: Wort, Geist
und Wille, wird illustriert durch den rechtzuverstehenden Schluß, daß
Sauls Verwerfung und Davids Annahme in einer verschiedenen Hand-
lungsweise der beiden ihren Grund haben muß. Von diesen Aussagen
her kann kein Zweifel darüber bestehen, daß diese Lösung der Spannung zwischen dem allmächtigen Gott und dem sittlichen Menschen mit
zentralen Aussagen Luthers kollidiert." (A. a. O., 139; vgl. BSLK 911,
Anm. 1; zum Verhältnis von Luthers und Melanchthons Willenslehre vgl.
ferner Frank I, 120–135; Ritschl II/1, 426 ff. Ritschl hebt mit Recht hervor,
daß auch „die lutherischen Bekämpfer des philippistischen Synergismus ... im Grunde ihres Denkens Indeterministen gewesen" seien
[Ritschl II/1, 427].)

30   Zu Pfeffingers Willenslehre und zu den Auseinandersetzungen um sie
     vgl. F. Hübner, a. a. O., 139 ff. sowie im einzelnen Chr. E. Luthardt, Die
     Lehre vom freien Willen und seinem Verhältniß zur Gnade in ihrer ge-
     schichtlichen Entwicklung dargestellt, Leipzig 1863, 191 ff. Der eigentliche
     Gegensatz, wie er im sog. synergistischen Streit zum Austrag kam, liegt
     nach Luthardt „in der Fassung jenes Anfangs, den der heil. Geist macht.
     Nach der synergistischen Anschauung ruft der heil. Geist im natürlichen
     Menschen die zustimmende Willensbewegung hervor. Nach der gegneri-
     schen Darstellung schafft und gibt der heil. Geist diese Zustimmung
     selbst." (A. a. O., 195; dort findet sich auch Luthardts eigner Vermittlungs-
     vorschlag. Vgl. ferner Frank I, 135 ff.; Ritschl II/1, 431 ff.)

31   Die Einzelheiten der Wirksamkeit von Flacius in Jena bis zu seiner Ent-
     lassung und seinem Abgang nach Regensburg im Februar 1562 sind ge-

bald zu heftigen Kontroversen, zumal Strigel sich dem von Flacius und seinen Anhängern erarbeiteten und zur gesetzlichen Lehrnorm im Herzogtum Sachsen erhobenen Weimarer Konfutationsbuch von 1559 widersetzte und dafür mehrere Monate inhaftiert wurde. Auch die vom Herzog im August 1560 anberaumte Weimarer Disputation[32] führte zu keinem Ausgleich, wohl aber zum be-

schildert bei W. Preger, a. a. O. II, 104–180. Zur Regensburger Zeit von Flacius und zu seinen Aufenthalten in Antwerpen, Frankfurt und Straßburg vgl. a. a. O. II, 228–309; ferner: R. Keller, Lutheraner in Antwerpen 1566–1585, in: E. Pichal, Evangelium in Flandern: eine Geschichte des belgischen Protestantismus, Moers 1993, 219–221.

[32] Zu den Sitzungen der Weimarer Disputation vgl. neben W. Preger, a. a. O. II, 195 ff. die detaillierten Ausführungen von Chr. E. Luthardt, a. a. O., 207–239. Während das beherrschende Interesse Strigels dahingeht, die Bekehrung unbeschadet ihrer objektiven Vermittlung im Wort als sittlichen Prozeß unter notwendigem Einschluß menschlicher Selbsttätigkeit zu denken, tendiert Flacius dazu, die Selbsttätigkeit des Menschen in der göttlichen Aktivität aufgehen zu lassen. Daß es im Verlaufe der Weimarer Disputation und im gesamten synergistischen Streit zu einer Vielzahl teils unbewußter, teils bewußter Mißverständnisse kam, hat Luthardt mit Recht hervorgehoben. Eine differenzierte Charakteristik der Position Strigels und seines Gegensatzes zu Flacius bietet Ritschl II/1, 437 ff. Dort finden sich auch bemerkenswerte Ausführungen zur Anwendung der Unterscheidung von substantia und accidens auf die Beurteilung der Erbsünde und des freien Willens. Auch Strigel hatte die Erbsünde durchaus als eine depravatio omnium virium gedeutet, ohne mit dieser Deutung allerdings den Gedanken eines Untergangs der menschlichen Substanz und der partes substantiales von Leib und Seele zu verbinden, die vielmehr trotz des peccatum originale mitsamt dem der Substanz zugehörigen modus agendi in Intellekt und Willen erhalten bleiben sollten. Den nach dem Fall der Sünde verbleibenden, begriffsrealistisch als Substanz gedachten menschlichen Willen führte Strigel unter diesen Voraussetzungen als völlig unbestimmte und rein formale Größe ohne konkrete Bestimmtheit ein, womit er zugleich den Einwand, er mache aus einer bloßen capacitas des postlapsarischen Menschen eine facultas oder vis, für ausgeräumt hielt. Dem hielt Flacius, der hierin zunächst „lediglich Luther folgte" (Ritschl II/1, 442), entgegen, daß es einen von seinen konkreten Willensbestimmungen isolierten reinen und indifferenten Willen nicht gebe. Von daher mußte er ein postlapsarisches liberum arbitrium jedenfalls insofern ablehnen, als damit ein wie auch immer geartetes Restvermögen des Menschen zu seinem Heil verbunden wurde. In der Konsequenz dessen erklärte Flacius den postlapsarischen Menschen zur imago Satanae und seine Substanz für an sich selbst erbsündlich, nicht ohne freilich seinerseits zwischen einer substantia materialis und formalis zu unterscheiden. Doch erwies sich die Unterscheidung

ginnenden Niedergang des theologischen Sterns von Flacius.
Während Strigel die These vertrat, die geschöpfliche Substanz des
Menschen als eines vernunft- und willensbegabten Lebewesens
sei durch die Erbsünde gleich einem mit Zwiebelsaft bestrichenen
Magneten geschwächt, aber nicht gänzlich verdorben, steigerte
Flacius seine Auffassung von der gänzlichen Verderbnis des postlapsarischen Menschen zu der Annahme, durch Adams Fall sei die
Erbsünde die Substanz der menschlichen Natur geworden. Zwar
unterschied er dabei zwischen substantia materialis als möglicher
Bezugsgröße des Guten und der forma substantialis als Trägerin
des Bösen und bestritt überdies der Erbsünde eine eigene Subsistenz[33]; doch konnten ihn solche Differenzierungen nicht mehr
vom Verdacht heterodoxer Übertreibung der Orthodoxie befreien;
„er wurde von da an als Ketzer betrachtet"[34].

zwischen einer auch nach dem Fall verbleibenden anthropologischen
Wesensnatur des Menschen im Sinne der substantia materialis und der
durch den Sündenfall ins absolut Konträre transsubstantiierter substantia
formalis, welche die praestantissima animae pars des Menschen und seine ursprüngliche Gottesebenbildlichkeit bezeichnen sollte, als zu
schwach, um den von dem Gegner nachhaltig gehegten und gepflegten
Manichäismusverdacht auszuräumen. Auch wenn Flacius gerechterweise
nicht als Manichäer zu beurteilen ist, werden sachliche Begriffsaporien
spätestens dort deutlich, wo er die Wiedergeburt des gerechtfertigten
Menschen nicht nur als substantielle Neuschöpfung, sondern dessen
Glaubensleben als beständigen Kampf zweier einander durchweg entge-
gengesetzter Substanzen darstellen muß (vgl. Ritschl II/1, bes. 448 ff.).

[33]   „Nach Auffassung des Fl(acius) kann man ... in gewissen Fällen Dinge
als Substanzen bezeichnen, auch wenn sie keine eigene Subsistenz haben. In Übereinstimmung damit bezeichnete er sog. partes substantiales
und potentiae substantiales, aus denen sich das menschliche compositum
konstituiert, als Substanzen. Diese Anschauung überträgt er auch auf die
Erbsünde. Wenn Fl(acius) von Substantialität der Erbsünde spricht, meint
er also nicht, dass die Erbsünde ein in sich selbst Subsistierendes wäre,
sondern er zielt nur auf eine Teilsubstanz, die forma substantialis (anima
rationalis) des Menschen, die im Vergleich mit ihrer früheren Form durch
Anstiften des Teufels substantialiter in etwas ganz anderes verwandelt
worden ist. Die vorherige gute Form der Seele (imago Dei) ist durch eine verderbte Form (imago Diaboli) ersetzt worden." (L. Haikola, Gesetz
und Evangelium bei Matthias Flacius Illyricus, Lund 1952, 118 f.)

[34]   K. Heussi, Kompendium der Kirchengeschichte, Tübingen [16]1981, 347.
B. Lohse hebt in seiner Interpretation des synergistischen Streits mit
Recht hervor, daß in diesem mehr noch als in den anderen Auseinander-
setzungen „beide Seiten zu *unmöglichen Einseitigkeiten*" (Lohse, 124)

Ein vergleichbares Schicksal wurde, wenngleich aus anderen Gründen, Andreas Osiander zuteil, der wie Flacius zweifellos zu den bedeutendsten Theologen seiner Zeit zu rechnen ist.[35] Nach-

---

gelangt seien. „Strigel war weder Pelagianer noch Semipelagianer, wollte vielmehr die Verantwortlichkeit des Menschen betonen, tat das aber in einer für reformatorische Theologie problematischen Weise. Flacius war kein Manichäer, wollte vielmehr die Lehre von der Rechtfertigung allein aus Gnaden festhalten, gefährdete dabei jedoch die volle Menschlichkeit des Menschen." (Lohse, 124 f.) Ferner Frank I, 75: „Damit, dass *Flacius* sich genöthigt sah, auf das Figment einer zweiten *forma substantialis* zurückzugehen, indem er zugestehen musste, was man gemeinhin in damaliger Philosophie unter diesem Ausdruck verstand, passe weder auf *imago divina* noch auf die Erbsünde, widerlegte er seine eigne Doctrin. Denn er gab eben damit zu, dass die den Menschen von anderen Kreaturen unterscheidenden Proprietäten und Kräfte, insbesondere *intellectus, voluntas* und *affectus* auch nach dem Falle noch in ihm vorhanden und nur hinsichtlich der Art und des Zieles ihrer Thätigkeit anders geworden seien. Und, wenn ich recht sehe, reducirt sich von jetzt an die sachliche Differenz zwischen *Flacius* und seinen Gegnern auf ein Minimum, und die Frage ist im Grunde nur die, ob man die *imago divina* und die später eingetretene *imago diaboli*, insofern sie nicht besteht in den substantiellen Kräften des Menschen selbst sondern in der Richtung und Beschaffenheit derselben, nach philosophischem Sprachgebrauch mit *accidens* oder mit *forma substantialis* zu bezeichnen habe."

[35] Zum Verhältnis von Flacius und Osiander vgl. W. Preger, a. a. O., I, 205–297. Im Unterschied zu den majoristischen, antinomistischen und synergistischen Streitigkeiten, die in engem Zusammenhang mit den Auseinandersetzungen um den Adiaphorismus infolge des Interims stehen und auch ansonsten viele sachliche Gemeinsamkeiten aufweisen (vgl. Ritschl II/1, 326 ff.), nimmt der Kampf gegen den Osiandrismus „eine besondere Stellung" (Ritschl II/1, 327) ein: „In diesem vertraten die Gnesiolutheraner und die Philippisten in der Hauptsache denselben Standpunkt der reformatorischen Imputationslehre, ohne daß doch diese gemeinsame Position imstande gewesen wäre, eine Wiederannäherung zwischen den beiden Hauptparteien unter den deutschen Protestanten herbeizuführen." (Ritschl II/1, 327 f.) Zu Osianders Lehrsystem vgl. im einzelnen Ritschl II/1, 455 ff. Die den osiandrischen Streit bestimmende Differenz im Verständnis der Glaubensgerechtigkeit umschreibt Ritschl II/1, 459 wie folgt: „Definirt ... auch er (sc. Osiander) den Glauben wiederholt als Vertrauen, so richtet sich dieses doch vielmehr auf den in den Herzen wohnenden Christus, dem man das neue, im Jenseits sich vollendende ewige Leben verdankt, als auf die Sündenvergebung, sofern deren gläubiger Empfang nach der Ansicht der Reformatoren allein schon für das Seelenheil in der Gegenwart und in der Zukunft constitutiv ist." J. Baur deutet Osianders System als den „historisch ersten Versuch, Luthers Ansatz unter die Gewalt einer idealistischen Konstruktion zu bringen", welche „die

dem er aus Protest gegen die erfolgte Annahme des Interims seine langjährige Wirkungsstätte in Nürnberg verlassen hatte und einem Ruf Herzog Albrechts von Preußen nach Königsberg gefolgt
war, kam es schon 1549 im Zusammenhang mit universitätspoliti-
schen Querelen zu dem nach ihm benannten Streit. Osiander
hatte gegenüber Melanchthons forensisch-imputativer Fassung der
Rechtfertigungslehre die reale Einwirkung der wesentlichen Gerechtigkeit Christi in den Gläubigen gelehrt und betont, wir würden nicht allein der Sündenvergebung wegen, sondern insbesondere um jener effektiv in uns wirksamen Gerechtigkeit Christi
willen gerechtfertigt.[36] Entsprechend unterscheidet Osiander zwi-

---

geschichtliche Tat Christi und das Urteil des jetzt wollenden und handelnden Gottes" überdeckt; demgegenüber habe die FC „auf dem Akt-
Charakter der Gerechtigkeit Christi in Versöhnung und Rechtfertigung"
beharrt (J. Baur, Flacius – Radikale Theologie, a. a. O., 374. Zu Calvins
Auseinandersetzung mit Osianders Rechtfertigungslehre vgl. die gleichnamige Studie von G. Zimmermann: in: KuD 35 [1989], 236–256).

36 Vgl. im einzelnen Weber I/1, 257 ff.: Der Osiandrische Streit und die Krise
des Systems. Weber erklärt den Osiandrischen Streit deshalb zur Systemkrise, weil in ihm der forensische Rechtfertigungsbegriff zur Disposition
gestellt werde, wie er für die genuin reformatorische Rechtfertigungslehre charakteristisch sei (vgl. Weber I/1, 1 ff.; bes. 56 ff.). Da die Zusage der
Gerechtigkeit Gottes in Jesus Christus, welcher der Mensch sola fide entspricht, für den reformatorischen Gnadengedanken und das neue Verständnis des Evangeliums insgesamt kennzeichnend ist, gilt dies nach
Weber auch für die synthetisch-forensische Fassung des Rechtfertigungsbegriffs, derzufolge die Gerechterklärung der Gerechtmachung vorangehe: „Die Rechtfertigung will vom Wort der Sündenvergebung aus ‚forensisch‘ als gnädige Annahme gedacht werden; aber es ist zu zeigen, wie
in diesem Evangelium, in dieser Rechtfertigung das ganze Heil beschlossen ist." (Weber I/1, 61) Dies geschehe in der genuin reformatorischen
Rechtfertigungslehre dadurch, daß die Zurechnung bzw. forensische Imputation der Gerechtigkeit Gottes im Glauben als wirksam gedacht werde: „Zugerechnet wird die Gerechtigkeit, das Werk des Christus, unter
dessen Einwirkung die Glaubenden gestellt sind. So hat das ‚zurechnen‘
noch den vollen Klang des ‚teilhaftig machen‘." (Weber I/1, 63) Noch im
IV. Artikel der Apologie der CA sei dieses Verständnis eindeutig gegeben. Doch geht die Tendenz der weiteren Lehrentwicklung nach Weber
dahin, den imputativen Aspekt zu verselbständigen mit der Folge einer
forensischen Vereinseitigung und eines Zurücktretens des Gedankens
realer Christusgemeinschaft des Glaubens. Dieser Entwicklung, so Weber, habe Osiander im Ausgang von „urreformatorische(r) ‚Christus-
mystik‘" (Weber I/1, 1, 264) gegenzusteuern versucht durch Betonung des
wirklichen Gerechtwerdens des Glaubenden in der Rechtfertigung. So
richtig dies nach Weber ist, so kritisch beurteilt er andererseits Osianders

schen der einstmals erwirkten Erlösung und der realgegenwärtig
sich vollziehenden, ontisch wirksamen und „theosis" bewirkenden
Versöhnung, wie sie durch die Einwohnung von Christi göttlicher
Natur geschieht. Den Hintergrund dieses soteriologischen Konzepts bilden Spekulationen christologisch-trinitätstheologischer
Art, in deren Folge nicht nur die Notwendigkeit der Menschwerdung Gottes, abgesehen vom Faktum des Sündenfalles, hergelei-
tet, sondern, wie gesagt, auch die Vergottung des Menschen zur
Möglichkeitsbedingung seiner Rechtfertigung durch Gott erklärt
wird.[37] Mit Ausnahme des um Vermittlung bemühten Brenz stieß

Satz, daß Christus unsere Gerechtigkeit nicht nach seiner menschlichen,
sondern nach seiner göttlichen Natur sei. Denn in der Konsequenz dieser
Annahme drohe bei Osiander die exzentrische Verfassung des Glaubens
verkannt und das göttliche Rechtfertigungsurteil eindeutig zu einem
analytischen erklärt zu werden, was Weber als eine Rekatholisierung der
Rechtfertigungslehre deutet. Auch eine Nähe zu Caspar Schwenckfeld
wird Osianders Rechtfertigungsgedanken attestiert (vgl. Weber I/1, 281
ff.). Kurzum: Nach Weber macht sich Osiander auf seine Weise derselben Vereinseitigung eines Teilaspekts der Rechtfertigungslehre schuldig
wie die spätere orthodoxe Lehrtradition, die in gesteigerter Fortführung
entsprechender Ansätze bei Melanchthon den Rechtfertigungsgedanken
rein forensisch durchbilde. Für Weber ist Osiander daher „der *heterodoxe*
Vater der Orthodoxie" (Weber I/1, 273). Zu den Auswirkungen der im osiandrischen Streit manifesten Systemkrise auf die „Streitverhandlungen
über das anthropologische, das synergistische, das prädestinatianische,
das christologische, das Sakramentsproblem" (Weber I/2, 1) vgl. Weber
I/2, 5 ff.

[37] Zum Zusammenhang der rechtfertigungstheologischen und der christologischen Konzeption vgl. u. a. G. Seebaß, Art. Osiander, in: TRE 25, 507 –
515, hier: bes. 511 f. Entscheidend ist die Parallelisierung des Glaubens mit
der göttlichen und der Werke mit der menschlichen Natur Jesu Christi.
„Das hatte zur Konsequenz, daß aufgrund des Gegenübers von Glaube
und Werk in der Rechtfertigung – nicht durch die Werke, sondern durch
den Glauben wird der Mensch gerecht – eine Spannung in die Christologie hineinkam, insofern die menschliche Natur und damit auch das Werk
Christi zurücktrat und nur als Folge und Ausfluß der göttlichen Natur
gewertet werden konnte. Dementsprechend kann nach Osiander nicht
Christi Werk, sondern nur seine göttliche Natur den Menschen rechtfertigen, nur diese seine Gerechtigkeit sein. Damit kam in seine Christologie
ein ‚nestorianischer', die Einheit der Naturen trennender Zug, den ihm
denn seine Gegner auch vorgehalten haben. Anderseits kam mit seiner
Überzeugung, daß uns in der Rechtfertigung die göttliche Natur Christi
als *iustitia essentialis* eingegossen werden müsse, in das Rechtfertigungsverständnis ein ‚naturhaft-substantieller' Zug hinein, der als ‚katho-
lisierend' gerügt wurde." (Ebd.)

Osianders spekulatives System auf allgemeinen Widerstand, wobei sich Gnesiolutheraner und Philippisten in ihrer Ablehnung ausnahmsweise einig waren. Osianders Gegner vor Ort sind besonders Chemnitz'[38] Freund Joachim Mörlin und Franciscus Stancarus (vgl. Tschackert, 497 ff.), der mit der wenig hilfreichen These in den Streit eingriff, Christus sei unsere Gerechtigkeit nicht nach seiner göttlichen, sondern nach seiner menschlichen Natur.[39]

Bot mithin schon der *osiandrische Streit* (vgl. Tschackert, 489 ff.) einige Gelegenheit zu christologischen Erwägungen, so wurde die

---

[38] Vgl. M. Stupperich, Martin Chemnitz und der Osiandrische Streit, in: Der zweite Martin der Lutherischen Kirche. Festschrift zum 400. Todestag von Martin Chemnitz. Hg. v. Evang.-Luth. Stadtkirchenverband und der Propstei Braunschweig, Braunschweig 1986, 224–241.

[39] In den sachlichen Kontext der osiandrischen Auseinandersetzungen gehört in bestimmter Weise auch der durch die Auffassung des Ansbacher Superintendenten Georg Karg (1512–1576) alias Parsimonius ausgelöste Streit, wonach nur der passive Gehorsam Christi am Kreuz uns zur Gerechtigkeit zugerechnet werde. (Während die Dogmengeschichtsschreibung Karg in der Regel ausschließlich unter diesem Gesichtspunkt behandelt, würdigt die neueste Monographie zum Thema auch und vor allem sein Verdienst um den Aufbau des Ansbacher Kirchenwesens; vgl. H.-M. Weiss, Vom nothwendigen Verstand der Lehre. Kirchenleitung in der Zeit nach dem Tode Luthers am Beispiel von Georg Karg, Neustadt a. d. Aisch 1991. Zum Verlauf und Inhalt der Lehrauseinandersetzungen, als deren Beginn zumeist das Jahr 1567 angesetzt wird, vgl. a. a. O., 91 ff. u. 186 ff.) Kargs Intention ist primär gegen mögliche antinomistische Fehlentwicklungen der Versöhnungslehre gerichtet, wie das später ähnlich bei dem moderaten Neologen Johann Gottlieb Toellner der Fall sein sollte. In der Konsequenz dieses Anliegens leugnete Karg zwar nicht, daß der von Jesus Christus zu irdischen Lebzeiten geleistete Gesetzesgehorsam ein Element des Rechtfertigungsgeschehens sei; er bestritt aber, daß der aktive Gehorsam Christi uns als eigene Gerechtigkeit angerechnet werde: stellvertretende satisfaktorische Wirkung hat nach Karg sonach nur die passive Obödienz Christi. Demgegenüber findet sich in der Konkordienformel nachgerade jene Auffassung, welche die Wittenberger Theologen in ihren Disputen mit Karg schon Jahre zuvor vertreten hatten, daß nämlich „unter Christi Opfer und Tod stets auch sein Gehorsam einzurechnen sei, unter dem nicht nur das Erdulden des Kreuzes, sondern auch seine freiwillige Unterwerfung unter den Willen Gottes zur Vollendung seines Heilswerkes zu verstehen sei. Christi Gehorsam gehöre zu seiner ganzen Person und sei Ausdruck des umfassenden Wirkens seiner Erniedrigung. Zwar werde in CA 4 allein der Tod Christi als Grund unserer Rechtfertigung angeführt, seine sonstige Unschuld und Heiligkeit könne jedoch davon nicht abgetrennt werden." (A. a. O., 205)

spezifisch lutherische Ausgestaltung der Christologie doch erst durch den nicht zur Ruhe kommenden *Streit um das Abendmahl* (vgl. Tschackert, 531 ff.) veranlaßt. Zwanzig Jahre nach dem Marburger Religionsgespräch von 1529, das den Bruch zwischen Luther und Zwingli in der Abendmahlsfrage dokumentierte, erbrachte – wie erwähnt – der weithin von Bullingers Theologie bestimmte „Consensus Tigurinus" nicht nur Calvins Veständigung mit Zürich, sondern machte zugleich dessen fortgeschrittene Entfremdung von den Lutheranern offenkundig. Gleichzeitig kam es zu einer forcierten Ausweitung des Calvinismus, wenn auch nicht im deutschsprachigen Raum, so doch in Frankreich, den Niederlanden und England, was die Neigung gnesiolutherischer Kreise zu Kritik und konfessioneller Abgrenzung innerhalb des reformatorischen Lagers steigerte. Als der Hamburger Pastor Joachim Westphal 1552 gegen Calvin seine „Farrago confuseanarum et inter se dissidentium opiniorum" publizierte, war damit das Signal für weitere Auseinandersetzungen gegeben. Es folgten abendmahlstheologische Streitigkeiten zwischen Hardenberg und Timann in Bremen (1556 bis 1562) sowie zwischen dem streng lutherischen Professor und Generalsuperintendenten Tilemann Heshusius und dem Diakon Wilhelm Klebitz in Heidelberg (1559), um nur zwei der wichtigsten Kontroversen zu nennen. Der um allseitigen Ausgleich bemühte Melanchthon wurde zur „meistumworbenen und -umkämpften Autorität"[40]. Daß einige seiner Schüler offen oder heimlich mit dem Calvinismus sympathisierten, trug erheblich dazu bei, daß Melanchthon den Gnesiolutheranern

---

[40] W. Neuser, Dogma und Bekenntnis in der Reformation: Von Zwingli und Calvin bis zur Synode von Westminster, in: C. Andresen (Hg.), Handbuch der Dogmen- und Theologiegeschichte. Bd. II: Die Lehrentwicklung im Rahmen der Konfessionalität, Göttingen 1980, 167–352, hier: 275. Wie in allen bisher erwähnten Streitigkeiten so ging es naturgemäß auch und gerade in den Auseinandersetzungen des sog. Zweiten Abendmahlstreits in den 1550er und 1560er Jahren um Wahrnehmung und Wertung Melanchthonscher Theologie. Die vom 22. bis 29. Mai 1536 mit den Oberdeutschen ausgehandelte Konkordie, deren entscheidender Abendmahlsartikel von Melanchthon formuliert wurde, hatte zwar unbestreitbar eine gewisse Integrationskraft entwickelt. Amtlich verbindlich wurde sie freilich erst durch ihre Aufnahme in FC VII (vgl. SD VII,12–16). Vor und unabhängig von dieser Rezeption wurde sie keineswegs stets als authentisches Zeugnis genuinen Luthertums aufgefaßt. Das beweist u. a. auch das wachsende Mißtrauen gegenüber der Abendmahlslehre ihres Autors bei den sog. Gnesiolutheranern in nachinterimistischer Zeit.

mehr und mehr verdächtig wurde. Dabei konzentrierten sich die
Bedenken auf den Abendmahlsartikel der CA variata, mit welcher
Melanchthon das Augsburgische Bekenntnis der Wittenberger
Konkordie und seinen eigenen gewandelten Anschauungen an-
paßte. Jetzt heißt es noch knapper als 1530: „De coena domini
docent, quod cum pane et vino vere exhibeantur corpus et san-
guis Christi vescentibus in coena domini." (BSLK 65,45 f.; zum Text
der Wittenberger Konkordie vgl. BSLK 65,28−44; dazu: BSLK
977,17 ff.) Vergleicht man diesen Text mit demjenigen der CA invariata, so fällt auf, daß nicht nur die Mißbilligung der gegnerischen
Lehre fortgefallen ist, sondern auch inhaltliche Abschwächungen
vorgenommen wurden. Sah man zunächst in aller Regel keine
sachliche Differenz zwischen der CA invariata von 1530 und der
CA variata von 1540, bei der es sich immerhin um eine im Zusammenhang der Religionspolitik des Schmalkaldischen Bundes
entstandene Arbeit offiziellen Charakters handelte, so geriet die
Variata erst in den Abendmahlsstreitigkeiten der 1550er Jahre ins
Zwielicht, nachdem Melanchthons Autorität durch sein Verhalten
während des Interims ohnehin schon stark gelitten hatte. Zur
schwerwiegendsten theologisch-politischen Krise des Philippismus kam es schließlich, als ihn 1574, vierzehn Jahre nach Melanchthons Tod, das anonyme Erscheinen der „Exegesis perspicua et
ferme integra controversiae de sacra" des im Jahr zuvor verstorbenen Joachim Curaeus aufs äußerste kompromittierte und in
Kursachsen gänzlich zu Fall brachte.[41]

---

[41]   Die Krise des Philippismus in Kursachsen legt es nahe, einen kurzen
Blick auf die allgemeinen sächsischen Verhältnisse nach der Niederlage
des Schmalkaldischen Bundes bei Mühlberg am 24. April 1547 zu werfen:
„Kurfürst Johann Friedrich der Großmütige (1532−1547; gestorben 1554) als
Bundesführer war bis 1552 Gefangener von Karl V. und verlor nicht nur
Kurwürde und Kurkreis, sondern trat vor allem die führende Rolle unter
den protestantischen Ständen im Reich an seinen albertinischen Vetter
Moritz (1541 Herzog; 1547−1553 Kurfürst) ab, der zum Zwecke der Besitz-
standswahrung eine bald durch Neutralität, bald durch Frontenwechsel
ausgezeichnete Schaukelpolitik trieb, die unter seinem Bruder August
(1553−1586) noch eine Steigerung erfuhr und Kursachsen für ein halbes
Jahrhundert zum mächtigsten und angesehensten protestantischen Stand
im Reich machte." (Mager, 28 f.) Unter den gegebenen Voraussetzungen
kann es nicht überraschen, daß das Verhältnis zwischen dem albertinischen und ernestinischen Sachsen politisch, auch kirchenpolitisch, sehr
gespannt war. Vertraten die Ernestiner einen streng lutherischen Standpunkt, den sie durch entsprechende Förderung der Gnesiolutheraner

Während von den Abendmahlsstreitigkeiten und den theologischen Entwicklungen in ihrem Kontext an gegebener Stelle noch
ausführlich zu reden sein wird, bleibt hier nur mehr der Streit um
die Prädestination zu erwähnen, sofern er für die Konkordienformel bedeutsam geworden ist. Daß der Streit um die Prädestination gerade in Straßburg ausbrach, ist kennzeichnend für die langjährige Sonderstellung dieser Stadt im Schnittpunkt reformatorischer Traditionen. Indes gab es in prädestinationstheologischer
Hinsicht nicht nur zwischen Calvinismus und Luthertum, sondern
auch innerhalb des lutherischen Lagers mannigfache Spannungen
zu verzeichnen, wie nicht nur das Beispiel Melanchthons, sondern
in bestimmter Weise auch dasjenige von Luther selbst beweist
(vgl. Ritschl III, 1 ff.). Was die Straßburger Situation betrifft[42], so

namentlich im Kontext der – in Opposition zum philippistischen Wittenberg – gegründeten Universität Jena zur Geltung zu bringen suchten, so
gab sich Kurfürst August anfangs konfessionell aufgeschlossen bis hin
zur Duldung kryptocalvinistischer Tendenzen. „Erst als er fürchtete, wie
einst Friedrich III. von der Pfalz an die Grenze des Religionsfriedens zu
gelangen, und als dem vereinnahmten Herzogtum Sachsen keine theologische Opposition mehr nötig war, riß er das Ruder 1574 herum und
wurde ein Verfechter des Konkordienluthertums mit anticalvinistischer
Stoßrichtung, worin auch der alte sächsisch-pfälzische Gegensatz wieder
zum Tragen kam." (Mager, 30 f.) Zur Krise des kursächsischen Philippismus vgl. neben der erwähnten Studie von Koch vor allem: Heppe II,
416 ff.; R. Calinich, Kampf und Untergang des Melanchthonismus in Kursachsen, Leipzig 1866, 100 ff.; Th. Pressel, Die fünf Jahre des Dr. Jakob
Andreä in Chursachsen, in: JDTh 22 (1877), 3 ff.; J. Moltmann, Christoph
Pezel (1539–1604) und der Calvinismus in Bremen, Bremen 1958, 60 ff.
Zur territorialen Situation vgl. H. Smolinsky, Albertinisches Sachsen, in:
A. Schindling/W. Ziegler (Hg.), Die Territorien des Reichs im Zeitalter
der Reformation und Konfessionalisierung. Land und Konfession 1500–
1650, Bd. II: Der Nordosten, Münster ³1993, 8–32; Th. Klein, Ernestinisches Sachsen, kleinere thüringische Gebiete, in: a. a. O., Bd. IV: Mittle-
res Deutschland, Münster 1992, 8–39.

42 Vgl. J. Moltmann, Prädestination und Perseveranz. Geschichte und Bedeutung der reformierten Lehre „de perseverantia sanctorum", Neukirchen 1961, 75 ff. Zur Gesamtentwicklung bei der Ausbildung einer spezifisch lutherischen Erwählungslehre vgl. W. Sparn, Die Krise der Frömmigkeit und ihr theologischer Reflex im nachreformatorischen Luthertum,
in: H.-Chr. Rublack (Hg.), Die lutherische Konfessionalisierung in
Deutschland, Gütersloh 1992, 54–82, hier: 63 f.: „Sie beginnt mit dem
Streit zwischen Johannes Marbach und Girolamo Zanchi und mit dem
Straßburger Vergleich von 1563. Hier wird die bis dahin durchaus noch
vertretene lutherische Annahme einer irresistiblen Prädestination zum

gerieten im Jahre 1561 Johannes Marbach, der bei Luther studiert hatte, und der Calvin zugeneigte Hieronymus Zanchi aneinander. Ihr Streit betraf indes weniger die Prädestinationsthematik im engeren Sinn, sondern das Problem der Perseveranz und die Frage, auf welche Weise der Mensch seiner Prädestination gewiß zu werden vermöge. Marbachs Hauptintention war es dabei, die Ga-

Heil und die Calvinsche These einer ebenfalls vorherbestimmten Perseveranz der Erwählten im Glauben ausgeschieden zugunsten der ,antistoischen', d. h. antideterministisch ausgerichteten Providenzlehre des späten Melanchthon. Diese Verschiebung wird, vermittelt auch durch Martin Chemnitz, im wesentlichen von der Konkordienformel (SD XI) rezipiert und durch die Initiative Jakob Andreäs im Mömpelgarder Gespräch von 1586 konfessionell akzentuiert. Die weitere Entwicklung leitet Aegidius Hunnius ein, der auch das Wort *praedestinatio* durch das (im lutherischen Sinne ja bedeutungsgleiche) *electio* terminologisch ersetzt. In Auseinandersetzung mit dem Universalismus, den Samuel Huber dem calvinistischen Partikularismus, freilich auf derselben Ebene, entgegensetzte, entwickelt Hunnius die These, daß die von Gott zum Heil Erwählten unter Voraussicht ihres allerdings von Gott geschenkten, aber von ihnen auch angenommenen und beharrlich festgehaltenen Glaubens erwählt würden. Im Ergebnis des Huberschen Streites hat sich die Formel *electio ex praevisa fide* (o. ä.) in der lutherischen Dogmatik seit der Jahrhundertwende schnell durchgesetzt. Zu erledigen blieben schließlich noch die apologetische Aufgabe, den synergistischen Schein dieser Formel aufzulösen, sowie die polemische Aufgabe, das ,schreckliche' *decretum absolutum* Dekret, d. h. die doppelte Prädestination, theologisch zu widerlegen. Beides war ein Problem vor allem der Gotteslehre, da die christologische und pneumatologische Begründung der Universalität des göttlichen Heilswillens (aus der Suffizienz des Opfers Christi und der Seriosität der Heilsverheißung Gottes) exegetisch ja strittig waren. Die Lösung bestand daher zum einen in einer konfessionell spezifischen Ausarbeitung des Attributes der Allwissenheit bzw. der Vorsehungslehre, insbesondere im Begriff der *scientia media*. Zum andern bestand sie in der dogmatischen Fixierung des naturrechtlichen Begriffs der *benevolentia universalis* in der Unterscheidung zwischen einer *voluntas antecedens* und einer *voluntas consequens* in Gott, d. h. zwischen dem allgemeinen und dem eben mit Rücksicht auf den menschlichen Glauben sich besondernden Heilswillen. Die wie überall so auch hier sekundär aufgebotene philosophische Argumentation gewann dabei, wegen der Überlappung der natürlich- und der offenbarungs-theologischen Lehre von Gottes Wesen, ungleich größeren Einfluß als sonst: Die um 1620 durchgebildete lutherische Erwählungslehre enthält bereits jenen Gottesbegriff, den wenig später (und in genauer Kenntnis der dogmatischen Literatur) Gottfried Wilhelm Leibniz seiner ersten Theodizee, der „Confessio philosophi" von 1672, zugrundelegen wird."

be der Perseveranz und Prädestinationsgewißheit ganz an die in
den media salutis zugesagte Externität des Heilswerkes Jesu Christi zu binden und habitualistische Aussagen über den Stand der
Wiedergeborenen konsequent zu vermeiden. Während bei Zanchi
„das dialektische Verhältnis von ‚*simul justus – simul peccator,
totus justus – totus peccator*' ... aufgelöst" und die „reformatorische
Rechtfertigungslehre ... in einer progressivistischen Heiligungslehre wiedergegeben"[43] wird, leugneten Marbach und seine Anhänger zwar nicht den durch die inhabitatio spiritus sancti gemachten
Anfang der Heiligung; sie folgerten daraus indes nicht eine dem
geistbegabten Menschen habituell innewohnende Erwählungs-
und Perseveranzgewißheit, sondern machten die Dauerhaftigkeit
dieser Gewißheit ganz von dem beständigen Zuspruch der göttlichen Gnade und der Permanenz des Rechtfertigungsgeschehens
abhängig. Die 1563 erzielte, für die Vorbereitung des Prädestinationsartikels der FC bedeutsame Straßburger Vergleichsformel favorisierte im wesentlichen diesen Lösungsansatz und bestätigte damit die erfolgte Annäherung Straßburgs ans Luthertum, welches
freilich keineswegs als gegebene Größe vorhanden, sondern noch
mitten im Prozeß der Selbstausbildung begriffen war.

Im geschichtlichen Prozeß der besagten Selbstausbildung des Luthertums kommt, wie unschwer zu erkennen ist, der Genese der
Konkordienformel und des Konkordienbuches eine erhebliche
Bedeutung zu. Das ist nicht zuletzt deshalb der Fall, weil in deren
Zusammenhang die erwähnten und in gebotener Knappheit skizzierten Streitigkeiten zu einem jedenfalls halbwegs integrativen
Abschluß gebracht wurden. Bis und damit es dazu kommen
konnte, mußte freilich der tiefgreifende Zwist im Lager der Wittenberger Reformation in schonungsloser Deutlichkeit zutage treten. Das war spätestens bei dem unter Vorsitz von Julius Pflug
und im Beisein von Melanchthon und Georg Karg einerseits sowie Michael Helding und Petrus Canisius andererseits tagenden
Wormser Kolloquium des Jahres 1557 der Fall[44], wo bis zum er-

---

43 Vgl. J. Moltmann, a. a. O., 93 f.

44 Vgl. im einzelnen Heppe I, 157–230 sowie BSLK XXXIII. Zu den Jahren
    vor dem Wormser Kolloquium, insbesondere zu den bereits Mitte der
    1550er Jahre von Herzog Christoph von Württemberg ausgehenden, nach
    wenigen Jahren allerdings als erfolglos aufgegebenen Initiativen zur
    Beilegung der theologischen Konflikte und zur Herstellung kirchlicher
    Einheit vgl. Heppe I, 109–153 sowie BSLK XXXIIf. Spätestens mit dem

folgten Abzug des Flacianers die beiden binnenreformatorischen Parteiungen sich wechselseitig und unter den Augen der sog. Altgläubigen bekriegten und z. T. das Recht absprachen, sich auf die Augustana zu berufen. Die Öffentlichkeitswirkung dieser Vorkommnisse war desaströs: „Denn die katholischen Stände mußten nun mit Recht fragen, welche von beiden Parteien denn eigentlich als Vertreterin des Protestantismus anzusehn, und mit welcher von ihnen das Gespräch fortzusetzen sei." (Heppe I, 198) Mehr noch: „Die Zerklüftung des Protestantismus war den Gegnern zu einem Schauspiel geworden, an dem sie nicht nur schadenfroh sich weideten, sondern das auch den Aufschwung der katholischen Sache förderte."[45]

Wie immer die Theologen die Lage einschätzen mochten – jedem verantwortlichen evangelischen Kirchenpolitiker mußte nach den Wormser Vorfällen, die „den Zwiespalt der Evangelischen ... im Angesichte der höchsten Reichsgewalt zur Erscheinung"[46] ge-

---

Wormser Kolloquium von 1557 endet, wie schon erwähnt, eine knapp zwanzigjährige Periode von Religionsgesprächen auf Reichsebene, die die Überwindung des altgläubig-evangelischen Gegensatzes zum Ziel hatten. Dieses Ende zeichnet sich bereits mit dem Friedensschluß von 1555 ab, der konfessionelle Einigkeit primär zu einer territorialen Aufgabe machte und damit den Unionsbewegungen auf Reichsebene ihren politischen Schub nahm. Die Religionsgespräche in der zweiten Hälfte des 16. Jahrhunderts sind dementsprechend zumeist auf territorialer Ebene angesiedelt und mit dem Ausgleich von Gegensätzen im eigenen Lager beschäftigt. Als Beispiele lutherisch-calvinistischen Dialogs seien das Maulbronner Religionsgespräch von 1564 sowie das Kolloquium von Mömpelgard im Jahre 1586 erwähnt. Binnenlutherisch sind im Zusammenhang der Entstehungsgeschichte des Konkordienwerks besonders interessant das Altenburger Kolloquium von 1568/69, das allerdings weniger ein Religionsgespräch als vielmehr „eine Art von Notenwechsel zwischen den beiden unterhandelnden Parteien" (Ritschl II/1, 395) war, die Zusamenkunft in Zerbst vom Mai 1570 sowie das auf Fragen der FC und deren Apologie konzentrierte Religionsgespräch von Quedlinburg von 1582/83.

[45]   Vgl. E. Koch, Der Weg zur Konkordienformel, in: Vom Dissensus zum Konsensus. Die Formula Concordiae von 1577 (Fuldaer Hefte 24 [1980]), 10–46, bes. 17 ff.; ferner: BSLK XXXII–XXXIV. Zum Verlauf des zweiten Wormser Religionsgespräches, bei dem Flacius zwar nicht persönlich anwesend war, aber wesentlichen Einfluß ausübte, vgl. jetzt auch H. Scheible, Melanchthon. Eine Biographie, München 1997, 226–240.

[46]   W. Preger, a. a. O., II, 69.

bracht hatten, definitiv klar geworden sein, daß man den internen Glaubensstreit nicht auf sich beruhen lassen konnte. Es waren denn auch namentlich evangelische Politiker, welche den Anstoß zu Einigungsverhandlungen gaben.[47] Folgt man der plausiblen Einteilung im Lehrbuch der Kirchengeschichte von Karl Müller, in dem die kirchliche Einigungspolitik der deutschen Fürsten Augsburgischen Bekenntnisses bis zum Abschluß des Konkordienbuches in knappen Zügen rekapituliert wird[48], dann verlaufen die Unionsbemühungen in drei Phasen: „Zuerst denken die Fürsten die theologischen Gegensätze zu ignorieren und alle Stände unter der einfachen Wiederholung der AC zu vereinigen. Nachdem das gescheitert ist, machen sich zweitens die einzelnen Stände daran, zunächst jeder in seinem eigenen Gebiet feste Ordnung und ein sicheres bestimmtes Lehrgesetz zu schaffen. Drittens endlich gelingt es, den größeren Teil der so geordneten Kirchen unter einem einheitlichen lutherischen Lehrgesetz zu vereinigen, während ein Teil der philippistischen Landeskirchen, dadurch zu noch schärferer Absonderung getrieben, dem Calvinismus anheimfällt."[49]

Was die erste Phase der Einigungsverhandlungen betrifft, so war sie neben einigen Theologenkonventen durch geplante oder zu wirklicher Durchführung gelangte Fürstenzusammenkünfte gekennzeichnet, von denen die Fürstentage in Frankfurt 1558 (vgl. Heppe I, 266 ff.) und Naumburg 1561 (vgl. Heppe I, 364 ff.) die wichtigsten sind. Beiden Unternehmungen war allerdings kein dauerhafter Erfolg beschieden: Dem Frankfurter Rezeß vom 18. März 1558 (vgl. CR 9, 489–507), der als Verhandlungsergebnis von acht der CA verpflichteten Territorien auf der Basis eines von Melanchthon entworfenen Textes zustande kam, trat 1559 das flacianisch bestimmte Weimarer Konfutationsbuch der ernestinisch-sächsischen Herzöge mit einer schroffen Absage an den Philip-

---

[47] Vgl. A.-E. Buchrucker, Einheit im Bekenntnis der Wahrheit. Von Sinn, Ziel und Problematik der Konkordienformel, in: J. Schöne (Hg.), Bekenntnis zur Wahrheit, Erlangen 1978, 11–23, hier: 13 ff.

[48] Vgl. K. Müller, Kirchengeschichte II/2, Tübingen 1919, 80–93. Im Anschluß daran (a. a. O., 93–111) werden die Folgen des Konkordienwerks für das Gesamtgebiet der evangelischen Reformation und für den deutschen Protestantismus insbesondere dargelegt.

[49] A. a. O., 80 f.

pismus entgegen.[50] Aber auch der große – ein knappes Jahr nach Melanchthons Tod zusammentretende – Naumburger Fürstentag vom 23. Januar bis 8. Februar 1561 brachte nur einen vorläufigen Kompromiß, der sich schon bald als nicht tragfähig erwies: man einigte sich „auf eine erneute Unterschrift unter die Augsburgische

---

[50] Vgl. im einzelnen W. Preger, a. a. O., II, 77 ff. Zur Zurückweisung und Anerkennung des Frankfurter Rezesses durch andere Stände vgl. Heppe I, 281 ff. Trotz des aus seiner Sicht nicht genug zu begrüßenden Inhalts des Frankfurter Rezesses kommt auch Heppe (I, 291) zu dem Ergebnis: „Statt Frieden und Einigkeit herzustellen hatte sich der Frankfurter Receß wie ein Keil zwischen die Glieder des evangelischen Reichskörpers eingeklemmt, und die protestantischen Parteien noch weiter von einander gerißen." Zum Konfutationsbuch (Heppe I, 299: „Neun Ketzereien waren es, die hier ihre Verdammung fanden, nemlich die Irrlehren Servets und Schwenkfelds, die der Antinomer, Wiedertäufer und Zwinglianer, die Verfälschung der Lehre vom freien Willen, die Häresien des Osiander und des Stancarus, so wie die der Majoristen und Adiaphoristen. Der Adiaphorismus ward insbesondere als ein von den Wittenbergern verschuldeter Abfall verdammt."), seinen Folgen und dem schließlichen Sturz des Flacianismus im Herzogtum Sachsen vgl. Heppe I, 298 ff. Noch in der Präfation des Konkordienbuches ist die Bewertung des Frankfurter Rezesses als „eines christlichen Abschieds" (BSLK 744,2 f.; vgl. BSLK 744, Anm. 2) heftig umstritten. Der einschlägige Textpassus lautet: „Inmaßen dann unsere löbliche Vorfahren und zum Teil wir auch derwegen uns zu dem Ende miteinander zu Frankfurt am Main des 58. Jahrs bei der dazu als fürgestanden Gelegenheit des gehaltenen Kurfürstentages eines christlichen Abschieds und dahin vorglichen, daß wir in einer gemeinen Versammlung zuhaufkommen und von etzlichen Sachen, die von unserm Widerwärtigen uns und unseren Kirchen und Schulen zum ärgsten gedeutet worden, ‚notdürftiglichen und freundlichen unterreden‘ wollten." (BSLK 743,49 – 744,9; BSLK 744, Anm. 1 u. 3) Es folgt eine explizite Bezugnahme auf den Naumburger Fürstentag und die dort erfolgte Affirmation der „Augsburgischen Konfession, so Kaiser Karl dem V. in der großen Reichsversammlung zu Augsburg Anno etc. 30. überantwortet" (BSLK 745,2 – 5; vgl. BSLK 745, Anm. 1). Ein erneuter Hinweis auf die „zu Frankfurt am Main und Naumburg aufgerichte und wohlgemeinte Abschiede" (BSLK 749,22 – 24) erfolgt an späterer Stelle der Präfation, woran sich Ausführungen zum Verhältnis von CA invar. (zur Streichung der in S begegnenden Wendung „ersten und unveränderten" vgl. BSLK 750, Anm. 1) und CA var. anschließen (vgl. BSLK 751, 37 ff.: „Was dann die andere Edition der Augsburgischen Confession anlanget ..." Zu beachten ist besonders der Abschnitt BSLK 752,15 ff. einschließlich der im Apparat aufgeführten Varianten; vgl. auch BSLK 752, Anm. 2 u. 3. Zur Frage des für das Konkordienbuch vorgesehenen CA-Exemplars vgl. BSLK 751, Anm. 1.).

Konfession, indem man den deutschen Text von 1530 und den 1531 in Wittenberg erschienenen lateinischen Text für verbindlich erklärte und mit Rücksicht auf Friedrich von der Pfalz die Augustana Variata von 1540 als Interpretation der Augustana Invariata anerkannte"[51]. Indes wurde diesem Ergebnis weder die erhoffte

---

[51] E. Koch, Der Weg zur Konkordienformel, 26. Vgl. ders., Der kirchengeschichtliche Hintergrund der Bergischen Redaktion der Formula Concordiae, in: ders., Aufbruch und Weg. Studien zur lutherischen Bekenntnisbildung im 16. Jahrhundert, Stuttgart 1983, 48–63, hier: 54, wo das Ergebnis von Naumburg folgendermaßen skizziert wird: „Man unterschrieb die deutsche Quartausgabe der Confessio Augustana, Wittenberg 1530, und die Lateinische Oktavausgabe, Wittenberg 1531, weil in der lateinischen Quartausgabe von 1530 im Text der beigebundenen Apologie Wendungen standen, die dem Abendmahlsverständnis Friedrichs von der Pfalz unerträglich waren, in der Ausgabe von 1531 waren diese Wendungen getilgt. Außerdem wurde eine Vorrede verfaßt, durch die die Abendmahlslehre diplomatisch geschickt in Melanchthons Sinn interpretiert wurde. Von der Confessio Augustana Variata von 1540 wurde gesagt, durch sie werde die Confessio Augustana von 1530 ‚etwas stattlicher und ausführlicher wiederholet, auch aus Grund H. Schrift erkläret und gemehret'. Viel Erfolg war diesem diplomatisch ausgewogenen Ergebnis nicht beschert. Einige der in Naumburg beteiligten Fürsten und Räte mußten sich nach ihrer Rückkehr von ihren Theologen schwere Vorwürfe gefallen lassen. So wurden nicht nur weitere Unterschriften nicht mehr geleistet, sondern auch nachträglich bereits geleistete Unterschriften zurückgezogen. Das Ergebnis von Naumburg wurde durchlöchert, und nach und nach zerfiel es ganz." Zu den Ereignissen vom Reichstag zu Augsburg 1559 bis zum Naumburger Fürstentag sowie zu dessen genaueren Umständen vgl. Heppe I, 325ff. bzw. 364ff. Zu Aufnahme und Ablehnung des am 8. Februar unterzeichneten Abschiedes des Naumburger Konvents sowie zur Begründung des reformierten Kirchenwesens in der Pfalz vgl. Heppe I, 406ff. bzw. 440ff. Bemerkenswert ist in diesem Zusammenhang die charakteristische These, es gehöre „zu den sichersten Resultaten historischer Forschung, daß das deutsch-evangelische Kirchenwesen, welches ... zuerst in der Pfalz begründet ward, seine Wurzeln nicht im Calvinismus sondern im deutschen Protestantismus, und daß es lediglich die Aufrechterhaltung des – einst fast in ganz Deutschland herrschend gewesenen – Melanchthonischen Kirchentypus zum Zweck hat" (Heppe I, 448; teilweise gesperrt. Vgl. ferner 495ff.). Heppes Werk ist insgesamt stark „in die Auseinandersetzungen" des 19. Jahrhunderts verflochten (E. Koch, Der kursächsische Philippismus, 61 unter Verweis auf H. Heppe, Die confessionelle Entwicklung der altprotestantischen Kirche Deutschlands, die altprotestantische Union und die gegenwärtige confessionelle Lage und Aufgabe des deutschen Protestantismus, 1854, sowie auf L. H. Zuck, Heinrich Heppe: A Melanchthonian

breite und dauerhafte Zustimmung zuteil, noch konnte es den
Übergang der Pfalz zum Calvinismus verhindern. Daß weder das
Reich noch die Augsburger Konfessionsverwandten willens bzw.
fähig waren, diesen Konfessionswechsel rechtlich zu ahnden,
kann allenfalls in politischer Hinsicht als Entspannung der Lage
gedeutet werden.[52]

Das Scheitern der binnenreformatorischen Verständigungsbemü-
hungen in den späten 1550er und den beginnenden 1560er Jahren
hatte zum einen bewiesen, daß Einigungsverhandlungen auf rein
diplomatischer Ebene zu keinem langfristigen Erfolg führen
konnten, und zum anderen gezeigt, daß die CA als Basis einer
umfassenden und eindeutigen Bekenntnisgemeinschaft nicht aus-
reichen konnte. Da mit einem Übereinkommen, das die Ebene
der einzelnen Reichsstände überstieg, vorerst nicht zu rechnen
war, zumal die Einigungsbemühungen unter den Augsburgischen
Konfessionsverwandten durch Verwicklung in die internationale
Politik weiter erschwert wurden, bemühten sich die Träger der
Religionshoheit und ihre Theologen in einem zweiten Stadium
der Entwicklung in den Jahren von 1557/58 bis 1577/80 in verstärk-
tem Maße, „wenigstens die innere Bekenntniseinheit, die Geschlossenheit der territorialen Kirchenwesen nach Lehre und
Ordnung zu erreichen"[53]. So kommt es im siebten Jahrzehnt des

---

Liberal in the Nineteenth-Century German Reformed Church, in: Church
History 51 [1982], 419–433).

[52]   Vgl. Heppe I, 495: „Im Jahre 1555 hatte der deutsche Protestantismus dadurch rechtliche Existenz gewonnen, daß er sich in allen seinen Bekennern um die Augsburgische Confession als um das Palladium des evangelischen Glaubens deutscher Zunge lagerte; im Jahre 1562 drohte der
gesamte Rechtszustand des Protestantismus in seinen Grundlagen wieder
zu zerbersten, indem jetzt innerhalb der evangelischen Stände eine Duplizität des Bekenntnisses zu dem gemeinsamen Symbol, eine Duplizität
deutsch-protestantischer Doctrin kirchlich hervortrat, welche vor dem
politischen Forum die Identität der einen oder andern Richtung mit dem
im Religionsfrieden anerkannten evangelischen Glauben notwendig fraglich machen muste." Hinzuzufügen ist, daß Heppe die „völlige Lossa-
gung der evangelischen Stände von der katholischen Kirchengemeinschaft" (vgl. Heppe I, 477ff.) ebenfalls auf das Jahr 1562 datiert. Vgl. dazu
Heppe I, B XXXXI: „An Kaiser Ferdinandum. Warum man das Trientisch
Concilium nit besuch, sondern als verdechtig bitt abzuschaffenn."

[53]   W.-U. Deetjen, Concordia Concors – Concordia Discors. Zum Ringen um
das Konkordienwerk im Süden und mittleren Westen Deutschlands, in:

Reformationsjahrhunderts zu einer fortschreitenden inneren Differenzierung des Protestantismus durch zunehmende territoriale Normierung der Lehre „sowohl in der Form additiver, nicht exklusiver Aufreihung verschiedener Bekenntnisschriften und lehrzentrierter Werke in den Kirchenordnungen, bzw. von Corpora doctrinae von mehr oder weniger präziser Bekenntnisrichtung, wie auch in der Form mehrerer, exklusiv-eindeutiger territorialer Sonderbekenntnisse"[54]. In allen Fällen sollte dabei die CA nicht ersetzt, sondern nur authentisch interpretiert werden.

Die Reihe der Lehrcorpora (vgl. hierzu und zum folgenden § 2,4 sowie BSLK XXXIII), die neben der Augustana und den altkirchlichen Symbolen Schriften Luthers, Melanchthons sowie Texte territorialer Kirchenordnungen in unterschiedlicher Quantifizierung und Qualifizierung miteinander verbanden, beginnt mit dem sog. Corpus doctrinae Misnicum oder Philippicum, das der Leipziger Buchdrucker Ernst Vögelin kurz vor Melanchthons Tod im Jahre 1560 auf Eigeninitiative hin zusammengestellt hatte und das in Kursachsen 1566 verbindlich wurde; weitere Gebiete standen ihm lehrmäßig nahe. Das Corpus Philippicum enthielt neben den drei altkirchlichen Bekenntnissen die Confessio Augustana (in den deutschen Ausgaben die Editio von 1533, in den lateinischen die

---

M. Brecht/R. Schwarz (Hg.), Bekenntnis und Einheit der Kirche. Studien zum Konkordienbuch, Stuttgart 1980, 303–349, hier: 309.

[54] A. a. O., 309 f. Vgl. ferner Heppe II, 17 ff., 71 ff., 136 ff. sowie vor allem Tschackert, 613 ff. (vgl. auch Tschackert, 572 ff.), wo es heißt: „Es ist kein Zufall, daß (die) Namhaftmachung autoritativer Lehrschriften gerade seit 1552 durchdringt: man hat in den lutherischen Landeskirchen die leidigen Interimsstreitigkeiten hinter sich; der Passauer Vertrag hat dem lutherischen Bekenntnis provisorisch die Bahn freigemacht; da es aber keine gemeinsame Kirchenordnung für alle lutherischen Landesteile gab, so mußte man sich in jeder Landeskirche selbständig den Bekenntnisstand feststellen. Dann begnügt man sich alsbald nicht mehr bloß mit der Aufzählung der betreffenden autoritativen Schriften, sondern man stellt sie in eigenen Sammlungen zusammen. So entstehen zwischen 1560 und 1580 die ‚Corpora Doctrinae'. Die Bezeichnung ‚Corpus doctrinae' ist von Melanchthon geprägt; sie bedeutet in dem von ihm entworfenen ‚Frankfurter Receß' von 1558 (CR 9, 494) soviel als Summe oder Hauptbestandteil christlicher Lehre, indem dort von der Augsburgischen Konfession ausgesagt wird, daß sie aus der prophetischen und apostolischen Lehre ‚als ein Summarium und Corpus doctrinae gezogen' sei." (Tschackert, 614)

von 1542), die Apologie (deutsch 1540, lateinisch 1542), die Confessio Saxonica (1551), die Loci Theologici (1556), das Examen Ordinandorum (1552), die Responsio ad articulos Bavaricae inquisitionis, die Refutatio Serveti und in der lateinischen Fassung zusätzlich die Responsio de controversia Stancari von 1553.[55] Eine Alternative zu dieser Konzeption stellt u. a. das seit 1570 für das ernestinische Sachsen geltende Corpus doctrinae Thuringicum dar; eindeutig gnesiolutherisch orientiert enthielt es außer den drei ökumenischen Symbolen die Confessio Augustana, deren Apologie, den Kleinen und Großen Katechismus Luthers, die Schmalkaldischen Artikel sowie das von Justus Menius stammende thüringische Bekenntnis von 1548 und das Weimarer Konfutationsbuch von 1558. Ebenfalls spezifisch lutherisch bestimmt war das bereits 1563 erstellte Corpus doctrinae der Stadt Braunschweig. „Die später in den Ländern der Herzöge von Braunschweig-Lüneburg und Braunschweig-Wolfenbüttel geschaffenen Corpora doctrinae, das Corpus doctrinae Wilhelminum von 1576 und das Corpus doctrinae Julium, ebenfalls von 1576, können, was Auswahl und Komposition ihrer Bestandteile angeht, als direkte Vorläufer des Konkordienbuchs gewertet werden, das wie diese die drei altkirchlichen Symbole, die Confessio Augustana invariata und deren Apologie, Luthers Kleinen und Großen Katechismus sowie die Schmalkaldischen Artikel zusammenbrachte und die im Corpus Wilhelminum und Julium enthaltenen beiden Schriften des Urbanus Rhegius (,Wie man fürsichtiglich reden soll') und Martin Chemnitz (,Wohlgegründter Bericht von den fürnehmsten Artikeln Christlicher Lehre') durch die Konkordienformel ersetzte."[56]

Ein erneuter Vorstoß zu einer überterritorialen Einigung bezüglich der vorhandenen Streitigkeiten im Bereich der Wittenberger Reformation war inzwischen von Württemberg ausgegangen. Im Unterschied zur vormaligen (vgl. BSLK XXXIIf.) ersten sollte die

---

[55]   Vgl. die unvollständige Wiedergabe in: Melanchthons Werke in Auswahl. Studienausgabe, hg. von R. Stupperich, Bd. VI: Bekenntnisse und kleine Lehrschriften, Gütersloh 1955, 5–377. Beachtenswert sind in diesem Zusammenhang auch die instruktiven Ausführungen O. Ritschls zum Melanchthonschen Traditionalismus, in: Ritschl I, 341–349.

[56]   Dingel, 16 mit Verweis auf Heppe/Kawerau, Corpus doctrinae, 293–298 und Tschackert, 613–620, 601–603. Vgl. außerdem W.-D. Hauschild, Corpus Doctrinae und Bekenntnisschriften. Zur Vorgeschichte des Konkordienbuches, in: M. Brecht/R. Schwarz (Hg.), a. a. O., 235–252.

zweite, knapp eineinhalb Jahrzehnte später begonnene Initiative langfristig erfolgreich sein. Wesentlichen Anteil an diesem Erfolg hatte der Tübinger Stiftsprobst und Universitätskanzler Jakob Andreae (1528 bis 1590)[57], ein Schüler von Erhard Schnepff und Johannes Brenz, der bereits Ende der sechziger Jahre detaillierte Pläne zur Einigung des deutschen Luthertums auf der Grundlage einer neuformulierten Lehrübereinkunft entwickelte. Sie standen im Zusammenhang seiner Abordnung zur Neuorganisation der Kirche von Braunschweig-Wolfenbüttel, wo der von 1568 bis 1589 regierende Herzog Julius[58] die Konkordienpläne ebenso förderte

---

[57] „Einigung und Verständigung innerhalb des Protestantismus" sollten „zur wichtigsten Lebensaufgabe" Andreaes werden (M. Brecht, Art. Andreae, Jakob [1528–1590], in: TRE 2, 672–680, hier: 675). „Es gibt kaum eine seiner Schriften, in der das Stichwort Einigkeit nicht schon im Vorwort fällt. In diese Einigungsbestrebungen nicht einbezogen war von vornherein der linke Flügel des Protestantismus. Aus reichsrechtlichen, kirchenpolitischen und theologischen Gründen war für Andreae gegenüber Schwenckfeld und den Täufern ... die eindeutige Abgrenzung geboten. Die religionspolitische Situation, in der er als Beauftragter seines Landesherrn dauernd zu operieren hatte, war bestimmt durch den Augsburger Religionsfrieden von 1555, der den Augsburger Konfessionsverwandten die reichsrechtliche Anerkennung gebracht hatte, und durch die seit Luthers Tod eingetretene Zerrissenheit des deutschen Luthertums, die sich im preußischen Osiandrismus ..., im kursächsischen Philippismus ..., im herzoglich-sächsischen Gnesioluthertum und im pfälzischen Calvinismus manifestierte." (Ebd; vgl. ferner die anfangs über die Reichsgrenzen hinaus sich erstreckenden Konsensbemühungen Herzog Christophs [Religionsgespräche in Poissy 1561; von 1574–1581 geführter Briefwechsel zwischen dem orthodoxen Patriarchen in Konstantinopel und Tübinger Theologen]; dazu: H. Ehmer, Art. Christoph von Württemberg [1515–1568], in: TRE 8, 68–71.) Die Zeit bis zum Beginn der unmittelbaren literarischen Vorgeschichte von FC, wie er durch die lateinischen Unionsartikel gekennzeichnet ist, behandelt R. Müller-Streisand in einer Zusammenfassung ihrer einschlägigen Göttinger Dissertation unter dem Titel: Theologie und Kirchenpolitik bei Jakob Andreä bis zum Jahr 1568, in: Blätter für Württembergische Kirchengeschichte 60/61 (1960/61), 224–395. Dort findet sich auch eine chronologische Übersicht über die Schriften Andreaes bis 1568 sowie über die Disputationen der Jahre 1564–1589.

[58] Herzog Julius' Stellung zum Konkordienwerk ist umfassend dargestellt bei Mager, 33 ff. Mager erörtert zunächst Entstehung und Rezeption der FC unter besonderer Berücksichtigung der kirchlichen, theologischen und politischen Verhältnisse in Braunschweig-Wolfenbüttel und widmet sich dann der Frage (vgl. Mager 325 ff.), „ob und weshalb Herzog Julius sich möglicherweise vom Konkordienförderer zum Gegner entwickelte. Ein anschließender stärker systematisch akzentuierter Abschnitt gilt der

wie der am 28. Juli 1568 von diesem ebenfalls zum Zwecke der
Kirchenreform berufene Martin Chemnitz (1522 bis 1586)[59], der zum
wichtigsten kritisch-konstruktiven Partner Andreaes werden sollte.
Der erste Konkordienversuch der Jahre 1568 bis 1572 (vgl. Mager,
33 ff. sowie Heppe II, 247 ff. und BSLK XXXIII) brachte indes noch
nicht den ersehnten Erfolg. Bestimmend für ihn war anfangs der
„Plan, die Zustimmung zu einer neu formulierten Lehrübereinkunft in Affirmationen und Damnationen mit den Themen freier
Wille, Rechtfertigung, gute Werke, Adiaphora und Abendmahl
durch Unterschriften einzuholen" (Koch, 477). Andreae konzipierte zu diesem Zweck *fünf lateinische Artikel,* von denen jeder
mit der Darlegung des status controversiae beginnt, im Mittelteil
die eigene Position ausführt und mit mehrgliedrigen Lehrkon-
demnationen ohne Namensnennung endet (vgl. Mager, 38 ff., hier:
38).[60] Bereits wenig später ließ er den lateinischen Erstentwurf,

---

Kontroverse um die Ubiquität, speziell der Diskussion über Abendmahl
und Christologie auf dem Kolloquium in Quedlinburg 1583. Der Schlußteil
erörtert anhand von offiziellen kirchenpolitischen Äußerungen, Bestal-
lungsreversen und Ordinationsgelübden den tatsächlichen Umgang mit
der FC als Bekenntnis- und Lehrnorm in Braunschweig-Wolfenbüttel bis
in die Mitte des 17. Jahrhunderts – allerdings nur in groben Zügen." (Mager, 12)

[59] Vgl. im einzelnen Th. Mahlmann, Art. Chemnitz, Martin (1522 – 1586), in:
TRE 7, 714–721, bes. 716 ff. sowie ders., Martin Chemnitz, in: M. Greschat
(Hg.), Gestalten der Kirchengeschichte, Bd. VI, Stuttgart/Berlin/Köln/
Mainz 1981, 315–331. Fernerhin: Der zweite Martin der lutherischen Kirche.
Festschrift zum 400. Todestag von Martin Chemnitz, hg. vom Evange-
lisch-Lutherischen Stadtkirchenverband und der Probstei Braunschweig,
Braunschweig 1986.

[60] „Jacob Andreaes lateinische Unionsartikel von 1568" sind veröffentlicht im
Zusammenhang eines gleichnamigen Beitrags von I. Mager, in: ZKG 98
(1987), 70–86, hier: 73 ff. Der Textedition liegt eine von Mager in einem
Handschriftenband zur Braunschweigischen Kirchengeschichte des
16. Jahrhunderts in der Herzog-August-Bibliothek in Wolfenbüttel gefundene Abschrift zugrunde. Bei ihr dürfte es sich mit an Sicherheit gren-
zender Wahrscheinlichkeit um den bisher als verschollen geltenden Text
handeln, „den Andreae im Spätsommer 1568 in Wolfenbüttel als Eini-
gungsgrundlage zur Diskussion stellte, dann aber schon auf der ersten
Begegnung mit den Wittenberger Theologen im Januar 1569 fallen ließ
und durch die bekannten deutschen Artikel ersetzte. Die ursprüngliche
Version ist deshalb von Bedeutung, weil sie Licht auf die ersten Anfänge
der Konkordienformel wirft und Andreaes Bemühen um eine möglichst
erschöpfende Darstellung der theologischen Kontroversen mit Lehrkon-

der in der weiteren Geschichte der FC „keine" – zumindest keine entscheidende – „Rolle mehr gespielt" (Mager, 43) hat[61], fallen und ersetzte ihn in der Absicht, die philippistisch orientierten kursäch-

demnation widerspiegelt, wie sie vermutlich die Zustimmung eines Großteils der damaligen Lutheraner gefunden und wahrscheinlich eher zum Ziel geführt hätte. Doch um der Gewinnung der kursächsischen Philippisten willen änderte Andreae seine ursprüngliche Strategie kurzfristig, um dann allerdings mit der Schwäbischen Konkordie 1574 unter veränderten kirchenpolitischen Verhältnissen in der Grundstruktur wieder zu ihr zurückzukehren." (A. a. O., 72) Über das Geschick der Artikel in den Jahren 1568/69 unterrichtet detailliert H. Chr. Brandy, Jakob Andreaes Fünf Artikel von 1568/69, in: ZKG 98 (1987), 338–351. Obwohl Andreae die lateinischen Unionsartikel im Herbst 1568 nicht nur dem Rostocker Theologen David Chytraeus vorgelegt, sondern auch bereits weiteren Theologen verschickt hatte, ersetzte er sie alsbald mit Rücksicht auf die Wittenberger „Philippisten" durch fünf knappere deutschsprachige Artikel, deren Text bei Heppe II, 250–254 und 260–264 zu finden ist. (Die durch Heppe erfolgte Trennung zwischen Artikelreihe und christologischem Anhang ist nicht authentisch.) „Zu den Themen (1.) Rechtfertigung, (2.) Gute Werke, (3.) Freier Wille, (4.) Adiaphora und (5.) Abendmahl verfaßte er rein affirmative Darstellungen, die unter Verzicht auf Diskussion der Streitpunkte, die er für bloße Folge terminologischer Mißverständnisse ohne sachliche Relevanz hielt, den Konsens der lutherischen Theologen ‚ganz leicht' herbeiführen sollten. Mit intensivem persönlichem Einsatz, unterstützt von Herzog Julius von Braunschweig-Wolfenbüttel und von Landgraf Wilhelm von Hessen, der sich an Stelle des im Dezember 1568 verstorbenen Herzogs Christoph von Württemberg des Projektes angenommen hatte, bemühte Andreae sich während der folgenden knapp 1 1/2 Jahre um Zustimmung zu seinen Artikeln." (H. Chr. Brandy, a. a. O., 339 f.) Über den weiteren Weg der nur mit pauschalen Antithesen („tacitas antitheses") versehenen Artikel und das Scheitern des Unternehmens im Zusammenhang des Altenburger Kolloquiums vgl. a. a. O., 341 ff., hier: 344: „Auf einem von Landgraf Wilhelm und Herzog Julius initiierten gesamtlutherischen Konvent in Zerbst (7.–10.5.1570) wurden die Artikel endgültig fallen gelassen zugunsten eines Corpus normativer Lehrschriften. Der (auch in sich mißlungene) Versuch, den ‚philippistischen Flügel' unter Ausblendung der Kontroverspunkte zu integrieren, scheiterte am Widerstand der auf eindeutige Gewißheit und begriffliche Klarheit des Glaubens bedachten lutherischen Theologen." Zum Problem des christologischen Anhanges vgl. a. a. O., 345 ff.

[61] „Trotzdem ist es wichtig zu wissen, daß am Anfang des Einigungswerkes nicht jene bekannten, viel gerügten verschleiernden Minimalformeln stehen, sondern daß Andreae durchaus fähig war, den anstehenden Streitpunkten in These und Antithese angemessen – wenn auch meist in Form eines Kompromisses – auf den Grund zu gehen." (Mager, 43 f.)

sischen Theologen zu gewinnen, „durch sehr viel kürzere und inhaltlich unbestimmtere deutsche (Artikel) ohne spezifizierte Verwerfungen" (Mager, 43). Ebendiese *fünf deutschen Unionsartikel* (vgl. Heppe II, 250 ff. sowie Mager, 58 ff.) waren es, welche einer im Frühjahr 1569 in Süddeutschland eingeleiteten Unterschriftenaktion und den seit Sommer selbigen Jahres von Wolfenbüttel aus durchgeführten Konkordienreisen Andreaes ins mittlere und nördliche Deutschland (vgl. Heppe II, 268 ff. sowie Mager, 66 ff.) zugrundelagen.[62] Nachdem beiden Unternehmungen neben viel Widerspruch nur bescheidener Erfolg zuteil geworden war, modifizierte Andreae sein bisher verfolgtes Einigungskonzept dahingehend, „daß die Artikel nur als vorläufiger Diskussionsbeitrag gelten und Raum lassen sollten für eigene Stellungnahmen oder auch eigene Artikel" (Mager, 92).[63]

Weitere Vermittlungsbemühungen des rastlosen Moderators folgten. Im Mai 1570 schließlich kam es zu einer anfangs durchaus verheißungsvoll erscheinenden Zusammenkunft von Theologen aus fünfzehn Territorien und Städten in Zerbst (vgl. Mager, 103 ff.; Heppe II, 288 ff. und 301 ff.; BSLK XXXIV). Doch ist auch der Zerbster Konvent für Andreaes Konkordienunternehmen eher als Mißerfolg oder doch allenfalls als nur sehr bedingter Erfolg zu werten. Bis auf weiteres gescheitert war der Versuch, die Differenz zwischen dem Erbe Luthers und demjenigen Melanchthons, so wie die Wittenberger Philippisten es verstanden, zu überbrücken bzw. zu nivellieren. In anderer Hinsicht hat Zerbst gewisse Fortschritte erbracht: Es gelang, „einen Teil der Augsburger Konfessionsverwandten mit der CA, der Apologie, den Schmalkaldischen Artikeln und Luthers Katechismen auf die vier Symbolschriften

---

[62] Zur Beurteilung von Andreaes deutschen Unionsartikeln sowie eines Gegenentwurfs von Chemnitz, der „die niedersächsischen Einwände am prägnantesten und für die weitere Entwicklung am wegweisendsten" (Mager, 102) zusammenfaßt, vgl. u. a. Mager, 92 ff. Andreaes Artikelreihe von 1569 trägt den Titel: „Bekenntnis und kurze Erklärung etlicher zwiespaltiger Artikel, nach welcher eine christliche Einigkeit in den Kirchen, der Augsb. Confession zugethan, getroffen und die ärgerliche langwierige Spaltung hingelegt werden möchte."

[63] „Jeder Territorialherr solle von seinen Theologen eine Darlegung der Stellung zu den im Streit befindlichen Themen erarbeiten lassen; diese Darlegungen sollten danach miteinander verglichen werden." (Koch, 478)

einzustimmen, die später auch den Hauptbestandteil des Konkordienbuches ausmachten" (Mager 117).[64] Wie immer man hier ge-
wichten mag: das Zerbster Ergebnis kann bestenfalls als ambivalent beurteilt werden. Es bedurfte einer weiteren Vertiefung der
Gegensätze (vgl. Heppe II, 312 ff. und 366 ff.) und namentlich des
Bruchs mit den sog. Kryptocalvinisten in Kursachsen (vgl. Heppe
II, 416 ff., 467 ff. sowie Mager, 126), um Andreae zu veranlassen,
mit einem neuen Konkordienvorschlag an die Öffentlichkeit zu
treten, der schließlich zum Erfolg führen sollte.[65]

---

[64] Der Zerbster Konvent sollte deshalb nach Magers Urteil „nicht nur als
gescheiterter Konkordienversuch abgetan" (Mager, 117) werden: „Das in
Zerbst trotz der kursächsischen Gegenunternehmung abgesprochene lutherische CD war doch eine indirekte Absage der Mehrheit an den Wittenberger Philippismus und damit ein erster kleiner Schritt zum Erfolg.
Die Kluft zwischen Konkordienwilligen, zögernden Melanchthonianern
und opponierenden Gnesiolutheranern mußte allerdings", so Mager, „erst
noch tiefer werden, bis der Wille zum Zusammengehen ernsthaft aufkommen konnte." (Mager, 117 f.) Zu den „Zerbster Nachspiele(n)" vgl.
Mager, 119 ff. Initiiert wurde die Zusammenkunft in Zerbst neben dem
1568 verstorbenen Christoph von Württemberg von Herzog Julius von
Braunschweig-Wolfenbüttel und Landgraf Wilhelm von Hessen. Man einigte sich auf die überkommen Bekenntnistexte, ohne daß eine wirkliche Sachdiskussion zwischen den gegnerischen Positionen stattgefunden hatte.

[65] Vorauszuschicken ist, daß für den erreichten Erfolg des Konkordienunternehmens die Mitarbeit insbesondere von Martin Chemnitz von erheblicher Bedeutung ist. „Eine Schwäche der bisherigen Konkordienunter-
nehmungen Andreaes bestand u. a. darin, daß die Braunschweiger
Theologen abseits standen und Martin Chemnitz noch nicht gewonnen
war. Denn dieser hatte ein eigenes Unionskonzept, wollte nicht diktie-
ren, sondern verhandeln, vertrat streng lutherische Maßstäbe, forderte
abgrenzende Antithesen, mißtraute den kursächsischen Philippisten und
verhielt sich abwartend und korrigierend gegenüber der württembergischen Christologie." (Mager, 165; zum Streit um das Corpus Doctrinae
Philippicum in Braunschweig-Wolfenbüttel vgl. Mager, 142 ff., hier: 161
unter Verweis auf W.-D. Hauschild, Corpus Doctrinae und Bekenntnisschriften a. a. O. 245: „Die wesentlich durch Chemnitz im CD Julium realisierte ‚lutherisch bestimmte Rezeption der von Melanchthon verfaßten
Urkunden des Protestantismus' kann als gelungener Versuch verstanden
werden, die Bedrohung durch den kursächsischen Kryptocalvinismus
abzuwehren und gleichzeitig die auf dem Konvent zu Zerbst im Mai 1570
aufgestellten Grundsätze der lutherischen Mehrheit in die Tat umzuset-
zen. Nicht zufällig enthält das Wolfenbütteler Bekenntnisbuch abgesehen
von den der niedersächsischen Lokaltradition entstammenden Schriften

Den Anfang des Konkordienunternehmens der Jahre 1573 bis 1577
als des letzten Stadiums des zur Konkordie führenden Einigungs-
prozesses markieren Andreaes – als thematischer Neuansatz ge-
meinte – *sechs Predigten* „Von den Spaltungen, so sich zwischen
den Theologen Augspurgischer Confession, von Anno 1548 biß
auff diß 1573 Jar, nach unnd nach erhoben" (vgl. Mager, 175 ff.;
Heppe III, 17 ff.; BSLK XXXIVf.). Sie sind mit dem Datum vom
17. Februar 1573 Herzog Julius gewidmet und handeln in katechismusartiger Argumentation von der Gerechtigkeit des Glaubens vor Gott, von guten Werken, von der Erbsünde, den Adiaphora, von Gesetz und Evangelium sowie von Person und Naturen Jesu Christi (vgl. Heppe III, 22 ff.). Am Seitenrand enthält die
Predigtreihe neben summarischen Inhaltsangaben die jeweiligen
Namen der Vertreter der im Text verworfenen Lehren. Damit „war
das 1569/70 häufig ausgesprochene Bedürfnis der strengen Lutheraner nach Personalkondemnation befriedigt"[66]. Auch ansonsten
ließ Andreae an seiner antiphilippistischen Haltung keine Zweifel
mehr zu. Dies, aber auch die Relativierung der eigenen sowie der
Rolle der Fürsten beim Zustandekommen des geplanten Konkordienwerkes trug wesentlich zum Erfolg der Predigten in Niedersachsen bei, worin ihre eigentliche Bedeutung für den weiteren

---

alle diejenigen Bekenntnisse, die später auch dem Konkordienbuch angehören.")

[66]   Mager, 175, Anm. 1. In der Ausgabe der Predigten bei Heppe III, B I (vgl.
auch 21 f., Anm. 1) ist der Randdruck weggelassen; R. Kolbs englische
Übersetzung bietet die Randkondemnationen in den Anmerkungen (R.
Kolb, Andreae and the Formula of Concord. Six Sermons on the Way to
Lutheran Unity, St. Louis 1977). In der Dedikation seiner Predigten an
Herzog Julius begründet Andreae das Scheitern seiner bisherigen Einigungsbemühungen „mit dem Argwohn der Lutheraner wie mit der Un-
ehrlichkeit der Wittenberger Philippisten" (Mager, 176; vgl. Heppe III, B
I, 4 f.) und erläutert die Absichten seines Neuansatzes, dessen Motto
lautet: „ut unum sint" (vgl. Heppe III, B I, 8). Zwar sei es zutreffend, daß
Zwiespalt und Ärgernis überall und immer vorhanden waren und sein
werden. „Aber darumb soll man die händ nicht in die Schoß legen,
noch, wie etliche unrecht meinen, es gehn lassen, wie es geht, unnd
nichts darzu thon, sonder sovil desto mit grösserm ernst unnd fleiß zu
der einigkeit verhelffen, je mehr der Teuffel sich understeht, dieselbige
zuvorstören, wöllen wir anderst nach der trawung S. Pauli nicht von einander selbst auffgefressen werden." (Heppe III, B I, 7. Zur inhaltlichen
Charakteristik der an die fünf Unionsartikel erinnernden Predigten vgl.
Mager, 177 ff.)

Gang der Dinge begründet liegt. Besteht doch ihr wesentlicher Wert „nicht in ihrem Quellencharakter für die spätere FC, sondern darin, daß durch sie die niedersächsischen Lutheraner auf die Konkordie eingestimmt wurden" (Mager, 176).

Bedenken der Niedersachsen rief indes die Form der Predigten hervor, die im Blick auf die ins Werk zu setzende Konkordie für ungeeignet erachtet wurde. Daraufhin arbeitete Andreae in Absprache mit seinen Tübinger Kollegen die Predigten innerhalb weniger Monate zu elf Unionsartikeln um (vgl. Heppe III, 39 ff.), welche der späteren Konkordienformel formal bereits sehr ähnlich sind. Diese sog. *Schwäbische Konkordie* (SC)[67] (vgl. Mager,

---

[67] Der Text der Schwäbischen Konkordie (SC) wurde auf der Basis einer authentischen Handschrift zuverlässig ediert von H. Hachfeld, Die Schwäbische Confession, in: ZHTh 1866, 234–301; vgl. dazu J. Ebel, Jacob Andreae (1528–1590) als Verfasser der Konkordienformel, in: ZKG 89 (1978), 78–119, hier: 102, Anm. 143. Die bei Heppe III, B II (75–166) auf der Grundlage einer Handschrift des 17. Jahrhunderts gebotene Textversion (vgl. Heppe III, 40, Anm. 1) entspricht nicht dem Tübinger Original, sondern im wesentlichen einer von Martin Chemnitz angefertigten Bearbeitung, wie sie aller Wahrscheinlichkeit nach für die niedersächsische Rezeption maßgeblich wurde. Zum Gehalt und zu den Kriterien der zwischen dem 12. Mai und dem 18. Juni von Chemnitz vorgenommenen Ratifizierung vgl. Mager, 202 f.; bemerkenswert ist Magers abschließendes Urteil über die geschichtliche Bedeutung der Chemnitzschen Überarbeitung von SC: „Vielleicht hätte es ohne sie wegen der noch tiefen Aversion gegen Andreae niemals eine Schwäbisch-Sächsische Konkordie gegeben." (Mager, 202) In der Vorrede zur SC (Hachfeld 234: „Schwebischer Kirchen begriff zu einer Heilsamen Vnion In Religionssachen") wird dem Vorwurf der Lehrunsicherheit durch den Hinweis auf bestehende – durch Ausgrenzung von Irrlehren bewährte – Kontinuität mit der Lehre der prophetischen und apostolischen Bücher Neuen und Alten Testaments sowie der Symbole der Alten Kirche (Apostolikum, Nizänum und Athanasianum werden eigens genannt) und des genuinen Bekenntnisses der Reformation entgegengetreten. Als genuin reformatorische Bekenntnisse werden genannt: CA, Apol, ASm sowie KK und GK. Andreae macht sich also – ohne den belasteten Begriff „Corpus Doctrinae" zu verwenden – „die niedersächsische Verknüpfung von Vergleichsformel und Bekenntnisbuch zu eigen" (Mager, 206. Vgl. dazu auch Heppe III, B II, wo schon in der Überschrift explizit „von einem gewißenn gemeinen offentlichen Corpore doctrinä" gesprochen wird. In besonderer Weise hervorgehoben wird dabei die Augustana, mit der übereinzustimmen nachdrücklich betont wird: „Und daß Wir demnach nicht Von einer lehr zu der andern gefallen, wie Unsere Widersacher falschlich außgebn, sonder bey der einmahl Ubergebnen AugsPurgischen Confession, Und In einhelligem

186 ff.; Heppe III, 39 ff.; BSLK XXXV) sandte Andreae Ende März
1574 sowohl an Herzog Julius als auch an Martin Chemnitz in der
festen Überzeugung, „daß in Form und Inhalt nun alle norddeutschen Bedingungen erfüllt seien" (Mager, 186). Um so enttäu-
schender war es für Andreae, daß die erwartete Antwort sehr zö-
gerlich erfolgte. „Die niedersächsische Approbation und Umarbeitung der SC dauerte ein gutes Jahr." (Mager, 191; vgl. Heppe III,
42 ff.; BSLK XXXVI) Ihr endgültiges Ergebnis gelangte in Gestalt
der sog. *Schwäbisch-(Nieder)Sächsischen Konkordie* (SSC)[68] erst
im Herbst 1575 nach Württemberg. Untersucht man den langwieri-
gen und bislang wenig erforschten Prozeß der Aneignung und
Veränderung der SC in Niedersachsen auf seine Hauptmerkmale,
so fallen in formaler Hinsicht zunächst „größere Ausführlichkeit,
schärfere Problemerfassung und exaktere Begrifflichkeit, Hinwen-
dung zu lehrmäßiger Darstellung unter zunehmendem Rückgriff
auf die Kirchenväter und die lutherischen Bekenntnisschriften"
(Mager, 239) auf. „Inhaltlich läßt sich eine zunehmende Bereitschaft, melanchthonische Anliegen oder Begriffe aufzunehmen,
beobachten, ohne daß dadurch ein offener Widerspruch zur lu-

Christlichen Verstand derselben begeren, Unß finden zu lassen, Und
darbey durch Gottes gnad, standhafft und bestendig, Wider alle einge-
fallne Verfälschung, zu verharren." (Hachfeld, 238) Um die inhaltliche
Korrespondenz zu unterstreichen, orientiert Andreae die SC-Artikel formal an der Reihenfolge derjenigen der CA. (Zur Chemnitzschen Umformung der SC-Vorrede und ihrer Gestalt in SSC vgl. Heppe III, B II sowie
B III.)

[68]   Die Schwäbisch-Sächsische Konkordie (SSC) liegt in Druckfassungen von
Chr. M. Pfaff (Acta et scripta publica Ecclesiae Wirtembergicae, Tübingen
1720, 381–511) und von Heppe III, B III vor (vgl. auch Heppe III, 58,
Anm. 1). Allerdings handelt es sich dabei ebensowenig wie bei den beiden Handschriften des 16. Jahrhunderts, auf denen sie basieren, um die
Originalversion der im Laufe eines Jahres entstandenen und im Oktober
1575 nach Württemberg gelangten SSC. Die zahllosen modifizierten Texteingriffe, welche die beiden Handschriften aufweisen, stammen weder
aus der Entstehungszeit, noch sind sie in Württemberg vorgenommen
worden; sie sind vielmehr im Zusammenhang des im Frühjahr 1576 tagenden Torgauer Konvents erfolgt, „auf welchem aus SSC und Maulbronner Formel das Torgische Buch entstand. Bei genauem Hinsehen
bieten denn auch beide Handschriften weitgehend den Bestand des TB
(sc. Torgischen Buches)." (Mager, 203) Der ursprüngliche Text von SSC
läßt sich daher nur durch Weglassung der Torgauer Bearbeitung erlangen. Vgl. hierzu sowie zur Artikelreihenfolge im einzelnen Mager, 203 ff.
Ferner: J. Ebel, a. a. O., 109, Anm. 179.

therischen Grundtendenz entsteht." (Mager, 239) Was den historischen Ablauf der Rezeptions- bzw. Modifikationsgeschichte anbelangt, so sind die Konferenzen der Städte Lübeck, Hamburg
und Lüneburg interessant, die im Sommer und Herbst 1574 in Lübeck und Bergedorf stattfanden (vgl. Heppe III, 44 ff.). Besondere
Erwähnung verdient fernerhin die Einwirkung der theologischen
Fakultät zu Rostock und der Konferenz zu Mölln vom Juli 1575 auf
die werdende SSC (vgl. Heppe III, 51 ff.). Die Artikel zu Abendmahl und freiem Willen, welchen letzteren namentlich Chytraeus
ausarbeitete, wurden unter Berücksichtigung eingegangener Zensuren „vollständig neu" (Heppe III, 52) gestaltet. Als „letzte beur-
teilende Instanz für die Veränderungen"[69] dürfte Chemnitz fungiert haben, wie er überhaupt als Schaltstelle und Hauptorgani-
sator der Weiterentwicklung der SC zur SSC anzusehen ist.

Endlich in Württemberg angelangt, ereilte SSC zunächst ein ähnliches Schicksal, wie zuvor SC (vgl. Heppe III, 58 ff.) in Niedersachsen: sie blieb liegen. Ohne ihre direkte Benutzung erarbeiteten
württembergische, hennebergische und badische Theologen einen neuen Einigungstext, dessen Resultat später nach seinem Ent-
stehungsort *Maulbronner Formel* (MF)[70] genannt wurde; ihre von
Balthasar Bidembach und Lucas Osiander konzipierte Endfassung

---

[69] J. Ebel, Die Herkunft des Konzeptes der Konkordienformel, in: ZKG 91
    (1980), 237–282, hier: 252. Am Beispiel der theologischen Fakultät der
    Universität Rostock, der David Kochhafe alias Chytraeus jahrezehntelang
    angehörte (vgl. P. F. Barton, Art. Chyträus, David, in: TRE 8, 88–90), hat
    Th. Kaufmann (Universität und lutherische Konfessionalisierung. Die Ro-
    stocker Theologieprofessoren und ihr Beitrag zur theologischen Bildung
    und kirchlichen Gestaltung im Herzogtum Mecklenburg zwischen 1550
    und 1675, Gütersloh 1997) die prominente Bedeutung der Universität und
    der Theologieprofessoren für die Etablierung der Reformation und ihre
    konfessionelle Verfestigung herausgearbeitet: „*Ohne Universität keine
    Reformation.*" (A. a. O. 11) „*Ohne Theologieprofessoren keine Konfessiona-
    lisierung!*" (A. a. O., 605) Der Generation Rostocker Theologieprofesso-
    ren, deren bedeutendste Gestalt Chytraeus war, wuchs in erster Linie
    „die Aufgabe zu, die Einführung eines evangelischen Kirchenwesens
    konzeptionell zu gestalten, institutionell zu begleiten und an seiner Um-
    setzung und bekenntnismäßigen Fundierung mitzuwirken." (A. a. O. 607)

[70] Abgedruckt ist die Maulbronner Formel (MF) in „orthographisch ungenü-
    gend(er)" (Mager, 242, Anm. 4) Weise bei Th. Pressel, Zwei Actenstücke
    zur Genesis der Concordienformel, in: JDTh 11 (1866), 640–711. Zur Cha-
    rakteristik von MF vgl. Mager, 244 f. sowie J. Ebel, a. a. O., 111, Anm. 184.

verzichtet generell auf Anknüpfungen an bisherige Einigungs-
schriften. „Man befand sich gleichsam wieder am Anfang." (Mager, 243; vgl. Heppe III, 76 ff.; BSLK XXXVII) Nachdem die MF
u. a. wegen ihrer entschieden württembergisch geprägten Christologie, aber auch ihrer kürzeren und prägnanteren Form wegen
von Andreae gegenüber SSC bevorzugt wurde, stand man im
Vorfeld der vom 28. Mai bis 7. Juni 1576 (vgl. Heppe III, 102 ff.)[71] in
Torgau tagenden Theologenkommission, der neben kursächsischen Theologen Martin Chemnitz, David Chytraeus, Andreas Musculus, Christoph Corner und Andreae selbst angehörten und aus
deren Arbeit schließlich das sog. *Torgische Buch* (TB)[72] (vgl. BSLK
XXXVIIf.) hervorgehen sollte, vor dem schwierigen Problem, wie
in Anbetracht der gegebenen Textentwürfe erfolgreich zu agieren
sei. Um sogleich mit dem erzielten Ergebnis aufzuwarten: „In der
Entscheidung zwischen SSC und MF setzte sich aufs Ganze gesehen Chemnitz gegen Andreae durch, indem die SSC der neuen
Einigungsschrift zugrunde gelegt und aus der MF lediglich die
Einleitung unter Beibehaltung der Passage ‚Von einem gewissen
einhelligen gemeinen offenndtleichen Corpore Doctrinae‘ der
SSC und ein Großteil der über die einzelnen Artikel verstreuten
Lutherzitate übernommen wurden" (Mager 254; vgl. im einzelnen
Mager 254, Anm. 59 u. 60). Insgesamt sind ca. 85% des Inhalts von
SSC in TB eingegangen: „Am meisten gegenüber dem Wortlaut
der SSC verändert sind die Artikel über den freien Willen, Gesetz
und Evangelium und die Christologie. Während der Abendmahlsartikel bis auf einige patristische Zitate und Chemnitz' Kausalschema wörtlich aus der SSC übernommen wurde, ist Artikel VIII
durch einen längeren Einschub sowie durch zwei neue Lutherzitate aus der MF zur Erklärung der Majestät der Menschheit Christi

---

[71]   Zu dem vom 15. bis 18. Februar 1576 zu Lichtenberg tagenden kursächsischen Theologenkonvent vgl. Heppe III, 84 ff. Zur Berufung bzw. zu den
Berufungen Andreaes nach Kursachsen, wo mittlerweile der Sturz des
sog. Kryptocalvinismus stattgefunden hatte, vgl. Heppe III, 97 ff. u. 114 ff.

[72]   Der Wortlaut des Torgischen Buches (TB) samt des „kurzen summarischen Auszugs" Andreaes als Grundlage der Epitome der FC läßt sich
unter Berücksichtigung einschlägiger Zeichen, die in BSLK XXXVIII erläutert sind, aus Text und Apparat der BSLK rekonstruieren. Vgl. ferner:
H. Heppe, Der Text der Bergischen Concordienformel, verglichen mit
dem Text der schwäbischen Konkordie, der schwäbisch-sächsischen
Concordie und des Torgauer Buches, Marburg ²1860; zur Beurteilung vgl.
Mager, 255 f.

den württembergischen Interessen stärker angepaßt. Im ganzen fällt auf, daß das TB weitgehend auf gelehrte Diskussionen und lateinische Fachausdrücke verzichtet." (Mager, 256)[73]

Der weitere Gang der Dinge (vgl. BSLK 747,50 ff.) ist folgender: Mit der Auflage gutachterlicher Stellungnahme wurde das TB, welches Andreae in einem „kurzen summarischen Auszug", der späteren *Epitome* (Ep), zusammenfaßte[74], nahezu allen der Con-

---

[73] Was den Artikel vom freien Willen betrifft, so fallen nach Mager „eine stärkere Herausarbeitung der sittlichen Verpflichtung des Wiedergeborenen und die Betonung auf, daß der durch den hl. Geist befähigte Wille in der Bekehrung nicht untätig ist und vor allem nach der Bekehrung tätig bleibt." (Mager, 256, Anm. 67) „Die Zusätze im TB gegenüber der SSC in den Artikeln V und VI (BSLK 954,40 – 956,23; 961,9–43; 962,4–16; 964,11 – 966,6; 966,31 – 968,4; 968,40 – 969,1) sind zweifellos das Ergebnis der Auseinandersetzung mit dem Antinomisten Musculus. Dadurch tritt hinsichtlich des Unterschiedes von Gesetz und Evangelium die ins Evangelium eingebettete Gesetzespredigt stärker hervor. Auffällig ist in diesem Artikel auch das Fehlen ausdrücklicher Antithesen. In Art. VI ist der status controversiae schärfer gefaßt und der Tatsache Rechnung getragen, daß der Wiedergeborene zugleich alter Adam bleibt, der des Gesetzes bedarf, so daß von einem didaktischen usus legis in renatis im Sinne Melanchthons nicht eigentlich die Rede sein kann." (Mager, 256, Anm. 68) Bezüglich erfolgter Anpassungen an die württembergische Christologie verweist Mager, 256, Anm. 69 auf BSLK, 1021,18 – 1026,34; 1044,11 – 1046,20 sowie Th. Pressel, a. a. O., 657 f.

[74] Die Ep „stellt einen Auszug aus dem TB dar, der ursprünglich für August angefertigt worden war und im Mai 1577 in Berge noch einmal korrigiert wurde" (J. Ebel, a. a. O., hier: 114, Anm. 201. Ebel beurteilt es mit Recht als eine eklatante Fehleinschätzung der Sachlage, „wenn Brunstäd das Verhältnis der Epitome zur FC analog dem Verhältnis der CA zur Apologie deutet. Denn das Wort ‚Erklärung' im Titel der FC bezieht sich ja nicht auf die Epitome, sondern auf die kontrovers gewordenen CA-Artikel. In Wahrheit ist denn auch die ‚solida declaratio' der genauere offizielle Text, während die Epitome nur Geltung hat, sofern sie sachgemäß zusammenfaßt. So hat die Epitome im Verhältnis zur ‚solida declaratio' überhaupt keine kritische Potenz, sondern eher umgekehrt." [A. a. O., 114]). In den Abschnitten des nachfolgenden § 13 wird deshalb in aller Regel auf die Solida Declaratio Bezug genommen, wohingegen Ep (vgl. auch Heppe III, 204, Anm. 2) nur nebenbei und in spezifischen Einzelfällen Berücksichtigung findet. Zum Verhältnis von TB und Ep vgl. Heppe III, 156 f.: „Eine Abweichung von dem Torgischen Buche hatte sich Andreä nur in den zum Artikel von der Person Christi gehörenden Negativen erlaubt. Hier hatte er nemlich zwölf neue Antithesen hinzugefügt und die siebte Negative des Torgischen Buches (im Auszug die

fessio Augustana verbundenen Ständen zugesandt (vgl. dgg. Heppe III, 205, Anm. 1). „Die vollkommenste Approbation erhielt das Torgische Buch in Würtemberg, Baden und Henneberg." (Heppe III, 121; vgl. Heppe III, B VII) Auch die Zensur der Theologen in Braunschweig-Wolfenbüttel „fiel zur vollsten Zufriedenheit Andreäs aus" (Heppe III, 125). Entsprechendes galt für diejenige der Theologen zu Lübeck, Hamburg und Lüneburg (vgl. Heppe III, 128 ff.; zur Zensur der anderen niedersächsischen Städte, zur Konferenz zu Braunschweig vom 12. bis 14. November 1576 sowie zur Bestätigung von TB in Osnabrück vgl. Heppe III, 133 ff.). Günstige Aufnahme fand TB nicht zuletzt im Kurfürstentum Brandenburg (vgl. Heppe III, 135 f.). Entsprechendes gilt auch für das Herzogtum Preußen. Das von dort eintreffende Gutachten, das von Johann Wigand und namentlich von Tilemann Heshusius verfaßt worden war, drang auf Verstärkung gnesiolutherischer Anteile und „eine noch schroffere Zurückweisung der Melanchthonischen Lehrweise" (Heppe III, 141; zur Zensur der Mecklenburger bzw. Pommerschen Theologen vgl. Heppe III, 144 ff. bzw. 146 ff.). Kritischere bzw. ablehnende Noten kamen aus Hessen (vgl. Heppe III, 151 ff.) und der Kurpfalz (vgl. Heppe III, 160 ff.; zur Beurteilung von TB in Pfalz-Neuburg, Pfalz-Simmern und Pfalz-Zweibrücken vgl. Heppe III, 168 ff.; zur nachmaligen Beseitigung des reformierten Kirchenwesens in der Kurpfalz durch Kurfürst Ludwig und zur festeren Begründung desselben in Neustadt a. d. H. vgl. Heppe III, 191 ff.). „Auch Holstein gehört zu denjenigen Ländern, wo das Torgische Buch entschieden ungünstig aufgenommen wurde." (Heppe III, 173) Das gilt ebenso für Anhalt, wo TB und Ep zurückgewiesen wurden (vgl. Heppe III, 177 ff.). Bemerkenswert ist in diesem Zusammenhang eine umfängliche Thesenreihe, welche Anhalter Theologen auf Anregung ihres Landesherrn verfaßten, um die überkommene melanchthonische Lehrweise gegen dies zu verteidigen, was Heppe die „moderne Ubiquitäts-Systematik" (vgl. Heppe III, 180) nennt (vgl. Heppe III, B XI). Daran zeigt sich, daß es neben der Lehre vom freien Willen bzw. den drei Ursachen der Bekehrung namentlich die mit der Abendmahlslehre eng verbundene Christologie war, auf deren Behandlung in TB die vorgebrachte Kritik sich konzen-

---

14te) in einer nicht unerheblichen Weise geändert." (Vgl. hierzu die Bemerkung von Th. Mahlmann, Martin Chemnitz, a. a. O., 328.)

trierte (zu den Ansbacher und Magdeburger Zensuren von TB vgl. Heppe III, 188 ff.).

Auf der Basis der eingegangenen Modi (vgl. BSLK XXXVIII, Anm. 1) wurde TB in zwei (vgl. dgg. Heppe III, 205, Anm. 1) Kommissionsarbeitsgängen zum *Bergischen Buch* (BB) redigiert (vgl. Mager, 273 ff.). Die erste Kommission, bestehend aus Andreae, Chemnitz und Selnecker, trat am 1. März 1577 in Kloster Berge bei Magdeburg zusammen, wo sie bis zum 14. des Monats tagte.[75] Ein

---

[75]   Zum „kirchengeschichtliche(n) Hintergrund der Bergischen Redaktion der Formula Concordiae" vgl. die gleichnamige Studie von E. Koch, a. a. O., hier: 48: „In der ersten Jahreshälfte 1577 versammelten sich im Kloster Berge bei Magdeburg, abgeordnet auf kurfürstlich-sächsisches und kurfürstlich-brandenburgisches Geheiß und eingeladen durch Abt Peter Ulner, zweimal Theologenkommissionen, um Hand an ein umfangreiches Konsensusformular zu legen, das die Auseinandersetzungen zwischen den lutherischen Theologen und Kirchen jener Zeit endgültig beilegen sollte. Dieses Formular war im Mai/Juni des voraufgehenden Jahres durch siebzehn Theologen in Torgau erstellt worden und inzwischen dem größten Teil der lutherischen Kirchen des Reiches zur Rückäußerung vorgelegt worden. Der größte Teil der insgesamt einundzwanzig Voten war eingegangen, es fehlten lediglich noch Pommern, das Erzstift Magdeburg, das Magdeburger Domkapitel und Nürnberg. So konnte die erste Kommissionstagung im Kloster Berge vom 1. bis 14. März stattfinden. Die Teilnehmer dieser Kommission, Jacob Andreae, Martin Chemnitz und Nicolaus Selnecker, sammelten und verglichen die Voten mit dem sogenannten Torgischen Buch, ohne sich schon an endgültige Textänderungen zu machen. Das geschah erst zwischen dem 19. und 28. Mai, als durch Kurfürst August von Sachsen die Mitglieder der ersten Kommission, verstärkt durch Andreas Musculus und Christoph Corner aus Kurbrandenburg und David Chytraeus aus Rostock, erneut beauftragt worden waren." Technisch gingen die drei Redaktionsmitglieder „so vor, daß sie jeweils auf eine Blatthälfte den alten Text und auf die andere die angeregten Verbesserungen mit Nennung ihrer Urheber schrieben. Über die endgültige Aufnahme der Korrekturen sollte dann später die Generalsynode entscheiden. Ferner kürzten sie auf mehrfachen Wunsch die zu langen Artikel über den freien Willen sowie über das Abendmahl, indem sie aus letzterem viele patristische Zitate und eine lange christologische Passage wegließen, tilgten wegen möglicher melanchthonischer Reminiszenzen den Begriff ‚Corpus doctrinae' in der Einleitung, bestätigten aber die schon in der SSC getroffene Wahl der dazugehörigen Bekenntnisschriften mit CA invariata und Luthers Katechismen, behielten auch die Artikelfolge des TB bei und limitierten auf hessischen Wunsch die Autorität Luthers nach seinem eigenen Selbstverständnis gemäß der Vorrede zu seinen lateinischen Schriften. Daneben überprüften sie einen zur Kurzinformation ebenfalls auf hessische Anregung vorher von An-

zweiter, um Cornerus, Musculus und Chytraeus (zur Minderheits-
situation der beiden Letztgenannten vgl. Mager, 276 ff.) angerei-
cherter Konvent konferierte vom 18./19. bis 28. Mai 1577 erneut in
Kloster Berge. Dem Plan einer Generalsynode zur Ratifizierung
des Konkordienwerkes hatte man inzwischen namentlich auf Andreaes Anregung hin „zugunsten von vorher einzuholenden Unterschriften der Theologen konsensbereiter Territorien und Städte
einstweilen fallengelassen" (Mager, 275; vgl. Heppe III, 211 ff.). Das

---

dreae verfaßten Auszug aus dem TB auf inhaltliche Übereinstimmung mit
der Langform und unterbreiteten dem Kurfürsten in ihrem ausführlichen
Rechenschaftsbericht und Judicium über die eingegangenen Zensuren
noch eine Anzahl von Maßnahmen zur Ratifizierung des Werkes, die auf
der Generalsynode diskutiert werden sollten." (Mager, 273 f. Zur jeweiligen Reihenfolge der behandelten Themenbestände von Andreaes Unionsartikeln von 1568/69 und seinen sechs Predigten von 1573 über SC
1574, SSC 1575, MF 1576, TB 1576 bis hin zu BB 1577 vgl. die Aufstellung
bei Mager, 282.) Vgl. ferner Heppe III, 201 f., wo es heißt: „Zu ihrer grös-
ten Befriedigung nahm die Conferenz wahr, daß die in dem Torgischen
Buche aufgestellten Lehrnormen, die Augsb. Confession, die Apologie,
die Schmalkalder Artikel und Luthers Katechismen als solche fast in allen
Censuren anerkannt worden waren. In Betreff der von den Ansbacher
Theologen wegen der Ordnung der Artikel ausgesprochenen Desiderien
wurde beschloßen, den Ansbachern bemerklich zu machen, daß man
sich nach der Reihenfolge der Artikel in der Augsb. Confession gerichtet
habe, daß man indessen nötigen Falls auch eine Abänderung vornehmen
könne. Denjenigen Theologen, welche erinnert hatten, daß das Torgische Buch viel zu weitläufig sei und einer kürzern Faßung bedürfe, beschloß man zu bemerken, daß in dem Auszug aus dem Torgischen Buche ihrem Wunsche bereits entsprochen sei. Indessen wurde doch auch
für die Concordienformel selbst, in den Artikeln vom Abendmal und
vom freien Willen eine Abkürzung wünschenswert befunden. Dagegen
sollte denjenigen, nach deren Absicht man bei Widerlegung der Irrtümer
zu hart gewesen sei, entgegenet werden, daß die Theologen von Hamburg, Lübeck und Lüneburg in diesem Punkte noch zu viel Rücksicht
und Milde wahrgenommen hätten. Zur Schonung derer, welche in der
Ueberschrift ‚von einem gewissen, einhelligen, gemeinen, öffentlichen
Corpore doctrinae' eine Verletzung Melanchthons fanden, beschloß man
diese Ueberschrift zu ändern; dagegen sollte bei dem Ausdruck ‚daß etliche Theologen von etlichen Artikeln der Augsb. Confession abgewichen'
die schärfere Faßung ‚von etlichen hohen und fürnehmen Artikeln fast
sehr und viel abgewichen' adoptirt und der Ausdruck ‚ungeänderte
Augsb. Confession' in jedem Falle beibehalten, auch weder Melanchthons Corpus doctrinae noch seine Loci communes empfohlen werden. Ueberhaupt sollte außer Luther keine andre reformatorische Aucto-
rität, auch Brenz so wenig als Melanchthon Erwähnung finden."

Ergebnis der zweiten Bergener Redaktion (vgl. Mager, 275 ff.), deren gemeinsames inhaltliches Prinzip „die weitgehende Zurückdrängung des Melanchthonismus" (Mager, 277) ist, stellt die Konkordienformel in ihrer Langtextgestalt als *Solida Declaratio* (SD) dar, im Unterschied zu der die Kurzform der Epitome abgesehen von der Neufassung ihres Titels kaum mehr verändert worden war.[76] Unter dem Datum des 29. Mai 1577 wurde BB von allen

---

[76] Vgl. in diesem Zusammenhang die bemerkenswerte, freilich durch und durch von dessen antikonkordistischer Perspektive bestimmte Charakteristik, die Heppe III, 206–208 dem Bergischen Buch bzw. der FC gegeben hat: „Der Titel, der dem neuen Buche vorgesetzt ward, zeigte bereits, daß man demselben jetzt eine andere Bedeutung beilegte, als man noch im verfloßnen Jahre zu Torgau gethan hatte. Damals hatte man nur gewagt, das Torgische Buch als ‚Bedenken, welchermaßen vermöge Gottes Worts die eingerißnen Spaltungen zwischen den Theologen Augsburgischer Confession christlich verglichen und beigelegt werden möchten', auszugeben. Jetzt dagegen schien es nicht allzu kühn zu sein, wenn man die Formel als das bezeichnete, was sie war und sein sollte, nemlich als Bekenntnis der Kirche, also als angebliche Wiederholung der Augsburgischen Confession, die nicht bloß dem Zwecke einer Pazificirung der Theologen dienen, sondern Grundlage der Kirche nach ihrem ganzen Bestande sein sollte. Der Titel der Concordienformel, den man zu Bergen genemigte, lautete nemlich ‚Allgemeine, lautere, richtige und endliche Wiederholung und Erklärung etlicher Artikel Augsburgischer Confession, in welchem eine Zeit her unter etlichen Theologen Streit vorgefallen, nach Anleitung Gottes Worts und summarischem Inhalt unsrer christlichen Lehre beigelegt und verglichen'. In dem Buche selbst waren auch die letzten Reminiscenzen an die Melanchthonische Zeit des Protestantismus radical ausgetilgt. Selbst der Ausdruck ‚Corpus doctrinae' war an allen Stellen, wo er sich im Torgischen Buche vorfand, gestrichen und gegen andre Bezeichnungen vertauscht. Außerdem war auch alles das beseitigt oder verändert, worin sich die ursprüngliche bescheidne Bestimmung der Formel als eines zur Pazificirung der Theologen bestimmten Bedenkens wahrnehmen ließ. Mancherlei Abänderungen wurden schon mit dem ersten Artikel, von der Erbsünde, vorgenommen. Noch mehr jedoch wurde an dem zweiten Artikel, vom freien Willen, geändert, indem hier auch die leisesten Nachklänge der altprotestantischen Lehrweise ausgetilgt waren. Im Torgischen Buche war z. B. noch gesagt, der natürliche Mensch sei unfähig, Gottes Wort ‚recht' zu verstehen; im Bergischen Buche war dieses ‚recht' gestrichen. Statt der Worte des Torgischen Buches: ‚wo der Mensch sich zur Gnade nicht applicirt' war gesetzt: ‚von Gott zur Gnade nicht geschickt gemacht wird.' Die altkirchlichen Formeln: hominis voluntas in conversione non est otiosa, sed agit aliquid; trahit Deus, sed volentem trahit, welche im Torg. Buche auf den vom h. Geiste angeregten Willen bezogen und insofern gebilligt waren, wurden im Berg. Buche als in ihrem Wortlaut ‚der

sechs Redaktoren unterzeichnet, und zwar verbunden mit einer in beiden Versionen nahezu wortgleichen Versicherungsformel, welche in der Epitomefassung folgendermaßen lautet: „Daß dies unser aller Lehr, Glaub und Bekenntnus seie, wie wir sollichs am Jüngsten Tag vor dem gerechten Richter, unserm Herrn Jesu Christo, verantworten, darwider auch nichts heimlich noch öffentlich reden oder schreiben wöllen, sunder gedenken vermittelst der Gnaden Gottes darbei zu bleiben, haben wir wohlbedächtig in wahrer Forcht und Anrufung Gottes mit eigen Handen unterschrieben." (BSLK 827,1–11; vgl. 1099,38 – 1100,23)[77] Es folgen die

---

Form gesunder Lehre nicht ähnlich, sondern derselben zuwider' ganz verworfen. Auch der Satz des Torg. Buches: ‚Gott bekehrt nicht allerdings wie in einem Steine und Holze, welches nichts darum weiß, solches auch nicht empfindet noch will' wurde beseitigt indem man jetzt lehrte, der Mensch sei nur insofern nicht wie ein Stein oder Block, als ein Stein oder Block dem, der ihn bewegt, nicht widerstrebt, während ein Mensch ‚Gott dem Herrn widerstrebt mit seinem Willen, so lange bis er bekehrt wird.' Ganz folgerichtig wurde daher im Bergischen Buche der Satz aufgestellt, daß Gott den Menschen ziehe, welchen er zu bekehren beschloßen habe. – Die Lehre von der Rechtfertigung und deren Verhältnis zur Heiligung betr. war im Torg. Buche gesagt worden: ‚und wird zugleich der heil. Geist in das Herz gegeben'; im Berg. Buche war das ‚zugleich' gestrichen und in ‚also' verwandelt. In der Lehre vom Abendmahl wurde die missliche Erörterung des Einwandes der Sacramentirer ‚der Leib Christi sei doch nimmer ohne den Geist Christi; nun haben die Ungläubigen den Geist Christi nicht, darum sie auch seines Leibes im Sacrament nicht können teilhaftig werden' aus guten Gründen gestrichen; dagegen wurde die Lehre vom AM wie die von der Person Christi durch Aufnahme zalreicher Aussprüche Luthers noch mehr begründet. Im Artikel von der Höllenfahrt wurde Luthers Predigt von 1533 gegen eine ganz summarische Exposition vertauscht."

---

77 Zu dem erwähnten abschließenden Rechenschaftsbericht für den sächsischen Kurfürsten vom 28. Mai 1557 vgl. K. Themel, Dokumente von der Entstehung der Konkordienformel, in: ARG 64 (1973), 287–313, hier: 301 ff. In BSLK ist die Konkordienformel (FC) nach dem von Andreae angefertigten, dem Kurfürsten übergebenen Original (= A) mit den Varianten erreichbarer Handschriften abgedruckt (vgl. BSLK XXXIX, Anm. 2, XLIV und 736–738). – Die erfolgte Auflistung und Kurzbeschreibung der wichtigsten Entwicklungsstufen der FC kann von den inneren Motivationskräften der Konkordienbewegung und von den vielfältigen Konflikten und Verständigungen, die sie begleiteten, naturgemäß nur einen ungenügenden Eindruck verschaffen. Ein plastischeres und konturenreicheres Bild von den vielfältig geführten Auseinandersetzungen erhält man, so-

Unterschriften von Andreae[78], Selnecker, Musculus, Cornerus, Chytraeus und Chemnitz.[79]

bald man sich vor Ort begibt und die historische Globalperspektive mit regionalen und sonstigen Detailaspekten anreichert. Wie intensiv die jeweilige Pfarrerschaft mit der strittigen Thematik beschäftigt und von den einschlägigen Verhandlungen bewegt war, läßt sich z. B. an den insbesondere Abendmahlslehre und Christologie betreffenden Beratungen und Stellungnahmen Brandenburgischer Theologen zu den Ergebnissen des Maulbronner Gesprächs 1564 exemplarisch verdeutlichen (vgl. K. Schornbaum, Die Brandenburgischen Theologen und das Maulbronner Gespräch 1564, in: ZKG 34 [1913], 378–394 u. 491–513). Daß theologische Kontroversen der Pfarrer dabei die Gemeindebasis nicht unberührt ließen, sondern zu heftigstem Streit zwischen Nichtordinierten führen konnten, zeigt neben der charakteristischen Entwicklung in Regensburg (vgl. G. Schlichting, Einheit in der Wahrheit. Das Ringen um die Konkordienformel in der Reichsstadt Regensburg, in: J. Schöne [Hg.], a. a. O., 121–150) etwa das Beispiel des „Lindauer Gesprächs", das Andreae auf Bitte des Magistrats im August 1575 mit flacianisch gesinnten Geistlichen über die Erbsündenfrage führte. Es verweist zudem auf das politische Interesse, welches den theologischen Kämpfen eine besondere Schärfe und Bitterkeit verlieh: „(J)ede Abweichung von der Augsburgischen Confession nach rechts oder links mußte, so schien es, vom Augsburger Religionsfrieden und damit von der Existenzberechtigung im Deutschen Reich ausschliessen, und die Beschuldigung der ‚Ketzerei' konnte die bedenklichsten Consequenzen haben." (G. Karo, Das Lindauer Gespräch. Ein Beitrag zur Geschichte der Concordienformel, in: ZWTh 45 [1902], 513–564, hier: 515)

[78] Zu Andreaes häufig eher als ambivalent beurteilter Rolle im Konkordienprozeß vgl. im einzelnen J. Ebel, Jakob Andreae (1528–1590) als Verfasser der Konkordienformel, in: ZKG 89 (1978), 78–119. Ebel gibt zu bedenken, ob der Einfluß Andreaes auf das Konzept der schließlichen Einigungsformel, wie sie in der FC vorliegt, nicht häufig überschätzt werde. Dessen Primärintention sei der Erhalt bzw. die Neukonstitution der Aktionseinheit der evangelischen Stände gegenüber Kaiser und römischem Katholizismus gewesen. Um diesen Zweck zu erreichen, habe er sich bereit gefunden, gegebenenfalls mit einer eher deklaratorischen Feststellung gegebener Bekenntniseinheit vorlieb zu nehmen, zumal da eine solche Erklärung aus reichsrechtlichen Gründen unentbehrlich erschien. Dieses mehr diplomatisch als theologisch bestimmte Einigungskonzept habe unter dem Druck der auf konfessionelle Eindeutigkeit drängenden Norddeutschen gravierende Veränderung erfahren, was sich insbesondere an SSC belegen lasse. Da aber SSC zur Basis von TB und damit von FC wurde, begrenzte sich, so Ebel, zwangsläufig auch Andreaes direkter literarischer Beitrag zur Konkordienformel: „Nur in zwei der – später mit ‚solida declaratio' betitelten – FC hinzugefügten Schriften erhält Andreae noch einmal Gelegenheit, seine früheren Vorstellungen

Nachdem man, wie gesagt, von dem anfänglichen Gedanken, das
Bergische Buch einer Generalsynode zur Bestätigung vorzulegen,
aus Furcht vor neuen Meinungsverschiedenheiten abgekommen

deutlicher zu akzentuieren: in dem von ihm verfaßten Entwurf zur – vor
allem nach den Wünschen des Kurfürsten Ludwig von der Pfalz korri-
gierten – Vorrede der Fürsten … und in der ebenfalls von ihm stammen-
den – dem Wunsch vieler nach einem kürzeren Bekenntnis Rechnung
tragenden – Epitome." (A. a. O., 114) Vgl. modifizierend Th. Mahlmann,
Jakob Andreä im Lichte neuerer Forschung, in: LThuK 13 (1989), 139–153.

79   Bleibt Andreae zwar in kirchengeschichtlicher Perspektive „der Mann des
Konkordienwerkes" (W.-U. Deetjen, a. a. O., 311), dem die unbestreitbare
Ehre des „eigentlichen Organisator(s), Taktiker(s) und Motor(s) des ganzen Werkes" gebührt, welches „ohne dessen Unermüdlichkeit, Optimis-
mus und Rigorosität … zweifellos auf der Strecke geblieben wäre" (I.
Mager, Aufnahme und Ablehnung des Konkordienbuches in Nord-, Mit-
tel- und Ostdeutschland, in: M. Brecht/R. Schwarz [Hg.], a. a. O., 296), so
hat das Grundkonzept und schließliche Endergebnis der FC doch im wesentlichen nicht er, sondern Martin Chemnitz bestimmt. Dieser ist daher,
um abermals J. Ebel zu zitieren, „in erster Linie als Verfasser der Konkordienformel im direkten Sinne anzusprechen" (J. Ebel, Die Herkunft
des Konzepts der Konkordienformel, a. a. O., 237). Was sein dezidiert
theologisch verfaßtes, lutherische und melanchthonische Einflüsse souverän und selbständig integrierendes Einigungskonzept angeht, so verbindet es, wie bereits angesprochen, im Unterschied zu den Vorstellungen
Andreaes Affirmativa sogleich mit Negativa, um auf diese Weise einen
bloßen Scheinkonsens zu verhindern. Auch hielt Chemnitz eine Verständigung nur auf der Grundlage eines bindenden Corpus Doctrinae für
sinnvoll (vgl. W.-D. Hauschild, Theologiepolitische Aspekte der lutherischen Konsensusbildung in Norddeutschland, in: W. Lohff/L. W. Spitz
[Hg.], a. a. O., 41–63, hier: 49; ders., Corpus Doctrinae und Bekenntnisschriften, a. a. O., 235–252). Mit dieser Auffassung stand Chemnitz nicht
allein. Unterstützung fand er namentlich bei David Chytraeus (1531–
1600), der neben Chemnitz und Andreae als dritter Verfasser der FC im
direkten Sinne anzusprechen ist, da sich sein Einfluß nicht auf
Konzeptionsfragen beschränkte, sondern auch im Text nachweisbar ist
(vgl. J. Ebel, a. a. O., 254–264 sowie R. Keller, Der Beitrag von David
Chytraeus zur Einigung des Luthertums, in: K. H. Glaser/H. Lietz/St.
Rhein [Hg.], David und Nathan Chytraeus. Humanismus im
konfessionellen Zeitalter, Ubstadt-Weiher 1993, 117–128, 213–217). Nur als
Verfasser im indirekten Sinne kommen demgegenüber Nikolaus
Selnecker, Andreas Musculus sowie Christoph Cornerus in Frage (vgl.
Th. R. Jungkuntz, Formulators of the Formula of Concord. Four
Architects of Lutheran Unity, St. Louis 1977; zu Selnecker vgl. bes.
W. Klän, Der „vierte Mann". Auf den Spuren von Nikolaus Selneckers
[1530–1592] Beitrag zu Entstehung und Verbreitung der Konkordienfor-
mel, in: LuThK 17 [1993], 145–174).

war, bemühten sich die Kurfürsten von Sachsen und Brandenburg auf Vorschlag der Bergischen Theologen und gegen diverse Widerstände aus den eigenen Reihen sowie von reformierter Seite um Approbation und Unterzeichnung der Konkordie bei den Ständen, die man zu den sicheren Zustimmungskandidaten rechnete (vgl. im einzelnen Heppe III, 251 ff. sowie Heppe IV, 30 ff. u. 51 ff.). Verbleibende Vorbehalte sollte eine lange geplante, von Andreae entworfene, vom Konvent der Patres Bergenses in Jüterbog im Januar 1579 (vgl. Heppe IV, 108 ff.) schließlich verabschiedete Präfation ausräumen. Insofern dieses Vorwort das Verhältnis zwischen CA invariata und CA variata in seinem Sinne beschrieb (vgl. BSLK 751,37 ff.), ermöglichte es schließlich auch Ludwig VI. von der Kurpfalz den Zugang zum Konkordienwerk (vgl. im einzelnen BSLK XLff.; zu den Vorarbeiten der Präfation vgl. BSLK 739, Anm. 1).[80] Trotz weiterer Textveränderungswünsche fand auf

---

[80] E. Koch, Weg zur Konkordienformel, 46. Zur Unterzeichnung der Präfation des Konkordienbuches durch den Kurfürsten von der Pfalz vgl. im einzelnen Heppe IV, 128 ff., hier: 131: „Somit hatten sich alle drei evangelischen Kurfürsten zum gemeinsamen Patronat der Concordienformel vereinigt." Zu den sonstigen Stimmen der Fürsten, Obrigkeiten und Theologen über die Präfation des Konkordienbuchs vgl. Heppe IV, 135 ff. Zum Bedauern der Väter der Konkordienformel war ein Teil der evangelischen Stände Deutschlands auch durch die um Integration bemühte Präfation nicht für das Bergische Buch zu gewinnen. „Der Plan der Concordirung der ganzen evangelischen Kirche Deutschlands war somit gescheitert." (Heppe IV, 203) Betrüblich für die Patres Bergenses waren vor allem die Spannungen zwischen Herzog Julius von Braunschweig und den übrigen fürstlichen Führern der Konkordie, die nicht nur infolge der erfolgten Bischofsweihe des Sohnes von Julius und der Tonsurierung zweier weiterer Prinzen, sondern auch wegen Differenzen bezüglich der Präfation entstanden. Sie betrafen vor allem die Wertung des Frankfurter Rezesses, die Einschätzung der sog. Confessio Augustana variata und die Damnationenfrage (vgl. Heppe IV, 203 ff.). In diesem Zusammenhang kam es auch zu erheblichen Verstimmungen zwischen Andreae und Chemnitz (vgl. Heppe IV, 211 ff.). Gleichwohl konnte die Konkordie zum Abschluß gebracht werden. Eine Auflistung der Unterzeichner bzw. Nichtunterzeichner findet sich bei Heppe IV, 215 f. Was den Inhalt der Vorrede (vgl. BSLK 739 ff. sowie 3 ff.) betrifft, so erklären die unterzeichnenden Fürsten im einzelnen folgendes: „Seit dem Tode Luthers traten unter den evangelischen Ständen und Theologen Irrungen in der Lehre hervor, zu deren Beseitigung die Fürsten i. J. 1558 den Frankfurter Receß und i. J. 1561 die Repetition des Augsburgischen Bekenntnisses vereinbarten. Allein diese Vereinbarung hatte den erwünschten Erfolg nicht, vielmehr traten die Widersacher jetzt noch um so rückhaltloser mit der

Betreiben Andreaes am 50. Jahrestag der Übergabe der CA, also am 25. Juni 1580, in Dresden die offizielle Publikation des Konkor-

Behauptung hervor, daß die evangelischen Stände eigentlich gar nicht wüsten, weß Glaubens sie wären und welches die rechte, dem Kaiser übergebene Augsburgische Confession sei, während andrerseits die Sacramentirer unter dem Namen der Augsburgischen Confession ihre Irrlehre in die Kirche einzuschwärzen suchten. Kurf. August von Sachsen habe es daher für nötig gehalten, eine ausführliche Erklärung aufsetzen zu laßen, worin alle in der Kirche hervorgetretenen Lehrcontroversen geregelt und entschieden würden. Diese Erklärung sei zuerst von einem Theologenconvent zu Torgau ausgearbeitet, dann von den Ständen geprüft und nach den Censuren derselben überarbeitet worden; diese Erklärung werde nun von allen unterzeichneten Ständen als Wiederholung ihres christlichen Bekenntnisses und als Zeugnis ihrer Einigkeit in demselben anerkannt; auch habe man, um den Beschuldigungen der Gegner, daß man die rechte dem Kaiser übergebene Confession gar nicht kenne, zu begegnen, die Originalien derselben in dem Reichsarchiv zu Mainz aufsuchen und die von diesen Originalien genommene Copie diesem Concordienbuch einverleiben laßen. Die spätern Ausgaben der Augsburgischen Confession, welche von den Sacramentirern zur Beförderung ihrer Irrlehren gemißbraucht worden wären, habe man nie anders als im Sinne des dem Kaiser übergebenen Originals verstanden. Die phrases und modos loquendi, welche in der Concordienformel von der Person Christi gebraucht würden, verstehe man nicht so, als ob die göttliche Majestät der Menschheit Christi auch außerhalb der persönlichen Vereinigung der beiden Naturen zugeschrieben werde oder als ob die Menschheit diese Majestät in ihrer persönlichen Vereinigung mit der Gottheit essentialiter, formaliter, habitualiter, subjective, sondern nur ratione et dispensatione hypostaticae unionis besitze, so daß man also keine Vermischung oder exaequatio der Naturen und deren Eigenschaften lehre. Die Condemnation falscher Lehren beziehe man nicht auf die Personen, welche sich vielleicht durch Verkündigung der reinen Lehre sehr bald für den wahren Glauben gewinnen ließen und somit an ihrem Irrtum keine Schuld trügen, vielmehr spreche man nur die Verdammung über die Irrlehrer selbst und über die halsstarrigen Lästerer der Wahrheit aus. In keiner Weise wolle man also zu irgend welcher Beschwerung und Verfolgung der armen bedrängten Christen Anlaß geben oder sich des Blutes derselben schuldig machen. Aber da es die Pflicht christlicher Obrigkeit sei, über der reinen Lehre und dem reinen Bekenntnis zu wachen, so hätten es die Stände auch als ihre Pflicht angesehen, für Aufrechthaltung des rechten Verstandes der Augsburgischen Confession Sorge zu tragen und den von ihnen vereinbarten Consens der rechtgläubigen Lehre öffentlich zu verteidigen, womit indessen nicht ein neues Bekenntnis aufgestellt, sondern nur die dem Kaiser übergebene Augsburgische Confession in ihrem wahren Sinne wiederholt und gegen die Irrlehrer verteidigt werden sollte." (Heppe IV, 228 ff.; vgl. ferner § 2,4)

dienbuches statt, mit dessen Druck bereits 1578 begonnen worden war. 1584 kam es zur ersten, mit amtlicher Autorität versehenen lateinischen Übersetzung.[81] Hinzuzufügen ist, daß der von Andreae und Chemnitz stammende Catalogus testimoniorum, der die Christologie der FC mit Schriftbelegen und Kirchenväterzitaten legitimieren soll, dem Bergischen Buch im Druck zwar häufig beigegeben, gleichwohl kein eigentlicher Bestandteil des Bekenntnisses ist (vgl. Heppe IV, 228).

Was den Approbationsprozeß in den einzelnen Territorien und Städten betrifft, so gehören die amtliche Unterzeichnung des Konkordienbuches durch Fürsten und Magistrate sowie die Annahme der Konkordienformel durch die Theologen in der Regel zusammen, auch wenn die Stände die Zustimmung ihrer Theologen zur FC nicht überall mitgetragen oder im Nachhinein sanktioniert haben.[82] In Nord-, Mittel- und Ostdeutschland bestand „das Konkordienwerk durch die Zustimmung von zwei Kurfürsten, drei geistlichen Würdenträgern und zahlreichen Fürsten, Grafen und Ständen seine Feuerprobe"[83]. Doch kam es aus unterschiedlichen Motiven auch zu Ablehnungen. Ein vergleichbares Bild ergibt sich für den Süden und den mittleren Westen Deutschlands. Zwar war bereits der Erfolg der „ersten FC-Werbungen ab Sommer 1577/78 unter den Ständen AC des Bayerischen, Schwäbischen und Fränkischen Reichskreises, aber auch zum Teil im Elsaß ... beträchtlich. Aber bei näherem Zusehen hat die glatte Erfolgsoberfläche doch an einigen Stellen deutliche Risse und Flecken"[84], die sich im Laufe der Zeit eher noch vertieften und vergrößerten. Waren die Reformierten vom lutherischen Einigungswerk ohnehin von

---

[81] Zur frühen Geschichte der Publikation des Konkordienbuches, zur Frage seiner – namentlich lateinischen – Übersetzungen sowie zur Textgeschichte seiner einzelnen Teile vgl. neben BSLK XLIIff. bes. Heppe IV, 221 ff. Dort finden sich auch genaue Angaben über die Art und Weise der Publizierung sowie über Streitigkeiten der Anhänger der Konkordie, die insbesondere den Status von Luthers Tauf- und Traubüchlein (vgl. bes. Heppe IV, 235 ff.) betrafen.

[82] Vgl. W.-U. Deetjen, a. a. O., 333 f.

[83] I. Mager, Aufnahme und Ablehnung des Konkordienbuches in Nord-, Mittel- und Ostdeutschland, a. a. O., 296. Zu Rezeption und Geltung der Konkordienformel speziell im Fürstentum Braunschweig-Wolfenbüttel vgl. Mager, 283 ff.

[84] W.-U. Deetjen, a. a. O., 331.

vornherein ausgeschlossen, so versagte der Konkordie auch ein
Teil der Städte und Territorien ihre Zustimmung, deren Bekenntnisstand ausschließlich oder überwiegend lutherisch war. In der
Folge gingen die Dissidenten entweder zu einem manifesten Calvinismus über oder sie hielten an einem Luthertum ohne Konkordienformel fest. Während die politischen Motive der Konkordien-
kritiker naturgemäß heterogener Art waren, kam theologische
Kritik insbesondere von melanchthonisch geprägten Kirchen. Indes beschränkte sich die Ablehnung nicht auf den „kryptocalvini-
stischen" Flügel des Philippismus, sondern wurde auch von einigen flacianischen Gnesiolutheranern wie Cyriakus Spangenberg
und Christoph Irenäus geübt, wofür neben ekklesiologischen
Gründen vor allem die ablehnende Haltung der FC gegenüber der
flacianischen Erbsündenlehre ursächlich war. Aufs Ganze gesehen
kann man sagen, daß FC und das Konkordienbuch (Konk) „eine
deutliche Scheidung dessen gebracht (haben), was fortan von einer Mehrheit der Stände AC und ihrer Theologen als reine luthe-
risch-reformatorische Lehre auf dem Boden von Schrift und Bekenntnis verstanden wurde und was nicht. Da sich bleibend eine
Mehrheit von Lutheranern zu dieser Scheidung bekannte, bestand
künftig ein klar geschiedener Konfessionsblock, dessen Bekenntnisstand eindeutig normiert war ... Dennoch hat diese Scheidung
nicht die von den Konkordisten erhoffte Gesamtentscheidung gebracht."[85]

---

[85]   A. a. O., 336. Die verbindliche Geltung des Konkordienwerkes wurde in
den zustimmenden Herrschaftsgebieten durch rechtliche Verordnung der
Obrigkeit festgelegt. „Konkordienformel und Konkordienbuch bildeten
nicht nur ein ‚corpus doctrinae', das die Anhänger der ‚Augsburgischen
Konfession' zu einer Gemeinschaft des Glaubens zusammenschloß; sie
regelten auch gleichzeitig den Zugang zu Ämtern und Diensten des
frühprotestantischen Territorialstaates und seiner Kirche." (K. Schreiner,
Rechtgläubigkeit als „Band der Gesellschaft" und „Grundlage des Staates". Zur eidlichen Verpflichtung von Staats- und Kirchendienern auf die
„Formula Concordiae" und das „Konkordienbuch", in: M. Brecht/
R. Schwarz [Hg.], a. a. O., 351–379, hier: 351) Weil man Rechtgläubigkeit
für ein unverzichtbares Band der Gesellschaft und religiöse Uniformität
für die Grundlage des Staates hielt, wurden Theologen und Lehrer sowie
häufig auch die staatlichen Beamten zu deren Anerkennung gezwungen.
„Man wollte", mit G. Müller zu reden, „ein Territorium haben, in dem
nur eine Lehre vertreten wurde, nämlich die lutherische, wie sie in der
Konkordienformel und den ihr beigegebenen lutherischen Bekenntnisschriften festgehalten worden war." (G. Müller, Um die Einheit des deut-

schen Luthertums. Die Konkordienformel von 1577, in: Lutherische Kirche
in der Welt 24 [1977], 16 – 36, hier 35) Welches Konfliktpotential der obrigkeitliche Symbolzwang im frühneuzeitlichen Konfessionsstaat – „der in
seiner protestantischen und katholischen Ausprägung vergleichbare
Strukturmerkmale aufweist" (K. Schreiner, a. a. O., 359) – in sich trug, läßt
sich exemplarisch am Fall des Mathematikers und Kartographen Philipp
Apian studieren, dessen akademische Karriere in Ingolstadt am tridentinischen Glaubensbekenntnis und in Tübingen an der Konkordienformel
scheiterte (vgl. a. a. O., 363 ff.). Ein vergleichbares Schicksal wurde seinem jüngeren Kollegen, dem berühmten Astronomen Johannes Kepler,
zuteil (vgl. a. a. O., 367 ff.). Zu ergänzen ist, daß die eidliche Bekenntnis-
verpflichtung der Professorenschaft an evangelischen Universitäten bis in
die Mitte des 16. Jahrhunderts zurückreicht. Eine konfessionell inhomo-
gene Universität erschien ebenso undenkbar wie eine bekenntnisindiffe-
rente Landesverfassung. Die Geschichte des landesherrlichen Summepi-
skopats und der Ausbildung des Staatskirchenrechts gehört in diesen Zusammenhang (vgl. A.-E. Buchrucker, a. a. O., 22). Auch wenn man die historische Alternativlosigkeit dieses Prozesses unterstreicht, wird man
doch nicht umhin können zu sagen: „Die durch Rechtszwang hergestellte
Glaubenseinheit entsprach dem Integrationsbedürfnis von Staat und Kirche, nicht dem Wesen des christlichen Glaubens, der, wie ihn lutherische Theologen verstanden, nur als freie, ungezwungene Entscheidung
des einzelnen vor Gott gerecht macht und Hoffnung auf ewiges Heil
verbürgt. Der Eid auf die Konkordienformel und das Konkordienbuch
läßt sich als zeitbedingte Ausprägung konfessioneller Christlichkeit verständlich machen; theologisch begründbar ist er nicht." (K. Schreiner,
a. a. O., 375 f.) Daß dieser Vorbehalt sich nicht als ein Pauschalverdikt gegen das Konkordienwerk deuten läßt, bedarf keiner Betonung: Zeigen
doch gerade die „äußerst komplexe Entstehungsgeschichte der Konkordienformel mit ihren verschiedenen Stadien der Bekenntnisformulierung
und die zahlreichen Gutachten der verschiedenen geistlichen Ministerien
und theologischen Fakultäten ..., daß die politische Nötigung die beteiligten Theologen nicht davon befreite, über den Grund des Glaubens
und der Lehrentscheidung verantwortlich Rechenschaft zu geben. So ist
die Konkordienformel das klassische Beispiel dafür geworden, wie unter
den Bedingungen der Reformation, d. h. bei Fehlen eines institutionalen
Lehramtes, Lehre entscheiden und Grenzen des Lehrpluralismus aufgezeigt werden konnten." (W. Lohff, Konsensus und Konflikt. Zur Methode
der Lehrentscheidung in der Konkordienformel, in: ders./L. W. Spitz
[Hg.], a. a. O., 65 – 86, hier: 72) Daß dieser Lehrentscheid seinem Wesen
nach innere, ohne äußeren Zwang erbrachte Zustimmung intendierte
und nur in solcher zwanglosen Zustimmung sein Ziel erreichte, geht aus
seinem Inhalt selbst hervor. Allerdings läßt sich nicht leugnen, daß die
FC (vgl. BSLK 743,39 – 49) den Auftrag der Obrigkeit, über die Erhaltung
der reinen Lehre zu wachen, im Vergleich zu Luther und Melanchthon
ausweitete, so daß „bei dem Bekenntnis das Moment der gesetzlichen
Verbindlichkeit stärker hervorgehoben wird", wodurch „die enge Relati-

Unterzeichnet haben das Konkordienwerk neben Vertretern mehr
oder minder bedeutsamer Städte – darunter Lübeck, Ulm, Regensburg, Göttingen, Braunschweig und Lüneburg (vgl. BSLK 765 f.
bzw. 16 f.) – Repräsentanten zahlreicher Territorien (vgl. BSLK
762 ff. bzw. 15 f.), unter denen das albertinische und ernestinische
Sachsen[86], Kurbrandenburg[87], Württemberg[88], Braunschweig-Wol-

---

on von Glaube und Bekenntnis ... in den Hintergrund" tritt (B. Lohse,
Glaube und Bekenntnis bei Luther und in der Konkordienformel, in:
W. Lohff/L. W. Spitz [Hg.], a. a. O., 13 – 40, hier: 30 f.). Dies hat selbstverständlich auch Auswirkungen auf das Wahrheitsverständnis der FC. Ob
man dieses Verständnis deshalb „depositär", „thesaurisch" oder „integra-
listisch-exklusiv" (vgl. H. G. Pöhlmann, Soli Christo gloria. Das Wahr-
heits- und Einheitsverständnis der Konkordienformel, unter besonderer
Berücksichtigung der reformatorisch-tridentinischen Erbsünden- und
Rechtfertigungskontroverse, in: W. Lohff/L. W. Spitz, a. a. O., 297 – 314,
hier: 298 f., 306 u. a.) nennen darf, ist eine andere Frage.

[86]   Daß August I. (1553 – 1586), Bruder und Nachfolger von Moritz und Kurfürst des albertinischen Sachsen, am Zustandekommen des Konkordienwerkes „hervorragend beteiligt" (BSLK 762, Anm. 4) war, wurde bereits
erwähnt. Nach Sturz der – des Kryptocalvinismus bezichtigten – Philippisten hatte er ein strenges Luthertum eingeführt, welches sich – dem Zwi-
schenspiel eines Calvinisierungsversuches unter Christian I. zum Trotz –
dauerhaft erhalten konnte. (Zu den Konsolidierungen und Gefährdungen
Kursachsens unter August I., wie sie im Spannungsfeld von Luthertum,
Philippismus und „Zweiter Reformation" erfolgten, vgl. H. Smolinsky,
Albertinisches Sachsen, a. a. O., hier: 23 ff.) Im ernestinischen Sachsen
war es nach dem Verlust der Kurwürde und dem Tode Johann Friedrichs
unter dem seit 1557 allein regierenden Herzog Johann Friedrich dem
Mittleren zu einer Staatskrise gekommen, da dessen „auf der Illusion ei-
ner Wiedergewinnung des 1547 Verlorenen aufbauende Katastrophenpo-
litik ... selbst die verbliebene bescheidene Stellung" vernichtete (Th.
Klein, Ernestinisches Sachsen, kleinere thüringische Gebiete, a. a. O., 13.
Zu den Kämpfen gegen den kursächsischen Philippismus, die durch den
ernestinisch-albertinischen Antagonismus nachhaltig geschürt wurden,
sowie zu der seit Anfang der 1570er Jahre erfolgenden Annäherung an
Kursachsen vgl. a. a. O., 19 ff.). Die daraus resultierende politische
Schwäche des – 1572 zwischen dem seit 1567 regierenden Johann Wilhelm und den Söhnen Johann Friedrichs des Mittleren geteilten – ernestinischen Sachsen führte zwar nicht umgehend, aber doch in geraumer
Zeit zu einer Angleichung der religiösen Verhältnisse an diejenigen Kursachsens, was durch die Unterdrückung der dortigen Philippisten weiter
befördert wurde. Seit Ende der 1570er Jahre unterliegen beide Landeskirchen „den gleichen Ordnungs- und Strukturprinzipien" (a. a. O., 22).

[87]   Schien Kurbrandenburg zunächst eine Bastion des alten Glaubens zu
werden, so begannen unter Joachim II. und Hans von Küstrin reformato-

fenbüttel[89], die Markgrafschaft Ansbach-Bayreuth[90] sowie u. a. Mecklenburg[91], Baden-Durlach[92] und Mansfeld[93] besonders her-

rische Tendenzen sich durchzusetzen, die den langen Abschied der Mark von der alten Kirche einleiteten. Vollzogen wurde dieser Abschied unter Johann Georg (1571–1598), der den „Typus des lutherischen Landesvaters" (M. Rudersdorf/A. Schindling, Kurbrandenburg, in: A. Schindling/ W. Ziegler [Hg.], Die Territorien des Reichs im Zeitalter der Reformation und Konfessionalisierung. Land und Konfession 1500– 1650, Bd. II, Münster ³1993, 35–66, hier: 48) eindrucksvoll repräsentierte. 1613 wechselte Kurfürst Johann Sigismund zur reformierten Konfession, ohne freilich sein ius reformandi landesweit durchsetzen zu können. Der durch die Konkordienformel bestimmte Bekenntnisstand der lutherischen Landeskirche in der Mark und in Preußen konnte so erhalten bleiben. Zur lutherischen Konfessionsbildung im Erzstift Magdeburg, dessen Kloster Berge in der Geschichte der konkordistischen Bewegung eine bedeutsame Stellung einnimmt, vgl. F. Schrader, Magdeburg, in: a. a. O., 69–86, bes. 83 ff.

[88] Nachdem unter Herzog Ulrich die Rückeroberung und die Reformation des Herzogtums Württemberg stattgefunden hatte und unter seinem – für die Genese des Konkordienwerks, wie erwähnt, sehr bedeutsamen – Sohn Christoph die reformatorische Neuordnung von Kirche und Staat konsequent durchgeführt worden war, setzte Christophs Sohn und Nachfolger Ludwig (1568–1593) die Politik seines Vaters kontinuierlich fort und bekräftigte die führende Position seines Landes im lutherischen Lager: „am 31. Oktober 1579 unterzeichnete er das Konkordienbuch" (BSLK 763, Anm. 9). Zu Württembergs theologischem Beitrag zur lutherischen Konfessionsbildung und Konfessionalisierung vgl. H. Ehmer, Württemberg, in: A. Schindling/W. Ziegler (Hg.)., a. a. O., Bd. V, Münster 1993, 169– 192, hier: 184 ff.

[89] Zur Haltung des welfischen Gesamthauses in der Reformationszeit und zur Geschichte der einzelnen Landesteile Braunschweigs im konfessionellen Zeitalter vgl. W. Ziegler, Braunschweig-Lüneburg, Hildesheim, in: a. a. O., Bd. III, Münster ²1995, 9–43. Für die Geschichte der Konkordienformel ist, wie mehrfach erwähnt, Herzog Julius von Braunschweig-Wolfenbüttel von besonderer Bedeutung gewesen. Zu seiner späteren Haltung zum Konkordienwerk, „das sonst in den welfischen Landen weitgehend eingeführt wurde" (a. a. O., 35), vgl. Mager, 325 ff. sowie 476 ff.

[90] Für die Markgrafschaft Ansbach-Bayreuth unterzeichnete das Konkordienbuch Markgraf Georg Friedrich, der jüngste Sohn Georgs des Frommen, der seinerseits die Confessio Augustana mitunterschrieben hatte. „Die beiden Personalunionen von 1527 bis 1541/43 (Georg der Fromme) und von 1556/57 bis 1603 (Georg Friedrich) waren jeweils in einem entscheidenden Stadium dem Prozeß einer einheitlichen und gleichmäßigen Umgestaltung produktiv zugute gekommen. Der Sohn konnte über alle

dynastischen Brüche hinweg die Traditionslinien des Vaters fortsetzen und das Reformationswerk mit einem eigenen kirchenpolitischen Anspruch vollenden." (M. Rudersdorf, Brandenburg-Ansbach und Brandenburg-Kulmbach/Bayreuth, in: A. Schindling/W. Ziegler [Hg.], a.a.O., Bd. I, Münster ²1992, 11–30, hier: 27) Auch nach dem reformierten Konfessionswechsel der Berliner Hohenzollern unter Kurfürst Johann Sigismund hielten die beiden Markgraftümer Ansbach und Kulmbach-Bayreuth an ihrem lutherischen Bekenntnisstand fest. Zur Rolle von Markgraf Georg Friedrich im Herzogtum Preußen vgl. I. Gundermann, Herzogtum Preußen, in: a.a.O., Bd. II, Münster ³1993, 221–233, hier: 230 ff.; zu derjenigen seines Vaters Georg in Schlesien vgl. F. Machilek, Schlesien, in: a.a.O., 103–138, hier: 107 f.

91 Zur Entwicklung in Mecklenburg vgl. F. Schrader, Mecklenburg, in: a.a.O., 167–180. Am 12. November 1577 unterschrieben auf einem von Herzog Ulrich einberufenen Konvent alle Mecklenburgischen Superintendenten mit Ausnahme des Wismarer die Konkordienformel. „Dann wurden die Superintendenten beauftragt, die Konkordienformel auch von den ihnen unterstellten Pfarrern unterschreiben zu lassen. Schließlich unterschrieben 466 mecklenburgische Pfarrer, nachdem der Superintendent von Rostock auch die Unterschrift der Pfarrer des Wismarer Sprengels eingeholt hatte. Die mit einer ausführlichen Vorrede versehene Konkordienformel unterschrieb dann am 30. Dezember 1579 auch Herzog Ulrich." (A.a.O., 179)

92 Nach der 1535 erfolgten Landesteilung öffnete sich Baden-Durlach unter Markgraf Karl II. der Reformation. „Als Karl II. 1577 starb, sollte eine gemeinschaftliche Landesregierung aller drei Söhne die Einheit des Territoriums festhalten – die Vormundschaft sollte Karls zweite Gemahlin, Pfalzgräfin Anna von Veldenz, gemeinsam mit Kurfürst Ludwig VI. von der Pfalz, Pfalzgraf Philipp Ludwig von Neuburg und Herzog Ludwig von Württemberg, alle drei entschiedene Lutheraner, führen – eine Garantie für einen konsequent lutherischen Kurs, gestützt auf die gleichgesinnte durlachische Landschaft. Die Vormundschaft erneuerte 1579 die Kirchenordnung von 1556 und trat dennoch im gleichen Jahr der Konkordienformel bei, die die evangelische Lehre auf eine gemeinsame lutherische Basis stellen sollte. Für die unterschiedlichen Traditionen im markgräflichen Territorium spricht, daß das Unterland der Konkordienformel ohne Bedenken zustimmte, wohingegen sich im schweizerisch-oberdeutsch beeinflußten Oberland doch Widerstand regte, wenngleich am Ende nur die Dekane von Schopfheim und Röttelen, Dr. Christoph Eidinger und Theophilus Grynaeus, die Unterschrift verweigerten. Mit der Zustimmung zur Konkordienformel ging die Vormundschaft über die Position Karls II. hinaus, der bei allem Bekenntnis zum Luthertum doch einer konfessionellen Offenheit im evangelischen Lager das Wort geredet hatte." (V. Press, Baden und badische Kondominate, in: a.a.O., Bd. V, Münster 1993, 125–166, hier: 134)

vorzuheben sind. „Zu den Nichtunterzeichnern gehörten die pfälzischen Nebenlinien mit den Pfalzgrafen Johann Casimir, Richard,
Johann und Johann Georg, von denen Johann Casimir mit den
Ämtern Neustadt/Haardt und Kaiserslautern bereits offiziell calvinistisch war, außerdem die vier Landgrafen von Hessen, die Herzöge von Pommern, Fürst Joachim Ernst von Anhalt, die schles-
wig-holsteinischen Herzogtümer, Ostfriesland, die Grafschaften
Schaumburg, Lippe und Diepholz, der Graf zu Hanau, die Grafen
Johann und Ludwig von Nassau, die Wetterauischen Grafen sowie
zahlreiche Städte, darunter zunächst noch Straßburg, dann Bremen, Nürnberg, Magdeburg, Danzig, Frankfurt/M., Speyer,
Worms, Nordhausen, Soest, Weißenburg i. N., Windsheim, Col-
mar, darüber hinaus die philippistisch orientierte Universität Königsberg, die meisten geistlichen Fürstentümer unter evangelischen Administratoren und die Territorien, in denen eine altgläubige Obrigkeit herrschte, aber evangelische Gemeinden
vorhanden waren, wie in Cleve, Mark, Ravensberg, im Fürstentum
Halberstadt, in Osnabrück, Ortenburg, Österreich, Böhmen und
Teilen Schlesiens." (Dingel, 30 f.)[94] In gesamteuropäischer Per-

---

[93] Die Mansfelder „Generalsynode vom 19. September 1580 sprach sich für
die Konkordienformel aus und sicherte damit die Lehreinheit in der
Grafschaft" (G. Wartenberg, Mansfeld, in: a. a. O., Bd. VI, Münster 1996,
79 – 91, hier: 90. Zur Grafschaft Oldenburg und zur Herrschaft Delmen-
horst vgl. a. a. O., 131 – 151.).

[94] Zur eigentümlichen Situation in den Pfälzer Gebieten ist folgendes zu
bemerken: Zwar hatte der Pfalzgraf Kurfürst Ludwig VI. (1576 – 1583), dessen Name unter den Subskribenten des Konkordienwerks als erster genannt ist, das von seinem Vorgänger Friedrich III. durch Einführung des
Calvinismus verdrängte Luthertum in Anknüpfung an die Ära Ottthein-
richs wiederhergestellt (vgl. Heppe IV, 87 ff. sowie Th. Pressel, Churfürst
Ludwig von der Pfalz und die Konkordienformel. Nach den Originalien
des Dresdener und Stuttgarter Archivs und einem Sammelband der
Gothaer Bibliothek, in: ZHTh 1867, 3 – 112, 268 – 318, 443 – 605). Doch
brachten sein früher Tod sowie die nachfolgende Kuradministration Johann Casimirs „das jähe Ende der lutherischen Restauration in Heidelberg und – nach einer irenischen Zwischenphase – die Rückkehr zu der
calvinistischen Konfessionalisierungspolitik Friedrichs III." (A. Schind-
ling/W. Ziegler, Kurpfalz, Rheinische Pfalz und Oberpfalz, in: diess.
[Hg.], a. a. O., Bd. V, Münster 1993, 9 – 49, hier: 30. Zu den konfessionellen
Zugeständnissen an die gegen die Calvinisierungsversuche revoltieren-
den lutherischen Stände der Oberpfalz unter Friedrich IV. vgl. a. a. O.,
33). Zur Situation in dem – auch „junge Pfalz" genannten – Fürstentum
Pfalz-Neuburg, dessen Pfalzgraf Philipp Ludwig (1569 – 1614) die Konkor-

spektive sind neben der erwähnten Initiative der um ihre antispa-
nischen Bündnisprobleme besorgten Elisabeth I.[95] vor allem die
Reaktionen auf die Konkordienformel interessant, wie sie in Siebenbürgen[96] und in Skandinavien[97] erfolgten, wo Friedrich von
Dänemark die beiden Prachtausgaben der FC, die ihm seine
Schwester (die Frau Augusts von Sachsen) geschickt hatte, sogleich dem Feuer überantwortet haben soll (vgl. Heppe IV, 275).

dienformel unterzeichnet und sein Land „zu einem lutherischen Muster-
staat" ausgebaut hatte, vgl. F. Nadwornicek, Pfalz-Neuburg, in: a. a. O.,
Bd. I, Münster ²1989, 45−55, hier: 50. „Als Philipp Ludwig am 22. August
1614 starb, galt Pfalz-Neuburg als Zierde des deutschen Protestantismus.
Mit seinem Sohn Wolfgang Wilhelm (1578−1653) übernahm erstmals seit
72 Jahren ein Katholik die Regierung der jungen Pfalz." (Ebd.) Zum Streit
um die Konkordienformel in Pfalz-Zweibrücken vgl. P. Warmbrunn,
Pfalz-Zweibrücken, Zweibrückische Nebenlinien, in: a. a. O., Bd. VI, 171−
197, hier: 181. − Unter den Ländern, welche die Konkordienformel nicht
annahmen, „obwohl sie sich als Augsburgische Konfessionsverwandte
verstanden" (Koch, 479), ist im übrigen Hessen besonderer Erwähnung
wert. Nach dem Tode Philipps, der es zu einem „protestantischen Territorium der ersten Stunde" (M. Rudersdorf, Hessen, in: a. a. O., Bd. IV,
Münster 1992, 255−288, hier: 257) gemacht hatte, wurde Hessen 1567 geteilt und in politischer und kirchlicher Hinsicht verhältnismäßig instabil.
Einzelheiten zum „Regiment der vier Herren Gebrüder" und zum hessischen Streit um das Konkordienwerk finden sich a. a. O., 275 ff. Eine interessante Fallstudie über das Verhältnis von religiösem und sozialem
Wandel in der Frühneuzeit bietet am Beispiel der Grafschaft Lippe
H. Schillings Studie „Konfessionskonflikt und Staatsbildung" (Gütersloh
1981). „Indem im vorliegenden Fall der Widerstand vom Luthertum ausging, die obrigkeitlichen Tendenzen aber von der reformierten Konfession getragen wurden, liegt eine Umkehrung der sonst überwiegend fest-
stellbaren Allianzen vor. Das gibt Anlaß, die in der Geschichtswissen-
schaft und der Konfessionssoziologie üblichen Zuschreibungen zwischen
Luthertum, obrigkeitlicher Haltung und autokratisch-absolutistischem Ge-
sellschaftsmodell auf der einen sowie calvinistischem Freiheitsgeist und
demokratischer Gesellschaft auf der anderen Seite zu überprüfen." (44)

[95] Vgl. W. B. Patterson, The Anglican Reaction, in: L. W. Spitz/W. Lohff
(Hg.), Discord, Dialogue and Concord. Studies in the Lutheran Reformation's Formula of Concord, Philadelphia 1977, 150−165.

[96] Vgl. L. Binder, Die Konkordienformel und die evangelisch-lutherische
Kirche in Siebenbürgen, in: J. Schöne (Hg.), a. a. O., 151−160.

[97] Vgl. T. R. Skarsten, The Reaction in Scandinavia, in: L. W. Spitz/W. Lohff
(Hg.), a. a. O., 136−149.

Wie immer es sich damit verhalten haben und wie immer man
das Konkordienwerk im einzelnen beurteilen mag: daß es in der
Geschichte des Luthertums, des Protestantismus, ja der Christenheit überhaupt „einen bedeutsamen Einschnitt" markiert und „bis
heute in einem beträchtlichen Maße das Gesicht des lutherischen
Christentums bestimmt"[98] hat, dürfte unbestreitbar sein. Unbestreitbar ist freilich auch, daß eine Reihe von lutherischen Kirchen
das Konkordienwerk, wie erwähnt, nicht rezipiert haben. Das
hebt seinen Anspruch, „gleichsam die Ernte der lutherischen Reformation eingebracht zu haben"[99] nicht auf, relativiert ihn aber in
bestimmter Hinsicht. Eine starre doktrinelle Fixierung des Luthertums und eine Einebnung von dessen binnenkonfessioneller
Vielfalt haben das Konkordienbuch und die Konkordienformel in
ihrer Absicht, „eine Ausführungsbestimmung"[100] der Augustana
festzulegen, jedenfalls nicht bewirkt. Falls es dafür eines Beweises
bedarf, so hat ihn Irene Dingel in ihrer eingehenden Untersuchung über das Ringen um konfessionelle Pluralität und bekenntnismäßige Einheit im Spiegel der öffentlichen Diskussionen von
Konkordienformel und Konkordienbuch zu erbringen vermocht.
Das Hauptergebnis der Studie[101] ist in ihrem Titel kurz und bündig

---

[98]   B. Lohse, Das Konkordienwerk von 1580, in: P. Meinhold (Hg.), Kirche
und Bekenntnis. Historische und theologische Aspekte zur Frage der gegenseitigen Anerkennung der lutherischen und der katholischen Kirche
auf der Grundlage der Confessio Augustana, Wiesbaden 1980, 94–122,
hier: 94.

[99]   Ders., a. a. O., 121. „Trotz mancher verschlungenen Pfade, die man im
einzelnen gehen mußte, ist es im ganzen doch ein gerader Weg, der von
der Confessio Augustana des Jahres 1530 zum Konkordienwerk von 1580
führt. Mit Recht ist gesagt worden, daß derjenige, der die Konkordienformel akzeptiert, damit auch zugleich die Confessio Augustana annimmt." (A. a. O., 121 mit Verweis auf G. Müller, Konkordienformel – Dokument lebendiger Einheit, in: Nachrichten der Evang.-Luth. Kirche in
Bayern 32 [1977], 201; zu den Konsequenzen seiner These für den inter-
konfessionellen Dialog äußert sich Lohse a. a. O., 122.)

[100]   K.-H. Kandler, Bedingungen der Eintracht. Beobachtungen zur Struktur
der Konkordienformel, in: J. Schöne (Hg.), a. a. O., 171–192, hier: 173.

[101]   Siehe Lit. – Während zur ersten Hälfte des 16. Jahrhunderts seit alters eine unübersehbare Fülle von Spezialliteratur vorhanden ist und neuerdings auch die zweite Hälfte des Reformationssäkulums wachsendes For-
schungsinteresse auf sich zieht, sind die Jahre zwischen der Publikation
von FC bzw. Konk und dem Beginn des Dreißigjährigen Krieges bislang
„so gut wie unbeachtet geblieben ... Der Hubersche Streit um die Präde-

zusammengefaßt: Concordia und Kontroverse gehören zusammen
und zwar auch in binnenreformatorischer Perspektive, ja selbst im
Hinblick auf den engeren Kontext der Wittenberger Reformation.
Zwar ist nach Dingel die homogenisierende Kraft des Konkordienwerkes nicht zu unterschätzen: auch wenn der entsprechende
terminus technicus bei der Transformation des Torgischen ins
Bergische Buch durchweg getilgt wurde, bleibt Konk das wichtigste Corpus Doctrinae der Wittenberger Reformation und ein hervorragendes Dokument lutherischer Konfessionalisierung. Das gilt
um so mehr, als sich mit der Professio Fidei Tridentina von 1564
die römisch-katholische und mit der Erstellung des Heidelberger
Katechismus von 1563 und der Confessio Helvetica posterior von
1566 auch die reformierte Konfession bereits entscheidend konso-

---

stinationslehre, der christologische Streit zwischen Tübinger und Gießener Theologen, der Rahtmannsche Streit um die Wirksamkeit des Wortes
Gottes und der Hoffmannsche Streit um das Verhältnis von Philosophie
und Theologie sind aber immerhin in der Kirchengeschichtsschreibung
präsent. Die zahlreichen nach 1580 an die Öffentlichkeit gebrachten Ein-
sprüche gegen das Konkordienwerk jedoch, die die hinter der FC stehenden Theologen ihrerseits zu entsprechenden Widerlegungen veranlaßt und die Kurfürsten von Pfalz, Sachsen und Brandenburg dazu be-
wogen haben, eine Theologengruppe mit der Erstellung einer ‚Apologie
des Konkordienbuches‘ zu beauftragen, um den Kontroversen möglichst
ein Ende zu bereiten, sind weder in ihrem historischen Kontext noch in
ihrem theologischen Anliegen bisher wissenschaftlich zugänglich gemacht worden.“ (Dingel, 25; vgl. den Überblick über die „Behandlung
der ‚Nachgeschichte‘ der Konkordienformel in kirchen- und theologiegeschichtlich orientierter Literatur“ [Dingel, 20–25]) Hier setzt die Dingel-
sche Forschungsarbeit an. Sie will nach eigenen Angaben „der Vernachlässigung der Zeitspanne nach 1580 in kirchenhistorischen Lehrbüchern
und wissenschaftlichen Untersuchungen ein Gegengewicht entgegen-
stellen, die Vielfalt beginnender konfessioneller Konsolidierung im Blick
auf die jeweils unterschiedliche territoriale Einbindung der um das Bekenntnis kreisenden öffentlichen Auseinandersetzung erhellen und das
breite Spektrum der auch nach der Konkordienformel weiterexistieren-
den theologischen Lehrmeinungen einer neben den großen Reformatoren durchaus ernstzunehmenden und eigenständigen zweiten und dritten
Theologengeneration aufzeigen“ (Dingel, 25). Den Fokus der Studien
bildet dabei die in Kritik und verteidigender Zustimmung geführte Kontroverse um Konkordienformel und Konkordienwerk. Zur Genese der
Apologie des Konkordienbuches, ihrer ersten Bearbeitung, der auf einem
Konvent zu Braunschweig im Mai 1582 erfolgten Revision sowie der
schließlichen Vollendung in Quedlinburg im Januar 1583 vgl. im einzelnen Heppe IV, 284 ff.

lidiert hatten. Gleichwohl ist die Lage des sog. Luthertums der späten 1570er und der beginnenden 1580er Jahre noch weitaus unabgeschlossener und offener, als man sich dies üblicherweise vorstellt. Die Konkordienformel war, mit Irene Dingel zu reden, keineswegs zu dem übergreifenden Konsensdokument geworden, das sie hatte werden sollen: „Vielmehr setzte sich die unter der Confessio Augustana, deren Anhänger seit 1555 reichsrechtliche Duldung genossen, bestehende lehrmäßige Pluralität fort und trat in den Diskussionen um die Anerkennung der FC noch einmal in voller Deutlichkeit zu Tage. Die zweite und bereits in Erscheinung tretende dritte Theologen- und Gelehrtengeneration fand nicht zu einer homogenen Gruppe zusammen, sondern gliederte sich ... weiterhin auf: zunächst in solche, die als ‚Flacianer' die Erbsündenlehre des Matthias Flacius Illyricus weitertrugen und dies sowie die Ablehnung obrigkeitlicher Einflußnahme in kirchliche Belange zu ihrem Kennzeichen machten, in wieder andere, die als ‚Gnesiolutheraner' in scharfer Abgrenzung von der flacianischen Erbsündenlehre, aber wie die Flacianer um kompromißlose Bewahrung des Lutherschen Erbes kämpften, des weiteren in Gelehrte, Theologen und ‚Laientheologen', deren Melanchthonschülerschaft sie allmählich von Luthers Theologie abrücken ließ, ohne sie sofort zu Calvinisten werden zu lassen. Daneben existierte zugleich ein ausgesprochen calvinismusfreundliches Lager unter diesen sogenannten ‚Philippisten'. Die weitere Ausformung Lutherscher Theologie im Geiste Melanchthons konnte sich in so verschiedenen Schattierungen bzw. mit solch unterschiedlichen Akzentsetzungen vollziehen, daß die Gruppen- oder Richtungsbezeichnung ‚Philippisten' bzw. ‚Philippismus' nur vergröbernd den breiten theologischen Spielraum umschreibt, der schließlich wiederum über verschiedenste Wege – sei es über die Zeremonien, sei es über Modifikationen in der Lehre – den Zugang zum Calvinismus eröffnet. Auch lehrmäßige Parallelen zu den Gnesiolutheranern kommen vor. Darüber hinaus waren unter den sogenannten Philippisten nicht wenige, die in einer bucerisch verstandenen Wittenberger Konkordie und in der Confessio Augustana variata sogar eine konsequente Fortsetzung Lutherscher Theologie erkennen konnten. Neben ihnen standen die offen calvinistisch Gesinnten, die eine bekenntnismäßige Einigung auf europäischer Ebene erstrebten und weder in Martin Luther noch in der Confessio Augustana mehr als lediglich partikular anerkannte Größen sahen." (Dingel, 17 f.)

Wie immer man die gewählte Nomenklatur und vorgenommenen Gruppenabgrenzungen im einzelnen beurteilen mag, Faktum ist, daß sich das geistige Umfeld, aus dessen Kontext heraus und in bezug auf dessen Kontext sich Konkordienformel und Konkordienbuch zu artikulieren und zu etablieren hatten, keineswegs als einheitlich darstellt. Was die Konkordisten selbst angeht, so waren sie um einen mittleren Weg bemüht, „um in Bewahrung der Theologie Martin Luthers, in dem sie den ‚vornehmsten Lehrer Augsburgischer Konfession' erkannten, eine größtmögliche Integration, freilich unter Ausschluß der Extreme, d. h. der Flacianer und der Calvinisten, zu gewährleisten. Für diesen mittleren, integrativen Weg warben, jetzt allerdings unter weitgehender Zurückdrängung der Württemberger Komponente, auch noch die Autoren der Apologie des Konkordienbuchs, Timotheus Kirchner, Nikolaus Selnecker und Martin Chemnitz. Daß sie alle, ob Befürworter oder Gegner des Konkordienwerks, ob Flacianer, Gnesiolutheraner, Konkordientheologen Württemberger oder norddeutscher Prägung, Philippisten Lutherscher oder Philippisten calvinischer Couleur, direkt oder indirekt durch die Schule Melanchthons gegangen, also ‚Melanchthonianer' waren und sich deshalb auch Luthersche Theologie an dieser melanchthonisch beeinflußten Bildung sozusagen in verschiedener Stärke brach, erklärt die Differenziertheit, die in der Diskussion der strittig bleibenden Themen (Abendmahl und Christologie) deutlich wird, auch wenn die Konkordienformel und die hinter ihr stehenden Theologen die existierende Pluralität im Sinne bekenntnismäßiger Eindeutigkeit auf ein einfaches Für oder Wider, Lutherisch oder Calvinisch – freilich vergeblich und in Ignorierung der unter ihnen selbst weiterbestehenden Differenzen – reduzieren wollten. Diese Differenziertheit setzt sich noch innerhalb des hier skizzierten Schemas weiter fort, insofern sich die einzelnen Richtungen nicht fest voneinander abgrenzen lassen. Nicht nur die allen gemeinsame Melanchthonschülerschaft schafft eine querlaufende Verbindungslinie, sondern auch manche, mehreren Richtungen gemeinsame theologische Anliegen, die der Konkordienformel gegenüber geäußert werden. Das durch die heftigen Diskussionen um das Konkordienwerk zunächst entstandene Zweierschema, das aus dem Blickwinkel der calvinistischen Opposition gegen die Concordia deren Anhänger einfach mit den ‚Flacianern' als den radikalen, kompromißlosen Verfechtern eines überzogenen Luthertums gleichsetzte, und das dann in der späteren Literatur in ein Dreierschema umgestaltet, orthodoxe Lutheraner, Philippisten und Calvinisten gegenüberstellte, ist unzutreffend." (Dingel 18 f.) Kurzum: „Konkordienformel und Konkordienbuch führten keineswegs zu einem endgültigen lehrmäßigen Ausgleich und starrer Kodifizierung dessen, was als reine Lehre auf lutherischer oder calvinistischer Seite zu gelten hatte. Ebensowenig kam es zu einer Einebnung der konfessionellen Vielfalt." (Dingel, 19)[102]

---

[102] Dies wird durch die Studie Dingels im einzelnen belegt. Die Hauptinteressen der – auf den Zeitraum von 1577/80 bis 1618 konzentrierten – Untersuchung richten sich dabei auf den Aufweis der territorialen Brennpunkte der öffentlichen Diskussion um die Konkordie, zweitens auf den Verlauf dieser Kontroversen und ihren jeweiligen territorialen Hintergrund sowie drittens auf die Frage des jeweiligen theologischen Anliegens. Erörtert werden folgende Themen: I. Die Stellung der Stadt Straßburg zur Konkordienformel und die daraus sich ergebenden Kontroversen; II. Die Pfälzer Aktivitäten gegen das Konkordienwerk; III. Die ablehnende Haltung des westeuropäischen Protestantismus; IV. Christoph Herdesianus und seine Schriften; V. Konfessionelle Streitigkeiten im Fürstentum Anhalt; VI. Die Rolle der Konkordienformel in den konfessionellen Auseinandersetzungen der Stadt Bremen; VII. Die Indienstnahme von Schriften der Helmstedter Theologen durch die konkordienfeindliche Polemik; VIII. Der flacianische Einspruch; IX. Die katholische Stellungnahme zum Konkordienbuch. Aus der gebotenen Auflistung geht hervor, daß die öffentlichen Diskussionen um das Einigungswerk von FC und Konk sich überwiegend im deutschsprachigen Raum abspielten, wenngleich „Übersetzungen ins Lateinische, das ja immer noch die ‚lingua franca' der Epoche darstellte, angefertigt wurden, um den ‚ausländischen' Kirchen zumindest eine Kenntnisnahme der Debatte zu ermöglichen. Daran mußte vor allem den hinter der FC stehenden Theologen gelegen sein, die zwar mit dem Konkordienwerk in erster Linie die Kirchen der Augsburger Konfession und damit die Kirchen des Reichs einen wollten, aber in der Confessio Augustana und Formula Concordiae keineswegs national begrenzte Bekenntnisse sahen. Sie ließen die deutsch abgefaßte voluminöse Apologie des Konkordienbuchs unverzüglich ins Lateinische übertragen. Dies war um so wichtiger, als die Apologie des Konkordienbuchs nicht wie die Apologie der Confessio Augustana eine erneute Explikation der einzelnen Bekenntnisartikel der Konkordienformel bot, sondern eine Widerlegung solcher Schriften darstellte, die als herausragend im Protest gegen die Concordia aufgefallen waren und eine große Breitenwirkung erzielt hatten." (Dingel 27; zur Quellenlage vgl. 32 ff.) Nicht unerwähnt bleiben darf, daß sich der besagte öffentliche Konkordienprotest keineswegs flächendeckend geäußert hat; vielmehr war es lediglich eine Minderheit der Nichtunterzeichner der FC, deren Streitschriften publiziert und einer breiteren Öffentlichkeit übergeben wurden. Zur Würdigung dieses Sachverhalts vgl.

In den Auseinandersetzungen um das Konkordienwerk hat sich diese Vielfalt auf unterschiedliche Weise Ausdruck verschafft, wobei Streit sowie virtuelle bzw. manifeste Gegensätze erwartungsgemäß nicht ausblieben. Doch ist dies nur ein Aspekt: Denn in anderer Hinsicht läßt sich, was nicht minder bemerkenswert ist, gerade am Streit der Parteien erkennen, daß sie auch in ihren Gegensätzen noch durch einen gemeinsamen thematischen Zusammenhang verbunden sind. Beziehen sich die Auseinandersetzungen doch stets auf ein fest umrissenes Spektrum von Themen, die in Kritik und apologetischer Affirmation gleichermaßen präsent sind. Zu diesem Themenspektrum gehört neben der namentlich auf die Bewertung der Stellung der CA und derjenigen Martin Luthers bezogenen Autoritätenfrage[103] und dem dogmatischen Zwiespalt insbesondere in den Problemen von Abendmahlslehre und Christologie[104] die Kontroverse um den von der FC gewählten

---

Dingel, 603 f. Strategien öffentlicher Verteidigung der FC hat I. Dingel am Beispiel von deren katechismusartiger Zusammenfassung durch den Dresdner Theologen C. Fuger erörtert (I. Dingel, The Echo of Controversy: Caspar Fuger's Attempt to Propagate the Formula of Concord among the Common People, in: Sixteenth Century Journal 26 [1995], 515–531).

[103] Zur Auseinandersetzung um die Gewichtung der Autoritäten, auf die sich FC und Konk stützen, vgl. im einzelnen I. Dingel, Ablehnung und Aneignung. Die Bewertung der Autorität Martin Luthers in den Auseinandersetzungen um die Konkordienformel, in: ZKG 105 (1994), 35–57. Der Streit bezog sich wesentlich auf die Frage, ob bzw. inwieweit die „von der FC vollzogene(...) ‚Lutheranisierung‘ der Confessio Augustana" (a. a. O., 46) rechtens sei. In den Augen nicht weniger Kritiker war Luther von den Konkordisten „zu einem neuen Papst gemacht worden, dessen Person und Werken man unterschiedslose Wertschätzung entgegenbrachte und dessen Theologie ebenso kritiklos von der Konkordienformel weitergetragen werden sollte" (a. a. O., 53 f.); die ursprünglich weite und integrative Offenheit der CA sei dadurch auf unstatthafte Weise eingeengt, ja verloren worden. Dem hielten die Apologeten des Konkordienwerks entgegen, daß Luther nicht aus formalautoritativen Gründen und damit letztlich um seiner individuellen Person willen zur Leitfigur erhoben worden sei, sondern aus Gründen gegebener Sachautorität, will heißen: wegen seiner genuinen reformatorischen Einsicht; einem autoritär überhöhten Lutherbild wolle man, so hieß es, keineswegs förderlich sein. In diesem Sinne votiert z. B. auch W. v. Loewenich, Luthers Erbe in der Konkordienformel, in: Luther 48 (1977), 53–75.

[104] Im Zentrum der Auseinandersetzungen stand die christologisch und abendmahlstheologisch gleichermaßen relevante Lehre von der „communicatio idiomatum realis". Während dabei die gegnerische Polemik

zwischen der württembergischen und der norddeutschen Christologie kaum differenzierte und Omnipräsenz- und Multivolipräsenzchristologie gleichermaßen als ubiquitaristisch bzw. ubiquitistisch kritisierte, bemühte man sich auf seiten der Apologeten des Konkordienwerks um subtile, auf größtmögliche Einheit abzielende Unterscheidungen. Man versuchte deutlich zu machen, „daß man unter Ausgrenzung des Calvinismus eine behutsame Integration des philippistischen Standpunkts suchte und sich keineswegs zum Anwalt der als ,ubiquitistisch' gebrandmarkten Württemberger Christologie machte, wie dies von der Gegenseite stets behauptet wurde. Die Distanzierung von den Württembergern wurde nicht zuletzt darin deutlich, daß Jacob Andreae, ihr Hauptvertreter, zur Erstellung der Apologie des Konkordienbuchs nicht herangezogen wurde und sie sogar in Konkurrenz zu Widerlegungen treten konnte, die von Württemberger Seite, gelegentlich auch unter Federführung Andreaes, erarbeitet worden waren." (Dingel, 647) Sachlich bedeutsam ist diese Entwicklung u. a. deshalb, weil es unter den Voraussetzungen der Apologie des Konkordienwerkes als ein grobes Mißverständnis erscheinen muß, die FC mit der undifferenzierten Lehre einer Generalubiquität des Leibes Christi in allem Seienden in Verbindung zu bringen. Nach Maßgabe der Apologie von Konk – deren Interpretation als durchaus textkonform und sachgerecht zu beurteilen ist – wird von FC nicht gelehrt, „daß Christus nach seiner menschlichen Natur durch die Erhöhung nunmehr per se in allen Dingen anwesend sei, sondern, umgekehrt, daß ihm, dem in Allmacht und göttliche Regierungsgewalt erhöhten Menschen, alle Kreaturen in gleicher Weise wie Gott selbst präsent seien" (Dingel, 667). Was die Abendmahlslehre betrifft, so hatten sich die Konkordienbefürworter insbesondere „gegen die Rezeption einer von ihnen vertretenen Realpräsenz abzugrenzen, die diese mit räumlich-leiblichen Vorstellungen und in letzter Konsequenz mit dem kapernaitischen Essen in Verbindung brachte ... Daß aber der menschliche Christus mit seinem Leib im Abendmahl gegenwärtig sei und auch mündlich angeeignet werde, war den Autoren der Apologie des Konkordienbuchs unter stetiger Bezugnahme auf die Einsetzungsworte ein unanfechtbarer Grundsatz. Die Einsetzungsworte bleiben das Hauptargument für die Realpräsenz und werden nicht etwa durch christologische Begründungen verdrängt, wenn diese auch ganz im Sinne Luthers als zusätzliche Argumente für Christi leibliche Gegenwart gegen die Lehre der Gegner einen Stellenwert erhalten können." (Dingel, 679f.; vgl. ferner Dingels abschließende Bemerkungen zum Thema: „Die Apologie des Konkordienbuchs hatte sich mit der Entscheidung für den ,modus definitivus' und der Ablehnung einer ,repletiven' Präsenz, die der Menschheit dieselbe Allgegenwart wie der Gottheit zurechnet, so daß sie ,alles erfülle', eindeutig gegen die sogenannte ,Generalubiquität' ausgesprochen und eine nicht über Christi Zusage spekulativ hinausgreifende Gegenwart seiner Menschheit im Sinne der Chemnitzschen ,Mulivolipräsenz' festgeschrieben. Sie blieb in der Abendmahlslehre bei ihrem bewußten Verzicht auf eine christologische Begründung." [Dingel, 685])

Weg zur erstrebten Konkordie, die ihrerseits um zwei Brennpunkte kreiste: Zum einen um die Forderung einer General- und
Universalsynode, zum anderen um das Problem der Legitimität
von Damnationen und Anathematismen. Was die von den Gegnern des Konkordienwerks erhobene Forderung einer allgemeinen Synode als rechten Weg zu einer wahrhaften „Concordia" angeht, so muß man sich daran erinnern, daß „die Konkordientheologen selbst noch 1577 an die Einberufung einer Generalsynode gedacht, diesen Plan jedoch wieder (hatten) fallen lassen,
um das Einigungswerk nicht zu gefährden" (Dingel, 638 mit Verweis auf Heppe IV, 58–61). Die Konkordisten standen also dem
Projekt einer Synode keineswegs mit grundsätzlicher Ablehnung
gegenüber. Fraglich war lediglich, was unter einer freien und allgemeinen christlichen Synode präzise zu verstehen sei; in der
Perspektive der Betreiber des Konkordienwerkes nämlich standen
zunächst nur die Kirchen der CA innerhalb des Reichsverbands
unter Absehung von den sog. Sakramentierern als mögliche Syn-
odalkandidaten im Blick.

Ähnlich komplex und differenziert stellt sich die Angelegenheit in
der Problematik der Damnationen dar. Bei näherer Betrachtung
begründet der gegnerische Widerspruch gegen die Ausgrenzung
von Glaubensgenossen durch Verdammungen keineswegs von
vornherein und ohne weiteres eine intransigente Alternative zur
Position der Konkordisten. Hatten doch die Väter der FC darauf
bestanden, primär „keine personenbezogenen, sondern lediglich
solche Verwerfungen auszusprechen, die ausschließlich die falsche *Lehre* betrafen" (Dingel, 631). Ein personbezogenes Verdikt
implizierten die ausgesprochenen Damnationen nach dem Verständnis der Konkordisten lediglich insofern, „als sie sich zugleich
auf die unbelehrbar an dem Irrtum festhaltenden Irrlehrer mitbe-
ziehen sollten, die durch ihr Festhalten an einer Lehre, die man
als Gefährdung für das ewige Heil erkannt hatte, Verantwortung
für den Irrweg vieler trugen" (Dingel, 634). Man war also bestrebt,
zwischen der Verwerfung von Irrlehre bzw. notorischen Irrlehrern
und der Verdammung von Gemeinden und Kirchen, die mit der
zu verwerfenden Irrlehre in Beziehung standen, klar zu unterscheiden.

Die Gegner des Konkordienwerkes indes sahen sich nicht in der
Lage, diese Unterscheidung mitzuvollziehen: Faktisch, so ihre Kritik, würden die Damnationen der FC auf Verwerfung und Verfol-

gung vieler hinauslaufen, die ihrem Selbstverständnis nach als Anhänger der Reformation zu gelten hätten. Diese Kritik war insofern verständlich, als mit der Augsburger Konfessionsverwandtschaft auf die eine oder andere Weise ja immer auch die Teilhabe an den Vorzügen des Augsburger Religionsfriedens von 1555 zur Disposition stand. Die Gegner des Konkordienwerks befürchteten also nicht ohne Grund mögliche politische Negativfolgen der Damnationspraxis der FC; war man doch bei nachgewiesener Abweichung von der Augustana dem Risiko ausgesetzt, wegen Häresie verfolgt zu werden. Von den Konkordisten hinwiederum wurde „(d)er Blick auf mögliche politische Konsequenzen ... als letztrangig ausgeblendet" (Dingel, 633). Motiv des Handelns sei in erster Linie die „Sorge um die Bezeugung und Bewahrung der reinen Lehre" (Dingel, 633). Bei der historischen Kontroverse um die Damnationen der FC handelt es sich also recht eigentlich um den „Gegensatz von theologischer Argumentation, ausgerichtet auf die unbedingte Wahrung der *einen reinen* Lehre sowie auf das *Bekenntnis der Wahrheit,* und politisch integrativer Argumentation, die die für den Fortbestand des europäischen Protestantismus notwendige Einheit der Kirchen bei aller Pluralität der existierenden Bekenntnisstrukturen im Blick hat" (Dingel, 630). Darauf wird zurückzukommen sein.

§13 THEOLOGIE DER KONKORDIENFORMEL

Lit:

G. Adam, Erwählung im Horizont der Christologie, in: M. Brecht/ R. Schwarz (Hg.), Bekenntnis und Einheit der Kirche. Studien zum Konkordienbuch, Stuttgart 1980, 219–233. – *J. Baur,* Abendmahlslehre und Christologie der Konkordienformel als Bekenntnis zum menschlichen Gott, in: a. a. O., 195–218. – *Frank I* bis *IV* (wie Lit. §12). – *H. Hachfeld,* Die schwäbische Confession (liber Tubingensis). Nach einer Wolfenbüttler Handschrift zum ersten Male veröffentlicht, in: ZhTh 36 (1866), 230–301. – *Heppe I* bis *IV* (wie Lit. §12). – *F. Hübner,* Über den freien Willen. Artikel II: „De libero arbitrio" der Formula Concordiae aus seinen historischen Grundlagen heraus interpretiert, in: W. Lohff/ L. W. Spitz (Hg.), Widerspruch, Dialog und Einigung. Studien zur Konkordienformel der Lutherischen Reformation, Stuttgart 1977, 137–170. – *Mager* (wie Lit. §12). – *Th. Mahlmann,* Das neue Dogma der lutherischen Christologie. Problem und Geschichte seiner Begründung, Gütersloh 1969. – *J. Mehlhausen,* Der Streit um die Adiaphora, in: M. Brecht/R. Schwarz (Hg.), a. a. O., 105– 128. – *L. Mohaupt,* Gesetz und Evangelium nach Artikel V der Konkordienformel, in: W. Lohff/L. W. Spitz (Hg.), a. a. O., 197– 222. – *W. Preger,* Matthias Flacius Illyricus und seine Zeit. *Bd. I* und *II,* Erlangen 1859/61; reprographischer Nachdruck Hildesheim 1964. – *Th. Pressel,* Zwei Actenstücke zur Genesis der Concordienformel, aus den Originalien des Dresdener K. Archivs I, in: JDTh 11 (1866), 640–711. – *Ritschl I* bis *IV* (wie Lit. §12). – *R. C. Schultz,* Original Sin: Accident or Substance: The Paradoxial Significance of FC I, 53–62 in Historical Context, in: W. Lohff/L. W. Spitz (Hg.), Discord, Dialogue and Concord. Studies in the Lutheran Reformation's Formula of Concord, Philadelphia 1977, 38–57. – *R. Schwarz,* Gott ist Mensch. Zur Lehre von der Person Christi bei den Ockhamisten und bei Luther, in: ZThK 63 (1966), 289– 351. – *W. Sparn,* Begründung und Verwirklichung. Zur anthropologischen Thematik der lutherischen Bekenntnisse, in: M. Brecht/R. Schwarz (Hg.), a. a. O., 129–153. – *M. Stupperich,* Zur Vorgeschichte des Rechtfertigungsartikels in der Konkordienformel, in: a. a. O., 175–194. – *Tschackert* (wie Lit. §12). – *Weber I/1* und *2* (wie Lit. §10).

1. Erbsünde und Willensverkehrung

„(D)urch Adams Fall ist ganz vorderbt menschlich Natur und Wesen" (BSLK 844,3 f.). Es duldet keinen Zweifel, daß die Väter der Konkordienformel das Lied des Nürnberger Ratsherrn und Lutherfreundes Lazarus Spengler nicht einer heterodoxen Streitpartei überlassen wollten, wie es zu Beginn der „Solida Declaratio" von FC I scheinen könnte, wenn der zitierte Liedeingangsvers mit der Annahme in Verbindung gebracht wird, „daß nunmehr nach dem Fall des vorderbten Menschen Natur, Substanz Wesen ... die Erbsünde selbst sei" (BSLK 844,4-10). Spenglers Lied wird an späterer Stelle unmißverständlich als Gesang der eigenen Kirche qualifiziert (BSLK 851,26 f.: „wie man in unserer Kirchen singet"; vgl. BSLK 772,17 f.). Es sind denn auch in erster Linie die „alte(n) und neue(n) Pelagianer" (BSLK 850,12 f.; vgl. BSLK 772,40 ff. und BSLK 772, Anm. 3), welche die Schuld der Erbsünde veräußerlichen, die Konkupiszenz nicht wirklich Sünde und das peccatum originale lediglich eine „corruptio tantum accidentium aut qualitatum" (BSLK 851,4 f.)[1] sein lassen usf. (vgl. BSLK 850,12 ff.), von welchen sich FC I energisch absetzt (vgl. Frank I, 53 ff.). Unter den pelagianischen Häresien kommt dabei auch jene hamartiologische Ansicht zu stehen, derzufolge „die Erbsünde nicht eine Beraubung oder Manglung, sondern nur eine äußerliche Hindernus solcher geistlichen guten Kräften wäre, als wann ein Magnet mit Knoblauchsaft bestrichen wird, dardurch seine natürliche Kraft nicht weggenommen, sondern allein gemindert wird" (BSLK 851,10-16). Kurzum: FC I grenzt sich schroff gegenüber allen Positionen ab, die dem postlapsarischen, der Erbsünde verfallenen Menschen noch Restbestände von „Fähikeit, Geschicklikeit, Tüchtigkeit oder Vermugen (attestieren), in geistlichen Sachen etwas anzufangen, wirken oder mitwirken" (BSLK 851,31-34).

Solche Abgrenzung erscheint den Konkordisten durch die einschlägigen Texte der Wittenberger Tradition als nicht nur erlaubt, sondern als zwingend geboten. Nicht nur habe Luther die Erb-

---

[1] Vgl. Frank I, 61: „Und die Concordienformel hatte, gerade weil sie die *Flacianische* Substanzenlehre verwarf, Grund genug zu der Erklärung, dass sie nichts wissen wolle von einer Verderbniss blos der Accidensen, und dass wer die Substanzialität der Erbsünde läugne, darum noch nicht läugne die Corruption der menschlichen Substanz auch selbst."

sünde („Häuptsünde") eine „Natur- oder Personsünde" genannt, welche „Wurzel und Brunnquell ... aller wirklichen Sünde" sei (BSLK 846,41–44), auch die Apologie (vgl. BSLK 847, Anm. 6) von CA II habe klipp und klar gelehrt, die Erbsünde „sei anstatt des verlornen Bildes Gottes in dem Menschen eine tiefe, böse, greuliche, grundlose, unerforschliche und unaussprechliche Vorderbung der ganzen Natur und aller Kräften, sonderlich der höchsten, fürnehmbsten Kräften der Seelen im Vorstande, Herzen und Willen" (BSLK 848,27–33). Die Folge, so die Apologie, sei nicht nur Gottlosigkeit, sondern „Feindschaft wider Gott" (BSLK 849,3) und ewiges Seelenverderben (BSLK 849,18 ff.). Weitere Belege ließen sich anführen. Sie würden allesamt bestätigen, daß es im Sinne der Konkordisten ein rechtes Bekenntnis Wittenberger Reformation ist zu singen: „Durch Adams Fall ist ganz verderbt / menschlich Natur und Wesen; / dasselb Gift ist auf uns geerbt, / daß wir nicht konnten g'nesen / ohn Gottes Trost, / der uns erlöst / hat von dem großen Schaden, / darein die Schlang / Eva bezwang, / Gotts Zorn auf sich zu laden." (EKG 243,1)

Das Bekenntnis Wittenberger Reformation bezeugt nun allerdings auch, „daß Gott nicht ist ein Schöpfer, Stifter oder Ursach der Sünden" (BSLK 847,23–25). Nicht nur uranfänglich, sondern auch „noch heutezutage in dieser Vorderbung schafft und macht Gott in uns die Sünde nicht, sondern mit der Natur, welche Gott heutezutage an den Menschen noch schaffet und machet, wird die Erbsünde durch die fleischliche Entpfängnus und Geburt von Vater und Mutter aus sündlichem Samen mit fortpflanzet" (BSLK 847,29–36). Daraus ergibt sich die Notwendigkeit klarer Abgrenzung gegen manichäische Irrlehren (vgl. Frank I, 64 ff.) wie etwa diese, daß der Satan die Erbsünde von außen (extrinsecus) als etwas Wesentliches (tanquam quiddam essentiale) in die ursprünglich gute Natur eingemengt und mit ihr vermischt habe (vgl. BSLK 852,14 ff.). Worauf es hier wie bei den Überlegungen zum Modus der Fortzeugung der Erbsünde hamartiologisch in der Hauptsache ankommt, ist in folgendem Schluß zusammengefaßt: „So ist auch die Erbsünde nicht etwas für sich selbst in oder außer des verderbten Menschen Natur Selbständig, wie sie auch des verderbten Menschen eigen Wesen, Leib oder Seel, oder der Mensch selber nicht ist. Es kann und soll auch die Erbsünde und die dadurch vorderbte menschliche Natur nicht also unterschieden werden, als wäre die Natur für Gott rein, gut, heilig und unvorderbt, aber allein die Erbsünde, so darinne wohnet, wäre bös."

(BSLK 853,14–25) Richtig sei es vielmehr, die postlapsarische Natur der Menschen als erbsündlich verkehrt zu begreifen. Denn nur so sei die Erbsünde als Schuld bestimmbar: „wie Augustinus von den Manichäern schreibt, als ob nicht der vorderbte Mensch selber, vonwegen der angebornen Erbsünde, sündigte, sondern etwas Anders und Frembdes im Menschen, und daß also Gott durchs Gesetz nicht die Natur, als durch die Sünde verderbt, sondern nur allein die Erbsünde darinnen anklage und vordamme" (BSLK 853,27–34). Wenn demnach und infolgedessen von den Konkordisten eine kategoriale Unterscheidung zwischen peccatum originale und menschlicher Wesensnatur getroffen und gesagt wird, die Erbsünde vertilge die Natur des Menschen „nicht ganz und gar" und verwandle sie nicht in eine andere Substanz, „welche nach ihrem Wesen unser Natur nicht gleich und also mit uns nicht eins Wesens sein sollte" (BSLK 854,3–6), dann ist der Grund hierfür nicht in dem Versuch einer – und sei es noch so geringen – Minimierung des anthropologischen Erbsündenschadens zu sehen, sondern im Gegenteil darin, die Veräußerlichung der Erbsünde zu verhindern. Damit der Sünder bei sich selbst und seiner geschöpflichen Bestimmung behaftet wird und die Erbsünde nicht auf ein anderes – und sei es auf ein angeblich zur imago satanae transformiertes alter ego – schieben kann, um auf diese Weise sich zu entschuldigen, muß nach Maßgabe von FC I zwischen peccatum originale und menschlicher Wesensnatur differenziert und die Vorstellung einer erbsündlichen Transsubstantiation des Menschen bzw. einer durch die Erbsünde bewirkten Annihilation seines kreatürlichen Wesens als unstatthaft abgewiesen werden.

Die entscheidende Grundeinsicht des Erbsündenartikels ist damit bereits formuliert: was es – vor allem wegen der Zurechenbarkeit der Erbsünde als Schuld – zu verhindern gilt, ist die unmittelbare Gleichsetzung der verderbten Natur des Menschen mit dem Unwesen der Erbsünde; weil beide „nicht *ein* Ding" (BSLK 854,28) sind, muß ihre Indifferenzierung vermieden und gelehrt werden, „daß ein Unterschied sei zwischen der Natur des Menschen, nicht allein wie er anfangs von Gott rein und heilig ohne Sünde erschaffen, sonder auch wie wir sie jtzunder nach dem Fall haben, nämblich zwischen der Natur, so auch nach dem Fall noch ein Creatur Gottes ist und bleibt, und der Erbsünde, und daß solcher Unterschied so groß als der Unterschied zwischen Gottes und des Teufels Werk sei" (BSLK 770,26–36; vgl. BSLK 855,1–8). Untermauert wird diese Einsicht mit dem Hinweis, daß eine gegenteilige Lehre „wider die Hauptartikel unseres christlichen Glaubens von der Erschaffung, Erlösung, Heiligung und Auferstehung unsers Fleischs streitet und neben denselben nicht bestehen kann." (BSLK 771,5–10; vgl. BSLK 855,11 ff.) Was den schöpfungstheologischen Aspekt angeht, so hat nach Maßgabe eindeutigen Schriftzeugnisses (vgl. BSLK 855,18 ff.) und lutherischer Katechismustradition (vgl. BSLK 856,10 ff.) zu gelten, daß Leib und Seele des Menschen auch nach dem Fall und trotz gegebener Verderbnis Gottes Kreatur bleiben, die Gott nach wie vor als sein Werk zu erkennen vermag; wenn nämlich „ganz und gar kein Unterscheid sein sollte zwischen der Natur und dem Wesen unsers Leibs und Seelen, so durch die Erbsünde vorderbet, und zwischen der Erbsünde, dadurch die Natur vorderbt ist: so würde folgen, daß entweder Gott weil er ist ein Schöpfer dieser unser Natur, auch die Erbsünde schaffte und machte, welche auch also sein Werk und Kreatur sein würde, oder weil die Sünde ein Werk des Teufels ist, daß der Satan ein Schöpfer wäre dieser unser Natur, unsers Leibes und Seelen, welche auch ein Werk oder Geschöpf des Satans sein müßte, wann ohne allen Unterschied unser vorderbte Natur die Sünde selbst sein sollte, welches beides wider den Artikel unsers christlichen Glaubens ist." (BSLK 857,1–18)

Entsprechendes ergibt sich nach biblischem und patristischem Zeugnis unter soteriologischen Gesichtspunkten: Habe doch der Sohn Gottes eine wahrhafte – in der Einigkeit seiner Person mit der göttlichen untrennbar verbundene – menschliche Natur angenommen, welche unbeschadet ihrer gegebenen Sündlosigkeit eine wahre, der unsrigen nicht prinzipell fremde Wesensnatur sei. „Wann nun kein Unterschied wäre zwischen der Natur oder dem Wesen des verderbten Menschen und zwischen der Erbsünde, so müßte folgen, daß Christus entweder unsere Natur nicht angenommen, weil er die Sünde nicht hatt angenommen, oder, weil er unsere Natur angenommen, daß er auch die Sünde hätte angenommen, welchs beides wider die Schrift ist. Weil aber Gottes Sohn unser menschliche Natur, und nicht die Erbsünde, an sich genommen, so ist hieraus klar, daß die menschliche Natur auch nach dem Fall und die Erbsünde nicht *ein* Ding seie, sondern unterschieden werden müssen." (BSLK 858,12–26) Zu einem entsprechenden Ergebnis führen die Erwägungen zum Artikel von der Heiligung (BSLK 858,33 – 859,4: „So kann ja die Sünde der Mensch selber nicht sein, dann den Menschen nimbt Gott umb Christus willen zu Gnaden auf, aber der Sünden bleibet er in

Ewikeit feind. Ist derhalben unchristlich und abscheulich zu hören, daß die Erbsünde im Namen der heiligen Dreifaltigkeit getauft, geheiliget und selig gemacht werde und dergleichen Reden
mehr, darmit wir einfältige Leut nicht verärgern wöllen, so in der
neuen Manichäer Schriften zu finden.") und von der Auferstehung
(BSLK 859,15–27: „Wann nun ganz und gar kein Unterscheid wäre
zwischen unserm verderbten Leib und Seele und zwischen der
Erbsünde, so würde wider diesen Artikel des christlichen Glaubens folgen, daß entweder dies unser Fleisch am jüngsten Tage
nicht auferstehen, und daß wir im ewigen Leben nicht dies Wesen unsers Leibes und Seelen, sondern eine andere Substanz
[oder ein andere Seele] haben würden, weil wir do werden ohne
Sünde sein, oder daß auch die Sünde auferstehen und im ewigen
Leben in den Auserwählten sein und bleiben würde.").

Mit dem erzielten Resultat einer theologisch notwendigen Unterscheidung zwischen der Erbsünde und der Natur, der Substanz
und dem Wesen des verderbten Menschen bzw. der – wie auch
gesagt werden konnte – verderbten Natur etc. des Menschen, deren Leugnung verworfen wird, ist das entscheidende Ziel der Erörterungen (BSLK 860,3 f.: „soviel die Häuptsach an ihr selbst belangt") bereits erreicht. Alles weitere (vgl. BSLK 860,11 ff.) geht nur
noch die Fachgelehrten an und betrifft lediglich terminologische
Fragen. Bevor der „Appendix de vocabulis in hac controversia"
(vgl. BSLK 860, Anm. 1) auf das sachlich zentrale Begriffspaar von
substantia und accidens[2] näher eingeht, wird im Interesse der

---

[2]   Vgl. Schultz; ferner: R. Klann, Article I. Original Sin, in: R. D. Preus/
       W. H. Rosin (Hg.), A Contemporary Look at the Formula of Concord,
       St. Louis 1978, 103–121, hier 116: „The error of Flacius began with a linguistic excess." Zur Entwicklung der Erbsündenlehre des Flacius seit der
       Weimarer Disputation im Jahre 1560 und dem Erscheinen des Traktats
       „De Peccati originalis aut veteris Adami appellationibus et essentia" in
       seinem großen Werk „Clavis Scripturae" (vgl. u. a. Ritschl I, 142 ff.) im
       Jahre 1567 sowie namentlich zu seiner Unterscheidung des Substanzbegriffs in substantia materialis und substantia formalis vgl. im einzelnen
       Preger II, 310 ff. Preger verteidigt Flacius zurecht gegen den Vorwurf des
       Manichäismus und macht deutlich, daß der Erbsünderstreit nicht zuletzt
       durch unterschiedliche Fassungen des Substanzbegriffs bzw. des Verhältnisses von Substanz und Akzidentien hervorgerufen wurde (vgl. bes.
       Preger II, 395 ff.). Preger räumt aber auch ein: „Die Wittenberger Richtung und Strigel hatten ein Recht, gegen Flacius zu behaupten, daß nicht
       ohne und nicht wider den Willen des Menschen die Bekehrung zu Stande komme, wie Flacius lehrte. Und Heshusius und seine Genossen hat

Vermeidung von leerem Wortgezänk gemahnt, aequivocationes vocabulorum wie den Doppelsinn des Naturbegriffs[3] sich und anderen bewußt zu machen: so könne der Begriff der Natur zum einen das Wesen an sich selbst, zum anderen die „Art oder Unart eines Dinges" (BSLK 860,27) bezeichnen, welches letztere der Fall sei, wenn Luther die Sünde des verderbten Menschen Art und Natur nenne. Werde diese hamartiologische Rede auf das „Concretum oder Subjectum" (BSLK 860,37 f.) des realexistierenden Menschen bezogen, dann besagten Begriffe wie Natursünde, Personsünde und wesentliche Sünde im Sinne Luthers, daß der erbsündliche Mensch nicht nur in seinen Äußerungsformen (BSLK 861,7 f.: „Wort, Gedanken und Werk"), sondern im Innersten seiner selbst ganz und gar verkehrt sei. Eine Indifferenzierung und unmittelbare Gleichsetzung der kreatürlichen Wesensnatur des postlapsarischen Menschen mit der Erbsünde sei damit indes keineswegs gemeint.

Um die Differenz zwischen der Natur der Verderbnis und der verderbten Natur des Menschen fachterminologisch festzuschreiben, bedient sich FC II unter Berufung auf Augustinus und andere Kirchenväter der Unterscheidung der Begriffe substantia und accidens, welche Unterscheidung als divisio immediata zu verstehen

---

ten ein Recht, wenn sie bestritten, daß Gott nur eine sündige Masse zum Menschen schaffe, und daß von einer Gottesidee im Menschen nicht mehr die Rede sei. Diese Lehren des Flacius aber kamen daher, daß er der erbsündlichen Macht eine zu große Ausdehnung gab, daß er das, was man mit unter die Reste des göttlichen Ebenbildes zu setzen pflegt, völlig vernichtet sein ließ, so daß ihm damit der wahre Begriff der Erlösungsfähigkeit zugleich abhanden kam." Aus Gründen ausgleichender Gerechtigkeit fährt Preger fort: „Aber auf der andern Seite scheint es, als ob die Bezeichnung der Erbsünde als Accidens, wie sie Andreae, Heshusius und Wigand hinstellten, nicht minder bedenklich sei. Sie lehrten zwar eine totale Corruption der Substanz, aber nur eine Corruption in Hinsicht auf die Accidentien, von einer substantia corrupta quoad substantiam wollten sie nicht sprechen. Wie aber dann, wenn es mit der spontanen ureignen Thätigkeit der Substanz (sc. wie Flacius sie lehrt) seine Richtigkeit hat? Welche Folgerungen ergeben sich dann aus dem Satze des Andreae und Heshusius, daß die Substanz an sich legi Dei conformis sei?" (Preger II, 410)

3 Vgl. F. Beißer, Die Antwort der Konkordienformel auf die Frage nach dem Verhältnis von Natur und Gnade, in: KuD 26 (1980), 213–229 sowie Frank I, 67 ff. Zum Begriff der Qualität im Kontext der Hamartiologie vgl. Frank I, 79 ff.

sei, wonach alles, was ist, entweder substantia oder accidens sei. Der Substanzbegriff (vgl. BSLK 862, Anm. 1; Frank I, 76 ff.; Preger II, 395 ff.) soll in diesem Sinne „ein selbständig Wesen" (BSLK 862,5) bezeichnen, wohingegen accidens „ein zufälliges Ding" (BSLK 862,6) benennt, „das nicht für sich selbst wesentlich bestehet, sondern in einem andern selbständigen Wesen ist und davon kann unterschieden werden" (BSLK 862,6–9; SD I,54: „accidens, quod non per se subsistit, sed in aliqua substantia est et ab ea discerni potest."). Hinzuzufügen ist als ein axiomatischer Grundsatz der Theologie, daß jede Substanz als Substanz „entweder Gott selber oder ein Werk und Geschöpf Gottes sei" (BSLK 862,16–18). Von daher sei die manichäische Rede „Peccatum originis est substantia vel natura" (BSLK 862,21 f.) von Augustin und allen rechtgläubigen Kirchenlehrern entschieden verdammt und die Erbsünde als ein „accidens vitium in natura" (BSLK 863,3 f.) bestimmt worden.

Hatte bereits TB die Legitimität hamartiologischen Gebrauchs des Akzidensbegriffs von der „Vorhütung aller Verkleinerung der Erbsunde" und davon abhängig gemacht, „daß nicht durch solche philosophischen Wörter und Schulsubtilitäten de formis substantialibus, de accidentibus et qualitatibus etc. die einfältige und reine Lehr der heiligen schrift von der Erbsünde zürüttet und vorfälschet werde" (BSLK 863, App.), so macht auch das Bergische Buch in seiner Neuformulierung (vgl. BSLK 863,9 – 866,11) des Schlusses des Erbsündenartikels diesen Vorbehalt ausdrücklich geltend[4] mit dem Ziel, dem Akzidensbegriff eine klar umschriebe-

---

[4] Ein „neutrales Refugium im Grunde unversehrten Wesens" will der Akzidensbegriff der FC keineswegs eröffnen; auch wenn er der Einsicht terminologisch nur unzureichend Ausdruck zu verleihen vermag – daß „(d)er Mensch ... seine Relation zu Gott im Ja oder im Nein (ist)" (J. Baur, Flacius – Radikale Theologie, in: ZThK 72 [1975], 365–380, hier: 376; ähnlich Schultz, 51), steht für den Erbsündenartikel der FC fest. Vgl. ferner Weber I/2, 5 ff. Ist „die *Bezogenheit auf Gott das Wesensgesetz des Menschen*" (Weber I/2, 6), dann muß die menschliche Sünde ihrem Unwesen nach als Verkehrung der Gottesbeziehung bestimmt werden. Von diesem Grundsatz aus beurteilt Weber die metaphysische Rede von Substanz und Akzidens im Kontext theologischer Hamartiologie grundsätzlich kritisch, wobei er hinzufügt: „Es ist vielsagend, wie die Orthodoxie, die den Streit entscheiden muß, die *Begriffsform* von Substanz und Akzidens, weil sie das Bedenkliche empfindet, in die Verhandlung der Gelehrten zurückdrängen möchte." (Weber I/2, 19)

ne Funktion im Kontext theologischer Erbsündenlehre zuzuweisen: „sollich Wort", so heißt es, „dienet allein darzu, den Unterscheid zwischen dem Werk Gottes, wölchs ist unser Natur, unangesehen daß sie verderbt ist, und zwischen des Teufels Werk, wölchs ist die Sünde, die im Werk Gottes stecket, und derselben allertiefste und unaussprechliche Verderbung ist, anzuzeigen" (BSLK 865,12–18). In dieser Funktion sei der hamartiologische Gebrauch des Akzidensbegriffs nicht nur durch die patristische Tradition (vgl. BSLK 864,1 ff.), sondern auch durch „Lutherus" (vgl. BSLK 865, 20 ff.) gedeckt. Im übrigen aber sei die Frage, „was dann die Erbsünde für ein accidens seie" (BSLK 864,28 f.), eine solche, „darauf kein Philosophus, Papist, kein Sophist, ja kein menschliche Vernunft, wie scharf auch dieselbige immermehr sein mag, die recht Erklärung geben kann, sunder aller Verstand und Erklärung muß allein aus heiliger Schrift genummen werden, wölche bezeuget, daß die Erbsünde seie ein unaussprechlicher Schaden und ein solche Verderbung menschlicher Natur, daß an derselben und allen ihren innerlichen und äußerlichen Kräften nicht Reins noch Guts geblieben, sunder alls zumal verderbt, daß der Mensch durch die Erbsünde wahrhaftig vor Gott geistlich tot und zum Guten mit allen seinen Kräften erstorben seie." (BSLK 864,30 – 865,4)

Mit dieser Aussage und ihrer Prämisse, daß nämlich die Erkenntnis des Unwesens der Erbsünde und ihrer auch unter postlapsarischen Bedingungen gegebenen Unterschiedenheit von der geschöpflichen Bestimmung des Menschen zu Gottes Ebenbild eine Angelegenheit primär des Offenbarungsglaubens und seines Bekenntnisses sei (vgl. BSLK 847,37–41: „Zum dritten: was dieser Erbschade sei, weiß und ‚kennet keine Vernunft nicht', sondern es muß, wie die Schmalkaldische Artikel reden, ‚aus der Schrift Offenbarung' gelernet und ‚gegläubet werden'."), ist der Skopus von FC I formuliert, von dem her der Inhalt des Artikels und seine Antwort auf den in Frage stehenden Streit (vgl. BSLK 770,2 ff.; 843,8 f.) zu verstehen sind.[5] Daß diese Annahme den Intentionen

---

[5]   Die Offenbarung Gottes, wie sie in der Schrift beurkundet und vom Glauben wahrgenommen wird, ist nicht nur der Erkenntnisgrund der bodenlosen Verkehrtheit der Erbsünde und ihrer Schuld, sie ist zugleich die Bedingung der Möglichkeit, den Unterschied zwischen der geschöpflichen Wesensnatur des Menschen und der Verderbnis der Erbsünde realiter zu begründen und aufrechtzuerhalten. Bezeichnenderweise ist es

der Väter der Konkordienformel gemäß ist, läßt sich an der literarischen Vorgeschichte von FC I unschwer erweisen; wie dies später in analoger Weise für die meisten Folgeartikel geschehen wird, soll diese Vorgeschichte in knappen Zügen und unter Konzentration auf die wichtigsten Texte[6] skizziert werden, bevor auf

---

nicht allein die Perspektive der Protologie, in welcher FC I die Differenz zwischen Schöpfungsnatur und erbsündlichem Unwesen zu erfassen sucht; vielmehr ist der protologische Aspekt mittels des ökonomischen Schemas von Erschaffung, Erlösung, Heiligung und Auferstehung stets mit einer eschatologischen Perspektive verbunden, um von ihr her recht eigentlich erst angemessen erschlossen zu werden. Damit ist zugleich gesagt, daß eine sich selbst überlassene Selbst- und Welterfahrung des Menschen die besagte Differenzierung, welche die Grundunterscheidung und das erste Urteil der Konkordienformel ausmacht, nicht nur nicht zu erlangen und zu befestigen vermag, sondern im Gegenteil viel eher verstellt. Daß zwischen menschlicher Schöpfungsnatur und dem Unwesen der Erbsünde auch unter postlapsarischen Voraussetzungen zu unterscheiden sei, ist ein anthropologisches Urteil, gewiß, aber ein Urteil theologischer Anthropologie, welche auf Selbst- und Welterfahrung des Menschen zwar bezogen, gleichwohl von dieser immer auch zu unterscheiden ist, insofern sie allein von Gott und seiner Offenbarung her entsprechend zu erfassen ist.

Hält man sich an diese Einsicht, wie sie durch die Gesamtanlage von FC I und namentlich durch die innere Finalität des eingangs erwähnten, aus der augustinisch-scholastischen Tradition übernommenen ökonomischen Schemas von Schöpfung, Erlösung, Heiligung und Auferstehung gefordert ist, so ist klar, welches Ziel der erste Artikel der Konkordienformel primär verfolgt, nämlich pelagianisch-semipelagianische Tendenzen nicht weniger energisch auszuscheiden als manichäische, um auf diese Weise zu einer Hamartiologie zu gelangen, welche die Ursünde als gottwidrige Radikalverkehrung des Menschen und menschlichen Selbstwiderspruch zugleich zu erfassen vermag. Letzteres ist nur dann gewährleistet, wenn die Differenz zwischen der Wesensnatur, zu welcher der Mensch geschöpflich bestimmt ist, und der faktischen Verkehrtheit der Sünde theologisch offengehalten und nicht durch Substantialisierung der Erbsünde systematisch eingezogen wird.

[6] Vgl. BSLK 843, Anm. 1. Es kann nicht Aufgabe einer Einführung in die Theologie der Konkordienformel sein, über historische Detailaspekte wie den Einfluß diverser Gutachten auf die Textgenese Auskunft zu geben. Benannt werden hier wie auch im Zusammenhang der weiteren Artikel daher lediglich die wichtigsten literarischen Vorstufen zu FC (vgl. § 12).

die mit der Erbsündenlehre sachlich eng verknüpfte Willenslehre
der Konkordienformel einzugehen ist.[7]

---

[7]   Die literarische Vorgeschichte von FC I zeigt zugleich, daß der Versuch
einer wie auch immer gearteten Genetisierung der Faktizität der Erbsünde nicht nur nicht in der Absicht der Verfasser lag, sondern als scheinverständiges Ansinnen bewußt ausgeblendet wurde. Auch wäre es gänzlich unangemessen, unter Berufung auf das sog. Vierständeschema von
Schöpfung, Erlösung, Heiligung und Auferstehung die postlapsarische
Verfassung des Menschen als bloßes Zwischenstadium darzustellen, welches mit dem Augenblick der durch den Geist Christi vermittelten Bekehrung definitiv abgeschlossen ist, um alles weitere gewissermaßen der
Selbsttätigkeit des Wiedergeborenen zu überlassen. Ein solcher ordo salutis wäre mit der Lehre der FC gänzlich unverträglich. Zwar ist es wahr
und für den Glauben verläßlich gewiß, daß das vollendete Perfekt der
Heilstat Gottes im auferstandenen Gekreuzigten durch keine Zukunft in
Frage gestellt werden kann; doch weiß gerade der Glaube, der sich auf
die promissio des Evangeliums verläßt, daß er den evangelischen Grund
seiner selbst nie als abgeschlossene Vergangenheit hinter sich, sondern
immer auch als Verheißung vor sich hat. Solche Zukunftsoffenheit, wie
sie die exzentrische Verfassung des Glaubens ausmacht, ist denn auch
die Bedingung dafür, durch Werke tätiger Liebe Fortschritte auf dem
Wege der Heiligung zu erzielen.

Hält man sich an diesen, in der literarischen Vorgeschichte von FC I in
klaren Linien hervortretenden Argumentationsduktus, dann ergeben sich
daraus auch Möglichkeiten der Korrektur jener Vorstellung, die mit dem
Begriff der Erbsünde nicht nur traditionell, sondern schon terminologisch
verbunden ist, nämlich daß das peccatum originale durch Erbfolge übertragen werde. Anklänge an diese Vorstellung finden sich auch in FC I,
etwa wenn es von der Erbsünde heißt, sie werde uns „im sündlichen
Samen angeboren" (BSLK 774,42 f.) bzw. „durch die fleischliche Entpfängnus und Geburt von Vater und Mutter aus sündlichem Samen"
(BSLK 847,34–36) fortgeplanzt. In SD I,28 schließlich ist eine vergleichbare Bemerkung noch mit folgendem Hinweis versehen: „Dann nach dem
Fall wird die menschliche Natur nicht erstlich rein und gut geschaffen
und darnach allererst durch die Erbsünde verderbet, sondern im ersten
Augenblick unser Empfängnus ist der Same (SD I,38 spricht von der massa), daraus der Mensch formieret wird, sündig und verderbt." (BSLK
853,8–14) Ich lasse die Frage beiseite, was diese Feststellung für die traditionelle Kontroverse zwischen Traduzianismus und Kreatianismus bedeutet, um sogleich das naheliegende Mißverständnis abzuwehren, die
Sünde sei nach Lehre der FC lediglich eine durch einen biologischen
Vorgang fortgezeugte qualitas corporis (vgl. F. Brunstäd, Theologie der
lutherischen Bekenntnisschriften, Gütersloh 1951, 54 ff.). Dieses Mißverständnis verkennt, daß nach einheitlicher Auffassung der gesamten lutherischen Bekenntnistradition das peccatum originale weder auf körperliche Affekte zurückzuführen noch auf sie zu beschränken ist. Der hamar-

tiologische Zentralbegriff der concupiscentia bezieht sich daher keineswegs nur auf die Sinnlichkeit oder gar nur auf die Geschlechtlichkeit des postlapsarischen Menschen, sondern benennt eine durch gottwidrigen Unglauben gekennzeichnete Grundbefindlichkeit seiner Gesamtexistenz. Zwar sind in solcher Grundverkehrung der Unterschied zwischen Leib und Seele des Menschen und der schöpfungsgemäße Auftrag, den eigenen Leib samt der leibhaften Welt durch das Seelenvermögen vernünftigen Willens zu bestimmen, nicht einfachhin verschwunden. Aber präsent ist der Unterschied zwischen Leib und Seele nicht mehr in der Weise, daß die Sünde dem Leib zuzurechnen wäre, wohingegen die Seele sich rein erhält; präsent ist er vielmehr nur noch in einem ihn selbst pervertierenden Modus. Eine solche, die kreatürliche Bestimmung des Menschen zwar nicht einfachhin auflösende, aber grundstürzend pervertierende Verkehrung ist gemeint, wenn in der FC vom peccatum originale im Sinne der „Natursünde, Personsünde, wesentliche(n) Sünde" (BSLK 861,5 f.) gesprochen wird. Die Rede von der Erbsünde kann in diesem terminologischen Zusammenhang allenfalls dies unterstreichen, daß das peccatum originale die Menschheitsgattung insgesamt betrifft, wie ja auch Adam als Stammvater aller Menschen zu gelten hat. Indes darf der Begriff der Menschheitsgattung auch hierbei nicht auf einen von der Singularität des einzelnen Menschen abstrahierenden biologischen Allgemeinbegriff reduziert werden, ist vielmehr von Anfang an zusammenzunehmen mit dem, was die FC „das Concretum oder Subjectum (nennt), das ist, der Mensch selber mit Leib und Seel, darinnen die Sünde ist und stecket" (BSLK 860,37–40).

Daß unbeschadet klar erkennbarer Argumentationsintentionen terminologische Anfragen an den Erbsündenartikel der Konkordienformel bestehen bleiben, ist unleugbar. Nicht von ungefähr hat sich alsbald eine Kontroverse um die anthropologischen Allgemeinbegriffe von FC I entzündet. Eine andere Frage ist es, ob man die zweifellos bestehende Begriffsproblematik der bloßen Tatsache verwendeter metaphysischer Schulsprache und einem – angeblich zum Anthropozentrismus tendierenden – vorgegebenen ontologischen Denken anlasten darf (vgl. F. Mildenberger, Theologie der Lutherischen Bekenntnisschriften, Stuttgart/Berlin/Köln/Mainz 1983, 134 ff.). Denn einerseits hat die FC nicht nur zwischen Schulterminologie und Verkündigungssprache klar zu unterscheiden gelehrt, sie hat auch, worin ihr die Dogmatiker altlutherischer Orthodoxie in eindrucksvoller Weise gefolgt sind (vgl. W. Sparn, Wiederkehr der Metaphysik. Die ontologische Frage in der lutherischen Theologie des frühen 17. Jahrhunderts, Stuttgart 1976), bereits ansatzweise die rezipierte aristotelische Terminologie modifiziert und vom Zeugnis der Schrift her kritisiert. Obwohl solche Kritik durchaus auf die Bestreitung der autochthonen Universalgeltung der philosophischen Regel zielte, folgerte man aus ihr andererseits doch auch nicht das theologische Recht oder die theologische Pflicht, die Philosophie in ihrer Funktion als allgemeine Wirklichkeitswissenschaft zu verabschieden bzw. die von der Schrift bezeugte neue Wirklichkeit im Sinne einer christlichen Metaphy-

In der dritten seiner sechs Predigten „Von den Spaltungen, so sich zwischen den Theologen Augspurgischer Confession, von Anno 1548. biß auff diß 1573. Jar, nach unnd nach erhaben", charakterisierte Andreae den Status controversiae in der Lehre vom peccatum originale, der in der Konkordienformel[8] bewußt werden sollte, wie folgt: Der eine Teil bestreite, daß die Erbsünde „ettwas zufelligs in deß Menschen Natur" sei, und behaupte, sie „sey deß Menschen Natur selbst" (Heppe III, B I, 28), nämlich seine, wie es weiter heißt, vernünftige Seele mit allen ihren Kräften, welche nach dem Urfall des Teufels Geschöpf und Werk sei, dem Geschöpf und Werk Gottes zuwider, ein Brunnquell und Ursprung aller wirklichen Sünden, die der Mensch mit Gedanken, Worten und Werken begeht. Der andere Teil halte dagegen, daß die Erbsünde „nicht seie deß Menschen Natur Wesen, oder vernünfftige Seel selbst, sonder ... seie etwas zufelligs in derselben" (Heppe III, B I, 29), so daß zwischen dem Menschen, seiner Natur, seinem Wesen, seinem Leib und seiner Seele und der Sünde in denselben klar zu unterscheiden sei. Insofern er sich deutlich gegen die Qualifizierung der Erbsünde als Substanz des Menschen ausspricht, gibt Andreae sich als Vertreter dieser zweiten Auffassung zu erkennen. Als Begründung führt er die der Lehrtradition vertraute Annahme von den vier ungleichen Ständen Adams an. Vor dem Fall, so Andreae, hat der Mensch „kein Sünde an jme ge-

---

sik als allgemeines Grundmuster von Sein einzuführen. Das Verhältnis der Theologie zur Philosophie bleibt vielmehr, obwohl entschieden theologisch präjudiziert, ein differenziertes, das ebensowenig in ein unmittelbares Selbstverhältnis der Theologie überführt werden kann wie es im Sinne des Evangeliums als Evangelium ist, die Funktion des ihm allerdings untrennbar zugehörenden Gesetzes zu übernehmen. (Vgl. im einzelnen W. Sparn, Substanz oder Subjekt? Die Kontroverse um die anthropologischen Allgemeinbegriffe im Artikel von der Erbsünde [Artikel I], in: W. Lohff/L. W. Spitz [Hg.], Widerspruch, Dialog und Einigung. Studien zur Konkordienformel der lutherischen Reformation, Stuttgart 1977, 107–135.)

[8]   Vgl. BSLK 843,7 ff.; dazu Frank I, 50: „Die Differenz selbst aber, welche das Bekenntniss seinen Bestimmungen vorausschickt, ist nicht die des doppelten Extrems, zwischen dem sie später entscheidet, sondern vielmehr einerseits die dem Manichäismus zuneigende *Flacianische*, andererseits die von ihm selbst adoptirte orthodoxe Anschauung, so jedoch, dass die nachherigen Positionen der reinen Lehre ebensowohl gegen die verschiedenen Abstufungen des Pelagianismus wie gegen die Manichäische Substantiirung der Sünde gerichtet sind."

habt", nach dem Fall hat er „Sünde an jm gehabt", nach seiner
Begnadigung ist er Sünder und gerecht zugleich, im Eschaton
hingegen „würdt er widerumb gantz und gar one Sünde, und von
aller Sünde gereinigt sein" (Heppe III, B I, 29 f.). Dabei handele es
sich in jeder der vier Hinsichten nicht um zwei, drei oder vier,
sondern um „ein(en) einige(n) Adam, nach seiner Natur, Substantz, Wesen, unnd nicht ein andere Seel die sündiget, ein anders die recht thut" (Heppe III, B I, 30). Daraus folge, daß die
Sünde nicht des Menschen Natur, Substanz oder Wesen sein könne, sondern etwas im Menschen bzw. an demselben, was nachgerade auch durch die Tatsache bestätigt werde, daß Gott den Menschen und die gesamte Schöpfung gut geschaffen habe und in
keiner Weise die Ursache der Sünde sei.

SC (vgl. Hachfeld, 239–242) bestätigt diese ebenso antipelagiani-
sche wie antimanichäische (vgl. die abschließenden Damnationen
in SC [Hachfeld, 242]) Sicht der Dinge, nicht ohne freilich vorher –
deutlicher noch als dies in den Predigten der Fall war – die Verderbensmacht der Sünde und ihre Folgen für den Menschen
(Hachfeld, 240: „Jamerlich verstellet Worden") vor Augen zu stellen. Wörtlich heißt es: „Wir halten ... auch gueten Underschid,
Zwischen der Natur deß Menschen, nemblich der Person seiner
Seel, Und Leibs (So ferne sie Gott erschaffen) Und zwischen der
Erbsünde. Dann die Natur deß Menschen an Ihr selbst, nach Ihrem Wesen, Ist und bleibt auch nach dem fahl Unserer ersten Eltern, ein geschöpff Gottes ..." (Ebd.) Hinzugefügt wird, daß in der
Konsequenz der hamartiologisch sinnvollen Unterscheidung von
Erbsünde und Aktualsünden die Erbsünde mit Luther durchaus
Natur- bzw. Personsünde genannt werden könne; das dürfe aber
nicht zu dem Mißverständnis führen, als sei durch solche Rede
die Differenz zwischen Erbsünde und Natur bzw. Person des
Menschen einfachhin aufgehoben. Denn nicht eigentlich die Natur und Person des Menschen als solche, sondern die Sünde in
ihm ist es, welche die sog. Natur- und Personsünde ausmacht.
Vorausgesetzt ist in dieser Argumentation, daß die Sünde in ihrer
schöpfungswidrigen Un- und Abartigkeit an sich selbst keinerlei
Wesen hat und „nicht etwaß selbstendig, für sich selbst" ist, „sonder all Weg In einem Andern, Also daß das Böß nicht sein, Und
für sich selbs bestehen köndte, wann es nicht In einem gueten
geschöpff Gottes Wer, deß Verderbung es Ist" (Hachfeld, 241). Die
den Erbsündenstreit bewegende Alternative von Substanz und

Akzidens ist damit zwar nicht der Terminologie, wohl aber der Sache nach eindeutig präsent (anders Mager, 241).

In Chemnitz' erster Überarbeitung von SC (vgl. Heppe III, B II, 82–91) begegnen dann ausdrücklich auch die Begriffe von Substanz und Akzidens, allerdings nur anhangsweise und unter dem Vorbehalt, man solle sich, was die vocabula und den modus loquendi angeht, nach Möglichkeit an die Hl. Schrift und die sie bezeugende Wittenberger Bekenntnistradition halten, um im übrigen die Gemeinde mit gelehrtem Begriffsstreit, soweit es gehe, zu verschonen. Der das hamartiologische Verhältnis von Substanz und Akzidens betreffende Passus (zu seiner Herkunftsgeschichte vgl. Mager, 208) ist daher sinnigerweise auf Lateinisch verfaßt (Heppe III, B II, 90). Chemnitz spricht sich darin im Anschluß an Augustin für ein akzidentelles (ebd.: „… id quod non per se subsistit nec pars sit alterius, sed in alio insit mutabiliter, non substantia sit, sed accidens") Verständnis der Erbsünde unter der Voraussetzung aus, daß dadurch das peccatum originale nicht veräußerlicht und die Differenz zwischen theologischer und philosophischer Rede nicht vernachlässigt werde. Um dies zu unterstreichen, akzentuiert Chemnitz die Antithese gegen die alten und neuen Pelagianer, Semipelagianer und Semi-Semipelagianer, welche die Erbsünde lediglich als „corruptio tantum accidentium aut qualitatum" (Heppe III, B II, 85; vgl. ebd. die erklärte Absage an das Sinnbild vom knoblauchbestrichenen Magneten) und nicht als völlige und restlose Verderbnis des Menschen qualifizierten, mindestens ebenso stark – wenn nicht stärker – als seine Verwahrung gegen den Manichäismus und seine mehr oder minder subtilen Spielarten. Was aber die Begründung der in antimanichäischer Absicht eingeklagten Unterscheidung zwischen geschöpflicher Wesensnatur des Menschen und Personsünde des natürlichen Menschen angeht, so fällt auf, daß Chemnitz SC um einen ausgeführten, Schöpfung, Erlösung, Heiligung und Auferstehung betreffenden Vierfachbeweis anreichert (vgl. Heppe III, B II, 87 ff.). Diese Anreicherung geht in SSC ein, wo am Ende auch der erwähnte lateinische Exkurs zum hamartiologischen Akzidensbegriff wieder begegnet, der nun auch mit einer deutschen Übersetzung versehen ist. Wenn jemand, so heißt es dort, „in dieser Disputation das wordt Accidens gebrauchen will, das kan und sol zuverhuten alle verkleinerung der Erbsunde und die wharhafftige Christliche lehr von dem grossen erschrecklichen gifft und grewel der Erbsunde zuverwahren, diese außdruckliche erklerung hinzutun, das dadurch nicht ein leydenlich und geringschetzig Accidens oder qualitet, wie die Dialectica und Physica von ihren gemeinen accidentibus philosophiret verstanden werden, Sondern das die Erbsunde eine solche und grosse verderbung der gantzen menschlichen Natur sey, die von keines menschen sinne oder zunge genugsam kan erreicht oder außgeredt werden ..." (Heppe III, B III, 187)

Wenn I. Mager zu diesem Passus bemerkt, daß mit ihm „ein latenter Widerspruch zwischen der sachlichen Zustimmung zu Flacius und der gleichzeitigen begrifflichen Opposition zu ihm gegeben" (Mager, 208)[9] war, so entbehrt dies durchaus nicht einer gewissen Plausibilität. Denn zweifellos ist es wahr, daß das genuine Anliegen des Flacius, die grundstürzende Radikalverkehrung der Erbsünde namhaft zu machen, von Chemnitz und den übrigen Vätern der Konkordienformel geteilt wird. Fernerhin trifft es zu, daß der „Begriffsklärungsprozeß" (Mager, 208, Anm. 43), wie er die Vorgeschichte von FC I kennzeichnet, auch in der Endgestalt des Artikels noch nicht zu einem definitiven Abschluß gebracht wurde.[10] Dennoch wäre es falsch, den antiflacianischen Gegensatz der Erbsündenlehre der Konkordienformel zu einem lediglich terminologischen Problem zu erklären; denn die Begriffsdifferenz verweist, so meine ich, auch auf eine Differenz in der Sache. Ihr

---

9   Zur Geschichte des Einwands, Flacius habe erbsündentheologisch „nur schlecht gesagt ..., was richtig gemeint war" vgl. W. Sparn, Substanz oder Subjekt?, 107. A. a. O., 108 ff. findet sich ein diffiziler und außerordentlich aufschlußreicher Vergleich zwischen der Kritik, die der Flacianer Christoph Irenaeus an FC I geübt hat, und der Antikritik des FC-Apologeten Selnecker; souverän werden die differenten Beweggründe der – nicht lediglich terminologisch – konträren Standpunkte (a. a. O., 108: „scharfe[r] anthropologische[r] Gegensatz") aufgezeigt.

10   Zur Erbsündenlehre von MF vgl. Pressel, 644–651. Nach Zitation von CA II wird der entstandene Streit über die Frage, „was die Erbsund Eigentlich sey" (Pressel, 644), skizziert und dann lakonisch festgestellt: „Die ... meinung, welche zwischen des menschen wesen, substantz und Natur und zwischen der Erbsund kein unterschied halten wil, ist unrecht und der h. Gottlichen schrifft gentzlich zuwider." (Pressel, 645) Zur Begründung dieses Verdikts werden neben der Schrift selbst die Texte des nachmaligen Konkordienbuches ausführlich herangezogen, wohingegen Begriffsscholastik weitgehend vermieden wird. Man begnügt sich mit der eher beiläufigen Feststellung, auch D. Luther habe „lauter ercleret, das Er die Erbsund nicht fur des menschen substantz und wesen, Sondern für ein Accidens das ist für ein zugestanden oder zufelligen (gleich wol für ein vordamlichen) schaden gehalten." (Pressel, 650; vgl. Mager, 244 f.)

sachliches Anliegen angemessen zur Darstellung zu bringen, bereitete den Konkordisten indes nicht geringe Mühe. So kann man fragen, ob der Predigthinweis Andreaes auf die unter prae- und postlapsarischen wie unter protologischen und eschatologischen Bedingungen vorauszusetzende Selbigkeit Adams wirklich ein Argument darstellt, mit welchem der flacianischen Erbsündenlehre überzeugend zu begegnen ist. Denn Andreaes im wesentlichen anthropologisch begründete Annahme ist dem nicht nur unter flacianischen Voraussetzungen naheliegenden Einwand ausgesetzt, sie denke menschliche Identität als leere, weil an sich selbst als gänzlich unbestimmt vorgestellte Sichselbstgleichheit bzw. als ein Datum, das als solches weder von der Verkehrtheit der Sünde noch durch die Bekehrung zum Heil etc. wirklich tangiert werde, da es doch unter all diesen konträren Bedingungen als mit sich selbst gleichgeblieben zu gelten habe. Weiterführend ist demgegenüber der Ausbau des sog. Vierständeschemas zu einem – nun dezidiert von der göttlichen Ökonomie her entwickelten – Argumentationsrahmen. Denn nun wird deutlich, daß die auch unter postlapsarischen Bedingungen zu behauptende Differenz zwischen geschöpflicher Wesensnatur des Menschen und Erbsünde nicht lediglich mit der vermeintlichen Selbstverständlichkeit eines anthropologischen Identitätsgrundsatzes gegen Indifferenzierungstendenzen zu verteidigen ist, sondern daß er aufrechtzuerhalten ist nur im beständigen Blick auf die göttliche Ökonomie: Kann doch, um noch einmal Ep I,10 zu zitieren, die kreatürliche Wesensnatur des Menschen und das Unwesen der Erbsünde, welcher der Mensch schuldhaft verfallen ist, „niemand voneinander scheiden ... denn allein Gott" (BSLK 772,23 f.).

Daß die Gesamtargumentation von FC I letztlich auf diese Einsicht hin angelegt ist und nachgerade und nur von dieser Grundorientierung her ihr anthropologisch-hamartiologisches Differenzierungspotential empfängt, läßt sich bereits aus dem von Chemnitz im Herbst 1573 angefertigten Text ersehen, welcher den Titel trägt „Censur und christlich Bedenken auf eines ehrbaren wohlweisen Rats der Stadt Regensburg Schreiben und Frage, die Lehre von der Erbsünde und erregten Streit darüber betreffend" (vgl. BSLK 843, Anm. 1; Mager, 179 ff. und 208) und welcher über seines Verfassers Modifikationen zu SC und über SSC in FC nahezu wörtlich eingegangen ist. Denn dort ist nicht nur durch antithetische Abweisung manichäischer und pelagianischer Fehleinschätzungen bereits klar der Rahmen abgesteckt, innerhalb dessen sich eine orthodoxe

Erbsündenlehre zu bewegen hat, sondern in thetischer Hinsicht unmißverständlich deutlich gemacht, daß die Termini von Akzidens und Substanz nur dann hamartiologisch angemessene Verwendung finden, wenn sie nicht als Allgemeinbegriffe philosophischer Metaphysik, sondern in ihrer konkreten theologischen Bestimmtheit gebraucht werden, wie sie vom Worte Gottes hervorgerufen wird, welches in Jesus Christus in der Kraft des Geistes offenbar und von der Hl. Schrift beurkundet ist.

Für den umstrittenen Akzidensbegriff, wie er in SD I,54 in Kontrastdistinktion zum Begriff der Substanz definiert wird, bedeutet dies, daß er mitnichten dazu bestimmt ist, die Sünde zu bagatellisieren, sondern daß er im Gegenteil die Funktion hat zu verhindern, „daß die Radikalität der Sünde substantiell aufgehoben wird"[11]. Diese Funktion kann der Akzidensbegriff freilich nicht für sich genommen, sondern nur in seiner Eigenschaft als Unterscheidungsbegriff erfüllen: „Die Unterscheidung des Akzidentellen von der Substanz (Natur, Wesen an sich, als forma essentialis) ist", mit W. Sparn zu reden, „das Mittel dafür, den *konkreten* Begriff der Substanz (Natur, Wesen als *subiectum*) zu bilden und mit ihm Unterschied und Einheit von Erbsünde und Geschöpf zu verknüpfen. Ein solcher ‚zusammengesetzter Begriff' erst ist den Veränderungen angemessen, die in den Glaubensartikeln bekannt werden, denn erst er vermag die unterschiedlichen Verfassungen des Menschen über seine einfache Identität hinaus als Stand je im *Verhältnis* zu einem andern zu bezeichnen. Dieses Verhältnis aber wäre eingezogen, wenn man das Bild, ‚zu' dem Adam erschaffen wurde, als diesen selbst verstehen wollte, und ebenso, wenn man sagte, daß die Sünde, ‚unter' die der Mensch verkauft ist, nicht sowohl ‚seine' Sünde als vielmehr dieser Mensch selbst sei."[12] Letzteres, wie in FC I geschehen, in Abrede zu stellen, muß keineswegs zwangsläufig die Annahme einer vom Fall der Sünde letztlich untangierten, von Protologie zur Eschatologie in beständig selbstgleicher Identität sich durchhaltender indifferenten Wesensnatur des Menschen an sich führen. Diese Zwangsläufigkeit, welche die flacianischen Kritiker von FC I unterstellten, wird dann konsequent vermieden, wenn der differenzierte Zusammenhang

---

[11]   W. Sparn, Substanz oder Subjekt?, 122.

[12]   A. a. O., 121 f. unter Verweis auf SD I,51 f. und 54−57 sowie Selneckers Verteidigung der dort gegebenen Worterklärungen.

der Unterscheidungsbegriffe Substanz und Akzidens – statt auf den leeren Gedanken indifferenter Einheit zu fixieren – die Einsicht in Verhältnisse bzw. Mißverhältnisse eröffnet, ohne deren Wahrnehmung stets nur abstrakt und niemals konkret und in biblischem Sinne vom Menschen sowie seiner Gottebenbildlichkeit und Sünde die Rede sein kann.

Auch wenn die begrifflichen Bestimmungen von FC I zugestandenermaßen nicht hinreichend entwickelt sind, so erlauben sie doch folgendes anthropologisch-hamartiologische Fazit: Das abgründige Unwesen der Sünde wird verkannt, sowohl wenn es als ein die Identität des Sünders nicht berührendes Äußerliches aufgefaßt wird, als auch dann, wenn es mit dessen menschlicher Wesensnatur differenzlos ineins gesetzt wird. Konkret erkannt und dem Bekenntnis der Schuld überantwortet ist die Sünde nur, wenn sie als widriger Widerspruch des Sünders zu seiner eigenen Geschöpflichkeit erfaßt wird. Dies wiederum ist dem mit seiner Sünde alleingelassenen Sünder eine Unmöglichkeit: Die Differenz zwischen ihm selbst und seiner Sünde, welche die hamartiologische Unterscheidung von Substanz und Akzidens zu begreifen sucht, entzieht sich daher seinem Vermögen und zwar sowohl der Erkenntnis als auch der Tat nach; ihr Erkenntnis- und Realgrund ist allein der in Jesus Christus in der Kraft seines Heiligen Geistes zum Heil des Sünders offenbare Gott. Bedarf es dafür einer weiteren Bestätigung, so liefert sie der zweite Artikel der Konkordienformel, dessen Überschrift „Vom freien Willen" nicht übersehen lassen darf, daß er in den unmittelbaren Kontext der Lehre von der Erbsünde und der mit ihr gegebenen menschlichen Willensverkehrung gehört.

Bereits ein erster Blick auf die literarische Vorgeschichte von FC II (vgl. Hübner, 147 ff. sowie BLSK 866, Anm. 2) kann einen Begriff von der engen Zusammengehörigkeit dieses Artikels mit FC I verschaffen. Das gilt schon für den lateinischen Unionsartikel Andreaes von 1568 „De viribus humanis seu synergia voluntatis humanae in conversione hominis", der zwar für die Textgeschichte von FC II nur sehr bedingt einflußreich wurde, aber sachlich gleichwohl außerordentlich aufschlußreich ist. Grundlegend ist die Unterscheidung zwischen „potentiae animae substantiales" und dem akzidentellen Seelenvermögen, gut und böse bzw. richtig und falsch zu unterscheiden. „... (A)nima nihil aliud est quam omnes suae potentiae substantiales, et potentiae animae substantiales nihil aliud sunt quam ipsa anima. Sic anima est ipse intellectus, voluntatis et sensus potentiae, et potentiae intellectus, sensus et voluntatis sunt ipsa anima. In hac substantiali anima, quae dicitur voluntas, insunt duo, quae substantiae animae accidunt, scil. bonum et malum sicut in intellectu scientia vel ignorantia, verum vel falsum. Haec accidentia diligenter sunt distinguenda a substantialibus potentiis animae. Confusio enim horum parit controversiam, qua vel studio error tegitur vel ignorantia veritatis involvitur. Contra si discrimen hoc diligenter advertatur, facilis et expedita est ratio et explicatio huius controversiae."[13] Auf der Basis dieser Unterscheidung wird unter Berufung auf Joh 15,5, 1. Kor 2,14, 2. Kor 3,5 und Ps 51,12 klargestellt, daß der postlapsarische Mensch unbeschadet der ihm auch nach dem Fall verbliebenen irdischen Wahlfreiheit in geistlichen Dingen über kein Heilsvermögen verfügt. Nachfolgende Damnationen unterstreichen dies, indem sie folgende Irrlehren verwerfen: „Si quis dixerit Hominem post lapsum secundum substantiam, h. e. ita corruptum esse, ut non idem permanserit, sed alius, h. e. novus homo, nova substantia animae, quae ante lapsum in homine non fuerit, creatus sit. Si quis dixerit Non substantiam animae, sed accidentia hominis tantum esse per peccatum corrupta, cum corruptio non accidentibus separatis, sed substantiae accidat propter accidentia. Nec pro accidentibus, sed pro substantia hominis propter accidens peccati sit mortuus filius Dei, nec accidentia, sed substantiam hominis redemerit. Si quis dixerit Hominem post lapsum quod ad spiritualia attinet non totum, sed semimortuum, in quo sint reliquae vires, quibus audito verbo ex se ipso possit assentiri."[14]

---

[13] I. Mager, Jacob Andreaes lateinische Unionsartikel von 1568, in: ZKG 98 (1987), 70–86, hier: 74 f.

[14] A. a. O., 76 f. Der springende Punkt der weiteren Argumentation besteht darin, daß Andreae das Gnadenwirken des Heiligen Geistes, von dem alle Heilsaktivität ursprünglich ausgeht, mit der ersten Wirksamkeit des durch den Heiligen Geist erneuerten Willens des Menschen zeitlich koinzidieren läßt. „Quae creatio est vera creatio, qua Spiritus Sanctus creat novos motus in voluntate humana tanquam subiecto, in quo insunt. Quia vero eodem momento, quo Deus novos motus creat in voluntate humana, voluntas humana agit nec fingi potest creatio novi motus, quo non moveatur, assentiatur voluntas humana substantialis voluntati divinae. Hinc nata est paulo abstrusior controversia, an in ipso momento conversionis voluntas humana etiam aliquid agat, an vero sese pure passive habeat, quae instar trunci nihil agat, quin potius etiam repugnet. Hic re-

Auch die weitere literarische Vorgeschichte bestätigt die enge sachliche Zusammengehörigkeit der Thematik von FC I und FC II. In seinen erwähnten, Herzog Julius von Braunschweig und Lüneburg gewidmeten sechs Predigten über die Spaltungen der Jahre 1548 bis 1573 handelt Andreae in der dritten Predigt (Heppe III, B I, 28 ff.) bezeichnenderweise sowohl „vom Streit uber der Erbsunde, was die seie, wie dardurch daß Menschen Natur verderbet", als auch von der Frage, „ob der Mensch in geistlichen sachen noch einen freien Willen habe" (Heppe III, B I, 28). Er geht also nicht nur von der engen thematischen Verbundenheit der Erbsünden- und der Willensproblematik aus, sondern erörtert sie in ein und derselben Predigt. In SC, TB und BB bekommt die Willensfrage dann zwar einen eigenen Artikel zugewiesen; doch wird sie aus Gründen inhaltlicher Zusammengehörigkeit jeweils im unmittelbaren Anschluß an die Erbsündenproblematik thematisiert. Eine Ausnahme hiervon machen lediglich SSC und MF. Doch ist deren formale Trennung der beiden genannten Artikel nicht inhaltlich, sondern von dem Interesse bestimmt, der Artikelreihenfolge der Augustana möglichst nahe zu kommen.[15]

---

spondendum est aperte, quod actio Spiritus Sancti in conversione hominis et voluntatis humanae, qua ipsa mutatur, ut etiam agat in ipsa conversione, sint tempore simul. Nulla enim est conversio aut regeneratio, quamdiu voluntas hominis non vult, quae tamen ex se ipsa non potest velle bonum, h. e. Deo docenti ex se ipsa assentiri, sed necesse est, ut creetur nova vis seu novus motus, quo assentitur." (A. a. O., 76) Der entsprechende deutsche Unionsartikel von 1569 (Art. III; vgl. Heppe II, 252 f.) ist nicht nur sehr viel knapper gehalten, sondern auch argumentativ weitaus weniger dicht. Ob in ihm das „philippistische Anliegen ... zugunsten einer stärker lutherischen Akzentuierung zurückgedrängt" (Mager, 61) ist, läßt sich mangels begrifflicher Präzision schwer entscheiden.

[15]   Obwohl auch E. Mühlenberg, Synergia and Justification by Faith, in: L. W. Spitz/W. Lohff (Hg.), a. a. O., 15–37, den engen sachlichen Zusammenhang von FC I und FC II betont, führt er die angeblichen „self-contradictions" (vgl. a. a. O., 19.21.23) der Willenslehre des Bergischen Buches darauf zurück, daß FC II im Gegensatz zu FC I „man as an undifferentiated unity" versteht: „It is my assertion that the Formula of Concord becomes entrapped in self-contradictions because Article II in contrast to Article I views man as an undifferentiated unity in the state of sin and then tries to answer a question about conversion process of differentiated man." (A. a. O., 29) Im Unterschied zu Mühlenberg geht nachfolgende Analyse von der Grundannahme systematischer Einheit von FC I und FC II aus in der Hoffnung, daß unter dieser Voraussetzung Selbstwidersprü-

Daß und wie Erbsünden- und Willensproblematik inhaltlich verbunden sind, stellt Andreae in seiner besagten Predigt bereits anhand der Eingangsfrage klar, in bezug auf welche der status controversiae in der Angelegenheit der Willensfreiheit aufgewiesen
wird. Die Frage lautet, „wölcher gestalt deß Menschen Natur
durch die Erbsünde verderbt, und was in derselben noch für
krefften seien ubergebliben, wie weit sich auch dieselbige er-
strecken, besonders in geistlichen sachen, das ist, in der bekerung
deß Menschen zu Gott, ob er noch ettwas auß jme selber vermöge, oder gar nichts" (Heppe III, B I, 32). Zwei widerstreitende
Antworten auf diese Frage seien gegeben worden: „Ettlich haben
darfür gehalten, Ob wol der Mensch, durch den ersten fahl unserer Eltern, und also erblich, von seiner Geburt an, ein verderbten
und verkerten Willen habe: Jedoch habe er noch ein klein wenig
krefften von der ersten erschaffung uberig, das er sich gleich wol
auß eignen krefften nicht vermög wider auffzurichten, Aber wann
der heilig Geist darzu komme, unnd dieselbigen ubergeblibnen
Krefften mit seiner Krafft auffhelffe und stercke, so vermög der
Mensch durch die Krafft seines nach dem Fahl, noch habenden
freien Willens, doch mit hilff und beistand deß heiligen Geists,
sich widerumb zu Gott bekeren." (Heppe III, B I, 32) Zur Begründung dieser Annahme werde, so Andreae, die Tatsache angeführt,
daß der Mensch auch unter den Bedingungen sündiger Grundverkehrung ein Mensch und „nicht ein klotz, oder stein" (ebd.)
sei. Vermöge seiner vernünftigen Seele behalte er die Fähigkeit,
gut und böse einigermaßen zu unterscheiden, sowie jenes Maß an
Gotteserkenntnis, welches für die Zurechnung der Sünde als
Schuld die Voraussetzung sei.

„Dargegen spricht der ander Theil, daß, sovil den freien Willen, in
Geistlichen Sachen, und in der Bekerung zu Gott belanget, von
demselben nichts ubergebliben seie, dann der bloß Name, dann
deß Menschen Wille, seie nicht nur geschwecht, sondern gantz
und gar zum guten erstorben, habe auch so gar kein Krafft noch
Lust zum guten, daß er ein Feind Gottes seie worden, und dem-

---

che innerhalb von FC II nicht auftreten. Eine andere Frage ist es, ob man
zu folgendem Schlußurteil zu gelangen vermag: „Article II of the Formula of Concord, ,Of Free Will', is surely one of the most brilliant pieces
ever written on the subject." (E. F. Klug, Article II, Free will, or human
powers, in: R. D. Preus/W. H. Rosin [Hg.], a. a. O., 122–136, hier: 131)

selben widerstrebe, gleich wie auch sein Vernunfft, sovil die rechte Erkanntnuß Gottes unnd seines Willens belanget, nicht nur geschwecht, sonder gantz und gar verderbt, und starblind ..." (Heppe III, B I, 33)

Auf die Frage des einfältigen Christen, welchem Teil er folgen und sich anschließen solle, antwortet Andreae mit dem Hinweis auf die Auslegung des dritten Artikels in Luthers Kleinem Katechismus. Ist der Glaube an das Evangelium Jesu Christi ganz und gar, wie es dort heißt, Werk des Heiligen Geistes, dann folgt daraus nach Andreae, daß das Heil nicht Werk unserer Vernunft noch unseres Willens ist; beide hätten vielmehr soteriologisch als nicht nur geschwächt, sondern als ohnmächtig, ja als tot zu gelten. In der Konsequenz dessen wird in entschieden antisynergistischer Absicht die Annahme einer auch nur bedingten Mitwirkung des Menschen zum Heil verworfen. Zwar sei es wahr, daß der Mensch gehalten sei, zur Kirche zu gehen und das Wort des Evangeliums, durch welches der Geist wirkt, willig und verständig zu hören.[16] Doch sei die Befolgung dieses Gebotes keineswegs schon der den Sünder bekehrende Glaube, welchen allein und ganz und gar der „drittman" (Heppe III, B I, 36), nämlich der in Jesus Christus in der Kraft seines Heiligen Geistes offenbare Gott in der Allwirksamkeit seiner Gottheit wirke. Solche Allwirksamkeit, das sei richtig, hebe zwar die kreatürliche Differenz zwischen Mensch und extrahumaner Schöpfung ebensowenig auf wie die Tatsache, daß die Sünde an ihrer gottwidrigen Verkehrtheit selbst schuld sei. Doch ändere dies mitnichten etwas daran, daß es der göttliche Geist und dieser allein sei, welcher durch das Evangelium das Heil des Glaubens schaffe. Summa summarum: „Aber das Wort verstehn, begreiffen, annemen, glauben, und das jawort darzu geben, das ist nicht in deß Menschen Kräfften, we-

---

[16] Daß der Mensch analog zu einer in gewisser Weise gegebenen Wahlfreiheit in zivilen Dingen das Willensvermögen besitze, zur Kirche zu gehen oder nicht, dem Wort die äußeren Ohren zu öffnen oder zu verstopfen, wird zugestanden. Vgl. dazu den dritten deutschen Unionsartikel von 1569: „Gleichwohl dieweil der Mensch kein Block, sondern eine vernünftige Creatur auch nach dem Fall geblieben, hat er auch in äußerlichen Dingen einen freien, doch schwachen Willen." (Heppe II, 252) Zum – den freien Willen betreffenden – ersten lateinischen Unionsartikel von 1568 und zu der diesen kennzeichnenden Unterscheidung des Willens in einen substantiellen und einen akzidentellen Seelenteil vgl. Mager 38 f.

der zum halben noch gantzen theil, sonder es ist allein deß heiligen Geists Werck, der durch das gepredigt Wort, sollichs alles in den hertzen der außerwölten würcket. Wer anderst lehrt, der verstehet nicht, was für ein Jamer die Erbsünde im Menschen ist, nimpt Gott sein Ehr, und schreibt sie der Creatur zu, und verführet also die fromme Hertzen." (Heppe III, B I, 40)

In SC wird das soteriologische Unvermögen des Willens des postlapsarischen Menschen auf sachlich entsprechende, in systematischer Hinsicht allerdings stärker ausdifferenzierte Weise bestimmt. Strukturiert wird die Abfolge der Gedanken, wie gehabt, durch ein Vier-Phasen-Schema, demzufolge der menschliche Wille in statu integritatis „dem Willen Gottes In keinem Stuck Zuwider" (Hachfeld, 243), sondern in allem „freywillig gehorsam" (Hachfeld, 244) sei; nachdem der Mensch indes „nicht auß Aigner, eingePflantzter naigung, sonder aus Anregung und betrug Der Alten schlangen deß Teuffels" (ebd.), wie es heißt, der Sünde verfallen sei, habe sich sein Wille gegen Gott gekehrt (ebd.: „ein Feind Gottes worden Ist") und alle Fähigkeit in geistlichen Angelegenheiten eingebüßt. Die postlapsarische Freiheit wird demnach theologisch als Freiheit allein zum Sündigen beurteilt. Lediglich in äußerlichen Dingen verbleibe dem gefallenen Menschen noch ein gewisses Maß an Freiheit. In geistlichen Dingen indes sei er tot. Zum dritten: Durch das Evangelium zum Glauben gekommen erlangt der gefallene Mensch einen neuen Willen in Gott; dieser Wille wirkt sich indes in der gegebenen Welt lediglich anfänglich aus, so daß unter irdischen Bedingungen im Glaubenden mit „zween widerwertige(n) Willen" (Hachfeld, 245) zu rechnen sei, „daß also der Rechtgleubig mensch, ein stettigen, Immerwerenden Krieg In Ime selber hatt, auff erden, so lang er lebet" (ebd.). Unbeschadet dieser – fast flacianisch anmutenden – Annahmen weiß Andreae von einem klar orientierten Richtungssinn des Glaubenslebens zu sprechen, sofern im Krieg des alten und des neuen Menschen ersterer immer mehr ab-, letzterer immer mehr zuzunehmen bestimmt ist. Erst nach der Auferstehung indes wird der in Gott vollendete Mensch vollkommene Freiheit des Willens und vernünftige Erfüllung erfahren.

Als entscheidenden, durch Damnationen unterstrichenen Ertrag seiner Willenslehre betont Andreae in SC I abschließend zum einen, daß der Wille des postlapsarischen Menschen in geistlichen Dingen nicht nur geschwächt, sondern ganz und gar unfähig sei, so daß eine aus eigenen Kräften vollzogene Selbstbetätigung als theologisch verkehrt und niemals zur Bekehrung zu Gott führend beurteilt werden müsse. Gleichwohl geschehe die Bekehrung nicht „mit gewalt" (Hachfeld, 247), als wolle Gott die Menschen zum Glauben wider ihren Willen zwingen. Dieser absurde Mißverstand, der einem Scheinschluß vom gänzlichen menschlichen Unvermögen auf eine allmächtige göttliche Determination aufsitze, wird von Andreae durch den – mit bemerkenswerten prädestinationstheologischen Überlegungen versehenen – Hinweis abgewehrt, daß Gott nicht durch Zwang, sondern durch sein anredendes Wort zu wirken und Heil zu schaffen gewillt sei. Der Schlüsselsatz in diesem Zusammenhang lautet: „Dann diese baide stück, nemblich die Predig Gottes Worts, Und daß gehör, sind des H. Gaists Werckzeug, bey, mitt und durch Wölche er mit seiner Krafft Würcken, und die Menschen bekeren will. Daß Werck aber der Bekerung, Ist nicht Unser, weder zum halben, gantzen, noch zu einem Wenigsten theil, Und also weder deß Predigers, noch Zuhörers, sondern allein Gottes ..." (Ebd.).

Von den Interpreten von SC wurde wiederholt darauf aufmerksam gemacht, daß sich die zitierte Passage vom Text der SSC dadurch abhebt, daß das Melanchthonsche tres-causae-Schema der Bekehrung[17] offenkundig bewußt vermieden wurde. F. Hübner hat aus dieser und anderen Beobachtungen den Schluß gezogen, im literarischen Werdegang von FC II würden „deutlich zwei Richtungen reformatorischer Theologie um die Vorherrschaft (kämpfen): der niedersächsische Philippismus und das württembergische Luthertum" (Hübner, 152). In der Tat ist äußerlich betrachtet „das Werk von Andreä in der SSC fast völlig preisgegeben" (Hübner, 153); ein Textvergleich ergibt, daß an wirklichen Entsprechungen nicht einmal 5 % erhalten geblieben sind. Neben Chemnitz zeichnet für diesen Umwandlungsprozeß namentlich Chytraeus verantwortlich, der den Willensartikel völlig neu bearbeitet hat.[18] Charakteristisch

---

[17] Vgl. L. C. Green, The Three Causes of Conversion in Philipp Melanchthon, Martin Chemnitz, David Chytraeus and in the „Formula of Concord", in: LuJ 47 (1980), 89–114.

[18] Zum Anteil von David Chytraeus an Text und Textgeschichte der FC im allgemeinen und ihres 2. Artikels im besonderen vgl. J. Ebel, Die Herkunft des Konzeptes der Konkordienformel. Die Funktionen der fünf Verfasser neben Andreae beim Zustandekommen der Formel, in: ZKG 91 (1980), 237–282, hier: 254ff. Daß Chytraeus große Anteile namentlich an

für diese Bearbeitung ist offenkundig eine bestimmte Nähe zur philippistischen Lehrtradition. Signifikant hierfür sind die Erweiterung der Fragestellung (vgl. Heppe III, B III, 187 ff.), die schulmäßige Anordnung der Themenbestände mit einer vorangestellten Definition dessen, was freier Wille ist (vgl. Heppe III, B III, 189 ff., hier: 189: „Und *erstlich* so heisset das wordt freier Wille jn gemeinem gebrauch in der kirchen gottes gleich so viel, alß des menschen vorstandt hertz und willen mit allen jhren krefften im menschen, davon er eigentlich ein mensche ist und heisset, und von allen unvornunfftigen Creaturen unterscheiden ist"), die expliziten Schriftbeweise (vgl. Heppe III, B III, 192 f. etc.), der Anschluß an die Tradition namentlich Augustins und seiner Unterscheidung von gratia operans und cooperans bzw. gratia praeveniens, subsequens und adiuvans (vgl. Heppe III, B III, 211) sowie die eingehende Behandlung „der eusserlichen Disciplin" (Heppe III, B III, 193) als der „freyheit oder vermogenheidt des menschlichen verstandes und willens in eusserlichen weltlichen sachen, so nach dieser verderbten natur ubrig ist" (ebd.). Insgesamt und damit

---

SSC X hat, ist seit langem bekannt und in der Forschung unbestritten (vgl. auch Hübner, 149 f.): „Der Artikel ‚Vom freien willen oder menschlichen Krefften' trägt deutlich seine Handschrift." (J. Ebel, a.a.O., 256 unter Verweis auf die für Chyträus typische Behauptung der drei causae der Bekehrung [Heppe III, B III, 210 f.]) Während in TB II Chytraeus breit rezipiert wurde, wurde in BB II „über die Hälfte des von Chytraeus in SSC Verfaßten und ins TB Aufgenommenen emendiert." (A.a.O., 257) Dabei muß allerdings nach Auffassung von Ebel „berücksichtigt werden, daß die Verfasser von FC in diesem Artikel offensichtlich erhebliche sachliche Schwierigkeiten hatten, so daß alle Beteiligten Federn lassen mußten." (Ebd.; zur Einzelanalyse der Verfasseranteile des Chytraeus an FC II vgl. a.a.O., 257 ff. Zu seinem Einfluß auf die Gesamtkonzeption von FC vgl. a.a.O., 259 ff.) Wie Chemnitz mit dem durch Chytraeus verfaßten Willensartikel genau verfahren ist, ist im einzelnen unbekannt. „Wir wüßten gern, wie sich die von Chemnitz schon anfänglich überarbeitete Fassung mit der Fassung von Chytraeus verträgt. Wir müssen uns begnügen mit dem Bericht von Pouchenius aus Lübeck an den Lüneburger Superintendenten über einen Brief von Chemnitz, wonach Chemnitz die Rostocker Fassung noch einmal seinen Pastoren vorgelegt hat, die ihr dann zugestimmt haben. Im September oder Oktober konnte Chemnitz endlich die mühsam erarbeitete SSC an Andreä schicken." (Hübner, 149 f.) Vgl. ferner R. Keller, Der Beitrag von David Chytraeus zur Einigung des Luthertums, in: K.-H. Glaser/H. Lietz/St. Rhein (Hg.), David und Nathan Chytraeus. Humanismus im konfessionellen Zeitalter, Ubstadt-Weiher 1993, 117–128, 213–217, hier bes. 124.

auch für die Beurteilung der disciplina externa als eines Zucht-
meisters auf Christus hin entscheidend ist freilich die Rezeption
der tres-causae-Lehre, die von Melanchthon übernommen, aber
zugleich als mit Luther übereinstimmend beurteilt wird. Demgemäß hatte es schon in der überarbeiteten Form der SC geheißen:
„Ita quando Lutherus dicit hominem se ad conversionem habere
pure passive, Non vult conversionem fieri sine praedicatione et
auditu verbi, Nec vult in conversione nullos motus fieri novos
nullas actiones spirituales inchoari, sed intelligit hominem ex se
seu ex suis naturalibus viribus nihil conferre ad Conversionem,
sed illam esse donum et opus spiritus sancti, sicut in praecedenti-
bus declaratum est. Ita etiam quando de bonis renatorum operibus seu actionibus agitur, Recte dicitur: Tres esse causas, spiritum
sanctum, verbum et voluntatem renatam. Sed quando de causis
quae veram Conversionem efficiunt, quaeritur, illis non annume-
ratur Voluntas non renata. Sed spiritus sanctus conversionem efficit per Verbum, Efficit autem illam in Voluntate tanquam in subiecto, ea ratione sicut declaratum est." (Heppe III, B II, 102 f.)

Sachlich Entsprechendes (vgl. Heppe III, B III, 216) ist schließlich
auch in SSC zu lesen, wobei erläuternd hinzugefügt wird: „Aber
doch eigentlich zw reden ist allein godt der h. geist die wahre
wirckliche ursache oder causa efficiens principalis, das gepredigte
wordt aber ist das Mittel oder Instrument, dadurch der h. geist
den menschen bekeret und jn jhm wircket. Des menschen hertze
vnd wille aber ist das subiectum oder causa materialis, in qua efficax est et operatur Spiritus sanctus, et quae ad Deum conversa
et a Spiritu sancto acta simul agit. Wen man aber de primo motu
conversionis, von den ursachen, so die erste bekerunge und widergeburt, darin der mensch, (so von natur ein kindt des zorns
und leidigen teuffels und ewigen todes ist) erstlich wider zw godt
bekeret und ein kindt gottes und ewigen lebens widergeborn wirt
zw wircken und anfahen, handelt, so ist allein der h. geist die
wirckliche ursache unser bekerung, das wordt ist das mittel oder
werckzeug, Aber der menschliche naturliche unwidergeborne
wille ist in keinem wege causa vel efficiens vel adiuvans primae
conversionis, sonder materia in qua oder subiectum convertendum, darin der h. geist die bekerung und ander geistliche bewegungen wircket und anzundet auff die weise, wie oben jm vierd-
ten stucke dieses Artikels nach der lenge erkleret ist." (Heppe III,
B III, 216 f.)

Die zitierte Schlußpassage bestätigt einerseits noch einmal die
Nähe von SSC zur philippistischen Tradition, sie zeigt aber andererseits ebenso, daß der Unterschied zur SC und damit zur Tradition des Württemberger Luthertums nicht überbetont werden darf.
Wie immer man hier im einzelnen urteilen mag, selbst wenn die
in der Textentwicklung des Willensartikels von SC zu SSC sich
zweifellos verstärkenden philippistischen Tendenzen im Sinne eines „Kompromiss(es) zwischen abgesprochener und zugespro-
chener Aktivität des Willens" (Mager, 211 f.) zu werten wären, so
ändert das doch nichts an der Tatsache, daß in der Endfassung
von FC II – wie zuvor schon in MF VIII[19] – eindeutig eine „Rück-
bettung in lutherische Bahnen" (Mager, 247) stattgefunden hat.
Dazu trug namentlich die Bergische Schlußredaktion von FC II
bei, nachdem der Textbestand von SSC zuvor in TB zwar durch
Einschaltung der §§ 29–45 aus MF (vgl. BSLK 884–890) in lutherischem Sinne angereichert, im übrigen aber im wesentlichen und
ohne Veränderung der philippistischen Grundtönung übernommen worden war. „Nur einige Ausdrücke wurden verbessert, die
lateinischen Stellen übersetzt und allein die Aussage über den
Unterschied von Getauften und Ungetauften (SD II,67 f.) neben
einem zusammenfassenden Schlußabschnitt (BSLK 911) hinzugefügt." (Hübner, 151) Das Gewicht des Beitrags der MF-Einschaltung
(§§ 29–45) war „in der philippistischen Umgebung neutralisiert ...
Und doch", so F. Hübner, „bedeuteten diese Zitate einen Keil in
der niedersächsischen Fassung des Artikels, dessen Auswirkung
noch nicht zu überblicken war." (Ebd.)

---

[19]   Im Anschluß an CA XVIII wird in MF VIII unter Aufbietung einer „er-
       drückende(n) Fülle von Zitaten" (Hübner, 150) und ohne subtilen Be-
       griffsaufwand unzweifelhaft klargestellt, „das des menschen vorstand
       und wille dermassen in geistlichen sachen blind, vorterbt, ja todt sey, das
       der mensch aus Eigenen krefften nichts nach Gottes wort oder dem hei-
       ligen Evangelio frage, noch viel weniger sich desselbigen fur sich selbst
       (trost daraus zw holen) anneme, Sondern so lange in der blintheit und
       gotlosem wesen vorharre, biß Got den menschen durch das wort und
       seinen heiligen geist erleuchte, das er zw Got gezogen werde. Derge-
       stalt, das der mensch nicht allein nicht aus Eigenen krefften sich zum
       Evangelio Ergeben oder sich nach demselbigen sehnen, Sondern das er
       auch nach der widergeburt und vorneuerung so lang und viel guts wolle
       und thue, so lang und viel ihnen der heilig geist treibet, das also alle ehr
       allein dem Almechtigen, unsern krefften aber uberal nichts zwgeschrie-
       ben werde." (Pressel, 702; vgl. 695 ff.)

Was damit gemeint ist, zeigt ein Vergleich von TB II und BB II auf der Basis von BSLK[20]: „Durch die Weglassung des langen Eingangspassus über die äußere Disziplin und den Zuchtmeister-Gedanken (BSLK 866–870), wodurch Chytraeus ursprünglich die Fragestellung auf die ‚conversio intransitiva et qua exercitium spectata', d. h. auf Buße und Gehorsam im Alltag des Christenstandes, ausweiten wollte (BSLK 821, Anm. 1), engt die Bergische Mehrheit die ‚Häuptfrage' darauf ein, ‚was des unwiedergebornen Menschen Verstand und Wille in seiner Bekehrung und Wiedergeburt aus eignen und nach dem Fall übergebliebnen Kräften vermöge', d. h. auf die ‚conversio intransitiva originaliter spectata' (BSLK 871,10 ff.). Auch sind die Abschnitte vom ‚truncus', vom ‚modus agendi' und von der Neuschaffung des Herzens in den eingeschalteten §§ 59–64 lutherisch uminterpretiert (BSLK 894–897), so daß das ‚arbitrium liberatum' (BSLK 898,37) im täglichen Kampf des neuen mit dem alten Menschen durch die ständige Unterstützung des Heiligen Geistes nur ganz entfernt als ‚Mithelfer' verstanden werden kann (BSLK 898,5 ff.). Entsprechend müssen die den cooperatio-Gedanken stützenden Väterzitate: ‚Hominis voluntas in conversione non est otiosa, sed agit aliquid' und ‚Trahit Deus, sed volentem trahit' als ‚der Form gesunder Lehr nicht ähnlich sunder derselben zwider' verworfen werden (BSLK 907–909). Auch die Position der tres causae conversionis, die Chytraeus auf die tägliche Buße bezogen hatte, wird entschieden zurückgewiesen und der Mensch als bloßes ‚subiectum convertendum' betrachtet (BSLK 911 f.)" (Mager, 278)[21]

---

[20] Vgl. ferner H. Heppe (Hg.), Der Text der Bergischen Concordienformel, verglichen mit dem Text der schwäbischen Concordie, der schwäbisch-sächsischen Concordie und des Torgauer Buches, Marburg [2]1860, 28–70.

[21] Sachlich entsprechend und unter Bezug auf die in Berge vorliegenden Zensuren zum TB äußert sich Hübner, 151. Fazit: „So hat der Artikel II in Bergen ein wirklich neues Gesicht erhalten." (Hübner, 152) Gleichwohl gehen sowohl Mager als auch Hübner davon aus, daß eine melanchthonische „Unterströmung" (Hübner, 153) bzw. „melanchthonische Anklänge" (Mager, 278, Anm. 32) auch in FC II erhalten blieben. Zur Reaktion des Chytraeus auf die Bergische Redaktion von TB II vgl. Mager, 278 f. und Hübner 152 f. Zu ergänzen ist, daß sich Ep II im Unterschied zu SD II in seit Torgau wenig veränderter Form präsentiert. Vgl. ferner E. Koch, Der kirchengeschichtliche Hintergrund der Bergeschen Redaktion der Formula Concordiae, in: ders., Aufbruch und Weg. Studien zur lutherischen Bekenntnisbildung im 16. Jahrhundert, 48–63, hier: 60 unter Ver-

Was das Problemexposé von FC II betrifft, welches aus formalen und sachlichen Gründen „als eine Verbesserung der Fragestellung des Torgauer Buchs"[22] bezeichnet worden ist, so konzentriert es sich, um es zu wiederholen, thematisch auf das nicht nur in bezug auf die römisch-katholische Theologie, sondern auch innerhalb einiger Augsburger Konfessionsverwandter strittige Thema, was Verstand (intellectus) und Wille (voluntas) des unwiedergeborenen Menschen (homo nondum renatus) in dessen conversio und regeneratio aus eigenen, nach dem Fall verbliebenen Kräften (ex propriis suis et post lapsum reliquis viribus) zu leisten vermögen, wenn Gottes Wort gepredigt und die Gnade Gottes angeboten wird. Sind Verstand und Wille des postlapsarischen Menschen zu deren Annahme fähig und in der Lage, in sie einzuwilligen und ihnen zuzustimmen? Die Frage nach den prälapsarischen Fähigkeiten des Menschen sowie nach dem Vermögen, über welches der Mensch „nach dem Fall vor seiner Bekehrung in äußerlichen Sachen, dies zeitlich Leben belangend" (BSLK 871,3−5), verfügt, wurden hingegen im Unterschied zu TB konsequent ausgeblendet (vgl. BSLK 871, Anm. 1; ferner Frank I, 115 ff.). Seine Beantwortung findet das in Frage stehende Problem (vgl. auch die Problemstellung von Ep II [BSLK 776,10 ff.]) im Rahmen einer doppelten Abgrenzung: Die eine richtet sich gegen die, welche dem postlapsarischen Menschen zwar nicht viel, aber immerhin „noch so viel natürlicher Kräften vor der Wiedergeburt übrig (lassen), daß er etlichermaßen sich zu der Gnade bereiten und

---

weis auf BSLK 901,1 ff. sowie BSLK 903,24 f., 904,15 ff., 906,10 f. u. ö.: „Hier (sc. im Zusammenhang von FC II) hat es nicht nur die weitestgehenden Kürzungen, sondern auch die tiefgreifendsten Änderungen gegeben. Hier war die Vermittlungsaufgabe für die Bergeschen Kommissionen auch die schwierigste. Sie wurde zunächst so angefaßt, daß man die Fragestellung des Torgischen Buches auf die Frage nach den natürlichen Möglichkeiten des Menschen in der Bekehrung und Wiedergeburt zurückschraubte. Offenbar hat man mit Rücksicht auf die Pommern und (sic!) einen – vielleicht auf dem Bergeschen Märzkonvent – gestrichenen Absatz, der sich mit der Fühlbarkeit der durch die Bekehrung erfolgten Änderung im Menschen befaßte, wieder in den Text aufgenommen – vielleicht auf dem Bergeschen Maikonvent. Demgegenüber wurde der Wunsch von Württemberg, Baden und Henneberg nach stärkerer Abgrenzung gegen den Synergismus an einer ganzen Reihe von Stellen erfüllt."

[22]   Chr. E. Luthardt, Die Lehre vom freien Willen und seinem Verhältnis zur Gnade in ihrer geschichtlichen Entwicklung dargestellt. Leipzig 1863, 263.

das Jawort, doch schwächlich, geben, aber, wenn die Gnade des Heiligen Geistes nicht darzu käme, darmit nichts ausrichten könnte, sunder im Kampf darniederliegen müßte" (BSLK 871,32 – 872,4; vgl. BSLK 871, Anm. 3).[23] Die zweite Abgrenzung ist gegen „die alten und neuen Enthusiasten" (BSLK 872,5f; vgl. BSLK 872, Anm. 1; vgl. die Damnation BSLK 905,4–11) gerichtet, welche lehren, „daß Gott die Menschen ohn alle Mittel und Instrument der Kreatur, das ist, ohne die äußerliche Predigt und Gehör Gottes Worts, durch seinen Geist bekehre und zu der seligmachenden Erkanntnus Christi ziehe" (BSLK 872,6–11).

In Absage namentlich an den ersten der beiden Abwege und in direktem Anschluß an die genuine lutherische Lehrentwicklung (vgl. BSLK 872,13ff.; vgl. BSLK 872, Anm. 2) bekennen („Credimus") die Bergischen Konkordisten unter „strenge(r) Auslassung aller Wendungen, die synergetisch gedeutet werden könnten" (BSLK 873, Anm. 2 mit Verweis auf das Maulbronner Bedenken [Heppe III, B VII, 357]), daß „in geistlichen und göttlichen Sachen des unwiedergebornen Menschen Verstand, Herz und Wille aus eignen, natürlichen Kräften ganz und gar nichts verstehen, gläuben, annehmen, gedenken, wöllen, anfangen, vorrichten, tun, wirken oder mitwirken könnte" (BSLK 873,16 – 874,1). Vielmehr sei er ganz und gar dem Glauben erstorben und seiner Natur nach völlig unfähig, sich aus sich und durch sich zur Gnade Gottes zu bereiten oder dieselbe anzunehmen etc.; aus eigenen Kräften vermöge er zu seiner Bekehrung keinen auch noch so geringen Teil, sondern schlechterdings nichts beizutragen. Im Gegenteil: der sich selbst überlassene natürliche freie Wille sei seiner verkehrten Art und Natur nach allein zu demjenigen kräftig und tätig, „das Gott mißfällig und zuwider ist" (BSLK 874,21f.). Der nicht wiedergeborene Wille des gefallenen Menschen vermag demnach

---

[23]   In den Damnationen wird daher neben dem Irrtum der „groben Pelagianer" (BSLK 903,5) und der „Semipelagianer" (BSLK 903,14f.: „der Papisten und Schullehrer Irrtumb") bei ausdrücklicher Nennung auch „der Synergisten Lehre" verworfen. (Vgl. BSLK 903,24ff.; zu dem von Z. 24–28 reichenden Einschub vgl. BSLK 903, Anm. 3.) In den Negativa von Ep II wird die „(w)iderwärtige falsche Lehre" (BSLK 778,16) der Synergisten zwar inhaltlich, aber ohne Nennung ihres Namens verworfen und betont, daß die facultas applicandi se ad gratiam (vgl. BSLK 904, Anm.3) „nicht aus unsern eignen natürlichen Kräften, sondern allein durch des Heiligen Geists Wirkung herkomme" (BSLK 904,22–25).

nicht nur nichts zu seinem Heil, er bewirkt vielmehr durch seine
unmittelbare Selbsttätigkeit aktiv und in vermeintlicher Verständigkeit die Verkehrtheit gott- und menschenwidrigen Unheils.
Was FC II „vom freien Willen oder menschlichen Kräften" lehrt,
könnte demnach ohne weiteres und völlig sachgemäß mit dem
Titel „De servo arbitrio" versehen werden. Das willentliche
Trachten und verständige Beginnen des postlapsarischen Menschen ist in sich verkehrt und böse von Anfang an.

Ich fasse die vielfältigen Aspekte, die nach Maßgabe göttlichen
Wortes (aus welchem alleine und unter Abkehr von der Hoffart
menschlicher Weisheit von den Artikeln des Glaubens geurteilt
werden soll) zur Begründung dieser Elementarannahme angeführt
werden, unter drei Gesichtspunkten zusammen:

1. Obzwar seine Vernunft bzw. sein natürlicher Verstand (humana
ratio seu naturalis intellectus hominis) über „ein tunkel Fünklein
der Erkenntnus, daß ein Gott sei" (BSLK 874,36 f.), sowie über ein
obskures Partikularbewußtsein göttlichen Gesetzes verfüge, habe
der gefallene Mensch doch an sich selbst als derart unwissend,
blind und verkehrt zu gelten („ignorans, caeca et perversa est ratio illa"), daß nachgerade der Allergelehrteste kraft eigener Ge-
lehrsamkeit nicht nur nichts vom Evangelium Jesu Christi und der
Verheißung ewiger Seligkeit erfasse, sondern je mehr er aus eigener Vernunft zu begreifen trachte, um so weniger verstehe, um
zuletzt im gänzlichen Mißverstand zu enden. Gesteigerter Selbst-
anstrengung des gefallenen Menschen korrespondiert in diesem
Sinne oder zutreffender gesagt: nach bezeichneter Weise sinnwi-
driger Verkehrtheit das Unheil desto abgründigeren Mißverstehens.
Eine Vielzahl von Schriftstellern, namentlich aus paulinischem
Kontext, werden zum Beleg aufgeführt, daß es sich hiermit so
verhält (vgl. BSLK 875,6 ff.). Fest steht: In geistlicher Hinsicht
gleicht der sich selbst überlassene und auf sich gestellte Sünder
einem Leichnam (vgl. BSLK 875,43 ff.). Doch ist sein Tod kein bloß
leiblicher, sondern der Seelentod der Sünde, der schlimmer ist als
die Nichtigkeit des Nichts, weil sein alles Tun und Lassen ver-
schlingender Abgrund in die Bodenlosigkeit der Hölle hinab-
reicht, wie denn auch der Fall der Sünde recht eigentlich kein
Vergangen-Gewesenes, sondern ein alles Denken und Wollen in
seinen Bann ziehendes ungehaltenes Fallen ist. Weitere Schriftbelege (vgl. BSLK 876,11 ff.) und Verweise auf das Beispiel der im
Glauben Geheiligten (vgl. BSLK 877,8 ff.) schließen sich an, die

bestätigen sollen, was der Apostel hinsichtlich des Heils des Menschen in Bezeugung des Wortes Christi („Sine me nihil potestis facere." „Ohne mich könnet ihr nichts tun.") kurz und bündig so sagt: „Deus est, qui operatur in vobis *et velle et perficere* pro bona voluntate." „Gott ists, der in euch wirket beide, das Wollen und das Vollbringen, nach seinem Wohlgefallen." (SD II,14 bzw. BSLK 876,33–36)

2. Um deutlich zu machen, daß der unwiedergeborene Mensch seiner Natur nach Gott nicht nur abgewandt, sondern allem Gottwidrigen zugetan, dem Guten nicht nur erstorben, sondern dem Bösen bewußt und willentlich frönend vorzustellen ist, vergleicht die Hl. Schrift, in welcher das Wort Gottes beurkundet ist (vgl. auch BSLK 878,15 ff.), sein Herz mit „einem harten Stein, so dem, der ihn anrühret, nicht weichet, sondern widerstehet, und einem ungehobelten Block und wildem unbändigem Tier" (BSLK 879,21–25; vgl. Hes 36,26 und Jer 5,3; Hos 6,5; Ps 73,27 sowie Dan 5,21). Das tertium comparationis ist dabei am besten mit den im Kontext begegnenden Vokabeln wie „widerspenstig und feind" (vgl. BSLK 878,12; 879,4) zu umschreiben. Hingegen will der biblische und von Luther aufgegriffene (vgl. BSLK 879,33 – 880,12; zu diesem Textpassus vgl. BSLK 879, Anm. 4) Vergleich des in Sünde verkehrten Menschenherzens mit einem nicht nur harten, sondern in seiner Härte gewissermaßen aktiv resistenten lapis bzw. mit einem truncus, einer Statue oder einem wilden Tier keineswegs die menschliche Unterschiedenheit der extrahumanen Kreatur gegenüber leugnen. Die Annahme, daß der Mensch „nach dem Fall nicht mehr ein vornünftige Kreatur sei" (BSLK 879,6 f.), wird nirgends vertreten, sondern ausdrücklich zurückgewiesen. Würde doch eine gegenteilige Behauptung mit dem Menschsein des postlapsarischen Menschen zugleich die Schuldhaftigkeit seiner sündigen Verkehrtheit in Abrede stellen und zwangsläufig auf eine Fatalisierung, will heißen: Verharmlosung der Sünde im Sinne eines animalischen Triebes hinauslaufen. Ein Tier mag zur Bestie werden – die gottlose und inhumane Widerlichkeit menschlicher Sünde wäre gründlich verkannt, wo der Mensch zu einem Tier oder zu einem Stein erklärt würde. Nur wo der Mensch bei seiner menschlichen Bestimmung, die ihm als Geschöpf Gottes eigen ist, behaftet wird, kann die Sünde in ihrer schuldhaften Verkehrtheit überhaupt erfaßt werden.

Sowenig die Sünde daher substantialisiert werden darf, so wenig darf sie animalisiert oder anderweitig indifferenziert werden. Nicht Laxheit, sondern hamartiologische Konsequenz zwingt zu dieser Einsicht und zu dem bereits zitierten Vorbehalt, aus dessen Kontext heraus auch die sich mit ihm verbindenden Folgerungen zu verstehen sind: „nicht, daß der Mensch nach dem Fall nicht mehr ein vornünftige Kreatur sei oder ohne Gehör und Betrachtung des göttlichen Worts zu Gott bekehrt werde oder in äußerlichen, weltlichen Sachen nichts Guts oder Böses vorstehen oder freiwillig tun oder lassen könne." (BSLK 879,25−31) Von einem Determinismus zwangsläufiger Naturkausalität kann im Blick auf die Anthropologie und Hamartiologie der Konkordienformel und mit ihr der gesamten Wittenberger Bekenntnistradition nur unter der Voraussetzung groben Mißverstandes die Rede sein. Auch und gerade der sündige Mensch ist als Mensch und nicht als eine Funktionsgröße animalischer Triebhaftigkeit anzusprechen, damit zusammen mit der Gottlosigkeit der Sünde auch ihre schöpfungswidrige Inhumanität offenbar werde. Wo man dies verkennt, macht man sich eines ebenso großen Irrtums schuldig wie dort, wo man den auch unter postlapsarischen Bedingungen verbliebenen Unterschied zwischen Mensch und extrahumaner Kreatur soteriologisch zu einem − wie groß oder gering auch immer zu veranschlagenden − Restvermögen des Menschen aufbläht, sich sein Heil vor Gott selbst zu besorgen.

Der Abwegigkeit letzterer Annahme begegnet FC II durch strikte Orientierung am Wirken des göttlichen Geistes im Wort des Evangeliums, von welcher Wirklichkeit her nach Maßgabe der Konkordisten allererst zu begreifen ist, was es mit jener Kapazität auf sich hat, die dem Menschen in seiner Eigenschaft als Gottesgeschöpf auch unter postlapsarischen Bedingungen zu attestieren ist im Unterschied sowohl zu den gefallenen Engeln, die als „böse Geister" ihr Unwesen treiben, um in Ewigkeit verworfen zu sein, als in gewisser, wenngleich gänzlich anderer Weise auch im Unterschied zu den nichtmenschlichen Kreaturen, von denen zwar nirgends gesagt wird, sie seien vom Heil ausgeschlossen, ohne daß ihnen deshalb jedoch jene capacitas der Erleuchtung, Bekehrung und Wiedergeburt zuerkannt würde, zu welcher der Mensch bestimmt ist (BSLK 880,14 f.: „darzu dann kein Stein oder Block, sondern allein der Mensch erschaffen ist"). Das wichtigste, was FC II unter ausdrücklicher Berufung auf Luther von besagter capacitas der postlapsarischen Menschennatur, der Bekehrung, der

Gnade Gottes und des ewigen Lebens fähig und teilhaftig zu werden, noch auszuführen weiß, ist dies, daß sie eine capacitas passiva sei. Sage doch auch Luther, „daß sich der Mensch zu seiner Bekehrung pure passive halte, das ist, ganz und gar nichts darzu tu, sondern nur leide, was Gott in ihme wirket" (BSLK 909,32–36; vgl. BSLK 909, Anm. 2). Entsprechend sei die Wirkung Gottes auf den Menschen, wie sie in der Kraft des göttlichen Geistes in Wort und Sakrament wirksam ist, „tanquam in subiecto patiente" vorzustellen, „das ist, da der Mensch nichts tut oder wirket, sondern nur leidet" (BSLK 910,16–18; vgl. BSLK 910, Anm. 2).

Im Vergleich zu dieser von der Gesamtanlage der Argumentation her unzweideutig gegebenen Sachaussage ist das schwierige Problem des genauen terminologischen Textbefundes ebenso zweitrangig wie die im unmittelbaren Vorfeld des Bergischen Buches diskutierte Frage, ob besagte capacitas als eine natürliche oder gleichsam übernatürliche Größe zu verstehen sei (vgl. BSLK 880, Anm. 2). Denn ist durch die zitierte Wendung von BSLK 880,14 f. auch die Vermutung nahegelegt, daß FC II die capacitas passiva des Menschen für das Heil „als natürlich und bereits in der Vernunftbegabung des Menschen gesetzt ansieht" (BSLK 880, Anm. 2), so ist die Pointe doch auch gemäß dieser Prämisse nicht die schöpfungstheologische Aussage eines soteriologischen Eigenvermögens des Menschen, sondern die einer selbst unter den Bedingungen des Falles der Sünde von Gott her schöpferisch aufrechterhaltenen und nur von Gott her zu erfüllenden Bestimmbarkeit des Menschen zum Heil. So gesehen ist die terminologische Kontrastierung von natürlich und übernatürlich der verhandelten Sachfrage wenig zuträglich und eher dazu angetan, Scheinalternativen hervorzurufen, als zur Lösung der in Frage stehenden Problematik beizutragen. Es bleibt dabei: Auch wenn ihn seine kreatürliche Grundausstattung in die Lage versetzt, „die äußerlichen Gliedmaßen (zu) regieren und das Evangelium (zu) hören und etlichermaßen (zu) betrachten" etc. (BSLK 882,18 ff.) – weder ist durch solche und ähnliche Aktivitäten ein selbsttätig gesetzter Anfang menschlichen Heils vor Gott noch gar ein erster Schritt zu dessen Realisierung gemacht; soteriologisch betrachtet gleicht der postlapsarische Mensch in all seinem Beginnen einem heillosen Block. Ja, sein in unmittelbarer Selbstbestimmung vollzogenes Beginnen ist „ärger als ein Block" dadurch, „daß er Gottes Wille widerspenstig und feind ist, wo nicht der Heilige Geist in ihm kräftig ist und den Glauben und andere Gott gefällige Tugenden und Gehorsam in ihm anzündet und wirket" (BSLK 882,24 ff.).

3. Steht es nicht in den natürlichen Kräften postlapsarischer Willensfreiheit des Menschen (BSLK 882,36 – 38: „weder zum ganzen, noch zum halben, noch zu einigem, dem wenigsten oder geringsten Teil"), die Bekehrung, den Glauben an Christus, die Wiedergeburt und Erneuerung wirksam anzufangen und zu vollziehen, so ist dies „in solidum, das ist, ganz und gar, allein der göttlichen Wirkung und dem Heiligen Geist" (BSLK 882,38 – 40) zuzuschreiben. Daß eben dies und nichts anderes die Lehre der Bibel und diejenige der Wittenberger Reformation sei, wird unter Verweis auf Apol XVIII (vgl. BSLK 882,42 ff.; BSLK 882, Anm. 5), eine Vielzahl von Schriftstellen (vgl. BSLK 883,3 f.; BSLK 883, Anm. 1) und unter Heranziehung Augustins (vgl. BSLK 883,39 f.; BSLK 883, Anm. 2) mit Nachdruck betont. Demselben Zweck dient die aus MF übernommene und dem laufenden Text zwischengeschaltete Zitatensammlung (§§ 29 – 45), die Texte aus CA XX (vgl. BSLK 884, Anm. 1), Apol XVIII (vgl. BSLK 885, Anm. 1), aus ASm (vgl. BSLK 886, Anm. 1 u. 2), GK (vgl. BSLK 887, Anm. 1) und KK (vgl. BSLK 888, Anm. 4) sowie aus Luthers Großem Bekenntnis von 1528 (vgl. BSLK 888, Anm. 5) enthält, welche durch Verweise auf „De servo arbitrio" und andere Schriften des Reformators ergänzt werden. Das Ergebnis ist klar und duldet keinen Zweifel: Die Bekehrung des sündig in sich verkehrten Menschen ist alleiniges Werk Gottes. Um indes abwegige Fehlschlüsse aus diesem Grundsatz als irrig und irreführend abzuweisen, wird gegen „Enthusiasten und Epikurer" (BSLK 890,18), die in Verachtung der göttlichen Heilsmittel „faul und träge" (BSLK 890,22) oder in anderer unsinniger Weise darauf warten, daß Gott sie unmittelbar und gleichsam „mit Gewalt wider ihren Willen" (BSLK 890,27 f.) begnade, aber auch zum Trost der an Erwählungszweifeln leidenden „kleinmütige(n) Herzen" (BSLK 890,41) sogleich darauf verwiesen und bezeugt, daß Gottes Heilswille universal ist und „durch das mündliche Wort und die heiligen Sakramenta" (BSLK 891,10 f.) in der Kraft des Heiligen Geistes in uns wirksam werden will, um wahre Buße, Glauben und neue geistliche Stärke und Vermögen zum Guten in unserem Herzen zu schaffen. Durch besagte Mittel, welche Gott den Menschen zum Gebrauch gegeben hat, um sich eine ewige Kirche zu sammeln, wirkt er das Heil, zu dem nach seiner „unermeßliche(n) Güte und Barmherzigkeit" (BSLK 891,28 f.) alle berufen sind. Der dezidierte Hinweis auf die Öffentlichkeit („pu-

blice annuntietur") der Predigt (vgl. BSLK 891,34) entspricht dem
ebenso wie die Feststellung, daß das Wort der Predigt „der
Mensch, so auch noch nicht zu Gott bekehret und wiedergeboren
ist, äußerlich hören und lesen" (BSLK 892,27–29; vgl. BSLK 892,
Anm. 3 u. 4) kann.[24]

Ist demnach der Heilswille Gottes zwar universal, aber gleichwohl
und unbeschadet seiner Universalität nicht ohne das öffentliche
Wort wirksam, welches ihn verkündet, so folgt daraus in unschwer erkennbarer Weise, daß der Mensch, welcher sich dem
Wort der Evangeliumsverkündigung beharrlich verweigert und die
Gemeinde Gottes verachtet, allerdings „weder Gottes ewiger Wahl
sich trösten, noch seine Barmherzigkeit erlangen" (BSLK 894,14–
16) kann. Indes geht dies nicht zu Lasten von Gottes Heilswillen,
dessen Universalität gänzlich uneingeschränkt und beständig ist,
sondern muß der Sünde des dem Wort des Heils verschlossenen
Menschen zugerechnet werden, welche selbst schuld daran ist,
wenn sie des Heils, gegen das sie sich verschließt, nicht teilhaftig
wird. Mit FC II zu reden: Will der Mensch das Wort des Heils
„nicht hören, so geschicht ihme nicht unrecht, wenn der Heilige
Geist ihn nicht erleuchtet, sondern in der Finsternus seines Unglaubens stecken und verderben lässet" (BSLK 894,26–30).[25]

---

[24] Es folgen Ausführungen, welche die Wirksamkeit der öffentlichen Evangeliumsverkündigung in Wort und Sakrament unterstreichen und dazu
mahnen, an ihr weder von Seiten des Predigers noch von Seiten des Zuhörers zu zweifeln, sondern ihrer nach Gottes Verheißung und ungeachtet zweifelhafter Selbstempfindungen gewiß zu sein. (BSLK 893,30 –
894,9: „Dann von der Gegenwärtigkeit, Wirkungen und Gaben des Heiligen Geistes soll und kann man nicht allewege ex sensu, wie und wenn
mans im Herzen empfindet, urteilen, sondern, weils oft mit großer
Schwachheit verdeckt wird und zugehet, sollen wir aus und nach der
Verheißung gewiß sein, daß das gepredigte, gehörte Wort Gottes sei ein
Ambt und Werk des Heiligen Geists, dardurch er in unserm Herzen gewißlich kräftig ist und wirket ...")

[25] In der nachfolgenden Damnationenreihe findet sich daher auch eine
Verwerfung der unerklärt gebrauchten Rede (vgl. BSLK 905, Anm. 4),
„daß des Menschen Wille vor, in und nach der Bekehrung dem heiligen
Geist widerstrebe, und daß der heilige Geist werde gegeben denen, so
ihm widerstreben" (BSLK 905,41– 906,3). Im Hintergrund steht die Erinnerung an den sog. Göttinger Bekehrungsstreit (vgl. K. D. Schmidt, Der
Göttinger Bekehrungsstreit 1566–1570, in: Zeitschrift der Gesellschaft für
niedersächsische Kirchengeschichte 34/5 [1929/30], 66–105), in welchem
der Flacianer Philipp Keyser die These vertreten hatte: „Spiritus sanctus

Was hierzu des weiteren ausgeführt wird (vgl. BSLK 894,35 –
897,36), ist in der Neufassung, welche die §§ 59–64 von BB im Anschluß an das Maulbronner Bedenken gegenüber TB erfahren haben, strikt so gehalten, daß jeder auch noch so indirekt hervorge-
rufene synergistische Anklang vermieden wird. So wird im gegebenen Zusammenhang zwar ausdrücklich die Möglichkeit
eingeräumt zu sagen, der Mensch sei, was sein Verhältnis zum
Heil anbelange, in bestimmter Weise doch kein lapis oder truncus, sondern vernünftige Kreatur mit verständigem Willen. Aber
damit wird lediglich die Schuldhaftigkeit seines Widerstrebens gegen den Heilswillen Gottes, welchen das Wort des Evangeliums
bezeugt, benannt (BSLK 896,4: „ärger dann ein Stein und Block"),
wohingegen die These, daß der Mensch zu seiner Bekehrung
„ganz und gar nichts ton" kann (BSLK 896,2 f.), keineswegs revoziert, sondern entschieden bestätigt wird. Entsprechendes gilt in
bezug auf den sog. modus agendi (vgl. BSLK 896, Anm. 5): Zwar
sei Gottes Weise, im Menschen als einer vernunftbegabten Kreatur zu wirken, allerdings eine andere als die Weise seiner Wirkung in einem Stein bzw. Block oder in der sonstigen unvernünftigen Kreatur. Daher zwinge Gott den Menschen auch nicht, „daß
er muß frumb werden" (BSLK 896,9).[26] Die Einwirkung Gottes auf
den zu bekehrenden Menschen dürfe daher auch nicht vorgestellt
werden „als ein Bild in ein Stein gehauen, oder ein Siegel ins
Wachs" (BSLK 910,18–20; vgl. BSLK 910, Anm. 4). Doch unbescha-

---

datur repugnantibus" (vgl. BSLK 905, Anm. 4). Dem wird entgegengehalten, daß dort, wo „der Mensch der Verheißung ganz und gar nicht
gläubet und von Gott zur Gnade nicht geschickt gemacht wird, sondern
ganz und gar dem Wort widerstrebet, ... keine Bekehrung geschehe oder
sein könne" (BSLK 906,8–13; vgl. BSLK 906, Anm. 1). Ausdrücklich zugestanden wird allerdings, daß „auch in den Wiedergebornen eine Wider-
spenstigkeit" (BSLK 907,1 f.) verbleibt, sofern diese nach ihrem inneren
Menschen zwar Lust an Gottes Gesetz gewonnen haben, wohingegen ihr
äußerer, fleischlicher Mensch nicht aufhört, dem Geist zu widerstreben.
Hübner sieht in dieser Argumentation „ein Beispiel kluger Vermittlung":
„Der Geist von M. Chemnitz ist spürbar. Durch die Aufstellung einer
doppelten Repugnanz sucht man beiden Teilen gerecht zu werden."
(Hübner, 158)

[26]   In diesem Sinne richtet sich die erste Damnation von FC II gegen „der
Stoicorum und Manichäer Unsinnigkeit, daß alles, was geschicht, müsse
also geschehen, et hominem coactum omnia facere" (BSLK 902, 24–27;
vgl. BSLK 902, Anm. 3).

det strikter Unterscheidung der Überzeugungsmacht des göttlichen Wortes von jeder Form äußerer coactio bestreitet FC II im gegebenen Zusammenhang dem unbekehrten Menschen erneut jedwede Möglichkeit und Kraft, „etwas Guts und Heilsams in göttlichen Sachen zu wirken" (BSLK 896,25 f.). Von einem modus agendi kann also in dieser Hinsicht in keiner Weise die Rede sein; erst im Blick auf den aus reiner Gnade Gottes bekehrten Menschen ist die Rede von einer willigen und freiwilligen Kooperation theologisch sinnvoll, und es kann gesagt werden, „daß wir durch die Kraft des Heiligen Geists mitwirken können und sollen, wiewohl noch in großer Schwachheit, solches aber nicht aus unsern fleischlichen, natürlichen Kräften, sondern aus den neuen Kräften und Gaben, so der Heilige Geist in der Bekehrung in uns angefangen hat" (BSLK 897,41 – 898,4 unter Verweis auf 2. Kor 6,1; vgl. BSLK 898, Anm. 1). Hat die Annahme einer „cooperatio" Gottes und des Menschen also ihr grundsätzliches Recht, so wäre dieses Zusammenwirken dennoch vollkommen mißverstanden, wollte man es mit dem Bild zweier Zugpferde illustrieren. Ein solcher Bildvergleich, wie er etwa bei Strigel begegnet (vgl. BSLK 898, Anm. 3), wird ebenso unmißverständlich abgewiesen wie die mit einer expliziten Damnation belegte, „Päpste(n) und Münche(n)" zugesprochene Lehre, „daß der Mensch könne nach der Wiedergeburt das Gesetz Gottes in diesem Leben gänzlich erfüllen und durch diese Erfüllung des Gesetzes für Gott gerecht sei und das ewige Leben verdiene" (BSLK 904,26 – 905,2).

Der nachfolgende, gegenüber SSC hinzugefügte Passus über den Unterschied von Getauften und Ungetauften (§ 67 f.) bestätigt diese Perspektive, indem er den getauften Gläubigen ein „arbitrium liberatum" zuspricht (BSLK 898,37 f.), ohne auf die mit diesem Begriff verbundenen Probleme intensiver einzugehen. War in TB angesichts des im irdischen Christenleben verbleibenden Zwiespalts noch ausdrücklich von der Notwendigkeit der Mahnung die Rede, den vom Heiligen Geist gemachten Anfang durch tätige Mitwirkung zu fördern, so fällt dieser Hinweis in BB ebenso einer umfänglichen Streichung zum Opfer wie das tres-causae-Schema (vgl. Frank I, 153 f.; ferner Frank I, 214 f.), in dessen Zusammenhang, wie bereits erwähnt, als die dritte der drei im neuen Gehorsam des Bekehrten zusammenwirkenden Ursachen „des Menschen Verstand, so durch den Heiligen Geist erleuchtet, welcher Gottes Befehl betrachtet und verstehet, und unser neuer und wiedergeborner Wille (genannt werden), der vom Heiligen Geist regieret wird und nun herzlich gern und willig, wiewohl in großer Schwachheit begehrt Gottes Wort und Willen untertänig und gehorsam zu sein" (BSLK 900). Statt hierauf im einzelnen einzugehen, führt FC II die „Erklärung der ganzen Lehr vom freien Willen" (BSLK 901,43 f.) einem raschen Ende[27] zu, wobei vor Auflistung der Damnationen noch einmal in Erinnerung gerufen wird, daß die zu behandelnde „Häuptfrage in dieser Zwiespalt" (BSLK 776,10 f.) diejenige „de causa efficiente" (BSLK 901,13; vgl. BSLK 901, Anm. 3) der Bekehrung und nicht diejenige nach den Folgen gewesen sei. Dem entspricht der Schlußpunkt, der in FC II im Anschluß an die Damnationenreihe (vgl. BSLK 778,15 ff.) gesetzt wird: Unter erheblicher Kürzung der TB-Vorlage und in erneut geltend gemachter Kritik der verwirrenden Wirkung der „Lehr von den drei Ursachen unserer Bekehrung zu Gott" (BSLK 911,1 f.)[28] wird noch einmal eingeschärft, worauf es im wesentlichen ankommt, nämlich daß des unwiedergeborenen Menschen Verstand und Wille nichts anderes sei „dann allein subiectum convertendum, das ist, der bekehrt werden soll" (BSLK 912,9–11).

---

27 Zu dem Passus BSLK 901,1–37 vgl. BSLK 901, Anm. 1.

28 Vgl. auch BSLK 781,4–8: „Daß also vor der Bekehrung des Menschen nur zwo wirkliche Ursachen sich finden, nämblich der Heilige Geist und das Wort Gottes, als das Instrument des Heiligen Geistes, dardurch er die Bekehrung wirket ..." Erst im Blick auf den neuen Willen des bekehrten Menschen kann Ep II von einem mitwirkenden „Instrument und Werkzeug Gottes des Heiligen Geistes" (BSLK 780,44–46) sprechen.

2. Gerechtigkeit Christi und gute Werke

„Hominis voluntas in conversione non est otiosa, sed agit aliquid. Item: Trahit Deus, sed volentem trahit." (BSLK 907,22 – 908,2) Der Absatz, in welchem die Konkordisten zu diesen – Melanchthon entlehnten Väterzitaten – Stellung beziehen, erscheint erstmals in TB. Seine Verschiedenheit in TB, FC und Konk 1579/80 „entspricht der Heftigkeit des Streites um ihn" (BSLK 907, Anm. 3).[29] Hält man sich an das Bergische Buch, so sind die Argumentationslinien, auf die es ankommt, unschwer erkennbar: Auf den „natürlichen freien Willen in der Bekehrung des Menschen" (BSLK 909, 4 f.) bezogen, sind die angeführten Zitate „der Form gesunder Lehr nicht ähnlich, sunder derselben zuwider" (BSLK 909,7–9). Etwas anderes ist es, daß Gott „in der Bekehrung aus Widerspenstigen und Unwilligen durch das Ziehen des Heiligen Geistes Willige mache" (BSLK 909,22– 24), die nicht müßig gehen, sondern deren Wille „in allen Werken des Heiligen Geistes, die er durch uns tut, auch mitwirke" (BSLK 909,27–29; vgl. ferner BSLK 780,5–28). Indes hebt der letztere Gesichtspunkt den ersteren keineswegs auf, sondern entspricht ihm. Denn die Mitwirkung des bekehrten Willens am Werk des Heiligen Geistes hängt ausschließlich an dessen wirksamer Wirklichkeit, in der sie die Bedingung ihrer Möglichkeit hat. So sind denn weder Anfang noch Vollzug der Bekehrung in

---

[29] Ehrlicherweise, so F. Hübner, konnten die zitierten Kirchenväterworte „nicht gebilligt werden. Die gutgemeinte Umdeutung im TB konnte über ihren eigentlichen synergistischen Charakter doch nicht hinwegtäuschen. Ihre eindeutige Ablehnung war ein schwerer Schlag für die Philippisten, wie die Diskussion, die sie auslöste, zeigt." (Hübner, 158) Deutlicher noch als Frank und Luthardt hat Hübner den konsequent antisynergistischen Charakter des II. Artikels des Bergischen Buches herausgestellt. Zum folgenden vgl. ferner: H. P. Hamann, Article III. The Righteousness of Faith Before God, in: R. D. Preus/W. H. Rosin (Hg.), a. a. O., 137–162, sowie: D. P. Scaer, Article IV. Good Works, in: a. a. O., 163–170. Zum Rechtfertigungsverständnis der Konkordienformel sowie zum Problem tendenzieller Entschärfung der Dialektik von Gesetz und Evangelium durch ein auf die Analyse anthropologischer Faktoren konzentriertes prozessuales Denken vgl. G. Martens, Die Rechtfertigung des Sünders – Rettungshandeln Gottes oder historisches Interpretament?, Göttingen 1992, bes. 87 ff. Zur kontroversen Beurteilung des Ansatzes von Martens vgl. etwa Th. Mahlmann einerseits (Die Analyse der Rechtfertigungsdebatte durch G. Martens, in: LuThK 17 [1993], 175–186) und G. Pfleiderer (Rez., in: ThLZ 118 [1993], 541–543) andererseits.

das Vermögen des postlapsarischen Menschen gestellt; vielmehr gilt der Grundsatz Luthers: Contra liberum arbitrium pro gratia Dei.[30]

Diese dezidiert antisynergistische Perspektive des Bergischen Buches wird namentlich durch die Behandlung, die es dem Thema der äußeren Disziplin zuteil werden läßt, eindeutig bestätigt: „(V)on der disciplina externa (ist) nur in Zitaten (§§ 20, 26, 31) und im übrigen als selbstverständliche Folgerung aus der Tatsache die Rede ..., daß der Mensch trotz des Falles eine creatura rationalis ist (§§ 19, 59) und die locomotiva potentia besitzt (§§ 24; ähnl. 53)." (Hübner, 154) Mit der Vorstellung eines ethisch nicht qualifizierten formalen Freiheitsvermögens des postlapsarischen Menschen, das einen theologisch gleichsam neutralen Bereich ziviler Eigengesetzlichkeit begründen könnte, wird in diesem Zusammenhang durchweg nicht gearbeitet. Entsprechend sprengt der Verweis auf die postlapsarische Möglichkeit der iustitia civilis nirgends den mit der Annahme einer capacitas passiva gegebenen Rahmen. Auch trifft es, wie F. Hübner mit Recht vermerkt, nicht zu, „daß die iustitia civilis als Grundlage für einen ‚Anknüpfungspunkt' im synergistischen Sinne anzusprechen ist" (Hübner, 156). Viel eher wird man zu sagen haben, daß nach Maßgabe von FC II „der Sünder auch in seinen äußerlich guten Werken innerlich sündigt" (Sparn, 134). Jedenfalls gilt, was W. Sparn treffend so umschrieben hat: „Die praktische Freiheit, die der Welt gegenüber, aber nicht vor Gott gegeben ist, bleibt dem Menschen selbst ... äußerlich. Ihr Preis ist das *Ungleichmaß des Inneren und des Äußeren*, und ihre Verwirklichung kann dies immer nur bestätigen." (Ebd.)

Trifft diese entschieden antisynergistische Interpretation von FC II, wie sie zumindest vom Text des Bergischen Buches her zwingend erfordert ist, zu, so bleibt zu fragen, wie unter ihrer Voraussetzung die von FC I vertretene und mit entsprechenden Damnationen abgesicherte These aufrechtzuerhalten ist, daß nämlich mit einer Identität und Kontinuität der Substanz und des Wesens des

---

[30]   Vgl. W. Behnk, Contra Liberum Arbitrium pro Gratia Dei. Willenslehre und Christuszeugnis bei Luther und ihre Interpretation durch die neuere Lutherforschung. Eine systematisch-theologiegeschichtliche Untersuchung, Frankfurt a. M. u. a. 1982; ferner: L. C. Green, The Influence of Erasmus upon Melanchthon, Luther and the Formula of Concord in the Doctrine of Justification, in: ChH 43 (1974), 183–200.

Menschen, insonderheit mit einer Identität und Kontinuität seiner vernünftigen Seele auch im Vollzug jenes radikalen Wandlungsprozesses zu rechnen ist, wie er in der Bekehrung des in sich verkehrten Willens des sündigen Menschen statthat. Daß diese These in FC II nicht revoziert, sondern rezipiert wird, ist offenkundig und durch ein einschlägiges Verwerfungsurteil in der nötigen Deutlichkeit klargestellt. Sowohl in der Solida Declaratio als auch in der Epitome von FC II wird die Annahme scharf zurückgewiesen, „daß Gott in der Bekehrung und Wiedergeburt ein neues Herz und neuen Menschen also schaffe, daß des alten Adams Substanz und Wesen, und sonderlich die vernünftige Seele, ganz vertilget und ein neues Wesen der Seelen aus nichts erschaffen werde" (BSLK 905,12–18; vgl. BSLK 905, Anm. 2 sowie BSLK 779,33–38). Indes ist durch diese Antithese keineswegs die These affirmiert, das dem natürlichen Menschen eigentümliche Wesen, wie es insonderheit durch Vernunft und Wille bestimmt ist, sei dem soteriologischen Prozeß der Bekehrung aus sündiger Verkehrtheit so zugrundegelegt, daß es im Vollzug dieses Prozesses eine aktive Subjektstellung einnehmen und einen Beitrag zur Gewährleistung von dessen Identität und Kontinuität leisten könnte mit dem Ergebnis, diesen Vollzug jedenfalls zu einem und sei es noch so geringen Teil als tätigen Selbstvollzug ausgeben zu können. Gegen solche Annahme wird vielmehr wiederholt und in unmißverständlicher Weise zur Geltung gebracht, „daß der Mensch von sich selbs oder aus seinen natürlichen Kräften nichts vermuge oder helfen könne zu seiner Bekehrung und daß die Bekehrung nicht allein zum Teil, sondern ganz und gar sei eine Wirkung, Gabe und Geschenk und Werk des Heiligen Geistes allein, der sich durch seine Kraft und Macht durchs Wort im Verstand, Willen und Herzen des Menschen tamquam in subjecto patiente, das ist, da der Mensch nichts tut oder wirket, sondern nur leidet, ausrichte und wirke" (BSLK 910,7–18). Der Substanz- bzw. Subjektbegriff bezeichnet im gegebenen Kontext keinen aus dem status integritatis schöpfungsgemäßer Ursprünglichkeit in welchen kümmerlichen Resten auch immer verbliebenen heilswirksamen Aktivposten. Subjekt ist der postlapsarische natürliche Mensch auch und gerade in seinem vernünftigen und willensbestimmten Wesen nurmehr als subiectum convertendum (vgl. BSLK 912,9 f.). Daß er bekehrt werde, ist die einzige Bestimmung, die dem Subjekt im gegebenen Zusammenhang zuteil wird. Der finale Sinn dieser Bestimmung zeigt in Analogie zur klassischen Definitions-

formel des Menschen in Luthers „Disputatio de homine" (WA 39 I,
176, These 32) an, daß der natürliche Mensch im Prozeß seiner
Bekehrung gerade nicht Subjekt im Sinne von Ursprung und
Grund sein kann, da ihm in geistlichen Dingen jedes Freiheitsvermögen abgeht. Denn alle ursprünglichen Heilsmöglichkeiten
sind für den Menschen in statu corruptionis gründlich vergangen
und schuldhaft verloren. Darüber darf die in der Anthropologie
der FC auch in postlapsarischer Hinsicht durchgängig verwendete
Substanzkategorie nicht hinwegtäuschen.[31] Aus dieser Verwendungsweise darf nicht gefolgert werden, daß „die wesentlichen
Eigenschaften des Menschseins, vor allem sein Wille, unverlierbar
und unzerstörbar (sind)"[32], weil sie in sich ruhen und durch sich
selbst subsistieren. Wenn die FC darauf insistiert, daß der alte und
der neue Mensch Mensch ist und bleibt, dann hat sie damit im
wesentlichen keine andere Aussage intendiert als die folgende:
„Das ‚Ist‘ des Menschseins in Schöpfung, Fall, Versöhnung und
Erlösung ist nicht des Menschen artbestimmtes Vorhandensein,
sondern die Kontinuität der freien Gnade Gottes, die als Treue
Gottes zu seinem Schöpfungswerk zu interpretieren ist. Es ist das
Ja Gottes zum Menschen, das sich siegreich gegenüber dem Nein
des Menschen durchsetzt."[33]

Fungiert sonach als identischer und kontinuitätsgewährender
Grund der Bekehrung, welche in FC II neben conversio bedeu-
tungsgleich auch als regeneratio und renovatio bezeichnet werden kann[34], niemand anders als Jesus Christus bzw. der in ihm
offenbare dreieinige Gott, so gilt ebenso, daß Christus niemals
aufhört, Basis der Bekehrung zu sein. So wenig das Resultat der

---

[31] Vgl. im einzelnen: A. Kimme, Reformatorische Anthropologie. Das Bild
des Menschen nach der Konkordienformel, in: J. Schöne (Hg.), Bekenntnis zur Wahrheit. Aufsätze über die Konkordienformel, Erlangen 1978,
35–48.

[32] W Matthias, Über die Lehre von der Willensfreiheit in der altlutherischen
Theologie, in: ZKG 74 (1963), 109–133, hier: 132.

[33] A. a. O., 133.

[34] „Eine statistische Zusammenstellung der Begriffe, die die Umwandlung
von non renatus zum renatus bezeichnen, ergibt, daß – neben dem
Hauptbegriff: ‚conversio‘ – ‚regeneratio‘ und ‚renovatio‘ anscheinend
gleichbedeutend, entweder in unbegründeter Abwechslung oder in verschiedenen Paarungen, verwendet wird." (Hübner, 156)

Bekehrung jemals vom Prozeß seines Resultierens losgelöst werden kann, so wenig kann der Bekehrte, der seinem Begriff entspricht, je von dem theologischen Beziehungszusammenhang sich emanzipieren wollen, der seiner Bekehrung Fundament und Bestand verleiht. Eine Konsequenz davon ist, daß die Aufeinanderfolge von geistgewirkter Bekehrung und jener cooperatio des bekehrten Menschen, von deren Faktizität und Notwendigkeit die FC zweifellos ausgeht, recht eigentlich „nicht zeitlich, (sondern) nur logisch bestimmbar" (Hübner, 157) ist. Darauf wird im Zusammenhang der Auslegung von FC III sogleich noch näher einzugehen sein. Immerhin kann jetzt schon gesagt werden, daß der menschliche Wille unter der Voraussetzung seiner Bekehrung nicht pure passive bleibt, sondern einer wirklichen cooperatio mit dem Heiligen Geist fähig ist, wie denn auch der Bekehrungsvorgang als solcher nicht Substanz und Wesen des alten Menschen vernichtet, sondern einen „*Vermittlungsvorgang*" (Sparn, 140) darstellt, in welchem der Heilige Geist den Menschen als jene creatura rationalis in Anspruch nimmt, die zu sein er in schöpfungswidriger Sündenverkehrung versagte. Allerdings liegen in dem Ausdruck „Mitwirkung" auch zwei Vorbehalte: „Erstens: Die erneuerte Freiheit hat ohne die Wirksamkeit des H. Geistes keinen eigentlichen Bestand. Denn ihr Grund wird niemals zum eigenen, sondern bleibt immer die fremde, zugerechnete Gerechtigkeit Christi ... Diesen Vorbehalt zu begründen, ist ... die Aufgabe der Rechtfertigungslehre in FC III. Zweitens: Auch nach der Wiedergeburt bleibt im Menschen der erbsündliche Widerstand gegen Gott bestehen. Daher wird es immer Unterschiede zwischen den einzelnen Christen im Fortschritt des Kampfes zwischen Geist und Fleisch geben, entsprechend auch Unterschiede in der Selbsterfahrung jedes Christen. Die scholastische Lehre jedoch, der Mensch könne im zeitlichen Leben das göttliche Gesetz ganz erfüllen, geht in jedem Fall von einer falschen Voraussetzung aus ... Diesen Vorbehalt zu begründen, ist die Aufgabe von FC IV." (Sparn, 141 f.)

Was den ersten Vorbehalt und damit die Lehre von FC III „De iustitia fidei coram Deo" betrifft, will heißen: „von der Gerechtigkeit Christi oder des Glaubens, die von Gott durch den Glauben den armen Sündern aus Gnaden zur Gerechtigkeit zugerechnet wird" (BSLK 913,6–9), so mag es in Anbetracht der Charakteristik, die dem status controversiae gegeben wird, anfänglich so erscheinen, als sei der Artikel ganz auf den Osiandrischen Streit

konzentriert. Tatsächlich verweist die Kennzeichnung der Position
der ersten Streitpartei, derzufolge die Gerechtigkeit des Glaubens
die wesentliche Gerechtigkeit Gottes sei, in osiandrische Kontexte
(vgl. BSLK 913,10–914,10: „Denn ein Teil hat gestritten, daß die Gerechtigkeit des Glaubens, welche der Apostel [sc. Röm 1,22] die
Gerechtigkeit Gottes nennet, sei die wesentliche Gerechtigkeit
Gottes, welche Christus als der wahrhaftige, natürliche, wesentliche Sohn Gottes selbst sei, der durch den Glauben in den Auserwählten wohne und sie treibe, recht zu tun, und also ihre Gerechtigkeit sei, gegen welche Gerechtigkeit aller Menschen Sünde
sei wie ein Tropfen Wasser gegen dem großen Meer." Zu der
unmittelbar auf Osiander bezogenen Schlußwendung vgl. Frank
II, 16 sowie 99 f., Anm. 44.). Verstärkt wird der Eindruck, daß es
sich in FC III im wesentlichen um eine Auseinandersetzung mit
Osiander handle, nicht nur durch das explizite Eingehen auf „die
Disputation von der Einwohnung der wesentlichen Gerechtigkeit
Gottes in uns" (BSLK 932,45–47; vgl. BSLK 932, Anm. 3), sondern
u. a. auch dadurch, daß die Antithese zu Osiander eigens erwähnt
wird, wie namentlich Franciscus Stancarus sie vertreten hatte,
demzufolge zu lehren ist, „daß Christus unser Gerechtigkeit sei
allein nach seiner menschlichen Natur" (BSLK 914,12 f.; vgl. 914,
Anm. 3). Indes findet sich die bezeichnete Passage erst in TB,
während sie in den sechs Predigten, in SC und SSC sowie in MF
noch fehlt (vgl. BSLK 914, Anm. 2).

Auch sonst mangelt es bei genauerer Betrachtung nicht an Hinweisen dafür, daß es keineswegs Fragen christologischer Spekulation waren, welche im Zentrum des Interesses und der Aufmerksamkeit von FC III standen. Denn auffälligerweise berührt
der Rechtfertigungsartikel der Formula Concordiae nicht nur die
Lehrposition von Stancarus lediglich nebenbei und im Sinne einer
Marginalie; genauer betrachtet läßt sich die Konkordienformel
auch „nicht auf eine an Osiander orientierte Auseinandersetzung
über die Naturen in Christus und ihren Anteil am Rechtfertigungs-
vorgang ein, obwohl dieser Punkt im Einleitungsabschnitt von
Artikel 3 als eigentlicher Stein des Anstoßes herausgestellt worden
war, und vermeidet es, weitere Implikationen der Lehre Osianders
zu erwähnen" (Stupperich, 191). Im Grunde bleibt es in christologischer Hinsicht bei der zwar konstatierten, aber nur bedingt bzw.
in beschränkter Perspektive entfalteten Feststellung, „daß Christus
unser Gerechtigkeit nicht allein nach der göttlichen Natur, auch
nicht allein nach der menschlichen Natur, sondern nach beiden

Naturen sei, welcher als Gott und Mensch uns von unsern Sünden durch sein vollkummnen Gehorsam erlöset, gerecht und selig gemacht hat" (BSLK 914,16–916,3).[35]

---

[35]   Namentlich in dem Einschub BSLK 918,31 ff. wird betont, daß der in der Vollmacht persönlicher Gott-Mensch-Einheit dem Gesetz ebensowenig wie dem Todesgeschick unterworfene Jesus Christus nicht allein im Leiden und Sterben, sondern auch in der freiwilligen Erfüllung des Gesetzes um unsret- und unserer Glaubensgerechtigkeit willen stellvertretend gehorsam war. Im Gehorsam Christi sind also – schulmäßig zu sprechen – passive und aktive Obödienz inbegriffen. Abgelehnt wird damit die u. a. von Georg Karg alias Parsimonius (vgl. § 12 sowie BSLK 918, Anm. 3; ferner: G. Wenz, Geschichte der Versöhnungslehre in der evangelischen Theologie der Neuzeit, Bd. I, München 1984, 80 ff.) unter Berufung auf die Tradition vertretene Auffassung, Christus habe, da er als Mensch dem Gesetz wie jedermann verpflichtet gewesen sei, die oboedientia activa lediglich für sich geleistet, um sodann als sündlos-heiliger Versöhner die allein stellvertretende oboedientia passiva erbringen zu können. Indes dürfte die Auffassung der Konkordienformel nicht dahin gehen, daß der aktive Gehorsam Jesu Christi als die für die Menschheit stellvertretend geleistete Gesetzeserfüllung die satisfactio vicaria, wie sie durch den passiven Gehorsam seines Leidens und Sterbens erbracht ist, im strengen Sinne eines eigenständigen Moments ergänzt. Mit Recht hebt Frank hervor, man habe die Nebenordnung von Tun und Leiden nicht in der Weise zu verstehen, „als sei jenes ein zu diesem hinzutretendes und nicht vielmehr ein darin nothwendig beschlossenes Moment ..." (Frank II, 37) Das Neue der Darstellung der Konkordienformel liege sonach allein darin, „dass die Sündlosigkeit des Leidens Christi in ihrer Consequenz für das gesamte Leben des Herrn, wornach sie eine vollständige Erfüllung des Gesetzes in der Form der *obedientia activa* voraussetzt, geltend gemacht, und weil Christus aus freier Liebe das Leiden auf sich genommen, so auch von dem Thun des Erlösers, ohne welches dem Leiden seine Kraft und sein Werk abginge, das nämliche behauptet wird" (Frank II, 38; vgl. ferner Ritschl II/1, 475 ff.). Die Lehre der Konkordienformel vom vollkommenen Gehorsam Jesu Christi, wie er ihn „von seiner heiligen Geburt an bis in den Tod seinem himmlischen Vater für uns arme Sünder geleistet" hat (BSLK 934,40–42), stellt demnach allenfalls insofern eine Erweiterung der älteren Bekenntnistradition dar, als sie das in dieser schon mitenthaltene „*Moment der ethischen Aktivität* in und mit dem der Passivität noch besonders und nachdrucksvoll (hervorhebt)" (G. Thomasius, Christi Person und Werk. Darstellung der evangelisch-lutherischen Dogmatik vom Mittelpunkte der Christologie aus. Bd. III: Das Werk des Mittlers. Erste Abtheilung, Erlangen 1859, 302; zur Entwicklung der Lehre der aktiven Oboedienz vgl. im einzelnen: F. A. Philippi, Der thätige Gehorsam Christi. Ein Beitrag zur Rechtfertigungslehre, Berlin 1841, bes. 126–167). Ein genauer wortstatistischer Befund zu dem für FC III charakteristischen „key word ... ,obedience'" fin-

Der Befund von FC III ist also, sofern er Osiander angeht, zwiespältig: Auf der einen Seite wird, wenngleich ohne namentliche Nennung, mehr oder minder direkt auf ihn Bezug genommen. Auf der anderen Seite findet eine auch nur halbwegs detaillierte Auseinandersetzung mit der osiandrischen Lehre und ihren systematischen Implikationen nicht statt. Diesen Sachverhalt hat Martin Stupperich zum Ausgangspunkt folgender Überlegungen genommen: „Wenn auch die an sich notwendige Berücksichtigung der Gesamtstruktur der Lehre Osianders nicht erwartet werden konnte, so wäre doch eine Berücksichtigung wichtiger Einzelargumente aus den Streitschriften der fünfziger Jahre denkbar gewesen. Es scheint deutlich zu sein, daß die Bezugnahme bewußt vermieden wurde. Demgegenüber grenzt sich die Konkordienformel in Artikel 3 gegen zahlreiche dogmatische Einzelaussagen ab, die zwar andere innerprotestantische Streitigkeiten berühren, an Osiander jedoch zunächst nicht denken lassen. Erst der Gesamtzusammenhang des 3. Artikels macht deutlich, daß der größere Teil der Ausführungen der Konkordienformel im Artikel über die Rechtfertigung darauf beruht, daß die Lehre Osianders enggeführt wird auf die Aussage, daß Gerechtigkeit das sei, was uns Gerechtes tun mache. In der darauf aufbauenden Argumentation wird Osiander indirekt ein Gerechtigkeitsbegriff unterstellt, der mit der altgläubigen novitas-Vorstellung identisch ist. Dieser Begriff muß die Werkgerechtigkeit in sich schließen, so daß sich die Konkordienformel im folgenden auf weite Strecken in der Abwehr einer Vorstellung der Gerechtigkeit als Wiedergeburt aufgrund von Tugend und guten Werken ergeht, obwohl Osiander selbst einer solchen Vorstellung in seinen Schriften keinerlei Raum gewährt hatte." (Stupperich, 191) Stupperichs These ist sonach – kurzgefaßt – die, daß FC III nicht eigentlich den genuinen Osiander, sondern lediglich eine bestimmte eigenwillige Interpretation seiner Lehre bekämpft hat: „Osiander wurde verworfen,

---

det sich bei H. P. Hamann, a. a. O., 144 f. Zur Frage „Why the emphasis on the double aspect of active and passive obedience?" vgl. a. a. O., 151 ff. Mit Recht verweist Hamann ferner auf die engen sachlichen Bezüge von FC III und FC IV: „Here as there, it is maintained that all that Christ did for our salvation He did according to both His human and His divine nature, as the one indivisible person." (A. a. O., 150)

insofern man ihn als einen Verfechter der römischen novitas-Vorstellung verstand." (Stupperich, 189)[36]

Die Annahme, die auf seine Weise bereits Frank vertreten hatte, daß es nämlich das tatsächlich oder vermeintlich „Katholisirende der Osiander'schen Doctrin" (Frank II, 5; vgl. BSLK 930, Anm. 2; BSLK 935, Anm. 3 etc.)[37] war, gegen welches sich der dritte Artikel

---

[36] „Da die Württemberger Osiander so nie verstanden hatten, konnten sie sich durch die Ausführungen der Konkordienformel nicht widerlegt sehen. Die Gegner Osianders jedoch mußten befriedigt sein, daß eine Ablehnung von Sätzen ausgesprochen wurde, die aus der Feder Osianders stammten, auch wenn die Argumentation gegen ihn nur zum Teil die auf seiten der Wittenberger übliche war. Es war deshalb von Bedeutung, daß man die Wittenberger auf den Tenor der Schrift Melanchthons gegen Osiander verweisen konnte, in der er festgestellt hatte, daß die Einwohnungslehre Osianders und die römische novitas-Vorstellung nahe beieinanderlägen. Die betreffende Melanchthonschrift war zwar kurz und nicht ganz eindeutig, doch ließ sich die darin enthaltene Tendenz ausbauen und mit der nötigen Eindeutigkeit ausstatten." (Stupperich, 189 f. Zur erwähnten Melanchthonschrift vgl. ebd., Anm. 43 sowie 184 f.) Aus diesen Bemerkungen geht hervor, daß es nach Auffassung Stupperichs eine wesentliche Intention der Verfasser von FC III war, „die Gegner Osianders, zu denen auch Melanchthon zählte, ebenso wie die Vermittler im osiandrischen Streit zufriedenzustellen. Darüber hinaus mußte die gefundene Lösung nach Möglichkeit in ihrer Argumentation auch gegen den gemeinsamen Gegner der Protestanten, die sich reformierende altgläubige Kirche, einsetzbar sein." (Stupperich, 189. Vgl. ferner: ders., Lehrentscheidung und theologische Schematisierung. Die Sonderrolle Württembergs im Osiandrischen Streit und ihre Konsequenzen für die Formulierung des dritten Artikels der Solida Declaratio, in: W. Lohff/ L. W. Spitz [Hg.], a. a. O., 171–195. Dort finden sich auch genauere Hinweise auf den Inhalt der Osianderkritik Melanchthons und deren Wiederaufnahme in FC III. Der historische Osiander ist nach dem Urteil Stupperichs durch diese Kritik im wesentlichen nicht getroffen.

[37] Im Unterschied zu Stupperich hält Frank das Urteil von FC III über Osiander für berechtigt. Zum Verhältnis der osiandrischen zur römischen Lehre, wie es sich Frank darstellt, sowie zu Osianders Begriff der Gerechtigkeit vgl. Frank II, 5 ff., hier: 17: „*Osiander* heisst die Gläubigen auf die in ihnen wohnende Gerechtigkeit Christi bauen ganz ebenso wie die Kirche auf die ausser ihnen liegende von Christo erworbene Gerechtigkeit, und in seinem Sinne ist Rechtfertigung nicht identisch mit Heiligung, wohl aber das Princip derselben. Ebendeshalb aber werden von *Osiander* Rechtfertigung und Erneuerung in einer Weise mit einander verbunden, welche den theuersten Erwerb der lutherischen Reformation, den Trost der völligen Heilszuversicht zerstört." (Ähnlich urteilt Ritschl II/1, 459.) Vgl. dagegen das Resumé Stupperichs: „Fragt man nach der

der Konkordienformel inhaltlich vor allem wendete, wird durch
dessen literarische Vorgeschichte eindeutig bestätigt.[38] Diese zeigt
zugleich, daß die Osiander-Kritik der Konkordisten nicht auf einen reinen Gegensatz hin angelegt war, sondern mit einem – vor
allem von Württemberger Seite forcierten – Bemühen um weitgehende Integration von Anfang an verbunden war. Einen ersten
Beleg in dieser Richtung bieten die lateinischen Unionsartikel von

Funktion der ausführlichen Darlegung der gemeinsamen Rechtfertigungslehre durch die Konkordienformel, so fällt zunächst ins Auge, daß
diesem Artikel offensichtlich auch die Rolle zugedacht war, Maßstab für
die Behandlung der übrigen Punkte des Einigungswerkes zu sein.
Eigentliche Aufgabe aber war es, das bei allen Parteien gleichermaßen
zentrale Interesse an einer einheitlichen Basis für den Kampf gegen die
sich reformierende altgläubige Kirche zu befriedigen. Der Vorteil der zu
diesem Zweck gefundenen Lösung lag darin, daß sich die Wittenberger
und mit ihnen die Gnesiolutheraner in ihrer antiosiandrischen Haltung
als bestätigt betrachten konnten, auch wenn sie wesentliche Punkte ihrer
Argumentation gegen Osiander vermissen mußten, die Württemberger
sich jedoch in ihrer vermittelnden Haltung nicht beirrt zu fühlen brauch-
ten. Die Tatsache, daß eine solche Lösung überhaupt möglich war, wirft
ein Licht auf die Komplexität der mit dem osiandrischen Streit verbundenen Probleme. Noch deutlicher werden die Schwierigkeiten dieser Auseinandersetzung, sobald man sich vor Augen hält, daß Osiander in der
Lage gewesen wäre, auf der Basis seines Verständnisses der reformatorischen Rechtfertigungslehre den 3. Artikel der Konkordienformel, sieht
man einmal ab von den Stellen, die seine Lehre direkt ansprechen, für
seine Person zu unterschreiben." (Stupperich, 191; ferner ders., Osiander
in Preußen, 1549–1552, Berlin/New York 1973; zu Osianders Nürnberger
Zeit vgl. G. Seebass, Das reformatorische Werk des Andreas Osiander,
Nürnberg 1967.)

[38] Vgl. in diesem Zusammenhang auch den Nachweis Ritschls, „(v)on welcher gerade auch dogmenhistorischen Bedeutung die erst von Chemnitz
in großem Stil eröffnete Polemik gegen den tridentinischen Katholizismus gewesen ist" (Ritschl II/1, 498). Ritschl kommt zu dem Ergebnis: „So
hat Chemnitz den Ertrag der bisherigen Entwicklung des Gedankens von
dem rechtfertigenden Glauben im scharfen Widerspruch zu der Auffassung des tridentinischen Katholizismus zusammengefaßt. Daher tritt in
seinen Formeln allerdings nicht unmittelbar auch der Gegensatz zu dem
Majorismus und dem Synergismus hervor. Gleichwohl blieben diese, wie
durch die Entscheidungen der Concordienformel, so auch durch den
Gebrauch, den man weiterhin von der Bestimmung des rechtfertigenden
Glaubens durch sein eigentliches Object machte, als Abweichungen von
der orthodoxen Lehre des Luthertums ausgeschlossen. Vollends wurde
durch dieselbe Auffassung neben der katholischen auch die osiandrische
Ansicht von der Rechtfertigung ferngehalten." (Ritschl II/1, 500)

1568, in denen Andreae zwar keinen Zweifel daran läßt, daß er den Bedeutungsgehalt der Wendung iustitia Dei „in melanchthonisch-imputativem Sinne als dem Menschen mit der Sündenvergebung zugesprochenen Gerechtigkeit aufgrund des im Glauben angenommenen Verdienstes Christi" (Mager, 39) versteht. Dennoch ist er bemüht, die Annahme einer Einwohnung der wesentlichen Gerechtigkeit Gottes im Sinne Osianders zu integrieren. Wörtlich heißt es: „Est igitur consensus in hoc: peccata non propter essentialem iustitiam Dei per fidem inhabitantem, sed propter passionem et mortem Domini nostri Jesu Christi remitti vere credentibus, in quibus Christus Deus habitat, idque non propter inhabitationem, sed propter opus obedientiae Christi extra nos factum. Cum autem haec duo tempore sint simul in credentibus, videlicet imputatio obedientiae Christi in remissionem peccatorum et inhabitatio essentialis iustitiae Dei, diligenter attendendum est, ne haec vel commisceantur vel permutentur. Nulla est enim imputatio obedientiae Christi in remissionem peccatorum, priusquam per fidem Christus habitet in credente, et vicissim nulla est inhabitatio Dei in nobis, nisi peccata remittuntur."[39] Eine scharfe Frontstellung gegen Osiander ist somit offenkundig nicht beabsichtigt: „Andreae distanziert sich in den Verwerfungen nur von einer kausalen Vorordnung der Einwohnung vor die Sündenvergebung und von einem Auseinanderreißen von forensischer und effektiver Rechtfertigung, wie sie Osiander unterstellt, von ihm selbst aber nach Meinung der Württemberger gar nicht beabsichtigt worden ist." (Mager, 39)[40]

---

[39] I. Mager, Jacob Andreaes lateinische Unionsartikel von 1568, 77.

[40] Zu Andreaes deutschen Unionsartikeln von 1569, wo in Artikel I „Von der Rechtfertigung des Glaubens" (Heppe II, 251) gehandelt wird, vgl. Mager, 58 ff. Wie 1568 gesteht Andreae zu, „daß Gott mit seiner wesentlichen Gerechtigkeit durch seinen Geist in den Gläubigen wohnt, sie zum Tun des Guten treibt und befähigt. Nur schreibt er dieser Einwohnung keine kausale Bedeutung für die Rechtfertigung zu; auch werde der Mensch dadurch nicht vollkommen, sondern bleibe Sünder, so daß sein einziger Trost in der Zurechnung der Gerechtigkeit Christi liege. Auf diese Weise gelingt es Andreae, das Anliegen Osianders in dem von ihm interpretierten Sinne von effektiver Rechtfertigung mit seinem imputativ-forensischen Grundsatz zu verbinden, ohne sich in Widersprüche zu verwickeln und die Alleinwirksamkeit der Gnade in Frage zu stellen." (Mager, 60)

Diese Perspektive bleibt auch in der Predigtreihe von 1573 erhalten (vgl. Mager, 177 f.). Ihrem theologischen Status als Organisationszentrum und regulative Idee gemäß ist der Lehre von der Gerechtigkeit vor Gott analog zu den deutschen Unionsartikeln von 1569 die erste Predigt gewidmet. Die Leitfrage lautet, „Wie ... solliche Gerechtigkeit Christi, die uns durch den Glauben zugerechnet würdt, zuverstehn unnd zuerklären seie." (Heppe III, B I, 11) Dabei wird differenzierend hinzugefügt, daß drei unterschiedliche Momente dem Namen Christi und seiner Gerechtigkeit inbegriffen seien: „Namlich, unnd zum ersten, sein göttliche Natur und ewige Gottheit. Zum andern, sein menschlich Natur, die er von Maria der hochgelobten Jungfrawen an sich genommen hat. Zum dritten, sein Gehorsam, den er", wie es heißt, „under dem Gesätz seinem himmlischen Vatter biß in den Todt geleistet hat." (Ebd.) Genauer gefaßt ist die besagte Leitfrage demnach so zu formulieren: „Was under disen dreien Stucken uns durch den Glauben zur Gerechtigkeit zugerechnet werde ...?" (Ebd.) Der Versuch einer Antwort konzentriert sich im wesentlichen auf die Auseinandersetzung mit der Behauptung, die Glaubensgerechtigkeit sei die Gerechtigkeit der Gottheit Christi, „wölche durch den Glauben in den außerwölten wohne, unnd sie treibe recht zuthun" (ebd.). Trotz der von ihnen geltend gemachten biblischen Gründe, die bemerkenswert ausführlich referiert werden (Heppe III, B I, 11–14), wird den Anhängern dieser Position entgegengehalten, daß im Rahmen der Lehre von der Glaubensgerechtigkeit unter Gerechtigkeit „nicht soll verstanden werden, die wesentliche Gerechtigkeit Gottes, die Gott selbst ist, und durch den Glauben auch in den außerwölten wohnet, sonder es heisse anders nichts denn vergebung der Sünden umb Christi willen, der Gott und Mensch ist, und hat für uns das Gesatz Gottes volkommen erfüllet. Oder daß ichs noch deutlicher sage, Es heisse eigentlich den gehorsam Christi, der uns durch den Glauben zur Gerechtigkeit zugerechnet werde, gleich wie auch der Glaub an Christum, mit gewächselter Rede, uns zur Gerechtigkeit würdt zugerechnet." (Heppe III, B I, 14)

Nicht um Spekulationen zur Zwei-Naturen-Lehre ist es sonach zu tun, auch nicht um eine ausgearbeitete Lehre von der Obödienz Jesu Christi, sondern im wesentlichen darum, daß es der in der personalen Einheit seiner beiden Naturen extra nos gewirkte Gehorsam Jesu Christi ist, welcher uns im Glauben zur Gerechtigkeit zugerechnet wird. Man darf sich durch den Verweis auf die drei

Begriffsmomente der Rede von der Gerechtigkeit Christi nicht verwirren lassen: „auff den eigentlichen und rechten Verstand deß Worts (Rechtfertigen) gesehen" (Heppe III, B I, 14), bedeutet die dem Glauben zugerechnete Gerechtigkeit Christi nichts anderes als Sündenvergebung. Mit Andreae gesagt: „Darumb eigentlich zureden, so ist der Christen Gerechtigkeit auff erden vor Gott, unnd also die Gerechtigkeit deß Glaubens anders nichts, dann vergebung der sünden, auß lautter gnaden Gottes, durch den Glauben, umb deß einigen Gehorsams Christi deß sons Gottes, und Marie willen, der uns zur Gerechtigkeit zugerechnet würdt." (Heppe III, B I, 15)

Indes soll damit ein Gegensatz zwischen einer imputativen und einer effektiven Rechtfertigungslehre ebensowenig begründet werden (Heppe III, B I, 17: „Dann Rechtfertigen, oder gerecht machen, ungerechtigkeit vergeben, sünde bedecken, sünde nicht zurechnen, S. Paulo einerley Reden seind, unnd eine für die ander genommen und verstanden würdt.") wie eine ausschließende Alternative gegenüber Osiander: Ausdrücklich und unter Inschutznahme des „Anfänger(s) dises Streits" (Heppe III, B I, 22) wird eingeräumt, es sei „warhafftig also, das nämlich Gott, der die ewig Gerechtigkeit selbst ist, in den Glaubigen und Außerwölten, als in seinem Tempel wohnet, unnd heillget sie, und treibet sie recht zuthun" (Heppe III, B I, 21). Allerdings fährt Andreae fort: „Aber sollichs ist gar ein ander Frag, unnd gehöret nit hieher, wann man fraget, was Gott anschawe, an einem armen Sünder, umb dessen willen, er jne für fromm und gerecht halte, nicht anderst, als wann er den volkomnen Gehorsam deß Gesetzes geleistet hette, mit Hertzen, Gedancken, Worten unnd Wercken. Dann hie sihet der Vatter seinen Son an, allein in dem Gehorsam den er für die Sünder geleistet hat. Unnd umb desselben Gehorsams willen rechtfertiget er den Sünder, von seinen Sünden, daß ist, er spricht jn ledig. Unnd nachdem er zu Gnaden auffgenommen, unnd seiner Sünden vergebung erlanget hat, so wohnet als dann nicht allein Christus, sonder auch der Vatter unnd heiliger Geist in einem sollichen armen Sünder, in dessen Natur noch die Sünde stecket, helffen jme darwider streitten, unnd fahen an jn auch frömmer unnd heiliger in seiner Natur machen, biß die ewige volkomne Gerechtigkeit volget, darvon Daniel weissaget, wann nämlich der Glaube unnd Hoffnung auffhören, unnd wir nicht allein für gerecht gehalten, sonder auch mit der That unnd Warheit, in unser

Natur und Wesen volkommen gerecht und selig sein, unnd ewig bleiben werden." (Heppe III, B I, 21 f.)

Daß man in der soeben zitierten inhaltsreichen Passage die vorgenommene Unterscheidung von Sündenvergebung und Einwohnung Gottes nicht als Trennung, sondern als eine Funktion der Erkenntnis zu deuten hat, daß es bis zum Ende der Tage allein die Externität der Gerechtigkeit des Gehorsams Christi ist, welche den Menschen seines Heiles vor Gott innewerden läßt, wird durch die Art und Weise der Aufnahme bestätigt, welche Andreaes Predigt „von der Gerechtigkeit deß Glaubens vor Gott" 1574 in SC gefunden hat. Noch deutlicher als in der einschlägigen Predigt ist in SC III alles darauf abgestellt, das sola fide wider alle noch so subtilen Formen der Werkgerechtigkeit zur Geltung zu bringen. Darauf zielt das dezidiert an den Anfang der Erörterungen gestellte Bekenntnis, daß der Mensch vor Gott gerechtfertigt wird „Allein durch den glauben ohn Alle vorgehende gegenwerttige oder Nachvolgende wergk, umb deß einigen verdinsts gantzen gehorsams bittern leydens und Sterbens Unnsers Herren Christi willen, deß gehorsam Allen Bueßfertigen Unnd Rechtgleubigen Christen zur gerechtigkeitt zugerechnet würdt" (Hachfeld, 251). Zwar sei der Glaube „Inn den Ausserweltten Christen nimmer ohne die liebe, denn Allein der glaub gerecht unnd Seelig machett, der durch die liebe thäthig Ist" (ebd.). Gleichwohl verlasse sich „der glaube Inn der Rechtfertigung vor Gott weder auff die Liebe, noch uff Ander tugenden, wie Auch Gott hierinnen nicht Auff dieselbige sihet, Sonder Allein uff Christum unnd Inn demselbigen Auff seinen vollkommen geleisten gehorsam, welcher den gleubigen zur gerechtigkeitt zugerechnet würdt" (Hachfeld, 251 f.). Damit ist der Skopus von SC III, der auch noch derjenige von FC III sein wird, formuliert. Hingegen wird auf Osiander nur nebenbei und in Anspielung auf einen geläufigen Vergleich von ihm (vgl. Hachfeld 254) Bezug genommen (vgl. Mager, 213, Anm. 69). Es geschieht dies im Rahmen einer Damnationenreihe. „Freilich ist durch die Abgrenzung von katholisierenden Tendenzen Osianders eigentliches Anliegen gar nicht getroffen." (Mager, 213) In FC III (vgl. BSLK 935,15 ff.) sind die sechs Damnationen von SC III dann zwar allesamt integriert und nur im Detail modifiziert bzw. ergänzt worden. Aber die Anspielung auf das Osianderzitat begegnet eigentümlicherweise nicht mehr.

Ganz auf die rechtfertigungstheologische Zentralaussage hingeordnet ist sodann auch, was christologisch zu Person und Werk
des Versöhners ausgesagt ist: Es ist der ganzen Person ganzer
Gehorsam, welcher uns im Glauben zur Gerechtigkeit zugerechnet wird. Weder wird uns die göttliche, noch die menschliche
Natur Christi „für sich selbst" (Hachfeld 253) zugerechnet, noch ist
der Gehorsam, welchen Jesus Christus in der Einheit seiner gottmenschlichen Person erbracht hat, in irgendeiner Weise ergän-
zungsbedürftig. Er ist vielmehr so vollkommen, wie die Genugtuung und Versöhnung, welche er bereitet, vollkommen sind und
der „Ewigen Unwandellbarenn gerechtigkeitt Gottes" (ebd.) gänzlich Genüge leisten. Auf diesen Gehorsam der gottmenschlichen
Person Jesu Christi allein ist Verlaß. Dem Glauben aber, der sich
auf ihn verläßt, wird er von Gott zur Gerechtigkeit vor ihm zugerechnet.

Chemnitz' Bearbeitung von SC III folgt inhaltlich ganz dieser Linie, wobei er unter Berufung auf die Apologie der CA eigens hervorhebt, der „Artickel von der Rechtfertigung des glaubens" sei
„der furnembste der gantzenn Christlichen Lehre" (Heppe III, B II,
104). Damit aber nicht „ein weinig Saurteig den gantzen teig ver-
sewere" (ebd.), müßten im Anschluß an Paulus die particulae exclusivae „vleißig und ernstlich" (Heppe III, B II, 107) hervorgehoben werden: „aus *gnaden*, ohn verdienst, ohn gesetz, ohn wergk,
nicht aus den wercken etc." (ebd.). Mit Recht wurde konstatiert,
daß Chemnitz, indem er in dieser Hinsicht besonders scharf ak-
zentuierte, den Artikel „aus dem antiosiandrischen noch mehr als
Andreae in einen allgemein antikatholischen Kontext" (Mager, 213)
versetzt hat. Dies wird unterstrichen durch die zu dogmatischer
Förmlichkeit gesteigerte Unterscheidung zwischen Rechtfertigung
und „Reuw" einerseits und Rechtfertigung und „Verneuwerung
und heiligung" (Heppe III, B II, 105) andererseits. Es gilt: „Also
auch verlasset sich der glaube in der Rechtfertigung fur Gott
wedder auf die Buß noch auf liebe oder tugende, wie auch Got
hirinne auf dieselbige nicht siehet, sondern allein uf Christum
und in demselben uf seinen vollkommen gehorsamb, damit ehr
fur uns das gesetz erfullet, welcher den gleubigen zur Gerechtigkeit zugerechnet wird." (Heppe III, B II, 106) Nicht daß die
Meinung diese sei, „als Konte ein wahrer glaube wol sein, ohn
bueß, oder alß solten, musten und durfften die guten wercke dem
wahren glauben tanquam individui fructus et effectus nicht folgen" (Heppe III, B II, 107). Gleichwohl dürften um der Seelen Se-

ligkeit und der Gewißheit des Heils willen die dem Rechtfertigungsglauben vorangehende Buße und die ihm folgende Erneuerung nicht „tanquam forma aut pars iustificationis" (Heppe III,
B II, 108) in den Rechtfertigungsartikel eingemischt werden. Auch
der Glaube selbst mache ja nicht gerecht und selig, „das ehr ein
solche herliche tugent sei" (Heppe III, B II, 107), sondern weil er
auf das Evangelium Jesu Christi – „durchs wort und in den Sacramenten uns furgetragen" (Heppe III, B II, 104) – sich verläßt und
somit „das Mittel oder wergkzeug" (Heppe III, B II, 107) sei, damit
und dadurch Gottes Gnade und das Verdienst Christi appliziert
werde, von welchem „Ampt und von (welcher) eigenschafft
applicationis alle andere Tugende oder werck ausgeschloßen
werden" (Heppe III, B II, 107 f.). Bezüglich des Verhältnisses von
Rechtfertigung und Heiligung bzw. den Werken derselben heißt
das, daß die Person durch den Glauben und den Glauben allein
gerechtfertigt wird. „Darnach wan die Person gerechtfertigt ist, so
wirdt sie auch durch den h. Geist verneuert und geheiliget: aus
welcher Verneuwerung und heiligung alßdan die fruchte der guten wercke folgen." (Heppe III, B II, 108)

Damit ist das Wichtigste gesagt. Um indes das Mißverständnis einer chronologischen Reihung zu vermeiden, wird für die Theologen differenzierend hinzugefügt: „Et haec non intervallis temporum divelluntur, sed ordine causarum et effectuum antecedentium
et consequentium distribuuntur. Atque ita manet quod Lutherus
dicit: Bene conveniunt et sunt connexa inseparabiliter fides et
opera, sed sola fides est, quae apprehendit benedictionem sine
operibus et tamen nunquam est sola." (Heppe III, B II, 108) Auf
diesem, durch anschließende Detailbestimmungen weiter ausdif-
ferenzierten Hintergrund ist schließlich auch zu verstehen, was
Chemnitz mehr oder weniger anhangsweise zur „disputation von
der Einwohnung der wesentlichen Gerechtigkeit Gottes in uns"
(Heppe III, B II, 110) bemerkt. Wie unbeschadet der Tatsache, daß
ein Glaube ohne Werke keinen Bestand hat, nicht die fides charitate formata (vgl. Heppe III, B II, 108 f.) als konstitutiver Bezugspunkt göttlichen Rechtfertigungsurteils fungiert, so ist es auch
nicht die dem Glaubenden innewohnende göttliche Gerechtigkeit,
welche den justifikatorischen Urteilsspruch Gottes begründet,
sondern die Zusage der Sündenvergebung, wie sie im vollkommenen Gehorsam Christi fundiert ist. In diesem – nicht, wie gesagt, zeitlichen, wohl aber theologischen – Sinne folgt die inhabitatio Dei der als Sündenvergebung zu bestimmenden iustificatio

nach. Sechs Damnationen bestätigen dies im Anschluß an Andreae, wobei die erwähnte Bezugnahme auf ein Osianderzitat bereits fortgefallen ist.

Da die Endfassung von SSC III (vgl. Heppe III, B III, 217–228) gegenüber den referierten Vorarbeiten von Chemnitz „nur noch ge-
ringfügige inhaltliche Veränderungen" (Mager, 214) aufweist und
MF III – abgesehen von einem breit angelegten Schrift- und Traditionsbeweis[41] – inhaltlich wenig neue Gesichtspunkte beibringt,
bleibt die Handschrift des Verfassers des „Examen Concilii Tri-
dentini" auch in TB und BB klar erkennbar. Klar erkennbar ist
fernerhin, daß die Auseinandersetzung mit Osiander, wie erwartet, nur einen Aspekt und zumeist auch nur den äußeren Anlaß
der inhaltlichen Lehrdarstellung von FC III ausmacht. Mag für die
Mehrzahl der Konkordisten die von Mager im Hinblick auf MF
beobachtete Absicht, „Osiander nicht zu nahe zu kommen" (Mager, 245), auch nur bedingt bestimmend gewesen sein, so ist doch
unbeschadet dessen offenkundig, daß im Zentrum des Textes von
FC III die Auseinandersetzung mit dem stand, was man durch das
Kürzel „Werkgerechtigkeit" zu bezeichnen gewohnt ist, wohingegen die explizite Bearbeitung und Schlichtung des Osiandrischen
Streites nur den äußeren Rahmen des Artikels bildet.

Da über den Anfang von FC III und die dort vorgenommene Charakteristik des status controversiae bereits berichtet wurde, genügt
es, nur noch den Artikelschluß (vgl. BSLK 932,45 ff.) und das dort
erzielte Resultat ins Auge zu fassen. Das Ergebnis lautet, kurz gesagt, daß die Einwohnung der wesentlichen Gerechtigkeit Gottes
in uns nicht die Gerechtigkeit des Glaubens sei, welche Paulus im
rechtfertigungstheologischen Zusammenhang iustitia Dei nennt,
um deretwillen wir vor Gott gerechtgesprochen würden. Vielmehr
folge die inhabitatio Dei auf die vorhergehende Gerechtigkeit des

---

[41] Vgl. Pressel 660–667, hier: 666: „Derwegen sol diser Irtumb vorworffen
werden, das unser gerechtikeit für Got, dadurch wir gerecht und seelig
werden, sey die wesentliche gerechtikeit Gottes in uns wonend oder das
uns die Inwonende gerechtikeit (welche die Gotliche Natur in Christo
selbst sey) zugerechnet und wir um derselbigen willen für Got fromb
und gerecht seyen, als welche yrrige meinung der heiligen gotlichen
schrifft, den Symbolis, der Augspurgischen Confession, derselben Apologi, den Schmalkaldischen Articuln, den grossen und kleinen Catechismo
Lutheri, Auch andern vornemen schrifften dises hocherleuchten Mans
gentzlich zuwieder."

Glaubens, welche nichts anderes sei als die Vergebung der Sünden und die gnädige Annahme des Sünders allein um des Gehorsams und Verdienstes Christi willen vor Gott. (SD III,54: „Sed inhabitatio Dei sequitur antecedentem fidei iustitiam, quae nihil aliud est quam remissio peccatorum, gratuita acceptatio peccatoris, propter solam obedientiam et meritum perfectissimum unius Christi."[42]) Die Wahrheit der Annahme realer Einwohnung Gottes in

---

[42]　　Man hat diese und entsprechende terminologische Differenzierungen nicht selten als isolierende Sonderungen von sachlich Zusammengehörigem kritisiert. Als Beispiel sei T. Mannermaas Kommentar zu der zitierten Stelle SD III,54 wiedergegeben, wo es heißt: „In der Anführung des Gedankens, daß die Anwesenheit der Dreieinigkeit im Glauben nicht dasselbe bedeutet wie ‚Glaubensgerechtigkeit', beruht die Konkordienformel auf der späteren Theologie Melanchthons, auf die so ungefähr die ganze lutherische Theologie nach Luther Bezug nimmt. Die Gerechtmachung wird gänzlich forensisch aufgefaßt, mit anderen Worten, als Empfang der aufgrund von Christi Gehorsam und Verdienst zugerechneten Vergebung. Die *inhabitatio Dei* ist nur Konsequenz jener ‚Glaubensgerechtigkeit'. In Luthers Theologie ist das Verhältnis zwischen der Rechtfertigung und der Einwohnung Gottes im Glaubenden zweifellos anders definiert worden ... Luther trennt nicht die Person (persona) und das Werk (officium) Christi voneinander, sondern Christus selbst, sowohl seine Person als auch sein Werk, ist die christliche Gerechtigkeit beziehungsweise Glaubensgerechtigkeit. Im Glauben selbst ist Christus real anwesend (in ipsa fide Christus adest) und somit auch seine ganze Person und sein ganzes Werk. In der Person Christi verbinden sich sowohl Gottes ‚Gunst' (favor) – das heißt die Sündenvergebung und die Aufhebung des ‚Zornes' – , als auch Gottes ‚Geschenk' oder ‚Gabe' (donum) – das heißt, Gott selbst als in der ganzen Fülle seines Wesens anwesend. Die einseitig forensische Rechtfertigungslehre der Konkordienformel und des späteren Luthertums läuft Gefahr, zumindest begrifflich die Gerechtsprechung und die reale Anwesenheit Gottes im Glauben voneinander zu trennen. Dagegen sind in Luthers Theologie diese beiden Motive in der Person Christi vollends eins. Christus ist – mit den Begriffen von Chalzedon gesprochen – ungetrennt, aber auch unvermischt sowohl *favor* als auch *donum*. Der im Glauben anwesende Christus – sowohl seine Person als auch sein Werk – ist Luther gemäß mit der Glaubensgerechtigkeit identisch." (T. Mannermaa, Der im Glauben gegenwärtige Christus. Rechtfertigung und Vergottung. Zum ökumenischen Dialog, Hannover 1989, 15 f. Vgl. ferner S. Peura, A. Raunio [Hg.], Luther und Theosis. Vergöttlichung als Thema der abendländischen Theologie, Helsinki/Erlangen 1990.)

So bedenkenswert dieser Kommentar zweifellos ist, man wird fragen müssen, ob er dem Anliegen der Argumentation der Konkordienformel wirklich gerecht wird. Denn die Absicht der Unterscheidung zwischen der iustitia Dei im Sinne der remissio peccatorum und der inhabitatio Dei ist es ja nicht, den auf Selbstrepräsentation im Glauben angelegten Für-Bezug der iustitia Dei zu leugnen, sondern die Gnadenkontingenz der Zuwendung Gottes zum Menschen und die dauerhaft exzentrische Struktur der Christusgemeinschaft des Glaubens zu wahren. Daß solche Exzentritizität des Glaubens mit der Gewißheit realer Gegenwart des in Jesus Christus präsenten dreieinigen Gottes verbunden ist, wird von der FC nicht nur nicht bestritten, sondern entschieden behauptet, wobei hinzuzufügen ist, daß nach Auffassung der FC überhaupt nur der exzentrisch verfaßte Glaube, der sich gänzlich auf Christus verläßt, der Realpräsenz Gottes als einer für den Menschen aufgeschlossenen Gegenwart innewird. Aber solches Innewerden Gottes im Glauben hat unter gegebenen Bedingungen nicht die Gestalt eines ständigen, zu theoretischer und praktischer Vollendung gelangten Selbstbewußtseins. Gerade im gläubigen Innewerden Gottes nämlich nimmt der Glaubende sich und seine Welt als der Präsenz Gottes nicht entsprechend wahr. Perfekte Gestalt gewinnt die Präsenz Gottes für den Glauben deshalb nur im Namen Jesu Christi und im Vertrauen auf ihn, welches Vertrauen schließlich auch die Voraussetzung der gewissen Zuversicht ist, daß Gott in Zukunft mehr und mehr in seinem Eigentum Wohnung nehmen möge. In diesem Kontext betrachtet gibt die konsekutive Bestimmung des inhabitatio-Gedankens (inhabitatio Dei sequitur antecedentem fidei iustitam) und seine Einordnung in den Folgezusammenhang des Glaubens durchaus einen guten Sinn, und das nicht zuletzt deshalb, weil der inhabitatio-Begriff auf diese Weise mit den Begriffen der regeneratio und der vivificatio in Verbindung tritt und damit eine praktische Bedeutung gewinnt, die jeden Heilsegoismus ausschließt, weil der Mensch, der in Christus zu Gott und damit zu sich gefunden hat, nicht auf sein Inneres bzw. auf ein Insein Gottes in ihm fixiert, sondern konsequent nach außen, an die Welt verwiesen wird, der sich fürsorglich zuzuwenden die Bestimmung der Liebe ist, wie sie dem im Vertrauen auf Christus um sich selbst unbesorgten Glauben folgt. In diesem Zusammenhang kann dann auch „die *Spontaneität des Menschen* in Kraft der von der Gnade gegebenen novi motus" zu einer angemessenen Geltung gelangen (W. Vollert, Die Entscheidung der Konkordienformel in der Lehre von der Glaubensgerechtigkeit in Art. III besonders gegenüber der osiandrischen Lehre, in: NKZ 17 [1906], 623–628, hier: 628). Genauer habe ich mich mit der von T. Mannermaa repräsentierten Forschungstradition auseinandergesetzt in meinem Beitrag: Unio. Zu Differenzierung einer Leitkategorie finnischer Lutherforschung im Anschluß an CA I–VI, in: M. Repo/R. Vinke, Unio. Gott und Mensch in der nachreformatorischen Theologie, Helsinki 1996, 333–380; dazu T. Mannermaa, Über die Unmöglichkeit, gegen Texte Luthers zu systematisieren. Antwort an Gunther Wenz, in: a. a. O., 381–391. Als ceterum censeo sei auch in diesem Zusammenhang betont: „Die immer wieder aufgestellte Behauptung, die FC vertrete im Unterschied zu Luther ein lediglich imputatives Verständnis von Rechtfertigung, ist offenkundig unhaltbar." (F. Beißer, Die Rechtfertigungslehre der Konkordi-

den Gläubigen wird also – nota bene! – keineswegs in Abrede
gestellt; gesagt wird lediglich, daß sie der Rechtfertigung stricte
dictu nachfolgt. Dabei wird man den Vorgaben von Chemnitz und
SSC entsprechend und unbeschadet der Tatsache, daß TB und BB
„weitgehend auf gelehrte Diskussionen und lateinische Fachausdrücke verzichte(n)" (Mager, 256), in Rechnung zu stellen haben,
daß die bezeichnete Sequenz nicht eine chronologische, sondern
eine theologische darstellt.[43] Als solche macht sie namhaft, daß
die inhabitatio Dei im Glauben analog zur Liebe, welche die Wesensbestimmung des Gläubigen ausmacht, unter irdischen Bedingungen nur anfänglich sowie in einer sukzessiver Steigerung be-
dürftigen Weise vom Gläubigen Besitz ergreift und daher „nicht
die Rechtfertigung constituirt, sondern zu den Wirkungen derselben zu zählen ist" (Frank II, 107 f.). Die Unterscheidung von iustificatio und inhabitatio intendiert also keineswegs eine Trennung
oder einen wie auch immer gearteten Gegensatz. Sie bringt lediglich verschiedene Rücksichten zur Geltung mit dem Ziel, deutlich
zu machen, daß der Mensch die Gewähr seines Heils unter keinen Umständen im Blick auf sich selbst und im reflexiven Bezug
auf das Eigene findet, sondern seiner Gerechtigkeit vor Gott allein
dadurch gewiß und in diesem Sinne auch inne wird, daß er sich
auf den in perfekter Vollkommenheit erbrachten Gehorsam Christi
und dessen Gerechtigkeit verläßt.[44]

---

enformel: Wieweit treffen ihre Verwerfungen die römisch-katholische
Kirche?, in: K. Lehmann [Hg.], Lehrverurteilungen – kirchentrennend?
II. Materialien zu den Lehrverurteilungen und zur Theologie der Rechtfertigung, Freiburg/Göttingen 1989, 210–223, hier: 218; vgl. ders., Zur Frage der Vergöttlichung des Menschen [theosis] bei Martin Luther, in: KuD
39 [1993], 266–281. Dort finden sich auch bemerkenswerte Ausführungen
zu FC III.)

[43] So H. Hamann, a. a. O., 159 f. in bezug auf das Verhältnis von Glaube und
glaubensgehorsamer Liebe: „(T)here can be no question of a *chronologi-
cal* following of the new obedience upon faith. Once faith is there, the
new obedience is there, at the same point of time. The following, then,
is a logical following: faith is the source of the new obedience, and not
the other way around." Vgl. Hübner, 157.

[44] Daß die Konkordisten die Wahrheit des Gedankens göttlicher Einwohnung im Gläubigen nicht verkennen, zeigt sich im übrigen an der förmlichen Verdammung der Lehre, „(d)aß nicht Gott, sondern allein die Gaben Gottes in den Gläubigen wohnen" (BSLK 935,42 f.). Über den Sinn
dieser Damnation, die wortgleich bereits in SC begegnet (vgl. Hachfeld,

Es ist der exzentrische Charakter des Glaubens als fiducia, um dessen Wahrung es in FC III im wesentlichen zu tun ist. Das gilt für die Auseinandersetzung mit theologischen Fehlurteilen im Anschluß an Osiander, welche den äußeren Rahmen und Anlaß des Artikels darstellt. Das gilt aber auch und gerade für seinen inneren Kern, dessen inhaltliche Bestimmungen in aller Regel ohne direkten Bezug auf die osiandrischen Streitigkeiten vorgetragen werden und durchaus unabhängig von diesen verstanden werden wollen und verstanden werden können. Da das meiste bereits im Zusammenhang der Vorgeschichte von FC III angesprochen wurde, sollen im folgenden anhand des Textes des Bergischen Buches nur die entscheidenden Aspekte noch einmal benannt werden in der Absicht, die Gedankenkonsequenz, welche die Grundlinie der Argumentation bestimmt, möglichst klar erkennbar werden zu lassen. Ich benenne zwölf Gesichtspunkte.

Zum ersten: Der Artikel von der Rechtfertigung des Glaubens ist der articulus praecipuus der ganzen christlichen Lehre, ohne welchen das geängstete Gewissen trostlos und ohne Erkenntnis des

---

254), wurde schon beizeiten gerätselt, und nicht die Geringsten unter den älteren Kommentatoren „bekennen nicht zu wissen, wer zur Zeit des *Osiander*'schen Streites jene Behauptung ausgesprochen habe" (Frank II, 105 f.). Auch Frank (II, 105, Anm. 75) bringt nur bedingte Aufklärung. Deutlich jedenfalls ist, daß es sich um die Abweisung einer antiosiandrischen These handelt, die in dem Interesse vorgenommen wurde, das Wahrheitsmoment der Lehre Osianders zu würdigen und den Gedanken realer Einwohnung Gottes im Gläubigen zu integrieren. Das ändert indessen nichts an der entschiedenen Absage gegenüber dem Satz, „(d)aß der Glaube nicht allein ansehe den Gehorsamb Christi, sondern seine göttliche Natur, wie dieselbige in uns wohnet und wirket, und durch solche Einwohnung unser Sünde für Gott zugedeckt werden" (BSLK 935,30 – 34).

Im übrigen ist zu wiederholen und wird im Schlußstück von FC III auch wiederholt, was schon in den Vorstufen des Artikels zu lesen stand, daß nämlich unsere Gerechtigkeit im Glauben nicht die göttliche (vgl. BSLK 935,15 ff.) und menschliche (vgl. BSLK 935,18 f.) Natur Jesu Christi für sich genommen, sondern dessen ganze Person sei, welche in ihrer untrennbaren gott-menschlichen Einheit „einigen, ganzen, vollkummnen Gehorsam" (BSLK 933,32 f.) und damit „eine vollkommene Genugtuung und Versöhnung des menschlichen Geschlechts" (BSLK 934,14 f.) erbracht habe. Durch sie ist der im Gesetz offenbaren Gerechtigkeit Gottes Genüge geschehen und die evangelische Gerechtigkeit, welche vor Gott gilt und von ihm dem Glauben zugerechnet wird, verwirklicht worden.

Reichtums der Gnade Christi bleiben müßte. Als Kronzeugen dieser Einsicht werden Luther und Paulus angeführt (vgl. BSLK
916,21 ff.).

Zum zweiten: Als articulus praecipuus fungiert der Rechtfertigungsartikel nicht nur als Organisationszentrum und regulative
Idee des gesamten Lehrzusammenhangs, sondern auch als das
theologische Kriterium der Scheidung der Geister. In diesem Sinne schärft FC III im Anschluß an Paulus mit Nachdruck die sog.
particulae exclusivae ein, „damit anzuzeigen, wie hoch es vonnöten seie, daß in diesem Artikel neben reiner Lehre die antithesis, das ist, alle Gegenlehre, dardurch abgesondert, ausgesetzt und
verworfen werde" (BSLK 917,2–7). Nicht von ungefähr finden sich
im Text des dritten Artikels der Konkordienformel gleich zwei
Damnationenreihen (vgl. BSLK 930,26 ff.; 935,15 ff.).

Zum dritten: Unter den Damnationen von FC III findet sich u.a.
die Verwerfung des Satzes, „(d)aß in den Sprüchen der Propheten
und Aposteln, wann von der Gerechtigkeit des Glaubens geredt
wird, die Wort *rechtfertigen* und *gerechtfertiget werden* nicht sollen heißen von Sünden ledig sprechen und Vergebung der Sünden erlangen, sondern vonwegen der durch den Heiligen Geist
eingegossenen Liebe, Tugend und daraus folgende Werk mit der
Tat und Wahrheit gerecht gemacht werden" (BSLK 935,20–29).
Dem wird affirmativ entgegengehalten, daß das Wort „rechtfertigen" im biblischen Sachkontext „heißt gerecht und ledig von
Sünden sprechen und derselbigen ewigen Straf ledig zählen umb
der Gerechtigkeit Christi willen, wölche ,von Gott dem Glauben
zugerechnet wird', Phil 3." (BSLK 919,25–29; SD III,17: „Vocabulum
igitur *iustificationis* in hoc negotio significat iustum pronuntiare, a
peccatis et aeternis peccatorum suppliciis absolvere, propter iustitiam Christi, quae a Deo fidei imputatur.")[45].

---

45   Vgl. dazu Frank II, 50: „Hiernach wird es auch dabei sein Bewenden haben, dass ,in diesem Artikel' das Wort rechtfertigen nicht kann etwas
     Anderes bedeuten, als die Gerechtigkeit Christi, sowie sie oben beschrieben ward, zusprechen. Wir drücken es absichtlich so aus, indem
     wir statt des bereits auf einer weiteren Reflexion beruhenden *a peccatis
     et aeternis peccatorum suppliciis absolvere* lieber den Ausdruck *imputare
     iustitiam Christi* voranstellen, insofern hier weder schon das freisprechende Urtheil Gottes in Folge der *imputatio* benannt ist, noch ein einzelnes Stück der ausser uns vorhandenen und gleichwohl uns zugehörigen Gerechtigkeit Christi herausgehoben wird. Insbesondere verwahren

Zum vierten: Der terminologische Befund, für dessen Begründung weitere biblische Belege beigebracht werden, steht nicht für sich, sondern gewinnt seine inhaltliche Bedeutung insonderheit im Zusammenhang der Abgrenzung und Zuordnung des Rechtfertigungsbegriffs zu Wörtern wie Wiedergeburt, Lebendigmachung, aber auch Reue etc. Hier die nötige Klärung zu schaffen, ist das eigentliche Anliegen von FC III.

Zum fünften: Was das Wort Wiedergeburt (regeneratio) betrifft, so ist mit einem doppelten Sprachgebrauch zu rechnen – einerseits ist die Verwendung des Wortes so, „daß es zugleich die Vergebung der Sünden allein umb Christus willen und die nachfolgende Verneuerung begreifet, welche der Heilige Geist wirket in denen, so durch den Glauben gerechtfertigt sind. Danach wird es gebraucht allein pro remissione peccatorum et adoptione in filios Dei, das ist, daß es heißet allein Vergebung der Sünden, und daß wir zu Kindern Gottes angenommen werden." (BSLK 920,16–25) Letzterer Sprachgebrauch liege vor, wenn iustificatio und regeneratio gleichgesetzt werden, welche Gleichsetzung in der Schrift und „viel und oft" (BSLK 920,27) im Rechtfertigungsartikel der Apologie der CA begegne (Einzelbelege für die Wendung „iustificatio est regeneratio" in Apol IV finden sich BSLK 920, Anm. 4). Ein analoger Befund ergibt sich in bezug auf das terminologische Verhältnis von iustificatio und vivificatio bzw. vergleichbare Begrifflichkeiten (vgl. BSLK 920,35 ff.).[46]

---

wir hiermit das Bekenntniss gegen die nachmals in der kirchlichen Theologie eingebürgerte Lehrdarstellung, als lasse sich die iustificatio in einen doppelten, wenn auch ungeschiedenen Act, in den negativen der *remissio peccatorum* und in den positiven der *imputatio iustitiae Christi* zerfällen, eine Nebeneinanderstellung, welche ebenso irreleitend ist, wie die ihr entsprechende von *obedientia passiva* und *activa*."

[46] Zum „schwankenden Gebrauch der Ausdrücke regeneratio, vivificatio, sanctificatio und renovatio" vgl. Frank II, 85 sowie Frank II, 146 f., Anm. 225. Zur weiteren Entwicklung sowie zur späteren Lehre vom ordo salutis vgl. u. a. B. Hägglund, Rechtfertigung – Wiedergeburt – Erneuerung in der nachreformatorischen Theologie, in: KuD 5 (1959), 318–337 sowie E. Herms, Die Wirklichkeit des Glaubens. Beobachtungen und Erwägungen zur Lehre vom ordo salutis, in: EvTh 42 (1982), 541–566 und M. Marquardt, Die Vorstellung des „ordo salutis" in ihrer Funktion für die Lebensführung der Glaubenden, in: W. Härle/R. Preul (Hg.), Marburger Jahrbuch Theologie III: Lebenserfahrung, Marburg 1990, 29–53, wo mit Recht der Schluß gezogen wird: „Darum entspricht der Konstante des ei-

Zum sechsten: Die sachliche Pointe der terminologischen Erwägungen von FC III besteht in einem Differenzierungsgewinn, der
es erlaubt, Unterscheidungen vorzunehmen, ohne bestehende Zusammenhänge aufzulösen. Daß ein untrennbarer Zusammenhang
zwischen iustificatio und regeneratio, vivificatio, sanctificatio etc.
besteht, wird von FC III entgegen verbreiteter Fehlinterpretationen nicht nur nicht geleugnet, sondern ausdrücklich behauptet,
und zwar nicht nur unter formal-terminologischen Aspekten, sondern in re. Sowohl begrifflich als auch der Sache nach hat es seine Richtigkeit zu sagen: iustificatio est regeneratio etc. Ist doch
die Rechtfertigung, welche der sündige Mensch aus Gottes Gnade
durch den Glauben empfängt, „wahrhaftig ein Wiedergeburt ...,
weil aus einem Kind des Zorns ein Kind Gottes und also aus dem
Tod in das Leben gesetzt wird" (BSLK 921,2−5 unter Verweis auf
Eph 2,5 und Röm 1,17). Indes wäre es undifferenziert und in solcher Undifferenziertheit falsch, weil die Aufmerksamkeit des
Glaubens in eine verkehrte Richtung lenkend, zu sagen, daß es
sich bei der Identifikation von Rechtfertigung und Wiedergeburt
um eine Gleichung handelt, die in Ansehung der empirischen
Verfassung der Gerechtfertigten und Wiedergeborenen in Erfahrung zu bringen wäre. Um diesem Mißverständnis zu wehren,
wird klargestellt: „Wann wir aber lehren, daß durch die Wirkung
des Heiligen Geistes wir neugeboren und gerecht werden, hat es
nicht die Meinung, daß den Gerechtfertigten und Wiedergebornen
kein Ungerechtigkeit nach der Wiedergeburt im Wesen und Leben mehr sollte anhangen, sondern daß Christus mit seinem vollkommenen Gehorsam alle ihre Sünde zudecket, die doch in der
Natur in diesem Leben noch stecken. Aber solchs unangesehen
werden sie durch den Glauben und umb solchs Gehorsambs
Christi willen (den Christus dem Vater von seiner Geburt an bis in
den allerschmählichsten Tod des Kreuzes für uns geleistet hat) für

nen, universalen, die Versöhnung der Welt voraussetzungslos schaffenden Heilshandelns Gottes die gestaltete und die individuellen Lebensläufe einbeziehende Variabilität der personalen Aneignung dieses Geschehens, wie die Lehre vom ordo salutis sie zu beschreiben versucht
hat." (A. a. O., 53) Dabei gilt unter reformatorischen Voraussetzungen:
„Nicht die Lebenserfahrung macht den Glauben eindeutig, sondern der
Glaube lehrt, die Lebenserfahrung in ihrer Vieldeutigkeit zu durchschauen und unter den Bedingungen dieser Vieldeutigkeit dennoch eindeutig
zu leben." (I. U. Dalferth, Einführung: Lebenserfahrung als theologisches
Problem, in: a. a. O., III−XI, hier: VII)

fromb und gerecht gesprochen und gehalten, ob sie gleich ihrer vorderbten Natur halben noch Sünder sein und bleiben bis in die Gruben." (BSLK 921,19−37)[47]

Zum siebten: Daß es ein wesentlicher Sinn der zitierten Passage ist, alle menschliche Aufmerksamkeit und nachgerade das Vertrauen der Gläubigen ausschließlich auf die Gnade Gottes auszurichten, wie sie in Jesus Christus manifest ist und begegnet, wird durch den Grundsatz bestätigt, der den Einzelausführungen von FC III als ihr Inbegriff vorangestellt ist, nämlich „daß ein armer sündiger Mensch[48] für Gott gerechtfertigt, das ist, absolviert, los und ledig gesprochen werde von allen seinen Sünden und von dem Urteil der wohlverdienten Verdammnus, auch angenommen werde zur Kindschaft und Erbschaft des ewigen Lebens ohne einig unser ‚Verdienst oder Wirdigkeit', auch ohne alle vorgehende gegenwärtige, oder auch folgende Werke, aus lauter Gnaden ..." (BSLK 917,19−29) Dieser Grundsatz zeigt zugleich, daß das sola gratia nicht nur in bezug auf die dem Glauben folgenden, sondern auch auf die vorhergehenden und, wie es heißt, gegenwärtigen Werke in Geltung steht. Die den particulae exclusivae entsprechende Devise lautet: „absque ullis praecendentibus, praesentibus aut sequentibus nostris operibus" (SD III,9) oder − gemäß der „präzisere(n) Formulierung" (BSLK 1223, zu 917, Anm. 5)

---

47 Die These, daß „die mit der Wiedergeburt gesetzte Lebenserneuerung nicht so geartet sei, daß darauf die Gerechtigkeit vor Gott sich begründe" (F. H. R. Frank, Rechtfertigung und Wiedergeburt, in: NKZ 3 [1892], 846− 879, hier: 849), findet sich nicht erst in der Konkordienformel, sondern analog schon in Apol IV. Auch die Apologie teilt die Einsicht, „daß die immerhin nach seiten ihres Anfangs mit der Rechtfertigung koinzidierende Wiedergeburt wegen ihrer Unvollkommenheit nicht das tragfähige Fundament sei, worauf die Zuversicht der Rechtfertigung sich zu stützen vermöge" (a. a. O., 850). Frank hat deshalb mit Recht gegen Loofs' These eines diskontinuierlichen Bruchs in der rechtfertigungstheologischen Lehrentwicklung lutherischer Bekenntnistradition geltend gemacht, „daß zwar auf der einen Seite eine Weiterentwicklung von der Apologie her bis zur FC stattgefunden hat, nämlich eine Unterscheidung der im Vollzug der Rechtfertigung zusammenfallenden Momente, daß es aber dabei keineswegs auf zeitliche Scheidung, sondern auf Reinerhaltung des spezifischen Wesens der Rechtfertigung abgesehen war" (ebd.).

48 „SSC und TB fügten hinzu: in christlicher Buß und Bekehrung ..." (BSLK 917, Anm. 3)

von Ep III,4 –: „absque ullo respectu praecedentium, praesentium aut consequentium nostrorum operum".

Zum achten: Daß die gegenwärtigen Werke unberücksichtigt zu bleiben haben, sofern es um die Frage der Konstitution und Begründung des Rechtfertigungsgeschehens geht, besagt zunächst, daß der Glaube seiner rechtfertigungstheologischen Bestimmung als fiducia gemäß kein Werk von der Art ist, welches auf die Selbsttätigkeit eines menschlichen Subjekts im Sinne eines identischen Wirkzentrums unmittelbar zurückzuführen ist. Die Wirklichkeit des Glaubens ist vielmehr ein Werk des Heiligen Geistes, welcher uns „in der Verheißung des heiligen Evangelii" (BSLK 917,34 f.) die Heilsgüter Jesu Christi offeriert. Vom Glauben kann also gar nicht ohne Bezug auf die in der Kraft des Geistes wirksame Verheißung Jesu Christi die Rede sein. Ist doch der Glaube, was er ist, als fides apprehensiva. Daß es den Konkordisten Mühe bereitete, präzise zu umschreiben, was damit gemeint ist, zeigen einschlägige Formulierungsschwankungen noch in der Spätphase der Textentstehung (vgl. etwa BSLK 917, Anm. 9). Doch bleibt davon unberührt, daß die Grundintention der Aussage klar und unschwer erkennbar ist. Sie zielt auf die Wahrnehmung, ohne welche es kein Verständnis des Glaubens und nachgerade auch kein Selbstverständnis des Glaubenden geben kann, nämlich daß Exzentrizität, will heißen: gläubiges Sichverlassen auf das extra nos in Christo, und Innewerden bzw. Innesein der Gnade Gottes einen unteilbaren Zusammenhang darstellen. Dem Glauben ist sein göttlicher Grund nicht anders präsent, als daß er sich unter Absehung von allem sonstigen auf ihn verläßt. Sein Wesen erfüllt sich so in reinem Empfangen, wie denn auch die ihm eigene Gewißheit nichts anderes ist als die offenbare Verläßlichkeit dessen, worauf er sich verläßt. Mit dem Bergischen Buch zu reden: Der Glaube ist „ein Gabe Gottes, dardurch wir Christum unsern Erlöser im Wort des Evangelii recht erkennen und auf ihn vertrauen, daß wir allein umb seines Gehorsams willen, aus Gnaden, Vergebung der Sünden haben, für fromm und gerecht von Gott dem Vater gehalten und ewig selig werden." (BSLK 917,39 – 918,7)[49]

---

[49] In TB hatte es an entsprechender Stelle vom Glauben geheißen: „ein Licht und Vertrauen, so der Sohn Gottes durch sein Wort und Heiligen Geist in uns wirket, damit wir das Evangelium von der Person und Gutthaten Christi und alle Artikel christlicher Lehre für gewiß wahr hal-

Zum neunten: Ist es demnach nicht das Werk des Glaubens, welches die Wirklichkeit der Rechtfertigung konstituiert (BSLK 918,17–22: „Dann der Glaube macht gerecht nicht darumb und daher, daß er so ein gut Werk und schöne Tugend, sondern weil er in der Verheißung des heiligen Evangelii den Verdienst Christi ergreift und annimbt"), so sind aus dem rechtfertigungstheologischen Begründungszusammenhang mit und neben sogenannten gegenwärtigen, also im Bekehrungsvorgang präsenten Werken auch jene ausgeschlossen, die ihm vorhergehen. Das betrifft insonderheit die Reue bzw. die Buße, wie es in TB anstelle von Reue durchgängig hieß (vgl. BSLK 1223, zu 921, Anm. 5). Nicht so, daß es sich hier um gegebenenfalls auch Vernachlässigbares handeln würde. Das Gegenteil ist der Fall: „Dann wahre Reue muß vorhergehen ..." (BSLK 921,42) Die Wirklichkeit der Rechtfertigung, wie sie im Vollzug der Bekehrung sich präsentiert, hat also Voraussetzungen ebenso wie gebotene Folgen: „Wie es dann hinwiederumb die Meinung nicht hat, als dorften oder sollten wir ohne Buß, Bekehrung und Besserung den Sünden folgen, darin bleiben und fortfahren." (BSLK 921,37–41) Die Konkordisten stehen nicht an, diesen Sachverhalt mit einer expliziten Damnation einzuschärfen, derzufolge die Lehre zu verwerfen sei, „(d)aß der Glaube ein solch Vertrauen sei auf den Gehorsamb Christi, welcher in einem Menschen sein und bleiben könnte, der gleich keine wahrhaftige Buß habe, do auch keine Lieb folge, sondern wider sein Gewissen in Sünden verharre" (BSLK 935,36–41). Sein und Bestand des Rechtfertigungsglaubens hängen also an Voraussetzungen und Folgen, ohne deren Gegebenheit sie nicht wahrhaft und wirklich zu denken sind. Gleichwohl sollen und dürfen besagte Voraussetzungen und Folgen nicht derart in den theologischen Begründungszusammenhang der Rechtfertigungswirklichkeit eingehen, daß der Anschein entsteht, diese sei durch jene konstituiert.[50] Sowenig der Glaube ein Werk ist, welches die von

ten ..." Die Umformulierung in BB dürfte daher vom Interesse der Vermeidung lehrgesetzlichen Mißverständnisses motiviert sein (vgl. Frank II, 48).

[50] Mit Frank zu reden: „(E)s giebt kein Verständniss der lutherischen Rechtfertigungslehre, wo nicht beides in gleicher Strenge vestgehalten wird, Nichtexistenz des Glaubens, wo nicht die Reue vorangeht, und Nichtexistenz der Reue innerhalb der Frage nach der *Gerechtigkeit* des Glaubens." (Frank II, 61)

ihm wahrgenommene Wirklichkeit konstituiert, sowenig kann und darf die dem Rechtfertigungsglauben vorangehende Reue als ursächlicher Grund der Rechtfertigungswirklichkeit verstanden werden und sich selbst als solchen verstehen. Wie in bezug auf die Werke der Liebe, welche dem Glauben zu folgen haben und in FC IV eigens bedacht werden, so muß man sich schon im Hinblick auf die opera praecedentia von Reue und Buße „gar wohl fürsehen, daß die Werk nicht in den Artikel der Rechtfertigung und Seligmachung gezogen und eingemenget werden" (BSLK 945,1–4; vgl. BSLK 945, Anm. 1 sowie 929, Anm. 4 und 5).

Zum zehnten: Was in den Absätzen BSLK 922,18 ff. ausgeführt wird, entspricht der zuletzt erwähnten, aus FC IV entnommenen Devise und expliziert sie. Um der Reinheit bzw. Reinerhaltung des Rechtfertigungsartikels, so wird gesagt, sei sorgsam darauf zu achten, „daß nicht dasjenige, was für dem Glauben hergehet und was demselbigen nachfolget, zugleich mit in den Artikel der Rechtfertigung, als darzu nötig und gehörig, eingemenget oder eingeschoben werde, weil nicht eins oder gleich ist von der Bekehrung und von der Rechtfertigung zu reden" (BSLK 922,21–27).[51] Es ist also nach Maßgabe dieser Anweisung (zu den Schwierigkeiten ihrer präzisen Wahrnehmung vgl. Frank II, 66 ff.) nicht einfachhin dasselbe, de conversione hominis und de iustificatione zu handeln: „Denn nicht alles, was zur Bekehrung gehört, auch zugleich in den Artikel der Rechtfertigung gehört" (BSLK 922,28–30). Sieht man genauer zu, dann sind es allein Gottes Gnade, die verdienstliche Gerechtigkeit Christi und der Glaube als fides apprehensiva, welche als notwendig zum Rechtfertigungsartikel gehörig erachtet werden. Reue bzw. Buße sowie die folgsamen Werke der Liebe hingegen sind zwar Eckdaten des Bekehrungsvollzugs, ohne jedoch als solche im Sinne strikter theologischer Notwendigkeit dem Rechtfertigungsartikel zuzugehören. Als Autorität für diese Annahme wird neben Luther (vgl. BSLK 923,26 – 924,17; zu diesem Einschub vgl. BSLK 923, Anm. 6) Paulus zitiert, der Röm 3,28 („Wir werden durch den Glauben gerecht.") anzeige,

---

[51] Vgl. ferner und unter Konzentration auf die opera subsequentia BSLK 924,45 ff., bes. 925,5–8: „Aber diese beide müssen nicht ineinander gemenget oder zugleich in den Artikel der Rechtfertigung des Glaubens für Gott eingeschoben werden." (Ähnlich BSLK 925,46 ff. mit vorhergehenden biblischen Begründungen; vgl. BSLK 925, Anm. 2 u. 3; BSLK 926,31 ff. usf.)

„daß weder vorhergehende Reu noch folgende Werk in den Artikel oder Handel der Rechtfertigung des Glaubens gehören" (BSLK 923,10–13).

Zum elften: Die in der besagten Weise vorgenommene und näherbestimmte Unterscheidung von Rechtfertigung und Bekehrung darf nun allerdings keineswegs als Trennung mißverstanden werden. Daß jede Sonderung oder äußerliche Gegenüberstellung den Sinn der Unterscheidung von Rechtfertigung und Bekehrung verkennen müßte, zeigt sich am offenkundigsten daran, daß der Glaube, welcher nach Maßgabe der Konkordisten dem Rechtfertigungsartikel elementar angehört, zugleich den Inbegriff der Bekehrung darstellt und als solcher den inneren, durch die Momente „Buß, Bekehrung und Besserung" (BSLK 921,39 f.) umschriebenen Richtungssinn ihres Vollzugs bestimmt.[52] Indes bedarf auch diese Feststellung einer weiterführenden Differenzierung, sofern der Glaubensbegriff im rechtfertigungstheologischen und im bekehrungstheologischen Zusammenhang nicht einfachhin sinngleich verwendet wird. Gerade wenn man, was vom Sprachgebrauch von FC III nicht nur nahegelegt, sondern gefordert wird, die Sequenz Buße (Reue), Bekehrung und Besserung mit derjenigen von vorhergehenden, gegenwärtigen und nachfolgenden Werken parallelisiert, muß deutlich sein, daß der Glaube rechtfertigungstheologisch relevant ist nur, wenn er nicht als eigenmächtiges Werk des Menschen in Betracht kommt bzw. sich selbst nicht als solches begreift. Indes hört damit der Glaube nicht auf, präsenter Inbegriff der Bekehrung zu sein, welcher als solcher in untrennbare Beziehung tritt zu dem, was ihm vorhergeht und was ihm zu folgen hat, durch welche Bezugnahme beides allererst zu dem wird, was es für sich genommen nicht ist, nämlich sinnvolles Moment eines heilsam ausgerichteten Bekehrungsvollzugs in Gestalt wahrer Reue und Buße bzw. in Gestalt der Besserung vermittels der Werke der barmherzigen Liebe. Daß der Glaube in dieser Weise bekehrungstheologisch fungiert, um als vermittelnder Bestimmungsgrund von Reue und Besserung sowie der durch sie bezeichneten progressiven Abfolge wirksam zu sein, hebt freilich die Grundannahme nicht auf, daß der Glaube in rechtfertigungstheologischer Hinsicht nichts anderes ist als reines Empfan-

---

[52] Was in BSLK 922, Anm. 3 zum gegebenen Sachproblem ausgeführt wird, ist wenig erhellend und terminologisch irreführend.

gen. Im Gegenteil, die Grundthese von FC III ist die, daß Reue
und Besserung bzw. der Bekehrungsvollzug insgesamt nur dann
theologisch sinnvoll in Betracht kommen können, wenn nicht nur
das sola fide in Geltung steht, sondern zugleich gilt, daß der
Glaube an sich selbst nichts anderes ist als ein exzentrisches
Gründen in Gott, wie er in Jesus Christus offenbar und in der
Kraft des Heiligen Geistes wirksam ist. Anders gesagt: Nur wo der
Mensch im Glauben von der Sorge um sein Heil und seine Gerechtigkeit vor Gott gänzlich entlastet ist, endet seine Reue nicht
in der Verzweiflung, und er wird frei zur Besserung und zu fortschreitender Fürsorge, als welche die Liebe tätig ist. Die in FC III
an verschiedenen Stellen begegnende Unterscheidung von Person
und Werk zielt, wenn ich recht sehe, genau auf diese Einsicht.
Erst wenn die Person des Menschen in der Exzentrizität des
Glaubens ihres verläßlichen Grundes in Gott innewird und durch
Zuspruch des Rechtfertigungsevangeliums Jesu Christi in der Kraft
des göttlichen Geistes von der Verkehrtheit der Sünde freikommt,
um zu sich selbst und ihrer gottgegebenen Bestimmung zu gelangen, kurzum: nur wenn die Person des Menschen gerechtfertigt
ist, sind auch die Werke recht: „Denn gute Werk gehen nicht für
der Rechtfertigung her, sondern folgen derselben, und die Person
muß erst gerecht sein, eher sie gute Werk tun kann." (BSLK
923,13–17; vgl. ferner BSLK 925,8–23; BSLK 928,3 ff.)

Zum zwölften: Es waren nicht Gründe der Spekulation, sondern
soteriologische und praktische Frömmigkeitsgründe, welche die
Konkordisten im Streit um die Rechtfertigungslehre zu ihrer Stellungnahme veranlaßten: „uf daß betrübte Herzen einen beständigen gewissen Trost haben, auch dem Verdienst Christi und der
Gnaden Gottes seine gebührliche Ehr gegeben werde" (BSLK
924,18–21)[53] – das sind die beiden, sachlich untrennbar miteinander verbundenen Motive rechtfertigungstheologischen Insistierens
auf dem sola fide, mit welcher Wendung die Konkordisten im An-

---

[53] Vgl. ferner BSLK 926,2–6: „(A)uf daß dem Erlöser Christo seine Ehre
      bleibe und ... die angefochtenen Gewissen einen beständigen Trost ha-
      ben mugen." Auf den „seelsorgerliche(n) Aspekt des lutherischen Be-
      kenntnisses" wird eigens hingewiesen in dem Heftchen vom M. Roensch,
      Grundzüge der Theologie der lutherischen Bekenntnisschriften, Oberur-
      sel ²1982, 35 f.

schluß an Paulus[54] alle particulae exclusivae zusammenfassen (BSLK 926,12–14: „absque operibus, sine lege, gratis, non ex operibus"). „Also auch vorlässet sich der Glaube in der Rechtfertigung für Gott weder auf die Reu noch auf die Liebe oder andere Tugende, sondern allein auf Christum und in demselbigen auf seinen vollkommenen Gehorsam, damit er für uns das Gesetz erfüllet, welcher den Gläubigen zur Gerechtigkeit zugerechnet wird." (BSLK 924,29–36) Damit ist gesagt, worauf es FC III im wesentlichen ankommt.[55]

Auch FC IV (vgl. Frank II, 148 ff.) bringt demgegenüber eigentlich nichts Neues. Gleichwohl kommt dem Artikel „Von guten Werken"[56] die Bedeutung zu, an einem neuralgischen Punkt der Argumentation von FC III weiterführende Klärungen vorgenommen

---

[54] Daß das Zeugnis von Jakobus (vgl. Jak 2,24) demjenigen des Paulus nicht widerspricht, wird in BSLK 928,43 ff. unter Berufung auf Apol IV deutlich gemacht.

[55] Die Zusammenfassung in BSLK 926,39 ff. rekapituliert lediglich die entwickelten Gedanken, ohne neue inhaltliche Gesichtspunkte beizubringen. Entsprechendes gilt für die Damnationenreihe in BSLK 930,26 ff. (zur Adressatenfrage vgl. BSLK 930, Anm. 2).

[56] Zum Thema vgl. u. a. R. Bring, Das Verhältnis von Glauben und Werken in der lutherischen Theologie, München 1955. Gemäß einer bis heute vorherrschenden skandinavischen Forschungstradition (vgl. etwa die finnische Mannermaaschule) stellt Bring die Differenz zwischen Luther einerseits sowie Melanchthon und der FC andererseits (über)pointiert heraus: „Christus als Gabe ist (sc. nach Luther) Christus, dem Menschen geschenkt, oder Gottes Gerechtigkeit, dem Menschen geschenkt. Dies bedeutet nicht, wie später bei Melanchthon, daß der Mensch von religiöser Angst befreit wird, sondern bedeutet Vereinigung mit Christus oder dies, daß Gott den Menschen und Christus zu einem macht ... Der Melanchthonsche Gedanke der Befreiung von religiöser Angst durch den Gedanken an Christi Werk kann den Menschen von diesem religiösen Verhältnis abführen und fordert als Komplement eine besondere Ethik." (A. a. O., 53) Überzeugender als Brings Sicht der Dinge scheint mir nach wie vor die Interpretation zu sein, die Frank dem in FC IV thematisierten Sachverhalt gibt: „(D)er wissenschaftliche, das Wesen der Sache treffende Ausdruck der Verbindung, in welcher die Lehre von der Gerechtigkeit allein aus dem Glauben mit der Lehre von der Nothwendigkeit guter Werke steht, wird nicht jener sein, daß man sagt, *zwar* werden wir allein durch den Glauben gerechtfertigt, *aber doch* müssen wir dann auch als Gerechtfertigte gute Dinge thun, sondern dieser, *darum weil* wir allein durch den Glauben gerechtfertigt werden, *gerade deshalb* thun wir gute Werke und vermögen es, sie zu thun." (Frank II, 214 f.)

zu haben. Rechtfertigung und Erneuerung bzw. Heiligung, so
hieß es in FC III, seien strikt zu unterscheiden, ohne doch voneinander getrennt werden zu dürfen. Aus der Näherbestimmung
dieses Grundsatzes ergab sich zwangsläufig das Problem, zwei
weitere Sätze bzw. Satzreihen mit ihm sowie untereinander ins
rechte Verhältnis zu setzen. Auf der einen Seite wurde in FC III
ausdrücklich verneint[57], „daß der Glaube nicht könnte rechtfertigen ohne die Werk; oder daß der Glaub dergestalt rechtfertige
oder gerecht mache, dieweil er die Liebe bei sich habe, umb welcher Liebe willen solliches dem Glauben zugeschrieben; oder daß
die Gegenwärtigkeit der Werk bei dem Glauben nothwendig seie,
soll anderst der Mensch dardurch vor Gott gerechtfertiget werden;
oder daß die Gegenwärtigkeit der guten Werk im Artikel der
Rechtfertigung oder zu der Rechtfertigung vonnöten seie, also,
daß die guten Werk ein Ursach sein sollen, ohn wölche der
Mensch nicht könnte gerechtfertiget werden" (BSLK 929,30 –
903,5). Diese Negationen enthalten, kurz gesagt, die These, daß

---

[57]   Auf den Zusammenhang dieser Negationen mit dem sog. Altenburger
       Kolloquium wird hingewiesen in BSLK 929, Anm. 4; vgl. ferner Ritschl
       II/1, 395 ff. Auf dem besagten Kolloquium, das vom 20. Oktober 1568 bis
       zum 9. März 1569 in einer Reihe von Sitzungen stattfand, sollten auf der
       Basis dreier Gutachten, welche Jenaer Theologen erstellt hatten, die Fra-
       gen der Funktion des Gesetzes, der Mitwirkung des freien Willens bei
       der Bekehrung sowie die Thematik von Rechtfertigung und guten Wer-
       ken erörtert werden. Sachlich kam man allerdings über die Diskussion
       des letzten Aspekts nicht hinaus. Ziel der Verhandlungen war ein Aus-
       gleich im binnenlutherischen Lager, dessen Gegensätze repräsentiert
       wurden durch die melanchthonisch geprägten kursächsischen Theologen
       der Universitäten Wittenberg und Leipzig einerseits sowie durch die her-
       zoglich-sächsischen Theologen andererseits, die in der Universität Jena
       ihr Zentrum hatten. In den theologischen Gegensätzen reflektierten sich
       in bestimmter Weise auch politische Rivalitäten, wie sie zwischen Kur-
       fürst August und Herzog Johann Wilhelm stathatten. Der erwünschte
       Ausgleich kam nicht zustande, vielmehr entfernte man sich namentlich
       durch einen heftigen Streit zur Frage der Personalkondemnation weiter
       denn je voneinander. Überhaupt ist zu fragen, ob man die Altenburger
       Auseinandersetzung ein Religionsgespräch nennen kann. Nach O. Ritschl
       war sie „vielmehr eine Art von Notenwechsel zwischen den beiden un-
       terhandelnden Parteien, nämlich sechs kurfürstlich sächsischen Theolo-
       gen, unter denen bekannter nur die Wittenberger Paul Eber und Caspar
       Cruciger der Jüngere sind, und ebensoviel Theologen aus dem Herzog-
       tum Sachsen, darunter Johannes Wigand, Johann Friedrich Coelestinus,
       Christophorus Irenäus und Timotheus Kirchner" (Ritschl II/1, 395).

der Glaube ohne die Werke rechtfertige. Auf der anderen Seite wird die Aussage von Apol IV (vgl. BSLK 929, Anm. 2) zustimmend zitiert: „S. Jakob lehret recht, da er verneinet, daß wir durch ein solichen Glauben gerechtfertiget werden, der ohne die Werk ist, welchs ein toter Glaub ist." (BSLK 929,7–10) Wie reimt sich beides zusammen?

FC III gibt selbst bereits einen Lösungshinweis, insofern erstere These in den Kontext der Begründung der Rechtfertigung, letztere in deren Folgezusammenhang[58] verwiesen wird. Die Devise lautet im Anschluß an Luther (vgl. BSLK 928, Anm. 1): „Es reimen und schicken sich fein zusammen der Glaube und die guten Werk, aber der Glaube ist es allein, der den Segen ergreift ohne die Werk, doch nimmer und zu keiner Zeit allein ist." (BSLK 928,28–32; BSLK 928,14–18: „Bene conveniunt et sunt connexa inseparabiliter fides et opera, sed sola fides est, quae apprehendit benedictionem sine operibus, et tamen nunquam est sola.") FC IV kann als ein Kommentar zu diesem Diktum gelesen werden.[59] Als

---

[58]   Es ist bemerkenswert, daß die Frage, „woran und wobei ein Christ entweder bei sich selbst oder an andern erkennen und unterscheiden muge einen wahren lebendigen Glauben von einem gefärbten toten Glauben" (BSLK 928,43–47), dem rechtfertigungstheologischen Folgezusammenhang zugewiesen wird. Damit ist u. a. auch gesagt, daß Glaubensgewißheit wohl von Selbstreflexion begleitet sein muß, ohne doch durch diese begründet werden zu können.

[59]   „Dabei hat man den Eindruck, daß die zu bewältigende Aufgabe im vierten Artikel viel klarer erfaßt und übersichtlicher gelöst ist als in Artikel III. Während sich der dritte Artikel etwas mühsam von der Christologie her an die Aussagen der lutherischen Rechtfertigungslehre herantastet, beeindruckt der vierte Artikel durch klare Gedankenführung und Geschlossenheit von Anfang an." (F. Jacob, Von Christi Tat und unserm Tun. Zur Interpretation der Artikel III und IV der Konkordienformel, in: J. Schöne [Hg.], a. a. O., 49–63; hier: 57) Zu Luthers Wort „fides sola iustificat, sed non est sola" vgl. Frank II, 175. Zur Vorgeschichte von FC IV und namentlich zum Streit zwischen Major und Menius einerseits und ihren gnesiolutherischen Gegnern andererseits vgl. Frank II, 148–176; zum Lösungsversuch der Konkordienformel Frank II, 176 ff. Ausgangspunkt und Zentralproblem der Kontroverse sind bereits in den lateinischen Unionsartikeln Andreaes von 1568 präzise bestimmt: „Certamen de bonis operibus natum est ex duabus propositionibus: Bona opera sunt necessaria ad salutem. Nemo unquam sine bonis operibus salvatus est. Quibus alii opposuerunt hanc propositionem: Bona opera sunt perniciosa ad salutem. De his propositionibus acriter pugnatum est propter formam verborum magis quam sententiam ipsam, quae his propositionibus expli-

Grund des „Zwiespalt(s) von den guten Werken unter den Theologen Augsburgischer Confession" (BSLK 936,21–23), welcher in
FC IV verhandelt wird, wird zu Eingang des Artikels ein unterschiedlicher modus loquendi (BSLK 936,24: „Wort und Art zu reden") geltend gemacht. Das trifft entsprechend schon für die lateinischen Unionsartikel von 1568 zu, in welchen Andreae den
Konflikt durch die gegensätzlichen Hypothesen Georg Majors und
Nikolaus von Amsdorffs beschreibt, um ihn daraufhin als einen
Streit „mehr um Worte als um die Sache" (Mager, 40) zu charakterisieren. Die Tendenz dieser Charakteristik hat sich trotz gelegent-
licher Bedenken (vgl. BSLK 936, Anm. 5) bis ins Bergische Buch
hinein erhalten. Allerdings wird – wie schon in Andreaes fünf
Unionsartikeln (vgl. Mager, 60 f.) – auf die Major-Amsdorffsche-
Kontroverse nicht mehr direkt eingegangen. Geboten wird lediglich eine inhaltliche Kennzeichnung der Differenz, für welche die
Namen Major und Amsdorff ohnehin nur exemplarisch einstehen
konnten, weil von Anfang an weitere Kreise von ihr berührt waren (vgl. BSLK 936, Anm. 6; BSLK 937, Anm. 2). Dabei reduziert
sich nach FC IV der strittige Sachverhalt im wesentlichen auf das
Problem, wie der Satz, daß – unbeschadet der zwar nicht zur Seligkeit, wohl aber um anderer Ursachen willen nötigen Werke –
„allein der Glaub gerecht und selig mache" (BSLK 938,7 f.), sich
exakt zu demjenigen verhalte, daß gute Werke zwar nicht als Ursache der Seligkeit, wohl aber als Früchte des – ohne dieselben
toten – Glaubens geboten seien.

Zugespitzt wird dieses Problem durch den Hinweis darauf, daß
sich mit der beschriebenen Kontroverse bei etlichen (vgl. BSLK

---

catur, idque potissimum propter adversarios confessionis Augustanae,
qui bona opera aeternae salutis meritoria esse tradunt et simul ecclesias
nostras calumniantur, quasi fidem sine operibus doceant mortuam."
(I. Mager, Jacob Andreaes lateinische Unionsartikel von 1568, 78 f.) Abschließend werden folgende Lehren verworfen: „Si quis dixerit Bona
opera ad salutem promerendam necessaria esse. Si quis dixerit Bona
opera partem esse iustitiae fidei, quae remissione peccatorum per fidem
propter solius Christi meritum definitur. Si quis dixerit Bona opera credentibus esse perniciosa, quasi a fide avelli queant, qua cum sunt con-
iuncta. Si quis dixerit Bona opera esse arbitraria et non necessaria, quae
ad testificandam fidem a credentibus non necessario exigantur. Si quis
dixerit Iudicio Dei in terroribus conscientiae aliud opus quam solius
Christi obedientiam esse opponendam." (A. a. O., 81) Zum einschlägigen
deutschen Unionsartikel des darauffolgenden Jahres vgl. Heppe II, 251 f.

938,15 f. [dazu BSLK 938, Anm. 1] sowie BSLK 939,1 [dazu BSLK 939, Anm. 1]) ein Streit um die Notwendigkeit und Freiheit guter Werke oder genauer gesagt: ein Streit um die Frage verbunden hat, was die Begriffe notwendig und frei(willig) in bezug auf die gebotenen guten Werke bedeuten. In SC ist dieser thematische Aspekt nach dem Vorgang von Andreaes sechs Predigten aus dem Jahre 1573 sogar in einem eigenen Artikel behandelt (vgl. Hachfeld, 258: „Von nottwendigkeit unnd Freywilligkeittt der guetten wercken"), wobei bereits durch die Stellung des Artikels zwischen demjenigen „Von Gueten Werckenn" (SC IV) und demjenigen „Vom Gesetz unnd Euangelio" (SC VI) angezeigt wird, wie eng beider Gegenstände und entsprechend diejenigen von FC IV und FC V verbunden sind. Das wird in SC V auch mehrmals explizit ausgesprochen. Der Sache nach aber gilt folgendes: Die guten Werke, welche als gottgebotene aus rechtem wahrhaftigen Glauben folgen, werden durch den inwendig wirksamen Geist weder „wider der gläubigen willen gewircket" (Hachfeld, 259) oder „der gestaltt durch das gesatz genöttigt und erzwungen" (ebd.) noch sind sie in der Weise freigestellt, „das es in des menschen freyen willen stehen soll, alls ein mittel Ding, Recht oder unrecht, guetts oder böses zu thun, welches alles unangesehen, der mensch nicht destweniger, gottes huld und Gnad behalten künde" (ebd.).

Entsprechend hatte es im Zusammenhang der dem Unterschied von Gesetz und Evangelium gewidmeten (fünften) Predigt Andreaes von 1573, welcher die Frage der Notwendigkeit und Freiwilligkeit guter Werke als eigener Streitpunkt direkt zugeordnet ist (vgl. Heppe III, B I, 54−59 sowie Mager, 182 f.), geheißen, daß die guten Werke einerseits nicht dem arbiträren Belieben überlassen seien, dessen Willkürlichkeit dem in Gottes Willen und Ordnung gebundenen Glauben vielmehr zutiefst zuwider sei, daß sie aber andererseits auch nicht wider der Gläubigen Willen durch das Gesetz erzwungen, sondern dem Glauben willentlich folgen würden. Daß damit nicht gesagt ist, daß unter der Bedingung von Rechtfertigung und Wiedergeburt von einem gesetzlichen Zwang überhaupt nicht mehr die Rede sein könne, stellt folgende Predigtpassage klar: „Nun hette es ein richtigen bescheid, wann der Mensch gleich nach der Widergeburt, in diser Welt geschaffen were, wie er nach der Aufferstehung von den Todten sein würdt, Namlich, volkommen, gerecht und from, da es dann keins Zwangs bedürffte. Aber mit den Glaubigen, ist es in diser Welt also geschaffen, daß die gutte Werck, von selbigen nicht allein der

Ordnung, wie es Gott geordnet (der gestalt, sie dann auch als ein schuldiger dienst nöttig seind) sonder auch zumal auß freiem, und auß einem gezwungnen Geist geschehen, Namlich also. Sovil der Mensch newgeborn ist, auß dem Geist Gottes, so thut er das gut nicht auß Zwang, oder genöttiget, sonder frey willig. Dann sein wille ist dergestalt zum theil wider frey gemacht. Sovil er aber noch nicht widergeboren ist, und die verderbte Natur noch an sich hat, unnd dieselbige nicht hinlegen kan, wölchs S. Paulus das Fleisch nennet, so ist es ein lautterer Zwang, da ein mensch sein verstand, vernunfft, verderbten Willen, und alle seine widerwertige kräfften, durch den Geist Gottes, muß gefangen nemen, in den Gehorsam Christi, und sich also unsers Herrn Gottes weißheit und willen underwerffen." (Heppe III, B I, 56)

Damit ist nicht nur gesagt, inwiefern die um der gebotenen Ordnung Gottes willen nötigen und schuldigen Gehorsam fordernden Werke der Liebe frei sind, es ist zugleich deutlich gemacht, wie eng die Problematik von Notwendigkeit und Freiwilligkeit der guten Werke mit der Lehre von Gesetz und Evangelium und namentlich mit der Frage eines tertius usus legis verbunden ist. In formaler Hinsicht wird dieser Zusammenhang dadurch bestätigt, daß in der Predigtreihe von 1573 über Notwendigkeit und Freiheit guter Werke, Gesetz und Evangelium sowie über den tertius usus legis noch innerhalb einer Einheit gehandelt wird. In SC bekommt das Thema von necessitas und libertas der guten Werke dann einen eigenen Artikel zugewiesen, bis in SSC jene Themenanordnung erreicht ist, die bis zur Endredaktion des BB erhalten blieb. Die Frage von Freiheit und Notwendigkeit guter Werke ist nun in FC IV integriert, wohingegen die Ausführungen vom dritten Gebrauch des Gesetzes von FC V abgehoben und mit einer eigenen Artikelnummer (FC VI) versehen wurden.

Was den klar strukturierten Argumentationsablauf von FC IV[60] betrifft, so versichern sich die Väter der Konkordie zunächst (vgl.

---

[60] Die klare Strukturierung des Artikels mit der Unterscheidung unstrittiger und strittiger Themen und der Entfaltung der Streitfragen in vier Gedankenschritten ist seit Chemnitz' Reaktion von SC gegeben (vgl. Heppe III, B II, 112–118), in deren Zusammenhang, wie erwähnt, SC IV und SC V zu einem Artikel zusammengefaßt werden, wobei hier die Frage unentschieden bleiben kann, „ob die Zuordnung der Artikelnummern zu den einzelnen Überschriften in der Wolfenbütteler SC auf Andreae zurückgeht" (Mager, 214). Zum genauen Verhältnis der zweiten Predigt von 1573

BSLK 940,4 – 942,4; zu kleineren Unterschieden zwischen TB und BB vgl. bes. BSLK 941, Anm. 2) bestehender Gemeinsamkeiten. Unstrittig, so heißt es, ist zwischen den Parteien zum einen, „daß Gottes Wille, Ordnung und Befehl sei, daß die Gläubigen in guten Werken wandeln sollen und daß rechtschaffene gute Werk nicht seien, die ihme ein jeder guter Meinung selbst erdenkt, oder die nach Menschensatzung geschehen, sonder die Gott selber in seinem Wort vorgeschrieben und befohlen hat" (BSLK 940,6 – 13); unstrittig ist zum andern, „daß auch rechtschaffene gute Werk nicht aus eignen natürlichen Kräften, sondern also geschehen, wenn die Person durch den Glauben mit Gott versöhnet und durch den Heiligen Geist verneuert oder, wie Paulus redet, ,in Christo Jesu' neu ,geschaffen' wird ,zu guten Werken'" (BSLK 940,13 – 19; vgl. Eph 2,10). Gemeinsame Überzeugung ist es ferner, daß die für sich betrachtet unreinen und unvollkommenen guten Werke der Gläubigen Gott um Christi willen durch den Glauben und damit in Ansehung der Person des Gläubigen angenehm sind. Die auch von Ungläubigen zu erbringenden Werke zur Erhaltung äußerlicher Zucht hingegen, also die Werke der iustitia civilis sind zwar vor der Welt löblich und vor Gott der Belohnung durch zeitliche Güter für wert erachtet, sie sind aber gleichwohl vor Gott Sünde und unrein wegen der verderbten Natur und weil sie nicht aus Glauben aus einem mit Gott versöhnten Personsein hervorgingen. Gott wohlgefällige gute Werke sind daher recht eigentlich Früchte des Glaubens zu nennen, wobei die Gottwohlgefälligkeit des Glaubens bzw. der gläubigen Person der Gottwohlgefälligkeit ihrer Werke zuvorkommt und sie dauerhaft begründet. Mit Verweisen auf Mt 7,18 und Röm 14,23 sowie einem langen Zitat aus Luthers Vorrede zum Römerbrief wird dies ausführlich belegt.

(vgl. Heppe III, B I, 23 – 28; Mager, 178), wo Andreae das Problem auf „gut Teutsch" (Heppe III, B I, 26), also in einer für Laien verständlichen Sprache und nicht auf „Lateinisch oder Hebräisch Teutsch" (ebd.) zu lösen versucht, zu SC (Hachfeld, 254 – 258 bzw. 259) und den Entwicklungsstufen von SSC (vgl. Heppe III, B II, 112 – 118; Heppe III, B III, 228 – 236) vgl. Mager 214 – 217. MF 5 bringt gegenüber SSC 4 wenig neue Gesichtspunkte, bleibt vielmehr in Bezug auf den Reflexionsgehalt „z. T. hinter (diesem) zurück" (Mager, 246). Bemerkenswert sind allerdings die vielen biblischen Bezüge und die Belege aus den lutherischen Bekenntnisschriften der ersten Generation.

In Anbetracht solcher Übereinstimmungen lassen sich die verbleibenden Uneinigkeiten, die den zu Beginn des Artikels beschriebenen Zwiespalt (vgl. auch Ep IV,1–4) begründen, auf vier Streitfragen zurückführen. Der *erste* strittige Punkt betrifft die Notwendigkeit oder Freiwilligkeit der guten Werke (BSLK 942,16 – 944,31).
Dabei sei offenkundig, daß sowohl in der Hl. Schrift als auch in
der Augustana und ihrer Apologie häufig von der Notwendigkeit
guter Werke gesprochen werde. Solcher Rede sich zu versagen,
entbehre jeden sachlichen Grundes. Sie sei daher beizubehalten,
um „den sichern epikurischen Wahn zu strafen und zu verwerfen"
(BSLK 942,36–38), als könne der Glaube mit dem bösen Vorsatz
zusammen bestehen, ohne Buße und gute Werke in Sünden zu
verharren und darin fortzufahren. Allerdings sei terminologisch in
Rechnung zu stellen, daß „das Wort *necessitas, nötig*, nicht allein
die ewige unwandelbare Ordnung, nach welcher alle Menschen
Gotte zu gehorsamen schuldig und pflichtig sein, sondern auch
zuzeiten einen Zwang heißet, damit das Gesetz die Leute zu den
guten Werken dringet" (BSLK 939,12–18; vgl. Ep IV,10). Wenn daher von der Notwendigkeit guter Werke die Rede sei, „soll es
nicht von einem Zwang, sonder allein von der Ordnung des unwandelbaren Willen Gottes, des Schuldner wir sind, verstanden
werden", also im Sinne von „necessitas ordinis mandati et voluntatis Christi ac debiti nostri" und nicht im Sinne einer „necessitas
coactionis" (BSLK 943,15–19). Würde doch ein erzwungenes und
ohne bzw. wider Willen erbrachtes gutes Werk ein bloßes
Scheinwerk darstellen, wohingegen nach Gottes Willen und nach
Maßgabe der Schrift gute Werke willig und aus freien Stücken zu
erbringen sind. Solche gottgefällige Freiwilligkeit guter Werke bedeute indes nicht, daß es ins willkürliche Belieben der Gläubigen
gestellt sei, sie zu tun oder zu lassen. Vielmehr habe nach dem
Wort der Schrift zu gelten, daß gute Werke auch gegen den Widerstand und Unwillen des eigenen Fleisches willig zu erbringen
sind (vgl. BSLK 944,9 ff.; vgl. Ep IV,11 ff.).[61]

---

[61]   Mit der Pointe, daß die Freiwilligkeit der guten Werke des Glaubens zu-
        sammenzudenken ist mit dem Zwang, der auf die verbleibende Unwil-
        ligkeit des alten Adam auszuüben ist, welcher – wenngleich prinzipiell
        überwunden – im gerechtfertigten Glaubenden dem Fortschritt der Heili-
        gung nach Kräften zu widerstreben sucht, endet die Behandlung des er-
        sten Streitpunkts bereits in SSC. Sachlich wird damit noch einmal die en-
        ge Verbindung der Frage nach Notwendigkeit und Freiheit der guten

Was den *zweiten*, auf Grund und Ursache der Notwendigkeit guter Werke bezogenen Streitpunkt (vgl. BSLK 944,32 – 946,34) angeht, so wird nachdrücklich unterstrichen, was schon im dritten
Artikel eingeschärft wurde, daß „die Werk nicht in den Artikel der
Rechtfertigung und Seligmachung gezogen und eingemenget
werden" dürfen (BSLK 945,2–4). Eine Deutung der geforderten
Notwendigkeit guter Werke in dem Sinne, daß es unmöglich sei,
ohne sie selig zu werden, eben weil gute Werke zur Seligkeit
vonnöten seien, wird deshalb ausdrücklich mit einer Damnation
belegt, wobei die Epitome besonders pointiert formuliert, wenn
es heißt: „Demnach verwerfen und verdammen wir diese Weise
zu reden, wann gelehrt und geschrieben wird, daß gute Werk
nötig sein zur Seligkeit. Item, daß niemand jemals ohne gute
Werk sei selig worden. Item, daß es unmuglich sei, ohne gute
Werk selig werden." (BSLK 789,15–21) Begründet wird diese
Damnationenreihe mit dem Gegensatz der verworfenen Sätze zu
der Lehre de particulis exclusivis in articulo iustificationis et sal-
vationis und mit dem Hinweis, durch die Behauptungen der inkriminierten Sätze würde den angefochtenen betrübten Gewissen

Werke mit dem Problem des tertius usus legis deutlich. Vergleicht man
den in letzterer Hinsicht einschlägigen Artikel FC VI mit den entsprechenden Passagen in SSC, so ist die Tendenz auf eine eher stärkere Betonung der Tatsache gerichtet, „daß der Wiedergeborene zugleich alter
Adam bleibt, der des Gesetzes bedarf" (Mager, 256, Anm. 68). Zum Verhältnis von TB IV und BB IV vgl. E. Koch, Der kirchengeschichtliche
Hintergrund der Bergeschen Redaktion der Formula Concordiae, 59 f.
unter Verweis auf BSLK 936,21 ff., 941,11 ff., 943,35 ff., 946,26 f., 948, App. zu
Z 23: „Es fällt auf, daß in Artikel IV ,Von guten Werken' durch starke Berücksichtigung von preußischen Wünschen die Tendenz des Bergeschen
Buches noch einmal deutlich von der melanchthonischen Position abrückt: es handelt sich bei der Frage nach der Notwendigkeit der guten
Werke nicht nur um Redeformen; der Charakter der guten Werke als
Früchte des Glaubens ist stärker zu betonen als ihr geforderter Folgecha-
rakter; die doppelte Grundlegung der christlichen Ethik in der Freiheit
des Geistes und in der Schuld gegenüber dem göttlichen ordo ist deutlicher voneinander abzusetzen; die majoristische Antwort auf die Frage
nach dem Verhältnis von guten Werken und Seligkeit ist deutlicher zu
verurteilen; die Werke sind im strengen Sinne nicht das Mittel, Gerechtigkeit und Seligkeit zu bewahren. Alle diese Präzisierungen bedeuteten – ob bewußt oder unbewußt – eine erneute Bestätigung der Position
von Andreas Musculus im Streit mit den Frankfurter Philippisten, nachdem Andreae in Torgau Musculus offenbar eine Reihe von Zugeständnissen abgerungen hatte."

der Trost des Evangeliums weggenommen und Skrupulanz oder vermessenes Vertrauen auf eigene Gerechtigkeit erzeugt. Bestätigende Belege aus der Schrift (Röm 4,6) und der Augustana (Art. VI) werden neben einem detaillierten Verweis auf die Autorität Luthers (vgl. BSLK 946,6 ff.) beigebracht. Die abschließende Bemerkung, welche die verhandelte Problematik mit den kontroversen Folgen des Interims in Verbindung bringt, findet sich bereits in SSC.

Ist der Streit um Grund und Ursache der Notwendigkeit guter Werke soweit entschieden, so bleibt zum *dritten* (BSLK 946,38 – 949,36) zu fragen, „ob gute Werk die Seligkeit erhalten oder ob sie nötig sein, den Glauben, Gerechtigkeit und Seligkeit zu erhalten" (BSLK 946,39 – 947,1). FC IV beantwortet diese Frage dahingehend, daß zunächst erneut der falsche und schädliche „epikurische Wahn" (BSLK 947,12) verworfen wird, als sei der Glaube und seine seligmachende Gerechtigkeit mit mutwilligem Verharren in der Sünde verträglich. Solchem Wahn zu begegnen, „sollen mit allem Fleiß und Ernst diese wahrhaftige, unwandelbare göttliche Drauungen und ernstliche Strafe, Vermahnungen, den Christen, so durch den Glauben gerecht werden seind, oft wiederholet und eingebildet werden" (BSLK 947, 26 – 32 unter Verweis auf 1. Kor 6,9 f.; Gal 5,21; vgl. Eph 5,5; Röm 8,13; Kol 3,6; vgl. Eph 5,6). Indes dürfe solche Vermahnung zu guten Werken nicht die Lehre der Rechtfertigung durch Glauben und durch Glauben allein verdunkeln. Denn bleibe auch der Glaube von bösen Taten oder schuldig gebliebenen guten Werken keineswegs unberührt, so heiße das doch nicht, „daß der Glaub allein im Anfang die Gerechtigkeit und Seligkeit ergreife und darnach sein Ampt den Werken übergebe, daß dieselbige hinfürder den Glauben, die entpfangene Gerechtigkeit und Seligkeit erhalten müßten, sondern auf daß die Verheißung der Gerechtigkeit und Seligkeit nicht allein entpfangen, sondern auch zu behalten, uns fest und gewiß sein mugen, gibet Paulus Rom. 5. dem Glauben nicht allein den Eingang zur Gnaden, sondern auch, daß wir in der Gnaden stehen und uns ‚rühmen der zukünftigen Herrlichkeit', das ist: Anfang, Mittel und Ende gibt er alles dem Glauben allein." (BSLK 948,25 – 39) Als Belegstellen werden neben Röm 5,2 Röm 11,20, Kol 1,22 und 1. Petr 1,5.9 genannt. Ist sonach „aus Gottes Wort offenbar, daß der Glaube das eigentliche einige Mittel ist, dardurch Gerechtigkeit und Seligkeit nicht allein entpfangen, sondern auch von Gott erhalten wird", so muß die Meinung verworfen werden, „daß unse-

re guete Werk die Seligkeit erhalten, oder daß die entpfangene
Gerechtigkeit des Glaubens oder auch der Glaube selbst durch
unsere Werk entweder gänzlich oder ja zum Teil erhalten und
bewahret werden" (BSLK 949,10–22).[62]

Schon Martin Chemnitz hatte diese verworfene Meinung mit dem
Konzil von Trient in Verbindung gebracht, wo es etwa im 24. Kanon des Dekrets über die Rechtfertigung vom 13. Januar 1547
heißt: „Si quis dixerit, iustitiam acceptam non conservari atque
etiam non augeri coram Deo per bona opera, sed opera ipsa
fructus solummodo et signa esse iustificationis adeptae, non etiam
ipsius augendae causam: anathema sit." (DH 1574) Dieses Anathem gegenüber der Lehre, die guten Werke seien lediglich
Früchte und Zeichen der erlangten Rechtfertigung und nicht auch
Ursache der Bewahrung und Vermehrung der empfangenen Gerechtigkeit vor Gott, wird offenbar in FC IV und entsprechend
schon in SSC selbst Gegenstand einer Verwerfung. Vergleichbare
Bezugspunkte möglicher konkordistischer Kritik ließen sich im
Tridentinum auch anderwärts namhaft machen. Indes ist darauf
und auf die Frage gegenwärtiger Geltung solcher Kritik[63] nicht
weiter einzugehen, weil die Erwähnung des Tridentinums in den
erwähnten Zusammenhängen nicht spezifiziert wird. In Chemnitz'
Redaktion von SC heißt es: „Und weil nuhn der glaube das Eigentliche ainige Mittel ist, dadurch gerechtigkeit und Sehligkeit
nicht allein empfangen Sondern auch erhalten wird, sol billig
verworffen werden, das in Tridentino Concilio gelehret wirt, das
die empfangene gerechtigkeit des Glaubens durch unsere gute
werck erhalten und bewahret werden." (Heppe III, B II, 116 f.) Die
spätere Fassung von SSC erweiterte das letzte Satzglied und gab
ihm die Fassung: „das unsere gute wercke die seligkeit erhalten
oder das die empfangene gerechtigkeit des glaubens, oder auch
der glaube selbst, durch unsere guthen wercke, entwedder gentz-

---

[62] Vgl. in diesem Zusammenhang die betreffenden Erwägungen von Frank
      über die Unvergleichlichkeit bzw. über das Mißverhältnis von bona und
      mala opera (Frank II, 199 f.), aus denen er die Richtigkeit der Annahme
      folgert, „dass ebenso gewiß durch böse Werke die Gerechtigkeit und Se-
      ligkeit verloren gehe, als dieselbe nicht erhalten werde durch gute Wer-
      ke" (Frank II, 203).

[63] Vgl. K. Lehmann/W. Pannenberg (Hg.), Lehrverurteilungen – kirchen-
      trennend? I. Rechtfertigung, Sakramente und Amt im Zeitalter der Refor-
      mation und heute, Freiburg/Göttingen 1986, bes. 56 ff.

lich, oder ja zum theil erhalten und bewharet werden." (Heppe III, B III, 235) In dieser Form ist die gegen Trient und vergleichbare Auffassungen gerichtete Wendung in TB und BB eingegangen.

Aufmerksam zu machen ist im Zusammenhang des dritten Gesichtspunkts der in FC IV verhandelten Streitsachen abschließend auf einen Passus, demzufolge die von etlichen Theologen gebrauchte Rede recht und christlich sei, „das wir gute wercke darumb thun sollen das wir den glauben, und die alleine durch Christum unß erworbene, und auß lauter gnade geschenckte, und allein durch den glauben entfangene gerechtigkeit und seligkeit nicht widerumb verlieren ..." (Heppe III, B III, 234) Diese Passage findet sich in SSC, ist in TB übernommen (vgl. BSLK 948, App.), in BB dann aber auf Einspruch hin (vgl. BSLK 948, Anm. 3) gestrichen worden (vgl. in diesem Kontext auch die BSLK 944 f., App. markierte, in BB gegenüber TB erfolgte Streichung).

Ist aufgrund des Gesagten und Nichtgesagten klar, daß das Vertrauen auf das Rechtfertigungsevangelium Jesu Christi nicht nur einzige Ursache, sondern auch alleiniger Erhaltungsgrund des Glaubens, mithin dessen Inbegriff ist, so kann – wie zum *vierten* und letzten dargelegt wird (BSLK 949,39–950,41) – mit Recht gesagt werden, daß demjenigen, der gute Werke erbringt, um damit selig zu werden und Gerechtigkeit vor Gott zu erhalten, solche Werke „nicht allein unnützlich und hinderlich, sondern auch schädlich seien" (BSLK 950,4 f.), wie Paulus Phil 3,7 ff. wiederholt bezeuge. Da dies „aber die Schuld nicht der guten Werk an ihnen selbst, sondern des falschen Vertrauens (ist), so wieder das ausgedruckte Wort Gottes auf die Werk gesetzt wird" (BSLK 950,6–9), so dürfe man dennoch nicht einfachhin sagen, gute Werke seien zur Seligkeit schädlich. Denn wenn sie „propter veras causas et ad veros fines", kurzum: aus Glauben geschehen, seien sie durchaus „Anzeigung der Seligkeit" (BSLK 950,14–17 mit Verweis auf Phil 1,28). Auch können sie Zeugen (testimonia) der Präsenz und Einwohnung des Heiligen Geistes genannt werden, der die Seligkeit in uns durch den Glauben erhält (vgl. BSLK 789,7–9). Im übrigen dulde es keinen Zweifel, daß gute Werke durch Gottes Willen und ausdrücklichen Befehl den Gläubigen zu tun geboten seien. Die undifferenzierte Rede von ihrer Schädlichkeit zur Seligkeit sei deshalb um der Vermeidung sträflichen Leichtsinns willen zu unterbinden und zu verwerfen (vgl. BSLK 789,22 ff.).

3. *Das Verhältnis von Gesetz und Evangelium und das Problem eines tertius usus legis*

Daß „alle eigne Werk" (BSLK 926,39) aus dem Artikel der Rechtfertigung „ganz und gar ausgeschlossen" (BSLK 926,42) seien und
daß der Glaube „allein, und sonst nichts anders" (BSLK 927,8f.)
als Applikations- bzw. Apprehensionsmittel der Rechtfertigung in
Betracht komme, dies wurde in FC III namentlich in bezug auf
„Neuerung, Heiligung, Tugende oder gute Werk" (BSLK 927,18f.)
geltend gemacht, welche um Gottes Ehre und des Trostes der
Seelen willen weder zur forma, noch zu einer pars, noch gar zur
causa iustificationis erklärt werden dürften. Wesentliches Argumentationsziel war es, die rechte „Ordnung zwischen dem Glauben und guten Werken ... zwischen der Rechtfertigung und Erneuerung oder Heiligung" (BSLK 927,36–39) zu gewährleisten.
Diesem Ziel waren auch die Lehrverwerfungen insbesondere der
ersten Damnationenreihe (vgl. BSLK 930,26ff.) zugeordnet, in deren Zusammenhang nicht nur jedwede Form der Verursachung
bzw. Veranlassung der Rechtfertigung durch menschliche Werke,
sondern auch alle Arten und Weisen der rechtfertigungstheologischen Vermengung von iustitia imputativa und novitas vel caritas
bzw. imputatio und inchoatio novae obedientiae abgewiesen
wurden. Für Unrecht erklärt wurde fernerhin die Annahme einer
Elementardifferenz von Rechtfertigung und eschatologischer Beseligung und die Lehre, „daß der Mensche anderergestalt oder
durch etwas anders selig müsse werden, dann wie er für Gott gerechtfertigt wird, also daß wir wohl allein durch den Glauben
ohne Werke gerecht werden, aber ohne Werke selig zu werden
oder die Seligkeit ohne Werk zu erlangen sei unmuglich" (BSLK
932,20–26). Auch dieser Auffassung gegenüber wird antithetisch
das sola fide geltend gemacht und dezidiert festgestellt: „Wann
man aber fraget, woraus und worher der Glaube das habe und
was darzu gehöre, daß er gerecht und selig mache, ists falsch und
unrecht, wer da sagt: fidem non posse iustificare sine operibus;
vel fidem, quatenus caritatem, qua formetur, coniunctam habet,
iustificare; vel fidei, ut iustificet, necessariam esse praesentiam
bonorum operum; aut ad iustificationem vel in articulo iustificationis esse necessariam praesentiam bonorum operum; vel bona

opera esse causam sine qua non, quae per particulas exclusivas ex articulo iustificationis non excludantur." (BSLK 929,15–29)[64]

In FC IV wurden diese kompromißlosen Absagen, wie gezeigt, nicht etwa aufgeweicht, sondern vorbehaltlos affirmiert. Zwar wurde deutlich erkennbar, was freilich auch schon in FC III klar ausgesprochen war, daß nämlich die Unterscheidung von Rechtfertigung und Erneuerung bzw. Heiligung nicht als Trennung mißverstanden werden dürfe, so als ob „ein wahrhaftiger Glaube unterweilen eine Zeitlang neben einem bösen Vorsatz sein und bestehen könnte" (BSLK 928,22–24). Ein Glaube, der die Werke der Liebe schuldig bleibt, hat keinen Bestand, er ist „ein toter Glaub" (BSLK 929,10), wie Jakobus mit Recht und unter Beifall von Apol IV sage (vgl. BSLK 929,34 ff.). Das ändert freilich nach dem Urteil der Konkordisten nichts an der festgelegten Ordnung von Glaube und Werken sowie an der Tatsache, daß die Werke in keinerlei Hinsicht in den Konstitutionszusammenhang der Rechtfertigung und der Beseligung gehören. In FC IV wurde dies vor allem in Bezug auf die dem Glauben folgenden Werke geltend gemacht, wie denn auch schon in FC III das Hauptaugenmerk der Argumentation den opera sequentia zukam. Indes war im Zusammenhang von FC III ausdrücklich und mehrmals auch von den opera praecedentia von Reue und Buße die Rede. Dieser Bezug wird in FC V neu aufgegriffen und mit ihm das Problem, welcher Unterschied und welche Verbindung zwischen den, wie es in FC III (vgl. BSLK 917,27 f.) hieß, vorhergehenden, gegenwärtigen und folgenden Werken besteht, die bekanntlich allesamt nicht in den Begründungszusammenhang der Rechtfertigung gehören, ohne doch von deren Wirklichkeit einfachhin getrennt werden zu können. Die Perspektive, in der dieses Problem in

---

[64] Zu diesen Formeln und ihrem Bezug zum Altenburger Religionsgespräch 1568/69 vgl. u. a. Ritschl II/1, 395 ff. Zu den historischen Hintergründen des nach erfolgter Restauration des flacianischen Gnesioluthertums im Herzogtum Sachsen auf kursächsische Initiative hin zustande gekommenen Altenburger Gesprächs im Kontext der Auseinandersetzungen zwischen Luthertum und Philippismus vgl. Heppe II, 205 ff. sowie M. Richter, Gesetz und Heil. Eine Untersuchung zur Vorgeschichte und zum Verlauf des sogenannten Zweiten Antinomistischen Streits, Göttingen 1996, 330–337. Zum thematischen Gesamtgehalt vgl. ferner: H. P. Hamann, Article V. Law and Gospel, in: R. D. Preus/W. H. Rosin (Hg.), a. a. O., 171–186; E. F. Klug, Article VI. The Third Use of the Law, in: a. a. O., 187–204 sowie Weber I/2, 30 ff.

FC V wahrgenommen wird, ist diejenige rechter Verhältnisbestimmung von Gesetz und Evangelium.

Erstmals verhandelt wird die Gesetz-Evangeliums-Thematik in der literarischen Vorgeschichte der Konkordienformel in der fünften Predigt Andreaes von 1573, wohingegen die lateinischen und deutschen Unionsartikel von 1568/69 das Thema „mit Rücksicht auf die Philippisten" (Mager, 181), wie I. Mager meint, noch ausgespart hatten. Andreae erinnert zu Eingang an Johannes Agricola (Heppe III, B I, 46: „Da hat sich einer funden, der hat fürgegeben, daß man die Christen mit dem Gesätz solle zufriden lassen.") und an die in der Reformationsgeschichte schon zeitig virulent gewordene Frage, „ob man das Gesätz, das ist, die zehen Gebott, unnd denselben Gottes angeheckte Straffen und Trewungen, auch bey den Christen treibn soll" (ebd.). Während Agricola (vgl. Frank II, 246 ff.) diese Frage verneint habe, sei sie von Luther und denen, „die es mit seiner Lehr durchauß gehalten" (Heppe III, B I, 47), eindeutig bejaht worden. Nicht nur sei dem Vorbild Christi und der Apostel gemäß die Gemeinde der Gläubigen zu einem christlichen Leben nach den Regeln des Gesetzes Gottes anzuhalten, auch sei es vonnöten, daß man, „eh man vergebung der Sünden predige, ... zuvor die Leutte zu erkanntnnuß jrer Sünden bringe" (Heppe III, B I, 47 f.). Da aber die Erkenntnis der Sünde, wie Paulus sagt, durch das Gesetz komme, sei die Predigt des Gesetzes und der Buße unentbehrlich.

Es verdient bemerkt zu werden, daß Andreae diese theologische Einsicht am Aufbau des Katechismus illustriert, demzufolge die zehn Gebote als das Gesetz Gottes die Aufgabe haben, zwischen recht und unrecht zu scheiden, der Sünde Strafe anzudrohen und sie als Schuld zu Bewußtsein zu bringen. Trotz der nach Andreaes Urteil klaren Weisung des Katechismus hat der Streit um Agricola, „wölcher schier vergraben gewesen" (Heppe III, B I, 49), eine Neuauflage (ebd.: „widerumb ernewert") erfahren. Entzündet hat sich der neuerliche Streit, so Andreae, an der Frage, ob nicht auch das Evangelium eine Bußpredigt und zwar eine bessere sei als das Gesetz, sofern es den Unglauben als die verkehrte Wurzel aller Sünde identifiziere, „darvon das Gesätz nicht weisset" (Heppe III, B I, 48). Von den Gegnern, deren Standpunkt Andreae teilt, sei dieser Auffassung entgegengehalten worden, daß das Evangelium zwar, wenn es „für das gantz Predigamt genommen" (Heppe III, B I, 49) werde, beides, nämlich Gesetz und Evangelium,

umfasse, daß es aber seinem eigentlichen Sinne nach nicht Bußpredigt, sondern Predigt der Sündenvergebung sei.

Damit ist nicht nur die Problemkonstellation von FC V markiert
(vgl. Frank II, 268 ff. und 279 ff.), sondern auch schon die Richtung
angegeben, in welcher das Problem einer Lösung zugeführt werden soll. Im wesentlichen muß es um eine begriffliche Klärung zu
tun sein, welche unbeschadet der von keiner Seite geleugneten
terminologisch-sachlichen Bezogenheit Gesetz und Evangelium so
zu unterscheiden vermag, daß beider Eigentümlichkeit in Inhalt
und Funktion klar zutage tritt. Genau dies wird in FC V zu leisten
versucht, wie bereits dem ersten Satz des Artikels, der als Grundsatz für alles weitere gelten kann, zu entnehmen ist: „Nachdem
der Unterscheid des Gesetzes und Evangelii ein besonder herrlich
Licht ist, welches darzu dienet, daß Gottes Wort recht geteilet und
der heiligen Propheten und Apostel Schriften eigentlich erkläret
und verstanden: ist mit besondern Fleiß über denselben zu halten,
damit diese zwo Lehren nicht miteinander vermischet, oder aus
dem Evangelio ein Gesetz gemacht, dardurch der Verdienst Christi verdunkelt und die betrübten Gewissen ihres Trosts beraubet,
den sie sonst in dem heiligen Evangelio haben, wenn dasselbige
lauter und rein gepredigt, und sich in ihren hohesten Anfechtungen wider das Schrecken des Gesetzes aufhalten konnten." (BSLK
951,3—18)

Diese Passage ist eine nahezu wörtliche Übernahme des Einlei-
tungssatzes von SC VI, in dessen unmittelbarem Anschluß sich
auch schon der status controversiae in einer Weise beschrieben
findet, die FC V weitgehend analog ist. Nur eine kleinere Veränderung läßt sich im Vergleich von SC VI und FC V namhaft machen: Sie betrifft die Beschreibung der im weiteren Argumentationsverlauf abgewiesenen Position. Wird sie in SC VI mit der Auffassung wiedergegeben, „das Euangelium sey eigentlich ein predig der Buß, welche die größeste Sünde, nemlich den unglauben
straffe, und die verheißung der gnaden Gottes, durch Christum
verkündige" (Hachfeld 260), so lautet die parallele Passage in
FC V: „das Evangelium sei eigentlich nicht allein ein Gnadenpredigt, sondern auch zugleich ein Predigt der Buß, welche die größeste Sünde, nämlich den Unglauben, strafet." (BSLK 951,23—952,4)
Diese Modifikation, die auf Martin Chemnitz zurückgeht (vgl.
Heppe III, B II, 119), stellt zwar keine entscheidende inhaltliche
Abänderung, sondern eher eine Differenzierung zur Vermeidung

von Mißverständnissen dar; sie gewinnt aber ein gewisses Gewicht, wenn man sie mit der Tatsache in Verbindung bringt, daß Chemnitz die Verwerfungen, mit welcher SC die Darlegungen „vom Gesetz und Euangelio" schloß (Hachfeld, 263: „So verwerffen und verdammen wir als unrecht, wann gelehrt wirdt 1. das das Euangelium eigentlich ein buß und straffpredig sey 2. Item das das Gesatz den Unglauben nit strafft."), in seiner Redaktion wegließ: „Nach seiner Meinung differiert die orthodoxe von der antinomistischen Evangeliumsauffassung nur durch unterschiedliche Akzentsetzungen, die sich, wie auch Andreae schon betont hatte, um den Begriff ‚aigentlich' kristallisieren." (Mager, 217 unter Verweis auf Heppe III, B II, 119)

Was sind Gesetz und Evangelium jeweils an sich selbst und ihrem eigentlichen Sinne nach? FC V eröffnet die Antwort auf diese Frage mit einer terminologischen Differenzierung des Evangeliumsbegriffs (vgl. Frank II, 279 ff.), wie sie ähnlich schon in Andreaes fünfter Predigt von 1573 begegnet. Auszugehen ist von der Tatsache, die FC V explizit als ursächlich für den eingetretenen Zwiespalt beurteilt (vgl. BSLK 952,18 ff.), daß nämlich „das Wörtlein *Evangelium* nicht in einerlei und gleichem Verstande allwegen, sondern auf zweierlei Weise in heiliger göttlicher Schrift, wie auch von den alten und neuen Kirchenlehrern, gebraucht und verstanden worden" (BSLK 952,20−953,3).[65] Zum einen werde es als Inbegriff der ganzen Verkündigung gebraucht und verstanden, die Jesus Christus zu seinen irdischen Lebzeiten ausgerichtet und den Seinen „im neuen Testament zu führen befohlen" (BSLK 953,7 f.) habe. Dann beinhalte, wie an Mk 1,1.4, Mk 16,15, Lk 24,46 f. und Apg 20,24 aufgezeigt wird, der Evangeliumsbegriff summarisch sowohl Bußverkündigung als auch Verkündigung der Sündenvergebung. „Und in dem Verstande ist die generalis definitio, das ist

---

[65] Zum Schriftgebrauch von FC V vgl. Mohaupt, 197 ff., hier: 201: „Die Unterscheidung von Gesetz und Evangelium, die als Schlüssel zur Auslegung der Heiligen Schrift dient, ist zugleich Frucht der Schriftauslegung. In der hermeneutischen Notlage, in die die Schrift hineinführt, wird sie selbst als Nothelfer gehört. Nicht als abstrakte dogmatische Sätze sind die Aussagen des Artikels V der Konkordienformel zu lesen, nicht statische Aufteilungen der Bibel werden vorgenommen, als sei etwa das Alte Testament das Gesetz und das Neue Testament das Evangelium, sondern die Unterscheidung von Gesetz und Evangelium wird als ein Hinweis zum schriftgemäßen Umgang mit der Schrift eingeführt."

die Beschreibung des Worts, wann es in weitläufigem Verstand und außerhalb dem eigentlichen Unterscheid des Gesetzes und Evangelii gebraucht wird, recht, wann gesaget wird, das Evangelium sei ein Predigt von der Buß und Vergebung der Sünden." (BSLK 953,30–37) In seinem „eigentlichen Verstande" (BSLK 954,2 f.) hingegen werde – zum zweiten – das Wort Evangelium nicht in diesem Sinne, sondern dort gebraucht, wo „es nicht die Predigt von der Buß, sondern allein die Predigt von der Gnade Gottes begreifet" (BSLK 954,3–5). Als Beleg hierfür wird auf Mk 1,15 verwiesen.[66]

Präzisiert wird dieser terminologische Befund durch anschließende Differenzierungen zum Bußbegriff (vgl. Frank II, 283 ff.). Auch der Begriff der Buße, so heißt es, werde „nicht in einerlei Verstand in Heiliger Schrift gebraucht" (BSLK 954,9–11). Denn zum einen bezeichne er nach biblischem Sprachgebrauch „die ganze Bekehrung des Menschen" (BSLK 954,13 f.), zum anderen lediglich die wahrhafte, aus dem Gesetz kommende Erkenntnis der Sünde, die herzliche Reue über sie und die Abstandnahme von ihr, nicht aber den Glauben an das Evangelium. Letzterer freilich müsse hinzukommen, solle die Bekehrung zu Gott vollkommen, oder besser gesagt: heilsam (vgl. BSLK 954,26) sein. In diesem Sinne gilt es beides wahrzunehmen: „das Evangelium predigt Vergebung der Sünden nicht den rohen, sichern Herzen, sondern den ‚Zerschlagenen' oder Bußfertigen" (BSLK 954,32–35 unter Verweis auf Lk 4,18); insofern setzt es die Predigt des Gesetzes voraus. Indes wäre die „bloße Predigt des Gesetzes, ohne Christo" (BSLK 954,40 f.) ein nicht nur heilloses, sondern destruktives Unternehmen, da es „entweder vermessene Leut machet, die sich dafür halten, daß sie das Gesetz mit äußerlichen Werken erfüllen könnten", oder solche, die „ganz und gar in Verzweifelung geraten" (BSLK 954,41–955,3). Um solches Unheil zu verhindern, nimmt, wie es heißt, „Christus das Gesetz in seine Hände und legt dasselbe geistlich aus" (BSLK 955,3–5). Das geschieht zum einen dadurch, daß er nachgerade durch sein Leiden und Sterben (vgl.

---

66   Zur durchgängigen Parallelität der Begriffe „Predigt" und „Lehre" vgl. Mohaupt, 221, Anm. 65 sowie O. Bayer, Gesetz und Evangelium, in: M. Brecht/R. Schwarz (Hg.), 155–173, hier: 166. Der Text von Bayer ist erneut abgedruckt in: O. Bayer, Leibliches Wort. Reformation und Neuzeit im Konflikt, Tübingen 1992, 35–56.

BSLK 956,11–15) die Erkenntnis des Gesetzes unvergleichlich vertieft und damit eine – jedwede Form der Vermessenheit überwindende – Erkenntnis abgründiger Sündenverfallenheit bewirkt, wie sie Moses aus den Sündern „nimmermehr ... hätte erzwingen können" (BSLK 955,10 f. mit anschließendem Verweis auf 2. Kor 3,13–16). Das geschieht zum andern aber auch mit dem Ziel, die Reue abgründiger Sündenerkenntnis nicht in der Verzweiflung der Sündenschuld untergehen zu lassen, sondern sie zu einer „Reu zur Seligkeit", wie es unter Bezug auf 2. Kor 7,10 heißt (BSLK 954,39), umzugestalten. Wenn demnach Christus das Gesetz in seine Hände nimmt und geistlich auslegt, und wenn mithin der Geist Christi nicht allein trösten, sondern auch durch das Amt des Gesetzes der Welt Sünde strafen und im Neuen Testament das opus alienum betreiben muß, dann geschieht das stets zu dem Zweck, die Predigt des Gesetzes nicht in Vermessenheit oder Verzweiflung enden zu lassen, in welcher sie für sich allein genommen und ohne Christus zwangsläufig enden müßte, sondern sie auf die Predigt des Evangeliums hinzuordnen, damit jenes opus proprium verrichtet werden könne, welches die Sündenvergebung ist. Sündenvergebung, Gnadenpredigt, Gewissenstrost usf. sind und bleiben demnach das eigentliche und ureigene Werk Christi und seines Geistes, welcher „der Tröster genennet wird" (BSLK 955,33 f.). Das wird durch die Verbindung zwischen dem Amt Christi und seines Geistes und demjenigen des Gesetzes nicht in Abrede gestellt, sondern bestätigt. Stricte dictu ist und bleibt es das eigentliche Werk Christi und seines Geistes, wie er im Evangelium bzw. als Evangelium wirksam ist, diejenigen, „so erschreckt und blöde sind, zu trösten und aufzurichten" (BSLK 956,22 f.). Zu schrecken und anzuklagen hingegen ist das eigentliche Werk der Gesetzespredigt und das Werk Jesu Christi und seines evangelischen Geistes nur in jenem uneigentlichen Sinn, der durch die Unterscheidung von opus alienum und opus proprium bezeichnet ist. Luther selbst wird als Autorität für diese Grundannahme mehrfach ins Feld geführt. Zitiert wird ferner Apol IV,257.

Summa summarum: Gesetz und Evangelium stehen in einem differenzierten Zusammenhang, der auf Unterscheidung, aber nicht auf Trennung, freilich auch nicht auf eine theologisch-spekulative Aufhebung der gegebenen Differenz hin angelegt ist (vgl. Frank II, 284 ff., bes. 303). Das Verhältnis von Gesetz und Evangelium kann sonach als ein Zusammenhang nicht synthetisierbarer Differenz bestimmt werden. Mit FC V zu reden: „Also sind beide Leh-

ren beieinander und müssen auch nebeneinander getrieben werden, aber in gewisser Ordnung und mit gebührlichem Unterscheid, und werden die antinomi oder Gesetzstürmer billich ver-
dampt, welche die Predigt des Gesetzes aus der Kirchen werfen
und wollen, daß man Sünde strafen, Reu und Leid nicht aus dem
Gesetz, sondern allein aus dem Evangelio lehren solle." (BSLK
956,38 – 957,3) Als verwerflicher Grundschaden antinomistischer
Lehre, wie ihn die Epitome auf ihre Weise komprimiert und mit
antirömischer Pointe herausstellt (BSLK 792,34–793,2)[67], hat sonach die tendenzielle Indifferenzierung des Verhältnisses von Gesetz und Evangelium zu gelten. Kurzum: „Die Nicht-Unterschei-
dung von Gesetz und Evangelium ... dient allein dem Tod bringenden Gesetz. Ihre Unterscheidung dagegen dient allein dem
Leben schaffenden Evangelium."[68] Oder noch kürzer gesagt:
„Evangelium ist die Unterscheidung von Gesetz und Evangelium."
(Mohaupt, 206 und 219)[69]

Ist damit das wichtigste Resultat von FC V bereits erreicht, so
dient der Rest des Artikels im wesentlichen dazu, dieses Ergebnis
prüfend auszuloten und sich seiner bibeltheologischen Richtigkeit
zu versichern. Was ist das Gesetz eigentlich? Es ist „eine göttliche
Lehre, darinnen der gerechte, unwandelbare Wille Gottes geoff-
fenbaret, wie der Mensch in seiner Natur, Gedanken, Worten und
Werken geschaffen sein sollte, daß es Gott gefällig und ange-
nehmb sei" (BSLK 957,12–16). Inhalt des Gesetzes ist sonach nicht
in erster Linie dieses oder jenes positive Gebot; seine inhaltliche
Bestimmung erhält das Gesetz vielmehr primär durch Gottes ursprüngliche Schöpfungsintention, durch welche alle Menschen –
Christen wie auch Heiden, welche „aus dem natürlichen Gesetz etlichermaßen ein Erkenntnus Gottes" (BSLK 959,29–31) haben –
kreatürlich dazu bestimmt sind, in bewußter Selbstunterscheidung
von Gott als Mensch unter Menschen in einer gemeinsam gege-

---

[67] Vgl. schon Andreaes kritische Zuspitzungen in seiner fünften Predigt von
      1573: „... dardurch das Gesätz und Evangelium, mit einander vermischet,
      und dem Bapst wider die Thür zu seiner verdampten Lehr auffgethon
      werde." (Heppe III, B I, 49)

[68] O. Bayer, a. a. O., 158.

[69] Zur Rezeption von FC V bei F. H. R. Frank und G. C. A. von Harless sowie
      zur Kritik der lutherischen Lehre von Gesetz und Evangelium bei
      K. Barth vgl. Mohaupt, 213 ff.

benen Welt zu leben. Was das Gesetz gebietet, ist das in der Schöpfung Gottes ursprünglich Grundgelegte: Gott als den Schöpfer zu ehren und den Mitmenschen als ein Gottesgeschöpf zu lieben wie sich selbst. Wo jenes Doppelgebot übertreten wird, da wird das Gesetz ursprünglicher Schöpfungsgüte zum Vorwurf, durch welchen dem in Sünde gefallenen Menschen seine gottgewollte Bestimmung vorgehalten wird. Auf diese Weise wirkt das Gesetz Erkenntnis der Sünde als Schuld und Furcht vor dem Zorne Gottes, der die Sünde und nachgerade den Unglauben als die Wurzel aller Sünden straft, um sie zugrundezurichten.[70]

Ist die Predigt des Gesetzes sonach eigentlich eine Buß- und Strafpredigt, so ist die Predigt des Evangeliums im eigentlichen Sinne eine reine Gnadenpredigt, welche dem gefallenen Menschen zusagt, worauf er sein Vertrauen richten soll und darf: „daß er bei Gott die Vergebung der Sünden erlange, nämblich daß der Sohn Gottes, unser Herr Christus, den Fluch des Gesetzes auf sich genommen und getragen, alle unsere Sünde gebüßet und bezahlet, durch welchen allein wir bei Gott wieder zu Gnaden kommen, Vergebung der Sünden durch den Glauben erlangen, aus dem Tod und allen Strafen der Sünden erlediget und ewig selig werden. Dann alles, was tröstet, die Huld und Gnade Gottes den Übertretern des Gesetzes anbeut, ist und heißet eigentlich Evangelium, eine gute und fröhliche Botschaft, daß Gott die Sünde

---

[70]   An der damit erreichten Stelle der Argumentation, welche die mortificatio als die unter postlapsarischen Bedingungen entscheidende theologische Funktion des Gesetzes zu erkennen gibt, findet sich im Apparat von BSLK 957 f. eine längere Passage, in welcher u. a. betont wird, es sei „nicht ein ander Gott, der das Gesetz gegeben, und ein ander Gott, der befohlen hat, dem Evangelio zu glauben, sondern ein einiger Gott, nämlich Christus ...“ Daraus wird in bemerkenswerter Argumentation gefolgert, daß Gottes Gesetz sowohl Glauben an Christus fordert – und zwar in Gestalt des ersten Gebotes – als auch den Unglauben straft. Während diese Pointe in BB aufgenommen und fortgeführt wird (BSLK 958,1 f.: „Also strafet das Gesetz den Unglauben, wenn man Gottes Wort nicht gläubet.“), fällt die Argumentation selbst weitgehend aus und wird gestrichen. Zu den in TB gegenüber SSC vorgenommenen Zusätzen (BSLK 954,40 – 956,21; 961,9 – 43) vgl. Mager, 256, Anm. 68, welche sie zum Ergebnis der Auseinandersetzung mit dem Antinomisten Musculus deklariert. „Dadurch“, so Mager, „tritt hinsichtlich des Unterschiedes von Gesetz und Evangelium die ins Evangelium eingebettete Gesetzespredigt stärker hervor. Auffällig ist in diesem Artikel auch das Fehlen ausdrücklicher Antithesen.“

nicht strafen, sondern um Christus willen vergeben wolle." (BSLK
958,19 – 959,3) Eine mit Schriftworten und einem Verweis auf Luther
versehene Eloge auf den seligmachenden Glauben an das Evangelium schließt sich an.

Steht die von Trennung und Zusammenhangslosigkeit wohl zu
unterscheidende Differenz der Gesetzespredigt und der Predigt
des Evangeliums sonach fest, so fügt FC V ergänzend hinzu, daß
diese zwei Predigten „von Anfang der Welt her in der Kirchen
Gottes nebeneinander je und allewege mit gebührendem Unterscheid getrieben worden" (BSLK 959,33 – 960,1). Daß sich die simultane Koexistenz von Gesetzes- und Evangeliumspredigt nicht
einfachhin in eine zeitliche Abfolge, das dauerhafte Nebeneinander nicht in ein chronologisches Nacheinander auflösen läßt, wird
an Beispielen der biblischen Geschichte Israels im einzelnen belegt, sofern der differenzierte Zusammenhang von Gesetz und
Evangelium bereits für sie in Anschlag gebracht wird (vgl. BSLK
960,1 ff.). Indes verbindet sich diese – auf die gewissermaßen
zeitlos geltende Beziehungsstruktur von Gesetz und Evangelium
abhebende und historische Relativierungen abweisende – Argumentation zugleich mit einer heilsgeschichtlichen Perspektive, insofern die evangelische Botschaft Alten Testaments von einer
Verheißung bestimmt ist, die erst im Neuen Testament erfüllt
wird, in welcher Erfüllung zugleich die Neuheit des Neuen Testaments und dessen Unterschied zu jenem Testament gründet,
das im Verhältnis zu jener Neuheit nun eben das Alte zu nennen
ist. Bleibt in diesem Sinne der Unterschied von Altem und Neuem
Testament für das discrimen legis et evangelii nicht irrelevant, so
duldet es gleichwohl keinen Zweifel, daß nach Maßgabe der
Konkordienformel letzteres Verhältnis sich zum zuerst genannten
nicht nur nicht gleichsinnig, sondern auch nicht analog verhält
(vgl. Frank II, 309 f.). Der differenzierte Zusammenhang von Altem
und Neuem Testament ist mit dem von Gesetz und Evangelium
weder zu identifizieren noch unmittelbar zu vergleichen. Beider
Vergleich kann vielmehr nur ein mittelbarer sein, sofern der durch
die manifeste Erscheinung Jesu Christi gesetzte Übergang vom
„Alten" zum „Neuen" Testament mit einer Umbestimmung sowohl
des Evangeliums, das vom Status der Verheißung in den der –
freilich proleptisch und damit ihrerseits promissorisch auf Zukunft
verweisenden – Erfüllung eintritt, als auch des Gesetzes einher-
geht, das nun erst zu einer wirklich eindeutigen Rolle findet,
nämlich „ein Zuchtmeister auf Christum (zu sein), daß wir durch

den Glauben gerecht werden" (BSLK 960,33 f.; vgl. Gal 3,24). Der anfänglich an Urstand und Fall orientierten Gesetzeslehre ist damit ihr christologisch-pneumatologischer Finalgrund zugewiesen, was eine Transfinalisation des Gesetzes bewirkt, die dem mit der Unterscheidung von Altem und Neuem Testament angezeigten Richtungssinn entspricht.

Während in der Bearbeitung von SC durch Martin Chemnitz, der Andreaes Artikel im gegebenen Zusammenhang „mit nur ganz geringen Veränderungen wörtlich" (Mager, 217) übernahm, der Abschnitt „Vom Gesetz und Evangelium" mit dem in BSLK 961,4–6 eingegangenen Hinweis auf 2. Kor 3,7–9 endete, worin Paulus „den unterscheidt zwischen dem gesetz unnd Euangelio grundtlich und gewaltig erwiset" (Heppe III, B II, 122), wird in dem jetzigen Schluß von FC V (BSLK 961,9–43), der im Zuge umfänglicher Redaktionsarbeiten (vgl. Mager, 217 f.; Heppe III, B III, 240 f.) in den Text gelangt ist, unbeschadet zu vermeidender „Confusion inter legem et evangelium" (BSLK 961,24 f.) doch zugleich und erneut betont, daß es „ingemein verstanden ... von der ganzen Lehre" (BSLK 961,34 f.) rechtens sei, mit der Apologie (vgl. BSLK 961, Anm. 3) das Evangelium „eine Predigt von der Buß und Vergebung der Sünden" (BSLK 961,36–38) zu nennen. Zwar liegt der Akzent der Ausführungen nach wie vor auf der zu vermeidenden Vermischung und Vermengung von Gesetz und Evangelium und damit auf der Unterscheidung beider sowie auf der Annahme, daß Gesetzespredigt stricte dictu Strafpredigt, Evangeliumspredigt hingegen Verheißung der Sündenvergebung und Rechtfertigung sei; aber unmißverständlich deutlich gemacht werden soll doch auch, daß der Unterschied zwischen Gesetz und Evangelium nicht als Trennung mißverstanden werden darf. Das Evangelium löst – gerade in seinem Unterschied zum Gesetz – den Zusammenhang mit diesem nicht auf.

Daß dies nicht nur für den Begründungszusammenhang, sondern auch für den Folgezusammenhang von Rechtfertigung und Bekehrung gilt, macht der sechste Artikel der Konkordienformel, der viele Parallelen zu FC IV aufweist, unter der Überschrift „Vom dritten Brauch des Gesetzes Gottes" deutlich (vgl. Frank II, 342 ff.). Er erörtert ausführlich die bereits in FC IV angesprochene Frage, ob „man sollte ganz und gar unter den Christen das Gesetz nicht treiben, sondern allein aus dem heiligen Evangelio die Leute zu guten Werken vormahnen" (BSLK 787,8–11). Gibt es neben einem auf Erhaltung äußerlicher Disziplin gerichteten (vgl. BSLK 962,4–7) und einem der Sündenerkenntnis dienenden Brauch des Gesetzes (vgl. BSLK 962,8 f.) noch einen tertius usus legis divinae? An diesem Problem entzündete sich der Streit, den FC VI zu beheben beabsichtigt. Dabei steht in terminologischer Hinsicht das Ergebnis jedenfalls insofern fest, als die Konkordienformel den Begriff des tertius usus legis bzw. dritten Gebrauchs des Gesetzes von Anfang an mit Selbstverständlichkeit verwendet.[71]

---

[71] Zum terminologischen Befund bei Luther vgl. u. a. W. Elert, Eine theologische Fälschung zur Lehre vom tertius usus legis, in: ZRGG 1 (1948), 168–170. Elert versucht zu beweisen, daß die Kardinalstelle (WA 39 I, 485, 16 ff.) für Luthers angebliche Lehre vom triplex usus legis, nämlich die Schlußsätze am Ende der 2. Disputation gegen die Antinomer vom 12. Januar 1538, dem Reformator erst nachträglich zugeschrieben bzw. in den Munde gelegt wurden; in Wirklichkeit stammten die Sätze aus Melanchthons mittleren Loci (CR 21, 406). Vgl. ferner G. Ebeling, Zur Lehre vom triplex usus legis in der reformatorischen Theologie, in: ThLZ 75 (1950), Sp. 235–246 (wiederabgedruckt in: ders., Wort und Glaube, Tübingen ³1967, 50–68), hier: Sp. 235: „Die Lehre vom triplex usus legis ist melanchthonischen Ursprungs. Sie begegnet zum erstenmal in der die secunda aetas der Loci einleitenden Auflage von 1535. Luther dagegen hat stets nur von einem duplex usus legis gesprochen." Ebeling hat darüber hinaus aber mit Recht zu bedenken gegeben: „Bei der Ablehnung dessen, daß Luther den tertius usus legis im Sinne Melanchthons gelehrt habe, wird dies immer übersehen, daß Luther wohl differenziert, wie das Gesetz im usus theologicus am impius und am pius wirkt und wie es diesem und jenem zu predigen ist." (Sp. 246)

Die These, daß die Lehre vom dritten Brauch des Gesetzes eine Abweichung von Luther und den ursprünglichen Intentionen der Reformation darstelle, ist anfänglich vor allem von skandinavischen Theologen vertreten worden (vgl. R. Bring, Gesetz und Evangelium und der dritte Gebrauch des Gesetzes in der lutherischen Theologie, Helsinki 1943; L. Pinomaa, Der existentielle Charakter der Theologie Luthers, Helsinki 1940; zusammenfassend: L. Haikola, Usus Legis, Helsinki 1981). Zu der von Haikola behaupteten Parallelität zwischen der Verfaßtheit des Glaubenden und der Struktur der altkirchlichen Christologie (vgl. a. a. O., 83) vgl. schon Frank II, 353 f. Eine vermittelnde Stellung nimmt neben P. Althaus, Gebot und Gesetz, Gütersloh 1952, W. Joest ein, der nach meinem Urteil die bisher beste Untersuchung zum Thema vorgelegt hat (Gesetz und Freiheit. Das Problem des Tertius usus legis bei Luther und die neutestamentliche Parainese, Göttingen [1951] ⁴1968; die nachfolgenden Seitenverweise beziehen sich hierauf.). Joest geht davon aus, daß nach Luther die christliche Existenz elementar bestimmt ist durch den Doppelaspekt des simul iustus et peccator. Dabei kennzeichnet das simul kein „Beieinander zweier sich gegenseitig einschränkender Teilgrößen", sondern

„den paradoxen Zusammenstoß zweier totaler Wirklichkeiten" (57) in ein und demselben. Also nicht: partim iustus, partim peccator, sondern: totus iustus, totus peccator. Christsein vollzieht sich sonach als ständiger Transitus vom alten Menschen der Sünde zum neuen Menschen des Glaubens gemäß der Devise: „(P)roficere, hoc est semper a novo incipere." (WA 56, 486, 7) Dabei fungiert das Gesetz im Sinne des usus elenchticus legis als beständige Nötigung zu jenem Transitus vom Alten zum Neuen, ohne eine darüber hinausgehende Bedeutung für den Glauben zu haben. Nun läßt sich aber zeigen, daß der Totalaspekt des simul iustus et peccator sich bei Luther durchaus mit einem Partialaspekt verbinden kann, in dessen Perspektive es nicht mehr um ein ‚Alles oder Nichts', sondern auch um ein ‚Mehr oder Weniger' geht. Das wiederholte Wort von den im Glauben empfangenen primitiae spiritus bestätigt dies. Unter diesem und ähnlichen Gesichtspunkten kommt die christliche Existenz nicht nur als ständiger Transitus, sondern auch als Progressus in den Blick. Daß dieser Progreß, soll er Gottes Willen entsprechen, nicht ungesteuert, sondern nach Maßgabe bestimmter Richtlinien zu erfolgen hat, ist Luthers eindeutige Überzeugung, auch wenn er von einem tertius usus legis nirgends spricht und die den Progressus des Christen fördernde Wegweisung mit Begriffen wie exhortatio etc., nicht aber mit dem Gesetzesbegriff verbindet. Man wird diesen terminologischen Befund so zu deuten haben, daß für Luther das Gesetz unter den Bedingungen des Glaubens seine gesetzliche, will heißen: seine anklagend-vernichtende Funktion verliert und die paränetische Gestalt eines erfüllbaren und lebenssteigernden Gebots annimmt. Da indes auch der in evangelischer Nachfolge sich übende Glaube trotz des gebotenen Progressus im ständigen Kampf mit der Sünde bleibt, welche seine vom Glauben losgelöst betrachtete Existenz nach wie vor total bestimmt, ist für ihn die Möglichkeit fortschreitender Gebotsbefolgung von der Permanenz des besagten Transitus abhängig, ohne welche der Glaube nicht aktuell besteht, sondern sich in sein gerades Gegenteil verkehrt mit der Folge, daß das Gebot evangelischer Nachfolge zwangsläufig verfehlt und der Wille Gottes erneut die Gestalt anklagenden Gesetzes annimmt. Kurzum: Nur wenn die gebotene Liebe in der Nachfolge des zum Glauben aus reiner Gnade ermächtigenden Evangeliums steht, fällt sie nicht in die Verkehrtheit der Sünde zurück, für das Gericht des Gesetzes im Aufweis seiner Unerfüllbarkeit gilt. Infolgedessen hat das gottgebotene bzw. dem Willen Gottes gemäße Leben aus der Kraft des Evangeliums für Luther streng konsekutiven Charakter, während die Werke des Gesetzes durch eine finale Grundrichtung gekennzeichnet sind. Letztere „sind auf den Aufbau eines Ganzen *hin* orientiert", erstere „kommen von einem schon vorgegebenen Ganzen *her*" (32). Den Progreß der dem Glaubensevangelium folgenden Werke der Liebe hat Luther daher bezeichnenderweise nicht in der Perspektive fortschreitender Selbstvervollkommnung gläubiger Subjektivität, sondern in der Perspektive der Ankunft des Reiches Gottes beschrieben. „Es ist nicht so, daß das Unvollkommene zum Ganzen und Vollkommenen hin sich läutern muß, sondern so, daß das Ganze in das

Die Beschreibung, mit welcher die Solida Declaratio den status controversiae in der Frage kennzeichnet, „ob man das Gesätz auch bey den Widergebornen in der Christenheit treiben soll"

Stückwerk hereinkommt und seiner Herr wird." (98) Dieser Perspektivenwechsel, der nach Luther für den auf Jesus Christus gehefteten Blick kennzeichnend ist, ist nicht zuletzt deshalb bemerkenswert, weil er das gläubige Subjekt davor bewahrt, in verkehrter Weise selbstzentriert zu werden und mit der Gottesgewißheit auch jenes Selbstbewußtsein (domini sumus!) zu verlieren, welches die Voraussetzung aller selbstlosen Welt-, Nächsten- und Eigenliebe darstellt.

Sehe ich recht, dann folgt FC VI den hier skizzierten Lehrintentionen durchaus konsequent. Daß die Konkordienformel im Unterschied zu Luther explizit von einem tertius usus legis spricht, ist dann eher als ein terminologisches denn als ein sachliches Problem zu beurteilen. Denn Übereinstimmung herrscht nicht nur dahingehend, daß die evangelische Freiheit vom Gesetz nicht Gesetzeslosigkeit, sondern gehorsame Bindung an Gottes Willen bedeutet; Einverständnis besteht auch darin, daß zwischen den für den Glauben gebotenen und den zur Verzweiflung treibenden Forderungen der lex ein Unterschied besteht, der nicht geringer ist als die Differenz von Gesetz und Evangelium selbst. Worum es in der Lehre vom tertius usus legis der Sache nach unabhängig von der Frage, ob ausdrücklich von einem dritten Brauch des Gesetzes zu reden ist, geht, ist die Spannung zwischen dem vormaligen und nachmaligen Advent Jesu Christi, aus der sich der Glaube um seiner selbst und der Liebe willen nicht entlassen darf, die ihn vielmehr zur tätigen Anteilnahme an jenem Progreß verpflichtet, in dem es um die Ankunft des Reiches Gottes geht. Mit solcher Anteilnahme ist überheblicher Heilsegoismus ebenso unverträglich wie ein resigniertes Sichabfinden mit der Sünde als einer Totalbestimmung menschlichen Daseins. Denn so richtig es ist, daß die das Christsein charakterisierende Wendung simul iustus et peccator im Sinne Luthers ein simul totus iustus et totus peccator meint, so wenig sind damit doch zwei theologisch vergleichbare Ganzheiten bezeichnet. Vielmehr ist die Totalität der Sünde im Glauben zum fortschreitenden Verschwinden bestimmt, während die Gerechtigkeit getrost der Ankunft ihrer eschatologischen Vollendung entgegensehen darf. Die Formel simul iustus et peccator zerlegt also den Christen nicht in zwei gewissermaßen paritätische Ganzheiten, um ihn des weiteren dem reinen Aktualismus eines je und je zu vollziehenden Transitus zu überlassen, dessen schlechte Unendlichkeit schließlich doch bei einem teils – teils enden müßte. Gerade um solches zu verhindern, sind die Totalbestimmungen des simul iustus et peccator notwendig und in klar bestimmter Weise mit den Teilaspekten des partim – partim zu verbinden, die anzeigen sollen, daß die alle Empirie transzendierende Umbestimmung des inneren Menschen im Glauben empirische Folgen in bezug auf den äußeren Menschen und seine Welt zeitigen soll und tatsächlich zeitigt.

(Heppe III, B I, 46), schließt unmittelbar an die einschlägige Passage in Andreaes fünfter Predigt von 1573 an, wo die Angelegenheit in der literarischen Vorgeschichte der FC aus gegebenem Anlaß zum ersten Mal angesprochen wird: „Die Stellung zum tertius usus legis hatte nicht nur Lutheraner und Philippisten, sondern infolge der Auseinandersetzungen um die Eisenacher Synode von 1556 auch die Lutheraner unter sich gespalten: Nikolaus von Amsdorf, Anton Otto aus Nordhausen und Andreas Poach aus Erfurt lehnten ihn ab, dagegen wollten Flacius, Wigand und Joachim Mörlin ihn aufrecht erhalten. Obgleich Andreae in seiner Predigt diese letzte, nach Altenburg wieder ins Bewußtsein getretene Phase des Streites nicht erwähnt, war sie wohl der Hauptgrund, weshalb er sich zu einem klärenden Wort gerufen fühlte." (Mager, 182)[72] Namentlich genannt wird in der Beschreibung des

---

[72] Zur Auseinandersetzung um die Eisenacher Synode vgl. neben L. Haikola, Usus Legis, 13 ff. sowie ders., Gesetz und Evangelium bei Matthias Flacius Illyricus. Eine Untersuchung zur lutherischen Theologie vor der Konkordienformel, Lund 1952 insbesondere M. Richter, Gesetz und Heil, 132 ff. Richter gibt zugleich einen Überblick über die wichtigsten Aspekte der Forschungsgeschichte zur Frage des tertius usus legis von Christian August Salig bis Bernhard Lohse (vgl. a. a. O., 33 ff.), von Johannes Seehawer bis Lauri Haikola (vgl. a. a. O., 42 ff.) und von Ernst Günther Förstemann bis Rudolf Mau (vgl. a. a. O., 50 ff.). Das in der Konkordienformel erzielte Verständigungsergebnis (vgl. a. a. O., 344 ff.) beurteilt Richter eher zurückhaltend: „Die Thematik von ‚Gesetz und Evangelium' war mit der mühsam erstellten und endlich 1577 verabschiedeten Konkordienformel und deren Aufnahme in das 1580 veröffentliche Konkordienbuch nicht zu Ende diskutiert. Im Gegenteil hat die Konkordienformel das Problem wohl vielmehr eher neu gestellt als gelöst. Dies gilt auch und vor allem im Blick auf die Frage nach der Geltung des Gesetzes bei den Wiedergeborenen, den tertius legis usus. In den Disputationen über die in der Konkordienformel angeschnittenen theologischen Problemstellungen, unter denen die Disputationen *De iustitia fidei* und *De lege* einen wesentlichen Umfang einnahmen, zeichnete sich eine Tendenz ab, die den Fortgang der weiteren Entwicklung entscheidend prägte: einerseits war dies die Festschreibung eines legis usus in renatis und zum zweiten eine weitere Aufsplittung der beiden grundlegenden usus legis, des usus legis politicus und des usus legis theologicus." (A. a. O., 351) Vgl. ferner: J. T. Bauer, Beurtheilung des von der Concordienformel in dem Artikel VI: „de tertio usu legis divinae" gelehrten Gebrauchs des Gesetzes. Ein Beitrag zur Union vom lutherischen Standpuncte, in: ThStKr 30 (1857), 505–552. Zur neueren Diskussion: W. Geppert, Zur gegenwärtigen Diskussion über Problem und Bedeutung des tertius usus legis, in: ELKZ 9 (1955), 387–393.

status controversiae, wie Andreaes Predigt sie gibt, allerdings nur
Agricola (vgl. Frank II, 344 ff.), der als Ahnherr der Auffassung angeführt wird, dem durch Glauben Gerechten „seie kein Gesätz
gegeben, dann er thu für sich selbst, was recht seie, und bedörffe
kein Gesätzes" (Heppe III, B I, 52). FC VI illustriert diese – im
Nachfolgenden abgewiesene – Annahme mit dem schon in SC
(vgl. Hachfeld, 263) begegnenden Vergleich: „(G)leichwie die
Sonne ohn einigen Trieb für sich selbst ihren ordentlichen Lauf
vollbringet, also auch sie (sc. die Wiedergeborenen) für sich
selbst aus Eingeben und Trieb des Heiligen Geistes tuen, was
Gott von ihnen erfordert." (BSLK 962,23 – 963,4; vgl. BSLK
964,22 ff.) Die Position der Gegenpartei wird daraufhin in unmittelbarer Anlehnung an SC mit den Worten beschrieben:
„(O)bwohl die Rechtgläubigen wahrhaftig durch den Geist getrieben werden und also nach dem inwendigen Menschen aus einem
freien Geiste den Willen Gottes tun: so gebrauche doch eben der
Heilige Geist das geschrieben Gesetz bei ihnen zur Lehre, dardurch auch die Rechtgläubigen lernen, Gott nicht nach ihren eigenen Gedanken, sondern nach seinem geschrieben Gesetz und
Wort zu dienen, welchs eine gewisse Regel und Richtschnur sei
eines gottseligen Lebens und Wandels, nach dem ewigen und
unwandelbaren Willen Gottes anzurichten." (BSLK 963,5–18) Der
status controversiae betrifft demnach nicht die Frage, ob die
Gläubigen nach Gottes Ordnung und Regel und in diesem Sinne
dem Gesetz gemäß zu leben hätten, was von beiden Seiten nachdrücklich bejaht wird; strittig ist lediglich, ob es hierzu einer spezifisch gesetzlichen Weisung bedürfe.[73]

---

[73]   Vgl. Ritschl II/1, 420: „In der Sache ... standen sich die Gnesiolutheraner,
       die den *tertius usus legis* ablehnten, und diejenigen, die für ihn eintraten,
       gar nicht so fern. Denn im Grunde unterschieden sie sich nur dadurch,
       wie sie den Begriff des Wiedergeborenen faßten, für den das Gesetz sei
       es gelten, sei es nicht gelten soll. Die Gegner jener Lehre nämlich ver-
       standen unter dem Wiedergeborenen ganz abstract nur den neuen Men-
       schen, der mit dem alten Adam allerdings zeitlebens in Personalunion
       verbunden bleibt. Die Anhänger der Lehre dagegen dachten als die Wie-
       dergeborenen, für die das Gesetz eine positive Bedeutung behalte, die
       concreten Gläubigen, die zugleich noch Fleisch und doch auch schon
       Geist sind. Dann aber ergab es sich für sie, daß diesen Christen in der
       Kirche das Gesetz unumgänglich gepredigt werden müsse, damit sie
       daraus sowohl ihre noch vorhandenen Sündenreste erkennen wie die

Zum Zwecke der Erklärung und Beilegung dieses Streits weist FC VI gleich eingangs zusammenfassend darauf hin, daß die durch Glauben gerechtfertigten Christen, obzwar vom Fluch des Gesetzes befreit, dennoch dazu angehalten seien, sich im Gesetz zu üben. Deshalb solle man den Gläubigen das Gesetz gleich einem Spiegel, der Gottes- und Selbsterkenntnis ermögliche, stets vorhalten. Der Spruch des Apostels 1. Tim 1,9, wonach das Gesetz nicht dem Gerechten, sondern den Ungerechten gegeben sei, dürfe demnach nicht im Sinne einer Gesetzlosigkeit der Gerechten gedeutet werden, „(w)ie dann unser ersten Eltern auch vor dem Fall nicht ohne Gesetz gelebet, welchen das Gesetz Gottes auch in das Herz geschrieben, da sie zum Ebenbild Gottes geschaffen worden" (BSLK 793,38–794,4). Gemeint seien vielmehr die im Glauben gegebene Freiheit vom quälenden Zwang des Gesetzes und die Lust des inwendigen Menschen an ihm. Da solche Lust des inwendigen Menschen am göttlichen Gesetz in diesem Leben indes mit bleibenden Hemmungen und Widerständen verbunden ist, insofern die „Gläubigen in diesem Leben nicht vollkommlich, ganz und gar, completive vel consummative, verneuert werden" (BSLK 964,30–33), bedürfen die Gerechtfertigten, deren Sünde durch den vollkommen Gehorsam Christi bedeckt ist und in denen der Heilige Geist bereits den Anfang der Erneuerung gemacht hat, auch fernerhin des Antriebs durch das Gesetz.[74]

Werke erfahren, die Gott als gut von ihnen getan wissen will." (Zu FC VI vgl. Ritschl II/1, 421 f.; dazu O. Bayer, a. a. O., 170)

[74] Entscheidend für die Gesamtargumentation ist wie in der erwähnten Predigt Andreaes so auch schon in SC „die Betrachtung des Gerechtfertigten als noch alten und schon neuen Menschen" (Mager, 218). Zwar sind die gerechtfertigten Christen vom Fluch des Gesetzes befreit, da ihnen ihre Sünden kraft des Bundes Christi nicht zur Verdammnis angerechnet werden; doch hängt ihnen bis zum Ende ihrer Tage noch der alte Adam samt seinen fleischlichen Lüsten an: „Darumb so bedürffen die Rechtgläubigen, Außerwölte und widergeborne Kinder Gottes von wegen solcher gelüsten des Fleischs, nicht allein des Gesätzes täglicher leer und ermanung, sonder auch offtermahls der straffen, damit sie auffgemundert, und dem Geist Gottes volgen" (Hachfeld, 265). Definitiv ändern wird sich dies erst unter eschatologischen Bedingungen, wenn die Vollendeten „auß Krafft des einwohnenden Geists Gottes freywillig ohn gezwungen den willen Gottes thun und sich Inn demselbigen ewig erfrewen." (Hachfeld, 266) Die Braunschweigische Redaktion von SC folgt dieser Argumentationslinie: „Chemnitz als Anhänger Melanchthons, der zum ersten Male vom tertius usus legis in renatis gesprochen hatte,

Zu einem Ende kommt solches Treiben des Gesetzes erst mit der vollendeten Erneuerung des Menschen (vgl. BSLK 964,1 ff.). Bis dahin benötigen auch die im Glauben Gerechtfertigten ihrer fleischlichen Gelüste wegen „nicht allein des Gesetzes täglicher Lehre und Vermahnung, Warnung und Trauung, sondern auch oftermals der Strafen, damit sie aufgemuntert, und dem Geist Gottes folgen" (BSLK 965,13–17).

Ist somit klargestellt, daß es sich beim tertius usus legis divinae wirklich um den Gebrauch des göttlichen Gesetzes als eines Gesetzes handelt, so versucht FC VI des weiteren (vgl. BSKL 965,30 ff.) zu klären, wie die durch diesen veranlaßten guten Werke der Gläubigen zu unterscheiden seien von den Früchten des Geistes, wie sie das Evangelium durch den Glauben schafft (vgl. Frank II, 367). Entscheidend für ihre Unterscheidung ist, „daß die Werk, so nach dem Gesetz geschehen, solange Werk des Gesetzes sein und genennet werden, solange sie allein durch Treiben der Strafen und Trauung Gottes Zorn aus den Menschen erzwungen werden. Früchte aber des Geistes seind die Werk, welche der Geist Gottes, so in den Gläubigen wohnet, wirket durch die Wiedergebornen und von den Gläubigen geschehen, soviel sie wiedergeboren sind, als wann sie von keinem Gebot, Trauen oder Belohnung wüßten ..." (BSLK 794,38–795,2) Bestimmend für die getroffene Unterscheidung ist sonach der Bezug auf eine je spezifische Verfaßtheit des Menschen bzw. der Menschen, insofern gute Werke entweder gezwungenermaßen oder in zwangloser Freiheit hervorgebracht werden. Hingegen betrifft der Unterschied nicht „den unwandelbaren Willen Gottes, nach welchem sich die Menschen in ihrem Leben verhalten sollen" (BSLK 966,39–42) und

---

fand dieses Mal an Andreae nichts auszusetzen." (Mager, 219 mit Verweis auf CR 21, 406) Zur weiteren Genese von SSC vgl. Mager, 219 f. Insgesamt gilt: „Wie hinsichtlich des Verhältnisses von Gesetz und Evangelium ist man auch hinsichtlich des dritten Gesetzesbrauches bestrebt, Luther und Melanchthon gleichermaßen zu berücksichtigen. Theologisch behält Luther das letzte Wort, angesichts der Lebenswirklichkeit des Menschen wird aber auch Melanchthon mit seiner nüchternen Anthropologie nicht übergangen. Die SSC hat diese unabsichtliche Doppelgleisigkeit trotz redlichen Bemühens um Eindeutigkeit eher noch gefestigt als beseitigt." (Mager, 220) Zum Befund in MF, wo „Vom dritten gebrauch des Gesetzes Gottes" im letzten Artikel gehandelt wird, vgl. Pressel 702–709 sowie Mager, 247; zu den Zusätzen im TB gegenüber SSC vgl. Mager, 256, Anm. 68.

damit auch nicht das Gesetz, sofern es diesen unwandelbaren Willen Gottes bezeichnet. Infolgedessen umgreift der Gesetzesbegriff auch die Differenz zwischen gesetzlich gewirkten und aus dem evangelischen Geist des Glaubens hervorgegangenen guten Werken. Kann doch von guten Werken überhaupt nur die Rede sein, wenn sie dem Gesetz, sofern es den unwandelbaren Willen Gottes bezeichnet, gemäß sind (BSLK 966,37 f.: „dann sonst seind es nicht gute Werk"). In analoger Weise muß gesagt werden, daß Sünde alles ist, „das wider das Gesetze Gottes ist" (BSLK 966,21 f.).

Bleibt hinzuzufügen, daß das so verstandene Gesetz auch insofern vollzogene Differenzierungen transzendiert, als es unterschiedslos allen Menschen gilt und „bei den Bußfertigen und Unbußfertigen, bei wiedergebornen und nicht wiedergebornen Menschen ein einiges Gesetz (ist und bleibt), nämblich der unwandelbar Wille Gottes" (BSLK 795,10–13). Unbeschadet dessen ist vom Gesetz als Inbegriff des unwandelbaren Willens Gottes differenziert zu sprechen, insofern es für den Wiedergeborenen anders wirkt als für den Nichtwiedergeborenen, nämlich einmal zwanglos, das andere Mal mit Zwang. Da indes auch der Wiedergeborene dem Fleische nach noch unter den Bedingungen der Erbsünde verbleibt und das Beginnen des Geistes in ihm erst anfänglich ist, betrifft die bezeichnete Wirkdifferenz in bestimmter Weise auch ihn. Während der Christ in der Kraft des anfänglichen Wirkens des Geistes zwanglos gute Werke erbringt, welche nach dem Sprachgebrauch der FC „nicht eigentlich Werk des Gesetzes, sondern Werke und Früchte des Geistes (heißen sollen), oder wie es S. Paulus nennet, das Gesetz des Gemüts und Gesetz Christi" (BSLK 967,18–21), verbleibt in sonstiger Hinsicht auch er wie alle Nichtbekehrten unter dem Zwang des Gesetzes. Lebt er als anfänglich neuer Menschen „nimmer ohn Gesetz und gleichwohl nicht unter, sondern im Gesetz" (BSLK 967,33–35)[75], so muß er als

---

[75]   „Der Christ lebt auf Erden nicht mehr unter dem Gesetz, sondern in Gottes Gesetz, das ihn ständig seiner Sünde überführt und zugleich lehrt, gute Werke als Früchte des Geistes zu vollbringen." (A. Kimme, Das Gesetz Gottes und die Gesetze der Menschen. Ein Versuch, die Konkordienformel für unsere Lage auszuwerten, in: Vom Dissensus zum Konsensus. Die Formula Concordiae von 1577, Hamburg 1980, 88–101, hier: 94 [bei K. gesperrt].) Vgl. ferner Frank II, 370, wo es heißt: „Eben dies, was die Concordienformel als die Eigenthümlichkeit der Gläubigen nach ihrem inneren Menschen bezeichnet, dass sie immer ohne Gesetz und gleichwohl nicht unter dem Gesetz, sondern *im* Gesetz seien, *im* Gesetz

verbleibender alter Adam „nicht allein mit Gesetz, sondern auch
mit Plagen getrieben werden, der doch alles wider seinen Willen
und gezwungen tuet, nicht weniger als die Gottlosen durch Trau-
ungen des Gesetzes getrieben und im Gehorsamb gehalten werden" (BSLK 967,40–968,3 mit Verweis auf 1. Kor 9,27 und Röm
7,18 f.). Indes nimmt der Zwang des Gesetzes in Ansehung der besagten anfänglichen Wirkung des Geistes im Christen für diesen
nicht mehr die zur resignatio ad infernum treibende Schreckens-
gestalt des usus elenchticus, sondern die des tertius usus legis an,
dessen Mahnungen denn auch nicht mehr mit der Drohung ewiger Höllenstrafen, sondern mit eingeschränkten Strafmaßnahmen
verbunden sind. Nötig ist dem Christen ein solcher Gebrauch des
Gesetzes nicht zuletzt deshalb, um ihn vor dem Schein falscher
Heiligkeit (vgl. BSLK 968,5 ff.) und eingebildeter Selbstbespiege-
lung (vgl. BSLK 968,16 ff.) zu bewahren.[76] Dazu muß ihm der

---

des Herrn leben und wandeln, und doch *aus Trieb* des Gesetzes nichts
thun, ist in Wahrheit jene Congruenz und Einheit mit dem Gesetz, wie
sie der rechtverstandenen Forderung desselben entspricht." Zum differenzierten Zusammenhang von altem und neuem Menschen im Wiedergeborenen (zur Terminologie der FC vgl. u. a. Frank II, 355) bei Luther
vgl. Frank II, 351 ff. Wichtig ist ferner der Hinweis, daß es der FC im wesentlichen darauf ankomme, „das Missverständniss zu heben, als sei der
Unterschied zwischen den Werken des Gesetzes und denen des Geistes
irgendwie in dem Gesetz und nicht vielmehr und allein in dem Menschen gelegen" (Frank II, 369; zum Verhältnis des tertius usus legis zu
den ersten beiden Gebrauchsweisen des Gesetzes vgl. Frank II, 386 f.).

[76]   Nach L. Haikola, Usus Legis, 60 führt „(g)erade in dieser seiner negativen
Aufgabe der aktuellen Lebendighaltung der Sündenerkenntnis und des
Vergebungsbedürfnisses ... das Gesetz auch im usus tertius sein wichtigstes Werk aus" (bei H. gesperrt). Haikola fährt fort: „Von diesem Ausgangspunkt her lässt sich auch die Darstellung des dritten Gebrauches
durch die Konkordienformel verstehen ... Der Umstand, daß die positiv-
normative Seite der Funktion des Gesetzes die ganze Zeit über in den
Hintergrund tritt und die negative ins Zentrum rückt, bedeutet nicht, dass
die Konkordienformel keine eigentliche Lehre vom usus tertius hätte. Im
Gegenteil, die F.C. repräsentiert gerade durch ihre Hervorhebung der
negativen Funktion die für das Luthertum ... typische Anschauung über
den usus tertius." So richtig beobachtet dies ist, so problematisch sind
der behauptete Gegensatz zwischen dem FC-Luthertum und Luther sowie die Annahme, die Lehre der Konkordienformel sei ein Beleg „für die
lutherische Tendenz zur *Innerlichkeit* und *Passivität* in Heiligung und
guten Werken" (ebd.). Zur Auffassung der Bestreiter des tertius usus legis, denen Haikolas theologische Sympathie gehört, vgl. a. a. O., 63 ff.
unter häufigem Bezug auf J. Seehawer, Zur Lehre vom Brauch des Ge-

Spiegel des Gesetzes beständig vorgehalten werden. Gegenteilige Lehre wird verworfen[77], nicht freilich ohne vorher der eschatologischen Erwartung vollkommener Erneuerung des Menschen in der Auferstehung Ausdruck zu verleihen, „do er weder der Predig des Gesetzes noch seiner Trauung und Strafen, wie auch des Evangelii nicht mehr bedürfen" (BSLK 969,25–28), sondern Gott von Angesicht zu Angesicht schauen und „durch Kraft des einwohnenden Geistes Gottes freiwillig, ungezwungen, ungehindert, ganz und rein und völlig mit eitel Freuden den Willen Gottes tuen und sich an demselbigen ewig erfreuen" (BSLK 969,31–35) wird. Im Reiche Gottes werden daher die Gläubigen alles, was ihnen im Namen Jesu Christi gegeben ist, durch die Kraft seines Geistes vollkommen auch in sich selber haben. Bis dahin aber bedarf es des stetigen Kampfes wider den alten Adam, jenen störrischen Esel, der „nicht allein mit des Gesetzes Lehre, Vermahnungen, Treiben und Drauen, sondern auch oftermals mit dem Knüttel der Strafen und Plagen in dem Gehorsamb Christi zu zwingen, bis das Fleisch der Sünden ganz und gar ausgezogen" (BSLK 969,18–22).[78]

---

setzes und zur Geschichte des späteren Antinomismus, Rostock 1887 sowie das Schlußresümee: „Die ‚Antinomisten' sind an diesem Punkte Luthers treue Nachfolger gewesen." (152)

[77] Vgl. BSLK 969,38–45: „Demnach verwerfen und vordammen wir als ein schädlichen und christlicher Zucht, auch wahrer Gottseligkeit nachteiligen Irrtumb, wann gelehret wird, daß das Gesetze obgemelter Weise und Maß nicht bei den Christen und Rechtgläubigen, sondern allein bei den Ungläubigen, Unchristen und Unbußfertigen getrieben werden soll." (Vgl. BSLK 795,27–34; nahezu wortgleich schon in SC [Hachfeld, 266 f.].)

[78] Die entscheidende und zugleich schwierigste Frage, welche die skizzierte Gedankenfolge hervorruft, ist die nach dem Verhältnis von altem und neuem Menschen im Leben des Christen. Diese Frage hat, wie schon erwähnt, unter den Interpreten von FC VI durchaus unterschiedliche Antworten hervorgerufen. So geht, um ein weiteres Beispiel zu nennen, H. P. Meyer (Normen christlichen Handelns? Zum Problem des tertius usus legis, in: W. Lohff/L. W. Spitz [Hg.], a. a. O., 223–247; die nachfolgenden Seitenverweise beziehen sich hierauf.) davon aus, daß nach Auffassung der Konkordienformel der Christ als Person in der Welt streng in alten und neuen Menschen geschieden ist, wobei das Gesetz ausschließlich auf den Wiedergeborenen qua alter Mensch zu beziehen ist, wohingegen der neue Mensch ebenso ausschließlich vom Evangelium her bestimmt ist. Folglich kann man nach Meyer „hier nicht eigentlich von einem neuen, dritten Brauch des Gesetzes ... reden" (230). Denn auch für den Christen gibt es kein drittes jenseits der Differenz von ge-

setzlicher mortificatio und evangelischer vivificatio, da er als alter und neuer Mensch, wie Meyer sagt, „„zwei Menschen'" „ist'" (239), von denen der eine ganz dem Gesetz, der andere ganz dem Evangelium zugehört. Christsein vollzieht sich in diesem Sinne nicht anders denn als tägliches Sterben (nach Maßgabe des usus elenchticus legis) und tägliches Auferstehen (in der Kraft des vom Gesetz streng unterschiedenen Evangeliums). Mit dieser Sicht, die sich auf den genuinen Luther beruft, setzte sich Meyer nicht nur von Melanchthon und Calvin, sondern auch von einer nicht geringen Zahl der Interpreten ab, die in FC VI einen tertius usus legis im Sinne eines spezifisch didaktischen Gebrauchs des Gesetzes für den Christenmenschen gelehrt fanden. Den Grund dieser Fehlinterpretation findet Meyer vor allem darin, daß die beiden Totalbestimmungen des Christenmenschen, nämlich alter und neuer Mensch zugleich zu sein, welche die FC im Anschluß an Luther noch in strikter Trennung und Scheidung festhalte, auf ein Drittes und Zusammengesetztes hin vermittelt werden, eben auf den im sittlichen Fortschritt begriffenen Christenmenschen als den Bezugspunkt des tertius usus legis. Von daher sei es nur folgerichtig, spezifische Normen christlichen Handelns, gewissermaßen eine Eigengesetzlichkeit des Christenstandes, in Anschlag zu bringen, wohingegen es nach genuin reformatorischer Auffassung „Normen für christliches Handeln nur als Normen für menschliches Handeln gibt" (242).

Nun trifft es in der Tat zu, daß die Konkordienformel mit Luther davon ausgeht, „daß es sich beim Gesetz im ersten, zweiten und dritten Brauch um das *gleiche Gesetz Gottes* handelt ... Der Wille Gottes ist *einer* und gilt über allen Bereichen, gilt für die Menschen und nicht (nur) für die Christen, ob dieses erkannt wird oder nicht. Es gibt keine Bereiche und keinen Menschen, die irgendeiner Eigengesetzlichkeit und nicht diesem einen Willen Gottes verpflichtet wären." (241) Indes handelt es sich hierbei, wie Meyer selbst sagt, um eine gemeinreformatorische Auffassung. Mit der zutreffenden Annahme materialer Identität des Gesetzes in all seinen Wirkzusammenhängen ist damit das in FC VI traktierte strittige Problem noch gar nicht erfaßt. Dieses Problem und der mit ihm verbundene Streit haben ihren wesentlichen Grund in der Frage, ob bzw. wie sich totale Disparatheit von Sünde und Glauben im Christen, deren unvermittelte und unter irdischen Bedingungen nicht zu vermittelnde Differenz auf bestimmte Weise der Unterschiedenheit von Gesetz und Evangelium korrespondiert, verbinden läßt mit der Annahme einer fortschreitenden Entwicklung des Christenmenschen. Von einer solchen Annahme geht bezeichnenderweise auch Meyer aus, wobei allerdings unter Berufung auf Luther betont wird, der „neue Mensch" könne „nur durch das vom Gesetz unterschiedene Evangelium wachsen, stärker werden." (238) Insofern stellt sich auch für ihn die Frage, wie sich die Totalitätsbestimmungen von Sünde und Glaube zusammendenken lassen mit Steigerungsformen des Wachsens und Stärkerwerdens des in der Koexistenz von altem und neuem Menschen lebenden Christen. Sehe ich recht, dann ist die in FC VI verhandelte Thematik genau auf dieses Problem

4. Herrenmahl und Christuspräsenz

4.1. Es gehörte, wie berichtet wird, zu den lange gepflegten Semesterabschlußritualen des Evangelischen Stifts zu Tübingen, welches einst auch „der Waiblinger Schmiedsohn und ... kämpferischkompromißlose ‚Grobschmied' lutherisch-orthodoxer Konkordieneinheit, Jakob Andreae"[79], besucht hatte, nach der „Ensarko-

---

konzentriert, dessen sachliche Bedeutung von terminologischen Problemen durchaus unterscheidbar ist. Auch wird man sagen dürfen, daß die Rede vom tertius usus legis im Sinne von FC VI nicht auf die Behauptung geleisteter Aufhebung des Gegensatzes von Sünde und Glaube, Gesetz und Evangelium in einem ständigen Dritten zielt, das die christliche Existenz vom allgemeinen Lebenszusammenhang der Menschen separiert. Der dritte Brauch des Gesetzes steht vielmehr dafür, daß die Koexistenz von altem und neuem Menschen keine friedlich-schiedliche, sondern nur eine kämpferische sein kann, wobei das Ergebnis des Kampfes, nämlich der endgültige Tod des alten Menschen und die schließliche Vollendung des neuen, in Anbetracht des auferstandenen Gekreuzigten nicht länger als unentschieden zu gelten hat, sondern in der Gewißheit des Glaubens, welche allein den Christen zum Christen macht, bereits antizipiert ist, womit Durchführung und Fortgang des Kampfes ein bestimmer Richtungssinn gegeben ist. Mit welchen theologischen Begriffen man dessen Steuerungsfunktion für das Christenleben beschreibt, ist von sekundärer Bedeutung gegenüber der Tatsache, daß es eine solche – von dem durch die Kategorien von Gesetz und Evangelium bestimmten Gegensatz unterscheidbare und zu unterscheidende – Steuerungsfunktion nach Maßgabe göttlichen Willens für das Christenleben gibt und geben muß. Dabei zielt diese Steuerungsfunktion durchaus auf eine Perfektionierung christlicher Existenz, die freilich als Selbststeigerung des Christen nur insofern beschreibbar ist, als Selbststeigerung unter christlichen Bedingungen stets mit der Selbstlosigkeit der Liebe konform geht und jeden heilsegoistischen Eigensinn konsequent ausschließt. In diesem Sinne hat H. P. Meyer recht, wenn er die christliche Ethik zu einer allen selbstischen Eigensinn negierenden Ethik erklärt, zu einer „Ethik des Sterbens für den anderen" (240). Undifferenziert und unhaltbar ist es dagegen, solche Negation selbstischen Eigensinns mit der Zerstörung menschlichen Selbstseins überhaupt gleichzusetzen. Dies zu verhindern ist der wesentliche Sinn der von Meyer eingezogenen Unterscheidung von usus elenchticus und usus tertius legis.

79 W.-U. Deetjen, Vom Stift zu Tübingen. Assoziationen zu seinen Anfängen, in: F. Hertel (Hg.), In Wahrheit und Freiheit. 450 Jahre Evangelisches Stift in Tübingen, Stuttgart 1986, 15–28, hier: 27.

se" genannten Einsargung der studentischen Examensergebnisse[80] in eigens dafür vorgesehene Blechkästen folgenden orthodoxlutherischen Abgesang gemäß der Melodie des Liedes „Nun danket alle Gott" zu Gehör zu bringen: „Die Kalvinisten sind / vom Papsttum zwar geschieden, / Jedennoch leben wir / mit ihnen nicht im Frieden, / Denn erstens lehren sie / vom Abendmahl nicht recht, / Sodann ist ihr Begriff / der Gnadenwahl ganz schlecht."[81]

Wie immer man über den lyrischen Reiz dieses Poems urteilen mag, die gewählte Reihenfolge der binnenreformatorischen Streitpunkte zeugt unzweifelhaft von Kenntnissen. Denn obschon Calvin an keinem Punkt das Zentrum seiner Religiosität und Theologie stärker hatte zur Geltung kommen lassen als in der Prädestinationslehre, so hätte doch diese „bei den Ueberlieferungen, die von Luther und Zwingli her bestanden, einen Gegensatz zwischen den Reformationsgebieten nicht begründen können. Anders aber stand es auf dem alten Kampfplatz der *Abendmahlslehre*."[82] Namentlich in ihr meinte man gnesiolutherischerseits durch um sich greifende philippistische Tendenzen „dem Calvinismus preisgegeben und hinter Luthers Position Zwingli gegenüber zurückgeschoben zu sein. In regem Zusammenhang hiermit standen die christologischen Gegensätze, denn mit Luthers Abendmahlslehre wurden auch Hauptideen seiner Christologie, wie die durchge-

---

80   Vgl. F. Lang, Leben und Arbeit im Stift nach 1945, in: a. a. O., 256–277, bes. 266.

81   Es blieb einem Repetenten neuerer Zeit vorbehalten, diese Originalstrophe in ein „angemessen schlechtes Latein" (M. Mezger, Repetent im Stift – Kontinuität und Widerspruch, in: a. a. O., 242–255, hier: 248) zu übersetzen. Das Ergebnis lautet: „Sunt Calvinistici / remoti a papatu, / Attamen vivimus / cum iis in conflatu, / Nam primo praedicant / de coena recte non, / Deinde suffocant / praedestination." (Ebd.; vgl. F. Lang, a. a. O., 266)

82   K. Müller, Kirchengeschichte Bd. II/2, Tübingen 1919, 74. Auf die Dauer konnte es freilich „nicht ausbleiben, daß sich die Lutheraner ihres Unterschieds von den Reformierten gerade auch in der abweichenden Behandlung dieser Lehre (sc. der Prädestinationslehre) bewußt wurden." (Ritschl IV, 114; zur Straßburger Konkordie als der „erste[n] offizielle[n] Kundgebung lutherischer Richtung über die Prädestinationslehre" [Ritschl IV, 117] vgl. Ritschl IV, 117 ff.)

führte Idiomenkommunikation, in Frage gestellt."[83] Neben den um die Rechtfertigungslehre gruppierten Problemkreisen bildet daher zusammen mit der Christologie die Abendmahlslehre einen thematischen Schwerpunkt innerhalb der Konkordienformel. Ging es in den bisher erörterten Fragen grob betrachtet um die indirekte Verteidigung der reformatorischen „Grundlehre von dem Heil aus Gnaden durch den Glauben allein"[84] gegenüber Rom, dem sich der Synergismus einiger Melanchthonianer gefährlich anzunähern schien, so ist die Funktion der Artikel VII und VIII der Konkordienformel im wesentlichen diejenige der Abgrenzung gegenüber manifest bzw. latent calvinistischen Tendenzen.

Sehr viel komplizierter als diese Feststellung, bezüglich derer eindeutige Klarheit herrscht, ist das Problem des genauen Verlaufs der erfolgten Grenzmarkierungen. Denn in dieser Hinsicht sind – nicht zuletzt was den präzisen Zusammenhang des abendmahlstheologischen und christologischen Argumentationskontexts angeht – gewisse Unausgeglichenheiten selbst innerhalb der Reihen der Konkordisten zu konstatieren, in denen sich z. T. erhebliche Spannungen im Binnenraum der Wittenberger Reformation reflektieren. Um fürs erste beim Tübinger Stiftler Andreae zu bleiben und zugleich einige Hinweise zu geben auf die ersten Anfänge der literarischen Vorgeschichte der Konkordienformel[85], soweit

---

[83] F. Frank/R. Seeberg, Art. Konkordienformel, in: RE³ 10, 732–745, hier: 734.

[84] Ebd.

[85] Daß Andreae für deren Genese eine sehr wichtige Rolle spielte, ist, wie schon gezeigt, unbestreitbar und in der Forschung auch nicht strittig, selbst wenn zuletzt nur die Epitome und die Präfation der FC auf seine direkte Verfasserschaft zurückgehen, wohingegen als der Hauptautor der Konkordienformel selbst nicht Andreae, sondern Martin Chemnitz zu gelten hat. Notorisch strittig ist allerdings, wie sich bei Andreae Treue zur Wahrheit und politischer Ausgleichswille zueinander verhalten. Nicht selten wurde in diesem Zusammenhang der Verdacht opportunistischen Kompromisses, ja der Vorwurf der Unlauterkeit gegen ihn ausgesprochen. Besonders Andreaes Haltung in der Frage der Abendmahlslehre und der mit ihr verbundenen Christologie war von solchen Verdikten betroffen. Neuerdings mehren sich die Stimmen, die zur Zurückhaltung vor eilfertigen Urteilen mahnen und sich für eine Würdigung des unerschütterlichen Ausgleichsbemühens Andreaes einsetzen (vgl. dazu den inhaltsreichen Beitrag von Th. Mahlmann, Jakob Andreä im Lichte neuerer Forschung, in: LThuK 13 [1989], 139–153).

sie für den Zusammenhang und die Verhältnisbestimmung des Abendmahl- und des Christologieartikels von Wichtigkeit sind (vgl. BSLK 970, Anm. 1; BSLK 1017, Anm. 1): Auszugehen ist davon, daß Andreaes theologische Entwicklung in diesbezüglicher Hinsicht weithin parallel verlief zu derjenigen von Johannes Brenz, „dem führenden Theologen Württembergs von 1553 bis 1570"[86]. Da die späte Christologie von Brenz, der 1530 zur Gesandtschaft des Markgrafen Georg von Brandenburg-Ansbach gehört und seit 1553/54 als Propst der Stuttgarter Stiftskirche und vertrauter Rat Herzog Christophs von Württemberg fungiert hat[87], in bewußtem Kontrast zur Konzeption Melanchthons[88] gestaltet wurde, war der Streit Württemberg-Wittenberg vorprogrammiert, auf welchem im ersten Satz von FC VIII mit Worten Bezug genommen wird, die nicht nur die Anfänge der Genese des Artikels beschreiben, sondern zugleich „einen Umschlagspunkt in der christologischen Debatte in den 60er Jahren markieren: Von einer Kontroverse zwischen Lutheranern und Reformierten verlagerte sich das Ringen in differenzierterer Weise in den innerlutherischen Raum."[89] Der einschlägige Satz lautet: „Es hat sich auch ein Zwie-

---

[86] Th. Mahlmann, a. a. O., 141.

[87] Vgl. M. Brecht, Art. Brenz, Johannes (1499–1570), in: TRE 7, 170–181, hier: 172 f.

[88] Zur Abendmahlslehre Melanchthons und ihrer Dehnbarkeit vgl. Frank III, 5 ff., bes. 22 ff., hier: 28: „Es ist beides historisch gewiss: gleichwie *Melanchthon*, nachdem er allmählich von der Anschauung Luthers sich getrennt hatte, darauf ausging, seine früheren mit Luther übereinstimmenden Aussagen im Sinne seiner späteren Ueberzeugungen zu deuten, so deutete umgekehrt die grosse Mehrzahl auch der aus *Melanchthons* Schule hervorgegangenen Theologen die nachmaligen unbestimmteren und Luther nicht direct widersprechenden Aeusserungen ihres Lehrers im Sinne der Übereinstimmung mit Luther und den früheren Bekenntnisschriften."

[89] H. Chr. Brandy, Die späte Christologie des Johannes Brenz, Tübingen 1991, 61. Im Rückblick auf sein Leben stellte sich für Brenz „die Christologie als Kriterium für die Wahrheit des christlichen Glaubens dar. Sie hatte ihn während seines gesamten Wirkens beschäftigt. In den letzten Jahrzehnten seines Lebens aber wurde sie zu seinem eigentlichen Thema, das er u. a. in vier großen Schriften (1561–1564) entfaltete." (A. a. O., 2) Ihrem Verständnis ist Brandys Untersuchung vor allem gewidmet. Die Studie ergänzt damit nicht nur die bis 1530 reichende Darstellung der frühen Christologie von Brenz durch M. Brecht (M. Brecht, Die frühe Theologie des Johannes Brenz, Tübingen 1966, bes. 180 ff.), sondern auch

spalt zwischen den Theologen Augsburgischer Confession von der Person Christi zugetragen, welche doch nicht erst unter ihnen angefangen, sondern ursprünglich von den Sakramentierern herrühret." (BSLK 1017,3–8; vgl. Frank III, 165 ff.) Eine vergleichbare Aussage findet sich zu Beginn von FC VII (vgl. Frank III, 1 ff.).[90]

die grundlegende Untersuchung Th. Mahlmanns über „Das neue Dogma der lutherischen Christologie. Problem und Geschichte seiner Begründung" (Gütersloh 1969) sowie über „Personeinheit Jesu mit Gott. Interpretation der Zweinaturenlehre in den christologischen Schriften des alten Brenz" (in: BWKG 70 [1970], 176–265). Dabei stellt Brandy die von Mahlmann behauptete Differenz zwischen Luther und Brenz kritisch in Frage (vgl. bes. H. Chr. Brandy, a. a. O., 255 ff.; zur Rezeption der Mahlmannschen Sicht vgl. die Bemerkungen a. a. O., 10 f.), um seinerseits die These zu vertreten: „*Wir finden bei dem Schwaben eine selbständige, aber in der Sache authentische Rezeption der Christologie Luthers.*" (A. a. O., 262) Darauf wird im Zusammenhang der Auslegung von FC VIII zurückzukommen sein. Einstweilen genügt es, darauf hinzuweisen, daß die Probleme der Brenzschen Christologie durch den methodischen Vorwurf des rationalen Konstruktivismus, den theologischen Vorwurf des Doketismus sowie den metaphysischen Vorwurf des spiritualistischen Dualismus markiert sind (vgl. a. a. O., 10 ff.).

[90] Der status controversiae zwischen der eigenen und der Sakramentiererlehre wird dabei dahingehend bestimmt, daß die Gegner, jedenfalls wenn sie sich aufrichtig und deutlich äußern, einmütig erklären, „daß der wahre wesentliche Leib und Blut Christi vom gesegneten Brot und Wein im Abendmahl ja so weit als der höchste Himmel von der Erde abwesend sei" (BSLK 973,20–24). Die sog. Sakramentierer verstehen demnach die „Gegenwärtigkeit des Leibs Christi nicht allhier uf Erden, sondern allein respectu fidei, das ist, daß unser Glaub, durch die sichtbarlichen Zeichen gleichwie durchs gepredigte Wort erinnert und erwecket, sich erhebe und über alle Himmel hinaufsteige und den allda im Himmel gegenwärtigen Leib Christi, ja Christum selbst sambt allen seinen Guttaten wahrhaftig und wesentlich, aber doch geistlich empfahe und genieße. Dann wie das Brot und Wein allhie uf Erden und nicht im Himmel, also sei der Leib Christi jtzund im Himmel und nicht auf Erden, werde derhalben mit dem Munde nichts anders im Abendmahl als Brot und Wein empfangen." (BSLK 973,31–974,14) Ist nach SD damit der „Häuptstreit" (BSLK 973,8) umschrieben, so fügt Ep VII,2 noch einen Verweis auf die strittige manducatio indignorum hinzu. Auch in der Bestimmung der Lehrposition der Gegner weicht Ep formal etwas von SD ab, insofern sich für sie die Differenz zwischen groben und feinen Sakramentierern lediglich als eine Folgeerscheinung unterschiedlicher Verschlagenheit (Ep VII,3 f.) darstellt, wohingegen SD mit einer bei aller gleichbleibenden Kritikbedürftigkeit ernstzunehmenden Entwicklung im gegnerischen Lager rechnet. Habe es anfangs geheißen, das Abendmahl sei lediglich ein Erkenntniszeichen der Christen (vgl. SD VII,115; Ep

Die Abendmahlslehre, so wird dort gesagt, stand seit langem im
Zentrum reformatorischer Streitigkeiten. Diese betrafen nach der
gegebenen Beschreibung zunächst den Zwiespalt zwischen den
Konfessoren von Augsburg und denen, die sich bereits 1530 von
der Augustana abgesondert und Karl V. ein eigenes Bekenntnis
übergeben hatten (vgl. BSLK 971, Anm. 1). Im Laufe der Zeit grif-
fen die Auseinandersetzungen dann aber auch auf das Lager der
Theologen Augsburger Konfession über, von denen einige, wie es
heißt (vgl. BSLK 971,8 ff. sowie BSLK 971, Anm. 2), der Lehre der
sog. Sakramentierer nicht nur heimlich, sondern öffentlich Beifall
zollten und dabei die Übereinstimmung solcher Lehre mit derjenigen der CA behaupteten. Daher hätten die Väter der Konkordienformel die Aufnahme eines eigenen Abendmahlsartikels in die
FC für unverzichtbar gehalten, welcher bestehende Irrtümer ab-
weisen und „die rechte Meinung und eigentlichen Verstand der
Wort Christi und der Augsburgischen Confession" (BSLK 972,3 f.)
klarstellen sollte. In christologischer und abendmahlstheologischer
Hinsicht ergibt sich also ein vergleichbarer Befund. Die Grenze
zum Calvinismus ist überlagert von Differenzen im binnenlutherischen Raum, die nicht zuletzt die anticalvinistische Grenzmarkierung betreffen und damit den lutherischen Raum selbst als nur
bedingt geschlossen, ja z. T. als in Auflösung begriffen erscheinen
lassen. Das macht die Angelegenheit so schwierig und komplex.

Von der Komplexität und Kompliziertheit der Sachlage ist bei aller Enge der Verbindungen auch das Verhältnis zwischen Brenz
und Andreae betroffen. Inwiefern, so lautet die in dieser Hinsicht
entscheidende Frage, war die Christologie seines Lehrers Brenz

---

VII,27), in welchem Brot und Wein als bloße Zeichen des abwesenden
Leibes Christi gereicht werden (vgl. SD VII,115 f.; Ep VII,28 f.), so sei später eine wahrhafte Gegenwart Christi im Abendmahl gelehrt worden,
doch nur nach seiner göttlichen Natur und nicht mit Leib und Blut. Aus
diesem rein geistlichen, lediglich mit der Präsenz von Kraft, Wirkung
und Guttaten Christi rechnenden Verständnis seiner Gegenwart im
Abendmahl habe auch die schließliche These nichts ändern können, daß
im gläubigen Empfang der irdische Leib des Kommunikanten vermittels
des in ihm wirksamen ubiquitären Geistes mit Jesu Christi himmlischem
Leib vereinigt werde. Denn auch unter dieser Bedingung könne recht eigentlich nur von einer Präsenz der göttlichen Natur, nicht aber von einer
leiblichen, zum mündlichen Genuß dargebotenen Gegenwart Christi im
Abendmahl die Rede sein, wie sie von Christi Worten „Esset, das ist
mein Leib" (1. Kor 11,24) wirklich bezeugt werde.

von Anfang an integraler Bestandteil des Konkordienprojekts von
Andreae? Insistierten die Wittenberger bekanntlich auf der strikten
Trennung von Christologie und Abendmahlslehre, um innerhalb
dieser die Präsenz Christi ausschließlich durch die Einsetzungsworte konstituiert sein zu lassen, so stellt sich unter Brenzschen
Bedingungen die Sache durchaus anders dar, und das Verhältnis
von Christologie und Abendmahlslehre muß als ein zwar differenzierter, aber doch untrennbarer Zusammenhang bestimmt werden. Wie urteilte hier Andreae? Oder läßt sich bei ihm in der betreffenden Angelegenheit kein eigentlich klares Urteil, sondern
nur ein mehr oder minder geschicktes Lavieren erkennen? Der
Eindruck taktischen Lavierens scheint nahegelegt u. a. durch einen
Vergleich der einschlägigen Ausführungen seiner deutschen Unionsartikel von 1569 mit den vor geraumer Zeit entdeckten älteren
lateinischen von 1568[91], welche den Anfang der literarischen Vorgeschichte der Konkordienformel markieren. Nicht nur, daß die
sehr viel kürzeren und inhaltlich unbestimmteren deutschen Artikel wie überhaupt, so auch in der Abendmahlsfrage keine spezifischen Verwerfungen enthalten (Heppe II, 254: „und verwerfen
demnach alle die, so anders von diesem Sacramente lehren").
Auch in der Frage „ubiquitistischer" Begründung der Abendmahlslehre scheint der fünfte und längste Artikel der lateinischen
Reihe (De coena Dominica), dem „Andreaes offenbares Hauptinteresse" (Mager, 41) galt, konsequenter als der entsprechende
deutsche zu sein. Folgt man Mager, dann „wird die aus unio personalis und sessio ad dexteram Dei gefolgerte leibliche Gegenwart Christi auf der Erde zur zweiten Stütze für die spezielle
Abendmahlsgegenwart und zur Voraussetzung der in den Einsetzungsworten ausgesprochenen Verheißung" (Mager, 42). Diese
Stütze scheint in den deutschen Artikeln zurückgenommen, wobei
sich vermuten läßt, es sei dies lediglich aus äußeren Rücksichten
wegen namentlich von Wittenberger Seite geäußerten kritischen
Vorbehalten der Brenzschen Christologie gegenüber geschehen.
Zur Begründung der Gegenwärtigkeit des Leibes und Blutes des
Herrn im Abendmahl wird jetzt nur mehr angegeben, daß sie „aus
dem Wort der Stiftung und Einsetzung Christi" (Heppe II, 254) bestehe. „Verglichen mit der Argumentation vom Vorjahr wirken

---

[91] Vgl. den Aufsatz I. Magers, Jacob Andreaes lateinische Unionsartikel von
1568, in: ZKG 98 (1987), 70–86; ferner H. Chr. Brandy, Jacob Andreaes
Fünf Artikel von 1568/69, in: a. a. O., 338–351.

diese sparsamen Aussagen über das Abendmahl aus dem Munde eines Württembergers wie ein selbst auferlegter Verzicht." (Mager, 62)

Indes darf zum einen nicht übersehen werden, daß die Abendmahlslehre der deutschen Unionsartikel einen Appendix[92] enthält (vgl. Heppe II, 260–264), in welchem der Sache nach genau dies wiederholt wird, was im erwähnten lateinischen Artikel zu lesen stand (vgl. Mager, 62 f.). Wichtiger aber ist zum zweiten die Einsicht, daß die Funktion der christologischen Argumentation 1568 ebensowenig wie 1569 im strengen Sinne diejenige einer Begründung leibhafter Christuspräsenz im Herrenmahl ist. Entsprechend lautet der Schluß der erwähnten Deklaration: „Derowegen wir uns auch aus keinem Vorwitz oder unnotwendiger Spitzfindigkeit uns in diese Disputation eingelaßen, sondern gern mit jedermann friedlich und einig sein wollten, die uns bei den einfältigen Worten des Herrn Christi bleiben laßen und mit uns die wahrhaftige Gegenwärtigkeit des Leibes und Blutes Christi bekennen. Da man uns aber von dieser Einfalt mit Verkehrung der Artikel des Glaubens treiben will, soll uns Niemand verdenken, daß wir bei dem Grund bleiben, den uns die Artikel des christlichen Glaubens geben und dieselbigen aufs einfältigste erklären, welches Doctoris Martini Lutheri Grund je und allewege gewesen, wie sein Bekenntnis vom heil. Abendmal ausweiset und durch uns nichts Spitzfündiges noch Neues eingeführt wird, sondern behalten müßen, wollen wir anders Christum nicht gar verlieren." (Heppe II, 264)

---

[92]   H. Chr. Brandy (vgl. a. a. O., 345 f.) hat im einzelnen gezeigt, daß die fünf Artikel nie ohne christologischen Anhang existiert haben. Er korrigierte damit in bestimmter Hinsicht das „Bild des allzuwendigen Taktierers Andreae" (a. a. O., 346), das bei J. Ebel (Jakob Andreae, [1528–1590] als Verfasser der Konkordienformel, in: ZKG 89 [1978], 78–119) und in abgeschwächter Form auch noch bei I. Mager die Sicht der Dinge prägte. Hinzuzufügen ist, daß nach Brandy auch für im Laufe des Jahres 1569 erfolgte Veränderungen des Thesentextes selbst keine Anhaltspunkte gegeben sind (vgl. a. a. O., 346 ff.). Andreae hat sonach „während der Werbungsphase an *einem* authentischen Text festgehalten und lediglich später die Möglichkeit zu (alternativen) Stellungnahmen eingeräumt." (A. a. O., 348) Zu den Faktoren, die Andreaes ursprüngliche Konkordienkonzeption scheitern ließen, vgl. a. a. O., 349 ff.

Dieser Passus ist nicht zuletzt deshalb außerordentlich bemerkenswert, als ihm klar zu entnehmen ist, von welcher Art die Verbindung von Abendmahlslehre und Christologie nach dem Urteil Andreaes ist. Die Christologie hat recht eigentlich nicht die Funktion, die Realpräsenz Jesu Christi im Abendmahl zu begründen, sondern sie gegen die Bestreitung ihrer möglichen Tatsächlichkeit zu verteidigen. Von hier aus dürfte sich auch die wiederholt betonte Annahme Andreaes erklären, sich in grundsätzlicher Übereinstimmung mit den kursächsischen Theologen zu befinden. Auch wenn man diese Annahme in bezug auf die Wittenberger als Selbsttäuschung einzuschätzen hat[93], so konnte sich Andreae doch in bezug auf die Art und Weise, wie er die Christologie seines Lehrers Brenz in sein Konkordienwerk integrierte, der Zustimmung des Theologen gewiß sein, der schließlich zum Hauptautor der FC werden sollte: Martin Chemnitz. Kommt doch Andreaes Rezeption Brenzscher Christologie[94] der von Chemnitz selbständig vollzogenen Entwicklung eindeutig entgegen, nämlich zum einen die christologische Fundierung der Abendmahlslehre im Sinne der Lehre von der Allenthalbenheit des Christusleibes nicht abstrakt und unter tendenzieller Ablösung von dem durch die verba testamenti bestimmten Kontext zu betreiben, zum anderen aber die christologischen Konsequenzen, die aus der abendmahlstheologischen Annahme leibhafter Realpräsenz folgen, nicht zu scheuen, sondern sie als aposteriorisch erschlossene theologische Prämissen gelten zu lassen.

Nach Maßgabe dieser von Andreae und Chemnitz unbeschadet gegebener Akzentuierungsunterschiede geteilten und gemeinsam vertretenen Einschätzung ist die Thematik von FC VII und FC VIII im folgenden als differenzierter Sachzusammenhang in Betracht zu ziehen, wobei die Priorität der Abendmahlsproblematik nicht nur formal durch die in TB und BB analog zu SC gegebene Artikelreihenfolge, sondern durch die literarische Vorgeschichte von

---

93   Vgl. H. Chr. Brandy, a. a. O., 349 f.: „Es bestand keine Übereinstimmung zwischen seiner (sc. Andreaes) Christologie und der der Wittenberger, auch wenn diese das lange nicht klar sagten und ihn durch allgemeine Beteuerungen ihres Konkordienwillens hinhielten und in dem falschen Glauben beließen."

94   Vgl. Th. Mahlmann, Jakob Andreae im Lichte neuerer Forschung, a. a. O., 143 u. a.

FC und durch ihre schließliche Präfation (vgl. BSLK 753,1 – 754,14; dazu: BSLK 753, Anm. 1) auch in materialer Hinsicht bestätigt wird. Mit der behaupteten Priorität der Abendmahlsproblematik der Christologie gegenüber ist allerdings weder die Relevanz letzterer für die konfessionelle Verfassung des Luthertums geleugnet, noch die Tatsache in Abrede gestellt, daß man es unter den Konkordisten bis zuletzt für erläuterungsbedürftig hielt, „weshalb man, wiewohl in dieser Confession nur beabsichtigt werde, die unter den Theologen Augsburgischer Confession zwiespaltigen Lehrpuncte zu besprechen, doch nicht habe unterlassen können, auch die Lehre vom Abendmahle in den Kreis der neuerdings zu bekennenden Artikel des Glaubens hereinzuziehen" (Frank III, 1). Freilich darf die – durch Fortfall eines Vorspanns (vgl. BSLK 970, App.) in BB in den Vordergrund gerückte – Erwähnung möglicher Zweifel an der Notwendigkeit konkordistischer Behandlung des Abendmahlsartikels nicht in der Weise gedeutet werden, als hätten die Patres Bergenses diesen gegebenenfalls für verzichtbar gehalten. Denn diese Annahme steht nicht nur im Widerspruch zum klaren Wortlaut der Einleitung von FC VII (vgl. BSLK 970,3 ff., bes. 971,8 ff.: „So haben wir doch ... nicht unterlassen können noch sollen ..."), sie wird auch durch die literarische Vorgeschichte des Artikels nicht bestätigt. Zwar ist die Beobachtung zutreffend, „dass *Jakob Andreä* in seinen sechs Predigten, der Grundlage aller späterer Confessionsentwürfe, es wirklich nicht für nöthig hielt, abgesehen von der beiläufigen Erwähnung der Abendmahlsfrage in der Erörterung über die Person Christi, ausdrücklich von derselben zu handeln" (Frank III, 1 f.). Aber dieser Sachverhalt erklärt sich nach Andreaes eigenem Hinweis am besten dadurch, daß der Abendmahlsartikel bereits „in den Predigen wider d(ie) Zwinglianer gnugsam gehandelt" (Heppe III, B I, 61) wurde. Auch abgesehen davon trifft es nicht zu, „dass ... die besondere Aufstellung eines Artikels vom h. Abendmahle erst von der *Schwäbischen Concordie* an datirt" (Frank III, 2); denn sowohl die lateinischen von 1568 als auch die deutschen Unionsartikel von 1569 enthalten ausführliche Artikel vom Mahl des Herrn. Darin findet sich von Anfang an klar ausgesprochen, welche Vorkommnisse die konkordistische Behandlung der Abendmahlsfrage nötig machten: „Controversia de coena Dominica ab initio mota est per eos, qui Augustanam confessionem iam inde ab anno 30 usque in praesentem diem non agnoverunt. Sed postquam aliqui ex iis (qui aliquando confessionem Augustanam professi sunt) in sententiam Cinglianorum et Calvinianorum concesserant, eundem errorem sub verbis Augustanae confessionis tegere voluerunt, duplex nata est controversia. Altera quidem est de sententia Augustanae confessionis in hoc articulo, altera vero de re ipsa."[95]

Kann man also nicht ohne weiteres sagen, die Abendmahlskontroverse habe „mindestens nicht in der ersten Reihe jener kirchlichen Streitfragen gestanden, welche die Abfassung einer neuen Bekenntnisschrift dringend erheischten" (Frank III, 2), so ist es doch andererseits wahr, daß der Verlauf der Kontroverse in den Reihen der Wittenberger Reformation die Vorstellung von Anbeginn in klar umrissener Form bestehender Gegensätze als fraglich erscheinen läßt. Mit Recht weist Frank darauf hin, daß sowohl in den diversen Beurteilungen von TB, als auch in den Verhandlungen über das Bergische Buch und seine Präfation etwa grundsätzliche Zustimmung zur konkordistischen Abendmahlsdoktrin und hartnäckige Verteidigung Melanchthons sich keineswegs gegenseitig ausschlossen (vgl. Frank III, 2 ff.).[96] Darin bestätigt sich, was an der – im gegebenen Zusammenhang nicht im einzelnen zu verfolgenden (vgl. z. B. Tschackert, 531 ff.) – Geschichte der Abgrenzung des lutherischen gegen das calvinistische bzw. kryptocalvinistische Abendmahlsbekenntnis in der zweiten Hälfte des 16. Jahrhunderts näherhin zu ersehen ist, daß nämlich der Verlauf der Grenzen nicht selten fließend war. Dennoch durfte und konnte es, wie nachgerade Frank betont, „der Kirche Augsburgischer Confession ... nicht erspart werden, aus der Verwirrung, in die man geraten, sich herauszuarbeiten und darüber sich schlüssig zu machen, ob sie dem Vorgange *entweder Luthers oder Melanchthons* in der Lehre vom Abendmahle folgen sollte" (Frank III, 5).

Die nötige Entscheidung wurde im Konkordienbuch im wesentlichen unter vier Sachaspekten getroffen: *Erstens* wurde die wahre und wesentliche Gegenwart des Leibes und Blutes Christi im Abendmahl eingeschärft, wobei alles darauf ankam, den buchstäblichen Sinn der verba testamenti zu wahren. Bezüglich der Weisen des Empfangs betonte man *zweitens* die zwar differen-

---

[95]   I. Mager, Jacob Andreaes lateinische Unionsartikel von 1568, 83.

[96]   Auch O. Ritschl betont, „daß die Wittenberger Theologen sich jedenfalls nicht in der Abendmahlslehre einer Abweichung von der gemeinsamen lutherischen Auffassung der Gegenwart Christi oder gar einer Hinneigung zu den reformierten Anschauungen bewußt waren" (Ritschl IV, 44).

zierte, aber unauflösliche Einheit von manducatio spiritualis und manducatio oralis sowie die Tatsache, daß auch die Unwürdigen den im Abendmahl realpräsenten Leib und das Blut Jesu Christi empfangen. Ergänzt wurden diese Gesichtspunkte *drittens* durch die Konsekrationsproblematik sowie *viertens* durch die auf den Zusammenhang von Abendmahlslehre und Christologie verweisende Problematik der Gegenwartsmöglichkeiten des Leibes Jesu Christi[97], gefolgt von Gegensätzen, die weniger das Verhältnis zu Zwinglianern, Calvinisten und tatsächlichen oder vermeintlichen Kryptocalvinisten betrafen als vielmehr dasjenige zu den sog. Altgläubigen.

Was die ersten beiden Gesichtspunkte anbelangt, so stehen sie zweifellos im Zentrum konkordistischer Aufmerksamkeit. Im Anhang seiner deutschen Unionsartikel konnte sich Andreae daher auf ihre Wahrnehmung beschränken. Im Sinne der Wittenberger Abendmahlskonkordie von 1536 (vgl. Mager, 62) heißt es: „Vom h. Sacrament des Leibes und Blutes unseres Herrn Jesu Christi, glauben, lehren und bekennen wir vermöge Gottes Worts und Inhalts der christlichen Augsb. Confession, daß in demselben mit Brot und Wein der wahrhaftige Leib und Blut unseres Herrn Jesu Christi auf eine himmlische und menschlicher Vernunft unerforschliche Weise gegenwärtig ausgeteilt und empfangen wird von allen denen, die sich dieses Sacraments nach seinem Befehl und Einsetzung gebrauchen. Wir glauben, lehren und bekennen auch, daß nicht allein die rechtgläubigen und wahrhaftigen Christen, sondern auch die gottlosen und unbußfertigen Heuchler, so getauft und unter den gottseligen Christen vermischt, den wahrhaftigen Leib und Blut Christi im heiligen Sacrament, doch zum Gericht, empfahen ...“ (Heppe II, 253)

---

[97] Zum Zusammenhang der Lehre von den Gegenwartsweisen Christi und der inhabitatio-Lehre sowie der sich ausbildenden Lehre von der unio mystica vgl. Ritschl IV, 192 ff., hier: 192: „In den Ansichten der Lutheraner sowohl über die göttliche Ubiquität wie über die Multivolipräsenz der Menschheit Christi tritt von Anfang an als gemeinsame Voraussetzung die Anschauung hervor, daß Christus, wie immer man sich seinen Leib als zugegen denken mochte, jedenfalls als persönlicher Geist den Gläubigen nicht nur überhaupt gegenwärtig sei, sondern wie in der Kirche, so auch in ihnen selbst wohne, sich und das Seinige ihnen mitteile und sein göttliches Werk in ihnen treibe." (Vgl. ferner Th. Mahlmann, Die Stellung der *unio cum Christo* in der lutherischen Theologe des 17. Jahrhunderts, in: M. Repo/R. Vinke [Hg.], a. a. O., 72–199.)

In SC ist demgegenüber die Perspektive bereits erheblich erweitert. Nicht nur, daß nun ausdrücklich der Anlaß der Kontroverse und die Notwendigkeit ihrer Behandlung erörtert werden, die knappen abendmahlstheologischen Ausführungen der deutschen Unionsartikel wurden darüber hinaus durch eingehende Reflexionen nicht nur zur manducatio indignorum, sondern auch zum Wesen würdigen Empfangs sowie zur Art und Weise der Gegenwart Jesu Christi angereichert, in welchem Zusammenhang u. a. auch die Transsubstantiationslehre dezidiert abgewiesen (Hachfeld, 272: „das das Brott und der wein nicht wesentlich in den leib und Bluet Christi verwandelt werden") und gelehrt wird, „das in diesem Sacrament zway ding bey samen seyen, ein Irdisch Brott und wein, ein himlisch, der Leib unnd Bluet Christi" (Hachfeld 273). Es folgen unbeschadet vorausgesetzter Evidenz der verba testamenti christologische Erwägungen, welche im Anschluß an Luther das Vermögen der menschlichen Natur Jesu Christi geltend machen, im Abendmahl „ohn alles auff und niderfahren vom Himmel gegenwertig" (Hachfeld, 274) zu sein. Chemnitz hatte an SC VII nichts Wesentliches auszusetzen. Grundsätzliche Übereinstimmung mit Andreae spricht sich m. E. auch in folgendem, den Wortlaut von SC erweiternden Satz aus, in dem es heißt: „(W)eil aber jn jhme die gantze fulle der gottheit leibhafftig wonet und durch seine himelfart erhohet ist, zur rechten der Maiestet und krafft gottes so kan und wyll ehr auch mit solchem seinem leibe bey uns in seinem h: Abendtmahl nach laut der wort seiner einsetzung und verheissung jegenwertig sein auff weise und wege so ihm allein bekant ist." (Heppe III, B II, 132) Ob man diesen Satz im Sinne eines „voluntaristische(n) Vorbehalt(s)" (Mager, 222) Andreae gegenüber zu deuten hat, scheint mir zweifelhaft. Denn auch bei diesem hat die behauptete Teilhabe der Menschheit Christi an den göttlichen Majestätseigenschaften letztlich „nur den Rang der Möglichkeitsvoraussetzung für die allein durch die Einsetzungsworte verbürgte und damit ausdrücklich gewollte Abendmahlspräsenz" (ebd.).

Zu weiterreichenden Eingriffen in SC fanden sich dann allerdings die Hansischen, Lübecker und namentlich die Rostocker Theologen veranlaßt (vgl. Mager, 223). Letztere haben unter Federführung von Chytraeus SC VIII völlig umgestaltet und erheblich erweitert. Dabei wird nun ausdrücklich auch das Konsekrationsproblem und die damit zusammenhängende Frage der Dauer der Realpräsenz thematisiert. Anlaß hierfür bot der sog. Saligersche

Streit, von dem noch zu reden sein wird; einstweilen mag die Feststellung genügen, daß „(d)ie Ansichten von Chytraeus zum Verständnis der Konsekration, die im Wismarer Abschied von 1569 zum Saligerschen Streit erarbeitet worden waren, ... bis in wörtliche Passagen hinein nicht nur in der Überarbeitung der Schwäbischen Konkordie, sondern auch noch in der Endgestalt der Konkordienformel wieder(kehren). Die Kraft der Einsetzungsworte Jesu bestimmt hierbei das Verständnis der Realpräsenz."[98] Es gilt die Devise: „Den die warhafftigen und allmechtigen wort Jhesu Christi, welche er in der ersten einsetzung gesprochen, sind nicht allein im ersten abendmahl krefftiglich gewesen, sondern werden gelten, wirken und sind noch krefftiglich, das in allen orten, da das abendmahl nach Christi einsetzung gehalten, und seine worte gebrauchet werden, aus krafft und vermogen derselbigen wort, die Christus im ersten abendmahl gesprochen, der leib und blut Christi, warhafftig gegenwertig ausgetheilet und empfangen wird." (Heppe III, B III, 270) Aufs ganze gesehen ergibt sich folgendes Kausalschema: „Causa instrumentalis ist pronunciatio verborum (die gesprochene wort der einsetzung) dadurch Christus selbst wirket und krefftig ist. Causa materialis seynd die elemente, naturlich brod und wein, und der ware wesentliche leib und blut Jhesu Christi. Causa formalis ist die ganze handlung, die Consecration, austheilung und empfahung des brods und leibs, des weins und bluts Christi, von welcher wesentlichen form dieses Sacraments die gemeine regel redet: Nihil habet rationem sacramenti extra institutam actionem seu usum. Causae finales et Effectus seind die Application und zueignung oder niessung der krafft und gutthaten, die uns Christus mit seinem leib und blut erworben hat, nemlich vergebung der sunden und ewige seeligkeit, welche durch dieses mittel, gleichwie durchs wort, den gleubigen zugeeignet, applicirt und versiegelt wird. Item, Erwekkung und sterkung des glaubens, gnedige verbundnus und vereinigung mit Christo, dardurch wir jhme eingeleibet und seine gliedmassen werden, und von jhme erhalten regieret, gesterkt, und nach dem tode wieder zum ewigen leben ufferwecket wer-

---

[98] R. Keller, Der Beitrag von David Chytraeus zur Einigung des Luthertums, in: K.-H. Glaser/H. Lietz/St. Rhein (Hg.), a. a. O., 117–128, 213–217, hier: 124.

den, dieweil unsere Leiber mit dem unsterblichen leibe Christi ge-
speiset worden seind." (Heppe III, B III, 273 f.)[99]

Auch wenn, wie gesagt, Passagen der Rostocker Umarbeitung von
SC VIII wörtlich in FC VII eingegangen sind, so wurde gleichwohl
der Abendmahlsartikel von SSC erheblichen Kürzungen unterzogen (zum Verhältnis von SSC VII und MF VI vgl. Mager, 246). Das
geschah, abgesehen von dem zitierten aristotelischen Kausalschema und einigen patristischen Zitaten, allerdings noch nicht
auf dem Torgauer Konvent, wo im Beisein von Chytraeus das
Torgische Buch erarbeitet wurde, sondern erst im März 1577 im
Kloster Berge unter Abwesenheit des Rostockers (vgl. Mager,
273 ff.).[100] Nicht nur im Blick auf den Artikel vom freien Willen,
sondern auch im Blick auf den Abendmahlsartikel gab Chytraeus
daher TB zeitlebens den Vorzug vor BB. „Aus dem weiten Rückblick konnte Chytraeus auch seinen Ärger über Andreae unver-
hohlen zum Ausdruck bringen, denn er meinte, er selbst könne
nicht mehr zu den Autoren, sondern nur noch zu den Unterzeichnern gezählt werden, da Andreae nichts habe gelten lassen,
was aus seiner Feder formuliert worden sei. Zur einmal gegebenen Unterschrift stand Chytraeus jedoch ohne Frage. Er unter-
stützte auch seinen Herzog bei der Annahme des Konkordienbuchs in Mecklenburg."[101]

Vergleicht man den Abendmahlsartikel VII im Torgischen Buch
mit seiner schließlichen Endgestalt, so fallen vor allem die nicht
unerheblichen Kürzungen auf (vgl. bes. BSLK 970, App., BSLK

---

[99] Hierzu und zum Wegfall dieser Angaben über die Wirkung des Abendmahls in den gläubigen Empfängern vgl. Frank III, 81 f.

[100] „Der genaue Grund ... für Chytraeus' Nichtbeteiligung müßte noch er-
mittelt werden." (Mager, 273) Zum zweiten Bergener Treffen, an dem
nicht mehr nur Chemnitz, Selnecker und Andreae, sondern neben
Chytraeus auch Musculus und Cornerus wieder beteiligt waren, vgl. Mager 275 ff., hier: 276: „Der jetzt größere Redaktorenkreis in Bergen machte
die einzelnen Entscheidungen wieder schwieriger. Man ging nach dem
Mehrheitsgrundsatz vor. Dabei wurden Musculus und Chytraeus oft über-
stimmt. Letzterer fühlte sich ohnehin vor vollendete Tatsachen gestellt
und von Anfang an übervorteilt. Vor allem die zusätzlichen Lutherzitate
zur christologischen Stützung der Abendmahlspräsenz in Artikel VII stie-
ßen bei ihm auf Widerstand, weil dadurch indirekt Allgegenwartsvor-
stellungen einflossen, die man bisher bewußt vermieden hatte."

[101] R. Keller, a. a. O., 125.

991 f., App., BSLK 994 f., App., BSLK 1002 ff., App.). Sie betreffen, abgesehen von der Einleitung, eine Reihe von Väterzitaten und biblische Belege. Gestrichen wurde aber auch eine längere christologische Passage, welche sich mit der Annahme der sog. Sakramentierer auseinandersetzte, „daß nämblich ein wahrer natürlicher Leib nicht könne auf eine Zeit an vielen oder allen Orten im Abendmahl gegenwärtig sein" (BSLK 1003). Dieser Annahme wird entgegengehalten, daß Jesus Christus vermöge der Teilhabe seiner menschlichen Natur an den Hoheitseigenschaften der göttlichen „an allen Enden, wo Christen sind und wo sein heilig Abendmahl nach seiner Einsetzung gehalten wird, mit seinem wahren wesentlichen Leib und Blut gegenwärtig sein könne und wolle" (BSLK 1004). Abgewiesen wird in diesem Zusammenhang sodann auch die Vorstellung, als sei das Himmelreich ein „geschlossener, abgemessener und ausgezirkelter Ort, wie die Sakramentierer dichten" (BSLK 1004).[102] Aus der Streichung dieser und anderer Stellen eine bestimmte Redaktionstendenz ableiten zu wollen, dürfte gleichwohl schwerfallen, weil der Fortfall primär aus einer Kürzungsabsicht heraus erfolgt ist und in inhaltlicher Hinsicht durch Aufnahme zusätzlicher Lutherzitate kompensiert wurde (vgl. Mager, 276, Anm. 14), welche, wie es bei H. E. Weber heißt, „(d)ie Schwaben ... zur Anknüpfung ihrer Auffassung noch zuletzt ... durchgedrückt" (Weber I/2, 175) haben.

Hält man sich an die Endgestalt des Abendmahlsartikels der Konkordienformel, so läßt er sich unschwer nach Maßgabe der genannten vier Themenaspekte, nämlich Realpräsenz, manducatio, Konsekration und Gegenwartsweisen strukturieren. Hinsichtlich der *ersten* Thematik ist antithetisch von der figurativen Umdeutung des buchstäblichen Sinnes der verba testamenti durch die Sakramentierer auszugehen, „also, daß *Essen* den Leib Christi nicht anders heiße als *Glauben*, und *Leib* soviel als Symbolum, das ist, ein Zeichen oder Figur des Leibes Christi, welcher nicht im Abendmahl auf Erden, sondern allein im Himmel sei" (BSLK

[102] Vgl. dazu das Diktum von H. E. Weber: „Der Christusglaube der Lutheraner, im Abendmahl sich seines Geheimnisses vergewissernd, lehnt sich auf wider ein Weltdenken, das ihm seinen Herrn in der ‚obern' Welt himmelweit fernrückt. So zersprengt er das alte Weltbild, längst ehe das wissenschaftliche Denken es aufgelöst hat." (Weber I/2, 106)

975,15–20). Entgegen dieser Auffassung instistiert FC VII[103] auf der wahren und wesentlichen Gegenwart des Leibes Christi im Abendmahl, wie sie aus dem buchstäblichen Sinn der Stiftungsworte klar und unzweifelhaft hervorgehe, wenn man diese nur nicht eigensinnig umdeute, sondern ihrem Wortlaut gemäß sich gesagt sein lasse. Damit ist der Zentralgehalt von FC VII bereits benannt. Denn gehandelt wird in diesem Artikel „fürnehmblich allein von der wahren Gegenwärtigkeit des Leibs und Bluts Christi wider die Sakramentierer" (BSLK 1011,9–12). Zu diesem Zwecke und zum Erweis der Authentizität der eigenen Lehre werden zunächst die deutsche Version von CA X unter Betonung antisakramentiererischer Tendenzen (SD VII,9), der Kleine Katechismus (SD VII,10) sowie Apol X (vgl. SD VII,11) aufgeführt. Sodann folgen Zitate der Wittenberger Konkordie von 1536 (vgl. SD VII,12–16), der Schmalkaldischen Artikel (vgl. SD VII,17–19), des Großen Katechismus (vgl. SD VII,20–26) und von Luthers „Großem Bekenntnis" von 1528 (vgl. SD VII,29–32) sowie von seinem letzten „Kurzen Bekenntnis vom heiligen Sakrament" von 1544 (vgl. SD VII,33). In diesem Zusammenhang wird Luther als der „fürnehmste ... Lehrer ... der Augsburgischen Confession" (BSLK 983,6f.) und als derjenige bezeichnet, „welcher ja die rechte eigentliche Meinung der Augsburgischen Confession für andern verstanden und beständiglich bis an sein Ende dabei geblieben und vertedinget" (BSLK 982,31–35).

Die eigentliche Meinung Augsburgischer Konfession aber ist nach FC VII die, den buchstäblichen Sinn der verba testamenti zu wahren. Die erste und grundlegende Damnation von FC VII richtet sich daher dagegen, „daß die Wort der Einsetzung nicht einfältig in ihrer eigentlichen Bedeutung, wie sie lauten, von der wahren wesentlichen Gegenwärtigkeit des Leibs und Bluts Christi im Abendmahl verstanden ... werden sollen" (BSLK 1011,28–1012,4; vgl. Ep VII,25). Alle weiteren Verwerfungen unterstreichen dies ebenso wie die affirmativen Aussagen zum theologischen Stellenwert der Stiftungs- und Einsetzungsworte (vgl. bes. SD VII,

---

[103] Vgl. die knappe Zusammenfassung bei H. Sasse, Die Entscheidung der Konkordienformel in der Abendmahlsfrage, in: J. Schöne (Hg.), a.a.O., 81–91, hier: 85ff.; ferner: L.C. Green, Article VII. The Holy Supper, in: R.D. Preus/W.H. Rosin (Hg.), a.a.O., 205–231, wo sich 229ff. weitere Literaturhinweise finden.

42 ff.), die nicht von irgend jemand, sondern vom ewigen, wahrhaftigen und allmächtigen Sohne Gottes, unserem Herrn, Schöpfer
und Erlöser selbst gesprochen seien (vgl. SD VII,25). Dabei sei es
in Anbetracht der Umstände der Einsetzung des Abendmahls nach
SD VII,48 fraglos gewiß, daß Christus „von rechtem, natürlichen
Brot und von natürlichen Wein, auch von mündlichen Essen und
Trinken redet, daß keine Metaphora, das ist, ein Veränderung des
Verstands im Wort *Brot* sein kann, als daß der Leib Christi ein
geistlich Brot oder ein geistliche Speise der Seelen sei. So verwah-
rets auch Christus selbst, daß kein Metonymia, das ist, gleicherge-
stalt auch kein Voränderung des Verstands in dem Wort *Leibe* sei,
und daß er nicht von einem Zeichen seins Leibs oder von einem
Bedeuten oder figürlichem Leib oder von der Kraft seins Leibs
und Wohltaten, die er mit Aufopferung seines Leibs erworben hat,
redet, sondern von seinem wahren, wesentlichen Leib, den er für
uns in den Tod gegeben, und von seinem wahren wesentlichen
Blut, das für uns an Stamme des Kreuzes zu Vergebung der Sünden vergossen ist." (BSLK 987,41–988,11) Von allen tropisch-figura-
tiven, am Maßstab natürlicher Vernunft orientierten Umdeutungen
sei deshalb konsequent Abstand zu nehmen (vgl. SD VII,45) und
dem Literalsinn der Einsetzungsworte jener einfältige Glaube und
schuldige Gehorsam zu erweisen, den einst Abraham dem Ver-
heißungswort und Befehl Gottes entgegengebracht habe (vgl. SD
VII,46 f.). Der Literalsinn der verba institutionis Christi aber verbürgt die wahrhafte Anwesenheit des Leibes Christi im Abendmahl und nicht etwa nur die Zuteilung von „Kraft, Wirkung und
Verdienst seines abwesenden Leibs", welche Vorstellung vielmehr
zu verwerfen sei (BSLK 1013,2 f.; vgl. Ep VII,32). Das gilt umso
mehr, als Matthäus (26,26), Markus (14,22), Lukas (22,19) und Paulus (2. Kor 11,25) „einhelliglich und mit einerlei Worten und
Syllaben diese helle, klare, feste und wahrhaftige Wort Christi:
,das ist mein Leib', ganz auf einerlei Weise von dem gesegneten
und dargereichten Brot ohne alle Deutung und Änderung wiederholen" (BSLK 989,1–7). Sachlich eindeutig sei auch das Wort
„vom andern Teil des Sakraments" (BSLK 989,8 f.), sofern der
Sinngehalt des Kelchwortes, wie er bei Matthäus und Markus zu
erheben sei, von Lukas und Paulus trotz abweichender Form bestätigt werde. Ein weiteres klares Zeugnis für die wahre und wesentliche Gegenwart Christi im Abendmahl und die mündliche
Austeilung seines Leibes und Blutes sei mit 1. Kor 10,16 samt
Kontext gegeben. 1. Kor 11,27 stehe schließlich dafür, daß im

Abendmahl Leib und Blut Christi nicht nur von Würdigen, sondern auch von Unwürdigen mündlich empfangen werde (vgl. SD VII,60).

Spätestens damit ist die Frage gestellt, welche den *zweiten* zentralen Themenaspekt markiert, was nämlich die betonte Gegenwart von Leib und Blut Christi in bezug auf deren Empfang im Abendmahl genau bedeutet. Hinsichtlich des theologischen Status dieser Frage ist zunächst zu wiederholen (vgl. §9,5), daß sie nicht marginal und anhangsweise, sondern ebenso zentral wie grundlegend zur Abendmahlstheologie hinzugehört. Denn die elementare Gegenwart Christi im Abendmahl ist, was sie ist, als Gegenwart für uns. Nur wo dies konsequent wahrgenommen wird, kann der Begriff sakramentaler Gegenwart angemessen gedacht werden, deren Wesen eben nichts anderes ist als vorbehaltlos zum Empfang bestimmtes „An-Wesen". Was den Vollzug des Sakramentsempfangs betrifft, so hatte die scholastische Theologie eine Reihe von Weisen der manducatio detailliert unterschieden. Dabei fällt die Annahme einer manducatio carnalis, die Christi Leib kapernaitisch (vgl. Joh 6,52 ff.) als pures Fleisch verkennt, vorweg aus dem dogmatischen Rahmen. Auch FC VIII verwirft und verdammt dementsprechend „alle vorwitzige, spöttische, lästerliche Fragen und Reden, so auf grobe, fleischliche, kapernaitische Weise von den übernatürlichen himmlischen Geheimnissen dieses Abendmahls fürgebracht werden" (BSLK 1016,17–21; vgl. Ep VII,41 f.).[104] Für die affirmative Lehrdarstellung kommen insbesondere zwei Weisen der manducatio, „zweierlei Essen des Fleisches Christi" (BSLK 993,4 f.) in Betracht, zum einen das geistliche (manducatio spiritualis), zum andern das mündliche oder sakramentale Essen (manducatio oralis vel sacramentalis). Die manducatio spiritualis ist heilsnotwendig und für den heilsamen Empfang des Abendmahls entscheidend. Sie ist gleichermaßen auf Wort und Sakrament bezogen und recht eigentlich nichts anderes als der Glaube (vgl. SD VII,61 f.). Die manducatio oralis vel sacramentalis hinwiederum ist der nicht allein geistlich, sondern mündlich, freilich „nicht auf grobe, fleischliche, kapernaitische, sondern auf übernatürliche, unbegreifliche Weise" (BSLK 994,15–17) sich vollzie-

---

[104] Die konkordistischen Theologen „behaupten die *leibliche*, d. h. wirkliche Gegenwart des Leibes Christi, aber die *leibliche Weise* dieser Gegenwart stellen sie in Abrede" (Frank III, 72).

hende Empfang des im Sakrament des Abendmahls leibhaft präsenten Herrn. Finde die manducatio spiritualis auch außerhalb
des Sakraments statt, nämlich überall dort, wo der Verkündigung
des Evangeliums geglaubt werde, so werde der Leib Christi im
Abendmahl nicht allein geistlich mit Glauben, sondern auch
mündlich empfangen (vgl. Ep VII,15). Jede Trennung oder sepa-
rierend gegenüberstellende Parallelisierung ist dabei strikt abzuweisen (vgl. Ep VII,26). Der innerlich-geistliche Genuß des
Abendmahls gehört mit dem äußerlich-leiblichen Empfang un-
scheidbar zusammen. Ausdrücklich verworfen wird daher die
Leugnung der oralis sumptio des Leibes und Blutes Christi und
die Lehre (vgl. SD VII,118), „daß der Leib Christi im Abendmahl
allein geistlich durch den Glauben genossen werde, also, daß unser Mund im Abendmahl nur allein Brot und Wein entpfahe"
(BSLK 1012,11–15). Ebensowenig darf von einer Doppelung der
Empfangsarten die Rede sein. Manducatio oralis und manducatio
spiritualis gehören zusammen und finden gleichzeitig und in einem statt. „Das lutherische ‚est' fällt mit dem ‚simul' zusammen.
Jedwede Parallelität ist von vornherein ebenso abgewiesen, wie
jedes reformierte ‚cum-tum', wonach der Abendmahlsempfang
spirituell transzendiert werden müsse, um erst so zur eigentlichen
Gemeinschaft mit Christus zu kommen."[105] Infolgedessen wird die
Lehre ausdrücklich verworfen, „daß die Gläubigen den Leib Christi vermöge der Wort der Einsetzung Christi bei Brot und Wein
des Abendmahls nicht suchen, sondern vom Brote des Abendmahls mit ihrem Glauben im Himmel an das Ort gewiesen werden, do der Herr Christus mit seinem Leibe sei, daß sie doselbsten
sein genießen sollen" (BSLK 1015,3–10). „Non gaff ghen caelum ... hie unden hastus" (WA 41, 546, 10 f.), so lautet hier, wie
auch sonst, der Wahlspruch (vgl. Ep VII,36). Das ‚Sursum corda'
verweist und bindet den Glauben an die konkreten Zeichenge-
stalten und den in ihnen leibhaft präsenten Herrn. „Die manducatio spiritualis bezieht sich gerade auf das in der manducatio oralis
Empfangene; nicht vom Irdischen zum Himmlischen ist zu tran-
szendieren, sondern im Irdischen ist das Himmlische aufgrund der

---

[105]   U. Asendorf, Zur Frage der materia coelestis in der Lutherischen Abendmahlslehre, in: H. Wenschkewitz (Hg.), Lutherische Abendmahlslehre
heute, Göttingen 1960, 21–30, hier: 25.

Kondeszendenz zu erkennen ...“[106] Begründet findet man solche untrennbare Einheit von Himmlischem und Irdischem wie stets in den *verba institutionis*, welche unmißverständlich lauten: *„Das ist, ist, ist mein Leib.“* (BSLK 808,33 f.)

Aus den Einsetzungsworten ergab sich für die Väter der Konkordienformel schließlich auch die Notwendigkeit der Behauptung einer *manducatio indignorum vel infidelium* (vgl. Ep VII,16; Frank III, 57 ff.). Danach werden im Abendmahl der wahre Leib und das wahre Blut Jesu Christi „nicht allein von gläubigen, frommen, sondern auch von unwirdigen, ungläubigen, falschen und bösen Christen entpfangen“ (BSLK 994,34–37). Werde das Herrenmahl „von den Gläubigen zu einem gewissen Pfand und Vorsicherung (empfangen), daß ihnen gewißlich ihre Sünden vorgeben sind, und Christus in ihnen wohne und kräftig sei“, so empfangen die Ungläubigen den Leib und Blut Christi „zu ihrem Gericht und Vordammnus“ (BSLK 993,43–994,5). Verworfen wird daher die Lehre, „daß die ungläubigen und unbußfertigen böse Christen, die allein den Namen Christi tragen, aber den rechten, wahrhaftigen, lebendigen und seligmachenden Glauben nicht haben, im Abendmahl nicht den Leib und Blut Christi, sondern allein Brot und Wein empfangen“ (BSLK 1015,12–18; Ep VII,37).

Der wichtigste, von gegnerischer Seite alsbald erhobene Einwand gegen die Lehre von der *manducatio indignorum* lautet, daß dadurch der Leib Christi gegebenenfalls zu einer „tödlichen Sache“ (*res mortua et mortifera*) erklärt und um seine soteriologische Eindeutigkeit gebracht werde. Gegen diesen Vorwurf versuchte sich lutherische Theologie mit Argumenten zu verteidigen, die unbeschadet ihrer unterschiedlichen Ausprägung alle ähnlich strukturiert sind und die immer ein Doppeltes zugleich festhalten und zur Geltung bringen wollen: Heil und Unheil sind christologisch und abendmahlstheologisch nicht gleichwertig, sondern verhalten sich wie *opus alienum* und *opus proprium*; Christus ist Heiland – und zwar eindeutig; die sakramentale Speise ist *caro vivificax* – und zwar eindeutig. Nichtsdestoweniger läßt Christi Heilandswirken die Sünde nicht gut sein, sondern begegnet ihr

---

[106] H. Gollwitzer, *Coena Domini. Die altlutherische Abendmahlslehre in ihrer Auseinandersetzung mit dem Calvinismus, dargestellt an der lutherischen Frühorthodoxie*, München 1988 (Nachdruck der Ausgabe München 1937), 216.

als Richter (vgl. Ep VII,17). Die Fremdheit dieses richterlichen
Wirkens ist dabei recht eigentlich nicht dem Wesen Christi zuzurechnen, der durch seine sakramentale Präsenz allen seine heilsame Gegenwart schenken will, sondern dem befremdlichen Unwesen der Sünde, die – ihrem eigenen Bann erlegen – sich selbst
verwirkt und dem Abgrund verfällt, der sie selbst ist.

Fragt man schließlich, „welche da sein die unwirdigen Gäste dieses Abendmahls" (BSLK 996,15 f.), so ist darauf zu antworten: die,
welche „ohne wahre Reue und Leid über ihre Sünden und ohne
wahren Glauben und guten Fürsatz, ihr Leben zu bessern, zu diesem Sakrament gehen" (BSLK 996,16–19). Hingegen sind diejenigen, die mühselig und beladen, an Leib und Seele schwach und
zerknirschten Gewissens sind, gerade „die rechten, wirdigen Gäste, für welche dies hochwirdige Sakrament fürnehmblich eingesetzt und verordent ist" (BSLK 996,35 – 997,3). Würdig zu diesem
Mahle hinzuzutreten, teilzunehmen an der Wirklichkeit, die hier
Gestalt annimmt, um selbst eine Gestalt dieser Wirklichkeit zu
werden, damit Christi Namen im Namen der Christen erkennbar
sei, würdig in diesem Sinne ist jeder, der glaubt (vgl. BSLK 521,1 ff.;
714,17 ff.), will heißen, jeder der darauf vertraut, „daß alle Wirdigkeit der Tischgäste dieser himmlischer Mahlzeit sei und stehe allein in dem allerheiligsten Gehorsamb und vollkommenen Verdienst Christi ... und gar nicht in unseren Tugenden, innerlichen
und äußerlichen Bereitungen" (BSLK 800,29– 36).[107]

---

[107] Zwar soll nach Lehre des Katechismus und sonstiger Bekenntnistexte das
Altarsakrament neben denen, die des Katechismuswissens entbehren
(BSLK 503,33 ff.; 553,37 ff.; 708,7 ff.), auch denen vorenthalten werden, die
nicht zur Beichte gehen (vgl. BSLK 732,11 ff.; vgl. 720,15 ff.), die Reue ver-
weigern (vgl. BSLK 996,15 ff.) oder in öffentlichen Lastern leben (vgl.
BSLK 250,34; 719,31 ff.). Aber diese Weisungen wenden sich allein gegen
selbstsichere Überheblichkeit und wollen nicht einschränken, daß das
Altarsakrament für „die erschrockene Gewissen" eingesetzt ist, „welche
ihre Sunde fühlen, für Gottes Zorn und Urteil erschrecken und sich nach
Trost sehnen" (BSLK 370,31–33; vgl. 996,25 ff.). Der Gegensatz von
Würdigkeit und Unwürdigkeit ist also der zwischen Glaube und Unglaube. „Wird nach der Würdigkeit gefragt, so schweigt die Frage nach den
guten Werken." (E. Schlink, Theologie der lutherischen Bekenntnisschriften, München ²1946, 241) So gibt es im Grunde „nur einerlei unwir-
dige Gäste ..., nämblich die nicht gläuben" (BSLK 800,11 f.). Die Würdigkeit des Glaubens aber ist keine andere als die reinen Empfangens, es ist
die Würdigkeit der fides apprehensiva (vgl. BSLK 718,36 ff.). In diesem

Damit ist die Lehre der FC „von der wahren Gegenwärtigkeit und zweierlei Nießung des Leibes und Bluts Christi, so entweder mit dem Glauben geistlich, oder auch mündlich, beide, von Wirdigen und Unwirdigen, geschiehet" (BSLK 997,28–32), zum Abschluß gebracht. Es folgen noch Abschnitte zur Konsekrationsproblematik (vgl. Frank III, 68 ff.) sowie zur Frage der Gegenwartsmöglichkeiten des Leibes Jesu Christi (vgl. Frank III, 71 ff.). Was die *Konsekrationsthematik* betrifft, so ist ihre Behandlung nach Hinweis von SD deshalb nötig geworden, „(d)ieweil auch von der Consecration und von der gemeinen Regel, daß nicht Sakrament sei außer dem eingesetzten Gebrauch, Mißverstand und Spaltung zwischen etlichen der Augsburgischen Confession Lehrern eingefallen sind" (BSLK 997,34– 998,4). Im Hintergrund steht vor allem der mit dem Namen von Johannes Saliger verbundene, auf die Ostseestädte Lübeck und Rostock konzentrierte Streit der Jahre 1568/69 um das rechte Verständnis der Wirkkraft der Einsetzungsworte des Abendmahls.[108] Der Flacianer Saliger lehrte, daß ab dem Zeit-

---

Sinne wird in der Konkordienformel die Lehre verworfen und verdammt, „daß die Wirdigkeit nicht allein in wahren Glauben, sondern auf der Menschen eigener Bereitung stehe" (BSLK 1015,29– 32; ferner SD VII,125 sowie Ep VII,19 f.,38 f.). Um die Unbedingtheit der im Abendmahl wirksamen Gnade und ihre Unabhängigkeit von allen menschlichen Voraussetzungen zu verdeutlichen, konnte Luther zugespitzt formulieren, die beste Disposition sei die schlechteste und die schlechteste die beste. „Derjenige ist also nach Luthers Ansicht würdig für den Sakramentsempfang, der hinzutritt, wie er ist: als Sünder, der frei zu werden verlangt." (H. Hilgenfeld, Mittelalterlich-traditionelle Elemente in Luthers Abendmahlsschriften, Zürich 1971, 455.)

108   Vgl. J. Schöne, Um Christi sakramentale Gegenwart. Der Saligersche Abendmahlsstreit 1568/1569, Berlin 1966; a. a. O., 7 finden sich Verweise auf ältere Literatur. Vgl. ferner J. Diestelmann, Actio sacramentalis. Die Verwaltung des Heiligen Abendmahles nach den Prinzipien Martin Luthers in der Zeit bis zur Konkordienformel, Groß Oesingen 1996, 245– 322. Da die in den Saligerschen Streitigkeiten manifesten Differenzen nach Diestelmann in der unterschiedlichen Bewertung der Bedeutung der Konsekration bei Luther und Melanchthon gründen, beschränkt sich seine Darstellung nicht auf die Rostocker und Lübecker Auseinandersetzungen, sondern erörtert zuvor in breiter Form Luthers Lehre von actio sacramentalis und Konsekration (a. a. O., 3 –192) sowie den Kampf um actio sacramentalis und Konsekration in Hildesheim und Danzig (a. a. O., 193–243). Zum „Abschied" der Mecklenburger Herzöge vgl. a. a. O., 290 ff., zum Ertrag der Saligerschen Streitigkeiten für das Konkordienwerk vgl. a. a. O., 342 ff. Die Modifikationen, welche durch FC an dem

punkt, zu dem die verba testamenti vom Liturgen gesprochen
werden, kraft des in diesem Sprechen fortwährend wirksamen
Wortes Christi mit einer elementaren Gegenwart des Leibes und
Blutes Christi auch vor dem mündlichen Empfang zu rechnen sei
und eine kurz- oder mittelfristige Aufschiebung der stiftungsgemäß unzweifelhaft gebotenen sumptio die Realpräsenz nicht be-
einträchtige. Kritischer Bezugspunkt dieser Lehre war die melanchthonisch geprägte Annahme, die Realpräsenz sei lediglich mit
dem Moment aktuellen Essens und Trinkens zu verbinden. Kontrovers erörtert wurde im Zusammenhang der Auseinandersetzung
ferner die Frage, „ob es bei der Ergänzung der bereits konsekrierten Elemente mit nichtkonsekrierten einer neuen Benediktion
bedürfe"[109]. Während Ep auf die Konsekrationsfrage nur knapp
eingeht (vgl. Ep VII,8 f.), finden sich in SD detailliertere Ausführungen. Nachdem in antisynergistischer Absicht und unter Berufung auf Chrysostomus (vgl. SD VII,76) und Luther (vgl. SD VII,
77 f.) das von Menschenwort und -werk klar zu unterscheidende,
in der Kraft des allmächtigen Gottes dauerhaft und allerorts wirksame Stiftungswort Christi zur bestimmenden Wirkursache der
Realpräsenz erklärt wurde (vgl. SD VII,74 f. und 121), folgt die ein-
dringliche Mahnung, daß „die Wort der Einsetzung in der Handlung des heiligen Abendmahls öffentlich vor der Versamblung
deutlich und klar gesprochen oder gesungen und keinesweges
unterlassen werden (sollen), damit dem Befehl Christi: *das tut*,
Gehorsam geleistet und der Zuhörer Glaub vom Wesen und
Frucht dieses Sakraments ... durch Christi Wort erwecket, gestärkt
und vergewisset, und die Element des Brots und Weins in diesem
heiligen Brauch, daß uns damit Christi Leib und Blut zu essen
und zu trinken gereicht werde, geheiligt oder gesegnet werden"
(BSLK 999,47−1000,16).

Hält man sich an den Gesamtduktus dieses Textes, dann wird
durch ihn zwar unzweifelhaft die abendmahlstheologische Be-

übernommenen Abschnitt des „Abschied" vorgenommen wurden, sind
durch Diestelmann m. E. überinterpretiert worden im Interesse, sie als
„einen späten Triumph Saligers" (a. a. O., 344) zu deuten. Demgegenüber
wird im folgenden die These vertreten, daß die Konsekrationslehre der
FC insofern genuin lutherisch ist, als sie jenseits des Gegensatzes zu stehen kommt, der durch die Namen Saliger und Melanchthon bestimmt ist.

[109]   J. Schöne, a. a. O., 10.

deutung der Einsetzungsworte unterstrichen, es wird diese Bedeutung aber zugleich hineingenommen in einen Gesamtzusammenhang, der eine isolierte Hervorhebung der Konsekration verbietet. Das hat J. Baur gegen Tendenzen der Auslegung von J. Schöne[110] zurecht geltend gemacht. Während Schöne nach Baur im Anschluß an Saliger dazu neigt, den sakralen Akt der Konsekration zu vereinzeln und gegenständlich zu isolieren, um „eine an sich installierte Objektivität der sakramentalen Gabe" (Baur, 197; vgl. Mager, 224, Anm. 142) zu erreichen, hat er selbst, Baur, geltend gemacht, daß die Konsekrationsthematik „im Text des Bekenntnisses in einem umgreifenden Geschehenszusammenhang" (Baur, 198) steht. Zu diesem Geschehenszusammenhang gehören Austeilung und Empfang der gesegneten Elemente nicht minder als die Rezitation der Einsetzungsworte, durch welche die Segnung der zu Austeilung und Empfang bestimmten Elemente (vgl. Ep VII,9) statthat. Jeder Separierung von Einzelmomenten ist daher zu wehren. „Das Heilige Abendmahl besteht nicht anders als in dem Vorgang, der es als Geschehen konstituiert." (Baur, 199) Die sachgemäße Betonung der an den Elementen realistisch wirksamen Funktion der Einsetzungsworte darf daher nicht zu einem Verlust ihrer Verkündigungsfunktion führen. Denn die verba testamenti bestimmen die Elemente ja ausdrücklich für den Empfang. „Konsekration als magica incantatio ist nicht lutherische Lehre."[111] Entsprechend würde ein Herauslösen der Elemente aus dem Vollzug des konkreten Mahlgeschehens im Gefolge einer einseitig am Konsekrationsgeschen orientierten Abendmahlstheologie Bestimmung und Gesamtsinn des Altarsakraments gründlich verkehren. Über der Tatsache, daß Brot und Wein das Mahlgeschehen elementar prägen, darf die konsequente Hinordnung der Mahlgestalten auf den konkreten Handlungsvollzug nicht vergessen werden. Mahlhandlung und Elemente interpretieren sich wechselseitig. Der Gegensatz einer isolierten Elementenfrömmigkeit und eines von den Elementen absehenden Aktualismus ist ebenso zu vermeiden wie die Alternative zwischen einem geistlos materialistischen Verständnis von Leib und Blut Christi und deren spiritua-

---

[110]   Vgl. bes. J. Schöne, Von der Macht des Wortes Christi. Die Konsekrationslehre im Artikel VII der Konkordienformel, in: ders. (Hg.), a. a. O., 93−99.

[111]   H. Gollwitzer, a. a. O., 193.

listisch-doketischer Auflösung. Für das rechte Verständnis der verba testamenti gilt deshalb folgendes: „(I)ndem die Einsetzungsworte die Gabe, die sie zusprechen, sogleich auf ihren Empfang hin zusprechen, haben sie die Doppelfunktion des die Mahlelemente in Dienst nehmenden *Konsekrationswortes* und des die Empfänger anredenden *Zusagewortes*, das sie auf die Aufgabe aufmerksam macht und zum Glauben ruft.“[112] Das Interesse am Verkündigungscharakter der verba testamenti darf also nicht der Behauptung ihrer konsekratorischen Kraft widerstreiten und umgekehrt. Für Luther wie für die FC haben die Einsetzungsworte stets eine doppelte Bedeutung: „(D)ie eine, die den Elementen zugewandt ist (Konsekration), die andere, die sich an die Gemeinde wendet (Verkündigung).“[113] Dabei ist genauestens darauf zu achten, daß aus der funktionalen Unterscheidung keine Trennung von wesentlich Zusammengehörigem wird. Die Funktion des Wortes gegenüber den Elementen kann zwar von der den Sakramentsempfängern gegenüber unterschieden, aber nicht geschieden werden. Beide Funktionen sind Momente eines Vollzugs; wo die verba testamenti laut werden – und sie müssen wirklich laut und öffentlich werden, sollen sie bewirken, was sie besagen – liegt „beides ganz ineinander“[114].

---

[112]   E. Kinder, Die Bedeutung der Einsetzungsworte beim Abendmahl nach lutherischem Verständnis, in: Abendmahlshandlung und Konsekration (Luthertum Heft 25), Berlin 1961, 7–26, hier: 17 f.

[113]   J. Diestelmann, Konsekration. Luthers Abendmahlsglaube in dogmatisch-liturgischer Sicht. An Hand von Quellenauszügen dargestellt, Berlin 1960, 42.

[114]   E. Kinder, a.a.O., 18. Angemerkt sei in diesem Zusammenhang, was nicht nur von höchster praktischer, sondern auch von höchster dogmatischer Wichtigkeit ist, daß zu dem von der FC geforderten öffentlichen Lautwerden der verba testamenti ihre äußere und innere Verständlichkeit notwendig hinzugehört. Sollen sie nicht zum magischen Hokuspokus verkommen, sind die Einsetzungsworte zum einen möglichst in der jeweiligen Muttersprache zu rezitieren, zum anderen der im Gottesdienst versammelten Öffentlichkeit verständlich auszulegen. Die den Einsetzungsworten zugedachte abendmahlstheologische Bedeutung impliziert die Notwendigkeit der Predigt über sie. Sie hat deutlich zu machen, warum die verba testamenti als Inbegriff der Heilszusage des Evangeliums Jesu Christi gelten können. Sonach gehört die Predigt grundsätzlich und in konstitutiver Weise zur Feier des Abendmahls hinzu.

Sehe ich recht, dann werden die bisherigen Ausführungen zum stiftungsgemäß gebotenen Geschehenszusammenhang des Abendmahls durch die Ausführungen der Konkordienformel zur usus-Frage voll bestätigt. Diese Ausführungen beruhen in wesentlichen Teilen auf dem sog. Wismarer Abschied[115], dessen Paragraphen 3 und 4 von geringfügigen Modifikationen abgesehen wörtlich zitiert werden. Der „Abschied", dessen Ablehnung Saliger sein Amt kostete, stammt im wesentlichen von Chytraeus und wurde am 5. Oktober 1569 auf Weisung der Mecklenburgischen Herzöge promulgiert. Kirchenrechtlich stellt der Text insofern eine Besonderheit dar, „als hier eines der ersten Beispiele vorliegt, daß die seit der Reformation mit summepiskopalen Rechten ausgestatteten Landesherrn als praecipua membra ecclesiae eine theologische Streitfrage lehrmäßig entscheiden"[116]. In der in SD VII,83 zitierten Passage wird deutlich gemacht, daß die Benediktion bzw. die Rezitation der verba institutionis für sich genommen kein Sakrament begründen kann, „wo nicht die ganze Action des Abendmahls, wie die von Christo geordent, gehalten wird (als, wenn man das gesegnete Brot nicht austeilet, empfähet und geneußt, sondern einschleußt, aufopfert oder umbträgt), ... sondern es muß der Befehl Christi: *das tut*, welcher die ganze Action oder Verrichtung dieses Sakraments, daß man in einer christlichen Zusammenkunft Brot und Wein nehme, segene, austeile, empfahe, esse, trinke und des Herrn Tod dabei verkündige, zusammenfasset, unzertrennet und unverrücket gehalten werden" (BSLK 1000,28–41).

Zur Erhaltung dieser Einsicht und zur Abwehr „vielerlei abgöttische(r) Mißbräuche und Verkehrungen dieses Testaments" (BSLK 1001,2–4) wird deshalb die den Stiftungsworten entsprechende Regel und Richtschnur empfohlen: „Nihil habet rationem sacramenti extra usum a Christo institutum oder extra actionem divinitus institutam." (BSLK 1001,7–9; vgl. BSLK 1001, Anm. 1) Der Sinn dieser nützlichen Formel ist nach FV VII gründlich verkehrt, wenn der Begriff „usus" einseitig „uf den usum fidei, das ist, auf

---

[115] In gekürzter Form ist der Text des „Abschieds" abgedruckt bei J. Schöne, Saligerscher Abendmahlsstreit, a. a. O., 67–70, wobei die von der Konkordienformel übernommenen Teile durch Schrägdruck kenntlich gemacht sind; vgl. auch J. Diestelmann, Actio sacramentalis, 290 ff. sowie BSLK 1000, Anm. 4 (fehlerhafte Zeilenangabe).

[116] J. Schöne, a. a. O., 18.

den geistlichen und innerlichen Gebrauch des Glaubens" (BSLK
1001,46–1002,2) gedeutet wird, wie das bei den Sakramentierern
der Fall sei, die mit solcher Deutung die Leugnung der wahren
und wesentlichen Gegenwart des Leibes Christi und von dessen
mündlicher Nießung durch Würdige und Unwürdige verbinden.
Dem wird entgegengehalten, daß die objektive Geltung und
Wirkkraft des Sakraments allein durch das vollmächtige Einset-
zungswort Christi begründet und nicht vom Glauben des Emp-
fängers (vgl. Ep VII,35) oder von der subjektiven Befindlichkeit
des Liturgen (vgl. SD VII,89 f.) abhängig sei. Die Begriffe „usus"
oder „actio" bedeuten demnach im gegebenen Kontext „fürnehmblich nicht den Glauben, auch nicht allein die mündliche Nießung, sondern die ganze äußerliche, sichtbare, von Christo geordnete Handlung des Abendmahls, die Consecration oder Wort der
Einsetzung, die Austeilung und Empfahung oder mündliche Nießung des gesegneten Brots und Weins, Leibs und Bluts Christi"
(BSLK 1001,16–24). Außerhalb dieses stiftungsgemäß verordneten
Gebrauchs („extra usum") aber, etwa „wenn das Brot in der papi-
stischen Meß nicht ausgeteilet, sondern aufgeopfert oder eingeschlossen, umbgetragen und anzubeten fürgestellet" (BSLK
1001,25–28) wird, kann vom Sakrament des Herrenmahls nicht
mehr die Rede sein, „gleich als das Taufwasser, wenn es die
Glocken zu weihen oder den Aussatz zu heilen gebraucht oder
sonst anzubeten fürgestellet würde, kein Sakrament oder Tauf ist"
(BSLK 1001,29–33).[117]

---

[117] Darauf ist auch die Verwerfung der Lehre zu beziehen, „daß die Ele-
       ment, sichtliche species oder Gestalt des gesegneten Brots und Weins,
       angebetet sollen werden" (BSLK 1016,4–7). Indem sich diese Damnation
       gegen Artolatrie (vgl. Frank III, 61 f.) wendet, verurteilt sie zugleich eine
       vom stiftungsgemäßen Gebrauch abgelöste Elementenverehrung. Daß
       die Antithese „nicht die Verehrung innerhalb des rechten Gebrauchs
       verurteilt" (B. W. Teigen, Martin Chemnitz und Solida Declaratio VII,126,
       in: Der zweite Martin der Lutherischen Kirche. Festschrift zum 400. To-
       destag von Martin Chemnitz, hg. v. Evang.-Luth. Stadtkirchenverband
       und Propstei Braunschweig, Braunschweig 1986, 242–252, hier: 244; vgl.
       ders., The Real Presence in the Book of Concord, in: Concordia Theolo-
       gical Quarterly 41 [1977], 41–57; ferner: J. Diestelmann, Actio sacramenta-
       lis, 349 f.) kann man hingegen sagen, wenn klar ist, daß solche gläubige
       Verehrung allein dem in Brot und Wein realpräsent für uns gegebenen
       und sich zum leibhaften Empfang bestimmenden Jesus Christus gebührt.
       In diesem Sinne ist der Zusatz zur Damnation zu verstehen, wo es heißt:
       „daß aber Christus selber, wahrer Gott und Mensch, so im Abendmahl

Dabei darf der „usus sacramenti" allerdings weder auf den „usus fidei" reduziert, noch mit dem Vollzug der „sumptio" gleichgesetzt werden, sosehr diese zweifellos zum stiftungsgemäßen Gebrauch des Sakraments unveräußerlich hinzugehört. Philippistischen Neigungen, die Realpräsenz Christi im Abendmahl lediglich auf den momentanen Zeitpunkt aktuellen Essens und Trinkens zu beziehen, wird in FC VII nicht minder deutlich widersprochen als einer tendenziellen Isolation der Konsekrationsworte im Interesse einer Objektivierung der sakramentalen Gabe. Nicht von ungefähr hat daher J. Baur seiner Kritik an J. Schöne diejenige an R. W. Quere zur Seite gestellt. Dieser hatte in einem gleichnamigen Aufsatz „Melanchthonian Motifs in the Formula's Eucharistic Christology"[118] aufzuweisen und die Richtigkeit folgenden Interpretationsgrundsatzes zu belegen versucht: „The emphasis on ‚act', and not just the elements of bread and wine, gives the Formula its basis for affirming an end point of Christ's eucharistic presence."[119] Dem hat J. Baur entgegengehalten (vgl. Baur, 200 f.), daß die Alternative von Akt und Elementen der Abendmahlstheologie der Konkordie fremd, ja daß es gerade deren Intention ist, diese Alternative zu beheben. Eine aktualistische Aufhebung der Elementarpräsenz Jesu Christi im Abendmahl in den „usus fidei" ist in diesem Sinne in FC VII eindeutig abgelehnt. Eindeutig abgelehnt wird aber auch ein einseitig am konsekratorischen Geschehen an den Elementen orientierter Objektivismus, der die Realpräsenz durch Abhebung vom sakramentalen Gesamtvollzug sichern möchte. Eine begriffliche und sachliche Differenzierung zwischen Realpräsenz und Sakrament in dem Sinne, daß *„vor* dem Genuß ... zwar nicht von einem Sakrament zu sprechen, wohl aber ... Realprä-

---

wahrhaftig und wesentlich gegenwärtig, in wahren Brauch desselben solle im Geiste und in der Wahrheit, wie auch an allen andern Orten, sunderlich da sein Gemein versammlet, angebetet werden, kann und wird niemand leugnen, er sei dann ein arianischer Ketzer." (BSLK 1016,7–15)

[118] In: L. W. Spitz/W. Lohff (Hg.), a. a. O., 58–73, hier: 59: „My method is simple comparison: identifying characteristic or unique emphases in Melanchthon's theology and indicating where parallels exist in the Formula."

[119] A. a. O., 65. Vgl. ders., Melanchthon's Christum Cognoscere. Christ's efficacious Presence in the eucharistic Theology of Melanchthon, Nieuwkoop 1977.

senz zu bekennen"[120] sei, ist durch den Text des Bekenntnisses
nicht gedeckt.

Der abschließende Themenkomplex des Abendmahlsartikels der
Konkordienformel ist dem umstrittenen Problem der *Gegenwartsmöglichkeiten* des Leibes resp. der menschlichen Natur Jesu
Christi gewidmet. Dabei ist davon auszugehen, daß die Auffassung, dergemäß Jesus Christus als der zum Himmel Aufgefahrene
und zur Rechten des Vaters Sitzende nicht nur nach seiner göttli-

---

[120]   J. Schöne, Macht des Wortes Christi, 97. Das gilt unbeschadet der Tatsache, daß aus dem Fehlen einer im Wismarer Abschied vorzufindenden
und expliziten Bejahung der Realpräsenz „ante sumptionem" in FC VII
nicht deren Leugnung gefolgert werden darf. Ausgeschlossen ist allerdings eine vom sakramentalen Gesamtzusammenhang abgelöste Auffassung des „ante sumptionem". Eine solche wäre im Falle einer minutiösen
Festlegung des Anfangs (und etwaigen Endes der Realpräsenz) schwer
vermeidbar. Es verdient daher Beachtung, daß sowohl bei Luther selbst
als auch in der Konkordienformel der Versuch unterbleibt, die Dauer der
Realpräsenz zu terminieren und chronometrisch zu erfassen. Für die Regelung praktischer Gestaltungsprobleme ist ein solcher – die Aufmerksamkeit des Glaubens ablenkender – Versuch auch nicht nötig. Denn für
den Kommunikanten ist die Gewißheit hinreichend, daß Jesus Christus
im Abendmahl, dessen stiftungsgemäßer Charakter gewahrt sein muß,
während einer bestimmten Zeit, die durch eben diesen stiftungsgemäßen
Charakter als bestimmte gewußt und von anderen Zeiten unterschieden
werden kann, elementar und leibhaft präsent ist. Was hinwiederum die
gebotene Sorgfalt im Umgang mit den konsekrierten Elemente anbelangt,
so wird ihr am besten dadurch entsprochen, daß diese stiftungsgemäß
sumiert werden. Insgesamt gilt in theoretischer und praktischer Hinsicht
die Regel, daß usus und sumptio zwar zu unterscheiden, nicht aber zu
trennen sind. (Vgl. im einzelnen meinen Beitrag: Für uns gegeben.
Grundzüge lutherischer Abendmahlslehre im Zusammenhang des gegenwärtigen ökumenischen Dialogs, in: M. Garijo-Guembe/J. Rohls/
G. Wenz, Mahl des Herrn. Ökumenische Studien, Frankfurt a.M./Pader-
born 1988, 223–338, hier bes. 269f. sowie Frank III, 69: „Es ist eine müssi-
ge und unentscheidbare Frage, in welchem Momente Brot und Wein
anfangen die Träger der himmlischen Gabe zu sein, denn es giebt für
die reale Mittheilung des Leibes und Blutes keine andere Gewissheit, als
dass sie nach der Verheissung des Herrn geschehe in und mit dem stiftungsgemässen Empfang der hierfür mit den Worten Christi consecrirten
und dargereichten Elemente. Es hat auch weder der Christ noch der
Theolog ein Interesse daran, von jenem Dasein vor der Manducation etwas zu erfahren; denn möchte der wahre Leib immerhin da sein, so ist
er nicht für uns da, hat für uns keine Verheissung und keine Wirkung,
alles dieses bekömmt er erst beim stiftungsgemässen Empfang.")

chen, sondern auch nach seiner menschlichen Natur als auf Erden gegenwärtig zu denken ist, nach Überzeugung der FC eindeutig aus dem Bekenntnis zur wahrhaften Präsenz des Leibes Christi im Abendmahl folgt, wie es durch den Wortlaut der verba institutionis vorgeschrieben und von der Wittenberger Reformation stets gelehrt worden sei. Ohne weiteren theologischen Kommentar werden daher die Lehren verdammt und verworfen, daß Brot und Wein im Abendmahl „nur Bedeutungen, Gleichnis und Anbildunge" (BSLK 1012,20 f.) und „nicht mehr als Wahrzeichen oder Gedenkzeichen des abwesenden Leibs Christi" (BSLK 1012,28–30) sind. Wo solche Abwehr geleistet und der Wortsinn der Einsetzung gewahrt ist, ist nach Selbsteinschätzung der FC das theologisch Entscheidende vollbracht. Auf vermeintliche Vernunftgründe der Sakramentierer wie den Hinweis auf die „wesentlichen und natürlichen Eigenschaft eines menschlichen Leibs" sowie auf Christi mit der Himmelfahrt angeblich erfolgten „Abschied aus dieser Welt" (BSLK 1005,3–6; vgl. BSLK 1005, Anm. 2, BSLK 1014, Anm. 1), wird nur anhangsweise und unter Verweis auf einschlägige Schriften Luthers (vgl. BSLK 1005, Anm. 3 f.) eingegangen. Dieser hatte in seinem Großen Bekenntnis vom Hl. Abendmahl (vgl. Ep VII,10 ff.) in Abwehr der Sakramentierer nicht nur betont, „daß Gottes rechte Hand allenthalben ist" (BSLK 1006,9 f.), sondern auch drei Weisen unterschieden, nach denen „Christ(i) einiger Leib" (BSLK 1006,18) an einem Ort (alicubi) sein kann: erstens die „begreifliche, leibliche Weise" (BSLK 1006,22; SD VII,99: „comprehensibili et corporali ratione"), wie sie der Herr während seiner leiblichen Erdenzeit, aber auch noch nach seiner Auferstehung gebraucht habe und beim jüngsten Tag wieder brauchen werde. „Auf solche Weise ist er nicht in Gott oder bei dem Vater, noch im Himmel ..., denn Gott ist nicht ein leiblicher Raum oder Stätt. Und hierauf gehen die Sprüch, so die Geistler führen, wie Christus die Welt verlasse und zum Vater gehe, etc." (BSLK 1006,31–37) Der zweite Daseinsmodus des unicum Corpus Christi ist die „unbegreifliche, geistliche Weise, da er keinen Raum nimpt noch gibt, sondern durch alle Kreatur fähret, wo er will ... Solcher Weise hat er gebraucht, da er aus verschlossenem Grabe fuhr und durch verschlossene Tür kam und im Brot und Wein im Abendmahl und wie man gläubet, daß er von seiner Mutter geboren ward etc." (BSLK 1007,1–18; SD VII,100: „incomprehensibili et spirituali modo".) Schließlich wird drittens die „göttliche, himblische Weise genannt, da er mit Gott eine Person ist, nach welcher frei-

676 § 13 Theologie

lich alle Kreaturen ihm gar viel durchläuftiger und gegenwärtiger sein müssen, dann sie sind nach der andern Weise" (BSLK 1007,26–30; SD VII,101: „divino et coelesti modo"; vgl. insgesamt WA 26, 335 ff.).

Mit den letzten Bestimmungen ist erreicht, was man im Anschluß an die reformierte Polemik die lutherische Lehre von der Ubiquität zu nennen pflegt. Indes soll dieses und das andere „monstruosum vocabulum" (M. Chemnitz) – „Multivolipräsenz" – einstweilen ferngehalten und vorher auf die historische Zielrichtung der Argumentation geachtet werden. Zu seinen Aussagen über die räumlichen Gegenwartsmöglichkeiten des Leibes Jesu Christi wurde Luther „erst durch das Auftreten Zwinglis und Oekolampads gegen die Realpräsenz des Leibes im Abendmahl gedrängt"[121]; am detailliertesten entwickelt hat er sie in dem „Sermon vom Sakrament des Leibes und Blutes Christi" von 1526, in der Schrift „Daß die Worte ‚Das ist mein Leib' noch feststehen" von 1527 und in dem Großen Abendmahlsbekenntnis von 1528. Das Problem als solches war freilich keineswegs neu: Schon die scholastische Tradition hatte die Verwendung von Raumbegriffen in der Lehre von der Realpräsenz eingehend reflektiert und hinsichtlich der Weise des Gegenwärtigseins zwischen einem „esse circumscriptive", einem „esse definitive" (resp. diffinitive), schließlich einem „esse repletive" unterschieden.[122] Was Luthers Rezeption dieser Bestimmungen angeht, so muß man vorausschicken, daß er „die von der Tradition herausgestellten Weisen des Am-Ort-Seins überhaupt nur als Hilfen zur Explikation der *Möglichkeit* der Realpräsenz betrachtet, die sich gegenüber der unumstößlichen Wirklichkeit der Einsetzungsworte nicht verselbständigen dürfen"[123]. Nicht um eine Begründung der Realpräsenz handelt es sich, sondern um eine flankierende Maßnahme ihrer Verteidigung. In diesem begrenzten Raum hat Luther dann allerdings von

---

[121] A. W. Hunzinger, Art. Ubiquität, in: RE³ 20, 182–196, hier: 185. Vgl. ferner u. a. W. Elert, Morphologie des Luthertums. Bd. I: Theologie und Weltanschauung des Luthertums hauptsächlich im 16. und 17. Jahrhundert, München 1931, 273 ff., 204 ff. Die Konsequenzen für den Raumbegriff des Luthertums werden dargelegt a. a. O., 355 ff.

[122] Vgl. im einzelnen H. Hilgenfeld, a. a. O., 183 ff., 331 ff.

[123] A. a. O., 232. Vgl. auch H. Graß, Die Abendmahlslehre bei Luther und Calvin. Eine kritische Untersuchung, Gütersloh ²1954, 57 ff.

den traditionellen Bestimmungen der Räumlichkeit Jesu Christi durchaus argumentativen Gebrauch machen können. Das zeigt sich beispielhaft an der Auseinandersetzung mit Zwingli. Während für diesen Körperlichkeit und Ortsgebundenheit sich wechselseitig bedingen, ist für Luther dies keineswegs der Fall, weil er, wie die nominalistische Tradition, verschiedene Weisen und eben nicht nur eine circumscriptive Weise des Am-Ort-Seins voraussetzt. Die für die menschliche Natur Jesu Christi behauptete Multilokalität bzw. Omnipräsenz darf deshalb nach ihm auch nicht als infinite Ausdehnung einer Raumgröße vorgestellt werden, was zwangsläufig in den von den Zwinglianern unterstellten Doketismus führen müßte. Aus der richtigen Feststellung, daß alles räumlich Begrenzte ein Körper sei, könne keineswegs der Umkehrschluß gefolgert werden, jeder Körper sei per definitionem räumlich umschlossen. „Deswegen kann Luther im Marburger Gespräch Zwingli auch einräumen, daß Christus endlich ist, wie wir endlich sind, ohne daß damit auch im geringsten an der Möglichkeit der Multilokalität des Leibes Christi gerüttelt wäre.“[124]

Was die Konkordienformel betrifft, so hat sie die Erwägungen Luthers zur Frage des „alicubi esse“ des Corpus Christi nicht weiter ausgebaut, sondern sie lediglich als einen bestätigenden Beleg für die bereits erfolgte Abwehr der Sakramentierer gewertet. Die auch sonst in spekulativer Hinsicht zu registrierende Zurückhaltung läßt es als ratsam erscheinen, die etikettierenden Formeln von der Ubiquität und der Ubi- bzw. Multivolipräsenz nur mit Vorbehalt zu verwenden und nicht gegeneinander auszuspielen. Die wenigen diesbezüglichen Aussagen der Konkordienformel lassen eine Alternative von binnenchristologischer und voluntativer Begründung der Realpräsenz jedenfalls nicht zu. So wird im Anschluß an Brenz betont, daß Jesus Christus auch als Mensch „allen Kreaturen gegenwärtig ist“ (BSLK 808,10 f.) und seine Gewalt „allenthalben gegenwärtig üben kann“ (BSLK 808,18); zugleich fügt man hinzu, der Herr könne und tue dies, „wo er will“ (BSLK 1043,31 f.; 1048,13; vgl. BSLK 1009, Anm. 5; SD VIII,78: „ubicunque velit“; SD VIII,92: „ubicunque voluerit“). Dabei ist an „kein beliebiges Wollen“ (Baur, 214) gedacht. „Der voluntative Aspekt konkretisiert vielmehr die ‚persönliche Vereinigung und‘ die ‚daraus erfolgende Gemeinschaft‘.“ (Ebd. unter Verweis auf BSLK

---

[124] H. Hilgenfeld, a. a. O., 231.

1042,31 f.) Worauf es im wesentlichen ankommt, ist die affirmative Abgrenzung von dem SD VII,120 verworfenen Satz, „daß Christus die wahre, wesentliche Gegenwärtigkeit seines Leibs und Bluts in seinem Abendmahl nicht habe vorheißen noch leisten können oder wöllen, weil die Natur und Eigenschaft seiner angenommenen menschlichen Natur solchs nicht leiden noch zugeben könne" (BSLK 1014,4–10). Dem entspricht die Verwerfung der Lehre, „daß Christus vonwegen seiner Himmelfahrt mit seinem Leibe also an einem gewissen Ort im Himmel begriffen und umbfangen sei, daß er mit demselbigen bei uns im Abendmahl, welches nach der Einsetzung Christi auf Erden gehalten wird, wahrhaftig und wesentlich nicht gegenwärtig sein könne oder wölle, sondern so weit oder fern davon, als Himmel und Erden voneinander ist ..." (BSLK 1013,14–23; vgl. ferner: Ep VII,32–34)

Was schließlich die übrigen der zahlreichen Damnationen betrifft, so sind sie in der Regel ebenfalls gegen die Sakramentierer, zum Teil aber auch gegen Rom gerichtet. Bemerkenswert ist dabei neben der Verwerfung einer amtstheologischen Fehlbestimmung der potestas consecrandi (vgl. SD VII,121), der Praxis der Opfermesse für Lebende und Tote (SD VII,110; vgl. Ep VII,23) und sonstiger dem rechten usus des Altarsakraments widerstreitender Mißbräuche, wie des Entzugs des Laienkelchs (vgl. SD VII,110; BSLK 801,19 f.: „und seines Blutes beraubet werden") sowie der den Tatbestand der Artolatrie erfüllenden Anbetung der sichtbaren species extra usum (SD VII,126; Ep VII,40) vor allem die dezidierte Absage an die Transsubstantiationstheorie, derzufolge gemäß der Beschreibung von SD VII,108 gelehrt wird, „daß das consecrierte oder gesegnet Brot und Wein im heiligen Abendmahl sein Substanz und Wesen ganz und gar verlieren und in die Substanz des Leibs und Bluts Christi verwandelt werden, also, daß allein die bloße Gestalt des Brots und Weins oder accidentia sine subiecto überig bleiben, unter welcher Gestalt des Brots der Leib Christi, das doch nicht mehr Brot, sondern ihrem Vorgeben nach sein natürlich Wesen verloren, auch außerhalb der Handlung des Abendmahls, wenn das Brot in das Sakramenthäuslein eingeschlossen oder zum Schauspiel und anzubeten umbhergetragen wird, gegenwärtig sei" (BSLK 1010,17–31). Inhaltlich bemerkenswert an dieser Damnation ist vor allem die Tatsache, daß ihre Kritik auf die Annahme einer eucharistischen „conversio substantialis", welche das Wesen von Brot und Wein annihiliert und die sakramentalen Gestalten nur noch als Akzidentien ohne eigentlichen Träger fortbestehen läßt (vgl. Ep VII,22), konzentriert ist, wobei die inkriminierte Annahme vor allem insofern kritisiert wird, als sie der Vorstellung einer Realpräsenz Christi außerhalb des sakramentalen Handlungsvollzugs und damit einem Mißbrauch des Abendmahls Vorschub leistet. Gedacht wird dabei vor allem an den Tabernakelkult sowie an Fronleichnamsprozessionen (vgl. ferner SD VII,14 f.).

Nun hatte freilich schon Ockham im Unterschied zu Thomas von Aquin[125] den strengen Sinn von „transsubstantiatio" als „conversio" aufgelöst, womit die Annahme einer Koexistenz von Brot- und Leibsubstanz bzw. Wein- und Blutsubstanz im Abendmahl nicht mehr grundsätzlich ausgeschlossen war. Auch wenn die FC wie Luther[126] den Begriff der Konsubstantiation, der möglicherweise erst von der „antignesiolutherischen Streittheologie"[127] geprägt wurde, nirgends bietet, finden sich in ihr doch Anklänge an die auch von Luther abendmahlstheologisch favorisierte Vorstellung einer simultanen Koexistenz (vgl. SD VII,14: „simul") von Brot und Leib, Wein und Blut, etwa wenn deren Verhältnis mit dem Verhältnis der beiden Naturen der Person Christi verglichen wird. In diesem Sinne heißt es SD VII,37 (vgl. SD VII,35 f.): „gleichwie in Christo zwo unterschiedliche, unvorwandelte Naturen unzertrennlich voreiniget sein, also im heiligen Abendmahl die zwei Wesen, das natürliche Brot und der wahre natürliche Leib Christi in der geordenten Handlung des Sakraments allhier auf Erden zusammen gegenwärtig sein." (BSLK 983,37−44) Zu beachten ist, daß es sich dabei um einen Vergleich und nicht um eine unmittelbare Gleichung handelt. Der bleibende Unterschied zwischen der persönlichen Vereinigung beider Naturen in der Person Jesu Christi und der sakramentalen Vereinigung von Brot und Leib Christi wird keineswegs aufgehoben, sondern ausdrücklich festgehalten (vgl. SD VII,38). Der Verdacht, die besagte strukturelle Parallelisie-

---

[125] Vgl. im einzelnen a. a. O., 393 sowie 467 ff.; ferner: H. Jorissen, Die Entfaltung der Transsubstantiationslehre bis zum Beginn der Hochscholastik, Münster 1965; zu Biel: R. Damerau, Die Abendmahlslehre des Nominalismus, insbesondere die des Gabriel Biel, Gießen 1964.

[126] Vgl. F. Kattenbusch, Luthers Idee der Consubstantiation im Abendmahl, in: Forschungen zur Kirchengeschichte und zur christlichen Kunst. FS J. Ficker, Leipzig 1931, 62−86.

[127] H. Hilgenfeld, a. a. O., 468.

rung von Christologie und Abendmahlslehre führe zwangsläufig zur Vorstellung einer Impanation bzw. eucharistischen Re-Inkarnation bzw. einer vervielfältigten hypostatischen Union, ist deshalb unbegründet. Sinn und Zweck des Vergleichs von unio personalis und unio sacramentalis ist im gegebenen Kontext vielmehr die erneute Bekräftigung, daß der stiftungsgemäße Gebrauch des Abendmahls zu achten ist und die verba institutionis wörtlich zu nehmen sind (vgl. Frank III, 76 f.).[128]

4.2. „Sequentes errores cum hac simplici et primaeva atque aperta veritatis doctrina pugnantes unanimiter damnant: Si quis dixerit In coena Domini non vere et substantialiter, h. e. substantialiter et personaliter, adesse et distribui cum pane et vino verum corpus et sanguinem Domini Jesu Christi. Si quis dixerit Corpus et sanguinem Christi in coena adesse naturaliter, carnaliter, modo corporali, qui dimensionibus quantitatis naturalis definitur, aut localiter pani includi aut affigi. Si quis dixerit Corpus et sanguinem Christi adesse spiritualiter, h. e. Spiritum Sanctum tantum adesse Christo secundum humanitatem omnibus modis absente. Si quis dixerit Fidem sumentis sacramentum facere praesentiam corporis et sanguinis Christi, qua ascendant fideles in locum coeli summum, ut illic Christo fruantur. Si quis dixerit Corpus Christi in divinitatem permutari et non amplius sit verum corpus habens suas dimen-

---

[128] Das wird auch durch die abendmahlstheologische Verwendung der Präpositionen ‚unter, mit und in' nicht in Abrede gestellt (vgl. Frank III, 77 ff.). Zwar grenzen sie das ‚hoc est corpus meum' als eine ‚praedicatio inusitata' ab von der Transsubstantiationsvorstellung, um „des unvorwandelten Wesens des Brots und des Leibs Christi sakramentliche Vereinigung" (BSLK 983,19 – 21) anzuzeigen. Eine figurative Deutung der Einsetzungsworte soll dadurch keineswegs befördert werden. Auch ist es nicht so, als werde in SD VII,38 (35 ff.) das lutherische „in und unter" durch eine cum-Formel im Sinne Melanchthons qualifiziert (vgl. Baur, 200 f.). Es verdient in diesem Zusammenhang Beachtung, daß die FC das rechte Verständnis der Abendmahlslehre der Wittenberger Konkordie, die im Bereich des deutschen Luthertums erst durch ihre Aufnahme in SD VII,12 ff. amtliche Anerkennung gewann, ausdrücklich an die Schmalkaldischen Artikel bindet (vgl. insgesamt § 9,5). Die Verwendung der cum-Formel darf daher im Sinne der Konkordienformel nicht der Tatsache widersprechen, daß Brot und Wein im Abendmahl Leib und Blut Christi wirklich beinhalten. Freilich darf solch elementares Insein weder im Sinne einer räumlichen Einschließung (localis inclusio) noch im Sinne einer auch extra usum zu behauptenden Vereinigung von Leib und Blut Christi mit Brot und Wein mißverstanden werden.

siones, quae corporibus spiritualibus congruunt. Si quis dixerit Humanam naturam in Christo exaequatam cum natura divina, ut eodem modo de humanitate proprietates divinae naturae praedicentur quo de natura divina. Si quis dixerit Eodem modo Christum secundum humanitatem in coena Dominica adesse, quo adest secundum divinitatem. Si quis dixerit Dexteram Dei significare certum locum in coelis et sedere ad dexteram in loco aliquo coeli sedere. Si quis dixerit Incredulos et impoenitentes hypocritas non accipere corpus et sanguinem Christi, sed tantum panem et vinum corporis et sanguinis Christi absentis signa."

Mit dieser Damnationenreihe enden die Ausführungen „De Coena Dominica", welche Jakob Andreaes lateinische Unionsartikel von 1568 beschließen.[129] Die Verwerfungen zeigen, wie eng abendmahlstheologische und christologische Aspekte von Anbeginn der literarischen Vorgeschichte des Konkordienbuches miteinander verbunden waren. Auch die fünf deutschen Unionsartikel aus dem nachfolgenden Jahr haben erwiesenermaßen nie ohne christologischen Appendix bestanden. In ihm erklärt Andreae, daß die wahrhafte und wirkliche Gegenwart des Leibes und Blutes Jesu Christi im Abendmahl durch den buchstäblichen Sinn der Einsetzungsworte des Herrn eindeutig belegt und gewährleistet sei, so daß es weiterer Begründungen recht eigentlich nicht bedürfe. „Da man uns aber", so fährt er fort, „bei diesem einfältigen Bekenntnis, Glauben und Verstand der Worte Christi nicht will bleiben laßen und vorgiebt, solcher unser Glaube, Meinung und Verstand sei wider den Artikel unseres christlichen apostolischen Glaubens, da wir bekennen, daß Christus mit seinem Leibe sei gen Himmel gefahren und bleibe daselbst biß an den jüngsten Tag, da er wiederkommen werde, darum er im hochwürdigen Abendmal nicht gegenwärtig sein solle; hier ist vonnöten und kann keineswegs umgangen werden, daß man einfältig erkläre den Artikel von der Menschwerdung des Sohnes Gottes und auf das einfältigste anzeige, welchergestalt beide Naturen, die göttliche und die menschliche, sich in Christo persönlich vereinigt; daraus verstanden werde, wie hoch die menschliche Natur in Christo durch die persönliche Vereinigung gesetzt und erhöhet worden sei: nemlich daß Christus nach seiner menschlichen Natur höher geworden denn alle Himmel ..." (Heppe II, 261)

---

[129]   I. Mager, Jacob Andreaes lateinische Unionsartikel von 1568, 85 f.

In diesem Sinne wollen die christologischen Erwägungen dazu
anhalten, „die Verheißung der Gegenwart Christi als tragfähig und
gut begründet anzunehmen" (Baur, 214). Diese Funktionszuwei-
sung, die in Erinnerung behält, daß die lutherische Christologie
„primär an der Abendmahlslehre den Anlaß ihrer Durchbildung
nahm" (Mahlmann, 17), bleibt der Sache nach auch in den sechs
Predigten Jakob Andreaes vom Jahre 1573 eindeutig erhalten, obwohl die Abendmahlslehre, „die noch im fünften Unionsartikel im
Vordergrund gestanden hatte und ja auch die Hauptursache für
die christologische Debatte zwischen Lutheranern und Calvinisten
war" (Mager, 183), merklich zurücktritt, was freilich darin eine
plausible Erklärung findet, daß Andreae vom Abendmahl, wie er
selbst sagt, in „Predigen wider die Zwinglianer gnugsam gehandelt" (Heppe III, B I, 61) hat. Die Gewichtung der Christologie
wird demgegenüber vergleichsweise gesteigert. Ihr ist eine eigene
Predigt – die umfängliche sechste und letzte (vgl. Heppe III, B I,
59–74) – gewidmet, welche „von der Person, beiden Naturen der
Göttlichen unnd Menschlichen, auch derselben Eigenschafften
wahrhafftigen Gemeinschafft, und Maiestet Christi unsers einigen
Heilands" (Heppe III, B I, 59) handelt. Darin setzt sich Andreae
nicht nur mit Zwingli (vgl. Heppe III, B I, 59 f.) auseinander, sondern ebenso mit den „newen Theologen zu Wittenberg", welche
„das ohr auff der Zwinglianer seitten gehenckt" (Heppe III, B I,
60) und die reale Teilhabe der menschlichen Natur an den Hoheitseigenschaften der göttlichen in der Personeinheit Jesu Christi
in Zweifel gezogen hätten. Demgegenüber verteidigt Andreae
unter Berufung auf Luther die wahrhaftige, „mit der That und
Warheit" (Heppe III, B I, 61) bestehende Gemeinschaft der beiden
Naturen in Christo. In diesem Zusammenhang wird ausdrücklich
auch „D. Brentius säliger" (Heppe III, B I, 64) erwähnt, der Luthers Anliegen nach dessen Tod treulich fortgeführt habe, um
daraufhin von den Wittenbergern schändlicherweise „als ein Euty-
chianer und Marcionit außgeruffen" (ebd.) zu werden. Andreae
schließt mit einem persönlichen Bekenntnis: „Ich zwar, für mein
Person, will hiemit offentlich vor der gantzen Christenheit bezeugt
haben, daß ich disen lösterlichen verdampten Irrthumb, der dem
Son Marie, das ist, Christo auch nach seiner menschlichen Natur,
sein Allmechtigkeit, unnd alle Göttliche Maiestet raubet, unnd
jhme nach der Menschheit mehr nicht, dann derselben Tittel unnd
blosse Namen leßt, niemals gebilligt, auch vermittelst Göttlicher
Gnaden, in alle ewigkeit, nicht billichen, sondern alle Menschen

darvor, als vor dem laidigen Teuffel selbst, warnen will, auß dessen eingeben er auch wider erwecket worden." (Heppe III, B I, 73)

Der Gehalt dieses Bekenntnisses findet sich entsprechend in SC. Bestätigt wird fernerhin die Emanzipation der christologischen Ausführungen zu einem eigenen Artikel (SC IX), der – wie später dann auch im Bergischen Buch – unmittelbar auf den Abendmahlsartikel folgt und damit die sachliche Zusammengehörigkeit mit ihm unterstreicht. Diese sachliche Zusammengehörigkeit ist nach Andreaes Selbstverständnis von einer Art, die es m. E. verbietet, von einer „doppelten – biblischen und christologischen – Begründung der leiblichen Realpräsenz" (Mager, 222) zu sprechen. Denn die in SC IX entwickelte Christologie beansprucht keine andere als die biblische zu sein, und ihre Absicht ist es nicht, die verba testamenti in ihrer abendmahlstheologischen Begründungsfunktion zu ersetzen oder auch nur additiv zu ergänzen, sondern auf die Bedingung der Möglichkeit des in ihnen Zugesagten hin zu durchdenken.

Das scheint auch Chemnitz nicht anders gesehen zu haben, der nicht nur mit Andreaes Fassung des Abendmahlsartikels in SC „so gut wie einverstanden" (Mager, 222) war, sondern auch die christologischen Auffassungen von SC IX im Grundsatz teilte. Wenn er die Tatsächlichkeit der Realpräsenz Jesu Christi im Abendmahl betont voluntaristisch faßte und streng an Wort und Willen des Herrn band, so lehnte er damit nicht Andreaes von Brenz bestimmte christologische Prämissen, sondern lediglich den Versuch ab, diese Prämissen als spekulativ ersonnene Voraussetzungen zu fassen, aus denen sich die Wirklichkeit von Christi Heilsgegenwart in einer vom Zeugnis der Schrift tendenziell abstrahierten Weise deduzieren ließe. In diesem Sinne steht bei Heppe III, B II, 132 zu lesen: „weil aber jn jhme die gantze fulle der gottheit leibhafftig wonet und durch seine himmelfart erhohet ist, zur rechten der Maiestet und krafft gottes so kan und wyll ehr auch mit solchem seinem leibe bey uns in seinem h: Abentmahl nach laut der wort seiner einsetzung und verheissung jegenwertig sein auff weise und wege so ihm allein bekant ist, und wir anderst nicht denn mit glauben aus und nach seinem wort als ein hohes geheimnus fassen konnen." Mehr oder anderes gar hatte auch Andreae in der SC IX entwickelten Lehre von der Person Christi nicht gesagt und nicht sagen wollen; so heißt es in bezug auf die

Teilhabe der menschlichen Natur Jesu Christi an der göttlichen
Majestät: „Daher schreiben wir auch dem fleisch unnd blud unsers Herrn Christi dise Majestat zu, das wiir die gegenwertigkeit
seines leibs unnd bluts Im H. Abentmal, vermög der wort seiner
stifftung ungezweifelt unnd das sie on alles auff oder niderfaren
vom Himmel geschehe, glauben. Dieweil es kein Natürliche,
Fleyschliche, Irdische Capernaitische gegenwertigkeit seins leibs
unnd bluts ist, sonder ein himlische, ubernatürliche, Ja ein ge-
heimnuß, das All unser vernunfft, Sinn und verstandt ubertrifft.
Demnach erforschen wiir Auch solche gegenwertigkeit nicht mit
unser vernunfft, sonder laßen uns an seinem einfältigen wort genügen, da er gesagt hatt, daß ist mein Leib etc. das ist mein Blut,
wölchem wort wiir einfältig unnd fest glauben, unnd befvelhen es
seiner Allmächtigkeit, wie solches zugehe." (Hachfeld, 286)

Interessant und aufschlußreich ist in diesem Zusammenhang fernerhin die abschließende Verwerfungsreihe von SC IX, wo u. a.
die Auffassungen mit einer Damnation belegt werden, „das die
Menschlich Natur in Christo Auff solche weyse, wie die gotthait
Allenthalben gegenwertig" bzw. „das die Menschait Christi In alle
ort deß Himmels unnd der Erden reumlich AußgesPannen sey"
(Hachfeld, 287). Das war ganz im Sinne von Chemnitz, der infolgedessen „lange Passagen am Anfang und am Schluß des württembergischen Textes unverändert übernehmen und sich mit dem
Gesamtduktus voll identifizieren (konnte)" (Mager, 229). Zu Ergänzungen kam es im wesentlichen nur im Mittelteil von SC IX,
wobei namentlich die Einführung der tria genera communicationis
idiomatum bemerkenswert ist. Um die besagten genera zunächst
nur in ihrer formalen Struktur zu skizzieren und beim ersten,
später genus idiomaticum genannten, zu beginnen: weil in der
Person Jesu Christi zwei Naturen anzunehmen sind, welche zum
einen in ihrem natürlichen Wesen und ihren natürlichen Eigenschaften unverwandelt und unvermischt bleiben, zum anderen
aber durch die unio personalis vereint sind, so ist dasjenige, was
lediglich Eigenschaft einer der beiden Naturen ist, doch nicht dieser Natur allein und in abgesonderter Weise zuzuschreiben, sondern der ganzen Person des Gottmenschen. „Aber in hoc genere
volget nicht, was der Person zugeschrieben wirt, Das dasselbige
zugleich beider Naturen eigentschaft sey, sondern wirt unther-
schietlich erkleret Nach welcher naturen ein iedes der person zugeschrieben wirt." (Heppe III, B II, 141) Was die zweite, später mit
der Bezeichnung genus apotelesmaticum verbundene Gattung

anbelangt, so bezieht sie sich auf das Amt Jesu Christi, in dessen Verrichtung die Person des Gottmenschen „nicht jn, mitt, durch oder nach einer natur allein, Sondern jn, nach, mitt und durch beide naturen" (Heppe III, B II, 142) handelt und wirkt. Das dritte, später genus maiestaticum genannte genus der communicatio idiomatum, welches den eigentlichen Bezugspunkt der abendmahlstheologisch-christologischen Kontroverse darstellt, richtet sich schließlich gegen die irrige Annahme, die in der unio personalis mit der Gottheit vereinte menschliche Natur Jesu Christi habe keine anderen als ihre natürlichen Wesenseigenschaften. Demgegenüber wird unter Berufung auf Schrift und Vätertradition geltend gemacht, daß „die mensliche natur in Christo personlich vereiniget, und hernach nach abgelechter knechtlicher gestalt und erniderung, glorificirt und zur rechten der Maiestet und krafft erhöhet, neben und uber yhre naturliche wesentliche bleibende eigenschaft auch sonderliche hohe grosse ubernaturliche unerforsliche unaussprechliche hymlische praerogativas an Maiestet, herlicheit krafft und gewalt, uber alles was genennet mach werden, nicht alleine in dieser, sondern auch in der kunfftigen welt empfangen haben, Das also die mensliche natur in Christo zu den wirckungen des amptes Christi auff yhre maß und weise mit gebraucht nach yhren naturlichen wesentlichen eigenschafften, oder allein so ferne sich das vermugen derselben erstrecket, Sondern furnemlich aus und nach der Mayestett herlicheit krafft und gewalt, welche sie durch die personliche vereinigung glorification und erhöhung empfangen hatt" (Heppe III, B II, 143). Hinzugefügt wird, daß die kraft der in ihm wohnenden Fülle der Gottheit gegebene Majestät der Menschheit Jesu Christi nicht in der Weise zwangsläufiger Notwendigkeit, sondern willentlich-personal wirksam werde, was durch den mehrfachen Verweis auf das die Realpräsenz begründende Wort des Herrn unterstrichen wird. Ob sich darin ein Unterschied zu Andreae entdecken läßt, der mehr ist als ein Unterschied der Akzentsetzung, muß m. E. als zweifelhaft erscheinen.[130] Ein Gegensatz jedenfalls liegt nicht vor.

---

[130]   Der von Mager gekennzeichnete Kontrast erscheint mir als eher überzogen: „Andreae hatte nur das ‚Wie' der Realpräsenz als göttliches Geheimnis offen gelassen, im übrigen aber die Kirchen- und Abendmahlsgegenwart aus der Majestät der Menschheit Christi einfach geschlossen. Für Chemnitz ist demgegenüber die Schriftzusage der primäre Wahrheitsgrund, während die Majestät der Menschheit Christi nur als Möglichkeits-

Die im Anschluß an Chemnitz erfolgte „Verstärkung der voluntaristischen Tendenz bei der christologischen Mitbegründung der Realpräsenz durch die Rostocker Bearbeiter der SSC" (Mager, 232)
läßt sich daher als mit dem Ansatz Andreaes durchaus kompatibel
erweisen. Das bestätigt zuletzt auch Mager, indem sie feststellt:
„Auch wenn Chemnitz und Andreae im einzelnen methodisch
verschieden vorgehen, sind sie sich doch in der Notwendigkeit
und theologischen Rechtmäßigkeit dieses Bezuges einig (sc. des
Bezuges, der zwischen Christologie und der abendmahlstheologischen Annahme leibhafter Realpräsenz statthat). Der gemeinsame
Kampf gegen den Wittenberger Kryptocalvinismus hat die an dieser Stelle früher Getrennten aufeinander zubewegt, so daß die
niedersächsische SSC die christologische Mitbegründung der Realpräsenz jetzt – allerdings unter voluntaristischen Vorbehalten –
stärker herausarbeitet, als es Andreae zu tun wagte." (Mager,
233 f.) Abgesehen von der klärungsbedürftigen Wendung, die von
voluntaristischen Vorbehalten spricht, ist diesem Resümee ganz
zuzustimmen. SSC erbringt in diesem Sinne keine eigentlichen
„Abmilderungen der württembergischen Christologie"[131], wie sie in
SC entwickelt ist, sondern lediglich deren Absicherung gegen
mögliche Mißverständnisse.

Von daher stellt die in TB erfolgte Anreicherung des Christologieartikels von SSC durch einen längeren, die innige Einigkeit göttlicher und menschlicher Natur in der Person Jesu Christi betont
hervorhebenden Einschub[132] ebensowenig einen Konzeptions-
bruch dar, wie die Einfügung zweier weiterer Lutherzitate aus MF
(vgl. BSLK 1044,11 ff. sowie Pressel 657 f.), die in TB zum Textbestand von SSC hinzugekommen sind. Zwar dient die Integration
der beiden auf die Erklärung der Majestät der Menschheit Christi
bezogenen Stücke zweifellos „den württembergischen Interessen"

---

voraussetzung in Frage kommt. Zur Vertiefung des hier Dargelegten
verweist er auf die sog. Confessio Saxonica von 1571, in der er bezüglich
der Stützung der Realpräsenz durch die Christologie einen fast noch engeren ubivolistischen Standpunkt eingenommen hatte als jetzt." (Mager,
231)

[131]   M. Brecht, Art. Andreae, Jakob (1528–1590), in: TRE 2, 672–680, hier: 678;
        vgl. Mager, 234, Anm. 190.

[132]   Vgl. BSLK 1021,18–1026,36 sowie H. Heppe, Der Text der Bergischen
        Concordienformel, 158, Anm. 60.

(Mager, 256); und zutreffend ist auch, daß die Lehre von der Person Christi in MF (vgl. Pressel, 651–660) sich verglichen mit SSC als „einfach, ohne gelehrten Ballast und unmißverständlich auf die offenbare Ubiquität der Menschheit Christi zur Rechten Gottes konzentriert" (Mager, 245) erweist. Aber durch solche Unterschiede wird der Konzeptionsrahmen des Konkordienwerkes keineswegs gesprengt. Im Gegenteil: gerade im Bewußtsein, das christologische Erbe des Reformators kontinuierlich fortzuführen, wie es sich beispielsweise durch die erwähnte Aufnahme des langen Zitats aus dem Großen Bekenntnis Luthers vom Abendmahl Christi (vgl. BSLK 1044,11 ff.) Ausdruck verleiht, wissen sich die Väter des Konkordienwerkes vereint, und auf der Basis dieses Bewußtseins stimmen denn auch die Aussagen in SSC, MF und TB[133] etc. ungeachtet aller Akzentunterschiede sachlich zusammen. Das wird um so klarer, je deutlicher man die Entwicklung der konkordistischen Christologie und ihr im Bergischen Buch erreichtes Resultat in Beziehung setzt zu den christologischen Alternativen, die damals im Kontext Wittenberger Reformation nicht nur im Bereich des Möglichen lagen, sondern faktisch vertreten wurden. Bevor auf den Gehalt von FC VIII im einzelnen eingegangen wird, soll deshalb zunächst in Erinnerung gerufen werden, um welche möglichen oder tatsächlichen Alternativen es sich dabei handelte.

Ihre ursprüngliche Eigentümlichkeit erhielt die lutherische Christologie, wie sich zeigte, infolge konsequenten Festhaltens an der Realpräsenz Christi im Abendmahl, die man durch den Literalsinn der Einsetzungsworte eindeutig und hinreichend begründet wußte. Man erkannte, „daß die Beschreibung des Leibes, von dem im Text die Rede ist, als eines zugleich natürlichen und illokalen im Grunde von der Möglichkeit abhängt, Jesus zu begreifen als einen Menschen, in dem wir es immer zugleich mit Gott zu tun haben.

---

[133]   Damit ist nicht behauptet, daß die in TB VIII gemeinsam vertretene Christologie auf allgemeine Zustimmung gestoßen und so unproblematisch aufgenommen worden wäre, wie in dem Votum der Württemberger, Badener und Henneberger Theologen (vgl. Heppe III, B VII), wo es kurz und bündig heißt: „Inn disem Articul haben wir durchauß khein Bedenckhens." (Heppe III, B VII, 368) Unter den kritischen Reaktionen auf die Christologie von TB ist besonders bemerkenswert die „Erklärung der Anhalter Theologen über die Lehre von der Person Christi" (Heppe III, B XI).

Nur insoweit dies gegen den Einspruch einer getrennten Vorstellung von dem, was Gott, und von dem, was der Mensch an sich
ist, gelingt, gelingt es auch, die Realpräsenz Jesu festzuhalten."
(Mahlmann, 34) Eine Funktion zur Begründung der Realpräsenz
neben den verba institutionis kam der Christologie dabei anfangs,
wie erwähnt, keineswegs zu. Dem sachlich naheliegenden und
durch Luthers Beiträge zum Abendmahlsstreit der 1520er Jahre
auch nahegelegten Versuch, die christologischen Konsequenzen
der abendmahlstheologisch notwendigen Betonung der ständigen
Personeinheit des Menschseins Jesu mit seinem Gottsein selbständig zu entfalten, begegnete man vielmehr in der Regel mit äußer-
ster Zurückhaltung. Darin macht sich der Einfluß namentlich Melanchthons geltend (zur Lehrweise der Philippisten vgl. Frank III,
170 ff.; Ritschl IV, 33 ff.). War sein Verhältnis zur Abendmahlslehre
Luthers im Laufe der Zeit an sich schon immer reservierter geworden, so befürchtete er von einer selbständigen Entfaltung ihrer christologischen Basis eine mögliche Sprengung des von Chalcedon vorgegebenen Rahmens, an welcher ihm selbst am allerwenigsten gelegen sein konnte, insofern er sich jedenfalls der
Tendenz nach der spätscholastischen Christologie und ihrer von
Luther nachdrücklich kritisierten Lehre von der suppositalen Union angeschlossen hatte. Sosehr Melanchthon die Verbundenheit
und Einheit von Gottsein und Menschsein Jesu Christi betonen
konnte, sowenig gab er doch die getrennte Betrachtung beider
Naturen auf. Zwar hat zu gelten, daß den beiden Naturen in der
konkreten, von der Schrift bezeugten Person Jesu Christi nur eine
einzige, gemeinsame Subsistenz zukommt (vgl. Mahlmann, 66);
dennoch besteht der Widerspruch der Prädikate von Gott und
Mensch auch innerhalb ihrer Subsistenzeinheit weiter (vgl. Mahlmann, 69), so daß in bezug auf das konkrete Sein und Wirken
des Gottmenschen Jesus Christus, wie es die Schriftaussagen bezeugen, trotz des ausgesprochenen Zusammenhanges beider Naturen klar zu unterscheiden ist zwischen einem Gott und einem
dem Menschen eignenden Tun.

Die in der christologischen Aussage hergestellte Verbindung
bleibt also der Alternative unterworfen, „von entweder menschlicher oder göttlicher Seinseigenart regiert" (Mahlmann, 71) zu werden. In diesem Sinne kann von Jesus Christus als der personalen
Einheit göttlicher und menschlicher Natur wohl Allgegenwart ausgesagt werden; dennoch wird dem Jesusleib diese Prädikation dezidiert vorenthalten, da dieser den Gesetzen der Physik unter-

worfen sei und die allgemeine Eigenschaft von Körpern teile, örtlich begrenzt zu sein. Damit sollte nicht ausgeschlossen werden, daß die Person des Gottmenschen in der konkreten Aktualisierung ihrer Fähigkeit zur Allgegenwart im Abendmahl, auf das sich die Frage nach der Präsenz Christi nach Melanchthon klar zu konzentrieren hat, den Leib gleichsam mitnimmt, so daß von einem Dabeisein des Menschen Jesus und seines Leibes in der Abendmahlslehre des Praeceptor Germaniae anders als bei jenen, die den leibhaften Menschen Jesus zur Rechten des Vaters certo loco festsetzen wollten, durchaus die Rede sein kann. Zugleich aber zeigt sich bei ihm eine Verwandtschaft zur reformierten Denkungsart, sofern der Leib Jesu, wie sein Menschsein überhaupt, christologisch und abendmahlstheologisch die Funktion eines bloßen Instruments zugebilligt bekommt, welches der Logos in der Weise eines Werkzeuges gebraucht.[134]

Nicht nur an dieser Stelle ist der Unterschied der Christologie Melanchthons zu derjenigen Luthers offenkundig. Zwar wußte sich auch dieser in der Lehre von der Einheit Gottes und des Menschen in der Person Jesu Christi in grundsätzlicher Übereinstimmung mit dem altkirchlichen Dogma, nicht jedoch mit der Auffassung der hypostatischen Union in der ockhamistischen Schultheologie seiner Zeit. Ockham, d'Ailly und Biel hatten im Anschluß an Duns Scotus die hypostatische Unio als suppositale Union bestimmt gemäß der Formel: „natura humana sustentificatur a persona divina" (W. Ockham, Opera theologica VI/9: Quaestiones in librum tertium sententiarum, q. 1 [Quinto]). Danach wird die ihrer selbständigen Subsistenz entledigte menschliche Natur von der außerhalb ihrer bestehenden göttlichen Person als ihrem suppositum angenommen und – so wie das Akzidens am selbständigen Subjekt (suppositum per se subsistens) in Erscheinung tritt – zur Einzelerscheinung erhoben (sustentari), ohne dabei selber personales Sein zu empfangen, was im Gegenteil ausdrücklich ausgeschlossen wird, „weil der menschlichen Natur nur ein geschaffenes und kein göttliches, ungeschaffenes Personsein angemessen ist" (Schwarz, 299). Die Trennung von ungeschaffenem und geschaffenem Sein erweist sich somit als das ontologische

---

[134] Vgl. J. Baur, Christologie und Subjektivität – Geschichtlicher Ort und dogmatischer Rang der Christologie der Konkordienformel, in: Vom Dissensus zum Konsensus, a. a. O., 70–87, hier: 74f.

Prinzip, auf welchem die Interpretation der hypostatischen als suppositaler Union basiert, wie sich denn auch Biel ausdrücklich zu dem philosophischen Axiom bekennt: „(N)ulla proportio est finiti ad infinitum" (Schwarz, 300). Luther hingegen sah durch solche philosophischen Vorurteile das wahre Menschsein Gottes in Jesus Christus doketisch aufgelöst und betonte in dezidierter Abwehr der Idee der suppositalen Union „mit Nachdruck die Einheit beider Naturen in der einen Person Christi" (Schwarz, 303) resp. die „Einheit und Identität des personalen Seins von Gott und Mensch in Christus" (Schwarz, 304). Die Unterscheidung des Unendlichen und des Endlichen als zweier disparater Größen gilt nicht mehr als unhintergehbares philosophisches Axiom, das die personale Union von Gott und Mensch beschränkt, sie dient vielmehr allein dem theologischen Ausdruck des Zusammenseins von Schöpfer und Geschöpf, wie der Glaube sie an der Person Jesu Christi wahrnimmt. Unbeschadet der Tatsache, daß „Luther zwischen Gott und Mensch einen noch größeren Abstand erblickt als zwischen dem Menschen und der übrigen Schöpfung, macht er doch an dem christologisch begründeten Satz ‚Deus est homo' keinerlei Abstriche" (Schwarz, 343). Die Person Christi „ist in ihrer Existenz die Identität der beiden Naturen" (Schwarz, 342).

Diese in sich unergründliche personale Einheit von Gott und Mensch im Gottmenschen Jesus Christus ist für Luther dann auch der „Grund der communicatio idiomatum, einer Gemeinschaft, in welcher die göttliche und menschliche Natur in Christus wechselseitig am eigentümlichen Sein der Naturen teilhaben" (Schwarz, 309). Ihr hat alle theologische Rede zu entsprechen. Während die ockhamistische Lehre von der communicatio idiomatum den durch die Idee der suppositalen Union abgesteckten Gedankenkreis nirgends überschreitet, so daß eine wirkliche Kommunikation der Eigentümlichkeiten der göttlichen und menschlichen Natur aufgrund eines identisch personierten Seins nicht statthat, ist nach Luther wegen der personal-identischen Existenz göttlicher und menschlicher Natur in Jesus Christus von Gott und Mensch in einer derart kommunikativen Weise zu sprechen, „daß in der christologischen Rede von Gott ganz wie vom Menschen und vom Menschen ganz wie von Gott gesprochen wird" (Schwarz, 338). Zwar hält Luther, wie gesagt, an den Proprien der jeweiligen Natur und damit auch an ihrer Unterscheidung durchaus fest; jedoch soll dies die wechselseitige Aufgeschlossenheit und Durchdringung von Gott und Mensch in der Person Jesu Christi nicht nur nicht einschränken, sondern geradezu unterstreichen. Wie demnach die göttliche Natur an allen Eigentümlichkeiten der menschlichen teilhat, so partizipiert umgekehrt die menschliche Natur an allen idiomata der göttlichen. Im Blick auf das konkrete Personsein Jesu Christi gilt mithin die Sprachregel: „Ut ea, quae sunt hominis, recte de Deo et e contra, quae Dei sunt, de homine dicantur ... Vere dicitur: Iste homo creavit mundum et Deus iste est passus, mortuus, sepultus etc." (WA 39 II, 93, 6–9)

Der christologischen Auffassung Luthers wurde nicht nur von altgläubiger und reformierter Seite[135] heftig widersprochen, weil man durch sie die Unveränderlichkeit Gottes und die beständige Differenz von Schöpfer und Geschöpf vernachlässigt glaubte; sie traf auch in den eigenen Reihen, wie das Beispiel Melanchthons zeigt, auf kritische Zurückhaltung, insbesondere was ihre abendmahlstheologische Verwendung betrifft. Nichtsdestoweniger zeigt sich spätestens im sog. Zweiten Abendmahlsstreit (vgl. im einzelnen Ritschl IV, 1 ff.) das Bemühen, die durch Melanchthon gezogene Grenze zu überschreiten. Dazu und zu der eigenständigen Begründung der christologischen Voraussetzung der Realpräsenz fühlte man sich berechtigt, weil man die unio personalis ebenso wie die unio sacramentalis unmittelbar im Wort Gottes fundiert fand. Der Versuch, die Christologie als Voraussetzung der Realpräsenzlehre zu verselbständigen, will sonach keineswegs den durch die Schriftautorität bestimmten Argumentationsrahmen verlassen, sondern das autoritative Schriftzeugnis der Einsetzungbe richte in den umfassenderen Kontext des christologischen Schriftzeugnisses einordnen, um es entsprechend zu vertiefen. Weder sollte demnach durch die eigenständige Entfaltung der christologischen Voraussetzungen der Realpäsenzlehre die buchstäbliche Autorität der Einsetzungsworte relativiert, noch die sakramentale Gegenwart des Jesusleibs zu einem bloßen Spezialfall von dessen universaler Weltpräsenz herabgesetzt werden.

Das trifft, soviel ich sehe, auch für die Christologie von Andreaes Lehrer Johannes Brenz zu (vgl. etwa Weber I/2, 161 ff.; zur Entwicklung der Lehre von der sog. Ubiquität und Multivolipräsenz der Person Christi vgl. im einzelnen Ritschl IV, 70 ff.). Das zentrale

---

[135]   Vgl. Weber I/2, 131 ff. sowie E. D. Willis, Calvin's Catholic Christology. The Function of the so-called Extra Calvinisticum in Calvin's Theology, Leiden 1966.

christologische Motiv von Brenz ist es, die Einheit Gottes mit dem
Dasein Jesu nicht zusammenzudenken aus vorgefaßten Allgemeinbegriffen von Gottheit und Menschheit in ihrer Unterschiedenheit, sondern wahrzunehmen als jene konkrete Wirklichkeit,
in welcher Gott als dieser Jesus wirksam ist zum Heil des sündigen Menschen und seiner Welt.[136] Diese Konzeption führt den
Haller Reformator und späteren Stuttgarter Propst zur Annahme
einer realen Communicatio idiomatum und zur Behauptung einer
vollen Teilhabe des Menschseins Jesu an der ubiquitären Weltgegenwart Gottes, in der schließlich auch das Vermögen des Jesusleibs zur Realpräsenz im Abendmahl gründe. Gemäß der Brenz-
interpretation von Th. Mahlmann ist damit der Tatbestand einer
spekulativen Deduktion der Realpräsenz aus der Personeinheit
göttlicher und menschlicher Natur in Jesus Christus gegeben mit
der Folge, daß nicht nur die Einsetzungsworte theologisch überflüssig werden, sondern das gesamte christologische Konzept seine bibeltheologische Fundierung zu verlieren droht. Zwar habe
Brenz „den Inhalt der Personeinheit von Gott und Mensch *grundsätzlich nicht rational, sondern aposteriorisch,* aus dem konkreten
Zeugnis von der Gegenwart Gottes als der Mensch Jesus" (Mahlmann, 160) bestimmen wollen; aber dem widerspreche seine Behauptung der Denknotwendigkeit der Personeinheit von Gottsein
und Menschsein Jesu und der damit gegebenen Teilhabe Jesu an
Gottes Weltverhältnis, welche die Grundlage sei für die christologische Deduktion der Realpräsenz (vgl. Mahlmann, 160 ff.). Luther
hingegen habe nicht nur abendmahlstheologisch, sondern auch
christologisch jeweils rechtzeitig den Gedankengang abgebrochen, um die Spekulation an die Autorität des Schriftworts zu-
rückzubinden, durch welche Rückbindung allein die göttliche
Freiheit und Spontaneität sowohl in der Gestaltung der Personeinheit Jesu Christi, als auch in der Konstitution der Realpräsenz im Abendmahl gewahrt werden könne.

Entgegen der von Mahlmann behaupteten Gegensätzlichkeit von
Luther und Brenz hat H. Chr. Brandy in seiner erwähnten Studie
zu Brenz' später Christologie diese als eine selbständige, aber
sachlich authentische Rezeption der Christologie Luthers beurteilt.
Die für dieses Urteil geltend gemachten Gründe sind m. E. überzeugend. Zwar hat Brenz „zweifellos stärker als Luther ein *System*

---

[136]   Vgl. Th. Mahlmann, Personeinheit Jesu mit Gott, (s. Anm. 89).

der Christologie"[137] entworfen; von einer rational-apriorischen Konstruktion der Personeinheit Jesu mit Gott aus Prämissen einer prächristologischen Metaphysik kann aber ebensowenig die Rede sein wie von einer rein christologieinternen Deduktion der abendmahlstheologisch zu behauptenden Tatsächlichkeit der Realpräsenz, die vielmehr auch bei Brenz durch die Einsetzungsworte als frei gewollte Wirklichkeit bestimmt wird. Charakteristisch für Brenz' Christologie ist im übrigen nach Brandy nicht ihr spekulativer Charakter, sondern ihre streng soteriologische Ausrichtung und versöhnungstheologische Konzeption.[138] Christologie als Evangelium zu denken muß demzufolge als ihr eigentliches Ziel betrachtet werden: „Gott ist als Mensch mit uns, er ist für uns Immanuel."[139] In Jesus Christus „herrscht nicht mehr Dependenz, hier ist nicht mehr die Grenze von menschlichem Gott und begrenzter Kreatur in Geltung, sondern hier ist Gemeinschaft in und durch Christus, der nichts anderes ist als Gemeinschaft, als gebender Gott und erhöhter Mensch. Deshalb ist Christus nicht wie bei den Schweizern Instrument zur Vermittlung objektiver Heilsgüter, ein Instrument, das uns als geschlossenes autonomes Subjekt gegenübersteht und uns heteronom, wenn auch gnadenhaft bestimmt, sondern *in Christus* sind wir der Güte des Vaters teilhaftig."[140]

Ist damit die Pointe der Spätchristologie von Brenz, wie sie namentlich durch Andreaes Vermittlung[141] für die konkordistische Entwicklung einflußreich geworden ist, zutreffend erfaßt, so braucht auch nicht länger zweifelhaft zu sein, daß ein rechtes Verständnis der Einsetzungsworte sich nicht durch deren Isolation, sondern nur aus dem Gesamtkontext des Schriftzeugnisses er-

---

[137] H. Chr. Brandy, Die späte Christologie des Johannes Brenz, 262. Vgl. O. Fricke, Die Christologie des Johannes Brenz im Zusammenhang mit der Lehre vom Abendmahl und der Rechtfertigung, München 1927.

[138] Vgl. H. Chr. Brandy, a. a. O., 267 ff.

[139] A. a. O., 280.

[140] A. a. O., 283.

[141] Zum Verhältnis Andreaes zur Christologie von Brenz vgl. Ritschl IV, 81 ff., hier: 89: „Dem gemäßigten Ubiquismus, so wie ihn Andreae vertrat, scheinen bei seinen Lebzeiten die meisten württembergischen Theologen zugetan gewesen zu sein." (Zum Stichwort eines „gemäßigte[n] Ubiquismus" vgl. auch Rischl IV, 180.)

gibt, so wenig darüber der buchstäbliche Charakter der einzelnen
Schriftworte aufgelöst werden darf. Dies macht den Reflex auf
den christologisch-trinitätstheologischen Zusammenhang der
Abendmahlslehre unentbehrlich. Es kann also nicht darum gehen,
die exegetische Begründung der Realpräsenz durch den Wortlaut
der Einsetzungsberichte gegen ihre dogmatisch-christologische
Explikation auszuspielen. Sosehr christliche Theologie an den
Buchstaben des Schriftworts gebunden ist und bleibt, so gewiß ist
es die Bestimmung des biblischen Buchstabens, wirksames Zeichen göttlichen Geistes zu sein, durch welchen der Mensch von
der tatsächlichen Unvernunft der Sünde zur Vernunft gebracht
werden soll. Eine rechte Schrifttheologie braucht deshalb den Erweis dogmatischer Vernünftigkeit ihrer Lehren nicht zu scheuen,
sie hat ihn vielmehr zu befördern. Denn nicht nur in einem hy-
briden Theorieverlangen gnostischer Provenienz, sondern auch
darin liegt eine von der Theologie zu meidende Gefahr, „daß ab-
schneidende Kritik das begleitende Denken ... unterbricht"[142].

Martin Chemnitz dürfte dies nicht grundsätzlich anders gesehen
haben.[143] Auch wenn er noch stärker als Brenz die unauflösliche

---

[142]   J. Baur, Auf dem Wege zur klassischen Tübinger Christologie. Einführen-
de Überlegungen zum sogenannten Kenosis-Krypsis-Streit, in: M. Brecht
(Hg.), Theologen und Theologie an der Universität Tübingen. Beiträge
zur Geschichte der Evangelisch-Theologischen Fakultät, Tübingen 1977,
195–269, hier: 199 unter Bezug auf Mahlmanns Brenzkritik.

[143]   Vgl. neben Weber I/2, 150ff. etwa J. Baur, Martin Chemnitz, in: ders.,
Einsicht und Glaube, Göttingen 1978, 154–172; B. Hägglund, „Majestas
hominis Christi". Wie hat Martin Chemnitz die Christologie Luthers gedeutet?, in: LuJ 47 (1980), 71–88 sowie Ritschl IV, 90ff. Die Beschreibung,
die Ritschl dem Verhältnis von Andreae und Chemnitz zuteil werden
ließ, ist die in der Forschung weithin übliche geworden: „(D)ie Ubiquitätslehre bildete trotz ihrer Ermäßigung nach wie vor den Hintergrund
von Andreaes Lehre. Dagegen blieb für Chemnitz der Gedanke der Multivolipräsenz von ähnlich grundlegender Bedeutung ... Auch in der Konkordienformel treten stellenweise die verschiedenen Voraussetzungen
deutlich hervor, unter denen ihre beiden Haupturheber ihre Stellung besonders zur Frage nach der *communicatio idiomatum* gewonnen
hatten. Im ganzen überwiegt doch der Eindruck einer weitreichenden
Gemeinschaft sowohl in der positiven Lehre wie in der Abwehr von deren Gegnern." (Ritschl IV, 102) Ritschl spezifiziert seine Auffassung am
Verhältnis von Epitome und Solida Declaratio: In der Epitome trete „die
württembergische Auffassung als entscheidend hervor. In der *Solida Declaratio* dagegen wird in Übereinstimmung mit der bisherigen norddeut-

Bindung der Abendmahlstheologie an die Einsetzungsworte und den Willen betonte, sich auf die unausweichlich mit der Realpräsenz verbundenen christologischen Probleme zu beschränken, so hinderte ihn das doch nicht, die Christologie selbständig auszuarbeiten. Dabei richtet sich die entscheidende Intention wie bei Brenz und Andreae darauf, bei einem unvergleichlich Konkreten einzusetzen, beim Dasein Gottes als Mensch Jesus. Im Verständnis der als innigste Gemeinschaft Gottes und des Menschen charakterisierten hypostatischen Union stimmt Chemnitz daher mit den Württembergern uneingeschränkt überein, auch wenn er mit den überkommenen Differenzierungen vorsichtiger umgeht als diese.[144] Insofern läßt sich auch FC VIII als das schließliche Ergebnis konkordistischer Christologie unbeschadet erkennbarer Akzentunterschiede als in sich einheitlicher und stringenter Argumentationszusammenhang interpretieren, wie dies im folgenden unter Konzentration auf die wichtigsten Themengesichtspunkte geschehen soll.

Auszugehen ist nach dem Gesagten davon, daß in der Christologie der Konkordienformel alles angelegt ist auf die heilsame Erkenntnis unüberbietbar innigen Zusammenseins von Gott und Mensch in der Person Jesu Christi, auf die Erkenntnis jener „wunderbare(n) Vereinigung, in der sich Gott und Mensch in keiner Weise mehr äußerlich bleiben. Diese Unio zeichnet sich dadurch aus, daß in ihr Gott alles aufnimmt und übernimmt, was des Menschen ist, und der Mensch alles empfängt, was Gottes ist. Nur wenn Christi Personeinheit selbst als Vollzug des admirabile commercium, des ‚fröhlichen Wechsels' zwischen Gottheit und Menschheit erkannt wird, ist das Wort von Christus Evangelium, will sagen: begründete Ansage der neuen Wirklichkeit im Zuein-

---

schen Lehre vielmehr Gottes allmächtige Kraft als der Grund dafür in Anspruch genommen, daß Christus vermöge der Worte seines Testaments mit seinem Leib und Blut im Abendmahl wahrhaftig gegenwärtig sein könne und sei." (Ritschl IV, 104) Daß diese Annahme indes keinen eigentlichen Gegensatz darstellt, räumt auch Ritschl ein. In der Konkordienformel, so heißt es abschließend, sei der „Standpunkt Andreaes ... mit den Anschauungen von Chemnitz überwiegend ausgeglichen" (Ritschl IV, 106). Den Unterschied von „Ubiquität" und „Multivolipräsenz" allzu nachdrücklich zu akzentuieren, besteht offenbar kein Grund.

[144] Vgl. J. Baur, Christologie und Subjektivität, 78.

ander von Gott und Mensch, das in Christus neu ist als sich durchdringende, aber nicht verschwimmende unendliche Gemeinschaft von Gott und Mensch, in die hinein wir anderen im Glauben, der allem Selbstbestand und Eigenwirken entgegensteht, hineingerissen und versetzt werden, hin auf das Ziel aller Dinge, ‚auf daß Gott alles in allem sei' (1 Kor 15,28).“[145] Die Christologie der Konkordienformel sprengt mithin alle anthropologischen, aber auch theologischen Vorstellungen substantialer Identität und stabiler Selbstzentriertheit und denkt Jesus Christus als den heilsamen Vollzug gott-menschlicher Gemeinschaft in Person, in dem zwar keineswegs Unterschiede verlorengegangen sind, wohl aber alles Trennende dieser Unterschiede überwunden ist. Darin entspricht lutherische Christologie der ursprünglichen Einsicht des Reformators: „Weil der Rechtfertigungsglaube das endliche Subjekt nicht bei sich selbst stabilisiert und ameliorisiert, vielmehr im raptus a nobis jeder Selbstzentrierung entnimmt, ist dieser Glaube als fides Christi auf das officium Christi so bezogen, daß es ihm um Christus, den benennbaren Ort der eigenen Exzentrizität geht“[146], wobei hinzuzufügen ist, daß „das Werk Christi ... ohne jeden selbstbezogenen Zusatz völlig durch das pro nobis bestimmt (ist)“[147].

In dieser Perspektive ist in bezug auf FC VIII[148] *erstens* und vor allem zu handeln von der persönlichen Einheit Gottes und des

---

[145] Ders., Lutherische Christologie im Streit um die neue Bestimmung von Gott und Mensch, in: EvTh 41 (1981), 423–439, hier: 426.

[146] Ders., Christologie und Subjektivität, 75 f.

[147] Ders., Lutherische Christologie im Streit, 435 f.

[148] Um ihre Christologie, die von den Gegnern als „neues Dogma" abgelehnt wurde (vgl. BSLK 1103,2 ff.; zum umstrittenen Wort „mixtio" vgl. etwa BSLK 1022,42), von der kirchlichen Tradition her als schriftgemäß auszuweisen und zu verteidigen, ist, wie bereits erwähnt (vgl. erneut Heppe IV, 228), der Konkordienformel als Ergänzung von FC VIII ein Catalogus Testimoniorum (vgl. BSLK 1101–1135) angefügt worden, ein – wie es in der deutschen Überschrift heißt – „Vorzeichnüs der Zeugnissen Heiliger Schrift und der alten reinen Kirchenlehrer, wie dieselbigen von der Person und göttlichen Majestät der menschlichen Natur unsers Herrn Jesu Christi, zur Rechten der allmächtigen Kraft Gottes eingesetzt, geleret und geredt haben." (BSLK 1101; zu den Vorarbeiten vgl. BSLK 1101, Anm. 2; zur gelegentlichen Überschrift „Appendix" vgl. BSLK 1101, Anm. 1; vgl. ferner BSLK 1103,12.22.) Vergleichbare Untersuchungen, den „Consensus Orthodoxus" für die eigene theologische Position geltend zu

Menschen und der mit solcher unio personalis verbundenen realen Gemeinschaft göttlicher und menschlicher Natur, welche communio naturarum die Teilnahme der menschlichen Natur an den Eigenschaften der göttlichen und die Teilhabe der göttlichen an den Widerfahrnissen der menschlichen auf genauer zu klärende Weise impliziert. Zu handeln ist *zweitens* davon, welche notwendige Wirkung die in Jesus Christus gegebene personale Naturengemeinschaft hinsichtlich der communicatio idiomatum zeitigt, wobei nicht nur dem genus maiestaticum communicationis idiomatum, sondern auch der Tatsache besondere Aufmerksamkeit zu schenken ist, daß die persönliche Einigung Gottes und des Menschen, die reale Gemeinschaft göttlicher und menschlicher Natur und entsprechend auch die Idiomenmitteilung im singulare tantum des Namens Jesu Christi beschlossen liegen und sich daher durch kein apriorisches Verfahren, auch nicht aus einer Metaphysik des „finitum capax infiniti" allgemein herleiten lassen.[149] In sachlicher Verbindung mit diesen beiden Hauptgesichtspunkten von FC VIII wird *schließlich* zu fragen sein, welchen Gebrauch Jesus Christus von den ihm wesensmäßig eigenen Prärogativen

---

machen, um den Verdacht unstatthafter Neuerung abzuwehren, finden sich auch anderwärts – nicht zuletzt bei den Gegnern des Konkordienwerkes (zur Rezeption der Kirchenväter im Reformationsjahrhundert vgl. insgesamt: L. Grane u. a. [Hg.], Auctoritas Patrum. Zur Rezeption der Kirchenväter im 15. und 16. Jahrhundert. Contributions to the Reception of the Church Fathers in the 15th and 16th Century, Mainz 1993). Was die Funktion der Berufung auf die kirchliche Lehrtradition anbelangt, so ist sie im Epilog des Catalogus Testimoniorum in „geradezu klassischer Form" (A. Sperl, Die Bedeutung der kirchlichen Lehrtradition bei Melanchthon und in der Konkordienformel, in: W. Lohff/L. W. Spitz [Hg.], a. a. O., 89–106, hier: 102) ausgesprochen: „Diese Zeugnissen der alten Kirchenlehrer, christlicher Leser, sind nicht in der Meinung hiehergesetzt worden, daß unser christlicher Glaube auf Ansehen der Menschen gegründet sei. Dann der wahrhaftig seligmachende Glaube auf keines alten oder neuen Kirchenlehrers, sondern einig und allein auf Gottes Wort gegründet sein soll, so in den Schriften der heiligen Propheten und Aposteln als ungezweifelten Zeugen der göttlichen Wahrheit begriffen ist." (BSLK 1134,46–1135,5)

[149] „Über die Herkunft des Satzes *Finitum infiniti non capax*" informiert W. Elerts gleichnamige Studie in: ZSTh 16 (1939/40), 500–504.

macht und wie sich die christologische unio personalis zur
abendmahlstheologischen unio sacramentalis verhält.[150]

Zum *ersten*: In produktiver Rezeption des Entwicklungsprozesses
altkirchlicher Christologie (vgl. § 9,1) und seines dogmatischen Re-
sultats[151] wird in FC VIII in betonter Hervorhebung der innigen Einigkeit Gottes und des Menschen in Jesus Christus gelehrt, daß
nach der Menschwerdung des Logos (vgl. SD VIII,13) vermöge der
persönlichen Vereinigung göttliche und menschliche Natur „vere
und realiter, das ist, mit der Tat und Wahrheit" (BSLK 1023,9 f.; vgl.
SD VIII,14 ff. u. a.) Gemeinschaft haben. Zwar bleiben göttliche
und menschliche Natur in der Person[152] des Gottmenschen ihrem
Wesen nach unvermischt und behalten sonach ihre natürlichen
Eigenschaften in Ewigkeit je für sich, so daß die der einen Natur
wesentlichen Eigenschaften (proprietates essentiales) niemals die
der anderen werden noch umgekehrt (vgl. SD VIII,8). So wie
demnach das Vermögen der Allmacht nie eine der menschlichen
Natur wesensmäßig eigene Proprietät werden kann (vgl. SD
VIII,9), so können die der Kreatur als Kreatur beschiedenen Proprietäten niemals Wesenseigentümlichkeiten der Gottheit werden
(vgl. SD VIII,10). Auch führt nach Maßgabe der FC die wahrhafte
Gemeinschaft der Naturen in der unio hypostatica zu keiner confusio oder exaequatio naturarum (vgl. SD VIII,19). Dennoch sei
die Einheit der beiden Naturen in der einen Person des Gottmenschen als derart innig zu denken, daß die integre Ganzheit der
Person Christi als des inkarnierten Sohnes Gottes ohne stetige Berücksichtigung seiner Menschheit ebensowenig erfaßt werden
könne wie ohne seine Gottheit. Die Vorstellung zweier in Jesus
Christus nur äußerlich, nach Weise etwa zweier zusammenge-
leimter Bretter (vgl. SD VIII,14; Ep VIII,9) vereinter Naturen müsse
deshalb strikt ferngehalten werden, wolle man nicht in den ketze-

---

[150]   Vgl. insgesamt B. W. Teigen, Article VIII. The Person of Christ, in: R. D.
        Preus/W. H. Rosin (Hg.), a. a. O., 232–252.

[151]   Vgl. hierzu neben Frank III, 180 ff. auch J. A. Dorner, Entwicklungsge-
        schichte der Lehre von der Person Christi, Bd. II/1 und 2, Berlin 1853/56
        sowie G. Thomasius, Christi Person und Werk. Darstellung der evange-
        lisch-lutherischen Dogmatik vom Mittelpunkte der Christologie aus.
        Bd. II: Die Person des Mittlers, Erlangen 1855.

[152]   Zum Persona-Begriff von FC VIII vgl. U. Asendorf, Die Lehre der Kon-
        kordienformel „Von der Person Christi" (Artikel VIII) und die heutige
        Christologie, in: J. Schöne (Hg.), a. a. O., 101–111, bes. 105 ff.

rischen Irrtum der Nestorianer und Samosatener verfallen, welche die Naturen voneinander absonderten und die Einheit Christi entzweiten. Gegen solche Ketzerei sei in Übereinstimmung mit der beständigen Lehre der Kirche daran festzuhalten, „daß die göttliche und menschliche Natur in der Person Christi also voreiniget, daß sie eine wahrhaftige Gemeinschaft miteinander haben, dadurch die Naturen nicht in ein Wesen, sondern (wie D. Luther schreibet) in ein Person gemenget; inmaßen umb solcher persönlichen Vereinigung und Gemeinschaft willen die alte Lehrer der Kirchen vielfaltig, vor und nach dem Chalcedonischem Concilio, das Wort *mixtio*, Vermischung, in gutem Vorstand und Unterscheid gebraucht, wie deshalben viel Zeugnussen der Väter, wo vonnöten, angezogen werden möchten" (BSLK 1022,32−45). Solche „mixtio", von der auch in den Schriften der eigenen Konfessionsgenossen vielfältig die Rede sei, bedeute keine Vermischung der Naturen, „als wann aus Honig und Wasser ein Met gemacht" (BSLK 1023,15 f.) werde. Eher schon sei die persönliche Vereinigung der Naturen im Gottmenschen Jesus Christus mit dem Verhältnis von Leib und Seele im lebendigen Menschen oder mit einem feurigen Eisen zu vergleichen. Doch bleibt sie in ihrer unaussprechlichen, jeden Vergleich überragenden Andersheit (vgl. SD VIII,19) zuletzt ein singuläres Datum.

In Anbetracht solcher in der singulären Gestalt Jesu Christi verwirklichten gottmenschlichen Personeinheit, welche ohne reale Gemeinschaft beider Naturen weder gedacht werden noch sein kann, wird zunächst erneut betont, was schon in FC III klargestellt wurde, daß nämlich der Gottmensch das zentrale Heilswerk seines Kreuzestodes in der untrennbaren persönlichen Einheit seiner menschlichen und göttlichen Natur erbracht hat, so daß unbeschadet der Tatsache, daß die Gottheit nicht passiv dem Leiden unterliegt, von einem wahrhaften und persönlichen Leiden und Sterben Jesu Christi als des Sohnes Gottes gesprochen werden kann und gesprochen werden muß – allerdings mit dem präzisierenden Zusatz, daß solches Leiden und Sterben der gottmenschlichen Person secundum naturam humanam assumptam geschah (vgl. SD VIII,20 f.). Des weiteren begründet die keineswegs als „alleosis" im Sinne Zwinglis (vgl. SD VIII,21), sondern als wahrhafte communio und unio zu beschreibende persönliche Vereinigung göttlicher und menschlicher Natur nicht nur die Tatsache der Gottesmutter- und bleibenden Jungfrauschaft Mariens (vgl. SD VIII,24) sowie die Wunderwerke, die Jesus Christus be-

reits im Stande der Erniedrigung erbracht hat (vgl. SD VIII,25),
sondern zugleich alles, was „von der Majestat Christi nach seiner
Menschheit zur Rechten der allmächtigen Kraft Gottes" (vgl. BSLK
1024,22–24) zu glauben und zu bekennen sei. Dazu gehöre, daß
Christus gemäß seiner menschlichen Natur nicht an einen bestimmten Ort gebunden sei, sondern an der Himmel und Erde
erfüllenden Kraft der Rechten Gottes realiter Anteil habe, infolge
welcher „mitgeteilte(n) Kraft vermuge der Wort seines Testaments
er mit seinem Leib und Blut im H. Abendmahl, dahin er uns
durch sein Wort gewiesen, wahrhaftig gegenwärtig sein kann und
ist, das sonst keinem Menschen muglich, dieweil kein Mensch
solchergestalt mit der göttlichen Natur voreiniget und in solche
göttliche allmächtige Majestät und Kraft durch und in der persönlichen Vereinigung beider Naturen in Christo eingesetzt wie Jesus,
der Sohn Marien, in dem die göttliche und menschliche Natur
miteinander persönlich voreiniget ..." (BSLK 1026,14–27)

Bevor auf die Art und Weise dieser persönlichen Vereinigung im
Zusammenhang der Lehre von der communicatio idiomatum näher einzugehen ist, sei zunächst angemerkt, daß die Konkordienformel die unio personalis zwischen Gott und Mensch in Jesus
Christus und damit auch das durch diese Vereinigung der
menschlichen Natur vermittelte göttliche Vermögen grundsätzlich
als mit der Menschwerdung gegeben ansieht, wenngleich die un-
eingeschränkte Wahrnehmung dieses Vermögens erst seit der
himmlischen Erhöhung des Herrn statthat, kraft welcher dieser
nicht nur „gen Himmel, sondern ... über alle Himmel gefahren"
(BSLK 1025,34–36) ist. Was das Problem des Gebrauchs der Majestätseigenschaften der menschlichen Natur Jesu Christi zu seinen
irdischen Lebzeiten, also im Stand der Erniedrigung, anbelangt, so
sind die Vorstellungen im einzelnen nicht völlig ausgeglichen
(vgl. Frank III, 202 ff., bes. 209 ff.)[153], worin sich verbleibende
Spannungen zwischen den Christologien von Brenz und Chem-

---

[153] Frank kann gleichwohl unter Berücksichtigung der literarischen Genese
der einschlägigen Aussagen in FC VIII nachweisen, „dass man allseitig
darüber einverstanden war, die reale Naturengemeinschaft vor Allem zu
basiren auf die mit der Menschwerdung gegebene Personeinheit, und
zwar dies in dem Masse, dass was immer durch den *status exaltationis*
in der Form und Weise dieser Naturengemeinschaft hinzugekommen
sein möge, nur der Vollzug dessen sei, was von Anfang an kraft der
Menschwerdung gesetzt war" (Frank III, 214 f.).

nitz sowie kommende Lehrstreitigkeiten, insonderheit die Auseinandersetzung zwischen den Tübinger und Gießener Lutheranern zu Anfang des 17. Jahrhunderts[154], andeuten. Ep VII,16 beschreibt den problematischen Sachverhalt wie folgt: Jesus Christus habe zwar über die göttlichen Majestätseigenschaften seit der persönlichen Vereinigung des Logos mit seiner Menschheit, wie sie mit der Inkarnation gegeben sei, grundsätzlich verfügt. Er habe sich aber ihrer im Stande seiner Erniedrigung „geäußert" (BSLK 807,36; vgl. BSLK 1025,29). Aus diesem Grunde sei auch mit einer wirklichen und fortschreitenden Entwicklung des Menschensohnes Jesus Christus „an Alter, Weisheit und Gnad bei Gott und den Menschen" (BSLK 807,37 f.) zu rechnen. Habe doch Christus seine göttliche Majestät nicht allzeit, sondern nur, wenn es ihm gefallen habe, erzeigt. Erst nach seiner Auferstehung habe er, wenn auch nicht seine menschliche Natur, so doch seine Knechtsgestalt abgelegt, um von seiner göttlichen Majestät uneingeschränkten und offenbaren Gebrauch zu machen, so daß er „jtzt nicht allein als Gott, sondern auch als Mensch alles weiß, alles vermag, allen Kreaturen gegenwärtig ist und alles, was im Himmel, auf Erden und unter der Erde ist, unter seinen Füßen und in seinen Händen hat" (BSLK 808,8–13).[155] Entsprechende Ausführungen finden sich

---

[154] Zum Streit zwischen den sogenannten Kryptikern und Kenotikern vgl. neben der erwähnten Studie von J. Baur (Auf dem Wege zur klassischen Tübinger Christologie) bes. Ritschl IV, 180 ff.

[155] Vgl. E. Schlink, Theologie der lutherischen Bekenntnisschriften, München ²1946, 260 ff., F. Loofs, Art. Kenosis, in: RE³ 10, 246–263, bes. 260 ff. sowie J. Baur, Lutherische Christologie, in: H.-Chr. Rublack (Hg.), Die lutherische Konfessionalisierung in Deutschland, Gütersloh 1992, 83–124, hier: 91. Der in FC VIII vorläufig erreichte binnenlutherische Konsens impliziert nach Baur „den endgültig werdenden kirchlichen Dissens mit den Reformierten, führt zur Absonderung der auf der Christologie des späten Melanchthon beharrenden, diese teilweise noch radikalisierenden Theologen, bringt aber auch den Widerspruch der von Heßhusen inaugurierten Helmstedter lutherischen Theologie hervor, die den christologischen Artikel der FC restriktiv interpretiert und dann im 17. Jahrhundert durch Calixt abstößt. Doch auch abgesehen vom Ausscheren der Helmstedter ist zu sagen, daß die FC das christologische Thema innerlutherisch doch nicht definitiv bestimmt hat. Die konkordistische Theologie selbst drängt – unter gleichzeitiger Auseinandersetzung mit dem jesuitischen und reformierten Widerspruch – über die FC hinaus zu einer konsequenten und eindeutigen Fassung der Christologie. Diese gewinnt, unter Abarbeitung am Medium der erneuerten Metaphysik, ihre endgültige Gestalt – freilich nicht als einheitliche. Der Ausgang des Tübinger-

in dem erstmals in TB begegnenden und intensive Bearbeitungs-
spuren aufweisenden Stück SD VIII,25–30 sowie SD VIII,64–66,
wobei auch hier zu fragen ist, ob die Unterscheidung zwischen
„Posseß" (BSLK 1025,24) und verhülltem (vgl. Ritschl IV, 186) bzw.
unterlassenem Gebrauch (vgl. bes. BSLK 1025,30–33; 1038,27–29;
ferner: 1046,1–3) der der Menschheit Jesu Christi mitgeteilten Majestätsattribute hinreicht, seine „Knechtsgestalt" (BSLK 1025,21) und
die Zeit seiner „Niedrigung" (BSLK 1038,28) unverkürzt wahrzunehmen.[156]

Angemerkt sei fernerhin, daß nach einer in SD VIII,85 zitierten,
aus MF übernommenen These Luthers (vgl. WA 54, 49,33 ff.) das
der menschlichen Natur kraft der unio personalis zukommende
Vermögen göttlicher Ewigkeitsmacht die Zeitlichkeit des Menschseins Jesu Christi und den bestimmten Zeitpunkt der Annahme
menschlicher Natur durch den göttlichen Logos nicht aufhebt:
„dann die Menschheit Christi ist", wie es heißt, „nicht von Ewigkeit gewest wie die Gottheit; sondern wie man zählet und schreibet ist Jesus, Mariae Sohn, dies Jahr 1543. Jahr alt" (BSLK 1045,30–
33). Das theologische Interesse, das Luther zu diesen und ähnlichen Aussagen veranlaßt hat, ist offenkundig der Wille, gnosti-
sche Spekulationen, welche Name und Geschichte Jesu Christi zu
hintergehen trachten, zu verhindern und die Aufmerksamkeit des
Glaubens ganz auf die konkrete Bestimmtheit des durch die
Menschwerdung eröffneten Geschehens auszurichten. Folgerichtig
muß er den Gedanken einer ewigen Präexistenz der Menschheit
Jesu Christi ablehnen (vgl. dazu auch SD XII,25.29). Indes hat ihn
dies nicht davon abgehalten, der Menschheit Jesu Christi eine
nicht nur retrospektiv wirkende Kraft, sondern durchaus ein re-
troaktives, Zeitschranken übergreifendes und darin nun doch
wieder ewiges Vermögen zuzudenken; das ist etwa und insbesondere dann der Fall, wenn er in der Geschichte des Volkes Israel nicht nur einen vom Jesusnamen abstrahierten asarkischen

---

Gießener Streites ab 1619 endet im Dissens." Zu den Motiven und Folgen
der christologischen Lehrbildung im Luthertum ferner W. Sparn, Art. Jesus Christus, V. Vom Tridentinum bis zur Aufklärung, in: TRE 17, 1–16,
hier: 4–7.

[156] Zur möglichen Unterscheidung der göttlichen Majestätsattribute, welche – sei es unmittelbar, sei es mittelbar – der menschlichen Natur Christi mitgeteilt worden sind, vgl. Frank III, 296 ff.

Logos am Werke sieht (eine Vorstellung, die ihm in ihrer Abstraktheit als theologischer Ungedanke gilt), sondern den Logos, der Jesus heißt, Jesus heißen wird und – auch das muß nun gesagt werden, gerade weil die Tatsächlichkeit der Selbstoffenbarung Gottes in der Einmaligkeit und Einzigkeit Jesu Christi theologisch nicht hintergangen werden darf – immer Jesus geheißen hat. Deshalb erkennt Luther, wo er im Alten Testament die Zusage des Evangeliums vernimmt, die Stimme Jesu Christi, und er hat dazu ein dogmatisches Recht, das höher ist als alle exegetische Vernunft. Die Frage aber, warum Wort und Wesen Jesu Christi vor seiner Erniedrigung, wie sie im Stall und in der Krippe anhebt und am Kreuz endet, nicht gehört und vernommen wurden, die Frage also, warum es soweit kommen mußte (cur Deus crucifixus?), läßt sich nach Luther und den Vätern der FC theologisch angemessen nur mit Hinweis auf die sündige Verkehrtheit des Menschen beantworten, deren faktische Allgemeinheit jede beschränkte Schuldzuweisung, die freilich im Luthertum selbst bedauerlicherweise nicht immer vermieden wurde, unmöglich macht, die sonach jeder einzelne als seine Sündenschuld zu erkennen und zu bekennen hat.

Einen *zweiten*, mit dem ersten aufs engste verbundenen Hauptgesichtspunkt der Christologie von FC VIII stellt die aus der vere et realiter zu denkenden Personeinheit göttlicher und menschlicher Natur gefolgerte „Lehr de communicatione idiomatum, das ist, von wahrhaftiger Gemeinschaft der Eigenschaften der Naturn" (BSLK 1027,4–6) dar (vgl. Frank III, 226 ff.). Dabei wird vorausgeschickt, daß die Idiomenkommunikation in der Vereinigung der Naturen in der Person Christi gründe und ohne solche persönliche Vereinigung nicht statthabe gemäß dem auf Chemnitz zurückgehenden Grundsatz: „propria non egrendia(n)tur sua subiecta" (BSLK 1027,8 f.; vgl. Frank III, 230 f.). Eine Transfusion von Wesenseigenschaften hat demnach nicht statt. Vielmehr ist es so, „daß ein jede Natur ihre wesentliche Eigenschaften behalte, und dieselbige nicht von der Natur abgesöndert in die ander Natur, wie Wasser aus einem Gefäß in das ander, ausgegossen werden ..." (BSLK 1027,10–14). Von einem unmittelbaren Eigenschaftenaustausch zwischen den Naturen kann daher nicht die Rede sein. Die communcatio idiomatum hängt vielmehr an dem mit Jesus Christus gegebenen singulären Datum, daß Gott und Mensch eine Person sind.

Des weiteren werden – in direktem Anschluß an die bereits erwähnten Bestimmungen von Chemnitz in SC – drei genera oder
modi communicationis idiomatum unterschieden (vgl. Frank III,
238 ff.; BSLK 1027, Anm. 5). Nach Maßgabe des ersten Genus (genus idiomaticum; vgl. Frank III, 244 ff.) hat zu gelten, daß „dasselbige, was gleich nur einer Natur Eigenschaft ist, nicht der Natur
allein, als abgesondert, sondern der ganzen Person, welche zugleich Gott und Mensch ist (sie werde genennet Gott oder
Mensch), zugeschrieben" (BSLK 1028,19–24) wird. Zwar heißt das
nicht, daß das der Person Zugeschriebene zugleich beider Naturen Eigenschaft sei; es muß deshalb ein Unterschied gemacht
werden, nach welcher Natur eine Eigenschaft der Person zugeschrieben wird. Indes darf der Satz, es werde der ganzen Person
zugeschrieben, was einer Natur eigen ist, nach FC VIII auch nicht
im Sinne der Zwinglischen „Alleosis" und nach Weise der sonstigen öffentlichen oder heimlichen „Sakramentierer" mißdeutet
werden, welche „wohl die ganze Person nennen, aber gleichwohl
nur bloß die eine Natur darunter verstehen und die ander Natur
gänzlich ausschließen, als hätte die bloße menschliche Natur für
uns gelitten" (BSLK 1029,5–9). Gegen solchen Mißverstand wird
ausführlich Martin Luther zitiert (vgl. SD VIII,39–45), der mit eindringlichen Worten klargestellt habe, daß namentlich die Rede
vom Leiden und Sterben Gottes (BSLK 1031,10 f.: „Gott gestorben,
Gottes Marter, Gottes Blut, Gottes Tode") trotz der „Leidensunfä-
higkeit" der göttlichen Natur an sich selbst keineswegs eine bloße
praedicatio verbalis sei; weil nämlich „Gottheit und Menschheit in
Christo eine Person ist, so gibt die Schrift umb solcher persönlicher Einigkeit willen auch der Gottheit alles, was der Menschheit
widerfähret, und wiederumb" (BSLK 1029,40–1030,4; vgl. BSLK
1028, App. zu Zeile 36 ff.).

Eine weitere Folge der unio hypostatica ist zweitens (genus apotelesmaticum; vgl. Frank III, 254 ff.), daß die Person Christi in ihrem Amt „nicht *in, mit, durch* oder nach einer Natur allein, sondern *in, nach, mit und durch* beide Naturen" (BSLK 1031,34–36)
handelt und wirkt. Entsprechend hatte die Konkordienformel, wie
erwähnt, bereits in ihrem III. Artikel festgelegt, „daß der ganzen
Person Christi ganzer Gehorsamb, welchen er für uns dem Vater
bis in den allerschmählichsten Tod des Kreuzes geleistet hat, uns
zur Gerechtigkeit zugerechnet werde. Dann die menschliche Natur allein, ohne die göttliche, dem ewigen allmächtigen Gott weder mit Gehorsam noch Leiden für aller Welt Sünde genugtuen,

die Gottheit aber allein, ohne die Menschheit, zwischen Gott und uns nicht mitteln mögen." (BSLK 934,1–11; vgl. ferner BSLK 1038,8 ff.)

Die Ausführungen zum dritten, für die konkordistische Christologie charakteristischen und zugleich umstrittensten[157] Genus der

---

[157] Nachdem das Bergische Buch unter den evangelischen Ständen und Theologen des Reiches zur Beurteilung verbreitet worden war (vgl. Heppe III, 215 ff.), wurde es u. a. in den sächsischen Landen (vgl. Heppe III, 218 ff.), in Kurbrandenburg (vgl. Heppe III, 242 ff.), Württemberg (vgl. Heppe III, 248 f.), in den Braunschweigischen Ländern sowie in den niedersächsischen Städten (vgl. Heppe III, 249 ff.), in Ansbach, Oldenburg, Mecklenburg und einem Teil der kleineren Territorien Ober- und Mitteldeutschlands (vgl. Heppe III, 253 ff.) im wesentlichen bestätigt, wohingegen eine Reihe anderer Reichsstände, unter denen sich anfangs auch die Kurpfalz befand (vgl. Heppe III, 262 ff.), die Konkordienformel nicht nur zurückwies, sondern zum Teil auf eine gegen diese gerichtete kirchliche Koalition hinwirkte (vgl. Heppe III, 288 ff.). Unbeschadet dieser gegensätzlichen Aufnahme, welche die FC fand, zeigt die Reaktion bei Befürwortern und Gegnern gleichermaßen, daß als das schwerwiegendste Sachproblem neben der Willensfrage die Abendmahlstheologie, näherhin die mit der Abendmahlslehre aufs engste verbundene Christologie empfunden wurde. Man studiere dazu beispielsweise die 1581 in Leipzig publizierten „Recitationes aliquot de consilio scripti libri Concordiae et modo agendi, qui in subscriptionibus servatus est", in denen Selnecker über die Unterzeichnungen der Konkordienformel in Kursachsen Mitteilungen macht (vgl. Heppe III, 221, Anm. 1), und vergleiche diese mit den Umständen und Gründen der Zurückweisung des Bergischen Buches in Hessen (vgl. Heppe III, 271 ff.). Obwohl die FC in Kursachsen eindeutig sanktioniert wurde, hatten Andreae und die ihm zugestellte Kommission „viel zu thun, um die Einwendungen zu widerlegen, welche gegen die Lehre von der realen communicatio idiomatum und gegen die Basirung des Abendmahlsdogmas auf die Ubiquitätslehre vorgebracht wurden. So wurde Andreä gefragt, ob denn die Allgegenwart von der Person Christi in concreto oder von der menschlichen Natur desselben in abstracto prädicirt werde, indem letzteres eine ungebührliche Ausdehnung der menschlichen Natur involviren müste. Andreä antwortete, die menschlichet Natur werde nicht außerhalb der Person des Logos, sondern nur in derselben betrachtet und die Allgegenwart verstehe man nicht von einer unendlichen Ausdehnung, sondern nur von der allmächtigen Regierung, wonach die Menschheit Christi überall wirklich präsent sein könne, wohin Christus seine Gegenwart ausdrücklich verheißen habe." (Heppe III, 225 f.) Anderwärts in Kursachsen kam es zu ähnlichen Disputen, wobei Andreae sich zum Teil zu recht gewagten Vergleichen hinreißen ließ, um den Unterschied zwischen lutherischer und calvinistischer Christologie zu verdeutlichen: So erklärte er auf die Frage, wie man denn die Lehre des Bergischen Buches von der communicatio idiomatum der Naturen Jesu

communicatio idiomatum (genus maiestaticum oder auchematicum; vgl. Frank III, 260 ff.) wird mit der Frage eingeleitet, „ob dann die Naturen in der persönlichen Vereinigung in Christo nichts anders oder nicht mehr denn nur allein ihre natürliche, wesentliche Eigenschaften haben" (BSLK 1032,3–6). Im Bezug auf die göttliche Natur in Christus, so wird gesagt, sei diese Frage zu bejahen, da die Gottheit aufgrund ihrer Vollkommenheit nach We-

Christi verstehen solle: „Die communicatio idiomatum sei nicht eine solche verbale communicatio, wie es der Calvinische, arglistige Teufelsglaube ausgebreitet habe, als sollte die Gottheit nicht anders in der Menschheit Christi sein und ihre Eigenschaften derselben nicht anders mitteilen, als wenn man Wein in ein Glas schenkt, oder als wenn der Fugger zu Augsburg bei einem armen Manne stehe und mit ihm schwätze, wo dann Jemand sagen könne: da stehen *zwei* reiche Männer beisammen; dieses sei dann wol im Allgemeinen ganz recht geredet, aber wenn man es beim Lichte betrachte, so bleibe der Eine ein armer Teufel und der reiche Mann sei allein Fugger. Die Calvinischen dächten allerdings von der Gottheit des Menschen Jesus, als wenn ein armer Bauer sich überreden laße, er sei Kurfürst zu Sachsen, und werde dann mit allen Titeln und Ehren des Kurfürsten begrüst, habe aber weder Land noch Leute." (Heppe III, 237. Zu ähnlichen Gleichnissen griff Andreae in der Willensfrage: „Der menschliche Wille erscheine in der Bekehrung als Subjekt derselben und es verhalte sich damit, wie wenn man einen Dieb hängen wollte und zur Richtstätte führte, der das Volk weit vor sich her zum Galgen laufen sähe und zu demselben spreche: Ei, lieben Leute, lauft doch nicht so sehr; wenn man mich hängen will, werde ich ja auch dabei sein müßen." [Heppe III, 238])

In solch äußerlicher Weise wollten nun freilich auch die meisten von den genannten Gegnern der Konkordienformel die unio personalis göttlicher und menschlicher Natur in Jesus Christus sowie die communicatio idiomatum nicht verstanden wissen. Ein Beispiel dafür geben trotz erfolgter Zurückweisung des Bergischen Buches in Hessen die dortigen Theologen, die nach dem Urteil von Chemnitz „mit den Verfaßern der Concordienformel im Dogma selbst überein(stimmen)" (Heppe III, 274) und nur im modus loquendi differieren. (Zu den in diesem Zusammenhang begegnenden Erläuterungen, die Chemnitz seiner eigenen Lehre von communicatio idiomatum und Ubiquität gab, vgl. Heppe III, 274 ff.) In der Tat darf man die christologischen Differenzen zwischen den Konkordisten und einigen ihrer Kritiker nicht überschätzen und zu Alternativen stilisieren. Lehrten doch auch die Konkordisten, daß die Ubiquität der Menschheit Christi weder als schrankenlose Ausdehnung, noch als lokale Inexistenz des Leibes Christi in den Dingen, noch als eine Eigenschaft der Menschheit Jesu Christi an sich selbst vorgestellt werden dürfe. Unterschiedlich wurde vielfach nur das Verhältnis der Menschheit Christi zur menschlichen Natur im allgemeinen beurteilt.

sen und Eigenschaften unveränderlich sei. Was hingegen die menschliche Natur in Christus betreffe, so habe sie dank ihrer persönlichen Vereinigung mit der göttlichen „neben und über ihre natürliche, wesentliche, bleibende Eigenschaften auch sonderliche, hohe, große, übernatürliche, unerforschliche, unaussprechliche, himmlische praerogativas und Vorzüg an Majestät, Herrligkeit, Kraft und Gewalt über alles, was genennet mag werden, nicht allein in dieser, sondern auch in der künftigen Welt empfangen ..." (BSLK 1033,1–9). Die göttliche Natur ist demzufolge nicht nur mit der Person des Gottmenschen, sondern auch mit seiner menschlichen Natur in Gemeinschaft getreten, so daß alle Hoheitseigenschaften der göttlichen Natur auch der menschlichen zu wirksamem Gebrauch zuteil geworden sind. Die unio personalis bringt also nicht nur eine Ausstattung der menschlichen Natur des Gottmenschen mit außerordentlichen „finitae qualitates" mit sich, wie sie etwa die Heiligen auszeichnen (vgl. SD VIII,52), sondern läßt den Menschen Jesus an den Wesenseigenschaft der Gottheit Gottes selbst partizipieren. Daß sich solche Partizipation bzw. Mitteilung realiter und nicht bloß „per phrasin aut modum loquendi" (BSLK 1034,38 f.) vollziehe, daran läßt nach Auffassung der Vertreter der Konkordienformel das Zeugnis der Schrift ebensowenig Zweifel aufkommen (vgl. SD VIII,55 f.) wie die Lehrtradition der Alten Kirche.

Gleichwohl gelte es, Fehldeutungen des genus maiestaticum der communicatio idiomatum abzuwehren: Abzuwehren ist zum einen jeder Versuch einer confusio (Vermischung), exaequatio (Vergleichung) oder abolitio (Abtilgung) der Naturen in Christus (vgl. SD VIII,61 f.). Ebenso müsse die Vorstellung ferngehalten werden, die Mitteilung der Hoheitseigenschaften der göttlichen Natur an die menschliche sei geschehen „durch eine wesentliche oder natürliche Ausgießung der Eigenschaften der göttlichen Natur in die menschliche, also daß Christus Menschheit sollche für sich selbst, und von dem göttlichen Wesen abgesondert hätte, oder als hätte dadurch die menschliche Natur in Christo ihre natürliche, wesentliche Eigenschaften gar abgeleget und wäre numehr entweder in die Gottheit vorwandelt oder derselben mit solchen mitgeteilten Eigenschaften in und für sich derselben gleich worden, oder daß numehr beider Naturen einerlei oder ja gleiche natürliche, wesentliche Eigenschaften und Wirkungen sein sollten" (BSLK 1036,37–1037,7). Zwar sei die beschriebene communicatio keine bloß verbale, sondern eine reale; das bedeute aber

keine Vermengung des Wesens bzw. der wesentlichen Eigenschaften der Naturen und mithin keine „physica communicatio vel
essentialis transfusio" (vgl. SD VIII,63). Die Vorstellung einer
Wechselwirkung zwischen den beiden Naturen wurde bereits
durch den Hinweis abgewiesen, daß die menschliche Natur wohl
der idiomata der göttlichen teilhaftig werden kann, nicht aber
umgekehrt, da der göttlichen Natur Christi wegen der Vollkommenheit ihres Wesens und ihrer Eigenschaften durch die Menschwerdung „nichts ab- oder zugangen ... in oder für sich dardurch
weder gemindert noch gemehret" (BSLK 1032,13–15) worden ist.
Dies wird an späterer Stelle (vgl. SD VIII,71) durch den Hinweis
ergänzt, daß die menschliche Natur Christi ihrerseits die Majestätseigenschaften nicht dergestalt empfangen habe, „daß sie für
sich selbst ein allmächtig Wesen würde oder allmächtige Eigenschaften an und für sich selbst hätte" (BSLK 1041,14–17). Denn dadurch würde die menschliche Natur in Christus geleugnet und in
schriftwidriger Weise ganz und gar in die Gottheit verwandelt.

Ist durch solche und ähnliche Abgrenzungen (vgl. auch Frank III,
bes. 296 ff.) der Beweis der Übereinstimmung mit der in der
Hl. Schrift gegründeten Kirche erbracht, so kann der wesentliche
Ertrag des genus maiestaticum als gesichert gelten: er besteht im
Zeugnis leibhaftiger Einwohnung Gottes im Menschen Jesus. In,
mit und durch die angenommene menschliche Natur erweist sich
in Jesus Christus die Allmacht, Kraft, Majestät und Herrlichkeit
wirksam, wie sie Gott selbst eignet. Die Tatsache, daß solche
Wirksamkeit sich freiwillig (vgl. SD VIII,64 f.; ferner 74) und nicht
gezwungenermaßen vollzieht, liegt im Wesen göttlicher Natur begründet, stellt indes keineswegs deren innige Einheit mit dem
Menschsein Jesu Christi in Frage. Vielmehr ist dezidiert von einem
leibhaften und realen Insein der Gottheit Gottes im Menschen Jesus Christus zu sprechen. Solches Insein Gottes in Jesus Christus
ist von der universalen Weltpräsenz Gottes zwar nicht zu trennen,
wohl aber zu unterscheiden (vgl. SD VIII,68). Zwar wohnt Gott in
der Vollmacht seines geistlich unzertrennten Wesens, welches ihn
allenthalben sein läßt, allen Kreaturen inne, wobei er seine göttliche Majestät stets mit und bei sich hat (in besonderer Weise gilt
dies für die Gläubigen und Heiligen, wie denn schon SD VIII,34
von einer Teilhabe der Gläubigen am göttlichen Wesen die Rede
war); aber die Präsenz Gottes in Jesus Christus unterscheidet sich
doch darin grundlegend von seiner allgemeinen Weltgegenwart
und seiner spirituellen Anwesenheit in den Gläubigen, daß sie

den Charakter persönlicher, leibhafter Vereinigung hat. Der Unterschied zwischen der Realpräsenz Gottes im Menschsein Christi und seiner Gegenwart im Glauben zeigt sich u. a. auch daran, daß letztere durch erstere vermittelt und gnadenhaft begründet ist (vgl. SD VIII,34).

Inwiefern eine solche christologische Vermittlung auch in bezug auf die allgemeine Weltpräsenz Gottes auszusagen ist, läßt sich auf der gegebenen Textbasis schwer entscheiden. Auch zeigen sich in diesem Zusammenhang unterschiedliche Gewichtungen der einzelnen FC-Autoren. Es muß deshalb im gegebenen Zusammenhang die Feststellung genügen, daß Jesus Christus zwar einerseits durch seine menschliche Natur, deren unmittelbare Vergottung ausdrücklich abgelehnt wird, in einem Gemeinschaftszusammenhang zu Menschheit und Welt steht, daß aber andererseits eben jene menschliche Natur Jesu Christi vermöge der persönlichen Vereinigung mit der göttlichen in Allgemeinheitsbezügen nicht aufgeht, sondern ein singulare tantum darstellt, insofern dem Menschsein Jesu Christi Gottes Gottheit selbst leibhaftig innewohnt. Christus ist sonach als Mensch kein zum Superlativ gesteigerter Heiliger, sondern von allen Erscheinungsweisen menschlicher Heiligkeit kategorial unterschieden, „darumb er dann auch Messias, das ist, der Gesalbte, genennet wird" (BSLK 1041,26 f.). Auch ist Jesus Christus gemäß seinem Menschsein nicht lediglich ein Charismatiker, sondern der – denselben leibhaft erschließende – Inbegriff des Heiligen Geistes als der dritten Person der Trinität, welche Vater und Sohn wesensgleich ist und – wie es im Sinne der westlichen Tradition heißt (filioque) – von dem Vater und dem Sohne ausgeht (vgl. SD VIII,73; BSLK 1041,42–46: „und von ihme wie auch vom Vater der Heilige Geist ausgehet und also sein und des Vaters eigner Geist ist und bleibet in alle Ewigkeit, von dem Sohne Gottes nicht abgesondert"). Solch leibhafte Wirkpräsenz des Geistes in dem – mit dem Sohne Gottes persönlich vereinten – Menschen Jesus Christus hat zusammen mit der Allmacht auch dessen Allwissenheit zur Folge, woran die Konkordienformel gegen die arianische Sekte der Agnoeten (vgl. BSLK 1042, Anm. 3 und 4) ausdrücklich festhält.

In der Konsequenz ihrer Lehre von der realen Teilhabe der menschlichen Natur Jesu Christi an den Hoheitseigenschaften der göttlichen fällt es der Christologie der Konkordienformel *zuletzt* nicht schwer, ihre Ergebnisse mit den Resultaten des Abendmahlsartikels zu verbinden (vgl. Frank III, 299 ff.; bes. 307 ff.): Aus der persönlichen Vereinigung und der daraus folgenden Gemeinschaft, welche die göttliche und menschliche Natur in der Person Christi realiter miteinander haben, ergibt sich nämlich folgerichtig, daß Christus „auch nach und mit derselbigen seiner angenommenen menschlichen Natur gegenwärtig sein könne und auch sei, wo er will" (BLSK 1043,29–32).[158] Namentlich sein Hl. Abendmahl sei dazu eingesetzt, zu versichern und gewiß zu machen, „daß er auch nach der Natur, nach welcher er Fleisch und Blut hat, bei uns sei, in uns wohnen, wirken und kräftig sein will" (BSLK 1043,45–1044,3). Unterstrichen wird dies mit ausführlichen, aus MF übernommenen Lutherzitaten (vgl. SD VIII,81 ff.). Auch Ep beruft sich auf die Autorität Luthers (Ep VIII,17; vgl. BSLK 808, Anm. 4), wenn betont wird, daß die leibhafte Gegenwart Christi im Abendmahl sich „*nicht nach Art oder Eigenschaft der menschlichen Natur*, sondern *nach Art* und Eigenschaft *göttlicher Rechte*" (BSLK 808,25–28) präsentiere.

Die soteriologische Gesamtausrichtung der Argumentation wird schließlich von SD noch einmal mit eindringlichen Worten in Erinnerung gerufen. Demnach ist es ein heilloser und schädlicher Irrtum, Christus nach seiner Menschheit das Majestätsvermögen der Ubiquität zu bestreiten, weil „dadurch den Christen ihr höchster Trost genommen, den sie in vorangezeigter Vorheißung von der Gegenwärtigkeit und Beiwohnung ihres Haupts, Königs und Hohenpriesters haben, der ihnen versprochen hat, daß nicht alleine seine bloße Gottheit bei ihnen sein werde, welche gegen uns arme Sünder wie ein vorzehrendes Feuer gegen dürre Stuppel ist, sonder er, er, der Mensch, der mit ihnen geret hat, der alle Trübsal in seiner angenommenen menschlichen Natur versuchet hat, der auch dahero mit uns als mit Menschen und seinen Brüdern ein Mitleiden haben kann, der wölle bei uns sein in allen unsern Nöten, auch nach der Natur, nach welcher er unser Bruder ist und wir Fleisch von seinem Fleisch sind." (BSLK 1046,27–

---

[158] Daß die BSLK 1009, Anm. 5 (vgl. BSLK 1043, Anm. 5) „suggerierte Entgegensetzung von binnenchristologischer und voluntativer Begründung der Realpräsenz ... sehr viel differenzierter gefaßt werden (muß)", hat Baur, 218, Anm. 41 zurecht betont. Wichtig ist vor allem sein Hinweis, daß der voluntative Aspekt nicht im Sinne eines beliebigen Wollens gedeutet werden darf, da er die unio personalis Jesu Christi und die daraus folgende Naturengemeinschaft „konkretisiert" (Baur, 214).

1047,2) Die Verwerfungen, von denen die SD sieben (vgl. BSLK 1047,4 ff.; vgl. BSLK 1047, Anm. 2), die Ep zwanzig (vgl. BSLK 809,15 ff.) zählt, dienen der Wahrung dieser soteriologischen Einsicht. Dabei wird der bisherige Ertrag gegen häretische Bestreitung gesichert, ohne daß wesentlich neue Aspekte zutage treten. Ein ergänzender Gesichtspunkt wird lediglich durch die Abwehr des Satzes geltend gemacht, „daß die Menschheit Christi in alle Ort des Himmels und der Erden raumlich ausgespannet sei, welches auch der Gottheit nicht soll zugemessen werden" (BSLK 1048,6 – 9). Wichtig ist in diesem Zusammenhang ferner die „besondere Antithese" (Frank III, 287; auch 291) der Epitome, „(d)aß der Sohn Gottes, so die menschlich Natur angenummen, nachdem er Knechtsgestalt abgelegt, nicht alle Werk seiner Allmächtigkeit in, durch und mit seiner menschlichen Natur verrichte, sondern nur etzliche und allein an dem Ort, da die menschliche Natur raumblich sei" (BSLK 811,9 – 15). Die übrigen Verwerfungen bestätigen bereits Gesagtes.

Auf die Frage, ob in Anbetracht von FC VIII von einem neuen Dogma der lutherischen Christologie zu reden ist, läßt sich keine eindeutige Antwort geben. Auf der einen Seite bleibt der traditionelle chalcedonische Rahmen durchaus erhalten und die christologische Gedankenführung orientiert an den Allgemeinbegriffen göttlicher und menschlicher Natur. Auf der anderen Seite bewirkt die entschiedene Absicht, nicht nur die gesamte Christologie, sondern die differenzierte Zuordnung von Theologie und Anthropologie überhaupt konsequent von der vollzogenen Einigkeit Gottes und des Menschen in der Gestalt Jesu Christi her zu entwickeln, eine Tendenz, die Allgemeinheit der Naturen gewissermaßen zu „denaturalisieren" und das Wesen Gottes und des Menschen allein an der einzigartigen Erscheinung dessen abzulesen, welchen die biblische Geschichte als Heiland bezeugt. Die diesbezüglich in FC VIII verbleibende Spannung sollte sich als ein wesentliches Motiv der weiteren christologischen Theorieentwicklung im Luthertum erweisen.

5. Höllenfahrt Christi und Heilsprädestination

Wie der Christologieartikel der Konkordienformel (vgl. Tschak-
kert, 553 ff.) in enger Verbindung steht mit dem Artikel vom
Abendmahl (vgl. Tschackert, 549), so sind ihm seinerseits zwei
weitere sachlich aufs engste verbunden, nämlich derjenige „Von
der Hellfahrt Christi" (BSLK 1049 ff.)[159] und derjenige „Von der
ewigen Vorsehung und Wahl Gottes" (BSLK 1063 ff.). Der Artikel
„De descensu Christi ad inferos" (vgl. Tschackert, 557 ff.) findet
sich erstmals in TB, während ihn die Vorentwürfe zur FC von Andreaes sechs Predigten von 1573 bis zur MF nicht enthalten. Allerdings bietet TB keine eigene Lehrentscheidung, sondern warnt
lediglich vor unnötigen Fragen und ärgerlichem Gezänk, um des
weiteren sehr ausführlich Luthers (melanchthonisch redigierte)
„Torgauer Predigt" von 1532[160] zu zitieren, die für sachlich normativ erachtet wird (vgl. BSLK 1049–1052, App.). Die Epitome streicht
das ausführliche Zitat und beläßt es bei dem Hinweis, daß Luther
in seiner erwähnten Predigt „solchen Artikel ganz christlich erkläret, alle unnützliche, unnotwendige Fragen abgeschnitten und zu
christlicher Einfalt des Glaubens alle frommen Christen vormah-
net" (BSLK 813,17–21) habe. Die Streitfragen, die in den Auseinandersetzungen namentlich um Johannes Aepinus[161] in den Jahren
1548 bis 1551 eine zentrale Rolle spielten, werden lediglich benannt.
So sei gefragt worden, „wann und auf was Weise der Herr Christus ... gen Helle gefahren, ob es geschehen sei vor oder nach
seinem Tode. Item, ob er nach der Seel allein, oder nach der

---

[159]   Der Artikel war „vielleicht nach dem Befund in Hs. A (s. Apparat) als
        Anhang zu Art. VIII geplant" (BSLK 1049, Anm. 1 unter Verweis u. a. auf
        Frank III, 397 ff.). Zur Textgenese vgl. im einzelnen die Angaben in BSLK
        1049, Anm. 2, zum sachlichen Gehalt vgl. u. a. C. G. Fry, Article IX.
        Christ's Descent into Hell, in: R. D. Preus/W. Rosin (Hg.), a. a. O., 253–
        259.

[160]   WA 37, 62 ff.; zur textkritischen und theologischen Analyse vgl. E. Vogel-
        sang, Luthers Torgauer Predigt von Jesu Christo vom Jahre 1532, in: LuJ 13
        (1931), 114–130, bes. 118 ff. Zur Datierungsproblematik vgl. a. a. O., 115 ff.

[161]   Vgl. H. Düfel, Art. Äpinus, Johannes (1499–1553), in: TRE 1, 535–544. Fer-
        ner: M. Herzog, „Descensus ad inferos." Eine religionsphilosophische
        Untersuchung der Motive und Interpretationen mit besonderer Berück-
        sichtigung der monographischen Literatur seit dem 16. Jahrhundert,
        Frankfurt a. M. 1997, bes. 176 ff. sowie 205.

Gottheit allein, oder mit Leib und Seel, geistlich oder leiblich zugangen? Item, ob dieser Artikel gehöre zum Leiden oder herrlichen Sieg und Triumph Christi?" (BSLK 812,40 – 813,5) Eine Antwort auf diese Fragen gibt Ep nicht; es sei genug zu wissen, „daß Christus in die Helle gefahren, die Helle allen Gläubigen zerstöret und sie aus dem Gewalt des Todes, Teufels, ewiger Verdammnus des hellischen Rachens erlöset habe. Wie aber solches zugangen, sollen wir sparen bis in die andere Welt, da uns nicht allein dies Stück, sondern auch noch anders mehr geoffenbaret, das wir hie einfältig geglaubet und mit unser blinden Vernunft nicht begreifen können." (BSLK 813,23–33)

Anders stellt sich die Sache – trotz erneuter Mahnung vor „spitzigen Gedanken" (BSLK 1053,5) – in SD dar, wo die von Ep offengelassenen Fragen „teilweise eindeutig entschieden"[162] sind. Im Zusammenhang erneuter Berufung auf Luthers Torgauer Predigt wird das dort (vgl. BSLK 1051 bzw. WA 37, 65, 3 ff.) empfohlene Bekenntnis des apostolischen Glaubens „an den Herrn Christum, Gottes Sohn, gestorben, begraben und zur Helle gefahren" (BSLK 1052,9–12; in BSLK gesperrt) erwähnt, in welchem nicht nur (1.) Begräbnis und Höllenfahrt Christi unterschieden, sondern auch (2.) geglaubt werde, daß die ganze Person, Gott und Mensch, zur Hölle gefahren sei und zwar (3.) nach dem Begräbnis, wodurch (4.) er „den Teufel überwunden, der Hellen Gewalt zerstöret und dem Teufel all sein Macht genummen habe" (BSLK 1053,1–3). Folgt man der Interpretation von E. Vogelsang, dann ist damit zum einen die Gleichsetzung von Grab und Hölle, wie sie sich bei Zwingli und Bucer findet, abgewiesen (1;3), zum andern die Höllenfahrtsfrage mit der Ubiquitätslehre verbunden (2) und zum dritten die namentlich bei Calvin – allerdings auch bei Luther und Brenz – begegnende Vorstellung eines descensus ad inferos zu irdischen Lebzeiten Christi abgewiesen (4). SD IX wäre sonach dezidiert antireformiert geprägt.

Mag man diese Interpretation auch für zu subtil erachten und insgesamt dem Rat Franks zuneigen, auf die angegebene Zeitbestimmung sei kein „sonderliches Gewicht" (Frank III, 428) zu legen, so bleibt als entscheidende, durch den letztgenannten Aspekt angezeigte Frage, ob das Bergische Buch gegen Aepinus, der im

---

[162] E. Vogelsang, Weltbild und Kreuzestheologie in den Höllenfahrtsstreitigkeiten der Reformationszeit, in: ARG 38 (1941), 90–132, hier: 124.

Zusammenhang der Descensus-Thematik vor allem den Straflei-
densgedanken betonte, die Höllenfahrt Christi – wie später dann
in der Regel die altlutherische Orthodoxie – dem Stand seiner Erhöhung zurechnete.[163] Daß sich dem Wortlaut des Textes eine explizite Antwort auf diese Frage nicht entnehmen läßt, hat Frank
(vgl. III, 429) mit Recht betont. „Trotzdem ist", wie Vogelsang mit
nicht geringerem Recht hervorhebt, „die solida declaratio alles
andere als eine überparteiliche, neutrale Formel."[164] Insbesondere
das völlige Verschweigen des Leidensgedankens läßt sich als ein
Indiz für die Favorisierung jener – namentlich von Melanchthon
repräsentierten – Richtung interpretieren, welche die Niederfahrt
als Beginn des offenen Triumphes Christi über den Teufel deutete. Daß solche ausschließliche Betonung des Siegesgedankens eine Einseitigkeit darstellt, ist in Anbetracht vielfältiger Äußerungen
Luthers und anderer Anhänger der Wittenberger Reformation, in
denen der descensus Christi als tiefste, bis zur resignatio ad infernum reichende Erniedrigung und als das Äußerste gehorsamen
Erleidens des Sündenfluchs gedeutet wurde[165], schwerlich zu
leugnen. Abgesehen davon wird man SD IX zugute halten müssen, daß der Artikel den soteriologischen Charakter der Höllenfahrt unterstreicht und alle mythologischen Vorstellungen fernhält:
Himmel und Hölle sind keine räumlich umschriebenen Orte,
Himmel- und Höllenfahrt mithin keine räumlichen Bewegungs-
vorgänge, sondern Ereignisse eschatologischer Gottesbeziehung.

Stellt der Artikel von der Höllenfahrt Christi in Form und Inhalt
einen Anhang zu FC VIII dar, so ist des weiteren der Zusammenhang des Christologieartikels mit FC XI ein sachlich sehr enger
(vgl. Tschackert, 559 ff.). Formal läßt sich das schon daran erkennen, daß der Artikel „Von der ewigen vorsehung und wall Gottes"
(Hachfeld, 288) in SC, wo er das erste Mal begegnet, unmittelbar

---

[163]   So H. Düfel, a. a. O., 540.

[164]   E. Vogelsang, a. a. O., 126.

[165]   Vgl. u. a. ders., Der angefochtene Christus bei Luther, Berlin/Leipzig 1932.
        Ferner: P. Althaus, „Niedergefahren zur Hölle", in: ZSTh 19 (1942), 365–
        384, hier: 383: „Im *Luthertum* fiel die Entscheidung im ganzen gegen Lu-
        ther, für Melanchthon. Die *Konkordienformel* schweigt trotz Jakob An-
        dreä davon, daß Christus die Hölle erlitten und dadurch überwunden
        habe. Sie lehrt, jedenfalls bewußt auch gegen Calvin, daß die Höllenfahrt
        nach Christi Begräbnis geschehen sei, und betont nur den Sieg Christi."

auf den Artikel „Von der person Christi" (vgl. Hachfeld, 278 ff.) folgt. Von inhaltlicher Bedeutung ist das insofern, als durch die Stellung des Artikels im Rahmen des Gesamtbekenntnisses signalisiert wird, „daß die Prädestinationsfrage nicht an den Anfang als erstes Wort theologischer Reflexion, sondern in den Zusammenhang der soteriologischen Aussagen gehört. Daß diese Plazierung nach der Christologie nicht zufällig geschehen ist, wird von der inhaltlichen Seite her noch deutlicher werden, weil die Erwählung im Horizont von Christologie und Predigt des Evangeliums thematisiert wird." (Adam, 222)[166] Deutlicher wird ferner werden, daß das in FC XI entwickelte Prädestinationsverständnis im gegebenen Kontext in klarer Frontstellung gegen die Annahme steht, derzufolge „(n)icht die Gnadenmittel ... die Gültigkeit der Wirksamkeit der Erwählung (bedingen), sondern die Erwählung ... die Gültigkeit und Wirksamkeit der Gnadenmittel (bedingt)"[167].

Die dezidiert soteriologische Ausrichtung von FC XI wird durch die Tatsache bestätigt, daß der thematische Zentralbegriff der ewigen Wahl Gottes sogleich als „Gottes Verordnung zur Selig-

---

[166] Zum Ort des Artikels vgl. Frank IV, 137 ff. sowie C. Stange, Die Bedeutung der lutherischen Lehre von der Prädestination, in: ders., Studien zur Theologie Luthers. Bd. I, Gütersloh 1928, 75–89, hier: 79: „Es ist ... von fundamentaler Bedeutung für das Verständnis der lutherischen Prädestinationslehre, daß sich dieselbe nicht als ein Anhang oder als eine Folgerung aus der Gotteslehre darstellt. Die Prädestinationslehre bildet statt dessen in der lutherischen Dogmatik einen Abschnitt in der Soteriologie, d. h. in der Lehre von der Zueignung des Heils."

[167] W. Lohff, Konsensus und Konflikt. Zur Methode der Lehrentscheidung in der Konkordienformel, in: ders./L. W. Spitz (Hg.), a. a. O., 65–86, hier: 83. Vgl. ferner: R. Preus, Article XI. Predestination and Election, in: R. D. Preus/W. Rosin (Hg.), a. a. O., 271–277 sowie Weber I/1, 151: „Der reformatorische Glaube trägt das Bewußtsein der Erwählung in sich, indem er im Wort der Gnade den ewigen Gotteswillen ergreift. So ist die Bezeichnung der Gläubigen als der ‚Erwählten', der ‚electi' der ersten Generation vertraut." Zur weiteren Entwicklung und zur Bedeutung der Prädestinationslehre Calvins vgl. bes. Weber I/1, 157 ff. sowie 253 ff. In dem von Calvin repräsentierten Lehrtypus, der mannigfache Berührungen sowohl zum flacianischen als auch zum philippistischen aufweist, wird nach Weber der durch die Durchbildung einer rein forensischen Rechtfertigung und der einseitigen Herauslösung des imputativen Aspekts charakterisierte Übergang von der ursprünglichen Reformation zur Orthodoxie und ihrem rationalisierenden System (vgl. Weber I/2, 290 ff.) besonders offenkundig (vgl. ferner Weber I/2, 80 ff.).

keit" (BSLK 1065,24 f.) bestimmt wird. Ewige Wahl Gottes bedeutet
mithin stets jene Erwählung, welche „nicht zumal über die Frommen und Bösen, sondern allein über die Kinder Gottes (gehet),
die zum ewigen Leben erwählet und verordnet sind" (BSLK
1065,25−28 mit Verweis auf Eph 1,4 f.). Eine theologische Parallelisierung von Erwählung und Verwerfung bzw. deren Subsumption
unter einen gemeinsamen Oberbegriff im Sinne einer praedestinatio gemina ist damit klar abgewiesen (vgl. Frank IV, 160 ff.).
Dem widerspricht auch nicht die Tatsache, daß der Prädestinati-
onsbegriff in FC XI sowohl mit dem Begriff der ewigen Wahl als
auch, wie bereits die lateinische Version der Artikel-Überschrift
belegt, mit dem der ewigen Vorsehung Gottes verbunden werden
kann (vgl. BSLK 1064, Anm. 3). Denn dieser terminologische Befund zeigt lediglich an, „daß die Begrifflichkeit offenbar noch fließend ist" (Adam, 223). Er hebt aber weder die Asymmetrie zwischen Erwählung und Verwerfung auf noch die Unterscheidung
zwischen Vorsehung und ewiger Wahl Gottes, an der von Anbeginn entschieden festgehalten wird, weil sie die sachliche Pointe
der gesamten Argumentation markiert (vgl. BSLK 1064,35 ff.). Während die ewige Vorsehung (praescientia vel praevisio, vgl. SD
XI,4), derzufolge „Gott alles vorher siehet und weiß, eh es geschicht" (BSLK 1065,3 f.), alle Kreatur, gute sowohl als auch böse,
umfaßt, ergeht die in der Regel Prädestination genannte ewige
Wahl Gottes allein über die Kinder Gottes als Wirkursache und
Verordnung ihrer Seligkeit. Solche Prädestination als Grund einer
Seligkeit, die auch durch die Pforten der Hölle nicht überwältigt
werden kann (Mt 16,18; Joh 10,28; vgl. BSLK 817,29 ff.), „ist nicht in
dem heimlichen Rat Gottes zu erforschen, sondern in dem Wort
zu suchen, da sie auch geoffenbaret worden ist" (BSLK 817,37−
40). „Das Wort Gottes aber führet uns zu Christo, der das ‚Buch
des Lebens' ist, in welchem alle die geschrieben und erwählet
seind, welche da ewig selig werden sollen" (BSLK 817,41 − 818,2
mit Verweis auf Eph 1,4).

Christus ist demnach Inbegriff göttlicher Prädestination zum Heil
und Gottes Gnadenwahl in Person. Von seiner Erscheinungsgestalt, wie sie das Wort in der Kraft des göttlichen Geistes erschließt, darf daher der Gedanke ewiger göttlicher Wahl sich
niemals lösen, soll er zum Heil gereichen und beständig heilsam
sein. Dabei hat zu gelten, daß Jesus Christus die göttliche Prädestination zum Heil nicht nur zeichenhaft darstellt, sondern als Sakrament des ewigen Willens Gottes auch bewirkt. Während die

trinitätstheologischen Implikationen dieser Annahme lediglich angedeutet werden (vgl. BSLK 1082,9 ff.), treten ihre soteriologischen Konsequenzen klar zutage, etwa in der Warnung, den in Jesus Christus aus göttlicher Gnade manifesten Heilswillen Gottes nur ja nicht hintergehen zu wollen, weil sich sonst Ursache und beständiger Grund unserer Seligkeit im Unbestimmten verflüchtigen und die Gewißheit des Glaubens dahinschwindet. Wo nämlich prädestinationstheologische Fragen für sich genommen und unter Absehung von Jesus Christus erörtert werden, kommt man nicht nur auf seltsame, sondern auch auf höchst gefährliche und schädliche Gedanken, die „entweder Sicherheit und Unbußfertigkeit oder Kleinmütigkeit und Verzweiflung" erzeugen (BSLK 1066,47 f.). Um nicht zwischen Sicherheit und Verzweiflung hin- und hergerissen zu werden, ist deshalb jegliche Spekulation über einen verborgenen Ratschluß Gottes konsequent zu vermeiden und alles Vertrauen ausschließlich auf Jesus Christus als die offenbare Gestalt des Willens Gottes zu richten, wie das Wort der Schrift dies bezeugt (vgl. BSLK 1067,39 ff.).

Hält man sich an diese Weisung dann läßt sich „die ganze Lehre von dem Fürsatz, Rat, Willen und Verordnung Gottes, belangend unser Erlösung, Beruf, Gerecht- und Seligmachung" (BSLK 1068,28–31) nach FC XI im Anschluß an die Parabelrede Christi Mt 22,2–14 und die Erklärungen des Apostels Paulus in Röm 8,28 f. und Eph 1,4 ff. in folgenden Grundsätzen zusammenfassen, „nämblich daß Gott in seinem Fürsatz und Rat verordnet habe: 1. Daß wahrhaftig das menschliche Geschlecht erlöset und mit Gott versöhnet sei durch Christum, der uns mit seinem unschuldigen Gehorsam, Leiden und Sterben ‚Gerechtigkeit, die vor Gott gilt‘, und das ewige Leben verdienet habe. 2. Daß solche Verdienst und Wohltaten Christi durch sein Wort und Sakrament uns sollen fürgetragen, dargereicht und ausgeteilet werden. 3. Daß er mit seinem H. Geiste durch das Wort, wann es geprediget, gehöret und betrachtet wird, in uns wölle kräftig und tätig sein, die Herzen zu wahrer Buß bekehren und im rechten Glauben erleuchten. 4. Daß er alle die, so in wahrer Buß durch rechten Glauben Christum annehmen, gerechtmachen, sie zu Gnade, zur Kindschaft und Erbschaft des ewigen Lebens annehmen wölle. 5. Daß er auch die also gerechtfertiget heiligen wölle in der Liebe, wie S. Paulus Eph 1. sagt. 6. Daß er sie auch in ihrer großen Schwachheit wider Teufel, Welt und Fleisch schützen und auf seinen Wegen regieren und führen, da sie strauchlen, wieder auf

richten, in Kreuz und Anfechtung trösten und erhalten wölle.
7. Daß er auch in ihnen das gute Werk, so er angefangen hat,
stärken, mehren und sie bis ans Ende erhalten wölle, wo sie an
Gottes Wort sich halten, fleißig beten, an Gottes Güte bleiben und
die empfangene Gaben treulich brauchen. 8. Daß er endlich dieselbigen, so er erwählet, berufen und gerecht gemacht hat, auch
im ewigen Leben ewig selig und herrlich machen wölle." (BSLK
1069,1–37)

Damit ist die Quintessenz der Prädestinationslehre von FC XI umschrieben, wie sie der Sache nach bereits in SC gegeben ist.[168]
Während sich seine Unionsartikel und die Predigtreihe von 1573
zum Thema noch ausschweigen, nahm Andreae mit Artikel X der
SC von der ewigen Vorsehung und Wahl Gottes „eine Anregung
auf, die möglicherweise aus Chemnitz' Stellungnahme zu seinen
Unionsartikeln von 1570 stammt" (Mager, 234). Zwar sei, wie es
eingangs heißt (vgl. Hachfeld, 288), unter den Theologen Augsburger Konfession in der gegebenen Problematik kein eigentlicher Zwiespalt aufgetreten (vgl. Frank IV, 121 ff.; Ritschl IV, 118 ff.),
doch empfehle es sich, wegen gegebener biblischer und pastora-
ler Wichtigkeit und aus Gründen der Abgrenzung gegen den Calvinismus „die einfältige Summ und Inhalt der Lehre von diesem
Artikel", wie es dann in FC XI (BSLK 1064,29 f.) heißen wird, dar-

---

[168] Vgl. Frank IV, 133 f.: „Während der Artikel *de libero arbitrio* den ver-
schiedensten Angriffen ausgesetzt war und nur nach öfterer Umarbeitung, unter vielfachen Abänderungen und Zusätzen, seine gegenwärtige
Gestalt erhielt, kommen dagegen die Widersprüche, welche gegen die
einzelnen desfallsige Confessionsentwürfe erhoben wurden, kaum in
Betracht, und die allerdings vorhandenen Modificationen und Erweite-
rungen des Artikels von einem Entwurf zum andern zeigen in der Sache
selbst keine wesentliche Schwankung." Frank fährt fort: „Man hat neuerdings nicht selten die Lehre der Concordienformel von der Prädestination
als die gebrechlichste Seite des Bekenntnisses überhaupt bezeichnet, wo
eine Verwirrung herrsche, deren die Formel sich sonst nicht schuldig
mache. Aber die historische Entstehung und Fixirung des Artikels lässt
die Unsicherheit, deren man die Verfasser beschuldigt, nicht erkennen,
und die Anklage hätte sich auseinandersetzen müssen mit der Thatsache,
dass es den Confessoren gelang, gerade diesen angeblich verwirrtesten
Artikel mit verhältnissmässig so grosser Leichtigkeit nicht blos selbst zu
formuliren, sondern auch angesichts der zahlreichen Gegner des Bekenntnisses, welche mit grossem Eifer und ohne die geringste Zurückhaltung die wirklichen oder vermeinten Gebrechen desselben aufdeck-
ten, zu behaupten." (Frank IV, 136)

zulegen, um künftiger Uneinigkeit und Trennung vorzubeugen. Der zentrale Gedanke der gesamten Argumentation ist in SC bereits in der nötigen Klarheit formuliert: „Demnach soll dise ewige walh Gottes in Christo, unnd nicht außerhalb, oder ohne Christo, betrachtet werden." (Hachfeld, 290; wörtlich übernommen in BSLK 1082,9–11; vgl. Frank IV, 192 ff.) In diesem Sinne sei „der unterschaid mit vleiß zu merken" zwischen der „Ewig fürsehung Gottes", welche (ohne das Böse als Böses zu wirken) über alle Kreaturen, gute und böse, waltet, und der „ewige(n) walh Gottes" als Ursache der Seligkeit derjenigen, welche auf Jesus Christus vertrauen (Hachfeld, 288 f.). Die Annahme einer doppelten Prädestination wird entschieden abgewiesen: „Dann wie Gott nicht Ist ein ursach der Sünde, Also ist er auch nit ein ursach der verdambnuß, deren einige ursach die Sünde ist." (Hachfeld, 289) Statt über verborgene Ratschlüsse Gottes zu grübeln, habe sich der Glaube daher an das offenbare Heilsgeheimnis Gottes in Jesus Christus zu halten, wie es in der Kraft des Hl. Geistes durch Wort und Sakrament manifest ist. „Andreaes Hauptabsicht in diesem Artikel ist einerseits die Herausarbeitung des Trost- und Angebotscharakters der alle Menschen meinenden Erwählung in Christus und andererseits die Qualifizierung des Verworfenseins als Folge von Unglaube und Verachtung des göttlichen Wortes." (Mager, 235) Vier abschließende, gegen die Annahme einer praedestinatio gemina gerichteten Damnationen unterstreichen dies.[169]

---

[169] „Derhalben so verdammen unnd verwerffen wür nachvolgende schädliche Irthumb da gelehrt würdt. I. Das Gottes unwandlbarer, doch unns verborgner wille gewesen seye, daß der mensch, so von ime zu seinem ebenbild, Inn warhafftiger Gerechtikait unnd Hailigkait erschaffen, in die sünde unnd übertrettung seines gebotts gefallen sollen. II. Item das Gott in seinem ewigen unnd haimlichen verborgenen Raht beschloßen habe, uber etlich Menschen, das er sie nit wölle selig machen, wölle Auch nicht, das sie zu erkantnuß der warhait khommen. III. Item wann Christus sagt, kompt zu mir Alle, die Ihr beschwert unnd beladen seyt, Ich wil euch erquicken, das sein wille oder ernst nicht seye, das Jederman zu ime komme, die solche fraindliche vermanung unnd verhaißung hören, sonder allein etliche, die er in seinem ewigen heimlichen Raht beschloßen habe, denen er solche gnade gönne, den Andern aber sogar nicht, das er inen eben darumb Predigen laße, damit ihr verdamnuß desto tieffer unnd beschwerlicher seye. IV. Item das nicht die menschen, durch ihren Aignen willen, sonder Gott selbst gefeß der unehren, unnd seines zorns mache, daß sie zu gefeßen der Ehren nimmehr werden könnden." (Hachfeld, 295 f.) Chemnitz hat diese Verwerfungsurteile

Chemnitz[170] zeigte sich „im ganzen mit dem Duktus der SC einverstanden" (Mager, 235) und beschränkte sich im wesentlichen
darauf, die Notwendigkeit einer expliziten Behandlung der Thematik zu unterstützen (Heppe III, B II, 151: „und auch unther denn
unnseren etwaß davon gereget wurdenn"; vgl. BSLK 1064, Anm. 1)
und sie durch Einführung der lateinischen Begriffe praescientia
vel praevisio und praedestinatio schulterminologisch zu präzisieren (vgl. hierzu und zur Vermeidung der Begriffe providentia und
permissio Frank IV, 145 ff.). Beachtung verdient fernerhin ein gegenüber SC neuer Zwischenabschnitt (Heppe III, B II, 153 f.:
„Derwegen ... befhelenn")[171], in welchem der dogmatische Gehalt

---

übernommen (vgl. Heppe III, B II, 160), wohingegen sie in SSC, wie
auch im Bergischen Buch (vgl. dagegen die Epitome: BSLK 821,1 ff.),
entfallen bzw. durch eine vergleichsweise unspezifische Formel ersetzt
sind: „... und was diesen wahrhaftigen, einfältigen, nützlichen Erklärungen zuwider und entgegen, das verwerfen und verdammen wir." (BSLK
1090,25–28; vgl. Heppe III, B III, 320)

[170] Der die ewige Prädestination und Gnadenwahl Gottes betreffende Abschnitt aus Chemnitz' Enchiridion, der eine der wichtigsten Vorarbeiten
von SSC darstellt, findet sich anhangsweise abgedruckt bei Frank IV,
329–344.

[171] Ausgelassen bzw. durch Eph 1,4 f. ersetzt hat Chemnitz hingegen die in
SC im Zusammenhang der Prädestinationsthematik zitierte Stelle Mt 20,16
(vgl. Hachfeld 289; Heppe III, B II, 152), derzufolge nach dem Worte
Christi viele berufen, aber wenige auserwählt sind. In SSC spielt diese
Stelle dann „eine wichtige Rolle bei der Unterscheidung der allgemeinen
im Wort- und Predigtangebot bestehenden Berufung von der besonderen
Erwählung der Glaubenden" (Mager, 236). Der Gedanke ist folgender:
„(W)ie Gott in seinem radt verordnet hat, das der h. Geist die außerwel-
ten durchs wordt beruffen, erleuchten und bekeren soll, und das er alle
die, so durch rechten glauben Christum annehmen, gerecht und selich
will machen, Also hat er auch in seinem radt dieß beschlossen, das er
diejenigen, so durchs wordt beruffen werden, wan sie das wordt von
sich stossen, und den h. Geist, der in ihnen durchs wordt krefftig sein
und wircken will, widerstreben und darinne verharren, verstocken, verwerffen und verdammen wolle, und also sind viele beruffen und wenige
außerwelet, Dan wenige nhemen das wordt an und folgen ihme, der
groseste hauff verachtet das wordt und will zw der hochzeit nicht komen, und dessen ursach ist nicht Gottes versehung, sondern des menschen verkerter wille, der das mittel und werckzeug des h. Geistes, so
ihm Gott durch den beruff furtregt, von sich stosset oder verkeret und
dem h. Geiste, der durchs wordt krefftig sein will und wircken, widerstrebet, wie Christus spricht, wie offt habe ich dich versamlen wollen
und du hast nicht gewolt." (Heppe III, B III, 309) Zur Auslegung von Mt

des Artikels „De praedestinatione" näherbestimmt und dazu ermahnt wird, zwischen dem offenbaren Erwählungswillen Gottes und seiner verborgenen Präszienz der Zahl der Erwählten bzw. Verdammten präzise zu unterscheiden. In SSC ist dieser von Chemnitz in SC eingefügte Zwischenabschnitt „durch einen nach Art des ordo salutis gefaßten Acht-Stadien-Katolog zur Beschreibung des Prozesses von der Bekehrung bis zur Seligkeit" erweitert (Mager, 236 unter Verweis auf Heppe III, B III, 302 f.). Diese Erweiterung ist über TB ins Bergische Buch eingegangen. Das bisherige Referat von FC XI schloß mit der Auflistung des erwähnten Acht-Stadien-Katalogs.

Was in FC XI des weiteren in zum Teil epischer Breite ausgeführt wird, dient der Vertiefung des bisher Gesagten, ohne im eigentlichen Sinne Neues beizubringen. Namentlich unter drei Fragegesichtspunkten lassen sich die weitgehend schon in SC und SSC vorgeformten Äußerungen von BSLK 1070,32 ff. ordnen: Welches ist der Wirkgrund heilsamer Prädestinationserkenntnis? Wie verhält sich die Erwählung zur Verwerfung, deren Möglichkeit, wenn man so sagen darf, nicht durch die Annahme einer Wiederbringung aller ausgeschlossen werden darf? Und wie ist schließlich über den Zusammenhang von Offenbarung Gottes und göttlicher Abskondität theologisch zu urteilen? Was den Wirk- und Verfikationsgrund heilsamer Prädestinationserkenntnis betrifft, so sollen wir bezüglich der Erwählung „nicht urteilen nach unserer Vernunft, auch nicht nach dem Gesetz oder aus einigem äußerlichen Schein, auch sollen wir uns nicht unterstehen, den heimlichen, verborgenen Abgrund göttlicher Vorsehung zu forschen, sondern auf den geoffenbarten Willen achtgeben." (BSLK 1070,41–47) Geoffenbart aber ist der Heilswille Gottes nirgend anders als in Jesus Christus. Dieser hinwiederum ist uns nicht unmittelbar und ohne Mittel, sondern mittels des Wortes der Predigt gegenwärtig. „Derhalben, wann wir unsere ewige Wahl zur Seligkeit nützlich betrachten wollen, müssen wir in allwege steif und fest darüber halten, daß wie die Predigt der Buße also auch die Verheißung des Evangelii universalis, das ist, über alle Menschen gehe" (BSLK 1071,25–31 mit Verweis auf die BSLK 1071, Anm. 5 genannten

---

20,16 in FC XI vgl. BSLK 1073, 36 ff.; zur weiteren Textgeschichte Mager, 236 ff. sowie H. Heppe (Hg.), Der Text der Bergischen Concordienformel, 189 ff.

Schriftstellen). Damit ist gesagt, daß der heilsame Prädestinationswille Gottes, wie er sich in Jesus Christus offenbart, um universal verkündet zu werden, darauf ausgerichtet ist, daß allen Menschen ewiges Heil zuteil werde. Weil der Ruf des Wortes Gottes, welches in der Person Jesu Christi inbegriffen, in der Hl. Schrift beurkundet und in der Predigt der Kirche verkündet ist, ausnahmslos allen gilt, sind ausnahmslos alle zum ewigen Heil berufen, wobei zu ergänzen ist, daß Gott „in denen, die er also beruft, durchs Wort wirken wölle, daß sie erleuchtet, bekehret und selig werden mögen" (BSLK 1072,19–21; vgl. die Schriftbelege in BSLK 1072, 33 ff.). Statt „den Abgrund der verborgenen Versehung Gottes" (BSLK 1073,15 f.) erforschen zu wollen, sollen wir uns deshalb beständig an sein Wort halten und diesem tätig nachfolgen. „Daß aber ,viel berufen sind und wenig auserwählet' (Mt 20,16; 22,14), kompt nicht daher, daß es mit Gottes Beruf, so durchs Wort geschicht, die Meinung haben sollt, als spreche Gott: Äußerlich durchs Wort berufe ich euch wohl alle, denen ich mein Wort gebe, zu meinem Reich, aber im Herzen meine ichs nicht mit allen, sondern nur mit etlichen wenigen; dann es ist mein Wille, daß der größte Teil von denen, so ich durchs Wort berufe, nicht sollen erleuchtet noch bekehret werden, sondern vordammet sein und bleiben, ob ich mich gleich durch Wort im Beruf anders gegen sie erkläre." (BSLK 1073,36–1074,6) Solches anzunehmen, hieße einen Widerspruch in Gott selbst einzutragen, ihn zum Heuchler zu erklären und mit der Verläßlichkeit der göttlichen Zusage den angefochtenen Gewissen jeglichen Trost zu rauben. Dem ist mit FC XI entgegenzuhalten, daß Christus selbst die Verläßlichkeit der göttlichen Heilszusage verbürgt, die grundsätzlich allen gilt und zwar nicht bloß in ihrer abstrakten Allheit, sondern zugleich in der Besonderheit jedes einzelnen (vgl. BSLK 1070,6 ff.). Solche Bürgschaft unterstreiche der Herr u. a. dadurch, daß er „die Vorheißunge des Evangelii nicht allein läßt ingemein fürtragen, sondern durch die Sakrament, die er als Siegel der Vorheißung angehenkt, und darmit einen jeden Glaubigen insunderheit bestätiget" (BSLK 1074,28–33).[172]

---

[172]   In diesem Zusammenhang wird ausdrücklich auf die Beibehaltung der Privatabsolution in CA XI verwiesen, die ebenfalls ermutigen und dazu anhalten wolle, von der gehörten Absolutionszusage auf Gottes ewigen Heilswillen für uns zu schließen, um auf dessen Unwandelbarkeit gänzlich sich zu verlassen (vgl. Frank IV, 214 ff.).

Hängt die geistgewirkte Gewißheit persönlicher Erwählung an Jesus Christus und seinem Wort, in welchem Gott das Innerste seines von Ewigkeit zu Ewigkeit sich selbst treuen Wesen äußert, so widerspricht der Verächter Jesu Christi, der sich dem in Christi Wort in der Kraft des Geistes erschlossenen Heilswirken verschließt, um sich in sich zu verkehren und der Ungewißheit äußeren Scheins zu überlassen (vgl. BSLK 1075,11 ff.), in widriger Weise seiner Erwählung und bekommt es infolgedessen nicht mit dem Heilswillen Gottes, sondern mit Gottes Unwillen zu tun. Auch wenn Gott vermöge seiner allmächtigen praevisio und praescientia solche ungläubige Verkehrung, welche das Unwesen der Sünde ausmacht, vorhersieht und vorherweiß[173], ist doch durch solche Vorhersehung und solches Vorherwissen die Sünde keineswegs verursacht oder der Unterschied von Gut und Böse als Differenz zweier vergleichbarer Größen gesetzt. So wenig Gott

---

[173]   FC XI läßt keinen Zweifel darüber aufkommen, „daß Gott gar wohl und aufs allergewisseste vor der Zeit der Welt zuvor ersehen habe und wisse, welche von denen, so berufet werden, glauben oder nicht glauben werden. Item, welche von den Bekehrten beständig, welche nicht beständig bleiben werden; welche nach dem Fall wiederkehren, welche in Verstockung fallen werden. So ist auch die Zahl, wieviel derselben beiderseits sein werden, Gott ohn allen Zweifel bewußt und bekannt." (BSLK 1079,27 – 38) Sogleich aber wird hinzugefügt: „Weil aber solch Geheimnus Gott seiner Weisheit vorbehalten und uns im Wort darvon nichts offenbaret, vielweniger solches durch unsere Gedanken zu erforschen uns befohlen, sondern ernstlich darvon abgehalten hat (Röm 11,33): sollen wir mit unsern Gedanken nicht folgern, schließen, noch darin grübeln, sondern uns auf sein geoffenbartes Wort, daran es uns weiset, halten." (BSLK 1079,38 – 1080,2) Entsprechend sollen wir Zeit und Stunde unserer Berufung und Bekehrung Gott befehlen und alles der Wirkung seines Wortes anheimstellen (vgl. BSLK 1080,4 ff.). Meinen wir aber wahrzunehmen, daß Gott sich mit seinem Wort von einem Volk, einem Land, einem Ort oder einer Person zurückgezogen hat, so soll uns dies Gottes gerechtes Gericht und die ungeschuldete Gnadenhaftigkeit seiner Heilsgabe vor Augen stellen, wobei gilt, daß wir beides, gerechtes Gericht und unverdiente Gnade, je auf uns selbst zu beziehen haben. Denn wie alle Menschen wegen der Verderbnis ihrer Natur des Gerichts schuldig sind, so wird auch das Heil nicht auf der Basis gegebener Vorzüge zuteil oder erhalten. Der Glaubende wird deshalb die Gottferne, der er einzelne oder Gruppen ausgesetzt findet, ebensowenig zum Anlaß der Überheblichkeit nehmen können wie die Tatsache seiner Begnadung. Infolgedessen wird er sich jede eigenmächtige Antizipation des Jüngsten Gerichts strengstens verboten sein lassen und das eschatologische Urteil über Menschen ausschließlich Gott anheimstellen.

der Differenz von Gut und Böse gleichgültig und damit indifferent
begegnet, so wenig kann die Untat des Bösen ursächlich auf ihn
zurückgeführt werden. Eine theologische Genetisierung verkehrter Faktizität sucht man wie in allen Texten des Konkordienbuches, so auch in FC XI vergeblich. Würde doch jede theologische
Erklärung sündiger Verkehrtheit auf deren Verklärung oder doch
zumindest auf deren Entschuldigung hinauslaufen. Demgegenüber ist festzuhalten: Die Sünde ist selbst schuld, sie läßt sich auf
Gott in keiner Weise zurückführen. Denn Gottes Wille will nicht,
daß Böses geschehe. Da aber Gottes Vorsehung und Vorherwissen mit seinem Willen in prinzipieller Übereinstimmung stehen,
ist Anfang und Ursache der in der göttlichen praevisio vorherge-
sehenen und in der göttlichen praescientia vorhergewußten Verkehrtheit nicht Gott, der das Böse weder schafft, noch wirkt, noch
fördert; Anfang und Ursache der Verkehrtheit liegen vielmehr in
dieser selbst bzw. in dem verkehrten Willen „des Teufels und der
Menschen" (BSLK 1066,9 f.)[174] begründet, wobei von Grund hier

---

[174]   „Dann alle Bereitung zur Verdammnus ist vom Teufel und Menschen,
        durch die Sünde, und ganz und gar nicht von Gott, der nicht will, daß
        ein Mensch verdammet werde ... Dann wie Gott nicht ist ein Ursach der
        Sünden, also ist er auch kein Ursach der Straf, der Vordammnus, sondern
        die einige Ursach ist die Sünde ..." (BSLK 1086,26–35; es folgen ausführli-
        che Schriftbelege.) Selbst im Falle beharrlicher Verstockung darf nicht
        unterstellt werden, „als wär es Gottes wohlgefälliger Wille niemals ge-
        wesen, daß solche Leute zur Erkenntnus der Wahrheit kommen und se-
        lig würden" (BSLK 1087,24–27). Zu gelten hat vielmehr, daß Gott die Se-
        ligkeit allen Menschen gönnt, daß es aber gleichwohl sein offenbarer
        Wille ist, daß diejenigen, welche seine Gabe hartnäckig verachten oder
        mutwillig sich von ihm abwenden, „verstocket, verblendet und ewig ver-
        dambt sollen werden" (BSLK 1087,37 f.). Am Beispiel des ägyptischen
        Pharao (vgl. BSLK 1087,42 ff.) wird dies exemplifiziert. Wie immer man
        die gerade in diesem Zusammenhang sehr pleonastischen Ausführungen
        beurteilen mag, ihr Skopus ist soteriologisch-seelsorgerlicher Art und
        keine rationale Verstockungstheorie. Wesentliches Ziel ist der Erweis,
        daß Pharaos Verstockung „keinesweges ... dahin gemeinet noch verstan-
        den (ist), daß Gott ihme oder einigem Menschen die Seligkeit nicht gön-
        nete, sondern also in seinem heimlichen Rat zur ewigen Verdammnus
        verordnet, daß er nicht sollt können oder mögen selig werden." (BSLK
        1088,26–32) Die Universalität des in Jesus Christus offenbaren Heilsrat-
        schlusses Gottes wird auch durch die Faktizität der Verstockung nicht
        falsifiziert. Indes darf aus der in Jesus Christus offenbaren Universalität
        des Heilsratschlusses Gottes auch keine Heilssicherheit gefolgert werden.
        Von einer Wiederbringung aller kann deshalb unter den Bedingungen
        von FC XI nicht die Rede sein. Gerade zur Vermeidung einer solchen

nicht im Sinne einer causa efficiens, sondern nur im Sinne einer causa deficiens die Rede sein kann mit der Folge, daß das Böse für die Theologie nur als jenes unbegreiflich Sinn- und Bodenlose in Betracht kommen kann, das dem Willen Gottes gemäß einzig und allein zum Verschwinden bestimmt ist. Muß sonach ein ursächlicher oder sonstiger genetischer Zusammenhang zwischen Gott und dem Bösen kategorisch ausgeschlossen werden, so hat entsprechend zu gelten, daß auch die Ursache der besagten Verachtung des Wortes Gottes, in welcher die Verachtung der eigenen Erwählung mitgesetzt ist, nicht „Gottes Versehung (ist), sonder des Menschen vorkehrter Wille, der das Mittel und Werkzeug des H. Geistes, so ihm Gott durch den Beruf fürträget, von sich stößet oder verkehret und den H. Geist, der durchs Wort kräftig sein will und wirket, widerstrebet ...“ (BSLK 1076,9–14 mit Verweis auf Mt 23,37). Auch liegt es nicht an Gott und seinem donum perseverantiae, sondern an der mutwilligen Abkehr des Men-

---

Rationalisierung des universalen Heilsratschlusses Gottes muß daher die Verderbensmacht der Sünde vor Augen gestellt und eingeschärft werden, daß die Sünde an ihrer Verdammung selbst schuld ist. Theoretisch erklärt werden soll ihre Faktizität dadurch nicht, und zwar auch nicht durch den Hinweis, die Sündenschuld sei dem verkehrten Willen des Menschen zuzurechnen. Denn solche Zurechnung dient nur dem Aufweis gegebener Schuld, nicht aber der Behauptung eines freien Vermögens oder Restvermögens des Menschen als Voraussetzung der Sünde. Würde doch, wie gesagt, die Behauptung eines solchen indifferenten Vermögens im Sinne eines liberum arbitrium mit der Verkehrtheit der Sünde selbst koinzidieren. Verfällt damit die Behauptung einer Indifferenzfreiheit zwangsläufig der Sünde, so kann schließlich auch das dem Menschen eigene Vermögen nicht zur Voraussetzung und zum konstitutiven Bezugspunkt der Prädestination erklärt werden. „Darumb es falsch und unrecht, wann gelehrt wird, daß nicht allein die Barmherzigkeit Gottes und allerheiligst Verdienst Christi, sondern auch in uns Ursach der Wahl Gottes sei, umb welcher willen Gott uns zum ewigen Leben erwählet habe.“ (BSLK 1088,48 – 1089,5) Gerade darin liegt der Trostcharakter der Prädestinationslehre begründet, welcher die Verzweiflung überwindet. Indes wird die Überwindung der Verzweiflung ebensowenig zu unbußfertiger Leichtfertigkeit führen dürfen, sowenig der Mut des Glaubens mit selbstsicherem Übermut verträglich ist. „Demnach, welcher die Lehr von der gnädigen Wahl Gottes also führet, daß sich die betrübten Christen derselben nicht trösten können, sondern dardurch zur Verzwefelung verursacht, oder die Unbußfertigen in ihrem Mutwillen gestärket werden: so ist ungezweifelt gewiß und wahr, daß dieselbige Lehre nicht nach dem Wort und Willen Gottes, sondern nach der Vornunft und Anstiftung des leidigen Teufels getrieben werde.“ (BSLK 1089,43–1090,9)

schen, wenn die Beständigkeit im Glauben ausbleibt und das angefangene Werk nicht fortgeführt wird (vgl. BSLK 1076,18 ff. mit
Verweis auf 2. Petr 2,10.20; Lk 11,24 f.; Hebr 10,26, auch Eph 4,30).
Fragt man schließlich noch nach dem prädestinationstheologi-
schen Zusammenhang der Offenbarung Gottes und göttlicher
Abskondität (vgl. Frank IV, 199 ff.), dann ist als erste und wichtigste Intention der Konkordienväter noch einmal ihre Absicht herauszustellen, alle Aufmerksamkeit des Glaubens auf den in Jesus
Christus offenbaren Heilsratsschluß Gottes auszurichten.[175] Diese
Absicht beinhaltet indes keineswegs die Behauptung, mit der Prädestinationslehre, wie FC XI sie entwickelt, seien Gott und der
Verlauf der Welt- und Menschheitsgeschichte auf den Begriff gebracht. Das wird bereits an der anerkannten Tatsache theologischer Nichtgenetisierbarkeit der Sünde deutlich. Aber auch in bezug auf Gott und seinen ewigen Ratschluß muß, wie es ausdrücklich heißt, „mit sonderm Fleiß Unterscheid gehalten werden
zwischen dem, was in Gottes Wort ausdrücklich hiervon offenbaret oder nicht geoffenbaret ist. Dann über das, darvon bisher gesagt, so hiervon in Christo offenbaret, hat Gott von diesem Geheimnus noch viel verschwiegen und verborgen und allein seiner

---

[175]   Halte man sich daran, dann sei die Prädestinationslehre „gar ein nützliche, heilsame, tröstliche Lehre; dann sie bestätiget gar gewaltig den Artikel, daß wir ohn alle unsere Werk und Verdienst, lauter aus Gnaden,
allein umb Christus willen, gerecht und selig werden" (BSLK 1076,36–41
unter Verweis auf Eph 1,4; Röm 9,11; 2. Tim 1,9). Damit werden „alle opiniones und irrige Lehre von den Kräften unseres natürlichen Willens er-
niedergelegt, weil Gott in seinem Rat für die Zeit der Welt bedacht und
verordnet hat, daß er alles, was zu unser Bekehrung gehört, selbst mit
der Kraft seines Heiligen Geistes durchs Wort in uns schaffen und wirken wölle." (BSLK 1077,4–11) Auch gehe von der Tatsache, daß Gott vor
aller Zeit sich unser persönliches Seelenheil hat angelegen sein lassen,
um uns einen unveräußerlichen und ewigen Bestand bei ihm selbst zu
verleihen, ein schöner und herrlicher Trost aus, der durch keine Schwäche und Bosheit des Fleisches genommen werden könne (vgl. BSLK
1077,17 ff.), Kreuz und Anfechtung überwinden helfe und die Gewißheit
verleihe, daß die Kirche Gottes beständig bleiben werde (vgl. BSLK
1078,28 ff.). An all diesem im Glauben festzuhalten, sei der Prädestinationsartikel, wie er auf die Offenbarung Gottes in Jesus Christus sich
gründe, ein seliger Trost und eine nützliche Mahnung und Warnung zugleich (vgl. BSLK 1078,35 ff.). Solcher Trost und Nutzen des mysterium
praedestinationis hängt freilich an dessen streng christologischer Wahrnehmung.

Weisheit und Erkenntnus vorbehalten, welchs wir nicht erforschen, noch unsern Gedanken hierinn folgen, schließen oder
grübeln, sondern uns an das geoffenbarte Wort halten sollen."
(BSLK 1079,1–12)[176] Die letzte Wendung macht hinreichend klar,
daß mit der Unterscheidung von Gottes Offenbarung und seiner
verbleibenden Verborgenheit kein kritischer Vorbehalt gegenüber
der Offenbarung und ihrer Definitivität formuliert werden soll.
Auch läßt sich das Verhältnis von offenbarem und verborgenem
Gott nicht im Sinne eines teilweisen Vorbehalts fassen, so als habe sich Gott in Jesus Christus nur partikular offenbart. FC XI setzt

---

[176] Damit will es die Konkordienformel sachlich genug sein lassen und „alle
hohe, spitzge Fragen und disputationes" (BSLK 1090,24 f.) fliehen und
meiden. Logische Konsequenzmacherei ist ihre Sache nicht: so müssen
denn auch begrifflich bis auf weiteres nicht zu behebende Spannungen
eingeräumt werden, etwa zwischen verborgenem und offenbarem Gott,
die für unser menschliches Fassungsvermögen nicht einfach zur Deckung
zu bringen sind. So bleibt, um ein zentrales Beispiel zu geben, in bezug
auf das Verhältnis von Allwirksamkeit und Liebe Gottes namentlich in
hamartiologischer Hinsicht eine stimmige Lösung versagt, „weil wirs
nicht zusammenreumen können, welches uns auch zu tun nicht befohlen
ist" (BSLK 1079,20–22). Indes ist zu fragen, ob nicht gerade solches theoretische Versagen dem Sündenthema sachadäquat ist. Ist doch Sünderer-
kenntnis ohne Sündenbekenntnis nicht zu haben. Gerade das Bekenntnis
der Sünde als Verschuldung Gott gegenüber aber erklärt es für unmöglich, beide – Gott und die Sünde – zu einem stimmigen Ausgleich zu
bringen. Wenn die Sünde gleichwohl den durch die gute Schöpfung
Gottes gesetzten Rahmen nicht vollends sprengt, dann ist dies nicht einem auch unter postlapsarischen Bedingungen verbliebenen Restvermögen – sei es der Erkenntnis, sei es des Handelns – des Menschen zu verdanken, sondern der göttlichen creatio continua, dergemäß die göttliche
Vorsehung „auch in den bösen Händeln oder Werken ihre Ordnung
(hält), daß von Gott dem Bösen, welchs Gott nicht will, sein Ziel und
Maßen gesetzt wird, wieferne es gehen und wielang es währen solle,
wann und wie ers hindern und strafen wölle". (BSLK 1065,40–45; vgl.
BSLK 817,15 ff., wo es zur göttlichen Zielsetzung des Bösen gerechnet
wird, daß es, obwohl an ihm selbst böse, den Auserwählten zum Heil
dienen solle.) Indes erklärt das Erhaltungshandeln Gottes seiner gefallenen Schöpfung gegenüber weder den Fall der Sünde, dessen Faktizität in
keinen ursächlich-genetischen Zusammenhang mit Gott und seiner guten
Schöpfung zu bringen ist, noch führt es eine hamartiologische Lösung im
Sinne einer Erlösung von der Sündenschuld herbei: solches ist allein der
Ankunft Gottes in Jesus Christus vorbehalten, durch welche die Aussicht
auf eine Zukunft eröffnet wird, in der auch das einer einsichtigen Lösung
zugeführt sein wird, dessen theoretische Auflösung unter gegenwärtigen
Bedingungen aus bedachtem Grund nicht behauptet werden darf.

immer entschieden voraus, daß Gott in Jesus Christus sich voll
und ganz als er selbst erschlossen hat. Die Argumentation endet
daher auch nicht mit dem Verweis auf die reine Unbestimmtheit
göttlichen Beliebens, so daß für die Unbegreiflichkeit Gottes nur
mehr ein alles weitere Begreifen ausschließender Begriff übrig
bliebe: der eines schlechterdings indifferenten „liberum arbitrium"
nämlich, dessen Freiheit absolute Willkür ist. Nirgends ist im Prädestinationsartikel der FC von einer solch unentschiedenen göttlichen Willensfreiheit die Rede, sondern stets nur von einer in Jesus Christus zum Heil von Menschheit und Welt getroffenen Entscheidung von Ewigkeitsbedeutung, die freilich nirgend anders
als in Gottes Freiheit ihren Grund hat. In diesem Sinne kann man
dann durchaus sagen, daß der Verborgenheitszusammenhang und
Unbestimmtheitshorizont, der durch die Annahme einer verbleibenden Abskondität Gottes bezeichnet ist, ein theologisches Indiz
für die ungeschuldete Freiheit und aus gegebener Selbst- und
Welterfahrung des Menschen nicht deduzierbare Gnadenkontingenz der offenbaren Selbsterschließung Gottes darstellt. Damit ist
zugleich angezeigt, daß die Offenbarung in einer solchen Beziehung zur faktischen und durch sie zur vollen Erkenntnis gebrachten absconditas dei in mundo steht, welche es nicht erlaubt,
die in ihr, der Offenbarung, manifeste Wirklichkeit im Sinne einer
christlichen Metaphysik als die allgemeine ontologische Verfaßtheit dessen, was ist, zu deuten. Trotz der Unmöglichkeit solcher
spekulativen Gleichschaltung von Offenbarungstheologie und
„natürlicher" Theologie soll der Zusammenhang zwischen der
Offenbarung Gottes in Jesus Christus und seiner durch Sünde und
Übel verschuldeten Verborgenheit in der Welt andererseits aber
auch keineswegs aufgegeben werden. Denn recht (und d.h. von
Jesus Christus her) verstanden steht das Verhältnis von Offenbarung und Verborgenheit Gottes geradezu dafür ein, daß der Zusammenhang zwischen dem in Jesus Christus offenbaren Gott
und dem allmächtigen Schöpfer der Welt gegen alle durch die
Hartnäckigkeit der Sünde und des Bösen bedingten anthropologischen und kosmologischen Widerstände und Vorbehalte festgehalten wird mit dem im Glauben durch die Kraft des Geistes gewissen eschatologischen Ziel, daß dereinst Gottes Liebe sich als
allmächtig und Gottes Allmacht sich als nichts denn lauter Liebe
erweisen werde.[177]

---

[177]   Darin stimmt die Konkordienformel mit dem pneumatologisch-eschatolo-

gischen Richtungssinn von Luthers einschlägigen Argumentationen überein, wie er sie insbesondere in „De servo arbitrio" mittels der Unterscheidung von Natur- und Gnadenordnung vorgenommen hat (vgl. dazu
auch das Lutherzitat in BSLK 1073,21 ff.). Zwar meinte man, im Prädestinationsartikel der FC eine „Entschärfung des Verhältnisses von Deus
absconditus und Deus revelatus" (Adam, 227) feststellen zu müssen. Namentlich K. Schwarzwäller hat FC XI im Lichte der Prädestinationsaussa-
gen Luthers als einen Abstieg vom Lehren der Prädestination zur Lehre
von der Prädestination beurteilt (vgl. K. Schwarzwäller, Vom Lehren der
Prädestination zur Lehre von der Prädestination. FC XI im Lichte der Prä-
destinationsaussagen Luthers, in: W. Lohff/L. W. Spitz [Hg.], a. a. O. 249 –
273. Die nachfolgenden Seitenverweise im Text beziehen sich hierauf.).
Während „Luthers Weise, die Prädestination zu lehren, ... gerade keine
Lehre ab(werfe)" (256), sei das Erbe Luthers nun zum Besitz geworden,
um als solcher lehrhaft verwaltet zu werden. Infolgedessen und eben
weil Glaube, Evangelium und Lehrsatz nie zur Deckung zu bringen sei-
en, bleibe die in FC XI vorgetragene Prädestinationslehre von „notori-
sche(r) Halbschlächtigkeit" (261). Dies zeige sich insbesondere darin, daß
man „aus der Spannung zwischen Gottes Gesetz, das uns alle auf Zeit
und Ewigkeit der Hölle schuldig spricht, und seinem Evangelium, durch
das der – aktiv! – verdammende Gott *wunderhaft* errettet" (266), ausbre-
che und zu theoretisieren beginne. Verantwortlich für unstatthafte Theo-
retisierungen sind nach Schwarzwäller vor allem die bereits in FC II gemachten „Konzessionen" (ebd.) an das liberum arbitrium, die nun dazu
führten, daß der Grund der Verwerfung mit dem bösen Willen des Menschen erklärt und die Erwählung auf die gutwilligen Christen eingeschränkt werde.

Träfe diese Deutung zu, dann hieße dies, daß recht eigentlich der
Mensch die im Sinne des liberum arbitrium gegebene freie Wahl zwischen Erwählung und Verwerfung habe, was der ganzen Argumenta-
tionstendenz von FC XI völlig widerspricht. Denn wie Luther so intendiert durchaus auch die Konkordienformel eine „Darstellung der Prädestinationslehre als tröstliche Paraklese für die durch Prädestinationsan-
fechtungen Geplagten" (263). Sowenig aber dem angefochtenen Glauben
durch einen Verweis auf ein dem Menschen eigenes Freiheitsvermögen
geholfen ist, sowenig läßt sich die Sinnlosigkeit des Bösen mit einem indifferenten liberum arbitrium erklären, da dieses in seiner behaupteten
Indifferenz Gott und dem Teufel gegenüber selbst bereits ein Indiz sündiger Verkehrung darstellt. Sehe ich recht, dann ist diese Einsicht sowohl
in FC II als auch in FC XI in vollem Maße präsent. Hingegen kann von
einer lehrmäßig moralisierenden Aufhebung bzw. quantitierenden Relativierung der Differenz von Verwerfung und Erwählung nach meinem
Urteil nicht die Rede sein. Allerdings beläßt es FC XI auch nicht bei der
Paradoxie des „Gott wider Gott", auf welche Schwarzwäller den Luther
von „De servo arbitrio" festzulegen geneigt ist. (Vgl. auch ders., Theologia crucis. Luthers Lehre von Prädestination nach de servo arbitrio, München 1970; ders., Sibboleth. Die Interpretation von Luthers Schrift „De

Bleibt abschließend in stärker systematisch orientierter Perspektive zu fragen, wie sich Rechtfertigungslehre und Prädestinationslehre zueinander verhalten und wie in diesem Zusammenhang das der Sache nach bereits in vormaligen FC-Artikeln begegnende Problem von Prädestination und Perseveranz zu beurteilen ist. Der lutherischen Tradition wird bekanntlich nicht selten eine Neigung zu einem rein aktualistischen Verständnis des Rechtfertigungsglaubens attestiert. Eine solche Neigung mag man bereits darin finden, daß Luther die Heilsgewißheit ausschließlich an das widerfahrende Ereignis der Rechtfertigungsbotschaft bindet, wohingegen er eine definitive Gewißheit des Bleibens in der Wahrheit unter irdischen Bedingungen für in bestimmter Hinsicht unerreichbar hielt. Dabei ist indes zu bedenken, daß der Reformator die Definitivität der Prädestinations- und Perseveranzgewißheit nur in bezug auf die diversen Weisen menschlicher Selbstwahrnehmung und Reflexivität, nicht hingegen im Blick auf den rechtfertigenden Gott problematisierte. Auf Gottes beständige Treue zu seinem in Jesus Christus manifesten Vergebungswillen kann sich der Rechtfertigungsglaube nach Luther derart vorbehaltlos verlassen, daß ihm mit der Heilsgewißheit auch die Gewißheit zukunftsbeständiger, weil ewiger Erwählung vermittelt wird.

Eine andere Frage ist es, ob der glaubende Mensch Zeichen seiner ewigen Prädestination und zukunftsbeständiger Perseveranz auch an sich selbst zu entdecken und abzulesen vermag, so daß seine Erwählungsgewißheit die Form einer zwar nicht selbstsicheren, im Streben um fortschreitende Heiligung aber doch wachstumsfähigen Selbstgewißheit annimmt. Kann es im Sinne Luthers überhaupt so etwas wie eine auf gesteigerte Prädestinations- und

servo arbitrio" seit Theodosius Harnack. Ein systematisch-kritischer Überblick, München 1969; dazu meinen Beitrag: Luthers Streit mit Erasmus als Anfrage an protestantische Identität, in: F. W. Graf/K. Tanner [Hg.], Protestantische Identität heute, Gütersloh 1992, 135–160.) Daß solche Festlegung zu unrecht geschieht, zeigt sich meines Erachtens daran, daß Luther den Streit Gottes wider sich selbst durchaus so auffaßte, daß dem Glauben der Richtungssinn und schließlich auch der Ausgang dieses Streits gewiß werden und gewiß bleiben konnte. Wahr freilich ist, daß solche in Kraft des Geistes Christi bestehende eschatologische Gewißheit des Glaubens das gerade Gegenteil ist von theoretischer und praktischer Selbstsicherheit, zumal diese von skeptisch-skrupulöser Verzweiflung nie weit entfernt ist. Indes wußten dies auch die Väter der Konkordienformel.

Perserveranzgewißheit des Glaubenden zielende progressivistische Heiligungslehre geben? Oder besteht „die neue Kontinuität des Glaubens allein in der Diskontinuität einer von Akt zu Akt je neu zu gewinnenden *justificatio iterata*"[178]? In letzterem Sinne votierte z. B. W. Elert, wenn er schrieb: „Es gibt keine Perseveranz des neuen Menschen im Sinne einer Stabilität des Seins. Er ‚ist‘ nur, indem er gerufen wird und indem er dem Ruf folgend sein eigenes Mittelpunktdasein verläßt ... Er existiert also gleichsam nur von Fall zu Fall, von Akt zu Akt ... Es gibt deshalb nur ein Beharren im Glauben in der täglichen Rückkehr zu dem rufenden Wort, das den Existenzwandel erzeugte und unaufhörlich neu erzeugen muß."[179] Vor allem von reformierter Seite wurden gegen diese und vergleichbare Formen eines sog. Glaubensaktualismus von Anfang an beachtenswerte Bedenken geltend gemacht. J. Moltmann umschreibt die einschlägigen Einwände wie folgt: „Aus der spezifischen einmaligen Geschichte der Berufung, aus der Unumkehrbarkeit und Unwiederholbarkeit, die der Geschichte als Geschichte eignet, wird eine prinzipielle, sich immer gleichbleibende Geschichtlichkeit des Glaubens, aus der berechtigten Frontstellung gegen eine habitualisierte Kontinuität eines aufweisbaren frommen Bewußtseins wird eine Kontinuität der Diskontinuität. Was ‚unaufhörlich neu‘ ist, ist eben niemals neu gewesen und wird es auch nie. Es ist nichts anderes als die Perseveranz der immer neuen Buße. Hier wird die Einmaligkeit und Unumkehrbarkeit, auch Unwiederholbarkeit der Geschichte, die Gott mit dem Menschen eingeht, eingeebnet."[180] In diesem Sinne

---

[178] J. Moltmann, Prädestination und Perseveranz. Geschichte und Bedeutung der reformierten Lehre „de perseverantia sanctorum", Neukirchen 1961, 65.

[179] W. Elert, Der christliche Glaube. Grundlinien der lutherischen Dogmatik, München ²1941, 600 f.

[180] J. Moltmann, a. a. O., 65. Daß dieser Vorwurf nicht nur Elert betrifft, macht Moltmann am Beispiel R. Bultmanns und G. Ebelings deutlich, im Blick auf deren Glaubenslehre nicht zu übersehen sei, „wie sehr, durch die Logik der Komplementarität veranlaßt, die aktualistische Abwehr des Habitualismus notwendig zu einer neuen Habitualisierung der Aktualität führt. Die Redewendungen von der ‚Ständigkeit‘ und ‚Stetigkeit‘ und der ‚immer‘-währenden Notwendigkeit der Wendung vom Unglauben zum Glauben, der Buße und Umkehr, des konkreten Entschlusses im ‚Augenblick‘, zeigen das deutlich. Eine Entscheidung aber, die ‚immer neu‘ gefaßt werden muß und niemals als gegeben und vollzogen in Treue

plädiert Moltmann dafür, den lutherischen Wahlspruch „proficere, hoc est semper a novo incipere" (WA 56, 486, 7) sachlich zu verbinden mit dem reformierten Diktum: „In via Dei non progredi regredi est."[181]

Unter lutherischen Bedingungen ist eine solche Verbindung freilich nur möglich, wenn der Fortschritt im Heiligungsprozeß und die Perseveranz der Erwählungsgewißheit nicht unmittelbar von der Kontinuität des frommen Bewußtseins abhängig gemacht werden. Kontinuität erhält das Christenleben vielmehr nur in der Kraft des die ewige Treue Gottes in Jesus Christus zeitlich erschließenden Heiligen Geistes, wie er mittels Wort und Sakrament wirksam ist. In Anschluß an Melanchthon hat daher schon Marbach die Kontinuität des christlichen Heilsweges primär an die Perseveranz der Gnadenmittel gebunden. Die Väter der Konkordienformel sind dieser Lösung grundsätzlich gefolgt. Um deutlich zu machen, daß die Kontinuität des Glaubens und die Gewißheit seines Bewahrtwerdens nicht in einer habituellen Qualität der eigenen Seele, sondern in der Treue des göttlichen Heilshandelns in Wort und Sakrament besteht, wählte die FC als durchgängige Bezeichnung für das Bleiben im Glauben nicht die Vokabel perseverantia, sondern den Terminus conservatio. Sie „wahrt in dieser Wortwahl den Charakter des *extra nos* aus der Rechtfertigungslehre"[182]. Gegenwärtig für uns erschlossen ist dieses extra nos der Rechtfertigung nirgend anders als in Wort und Sakrament. Mag auch das subjektive Glaubensbewußtsein schwanken oder in der Anfechtung der Sünde tendenziell dahinschwinden, so bleiben doch die Heilsmittel, die Jesus Christus eingesetzt hat, um sich in der Kraft des Heiligen Geistes durch sie für uns zu vergegenwärtigen, als Wirkzeichen der Erwählungstreue Gottes bestehen. Den Vorwurf eines Heilsobjektivismus könnte man dieser Lehre nur machen, wenn sie die media salutis in die Verfügung

---

durchgehalten und bewahrt werden kann, führt zu einer Aufhebung aller faktischen Bindung in frei schwebende Möglichkeit, das aber wäre ein subjektivierter Occasionalismus und ein romantischer Dezisionismus, wie er den geistigen Strömungen auch in anderen Bereichen in der ersten Hälfte des Jahrhunderts nicht fremd ist. Er bedeutet die Aufhebung der konkreten Geschichte in abstrakte Geschichtlichkeit." (A. a. O., 177)

[181]   A. a. O., 65, Anm. 99.

[182]   A. a. O., 113.

kirchlicher Institution überführen würde. Aber das ist weder in der FC noch in den sonstigen Bekenntnisschriften der Fall, weil nach deren Lehre die Kirche primär nicht als Subjekt, sondern als Empfänger der Heilsmittel fungiert.

Auf die Frage hinwiederum, wie man das Ausbleiben der Wirkung der Heilsmittel zu deuten hat, ist im Sinne lutherischer Bekenntnistradition zu antworten, daß solches Ausbleiben allein der beharrlichen Verkehrtheit der Sünde zuzurechnen ist. Ziel kann es dabei nicht sein, solche Verkehrtheit durch Erklärung auf Dauer zu stellen; vielmehr ist die Aufgabe gestellt, durch Permanenz der Verkündigung zur Bekehrung zu bewegen. Freilich darf dadurch der eschatologische Grenzgedanke eines endgültigen Endes des Heilsangebotes nicht verdrängt werden. Daß auch dieses eschatologisch Äußerste als Schuld der Sünde zu gelten haben wird, steht für die Väter der Konkordienformel fest. Hingegen weisen sie die Annahme, Gott könnte – statt in Treue zu ihm zu stehen – aus kontingentem Entschluß oder in Ansehung der Penetranz der Sünde Reue über den Neuen Bund empfinden, als einen theologischen Ungedanken zurück, welcher der Anfechtung zugehört.[183]

---

[183] Dies gilt übrigens auch schon für Luther (gegen J. Moltmann, a. a. O., 66, Anm. 103). Sobald seine Prädestinationslehre die kausale Interpretation göttlicher Allwirksamkeit, die als einzige Alternative zum synergistischen Begriff der „praedestinatio propter praevisa merita" nur einen theologischen Determinismus zuließ, überwand und den ewigen Ratschluß Gottes untrennbar mit dem „Christus pro nobis" verband, war auch der falsche Parallelismus in der Struktur von Erwählung und Verwerfung durchbrochen. Das gilt sowohl in protologischer als auch in eschatologischer Hinsicht. Gleichwohl ersetzte Luther den Erwählungs-Verwerfungs-Parallelismus nicht durch die Annahme einer Wiederbringung aller, die ebenfalls die Erlösungstat Christi überflüssig erscheinen lassen und den Entscheidungscharakter der Christusbegegnung aufheben würde. Hinzuzufügen ist, daß der Entscheidungscharakter der Christusbegegnung bei Luther von deren konkretem Ereignis nicht abgelöst und auf ein indifferentes „liberum arbitrium" reduziert werden darf, auf welches sich zurückzuziehen vielmehr selbst bereits ein Indiz sündiger Verkehrung darstellt. Die Konkordienformel folgt Luther in dieser Sicht. Dabei betont sie wie dieser die enge Zusammengehörigkeit von Rechtfertigungsgeschehen und Prädestination, ohne beides unmittelbar zu identifizieren. Vielmehr steht der Prädestinationsgedanke in der FC wie bei Luther dafür, daß das Ereignis der Berufung durch die Verkündigung nicht isoliert und punktuell aufzufassen ist, sondern einem Vorsatz gemäß geschieht, an welchem Gott in beständiger Treue festhält. Dabei ist die persönliche

6. In statu confessionis

Obwohl die Geltung des Augsburger und des sog. Leipziger Interims bereits durch den Passauer Vertrag von 1552 faktisch aufgehoben wurde (vgl. Mehlhausen, 124; Frank IV, 1 ff.), boten die interimistischen Bestimmungen, welche die Ordnung der Kirche im
Reich bzw. in Kursachsen zwischen dem Augsburger Reichstag
von 1548 und dem Abschluß des Konzils von Trient durch Reichsgesetz regeln sollten, den Hauptanlaß für langanhaltende Streitigkeiten im Luthertum, die erst in der Konkordienformel von 1577
einem vorläufigen Ende zugeführt werden konnten. Den Anfang
jener binnenlutherischen Auseinandersetzungen markiert der
Streit um die Adiaphora, der in den Jahren 1548/49 begann und
zwischen Melanchthon und seinen Gefolgsleuten einerseits und
den sogenannten Gnesiolutheranern andererseits ausgetragen
wurde.[184]

Treue des in Jesus Christus offenbaren Gottes zu unterscheiden von der
Unveränderlichkeit eines erstursächlichen Wesens, welche Unterscheidung dem Glauben den Trost der Beständigkeit seiner Rechtfertigung
zuerkennt, ohne deshalb den empirischen Zustand von Menschheit und
Welt ursächlich auf Gottes Kausalwirken zurückzuführen. (Vgl. W. Pannenberg, Der Einfluß der Anfechtungserfahrung auf den Prädestinations-
begriff Luthers, in: KuD 3 [1957], 109–139, hier: 135. Zum weiteren Studium
der Thematik sei auf N. Selneckers Lieder verwiesen: „Ach bleib bei uns,
Herr Jesu Christ ...“ und „Laß mich Dein sein und bleiben ...“)

[184]   „Hauptbeteiligte waren auf der Seite der Gnesiolutheraner Matthias Flacius Illyricus, Nikolaus von Amsdorff, Nikolaus Gallus, Matthäus Judex,
Johann Wigand und Joachim Westphal – zumeist sehr junge Theologen –, während sich um Melanchthon mit Johannes Bugenhagen, Johann
Pfeffinger, Georg Major und Caspar Cruciger Vertreter der mittleren und
älteren Theologengeneration sammelten; man wird das sich hier anzeigende Generationenproblem bei der Bewertung der Vorgänge nicht völlig außer acht lassen dürfen.“ (Mehlhausen, 107) Zur Position von Martin
Chemnitz im Adiaphorastreit vgl. die Studie von R. Keller, Im Konflikt
über die Adiaphora. Martin Chemnitz auf dem Weg zum zehnten Artikel
der Konkordienformel, in: Der zweite Martin der Lutherischen Kirche,
a. a. O., 93–114. Berücksichtigung findet vor allem das „Judicium de
Adiaphoris“ (vgl. C. Schlüsselburg, Catalogus Haereticorum Liber XIII,
Frankfurt 1599, 709–723) von 1561, in dem die wesentlichen Aussagen von
FC X bereits enthalten sind. Vgl. ferner: K. Marquardt, Article X. Confession and Ceremonies, in: R D. Preus/W. Rosin (Hg.), a. a. O., 260–270.

Wie bereits erwähnt, war das auf Initiative von Kurfürst Moritz eigens für Kursachsen erstellte Leipziger Interim von Wittenberger Theologen und namentlich von Melanchthon unterstützt worden. Diese Unterstützung erfolgte keineswegs in einer Weise, welche Grundeinsichten der Reformation bewußt zur Disposition stellte. War es doch nachgerade das Versprechen von Moritz, seinen alten und neuen Untertanen nach empfangener Kurwürde Duldung und Schutz zu gewähren, welches sich in dem Bemühen um eine im Unterschied zum Augsburger Interim selbständig entwickelte Ordnung für die Kirche in Kursachsen als wirksam erwies. Hinzuzufügen ist, daß „den Wittenberger Theologen ... bei der Wiedereröffnung der Universität nach dem Kriege die volle Lehr- und Bekenntnisfreiheit zugesagt worden" (Mehlhausen, 112) war. Es wäre also eine Fehleinschätzung, wollte man die Situation in Kursachen unter Moritz als für die evangelische Sache von vornherein ungünstig beurteilen; ebenso falsch wäre es, die theologische Haltung Melanchthons und der Wittenberger im wesentlichen auf opportunistische Motive zurückzuführen (vgl. Frank IV, 4 ff.). Entscheidend waren vielmehr irenische Bestrebungen, das bleibende Ideal einer einigen und ungeteilten Kirche sowie die Frage, „ob es nicht ein legitimes Recht der weltlichen Obrigkeit sei, über Angelegenheiten der äußeren Kirchenordnung zu entscheiden, während über die das Heil betreffende Lehre allerdings nur Christus selber zu bestimmen habe" (Mehlhausen, 121; vgl. Frank IV, 67 ff.). Die Zustimmung zum Vermittlungsvorschlag des Leipziger Interims erklärt sich aus diesem Motivzusammenhang, für dessen Bestimmungsgründe die Unterscheidung zwischen Nötigem und Unnötigem bzw. Indifferentem, zu der sich Melanchthon bereits im Hinblick auf das Augsburger Interim bereiterklärt hatte, kennzeichnend ist.

In diesem Sinne steht im „Interim Lipsiense" nach der Versicherung des Gehorsams gegen den Kaiser und des Friedens- und Einigkeitswillens in der Religionsfrage gleich eingangs zu lesen, „daß alles das, was die alten Lehrer in den Adiaphoris, das ist, in Mitteldingen, die man ohne Verletzung göttlicher Schrift halten mag, gehalten haben, und bei dem andern Theil noch in Brauch blieben ist, hinfürder auch gehalten werde, daß man darinne keine Beschwerung noch Wegerung suche oder fürwende, dieweil solches ohne Verletzung guter Gewissen wohl geschehen mag" (CR 7, 259; vgl. die „Epitome ex libro Interim" in: CR 7, 426 ff.; dazu Mehlhausen, 120). Dagegen bzw. gegen die aus diesem Grundsatz

gezogenen Konsequenzen liefen die Gegner des Leipziger Interims unter Führung von Flacius Sturm. Im Zentrum des Protestes
stand „das mit Gal 5 begründete Verständnis christlicher Freiheit,
demzufolge Adiaphora in dem Augenblick aufhören, unverfängli-
che Mitteldinge zu sein, in dem sie als notwendiger ‚Gottesdienst'
gefordert werden" (Mehlhausen, 119). Dementsprechend lautete
die Maxime von Flacius: „Alle Caeremonien und Kirchenge-
bräuch, sie sind an ihnen selbst so frei als sie immer wollen,
wenn Zwang, falscher Wahn, als wären sie ein Gottesdienst und
müßten gehalten werden, Verleugnung, Ärgernis, öffentlicher
Anfang zum gottlosen Wesen darzukompt, und wenn sie die Kirche Gottes, in waserlei Weise solches geschehen mag, nicht bau-
en, sonder verstören und Gott verhöhnen, so sinds nicht mehr
Mittelding." (BSLK 1058, Anm. 5) Kurzum: „nihil est ἀδιάφορον in
casu confessionis et scandali." (BSLK 1057, Anm. 2)[185]

Die Väter der Konkordienformel haben sich den entscheidenden
Gehalt dieser Devise angeeignet und die theologische Einsicht
bestätigt, „daß auch an sich belanglos erscheinende Sachen und
Handlungen durch den ‚casus confessionis' zu wirklichen Ent-
scheidungsfragen des Bekenntnisses werden *können*" (Mehlhausen, 124). Demgemäß heißt es in FC X „(v)on den Kirchengebräuchen, so man Adiaphora[186] oder Mittelding nennet" (BSLK 1053,23–

---

[185]   Zur Unterscheidung zwischen „casus confessionis" und „status confessio-
        nis", die in der Überschrift von § 13,6 vernachlässigt wurde, vgl. Mehl-
        hausen, 128, Anm. 33.

[186]   Der Begriff „Adiaphoron" (vgl. Frank IV, 16 ff.) kommt im Neuen Testa-
        ment nicht vor, sondern stammt aus der älteren Stoa, wo er ein ethisch
        gleichgültiges Mittelding zwischen Gut und Böse bezeichnet. Cicero gibt
        den griechischen Terminus mit dem lateinischen „indifferens" wieder,
        „und in dieser sprachlichen Doppelgestalt gelangte der Begriff in die
        christliche Ethik, die ihn im Mittelalter auch auf das Gebiet der Handlun-
        gen übertrug; als Adiaphoron konnte man nun auch eine ethisch für
        wertfrei und sittlich für indifferent erklärte Handlung bezeichnen, die
        von Gott weder geboten noch verboten sei" (Mehlhausen, 105 mit Ver-
        weis auf G. Murach, Art. Adiaphora, in: HWPh 1 [1971], 83 ff. sowie
        W. Trillhaas, Adiaphoron. Erneute Erwägungen eines alten Begriffs, in:
        ThLZ 79 [1954], 457–462). In BSLK begegnet der Begriff außerhalb der
        Konkordienformel nur zweimal und zwar in Apol XV und in Apol XXVII.
        Dabei wird zum einen auf die 1530 von den Angehörigen der CA unter
        Beweis gestellte Bereitschaft verwiesen, um der Liebe willen ohne Um-
        stände Adiaphora zusammen mit den anderen beachten zu wollen, auch
        wenn sie etwas Anstößiges an sich haben (vgl. BSLK 307,14 ff.); zum an-

25; vgl. FC X: „De ceremoniis ecclesiasticis, quae vulgo adiaphora seu res mediae et indifferentes vocantur"): „Wir gläuben, lehren und bekennen auch, daß zur Zeit der Bekanntnus, da die Feinde Gottes Worts die reine Lehre des H. Evangelii begehren unterzudrücken, die ganze Gemeine Gottes, ja ein jeder Christenmensch, besonders aber die Diener des Worts als die Vorsteher der Gemeine Gottes schuldig sein, vormüge Gottes Worts die Lehre und was zur ganzen Religion gehöret frei öffentlich nicht allein mit Worten, sondern auch im Werk und mit der Tat zu bekennen, und daß alsdann in diesem Fall auch in solchen Mitteldingen den Widersachern nicht zu weichen, noch leiden sollen, ihnen dieselbigen von den Feinden zu Schwächung des rechten Gottesdienstes und Pflanzung und Bestätigung der Abgötterei mit Gewalt oder hinderlistig aufdringen zu lassen" (BSLK 1057,6–23). Es folgen eine Vielzahl biblischer Verweise, die vergleichsweise spät (vgl. Heppe III, B III, 246–250 und Mager, 221) in den Artikel aufgenommen wurden und belegen sollen, daß in casu confessionis die „äußerlichen Mitteldinge ..., welche ihrer Natur und Wesen nach für sich selbst frei sein und bleiben und demnach kein Gebot oder Vorbot leiden mügen, dieselbigen zu gebrauchen oder zu unterlassen" (BSLK 1058,20–25), aufhören, Adiaphora zu sein.

Vorausgegangen war dieser – den status confessionis betreffenden – Grundsatzerklärung der Versuch, den Begriff des Adiaphoron oder Mitteldings an sich selbst zu bestimmen bzw. gegen prinzipielle Fehlbestimmungen abzugrenzen. Adiaphora oder Mitteldinge sind danach solche Zeremonien und Kirchengebräuche, welche an und für sich weder Gottesdienst noch konstitutiver Teil desselben sind, in bezug auf welche es mithin den Gemeinden je nach zeitlicher und örtlicher Gegebenheit freisteht, sie „nach guten Fug, Gewalt und Macht" (BSLK 1056,28 f.) „zu ändern, zu mindern und zu mehren" (BSLK 1056,31 f.). Als Gestaltungskriterien (vgl. Frank IV, 46 ff.) haben dabei gute Ordnung, christliche Disziplin, evangelische Ehrbarkeit und die Erbauung der Kirche

---

deren wird betont, daß die evangelische Vollkommenheit nicht in der Beachtung der Dinge begründet liege, „quae dicuntur ἀδιάφορα" (Apol XXVII,27). Der Sache nach ist das Problem der Adiaphora freilich auch in anderen Zusammenhängen präsent, etwa in CA XV und CA XXVI (samt Vorform); auch im Briefwechsel zwischen Melanchthon und Luther während des Augsburger Reichstages von 1530 spielt das adiaphoristische Problem eine sachlich wichtige Rolle (vgl. Mehlhausen, 105 f.).

zu gelten, weshalb Leichtfertigkeit und Erregung von Ärgernis zu
meiden, hingegen Achtung und Rücksicht auf die Schwachen im
Glauben zu üben sind. Daraus geht hervor, daß „unnütze, närri-
sche Spektakel ...", so weder zu guter Ordnung, christlicher Disziplin oder evangelischen Wohlstand in der Kirchen nützlich"
(BSLK 1056,10−14) sind, von vornherein nicht als Adiaphora oder
Mitteldinge gelten können. Das trifft um so mehr für den Fall zu,
„wann solche Ding unter dem Titel und Schein der äußerlichen
Mitteldinge fürgegeben werden, welche (ob ihnen gleich eine andere Farbe angestrichen würd) dennoch im Grunde wider Gottes
Wort sind, daß dieselbige nicht als freie Mittelding gehalten, sondern als von Gott vorbotene Dinge gemieden sollen werden"
(BSLK 1055,6−13).[187] Dies und damit die Bestimmung zur Kenntnis
zu nehmen, was als ein Adiaphoron prinzipiell gelten kann und
was prinzipiell nicht, ist die Voraussetzung dafür, zu verstehen,
worum im adiaphoristischen, auf den casus confessionis bezogenen Streit gestritten wurde und worum nicht.[188]

---

[187] Vgl. BSLK 1055,13−29: „(W)ie auch unter die rechte freie adiaphora oder
       Mitteldinge nicht sollen gerechnet werden solche Ceremonien, die den
       Schein haben oder, dardurch Vorfolgung zu vormeiden, den Schein für-
       geben wollten, als wäre unsere Religion mit der papistischen nicht weit
       voneinander, oder wäre uns dieselbe ja nicht hoch entgegen, oder wann
       solche ceremoniae dahin gemeinet, also erfordert oder aufgenommen,
       als ob darmit und dardurch beide widerwärtige Religion verglichen und
       ein corpus worden, oder wiederumb ein Zutritt zum Papsttumb und ein
       Abweichen von der reinen Lehre des Evangelii und wahrer Religion ge-
       schehen oder gemählich daraus erfolgen sollte."

[188] Hält man sich an den auf Anraten Melanchthons durch Kurfürst Moritz
       veröffentlichten „Auszug" aus den Bestimmungen des Leipziger Interim
       (vgl. CR 7, 426 ff.), dann ging es dabei insbesondere um die Thematik
       der Konfirmation, der Krankensalbung, Meßordnung und Meßliturgie,
       um Chorhemden, Horengesang, Heiligenbilder, Fronleichnamsfest und
       Fastengebote. (Vgl. Frank IV, 14: „Die Mitteldinge, um die es sich hier
       handelt, bilden sonach nur einen Theil des allgemeinen Genus der Adia-
       phora, denn von Ceremonien oder Kirchengebräuchen, so an ihm selbst
       Mitteldinge, ist die Rede; und wiederum wird das Verhalten zu diesen
       besonderen Mitteldingen nicht allgemein, sondern für einen besondern,
       historisch vorgekommenen Fall geregelt." Ferner Frank IV, 51: „Es ist das
       Eigenthümliche dieses Streites, dass er gar nicht das Verhalten zu den
       kirchlichen Mitteldingen an sich, auch nicht das Verhalten zu denselben
       unter dem Gesichtspuncte der hiefür geltenden ethischen Normen über-
       haupt, sondern die Frage betraf, wie man sich in Zeiten der Verfolgung
       und des Bekenntnisses, wenn eine Vergleichung mit den Widersachern

Auch wenn, wie erwähnt, seit dem Passauer Vertrag von 1552 und spätestens seit dem Augsburger Religionsfrieden von 1555 der situative Anlaß des adiaphoristischen Streits erledigt und eine aktuelle Nötigung seiner Behandlung nicht mehr gegeben war, wird seine bleibende theologische Bedeutung u. a. durch die Tatsache hervorgehoben, daß „auf allen Vorstufen, die zur Konkordienformel führen ..., auf ihn Bezug genommen wird"[189]. Als letzte der innerlutherischen Kontroversen wird die Frage der „Mitteldinge" neben der Problematik des freien Willens, der Rechtfertigung, der guten Werke sowie neben einem Exkurs zur Abendmahlsproblematik schon in Andreaes lateinischen Unionsartikeln von 1568 (vgl. Mager, 40 f.) und dann erneut – wenngleich auch sehr knapp – in den deutschen Unionsartikeln von 1569 (vgl. Heppe II, 253 sowie Mager, 61) behandelt. Die Grundrichtung der Argumentation ist bereits festgelegt[190]: wenn an sich indifferente Zeremonien und Kirchengebräuche erzwungen werden sollen und durch entsprechende Folgsamkeit der Eindruck einer Verleugnung der evangelischen Wahrheit und ihres Bekenntnisses aufkommen kann, dann verlieren Adiaphora ihren Beliebigkeitscha-

---

in der Lehre nicht Statt gefunden, zu der Wiederaufrichtung gefallener Ceremonien, solcher nämlich, welche der gegnerischen Lehre und Kirche angehören, zu stellen habe.")

[189]   J. Schöne, Von den Grenzen kirchlicher Freiheit. Die Aussage des Artikels X der Konkordienformel über die Adiaphora, in: ders. (Hg.), a. a. O., 113–120, hier: 116.

[190]   Vgl. Frank IV, 3 f.: „Nicht leicht wird man einen andern Artikel des Bekenntnisses finden, dessen Formulirung und Anerkennung geringere Schwierigkeiten gemacht hätte, als der von den Mitteldingen. Der Aenderungen, welche die Fassung des Artikels von der Schwäbischen Concordie an bis zu dem Bergischen Buche hin unterworfen ward, sind wenige, in der Regel nur redactionelle, und die Gutachten, welche über die Confessionsentwürfe ergingen, erklärten sich meist damit einverstanden. Hatte doch auch Calvin sich ganz in demselben Sinne wie die strengen Lutheraner gegen das Verfahren Melanchthons bei den interimistischen Händeln ausgesprochen, so dass von den calvinisch bestimmten Kreisen ein Widerspruch gegen diesen Artikel nicht verlautete. Vor Allem war es das Verdienst des Flacius gewesen, sich mannhaft, wenn auch nicht ohne Ueberspannung der Polemik, der schwächlichen Nachgiebigkeit der Melanchthonischen Richtung entgegengesetzt und dadurch der Kirche zur klaren Erkenntniss über die vorliegende Frage verholfen zu haben: es sind recht eigentlich die Flacianischen Thesen, welche in der Concordienformel zur kirchlichen Anerkennung gekommen sind."

rakter – Widerstand und Verweigerung sind gemäß Gal 2,4f. geboten. In der vierten seiner sechs Predigten vom Jahre 1573 wird dieser Gedanke von Andreae unter Berufung auf das erste Gebot und unter Verweis auf das Beispiel von Märtyrern des Evangeliums breit entfaltet und zu folgendem Schluß geführt: „Diß seie auch gnug gesagt, von den Kirchengebreuchen und Mitteldingen, die an jn selber weder gut noch böß, von Gott weder gebotten noch verbotten, wann sie der Kirchen, zur zeit der Bekanntnuß mit gwalt auffgetrungen, dieselbige mit Ergernuß der schwachglaubigen, unnd Sterckung der halßstarrigen in jrem Irrthumb, zu abbruch und schmelerung der Christlichen Freiheit anzunemen, daß in sollichem Fahl keins wegs frey, den Feinden Gottes Worts zuweichen, oder nachzugeben, sonder daß ein Christ, die Christliche Freiheit, und also die Warheit deß heiligen Euangelij zubehalten, schuldig sey, fein rund zubekennen, unnd darüber zuleiden, was jme Gott der Herr zuschicke, der auch wol on sollice Heüchlerey, die reine Lehr und sein Kirchen zuerhalten weist." (Heppe III, B I, 45f.) Bemerkenswert ist ferner, wie Andreae den Anlaß des adiaphoristischen Streites und die Haltung der Wittenberger Theologen beurteilt (vgl. Heppe III, B I, 40ff.) und wie massiv und definitiv er sich gegen „das gantz Bapstumb, und allen seinen Antichristischen Grewel" (Heppe III, B I, 45) wendet; hieraus spricht nicht nur seine „eigene langjährige kontroverstheologische Erfahrung, sondern auch das erstarkende Selbstbewußtsein des beginnenden lutherischen Konfessionalismus" (Mager, 181).

In SC werden die Argumente der Predigt gestrafft und im Anschluß an den förmlich bestimmten status controversiae unter Konzentration auf „den Artikel von der Christlichen Freyheit" (Hachfeld, 268) in geordneter Reihe ausgeführt. Damit ist die strukturelle Grundverfassung von FC XI gegeben. Das gilt bis in den Wortlaut hinein auch für die Damnationen und den ihnen beigefügten Schlußsatz. Diese lauten in SC: „1. Demnach verwerffen und verdammen wir als unrecht, wann menschen gebott für sich selbst, als ein Gottsdienst, oder stuekh desselben gehalten werden. 2. Wir verwerffen unnd verdammen auch als unrecht, wann solche gebott mit zwang, als nottwendig, der Gemein Gottes auffgetrungen werden. 3. Wir verwerffen unnd verdammen auch als unrecht, deren meinung, so da halten, das man zur Zeit der verfolgung, den feinden des Hailigen Euangelii (das zu abbruch der wahrheit dienet) in dergleichen mitteldingen möge wilfahren. 4. Wir verwerffen und verdammen auch, wenn solche Mittelmeßige Ding der gestallt abgeschaffen werden als solt es der Gemein Gottes nit frey stehn Jeder Zeitt und ortt, derselben gelegenheitt nach, wie es der Kirchen am nützlichsten, sich eines oder mehr zu gebrauchen. Solcher gestalt werden die Kirchen von wegen ungleichheitt der Ceremonien, da eine wenig oder mehr derselben hatt, ein ander nicht verdammen, wann sie sunst inn der lehr, und allen derselben Artikel, auch rechtem gebrauch der H. Sacramenten, mit einander einig nach dem wolbekannten Spruch: Dissonantia jejunii non dissolvit consonantiam fidei. Ungleichheit des Fastens, soll die einigkeit des Glaubens nicht trennen." (Hachfeld, 269) Während Chemnitz die vierte Verwerfung wegläßt (vgl. Heppe III, B II, 129), ist sie später wieder aufgenommen und durch eine weitere ergänzt worden (Heppe III, B III, 250: „Geleichesfals halten wirs auch fur straffwurdige sunde wo zur zeit der verfolgung entweder in mitteldingen oder in der lehr und was sonst zur religion gehoret umb der feinde des euangelij willen im wort und mit der that dem christlichen bekentnuß zu wider und entjegen etwas gehandelt ist, oder hinfordert gehandelt mochte werden." Vgl. Frank IV, 73). Für SD X ergibt sich demnach eine Reihe von fünf Antithesen (vgl. BSLK 1062 f.), wohingegen die Epitome die Damnationen in Gestalt von SC darbietet.

Bezüglich der sonstigen Modifikationen und Veränderungen im Verlauf der Textgeschichte von FC X ist vor allem auf die aus MF VII (vgl. Pressel, 687 ff., hier: 691 f.)[191] übernommene Passage (vgl. BSLK 1060 f.) zu verweisen, in welcher ausführlich aus den Schmalkaldischen Artikeln und aus dem Traktat von der Gewalt und Obrigkeit des Papstes zitiert wird, um die dargelegte Position über die Kirchengebräuche als authentisch und der ursprünglichen Einsicht der Reformation entsprechend zu autorisieren. Abgeschlossen wird dieser Einschub in der Solida Declaratio mit ei-

---

[191] Ihren Ausgang nimmt die Argumentation von MF bei CA XV (vgl. Pressel, 687). Interessant sind fernerhin die zahlreichen Zitate aus Luthers Coburger Schriftverkehr während der Tage des Augsburger Reichstages 1530. (Vgl. Pressel, 693 f., Frank IV, 54 ff. sowie die Bewertung Mehlhausens, 106: „Man kann den gesamten Streit um die Adiaphora mit einigem Recht als eine Fortsetzung des theologischen Lehrgesprächs ansehen, das Luther in seelsorgerlicher Absicht von der Coburg aus in seinen Briefen mit Melanchthon geführt hat.")

nem zusammenfassenden Hinweis auf einschlägige Stellungnahmen Luthers (vgl. BSLK 1061, Anm. 1 sowie BSLK 1062, Anm. 1), die ein längeres wörtliches Zitat, welches TB beigebracht hatte (vgl. BSLK 1061, App. zu BSLK 1061,39 – 1062,5), ersetzen. Insgesamt herrscht die Tendenz vor, von Einzelheiten abzusehen und auf direkte Bezüge auf geschichtliche Vorfälle möglichst zu verzichten. So wird z. B. in der Beschreibung des status controversiae nicht mehr ausdrücklich gesagt, daß es sich bei den Theologen, deren Auffassung abgelehnt wird[192], um – wie es in Andreaes Predigten geheißen hatte (vgl. BSLK 1054, Anm. 3) – „Wittenberger ... Theologen" handelte. In der Sache freilich werden keine Abstriche gemacht: Für den Fall, daß die reine Lehre des Evangeliums unterdrückt zu werden in Gefahr steht, ist – um es zu wiederholen – jedem Christenmenschen und namentlich den Dienern des Wortes als den Vorstehern der Gemeinde ein freies und öffentliches Bekenntnis in Wort und Tat verpflichtend geboten, wobei auch in den sog. Mitteldingen kein Kompromiß eingegangen werden darf, weil diese in casu confessionis aufhören, Adiaphora zu sein (vgl. BSLK 1057,6 ff.). Biblisch belegt wird dies mit der paulinischen Haltung zur Frage der Beschneidung und zu rituellen Speise- und Feiertagsvorschriften. Zwar konnte Paulus die Beschneidung in geistlicher Freiheit durchaus als Adiaphoron beurteilen, doch änderte sich dies grundlegend, „(d)o ... die falschen Apostel zu Bestätigung ihrer falschen Lehre, als wären die Werk des Gesetzes zur Gerechtigkeit und Seligkeit vonnöten, die Beschneidung erforderten und mißbrauchten" (BSLK 1057,39 – 1058,1). Denn in solchen und ähnlichen Fällen ist es, wie gesagt, „nicht mehr umb die äußerlichen Mitteldinge zu tun, welche ihrer Natur und Wesen nach für sich selbst frei sein und bleiben und demnach kein Gebot oder Vorbot leiden mügen, dieselbigen zu gebrauchen oder zu unterlassen, sondern es ist erstlich zu tun umb den hohen Artikel unsers christlichen Glaubens, wie der Apostel

---

192 BSLK 1054,7 – 18: „(D)er eine Teil gehalten, daß man auch zu der Zeit der Vorfolgung und im Fall der Bekenntnus, wann die Feinde des H. Evangelii sich gleich mit uns in der Lehre nicht vorgleichen, dennoch mit unvorletztem Gewissen etliche gefallene Zeremonien, so an ihn selbst Mitteldinge und von Gott weder geboten noch vorboten, auf der Widersacher Dringen und Erfordern wiederumb aufrichten, und man sich also mit ihnen in solchen adiaphoris oder Mitteldingen wohl vorgleichen möge."

zeuget, ‚auf daß die Wahrheit des Evangelii bestehe' (Gal 2,5), welche durch solchen Zwang oder Gebot vordunkelt und vorkehret wird, weil solche Mitteldinge alsdann zu Bestätigung falscher Lehr, Aberglaubens und Abgötterei und zu Unterdrückunge reiner Lehre und christlicher Freiheit entweder öffentlich erfordert oder doch darzu von den Widersachern mißbrauchet und also aufgenommen werden" (BSLK 1058,20–37). Ergänzt wird diese Feststellung durch den Hinweis, daß auch der Artikel von der christlichen Freiheit Schaden nehme, wenn Menschensatzungen mit Gewalt der Kirche aufgezwungen werden; dies widerstandslos hinzunehmen, würde die Abgöttischen in ihrer Abgötterei bestärken, die Rechtgläubigen hingegen betrüben, ärgern und in ihrem Glauben schwächen, „welches beides ein jeder Christ bei seiner Seelen Heil und Seligkeit zu meiden schuldig ist" (BSLK 1059,21–23 mit Verweis auf Mt 18,7.6 und 10,32).

Damit sind Inhalt und Genese des Artikels „(v)on den Kirchengebräuchen, so man Adiaphora oder Mitteldinge nennet" im wesentlichen wiedergegeben, so daß nur noch eine Bemerkung zur Sonderstellung des Themas im Gesamtzusammenhang der Konkordienformel anzufügen ist. Die Sonderstellung des adiaphoristischen Streits, den FC X zu klären versucht, liegt darin begründet, daß es in ihm nicht nur explizit, sondern in einer das explizite Thema transzendierenden Weise um den casus confessionis zu tun war, sofern recht eigentlich aus ihm jener Bekenntnisfall hervorging, welcher die Konkordienformel intern und extern bestimmen sollte. War der adiaphoristische Streit doch nicht nur der Anlaß, sondern in bestimmter Weise auch der Inbegriff eines wesentlichen Teils jener binnenlutherischen Auseinandersetzungen, welche die Formula Concordiae beizulegen sich bemühte – schon der Beiname interimistischer Streit deutet darauf hin. FC X bietet daher erneute Gelegenheit, auf die enge sachliche Zusammengehörigkeit vieler Artikel der Konkordienformel bzw. der in ihnen behandelten Streitpunkte hinzuweisen. Mit Recht hat es O. Ritschl als „durch nichts gerechtfertigt" erklärt, „die adiaphoristischen, majoristischen, synergistischen, flacianischen und sogenannten späteren antinomistischen Streitigkeiten auseinanderzureißen und vereinzelt darzustellen. Vielmehr gehören zunächst der Adiaphorismus, der Majorismus und der Synergismus aufs engste mit einander zusammen als die hauptsächlichen Erscheinungsformen, in denen der Philippismus seit dem Leipziger Interim den Gnesiolutheranern schweren Anstoß gegeben hat. Indem diese nämlich

das Leipziger Interim heftig bekämpften, haben sie sich schon
gleich nicht nur gegen den Adiaphorismus gewendet, sondern
auch gegen die dogmatischen Positionen, die später nach einander unter den Namen Majorismus und Synergismus in den Vordergrund der Erörterung rückten, ohne daß darum der weitere
Kampf gegen den Adiaphorismus und den Majorismus aufgehört
hätte. So hat man denn auch im 16. Jahrhundert selbst noch gar
nicht getrennt von adiaphoristischen, majoristischen und synergistischen Streitigkeiten geredet. Sondern die Gegner der Philippisten waren sich völlig klar darüber, daß der Adiaphorismus, der
Majorismus und der Synergismus lediglich verschiedene Seiten
bezeichneten, nach denen hin ihnen Melanchthons und seiner
Freunde kirchenpolitische und theologische Haltung verwerflich
und energischer Abwehr bedürftig erschien." (Ritschl II/1, 325 f.)
Entsprechendes gilt für die sog. antinomistischen Streitigkeiten
(vgl. Ritschl II/1, 327). Eine Ausnahme bilden lediglich die Auseinandersetzungen zu Abendmahlslehre und Christologie einschließlich derjenigen um Höllenfahrt Christi und Prädestination, welche
die Konkordienformel in Form von Exkursen behandelt, sowie in
gewisser Weise der osiandrische Streit. An diese sachlich begründete Gliederung des Stoffes sei anläßlich der Behandlung des
adiaphoristischen Streits, von dem die philippistischen Streitigkeiten ihren historischen Ausgang nahmen, noch einmal eigens
erinnert.[193]

Diese Erinnerung mag zugleich als Begründung dafür gelten,
warum in vorliegender Darstellung bei der Behandlung der einzelnen Artikel der Konkordienformel im Falle von FC X von der
ansonsten durchweg beibehaltenen Reihenfolge des Bergischen
Buches abgewichen wurde. Diese Abweichung hat u. a. den Vorteil, daß der Epilog der Formula Concordiae nun in jenen Kontext

---

[193] Tschackert, 478 gruppiert den Gedankenstoff der binnenlutherischen
       Lehrstreitigkeiten, indem er unterscheidet „1) Lehrstreitigkeiten, die das
       lutherische Prinzip unmittelbar betreffen: antinomistischer und osiandri-
       scher Streit; 2) Lehrstreitigkeiten, die sich auf den Unterschied des Lu-
       thertums vom Philippismus beziehen: adiaphoristischer, majoristischer
       und synergistischer Streit; 3) Lehrstreitigkeiten, in denen sich das Lu-
       thertum gegen den Calvinismus abgrenzt: kryptocalvinistische Streitig-
       keiten über Abendmahl, Christologie und Prädestination." (Vgl. ferner
       C. G. Fry, Article XII. Other Factions and Sects, in: R. D. Preus/W. Rosin
       [Hg.], a. a. O., 278–290.)

zu stehen kommt, in welchen er sachlich gehört, nämlich im Zusammenhang der interimistischen Streitigkeiten, wie sie aus Anlaß des adiaphoristischen Streits um die Bestimmungen namentlich des Leipziger Interims manifest wurden. Der besagte Epilog hat im Bergischen Buch folgenden Wortlaut: „Und soviel von den zwiespaltigen Artikuln, die unter den Theologen Augsburgischer Confession nun viel Jahr disputieret, darin sich etliche geirret und darüber schwere controversiae, das ist, Religionsstreit, entstanden, aus wellicher unser Erklärung Freund und Feind und also männiglich klar abzunehmen, daß wir nicht bedacht, umb zeitliches Friedens, Ruhe und Einigkeit willen etwas der ewigen, unwandelbaren Wahrheit Gottes (wie auch solchs zu tun in unser Macht nicht stehet) zu begeben, welcher Fried und Einigkeit, da sie wider die Wahrheit und zu Unterdrückung derselben gemeinet, auch keinen Bestand haben würde; noch viel weniger gesinnet, Verfälschung der reinen Lehre und öffentliche verdambte Irrtumb zu schmücken und zu decken. Sonder zu solcher Einigkeit herzlichen Lust und Liebe tragen und dieselbige unsers Teils nach unserm äußersten Vermugen zu befurdern von Herzen geneigt und begierich, durch welche Gott seine Ehre unvorletzt der göttlichen Wahrheit des H. Evangelii nichts begeben, dem wenigisten Irrtumb nichts eingeräumbt, die armen Sündern zu rechter, wahrhaftiger Buße gebracht, durch den Glauben aufgerichtet, im neuen Gehorsamb gestärkt und also allein durch den einigen Verdienst Christi gerecht und ewig selig werden etc." (BSLK 1090,30–1091,12) Dieser Text bildet in BSLK den Schluß von FC XI, also den Schluß des Prädestinationsartikels. Indes belegt ein Blick in SC (vgl. Hachfeld, 296), wo sich der Passus abgesehen von der deutschen Erläuterung des lateinischen Begriffs controversiae bereits wörtlich vorfindet, daß es sich um einen selbständigen Textpassus handelt. Steht er in SC vom Prädestinationsartikel abgehoben unmittelbar vor den beigefügten Erklärungen „Von Andern Rothen unnd Secten, so sich niemals zu der Augpurgischen Confession bekennet" (vgl. Hachfeld, 297 ff.), so haben ihn Chemnitz und SSC als Epilog zum Prädestinationsartikel gezogen (vgl. Mager, 238), ohne am Gehalt irgendwelche Änderungen vorzunehmen.

Der anhand der Form des Textes und seiner Vorgeschichte unschwer erkennbare Epilogcharakter der zitierten Passage, welche die vorausgegangenen Artikel rückblickend beschließt, zeigt zugleich an, daß den erwähnten Beifügungen „Von andern Rotten

unnd Sekten" (BSLK 1091,19 ff.) innerhalb der FC ein Sonderstatus
zukommt (vgl. Tschackert, 569 f.). Zwar findet sich der besagte
Artikel, wie vermerkt, bereits in SC (vgl. Hachfeld, 297 ff.), doch
wird schon dort ausdrücklich betont, was dann nahezu unverändert in FC XII eingegangen ist, daß es nämlich nicht intendiert
war, näher auf häretische und sektiererische Bewegungen einzugehen, welche sich niemals zur Augsburgischen Konfession bekannt haben. Alleinige Absicht sei es vielmehr gewesen, gegenüber gegnerischen Verunglimpfungen, „daß nicht zween Prädi-
kanten gefunden, die in allen und jeden Artikeln der
Augsburgischen Confession einig" (BSLK 1092,4–6), den „rechten,
einfaltigen, natürlichen und eigentlichen Vorstand" (BSLK
1092,24 f.) der Augustana zu erheben und eingerissenen Zwiespalt
unter den Theologen Augsburgischer Konfession zu klären und
zu beseitigen. Dies auf lautere, durchsichtige und beständige Weise geleitet zu haben, ist der Anspruch der Väter der Konkordienformel, den Andreae, Selnecker, Musculus, Cornerus, Chytraeus
und Chemnitz im Bewußtsein dauerhafter, ja eschatologischer
Verbindlichkeit durch ihre „mit eigen Handen" (BSLK 1100,13)
vollzogene Unterschrift beglaubigt haben. Hingegen seien sie auf
andere „Rotten und Sekten", wie es heißt, überhaupt nur deshalb
eingegangen, um öffentlich „vor der ganzen Christenheit zu bezeugen, daß wir mit derselben Irrtumb, es sein ihr viel oder wenig, weder Teil noch Gemein haben, sondern solche allzumal als
unrecht und ketzerisch, der heiligen Propheten und Apostel
Schriften, auch unserer christlichen und in Gottes Wort wohlge-
gründten Augsburgischen Konfession zuwider vorwerfen und
vordammen" (BSLK 1093,9–18). FC XII hat also erklärtermaßen
den Status eines Anhangs, was durch die Tatsache bestätigt wird,
„dass von einer dialectisch-dogmatischen Entwickelung der Be-
kenntnisspuncte, wie wir sie bisher zu vollziehen hatten, in diesem Artikel um so weniger die Rede sein kann, als neue Lehrbildungen nach Analogie jener, die in den früheren Artikeln ihren
kirchlichen Niederschlag gefunden, hier überall nicht vorliegen,
sondern lediglich Negationen verschiedenartiger, da oder dort
vorgekommener, diesem oder jenem Stücke der evangelischen
Lehre und Praxis widerstrebender Irrlehren" (Frank IV, 346 f.).
Statt in bisheriger Ausführlichkeit auf die Einzelbestimmungen
von FC XII einzugehen, soll der Artikel daher nur in seinen
Grundzügen skizziert und im übrigen zum Anlaß genommen
werden, in einem Epilog die Fragen von Sektentum und Häresie

in allgemeiner und um Aktualität bemühter Perspektive zu behandeln, um so zumindest unter einem Aspekt explizit zu leisten, was implizit für das interpretatorische Gesamtunternehmen bestimmend sein sollte, nämlich den Horizont reformatorischen Bekenntnisses hermeneutisch auf Gegenwart und Zukunft hin zu erschließen. Daß hierzu gerade die Häresieproblematik geeignet sein soll, mag auf den ersten Blick als unwahrscheinlich erachtet werden. Demgegenüber wird sich hoffentlich zeigen, daß das Problem von Irrlehre und Sektiererei auf seine Weise brennscharf zu fokussieren vermag, worauf es evangelisch-lutherischem Bekenntnis in Kritik und Konstruktion ankommt bzw. anzukommen hat.

Was FC XII betrifft, so findet sich der Artikel „Von andern Rotten und Sekten", wie gesagt, schon in SC. Zur Ausarbeitung benutzte Andreae eine Reihe von Predigten, die er im Jahre 1567 „von den fürnembsten Spaltungen in der Christlichen Religion ... zwischen den Bäpstischen, Lutherischen, Zwinglischen, Schwenkfeldianern und Widerteuffern" in Esslingen gehalten und ein Jahr später veröffentlicht hat (vgl. Frank IV, 374, Anm. 7, wo ein vergleichender Überblick über die Predigtthemen und die Inhalte von FC XII gegeben wird). Wie in den Predigten, so wird auch in SC über „Irrige Artickel der Zwinglianer" gehandelt, in bezug auf die es heißt: „Deßgleichen verwerffen wür Auch die Zwinglische Irhtumb, von dem hochwürdigen Sacrament des leibs unnd Bluts Christi, da sie lehren. I. Das im H. Abentmal nit wahrhafftig, unnd wesentlich gegenwertig seyen, der leib unnd Blut Christi, sonder Abwesendt, durch Brodt unnd wein allein bedeutet werden. II. Daß die unwürdigen nicht den leib und Blut Christi im H. Abentmal, sonder Allein Brodt unnd wein deß Abentmals empfangen." (Hachfeld, 299) Während Chemnitz diesen Abschnitt noch übernommen und mit einem kleinen erläuternden Zusatz (Heppe III, B II, 164: „durch broth und wein alse durch ein zeichen oder figur allein bedutet werden") versehen hatte, ist er später „als Wiederholung der bereits im Abendmahlsartikel ausgesprochenen (Antithese)" (Mager, 239) fortgefallen und nicht ins Bergische Buch eingegangen. Dieses handelt der Reihe nach von den Irrtümern der Täufer (BSLK 1093,26 ff.), der Schwenckfeldianer (BSLK 1096, 23 ff.) sowie der neuen Arianer (BSLK 1098,13 ff.) und der neuen Antitrinitarier (BSLK 1099,4 ff.), um zu folgendem Schluß zu gelangen: „Diese und dergleichen Artikel allzumal, und was denselben anhanget und daraus folgt, vorwerfen und vordammen wir als unrecht,

falsch, ketzerisch, dem Wort Gottes, den dreien Symbolis, der
Augsburgischen Confession und Apologi, den Schmalkaldischen
Artikeln und Catechismis Lutheri zuwider, vor welchen sich alle
fromme Christen hüten wollen und sollen als lieb ihnen ihrer
Seelen Heil und Seligkeit ist." (BSLK 1099,27–36) Zu demselben
Resultat war bereits SC gekommen (vgl. Hachfeld, 301), dessen
Bestimmungen auch ansonsten[194] die Basis für alles weitere bil-
den.

Folgt man einem Vorschlag Franks, dann läßt sich der Gehalt von
FC XII am besten unter den Aspekten der „Lehren von Gott dem
dreieinigen, von Christo und zwar nach Seiten seiner menschlichen Natur, von den Gnadenmitteln, von der Kirche, von der Gerechtigkeit vor Gott, von der Obrigkeit, von dem socialen Leben
überhaupt und dem ehelichen insbesondere" (Frank IV, 351; bei
F. größtenteils gesperrt) ordnen. Was die Trinitätslehre angeht, so
bekräftigt FC XII gegen arianische und antitrinitarische Angriffe
und ohne nähere dogmatische Spezifikation die Aussagen des ni-
zänischen und athanasianischen Symbols. Entsprechendes gilt für
die Christologie; interessant ist insbesondere die Verwerfung der
Lehre, „(d)aß Christus sein Fleisch und Blut nicht von Marien der
Jungfrauen angenommen, sondern vom Himmel her mit sich gebracht" (BSLK 1096,9–12) sowie „daß alle die kein Erkenntnis des
regierenden Himmelkönigs Christi haben, die Christum nach dem
Fleisch oder seine angenommene Menschheit für ein Kreatur hal-

---

[194]   Vgl. Frank IV, 350f.: „Im Uebrigen blieb das Meiste von dem, was Andreä geschrieben, unverändert, und nur hie und da wurden später einzelne Puncte neueingefügt, wie in dem Abschnitt von den Wiedertäufern
die Zurückweisung der Irrlehren, dass die Kinder christlicher und gläubiger Aeltern auch ohne und vor der Taufe heilig und Gottes Kinder sei-
en, dass Christus sein Fleisch und Blut nicht von der Jungfrau Maria angenommen, sondern vom Himmel mit sich gebracht, und dass er nicht
wahrer wesentlicher Gott sei, sondern nur mehr und höhere Gaben und
Herrlichkeit denn andere Menschen habe; oder näher bestimmt und erweitert, wie z. B. in dem Abschnitt von den Schwenkfeldianern deren
Lehre von der Person Christi nach Seiten seiner durch die Erhöhung ver-
gotteten Leiblichkeit, desgleichen in dem Abschnitt von den neuen An-
titrinitariern die Häresie von dem sonderlichen Wesen jeder der drei Personen, welches nicht blos gleich, sondern auch ungleich gedacht werde,
so dass dann allein der Vater wahrer Gott sei. Ein Gegenstand des Streites aber bei den Verhandelungen über Annahme oder Ablehnung des
Bekenntnisses, ein Grund oder Vorwand für letztere war und wurde der
zwölfte Artikel, so viel mir bekannt, nirgend."

ten, und daß das Fleisch Christi durch die Erhöhung alle göttliche Eigenschaft also angenommen, daß er an Macht, Kraft, Majestät, Herrligkeit dem Vater und dem ewigen Wort allenthalben in Grad und Stelle des Wesens gleich, also daß einerlei Wesen, Eigenschaft, Willen und Glori beider Naturen in Christo sei und daß Christi Fleisch zu dem Wesen der heiligen Dreifaltigkeit gehöre." (BSLK 1097,1–14; vgl. dazu Frank IV, 353 f.) Die Antithesen in der Gnadenmittellehre betreffen zum einen die „mystische Trennung des Auesserlichen von dem Innerlichen, die Herabsetzung und Entwerthung des ersteren zu Gunsten des zweiten, worin die Negation der Vermittelung sei es des heiligen Geistes durch das gepredigte und gehörte Wort, sei es der Versiegelung der Kindschaft und der Wiedergeburt durch die Taufe, sei es des Leibes und Blutes Christi durch Brot und Wein im Abendmahle bei Schwenkfeld zumal ihren Grund hatte" (Frank IV, 355); zum andern betreffen sie die anabaptistische Absage an die Kindertaufe und die damit verbundene Verleugnung der Erbsünde (zu BSLK 1094,25 ff.; vgl. BSLK 1094, Anm. 6). Ekklesiologisch ist vor allem die Verteidigung des antidonatistischen Kirchenbegriffs (zu BSLK 1098,4 ff. vgl. BSLK 1098, Anm. sowie Frank IV, 361 f.), rechtfertigungstheologisch die Zurückweisung der Thesen beachtenswert, daß ein wahrhaftig durch den Geist wiedergeborener Christ „das Gesetze Gottes in diesem Leben vollkommen halten und erfüllen könnte" (BSLK 1098,2 f.) sowie „(d)aß unsere Gerechtigkeit vor Gott nicht allein auf dem einigen Gehorsamb und Vordienst Christi, sondern in der Erneuerung und unser eigenen Frombkeit stehe in welcher wir für Gott wandeln" (BSLK 1094,3–7). Verbleiben noch die die Obrigkeitslehre und die Sozial- und insbesondere die Eheethik betreffenden Verwerfungen, die sich in der Absage an den Grundsatz, „(d)aß die Obrigkeit kein gottseliger Stand im nauen Testament sei" (BSLK 1095,15 f.), zusammenfassen lassen und durchweg von dem bestimmt sind, was man später die Zwei-Reiche-Lehre genannt hat.

EPILOG

In seinem 1979 erschienenen Buch „The Heretical Imperative.
Contemporary Possibilities of Religious Affirmation"[1] hat der ame-
rikanische Religionssoziologe Peter L. Berger Modernität als Universalisierung von Häresie beschrieben (vgl. bes. 14–45). Unter
neuzeitlichen Bedingungen herrsche, so der Titel der deutschen
Übersetzung, der Zwang zur Häresie (vgl. 39 ff.): „In prämodernen
Situationen leben die Menschen in einer Welt religiöser Sicherheit,
die gelegentlich durch häretische Abweichungen in Mitleiden-
schaft gezogen wird. Im Gegensatz dazu bildet die moderne Situation eine Welt der Unsicherheit, die gelegentlich durch mehr
oder weniger brüchige Konstruktionen religiöser Affirmation abgewehrt wird. Tatsächlich läßt sich dieser Wandel noch weit
schärfer formulieren: Für den prämodernen Menschen stellt die
Häresie eine Möglichkeit dar, für gewöhnlich allerdings eine fern-
ab gelegene; für den modernen Menschen wird Häresie typi-
scherweise zur Notwendigkeit." (41; bei B. teilweise gesperrt.)
War Häresie in vormoderner Zeit ein im wesentlichen randständi-
ges Phänomen, so führt die gesteigerte Wahlmöglichkeit und
gleichzeitige Reduktion festgelegter Schicksalsbestimmtheit, wie
sie für die Moderne charakteristisch ist, heutzutage dazu, daß Häresie nicht nur für rechtens, sondern zur allgemeinen Pflicht erklärt wird: „Häresie", sagt Berger, „ist in der Tat universell geworden." (44)[2]

---

[1] Deutsche Übersetzung: P. L. Berger, Der Zwang zur Häresie. Religion in
der pluralistischen Gesellschaft, Frankfurt a. M. 1980. Die nachfolgenden
Seitenverweise im Text beziehen sich hierauf.

[2] Was immer diese These genau bedeutet und wie immer man sie im einzelnen beurteilen mag, Tatsache ist, daß die häufig beschriebene Plurali-
sierung des Wahrheitsverständnisses, wie sie weitgehend auch für die
aktuelle Gegenwart der Theologie und der christlichen Kirchen bestimmend geworden ist, den überkommenen Häresiebegriff der Dogmatik
grundlegend in Frage gestellt bzw. derart unterlaufen hat, daß er „aufs
Feld der Ethik" (D. Korsch, Art. Häresie, in: Wörterbuch des Christentums, Gütersloh/Zürich 1988, 453 f., hier: 453) wanderte. Ein Beleg hierfür
ist die gelegentlich und namentlich in ökumenischen Kontexten begegnende Rede von praktischer Häresie (vgl. W. Huber, Art. Häresie III. Sy-

Läßt sich unter diesen Bedingungen überhaupt noch ein konsistenter Begriff von Häresie entwickeln, oder bedeutet die behauptete Universalisierung der Häresie nicht zugleich das faktische Ende dessen, was mit diesem Begriff einmal bezeichnet wurde? Und wie steht es, wenn der Häresiebegriff fällt, mit der Möglichkeit von Orthodoxie bzw. konfessioneller Lehridentität? „(I)n der pluralistischen Dienstleistungsgesellschaft", so hat man Bergers sozialwissenschaftliche Analyse der ökumenischen Situation der überkommenen Konfessionskirchen umschrieben, „herrscht auch für das kirchliche Service-Angebot das Gesetz des Marktes – konfessioneller Monopolanspruch hat sich längst in den kirchlichen Innenbereich zurückziehen müssen. Die Nachfrage schrumpft oder ist zumindest schwankend und unsicher. Die kirchliche Führung, die sich mehr und mehr aus dem effizienzorientierten Menschentyp des Manager-Bürokraten zusammensetzt, will sich unter diesen Umständen keinen wilden Wettbewerb mehr leisten, die Kosten wären zu hoch. Daher kommt es zur Kartellbildung, die die Zahl der Konkurrenten reduziert und den Markt durch Absprachen und Zusammenarbeit manipuliert. Eine Fusion kommt freilich nicht zustande, denn es ist vorteilhafter, durch Profilierung des eigenen Produkts mittels eines gewissen

---

stematisch-theologisch, in: TRE 14, 341–348, hier: 345). Eine spezifische Differenz zur sogenannten dogmatischen Häresie hat man nach üblichem Verständnis darin zu suchen, „daß als Häresie nicht das beurteilt und verurteilt wird, was ein Christ glaubt und bekennt, sondern was er tut bzw. was er unterläßt" (R. Slenczka, Die Lehre trennt – aber verbindet das Dienen? Zum Thema: Dogmatische und ethische Häresie, in: KuD 19 [1973], 125–149, hier: 128). Nun wird man in der Tat nicht bestreiten können, daß das Problem praktischen Tuns und Lassens auch häresiologisch keineswegs irrelevant ist. Indes verliert der Begriff der Häresie jeden präzisen Sinn und degeneriert zum Schlagwort, wenn er unmittelbar „auf Verhaltensweisen als solche bezogen wird, auch wenn diese aus Gründen des Glaubens als verwerflich zu bezeichnen sind" (W. Huber, a. a. O., 346 f.). Statt das moralisch-sittlich zu beanstandende Handeln als solches mit dem Häresiebegriff zu belegen, sollte dieser daher prinzipiell nur in bezug „auf mögliche Begründung und Interpretation bestimmter Handlungsweisen im Horizont des christlichen Glaubens" (ebd.) Verwendung finden. Mag es in dieser Beziehung durchaus sinnvoll sein, von ethischer Häresie zu sprechen, so kann dieser Begriff, sofern auch er einen Theoriezusammenhang zur Voraussetzung hat, gleichwohl nicht im strengen Sinne eine Alternative zu dem der dogmatischen Häresie begründen, wie sie für den klassischen Sprachgebrauch kennzeichnend ist.

Neo-Konfessionalismus dem Bedürfnis nach einem differenzierten Angebot entgegenzukommen."[3] Man wird dieser Beschreibung der kirchlichen und zwischenkirchlichen Verhältnisse ein Wahrheitsmoment nicht bestreiten können. Einen Ersatz für eine theologische Antwort auf die Frage, was unter konfessioneller Lehridentität, was unter Orthodoxie und was unter Häresie zu verstehen ist, bietet sie freilich nicht und zwar gerade dann nicht, wenn es ökumenisch um den freien Wettbewerb der christlichen Kirchen und ihrer Ekklesiologien zu tun ist.

Die Antwort reformatorischer Bekenntnistradition auf die zuletzt genannte Frage der Häresie, welcher der Epilog gewidmet sein soll, weil sie das im Interesse der Erhebung konfessioneller Lehridentität im Gesamtwerk Ausgeführte in spezifischer Weise zu fokussieren vermag, läßt sich unschwer folgendem paulinischen Grundsatz entnehmen: „Si quis aliud evangelium evangelizaverit, anathema sit." (Apol VII,48; vgl. BSLK 246,26 f. und Gal 1,9)[4] Hat

---

3   W. Reinhard, Konfession und Konfessionalisierung in Europa, in: ders. (Hg.), Bekenntnis und Geschichte. Die Confessio Augustana im historischen Zusammenhang, München 1981, 165–189, hier: Anm. 123 unter Bezug auf P. L. Berger, Zur Dialektik von Religion und Gesellschaft. Elemente einer soziologischen Theorie, Frankfurt a. M. 1973.

4   Für die römisch-katholische Kirche ist Kanon 751 des Codex Iuris Canonici von 1983 einschlägig, wo zu lesen steht: „Dicitur haeresis, pertinax, post receptum baptismum, alicuius veritatis fide divina et catholica credendae denegatio, aut de eadem pertinax dubitatio." („Häresie nennt man die nach Empfang der Taufe erfolgte beharrliche Leugnung einer kraft göttlichen und katholischen Glaubens zu glaubenden Wahrheit oder einen beharrlichen Zweifel an einer solchen Glaubenswahrheit." Einer genaueren Erörterung wert wäre die Frage, warum im neuen CIC die im alten begegnende Wendung „nomen retinens christianum" einfach weggelassen wurde. Vgl. hierzu und zum Häresiebegriff insgesamt W. Pannenberg, Systematische Theologie Bd. III, Göttingen 1993, 448–452.) An dieser Bestimmung, die mit der Kennzeichnung der Häresie zugleich die Bedingungen festlegt, unter welchen allein jemand als Häretiker bezeichnet und verurteilt werden darf, sind mehrere Aspekte bemerkenswert: Häretiker kann – zum ersten – im Unterschied zum Heiden nur ein Getaufter sein. Dies bestätigt sich daran, daß der Häretiker – zum zweiten – anders als der Apostat, für den – um nochmals CIC 751 zu zitieren – „die Ablehnung des christlichen Glaubens im ganzen" („apostasia, fidei christianae ex toto repudiatio") charakteristisch ist, seinen verkehrten Widerspruch gegen den christlichen Glauben unter Berufung auf diesen bzw. unter Beanspruchung der Zugehörigkeit zu ihm vornimmt. Drittens gilt, daß die Leugnung bzw. Bezweiflung der Glau-

diese Maxime auch in den gegenwärtigen Reformationskirchen ihre Gültigkeit? Um darauf eine nicht lediglich empirische, sondern
dogmatische Antwort geben zu können, soll das Häresieproblem
unter mehreren Aspekten historisch-theologisch reflektiert werden. Ein *erster* Aspekt ist auf die elementaren Rahmenbedingungen bezogen, die beachtet sein wollen, damit nicht die im Namen
der Orthodoxie erfolgende antihäretische Negation selbst häretisch entartet und die Realisierungsbedingungen von Rechtgläubigkeit schon im Ansatz zerstört werden. Es gilt der Grundsatz,
daß die Konstatierung von Häresie keine zivilen Rechtsnachteile
für Leib und Leben des Häretikers zur Folge haben darf. Unter
dieser Voraussetzung wird in *zweiter* Hinsicht der Versuch unter-
nommen, den Unterschied von Häresie und Orthodoxie theologisch zu bestimmen, in welchem Zusammenhang dann noch
einmal kurz auf die – bereits mehrfach angesprochene – Problematik von Lehrverwerfungen und Damnationen eingegangen
werden soll. Konkretisiert wird dieses Thema am Verhältnis der
Reformationskirchen zur römisch-katholischen Kirche. Solche
Konkretion wird nicht auf direkte, sondern auf eher indirekte
Weise erfolgen, nämlich im Zusammenhang einer Skizze der hä-
resiologischen Modelle jener beiden Theologen, welche die evan-

---

benswahrheit hartnäckig und beharrlich und nicht lediglich in der Weise
eines beiläufigen Irrtums erfolgen muß, um dem Verdikt der Häresie zu
verfallen. Diesem Aspekt korrespondiert – zum vierten –, daß als Gegenstand häretischer Bestreitung nicht eine theologische Schulmeinung,
sondern nur eine gewisse Wahrheit von absoluter und allgemeiner Verbindlichkeit in Frage kommt. Nimmt man die beiden letztgenannten
Aspekte nicht lediglich als additive Gesichtspunkte, sondern in ihrer
sachlichen Zusammengehörigkeit wahr, dann wird man sagen müssen,
daß, wie zum objektiven Inhalt der Glaubenswahrheit die Subjektivität
des Glaubenden unveräußerlich hinzugehört, auch der Sachverhalt der
Häresie als einer denegatio und dubitatio der fides quae ohne eine zum
entschiedenen Unglauben tendierende Verkehrung der fides qua nicht
zu erfassen ist. In der Konsequenz dessen stellt sich nicht nur die Frage,
ob der Begriff der dubitatio zur Bestimmung des Häresiebegriffs wirklich
angemessen ist, sofern sich Zweifel aus der Lebenswirklichkeit aktuellen
Glaubens niemals verbannen lassen; es scheint sich darüber hinaus die
Häresieproblematik insgesamt in außerordentlicher Weise zu komplizie-
ren, als es in ihr offenbar nicht mehr bloß um Feststellung erkennbarer
Abweichungen von einem Lehrbestand festumschriebener Satzwahrheiten, sondern auch um ein Urteil über die innere Verfassung dessen zu
gehen hat, der von der fides quae creditur abweicht.

gelische Theologie der Moderne in Konstruktion und Kritik nachhaltig geprägt haben: Karl Barth und Friedrich Schleiermacher. Auf dieser Basis werden sodann einige *abschließende* Erwägungen zum Thema von Mitte und Grenze des Glaubens, wie sie durch das Bekenntnis der evangelisch-lutherischen Kirche bestimmt sind, sowie zu der Frage vorgetragen, was es präzise bedeutet, wenn die Kirche Augsburgischen Bekenntnisses sich an die Confessio Augustana und die ihr im Konkordienbuch zugeordneten Bekenntnisschriften gebunden weiß.

Zum ersten: Sollen Häretiker geduldet werden? Die Antwort, welche Thomas von Aquin auf diese Frage erteilt, ist differenziert und eindeutig zugleich; was die Häretiker selbst und für ihren Teil an der Angelegenheit betrifft, so haben sie es verdient, nicht nur von der Kirche durch den Bann ausgeschieden, sondern auch durch den Tod aus der Welt entfernt zu werden (STh II/2, q. 11, a.3: „meruerunt non solum ab Ecclesia per excommunicationem separari, sed etiam per mortem a mundo excludi"). Letzteres wird mit dem Hinweis begründet, daß die Entstellung des Glaubens gewiß kein geringeres Vergehen darstelle als die Fälschung von Geld: werde der Geldfälscher von der Obrigkeit daher rechtens mit der Todesstrafe belegt, so sei dies im Falle eines der Häresie Überführten nur billig; schädige jener doch nur das irdische Leben, wohingegen dieser die Seele zugrunde richte und ewiges Verderben bewirke. In Anbetracht dessen wertet es Thomas als ein Zeichen barmherziger Liebe, wenn die Kirche ihresteils einen erklärten Sektierer nicht sogleich verdamme, sondern ihn zunächst zum Zwecke der Bekehrung ermahne, um erst bei gegebener Hartnäckigkeit aus Sorge um das Heil der Rechtgläubigen zur Exkommunikation zu schreiten und den vom Bannspruch Betroffenen dem weltlichen Gericht zu überantworten, damit er der gerechten Strafe leiblichen Todes zugeführt werde. Im übrigen (vgl. STh II/2, q. 11, a.4) gilt die Regel, daß die Kirche rückkehrwilligen Häretikern nicht nur das Bußsakrament, sondern auch den Erhalt ihres Lebens gewährt, sofern es sich bei der verschuldeten Häresie um eine einmalige Abirrung handelt. Erst bei wiederholtem häretischen Rückfall ist die Befreiung von der Verurteilung zum leiblichen Tod nicht mehr möglich; indes bleibt der seelenrettende Vollzug kirchlicher Buße auch in diesem Falle unbenommen.

Die skizzierte Lehre des Thomas von Aquin setzt die Ausbildung eines juridikablen Häresiebegriffs, wie er für das Mittelalter kenn-

zeichnend ist, als bereits gegeben voraus. U. a. dem Decretum
Gratiani als der wichtigsten Sammlung mittelalterlichen Kirchenrechts läßt sich entnehmen, daß hartnäckige Ketzer notfalls mit
weltlichen Strafmitteln bekämpft werden müssen, da sie sich eines
Verbrechens gegen die christliche Weltordnung schuldig gemacht
haben, welche zu schützen gottgebotene Aufgabe der Obrigkeit
sei. Indes bleiben bei aller grundsätzlichen Bereitschaft zur
Rechtfertigung von Zwangsmaßnahmen bei Gratian wie in der
Dekretistik überhaupt „stets die aus der Konfrontation mit den
patristischen Canones rührenden Skrupel spürbar, die an einer
exzessiven Auslegung des Rechtes auf Verfolgung von Ketzern
hinderten"[5]. Caritas und potestas sollten als die beiden – ja auch
für Thomas bestimmenden – Grundprinzipien kirchlicher Vollmacht stets zugleich zur Geltung gebracht werden. Warum
schließlich in der Konfrontation der mittelalterlichen Kirche mit
Ketzerei die potestas mehr und mehr überwog, ist eine Frage für
sich, die hier nicht zur Erörterung ansteht und das um so weniger,
als auch bei Empfehlung mildester Anwendung des Ketzerrechts
die Legitimität von weltlichen Strafmaßnahmen einschließlich der
Todesstrafe unter mittelalterlichen Bedingungen von der offiziellen Theologie niemals in Abrede gestellt worden ist.

Um sich des theologischen Neuansatzes zu versichern, welchen
demgegenüber die Reformation zumindest in theoretischer Hinsicht darstellt, genügt es, an das zu CA XXVIII Ausgeführte zu erinnern und sich z. B. Luthers Devise aus der Obrigkeitsschrift von
1523 vor Augen zu halten: „Ketzerey ist eyn geystlich ding, das kan
man mitt keynem eyßen hawen, mitt keynem fewr verbrennen,
mitt keynem wasser ertrencken." (WA 11, 268, 27 f.) Daß dieser
Satz – dessen praktische Konsequenzen freilich auch im Einfluß-
bereich der Wittenberger Reformation nur bedingt realisiert wurden – zur damaligen Zeit alles andere als selbstverständlich war,
zeigt am deutlichsten die Tatsache, daß die den „Resolutiones
disputationum de indulgentiarum virtute" von 1518 (vgl. WA 1,
624 f.; ferner WA 7, 139,14 ff.) entnommene Wendung „Haereticos
comburi est contra voluntatem Spiritus" („Daß Häretiker verbrannt

---

[5]   H. G. Walther, Häresie und päpstliche Politik: Ketzerbegriff und Ketzer-
       gesetzgebung in der Übergangsphase von der Dekretistik zur Dekretali-
       stik, in: W. Lourdaux/D. Verhelst (Hg.), The Concept of Heresy in the
       Middle Ages (11th–13th C.), Löwen 1976, 104–143, hier: 142.

werden ist gegen den Willen des Geistes") in der Bannandrohungsbulle „Exsurge Domine" vom 15. Juni 1520 ausdrücklich zu
den 41 aufgelisteten Irrtümern Martin Luthers gezählt wird (vgl.
DH 1483), von denen es abschließend heißt, daß sie „samt und
sonders ganz und gar" (DH 1492) zu verurteilen, zu mißbilligen
und zu verwerfen seien.

Dieses Verdikt läßt erahnen, wie eigentümlich die reformatorische
Forderung ersatzloser Abschaffung des sog. Großen Bannes, der
als unstatthafte Vermengung von potestas ecclesiastica und potestas civilis kritisiert wurde, in ihrer Zeit empfunden werden mußte: denn „mochte man zu dem das ganze Mittelalter beherrschenden Problem ‚Staat und Kirche' als Kurialist und Imperialist, als
Welfe oder Ghibelline Stellung nehmen, mochte zwischen Monar-
chen und Päpsten wegen dieser oder jener Rechtskompetenz ein
heftiger Streit entbrennen, so stand doch die Frage außerhalb jeglicher Diskussion, daß beide Gewalten gegen Ketzer, Schismatiker
und Apostaten zusammengehen müssen"[6]. Das änderte sich mit
der Reformation, auch wenn nicht verschwiegen werden darf, daß
Luther seit den Bauernkriegen öffentliche Lehre der Ketzerei unter
bestimmten Umständen als strafwürdig verboten wissen wollte
und die obrigkeitliche Todesstrafe für hartnäckige Anhänger insonderheit der anabaptistischen Bewegung für rechtens erklären
konnte.[7]

---

[6] K. Völker, Toleranz und Intoleranz im Zeitalter der Reformation, Leipzig
1912, 3.

[7] Vgl. im einzelnen meinen Beitrag: Sine vi, sed verbo? Toleranz und Intoleranz im Umkreis der Wittenberger Reformation, in: KuD 41 (1995),
136–157. Auch im Hinblick auf die erste Hälfte des 17. Jahrhunderts ist –
wie mein Kollege Thomas Kaufmann in seiner bislang unveröffentlichten
Münchener Antrittsvorlesung über „Lutherische Konfessionskultur im Angesicht des Dreißigjährigen Krieges" gezeigt hat – die verbreitete Überzeugung zu korrigieren, als gründe Irenik stets oder auch nur in der Regel in einer antikonfessionellen oder konfessionsindifferenten Position.
Außerordentlich bemerkenswert ist ferner die These Kaufmanns, daß das
konfessionskirchliche Partikularität transzendierende Konzept „Christentum" seinen historisch identifizierbaren Ursprung in der lutherischen
Konfessionskirche hat. „Lutherische Konfessionskultur als Christentums-
kultur besitzt konfessionstranszendierende Tendenzen, ohne konfessi-
onsindifferent zu sein." Zur kritischen Würdigung der namentlich gegen
E. Troeltsch gerichteten Reformations- bzw. Luthertumsdeutung W. Elerts

Mit der geforderten Streichung des Großen Bannes war das Exkommunikationsrecht zu einer dem Prinzip nach innerkirchlichen
Angelegenheit erklärt, dessen Vollzug keine zivilen Rechtsnachteile zur Folge haben sollte. Nichtsdestoweniger wäre es ein Irrtum zu meinen, die Unterscheidung von Häresie und Orthodoxie
hätte dadurch für reformatorische Theologie an ekklesiologischem
Gewicht verloren; richtig ist vielmehr das Gegenteil. Bevor darauf – *zum zweiten* – näher einzugehen ist, bedarf es zunächst einiger Bemerkungen zur kirchengeschichtlichen Genese der erwähnten Unterscheidung. Folgt man der klassischen Theorie der
Häresie, dann stellt sich deren Entstehung in etwa so dar: „Ursprünglich bewahrte die Kirche unbefleckt und in unverkürzter
Reinheit die Lehre Christi und die apostolische Tradition." „Häresien sind Ableger, Sprößlinge, wenn auch entartete, der Orthodoxie."[8] Gegen diesen „Grundsatz der *Priorität der Orthodoxie vor
der Häresie*"[9], der jahrhundertelang als selbstverständlich vorausgesetzt wurde und vielfach bis heute das Bild von der Geschichte
der Kirche bestimmt, hatte W. Bauer[10] in einem aufsehenerregen-
den, 1934 in Erstauflage erschienenen Buch über „Rechtgläubigkeit
und Ketzerei im ältesten Christentum" den Vorwurf der Ge-
schichtsverfälschung in dogmatischem Interesse erhoben. Im Gegensatz zu dem unhistorischen Geschichtsbild der Dogmatik, welche dem Urchristentum die mythische Funktion gründenden Ursprungs zuerkenne, um in ihm das Wesen alles Christlichen entdecken zu können, versucht Bauer zu zeigen, daß das Christen-

---

vgl. Th. Kaufmann, Werner Elert als Kirchenhistoriker, in: ZThK 93
(1996), 193–242.

8   J. Blank, Zum Problem „Häresie und Orthodoxie" im Urchristentum, in:
G. Dautzenberg u. a. (Hg.), Zur Geschichte des Urchristentums, Frei-
burg/Basel/Wien 1979, 142–160, hier: 143 f. Bei B. gesperrt.

9   A. a. O., 144.

10 W. Bauer, Rechtgläubigkeit und Ketzerei im ältesten Christentum, Tübingen 1934. Zusammengefaßt wiedergegeben sind die Ergebnisse Bauers
bei J. B. Blank, a. a. O. 152 f. Zu den Häresiemodellen von A. v. Harnack
(Lehrbuch der Dogmengeschichte I. Die Entstehung des kirchlichen Dogmas, Darmstadt 1964 [Neudruck der Ausgabe Tübingen ⁴1909]. Marcion.
Das Evangelium vom fremden Gott, Darmstadt 1985 [Neudruck der Ausgabe Leipzig ²1924]) und M. Werner (Die Entstehung des christlichen
Dogmas problemgeschichtlich dargestellt, Bern/Leipzig 1941) sowie zu
der an Bauer anschließenden Diskussion vgl. a. a. O. 149 ff., 154 ff.

tum keineswegs von Anfang an mit dem universalen Anspruch der Rechtgläubigkeit versehen ist, sondern sich historisch betrachtet als eine Häresie der Alten Welt unter anderen darstellt. Mit den Worten Martin Werners zu reden: Die spätere „Großkirche ist die *erfolgreichste* Häresie"[11].

Man wird nicht bestreiten können, daß sich der Sachverhalt in historischer Außenperspektive so darstellen läßt. Das gilt um so mehr, als der Häresiebegriff nach hellenistischem Verständnis keineswegs einfach pejorativ verwendet wird oder als durchweg negativ besetzter Bedeutungsträger fungiert. Αἵρεσις heißt nach Maßgabe schulmäßiger Definitionen etwa stoischen Kontexts zunächst allgemein die auf vollzogener Wahl basierende Zustimmung zu einem Lebensgestaltungskonzept, näherhin der Anschluß an eine philosophische Schulmeinung und die durch sie geprägte Gruppe, deren Grundsätze die Stoa bezeichnenderweise δόγματα nennt. Häresie und Orthodoxie umschreiben also im Sinne ihrer vorchristlich-griechischen Ursprungsbedeutung keineswegs zwangsläufige Gegensätze, zumal da unter stoischen Bedingungen die Pluralität der – häretischen – Schulen keine notwendige Alternative zur Einheit der Wahrheit darstellen muß. Wenn schließlich Philo und Flavius Josephus als gebildete Repräsentanten griechischsprachigen Judentums den Häresiebegriff auf die jüdischen Religionsparteien und ihre Meinungen anwenden, dann geschieht das primär im Interesse, Gruppierungen wie die Sadduzäer, die Pharisäer, die Essener oder die Therapeuten in eine Analogie zu hellenistischen Philosophenschulen zu stellen, um sie auf diese Weise für die Zeitgenossen interessant zu machen. Eine genuine Verketzerungsabsicht ist mit dieser Begriffsverwendung also ebensowenig verbunden wie im Zusammenhang stoischen Sprachgebrauchs. Das änderte sich erst, als der pharisäische

---

[11] M. Werner, a. a. O., 138. Für Werner ist es eine feststehende Tatsache, „daß die werdende frühkatholische Großkirche, gemessen an dem Maßstab, an dem sie die Abkehr der verurteilten Häresie von der ursprünglichen apostolischen Lehre glaubt feststellen zu können, selber ebenfalls nichts anderes ist als eine Häresie neben andern Häresien. Diese Großkirche ist die *erfolgreichste* Häresie." (Ebd.; zur „konsequent-eschatologischen" Auffassung des Urchristentums, in welcher Werner im Anschluß an A. Schweitzer den dogmengeschichtlichen Ansatzpunkt seines Werkes findet, und zu seiner Auseinandersetzung mit den Konzeptionen Harnacks, Seebergs, Loofs und Koehlers vgl. a. a. O., 3–79)

Rabbinismus die politisch-religiöse Führung des Judentums übernommen hatte und einen Alleinanspruch auf dessen authentische
Repräsentation erhob. In einer historischen Außenperspektive,
wie sie von der vorchristlichen Terminologiegeschichte des Häresiebegriffs mitbestimmt ist, mag es also durchaus naheliegen, das
Urchristentum als eine häretische Bewegung und Gruppierung in
Betracht zu ziehen, wie dies bei Bauer der Fall ist. Problematisch
an seiner Sicht bleibt dann allerdings, daß er, wie bereits der Titel
seiner Schrift zeigt, die überkommenen Kontrastkategorien von
Rechtgläubigkeit und Ketzerei für die Geschichte des ältesten
Christentums grundsätzlich beibehält, um sich darauf zu beschränken, ihr traditionelles Folgeverhältnis umzukehren. Dem
steht entgegen, daß die griechische Ursprungsbedeutung des Häresiebegriffs mit der Konnotation des Ketzerischen keineswegs
genuin verbunden ist.

Weitere Differenzierungen werden fällig, wenn man nicht in hi-
storisch-distanzierter Außenperspektive verharrt, sondern die In-
nenperspektive einzunehmen und in den Blick zu bekommen
versucht, wie sich das Häresieproblem unter dem Aspekt der ältesten christlichen Zeugnisse, also etwa in der Sicht der paulinischen Theologie darstellt. Als erstes fällt auf, daß Paulus im Unterschied zum vor- und außerchristlichen Gebrauch den Häresiebegriff negativ verwendet. Man vergleiche hierzu vor allem das in
den Problemkontext rechter Feier des Herrenmahls gehörende
Wort 1. Kor 11,18 f. und im Zusammenhang damit Gal 5,20. Mannigfaltigkeit der verschiedenen Personen und ihrer individuellen
Gaben ist nicht nur erlaubt, sondern nach Paulus ausdrücklich
erwünscht. Gleichwohl „verneint derselbe Paulus ebenso strikt
alle σχίσματα, das sind persönlich, nicht sachlich motivierte
Spaltungen in der Gemeinde, und alle αἱρέσεις, das sind lehrmäßig begründete Gruppenbildungen, ohne daß zunächst an falsche
Lehre gedacht ist"[12]. Trotz verbleibender Präzisierungsbedürfnisse
deutet sich in dieser Sachverhaltsbeschreibung, wie L. Goppelt sie
gegeben hat, ein Doppeltes an, nämlich zum einen, daß für Paulus Schisma und Häresie eng und in eindeutig negativem Sinne
verbunden sind, und zum andern, daß bei Häresie nicht nur und

---

[12]   L. Goppelt, Kirche und Häresie nach Paulus, in: F. Hübner (Hg.), Beiträge zur historischen und systematischen Theologie. Gedenkschrift für
W. Elert, Berlin 1955, 9–23, hier: 13.

auch nicht primär an falsche Lehre im Sinne der Abweichung von festgefügter kirchlicher Lehreinheit zu denken ist.

Letztere Einsicht ist ohne direkten Bezug auf Goppelt, aber in expliziter Auseinandersetzung mit W. Bauer von M. Elze herausgestellt worden: Sein wesentliches Interesse gilt dem Aufweis, „daß und wie überhaupt erst in der Mitte des 2. Jahrhunderts die Bedingung dafür entstand, Einheit der Kirche im Sinne von Lehreinheit zu postulieren, und daß erst im Zusammenhang damit Pluralität der Lehre als untragbar und als Häresie angesehen wurde ...“[13]. Elze kommt zu folgendem Schluß: Während die Vorstellung der Einheit der Kirche im Sinne der Lehreinheit letztlich erst bei Irenäus fertig ausgebildet ist, bestimmt sich in der Anfangszeit des Christentums dessen Identität primär nicht durch das Mittel der Lehre, sondern durch die gottesdienstlichen Medien von Wort und Sakrament – oder anders und mit Elzes Worten gesagt: durch „die gemeinschaftliche Teilhabe am Leib Christi im Blick auf dessen bevorstehende Wiederkunft“[14]. In diesen Sachzusammenhang gehöre, wie insbesondere 1. Kor 11,19 belege, auch die älteste christliche Rede von Häresie: „In 1. Kor 11 handelt Paulus bekanntlich von den Formen der Abendmahlsfeier der Gemeinde in Korinth. Er bemängelt besonders, daß jeder für sich mit dem Mahl beginnt, sobald er in der Gemeindeversammlung eingetroffen ist, daß also keine Mahlgemeinschaft zustande kommt. Eben darauf bezieht sich die Aussage über die αἱϱέσεις. Sie sind ein Verstoß gegen die Feier der Eucharistie, ein Verstoß gegen die Mahlgemeinschaft, gegen den im Mahl vergegenwärtigten Leib Christi.“[15]

---

[13] M. Elze, Häresie und Einheit der Kirche im 2. Jahrhundert, in: ZThK 71 (1974), 389–409, hier: 390.

[14] A. a. O., 408.

[15] A. a. O., 393. Daß man bei der historisch-kritischen Feststellung des exegetischen Befunds die dogmatisch-konstruktiven Anteile von seiten des jeweiligen Exegeten nicht außer acht lassen darf, zeigt in exemplarischer Weise das Beispiel von H. Schlier, von dem der Häresieartikel im ThWNT I, 179–184, stammt. Zur Entwicklung in der Alten Kirche, wie sie Schlier kontinuierlich und konsequent aus dem frühen Christentum hervorgehen läßt, vgl. a. a. O., 182 f. Hierzu ferner: H. D. Betz, Art. Häresie I. Neues Testament, in: TRE 14, 313–318 sowie A. Schindler, Art. Häresie II. kirchengeschichtlich, in: TRE 14, 318–341, bes. 320 ff.

Daß es die eschatologisch qualifizierte Einheit der Gemeinde im
Leibe Christi ist, auf welche der Häresiebegriff nach Maßgabe seiner ältesten christlichen Verwendung primär zu beziehen ist, findet bei Luther und in der Wittenberger Bekenntnistradition vielfältige sachliche Bestätigung. An CA VII und den dort entwickelten Kriterien kirchlicher Einheit ließe sich dies unschwer zeigen.
Da das Wesentliche hierzu bereits gesagt ist, mag der Hinweis
genügen, daß der reformatorische Anspruch, Kirche der reinen
Lehre zu sein, nicht auf der Annahme einer nach dem Gesetz des
Buchstabens festgeschriebenen Lehreinheit gründet, sondern in
dem göttlichen Wort des Evangeliums von der Rechtfertigung des
Sünders allein aus Gnade, welches Jesus Christus in Person ist.
Daß dieses Evangelium in Predigt und sakramentalem Geschehen
gottesdienstlich rein und lauter zum öffentlichen Ausdruck komme, dafür Sorge zu tragen, ist die wesentliche theologische
Dienstfunktion bekennender Lehre, durch welche Funktion nachgerade auch Sinn, Vollmacht und Grenzen kirchlicher Theorie
und Praxis der Verwerfung von Häresie bestimmt sind. Um H.-W.
Gensichens klassische Studie über „Die Verwerfung von Irrlehre
bei Luther und im Luthertum des 16. Jahrhunderts" zu zitieren:
„Wenn reine Lehre nichts anderes bedeutet als sachgemäße Ausrichtung der Evangeliumspredigt, so ist nicht mehr der Widerspruch gegen ein von der Kirche festgestelltes Dogma, sondern
die Abweichung vom Sola gratia und Sola fide das Kriterium der
Irrlehre. Dieser Gesichtspunkt ist auch maßgebend für die Beurteilung der Leugnung altkirchlicher Dogmen. Die Verwerfung falscher Lehre gibt dann nur der Scheidung Ausdruck, die durch das
Evangelium selbst gegeben ist."[16]

Da ich zum Problem der Damnationen eine eigene Studie vorgelegt habe[17] und zum Inhalt der einzelnen Lehrverwerfungen der
BSLK bereits an Ort und Stelle das Nötige gesagt wurde, sei zum
theologischen Status der Verwerfungssätze der Wittenberger Be-

[16]   H.-W. Gensichen, Damnamus. Die Verwerfung von Irrlehre bei Luther
       und im Luthertum des 16. Jahrhunderts, Berlin 1955, 63 f.

[17]   G. Wenz, Damnamus? Die Verwerfungssätze in den Bekenntnisschriften
       der evangelisch-lutherischen Kirche als Problem des ökumenischen Dia-
       logs zwischen der evangelisch-lutherischen und der römisch-katholi-
       schen Kirche, in: K. Lehmann (Hg.), Lehrverurteilungen – kirchentren-
       nend? II. Materialien zu den Lehrverurteilungen und zur Theologie der
       Rechtfertigung, Freiburg/Göttingen 1989, 68–127.

kenntnistradition unter Bezug auf die Vorrede des Konkordienbuches lediglich bemerkt, daß zwar die theologische Notwendigkeit der „condemnationes, Aussetzung und Vorwerfung falscher unreiner Lehre" (BSLK 755,18 f.) uneingeschränkt behauptet wird, auch hinsichtlich der aus theologischen und politischen Gründen lange umstrittenen Anathemata in FC VII (vgl. BSLK 755, Anm. 3 sowie CA X); zugleich aber wird klargestellt, daß hiermit nicht „die Personen, so aus Einfalt irren und die Wahrheit des göttlichen Worts nicht lästern, vielweniger aber ganze Kirchen in- oder außerhalb des Heiligen Reichs Deutscher Nation gemeint, sondern daß allein damit die falschen und vorführischen Lehren und derselben halsstarrige Lehrer und Lästerer, die wir in unsern Landen, Kirchen und Schulen keinesweges zu gedulden gedenken, eigentlich vorworfen werden, dieweil dieselbe dem ausgedrücktem Wort Gottes zuwider und neben solchem nicht bestehen können, auf daß fromme Herzen für derselben gewarnet werden möchten" (BSLK 756,2–16; vgl. BSLK 756, Anm. 1 und 2). Damit wird die von den Gnesiolutheranern vielfach geforderte bestimmte „Personalkondemnation" in Schranken gewiesen und deutlich gemacht, daß sich das „Damnamus" primär gegen Irrlehren und nicht in erster Linie gegen Personen oder gar ganze Kirchen richtet. „So ist es grundsätzlich auch möglich, daß Theologumena verdammt werden, ohne daß ihr Urheber verdammt wird."[18] Erst jener, der eine das Evangelium in seiner Mitte verkehrende Lehre „halsstarrig" (vgl. CIC 751: „pertinax"), d. h. auch nach mehrfacher Ermahnung und Zurechtweisung hartnäckig in der Öffentlichkeit vertritt, ist qua persona durch den Bann aus der Kirche auszuschließen.

Sachlich ähnlich argumentieren neben der Konkordienformel auch die anderen Bekenntnisschriften der evangelisch-lutherischen Kirche.[19] Zwar erklärt etwa Apol VII den Irrlehrer scho-

---

[18] E. Schlink, Theologie der lutherischen Bekenntnisschriften, München ²1946, 290.

[19] Von den 21 Lehrartikeln der CA sind 12 ohne, 9 mit Verwerfungen verbunden. (Zur Vorgeschichte der Verwerfungen vgl. W. Maurer, Historischer Kommentar zur Confessio Augustana, I. Einleitung und Ordnungsfragen, Gütersloh 1976, 61–70 sowie H.-W. Gensichen, a. a. O., 65 ff. „Die Verwerfungen der Confessio Augustana und ihre gegenwärtige Bedeutung" behandelt eine gleichnamige Stellungnahme des Ökumenischen Studienausschusses der VELKD, in: R. Kolb [Hg.], Confessio Augustana – den Glauben bekennen. 450-Jahr-Feier des Augsburger Bekenntnisses:

Berichte – Referate – Aussprachen, Gütersloh 1980, 174–181. Vgl. ferner
E. Schlink, a. a. O., 282 sowie 287 ff.) Art. I verwirft alle Häresien, welche
die rechte Lehre von Gott und der Trinität bestreiten, und nennt in diesem Zusammenhang die Manichäer, Arianer und andere altkirchliche
Irrlehrer, außerdem die „Mahometisten". In Art. II werden die Pelagianer,
in Art. VIII die Donatisten, in Art. XII die Novatianer verdammt. Die Art.
V, IX, XII und XVII sprechen Damnationen gegen die Täufer aus. Art. X
belegt die Gegner der lutherischen Abendmahlslehre mit einem „impro-
bant". Von besonderem Interesse für die Auseinandersetzung mit den
Altgläubigen sind zwei Verwerfungssätze im Rahmen der Erbsünden-
bzw. Bußlehre: CA II verdammt zusammen mit den Pelagianern jene,
„qui vitium originis negant esse peccatum et, ut extenuent gloriam meriti
et beneficiorum Christi, disputant hominem propriis viribus rationis
coram Deo iustificari posse" (BSLK 53,14–20). CA XII verwirft diejenigen,
„qui non docent remissionem peccatorum per fidem contingere, sed iu-
bent nos mereri gratiam per satisfactiones nostras" (BSLK 67,20–24). Insgesamt ist auffällig, daß, abgesehen von den Anabaptisten, „keine zeitgenössischen Gegner namentlich oder gruppenmäßig genannt", vielmehr
alle ausdrücklichen Verwerfungsurteile „gegen alte, von der gesamten
Christenheit längst verurteilte Ketzereien" (W. Maurer, Die Geltung des
lutherischen Bekenntnisses im ökumenischen Zeialter, in: Publica doctrina heute, Berlin/Hamburg 1969 [Fuldaer Hefte Nr. 19], 94–112, hier: 110)
gerichtet werden. Aktuelle Bezüge werden nur spärlich und indirekt bezeichnet. „Die Zwinglianer sind die ‚secus docentes' (CA 10), die Lehrer
der Werkgerechtigkeit bleiben anonym (CA 12, § 10), die ethischen Per-
fektionisten im Mönchtum (CA 16, § 4) und anderswo (CA 12, § 8) ebenso.
Das Bekenntnis hat offenbar nicht die Absicht, gegenwärtige Irrlehrer
durch öffentliche Verdammung zu brandmarken. Es wählt ihnen gegenüber mit Vorliebe zurückhaltende Ausdrücke, von denen reicere (CA 12,
§ 10) der stärkste, admonere (unterrichten, lehren; CA 15, § 2 f.) der
schwächste ist, während Vokabeln wie improbare (CA 10, § 2) oder dem
Glauben an Christus (dem Evangelium) entgegen sein (CA 15, § 3) mehr
oder weniger in der Mitte liegen dürften." (W. Maurer, Historischer
Kommentar I, 63)

Was das Verhältnis zu Rom angeht, so wird man nicht bestreiten können,
daß die Verwerfungsurteile in CA II (vgl. BSLK 53, Anm. 2) und CA XII
(vgl. BSLK 67, Anm. 4; vgl. die Fassung des späteren Verwerfungsurteils
von CA XII in Na) gegen Theologumena der mittelalterlichen Kirche gerichtet sind. Näher identifiziert werden sie indes nicht, geschweige denn
als Lehren der Gesamtkirche ausgegeben. Dasselbe gilt für die Verwerfung des ethischen Perfektionismus (zur Textgeschichte von CA XVI und
CA XVIII,1 und 2 vgl. Maurer, a. a. O., 114–117). Schließlich findet sich von
einer Verwerfung des Papstes als des Antichristen, wie sie Luther in seinem Bekenntnis von 1528 ausgesprochen hatte, in der CA nichts; sie wird
denn auch bis zu den ASm „offiziell nirgends wiederholt" (a. a. O., 61).

nungslos zum Widerchristen, den man „nicht annehmen oder hören" dürfe (BSLK 246,21). Aber nicht jeder Vertreter irriger Lehrmeinungen sei eo ipso ein zu verwerfender Irrlehrer; unterschieden werden müsse in diesem Zusammenhang vielmehr zwischen
„inutiles opiniones" (Apol VII,20) und „perniciosus error" (Apol
VII,21). Denn „wiewohl nu in dem Haufen, welcher auf den
rechten Grund, das ist, Christum und den Glauben gebauet ist,
viel schwache sein, welche auf solchen Grund Stroh und Heu
bauen, das ist, etliche menschliche Gedanken und Opinion, mit
welchen sie doch den Grund, Christum, nicht umstoßen noch
verwerfen, derhalben sie dennoch Christen sind und werden ihnen solche Feihl vergeben, werden auch etwa erleucht und besser unterricht: also sehen wir in den Vätern, daß sie auch beiwei-
len Stroh und Hau auf den Grund gebauet haben, doch haben sie
damit den Grund nicht umstoßen wollen." (BSLK 239,2−13) Zum
verdammlichen Irrlehrer werde erst, wer unbelehrbar den rechten
Grund aller Lehre umstößt, „das Erkenntnis Christi und den Glauben" (BSLK 239,14). Eben dies aber ist nach Apol bei den Widersachern der Fall: „Denn sie verwerfen und verdammen den hohen, größten Artikel, da wir sagen, daß wir allein durch den
Glauben, ohne alle Werke Vergebung der Sunde durch Christum
erlangen ... Wer nu den Glauben nicht nötig achtet, der hat Christum bereit verloren." (BSLK 239,14−20)

Dem kirchlichen Verwerfungsurteil geht also gewissermaßen die
Selbstverwerfung des Ketzers bereits voraus. Das kirchliche Urteil
begründet somit eigentlich keinen Sachverhalt, sondern deklariert
ihn nur öffentlich.[20] Das Ziel eines evangelisch-lutherischen Ver-

---

Im übrigen verdient es bemerkt zu werden, daß das Konkordienbuch
mehr antireformierte Damnationen enthält als Verwerfungen, welche gegen die römisch-katholische Kirchenlehre gerichtet sind. Noch in bezug
auf das von Franz Buddeus angeregte und von seinem Schwiegersohn
Johann Georg Walch (1693−1775) zur Ausführung gebrachte Monumen-
talwerk über die Religionsstreitigkeiten innerhalb und außerhalb der
evangelisch-lutherischen Kirche läßt sich feststellen, „daß für die luthe-
risch-römisch-katholischen Auseinandersetzungen knapp weniger Umfang als für die lutherisch-reformierten Streitigkeiten verwandt wird"
(D. Blaufuß, Nachwort zu J. G. Walch, Historische und theologische Einleitung in die Religionsstreitigkeiten der Evangelisch-Lutherischen Kirche,
Bd. V/2, Stuttgart/Bad Cannstatt 1985 [Neudruck der Ausgabe Jena 1733−
1739], 1502).

20 Vgl. Chr. Link, Art. Bann V, in: TRE 5, 182−190, hier: 187.

werfungsurteils ergibt sich sonach allein aus dem Zusammenhang dessen, was über Mitte und Grenze evangelisch-lutherischen Bekenntnisses überhaupt, nämlich über aller Lehre Hinordnung und Bindung an die viva vox evangelii, die bedingungslose Zusage der Gnadentat Gottes in Jesus Christus für den Menschen zu sagen ist. Kurzum: Evangelische Lehre ist kein doktrinärer Selbstzweck, sondern in Affirmation und Negation ganz auf jene doctrina hingeordnet, welche das Evangelium ist; der Zusage des Evangeliums in Wort und Sakrament durch Wahrung und Verteidigung ihrer Unbedingtheit sich dienlich zu erweisen, dies und nichts anderes ist die Funktion, in welcher Lehre ihren Sinn erfüllt und jenen Konsens befördert, der nach CA VII zur Einheit der Kirche nötig, aber auch hinreichend ist.

Gründet die Einheit der Kirche in der Einigkeit rechter Evangeliumsverkündigung und stiftungsgemäßer Sakramentsverwaltung, dann ist – wie sich am Lehrverwerfungsverständnis der evangelisch-lutherischen Bekenntnisschriften bestätigt – häretische Trennung nicht bereits dort gegeben, wo doktrinelle Differenzen statthaben, sondern erst dann, wenn eine Doktrin jenen Glaubenskonsens destruiert, der die Voraussetzung gemeinsamen gottesdienstlichen Lebens der Glieder am Leibe Christi darstellt. In dieser Perspektive betrachtet erscheinen etwa die im 5. Jahrhundert im Anschluß an die christologischen Konzile von Ephesus (431) und Chalcedon (451) entstandenen ersten Kirchenspaltungen als durchaus „vermeidbar", „wenn eine intensive Fühlungnahme der sich verketzernden Parteien stattgefunden hätte"[21]. Vergleichbares mag für die große Kirchenspaltung des 11. Jahrhunderts gelten. Erst wenn man die kirchlichen Trennungen ins Auge faßt, welche die abendländische Christenheit im 16. Jahrhundert betrafen und

---

[21] A. Grillmeier S. J., Häresie und Wahrheit. Eine häresiologische Studie als Beitrag zu einem ökumenischen Problem heute, in: H. Wolter S. J., Testimonium veritatis. Philosophische und theologische Studien zu kirchlichen Fragen der Gegenwart, Frankfurt a. M. 1971, 81–100, hier: 99. Eine detaillierte theologiegeschichtliche Analyse der nestorianischen, der monophysitischen und der orthodoxen Position führt nach Grillmeier „zu einem für die Gesamtlage des Christentums nicht unbedeutenden Ergebnis: die Christenheit war sich im Glauben an Christus, den menschgewordenen Sohn Gottes mehr eins, als sie selber wußte. Die Vergabe des Titels des ‚Häretikers' an die heute von uns Getrennten war unberechtigt und voreilig." (A. a. O., 100)

die konfessionelle Landschaft bis heute entscheidend prägen, scheint sich nach verbreitetem Urteil die Angelegenheit anders darzustellen und der aufgerissene Gegensatz ein kaum überbrückbarer zu sein. Nicht von ungefähr hat Karl Barth die Vermutung geäußert, „daß die Häresie doch erst durch die Reformation und seit der Reformation zu einem allgemein und grundsätzlich empfundenen Problem geworden ist. Es war formell nichts Neues und sachlich doch etwas ganz Neues in der Art, wie die evangelische Kirche eines Luthers und Calvins das Papsttum und wie umgekehrt der Katholizismus des 16. und 17. Jahrhunderts nun gerade diese ‚Ketzerei' gesehen haben. Was ‚Andersglaube' ist, das hat sich damals und so erst damals der Kirche eingeprägt."[22] Auch noch in der Perspektive des 20. Jahrhunderts, die Barth spätestens von dem Zeitpunkt an als seine eigene erkannte und anerkannte, zu welchem er die kontrastierende Gegenüberstellung eines klassischen Reformationszeitalters und einer dekadenten Neuzeit und Gegenwartsmoderne als Ergebnis einer „romantisierenden Geschichtsphilosophie" (KD I/1, 25) durchschaut hat, ist der Tatbestand der Häresie für ihn im wesentlichen identisch mit dem Gegensatz von reformatorischem Christentum und römischem Katholizismus.

Namentlich auf den Gegensatz von reformatorischem Christentum und römischem Katholizismus ist daher auch die Grundsatzdefinition zu beziehen, die Barth dem Häresiebegriff zuteil werden läßt: „Wir verstehen unter Häresie eine solche Gestalt des christlichen Glaubens, der wir zwar formell (weil auch sie sich auf Jesus Christus, auf seine Kirche, auf die Taufe, auf die Heilige Schrift, auf gemeinsame christliche Bekenntnisformeln usw. bezieht) ihre Eigenschaft als Gestalt des christlichen Glaubens nicht abstreiten können, ohne doch in der Lage zu sein, zu verstehen, was wir damit tun, wenn wir sie als solche anerkennen, weil wir ihren Inhalt (die in ihr stattfindende Interpretation dieser gemeinsamen Voraussetzungen) nur als Widerspruch gegen den Glauben verstehen können." (KD I/1, 31)[23] Ist Häresie sonach das paradoxe

---

22 K. Barth, Kirchliche Dogmatik (= KD). Bd. I: Die Lehre vom Wort Gottes. Erster Halbband, Zürich ¹¹1985, 34.

23 Zu Barths Häresiebegriff vgl. auch KD I/2, 891 ff., bes. 902 ff., wo als die eigentliche formale Aufgabe der Dogmatik die Warnung vor allen vorhäretischen Abweichungen bestimmt wird. Vgl. dazu auch die Bemerkung

Faktum, in bezug auf welches der Glaube nicht nur und nicht
primär mit dem Unglauben streitet, sondern im Widerstreit liegt
mit sich selbst, will heißen: mit einer Glaubensgestalt, die beansprucht, Glauben zu sein, und diesen Anspruch der Form nach
auch berechtigt erhebt, obwohl sie materialiter und dem Glau-
bensgehalt nach nur als Andersglaube, als verkehrter Glaube gelten kann (KD I/1, 30: „Der Andersglaube ist der Glaube, in dem
wir den Unglauben sich zum Worte melden hören."), so ergibt
sich zwangsläufig, daß Häresie im Unterschied zum reinen Unglauben und zur Apostasie für den Glauben eine höchst „belang-
volle Größe" (KD I/1, 31) ist und sein muß, sofern in ihr dem
Glauben die Gestalt seines verkehrten Widerscheins begegnet.²⁴

---

zur Genese der dogmatischen Prolegomena aus dem Geist der Häresie-
bekämpfung KD I/1, 34.

²⁴ Interessant ist ein Vergleich der Sichts Barths mit derjenigen Karl Rahners
(vgl. bes. K. Rahner, Was ist Häresie?, in: ders., Schriften zur Theologie.
Bd. V: Neuere Schriften Einsiedeln/Zürich/Köln ²1964, 527–576). Nach
Rahner findet sich „das eigentliche Wesen der Häresie" (527) nur im
Christentum, weil hier das Bewußtsein einer heilsentscheidenden Ge-
schichtsoffenbarung Gottes ein Wahrheitsethos und Wahrheitspathos von
unvergleichlicher Radikalität begründet, für welches der „Grundsatz von
der wesentlichen Heilsbedeutung der Wahrheitserkenntnis als solcher"
(532) charakteristisch ist. Mag äußerlicher Irrtum auch toleriert werden, so
ist es dem Christentum schlechterdings unerträglich, den Irrtum zu dulden, der in seiner eigenen Mitte aufsteht, um diese zu verkehren. Was
den Häretiker selbst betrifft, so nimmt er nach Rahner „(wenn auch thematisch zunächst nur in Konfrontation mit einer bestimmten Wahrheit,
an der als Material er seine Haltung vollzieht) eine Haltung ein, die
(auch wenn er das noch nicht weiß und merkt) in ihrem endgültigen
und voll ausgereiften Vollzug zur Leugnung der ganzen Offenbarungs-
wahrheit führen muß. Aber auch umgekehrt: insofern er wesentliche
Wahrheiten der christlichen Offenbarung festhält, ist in ihm auch der gegenläufige Prozeß im Gang; er ist in einer Bewegung auf das Ganze des
Christentums hin begriffen. So ist seine Situation zweideutig." (551). Diese
Zweideutigkeit, die nachgerade für das Verhältnis von Häresie und Apostasie bestimmend ist, ist nach Rahner „für die *Reflexion* grundsätzlich
unüberwindbar" (553): „Nie kann man mit *absoluter* Sicherheit sagen, ob
der Häretiker trotz seiner Häresie in der Wahrheit ist wegen seiner
christlichen Wahrheiten, an denen er festhält, oder ob er trotz dieser
Wahrheiten wirklich im Irrtum ist wegen seiner häretischen Sätze, an
denen er festhält." (554) Diese Einsicht bietet Rahner den Ansatzpunkt
seiner Erörterung über den Gestaltwandel der Häresie in der neuzeitlichen Welt pluraler Wirklichkeiten. Kennzeichnend für die modernitäts-
spezifische Häresie ist ihr kryptogamer Charakter. „Die Häresie hat we-

Dieser Sachverhalt ist es, der Barth das evangelische Verhältnis zum römischen Katholizismus als ein in hohem Maße ernstes und streitbares erscheinen läßt.

Einen vergleichbaren Ernst und eine entsprechende Streitbarkeit evangelischen Christentums hält Barth für nötig und theologisch geboten nur mehr in bezug auf den protestantischen Modernismus, in welchem er neben dem römischen Katholizismus die zweite paradigmatische Gestalt der Häresie zu entdecken meint, hinsichtlich derer evangelischer Glaube in Konflikt mit sich selbst bzw. mit seinem verkehrten Widerschein steht. Während die Häresie des römischen Katholizismus in der Gestalt eines hierarchisch verfaßten und durch festgelegte Lehrautorität dogmatisch definierten Gemeinwesens auftrete, wird nach Barth der protestantische Modernismus – seinem Wesen bzw. Unwesen gemäß – beispielhaft durch einen einzelnen repräsentiert, durch F. D. E. Schleiermacher. Als Klassiker, wenn auch nicht Inaugurator des Modernismus habe er „in seiner Lehre von der christlichen Frömmigkeit als dem Sein der Kirche dieser Häresie eine die Zeit vor ihm ebenso erfüllende wie die Zeit nach ihm weissagende formale Begründung gegeben" (KD I/1, 35). Kurzum: Wie der rö-

---

sentlich die Tendenz, unthematisch zu bleiben und darin besteht ihre eigentümliche und außerordentliche Bedrohlichkeit." (561) Auch in der Kirche gibt es nach Rahners Urteil in und mit deren Rechtgläubigkeit diese kryptogame Häresie. „Die Zugehörigkeit zur Kirche und das ausdrückliche Bekenntnis zu ihrer Lehre sind kein absoluter und mechanisch wirkender Schutz vor der Häresie. Jeder ist individuell von seinem eigenen, unvertretbaren Gewissen auch in der Kirche von Gott danach gefragt, ob er nicht vielleicht unter dem Schein (der nicht andere nur, sondern auch einen selbst täuschen kann) der Rechtgläubigkeit im Grunde unthematisch ein Häretiker in der kryptogamen Art der Häresie sei." (565) Letzterer Satz verweist bereits auf die Instanz, welcher der Kampf gegen die kryptogame Häresie vor allem aufgetragen ist: es ist dies nach Rahner primär nicht das Lehramt, sondern, wie gesagt, das Gewissen des einzelnen. Wichtig ist dieser Hinweis nicht zuletzt deshalb, weil er das Häresieproblem auf das subjektive Verhältnis zur Wahrheit konzentriert, ohne welches von dessen Objektivität gar nicht die Rede sein kann. Daß der Häresiebegriff die Subjektivität des Häretikers ebensowenig außer Betracht lassen darf wie der Begriff der Wahrheit ohne Berücksichtigung ihrer subjektiven Gewißheit auskommt, ist eine nicht zu unterschätzende Einsicht, die in der traditionellen Häresiedefinition durch das Moment der Hartnäckigkeit des Leugnens und Zweifelns zwar angesprochen, nicht aber hinreichend zur Geltung gebracht ist.

mische Katholizismus nach Barth als Inbegriff einer reaktionär re-
staurativen Häresie zu gelten hat, in welcher das Allgemeine die
Belange des einzelnen dominiert, so wird in Schleiermacher die
von allem Gemeinverbindlichen emanzipierte, solipsistische Indi-
vidualgestalt des häretischen Modernismus repräsentativ vorstellig.

Auf indirekte Weise kann man in jener Gegenüberstellung noch
des Kontrastes gewahr werden, welchen der zum Häresiarchen
Stilisierte als bestimmend erklärt hatte für das Verhältnis von Protestantismus und Katholizismus, welches die kirchliche Situation
im Abendland seit der Reformation entscheidend prägt: „Sofern
die Reformation", heißt es im 24. Paragraphen von Schleiermac-
hers zusammenhängender Darstellung des christlichen Glaubens
nach den Grundsätzen der evangelischen Kirche, die abgekürzt
die „Glaubenslehre" genannt zu werden pflegt, „nicht nur Reinigung und Rückkehr von eingeschlichenen Mißbräuchen war,
sondern eine eigentümliche Gestaltung der christlichen Gemeinschaft aus ihr hervorgegangen ist, kann man den Gegensatz zwischen Protestantismus und Katholizismus vorläufig so fassen, daß
ersterer das Verhältnis des Einzelnen zur Kirche abhängig macht
von seinem Verhältnis zu Christo, der letztere aber umgekehrt das
Verhältnis des Einzelnen zu Christo abhängig von seinem Verhältnis zur Kirche."[25] Zum rechten Verständnis dieser Formel ist
vorauszusetzen, daß Schleiermacher zum einen seinen konfessi-
onstypologischen Versuch „nur für einen vorläufigen" (139) und
zum anderen den entwickelten prinzipiellen Begriff der inneren
Einheit der evangelischen Kirche weder als ein unmittelbar verifi-
zierbares empirisches Datum noch als einen Lehrbegriff von
durchgängiger Bestimmtheit ausgeben will. Daß der protestantische Lehrbegriff von einer solchen durchgängigen Bestimmtheit
„sehr weit entfernt" ist, beweisen nach Schleiermacher die verschiedenen reformatorischen Bekenntnisschriften, in denen „nicht
immer dasselbe in denselben Buchstaben gefaßt ist" und die fer-

---

[25]   F. D. E. Schleiermacher, Der christliche Glaube nach den Grundsätzen
       der evangelischen Kirche im Zusammenhange dargestellt. Aufgrund der
       zweiten Auflage und kritischer Prüfung des Textes neu hg. von
       M. Redeker, Berlin 1960, 137. Die nachfolgenden Seitenverweise im Text
       beziehen sich hierauf. Zum Gegensatz zwischen abendländischer und
       morgenländischer Kirche vgl. a. a. O., 134 f. (§ 23.1). Ferner: M. Ohst,
       Schleiermacher und die Bekenntnisschriften. Eine Untersuchung zu sei-
       ner Reformations- und Protestantismusdeutung, Tübingen 1989.

nerhin als die „einzigen amtlichen und vielleicht allgemein anerkannten Darstellungen doch immer nur einzelne Teile des Lehrbegriffs zum Gegenstand haben" (143). Schleiermacher wertet dieses Phänomen nicht lediglich als Resultat eines historischen Zu-
falls, er sieht in ihm vielmehr eine geschichtliche Bestätigung des
bezeichneten Prinzips der inneren Einheit der evangelischen Kirche selbst, welches Lehruniformität nicht nur nicht fordert, sondern im Gegenteil ausschließt, sofern dank und aus Anlaß seiner
Christus- und Gottunmittelbarkeit jeder einzelne im Ausbilden einer eigenen Lehr- und Glaubensüberzeugung begriffen sein darf
und begriffen sein soll. Daß solche theologische Individualitäts-
kultur Gemeinsamkeit nicht auflöst, sondern eine die einzelnen
verbindende gemeinsame Eigentümlichkeit her4auführt, wie sie
für den Protestantismus charakteristisch sein soll, dessen war
Schleiermacher gewiß; ja, es war ihm diese Gewißheit ein Impli-
kat jenes unmittelbaren Selbstbewußtseins, welches für ihn der
Inbegriff gläubigen Wesens ist. Die dem Protestantismusbegriff eigene Grenzmarke wäre für ihn deshalb nicht nur dort überschrit-
ten, wo der einzelne nur als Funktionsmoment eines kollektiv
Allgemeinen oder als bloßer Teil eines Ganzen in Betracht gezogen wird, sondern auch im Falle eines Individualismus, welcher
sich in atomistisch-solipsistischer Weise mißversteht und darauf
angelegt ist, „durch Auflösung der Gemeinschaft das christliche
Prinzip aufzugeben" (140). Würde dieser Fall nicht nur vereinzelt
eintreten, sondern für die Realität des Protestantismus bestimmend, dann hätte der Häresievorwurf, wie er von römisch-katholischer Seite erhoben wird, sein gutes theologisches Recht.

Im übrigen attestiert Schleiermacher dem römischen Katholizismus, daß er seinerseits der Gefahr, durch Vernachlässigung der
Beziehung auf Christus zugunsten der Kirche unchristlich zu werden, allenfalls in einzelnen Repräsentanten, aber nicht insgesamt
erlegen sei. Sein protestantischer Vorbehalt dem aufgestellten
Prinzip der inneren Einheit der katholischen Kirche gegenüber
verbindet sich daher für ihn mit dem Vorbehalt gegenüber einem
antikatholischen Vorwurf der Häresie. Zwar kann sich nach ihm
„eine zu jetziger Zeit innerhalb der abendländischen Kirche auf-
zustellende Glaubenslehre ... zu dem Gegensatz zwischen dem
Römisch-Katholischen und dem Protestantischen nicht gleichgültig
verhalten, sondern muß einem von beiden Gliedern angehören"
(134; § 23); nichtsdestoweniger glaubt sich Schleiermacher als Pro-
testant hinsichtlich des römischen Katholizismus zu der Annahme

berechtigt, „daß anderes dort Einheimische und uns ebenso
Fremde doch von der Art ist, daß wir es neben dem Unsrigen
glauben bestehen lassen zu dürfen, also anders als das Unsrige
gestaltet, aber ebenso christlich" (137).

Unabhängig von seiner generellen Reserve gegenüber den Aus-
drücken orthodox und heterodox (vgl. 145 f.) subsumiert Schleiermacher den römischen Katholizismus also ausdrücklich nicht
unter den Begriff der Häresie. Dessen Konstruktion ist entsprechend nicht vom protestantischen Gegensatz zum Katholizismus
geprägt, sondern ergibt sich im Vollzuge der Wahrnehmung der
Grenzen, welche mit der Bestimmung des – die Differenz von
Protestantismus und Katholizismus umgreifenden – Wesens des
Christentums gesetzt sind. Besteht, wie Schleiermacher dies voraussetzt, das eigentümliche Wesen des Christentums darin, daß
alle Frömmigkeit auf die durch Jesus geschehene Erlösung bezogen ist, so folgt daraus für den Begriff der Häresie, deren Ketzerei
aus dem Zusammenhang kirchlicher Glaubenslehre auszuscheiden ist, daß sie im Schein des Christentums und unter dem Anspruch christlicher Lehre diesen Bezug mit der Tendenz, ihn aufzulösen, verkehrt. Das kann nach Schleiermacher im Prinzip auf
vierfache Weise geschehen, nämlich auf doketische, nazoräisch-
ebionitische, manichäische und pelagianische, wobei hinsichtlich
des grundsätzlichen Verhältnisses zum Wesen des Christentums
„Manichäisches mit Doketischem zusammen(gehört), und so auch
wieder Pelagianisches mit Ebionitischem" (133). Wie dies im einzelnen zu verstehen ist, wird in § 22 der Glaubenslehre ausgeführt
und muß hier nicht referiert werden. Ich begnüge mich mit der
abschließenden Feststellung, daß der durch die Konstruktion seiner vier sog. natürlichen Erscheinungsgestalten vollständig bestimmte Begriff der Häresie nach Schleiermacher im wesentlichen
die Funktion der Grenzmarkierung (vgl. 132) hat. Dabei geht es,
wie unschwer zu sehen ist, recht eigentlich nicht um eine äußere
Grenzziehung und eine klare Bestimmung dessen, was jenseits
der Grenze liegt; genau betrachtet überläßt Schleiermacher das
Häretische, wo es um die Frage seiner inhaltlichen Ausgestaltung
gehen müßte, getrost dem Unbestimmten. Klar bestimmt werden
soll sonach offenbar weniger das, was dem Christentum äußerlich
ist, sondern die innere Grenze, welche mit dem Begriff, den das
Christentum von sich selbst hat, gesetzt ist.

Ich nehme diese Beobachtung zum Anlaß für eine häresiologische

Abschlußthese, welche lautet, daß evangelische Theologie und Kirche das Problem der Häresie als die notwendige, weil von ihrem Begriff her erforderte Aufgabe der Selbstbegrenzung durch Vollzug reflexer Unterscheidungen wahrzunehmen hat. Zum Wissen evangelischen Glaubens um sich selbst gehört – um an bereits Gesagtes zu erinnern – zum einen die Einsicht, daß er niemals durch Zwangsmittel der Gewalt zu bewirken, zu erhalten oder zu verteidigen ist. Die rechte Unterscheidung zwischen potestas ecclesiastica und potestas civilis ist für den Glauben mithin nach Maßgabe seines eigenen Begriffs obligat, wohingegen eine häretische Verkehrung des Glaubens immer dann vorliegt, wenn unter Berufung auf ihn das zivile Gemeinwesen zur Kirche gemacht und die Kirche mit Mitteln äußerer Macht regiert wird bzw. regiert werden soll. Das Wissen evangelischen Glaubens um sich selbst enthält aber nicht nur die für die Gestaltung seiner Außenbezüge fundamentale Einsicht in den kategorialen Unterschied von weltlicher Macht, deren rechtlich geordnete Gestalt als gottgewollt anzuerkennen ist, und jener geistlichen Vollmacht, mit welcher Gott seine Kirche regieren will; es enthält auch und vor allem das für das Selbstverhältnis des Glaubens elementar bestimmende Bewußtsein, vom Konstitutions- und Erhaltungsgrund seiner selbst unterschieden zu sein. So wahr der Glaube er selbst und sich eigen und niemals Funktion einer Fremdbestimmung ist, so wahr ist er reine Gabe. Kurzum: der Glaube ist sich als er selbst schlechthin gegeben, und er weiß dies nach Weise der Einsicht, die er in sich selbst nimmt, mit Gewißheit. Eben diese Gewißheit, welche die intellektuelle Grundanschauung des Glaubens ausmacht, ist charakteristisches Kennzeichen jedweder Form gläubiger Intellektualität und Reflexivität. Alle Vollzüge und Äußerungsformen evangelischen Glaubens finden deshalb an dieser ihr Maß. Vermessen und in sich widrig wäre es hingegen, wollte sich der Glaube jemals als Konstitutions- und Erhaltungsgrund seiner selbst behaupten. In solch autarker Selbstbehauptung wäre nichts anderes als Selbstvergottung am Werke, und unter dem Schein des Christlichen würde der Antichrist sein teufliches Unwesen treiben. Der rechte Glaube hingegen weiß um den Unterschied von Gott und Mensch und wahrt ihn, ja er ist an sich selbst das wahrhafte Innesein des Unterschieds von Gott und Mensch, wobei hinzuzufügen ist, daß es eines vonseiten Gottes erschlossenen Beziehungszusammenhangs bedarf, um menschlicherseits diesen unvergleichlichen Unterschied in rechter Weise zu erkennen. Der

Glaube ist die Wahrnehmungsgestalt dieses Beziehungszusammenhangs; und indem er dieses Beziehungszusammenhangs und damit Gottes als der unbedingten Voraussetzung seiner selbst gewahr wird, wird er des unvergleichlichen Unterschieds der Wirklichkeit Gottes und des Wirkens des Menschens, zwischen opus Dei und opera hominum gewahr.

Steht dieses fest, so gilt zugleich der Grundsatz: Rechte christliche Zeugenschaft gibt es und kann es nur unter der Bedingung der Gewißheit geben, daß der bezeugte Gott, wie er in der Kraft seines Heiligen Geistes in Jesus Christus offenbar ist, sich selbst zu bezeugen und zur Gewißheit zu bringen vermag. Gottes unbedingte Wahrheit ist der Selbstbewährung fähig: Diese Prämisse macht das Zeugnis des Glaubens keineswegs überflüssig, sie ist im Gegenteil die Bedingung seiner Möglichkeit. Das Bekenntnis evangelisch-lutherischer Kirche, wie es in den Schriften des Konkordienbuchs dokumentiert ist, entspricht diesem Grundsatz und bestätigt ihn in reflexer Weise nicht nur durch die Unterscheidung seiner selbst als norma normata von der kanonischen norma normans, sondern auch dadurch, daß es gelten will nur unter der Bedingung bedingungsloser Wahrung der Unbedingtheit des Evangeliums, welches Wort und Sakrament, wie sie in der Heiligen Schrift beurkundet sind, zu verkünden haben. Nach Maßgabe des Selbstverständnisses evangelisch-lutherischen Bekenntnisses ist es demnach ausgeschlossen, den Bekenntnisbuchstaben unmittelbar mit dem Worte Gottes gleichzusetzen bzw. zum Identitätsgaranten christlicher Wahrheit zu erklären.[26] Mehr noch: Das

---

[26]   Unter diesem Gesichtspunkt wäre noch einmal die Frage zu erörtern, was es z. B. heißt, „wenn die lutherische Kirche sich an die *Confessio Augustana* ... gebunden weiß" (H. Asmussen, Warum noch lutherische Kirche? Ein Gespräch mit dem Augsburgischen Bekenntnis, Stuttgart 1949, 7)? Es heißt nicht, daß die evangelisch-lutherische Kirche den Wortlaut des Augsburgischen sowie nach Möglichkeit aller anderen im Konkordienbuch gesammelten Bekenntnisse buchstäblich zu wiederholen hätte. Solches lediglich reproduktive Verhältnis ihm gegenüber fordert evangelisch-lutherisches Bekenntnis nicht nur nicht, es schließt es vielmehr durch die vollzogene Selbstunterscheidung vom Evangelium, wie es in der Heiligen Schrift beurkundet ist, explizit aus. Dabei darf es bekenntnistheologisch „nicht bei der theoretischen Versicherung bleiben, daß die C. A. der Schrift untersteht. Es muß in jeder Generation eine ernste und nachhaltige Prüfung des Bekenntnisses vorgenommen werden, die mit ganzer Offenheit zu geschehen hat." (A. a. O., 8) Solche Prüfung hat sich im ökumenischen Kontext der Christenheit zu vollziehen (vgl. Lutheri-

sches Bekenntnis in ökumenischer Verpflichtung. Arbeitsheft mit Texten von der Generalsynode der VELKD in Lüneburg vom 19. bis 23. Oktober 1996), wobei nicht nur deren raumumspannende Gegenwart zu berücksichtigen ist, sondern auch der den punktuellen Augenblick aufhebende Lauf der Zeiten, welcher ihre Geschichte ausmacht. Will man nicht von der dem Selbstverständnis der CA gründlich widersprechenden Annahme ausgehen, „1530 (habe) eine neue Kirche ihren Anfang genommen" (H. Asmussen, a. a. O., 16), dann kann evangelisch-lutherisches Bekenntnis seine Funktion nur im Dienst an der Einheit der ihrem Begriff nach unteilbaren Kirche erfüllen, deren Katholizität die Schranken des Raumes und der Zeit transzendiert. Anders gesagt: „Ist die lutherische Kirche keine Sekte, dann muß sie ihre Einheit mit der Schrift und den christlichen Jahrhunderten unter Beweis stellen." (A. a. O., 14)

Aktuell läßt sich solche Beweisführung nur im kritischen Diskurs mit den umgebenden Partnerkirchen erbringen. Wie das genau zu geschehen hat, ist indes auch innerhalb des gegenwärtigen Luthertums eine zum Teil heftig umstrittene Angelegenheit. Nach meinem Urteil sollte in diesem Zusammenhang ein doppelter Irrweg vermieden werden: Der erste bestünde darin, die glücklich erreichte und nach Kräften zu fördernde Leuenberger Kirchengemeinschaft gegen die Beziehung zu Rom sowie zur orthodoxen Christenheit auszuspielen bzw. umgekehrt. Zwar ist das Verhältnis Wittenbergs zu Genf und Rom unter gegenwärtigen Bedingungen keineswegs das der Äquidistanz; gleichwohl wäre es historisch unredlich und ökumenisch kontraproduktiv, die Geschichte der Reformation und ihrer Theologie mit der undifferenzierten Vorstellung substantialer Einheit eines Protestantismus zu verbinden, den es im 16. Jahrhundert nicht gab und nicht geben konnte. Statt Fiktionen hinsichtlich seiner ursprünglichen Einheit zu frönen, sollte ein seiner geschichtlichen Genese eingedenker Protestantismus vielmehr das Bewußtsein fördern, daß ökumenische Einigkeit ohne verständnisoffenen Umgang mit elementaren Differenzen nicht zu erreichen ist. Ein zweiter Irrweg gegenwärtigen Luthertums bestünde meines Erachtens darin, einen tendenziellen Gegensatz zwischen seinen weltweiten Bezügen und seinen regionalen und nationalen Bindungen aufkommen zu lassen oder gar zu befördern. Denn einerseits lassen sich die weltweiten Beziehungen gar nicht erfolgreich und sachgerecht organisieren ohne beständige Rücksicht auf regionale und anderweitig zu umschreibende Ordnungseinheiten, deren die Kirche bedarf, um funktionsgerecht agieren zu können. Auf der anderen Seite wird man nicht leugnen können, daß etwa Deutschland (und selbst Bayern) ekklesiologisch bestenfalls von sekundärer Bedeutung ist. (Auch wenn hierzulande die Epoche nationaler Exaltation der Vergangenheit angehört, sind die Gefahren, die dem Christentum von möglichen und tatsächlichen Renaissancen neoromantischer Volkstumsmetaphysik und nationalistischen Ideologien her drohen, keineswegs ein für allemal gebannt. Zwar besteht kein Grund, die in der Zeit des Umbruchs der alteuropäischen Ständegesellschaft zur Bürgergesellschaft um 1800 formierten Begriffe Volk und Nation mit einem generellen Verdikt zu belegen;

Bekenntnis evangelischer Kirche schließt auch die Behauptung
differenzlos-indifferenter Einheit kirchlicher Zeugengestalten und
des durch diese Zeugengestalten bezeugten Gehalts prinzipiell
aus. Ein Monopolanspruch auf die authentische Wahrnehmung
christlicher Wahrheit kann infolgedessen von keiner kirchlichen
Zeugengestalt erhoben werden, sei diese von einem einzelnen
oder von einer Gruppe repräsentiert. Vielmehr liegt, wo ein solch
exklusiver Monopolanspruch erhoben wird, nach evangelischem
Urteil eine Verirrung vor. Das gilt nachgerade deshalb, weil in
dem für den Glauben erschlossenen Bewußtsein der Unterschiedenheit Gottes und des Menschen die Anerkennung unaufhebbarer, weil in Gott gründender wechselseitiger Unterschiedenheit
von Menschen als Menschen und mithin die Anerkennung einer
irreduziblen Subjektpluralität mitgesetzt ist, welche es theologisch
als inakzeptabel, ja als häretisch erscheinen lassen muß, einem
einzelnen Kirchenglied bzw. einer Gruppe von Kirchengliedern
von Amts wegen oder aus welchen Gründen auch immer die ausschließliche Kompetenz authentischer Wahrnehmung bzw. Vergewisserung christlicher Wahrheit zuzudenken. Die häretische
Gefahr, welche dem Christentum von solchen Monopolisierungs-
tendenzen her droht, pauschal mit dem römischen Katholizismus
in Verbindung zu bringen oder gar gleichzusetzen, wie das auf
seine Weise Karl Barth getan hat (vgl. KD I/1, 33: „Wir stehen vor
dem Faktum der Häresie. Konkret: wir stehen vor dem Faktum
des *römischen Katholizismus* in der Gestalt, die er sich im
16. Jahrhundert im Kampf gegen die Reformation gegeben hat."),
sollte sich evangelische Theologie heutzutage nicht nur nicht erlauben, sondern verboten sein lassen. Man wird evangelischerseits lediglich klarzustellen haben, daß eine Monopolisierung authentischer Wahrnehmung und Vergewisserung christlicher Wahr-

entsprechendes gilt für den zu Beginn des 19. Jahrhunderts entstandenen
Terminus „Volkskirche". Doch darf weder die Größe „Volk" zur transra-
tionalen Lebensmacht, noch der Nationalismus zu einer selbsttragenden
Weltanschauung stilisiert werden. Volk und Nation sind vielmehr in politischer Hinsicht als Bezugs- und Realisierungsmomente der Idee sozialer Rechts- und Verantwortungsgemeinschaft freier Individuen und ekklesiologisch so zu begreifen, daß dadurch die ökumenische, weltweite,
die Schranken des Raumes und der Zeit transzendierende Sendung des
Christentums nicht beschränkt wird. Zugehörigkeit zur Kirche als dem
Volke Gottes erklärtermaßen von ethnischen oder nationalen Voraussetzungen abhängig zu machen, ist Häresie.)

heit in Form etwa amtlicher Kompetenzansprüche auf Identitäts-
bzw. Kontinuitätsgarantierung des Christentums niemals Ziel einer
Lehre sein darf, mit der es unter evangelischen Bedingungen
ökumenisches Einverständnis geben kann.

Ist der Rahmen, innerhalb dessen sich evangelische Theologie
und Kirche ihrem Bekenntnis entsprechend zu bewegen haben,
in dieser Hinsicht abgesteckt, so muß, um – sektiererische – Einseitigkeit zu vermeiden und zu einem gerundeten Ergebnis zu
gelangen, schließlich auch noch jene häretische Gefährdung bedacht werden, welche dem evangelischen Glauben nach Barths
Urteil von einem protestantischen Modernismus Schleiermacher-
scher Prägung her droht. Auch wenn es berechtigte Zweifel gibt,
ob dieses Urteil theologiegeschichtlich zurecht besteht, so trifft es
doch zweifellos zu, daß evangelischer Glaube unbeschadet seiner
prinzipiellen Individualität einen solipsistischen Atomismus des
christlichen Subjekts ebenso prinzipiell ausschließt wie eine Herabsetzung des Individuums zu einem bloßen Funktionsmoment
kollektiver Allgemeinheit. Individualität und Sozialität evangelischen Glaubens gehören gleichursprünglich und auf paritätische
Weise zusammen. Dies ist unter dem Aspekt notwendig geforderter Anerkennung von Subjektpluralität bereits angesprochen
worden und daher zunächst nur durch den Hinweis zu vertiefen,
daß die Anerkennung des Nächsten in seiner unvergleichlichen
Andersheit für den Glaubenden insofern mit dem Vollzug seiner
Selbstanerkennung übereinkommt, als die Selbstbezogenheit des
Glaubens mit einer Selbstentzogenheit elementar verbunden ist,
da der Glaubende seinen Grund nicht bei sich selbst, sondern allein bei Gott sucht und findet, in welchem das Geheimnis, das
der Mensch sich selbst ist, heilsam offenbar ist. Auch wenn die
göttliche Offenbarung des Geheimnisses des Menschseins des
Menschen, wie sie in Jesus Christus kraft des Heiligen Geistes
statthat, für den Glaubenden die Rätsel seines Lebens und seiner
Welt keineswegs einfachhin löst, so ist er doch durch sie erlöst
von einer durch Nichtigkeitsangst getriebenen verzweifelten Sorge
ums Eigene, welche Freiheit die Bedingung der Möglichkeit von
Fürsorge und Nächstenliebe ist. Dabei wird der Glaubende, gerade weil er durch ursprüngliche Einsicht in seine Selbstverfassung
um das innerweltlich nicht zu behebende Ungleichmaß von Gottesverhältnis und eigenem Verhalten weiß, dem Nächsten die
Unterscheidung zwischen verborgenem Inneren und sichtbarem
Äußeren nicht schuldig bleiben, ohne welche Unterscheidung

Nächstenliebe niemals die Form der Feindesliebe wird annehmen
können.

Ist damit in dieser Hinsicht das Wichtigste gesagt und zugleich ein
zumindest skizzenhafter Bezug hergestellt zur anfänglich zitierten
Rede von ethischer Häresie, so muß das über Individualität und
Sozialität evangelischen Glaubens Ausgeführte noch dahingehend
ergänzt werden, daß der Glaube unbeschadet der ihm erschlossenen Gottunmittelbarkeit an sich selbst keine vermittlungslose
Größe darstellt, sondern – wie mehrfach erwähnt – eine Größe
vermittelter Unmittelbarkeit. Kann doch vom Glauben nach evangelischer Lehre ohne Bezug auf Wort und Sakrament nicht sinnvoll die Rede sein. Der Umgang mit diesen ist deshalb aus Glau-
bensgründen zu pflegen. Dies grundsätzlich zu leugnen und den
christlichen Glauben prinzipiell ablösen zu wollen von den Gestalten seiner Vermittlung, ist daher ebenso Häresie wie dezidierte
theologische Unkirchlichkeit bzw. Antikirchlichkeit. Eben weil der
Glaube von einer Voraussetzung lebt, die er nicht selbst erzeugt
hat, nämlich von der Selbstoffenbarung Gottes in Jesus Christus,
wie sie im Heiligen Geist erschienen ist, kann er sich von den im
Offenbarungsereignis mitgesetzten Repräsentationsgestalten dieser
Voraussetzung – dem eingesetzten Wort, dessen Urkunde die Heilige Schrift ist, und den gestifteten Sakramenten – nicht dergestalt
emanzipieren wollen, daß er sie als für das Glaubensleben unnötig oder am Ende gar schädlich erklärt. Ein Spiritualismus dieser
Art ist unevangelisch. Es ist infolgedessen evangelische Bekennt-
nispflicht, die äußeren Bedingungen der Möglichkeit des Glaubens in bindender Verantwortung vor dem kanonischen Glau-
benszeugnis apostolischer Tradition präsent zu halten. Dazu hinwiederum bedarf es der Bewahrung und Erneuerung jenes geschichtlichen Konsenses, der nach CA VII für die Einheit der Kirche sowie für die Erklärung und Praktizierung von Kirchengemeinschaft hinreichend, aber auch notwendig ist.[27]

---

[27] Anders als diejenige der CA stellt sich für J. Chr. Ebel, Wort und Geist
bei den Verfassern der Konkordienformel. Eine historisch-systematische
Untersuchung, München 1981, die Systematik des Einigungskonzepts der
Konkordienformel dar. Ich halte seine Analyse für interessant, aber unzutreffend. Grundlegend für das namentlich von Chemnitz bestimmte FC-
Einigungskonzept ist nach Ebel der Gedanke der Konstitution von Einheit unmittelbar durch Lehre (vgl. bes. a. a. O., 35ff.). Anders als Andreae
gehe Chemnitz, der seit SSC projektführend sei (zu den theologie-

Als ein bescheidener Beitrag zu solch konsensorientierter kirchlicher Memorialkultur, welche die vielfältigsten Bildungsaufgaben in sich enthält, wollen die beiden vorliegenden Bände zur Theologie der Bekenntnisschriften der evangelisch-lutherischen Kirche verstanden sein. Ziel ist es zum einen, die Theologie an ihre kirchliche Bindung zu erinnern und ihr eine entsprechende Orientierungshilfe zu geben. Zwar ist es wahr, daß dem Glauben eine eigentümliche Selbständigkeit seinen geschichtlichen Erscheinungsgestalten gegenüber zukommt, die ihm historische Relativierungen nicht nur erlaubt, sondern unter bestimmten Bedingungen zur theologischen Pflicht macht. Gleichwohl können und dürfen solche Relativierungen die Relation nicht aufheben, die zwischen Glaube und Kirche grundsätzlich und unter Einschluß notwendiger Anerkennung ekklesiologischer Kontinuitätserfordernisse be-

---

geschichtlichen Hintergründen vgl. bes. 17 ff.), davon aus, daß „Einheit allein durch Explikation der geoffenbarten Lehre als verpflichtende Entscheidung der kontroversen Lehrbildungen erstrebt und erreicht werden (kann). Sie ist ein primär dogmatisches Problem und keines, das irgendwelche entscheidenden Gesichtspunkte aus politischen oder sonstigen Erwägungen gewinnt." (A. a. O., 37) Die Konsequenz dieses Konzepts umschreibt Ebel mit der Wendung „kollektiver Subjektivismus". Zum einen erweise sich die behauptete Differenz von Schrift und Bekenntnis als Schein: „Wenn nämlich erst einmal zugestanden ist, daß jede Schriftauslegung durch das Bekenntnis normiert wird, dann besteht auch für die Schrift keine Chance mehr, ihren angeblichen Primat zu realisieren, da ja auch im Bewußtsein der Protestanten des 16. Jhs. Schrift nur in Schriftauslegung präsent ist." (A. a. O., 77) Daraus resultiere zum zweiten die Gefahr, „daß ein Theologie treibendes Subjekt das von ihm Gedachte als das einzig mögliche ‚theologische‘ Urteil über die Lehre hinstellt" (a. a. O., 107). Diese Gefahr sei in der Konkordienformel manifest, wobei als Dreh- und Angelpunkt der Argumentation nicht individuelle, sondern die kollektive Subjektivität der Kirche reiner Lehre fungiere. „Das kollektive, seine Identität mit der einen Kirche feststellende Subjekt nimmt auf diese Weise entscheidenden Funktionen des Wortes Gottes in sich auf." (A. a. O., 167; vgl. ferner 170: „Die FC-Autoren erweitern das eigene Lehrsubjekt durch Identifizierung mit einer weiten Tradition, die sie wiederum als mit einer Selektion von unmittelbarer Tradition der eigenen Kirche identisch bezeichnen. Beide Traditionen erhalten das Prädikat ‚reine‘ Kirche, so daß ‚unsere‘ Kirche – jedenfalls im großen ganzen – und ‚reine‘ Kirche als eines behauptet werden. Dies konnte als Kollektivierung der Subjektivität der Lehre bezeichnet werden. In ihr hält sich das Lehrsubjekt usurpierend und künstlich als unumgänglich verbindlich und kaum diskutierbar fest." Zusammengefaßt und mit einen Gegenentwurf versehen ist Ebels Interpretation a. a. O., 253 ff. bzw. 257 ff.)

steht. Dies zu vergessen kann evangelischer Theologie auch und gerade im Raum von Universität und Wissenschaft nur zum Schaden gereichen. Umgekehrt ist, was geltend zu machen ein zweites Hauptziel vorliegender Untersuchung darstellt, die Kirche elementar auf Theologie angewiesen, weil diese das methodisch geregelte Medium historisch unterfütterter Reflexion des gemeinsamen Glaubens der communio sanctorum und der Verständigung über diesen Glauben ist. Ohne geordnete Pflege dieses Mediums ist das kirchliche Amt des publice docere ebensowenig zu gewährleisten wie eine konstruktiv gestaltete christliche Öffentlichkeit. Öffentlichkeit hinwiederum kann, wie nachgerade die Reformation unter Beweis gestellt hat, dem Wesen des Christentums niemals äußerlich sein, da dessen Wahrheit keine Angelegenheit der Arkandisziplin ist, sondern kommunikativ verantwortet werden will. Angesichts der fortschreitenden Erosion volkskirchlicher Strukturen, welche zu stoppen auch von der akademischen Theologie als eine Überlebensaufgabe erkannt werden sollte, kommt dieser Einsicht gesteigerte Bedeutung zu, zumal da der volkskirchliche Erosionsprozeß weitgehend parallel verläuft zu einem Prozeß zivilgesellschaftlicher Segmentierung. Der kirchliche Öffentlichkeitsdienst, in dessen Zusammenhang dem ordinationsgebundenen Amt der Kirche eine besondere Aufgabe zukommt, hat in diesem Sinne immer auch einen gesellschaftsrelevanten Aspekt, ohne in diesem aufzugehen. Publizität sollte nicht zuletzt deshalb als ein Wesensmerkmal evangelischer Kirchlichkeit, welche sich ihrer Bekenntnistradition verpflichtet weiß, erkannt und anerkannt werden.[28] Es gilt der Wahlspruch 1. Petr 3,15, unter dem im neuen Evangelischen Gesangbuch von den Bekenntnissen und Lehrzeugnissen der Kirche gehandelt wird: „Seid allezeit bereit zur Verantwortung vor jedermann, der von euch Rechenschaft fordert über die Hoffnung, die in euch ist."

---

[28] Zu den aktuellen Interessen, die ich mit der Publikation einer „Theologie der Bekenntnisschriften der evangelisch-lutherischen Kirche" verbinde, vgl. ferner meine Antrittsvorlesung an der Evangelisch-Theologischen Fakultät der Ludwig-Maximilians-Universität München, die ich am 23. Januar 1997 im Rahmen einer Vortragsreihe zum Thema „Protestantismus in der Kultur der Neuzeit" gehalten habe: Protestantismus und Konfessionalität. Ökumenische Erwägungen zum reformatorischen Bekenntnis in Geschichte und Gegenwart, in: KuD 43 (1997), 301–333.

REGISTER

Zu den Schriftzitaten des Konkordienbuches sowie zu den Zitaten aus kirchlichen und Profanschriftstellern vgl. die Verzeichnisse in BSLK 1137 – 1158. Kursivdruck verweist auf Stellen in Anmerkungen.

1. Sachregister

A

Abendland, christliches I 69, 356, 431

Abendmahl, Herrenmahl, Eucharistie oder eucharistisches Mahl I 75 f., 80 f., 97 f., 208, 233, 250, 374, 381, 445, *446*, *448*, 450, 469, 536, 538 f., 551, 563, 568, 580, 592, 594, 597 f., *602*, 619, 623 ff., 634 – 655, 655 – 669, *670*, *676*, 678; II 324 f., 473, 479, 514, 534, 526, 645 – 711, 760 ff.

-, **Brot und Wein** I 624, 627 f., 631 ff., 639 – 651; II 669

-, **communio sub una** I 624, *630*, *637*; II 372

-, **communio sub utraque** I *433*, *446*, 544 f., 623 ff., *630*, *637*; II 337

-, **Einsetzungs- bzw. Stiftungsworte Christi** I 594, *630*, 632, 635, 639 f., 654; II *537*, 651, 661 f., 665, 669 ff., 693 f.

-, **Empfang** II 655 f., 660, 663 – 667
-, **manducatio carnalis** II 663
-, **manducatio impiorum/indignorum/infidelium** I *655*; II *649*, 656 f., 665 ff.
-, **manducatio oralis** II 656, 663 f.
-, **manducatio spiritualis** II 656, 663 f.

-, **Gegenwart Jesu Christi** I 81 f., 97, 638, *641*, *644*, *647*, 652; II 645 – 711
-, **Gegenwartsmöglichkeiten Jesu Christi** II 656, 660, 674 – 680

-, **Multivolipräsenz** II *537*, *656*, 676 f.
-, **Ubiquität** II *537*, *656*, 676 f., *706*, 710, 713

-, **Konkomitanz** I 394, 627, 632, 634, *637 f.*, 651
-, **Konsekration** II 656 ff., 667 – 674
-, **Konsubstantiation** I *646 f.*; II 679
-, **Laienkelch** I 75, 393 f., 398, 413, 503, 551, 623 ff., *629 f.*, 632 f., *637*; II 336, *411*, 678
-, **Präpositionen „in", „mit" und „unter"** I 640 f., 645; II *680*
-, **Realpräsenz** I *630*, *635*, 636 ff., 641, 648, 651 f.; II *537*, 651, 655, 660 – 663, 668, 672 f., 676 f., 683 ff., 691 ff.
-, **Dauer** II 657 f.
-, **extra usum** II 672, 679
-, **sacramentum und sacrificium** I 662, 665 ff.
-, **Transsubstantiation** I 23, 643 ff., 651; II 657, 678
-, **unio sacramentalis** II *258*, *647*, 679, 689
- **und Christologie** II 646 ff., 680

Abgott, Abgötterei I 268 f., *618*, 656

Abhängigkeit(-sbewußtsein), schlechthinnige(s) I *329*; II 149

Ablaß(-thesen) I 48, 241, 366, 470, 503, 657, 685, 700 ff.; II *121 f.*, 286

Adam und Eva I 57, 342, 346, 580, 592, 611 f., 622, 710

2. Historische Personen

3. Orte, Gebiete und Länder